Golf von Neapel, Kampanien, Cilento

gvn13_159 pa

„Und ich bin ganz und gar anderer Meinung als Gregorovius. Ich liebe Neapel. Und auf die Frage, ob es schön sei, antworte ich mit Herzen: ja."

Eckart Peterich, 1961

Impressum

Peter Amann
**REISE KNOW-HOW Golf von Neapel,
Kampanien, Cilento**

erschienen im
REISE KNOW-HOW Verlag Peter Rump GmbH
Osnabrücker Str. 79, 33649 Bielefeld

© REISE KNOW-HOW Verlag Peter Rump GmbH
2002, 2004, 2006, 2008, 2011
**6., neu bearbeitete
und komplett aktualisierte Auflage 2013**

Alle Rechte vorbehalten.

Gestaltung:
Umschlag: Günter Pawlak, Peter Rump (Layout);
    Michael Luck (Realisierung)
Inhalt: Günter Pawlak (Layout);
    Michael Luck (Realisierung)
Fotonachweis: alle Bilder von Peter Amann,
    mit Ausnahme von S. 144 © delphis
    und S. 656 © Parco del Cilento
Titelfoto: Peter Amann
Karten: Catherine Raisin, Thomas Buri, der Verlag

Lektorat: Michael Luck

Druck und Bindung:
Wilhelm & Adam, Heusenstamm

ISBN 978-3-8317-2299-0
Printed in Germany

Dieses Buch ist erhältlich in jeder Buchhandlung
Deutschlands, der Schweiz, Österreichs, Belgiens
und der Niederlande.
Bitte informieren Sie Ihren Buchhändler
über folgende Bezugsadressen:

Deutschland
    Prolit GmbH, Postfach 9, D-35461 Fernwald (Annerod)
    sowie alle Barsortimente
Schweiz
    AVA Verlagsauslieferung AG
    Postfach 27, CH-8910 Affoltern
Österreich
    Mohr Morawa Buchvertrieb GmbH
    Sulzengasse 2, A-1230 Wien
Niederlande, Belgien
    Willems Adventure, www.willemsadventure.nl

Wer im Buchhandel trotzdem kein Glück hat,
bekommt unsere Bücher auch über unseren
Büchershop im Internet: www.reise-know-how.de

Wir freuen uns über Kritik, Kommentare
und Verbesserungsvorschläge, gern auch
per E-Mail an info@reise-know-how.de.

Alle Informationen in diesem Buch sind
vom Autor mit größter Sorgfalt gesammelt
und vom Lektorat des Verlages gewissenhaft
bearbeitet und überprüft worden.

Da inhaltliche und sachliche Fehler nicht
ausgeschlossen werden können, erklärt der
Verlag, dass alle Angaben im Sinne der
Produkthaftung ohne Garantie erfolgen
und dass Verlag wie Autor keinerlei
Verantwortung und Haftung für inhaltliche
und sachliche Fehler übernehmen.

Die Nennung von Firmen und ihren Produkten und ihre Reihenfolge sind als Beispiel
ohne Wertung gegenüber anderen anzusehen. Qualitäts- und Quantitätsangaben sind
rein subjektive Einschätzungen des Autors
und dienen keinesfalls der Bewerbung von
Firmen oder Produkten.

Peter Amann

GOLF VON NEAPEL, KAMPANIEN, CILENTO

Vorwort

Golf von Neapel, Vesuv, Amalfi, Capri, Blaue Grotte … ein paar Namen genügen, um Klischees und Sehnsuchtsbilder zu beschwören. Treffen sie zu? Wie sieht der Blick hinter die Kulissen dieser klassischen und zugleich quirlig lebendigen Urlaubsregion aus? Dieses Reisehandbuch gibt Antworten, begleitet mit zuverlässig recherchierten praktischen Hinweisen, legt Fährten und macht Lust auf die Entdeckung Kampaniens auch jenseits des bekannten, aber immer noch voller Überraschungen steckenden Golfs von Neapel.

„Il mondo è bello, perchè vario", sagen die Neapolitaner. Die Welt ist schön, weil sie abwechslungsreich ist, überraschend, grau, bunt, hässlich und letztendlich wunderschön. Keine schlechte Einstellung für eine Reise nach Kampanien, das die Römer der Antike „glücklich" nannten. Das milde Klima, bezaubernde Landschaften und kulturelles Flair übten damals schon eine unwiderstehliche Anziehungskraft aus. Die Ruinen der mondänen Bade- und Villenorte der römischen High Society zählen heute zu den zahllosen Sehenswürdigkeiten am Golf. Den Alltag jener Zeit konservierte der katastrophale Vesuvausbruch, der 79 n. Chr. Pompeji, Herkulaneum und Stabiae unter seinen Auswurfmassen begrub. Sehr zum Entzücken *Goethes* (und aller, die ihm folgten), der 1787 feststellte: „Es ist viel Unheil in der Welt geschehen, aber wenig, das den Nachkommen so viel Freude gemacht hätte." Die klassischen Reisen des 18. und 19. Jh. à la Goethe prägen nach wie vor den touristischen Blick auf Neapel und den Golf.

Auch heute noch stricken die meisten Reiseveranstalter ihre Programme nach dem altbewährtem Muster der Grand Tour. Kampanien bietet dem neugierigen Reisenden allerdings sehr viel mehr! Natürlich liefert dieses Reisehandbuch Lesestoff auch während einer Studienreise oder eines Badeurlaubes auf Ischia, doch wendet es sich vor allem an jene, die selbst und mit allen Sinnen in das Leben der süditalienischen Metropole Neapel eintauchen, die Inseln Capri, Ischia und Procida, die Sorrentiner Halbinsel, die Amalfitana, den urwüchsigen Cilento und die wenig bekannten Berglandschaften im Landesinneren kennen lernen, voll Neugier einer greifbar gegenwärtigen Antike begegnen, wandernd Küsten und Berge Kampaniens entdecken, kulinarischen Geheimnissen nachspüren und die vibrierende Gegenwart erleben möchten.

… aber es sei genug, denn man muß weder zu viel sehen noch zu viel erzählen.

Ferdinand Gregorovius,
Wanderjahre in Italien

Buon viaggio!

Peter Amann
München, im April 2013

Inhalt

Exkurse

Karten

Kampanien: Übersichtskarten
in den Umschlagklappen

Die Regionen im Überblick

Eintauchen in die chaotischste und lebenslustigste Metropole Italiens, die allen Unkenrufen zum Trotz viel ungefährlicher ist als manch andere Großstadt. Der kulturelle Aufbruch, der Neapel Mitte der 1990er Jahre erfasst hat, wirkt ansteckend, auch auf den Rest der Region. Die UNESCO hat den gesamten Centro storico zum Weltkulturerbe erklärt, das Archäologische Nationalmuseum und die Gemäldegalerie Capodimonte besitzen Weltniveau. Die Theater- und Musikszene in der Stadt brodelt! Mit einem eigenen Fahrzeug nach Neapel zu reisen, ist Wahnsinn, und erholen kann man sich anderswo.

Das Inseljuwel Capri ist viel zu schade nur für einen Tagesausflug und die Massenabfertigung in der Blauen Grotte. Hier muss man über Nacht bleiben! Das eigene Auto hat dabei nichts verloren, auf dem Festland gibt es sichere Langzeitparkplätze. Ischia tut gut. Heiße Quellen und schöne Strände sorgen für abwechslungsreiche und heilkräftige Badefreuden. Das ursprüngliche Inselinnere lässt sich auf ausgedehnten Wanderungen entdecken. Procida bietet italienischen Inselalltag, die Coricella ist eine filmreife Fischersiedlung.

Der Mythenlandschaft der Antike und dem Sehnsuchtsziel humanistisch gebildeter Reisender der

Grand Tour hat das 20. Jh. übel mitgespielt. Die faszinierende Vulkanlandschaft am Golf von Pozzuoli ist trotz moderner Bausünden eine Reise wert. In Pozzuoli steht eines der größten römischen Amphitheater, in Cuma erhebt sich die älteste griechische Akropolis auf italischem Boden. Aus einer Grotte verkündete hier die Sibylle ihre Prophezeiungen. In Baia kann man sich mit Fantasie das luxuriöse Leben der antiken Römer vorstellen. Mit der Circumcumana, der Metro oder dem Bus lassen sich die Phlegräischen Felder auch ohne eigenen (Miet-) Wagen erreichen.

4 **Vesuv, barocke Villen und versunkene Städte | 207**

Der schlafende Feuerberg steht als Nationalpark und UNESCO-Biosphärenreservat unter Naturschutz. Neuerdings kann man ihn auf Wanderwegen erkunden. In Pompeji und Herkulaneum (beide Städte zählen zum UNESCO-Weltkulturerbe), den 79 n. Chr. vom Vesuv verschütteten Städten, öffnet sich ein einzigartiges Zeitfenster in den römischen Alltag der Antike. Das Lebensgefühl der römischen High Society erlebte im 18. Jh. seine Wiedergeburt. Die barocken Villen des neapolitanischen Adels am Fuße

des Vesuvs drohen heute in Zementfluten unterzugehen. Das angesagteste Verkehrsmittel ist hier die Nahverkehrsbahn Circumvesuviana, mit dem eigenen Auto steckt man oft im Stau.

5 **Sorrentiner Halbinsel | 261**

Dem Ursprung der Pasta in Gragnano nachspüren, Höhenflüge auf den Monte Faito, herrliche Wanderungen und zauberhafte Badebuchten im Sirenenland. Der traditionsreiche Urlaubsort Sorrent ist heute eine Hochburg des Pauschaltourismus, aber immer noch „very charming". Die Sorrentiner Halbinsel bewahrt sich ihre bäuerlichen Reize und empfiehlt sich auch für den Familienurlaub. Ein eigener Pkw ist nicht nötig, mit Linienbussen, der Circumvesuviana und Fähren erreicht man fast jeden Ort am Golf, die Amalfitana und die Inseln.

6 **Amalfi-Küste | 297**

Italiens spektakulärste Steilküste raubt einem den Atem, so schön ist sie und so abenteuerlich sind ihre (Straßen-) Kurven. Auf ein eigenes Fahrzeug zu verzichten schont die Nerven! Man kann sich unbesorgt den Künsten lokaler Linienbusfahrer anvertrauen oder das unvergleichliche Panorama vom Meer aus genießen. Im Sommerhalbjahr verkehren regelmäßig Fähren. Positano, Amalfi und Ravello sind Bilderbuchorte mit orientalischem Flair und einem Maximum an Belvedere. Auf alten Wirtschaftswegen kann man zu Fuß weit ab von Touristenströmen durch die Berge, in denen Milch fließt, streifen. Die UNESCO hat die Amalfitana zum Weltkulturerbe erklärt.

Salerno und Paestum | 375

Das altehrwürdige Salerno ist eine Stadt im Aufbruch, im antiken Paestum stehen die schönsten Griechentempel Unteritaliens. Zurecht ist Paestum UNESCO-Weltkulturerbe. In der Sele-Ebene trifft man auf die schwarzen Wasserbüffel, die Milch für echte Mozzarella liefern. Linienbusse und Züge fahren regelmäßig nach Salerno und Sorrent.

 Cilento und Vallo di Diano | 417

Der urwüchsige Cilento ist die große Überraschung im Süden der Region: Nationalpark, UNESCO-Biosphärenreservat und Weltkulturerbe in Einem. Traumstrände und ein kristallklares Meer, bäuerliches Hinterland und wilde, unberührte Berglandschaften, in denen sich Wolf und Otter Gute Nacht sagen. Ideal für einen entspannten Familienurlaub oder abwechslungsreiche Aktivferien. Mit einem eigenen Fahrzeug bleibt man flexibel beim Erkunden der schönsten Strände und der Wanderrouten.

 Provinz Caserta und das Matese | 505

Die Provinz hat mehr zu bieten als die Reggia di Caserta mit Park und UNESCO-Prädikat: wunderschöne romanische Kirchen, Kultstatuen aus vorrömischer Zeit im Museum von Capua, in S. Maria Capua Vettere ein Amphitheater, in dem Spartacus zur Gladiatorenschule ging, herrliche Wanderungen auf dem erloschenen Vulkan Roccamonfina und im Matese-Massiv. Die Küste ist von kilometerlangen Sandstränden und hässlichen Bausünden gesäumt. Im Hinterland locken die uralte Kulturlandschaft der Campania felix und wunderschöne Städtchen. Mit eigenem Fahrzeug bewegt man sich viel freier.

 Benevent und Monti del Sannio | 541

Benevent ist eine selbstbewusste und trotz ihrer zahlreichen Kunstschätze nur wenig besuchte Provinzhauptstadt. Hier steht einer der am besten erhaltenen Triumphbögen der römischen Antike. Der kleine mittelalterliche Ort Sant'Agata dei Goti ist ein Juwel, die Massive des Camposauro und Taburno laden zu ausgedehnten Wanderungen ein. Ein eigenes Fahrzeug hilft Zeit sparen.

 Avellino und die Irpinia | 561

1980 erschütterte ein verheerendes Erdbeben die Provinz Avellino. Die Reize der Natur haben sich als unzerstörbar erwiesen, inzwischen sind auch die Wiederaufbauarbeiten weitgehend abgeschlossen. Es gibt also keinen Grund mehr, einen Bogen um das grüne Herz Kampaniens zu machen, zugleich auch kulinarisch eine der interessantesten Provinzen. Kunsthandwerk und Brauchtum sind hier lebendig geblieben, ohne zur touristischen Folklore zu geraten. Mit eigenem Fahrzeug sind auch die entlegensten Winkel erreichbar, so z.B. das Berg- und Wanderland der Irpinia oder Gesualdo, Geburtsort des Carlo da Gesualdo, Prinz von Venosa, Doppelmörder und Komponist himmlisch-genialer Madrigale.

Nicht verpassen!

Diese Tipps am Anfang eines Kapitels erkennt man an der **gelben Hinterlegung.**

In diesem Reiseführer . . .

. . . werden die **klassischen Reiseziele** Neapel, Phlegräische Felder, Pompeji, Herkulaneum, Vesuv, Sorrent, die Inseln Capri, Ischia und Procida sowie die Amalfi-Küste ausführlich vorgestellt. Das Buch schließt allerdings nicht mit der Beschreibung von Salerno und Paestum, sondern führt mit einem umfangreichen Kapitel weiter nach Süden in den **ursprünglichen Cilento.** Schließlich widmen sich einige kürzere Kapitel den zu Unrecht **wenig besuchten Provinzen im Landesinneren.**

In den Ortskapiteln werden **klassische und auch weniger bekannte Sehenswürdigkeiten** beschrieben, dabei immer mit **Einblicken in den Alltag** der Vergangenheit, um somit **Brücken in die Gegenwart** zu schlagen. Als roter Faden ziehen sich die Beschreibungen zahlreicher **Wanderungen** durch das Buch. Zu Fuß (und beim Essen und Trinken) lernt man ein Land und seine Menschen häufig am besten kennen!

Zu jeder Urlaubsregion finden sich **aktuell recherchierte praktische Reisetipps** zu Infostellen, Verkehrsverbindungen, Festen, Veranstaltungen, Badegelegenheiten, Sport- und Wandermöglichkeiten. Die besprochenen Unterkünfte wurden persönlich ausgewählt und bieten ein möglichst breites Spektrum. Eine Vorliebe des Autors und seiner kampanischen Freunde für die Vielfalt der süditalienischen Küche spiegelt sich in der Auswahl der empfohlenen Restaurants, Trattorien, Osterien, Pizzerien, Caffès, Pasticcerien und Weinkellereien wider. **Exkurse** liefern Hintergrundinfos und bieten (hoffentlich) unterhaltsamen Lesestoff.

☐ Der Vesuvkrater – Wandern am Abgrund

gvn13_170 pa

1 Neapel

Neapel, die chaotischste und lebenslustigste Metropole Italiens, ist kein Ort für schwache Gemüter. Die UNESCO zählt sie zum Weltkulturerbe! Und nicht nur wegen der Erfindung der Pizza liegt Napoli auch kulinarisch im Trend.

◁ Metro-Bau: Bohrköpfe vor dem Castel Nuovo

⌂ Das Leben findet auf der Straße statt

1

DIE METROPOLE

gvn13_017 pa

Die chaotischste und lebenslustigste Metropole Italiens ist – allen Unkenrufen zum Trotz – viel ungefährlicher als manch andere Großstadt. Der kulturelle Aufbruch, der Neapel Mitte der 1990er Jahre erfasst hat, wirkt ansteckend, auch auf den Rest der Region. Die UNESCO hat den gesamten Centro storico zum Weltkulturerbe erklärt, das Archäologische Nationalmuseum und die Gemäldegalerie Capodimonte besitzen Weltniveau. Die Theater- und Musikszene in der Stadt brodelt! Mit einem eigenen Fahrzeug nach Neapel zu reisen, ist Wahnsinn, und erholen kann man sich anderswo.

Ich habe die drei schönsten Seestädte Italiens, Genua, Neapel und Palermo gesehen, welche um den Vorzug ihrer Lage streiten, und kann sie also miteinander vergleichen. Unbezweifelt wird hier Neapel den Sieg davon tragen, denn welche Stadt rühmt sich eines so klassischen Amphitheaters der Natur, eines solchen Golfes, des Vesuv, der Küsten von Castellamare und Sorrent, und solcher schöner Inseln?

Ferdinand Gregorovius,
Wanderjahre in Italien, 1853

Neapel ist die geheimnisvollste Stadt Europas, es ist die einzige Stadt der antiken Welt, die nicht untergegangen ist wie Ilios, wie Ninive, wie Babylon. Es ist die einzige Stadt der Welt, die nicht in dem ungeheuren Schiffbruch der antiken Kultur versunken ist. Nea- *pel ist ein Pompeji, das niemals verschüttet wurde. Es ist keine Stadt, es ist eine Welt.*

Curzio Malaparte, Die Haut

Die Geschichte Kampaniens, deren Protagonistin Neapel seit vielen Jahrhunderten ist, lässt sich nachlesen (siehe Kapitel „Land und Leute" und „Lesen"). In Neapel (17 m; 956.740 Ew.) selbst erschließt sie sich immer auch als lebenspralle Gegenwart. Es gibt viel zu entdecken, der gesamte **Centro storico** ist **UNESCO-Weltkulturerbe der Menschheit.** Der größte Reichtum Neapels sind und bleiben jedoch seine Bewohner. In einem undurchdringlichen Geflecht menschli-

1

Neapel

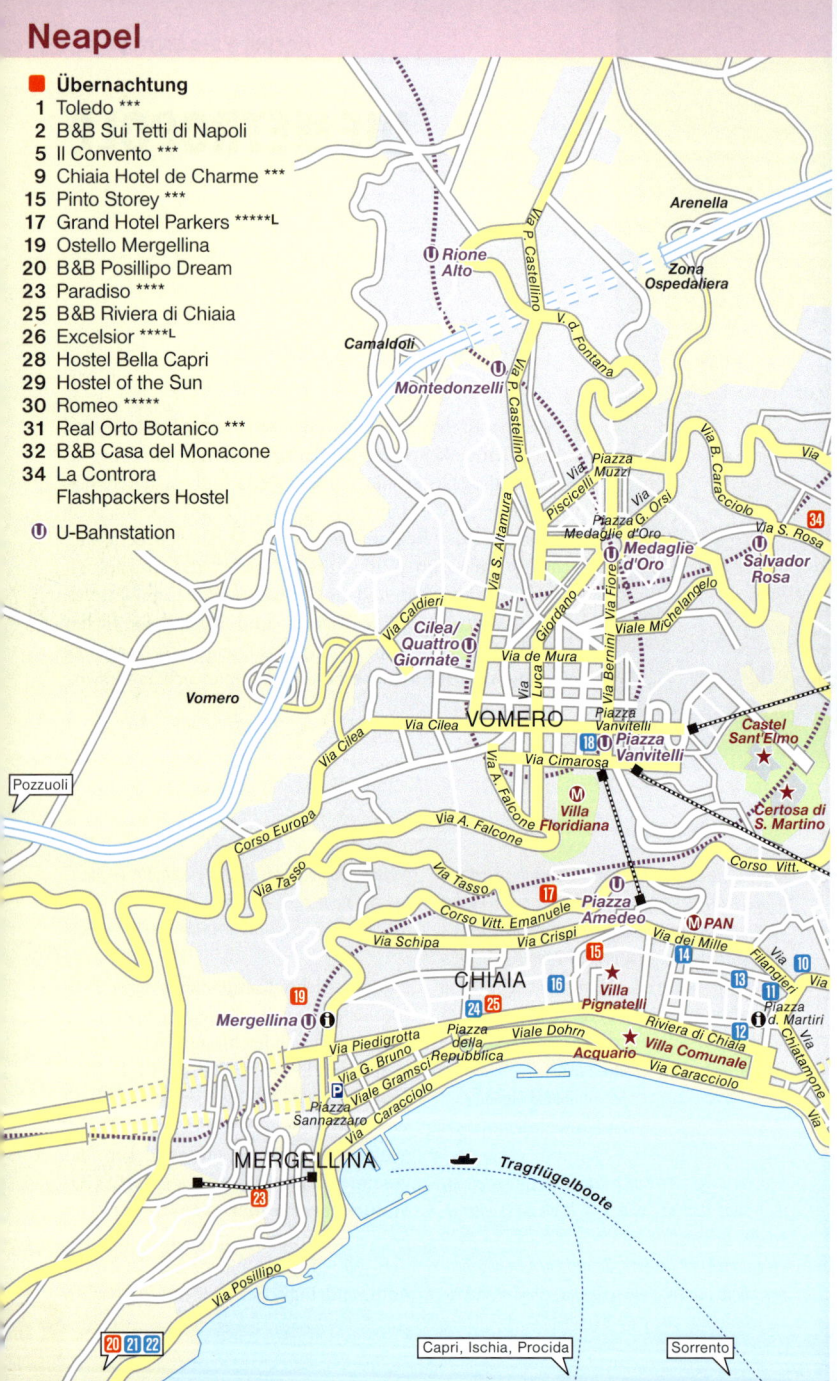

© Reise Know-How 2013

0   1 km

CAPODIMONTE

Museo Nazionale di Capodimonte

Flughafen, Autobahn

Via Capodimonte

Catacombe di S. Gennaro

Corso Amedeo di Savoia

SANITÁ

Via Don Bosco

Piazza Carlo III

Orto Botanico

32 *Catacombe di S. Gaudioso*

Via S. Teresa degli Scalzi

Via Foria

31

Materdei

33

Via Vergini

Via Cesare Rosaroli

Corso Garibaldi

Via Arenaccia

Piazza Nazionale

Via G. Pignatelli

Imbriani

Via Salvator Rosa

Museo

Piazza Cavour

Via S. Giovanni a Carbonara

Via S.M. di Costantinopoli

Piazza Cavour

Piazza Capuana

B

Via Firenze

Hauptbahnhof

Via Nazionale

Museo Nitsch

Via Pessina

Via Duomo

CENTRO STORICO

Via Tribunali

Piazza Garibaldi

B **Piazza Garibaldi**

i

Montesanto

Piazza Dante

Dante

Via S. Biagio dei Librai

Via Forcella

Corso Umberto I

Piazza Nolana

Corso Garibaldi

Corso A. Lucci

Via B. Croce

ALTSTADT

Via Duomo

Piazza Mercato

Stazione Circumvesuviana

P *Brin*

QUARTIERI SPAGNOLI

Corso Umberto I

Via Nuova Marina

Via Vespucci

1
3 **2**
4 **5** **6**
7 **8**

Via Diaz

Via A. de Gasperi

B

Calata Porta di Massa

Ausschnitt Seite 21

Via Toledo

Galleria Umberto I

Via Medina

Piazza Municipio

30
29
28
27

V. C. Colombo

Beverello

Stazione Marittima

Portici, Ercolano

9 *Piazza Trieste e Trento*

Chiaia

Vitt. Emanuele

Castel Nuovo

Molo

Palazzo Reale

Via Acton

Pza. del Plebiscito

S. Francesco di Paola

ii

Via Acton

Via N. Sauro

Via Santa Lucia

Sorrento, Capri, Ischia, Procida

Ischia, Procida, Sizilien

Via Partenope

26

SANTA LUCIA

Borgo Marinari

Castel dell'Ovo

Neapel Altstadt/Centro storico

Übernachtung
1 Naples Pizza Hostel
5 Costantinopoli 104 ***
6 Piazza Bellini ***

11 Six Small Rooms
12 Palazzo
   Turchini ****
15 Decumani ****

cher Beziehungen halten sie die Stadt, die sich jeder einfachen Einordnung erfolgreich entzieht, zusammen. Neapel und den Neapolitanern wird mit vielen Vorurteilen begegnet, auch von Italienern. Jeder nährt seine eigenen Klischees, sie hier aufzuzählen wäre müßig. Für einige wird man vor Ort Bestätigung finden. Für die eigene Neugierde aber, auf die Stadt und ihre Bewohner respektvoll zuzugehen, wird man oft überraschend belohnt.

Mit dem Linksdemokraten *Antonio Bassolino*, der in den 1990er Jahren Neapel zweimal in Folge als Bürgermeister regierte, begann ein **neuer Aufschwung** (weniger positiv seine Amtszeit als Präsident der Regione Campania 2000 bis 2010). *Bassolinos* Parteigenossin und Nachfolgerin *Rosa Russo Jervolino* wurde als erste Bürgermeisterin Neapels zweimal im Amt wiederbestätigt. Hoffnungsvoll stimmte die Wahl von *Luigi de Magistris* zum Bürgermeister. Im Mai 2011 konnte sich der ehemalige Staatsanwalt und ausgewiesene Mafia-Gegner als Kandidat eines links-liberalen Parteienbündnisses überraschend deutlich gegen den *Berlusconi*-Favoriten *Giovanni Lettieri* durchsetzen. Seine Amtsführung entspricht bislang nicht ganz den gemachten Versprechungen, wenn auch aus touristischer Sicht die Einrichtung verkehrsberuhigter Zonen in der Innenstadt positiv ist.

1994 ins Leben gerufen, hat sich der **„Maggio dei Monumenti"** längst als Kulturereignis ersten Ranges etabliert. Engagierte Schulkinder öffnen im Mai Heerscharen von Touristen die Türen zu bislang zu wenig beachteten Monumenten, Kirchen, Palästen und Museen, die auch für viele Neapolitaner noch Über-

raschungen bergen. Jeder, der die Stadt seit Jahren kennt, weiß, wovon die Rede ist. Und wer zum ersten Mal nach Neapel kommt, wird eine der abwechslungsreichsten Kulturstädte, eine der lebendigsten Szenestädte und sicher die aufregendste Metropole Italiens entdecken. Auch wenn die zurückliegenden Jahre Neapel wenig gute Presse beschert haben – Müllkrise und Camorra sind die Stichworte – bleibt die explosiv-lebendige Stadt am Golf auf jeden Fall einen Besuch wert!

gvn13_001_pa

Sehenswertes

Centro storico, Spaccanapoli und Museo Archeologico

Verirrten sich Anfang der 1990er Jahre nur wenige Kunstbegeisterte in die dunklen Straßenschluchten des Centro storico und mussten dabei ständig damit rechnen, Opfer eines *scippo* (Straßen-raub) zu werden, kann man heute ohne Angst durch die **vielleicht faszinie-rendste Altstadt Europas** schlendern. Sanierungsmaßnahmen im Vorfeld des G7-Gipfels von 1994, vor allem aber die konsequente Kommunalpolitik der da-rauffolgenden Jahre haben dem Viertel viel von seinem alten Glanz zurückgege-ben, ohne es seiner volkstümlichen Vita-

Neapel – die Metropole

☑ Im Hafen raucht es, auf dem Vesuv z.Z. nicht

lität zu berauben. Der jüngste Trend: Junge neapolitanische Familien ziehen mit ihren Kindern in den Centro storico zurück.

Das Schachbrett der sich rechtwinklig kreuzenden Straßen ist seit der Antike Schauplatz neapolitanischen Lebens, der heutige Verlauf der Via Anticaglia, Via Tribunali, Via Benedetto Croce oder Via San Biagio dei Librai folgt exakt den vom Schutt der Geschichte begrabenen *decumani* (Hauptstraßen) des antiken Neapolis. Statt seine Mauern zu überwinden, wuchs das mittelalterliche Neapel in die Höhe. Dicht an dicht drängen sich vielgeschossige Palazzi neben einer Vielzahl an Kirchen. Als die *Anjous* im 13. Jh. die

Hauptstadt ihres Reiches von Palermo nach Neapel verlegten, setzte hier ein ungeheurer Bauboom ein, der bis ins Barock anhielt.

Auf der **Piazza del Gesù** erhält man im Touristenbüro einen detaillierten Stadtplan. Den Platz beherrscht die **Guglia dell'Immacolata** (1747–50), ein 34 m hoher Obelisk. Die wehrhafte Diamantquaderfassade der **Jesuitenkirche Gesù Nuovo** (1584–1601) ist der Rest des an dieser Stelle 1470 errichteten Palast der *Sanseverino*. Das Kircheninnere empfängt mit barockem Kontrastprogramm.

Als Via Pasquale Scura führt die zentrale Altstadtachse, der „Neapelspalter", aus den spanischen Vierteln auf die Piazza del Gesù und setzt sich schnurgerade unter den Namen Benedetto Croce, San Biaggio dei Librai und Forcella bis ins gleichnamige Viertel fort, dabei die Alt-

⌃ Gesù Nuovo: Palastfassade für eine Kirche

1

stadt förmlich in zwei Hälften spaltend. Soweit die Namen auf dem Stadtplan, Neapolitaner nennen den alten *decumanus inferior* und das dazugehörige Viertel **Spaccanapoli.**

Östlich an die Piazza del Gesù schließt sich der Kirchen- und Klosterkomplex von **Santa Chiara** an. *Robert I. von Anjou* legte 1310 den Grundstein für die Kirche, deren Fassade sich, bis auf die große Rosette, in strenger Schmucklosigkeit erhebt. Die Bomben des 2. Weltkriegs sprengten den barocken Stuck ab, und nach Restaurierungen wurde auch im Inneren die einstige gotisch-angiovinische Klarheit wiederhergestellt. Vor der Chorwand erheben sich die großartigen Königsgräber der *Anjou.* Die Baldachingräber von *Tino da Camaino* und seinen Schülern waren für den Süden Italiens stilbildend. Hinter dem glatten Abschluss des Kirchensaals befand sich der Nonnenchor der in strenger Klausur lebenden Klarissinen.

Seitlich der Kirche gelangt man in den **Chiostro delle Maioliche,** den vielleicht schönsten Kreuzgang Kampaniens. In seiner Anlage geht er ebenfalls auf die Anjou-Zeit zurück. Mitte des 18. Jh. wurde er auf Wunsch *Amalie von Sachsens,* Gemahlin des Bourbonenkönigs *Karl III.,* in einen paradiesischen Garten verwandelt. Der Clou sind die majolikaverzierten Sitzbänke und Säulen, über die sich eine schattige Pergola spannt. Die handbemalten Kacheln greifen die Farben der Zitronen und Weinranken auf, und man wird nicht müde, die fröhlichen Genreszenen zu betrachten. Sitzen darf man allerdings nur auf den kühlen Steinbänken am Rand. Egal, der Majolika-Kreuzgang ist einer der friedlichsten Orte im Zentrum Neapels!

Aus dem Kreuzgang gelangt man in das **Museo dell'Opera di S. Chiara** mit den Ausgrabungen einer römischen Thermenanlage aus dem 1. Jh. n. Chr.

- ■ **Santa Chiara,** Via Benedetto Croce. Tägl. 7–12.30 und 16–19 Uhr.
- ■ **Chiostro delle Maioliche,** Via Santa Chiara 49/C, Tel. 08 15 51 66 73, www.monasterodisantachiara.com. Mo bis Sa 9.30–17.30 Uhr, So 10–14.30 Uhr. Eintritt 6/4,50 Euro.

Die Via Benedetto Croce wird von der Via S. Sebastiano gequert, die sich in nördlicher Richtung zum Museo Archeologico fortsetzt. Unterwegs öffnet sich die hübsche **Piazza Bellini** mit zahlreichen Cafés. Eine Öffnung im Pflaster zeigt Reste der antiken griechischen Stadtmauer.

Folgt man hingegen der Spaccanapoli weiter nach Nordosten, gelangt man auf die **Piazza S. Domenico Maggiore.** Die gleichnamige Hauptkirche des Dominikanerordens entstand durch die Verschmelzung zweier separater Vorgängerkirchen. Im Laufe der Zeit reicherte sich S. Domenico Maggiore mit zahlreichen Kunstwerken an. Einige, wie *Tizians* „Verkündigung" oder *Caravaggios* „Geißelung Christi", sind heute im Museo di Capodimonte zu bewundern. Ende des 13. Jh. lehrte hier *Thomas von Aquin.* Im 16. Jh. erhielt *Giordano Bruno* hier seine umfassende Ausbildung, geriet aber auch in Konflikt mit der Ordensleitung, da er sich der Marienverehrung verweigerte. Den Mittelpunkt der Piazza bildet ein weiterer barocker Obelisk, die **Guglia di S. Domenico,** nach der Pestepidemie 1656 gelobt und 1737 vollendet. Ein Muss ist der Besuch im **Café Scaturchio** auf einen *caffè e'na sfugliatella.*

1

La vera Pizza – ein neapolitanischer Lokalaugenschein

von **Peter Peter**

In **Neapel,** der **Heimat der Pizza,** brennt nicht nur wie seit eh und je das ewige Feuer der bunt gekachelten, glockenförmigen Pizzaöfen – ein guter *forno* sollte nie ganz ausgehen – es kocht auch der Volkszorn der *pizzaioli,* der Pizzabäcker. „Früher waren wir Hauptstadt mit einem König, der regelmäßig Pizza gegessen hat. Das haben sie uns genommen. Jetzt wollen Sie uns auch noch unsere Pizza nehmen …"

La vera pizza, die einzig wahre Pizza, gibt es nur in der parthenopäischen Metropole unter dem Vesuv, da ist man sich ganz sicher. Denn hier ist sie schließlich entstanden. Über ihre Geschichte haben Lokalpatrioten mittlerweile Ströme von Tinte vergossen. Das Wort Piz(z)a, belehren uns die Philologen, soll 997 zum ersten Mal in einem süditalienischen Codex erwähnt sein. Und die erste, die Ur-Pizza, soll die heute praktisch verschwundene mastunicola gewesen sein, eine pizza bianca, mit Schweineschmalz getränkt, mit geriebenem Käse und Basilikum bedeckt. So steht es in alten Rezeptbüchern. Alles Unsinn, behauptet *Giovanni Serritelli,* Inspirator des kulinarischen Zirkels „Simposium" und vielleicht der profundeste Kenner der einst in Europa führenden neapolitanischen Hofküche der Anjou und Aragon. Schweineschmalz war viel zu kostbar, praktisch ein Privileg des Adels. Das, was die Pizza heute ist, ein Volksgericht, war die mastunicola niemals, sondern ein Festtagsgebäck, das man sich ausnahmsweise zu Ostern leistete.

Nein, *la vera pizza napoletana* entsteht erst Mitte des 18. Jh. Denn erst damals beginnt man darauf zu kommen, dass die im 16. Jh. von den Spaniern aus Amerika eingeführten Tomaten nicht nur scharf und vermutlich giftig und daher nur in medizinischen Dosen genießbar sind. Gerade im kampanischen Hinterland von Neapel, in der Sarnoebene, werden neue, süße Sorten entwickelt und in großem Stil angebaut: Der Siegeszug der Tomate in der süditalienischen Küche setzt ein. „I pomi d'oro sono di piacere", rühmt 1733 der neapolitanische Kochbuchklassiker *Vincenzo Corrado* in seinem „Cuoco galante". „Tomaten schmecken" vor allem dem einfachen Volk von Neapel, das sie als willkommene Abwechslung zu den ärmlichen Gemüsesuppen der cucina popolare empfindet und sich die teuren *maccheroni* nur selten leisten kann. Die mit *pomodori pelati,* mit geschälten gekochten Tomaten bedeckte Pizza, wird Alltagsnahrung der Volksmassen in der damals neben London und Paris größten Stadt Europas. Viele essen sie dreimal am Tag, früh, mittags und abends, wie ein Taschentuch *a quadretto* zusammengeschlagen. Und dass die Fischer sie als Bordproviant mitnahmen, hat der **Urvariante** den Nahmen verliehen: **Marinara,** mit Tomaten, Knoblauch, etwas Oregano und ein paar Tropfen Olivenöl.

Bald verbreitete sich ihr Ruf derartig, dass die neapolitanischen Bourbonenkönige, die kulinarisch ein untrügliches und publikumswirksames Gespür für bodenständige Volksküche besaßen, neugierig wurden. 1772 betritt der gleiche König *Ferdinand,* der seine Makkaroni in der Oper nach Lazzaroni-Manier mit bloßen Händen aß, trotz verzweifelter Vorhaltungen seiner habsburgischen Gattin die populäre Pizzabäckerei von *Antonio n'Tuono* an der Salita Santa Teresa. *Re Nasone* („König Nase") ist begeistert, konvertiert die Granden seines Reichs zur Pizza und will schließlich seinen eigenen Pizzabackofen haben. Passender Ort dafür: das Königsschloss Capodimonte, wo neben den Öfen für die königliche Porzellanmanufaktur auch einer für Pizza entsteht.

1860 wurden die Bourbonen von dem Pizza-Esser *Garibaldi* aus ihrem Königreich beider Sizilien vertrieben, Neapel ist keine Hauptstadt mehr und verarmt zusehends. Schlechte Karten für die neue italienische Dynastie aus Savoyen. Bis Königin *Margherita* bei einem Neapelbesuch auf einen genialen Publicity-Einfall kommt. Demonstrativ lässt sie sich von dem Pizzaiolo *Raffaele Esposito* Pizza im Palast backen. *Don Rafé,* der im Eselskarren anfuhr, hatte die Idee, die politische Königspizza mit weißer Mozzarella, grünem Basilikum und roten Tomaten in den Farben der italienischen Trikolore zu belegen und diese Komposition der Königin zu widmen. **Neapels Pizzaklassiker,** die **Margherita,** war entstanden. Und die Neapolitaner liefen mit fliegenden Fahnen zur neuen Dynastie über und stimmten noch 1946 zu 80% gegen die Republik. Letztlich kam der Wechsel der Staatsform doch, der Pizza aber konnte er nichts anhaben: An die 450 Pizzaöfen brennen in Neapel, und es werden eher mehr als weniger. Denn auch die schicken Szenekneipen auf dem Vomero haben „The first fast food in the world" wiederentdeckt. Und *Antonio Bassolino,* der als ex-kommunistischer Erfolgsbürgermeister Neapel Mitte der 1990er Jahre wieder salonfähig gemacht und Handel und Tourismus fette Zuwachsraten beschert hat, hat auch das Image der „vera pizza" zur Chefsache erklärt.

Antonio Pace, Pizzaiolo-Spross und Besitzer des ambitionierten Restaurants „S. Ciro in Brigida", hat 1984 mit 18 anderen pizzaioli die **Vereinigung „La vera Pizza",** deren Symbol ein Pizza backender Pulcinell ist, gegründet. Seither versucht er, das täglich Brot der Neapolitaner zu verfeinern und einem EU-festen Regelwerk zu unterwerfen.

Da bliebe noch eine Streitfrage zu klären. **Was trinkt man zur Pizza?** In den Pizzerien, die nur Pizza backen, keine Frage: natürlich Bier, am besten Peroni oder eine andere birra nazionale. Wieso? Deutschland-Mode oder neapolitanische Lokaltradition? Immerhin wurde 1840 in Capodimonte das erste Bier gebraut, und das legendäre „Grand Caffè Gambrinus" gegenüber der Oper San Carlo verdankte ursprünglich seinen Ruhm nicht dem besten Café Neapels, sondern der *birra.* Die Antwort ist nüchterner, fiskalisch. Für Weinausschank brauchte man eine Lizenz, für Bier in Flaschen nicht. Sie wollen dennoch „alla tedesca" lieber Wein zur Pizza? Dann gehen Sie in eine der Nobelpizzerien. Dort wird man Ihnen passende Tropfen anbieten. Etwa die leicht moussierenden Rotweine von Gragnano oder Lettere oder den spritzigen Asprinio, der aus Champagner-Reben gekeltert wird, die einst Napoleons Schwager *Murat* nach Kampanien brachte. Alles ist möglich, und natürlich hat man früher Wein zur Pizza getrunken. In Neapel soll jeder nach seiner Fasson selig werden. Denn die Pizza ist allumfassend, klassenlos, oder wie es ein neapolitanisches Sprichwort auf den Punkt bringt: **„Mahl der Armen, Schleckerei der Reichen", pranzo dei poveri, sfizio dei ricchi.**

Bethlehem in Neapel

Die erste Weihnachtskrippe gestaltete der Tierfreund *Franz von Assisi,* als er 1223 die Weihnachtsmesse mit einem lebendigen Ochsen und Esel feierte. Frauenklöster nahmen den Gedanken der Weihnachtskrippen auf, und im Barock wurden sie auch zum Bezugspunkt häuslicher Andacht. Eine entscheidende Wende nahm die Krippenkunst im Neapel des 18. Jh. Billigere Materialien und Herstellungstechniken, bei denen die Figuren aus Holz, Gips oder Ton gefertigt wurden, sorgten für die Verbreitung der Krippen auch im Volk. Damit hielt die Lebensrealität des neapolitanischen Alltags Einzug in die Weihnachtsgeschichte. Die Darstellung der Krippe im Stall wurde um Straßenhändler, Pizzabäcker, Spaghettiesser, Musikanten, Tänzer und Kartenspieler bereichert. Dank ihrer volkstümlichen Realitätsnähe sind die neapolitanischen Krippen einzigartige soziologische Dokumente jener Epoche. Von der einst blühenden Krippenindustrie des 19. Jh. sind in Neapel nur noch die Werkstätten entlang der Via S. Gregorio Armeno geblieben. Zu einem wahren Meister seines Faches zählt *Marco Ferrigno.* Der erste Stock seines Werkstattladens in der Hausnummer 8 ist zugleich ein veritables Krippenmuseum.

Die **pastori** – alle Krippenfiguren heißen Hirten – werden das ganze Jahr über gefertigt. In den Wochen vor Weihnachten tauchen Tausende von Käufern auf, und in der Gasse ist kein Durchkommen mehr. Die kunsthandwerkliche Qualität der Figuren ist sehr unterschiedlich, die Namen *Ugo Esposito, Marco Ferrigno* oder *Fulvio Forte* sind Garanten für traditionelle Arbeit, die Preise erwartungsgemäß hoch. Zu den *pastori* haben sich in neuerer Zeit Figuren des Ex-Bürgermeisters *Bassolino*, des „Fußballgottes" *Diego Maradona* oder von *Obama* als „Heilige" gesellt – kleine politische Seitenhiebe inklusive. Seit dem Rücktritt *Berlusconis* vom Amt des Ministerpräsidenten im November 2011 werden seine Figuren mit 50% Skonto gehandelt. In den Werkstätten werden auch Papier- und Seidenblumen sowie Amulette gegen den bösen Blick gefertigt. Gegen Unheil hilft der rote *corno*, abgeleitet von Phallus-Darstellungen der Antike. Helfen soll auch ein *gobbo*, die Figur eines Buckligen. Besonders wirksam ist die sirenenartige Gestalt eines *gobbo*, dessen Unterleib ein *corno* bildet. Besonders prunkvolle Krippen sind in Neapel im Kreuzgang von Santa Chiara und in der Certosa di San Martino zu sehen. Die schönste Sammlung neapolitanischer Krippen nördlich der Alpen besitzt übrigens das Münchner Nationalmuseum.

Von der Piazza S. Domenico ist es nur ein kurzer Abstecher zur **Cappella Sansevero,** dem überraschendsten Kleinod des neapolitanischen Barock. Die Familienkapelle des Palazzo Sangro wurde 1749–66 im Auftrag von *Raimondo di Sangro,* Prinz von Sansevero, umgestaltet. Der geniale, exzentrische und vielseitig begabte Prinz betätigte sich als Erfinder wasserdichter Regenmäntel, von Amphibienfahrzeugen, Kunstseide und Leichtmetallkanonen, als Alchemist und Großmeister der neapolitanischen Freimaurerloge. Großes Aufsehen erregte er mit der Ausgestaltung seiner Familienkapelle. Der ins Extrem gesteigerte Realismus einiger Marmorskulpturen erscheint heute noch genauso spektakulär und rätselhaft wie damals. *Corradinis* „Pudicizia" (Schamhaftigkeit), das Grabmahl von *Raimondos* Mutter, ist ungeheuer sinnlich. *Queirolos* „Disinganno" (Ent-Täuschung) schmückt das Grab des Vaters. Auf seine alten Tage soll er zum Glauben zurückgefunden haben. Das allegorisch zu verstehende Netz der Täuschung, aus dem die Figur sich befreit, ist ebenfalls aus Marmor gehauen. Der „Christo Velato" (Verhüllter Christus) ist das Meisterwerk *Giuseppe Sammartinos.* Ein dünnes Tuch bedeckt den Leichnam des Gemarterten und lässt die Wunden umso deutlicher hervortreten. Beim Verlassen der Kapelle kommt man an zwei makaberen medizinischen Schaustücken vorbei. Der Prinz soll zwei Dienern bei lebendigem Leib eine Flüssigkeit eingespritzt haben, welche die Blutbahnen versteinern ließ. Der dazugehörige **Palazzo Sangro** war übrigens am 16. Oktober 1590 Schauplatz jenes ebenso grausamen wie feigen Doppelmordes, den *Carlo Gesualdo,* Prinz von Venosa, an

seiner Frau und deren Liebhaber verübte. Der Nachwelt blieb er als Komponist genialer Madrigale in Erinnerung.

■ **Cappella Sansevero,** Via F. de Sanctis 19, Tel. 08 15 51 84 70, www.museosansevero.it. Mo, Mi bis Sa 10–17.40 Uhr, So 10–13.10 Uhr. Eintritt 7/5 Euro.

An der nahen Piazzetta Nilo steht die **Stiftskirche Sant'Angelo a Nilo.** Das Grabmal des Kardinals *Rinaldo Brancaccio* wurde 1427 in der Pisaner Werkstatt von *Michelozzo* und *Donatello,* den bedeutendsten Bildhauern der Frührenaissance, in Auftrag gegeben. Der kleine Platz ist nach einer antiken Statue des Flussgottes *Nil* benannt, in römischer Zeit ein Kultbild der in diesem Viertel ansässigen Ägypter. Seit dem 17. Jh. heißt die Figur **Corpo di Napoli.** Die Statue war zunächst kopflos gefunden worden und wurde weiblich als Personifikation der Stadt Neapel gedeutet. Heute steht sie mit Originalhaupt versehen als das eigentliche Wahrzeichen des Centro storico auf dem sich westlich anschließenden Largo Corpo di Napoli. Gegenüber ein (ironisch gemeinter?) Votivaltar für den Fußballgott *Diego Maradona* an der Fassade der Bar Nilo.

■ **Sant'Angelo a Nilo,** Piazzetta Nilo. Mo bis Sa 8.30–12 und 14–18 Uhr, So 9–13 Uhr.

Bergseitig zweigt von der Via San Biaggio dei Librai die **Krippengasse Via San Gregorio Armeno** ab. Die namensgebende Kirche aus dem 16. Jh. wurde an Stelle eines der römischen Tempel errichtet. Ihre volkstümliche Popularität verdankt sie dem **Blutwunder der Santa Patricia,** das sich hier pünktlich jeden Dienstag ereignet. Das Innere der Kirche ist reich ausgeschmückt, u.a. mit Fresken von *Luca Giordano*. Ein Blick lohnt auch der wunderschöne Kreuzgang (Eingang von der Via Maffei).

■ **San Gregorio Armeno,** Via San Gregorio Armeno 1, Tel. 08 15 52 01 86. Kirche tägl. 9.30–12 Uhr; Kreuzgang Mo bis Fr 9.30–12 Uhr, Sa/So 9.30–12 und 15–17 Uhr.

Die Via San Gregorio Armeno stößt auf die **Piazza San Gaetano,** das Forum der Antike. Hier erhebt sich die frühbarocke **Kirche San Paolo Maggiore** über den Resten des römischen Castor-und-Pollux-Tempels. Aus dieser Epoche stammen auch die beiden Säulen am Eingangsportal. Um 1270, nach dem endgültigen Sieg *Karl v. Anjous* über die Staufer, wurde mit dem Bau der **Kirche San Lorenzo Maggiore** begonnen. Nach Jahren der Restaurierung ist die schlichte Großartigkeit des einschiffigen Langhauses mit je neun Seitenkapellen wiederhergestellt. Der Umgangschor der Franziskanerkirche zeigt den Einfluss der französischen Frühgotik, während das breite Langhaus und das geräumige Querschiff auf süditalienische Bauformen verweisen. Hier schuf der sienesische Bildhauer *Tino da Camaino* 1332 für *Katharina von Österreich,* Schwiegertochter *Roberts v. Anjou,* das früheste seiner berühmten baldachinbedeckten Fürstengräber. In dieser bedeutendsten aller gotischen Kirchen Neapels traf und verliebte sich *Boccaccio* in seine *Fiammetta*. Rechts vom Kirchenportal liegt der Eingang zur archäologischen Zone (siehe Exkurs „Neapels Unterwelt").

■ **San Lorenzo Maggiore,** Via dei Tribunali 316, Tel. 081 45 49 48. Tägl. 8–12 und 15–19 Uhr.

■ **Complesso Archeologico di San Lorenzo Maggiore,** Piazza San Gaetano 316, Tel. 08 12 11 08 60, www.sanlorenzomaggiore.na.it. Mo bis Sa 9.30–17.30 Uhr, So 9.30–13.30 Uhr. Eintritt 9/6 Euro.

Auf der **Via Tribunali,** dem *decumanus maximus* der Antike, erreicht man die Via Duomo. Vorher noch lohnt der seitliche Abstecher in den Vico Donnaregina. Die entweihte, vorzüglich restaurierte **Kirche Santa Maria di Donnaregina** bietet dem **Diözesanmuseum** einen würdigen Rahmen. Die größten Barockmaler Neapels sind hier mit ihren Meisterwerken vertreten.

■ **Museo Diocesano,** Largo Donnaregina, Tel. 08 15 57 13 65, www.museodiocesanonapoli.com. Mo, Mi bis Sa 9.30–16.30 Uhr, So 9.30–14 Uhr. Eintritt 6/4 Euro.

Der **Duomo San Gennaro** ist neben dem Stadio San Paolo das Allerheiligste der Neapolitaner, werden doch hier die Reliquien ihres Schutzpatrons *San Gennaro* aufbewahrt. Hinter der neugotischen Fassade verbirgt sich ein Baukomplex, der beinahe die gesamte Bebauungsgeschichte der Stadt umfasst. Als älteste Kirche Neapels wurde die **Basilika Santa Restituta** um 320 im Auftrag Kaiser *Konstantins* errichtet. Ende des 13. Jh., beim Bau des angiovinischen Doms, bezog man die frühchristliche Kirche als nördliche Seitenkapelle mit ein. Aus der Santa Restituta-Basilika gelangt man in das **Battistero San Giovanni in Fonte,** einen Rundbau des 5. Jh. mit gut erhaltenen Kuppelmosaiken, die antiken Einfluss zeigen. Die Wiederauffindung der beiden Ampullen mit dem Blut des Heiligen 1389 und die Rückkehr

1

der Januarius-Reliquien im Jahr 1479 aus Benevent sorgten für rege Bautätigkeit am Dom. Erst wurde die Krypta, dann Anfang des 17. Jh. die **Cappella di San Gennaro** zum Zentrum des Januarius-Kultes ausgebaut, ein opulentes Schmuckkästlein des neapolitanischen Frühbarock. Der Altar birgt die Blutampullen, und jedes Jahr im Mai und September strömen die Gläubigen zusammen, um dem Wunder der Blutverflüssigung beizuwohnen, ein Omen für das Wohl und Wehe der Stadt. Wertvolle silberne Votivgaben aus sieben Jahrhunderten sind neben der Cappella in einem Museum ausgestellt.

■**Duomo San Gennaro,** Via Duomo 149, Tel. 081 44 90 97, www.duomodinapoli.com. Mo bis Sa 8–12.30 u. 16.30–19 Uhr, So 8–13.30 u. 17–19.30 Uhr.
■**Archäologische Zone und Baptisterium,** Mo bis Sa 9–12 und 16.30–19 Uhr, So 9–12.30 Uhr. Eintritt 3/1,50 Euro.
■**Museo del Tesoro di San Gennaro,** Via Duomo 149, Tel. 081.29.49.80, www.museosangennaro.com. Di bis Sa 9–17 Uhr, So 9–14.30 Uhr. Eintritt 6/4,50 Euro.

An der Via Tribunali öffnet sich auf Höhe des Duomo eine kleine Piazza mit der **Guglia di San Gennaro.** Die Votiv-Säule wurde 1660 errichtet, nachdem Neapels Schutzpatron die Stadt vor den Folgen des Vesuvausbruches 1631 hatte bewahren können. Gegenüber liegt die Kapelle des **Pio Monte della Misericordia,** eine der ältesten Wohlfahrtseinrichtungen der Stadt. Über dem Hauptaltar hängt eines der einflussreichen Meisterwerke *Caravaggios.* Thema seines monumentalen Gemäldes „Le sette opere di misericordia" (1606/07) sind biblische Werke der Barmherzigkeit, dargestellt in einem

revolutionären Realismus: Hungrige bekommen zu essen, Dürstende zu trinken, Nackte erhalten Kleidung, Pilger eine Herberge, Kranke und Gefangene werden besucht und die Toten bestattet. Menschen von den Straßen Neapels standen *Caravaggio* Modell. Erst auf Wunsch seiner Auftraggeber fügte er die Madonna nachträglich ein. Aus einem Fenster im 1. Stock sieht die Mutter Gottes als neapolitanische Mamma dem Treiben auf der Gasse zu.

■**Pio Monte della Misericordia,** Via dei Tribunali 253, Tel. 081 44 69 44, www.piomontedellamisericordia.it. Do bis Di 9.30–14 Uhr. Eintritt 6/5 Euro.

Die Via Tribunali endet vor dem **Castel Capuano,** Mitte des 12. Jh. von den Normannen als Zwingburg zur Kontrolle der aufmüpfigen Stadtbevölkerung errichtet. Von *Friedrich II.* als Residenz genutzt, machte es Vizekönig *Pedro de Toledo* zum zentralen Gerichtsgebäude der Stadt, eine Funktion, die es auch heute noch hat.

■**Castel Capuano,** Piazza Enrico De Nicola, www.cir.campania.beniculturali.it./castelcapuano. Mo bis Fr 9–18.30 Uhr. Eintritt frei.

Die **Porta Capuana** im Rücken des Kastells ist Teil der aragonesichen Stadtmauer vom Ende des 15. Jh. Die imposanten Rundtürme, ein Wahrzeichen Neapels, werden *Onore e Virtù* (Ehre und Tugend) genannt.

    Die **San Giovanni a Carbonara** nordwestlich der Porta Capuana ist eines der Kleinode unter Neapels Kirchen. Als Grablege der letzten Anjou-Herrscher erhebt sich im Altarraum 18 m hoch das Grabmal des 1414 verstorbenen Königs

Neapel – die Metropole

1

Neapels Unterwelt

Nicht von Camorra & Co. ist hier die Rede, sondern von dem ältesten Neapel, das heute viele Meter tief unter dem Pflaster der Stadt liegt. Läuft man durch die engen Straßen und Gassen des Centro storico, bewegt man sich mitten durchs neapolitanische Leben. Paläste erheben sich neben zahllosen Kirchen, Garküchen verbreiten verführerische Düfte, frisches Obst und Gemüse ergießt sich in Kaskaden auf die Straße, aus kleinen, lichtlosen Werkstätten dringt das Hämmern der Werkzeuge ans Ohr, obszöne Graffiti überziehen die Mauern, an Straßenecken sind kleine Altäre aufgebaut, die zum Gedenken an die armen Seelen im Fegefeuer aufrufen. Den Neapel-Besucher *Walter Benjamin* hatte in den 1920er Jahren die „Porosität" der Stadt fasziniert, ein Neben- und Durcheinander, eine vollständige Durchdringung von allen Lebensäußerungen, Kulturen und Kunststilen. In Neapels Centro storico gerät der Spaziergang schnell zur Zeitreise. Die sich rechtwinklig schneidenden Straßen entsprechen in ihrem Verlauf den *cardi* und *decumani* der antiken Stadt, die Bestätigung dafür findet sich im Untergrund.

Den faszinierendsten Einblick in Neapels vergangenen Alltag erlebt man in der **Ausgrabung neben der Kirche San Lorenzo Maggiore.** Aus dem Kreuzgang mit den Resten des römischen *macellum* (Markt) steigt man über eine Treppe hinab und findet sich unversehens auf 2000 Jahre altem Pflaster wieder. Hier lag das Zentrum der Stadt, die griechische Agorà, später das römische Forum. An einer Bäckerei, Wollfärberei und dem *aerarium* vorbei, wo der Schatz der Stadt sicher hinter Gittern verwahrt wurde, gelangt man zu einem Kryptoportikus. Das ursprünglich Schatten spendende Gewölbe säumt

eine Reihe weiterer Ladengeschäfte. Ganz ähnlich sieht heute noch ein Marktabschnitt in der darüber liegenden Via Tribunali aus.

■ **Complesso Archeologico di San Lorenzo Maggiore,** Piazza San Gaetano 316, Tel. 08 12 11 08 60, www.sanlorenzomaggiore.na.it. Mo bis Sa 9.30–17.30 Uhr, So 9.30–13.30 Uhr. Eintritt 9/6 Euro.

Wieder am Tageslicht, muss man nur die Piazza San Gaetano queren, vorbei an der Kirche San Paolo Maggiore – die barocke Basilika erhebt sich auf Fundamenten des römischen Dioskuren-Tempels, von dem auch die beiden mächtigen Säulen an der Front stammen –, um zu einem weiteren Einstieg in Neapels Unterwelt zu gelangen. Die **Kulturinitiative Napoli Sotterranea** bietet Führungen in eine Welt riesiger Kavernen und enger Gänge an, die bis zu 40 m in die Tiefe reichen. Griechen bauten im 4. Jh. v. Chr. den weichen, gelblichen Tuffstein unterirdisch ab, um mit dem Material ihre Stadtmauern und Tempel zu errichten. Der Steinabbau setzte sich bis ins 19. Jh. fort, und in dem gleichen Maße, in dem oberirdisch Paläste und Kirchen in die Höhe wuchsen, dehnten sich unterirdisch die Hohlräume aus – eine Stadt im „Negativ" entstand. Griechen legten auch den ersten Aquädukt an. Im Laufe der Jahrhunderte wuchs das labyrinthische System aus Kanälen, Zisternen und Brunnen bis auf eine Gesamtlänge von 450 km an. Im 2. Weltkrieg fand die Bevölkerung hier Zuflucht vor den Bombenangriffen, und es ist nicht auszuschließen, dass Neapels Unterwelt auch heute noch für Verstecke unter Tage Verwendung findet. Ein anderer Ausflug mit Napoli Sotterranea führt auf die Bretter, die die Welt bedeuteten, zumindest für Kaiser

1

Nero, der auch in Neapel gastierte. Durch einen neapolitanischen *basso,* eine jener lichtlosen, ebenerdigen Armeleutewohnungen, betritt man Reste des antiken römischen Theaters, das im 15. Jh. in den Gebäuden der Via Anticaglia, Via S. Paolo und des Vico Cinquesanti verschwand.

■ **Napoli Sotterranea,** Piazza S. Gaetano 66, Tel. 081 29 69 44, Mobil 33 48 19 79 12, www.napolisotterranea.org. Führungen (auch deutsch) Mo bis Fr stündl. 10–18 Uhr, Do auch um 21 Uhr; Sa und So alle 2 Std. von 10–18 Uhr. Eintritt 9/8 Euro.

Das nahe gelegene Hypogäum der Kirche S. Maria del Purgatorio ad Arco war als **Chiesa de' cape e mort** noch bis in die 1960er Jahre Zentrum eines in Neapel weit verbreiteten, vom Vatikan jedoch kaum tolerierten Schädelkultes.

■ **Museo e Ipogeo della Chiesa del Purgatorio ad Arco,** Via dei Tribunali 39, Mobil 33 33 83 25 61, www.purgatorioadarco.com. Mo bis Fr 10–13 Uhr, Sa 10–17 Uhr. Kirche Eintritt frei, Ipogäum 3/2 Euro.

Auch bei einer Führung durch den **Aquedotto del Carmignano** erfährt man, wie das Schicksal der Stadt immer eng mit seinem Untergrund verknüpft war. Im 17. Jh. war die Bevölkerung

Neapels auf über 400.000 Menschen angewachsen, die Versorgung mit ausreichend sauberem Trinkwasser war eine der drängendsten Aufgaben der Verwaltung. Nachdem der Versuch, den augustäischen Aquädukt von Serino wieder in Betrieb zu nehmen, gescheitert war, ließ *Cesare Carmignano* 1629 das Wasser des Flusses Faenza aus der Gegend von Sant'Agata dei Goti nach Neapel leiten. Die Wartung und Pflege von Neapels Aquädukten und Brunnenschächten oblag den *pozzari,* einem Berufsstand, um den sich viele Legenden und Geschichten ranken.

■ **Acquedotto del Carmignano,** Vico Sant'Anna di Palazzo 52 (Treffpunkt am Grand Caffè Gambrinus), Tel. 081 40 02 56, www.lanapolisotterranea.it. Führungen Sa und So 10, 12 und 18 Uhr sowie Do 21 Uhr bzw. tägl. nach Voranmeldung. Eintritt 10/6 Euro.

An den südlichen Abhängen des Capodimonte-Hügels befindet sich außerhalb der antiken Stadtmauern *(extra moenia)* das **Viertel der Sanità.** Hier wurden ab dem 2. Jh. n. Chr. Katakomben in den Tuff gegraben, in denen sich auch Christen beisetzen ließen. Durch den Chor der monumentalen Barockbasilika Santa Maria della Sanità, ihrerseits über einer frühchristlichen Kirche des 5. Jh. errichtet, gelangt man in die **Catacombe di San Gaudioso.** Die Katakombe entwickelte sich als Kultstätte um das Grab des

nordafrikanischen Bischofs *San Gaudioso,* der um 452 im neapolitanischen Exil gestorben war. Fresken und Mosaiken aus dem 5. und 6. Jh. haben sich in Resten erhalten. Die Katakomben von San Gaudioso und San Gennaro (siehe unten) werden von der rührigen **Kulturinitiative La Paranza** betreut, die in der Sanità im ehemaligen Dominikanerkonvent der Chiesa Santa Maria della Sanità auch das empfehlenswerte B&B Casa del Monacone (www.casadelmonacone.it) betreibt. Zum Besichtigungsparcours gehört inzwischen auch der Besuch des nahen **Cimitero delle Fontanelle** (siehe Exkurs „Hauptstadt des Todes – neapolitanische Friedhöfe"), früher – wie auch die Chiesa S. Maria del Purgatorio ad Arco – Zentrum eines in Neapel zeitweise populären Schädelkultes. Gläubige wählten aus zigtausenden Schädeln einen aus, versahen ihn mit Namen, umsorgten ihn liebevoll und besuchten ihn regelmäßig. Gleichsam „adoptierten" sie damit die Seele eines Verstorbenen. Dieser Kontakt zum Jenseits wurde als Handel auf Gegenseitigkeit verstanden. Durften die Seelen im Fegefeuer darauf hoffen, dass ihre Leidenszeit durch Fürbitten abgekürzt wurde, erwarteten die devoten Anhänger in ihren Träumen auf Tipps für die nächste Lottoziehung, aber auch auf Hilfe bei der Bewältigung alltäglicher Lebensdramen wie kranke Kinder oder untreue Ehemänner.

■ **Catacombe di San Gaudioso,** Piazza Sanità 14, www.catacombedinapoli.it. Führungen tägl. stündl. von 10–13 Uhr (Sammelticket mit San Gennaro 8/5 Euro).

Historisch und kunstgeschichtlich besonders interessant sind die **Catacombe di San Gennaro.** Vorbei an der Kirche Madre del Buonconsiglio führt ein Weg zur **Basilika San Gennaro extra moenia** hinab. Die Kirche, im 5. Jh. über den Katakomben errichtet, zählt zu den ältesten christlichen Bauten Neapels. Die Katakomben erstrecken sich über zwei Geschosse. Faszinierend zu

sehen, wie Motive der antiken heidnischen Freskenkunst hier christlich umgedeutet wurden. Nachdem im 5. Jh. hier die Gebeine des bei Pozzuoli enthaupteten Märtyrerbischofs *San Gennaro* beigesetzt wurden, entwickelte sich der Ort zur Pilgerstätte und *San Gennaro* wurde zum Schutzpatron der Stadt erhoben.

■ **Catacombe di San Gennaro,** Via Tondo di Capodimonte 13, Tel. 08 17 44 37 14, Mobil 33 33 36 05 64 *(Susy Galeone),* www.catacombedinapoli.it. Führungen stündl. Mo bis Sa 10–17 Uhr, So 10–13 Uhr (Sammelticket mit San Gaudioso 8/5 Euro).

Nicht mystische, sondern praktische Gründe führten zur Konstruktion des **Tunnel Borbonico.** König *Ferdinand II.* hatte 1853 den Tunnel zwischen dem Palazzo Reale und der Kaserne in der Via della Pace (heute Via D. Morelli) als Fluchtweg anlegen lassen. Die Ereignisse des Revolutionsjahres 1848 ließen solche Vorsichtsmaßnahmen als sinnvoll erscheinen. Mit Ende der Bourbonenherrschaft 1860 geriet der Tunnel in Vergessenheit und wurde erst im 2. Weltkrieg als Luftschutzbunker reaktiviert. Danach verkam er zur unterirdischen Mülldeponie. Fünf Jahre lang hatten Freiwillige daran gearbeitet, den Tunnel zu säubern und zu sichern, bis er 2010 einer staunenden Öffentlichkeit zugänglich gemacht werden konnte. Zu den Sehenswürdigkeiten zählen außer romantisch verrosteten Oldtimern auch die Reste einer Monumentalstatue von *Aurelio Padovani*, Gründer der faschistischen Partei Neapels, der 1926 unter bizarren Umständen ums Leben gekommen war.

■ **Tunnel Borbonico,** Vico del Grottone 4 (Nähe Piazza del Plebiscito) bzw. Via Domenico Morelli 40, Tel. 08 17 64 58 08, Mobil 36 62 48 41 51, www.tunnelborbonico.info. Führungen Fr, Sa und So um 10, 12, 15.30 und 17.30 Uhr. Eintritt 10/5 Euro.

Ladislaus. Vorbild für die **Cappella Caracciolo di Vico** in der Form eines Rundtempels ist *Bramantes* Renaissance-Tempietto in Rom. Hinter dem Altar liegt eine weitere Grabkapelle mit dem ältesten noch erhaltenen Majolikafußboden Neapels (1440–45), beeindruckenden Fresken aus der Mitte des 15. Jh. und dem Grabmahl von *Sergianni Caracciolo,* dem 1432 erdolchten Liebhaber der Königin *Johanna II.*

■ **San Giovanni a Carbonara,** Via Carbonara 5, Tel. 081 29 58 73. Tägl. 9.30–18 Uhr.

Museo Archeologico Nazionale

Ausreichend Zeit sollte man für den Besuch des Museo Archeologico einplanen! Neapel kann sich des **bedeutendsten Archäologischen Museums in Europa** rühmen. Teile der reichen Kunstsammlung der *Farnese* sowie die spektakulären Ausgrabungsfunde aus Herkulaneum und Pompeji wurden im 18. Jh. im ehemaligen Palazzo dei Studi zusammengeführt.

Die Besichtigung des Museums ergänzt auf ideale Weise den Besuch der Ausgrabungen in Herkulaneum und Pompeji. Im Bookshop erhält man ausgezeichnete Spezialführer und am Info-Desk einen Museumsplan gratis. Aufsehen erregten in den letzten Jahren auch Ausstellungen zeitgenössischer Künstler, wie z.B. *Anselm Kiefer.*

Untergeschoss
Die epigrafische und ägyptische Sammlung sind vor allem für Spezialisten interessant.

Erdgeschoss
Das Atrium bietet immer wieder spektakulären Sonderausstellungen Raum. In den angrenzenden Sälen stehen **römische Ehrenstatuen,** wie z.B. die „Reiterstatue des M. Nonius Balbus" aus Herkulaneum oder die „Statue der Eumachia" aus Pompeji. Das Ehrenmal von „Harmodios und Aristogeiton", die 514 v. Chr. ein Attentat auf den attischen Tyrannen *Hipparchos* verübten, ist das erste Denkmal, das realen Personen und nicht Göttern gewidmet war. Hier handelt es sich um die römische Marmorkopie eines griechischen Originals aus dem 5. Jh. v. Chr. In der samnitischen Palästra von Pompeji wurde 1779 eine der besten Kopien des klassischen „Doryphoros" (Speerträger) gefunden. Das um 440 v. Chr. entstandene Bronzeoriginal des griechischen Bildhauers *Polyklet* wurde „Kanon" (= Maßstab) genannt. Die Statue gibt einen ideal proportionierten Jüngling im harmonischen Kontrapost mustergültig wieder. Sie diente vielen klassischen Bildwerken als Vorlage, auch *Augustus* ließ seine offiziellen Statuen nach diesem Vorbild anfertigen. Römische Marmorkopien erkennt man übrigens an den Stützen, sie besitzen nicht die gleiche Standfestigkeit griechischer Bronzeoriginale (interessante Einblicke in die Arbeit einer Kopistenwerkstatt bietet das Museum von Baia). Ergreifend ist das Marmorrelief mit dem Abschied von „Orpheus und Eurydike". Die originalgetreue Kopie der Kultstatue der „Artemis von Ephesos" stammt aus der Zeit *Hadrians.* Ihren Oberkörper bedecken zahlreiche Brüste oder, nach einer anderen Interpretation, Stierhoden. Besonders anmutig sind die Venusstatu-

1

Pornografie im Gabinetto segreto?

Als Pompeji im 18. Jh. ausgegraben wurde, kamen schockierende Dinge ans Tageslicht. Einige Zeitgenossen fühlten sich zwischen Entzücken und Entsetzen hin und her gerissen, andere gelangten gar zur Überzeugung, der Vesuvausbruch von 79 sei ein göttliches Strafgericht gewesen, der das römische Sodom und Gomorrha vom Erdboden getilgt hätte. Fresken und Mosaiken, deren erotischer Inhalt an Deutlichkeit nichts zu wünschen übrig ließ, waren der Stein des Anstoßes, von unzähligen Phallusdarstellungen ganz zu schweigen. Die verruchten Objekte kamen im Gabinetto segreto unter Verschluss. Neugierige Besucher der berühmt-berüchtigten Sammlung mussten ein **„reifes Alter und verbürgte Moral"** nachweisen, um eine Sondergenehmigung zu erwirken. Der Umgang mit den pompejianischen Erotika ist auch ein Spiegel unserer Zeit und war von vielen Missverständnissen geprägt.

Römer hatten ein von christlicher Moral ungetrübtes Verhältnis zur Sexualität, einige der hier ausgestellten Fresken zierten Lust steigernd so manches Schlafzimmer. Gemalte Liebespositionen informierten in Bordellen über Angebot und Preise. Die zahlreichen Phallusdarstellungen sind nur im Licht römischer Religionen zu verstehen. Der altrömische Fruchtbarkeitsgott *Liber,* später der griechischen Importgottheit *Dionysos* (lat. *Bacchus*) angeglichen, wurde durch **phallische Kulte** verehrt. *Priapos,* ein ebenfalls populärer Fruchtbarkeitsgott, stellte man mit einem immensen Phallus dar. Der Phallus, von den Römern auch *fascinum* genannt, wurde als Glück bringendes Symbol verwendet, er diente der Abwehr des Bösen. In Gestalt des feuerroten *corno* (Horn) sind phallische Amulette heute noch in der Tasche vieler Neapolitaner.

Seit dem Frühjahr 2000 steht die hübsch präsentierte Sammlung allen Besuchern offen, sofern sie älter als elf Jahre sind (den freien Zugang hatten bereits die Revolutionäre von 1848 gefordert und auch der Freiheitsheld *Giuseppe Garibaldi* 1860).

gvn13_005 pa

en der Farnesischen Sammlung, beispielsweise die „Venus Kallipygos". Die „Venus mit dem schönen Hintern" stand in der Domus aurea des Kaisers *Nero*. Sie ist im Begriff, sich zu entkleiden, blickt über ihre Schultern und betrachtet mit Wohlgefallen ihr Spiegelbild im Wasser. Die monumentale Skulpturengruppe des „Farnesischen Stiers" (Saal 16) und der „Herkules Farnese" (Saal 12) stammen aus den Caraccala-Thermen in Rom; der Herkules ist eine Kopie der kolossalen Bronzestatue von *Lysipp:* Von seinen Taten erschöpft, stützt sich der müde Heros auf seine Keule, die rechte Hand hinter dem Rücken verborgen. Mit diesem Trick lockt *Lysipp* auch heute noch den neugierigen Betrachter um die Statue. Einzigartig ist die Gemmensammlung im gleichen Geschoss.

Zwischengeschoss

Die schönsten der hier ausgestellten Mosaike (**Säle 57 bis 62**) stammen aus der Casa del Fauno in Pompeji, darunter das weltberühmte **Alexandermosaik** (Saal 61). Kunsthandwerker aus Alexandrien haben das 5,82 x 3,13 m große Bodenmosaik als Kopie eines hellenistischen Gemäldes des 4. Jh. v. Chr. aus über 1,5 Millionen Steinchen in den vier Grundtönen Weiß, Schwarz, Rot und Gelb zusammengesetzt. Die grandiose Komposition zeigt die Schlacht zwischen *Alexander d. Großen* und dem Perserkönig *Dareios III.* 333 v. Chr. bei Issos. Selten wurden Sieg und Niederlage eindringlicher dargestellt. Im Saal 65 befindet sich der **Gabinetto segreto** (siehe Exkurs „Pornografie im Gabinetto segreto?").

Die **Sammlung antiker Münzen** in den Räumen 51 bis 56 ist eine der vollständigsten Italiens.

1. Stock

Der Piano nobile empfängt mit dem enormen, freskengeschmückten **Salone della Meridiana** und darin der hellenistischen Skulptur des „Atlante Farnese". Auf einen im Boden eingelassenen Meridian fällt der Strahl der Mittagssonne und zeigt entsprechend der Jahreszeit das passende Sternbild an.

Die **Säle 66 bis 78** präsentieren sich mit farbenfrohen, mustergültig restaurierten Fresken der Vesuvstädte als großartigste Pinakothek des römischen Altertums. Besonders Bilder des 3. Stils wurden von den bourbonischen Ausgräbern häufig aus ihrem Kontext entfernt. Nach Sujets angeordnet, zeigen sie mythische Landschaften, Stilleben, Ansichten von Villen oder historische Szenen wie die berühmte Schlägerei 59 n. Chr. im Amphitheater von Pompeji (siehe Exkurs „Das pompejanische Haus und seine Wanddekorationen").

In den **Sälen 79 bis 84** sind die Wandfresken des **pompejanischen Isis-Tempels** zu sehen. Der ägyptische Kult übte im 18. Jh. einen großen Einfluss auf das entstehende Freimaurertum aus und inspirierte *Mozart* zu seiner „Zauberflöte".

In den **Sälen 85 bis 89** sind Silbergeschirr, Gläser, Chirurgenbesteck und Paradewaffen von Gladiatoren ausgestellt. Von hohem dokumentarischen Wert ist das **Korkmodell Pompejis** im Ecksaal 96. In allen Details kann man die Ausgrabungssituation im Jahr 1879 erkennen, daran aber auch den heute fortschreitenden Verfall ermessen.

Im westlichen Flügel herausragend sind die Bronzestatuen aus der Villa dei Papiri in Herkulaneum (Säle 115 bis 117). Einige sehr schöne Kopien kann man übrigens in Ravello im Park der Vil-

1

la Cimbrone sehen. Die Säle 118 bis 137 präsentieren griechische, etruskische und italische Funde aus der Golfregion.

■ **Museo Archeologico Nazionale,** Piazza Museo 19, Tel. 08 14 42 21 49, www.marketplace.it/museo.nazionale. Metro 1/2 „Museo-Cavour". Mi bis Mo 9–19.30 Uhr. Eintritt 6,50/3,25 Euro. Garderobe, Kurzführer gratis!

Sanità und Capodimonte

Die **Sanità** erstreckt sich zu Füßen des Capodimonte-Hügels, der mit schönen Blicken auf die darunter liegende Stadt und den Golf zu entspannten Spaziergängen einlädt. An der Sanità scheiden sich die Geister. Die einen halten es als Hochburg der Camorra für ein zu heißes Pflaster, andere hingegen lieben diesen volkstümlichen *quartiere,* in dem die Neapels heiß geliebter **Komiker Totò** in der Via Antesecula N° 107 am 15. Februar 1898 als unehelicher Sohn des Dienstmädchens *Anna Clemente* das Licht der Welt erblickte. Die Mutter heiratete 1921 dessen Vater, den verarmten Grafen *De Curtis. Totò,* bürgerlich *Antonio De Curtis,* machte Karriere beim Film und wurde 1933 vom Marchese *Francesco Gagliardi Focas* adoptiert. Den ererbten ellenlangen Adelstitel ließ sich der „Prinz des Lächelns" 1946 vom Gericht bestätigen. Als *Totò,* „der traurig war wie *Buster Keaton,* ungeschickt wie *Stan Laurel,* hintergründig wie *Charlie Chaplin,* der wasserfallartige Dialekttiraden hervorsprudelte wie *Hans Moser" (Peter Peter)* 1967 starb, trauerte die ganze Stadt. Die Raubkopien seiner Filme werden heute noch auf jedem Straßenmarkt Neapels gehandelt.

Mit der üblichen Umsicht – keine Fotoapparate, kein auffälliger Schmuck – kann man sich aufmachen, dieses Viertel nördlich der **Via Foria** zu entdecken. Direkt an der Via Foria, in diesem Abschnitt verkehrsberuhigt, liegt der **Botanische Garten,** eine gelehrsame Oase der Stille. Der Orto Botanico wurde 1807 von *Joseph Bonaparte* begründet und gehört zur Universität Neapel.

■ **Orto Botanico,** Via Foria 223, Tel. 08 12 53 39 37, www.ortobotanico.unina.it. Auf Anfrage Mo bis Fr 9–14 Uhr. Eintritt frei.

Etwas südlich des Orto Botanico erhebt sich der **Albergo dei Poveri** (1751–1829). Sein Bestimmungszweck war es, die Armen des gesamten Königreiches Neapel zu beherbergen und unter Aufsicht zur Arbeit anzuhalten. Auf Befehl von *Karl III.,* „des guten König Karls", durch den Hofbaumeister *Ferdinando Fuga* errichtet, besitzt das Armenhaus, obwohl es nur ein Fünftel der geplanten Ausmaße erreicht hat, mit einer Fassadenlänge von über 350 m gigantische Dimensionen – Dimensionen, die Bände über die soziale Lage im Königreich Neapel sprechen (siehe Exkurs „Hauptstadt des Todes – neapolitanische Friedhöfe"). Heute dient er dem ambitionierten Napoli Teatro Festival als Spielstätte. Nördlich der Piazza Cavour stehen zwei der bedeutendsten barocken Stadtpaläste des Architekten *Ferdinando Sanfelice* (1675–1748). Der **Palazzo Sanfelice** in der Via Sanità 2–6 war das Wohnhaus

▷ Graffiti-Kunst: blaue Begegnung

des Baumeisters. Herzstück des **Palazzo dello Spagnolo** in der Via dei Vergini 19 ist das Treppenhaus, das dem Palazzo Flügel zu verleihen scheint.

Der vulkanische Tuffsteinuntergrund unter der Sanità gleicht einer riesenhaften Bienenwabe. Antike Wasserleitungen, frühchristliche Katakomben und Kavernen, über deren Verwendungszweck nur die Camorra Auskunft erteilen könnte, bilden eine verwobene Unterstadt. Einer der Zugänge befindet sich in der Krypta der **Kirche Santa Maria della Sanità**, ein Meisterwerk des neapolitanischen Frühbarock. Ihrem Baumeister *Fra Nuvolo* wird die Erfindung der bunten Majolikakuppeln zugeschrieben. Eine engagierte Kulturinitiative bietet Führungen durch das Labyrinth der **Catacombe di S. Gaudioso** an und betreibt im ehemaligen Dominikanerkonvent im Schatten des **Ponte della Sanità**

ein freundliches Bed & Breakfast. Unbedingt lohnend ist auch der Besuch der nahen **Catacombe di San Gennaro** (siehe Exkurs „Neapels Unterwelt").

Der Jagdleidenschaft des Bourbonen *Karl III.* verdankt Neapel seinen schönsten, mehr als sieben Quadratkilometer großen Park. Der **Capodimonte-Hügel** erhebt sich mit herrlichen Ausblicken hoch über der Stadt und lädt ein, den erholsamen Ausflug ins Grüne mit dem Besuch eines der großartigsten Museen Italiens zu verbinden. Was als kleines Jagdschloss geplant war, geriet zum **Museumspalazzo,** als *Karl III.* die 1732 von seiner Mutter *Elisabetta* erbte Kunstsammlung der *Farnese* würdig präsentieren wollte. Ganze Wagenladungen antiker Bildwerke und herausragender Gemälde des 15., 16. und 17. Jh. erreichten Neapel aus Parma und Rom. Zunächst fanden die Kunstschätze provisorische

gvn13_006 pa

Hauptstadt des Todes – neapolitanische Friedhöfe

von **Dieter Richter**

Neapel ist die Hauptstadt des Todes. In keiner anderen europäischen Metropole ist er so präsent wie hier, und nirgendwo sonst verträgt er sich besser mit dem Leben: jenem lauten, bunten und oft bizarren Leben, das für die Stadt am Golf so typisch ist.

Früher konnte einem auch im Zentrum der Stadt passieren, was man heute nur noch in den Randgebieten, vor allem aber in den kleineren Orten in Kampanien erlebt: dass der Autoverkehr plötzlich stockt, die Straße blockiert ist, auch die öffentlichen Verkehrsmittel nicht mehr vorankommen. Ein Leichenzug ist unterwegs, vom Haus des Verstorbenen zur Kirche oder zum Friedhof, mit einem Auto an der Spitze, dahinter marschieren der Priester, ein Ministrant mit dem Tragekreuz, die Angehörigen und, in Alltagskleidung, die Bewohner des Viertels.

Zeichen des Todes sind in Neapel auch sonst gegenwärtig. Die neapolitanische Barockmalerei und -architektur feiert in üppigen Bildern immer wieder den Gedanken der „Vanità", der Vergänglichkeit aller Dinge. Auf den Straßen erinnern die Kirchen der „Confraternità", der Begräbnisbruderschaften, an die Zeiten, in denen die Beisetzungen noch in den Kirchen stattfanden. Ein bekanntes Beispiel ist die S. Maria delle Anime del Purgatorio in der Via Tribunali. Ex-Voto-Darstellungen, wie sie sich in vielen Kirchen finden, erzählen von tödlichen Gefahren und glücklicher Errettung. Ein Beispiel aus neuester Zeit ist die Verehrung des wundertätigen Arztes *Giuseppe Moscati* in der Kirche Gesù Nuovo. Und in der Via S. Gregorio Armeno, der Straße der Krippenbauer (siehe Exkurs „Bethlehem in Neapel"), werden neben den „pastori", den Krippen-figuren, auch kleine Terracotta-Statuetten der „Armen Seelen im Fegefeuer" verkauft, notwendiges Accessoire für den in Neapel populären, von der Kirche allerdings unterdrückten Kult.

Die eindrucksvollsten Orte des Todes sind freilich die neapolitanischen Friedhöfe.

Kirchliche Ossuarien (Beinhäuser)

In Neapel wie in anderen Orten Kampaniens waren die bevorzugten Orte der Totenbestattung lange Zeit die Kirchen. Erst 1817 wurden die Kommunen durch ein königliches Dekret veranlasst, öffentliche Friedhöfe außerhalb der Stadt anzulegen. Die Krypten zahlreicher Kirchen hatten sich auf diese Weise im Laufe der Zeit in riesige Beinhäuser, sog. Ossuarien, verwandelt, in denen Zehntausende von Schädeln und Knochen verwahrt wurden. Um diese Gebeine entwickelten sich Totenkulte, die an die Idee von den „Armen Seelen im Fegefeuer" anknüpften: Durch liebevolle Zuwendung zu den sterblichen Überresten einer „Armen Seele" sollte dieser der Weg aus dem Fegefeuer erleichtert und sie zugleich zur Fürbitte für den Wohltäter bei Gott veranlasst werden. Die unterirdischen Friedhöfe in den Kirchen wurden auf diese Weise viel besuchte Orte der Begegnung mit den Verstorbenen. 1969 wurde die Zurschaustellung menschlicher Gebeine in den Kirchengewölben durch den Erzbischof von Neapel verboten. In einigen Krypten haben sich die Totenkulte dennoch erhalten, zum Beispiel in den Kirchen S. Pietro ad Aram, S. Maria del Purgatorio ad Arco oder im unterirdischen Cimitero delle Fontanelle.

■ **Cimitero delle Fontanelle,** Via delle Fontanelle 80, Mobil 34 91 52 06 38, www.catacombedinapoli.it. Do bis Di 10–16.30 Uhr. Führungen durch die Kulturinitiative La Paranza (siehe Exkurs „Neapels Unterwelt").

Der Friedhof von Poggioreale

Der **1837** eingeweihte **Cimitero Monumentale di Poggioreale** war früher baedekerwürdig. Wegen seiner Panoramalage mit Blick auf den Golf und seiner spektakulären Grabmonumente galt er neben dem Camposanto von Genua als schönster Friedhof Italiens. Er ist der Hauptbegräbnisplatz der Stadt: eine Megalopolis der Toten und wie so viele Totenstädte im Mittelmeerraum ein getreuer Spiegel der Stadt der Lebenden. Ähnlich wie auf den Straßen Neapels herrscht hier zwischen den Gräbern reger Autoverkehr. Auch sonst spiegelt die Totenstadt die soziale Struktur der Stadt der Lebenden. Die aufwendigen neoklassizistischen Kapellen der reichen Familien säumen wie kleine Palazzi die gepflasterten Hauptstraßen. Nicht weit davon entfernt trifft man auf die populären Viertel mit den großen Totenhäusern. Auch die für Neapel typischen „bassi" gibt es hier, düstere „Souterrain-Wohnungen", in die man auf Treppen hinuntersteigt. Unten kann es einem mulmig werden vor zersplitterten Totenlichtern und aufgebrochenen Gräbern. Und natürlich hat auch diese Stadt ihre öffentlichen Gebäude und Räume: die Kirchen, das Elektrizitätswerk, die Grünflächen und die Ecken, in denen Unrat und Gerümpel herumliegen. Und für die Ordnung sorgt eine eigene Totenpolizei, die *polizia mortuaria.*

■ **Cimitero di Poggioreale,** unterer Eingang in der Via Nuova Poggioreale, oberer Eingang an der Via S. Maria del Pianto auf der Straße zum Flughafen Capodichino. Mo bis Sa 9–16 Uhr, So 8–13.30 Uhr.

Der Friedhof der 366 Gräber

Einer der merkwürdigsten neapolitanischen Friedhöfe ist der **Cimitero delle 366 fosse.** Er wurde **1762–63** von dem Architekten *Ferdinando Fuga* errichtet, dem Baumeister des Albergo dei Poveri. Die Idee des Armenfriedhofs ist Ergebnis eines makabren Rationalismus: Der Friedhof besteht aus einem quadratischen Areal mit 366 in den Boden eingelassenen Gemeinschaftsgräbern. Die Toten jeweils eines Tages aus dem Albergo dei Poveri wurden hier fortlaufend beigesetzt, und auch an das Schaltjahr – 366 Gräber! – hatte Fuga gedacht. Nach Ablauf eines Jahres wurde dann das jeweilige Tages-Grab geöffnet und neu belegt. Der Friedhof ist inzwischen verfallen, nur noch einzelne der Grabplatten mit den Tagesnummern sind zu erkennen.

■ **Cimitero delle 366 fosse,** in der Nähe des Friedhofs von Poggioreale. Eingang von der 2a Traversa Rione Trivio.

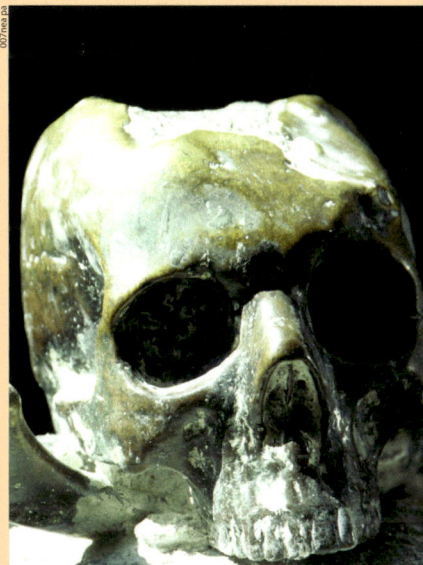

Unterbringung in den Palästen von Neapel und Portici. Nach dem endgültigen Umzug der Sammlung in den **Real Palazzo di Capodimonte** verblieben die Antiken im Palazzo dei Studi, dem heutigen Museo Archeologico.

Nach den jüngsten Restaurierungen und einer neuen Systematisierung kann der Besucher des **Museo Nazionale di Capodimonte,** laut *Marcello D'Orta* „eine Art Louvre am Vesuv", neben den historischen Wohnräumen eine der umfangreichsten europäischen Gemäldesammlungen mit herausragenden Werken von *Brueghel d. Ä., Masaccio, Boticelli, Mantegna, Giovanni Bellini, Raffael, El Greco, Tizian, Caravaggio* u.v.m. bewundern. Ohne Anspruch auf Vollständigkeit werden im Folgenden einige der ausgestellten Werke erwähnt.

1. Stock: Im Piano nobile ist die Sammlung *Farnese* mit italienischen und europäischen Meistern des 15. bis 17. Jh. untergebracht. Hier befinden sich auch die königlichen Gemächer, darunter der vollständig mit Capodimonte-Keramik im Rokkokostil ausgekleidete Salottino di Porcelana der *Maria Amalie von Sachsen.* Saal 2: Die bahnbrechenden Portäts *Raffaels* und *Tizians* von Kardinal *Alessandro Farnese,* dem späteren Papst *Paul III.,* sind psychologische Studien der Macht. Saal 7: *Andrea Mantegnas* „Bildnis von Francesco Gonzaga". Saal 11: *Tizians* zauberhafte „Danae", *Jupiter* verführt die Tochter des Königs *Argos* mit einem Goldregen. Saal 43: *Jacob Phillip Hackerst* schönes Landschaftsbild „Ferdinand IV. auf der Jagd am Lago Fusaro".

2. Stock: Kunst in Neapel vom 13. bis 18. Jh. Saal 65: *Simone Martinis* „Hl. Ludwig v. Touluse" war ursprünglich für die Kirche San Lorenzo gedacht. Saal 78:

Caravaggios „Geißelung Christi", das Gemälde, das Generationen neapolitanischer Maler beeinflusst hat.

3. Stock: Zeitgenössische Kunst mit Werken von *Mimmo Paladino, Jannis Kounellis, Mario Merz* und *Rene Burri.* Ein Blickfang ist *Andy Warhols* poppiger „Vesuvausbruch".

■ **Museo Nazionale di Capodimonte,** Via Capodimonte (Porta Grande) bzw. Via Miano 2 (Porta Piccola), Tel. 08 17 49 91 11, http://cir.campania.beniculturali.it/museodicapodimonte. Busse C63, R4. Do bis Di 8.30–19.30 Uhr. Eintritt 7,50/3,75 Euro, ab 14 Uhr 6,50 Euro.

In dem ausgedehnten Park, angelegt nach Entwürfen von *Ferdinando Sanfelice,* befindet sich auch die ehemalige **Reale Fabbrica delle Porcelane.** *Karl III.* erfüllte 1739 mit der Porzellanmanufaktur seiner Frau *Maria Amalie von Sachsen,* die Meissner Porzellanstatuetten über alles liebte, einen Herzenswunsch. Bald wurde auch in Capodimonte Porzellan von ähnlich hoher kunsthandwerklicher Qualität produziert.

■ **Parco di Capodimonte,** Tel. 081 17 41 00 80, www.boscodicapodimonte.it. Tägl. von 8 Uhr bis 1 Std. vor Sonnenuntergang. Eintritt frei.

Piazza del Plebiscito und Piazza Municipio

Der Aufbruch, den Neapel seit Mitte der 1990er Jahre erlebt, hat auf der **Piazza del Plebiscito** ein sichtbares Zeichen hinterlassen. Vor dem G7-Gipfel ein schäbiger Großparkplatz, ist die Piazza inzwischen wieder – frei von Autover-

1

kehr – repräsentativer Mittelpunkt des städtischen Lebens. An Wochenenden flanieren neben den Touristen auch die Neapolitaner zu Hunderten über das Pflaster, und die Fotografen benehmen sich wie große Filmregisseure, wenn sie die Brautpaare in Posen ablichten, die an Soap-Operas erinnern. Im Mai und zu Weihnachten verwandeln zeitgenössische Künstler wie *Mimmo Paladino, Jannis Kounnelis* oder *Amish Kapoor* die Piazza in eine riesige Freiluftgalerie, hier finden Konzerte, politische Kundgebungen und der große Silvester-Rave statt. Unter den Kolonnaden informiert das Kulturbüro der Stadt. Die monumentale Piazza wird auf der einen Seite von der imposanten Fassade des Palazzo Reale beherrscht, gegenüber stehen im weiten Halbkreis Kolonnaden und die **Kirche San Francesco di Paola.** Die Vorbilder sind in Rom zu suchen. Der Napoleon-Schwager und König von Neapel *Joachim Murat* gab 1809 den Auftrag zur neoklassischen Gestaltung des Platzes. Sein Projekt wurde 1836 zu Ende geführt, allerdings erst unter dem Bourbonen *Ferdinand I.,* der damit seine Restauration feiern ließ. Auch bereits vor seiner „Versteinerung" diente der Largo di Palazzo der Inszenierung großer Staatsakte, bedeutende Künstler entwarfen fantastische Einweg-Architekturen als Festkulissen. Bei den immer hungrigen Volksmassen waren die **cuccagne,** eine neapolitanische Variante von „Brot und Spiele", besonders beliebt. Anlass konnten eine königliche Hochzeit, ein hohes Kirchenfest oder eine drohende Hungerrevolte sein. Auf der Piazza wurde eine künstliche Landschaft mit Hügeln aus Käse- und Brotlaiben, Bergen von Obst und Gemüse, Schinken und Würsten, Fässern mit Wein und angepflockten Ochsen und Schafen aufgebaut. Auf ein Startzeichen hin stürmte das Volk das Schlaraffenland, die ausgehungerten Menschen stürzten sich auf die im Überfluss angebotene Nahrung, während von den Balkonen des Palazzo Reale der Adel dem Treiben amüsiert zusah.

Der **Palazzo Reale,** der erste Palastbau des Absolutismus, wurde Anfang des 17. Jh. von *Domenico Fontana* errichtet. Anlass war der angekündigte Besuch des spanischen Königs *Philipp III.,* der jedoch nie stattfand. Mit der Übersiedlung des Hofes in die neu erbaute Reggia von Caserta verlor der Palazzo Reale 1774 seine Funktion. In der heutigen Form geht die Anlage auf eine umfassende Restaurierung nach einem Brand im Jahr 1837 zurück. In Folge wurden auch die acht überlebensgroßen Herrscherfiguren an der Hauptfassade aufgestellt. Der neapolitanische Volkswitz reagierte auf diese Machtdemonstration und legte den Statuen folgende Worte in den Mund. *Karl V.* zeigt mit dem Finger zu Boden: „Wer hat hier auf den Boden gepisst?" „Ich weiß von nichts", antwortet *Karl v. Bourbon.* „Das war ich", entgegnet *Joachim Murat,* darauf *Vittorio Emanuele,* das erhobene Schwert in der Hand: „Schneiden wir ihm den Schwanz ab!" Besonders eindrucksvoll ist das große, lichtdurchflutete Treppenhaus. In den Räumen des Palastes finden Wechselausstellungen statt. Die früheren königlichen Gemächer sind überwiegend im Stil des 19. Jh. eingerichtet. In der Cappella Reale steht eine besonders eindrucksvolle Weihnachtskrippe (siehe Exkurs „Bethlehem in Neapel").

■ **Palazzo Reale,** Piazza del Plebiscito 1, Tel. 081 40 05 47, www.palazzorealenapoli.it. Do bis Di 9–19 Uhr. Eintritt 4/2 Euro.

Das **Real Teatro di San Carlo** entstand in nur achtmonatiger Bauzeit im Auftrag von *Karl III.* als Anbau des Palazzo Reale. Eingeweiht wurde das damals größte Musiktheater der Welt am 4. November 1737, dem Namenstag des Königs. Ein Brand zerstörte 1816 das Bühnenhaus und den Zuschauerraum, 1841 wurde die Oper wiedereröffnet. Das San Carlo gehört immer noch zu den großen Musikbühnen der Welt, die Akustik ist ausgezeichnet, und alle bedeutenden Tenöre haben hier ihre Stimme erschallen lassen. Man muss hier einfach eine Aufführung erlebt haben! Das 2012 neu eröffnete multimediale Theatermuseum **MeMus** macht die Aufführungsgeschichte erlebbar.

■ **Teatro San Carlo,** Via San Carlo 98F, Tel. 08 17 97 23 31, -348, -348 (Info, Theatertickets, Last Minute Tickets für unter 30 Jahre!), www.teatrosancarlo.it. Juli und Aug. geschl., Führungen Mo bis Sa 10.30–16.30 Uhr zu jeder vollen Stunde (Tel. 08 15 53 45 65), So 11–12.30 Uhr (Tel. 08 17 97 23 49). Eintritt 6/5 Euro, am So 10 Euro.

lem an Samstagen, eine beliebte Kulisse für Brautfotos.

Im 13. Jh. unter der Herrschaft von *Karl v. Anjou* errichtet, war das **Castel Nuovo** Residenz und Festung zugleich. 1328 beauftragte *Robert d. Weise* den bedeutendsten Maler seiner Zeit, *Giotto di Bordenone,* mit der Ausgestaltung der Palastkapelle (1456 durch ein Erdbeben zerstört). *Giovanni Boccaccio* und *Francesco Petrarca* zählten zu den Gästen am angiovinischen Musenhof. Die Herrschaft der *Anjous* ging in einem Erbfolgekrieg zu Ende. Das in den Kriegswirren stark beschädigte Kastell wurde nach der Eroberung Neapels von *Alfons v. Aragon* Mitte des 15. Jh. wieder aufgebaut. Das effektvoll zwischen die dunklen Rundtürme gesetzte doppelstöckige **Triumphtor** aus weißem Marmor schildert den Einzug von *Alfons* am 26. Februar 1443 in Neapel und ist ein Meisterwerk der Frührenaissance. Als Vorbild mag das Brückentor Kaiser *Friedrich II.* in Capua gedient haben. Durch das Triumphtor und ein weiteres Portal betritt man den Hof mit der wieder aufgebauten gotischen Palastkapelle. Eine große Freitreppe führt hoch zur **Sala dei Baroni.** Unter dem Vorwand, einen Disput regeln zu wollen, lud König *Ferrante von Aragon* aufständische Barone zum Bankett und ließ sie hinterrücks ermorden. In dem großen, von einem gotischen Sterngewölbe überspannten Saal tagt heute das Stadtparlament. Im Kastell ist auch das **Museo Civico** untergebracht. Von den Dachterrassen genießt man herrliche Blicke auf den Golf.

■ **MeMus,** www.teatrosancarlo.it/memus. Mo bis Fr 10–17 Uhr, Sa/So 10–19 Uhr. Eintritt 6/5 Euro.

An die Piazza del Plebiscito schließt sich die **Piazza Trieste e Trento** mit dem berühmten Caffè Gambrinus an. Westlich verläuft die Edel-Einkaufsmeile Via Chiaia, in Richtung Norden die Via Toledo. Von der Toledo aus betritt man die **Galleria Umberto I.** Die großzügig angelegte, heute etwas verwaiste Einkaufspassage wird von einer Stahl- und Glaskonstruktion überspannt, die, 1890 fertig gestellt, das Mailänder Vorbild zu übertrumpfen suchte. Die Galleria ist, vor al-

⌃ Piazza del Plebiscito: Spielplatz der Kunst

1

■ **Castel Nuovo-Museo Civico,** Piazza Municipio, Tel. 08 17 95 58 77. Mo bis Sa 9–18 Uhr. Eintritt 6 Euro.

Bei Ausschachtungsarbeiten auf der **Piazza Municipio** für die gleichnamige Metro-Station stießen Archäologen in 13 m Tiefe auf die Molen des antiken römischen Handelshafens. Im ehemaligen Uferbereich konnten die Reste eines 9 m langen Schiffes geborgen werden. Im Hafenschlick fand man u.a. auch ein Paar römische Sandalen, Münzen, Terrakottagefäße und noch mit Korken verschlossene Amphoren. Die aufsehenerregenden Funde, provisorisch in der Metro-Station „Museo" ausgestellt, werden nach Abschluss der Arbeiten die **Station „Municipio"** zieren.

Via Toledo, Quartieri spagnoli und Montesanto

Die **Via Toledo** wurde 1536 als Hauptachse der von Vizekönig *Pedro de Toledo* veranlassten Stadterweiterung angelegt. Dabei spielten auch militärische Überlegungen eine Rolle. Auch Neapolitaner nennen den von prachtvollen Adelspalästen gesäumten Straßenzug schlicht „Toledo". Die patriotische Umbenennung 1870 in Via Roma hat bei der Bevölkerung nie Rückhalt gefunden und hält sich nur noch auf einem kleinen Straßenabschnitt auf Höhe der Piazza Dante. Längst ist der Toledo von der Piazza Trieste e Trento bis zur Via Armando Diaz eine beliebte **Fußgängerzone,** gesäumt von edlen Geschäften. Folgt man der Via Diaz, erreicht man schnell den

Palazzo delle Poste e Telegrafo (1935), ein sehenswertes Beispiel faschistisch-futuristischer Architektur (ein anderes wäre die Villa Malaparte auf Capri). Klotzig und kaum beeindruckend sind die benachbarten Verwaltungsbauten derselben Epoche. Den Bau des 33-stöckige Ex-Jolly-Hotel ermöglichte in den 1950er Jahren die korrupte Kommunalverwaltung des damaligen Bürgermeisters *Achille Lauro.*

Oberhalb des Toledo, am Fuße des Vomero, schließen sich die **Quartieri spagnoli** an. Das Viertel mit seinem engen, schachbrettartigen Grundriss war im 16. Jh. als Quartier der spanischen Garnisonen angelegt worden, seit dem 17. Jh. beherbergt es die ärmsten der Armen von Neapel. Außer dem Forcella- und Sanità-Viertel eilt auch den Quartieri spagnoli ihr schlechter Ruf voraus. Großfamilien drängen sich auf kleinem Raum – typisch sind die ebenerdigen Einzimmer-Wohnungen, sog. *bassi* –, die Arbeitslosigkeit im Viertel erreicht europäische Spitzenwerte. Andererseits hält ein eng geknüpftes soziales Netz die Bewohner zusammen, die sich trotz der starken Erdbebenschäden von 1980 allen Evakuierungsplänen widersetzt haben. Dabei ist das Viertel heute weitaus besser als sein alter Ruf. Ein Zeichen setzte im Mai 2012 die Sanierung des **Largo Barracche** an der Via Lunga Teatro Nuovo, ein Platz, der jetzt unter Obhut der Kinder stehen soll. Touristen, die sich in die engen Gassen verirren, müssen keine Angst haben, solange sie nicht

▷ Castel dell'Ovo: Blick vom Grand Hotel Vesuvio

schwer mit Schmuck und Fotoapparaten behängt sind. In den Quartieri spagnoli liegen etliche empfehlenswerte Trattorien und charmante Unterkünfte.

Nach Norden gehen die Quartieri spagnoli ins **Montesanto-Viertel** über. Pittoresk ist hier das tägliche Treiben auf dem ältesten Straßenmarkt Neapels in der Via Pignasecca. Neue Akzente setzen das **Museo Nitsch** (siehe „Gegenwartskunst in Neapel") und der **Parco Sociale Ventaglieri,** ein Bürgerpark an der gleichnamigen Straße.

Santa Lucia, Chiaia und Lungomare

Das viel besungene Fischerviertel Santa Lucia gibt es nicht mehr. Ende des 19. Jh. wurde es eingeebnet, die Uferlinie vorgeschoben und mit der Via Partenope ein breiter Boulevard am Meer angelegt, an dem sich heute Neapels Luxusherbergen reihen. Der **Borgo Marinari** am Fuße des Castel dell'Ovo ist ein kleiner Hafen, doch liegen hier keine Fischerboote, sondern die Jachten der High Society. Einige der teuersten Fischrestaurants Neapels haben sich vor dieser romantischen Kulisse eingerichtet. Luxus mit Tradition, denn bereits der römische Feldherr *Lucullus*, als sprichwörtlicher Feinschmecker bekannt, hatte im 1. Jh. v. Chr. hier eine seiner Villen. Auch die kleine Felseninsel Megaris, auf der sich heute das **Castel dell'Ovo** erhebt, ist historischer Boden, hier liegen die Anfänge der Stadt. Eine griechische Siedlung entwickelte sich ab dem 7. Jh. v. Chr. am Grab der Sirene *Parthenope*. In christlicher Zeit siedelten Mönche auf dem Eiland, ab dem 12. Jh. wurde der Fels militärisch befestigt. Die Burg des Normannen *Wilhelm I.* wurde von Kaiser *Fried-*

gvn13_008 pa

rich II. ausgebaut – er konnte nicht ahnen, dass seine Enkel als Gefangene der *Anjous* hier bis zu ihrem Tod eingekerkert werden sollten. Der Name des Kastells geht auf eine mittelalterliche Legende zurück, der zufolge der Dichter, für das Mittelalter ein Magier, *Vergil* ein Ei in eine Flasche gezaubert haben soll, diese in einen Eisenkäfig schloss und den Eisenkäfig in einem tiefen Gewölbe barg. Von der Unversehrtheit des Zauber-Eis soll das Schicksal der Festung und der Stadt abhängen. Das Kastell dient heute als Tagungsort, es finden hier Ausstellungen statt, der italienische Alpenverein CAI unterhält das Museo di Etnopreistoria. Bei einem Streifzug durch die Burg kann man einen Saal entdecken, dessen Gewölbe von antiken Säulen der Lucullus-Villa getragen wird. Prächtige Ausblicke bieten die Dachterrassen!

■ **Castel dell'Ovo,** Borgo Marinari, Tel. 08 17 95 61 80. Mo bis Sa 9–18 Uhr, So 9–14 Uhr. Eintritt frei.

Über dem Castel dell'Ovo erhebt sich der **Monte Echia** oder **Pizzofalcone,** Rest eines erloschenen Vulkankraters. Pizzofalcone heißt auch das Viertel, das sich in steilen Straßen den Berg hochzieht, eine beeindruckende Mischung aristokratischer und volkstümlicher Elemente. Die neapolitanischen Palazzi waren selten ausschließlich privates Refugium des adeligen Erbauers, sondern zugleich auch Mietshaus und damit Renditeobjekt. Eine natürliche Folge dieser Baupolitik war das Zusammenleben der unterschiedlichsten sozialen Schichten unter einem Dach. Im Sommer 2012 hat das Goethe-Institut neue Räume im **Palazzo Sessa** in der Via Santa Maria a Cappella Vecchia bezogen, eine gute Gelegenheit, ein solches Haus von innen zu betrachten. Der britische Botschafter Lord *William Hamilton* hatte lange Jahre in einem Flügel seine Residenz. Der **Palazzo Serra di Cassano** ist heute Sitz des „Istituto Italiano per gli Studi Filosofici". Errichtet wurde er 1725/26 von dem bedeutenden Architekten *Ferdinando Sanfelice,* dessen Spezialität großartig angelegte Treppenhäuser waren. Das Hauptportal in der Via Egiziaca war seit 1799 verschlossen. Aus Trauer um seinen toten Sohn, der als einer der führenden Köpfe der Parthenopäischen Republik von den Bourbonen auf der Piazza Plebiscito enthauptet worden war, hatte der Herzog von Cassano das Portal, das einen freien Blick auf den Palazzo Reale gewährte, zumauern lassen. Zur 200-Jahrfeier 1999 wurde das Portal als Zeichen eines neuen Aufbruchs geöffnet.

■ **Palazzo Serra di Cassano,** Via Monte di Dio 14. Nur auf Anfrage geöffnet. Der Palazzo beherbergt das Istituto Italiano per gli Studi Filosofici, www.iisf.it.

Vom Pizzofalcone kann man über eine Brücke zu dem benachbarten Vomero-Hügel gelangen oder per Fahrstuhl oder über Treppen zur **Via Chiaia** absteigen. Das Chiaia-Viertel im Rücken der Piazza Plebiscito erfreut sich der höchsten Konzentration an Mode-Boutiquen und Kunstgalerien. Alle Edelmarken findet man in der kurzen Via Calabritto versammelt, die von der **Piazza dei Martiri** abzweigt. Die Piazza umstehen vornehme Palazzi aus dem 18. und 19. Jh., auf der Platzmitte erhebt sich ein Obelisk, der an die Märtyrer der antibourbonischen Aufstände von 1799, 1820, 1848

1

und 1860 erinnert. Die moderne Libreria Feltrinelli ist nicht nur eine bestens sortierte Buchhandlung, es gibt hier auch Konzert-, Theaterkarten und guten Kaffee. Zu den Traditionsgeschäften gehört das 1879 gegündete Antiquariat Ernesto Bowinkel.

Im nahen **Vico delle Belledonne** findet sich eine bunte Mischung alteingesessener Handwerksgeschäfte, schriller Modeboutiquen, kleiner Alimentari, Galerien, Pubs und Fischgeschäfte, die sich abends in Sushi-Bars verwandeln.

Zurück zum Meer und der **Villa Comunale** sind es nur ein paar Schritte. Für die Neapolitaner ist die nach dem Capodimonte-Park größte Grünanlage der Stadt an Wochenenden beliebtes Ziel für Familienausflüge. Doch nicht immer hatte das gemeine Volk hier Zutritt. Die Pforten des ehemaligen Giardino Reale öffneten sich den Bürgern von Neapel nur an einem einzigen Tag des Jahres. Bis 1825 hatte der „Farnesische Stier", heute ein Prunkstück des Archäologischen Museums, im Park Aufstellung gefunden, abgelöst von einer antiken Brunnenschale aus Paestum. Jedes Wochenende kann man sich hier auf die Suche nach Antiquitäten begeben, wenn die Trödler ihre Stände an der Rotonda Diaz aufbauen (siehe Exkurs „Neapels Märkte"). Kaum jemand hätte es für möglich gehalten, doch seit Mai 2012 ist der gesamte Lungomare bis zum Hafen Mergellina Fußgängerzone!

In der Villa Comunale steht das älteste Aquarium Europas. Die **Stazione Zoologica,** 1870 von dem deutschen Naturwissenschaftler *Anton Dohrn* gegründet, zählt heute noch weltweit zu den führenden Meeresbiologischen Forschungsinstituten. Im **Acquario** kann man die im Golf von Neapel heimische Meeresfauna kennen lernen. *Hans von Marées* gestaltete die Institutsbibliothek, seine Fresken aus dem Jahr 1873 mit ländlichen und maritimen Szenen sind Ausdruck deutscher Italiensehnsucht.

■ **Stazione Zoologica (Acquario),** Villa Comunale, Tel. 08 15 83 31 11, www.szn.it. März bis Okt. Di bis Sa 9–18 Uhr, So 9.30–19.30 Uhr, Nov. bis Feb. Di bis Sa 9–17 Uhr, So 9.30–14 Uhr. Eintritt 1,50/1 Euro.

☐ Via Chiaia: abendliche Passeggiata

Oberhalb des Acquario zieht sich die prächtige neoklassische **Villa Pignatelli** mit einem ausgedehnten Park den Hang hinauf. Die Villa wurde 1826 für *Ferdinand Acton* angelegt, Sohn des Premier- und Kriegsministers von *Ferdinand IV.* Die Villa und ihre stilvoll dekorierten Räume stehen als **Museo Diego Aragona Pignatelli Cortes** den Besuchern offen und gewähren einzigartige Einblicke in das Leben des neapolitanischen Adels im 19. Jh. In einem Pavillon ist das **Museo delle Carozze**, ein Kutschenmuseum, untergebracht.

🟥 **Villa Pignatelli**, Riviera di Chiaia 200, Tel. 08 17 61 23 56,www.polomusealenapoli.beniculturali.it. Bus 140, R3. Mi bis Mo 8.30–14 Uhr. Eintritt 2/1 Euro.

Weiter oben am Berg liegt die **Piazza Amedeo**, gesäumt von stattlichen Artdéco-Palazzi. Von der Piazza Amadeo führt auch der Funicolare di Chiaia auf den Vomero bis in die Nähe der Villa Floridiana.

Belvedere Napoli

Neapels beste „Augenblicke" bieten die Dachterrasse des Castel Sant'Elmo, die Wandelgänge der Certosa di San Martino, die Terrasse des Museo Nitsch, die ausgedehnten Gartenanlagen Parco di Capodimonte, Villa Floridiana und Parco Virgiliano, der Kirchenvorplatz der Chiesa Sant'Antonio di Posilippo und die Mole von Mergellina. Natürlich auch die Decks der aus dem Hafen auslaufenden Schiffe …

Vomero

Vomero, das heißt **Funicolare und Belvedere**. Der Hügel war bis in die Nachkriegszeit ein bukolisches Paradies, doch der **korrupten Baupolitik der 1950er Jahre** fielen viele der schönen Jugendstilvillen mit ihren Parkanlagen zum Opfer. Zum Glück haben sich Oasen wie die Villa Floridiana oder die Certosa di San Martino erhalten, von denen man nach wie vor unvergleichliche Ausblicke auf Neapel und den Golf genießt.

Die **Schienenseilbahnen** Neapels sind ein großartiges Verkehrsmittel. Drei der Funicolare führen auf den Vomero, der **Funicolare Montesanto** aus den Quartieri Spagnoli, der **Funicolare Centrale** vom Toledo und der **Funicolare di Chiaia** von der Piazza Amadeo. Bevor die Funicolare Ende des 19. und Anfang des 20. Jh. gebaut wurden, waren **Treppenwege** die einzige Möglichkeit, auf den Vomero zu gelangen. Die Wege gibt es immer noch, man kann zu Fuß in die Stadt hinabsteigen. Unterhalb der Villa Floridiana zweigt die **Calata di San Francesco** von der Via Falcone ab und erreicht das Chiaia-Ufer. Westlich des Castel Sant'Elmo beginnen in der Via Caccavello die **Gradini di Petraio** und führen vorbei an der Kirche San Carlo alle Mortelle in die Quartieri spagnoli. Vor der Certosa di San Martino führt die **Via Pedamentina a San Martino** hinab ins Centro storico.

Als *Ferdinand IV.* im Jahr 1815 aus seinem sizilianischen Exil nach Neapel zurückkehrte, begleitete ihn seine langjährige Geliebte und zweite Frau *Lucia Migliacco*, Herzogin von Floridia. Für sie ließ er die **Villa Floridiana** errichten. Ein **englischer Landschaftspark** umgibt das neoklassizistische Gebäude, von den Balustraden genießt man romantische Blicke auf den Golf von Neapel. Im zeitigen Frühjahr blühen die Kamelien. Die Villa beherbergt das **Museo della Ceramica Duca di Martina** mit einer sehenswerten Sammlung europäischen und orientalischen Porzellans.

■**Villa Floridiana,** Via Cimarosa 77. Funicolare di Chiaia. Park tägl. 9 Uhr bis 1 Stunde vor Sonnenuntergang. Eintritt frei.
■**Museo della Ceramica Duca di Martina,** Villa Floridiana, Tel. 08 15 78 84 18, www.polomusealenapoli.beniculturali.it. Mi bis Mo 8.30–14 Uhr. Eintritt 2,50/1,25 Euro.

Den höchsten Punkt des Vomero nimmt das **Castel Sant'Elmo** ein. Ursprünglich stand hier ein dem *Hl. Erasmus* geweihtes Kirchlein. *Robert v. Anjou* baute einen normannischen Wachturm zum Kastell aus, die heutige Anlage in Form eines sechsstrahligen Sterns geht auf Vizekönig *Pedro de Toledo* zurück. Das Kastell diente weniger der Verteidigung als der Kontrolle der Stadt. Heute befinden sich im sorgfältig restaurierten Bau kulturelle und wissenschaftliche Einrichtungen, andere Räume werden für Sonderausstellungen genutzt. Die besten Blicke auf Centro storico mit Spaccanapoli, Hafen und den Golf genießt man von den umlaufenden Balustraden!

■**Castel Sant'Elmo,** Via Tito Angelini 22, Tel. 08 12 29 44 01, www.polomusealenapoli.beniculturali.it. Funicolare Centrale bzw. Funicolare di Montesanto. Mi bis Mo 9–18 Uhr. Eintritt 5/2,50 Euro.

Am Fuße des Castel Sant'Elmo erhebt sich nicht weniger monumental die **Certosa di San Martino.** Ihre einzigartige Lage mit unvergleichlichen Blicken auf Neapel und den Golf, eine beeindruckende Architektur und die Fülle an Kunstschätzen machen die im 14. Jh. erbaute und inzwischen vollständig restaurierte Kartause zu einer der Hauptattraktionen Neapels. Ab dem 16. Jh. begann die vollständige Umgestaltung, deren verschwenderische Prachtentfaltung ihresgleichen sucht. Die Certosa di San Martino ist ein **Gesamtkunstwerk des neapolitanischen Barock.** Die von dem Orden in Auftrag gegebenen Kunstwerke sind immer noch an dem Ort zu bewundern, für den sie ursprünglich geschaffen wurden. Der Archäologe *Giuseppe Fiorelli* hatte nach Aufhebung der Klöster die Kartause 1866 als **Museo Nazionale di San Martino** unter Schutz stellen lassen. Ein Museum dokumentiert die Stadtgeschichte Neapels mit einer großen Anzahl von Veduten, von denen die „Tavola Strozzi" (Saal 32), eine bis ins feinste Detail ausgemalte Ansicht von Neapel im 15. Jh., die berühmteste ist. Sehenswert ist auch die Ausstellung neapolitanischer Weihnachtskrippen (siehe Exkurs „Bethlehem in Neapel").

■**Certosa/Museo di San Martino,** Largo San Martino 5, Tel. 08 12 29 45 02, www.polomusealenapoli.beniculturali.it. Funicolare Centrale bzw. Funicolare di Montesanto. Do bis Di 9–19.30 Uhr. Eintritt 6/3 Euro.

Mergellina, Posillipo und westliche Vororte

Folgt man dem Lungomare nach Westen, erreicht man das Viertel **Mergellina** am Fuße des Posillipo. Von der Mole le-

1

gen die Tragflügelboote zu den Inseln ab, nebenan liegt ein lebhafter Fischerei- und Yachthafen. An lauen Abenden bevölkern sich die Kais, Chalets, Kioske und Pavillons bleiben bis spät in die Nacht geöffnet. Das Eis schmeckt ausgezeichnet, in den Fischlokalen isst man gut, wenn auch etwas teuer. Für viel weniger Geld bekommt man auf der nahen **Piazza Sannazzaro** eine ausgezeichnete Pizza. Von hier ist es nicht weit zum **Parco Vergiliano,** obligate Etappe der Grand Tour und von Abiturfahrten unserer Tage. Dabei ist umstritten, ob der römische Dichterfürst *Vergil* wirklich hier begraben liegt. Hinter dem Bahnhof Mergellina führt ein Serpentinenweg hoch in den schön bepflanzten Park, vorbei am wuchtigen Grabmal des Dichters *Giacomo Leopardi,* bis zu einem Kolumbarium aus der Zeit des *Augustus* – dem Grab *Vergils.*

■ **Parco Vergiliano,** Salita della Grotta 20, Tel. 081 66 93 90. Tägl. 9 Uhr bis 1 Std. vor Sonnenuntergang. Eintritt frei.

Von Mergellina führt der Funicolare auf den **Posillipo,** Rest eines riesigen Vulkankraters, der die Bucht von Neapel von jener Pozzuolis trennt. Vor der Kirche Sant'Antonio di Posillipo liegt ein beliebter **Belvedere,** an dem Reisebusse für die Dauer eines „very nice picture" halten. Die berühmte Pinie, in unzähligen Veduten festgehalten, ist Ende der 1970er Jahre den Abgasen zum Opfer gefallen. Inzwischen wurde eine neue gepflanzt. Der Ausblick auf Neapel und den Vesuv ist mit oder ohne Pinie spektakulär. Der Name des edlen Hügels geht auf die antike römische Villa Pausilypon, die „Villa Sorgenfrei" des *Vedius Pollio,*

zurück. Heute noch zählt der Posillipo zu den bevorzugtesten und teuersten Wohngegenden Neapels. Schönen Panoramen kann man auch mit dem Bus 140 nachjagen, der von Mergellina zum Capo Posillipo fährt. Nach jeder Kurve möchte man Halt schreien, dank Unico-Napoli-Ticket kann man dem Drang unterwegs auszusteigen beliebig oft nachgeben. Von der Endhaltestelle fährt ein Minibus hinab zum romatischen Fischerhafen **Marechiaro.** Im Sommer findet sich leicht ein Boot für einen Ausflug entlang der spektakulären Küste. Der **Parco Virgiliano** (nicht zu verwechseln mit dem Parco Vergiliano weiter oben) lädt zu langen Spaziergängen mit Blick auf die Halbinsel Nisida und den Golf von Pozzuoli ein. Auch die sagenumwobene <mark>Villa Pausilypon</mark> lässt sich inzwischen wieder besuchen, das antike Theater dient im Sommer stimmungsvollen Freiluft-Aufführungen. Schon der Zugang zum weitläufigen Villengelände ist spektakulär, es handelt sich um die **Grotta di Seiano,** ein 770 m langer Tuffsteintunnel aus römischer Zeit. Drei Seitentunnel zum Meer sorgen für Licht und Belüftung. Dabei unterquert der Stollen den Parco Virgiliano. Die Villa Pausilypon („Villa Sorgenfrei") hatte sich *Publius Vedius Pollio,* Sohn eines reichen Freigelassenen und Freund des Kaisers *Augustus,* bauen lassen. Sie gilt als frühes Beispiel architektonischer Anpassung an die Landschaft, besaß die Ausmaße einer Stadt, mehrere Anlegemolen sowie Fischzuchtbecken zum Meer hin. Ein Abzweig des Serino-Aquäduktes sorgte für Trinkwasser.

■ **Villa Pausilypon,** Discesa Coroglio 36, Tel. 08 12 30 10 30. Busse zum Capo Posillipo, Richtung Grotta

1

di Seiano in den Bus C1 umsteigen. Di, Do und Sa 9.30, 10.30 und 11.15 Uhr. Eintritt frei.

Zum Schutz der Küste und der Unterwasserwelt wurde der **Parco Sommerso di Gaiola** eingerichtet. Bei Bootsfahrten und geführten Schnorchelausflügen sind nicht nur die Meeresfauna und -flora zu erkunden, sondern auch archäologische Reste aus römischer Zeit, wie z.B. Fischzuchtbecken. Der Naturpark liegt zu Füßen der Villa Pausilypon und ist zu Fuß auf einem kleinen Spaziergang vom Viale Virgilio aus zu erreichen. Dabei sind 100 Höhenmeter zu bewältigen (auf dem Rückweg bergauf!). Ein Strand mit Vesuv-Blick ist täglich von 6 bis 22 Uhr frei zugänglich (siehe auch „Neapel vom Wasser aus").

■ **Parco Sommerso di Gaiola,** Discesa Gaiola 27/28, Tel. 08 12 40 32 35, 08 15 75 44 65, www.gaiola. org. Busse bis Endhaltestelle „Capo Posillipo". Di bis So 10–14 Uhr, im Sommer bis 16 Uhr. Eintritt frei (Lichtbildausweis bereithalten!). Ausflüge mit Glasbodenboot 12 Euro/Person, Schnorchelausflüge (Ausrüstung wird gestellt) 20 Euro/Person. Es können auch Tauchausflüge organisiert werden, Mindestvoraussetzung Open Water Diver (Verleih von Flaschen und Bleigürtel).

Auf den ersten Blick haben **Bagnoli** und **Fuorigrotta,** die Viertel nördlich des Posillipo, dem Touristen nur wenig zu bieten. In Bagnoli erstreckt sich das aufgelassene Industriegelände der ILVA am Meer, bis in die 1990er Jahre wurde hier Stahl gekocht. Was blieb, sind gespenstisch anmutende Ruinen und große Pläne. Tourismus heißt das Zauberwort. An den ehemaligen Verladestegen soll eine Marina entstehen, im Sommer finden Open-Air-Konzerte statt. Das von der Universität betreute Museum **Città della Scienza** wurde Anfang März 2013 bei einem Brandanschlag komplett zerstört.

Den *tifoso,* den Fußballfan, zieht es am Sonntag nach Fuorigrotta ins **Stadio San Paolo** (siehe „Fußball").

▽ Villa Pausilypon: antike Lebenskunst

Praktische Tipps

Information

■AAST

Piazza Trieste e Trento 1 (Palazzo Reale), Tel. 08 12 52 57 11, www.inaples.it. **Info-Büros:** Piazza del Gesù 7, Tel. 08 15 51 27 01 bzw. Via San Carlo 9/Galleria Umberto I., Tel. 081 40 23 94. Öffnungszeiten jeweils Mo bis Sa 8.30–13.30 und 14.30–18.30 Uhr, So 8.30–13.30 Uhr.

■EPT

Info-Büro am Hauptbhf./Piazza Garibaldi auf Höhe von Gleis 23. Hier gibt es auch die Campania Artecard. Tel. 081 26 87 79, www.eptnapoli.info. Tägl. 9–18 Uhr.

Gut informiert

Das städtische Touristenamt gibt regelmäßig die **Info-Broschüre „Qui Napoli"** mit Stadtplan, Fahrplänen, aktuellen Öffnungszeiten und einem Unterkunftsverzeichnis heraus, auch als Internet-Download: www.innaples.it

Einen interaktiven **Online-Stadtplan** mit Hinweisen auf Monumente hat die Stadtverwaltung zur Verfügung gestellt: www.napoliservizi.com/geocom.

Im Schlaf Geld verdienen

Auch im Falle Neapels gilt: **Preise von Unterkünften online checken!** Internet-Tarife fallen oft deutlich günstiger aus als offiziell angegebene Listenpreise.

■Osservatorio Turistico Culturale

Städtisches Kulturbüro mit aktuellen Tipps. Mo bis Fr 9–19 Uhr und Sa 9–13 Uhr.
Piazza del Plebiscito – Porticato Chiesa di S. Paolo, Tel. 08 17 95 61 60/-61/-62, www.comune.napoli.it

■Il Mattino, Fahrpläne, Öffnungszeiten und Veranstaltungshinweise in Neapels größter Tageszeitung (www.ilmattino.it).

■La Repubblica, wichtige Adressen und Termine in der Lokalausgabe der liberalen Tageszeitung (www.larepubblica.it).

■www.napolinapoli.com, touristische Infos zu Neapel und Veranstaltungskalender, der auch als Newsletter abonniert werden kann.

■www.portanapoli.com, touristische Infos.

Unterkunft

Die Hotels in **Bahnhofsnähe** liegen verkehrsgünstig für Ausflüge nach Herkulaneum und Pompeji. Das Viertel ist laut und etwas zwielichtig. An die **Piazza Garibaldi** grenzen volkstümliche und verrufene Märkte. Nach Abschluss der Sanierungsarbeiten könnte die Piazza Garibaldi richtig schick werden. Es gibt eine Reihe solider Drei- und Vier-Sterne-Hotels, die v.a. von Geschäftsreisenden genutzt werden. Andere Etablissements hier vermieten ihre Zimmer hingegen nur stundenweise.

Konnte man im **Centro storico** früher nur die Pension Bellini empfehlen, haben sich längst eine Reihe sehr guter Hotels und zahllose B&Bs dazugesellt. Das Bellini hat unter neuem Namen als Hostel wiedereröffnet, auch das ein Trend.

Den **Lungomare** säumen Luxusherbergen. Bei knapper Kasse kann man das atemberaubende Panorama auch aus edlen, aber bezahlbaren B&Bs genießen.

Den Luxus traumhafter Ausblicke bieten auch Hotels auf dem **Vomero** und **Posillipo.**

Neapel – die Metropole

Nähe Bahnhof/Piazza Garibaldi

■ Suite Esedra ****
Schlanker 19.-Jh.-Bau auf Höhe der Chiesa S. Maria Egiziaca. Stilvoll-modernes Ambiente, komfortable Zimmer, die Suite mit Mini-Pool auf dem Dach. Reichhaltiges Frühstück an gemeinsamer Tafel. Kleiner Fitnessraum. Leicht zurückversetzt vom Corso Umberto I. (leichte Verkehrsgeräusche), die Porta Nolana und Spaccanapoli in Gehdistanz. 17 Zi., DZ/F 90–100 Euro.
Via Cantani 12, Tel. 081 28 74 51,
www.hotelsuiteesedranapoli.it

■ Una Hotel Napoli ****
Modern gestylter 19.-Jh.-Palazzo am westlichen Ende der Bahnhofspiazza, Stadtbusse halten vor dem Haus, der Circumvesuviana-Bhf. und der Mercato di Porta Nolana liegen in Gehdistanz. Komfortable Zimmer mit Schallschutzfenstern. Restaurant und Bar mit Dachterrasse. 89 Zi., DZ/F 80–230 Euro.
Piazza Garibaldi 9, Tel. 08 15 63 69 01,
www.unahotels.it

■ Cavour ***
Traditionshotel am westlichen Ende der Bahnhofspiazza, die Zimmer geschmackvoll renoviert. 86 Zi., DZ/F 60–110 Euro.
Piazza Garibaldi 32, Tel. 081 28 31 22,
www.hotelcavournapoli.it

■ Plaza ***
Gepflegtes Frühstückshotel, in dieser Klasse und Lage absolut zu empfehlen. Von der Dachterrasse Blick auf den Vomero. 57 Zi., DZ/F 70–160 Euro.
Piazza Principe Umberto 23,
Tel. 08 15 63 61 68, www.hotelplazanapoli.it

■ Pensione Mancini
Einfachstpension am westlichen Ende der Piazza Garibaldi. Volksnähe garantiert, der Forcella-Markt spielt sich vor dem Haus ab. Rucksackreisende (ital. *saccopelisti*) aus aller Welt steigen hier ab. Freundlicher Empfang. Besitzer *Alfredo* betreibt auch das **Hostel Bella Capri** (www.bellacapri.it) und **Naples Pizza Hostel** (www.naplespizzahostel.com). Gemeinschaftsküche. 2 Zi. (mit/ohne Bad), 4 kleine Schlafräume. Ü/F 15–20 Euro, DZ/Bad/F 50–70 Euro.
Via Mancini 33, Tel. 08 15 53 67 31,
www.hostelpensionemancini.com

Centro storico

■ Caravaggio ****
Stilvoll restaurierter Palazzo aus dem 17. Jh. an der kleinen Piazza, auf der sich seitlich des Duomo die Guglia di S. Gennaro erhebt (Suiten mit Piazza-Blick). Trotz der absolut zentralen Lage im brodelnden Herzen des alten Napoli sind die Zimmer sehr ruhig, einige sind allerdings eng geschnitten. Aufmerksamer Service, gutes Frühstück. 16 Zi., DZ/F 110–190 Euro (Kinder bis 6 Jahre gratis).
Piazza Cardinale Sisto Riaro Sforza 157,
Tel. 08 12 11 00 66, www.caravaggiohotel.it

■ Decumani ****
Kirchenfürstliche Bleibe im Herzen des Centro storico. Kardinal *Sisto Riario Sforza*, letzter Bischof des bourbonischen Königreichs, hatte in diesem Palazzo aus dem 17. Jh. seine private Residenz. Seit 2008 empfängt das Hotel de Charme zahlende Gäste. Das Frühstück wird im Ballsaal serviert. *Mimì* und *Pietro Fusella* haben auch mit dem Chiaja Hotel de Charme (s.u.) ihr Talent als Hoteliers bewiesen. 22 Zi., DZ/F 100–165 Euro.
Via San Giovanni Maggiore Pignatelli 15,
Tel. 08 15 51 81 88, www.decumani.com

■ Costantinopoli 104 ***
MEIN TIPP! Luxuriöse Hinterhofoase: *Clelia Santoro* hat den Palazzo Spinelli wenige Schritte vom Archäologischen Museum in ein komfortables Mini-Hotel verwandelt. Moderne Accessoires setzen Akzente. Reichhaltiges Frühstück, das im Sommer im Freien serviert wird. Dachterrasse mit Solarium, winziger Pool im hübschen Garten. Im Winter brennt im Salon ein Kaminfeuer. Parkplatz (20 Euro/Tag). 19 Zi., DZ/F 100–130 Euro, Suite 140–170 Euro.
Via S. Maria di Costantinopoli 104,
Tel. 08 15 57 10 35, www.costantinopoli104.com

1

Hotel Piazza Bellini ***

MEIN TIPP! Erfrischender Kontrast: Fröhlich-buntes Zimmerdesign und zeitgemäßer Komfort in einem Palazzo des 17. Jh. zwei Schritte von der beliebten Piazza Bellini. Im selben Haus auch eine der besten Küchen der Stadt, *Mario Avallones* Stanza del Gusto (s.u.)! 48 Zi., DZ/F 70–170 Euro.

Via S. Maria di Costantinopoli 101,
Tel. 081 45 17 32, www.hotelpiazzabellini.com

Real Orto Botanico ***

Gepflegter 18. Jh.-Palazzo mit schöner Dachterrasse, das Archäologische Museum und den Dom in Gehdistanz, die Metro „Piazza Dante/Museo" und den namensgebenden Botanischen Garten vor der Tür. Familienzimmer. Garage (15 Euro/Tag). Nicht frei von Verkehrslärm. 36 Zi., DZ/F 70–100 Euro.

Via Foria 192, Tel. 08 14 42 15 28,
www.hotelrealortobotanico.it

Europeo/Europeo Flowers *

Zwei Hotels im Uni-Viertel vereint unter einem Dach, wenige Schritte von der Piazza San Domenico. Ruhig im Hinterhof gelegen. Einfacher ist das Europeo Flowers mit 13 Zi. im 3. Stock. Das Europeo im 4. Stock bietet 17 geschmackvoll möblierte Nichtraucher-Zimmer. Ähnliche Preise. DZ 50–110 Euro.

Via Mezzacannone 109/c, Tel. 08 15 51 72 54,
www.sea-hotels.com,
www.hoteleuropeonapoli.com

B&B Casa del Monacone

MEIN TIPP! Die Kulturinitiative La Paranza, die auch Führungen durch die Catacombe di S. Gaudioso anbietet (siehe Exkurs „Neapels Unterwelt"), betreibt in den restaurierten Räumen des direkt an die Chiesa S. Maria della Sanità angeschlossenen Dominakerkonvents ein gastliches B&B. Die luftigen Zimmer sind bestens ausgestattet, zusätzlich zum großzügigen Frühstücksraum gibt es eine Terrasse. Vom Ponte della Sanità (Bus R4) führt der öffentliche Aufzug (Ascensore della Sanità) mitten hinab ins ursprüngliche Viertel. Hier trifft man nette, interessante Menschen aus aller Welt, die Betreiber sind großzügig mit guten Tipps. 7 Zi., DZ/F 60 Euro.

Via Sanità 124, Tel. 08 17 44 37 14
(c/o Catacombe di Napoli), Mobil 33 89 14 80 12
(Giovanni), www.casadelmonacone.it

B&B Donna Regina

MEIN TIPP! *Mimmo Mazzella,* Spross einer neapolitanischen Künstlerfamilie, führt das mit viel Gusto gestaltete B&B in den historischen Räumen eines ehemaligen Klosters (das Museum für Gegenwartskunst MADRE und das Museo Diocesano sind nur wenige Schritte entfernt). Aus dem 4. Stock bieten sich großartige Blicke auf die Chiesa Donnaregina Vecchia und die Dächer benachbarter Palazzi. Geschmackvoll eingerichtete, komfortable und ruhige Zimmer. Reichhaltiges Frühstück. *Mimmo* und seine Freunde – Architekten, Kunsthistoriker und Musiker – bieten interessante Stadtführungen an. Das Centro Culturale Mazzella unterhält eine Reihe weiterer B&Bs im Zentrum von Neapel, auf Procida, Capri und im Cilento. 4 Zi., DZ/F 93 Euro.

Via Settembrini 80 (Ecke Via Duomo),
Tel. 081 44 67 99, www.discovernaples.net

B&B Soggiorno Sansevero

Historischer Palazzo an einem der schönen Plätze des Centro storico. Meist geräumige Zimmer, fast alle ruhig und mit Rattanmöbeln eingerichtet. 6 Zi., DZ/F 50–100 Euro.

Piazza San Domenico Maggiore 9,
Tel. 08 17 90 10 00, www.albergosansevero.it

B&B Tribù

MEIN TIPP! Das von dem Architektenpaar *Gaetano D'Avino* und *Alessandra D'Aniello* nach baubiologischen Kriterien und geschmackvoll eingerichtete B&B in den historischen Gemäuern des Palazzo d'Angiò ist eine Oase der Ruhe inmitten der Altstadt. Auf der Terrasse zum Hof wird im Sommer das Frühstück serviert. Abends sitzt man hier bei einem Glas Wein und trifft auf interessante Gäste. Die Gastgeber sparen nicht mit guten Tipps. *Alessandra* betreibt auch ein Keramikatelier (www.alephdesign.info). 3 Zi., DZ/F 80–120 Euro.

Via dei Tribunali 339, Tel. 081 45 47 93,
Mobil 33 84 09 91 73, 32 85 46 12 00,
www.tribunapoli.it

1

Nur zwei Schritte von der Piazza San Gaetano entfernt vermieten die beiden in der Via dei Tribunali 309 wochenweise bestens ausgestattete, mit viel Gusto renovierte Apartments in ihrer **Casa d'Artista** mit angeschlossener Kunstgalerie und überraschenden Einblicken ins Kirchenschiff von S. Giovanni Lorenzo!

▪ Six Small Rooms

„Cosy, comfy & clean" wirbt die Australierin *Jenny* für ihr Hostel wenige Schritte von der Piazza Dante in einem Altstadtpalazzo. Es stimmt in etwa. Zimmer (2 DZ, 3 kleine Schlafräume) mit oder ohne Bad, Gemeinschaftsküche. Mit eigenem Schlüssel kann man am Abend beliebig lange wegbleiben. Im 3. Stock ohne Aufzug. Metro 1 „Dante". Ü/F 15–18 Euro, DZ/F 40–65 Euro.
Via Diodato Lioy 18, Tel. 08 17 90 13 78,
www.6smallrooms.com

Toledo, Quartieri spagnoli und Montesanto

▪ Il Convento ***

Geschmackvoll-komfortable Zimmer in sorgsam restaurierten Räumen eines barocken Palazzo wenige Schritte von der Via Toledo. Auch günstigere DZ mit nur 120 cm breiten Betten, aber auch Familienzimmer. Kleiner Dachgarten. 14 Zi, DZ/F 60–120 Euro.
Via Speranzella 137A, Tel. 081 40 39 77,
www.sea-hotels.com

▪ Toledo ***

Kleines, feines Hotel in den oberen Stockwerken eines renovierten Altstadtpalazzo im Herzen des Spanischen Viertels, wenige Schritte vom Toledo. Geschmackvoll eingerichtete, komfortable Zimmer. Angenehmer Aufenthaltsraum mit Bar. Frühstück auf der Dachterrasse mit tollem Ausblick. 18 Zi., DZ/F 70–100 Euro.
Via Montecalvario 15, Tel. 081 40 68 00,
www.hoteltoledo.com

▪ B&B Sui Tetti di Napoli

Hübsch und mit allem Notwendigen (u.a. mit Kochecken) eingerichtete Apartments oberhalb der Via Toledo, der Clou sind die Veranden mit Blick über die Dächer der Stadt. *Raffaele Festa* hat mit befreundeten Architekten drei weitere B&Bs im Centro storico hergerichtet. 4 Zi., DZ/F 55–100 Euro.
Vico Figurella a Montecalvario 6, Tel. 08 10 33 09 77, Mobil 33 89 26 44 53, www.suitettidinapoli.net

Piazza Municipio/Stazione Marittima

▪ Romeo *****

Mutig-moderne Stahl-Glas-Konstruktion am Hafen. Für die ambitionierte Innendekoration zeichneten neapolitanische Fotografen und Shootingstars der italienischen Designszene verantwortlich. Grandioser Blick auf Bucht und Vesuv aus dem Dachrestaurant, der Spa, dem Frühstückssaal und den Deluxe-Zimmern in den oberen Stockwerken. 69 Zi., 14 Suiten, DZ/F ab 180 Euro.
Via Cristoforo Colombo 45,
Tel. 08 10 17 50 01, www.romeohotel.it

▪ Palazzo Turchini ****

Hübsches Stadthotel nicht weit von den Fährablegern. Einige Zimmer lassen sich zu größeren Apartments verbinden. Das Frühstück wird im 6. Stock serviert, kleine Terrasse. 27 Zi., DZ/F 80–190 Euro.
Via Medina 21, Tel. 08 15 51 06 06,
www.palazzoturchini.it

▪ Hostel of the Sun

MEIN TIPP! Unkompliziertes, freundliches Backpacker-Hostel im 7. Stock eines Neubaupalazzo in Hafennähe (Molo Beverello). 8 kleine Schlafräume, 11 fröhlich-bunte DZ mit und ohne Bad und jede Menge guter Tipps. Gemeinschaftsküche. Das junge, engagierte Personal spricht englisch. Ausflüge werden organisiert. An Wochentagen für den Fahrstuhl 5- oder 10-Cent-Münzen bereithalten! Ü/F 18–20 Euro, DZ/F 50–70 Euro.
Via G. Melisurgo 15 (Ecke Via C. Colombo),
Tel. 08 14 20 63 93, www.hostelnapoli.com

Neapel – die Metropole

`1`

Santa Lucia/Chiaia/Mergellina

■ Excelsior ****L

Grandioser Hotel-Palazzo des 19. Jh. in bester Ecklage, von der Dachterrasse zur einen Seite der Blick auf den Vesuv, zur anderen auf das Castel dell'Ovo und in beiden Fällen auf den Golf. Edle Salons und selbst die Standard-Zimmer stilvoll ausgestattet. Charmanter noch als die berühmte Hotelschwester Grand Hotel Vesuvio nebenan. Sollte das Budget für ein luxuriöses Abendessen auf der Dachterrasse zu knapp bemessen sein, tut es auch ein Drink in der Bar. Internet-Angebote!
121 Zi., Standard-DZ/F 200–450 Euro.
Via Partenope 48, Tel. 08 17 64 01 11,
www.excelsior.it

■ Chiaia Hotel de Charme ***

MEIN TIPP! *Pietro Fusella* führt im Barock-Palazzo seiner Vorfahren nahe der Piazza Plebiscito ein edles Hotel (ein Flügel des Palazzo diente zeitweise als Luxus-Bordell, die Preisliste hängt noch). Die komfortablen Zimmer sind mit Stilmöbeln eingerichtet. Den Gästen steht ein Kamin-Salon zur Verfügung.
27 Zi., DZ/F 100–175 Euro.
Via Chiaia 216, Tel. 081 41 55 55,
www.hotelchiaia.it

■ Pinto Storey ***

MEIN TIPP! Charmantes Art-déco-Haus oberhalb der Villa Pignatelli. Kürzlich renoviert, befinden sich die Zimmer, einige mit Balkon und Blick aufs Meer, im 4. und 5. Stock eines Jugendstilpalazzo (mit Aufzug). 16 Zi., DZ/F 70–170 Euro. Metro bzw. Bus zur Piazza Amadeo.
Via G. Martucci 72, Tel. 081 68 12 60,
www.pintostorey.it

■ B&B Riviera di Chiaia

Die Familie *Rambaldi* hat in einem 17.-Jh.-Palazzo des Architekten *Fanzago* (Fassade!) am westlichen Ende der Villa Comunale ein B&B *con gusto* eingerichtet. Um die Gäste kümmert sich eine Haushälterin. Die Salons, das Speisezimmer und die hübsche Frühstücksterrasse sind herrschaftlich, die Zimmer etwas schlichter. Straßenmarkt, Bahnhof und Hafen von Mergellina in Gehdistanz, die neue Metro-Station Arco Mirelli und das Ristorante Cantina di Triunfo vor der Haustüre. 3 Zi., DZ/F 80–100 Euro.
Riviera di Chiaia 66,
Tel. 081 66 97 48, Mobil 32 98 57 66 70,
www.bedandbreakfastrivieradichiaia.com

■ Ostello Mergellina

Neapels offizielle Jugendherberge, ein nüchterner Zweckbau der 1970er Jahre, liegt oberhalb des Mergellina-Bahnhofs. Über die Gleise und Dächer hinweg sieht man auf Golf und Vesuv. Der kleine Park mit dem Grab *Vergils* liegt nur wenige Schritte entfernt. Holzstockbetten mit Lattenrost, simple funktionale Bäder. Schließt um 0.30 Uhr. 28 4- bzw. 6-Bett-Zimmer, 36 DZ, Ü/F 18 Euro, DZ/F 44 Euro, Abendessen 10 Euro.
Salita della Grotta a Piedigrotta 23,
Tel. 08 17 61 23 46, www.ostellonapoli.com

Vomero

■ Grand Hotel Parkers *****L

Komplett renovierte Luxusherberge, seit 1865 beliebte Adresse betuchter Reisender aus aller Welt. 1889 gelangte das ehemalige „Tramonto Beaurivage" in den Besitz des britischen Meereszoologen *George Parker,* der sich das pleite gegangene Haus schlicht auf die Zimmerrechnung setzen ließ, als er vom Vollstreckungsbeamten bei seiner Siesta gestört wurde. Geschmackvoll eingerichtete, äußerst komfortable Zimmer. Traumhafte Blicke auf die Stadt und den Golf. Ein Nichtraucher-Stockwerk. Top-Restaurant George im 6. Stock mit grandiosem Golfblick. 74 Zi., 9 Suiten, DZ/F ab 140–350 Euro. Corso V. Emanuele 135, Tel. 08 17 61 24 74, www.grandhotelparkers.it

■ **La Controra Flashpackers Hostel**
Von jungen Travellern für junge Traveller. Empfang rund um die Uhr. Kleine Schlafsäle und 2- bis 4-Bett-Zimmer. Top Service, sehr freundlich und polyglott. Metro 1 „Salvator Rosa". Ü/F 11–22 Euro, DZ/F 50–70 Euro.
Piazzetta Trinità alla Cesarea 231,
Tel. 08 15 49 40 14, www.lacontrora.com

Posillipo

■ **Paradiso** ****
Wunderbare Lage, klassischer Blick auf Golf und Vesuv aus einigen Zimmern und von der üppig bepflanzten Terrasse. Angenehmes Ambiente. Funicolare Mergellina. 72 Zi., Superior-DZ/F 160–210 Euro.
Via Catullo 11, Tel. 08 12 47 51 11,
www.hotelparadisonapoli.it

■ **B&B Posillipo Dream**
Von engagierten Leuten (*Albert Coward* und *Giovanna Raffone*) geführtes B&B in einer modernen, ruhigen Wohnanlage im Grünen. Aus den geschmackvoll möblierten Zimmern und von der Terrasse Insel-Blick. Opulentes Frühstück. Auf der Website weitere B&B-Tipps. Funicolare di Posillipo, Bus 140 ab Stazione Mergellina. 2 Zi., DZ/F 100 Euro.
Via Manzoni 214/0 – Parco Flory,
Palazzo 4/B, Tel. 08 15 75 60 00,
Mobil 34 03 70 41 91, www.posillipodream.it

Außerhalb (Pozzuoli)

■ **Camping Internazionale Solfatara**
Empfehlenswerter Platz in Pozzuoli (siehe dort) mit guten Zug- und Busverbindungen nach Neapel.

Essen und Trinken

Nähe Bahnhof/Piazza Garibaldi

■ **Da Michele**
MEIN TIPP! Die traditionellste neapolitanische Pizzeria, wenige Schritte vom Trianon (s.u.). Solange der Teig reicht, werden an den schlichten Marmor-

Pizza als Export-Schlager

When the moon hits your eyes like a big pizza pie, that's amore.

Jack Brooks

Unter dem Markennamen **Rossopomodoro** mischt eine neapolitanische Unternehmergruppe seit den 1990er Jahren, inzwischen weltweit erfolgreich, die Pizzeria-Szene auf. In den flott designten Lokalen – in Neapel gibt es eine ganze Reihe davon (aus einer der Filialen wurde übrigens der Autor *Roberto Saviano* als „unerwünscht" verwiesen) – brennen patentierte Pizzaöfen auf exakt 485° C, die Küche serviert jahreszeitenabhängig Klassiker der *cucina neapolitana*, die Grundzutaten sind 1A und manchmal sogar von Slow Food empfohlen. Auf den Speisekarten ist in winziger Schrift vermerkt, dass Servizio und Coperto nicht eingeschlossen sind – auch das Teil des erfolgreichen Geschäftsmodells!? Über die Qualität lässt sich jedenfalls nicht meckern.

■ www.rossopomodoro.com

tischen die Pizza-Klassiker Marinara und Margherita serviert. Abends bilden sich lange Schlangen, die delikaten Pizzas gibt es auch zum Mitnehmen. Dazu Bier und Coca Cola. Über dem Pizzaofen wacht Sant'Antuono, Schutzheiliger der Feuerwehrleute und *pizzaioli*, an den Wänden S/W-Fotos von fünf Generationen Pizzabäckern. 8–12 Euro. 10–23 Uhr! So Ruhetag.
Via Sersale 1/2, Tel. 08 15 53 92 04, www.damichele.net

■ Europeo di Mattozzi

MEIN TIPP! Seit 1852 am Platz! Direkt unterhalb der Piazza Bovio gelegen, ist das von Besitzer *Alfredo Mattozzi* mit umwerfendem Charme geleitete Ristorante beliebter Treff von Studenten, Professoren, Reedern und Intellektuellen. Die ausgezeichnete Pizza und die klassisch neapolitanischen Gerichte kann sich jeder leisten, für den prima Fisch muss man etwas tiefer in die Tasche greifen. 20–40 Euro. So Ruhetag. Mittags und abends.
Via Marchese Campodisola 4–10, Tel. 08 15 52 13 23, www.mattozzieuropeo.com

■ Mimì alla Ferrovia

Alteingesessenes, gutes Fischrestaurant am westlichen Ende der Piazza Garibaldi. Preislich, v.a. aber kulinarisch liegt das Niveau deutlich über dem Durchschnitt des Viertels. Nach dem letzten *restauro* hat das von *Michele Giugliano* und seinem gleichnamigen Cousin betriebene Ristorante („due cugini e una cucina") etwas von seinem Charme verloren, dafür aber an Eleganz gewonnen. 25–40 Euro. So Ruhetag. Mittags und abends.
Via Alfonso d'Aragona 19/21, Tel. 08 15 53 85 25, www.mimiallaferrovia.it

■ Trattoria da Giovanni dal 1936

In dritter Generation geführte, beliebte Fischtrattoria inmitten des volkstümlichen Mercato di Porta Nolana. Donna *Elvira* macht keine Unterschiede, wenn sie für Arm oder Reich, Einheimische oder Touristen kocht, alle werden vorzüglich bedient. 15–20 Euro. So Ruhetag. Mittags und abends.
Via Soprammuro a Porta Nolana 9/10, Tel. 081 26 83 20

■ Trianon da Ciro

Seit 1923! An Wochenenden lange Schlangen vor dem Eingang. Hat man es endlich geschafft, schlägt einem fröhlicher Lärm entgegen. Das Lokal erstreckt sich über drei Stockwerke, auf den schlichten Marmortischen liegen die Speisekarten aus. Zur Auswahl stehen Pizzas, Coca-Cola, Bier, Wasser und neuerdings sogar ein Hauswein! Nach dem Essen wechselt man am besten auf die andere Straßenseite in die Gelateria Al Polo Nord. Im Forcella-Viertel, zwischen Piazza Garibaldi und Centro storico (weitere, etwas intimere Filiale auf dem Vomero gegenüber der Fonoteca in der Via R. Morghen 12). 10–12 Euro. Tägl. mittags und abends.
Via Pietro Colletta 42/46, Tel. 08 15 53 94 26, www.pizzeriatrianon.it

1

Centro storico

■ Antica Osteria Pisano

Volkstümliche Osteria zwei Schritte vom Dom am Eingang zum Forcella-Viertel. Bei gutem Wetter stehen ein paar Tische auf der verkehrsumtosten Piazza. Solide *cucina neapolitana*, abends mit größerer Auswahl. 15–20 Euro. So Ruhetag. Mittags und abends.
Piazza Crocelle ai Mannesi 1/4
(Ecke Via Duomo), Tel. 08 15 54 83 25

■ La Campagnola

Seit 1946 existiert die Trattoria mit Wein- und Ölhandlung (*Joseph Beuys* kehrte hier gerne ein), bei der letzten Renovierung hat das Lokal leider etwas an Atmosphäre eingebüßt. Schlicht gedeckte Tische, *cucina napoletana* mit viel Gemüse zu günstigen Preisen. An Wein herrscht kein Mangel. 10–15 Euro. Di Ruhetag, So und Mo nur mittags.
Via Tribunali 47, Tel. 081 45 90 34,
www.campagnolatribunali.com

■ La Cantina del Sole

Gennaro führt sein freundliches Lokal zwei Schritte von der Pizzetta Nilo unter neuem Namen weiter. Seiner *cucina campana* ist er treu geblieben. Köstliche, hausgemachte Dolci. Die gute Auswahl an Weinen ist *Gennaro* seinem Familiennamen *Del Vino*

☐ Timpani e Tempura: Gusto mit Grips

schuldig. 25 Euro. Mo Ruhetag. Di bis Sa nur abends,
So auch mittags.
Via G. Paladino 3, Tel. 08 15 52 73 12

◼ La Cantina di Via Sapienza

MEIN TIPP! Im Souterrain Essen wie bei Mamma.
Täglich wechselnde Menüs, leckeres Gemüse, guter
Hauswein. Babà zum Nachtisch. Junges, studenti-
sches Publikum. 15 Euro. So Ruhetag. Nur mittags.
Via della Sapienza 40
(Ecke Via S. Maria di Costantinopoli),
Tel. 081 45 90 78, www.cantinadiviasapienza.it

◼ La Stanza del Gusto

MEIN TIPP! Winziges Feinschmeckerlokal. *Mario
Avallone* lässt sich vom Marktangebot täglich aufs
Neue zu seinen Kreationen inspirieren. Eine der besten Küchen der Stadt – vorbestellen! Gegen den
kleinen Hunger serviert auf Straßenniveau die
Squisitezze (ca. 18 Euro) mittags feine Käseteller,
kleine warme Gerichte und schenkt Wein auch gläserweise aus. Süffiges Bier nach eigener Rezeptur.
45–65 Euro. So Ruhetag, Mo nur mittags.
Via S. Maria di Costantinopoli 100,
Tel. 081 40 15 78, Mobil 34 83 39 61 61,
www.lastanzadelgusto.com

◼ Lombardi a Santa Chiara

Ausgezeichnete Pizze (der neue Betreiber ist Tria-
non!), frischer Fisch, gute Weine und oft lange
Schlangen. Auch Straßenverkauf. 20–25 Euro. Mo
Ruhetag. Mittags und abends.
Via Benedetto Croce 59, Tel. 08 15 52 07 80

◼ Di Matteo

Winzige, ausgezeichnete Pizzeria im Herzen der Altstadt. Straßenverkauf und ein paar Marmortische.
Hier kann man auch die in Fett ausgebackenen *Pizza fritta* empfehlen, während man kurz auf die Pizza
wartet, gibt es frittiertes Gemüse zum Knabbern.
5–10 Euro. So Ruhetag. Von früh bis Mitternacht.
Via Tribunali 94, Tel. 081 45 52 62

◼ Port'Alba

Eine der ältesten Pizzerien der Stadt (seit 1783!),
auch bei Studenten beliebt. *Frittura all'italiana* probieren! 10–20 Euro. Mi Ruhetag. Mittags und
abends.

Via Porta Alba 18, Tel. 081 45 97 13,
www.anticapizzeriaristoranteportalba.com

◼ Sorbillo

Kult-Pizzeria mitten in der Altstadt – es gibt sie
auch auf der N° 38 (www.sorbillo.eu)! Beste Zutaten garantiert. So Ruhetag.
Via Tribunali 32, Tel. 081 44 66 43,
www.accademiadellapizza.it

◼ Starita

MEIN TIPP! *Sophia Lorens* Filmauftritt als Verkäufe-
rin der berühmten *pizza fritta* in „L'Oro di Napoli"
bleibt unvergessen. Pizza und Atmosphäre sind
nach wie vor urneapolitanisch. Bier oder moussie-
render *vino di Gragnano*. Vom Archäologischen Museum 15 Min. zu Fuß bzw. Metro „Materdei". 10–15
Euro. Mo Ruhetag. Mittags und abends.
Via Materdei 28, Tel. 08 15 57 46 82,
www.pizzeriastarita.it

◼ Taverna dell'Arte

MEIN TIPP! Das kleine, überaus sympathische Ristorante liegt im alten Univiertel in einer stillen Querstraße der Via Mezzacannone unterhalb der Chiesa
S. Giovanni Maggiore. Im Sommer stehen Tische im
Freien unter der Glyzinienpergola. Die vom Padrone
und Gastrosophen *Alfonso Galotti* gepflegte „Arte"
besteht schlicht und ergreifend in der kunstvollen
Auswahl und Zubereitung der Ingredientien. Don
Alfonso ist ein kulinarischer Kuppler und kombiniert
die allerbesten Produkte des ehem. *Regno delle due
Sicilie* (Süditalien mit Sizilien) auf entsprechend
wappengeschmückten Tellern. Seine Vorliebe gilt
der parthenopäischen Küche des 17. Jh., als die
Neapolitaner noch als *mangiafoglie* („Blattesser")
bezeichnet wurden. Großartige Gemüsesuppen
wetteifern mit Gragnano-Pasta auf den Primo-Tel-
lern. Kräftige Aromen begleiten die Fisch- und
Fleischsecondi, zwischendurch erfrischt eine Zitro-
nen-Basilikum-Granita. Die Liköre sind hausgemacht, die Dolci-Auswahl ist klein, aber köstlich.
Guter Hauswein offen in der Karaffe. Ein neapolitanisches Wunder: Mobiltelefone haben in Don *Alfon-
sos* Ristorante keinen Empfang! 30–35 Euro. So Ruhetag. Nur abends.

1

Rampa S. Giovanni Maggiore 1/a,
Tel. 08 15 52 75 58, www.tavernadellarte.it

■ Timpani e Tempura

MEIN TIPP! Die beste neapolitanische Straßenküche, zum Mitnehmen oder Verzehr an kleinen Tischen. Verkauf von kampanischen Slow-Food-Produkten und gute Infos dazu. Nähe Piazza Gesù. So Ruhetag. 15 Euro.
Vico della Quercia 17, Tel. 08 15 51 22 80,
www.timpanietempura.it

■ un SorRiso integrale

Vegetarisches Ethno-Restaurant und Öko-Laden an der Piazza Bellini. Studenten mit Ausweis essen hier besonders günstig. Sympathisch und preiswert! 10–15 Euro. So Ruhetag. Mittags und abends.
Vico San Pietro a Majella 6 (Ecke Via
San Pietro a Majella), Tel. 081 45 50 26,
www.sorrisointegrale.com

Via Toledo/Quartieri Spagnoli

■ 7 Soldi

Alteingesessene Nachbarschaftstrattoria, die auch gerne vom Publikum des nahen Teatro Nuovo aufgesucht wird. Gute lokale Küche und Pizza zu anständigen Preisen, Tische auch auf der Gasse. 15–20 Euro. Mo Ruhetag. Mittags und abends.
Vico Tre Re 6, Tel. 081 41 87 27

■ Antica Capri

Seit 1968 von der Familie *Coppa* betriebene und 2011 neu eröffnete nette Trattoria. Am einfachsten von der Piazzetta Duca D'Aosta am Toledo (Talstation des Funicolare Centrale) über die Treppengasse zu erreichen. Solide lokale Fisch-, Fleisch- und Gemüseküche und Pizza. 15–20 Euro. Do und So abends geschl. Mittags und abends.
Via Speranzella 110, Tel. 08 10 38 34 86,
Mobil 338 83 96 35, www.anticacapri.it

■ Gastronomia L.U.I.S.E.

Ausgezeichnete *Tavola calda* (Schnellimbiss) mit Tischen auf der Piazza Augusteo (Talstation des Funicolare Centrale). Das Akronym L.U.I.S.E. besagt,

dass es hier *lecornie italiane*, italienische Delikatessen, gibt. Auch gutes Gebäck. 10–15 Euro. Tägl. 7–22 Uhr.
Via Toledo 266, Tel. 081 41 53 67

■ Hosteria Toledo

Inbegriff einer neapolitanischen Familien-Trattoria komplett mit karierten Tischdecken und (früher auch mal) Slow-Food-Segen, seit 1951 am Platz. Frisch zubereitete Gerichte der *cucina neapolitana*. Die dritte Generation hat zwei Schritte weiter das moderne **Ristorante Valù** eröffnet (Vico Lungo del Gelso 80, Tel. 08 10 38 11 39, www.ristovalu.it). In beiden Fällen auch Tische auf der Gasse. In den Quartieri Spagnoli (vom Toledo auf Höhe des Banco di Napoli abbiegen). Gelegentlich kommt man in den Genuss eines *posteggio*, d.h. Guitarrenserenaden live am Tisch. 10–30 Euro. Di abends geschl.
Vico Giardinetto a Toledo 78/a,
Tel. 081 42 12 57, www.hosteriatoledo.it

■ Nennella

Seit 1949 existiert diese blitzsaubere, geräuschvolle Familientrattoria im Herzen der Quartieri Spagnoli. Klassische *cucina napoletana* für wenig Geld. 10–20 Euro. So Ruhetag. Mittags und abends.
Via Lungo Teatro Nuovo 103/105
(Ecke Largo Barracche), Tel. 081 41 43 38

■ Osteria della Mattonella

Kleine traditionelle Trattoria, deren Wände gefließt sind (daher der Name). Köstliche Antipasti und Pasta-Gerichte, eine Spezialität ist *pasta alla genovese*, trotz des Namens typisch neapolitanisch. Offener Wein. Oberhalb der Via Chiaia, bis zum frühen Abend fährt ein Aufzug. 25 Euro. Mittags und abends, So abends geschl.
Via Nicotera 13, Tel. 081 41 65 41

Piazza Municipio/ Chiaia/Santa Lucia/Mergellina

■ A Taverna do'Rè

Bourbonenküche light in einer Seitengasse der Piazza Municipio, direkt neben dem Teatro Merca-

dante. Im Sommer stehen die Tische auf der Gasse. Leckere Antipasti, z.B. auch *zeppoline di alghe* oder *bruschette*, danach *pasta fatta in casa* und Fleisch- oder Fischsecondi. Eine Spezialität aus Torre Annunziata sind die *calamari ripieni*. Ein Augenfang am Eingang ist der mit Delfter Kacheln verkleidete *forno*, die leckere Holzofenpizza gibt es auch schon mittags. 10–30 Euro. Mittags und abends.
Vico Supportico Fondo di Separazione 2,
Tel. 08 15 52 24 24, www.atavernadore.it

■ **Da Dora**

Die ehemals schlichte Fischerkneipe ist kein Geheimtipp mehr, aber immer noch ein Garant für beste Fischküche, auch wenn die Mehrzahl der betuchten Gäste inzwischen aus dem Ausland kommt. Eine köstliche *zuppa di pesce* ersetzt ein ganzes Mahl, trotzdem sollte man auch die rohen *frutti di mare* zumindest kosten! Reservieren! 40–55 Euro. So Ruhetag. Mittags und abends.
Via F. Palasciano 30 (Ecke Riviera di Chiaia),
Tel. 081 68 05 19

■ **Da Tonino**

Die kleine Osteria, eine der ältesten der Stadt, ist ständig gut besucht. An den großen Tischen rückt man zusammen und wird von *Tonino* (Urenkel dessen, der das Lokal als Weinpinte ursprünglich eröffnet hatte) unterhalten, derweil die nächste Generation in der Küche köstliche *seppie in umido, pasta e faggioli* oder *pasta e ceci* zubereitet. Die Auswahl der frisch zubereiteten Gerichte ist klein, ein Qualitätsbeweis. Die Wände zieren gut gefüllte Weinregale. 15–20 Euro. Tägl. mittags, Fr und Sa auch abends.
Via Santa Teresa a Chiaia 47, Tel. 081 42 15 33

■ **Gastronomia L.U.I.S.E.**

MEIN TIPP! Wer beim Shoppen eine Stärkung braucht, legt am besten in dieser ausgezeichneten *Tavola calda* einen Stopp ein. Das Akronym L.U.I.S.E. besagt, dass es hier *lecornie italiane*, italienische Delikatessen, gibt. 10 Euro. Mo bis Sa 8–20.30 Uhr, So 8–15 Uhr.
Via S. Caterina a Chiaia 68
(Piazza dei Martiri), Tel. 081 41 77 35

■ **La Cantina di Triunfo**

In dritter Generation werden in der inzwischen modern gestylten Enothek beste kampanische Weine ausgeschenkt. Dazu wird schmackhafte neapolitanische Küche gereicht. Die Auswahl der Speisen ist klein, dafür kommt hier alles frisch auf den Tisch. Günstige Tagesgerichte. 25–30 Euro. So nur mittags. Mittags und abends.
Riviera di Chiaia 64, Tel. 081 66 81 01,
Mobil 335 41 05 12 (*Antonio Triunfo*),
www.lacantinaditriunfo.it

■ **Pescheria Mattiucci**

MEIN TIPP! *Sashimi neapolitano:* Jeden Di, Do und Fr von 18–22 Uhr verwandelt sich die von *Luigi Mattiucci* in dritter Generation betriebene Fischhandlung in eine feine Fischbar. Nach alter süditalienischer Tradition werden frischer Fisch und Meeresfrüchte – mit Zitrone, Orangen und Olivenöl beträufelt – roh verzehrt. Dazu beste Tropfen, im Hintergrund läuft Jazz. 18–20 Euro.
Vico Belledonne a Chiaia 27,
Tel. 08 12 51 22 15, Mobil 33 32 94 53 55,
www.pescheriamattiucci.com

■ **Tartuffi – che passione**

Modernes Mini-Ristorante in hell dekoriertem Tonnengewölbe wenige Schritte von der Piazza dei Martiri. Süditalienische Trüffel sind auf der Speisekarte prominent vertreten, aber es gibt auch köstliche Fischgerichte ohne. Die vom jungen Küchenchef *Simone Profeta* zubereiteten Speisen präsentieren sich frisch-fröhlich-leicht-edel. Faire Preise. 35 Euro. Mo Ruhetag. Bis auf So nur abends.
Vico Satriano 6, Tel. 08 12 45 50 57,
www.tartufichepassione.it

Vomero

■ **Gorizia**

Gediegenes Vomero-Ambiente, seit 1916 am Platz. Ristorante und mehr als anständige Pizze! Mittags und abends.
Via Bernini 31, Tel. 08 15 78 22 48

Posillipo/Marechiaro

■ Giuseppone al Mare
Der Ausblick auf den Golf, die Bedienung und die Fischgerichte sind exquisit, die Preise dito. Bus 140 von Mergellina Richtung Capo Posillipo und von der Piazza Salvatore di Giacomo zu Fuß zum Meer absteigen. 35–55 Euro. Mo und So abends geschl. Mittags und abends.
Via F. Russo 13, Tel. 08 15 75 60 02,
ww.giuseppone.com

■ Hostaria La Vela
Romantisches Terrassenrestaurant am winzigen Fischerhafen von Marechiaro. Bus 140 von Mergellina zum Capo Posillipo, ab hier Minibus nach Marechiaro. 25–35 Euro. Mittags und abends.
Calata Ponticello a Marechiaro 37,
Tel. 081 57 55 10 95,
www.ristorantehostarialavela.com

Snacks, Cafés, Bars und Eisdielen

■ Acquafrescaio
MEIN TIPP! Noch bis in die 1950er Jahre standen Kioske, die frisch gepresste Zitronenlimonade anboten, an allen Straßen und Plätzen Neapels. Den Kiosk neben der Kirche S. Ferdinando gibt es seit 1836. *Carolina Guerra* und ihr Bruder erfrischen die durstigen Passanten wie eh und je mit köstlicher *spremuta fresca di limone;* bestellt man sie mit Seltz, muss man sich mit dem Trinken beeilen. Warum? Ausprobieren!
Piazza Trieste e Trento

■ Bar Nilo
Gegenüber des Corpo di Napoli. Tagsüber hängt ein nicht ganz ernst gemeinter Maradona-Altar außen an der Wand. So Ruhetag.
Via S. Biagio dei Librai 120, Tel. 08 15 51 70 29

■ Caffè arabo
Seit 1992 verwöhnen *Cinzia Musella* und *Omar Suleiman* ihre (studentischen) Gäste mit syrisch-paläs-tinensischer Küche, arabischen Vorspeisen, Falafel, Couscous, Tee und Bier vom Fass. Kleine Glasveranda, Tische auf der Piazza. Dependance Ristorante arabo in der nahen Via S. Chiara 25 bis. Ohne Ruhetag.
Piazza Bellini 64, Mobil 34 04 61 89 09 *(Omar),* 339 88 28 12 *(Cinzia)*

■ Caffeteria del Professore
Exzellenter Espresso. Insgesamt gibt es mehr als 50 Kaffee-Spezialitäten.
Piazza Trieste e Trento 46, Tel. 081 40 30 41

■ Chalet Ciro
Der beste Eis-Kiosk in Mergellina. Mi geschl.
Via Caracciolo, Tel. 081 66 99 28,
www.chaletciro.it

△ Prozession zu Ehren San Gennaros

1

■**Chiquitos**

Wenn die Schlangen vor dem Chalet Ciro wieder einmal zu lange sind, auch an diesem Kiosk (am Funicolare) gibt es leckeres *gelato!*

Via Mergellina, Tel. 081 66 80 57

■**Gay Odin**

MEIN TIPP! Neapels edelster Chocolatier betreibt in der Spaccanapoli eine Eisdiele!

Via Benedetto Croce (Ecke Via S. Chiara),

Tel. 08 15 51 07 94, www.gay-odin.it

■**Gelateria della Scimmia**

Seit 1933 lockt der Schimpanse Kinder und Erwachsene in eine der besten Eisdielen der Stadt. Das Stammhaus steht an der Piazza Carità 4 (Via Toledo), eine Filiale hat an der Piazzetta Nilo 4 (Spaccanapoli) eröffnet.

■**Gran Caffè Gambrinus**

Das elegante Belle-Époque-Kaffeehaus, ein touristisches Muss, hat eine lange Tradition als Treffpunkt liberaler Künstler und Intellektueller. Die Kreationen der hauseigenen Konditorei lassen einem das Wasser im Munde zusammenlaufen. Wahlweise kann man unter Murano-Lüstern am Tresen stehen oder für ein paar Euro mehr in roten Plüschsesseln versinken und der Klaviermusik lauschen.

Via Chiaia 1/2 (Piazza Trieste e Trento),

Tel. 081 41 75 82

■**Intra Moenia**

Seit 1989 Treffpunkt von Studenten, Intellektuellen, Künstlern und natürlich auch Touristen. Zum Essen gibt es leckere Kleinigkeiten und üppige Salate, am Abend wird das Lokal zur belebten Cocktailbar. „Intra Moenia" ist auch ein Verlag, der mittlerweile über 60 Titel zu Neapel im Programm hat. Schmökern lohnt sich! Nützliche Gratis-Stadtpläne laden zur Erforschung der Altstadt ein. Internet. Tägl. 10–3 Uhr nachts.

Piazza Bellini 70, Tel. 081 45 16 52,

www.intramoenia.it

■**La Sfogliatella Mary**

Am Ausgang zur Via Toledo von morgens bis abends frische *sfogliatelle.* So Ruhetag.

Galleria Umberto I. 66, Tel. 081 40 22 18

■**Pintauro**

Die kleine, ausgezeichnete Pasticceria ist der Geburtsort der *sfogliatella* („1785 qui nacque la sfogliatella"). Die *dolci* gibt es auf die Hand. Mo bis Sa 8.30–20.30 Uhr.

Via Toledo 275, Tel. 081 41 73 39

■**Scaturcchio**

Alteingesessene Pasticceria, berühmt für *gelato, sfogliatelle, babà* und Sachertorte. Tische auf der Piazza San Domenico Maggiore.

Tel. 08 15 51 98 15, www.scaturcchio.it

■**Tarallificio Esposito**

Traditionsbäckerei und Straßenverkauf im urigen Sanità-Viertel. Knusprige Pizza vom Blech und die echt neapolitanischen Taralli mit Schmalz, Pfeffer und Mandeln.

Via Sanità 129–130, Tel. 081 45 49 06

Nachtleben, Clubs und Discos

Neapels Nachtleben ist immer *in movimento,* die **Adressen ändern sich schnell.** In Bars, Buchhandlungen und Schallplattenläden, v.a. im Univiertel im Centro storico, liegen Flyer aus, aktuelle Termine auch im Tourismus-Magazin „**Qui Napoli**" bzw. in Gratis-Heften wie „**Zero**" (http://napoli.zero.eu/) oder „**nano**" (www.nanoedizioni.com).

Bestens organisiert und sehr hilfsbereit ist die **Schwulen- und Lesbenszene** mit dem **Circolo culturale ArciGay/ArciLesbica** im Univiertel, Mi 17–20 Uhr und Fr 18–21 Uhr. Vico San Geronimo alle Monache 19 (Ecke Via Mezzocannone), Tel. 08 15 52 88 15, www.arcigaynapoli.org.

■**Arenile**

Strand und Dancefloor im sanierten Industriegebiet am Meer. Juni bis Sept. tägl. im Freien, in der Winter Area an Wochenenden.

Via Coroglio 10 – Bagnoli,

Tel. 08 10 19 91 56, www.arenilereload.com

1

Neapel – die Metropole

◼ Around Midnight

Jazz und Folk, aber auch Theater und Lesungen. Auf das erste Getränk wird als Eintritt ein Aufschlag erhoben. Funicolare Montesanto.

Via G. Bonito 32A, Tel. 08 15 58 28 34

◼ Kinky Reggae Bar

Chill out in der Nähe der Piazza del Gesù. Tägl. ab 22 Uhr. Juli und Aug. geschl.

Vicolo della Quercia 26, Mobil 33 55 47 72 99

◼ Lanificio 25

Selbst verwaltetes Kulturzentrum in ehemaliger Wollspinnerei aus dem 19. Jh. auf Höhe der Porta Capuana: Ausstellungen, Workshops und Konzerte.

Piazza E. De Nicola 46, Tel. 08 16 58 29 15, www.lanificio25.it

◼ S'Move Light Bar

Musicfoodbar im angesagten Chiaia-Viertel. DJs legen Acid Jazz, Techno und Funk auf.

Vico dei Sospiri 10a, Tel. 08 17 64 58 13

◼ Velvet Zone

Underground-Disco in Nähe der Piazza del Gesù. Jeden So Live-Konzerte neapolitanischer Bands. Okt. bis Mai von Di bis So. In der gleichen Straße gibt es weitere Clubs und Szene-Plattenläden.

Via Cisterna dell'Olio 11, Tel. 08 12 51 40 70

◼ Virgilio Club

In heißen Sommernächten beliebte Open-Air-Gay-Disco im vornehmen Posillipo – Terrasse mit Blick auf die Bucht. Juni bis Sept. nur Do bis So, sonst variabel. Bus 140.

Via Tito Lucrezio Caro 6,
Tel. 08 15 75 52 61, www.virgilioclub.it

An- und Weiterreise

◼ Siehe auch „Praktische Tipps A–Z/Reisen in Kampanien".

◼ **Bus:** Die meisten blauen Überlandbusse starten von der Piazza Garibaldi (Hauptbahnhof) bzw. in der Nähe der Stazione Marittima (Fährhafen) am Molo Beverello. CTP (www.ctp.na.it) von der Piazza Garibaldi (gegenüber Hotel Cavour) nach Caserta.

SITA (www.sitasudtrasporti.it) von der Piazza Immacolatella Vecchia (200 m nördl. Stazione Marittima) nach Pompeji, Salerno und über Sorrento an die Costiera Amalfitana.

◼ **Bahn:** Neapels Hauptbahnhof, die **Stazione Centrale FS** (www.napolicentrale.it), liegt an der Piazza Garibaldi (Gepäckaufbewahrung!). Regionalzüge aus Rom halten manchmal auch an der **Stazione Mergellina FS.** Von Neapel gute Zugverbindungen nach Avellino, Benevent, Caserta und Salerno. Fahrplanauskunft 7–21 Uhr, Tel. 89 20 21 bzw. www.trenitalia.com. Bahnkarten direkt an den Schaltern oder in Reisebüros mit dem FS- bzw. Trenitalia-Zeichen.

◼ **Nahverkehrszüge: Circumvesuviana** (Tel. 08 17 72 22 44, www.vesuviana.it), an der Strecke Napoli – Sorrento liegen die Ausgrabungszonen Herkulaneum und Pompeji. Ab der Endhaltestelle Corso Garibaldi bzw. von der Piazza Garibaldi/Stazione Centrale FS ca. alle 30 Min. **FS Cumana/FS Circumflegrea** (www.sepsa.it), von Neapel (Stazione Montesanto) in die westlichen Vororte, nach Pozzuoli, Baia und zu den Phlegräischen Feldern.

◼ **Flugzeug: Aeroporto Internazionale di Napoli (Capodichino),** Neapels internationaler Flughafen liegt ca. 8 km von der Piazza Garibaldi/Stazione Centrale (Hauptbahnhof) entfernt. Siehe „Praktische Tipps A–Z/Anreise".

Vom Flughafen in die Stadt: Der blaue **Alibus** fährt von 6–23.30 Uhr ca. alle 30 Min. vom Flughafen über Piazza Garibaldi (Hauptbahnhof) zur Piazza Municipio (Nähe Molo Beverello/Stazione Marittima). Tickets für 3 Euro direkt im Bus. **Taxis** direkt vor dem Ankunftsbereich; Flughafen – Bahnhof ca. 16 Euro, zur Stazione Marittima ca. 20 Euro (Zuschläge z.B. für Gepäckstücke oder Fahrten an Sonn- und Feiertagen).

Vom Flughafen nach Sorrent: Curreri (www.curreriviaggi.it) tägl. um 9, 11, 13, 14.30, 16.30 und 19.30 Uhr; Tickets im Bus.

Vom Flughafen nach Salerno: Buonotourist (www.buonotourist.it) Mo bis Sa 9.30, 13.30, 16 und 19.30 Uhr; Tickets im Bus.

1

Mietwagen

Die internationalen Mietautoagenturen sind am Flughafen, Hauptbahnhof und entlang des Lungomare (Via Partenope) gut vertreten.

Schiffe/Fähren

■ **Schiff:** Aktuelle Fahrpläne im „Qui Napoli" oder in den Tageszeitungen „Il Mattino" bzw. „La Repubblica", Prospekte auch bei den Touristenämtern. Es verkehren *traghetti* (Fähren) und *aliscafi* (Tragflügelboote). Infos auch auf **www.aliscafi.it, www. porto.napoli.it**.

Am **Molo Beverello** (Stazione Marittima), in der Nähe der Piazza Municipio, legen Schnellfähren und Tragflügelboote Richtung Capri, Ischia, Procida sowie nach Sorrent ab. Autofähren legen nördlich des Molo Angioino (Stazione Marittima) an der **Calata Porta di Massa** ab. Hier fahren auch die Sizilien- und Tunis-Fähren los. Von **Mergellina** verkehren ebenfalls Tragflügelboote zu den Inseln im Golf von Neapel und nach Sorrent.

■ **Schnellfähren und Tragflügelboote: Alilauro,** Tel. 08 14 97 22 24, www.alilauro.it. **NLG,** Tel. 08 15 52 07 63, www.navlib.it. **SNAV,** Tel. 081 42 85 55, www.snav.it. **Metrò del Mare,** Tel. 199 60 07 00, www.metrodelmare.net. Im Juli und Aug. tägl., im Juni und Sept. nur an Wochenenden von Neapel aus Fähren in die gesamte Golfregion und nach Süden über Salerno bis in den Cilento.

■ **Fähren: CAREMAR,** Tel. 199 11 66 55, www. caremar.it. **MEDMAR,** Tel. 08 13 33. 44 11, www. medmargroup.it. **Tirrenia** nach Palermo, www.tirrenia.it. **TTT Lines** nach Catania, www.tttlines.it.

Unterwegs in Neapel

Bewachte Parkplätze

■ **Parcheggio od. Autosilo Brin,** Via B. Brin (Tel. 08 17 63 28 55, www.anm.it). Rund um die Uhr geöffneter Großparkplatz zwischen Piazza Garibaldi und dem Meer, von der Tangenziale (Ringautobahn) Ausfahrt „Porto". Busse zur Piazza Garibaldi, Tram oder Bus zum Molo Beverello.

■ **Sannazzaro,** Piazza Sannazzaro 142 (Nähe Hafen Mergellina), Tel. 081 68 14 37, www.garagesannazzaro.com. 15–20 Euro/Tag.

Öffentliche Verkehrsmittel

■ Siehe auch Tipp in „Reisen in Kampanien – alles auf eine Karte". www.unicocampania.it

■ **Die meisten Sehenswürdigkeiten in Neapel lassen sich zu Fuß erreichen!** Sollte es notwendig sein, kann man auf den gut organisierten öffentlichen Nahverkehr der **Azienda Napoletana Mobilità** (www.anm.it) umsteigen. Informationsblätter mit Netzplänen in allen Touristenbüros. UnicoNapoli-Fahrscheine gelten für Busse, Trams, Me-

---

Neapel vom Wasser aus

Paddelfahrten mit dem Kayak entlang der Posillipo-Küste sind auch für versierte Kenner der Stadt eine tolle Gelegenheit, ganz neue Blicke auf Neapel zu werfen. Möglich machen das die **Associazione Kayak & Bike Napoli** und **Giovanni Brun** (Mobil 33 19 87 42 71). Treffpunkt ist die Villa Volpicelli (Nähe Ristorante Giuseppone al Mare), zu erreichen mit dem Bus N° 140 von Mergellina oder Santa Lucia – auf Höhe der Via Ferdinando Russo aussteigen und dann zu Fuß ans Meer. Mehrere Touren werden angeboten, sie führen auch in den Meerespark Gaiola (siehe „Mergellina, Posillipo und westliche Vororte").

■ **www.kayaknapoli.com**

tro und die Funicolare. Man kann beliebig umsteigen, die Tickets sind 90 Min. (1,20 Euro) bzw. einen Tag (3,60 Euro) gültig und in Bars, am Kiosk und in Tabacchi-Läden erhältlich. Die Metro (www.metro.na.it) fährt bis 23 Uhr, Busse bis 24 Uhr, danach auf den wichtigsten Strecken stündl. Nachtbusse.

■ **Busse:** Zum Busfahren muss man in Neapel etwas Geduld aufbringen, häufig sind die Busse überfüllt und bewegen sich nur langsam durch den Stadtverkehr. Die wichtigsten Linien im Zentrum sind **R1** (Piazza Medaglie d'Oro – Piazza Municipio), **R2** (Piazza Garibaldi – Piazza Trieste e Trento), **R3** (Mergellina – Via Medina) und **R4** (Via Cardarelli – Piazza Municipio), wie auch Bus **C63** eine gute Verbindung zwischen Museo Archeologico und Museo di Capodimonte ist. **Bus 140:** Piazza Vittoria – Mergellina – Capo Posillipo. **Bus 152:** Piazza Garibaldi – Pozzuoli/ Porto.

■ **Metro:** Touristisch interessant ist die **Metropolitana FS** von der Piazza Garibaldi in Richtung Pozzuoli/Campi Flegrei. In der Stadt hält sie an der Piazza Cavour (Museo Archeologico), Montesanto (Funicolare Montesanto, Quartieri Spagnoli), Piazza Amadeo (Chiaia-Viertel) und Mergellina (Jugendherberge, Stazione FS, Hafen Mergellina). Schnell und effizient ist die neue **M 1,** die den Centro storico umfährt. Die Stationen wurden von international renommierten Künstlern gestaltet (siehe Exkurs „Neapel fährt ab auf Kunst")! www.metro.na.it

■ **Tram:** Die Tramlinie 1 verkehrt zwischen Piazza Garibaldi und Molo Beverello.

■ **Funicolare:** Neapels großartige **Drahtseilbahnen!** Die Funicolare Montesanto (Quartieri Spagnoli), Funicolare Centrale (Via Toledo, in der Nähe der Piazza Trieste e Trento) und Funicolare di Chiaia (Piazza Amadeo) führen auf den Vomero-Hügel. Die Funicolare Mergellina (Via Mergellina) erklimmt den Posillipo.

Taxi

Neapels autorisierte Taxis sind weiß und tragen als Emblem das Stadtwappen. Am Flughafen und in den Fremdenverkehrsämtern liegen verbindliche **Tariftabellen** *(tarifa predeterminata)* aus. **Preisbeispiele:** Flughafen – Piazza Garibaldi: 15,50 Euro; Flughafen – Molo Beverelo: 19 Euro; Piazza Garibaldi – Hafen Mergellina: 13,50 Euro; Piazza Garibaldi – Molo Beverello: 10,50 Euro.

Neapels Taxifahrer sind in Kooperativen organisiert: **Consortaxi,** Tel. 081 22 22, www.consortaxi.it; **Radiotaxi Napoli,** Tel. 081 88 88, www.consorziotaxinapoli.it; **Taxi Partenope,** Tel. 081 01 01, www.radiotaxilapartenope.it.

Post

■ Der **Palazzo Centrale della Posta** an der Piazza Mateotti ist ein Meilenstein der modernen Architektur.

▷ Metro dell'Arte: Positionen der Kunst

Neapels Märkte

Neapel und die Neapolitaner lernt man am besten auf den Märkten kennen, von denen einige nur an Wochenenden, **die meisten** aber **täglich** stattfinden. In der Via San Gregorio Armeno ist sogar das ganze Jahr über Weihnachten (siehe Exkurs „Bethlehem in Neapel"). Unbeschwert von Handtasche und Geldbörse (ein paar Scheine in die Hosentasche gesteckt) kann man sich neugierig unter das Volk mischen.

In den Quartieri Spagnoli: Täglich bauen **Obst-, Gemüse- und Fischhändler** ihre malerischen Stände in den engen Gassen auf, die sich von der Piazza Carità über die Piazza Pignasecca bis zur Funicolare Montesanto ziehen. Im Herzen der Quartieri Spagnoli brodelt das neapolitanische Leben. Den ganzen Tag über lässt sich das Schauspiel beobachten, wie aus den Fenstern der Palazzi Körbe hinabgelassen werden, um dann mit Waren gefüllt wieder in die Lüfte zu entschweben. In kleinen Lebensmittelgeschäften kann man sich ein Panino zurechtmachen lassen für ein Picknick auf dem Vomero.

Porta Nolana und Forcella-Markt: Morgens sind an der Porta Nolana die Schreie der **Fischhändler** zu hören. Dieser Inbegriff des neapolitanischen **mercato popolare** zieht sich an der alten Stadtmauer in der Nähe des Hauptbahnhofs entlang. Täglich werden vormittags Meeresfrüchte, **Obst und Gemüse** feilgeboten.

Der Markt für **Haushaltswaren** liegt im Forcella-Viertel in Richtung Porta Capuana. Kleider, Schuhe, CDs und DVDs – alles Raubkopien – sind auf den *bancarelli* ausgebreitet. Vom Kauf eines Handys oder einer Kamera, die dem Touristen hier unter der Hand angeboten werden, sei gewarnt. Schnell wird man Opfer des **scartilloffio (Verpackungsbetrug):** Anstelle der gewünschten Ware liegt dann oft ein Stück Holz oder ein Ziegel in der Originalverpackung. *Affari di mattone,* Ziegelgeschäfte, nennt man einen

so unvorteilhaften Handel. Weniger unheimlich geht es auf dem **Mercatino di Antignano** auf dem vornehmen Vomero zu. Mo bis Sa vormittags gibt es Küchenartikel, Mode und Schuhe zu Schleuderpreisen.

Auf der Suche nach (billigen) **Textilien und Schuhen** wird man auch auf dem Forcella-Markt oder dem Mercato Maddalena an der Südwestseite der Bahnhofspiazza (Piazza Garibaldi) fündig. Ein Großteil der Markenschuhe für den italienischen Markt wird in Neapel gefertigt, der Produktionsüberschuss, Ware mit kleinen Fehlern oder weniger gängige Größen kann man mit etwas Glück hier für billiges Geld erstehen. Neapel ist auch eine Hochburg der **Markenfälscher,** so findet man auf den *bancarelli* fast echte Levis, Dolce & Gabbana-T-Shirts und Unterwäsche von Armani. Touristen verirren sich nur selten hierher. Mo bis Sa am Vormittag.

Trödel- und Fischmarkt: Ein Spaziergang am Lungomare lässt sich mit dem Besuch der Fiera Antiquaria Napolitana verbinden. Zu Füßen des faschistischen Reiterdenkmals von Marschall *Armando Diaz* werden Stilmöbel, Antiquitäten, Schrott, Stiche und Porzellanfigurinen angeboten. Der Trödelmarkt wird jeden dritten und vierten Samstag und Sonntag des Monats von 8–14 Uhr abgehalten. Wenn die Möwen sich zu großen Schwärmen am Ufer zusammenfinden, beginnt der kleine Fischmarkt an der Rotonda Diaz direkt nebenan. Die Fischer verkaufen ihren Tagesfang frisch aus den Netzen.

Flohmarkt: Zweimal im Jahr findet die gigantische Fiera del Barato e del Usato auf dem Gelände der Mostra D'Oltremare statt. Ferrovia Cumana „Mostra". Via G. Summonte 17, www.villaggiodelriciclaggio.org, www.bidonville.org.

Blumenmarkt: Jeden Morgen wird von 6–8 Uhr im Burggraben des Maschio Angioino (Castel Nuovo) der Mercato dei fiori abgehalten.

Einkaufen

In Neapel einzukaufen ist ein Erlebnis. Auf den **Märkten** kann man sich unter das Volk mischen, im Chiaia-Viertel begegnet man dem in edles Tuch gehüllten Bürgertum. In der Altstadt gibt es Straßen, an denen sich ein einziger Berufsstand angesiedelt hat, wie z.B. die Blechschmiede entlang der Rua Catalana. Berühmt sind die **Weihnachtskrippenmacher** in der Via San Gregorio Armeno. An der Port' Alba konzentrieren sich einige der besten **Buchläden** der Stadt. Die **Libreria Guida** in der Via Port' Alba 20–23 z.B. ist ein kulturelles Nationaldenkmal. Entlang der Via S. Maria di Costantinopoli kann man in **Antiquariaten** stöbern und schöne, wenn auch nicht ganz billige Stiche und Gouachen entdecken. Am besten sortiert ist die Buchhandlung Feltrinelli, in Neapel mit mehreren Filialen vertreten. **Modebewusste** zieht es auf den Toledo und ins Chiaia-Viertel. Die höchste Konzentration an Edelmarken bieten die Via Calabritto südlich der Piazza dei Martiri, dicht gefolgt von der Via Filangieri weiter nördlich. Wer kein Geld für Armani, Ferragamo, Gucci & Co. übrig hat, sollte sich von dem Schaufensterbummel nicht abhalten lassen. Fast echte Louis Vuitton-Taschen werden illegal auf dem Forcella-Markt verkauft (siehe auch Exkurs „Neapels Märkte").

■ Cilento

MEIN TIPP! Kleidet den Mann von Welt von Fuß bis Kopf – seit 1780! Mit *Ugo Cilento* steht bereits die 9. Generation dem Geschäft vor. Ein Klassiker ist die *cravatta sette pieghe*.
Via Medina 61 a/b, Tel. 08 15 51 33 63, www.cilento1780.com

■ Fonoteca

Szene-Plattenladen auf dem Vomero, immer aktuelle Musik-Tipps! Mit Cocktailbar. Mo bis Mi 10–1 Uhr nachts, Do bis Sa 10–2 Uhr nachts, So 18.30–1 Uhr nachts.
Via R. Morghen 31C/F, Tel. 08 15 56 03 38, www.fonoteca.net

Neapel schutzgeldfrei

Das Deutsche Generalkonsulat in Neapel unterstützt die Organisation **Addiopizzo**, „Tschüss Schutzgeld", 2004 in Palermo aus einer studentischen Initiative heraus entstanden und inzwischen auch am Golf von Neapel präsent. So lange der Vorrat reicht, gibt es einen Gratis-Stadtplan, der zugleich ein „Branchenbuch" jener Geschäftsleute ist, die Nein zur Schutzgelderpressung sagen. Das sollte jedoch nicht automatisch zum Umkehrschluss führen, dass alle dort nicht verzeichneten Geschäfte Schutzgeld zahlen.

Eine weitere italienweite Anti-Mafia-Vereinigung ist **Libera Terra.** Auf Gütern, die der Mafia enteignet wurden, betreiben Sozialkooperativen Biolandbau. Ein doppelter Gewinn, werden doch zugleich legale Arbeitsplätze geschaffen. In Neapel verkauft im Santa-Lucia-Viertel „La Bottega dei Sapori e Saperi della Legalità" (Via Raffaele De Cesare 22, Tel. 08 17 64 35 75) die ehrlich guten Landprodukte.

- ■ www.addiopizzo.org
- ■ www.libera.it
- ■ www.neapel.diplo.de

gvn13_014 pa

Gegenwartskunst in Neapel

Inmitten des Centro storico, in Gehdistanz von Duomo und Museo Archeologico, hat 2005 das **Museum für Gegenwartskunst MADRE** seine Pforten eröffnet. Vom portugiesischen Architekten *Alvaro Siza* in strahlendes Weiß getaucht, versammelt(e) der barocke Palazzo Donnaregina auf mehreren Etagen Werke aller erfolgreichen Künstler der letzten Jahrzehnte. Dazu hängen Ikonen des 20. Jh., von *Beuys* bis *Warhol*. Zuletzt präsentierte sich die Sammlung krisenbedingt etwas ausgedünnt.

Immer am Puls von Neapel und ein lebendiges **Forum für zeitgenössische Kunst** ist der **Palazzo delle Arti di Napoli** im schicken Chiaia-Viertel.

Es ist nur folgerichtig, das der österreichische Aktionskünstler **Hermann Nitsch** in der Stadt der Blutwunder (außer *San Gennaros* Blut verflüssigt sich in Neapel noch das Blut von mindestens sieben weiteren Heiligen) ein eigenes Museum erhalten hat. Ein umgebautes Elektrizitätswerk mit fantastischem Blick auf Stadt und Vesuv bietet den angemessenen Rahmen.

☑ Museo di Capodimonte:
Andy Warhols farbexplosiver Vesuv

Arte moderna zum Preis eines U-Bahn-Tickets gibt es in den neuen Metro-Stationen der Linie 1 (siehe Exkurs „Neapel fährt ab auf Kunst").

■**MADRE,** Via Settembrini 79, Tel. 081 19 31 30 16, www.museomadre.it. Metro 2 „Cavour". Mo und Mi bis Sa 10.30–18.30 Uhr, So 10.30–22 Uhr. Eintritt 7 Euro, Mo Eintritt frei.

■**PAN,** Via dei Mille 60, Tel. 08 17 95 86 04 05, www.palazzoartinapoli.net. Mo und Mi bis Sa 9.30–19.30 Uhr, So 9.30–14.30 Uhr. Eintritt frei, bei Sonderausstellungen 5/3 Euro.

■**Museo Nitsch,** Vico Lungo Pontecorvo 29/d, Tel. 08 15 64 16 55, www.museonitsch.org. Metro 1 „Piazza Dante". Mo bis Fr 10–17 Uhr, Eintritt 10/5 Euro.

■**www.metro.na.it**

Campania Artecard – Kunst à la carte

Eine lohnende Investition! Das Mehrtagesticket „Campania Artecard" sorgt für deutlich verbilligte Museumseintritte und ermöglicht die Nutzung der öffentlichen Verkehrsmittel gratis.

■**www.campaniaartecard.it**

009nea pa

■**Fratelli Russo**

Fröhlicher, pittoresker Obst- und Gemüseladen gegenüber der Chiesa del Purgatorio in der Via Tribunali – Tod und Leben ganz nah.

■**Gay Odin**

Neapels Top-Schokoladen-Konfisserie.
Via Toledo 214, www.gay-odin.it

■**Libreria Neapolis**

Annamaria Cirillos Buchhandlung ist bestens sortiert zum Thema Neapel. Auch Musik.
Via San Gregorio Armeno 4,
Tel. 08 15 51 42 27, www.librerianeapolis.it

■**Liuteria Calace**

Seit 1825 Mandolinen aus Meisterhänden.
Via San Domenico Maggiore 9,
Tel. 08 15 51 59 83, www.calace.it

■**Marinella**

Neapels edelster Krawattenschneider fertigt individuelle Binder an.
Riviera di Chiaia 287, www.marinellanapoli.it

■**Talarico**

MEIN TIPP! Edle Schirme seit 1860 (!), in einer Quergasse der Via Toledo.
Vico Due Porte a Toledo 4/B,
Tel. 081 40 19 79, www.mariotalarico.it

■**Tattoo Records**

Szene-Plattenladen im Centro storico. Filme auf DVD. Mo bis Do 9–18 Uhr, Fr/Sa 9–14 Uhr.
Piazzetta del Nilo 15, Tel. 08 15 52 09 73

Feste/Veranstaltungen

Veranstaltungshinweise stehen jeden Monat im Gratis-Magazin des Fremdenverkehrsamtes „**Qui Napoli**" bzw. aktueller täglich in den Zeitungen „**Il Mattino**" und „**La Repubblica**". Gut informieren auch die Gratis-Hefte „**Zero**" (http://napoli.zero.eu) oder „**nano**" (www.nanoedizioni.com). Tipps auch auf **www.napolinapoli.com**. Im Uni-Viertel liegen in Copy-Shops, Bars und Plattenläden Flyer mit Veranstaltungstipps aus.

■**Maggio dei Monumenti,** ganz Neapel (und Heerscharen von Touristen) ist auf den Beinen, wenn im Mai Museen, Kirchen, Kastelle und viele sonst der Öffentlichkeit verschlossene Orte ihre Pforten öffnen. Umfangreiches Begleitprogramm.

■**Festa di San Gennaro,** am ersten Maiwochenende und 19. September ereignet sich im Dom das **Wunder der Blutverflüssigung.** Der Erzbischof hält den Gläubigen zwei Ampullen mit dem eingetrockneten Blut des Schutzpatrons entgegen und, wenn alles gut geht, verflüssigt es sich nach dem Schütteln. Gellende „Viva San Gennaro"-Schreie erfüllen die Kirche. Wenn sich das Blut nicht verflüssigt, steht der Stadt Ungemach ins Haus. So geschehen im September 1980, als Wochen später ein verheerendes Erdbeben Kampanien verwüstete, oder im Mai 1988, worauf der SSC Napoli die begehrte Meisterschaft verfehlte. Wer beim Wunder dabei sein möchte, muss früh aufstehen. Die Messe beginnt um 9 Uhr, aber schon Stunden vorher bilden sich Schlangen vor dem Dom.

■**Napoli Teatro Festival,** internationales und international anerkanntes Theaterfestival im Juli.
www.teatrofestivalitalia.it

■**Accordi e Disaccordi,** aktuelle Filme zu volksnahen Eintrittspreisen aus Italien und dem Ausland auf dem Freiluftkino-Festival im Parco del Poggio (Metro 1 Colli Aminei).
www.accordiedisaccordi.com

■**Weihnachten,** Einkaufsrummel in der Krippengasse Via San Gregorio Armeno.

Theater und Oper

In Neapel gibt es eine Fülle guter Theater- und Musikdarbietungen, häufig auch in wunderschönen Kirchen. Hinweise in der Tagespresse. Kartenvorverkauf u.a. c/o **Buchhandlung Feltrinelli** (Piazza dei Martiri) oder **Box Office,** Mo bis Fr 9.30–20 Uhr, Sa 9.30–13.30 Uhr.
Galleria Umberto I. 17, Tel. 08 15 51 91 88, www.boxofficenapoli.it

1

■**Associazione Scarlatti**

Die besten neapolitanischen Kammermusiker finden sich im Teatro delle Palme (Chiaia) oder auch im Castel Sant'Elmo zu gemeinsamen Konzerten zusammen.

Piazza dei Martiri 58, Tel. 081 40 60 11, www.associazionescarlatti.it

■**Mercadante**

Die wunderschöne Bühne wurde 1779 eröffnet, nur hat die Akustik leider bei der Renovierung stark gelitten. Haustheater von *Roberto de Simone,* dem musikalischen Leiter der Nuova Compania del Canto Popolare. Sept. bis Juni Mi bis Sa 21 Uhr, So 18 Uhr.

Piazza Municipio 1, Tel. 08 15 51 33 96, www.teatrostabilenapoli.it

■**Pietà dei Turchini**

Das Ensemble „Pietà dei Turchini" bringt unter seinem Dirigenten *Antonio Florio* Kompositionen des 17. und 18. Jh. in allerhöchster Vollendung zu Gehör. Nov. bis Mai meist Sa und So am frühen Abend. Kartenverkauf 1 Std. vor Konzertbeginn. Karten ab 10 Euro.

Via Santa Caterina da Siena 38, Tel. 081 40 23 95, www.turchini.it

■**Sannazaro**

Klassiker der neapolitanischen Komödie. Okt. bis Mai. Karten zu 15–20 Euro.

Via Chiaia 157, Tel. 081 41 17 23, www.teatrosannazaro.it

■**Teatro Instabile**

Alternativ-Theater im Spaccanapoli-Viertel mit stimmungsvoller Bühne in den unterirdischen Gewölben des Palazzo Spinelli.

Vico Fico Purgatorio ad Arco 38, Mobil 33 84 73 12 71, http://teatroinstabile.ning.com/

■**Teatro di San Carlo**

Mit Ausnahme von Juli und August dauert die neapolitanische Opernsaison das ganze Jahr. Opernkarten zu 20–250 Euro, Ballettkarten zu 15–70 Euro.

Via San Carlo 98F, Tel. 08 17 97 24 12, www.teatrosancarlo.it

■**Teatro Nuovo**

1724 als Bühne für die Opera buffa eröffnet, beherbergt es heute ein experimentelles Theater mit Niveau. Sept. bis Mai Di bis Sa 21 Uhr, So 19 Uhr. Karten zu 10–15 Euro.

Via Montecalvario 16, Tel. 08 14 97 62 67, www.facebook.com/teatronuovonapoli

■**Teatro Trianon**

Neapels Musik-Theater mit wechselvoller Geschichte im Forcella-Viertel.

Piazza Vincenzo Calenda 9, Tel. 08 12 25 82 85, www.teatrotrianon.org

⌄ Street Art macht Front gegen den Müll

1

Fußball

„Forza Napule! Jammo Ja'!" Die heiligsten Stätten des Neapolitaners sind der Duomo und das **Stadio San Paolo.** Unvergessen die Jahre, in denen **Diego Maradona,** „Divo Diego", den **SSC Napoli** zur Meisterschaft führte. Nachdem Maradona 1991 von Drogenprozessen und Vaterschaftsklagen verfolgt nach Argentinien zurückkehrte, begann zwischenzeitlich der Abstieg des neapolitanischen Fußballvereins. Doch der wahre Fan bleibt seinem Verein treu, und die *tifosi* Neapels sind die heißblütigsten ganz Italiens, dabei aber zum Glück wenig gewalttätig! Inzwischen spielt der SSC Napoli wieder an der Spitze! Spiele finden von September bis Juni je-den Sonntagnachmittag statt. Für wichtige Heimspiele ist es fast unmöglich, Karten zu bekommen. Falls es nicht klappt, kann man immerhin in der Nähe in der volksnahen **Trattoria Da Vittorio** (Via Diocleziano 67/69b, Tel. 08 17 62 61 29) speisen.

Kartenvorverkauf: Azzurro Service, Mo bis Sa 9–12.30 und 16–18.30 Uhr, am Spieltag 9 Uhr bis 1 Std. vor Anstoß. FS Cumana „Mostra" bzw. Metro 2 „Campi Flegrei".
Via F. Galeota 17, Fuorigrotta,
Tel. 08 15 93 40 01, www.azzurroservice.net

■ **Stadio San Paolo,** Piazzale Tecchio, Fuorigrotta. FS Cumana „Mostra" bzw. Metro Richtung Campi Flegrei. www.sscnapoli.it

2 Golf von Neapel – die Inseln

Capri, Ischia und Procida – drei Inseln, drei Welten und die Qual der Wahl: Mondänes Capri mit Zitronenflair, thermalheißes und fruchtbar-grünes Ischia oder filmreifes Fischereiland Procida?

◁ Ischia: Wassertaxi in Wartestellung

NICHT VERPASSEN!

➡ **Villa Jovis:**
einst Zentrum des
römischen Imperiums | 88

➡ **Chiesa di San Michele Arcangelo:**
das Paradies liegt in Anacapri | 94

➡ **Monte Solaro:**
ein schwebendes Vergnügen | 95

➡ **Grotta azzura:**
ohne Touristen
wäre sie erst schön … | 96

➡ **Der Südosten von Capri:**
zu Fuß zeigt sich Capri
von seinen besten Seiten | 108

Diese **Tipps** sind gelb hinterlegt.

◹ Marina Grande: Capris Entrée

CAPRI

gvn13_018 pa

D as Inseljuwel Capri ist viel zu schade nur für einen Tagesausflug und die Massenabfertigung in der Blauen Grotte. Hier muss man über Nacht bleiben! Das eigene Auto hat dabei nichts verloren, auf dem Festland gibt es sichere Langzeitparkplätze.

Es gibt nichts Herrlicheres, als auf dieser schönen Scholle umherzuschlendern; an den Klippen entlang zu klettern oder am Meer zu spazieren, wo die Wellen wohlig rauschen und das ausatmende Seegras diesen scharfen, fast betäubenden Meeresgeruch verbreitet. Die stillste Einsamkeit und die Weite des Golfs (…) ist ganz wunderbar ergreifend, und wohl kann man stundenlang auf dem Felsen sitzen und dem Farbenspiel auf den Küsten und dem Meere zuschauen.

Ferdinand Gregorovius,
Wanderjahre in Italien, 1853

Dieses verborgene Capri, das man erst nach langem Wandern betritt, wenn das Etikett des Touristen von einem abgefallen ist …

Pablo Neruda

Die magisch-schöne Felseninsel ist der **größte Touristenmagnet im Golf von Neapel,** doch mehr als drei Viertel der Capri-Besucher erleben sie nur auf einem Tagesausflug – und verpassen das Beste. In der Saison von Frühjahr bis Herbst machen Tag für Tag bis zu 100 Fähren, Ausflugs- und Kreuzfahrtschiffe an dem nur 10 km² großen Eiland fest und lassen bis zu 15.000 Tagesausflügler an Land (offiziell zählt Capri 12.000 Einwohner). Es scheint also angebracht, zunächst eine kleine „Gebrauchsanweisung" für den Capri-Besuch zu geben, der – und daran soll nicht der geringste Zweifel aufkommen – absolut lohnt.

2

Capri

■ Übernachtung
2 Villa Eva
3 Alla Bussola di Hermes ***
4 B&B Villa Damecuta
5 B&B Maruzella
6 Caesar Augustus *****
7 B&B La Guardia
9 Da Gelsomina
10 B&B Alle Ginestre
12 B&B Villa Mimosa
13 Belvedere & Tre Re **
14 Villa Sarah ***
16 La Floridiana ****
17 La Certosella ***
18 Villa Brunella ****
23 La Prora ***
24 La Tosca *
25 Villa Krupp ***
26 Villa Margherita
27 Quisisana *****L

■ Essen und Trinken
1 Add'ò Riccio
8 Lido del Faro
9 Da Gelsomina
11 Mamma Giovanna
15 Lo Sfizio
19 Le Grotelle
20 La Savardina „Da Eduardo"
21 Buca di Bacco
22 Pulalli
28 Aurora

99 Ortsbeschreibung
auf Seite 99

🚶 Wandern

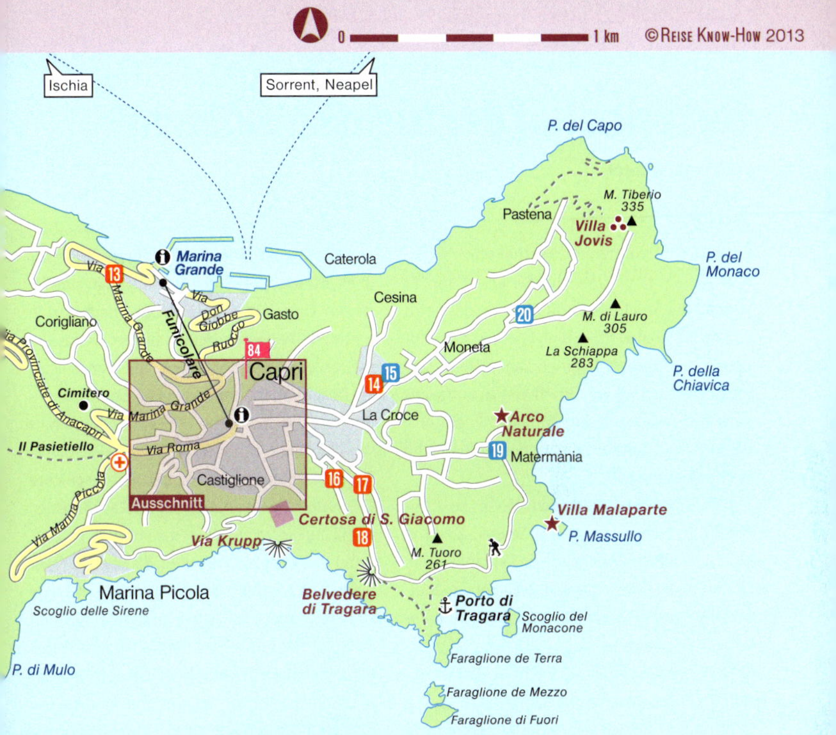

0
1 km
©Reise Know-How 2013
Ischia
Sorrent, Neapel
P. del Capo
M. Tiberio
335
Pastena
Villa Jovis
Marina Grande
Caterola
P. del Monaco
Via
13
Via Marina Grande
Cesina
Via Don Giobbe
Gasto
20
M. di Lauro
305
Corigliano
Funicolare
Ruocco
84
Moneta
La Schiappa
283
Via Provinciale di Anacapri
Capri
15
14
P. della Chiavica
Cimitero
Via Marina Grande
La Croce
Arco Naturale
Il Pasietiello
Via Roma
19
Matermània
Via Marina Piccola
Castiglione
16
17
Ausschnitt
Certosa di S. Giacomo
Villa Malaparte
18
Via Krupp
P. Massullo
M. Tuoro
261
Marina Picola
Belvedere di Tragara
Porto di Tragara
Scoglio del Monacone
Scoglio delle Sirene
Faraglione de Terra
P. di Mulo
Faraglione de Mezzo
Faraglione di Fuori

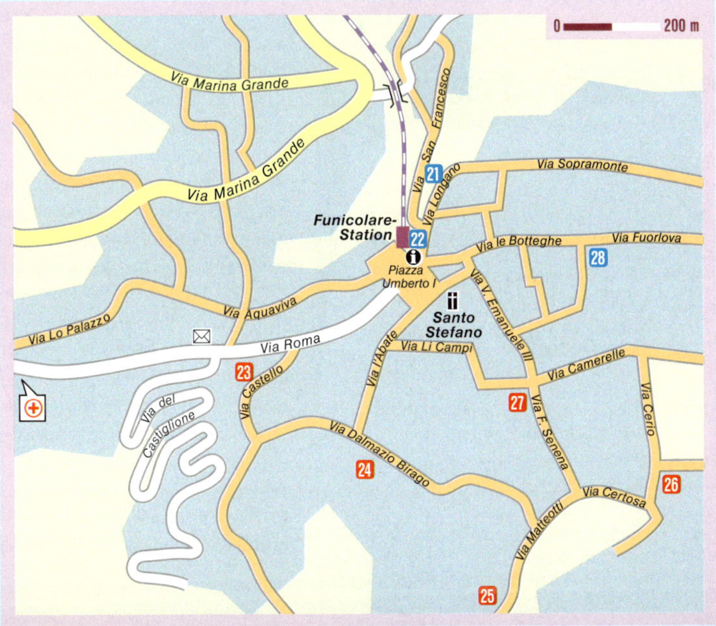

0
200 m
Via Marina Grande
Via San Francesco
Via Sopramonte
21
Via Longano
Via Marina Grande
Funicolare-Station
22
Via le Botteghe
Via Fuorlova
28
Piazza Umberto I
Via V. Emanuele III
Via Aquaviva
Santo Stefano
Via Lo Palazzo
Via Roma
Via Li Campi
Via l'Abate
23
Via Castello
Via Camerelle
Via del Castiglione
27
Via F. Serena
Via Cerio
Via Dalmazio Birago
24
26
Via Certosa
Via Matteotti
25

Der Friedhof der Nichtkatholiken

von **Dieter Richter**

Einen der reizvollsten nichtkatholischen Friedhöfe Italiens findet man auf der Insel Capri. Er liegt an der Straße, die vom Zentrum des Ortes zur Marina Grande führt, direkt neben dem städtischen Friedhof. Mit seinen zahlreichen Bäumen und Büschen verkörpert er – in auffallendem Gegensatz zum kommunalen Friedhof – die Idee des „Gartens", die für nordeuropäische Friedhöfe typisch ist.

Capris **Cimitero acattolico** (Mo bis Sa 7.15–17 Uhr, im Sommer bis 19 Uhr, So 8–12 Uhr) hat eine besondere Geschichte: Er verdankt seine Gründung nicht der Intervention einer ausländischen Regierung, sondern einer „Bürgerinitiative" von Angehörigen der englischen und deutschen Fremdenkolonie auf der Insel, die das Terrain 1879 aus eigenen Mitteln erwarben und den Friedhof dann in Selbstorganisation verwal

teten. Erst 1991 ging er in kommunalen Besitz über. „Irrespective of race or religion", so eine Tafel am Eingang, möchte dieser Friedhof den fremden Gästen eine Heimat bieten: die Proklamation eines ökumenischen, liberalen Geistes im Zeitalter der konfessionellen Streitigkeiten und des Nationalismus. Mit seinem traumhaft schönen Blick auf Meer und Vesuv ist dieser Friedhof zugleich ein Spiegel der Geschichte Capris und der Faszination der Insel auf Künstler, Intellektuelle und Außenseiter aus ganz Europa. Unter den über 200 Personen, die seit 1881 hier beigesetzt wurden, sind, um nur einige wenige zu nennen, der englische Schriftsteller *Norman Douglas,* der mit seinem Roman „South Wind" Capri literarisch bekannt gemacht hat; der französische Exzentriker *Jacques d'Adelswaerd Fersen,* der 1923 in seiner Villa Lysis seinem Leben mit einer Überdosis Kokain ein Ende setzte; das amerikanische Schwesternpaar *Kate* und *Saidee Wolcott- Perry* aus der Villa Torricella; die Deutsche *Alice Faehndrich,* die 1906/1907 in ihrer Villa Discopoli den Dichter *Rainer Maria Rilke* beherbergte oder, aus allerjüngster Zeit, der 1994 verstorbene italienische Galerist *Lucio Amelio,* der *Joseph Beuys* in Neapel bekannt machte. Daneben gibt es Gräber von verunglückten Touristen, von unglücklichen Selbstmördern oder von jüdischen Emigranten aus Nazi-Deutschland. Dem Geist des Ortes angemessen ist der Cimitero acattolico ein „literarischer" Friedhof. Mit originellen Grabinschriften und -emblemen, darunter sogar musikalischen Zitaten, scheinen die Toten den Besucher in einen imaginären Dialog über Tod und Vergessen zu verwickeln. Am Grab des finnischen Ministers *Harri Holma* liegt sogar ein Gästebuch für die Besucher aus. „There are no dead" steht auf einem Grabstein gegenüber.

golf_218_2 pa

SALVATORE VUOTTO
CITTADINO DEL MONDO
E
LIBERO PENSATORE
N IL 3 OTT 1890
M IL 9-5-982

Die meisten der in Gruppen organisierten Tagestouristen absolvieren dasselbe Programm: **Blaue Grotte,** *Axel Munthes* **Villa San Michele** und die **Piazzetta** in Capri-Stadt. Dieser Kanon der Sehenswürdigkeiten ist ein Glück, denn dadurch bleiben weite Teile der Insel vom Massenansturm unbehelligt. Wer im Rahmen eines Tagesausflugs nach Capri kommt, sollte eine frühe Fähre nehmen, die Blaue Grotte und Villa San Michele schon am Morgen besuchen oder ganz darauf verzichten und ansonsten dem Rat *Gregorovius'* folgen und zu Fuß über die Insel streifen. Bei solchen Wanderungen, die z.B. den Besuch der römischen **Kaiservilla Jovis** mit einschließen, wird man eine landschaftlich unendlich reizvolle Inselwelt entdecken und auch für ein Bad im Meer Zeit finden. **Wirklich kennen und lieben lernen kann Capri nur, wer hier auch übernachtet.** Von den etwas höheren Hotelpreisen sollte man sich nicht abschrecken lassen. Das Gefühl, am Abend auf der Piazzetta zu sitzen, wenn längst die letzte Fähre in Richtung Festland abgelegt hat, ist unbezahlbar.

Geschichte

Der Name des seit der Steinzeit bewohnten Kalkfelsens war Anlass für gelehrten Streit; die meisten sind sich jedoch einig: *Caprae* bedeutet **Ziegeninsel.** Der erste, der aktenkundig den Reizen Capris verfiel, war *Octavian,* der spätere Kaiser *Augustus.* Sein Adoptivsohn und Nachfolger *Tiberius* machte die Insel während seiner letzten zehn Lebens- und Regie-

rungsjahre, von 27 bis 37 n. Chr., zum **Machtzentrum des römischen Imperiums.** Über seine vermeintlich maßlose und perverse Lebensführung haben sich antike Skandalautoren das Maul zerrissen. Die **Villa Jovis,** deren mächtige Ruine sich auf dem 335 m hohen Monte Tiberio erhebt, ist der Überrest einer der zwölf Kaiservillen, die es auf Capri gegeben haben soll. Nach *Tiberius'* Tod wurde es lange Zeit still um die Insel.

Die **„Entdeckung" der Blauen Grotte** am 17. August 1826 durch den Breslauer Maler *August Kopisch,* Kindern und Kölnern auch als Erfinder der Heinzelmännchen bekannt, machte Capri über Nacht berühmt (siehe Exkurs „Kopisch erlebt sein blaues Wunder"). Deutsche und englische Romantiker, Künstler und Literaten kamen in Scharen, um das Naturwunder in Augenschein zu nehmen, einige richteten sich auf der Insel häuslich ein, manche auf ewig (siehe Exkurs „Der Friedhof der Nichtkatholiken auf Capri"). In der Künstlerkneipe Zum Kater Hiddigeigei floss Münchner Bier aus dem Zapfhahn. Andere fanden Inspiration in Tiberius' Lebenswandel. Der Schriftsteller **Norman Douglas,** frisch von seiner Frau getrennt, kam 1904 nach Capri, um hier seine „griechische" Seite zu entdecken. Auf Capri schrieb er die immer noch lesenswerten Süditalien-Reisebücher „Old Calabria" und „Siren Land". Sein Roman „South Wind" ist ein Hymnus an die Jugend, die südliche Sonne und die freie Liebe. Lebte *Douglas* seine homosexuelle Neigung vor allem literarisch aus, arbeitete Baron *Jacques d'Adelswaerd Fersen* hartnäckig an seinem Ruf als dekadentester Freigeist seiner Zeit. Seine Villa Lysis, Schauplatz opulenter Feste und wüster Orgien, ließ

2

er direkt unterhalb der Tiberius-Villa Jovis errichten. Erst als *Fersen* mit seinem jungen Liebhaber *Nino Cesarini* in der Grotta di Matromania ein vorgetäuschtes Menschenopfer inszenierte, schritten die Behörden ein. Ansonsten verhielten und verhalten die Caprenser sich ausgesprochen tolerant. Hinter dem gemeinen Rufmord an dem inselbegeisterten *Friedrich Alfred Krupp*, den die neapolitanische Sozialisten-Zeitung „La Propaganda" in einer Artikelserie 1902 als Knaben schändenden Lüstling anprangerte, steckten handfeste politische Motive. Der Berliner „Vorwärts", Zentralorgan der SPD, griff die Anklage auf und warf dem „Kanonenkönig" vor, er hätte „sich nicht Capri gewählt, um die Insel mit Straßen zu beglücken, sondern weil das italienische Strafgesetzbuch keinen besonderen Paragraphen 175 kennt". *Krupp* starb eine Woche nach seiner Verunglimpfung im „Vorwärts", ob an Hirnschlag oder durch Selbstmord, wurde nie geklärt. Capri gedachte seines Ehrenbürgers, dem die Insel die „schönste Straße der Welt" verdankt, mit einem öffentlichen Trauertag.

In den 1950er Jahren heizte *Rudi Schuricke* den Capri-Mythos kräftig an. Mit Ford, kurz abgeschnittenen Hosen, Eis am Stiel und Tütenlimonade wurde der Inselname zur Marke. Wirtschaftswunder, Neckermann & Co. taten ein Übriges und erschlossen die Insel in den 1950er Jahren dem Massentourismus. Masse hin, Masse her, Capris zeitloser Charme ist unverwüstlich.

Eine schroffe Gebirgswand mit dem 589 m hohen **Monte Solaro** teilt Capri in zwei ungleiche Hälften. Auf der östlichen Seite liegt der mondäne Ort **Capri**, mit der Marina Grande als wichtigstem Inselhafen. Im Westen und von Capri-Stadt aus unsichtbar erstreckt sich das provinziellere **Anacapri** auf einem flach zum Meer hin abfallenden Hochplateau, mit *Axel Munthes* Villa San Michele als Hauptsehenswürdigkeit. Villen und ihre exzentrischen Erbauer ziehen sich als roter Faden durch die Geschichte Capris und bilden heute neben der spektakulären Landschaft das touristische Hauptkapital der Insel. Den Anfang machten die römischen Kaiser *Augustus* und *Tiberius*. Im 19. und 20. Jh. verewigten sich Literaten und Künstler der ganzen Welt auch architektonisch auf Capri. Einige Beispiele von vielen sind die **Villa Lysis** des französichen Skandal-Barons *Fersen*, die **Villa Narcissus** des amerikanischen Malers *Charles C. Coleman*, die **Casa Rossa** des Südstaaten-Oberst *John C. MacKowen*, die weltberühmte **Villa San Michele** des schwedischen Modearztes *Axel Munthe* und die in den 1930er Jahren erbaute **Casa come me** des literarischen enfant terrible *Curzio Malaparte* (siehe Exkurs „Casa come me – Curzio Malapartes Meisterwerk"). *Bruce Chatwins* geschliffener Essay „Zwischen den Ruinen" zeichnet hintergründige Porträts von *Fersen, Munthe* und *Malaparte*.

Capri

An der Marina Grande legen alle Fähren an und ab, eine Flotte von Ausflugsbooten wartet auf die Besucher der Blauen Grotte, Busse und Taxis stehen bereit, und mit dem **Funicolare,** der **Standseilbahn,** geht es in drei Minuten auf die 140 m höher gelegene Piazzetta.

Inselspaziergänge

Kaiser *Augustus* würde die Insel heute kaum wiedererkennen. Am Strand westlich des Hafens liegen die römischen Ruinen seines **Palazzo a Mare.** Von 1790–91 wurde die Villa durch den Österreicher *Hadrawa* im Auftrag der Bourbonen systematisch geplündert und sämtlicher Fußböden, Kapitele sowie ihres Marmorschmucks beraubt. In der Nähe steht Capris ältestes christliches Bauwerk, errichtet auf den Resten einer römischen Therme. Als Capri im 10. Jh. zur Diözese erhoben wurde, ersetzte die über einem griechischen Kreuz errichtete byzantinische **Chiesa di San Costanzo** einen älteren Vorgängerbau. Im 14. Jh. wurde Capris Kathedrale dem lateinischen Ritus angepasst. Bis auf vier Säulen, die heute in der Palastkapelle der Reggia di Caserta stehen, stammen die Säulen im Kircheninneren aus der anti-

ken Villa des *Augustus.* Im 16. Jh., als die Gefahr der Piratenüberfälle überhand nahm, suchte die Bevölkerung Schutz in dem höher gelegenen Ortsteil. Seither werden die Reliquien *San Costanzos* in der Kirche Santo Stefano verwahrt. Einmal im Jahr, am 14. Mai, kehrt Capris Schutzpatron in sein altes Domizil zurück.

Von der Chiesa di San Costanzo führen die über 800 steilen, in den Fels gehauenen Stufen der **Scala Fenicia** nach Anacapri hoch, bis 1877 der einzige Verbindungsweg zwischen Ort und Hafen. Griechen waren es, die in der Antike die Treppe angelegt hatten. Nach Öffnung der Fahrstraße verfiel das 2500 Jahre alte Bauwerk und musste schließlich aus Sicherheitsgründen gesperrt werden. Seit Abschluss der Restaurierungsarbeiten

☑ Luxuriöse Fortbewegung –
Oldtimer-Cabriolets als Taxi

kann man die Treppe wieder gefahrlos benutzen.

Die **Piazzetta,** offiziell Piazza Umberto I. und für die Einheimischen schlicht *chiazza,* ist Herz und Bühne von Capri. Alle Welt trifft sich auf diesem Jahrmarkt der Eitelkeiten. Der Funicolare speit seine Fahrgäste unterhalb der Piazza aus. Tagsüber herrscht ein ständiges Treiben auf dem von pastellfarbenen Palazzi umstandenen Platz, mit den Korbsesseln der edlen Cafés als Logenplätzen. Mühsam bahnen sich Elektrokarren – in den engen Gassen Capris ersetzen sie Autos, Busse, Last- und Müllwägen – einen Weg durch die Menschenmenge. Wer abends auf der Insel bleibt, erlebt, wie die Piazzetta sich zum Salon zurückverwandelt.

Eine Freitreppe steigt wirkungsvoll zur barocken **Kirche Santo Stefano** auf. Im Inneren sehenswert sind die Marmorfußböden im Chorraum und der linken Apsiskapelle aus der antiken Villa Jovis. Der schmucklose **Palazzo Cerio** gegenüber wurde im 14. Jh. von den Grafen *Arcucci* errichtet und beherbergt heute das sehenswerte naturkundliche **Museum** des Centro Caprense Ignazio Cerio.

■ **Museo del Centro Caprense „Ignazio Cerio",** Piazzeta Cerio 5, Tel. 08 18 37 66 81, www.centro-caprense.org. April bis Sept. Di bis Sa 10–14 Uhr, Okt. bis März Di bis Sa 10–13 Uhr. Eintritt 2,50 Euro.

Die Piazzetta umgibt ein arabisch verwinkeltes **Gassengewirr.** Der Orient stand auch Pate für die **weiß gekalkten Häuser** mit ihren flachen Kuppeldächern, ein perfektes Beispiel für klimagerechtes Bauen: Die helle Farbe reflektiert die Sonne, in den Räumen kann sich die Wärme unter den Kuppeln stauen, die flachen Dächer dienten früher dem Auffangen von Regenwasser. Heute wird Capri über eine Leitung am Meeresboden mit Trinkwasser vom Festland versorgt.

Durch die Arkaden des Palazzo Cerio führt die überdachte **Via Madre Serafina,** der alten Stadtmauer folgend, bis auf eine kleine Piazza mit dem aufgelassenen **Kloster S.S. Salvatore.** Gegenüber steht die **Villa Narcissus** in neo-maurischem Stil. Auf der Via Castello kann man bis zur **Punta Cannone** mit ihrem schönen Belvedere aufsteigen. Von hier schweifen die Blicke über die **Giardini di Augusto,** die Dachlandschaft der **Certosa di San Giacomo,** die **Marina Piccola, Punta Tragara,** das spektakuläre **Felsentrio der Faraglioni** und das offene Meer.

Von der Piazzetta weisen hübsche Keramikschilder in Richtung **Villa Jovis** (siehe Exkurs „Tiberius und die Villa Jovis") und **Arco Naturale.** Auf der Seite des Municipio führt die mittelalterliche Ladengasse **Via Le Botteghe,** von Lokalen, Bäckereien, Metzgereien und Läden aller Art gesäumt, in das Croce-Viertel. Nach einem Abstecher zur Villa des Tiberius setzt sich ein lohnender Spaziergang, vorbei am **Arco Naturale,** der **Grotta di Matromania,** der **Villa Malaparte** und den **Faraglioni-Felsen,** fort und führt auf Höhe der **Punta Tragara** wieder in den Ort zurück.

Ein Bummel vorbei an den teuren Auslagen der **Via Vittorio Emanuele** und dem Hotel La Palma mündet auf Höhe der Luxusherberge Quisisana in die edle Flaniermeile **Via Camerelle.** Auf der abzweigenden Via Serena erreicht man mit wenigen Schritten die

2

imposante Anlage des ehemaligen Kartäuserklosters. Der capresische Graf *Giacomo Arcucci,* einflussreicher Sekretär der Königin *Johanna I.* am neapolitanischen Hof der Anjous, ließ die **Certosa di San Giacomo** 1371–74 über den Resten einer der zwölf Tiberius-Villen errichten. Im 16. Jh. erhielt die Kartause ihre heutige Gestalt und beherrschte bis zu ihrer Aufhebung 1807 durch *Joseph Bonaparte* das wirtschaftliche Leben der Insel. Als die Pest 1656 auf Capri wütete, verbarrikadierten sich die Mönche aus Furcht vor Ansteckung hinter ihren Klostermauern. Nachdem ein Drittel der Inselbevölkerung der Krankheit zum Opfer gefallen war, gelang es dem Kloster dank juristischer Winkelzüge, das Land der Verstorbenen billig zu erwerben. Als größter Landbesitzer besaß das Kloster das Jagdmonopol auf der Insel und belieferte ab dem 17. Jh. den neapolitanischen Königshof mit Wachteln. Im Frühjahr und Herbst wurde alljährlich ein Massaker an den zu Hunderttausenden auf Capri landenden Zugvögeln veranstaltet. Nach der Säkularisation diente das ehemalige Kloster zunächst als Gefängnis, Kaserne und Invalidenhospital. 1924 umfassend restauriert, wurde das Bauwerk als Schule, Bibliothek und (bescheidenes) **Museum** der Öffentlichkeit zugänglich gemacht. Im ehemaligen Refektorium hängen die düster-symbolischen Landschaften des deutschen Malers *Karl Wilhelm Diefenbach,* der als radikaler Vegetarier und überzeugter Nudist auf Capri seine esoterische Naturlehre auslebte.

■**Certosa di San Giacomo – Museo Diefenbach,** Viale Certosa, Tel. 08 18 37 62 18, www.capricertosa.com. Di bis So 9–14 Uhr. Eintritt frei. Unterhalb der Certosa öffnet Di bis So von 9 Uhr bis 1 Std. vor Sonnenuntergang ein kleiner Park mit schattigen Wegen und schönem Faraglioni-Blick.

Den schönsten Blick auf die Dächer der Certosa genießen die betuchten Gäste des Quisisana. Ebenso beeindruckend und allen zugänglich ist die Ansicht aus den **Giardini di Augusto.** Die terrassierte, üppig bepflanzte Gartenanlage mit herrlichen Ausblicken auf die Faraglioni und das Meer gehörte zum Besitz des Industriellen *Friedrich Alfred Krupp,* der sie noch zu Lebzeiten der Gemeinde Capri übereignete. Eine amüsante Ironie: Oberhalb des Parks steht das Denkmal des russischen Revolutionärs *Lenin,* der sich als Gast *Maxim Gorkis* von 1908–10 mehrfach auf Capri aufhielt, und blickt auf die **Via Krupp,** ein Denkmal des Kapitalismus. Gegen den Widerstand der Linken im Stadtrat finanzierte der Inselliebhaber *Krupp* diese wunderschöne, aber nutzlose Serpentinenstraße, die aus den Augustus-Gärten an die Marina Piccola hinabführt. Eine Verkehrsverbindung zum Hafen an der Marina Piccola gab es bereits, *Krupps* Straße sollte „den Fremden auf der Insel, die in ihren balsamischen Lüften Heilung ihrer körperlichen Gebrechen suchen, den Aufenthalt dort noch angenehmer machen". Die Via Krupp und der kleine Felsstrand zählen heute zu den beliebteren Hangouts der Gays am Golf von Neapel.

■**Giardini di Augusto,** von Ostern bis Anfang Nov. von 9 Uhr bis Sonnenuntergang. Eintritt 1 Euro.

Der mondäne Badeort **Marina Piccola** auf der Sonnenseite der Insel lässt sich auf der Via Krupp oder vom Largo Due

Tiberius und die Villa Jovis

von **Hans-Jörg Thaler** und **Peter Amann**

Die Ruinen der Villa Jovis, des Kaiserpalastes von Tiberius, erheben sich auf einem 335 m hohen Berg im Nordosten der Insel. Der Palast bedeckt eine Fläche von 7000 m², in der Antike erstreckte er sich mit seinen Parkanlagen und Nympheen über den gesamten Höhenrücken. Im 18. Jh. wurde die Anlage von dilettantischen Ausgräbern auf der Suche nach Schätzen schwer beschädigt und erst während des Faschismus vom Regimearchäologen *Amadeo Maiuri* in den Jahren 1932–35 erforscht. Eine Ahnung vom ursprünglichen Reichtum der Innendekoration vermitteln die aus der Villa Jovis stammenden Marmorböden in der Kirche Santo Stefano an der Piazzetta. Viel antikes Material wurde auch in der Reggia von Caserta verbaut.

Tiberius, Schwiegersohn und Nachfolger des *Augustus*, regierte von 14 n. Chr. bis zu seinem Tod im Jahre 37. Die letzten zehn Jahre seines Lebens verbrachte er auf Capri und beherrschte von der Insel aus das Römische Reich. Die verbreitete Meinung, er hätte sich in Isolation und an den Regierungsgeschäften völlig desinteressiert zurückgezogen, ist ein Missverständnis. Die Insel Capri lag keineswegs im Abseits, sondern befand sich in einer strategisch wichtigen Position im Golf von Neapel. Während Rom das politische Zentrum des römischen Reiches war, schlug hier das wirtschaftliche Herz des Imperiums. Pozzuoli war damals Roms wichtigster Handelshafen, hier kamen die Getreidelieferungen aus Ägypten an, und in Misenum war die römische Kriegsflotte stationiert. (Ostia wurde erst im 2. Jh. n. Chr. zum wichtigsten römischen Hafen ausgebaut.) *Tiberius* soll des Öfteren die durchfahrenden Getreideschiffe persönlich gezählt haben. Unehrliche Zollbeamte riskierten

ihren Kopf. *Suetons* Beschreibungen von *Tiberius'* Zügellosigkeit, Menschenfeindlichkeit und Perversion sollten nicht allzu ernst genommen werden, berücksichtigt man den politischen Kontext, in dem sie entstanden sind. *Tiberius* hatte die Hauptstadt um eine prächtige Hofhaltung beraubt, seine Regierung war von Sparmaßnahmen und Bekämpfung der Korruption geprägt. Es fehlte nicht an Komplotten und Anschlägen auf sein Leben, und die Gerüchte über seinen perversen Lebenswandel machten die Runde. Bei seinem Tod hinterließ er einen finanziell gesunden Staat.

Der **kaiserliche Palast** steht auf einem Bergsporn, dessen Felswände zum Meer hin über 300 m beinahe senkrecht abfallen. Von unfreiwilliger Komik ist die Formulierung in einem Tourismusprospekt: „Der erhebliche Höhenunterschied wurde zur Anlage mehrerer Terrassen genutzt, von denen teilweise ein bequemer senkrechter Fall ins Meer möglich war." Der Satz spielt auf das Gerücht an, *Tiberius* hätte zum Tode Verurteilte vom Salto di Tiberio in die Tiefe werfen lassen.

Den Kern der Villa bildet eine gewaltige Zisterne – wichtig, bedenkt man die topografische Lage der Villa. Alleine für den Betrieb der Thermen muss der Wasserbedarf enorm gewesen sein. Über der Zisterne befand sich ein großer Peristylhof, um eine Exedra nach Osten erweitert. Dieser halbkreisförmige Saal liegt mit einem fantastischen Blick auf Golf und Amalfitana am höchsten Punkt der Villa und diente als Repräsentations- und Empfangsraum. Als kaiserliche Residenz erfüllte die Villa Regierungsfunktionen, Empfänge von Potentaten und römischen Würdenträgern waren an der Tagesordnung. Darüber hinaus war die Villa stark auf die persönlichen Bedürfnisse von *Tiberius* zugeschnitten.

Um den Säulenhof gruppierten sich Gasträume, die heute fast nicht mehr zu erkennen sind. Auf unterschiedlichen Höhen gliedern sich in ihrer Funktion klar voneinander getrennte Flügel um den zentralen Baukörper, von dem nur die Substruktionen stehen. An der Südseite lag der monumentale Eingangsbereich mit vier prächtigen Säulen. Ein Korridor führt an der Thermenanlage (siehe Exkurs „Ein Thermenbesuch") vorbei in das Palastinnere.

Östlich der Zisterne erstreckten sich über mehrere Stockwerke Lagerräume und Wohnzellen des Dienst- und Wachpersonals. Im Westen der Villa befanden sich in sechs überwölbten Räumen weitere Magazine und die Küchen. Einer der Backöfen hat sich erhalten.

Im Norden lagen die persönlichen Räume des Kaisers, drei an der Zahl. Sie sind auffallend klein und öffnen sich mit einem Blick auf das Meer nach Norden und Westen. Bei der Planung dieses Privatbereiches wurden die astronomischen Interessen des Imperators berücksichtigt. Von seiner Wohnung aus konnte er über eine ehemals überwölbte Rampe auf die darunter liegende Terrasse treten, die sich über 100 m lang am Nordabhang des Berges entlangzieht. Starker Pflanzenwuchs versperrte zeitweise den fantastischen Ausblick auf den Golf von Neapel. Das grandiose Panorama, bereichert um einen schwindelerregenden Blick auf die senkrecht abstürzenden Kalkklippen und das 300 m tiefer liegende Meer, lässt sich jederzeit vom östlichen Ende der Terrasse aus genießen, dem berühmt-berüchtigten **Salto di Tiberio,** um den sich grausige Geschichten ranken. Im mittleren Bereich der lang gezogenen Wandelhalle schließen sich einige Räume an, die dem Kaiser und seinem Astronomen als Speise- und Ruheraum dienten.

Vom Palast klar getrennt lag im Nordwesten ein Leuchtturm. Von hier war es möglich, mit der Kommandozentrale der Militärflotte in Misenum zu kommunizieren und über eine Kette weiterer Türme Feuersignale bis Rom zu senden.

Die wissenschaftliche Monografie von *Clemens Krause* (siehe „Lesen" im Anhang) hilft mit computergestützten Rekonstruktionszeichnungen der Fantasie auf die Sprünge. Die von *Sueton* überlieferte Biografie des Kaisers *Tiberius* spart nicht an saftigen Details. Keine schlechte Lektüre an diesem Ort!

■ **Villa Jovis,** Viale A. Maiuri, Tel. 08 18 37 45 49. Tägl. 9 Uhr bis 1 Std. vor Sonnenuntergang. Eintritt 2 Euro.

Auf dem Weg zur Villa Jovis zweigt auf Höhe des Ristorante La Savardina der Weg zur neoklassizistischen Villa Lysis ab, die sich der Skandalautor *Jacques d'Adelswaerd Fersen* 1905 bewusst unterhalb der Ruinen der Tiberius-Villa hatte errichten lassen. Unterbrochen von Reisen in exotische Länder, lebte der französische Baron 16 Jahre lang sein ausschweifendes Inselleben in Gesellschaft des römischen Ex-Zeitungsverkäufers *Nino Cesarini,* bis er nach Einnahme einer gewaltigen Prise reinen Kokains freiwillig von der Bühne trat. Inzwischen steht die restaurierte Villa mit ihrem Traumpanorama auf den Golf allen Besuchern offen.

■ **Villa Lysis,** Via Lo Capo, Tel. 08 18 38 61 11 (c/o Comune di Capri). In der Regel April bis Okt. Di bis Sa 9–12 und 14–18 Uhr, So 9–12 und 15–18 Uhr. Eintritt frei.

Golfi aus zu Fuß bzw. aus Capri-Stadt mit dem Bus erreichen. Im Sommer ankern hier die Luxusjachten russischer Oligarchen und italienischer Industrieller. Der vorspringende **Scoglio delle Sirene** halbiert die zauberhafte Bucht. Die wenigen freien Strandabschnitte finden sich an den schneeweißen Kiesstränden links und rechts des Felsens, ansonsten teilen sich Badeanstalten und Strandlokale den kostbaren Uferstreifen. Bläst der Südwind Schirokko, kann das Badevergnügen durch angetriebenen Müll getrübt werden, die Wasserqualität ist an-

sonsten ausgezeichnet. Seit den 1950er Jahren Treffpunkt der VIPs ist der Canzone del Mare nach wie vor der exklusivste *bagno*.

Anacapri

Wenn auch nicht mehr ganz so beschaulich wie zu *Gregorovius'* Zeiten, bleibt das ausgedehnte, von gepflegten Gärten umgebene Anacapri die **bäuerliche und**

stille Schwester von Capri-Stadt – wenn man von dem Rummel um die **Villa San Michele** einmal absieht. Seit 1877 verbindet eine Straße die ungleichen Inselstädtchen. Die wenigsten Besucher erklimmen heute noch die steilen Stufen der wunderschön angelegten **Scala Fenicia**. Das alte Stadttor, direkt unterhalb der Villa San Michele gelegen, heißt bezeichnenderweise Porta della Differenza, ein tief verwurzeltes gegenseitiges Misstrauen trennte lange Zeit die Inselgemeinden Capri und Anacapri.

Besichtigung

Die Piazza Vittoria ist das Zentrum Anacapris. Von Frühjahr bis Herbst steigen hier die Touristen zu Hunderten aus den Bussen und strömen auf der von Kitsch- und Souvenirständen gesäumten Straße der weltbekannten **Villa San Michele** zu. Die besten Chancen, Anacapris Hauptsehenswürdigkeit frei von Besuchergruppen zu erleben, bestehen außer im Winter am frühen Vor- oder späten Nachmittag. Der Schwede *Axel Munthe* (1857–1949) kam als junger Medizinstudent zum ersten Mal nach Capri. Später, als reicher und angesehener Modearzt, kehrte er Paris den Rücken, um auf Capri seinen Lebenstraum zu verwirklichen. Auf einem exponierten Hanggrundstück mit den Ruinen einer Michaels-Kapelle und römischen Villa begann er 1896 mit dem Bau seines Domizils und folgte dem Motto: „Mein Haus muss offen sein für Wind und Sonne und die Stimme des Meeres, wie ein Griechentempel, und Licht, Licht, Licht überall!" In der schneeweißen Villa, einem eklektischen Mix verschiedenster Baustile, brachte *Munthe* eine bizarre Sammlung archäologischer Fundstücke und zusammengetragener Antiquitäten unter. Die Inneneinrichtung der Villa ist Geschmackssache, die Ausblicke aus den akkurat gepflegten Terrassengärten und den skulpturengeschmückten Loggien sind eines Kaisers würdig. Tausendfach fotografiert und blank von unzähligen

◁ Capri: Für Bert Brecht
eine „verdammte blaue Limonade"

„Casa come me" – Curzio Malapartes Meisterwerk

Curzio Malaparte (1898–1957) war eine der schillerndsten Gestalten seiner Zeit. Als *Kurt Erich Suckert* im toskanischen Prato geboren, entwickelte er früh seine Neigung zur Literatur und ausgeprägten Selbstdarstellung. Politisch war er ein **Paradiesvogel**. Im September 1922 trat er der Partei *Mussolinis* bei und änderte seinen Namen in *Curzio Malaparte.* Seine Karriere war bewegt. Zwei Jahre lang gab er die angesehene Turiner Tageszeitung „Stampa" heraus, dann entdeckte er seine Sympathie für die Sowjetunion und wurde gefeuert. *Malaparte* war verbittert, seine Kameraden hatten alle dicke Pfründe und er sollte leer ausgehen? Er begann, ätzende Briefe zu schreiben, in denen er unter anderem den Luftfahrtminister angriff. 1933 wurde *Malaparte* wegen antifaschistischer Aktivität angeklagt, aus der Partei ausgeschlossen und zu fünf Jahren Verbannung auf Lipari verurteilt. Dank guter Beziehungen musste er nur ein halbes Jahr auf Lipari verbringen, durfte dann nach Ischia gehen, und ein Jahr später wurde ihm die restliche Strafe erlassen. Während des 2. Weltkriegs arbeitete Malaparte als Kriegsberichterstatter erst auf italienischer, dann amerikanischer Seite.

Bekannt wurde er mit seinen beiden **Romane „Kaputt" und „Die Haut",** in denen er die Obszönität des Krieges in expressionistischen Bildern darstellte. Sein Meisterwerk aber ist sein Haus auf Capri, darauf war er stolz „wie auf nichts anderes" und hielt es für das Beste, was er zustande gebracht hatte (der Beitrag des Architekten *Adalberto Libera* war in der Tat gering). So nannte er „das mutigste, intelligenteste und modernste Haus von Capri" folgerichtig „Casa come me". Das markanteste Detail ist ein Treppenaufgang, der von außen auf das Dach der Villa führt und nach oben hin immer breiter wird. Das Vorbild steht in Lipari, es ist die Treppe der kleinen Chiesa dell'Annunciazione.

In seinem Roman „Die Haut" erzählt *Malaparte* von einem Besuch des Feldmarschalls *Rommel.* „In Capri kam eines Tages Maria, meine getreue Haushälterin, um mir zu melden, dass ein deutscher General, von seinem Adjutanten begleitet, in der Halle sei und mein Haus zu besichtigen wünsche. Es war im Frühsommer 1942, nicht lange vor der Schlacht von El Alamein. Mein Urlaub war zu Ende, ich musste am nächsten Tag nach Finnland abreisen. Axel Munthe, der sich entschlossen hatte, nach Schweden zurückzukehren, hatte mich gebeten, ihn bis Stockholm zu begleiten. „Ich bin alt, Malaparte, ich bin blind", hatte er mir gesagt, um mich zu erweichen, „bitte begleiten Sie mich, wir werden im gleichen Flugzeug reisen." Obwohl ich wusste, dass Axel Munthe, trotz seiner schwarzen Augengläser, nicht blind war – seine Blindheit war eine wohlberechnete Erfindung, um die romantischen Leser des „Buches von San Michele" empfänglicher zu stimmen; wenn es darauf ankam, konnte er sehr gut sehen – konnte ich mich doch nicht gut weigern, ihn zu begleiten; und ich hatte ihm versprochen, am nächsten Tag mit ihm abzureisen.

Ich ging dem deutschen General entgegen und bat ihn in meine Bibliothek. Es war **Feldmarschall Rommel.** Mit einem Blick auf meine Alpini-Uniform fragte er mich, an welcher Front ich stünde. „An der finnischen Front", antwortete ich. „Ich beneide Sie", sagte er, „ich leide sehr unter Hitze. Und in Afrika ist es zu heiß." Er lächelte mit einem Anflug von Schwermut, nahm seine Mütze ab, fuhr sich mit der Hand über die Stirn. Ich sah mit Verwunderung, dass er einen sehr merkwürdig geformten Schädel hatte: übermäßig hoch, oder besser, nach oben verlängert; er glich einer riesigen gelben Birne. Ich führte ihn von Zimmer zu Zimmer, durch das ganze Haus, von der Bibliothek bis in den Keller, und als wir wieder in der mächtigen Vorhalle standen, deren Fenster auf die schönste Landschaft der Welt geöffnet waren, bot ich ihm ein Glas Vesuvwein an, aus den Rebgärten von Pompeji. Er hob sein Glas, sagte „Prosit" und trank mit einem Zug aus; dann, bevor er ging, fragte er mich, ob ich mein Haus schon so, wie es sei, gekauft hätte, oder ob ich es selbst entworfen und gebaut hätte. Ich erwiderte – was nicht der Wahrheit entsprach –, dass ich es schon so, wie es sei, gekauft hätte. Und mit einer weiten Armbewegung zeigte ich auf die Steilwand der Matromania, auf die drei Riesenklippen der Faraglioni, auf die Sorrentiner Halbinsel, auf die Inseln der Sirenen, auf das verschwimmende Blau der Küste von Amalfi, auf den fernen goldenen Schimmer des Gestades von Paestum, und sagte zu ihm: **„Ich habe die Landschaft entworfen."** „Ach, so!", sagte General Rommel, und nachdem er mir die Hand gereicht hatte, ging er."

Auch nach seinem Tod gelang es *Malaparte*, seine Mitmenschen noch einmal gründlich zu schockieren. Bei der Testamentseröffnung stellte man fest, dass er die „Casa come me" der Volksrepublik China vermacht hatte. Seiner Familie gelang es, das Testament anzufechten, und heute befindet sich die Villa Malaparte im Besitz einer Künstlerstiftung. Besuche sind nur auf Einladung möglich.

gvn13_020 pa

Berührungen blickt eine Sphinx auf den Golf von Neapel. Es heißt, dass Wünsche in Erfüllung gehen, wenn man über die Flanke des Fabelwesens streicht. Wegen eines Augenleidens musste *Axel Munthe* sein lichtdurchflutetes Haus gegen eine schattigere Bleibe tauschen. 1910 bezog er die **Torre Materita,** einen Wehrturm auf halbem Weg zur Punta Carena. Hier verfasste er seinen Best- und Longseller „Das Buch von San Michele", der, in über 45 Sprachen übersetzt, Capri und die Villa San Michele weltberühmt machte. *Munthe* vererbte seine Villa dem schwedischen Königshaus. Die Stiftung Munthe veranstaltet hier in den Sommermonaten Konzerte. *Axel Munthe,* ein früher Öko-Aktivist, erwirkte von *Mussolini* ein Verbot der Vogeljagd auf Capri. Auf dem Hügel des über der Villa gelegenen **Castello di Barbarossa** arbeitet seit den 1950er Jahren eine ornithologische Forschungsstation. Sechs Hektar Macchia stehen unter Naturschutz, auf den Felsen nisten Wanderfalken. Die früher vom italienischen WWF und jetzt von der Stiftung Munthe betreute ornithologische Station auf dem **Monte Barbarossa** kann besucht werden.

■**Villa San Michele,** Viale A. Munthe 34, Tel. 08 18 37 14 01, www.villasanmichele.eu. März tägl. 9.30–16.30 Uhr, April und Okt. tägl. 9.30–17 Uhr, Mai bis Sept. tägl. 9–18 Uhr, Nov. bis Febr. tägl. 9–15.30 Uhr. Eintritt 6 Euro.
■**Monte Barbarossa,** Viale A. Munthe 24, Tel. 08 18 37 13 25. Nach Voranmeldung von April bis Okt. jeden Do Gratis-Führungen eine Stunde bevor die Villa San Michele schließt.

Folgt man der **Via G. Orlandi** in das historische Ortszentrum, fällt rechts die **Casa Rossa** ins Auge. **John Clay Mac-Kowen,** ein amerikanischer Südstaatenoberst, ging 1877 nach Capri ins freiwillige Exil. Der Hobbyarchäologe und Verfasser eines der ersten Capri-Führer baute sich den mittelalterlichen Turm mit vielen Fundstücken zu einem spleenigen Märchenschloss aus. Über die Datierung eines römischen Sarkophags geriet *MacKowen* mit *Axel Munthe* einmal in Streit und forderte ihn zu einem Pistolenduell heraus. In Anspielung auf die Sklavenhaltervergangenheit *MacKowens* erwiderte *Munthe,* er würde Pferdepeitschen vorziehen. Das Duell fand nie statt.

■**Casa Rossa,** Via G. Orlandi 78, Tel. 08 18 38 21 93. April bis Mai 10–17 Uhr, Juni bis Sept. 10–13.30 und 17.30–20 Uhr, Okt. 10–16 Uhr. Eintritt 3 Euro.

Auf keinen Fall sollte man den Besuch der **Chiesa di San Michele Arcangelo** versäumen. Der Majolika-Fußboden in der hübschen Rokokokirche schildert in opulenten Szenen die Vertreibung von Adam und Eva aus dem Paradies. Mit Liebe zum Detail sind exotische Tiere dargestellt. Elefanten, Kamele, Affen und Einhörner tummeln sich um den von Schlangen umwundenen Apfelbaum. Der abruzzesische Keramikkünstler *Leonardo Chiaiese* fertigte das Kunstwerk 1761 nach einem Entwurf des neapolitanischen Barockmalers *Francesco Solimena.* Den besten Blick genießt man von der Orgelempore.

■**Chiesa di San Michele Arcangelo,** Piazza San Nicola, Tel. 08 18 37 23 96, www.chiesa-san-michele.com. April bis Sept. 9–19 Uhr, Okt. bis März 10–14 Uhr, im Winter zeitweise geschl. Eintritt 2 Euro.

Hinter San Michele steht die **Casa Orlandi,** einst die prachtvolle Residenz des

2

Parlamentsabgeordneten *Giuseppe Orlandi*, der 1877 den Bau der Fahrstraße zwischen Capri und Anacapri veranlasste. In einem kurzen Bogen gelangt man auf die **Piazza Armando Diaz**, das **Altstadtherz von Anacapri**. Auf dem stilleren Pendant zu Capris Piazzetta geht es familiär zu. Die schön gekachelten Sitzbänke, ein Werk des lokalen Keramikkünstlers *Sergio Rubino*, laden zum Verweilen ein. Vor der barocken Kulisse der **Pfarrkirche Santa Sofia** treffen sich Alt und Jung zur *passegiata*.

Südöstlich an die Kirchenpiazza schließt sich **Anacapris ältestes Wohnviertel Le Boffe** an. Nur selten verirren sich Besucher in diesen reizenden quartiere. In den stillen Gassen zwischen weiß gekalkten Häusern fühlt man sich fast nach Griechenland versetzt.

Südlich der Piazza Vittoria befindet sich die Talstation der **Seggiovia.** Wie im Flug geht es mit dem **Sessellift** in wenigen Minuten auf den 589 m hohen Monte Solaro. Die Fahrt ist ein Vergnügen, vom höchsten Inselgipfel liegt einem dann ganz Capri zu Füßen. Von der Aussichtsterrasse deutet eine Tiberius-Statue mit großer Geste in die Landschaft. An klaren Tagen umfasst der Blick den gesamten Golf und reicht bis in den Cilento. Der Monte Solaro lässt sich von Anacapri aus auch gemütlich zu Fuß erklimmen.

Ein fast eben verlaufender Spaziergang führt von der Talstation der Seggiovia auf der Via Caposcuro durch friedliche Bauernlandschaft zu dem spektakulären **Belvedere di Migliera.** Fast senkrecht stürzen die Felswände von Wind, Wellen und Möwen umtost ins Meer.

Von Anacapri fährt ein Linienbus an die südwestlichste Inselspitze. Unterwegs kommt man an der **Torre Materita** vorbei. In dem von Kartäusermönchen im 14. Jh. erbauten Festungsturm hatte sich *Axel Munthe* ein zweites Domizil eingerichtet. Hier hat er auch sein „Buch von San Michele" verfasst. Unterhalb des Leuchtturms (nach jenem von Genua übrigens der lichtstärkste Italiens) an der **Punta Carena** liegt eine wunderschöne, im Sommer stark besuchte Badebucht. Es gibt einen freien Strandabschnitt, ansonsten vermietet die Badeanstalt Lido del Faro Liegestühle und Sonnenschirme. Das gleichnamige Restaurant ist ein romantischer Platz, um den Sonnenuntergang zu genießen. Fast ein Geheimtipp ist die etwas weiter nördlich gelegene Felsbucht **Cala del Tombosiello.**

Richtung Blaue Grotte und zu den Ruinen der Villa Damecuta kann man von Anacapri mit dem Linienbus fahren, oder man wandert in einer knappen Stunde aus dem Viertel Le Boffe durch den **Ortsteil Il Pozzo** dorthin. Je weiter das Ortszentrum zurückbleibt, umso lockerer wird die Bebauung. Liebevoll gepflegte Gemüse-, Wein- und Zitronengärten begleiten den Weg.

Die **Villa Damecuta,** eine der zwölf Tiberiusvillen, liegt an der nordwestlichen Inselspitze und bietet einen unbegrenzten Ausblick auf den Golf. *Tiberius* benutzte sie vermutlich als Sommerresidenz, während er die Wintermonate in der Villa Jovis verbrachte. Bei dem Vesuvausbruch 79 n. Chr. wurde die Villa zerstört und seither ihrem Schicksal überlassen – mit anderen Worten: Sie diente bis in die 1930er Jahre als Steinbruch. *Amadeo Maiuri* leitete von 1937–1948 die Ausgrabungen. Vor wenigen Jahren wurden die Ruinenreste erneut vom Gebüsch befreit und restauriert.

2

Kopisch erlebt
sein blaues Wunder

August Kopisch schrieb am 17. August 1826 in das Fremdenbuch seines Wirtes: „Freunde wunderbarer Naturschönheiten mache ich auf eine von mir nach den Angaben unseres Wirts Giuseppe Pagano mit ihm und Herrn Fries entdeckte Grotte aufmerksam, welche furchtbarer Aberglaube jahrhundertelang nicht zu besuchen wagte. Bis jetzt ist sie nur für gute Schwimmer zugänglich; wenn das Meer ganz ruhig ist, gelingt es wohl, mit einem kleinen Nachen einzudringen, doch ist dies gefährlich, weil die geringste sich erhebende Luft das Wiederherauskommen unmöglich machen würde. Wir benannten diese Grotte die blaue, **„la grotta azzurra"**, weil das Licht aus der Tiefe des Meeres ihren weiten Raum blau erleuchtet. Man wird sich sonderbar überrascht finden, das Wasser blauem Feuer ähnlich die Grotte erfüllen zu sehen; jede Welle scheint eine Flamme. Im Hintergrund führt ein alter Weg in den Felsen, vielleicht nach dem darüber gelegenen Damecuta, wo der Sage nach Tiber Mädchen verschlossen haben soll, und es ist möglich, daß diese Höhle sein heimlicher Landungsplatz war. Bis jetzt ist nur ein Marinaro und ein Eseltreiber so herzhaft, diese Unternehmung mit zu wagen, weil allerhand Fabeln von dieser Höhle im Umlauf sind. Ich rate aber jedem, sich vorher mit diesen beiden des Preises wegen zu verständigen. Der Wirt (…) will einen ganz kleinen schmalen Nachen bauen lassen, womit dann bequemer hineingefahren werden könnte. (…) Sie ist des Morgens am schönsten, weil nachmittags das Tageslicht stärker und störender hineinfällt und der wunderbare Zauber dadurch gemindert wird. Der malerische Eindruck wird noch erhöht, wenn man, wie wir, mit flammenden Pechpfannen hineinschwimmt."

Von den Wohnräumen, in deren Rücken sich ein mittelalterlicher Wachturm erhebt, führt ein langer Wandelgang zu einer imposanten, halbkreisförmigen Aussichtsterrasse.

■ **Villa Damecuta,** Via Amadeo Maiuri. Tägl. 9 Uhr bis 1 Stunde vor Sonnenuntergang. Eintritt frei.

Unterhalb der Villa Damecuta und direkt über der Blauen Grotte liegt die von *MacKowen* im 19. Jh. ausgegrabene **Villa Gradola,** eine typische römische *villa maritima.* Einige der bei dieser Gelegenheit gefundenen Kapitelle, Säulen- und Skulpturenfragmente vermauerte *MacKowen* in seiner Casa Rossa. *MacKowen* vermutete als erster, dass die Blaue Grotte bereits in der Antike bekannt gewesen war. Zwei Marmorstatuen, ein Poseidon und Triton, die 1964 am Grund der Grotte gefunden wurden, bestätigten *MacKowens* Annahme und beweisen, dass die **Blaue Grotte** zur Zeit des *Tiberius* ein Nymphäum war. Es ist das bleibende Verdienst von *August Kopisch,* der die von den Einheimischen als Teufelsort gefürchtete Grotte am 17. August 1826 „entdeckte", ihr den zündenden Namen <mark>Grotta azzura</mark> (Blaue Grotte) verliehen und Capri damit dem Fremdenverkehr erschlossen zu haben. Die touristische Vermarktung des Naturwunders war von Anfang an perfekt organisiert. Von der Marina Grande bringen Bootsflottillen die neugierigen Gäste bis an den Grotteneingang. Hier werden sie in kleinere Ruderboote umgeladen (vom Land kann man direkt in die kleinen Ruderboote einsteigen), ein zweites Mal zur Kasse gebeten und – ein drittes Mal für die **Besichtigung der Grotte.** Dann geht alles sehr schnell! Man muss

sich im Boot flach niederkauern (der Eingang zur Grotte ist niedrig), und unversehens findet man sich in einer beinahe unwirklichen Welt wieder. Alle Zweifel, ob Aufwand und Kosten sich gelohnt haben, verfliegen. Die Grotte ist in ein unbeschreibliches, eisblaues Licht getaucht, greift man ins Wasser, verwandelt es sich in flüssiges Silber. Doch kaum haben sich die Augen an das Halbdunkel gewöhnt, geht es auch schon wieder hinaus. Das Hineinschwimmen in die Grotte, das *Kopisch* so euphorisch beschrieben hat, ist heute verboten und bei dem Gedränge, das auf dem Wasser herrscht, auch wenig ratsam. Gegen Abend dann, wenn der Ruderbootservice eingestellt wird, kann man einige mutige Schwimmer auf dem Weg zur Grotte beobachten …

■ **Grotta Azzura,** die Blaue Grotte kann von der Marina Grande aus mit Ausflugsbooten (13 Euro, siehe „Bootsausflüge") oder zu Fuß aus Anacapri erreicht werden. Bei starkem Seegang kann die Grotte nicht besichtigt werden. Am schönsten fällt das Licht am späten Vormittag. Wartezeit vor der Grotte einkalkulieren! Tägl. 9 Uhr bis 1 Std. vor Sonnenuntergang. Fahrt mit dem Ruderboot in die Blaue Grotte 8,50 Euro, Eintritt 4 Euro. Infos c/o AAST Capri, s.u. www.capritourism.com.

⌂ Sehen und gesehen werden auf Capri

Praktische Tipps

Information

■ AAST

Das Fremdenverkehrsamt von Capri publiziert jedes Jahr nützliche Broschüren wie „Capri è …" sowie ein Unterkunftsverzeichnis. Viele aktuelle Infos auch auf der Website!
Piazzetta I. Cerio 11 – I-80073 Capri,
Tel. 08 18 37 53 08, Fax 08 18 37 09 18,
www.capritourism.com

■ Uffici Informazioni

In den Informationsbüros der AAST erhält man neben nützlichen Gratis-Prospekten auch eine Capri-Karte im Maßstab 1:10.000 mit detaillierten Stadtplänen von Capri und Anacapri (1 Euro), ein idealer Begleiter, wenn man die Insel zu Fuß erkunden möchte! Zum Verkauf steht auch ein botanischer Wanderführer der Insel Capri. In der Regel sind die Infobüros Mo bis Sa 9–13 und 15.30–18.40 Uhr geöffnet, im Sommer tägl. 8.30–20.30 Uhr. Wegen Personalmangel können die Zeiten auch eingeschränkt sein, mit Sicherheit geöffnet ist das Hauptbüro an der Piazzetta (Piazza Umberto I.) unter dem Uhrenturm.
– Porto (Hafenmole), Marina Grande
– Piazza Umberto I.
– Via G. Orlandi 19A, Anacapri

■ www.capri-island.com, www.capri.net, informative Capri-Portale. Fährverbindungen, ausführliches Verzeichnis von Hotels, B&Bs, Restaurants, Geschäften.

■ www.lisolaweb.com, informatives Online-Journal, Notizen auch zur Amalfitana.

■ www.capritourism.com, vorbildliche Website des Fremdenverkehrsamtes Capri (s.o.)! Alle wichtigen Adressen, aktuelles Unterkunftsverzeichnis, Fährverbindungen, Veranstaltungskalender u.v.m. Viele Infos auch als Download (sogar auf deutsch).

■ www.cittadicapri.it

Unterkunft

Hotels und Pensionen in Capri

Einen Überblick bieten der Hotelverband (www.caprialberghi.com) und die AAST (s.o.).

■ Quisisana *****L

Das luxuriöse Grand Hotel eröffnete 1845 zunächst als Sanatorium, daher der Name. Gourmet-Restaurant, Beauty-Center, zwei Pools und alles, was das Leben vermögender Reisender angenehm macht. 148 Zi., DZ/F ab 350 Euro. Mitte März bis Anfang Nov.
Via Camerelle 2, Tel. 08 18 37 07 88,
www.quisisana.com

■ La Floridiana ****

Nahe der Certosa gelegenes Edel-Hotel. Aufmerksame Leitung durch *Lucia Esposito* und Tochter *Simona*. Zimmerkategorien von Standard bis Suite. Pool. Meerblick verlangen! Gutes Hotelrestaurant. 36 Zi., DZ/F ab 180 Euro. Mitte März bis Anfang Nov.
Via Campo Di Teste 16, Tel. 08 18 37 01 66,
www.lafloridiana-capri.com

■ Villa Brunella ****

Das Hotel zieht sich mit Blick auf Marina Piccola und Monte Solaro terrassenförmig den Hang hinab. Geräumige Zimmer, z.T. mit kleinem Balkon. Perfekter Service, Pool und sehr gutes Restaurant. 20 Zi., DZ/F ab 210 Euro. April bis Ende Okt.
Via Tragara 24, Tel. 08 18 37 01 22,
www.villabrunella.it

■ La Certosella ***

Im sympathischen Albergo, von *Angela* und *Luigi Iacono* geführt, kommen vier Generationen touristische Erfahrung auf Capri zusammen. Die Familie betreibt auch die Strandbäder „Da Luigi" an den Faraglioni und den legendären „Canzone del Mare" an der Marina Piccola. Charmante Zimmer mit Aussicht und Heizung. Pool im zauberhaften mediterranen Garten. 18 Zi., DZ/F 150–300 Euro.
Via Tragara 13/15, Tel. 08 18 37 07 13,
www.hotelcertosella.com

■**Villa Sarah** ***

MEIN TIPP! Herrschaftliche Villa auf dem Weg zur Villa Jovis, ruhig mit großem Garten. Mit einfachen Holzmöbeln stilvoll eingerichtete, komfortable Zimmer mit Balkon. Im Sommer Frühstück auf der Terrasse. Kleiner Pool. Sicher eines der besten in seiner Klasse! Auch Familienzimmer. 19 Zi., DZ/F 130–230 Euro. Ende März bis Ende Okt.
Via Tiberio 3/a, Tel. 08 18 37 78 17,
www.villasarahcapri.com

■**La Prora** ***

Hübsche Familienpension im verwinkelten mittelalterlichen Ortsteil oberhalb der Piazzetta. Nur wenige Gehminuten auf der Via Castello in Richtung Belvedere Piazza Cannone. Gepflegt und ruhig, aufmerksam geführt von den Schwestern *Rizzo*. Aus den Zimmern Blick auf Capri oder den Golf (besonders N° 11 und N° 20). 8 Zi., DZ/F 130–200 Euro (evtl. etwas überteuert). März bis Mitte Nov.
Via Castello 6–8, Tel. 08 18 37 02 81,
www.albergolaprora.it

■**Villa Krupp** ***

MEIN TIPP! Schöne Villa – hier lebte von 1906 bis 1909 der russische Schriftsteller *Maxim Gorki* und Gastgeber *Lenins* – oberhalb der Augustusgärten. Gepflegte, helle Zimmer, viele mit Blick auf die Faraglioni und das Meer (Aufpreis). Ausblick demokratisch von der Terrasse. Familiäre Atmosphäre. Ein gutes Haus in dieser Klasse, rechtzeitig buchen! 12 Zi., DZ/F 140–190 Euro. April bis Ende Okt.
Viale Matteotti 12, Tel. 08 18 37 03 62,
www.villakrupp.com

■**Belvedere & Tre Re** **

Schön gelegene Villa aus dem 19. Jh. oberhalb vom Kiesstrand westlich der Marina Grande, seit 1900 ein Hotel. Anständige, geräumige Zimmer (fast alle) mit Meerblick, einige sogar mit Balkon bzw. Terrasse. Freundlicher Empfang. In den Räumen hängen z.T. Gemälde von *Michael Ogranovitsch*, der Anfang des 20. Jh. nach Capri gelangte und sich in *Laura*, die Tochter seines Gastwirtes, verliebte. Der Rest ist Geschichte. 16 Zi., DZ 110–140 Euro (Zusatzbett 40 Euro), F 5 Euro. April bis Nov.

Via Marina Grande 238, Tel. 08 18 37 03 45,
www.belvedere-tre-re.com

■**La Tosca** *

MEIN TIPP! Günstige, nette und sehr ruhige Pension oberhalb der Certosa. Die Hälfte der hellen, blitzsauberen Zimmer mit kleinen Terrassen und Faraglioni-Blick. Freundlicher Empfang, Bar für Hausgäste. *Ettore Castelli* versorgt seine Gäste mit guten Wandertipps. Rechtzeitig buchen! 11 Zi., DZ/F 75–160 Euro (Zusatzbett 28–50 Euro). März bis Okt.
Via Dalmazio Birago 5, Tel. 08 18 37 09 89,
www.latoscahotel.com

Zimmer in Capri

■**Villa Margherita**

Antonio Vuotto und *Rosa Scarfato* vermieten gut ausgestattete, gepflegte Gästezimmer in ihrer hübschen klassizistischen Villa oberhalb der Certosa – zwei davon mit eigener Terrasse und Meerblick. 4 Zi., DZ 75–115 Euro. April bis Okt.
Via Campo di Teste 2 (Ecke Via I. Cerio),
Tel. 08 18 37 02 30, antonino.vuotto@libero.it

Hotels und Pensionen in Anacapri

■**Caesar Augustus** *****

Spektakuläre Lage mit grandioser Aussicht auf Golf und Sorrentiner Halbinsel. Perfekter Service. Infinity-Pool. Die Augustus-Statue auf der Terrasse ist ein begehrtes Fotomotiv. 56 Zi., DZ/F ab 360 Euro. April bis Nov.
Via G. Orlandi 4, Tel. 08 18 37 33 95,
www.caesar-augustus.com

■**Alla Bussola di Hermes** ***

Die kleine Pension wurde nach und nach zu einem sympathischen Mini-Hotel ausgebaut. Geblieben ist die ruhige Lage im Grünen fünf Gehminuten westlich vom Ortsteil Le Boffe. Einige der komfortablen Zimmer mit Blick auf den Golf. Auch Familien-Apartments. 20 Zi., DZ/F 60–140 Euro.

2

Traversa La Vigna 14, Tel. 08 18 38 20 10,
www.bussolahermes.com

■ Da Gelsomina

Vielen als Familienrestaurant bekannt (s.u.), doch die Familie *Maresca* vermietet auch ruhige, komfortable Gästezimmer mit Blick auf Ischia und die untergehende Sonne. Da Gelsomina liegt am Ende der Via Migliera, wenige 100 m vor dem gleichnamigen Belvedere, und ist aus Anacapri in etwa 30 Min. zu Fuß zu erreichen (auch Abholservice möglich). Pool. 7 Zi., DZ/F 115–185 Euro. Ostern bis Anfang Nov.
Via Migliera 72, Tel. 08 18 37 14 99,
www.dagelsomina.com

■ Villa Eva

Sympathische Apartmentanlage in einem großen Garten auf dem Weg zur Blauen Grotte, 10 Fußminuten von Anacapri. Staiano-Busse halten in der Nähe. Großer Pool. 20 Zi., Ap. mit 5–8 Betten, DZ/F 70–120 Euro. März bis Anfang Nov.
Via La Fabbrica 8, Tel. 08 18 37 15 49,
www.villaeva.com

Bed & Breakfast in Anacapri

■ Alle Ginestre

Gepflegtes B&B in unmittelbarer Nähe des Ristorante Da Gelsomina (s.u.). Von der Sonnenterrasse genießt man einen weiten Blick auf den Golf und am Abend auf die hinter Ischia im Meer versinkende Sonne. Auf Wunsch Abholservice vom Hafen. 3 Zi., DZ/ F 70–120 Euro. Ostern bis Ende Okt.
Via Migliera 53/a, Tel. 08 18 37 15 31,
Mobil 33 31 19 42 34, www.leginestrecapri.com

■ La Guardia

Umberto Galizia führt in der Nähe der Torre di Materita sein freundliches B&B. Auf der Terrasse, die nach Westen blickt und damit aufs Meer, Ischia und die herrlichsten Sonnenuntergänge, steht auch ein kleiner Pool zur Verfügung. 3 Zi., DZ/F 100–130 Euro. April bis Ende Okt.
Via La Guardia 41, Tel. 08 18 37 26 67,
Mobil 34 88 10 57 08, bblaguardia@virgilio.it

■ Maruzzella

MEIN TIPP! Capri ist glücklicherweise nicht nur Glamour und Massentourismus. Das kann man am besten als Gast im Bauernhaus der Familie *Biba* erleben, das mit großer Veranda auf den Golf von Neapel, die Sorrentiner Halbinsel und den Vesuv weist und von einem biologischen Gemüsegarten und Weinpergolen umgeben ist. Auf Wunsch wird für die Gäste gekocht, Signora *Maria Acampora* bietet auch Kochkurse an, Sohn *Giovanni* arbeitet als Fischer und nimmt Gäste gerne auch in seinem Gozzo mit. 3 Zi., DZ/F 80–100 Euro.
Via Lo Funno 15, Tel. 08 18 38 22 43,
Mobil 33 33 38 12 97, maruzzella.capri@libero.it

■ Villa Damecuta

Angelina Celentano hat 2001 als erste ein B&B in Capri eröffnet. Freundlicher Empfang. Helle, modern möblierte Zimmer, das Apartment mit Küche. Von der Terrasse Blick auf Ischia und Procida. Zu Fuß 5 Min. bis Anacapri-Ort und 20 Min. zur Blauen Grotte. 3 Zi., 1 Ap., DZ/F 70–110 Euro.
Via La Vigna 45, Tel. 08 18 37 18 04,
www.villadamecuta.com

■ Villa Mimosa

Komfortable, hübsch möblierte Zimmer. Terrasse mit herrlichem Ausblick auf Ischia. Wenige Gehminuten vom Ortszentrum. Zu Fuß oder mit dem Bus ist man schnell an der Punta Carena. 3 Zi., DZ/F 125–175 Euro.
Via Nuova del Faro 48a, Tel. 08 18 37 17 52,
Mobil 34 77 43 56 69, www.mimosacapri.com

Essen und Trinken

Fast alle hier empfohlenen Lokale pflegen die traditionelle Inselküche, die sich durch großzügige Verwendung von frischem Gemüse auszeichnet. Eine der wichtigsten Grundzutaten, ob Nudeln, Fisch oder Fleisch, sind die kirschgroßen, aromatischen Tomaten, die man häufig in Bündeln an den Hausmauern hängen sieht. Verwirrenderweise gibt es zwei Capri-Gerichte, die auf den Namen *caprese* lauten: Die *insalata caprese*, Mozzarella mit Tomaten und frischem Basilikum, ist ein Vorspeisen-Klassiker, die *torta caprese* ein köstlicher Mandel-Schokoladenkuchen. Auf Capri wird in kleinen Mengen ein guter DOC-Wein produziert. Leider erlebt man auf Capri immer wieder auch Nepp, auch im Restaurant.

Restaurants und Trattorien in Capri

■ Aurora
Ausgezeichnete Pizze in edlem Ambiente. Auch als Ristorante keineswegs billig (VIP-Aufschlag). 15–35 Euro. März bis Dez. tägl. mittags und abends.
Via Fuorlovado 18–22, Tel. 08 18 37 01 81,
www.auroracapri.com

■ Buca di Bacco
Beliebte Trattoria in Piazzetta-Nähe. Alles frisch zubereitet, die Pizza neapolitanisch gut, der gegrillte Fisch lecker und erschwinglich, der Service freundlich. Sogar die Aussicht aus dem einen kleinen (!) Fenster ist schön! Was will man mehr? Auch Einheimische verirren sich hierher. 20–35 Euro. Mi Ruhetag. Mittags und abends. März bis Dez.
Via Longano 35, Tel. 08 18 37 07 23

■ La Savardina „Da Eduardo"
MEIN TIPP! Kurz vor dem letzten Anstieg zur Villa Jovis liegt das kleine, gemütliche Gartenlokal versteckt, aber gut ausgeschildert zwischen Weinreben und inmitten von Zitronen. Vom Antipasto bis zum Dolce wird alles frisch zubereitet, die Zutaten stammen größtenteils aus dem eigenen Garten, den Fisch fängt ein Onkel der Familie *Tarantino*. Gute Pasta-Gerichte – zu empfehlen die *linguine al limone*, *pollo alla griglia* oder Kaninchen aus dem Rohr, dazu *vino della casa*. Frisch gepresste Limonade. 20–30 Euro. Di Ruhetag. Mittags, von Mai bis Sept. auch abends.
Via Lo Capo 8, Tel. 08 18 37 63 00,
www.caprilasavardina.com

■ Le Grottelle
Romantisches Terrassenlokal, wenige hundert Meter vor dem Arco Naturale. Herrlicher Blick und gute Küche. Bei schlechtem Wetter stehen drei Tische in einer Felsgrotte, daher der Name. In der Saison ist es hier häufig voll. Der offene Hauswein stammt aus den Campi Flegrei, Capri DOC gibt es aus der Flasche. Der Spazierweg zu den Faraglioni und zur Villa Malaparte führt am Lokal vorbei. Immer noch zu empfehlen, auch wenn vielleicht überteuert. 30–40 Euro. April bis Ende Okt. tägl. bei schönem Wetter mittags, Mai bis Sept. auch abends.
Località Arco Naturale 13, Tel. 08 18 37 57 19

■ Lo Sfizio
MEIN TIPP! Unprätentiöse Familientrattoria auf dem Weg zur Villa Jovis, ca. 15 Min. von der Piazzetta. Kleine Auswahl frischer Gemüse- und Fischantipasti, hausgemachte Pasta, Brathähnchen und Pizza. Auch Einheimische speisen hier. 20–30 Euro. Di Ruhetag. Mittags und abends, im Winter nur Sa/So.
Via Tiberio 7e, Tel. 08 18 37 41 28,
www.losfiziocapri.com

■ Pulalli
MEIN TIPP! Wine Bar und Restaurant mit toller Terrasse direkt über der Piazzetta (seitlich am Uhrenturm führen ein paar Stufen hoch) und einer weiteren Mini-Terrasse mit Golf-Blick. Kleinigkeiten zum Essen, komplette Menüs und über 300 italienische Etiketten im Ausschank. Di Ruhetag. Mittags und abends bis spät. 15–20 Euro.
Piazza Umberto I. 4, Tel. 08 18 37 41 08

Restaurants, Trattorien und Osterien in Anacapri

■ Add'ò Riccio
MEIN TIPP! Die spektakuläre Lage auf einer Klippe oberhalb der Blauen Grotte hält *Gabriele Inserra* nicht davon ab, seinen Gästen wirklich frischen und ausgezeichneten Fisch aufzutischen (zu entsprechenden Preisen, versteht sich). Die *spaghetti a vongole* sind zu empfehlen. Während man auf das Essen wartet, kann man das Gedränge der Boote vor der Grotte beobachten. Zum Lokal gehört auch ein kleiner *stabilimento balneare* mit Sonnenterrassen.

35–50 Euro. Mitte März bis Okt. tägl. mittags; im Sommer an den Wochenenden auch abends.
Via Gradola 4, Tel. 08 18 37 13 80

● **Da Gelsomina**

MEIN TIPP! Das sympathische Lokal der Familie *Maresca* liegt, von eigenem Wein umgeben, fast am Ende der Via Migliera und ist aus Anacapri in einer halben Stunde zu Fuß zu erreichen (als Verdauungsspaziergang lässt sich der Weg zum schönen Aussichtspunkt fortsetzen). Delikate Bauern- und Fischküche. Wer nach dem köstlichen Mahl nicht mehr fort will, findet einige Gästezimmer (s.o.). 25–35 Euro. Mittags, von Mai bis Sept. auch am Abend. März bis Dez.
Via Migliera 72, Tel. 08 18 37 14 99

● **Lido del Faro**

Romantisch am südwestlichen Zipfel der Insel gelegenes Restaurant des gleichnamigen stabilimento balneare. Ein erfrischendes Bad, Brotsalate, frischer Fisch, *totani con patate* (Tintenfisch mit Kartoffeln) und grandiose Sonnenuntergänge – was will man mehr. 25–35 Euro. Ostern bis Ende Okt. tägl. mittags, im Sommer auch abends.
Punta Carena, Tel. 08 18 37 17 98,
www.lidofaro.com

● **Mamma Giovanna**

Die beliebte Familientrattoria ist aus dem Zentrum in die Campagna gezogen und nun im Rücken der Torre di Materita zu finden (ein kleiner Spaziergang aus dem Ort). Terrasse im Freien, traditionelle *cuci-*

na caprese und Pizza. Man isst hier günstiger und besser als in vielen Restaurants in Capri-Stadt. 20–25 Euro. Mittags und abends. März bis Mitte Nov. Via Chiusarano 6, Tel. 08 18 37 20 57

Snacks, Cafés und Bars

■ Mehrere Cafés buhlen auf der Piazzetta um die Gunst der Gäste. Die **Bar Tiberio** hat die beste *torta caprese,* den delikaten Schokoladen-Mandelkuchen muss man auf Capri probiert haben. Sehr edel gibt sich das **Gran Caffè** (auch hier ist die *torta caprese* nicht zu verachten), von der **Piccolo Bar** kann man dem Treiben auf dem Platz von oben zusehen. Mit

Muße an den Tischen Platz zu nehmen, ist ein Vergnügen, für das man tiefer in die Tasche greifen muss. Carpe diem!

■ **Bar Jovis**

Kurz bevor man die Villa Jovis erreicht, lockt linker Hand mit Meerblick, frisch gepressten Säften und Salaten die Snack-Bar von *Raffaele Trama* und *Costanza Aprea*. März bis Nov.
Via Tiberio 77, Tel. 08 18 37 51 17,
www.barjovis.it

■ **Buonocore**

Absolut leckeres *gelato* in frisch gebackenem Hefebrötchen oder knusprigen Waffeln. Verführerische Mandelplätzchen und leckere Pizze auf die Hand.
Via V. Emanuele 35 – Capri-Stadt,
Tel. 08 18 37 78 26

■ **Chiosco Veneruso**

Seit den 1920er Jahren frisch gepresste Orangen- und Zitronensäfte sowie erfrischende Granità. An der Piazzetta.
Piazza A. Diaz 1 – Capri-Stadt

■ **Il Gelato al Limone**

Fantastisches Bio-Eis, am besten schmeckt das erfrischende Zitronengelato. Gegenüber der kleinen Piazza legen die alten Fährschiffe aus Sorrent an, und von der Piazzetta führt einer der Treppenwege in die Oberstadt.
Piazzetta Fontana 63 (Porto Marina Grande),
Tel. 08 18 38 94 03, www.ilgelatoallimone.it

Transport

An- und Weiterreise

Tragflügelboote und Fähren

Täglich zahlreiche **Fährverbindungen** mit *traghetti* (Fähren) und *aliscafi* (Tragflügelbooten) zwischen dem Festland und Capri bzw. zur Nachbar-

◁ Hotel Caesar Augustus (Anacapri):
Kaiser Augustus blickt ins Blaue

2

insel Ischia. Im Sommer zusätzlich Fähren aus Positano, Amalfi, Salerno und Castellamare del Golfo. Fähren sind langsamer, bieten aber Aussicht. Fahrkarten an der Piazzetta Marinai d'Italia an der Marina Grande, kaum Preisunterschiede zwischen den Fährgesellschaften. Aktuelle Fahrpläne z.B. unter www.capritourism.com (mit Preisen). In der Saison rechtzeitig Tickets kaufen!

◼ **Fährgesellschaften: Alilauro,** Tel. 08 18 37 08 19, www. alilauro.it. **CAREMAR,** Tel. 08 18 37 07 00 (Capri), www.caremar.it. **NLG Navigazione Libera del Golfo,** Tel. 08 18 37 08 19, www.navlib.it. **SNAV,** Tel. 08 18 37 75 77, www.snav.it. **Metrò del Mare,** Call Center 199 60 07 00, www.metrodelmare.net.

Wassertaxi
◼ VIPs erreichen die Insel mit Wassertaxi (oder Hubschrauber). Die gelben Schnellboote von **Taxi del Mare** können ihre Gäste jederzeit und überall an der Golfküste aufnehmen. Diese Fortbewegung hat ihren Preis.
Via degli Aranci 180 – orrento,
Tel. 08 18 77 36 00, www.taxidelmare.it

Hubschrauber
◼ **SAM Helicopter** (Tel. 800 91 50 12, www.capri-helicopters.com) befördert betuchte Gäste schnell und mit Aussicht auf die Insel. Das luftige Vergnügen ist nicht geschenkt!

Unterwegs auf Capri

Auto
Von Frühjahr bis Herbst dürfen nur Inselbewohner mit ihrem Auto fahren, aber selbst im Winter wäre es Unsinn, ein eigenes Auto mitnehmen zu wollen. Es gibt kaum Straßen und noch weniger Parkplätze auf Capri. Alle Distanzen kann man zu Fuß oder mit den Inselbussen bewältigen. Bewachte Langzeitparkplätze gibt es in Neapel und Sorrent.

Funicolare
Eine **Standseilbahn** (Tel. 08 18 37 04 20) verbindet die Marina Grande mit der Piazzetta. Anfang Okt. bis Ende Mai alle 15 Min. von 6.30–21.15 Uhr, Juni bis Sept. alle 15 Min von 6.30–0.30 Uhr. Bleibt man länger auf der Insel, lohnt sich der Kauf eines kleinen Vorrats an UNICO-Capri-Tickets für 1,80 Euro, sie gelten auch für Busse. Alternativ gibt es Tages- oder aufladbare Magnetkarten (nicht verbrauchte Fahrten werden nicht ersetzt). Bilden sich lange Schlangen, kann man in etwa 20 Min. auch zu Fuß nach Capri-Stadt aufsteigen (siehe „Wandern").

Bus
Bestens organisierter Linienbusverkehr: Die wichtigsten Haltestellen: Marina Grande, Piazza d'Ungheria in Capri-Stadt (wenige Schritte westlich der Piazza Umberto I.), Marina Piccola und in Anacapri auf der zentralen Piazza Vittoria.

◼ **ATC** (Tel. 08 18 37 04 20), Verkehrszeiten wie der Funicolare. Dieselben Einzelfahrscheine auch im Bus bzw. Tageskarten oder wiederaufladbare Magnetkarten (s.o.).
◼ **Staiano Autotrasporti** (Tel. 08 18 37 15 44, www.staiano-capri.com), von Anacapri zur Grotta Azzura und zum Faro di Punta Carena. Einzelfahrschein im Bus.

Taxi
Auf Capris Straßen sind noch einige bonbonfarbene Fiat-Cabrios aus den 1950er Jahren unterwegs, die meisten Taxis sind allerdings moderner Bauart. Taxistände an der Marina Grande, in Capri-Stadt auf der Piazza d'Ungheria (Tel. 08 18 37 05 43) und in Anacapri auf der Piazza Vittoria (Tel. 08 18 37 11 75). Fahrt von der Marina Grande nach Capri-Stadt ca. 15 Euro und ca. 20 Euro nach Anacapri, von Capri-Stadt nach Anacapri ca. 15 Euro. Nur wenige Hotels lassen sich mit dem Taxi erreichen, d.h. das Gepäck muss man entweder selbst tragen oder von einem *facchino* (s.u.) befördern lassen.

Seilbahn

■ Die **Seggovia del Monte Solaro** (Via Caposcuro 10, Tel. 08 18 37 14 38, www.capriseggiovia.it) fährt nahe der Piazza Vittoria aus Anacapri (286 m) in 12 Min. auf den Monte Solaro (589 m). Schon während man hochschwebt, sind die Ausblicke herrlich, vom Gipfel sind sie spektakulär. Man kann auch zu Fuß auf- oder absteigen. März bis Okt. tägl. 9.30 Uhr bis Sonnenuntergang, Nov. bis März tägl. 10.30–15.30 Uhr. Hin- und Rückfahrt 10 Euro, einfach 7,50 Euro.

Bootsausflüge

Inselrundfahrten und Bootsausflüge in die Grotta Azzura (Blaue Grotte) gehören seit jeher zum touristischen Ausflugsprogramm. **Die Boote starten an der Marina Grande.** Eine Inselrundfahrt dauert ca. 1½ Std. und kostet ca. 15 Euro/Person. In der Regel legen die Boote vor der Blauen Grotte einen Stop ein, um ihren Fahrgästen den Besuch zu ermöglichen (s.o.). Von der Marina Grande fahren die Boote auch direkt zur Blauen Grotte. Der Preis für diesen Ausflug setzt sich wie folgt zusammen: 13 Euro für die Fahrt zur Blauen Grotte, 8,50 Euro für die Fahrt mit dem Ruderboot in die Blaue Grotte, 4 Euro Eintritt für die Blaue Grotte. Sowohl die Inselrundfahrt als auch der Besuch der Blauen Grotte (morgens fällt das Licht am schönsten) sind ein Erlebnis. Während der Hauptsaison ist mit extremem Ansturm zu rechnen.

■ **Gruppo Motoscafisti,** Molo del Porto – Marina Grande, Tel. 08 18 37 77 14, www.motoscafistica-pri.com

■ **Laser Capri,** Via D. Giobbe Ruocco 45 – Marina Grande, Tel. 08 18 37 52 08, Mobil 33 86 26 26 98 (*Gianluca*)

Gepäck

■ **Gepäckaufbewahrung:** An der Marina Grande gibt es rechts von der Funicolare-Talstation einen

Deposito Bagagli (Tel. 08 18 37 45 75), einen zweiten an der Bergstation in Capri-Stadt. Tägl. 8–20 Uhr.

■ **Gepäcktransport:** Die Cooperativa Portuali Capresi (Tel. 08 18 37 69 19, www.portualicapresi.com) kümmert sich um den Gepäcktransport ab der Marina Grande (Eingang der Funicolare) bis auf die Piazzetta von Capri und nach Anacapri. Die *facchini* der CO.FACA (Tel. 08 18 37 01 79) übernehmen den Gepäcktransport in Capri-Stadt. Tarife sind entfernungsabhängig und betragen einige Euro pro Gepäckstück.

Ärztliche Versorgung

Auf Capri gibt es ein modern ausgestattetes **Krankenhaus,** ein Dialyse-Zentrum, **ärztliche Notdienste** und mehrere **Apotheken.**

Einkaufen

Capris Edelmeilen **Via Vittorio Emanuele** und **Via Camerelle** brauchen den Vergleich mit der Fifth Avenue New Yorks nicht zu scheuen, die Preise auch nicht. Außer Capri-Hosen zählen Limoncello, Zitronenparfums und Sandalen zu den klassischen Souvenirs. In Capri-Stadt gibt es rings um die Piazzetta zahlreiche Lebensmittelläden, die einem auch ein Panino machen. Dito in Anacapri.

■ **Carthusia**
Verführerische Düfte mit langer Tradition. Die Originalrezepturen sollen von den Karthäusern stammen. Mehrere Filialen in Capri und Anacapri. www.carthusia.com

■ **La Capannina più**
Gut sortierter Feinkostladen. Via Le Botteghe 39/41, Tel. 08.18.37.88.99

■ **La Conchiglia – Libri & Arte**
Gut sortierte Buchhandlung und engagierter Kleinverlag. Es gibt zwei Läden in Capri-Stadt, Via Le Bot-

teghe 12 und Via Camerelle 18, sowie einen Laden in Anacapri, Via G. Orlandi 205.
www.edizionelaconchiglia.it

■ La Parisienne

Maria Callas und *Jaqueline Kennedy* ließen sich hier ihre Capri-Hosen schneidern.
Piazza Umberto I., Via Camerelle 8 und
Via V. Emanuele 26, www.laparisiennecapri.it

■ L'Arte del sandalo caprese

Antonio Viva ist einer der letzten alten Sandalen-Schuster auf Capri.
Via G. Orlandi 75 – Anacapri,
Tel. 08 18 37 35 83, www.sandalocaprese.it

■ Limoncello di Capri

Vincenzo Canale soll hier den Limoncello vor 100 Jahren erfunden haben, in dem kleinen Laboratorio kann man zusehen, wie er gemacht wird (tatsächlich kennt jede süditalienische Familie ihr eigenes Rezept).
Via Capodimonte 27 – Anacapri,
Tel. 08 18 38 27 88, www.limoncello.com

Feste, Veranstaltungen und Nachtleben

■ San Costanzo, am Nachmittag des 14. Mai wird die Statue von Capris Schutzpatron durch die Gassen des Ortes und hinab zur Marina Grande in die Chiesa di San Costanzo getragen. Am Abend Feuerwerk über der Marina Grande.

■ San Antonio di Padova, Anacapri feiert seinen Patron am 13. Juni mit einer Prozession.

■ In den Sommermonaten finden zahlreiche Musikveranstaltungen auf Capri statt, z.B. die **Concerti al Tramonto** in der Villa San Michele oder die **Concerti di Capri** in der Certosa di San Giacomo. Info bei der AAST oder der Buchhandlung La Conchiglia (s.o.).

■ Wenn die letzten Tagestouristen die Insel verlassen haben, trifft man sich abends auf der stimmungsvollen **Piazzetta.**

■ Ab Mitternacht füllen sich die Tanzlokale in Capri-Stadt. Klassiker der Caprenser Dolce Vita sind **Anema e Core** (Via Sella Orta 29/E, www.anemae-core.com) und **Number Two** (www.numbertwoca-pri.com) in der Via Camerelle 1. Manchmal treten Live-Bands auf.

Baden

Capris 17 km lange spektakuläre Felsküste öffnet sich nur an wenigen Stellen zu kleinen Badebuchten. Die meisten sind während der langen Sommersaison in fester Hand von Badeanstalten. Von Zementterrassen führen Leitern ins Meer, teilweise gibt es auch Pools. Bars und Restaurants sorgen für das leibliche Wohl. In den *bagni* oder *stabilimento balneari* werden ca. 15 Euro Eintritt erhoben, nach oben sind die Preise auf Capri allerdings offen. Liegestühle, Sonnenschirme und Umkleidekabinen kosten meist extra.

Das **mondänste Strandbad** ist **La Canzone al Mare** (www.lacanzonedelmare.com) in der Marina Piccola, hier auch die **Bagni Internazionali** (www.bagniinternazionali.com). Am Porto di Tragara an den Faraglioni gibt es zwei weitere nette **bagni.**

Eine idyllische, im Sommer jedoch überlaufene Badestelle, der **Lido del Faro** (www.lidodelfaro.com), liegt an der Punta Carena am südwestlichsten Zipfel der Insel. Der Scoglio delle Sirene und das Ufer vor der Grotta dell'Arsenale in der Marina Piccola sind naturbelassen und frei zugänglich.

Tauchen

Capri bietet einige sehr schöne Tauchgründe. Der helle Kalkfels reflektiert das Sonnenlicht, und vor allem an der Südküste öffnen sich zahlreiche Grot-

▷ Chiosco Veneruso: frisch gepresster Zitronensaft

2

ten bereits in geringer Wassertiefe. Besonders reizvoll, aber etwas anspruchsvoller sind die Faraglioni.

■ Sercomar

Die Brüder *Walter* und *Teodoro Serena* öffnen ihre Tauchschule von Ostern bis Anfang Okt., Unterricht nach SSI-Richtlinien. Verleih von Ausrüstung und Flaschenservice.
Via C. Colombo 64 – Marina Grande,
Tel. 08 18 37 87 81, www.caprisub.com

Wandern

Capri lässt sich am besten zu Fuß entdecken. Die kleine Insel bietet eine Vielzahl überraschend abwechslungsreicher Wanderungen, fernab von Touristenströmen und Autoverkehr. Eine brauchbare Orientierungshilfe ist die Capri-Karte der AAST (s.o.). Das Fremdenverkehrsamt hat auch das Buch „Capri in Blüte – Botanische Wanderwege" herausgegeben (in den Info-Büros, in Buchhandlungen und am Kiosk erhältlich). Capri-Wanderungen beschreibt auch *Giovanni Visetti* auf www.giovis.com (siehe Exkurs „Wandern im Sirenenland").

Ein **Tipp,** falls sich an der Piazzetta lange Schlangen an der Funicolare-Station bilden und die Rückfahrt mit dem Schiff drängt: In max. 15 Minuten ist man auch zu Fuß an der Marina Grande. Dazu folgt man von der Piazzetta entweder dem Treppengässchen Via Aquaviva oder der Via S. Francesco Ruocco bergab. Beide Wege enden am Hafen.

Scala Fenicia

Bis zur Fertigstellung der Fahrstraße 1877 verband einzig der antike Treppenweg das hoch gelegene Anacapri mit dem Hafen an der Marina Grande. Seit einigen Jahren ist der schöne Weg restauriert und lädt zu einem Kreislauf stärkenden Spaziergang ein, begleitet von herrlichen Ausblicken. 921 Stufen (etwa 100 Stufen stammen noch original aus griechischer Zeit!) überwinden den Höhenunterschied von 298 m. Für den Aufstieg sollte man mit ca. 1 Stunde rechnen, der Abstieg erfolgt viel schneller.

Golf von Neapel: Capri

Von der **Marina Grande** folgt man der Uferstraße, vorbei am Hotel Palatium, das in der Nähe der Ruinen des Kaiserpalastes von Augustus errichtet wurde, bis auf Höhe der hübschen **Chiesa di S. Costanzo.** Hier beginnt der bezeichnete **Treppenweg** anzusteigen, anfänglich noch im Schatten eines Steineichenwäldchens. Die Scala Fenicia endet unterhalb der **Villa San Michele,** wir betreten Anacapri durch das alte Stadttor „Porta della differenza".

Villa Jovis und der Südosten von Capri

Der klassische Rundweg startet in Capri-Stadt und führt nach einem Abstecher zur Villa Jovis mit spektakulären Blicken auf die Villa Malaparte und die Faraglioni an der Südwestküste entlang. 3–3½ Std. Die einfache Wanderung folgt, teilweise über Treppenstufen, schmalen zementierten Wegen.

Von der **Piazzetta in Capri-Stadt** weisen Keramikschilder in Richtung „Villa Jovis" und „Arco Naturale". Dabei spielt es keine Rolle, ob man der Via Le Botteghe folgt oder durch das kasbahähnliche Gassengewirr bis zur Via Sopramonte aufsteigt. Beide Straßen treffen an der Kreuzung im **Ortsteil La Croce** vor einem Supermarkt aufeinander.

Links beginnt der bezeichnete Abstecher, der auf der Via Tiberio zur Villa Jovis führt. In Richtung Villa Jovis kommt man an der kleinen **Kirche San Michele della Croce** mit einem hübschen Garten und zahlreichen schönen Villen mit herrschaftlichen Laubengängen vorbei. Hohe Pinien umgeben die **Villa Moneta.** Unterwegs knickt die Via Tiberio rechts ab. An dieser Stelle kann man geradeaus, vorbei an der Trattoria La Savardina, der Via Lo Capo durch bäuerliche Landschaft bis zur **Villa Lysis** des Skandal-Barons *Fersen* folgen. Die schmucke Liberty-Villa am Fuße der Villa Jovis befindet sich inzwischen im Gemeindebesitz, ist zu besichtigen und soll als Gästehaus Schriftsteller beherbergen.

Zurück auf der Via Tiberio erkennt man bereits von weitem die imposanten Ruinen des Kaiserpalastes auf dem Gipfel des Monte Tiberio. Kurz vor der Villa Jovis liegt rechter Hand der **Parco Astarita,** ein schöner Picknick- und Aussichtsplatz. Auch an der **Villa Jovis** (335 m) fasziniert vor allem ihre landschaftlich einzigartige Lage.

Von der Villa Jovis kann man auch über einen Felspfad zur Villa Lysis absteigen und von hier in den Ortsteil La Croce zurückkehren.

Von dort folgt man der Via Matermania in Richtung Westen zum „Arco Naturale". Kurz vor dem Restaurant Le Grottelle gabelt sich der Weg. Geradeaus setzt sich der Stichweg bis zum **Arco Naturale** fort. Der natürliche Felsbogen bietet fantastische Durchblicke auf das Meer und ist ein beliebtes Fotomotiv.

Auf der Höhe des Restaurants Le Grottelle führt ein steiler Treppenweg im Schatten eines Steineichenwaldes zur **Grotta di Matermania** hinab. In der großen Höhle wurde in der Antike möglicherweise die Fruchtbarkeitsgöttin *Kybele* als Magna Mater verehrt. Reste römischen Mauerwerks deuten darauf hin, dass die Grotte zur Zeit des *Tiberius* als Nymphäum diente, eine Art Bankettraum in freier Natur.

Die Via Pizzolungo führt an der Südküste durch duftende Macchia. Auf dem Felsvorsprung des Capo Masullo erstreckt sich zeitlos modern die pompejanisch rote **Villa** des Schriftstellers **Curzio Malaparte,** das provokanteste und faszinierendste Stück Architektur auf Capri (siehe Exkurs „Casa come me – Curzio Malapartes Meisterwerk"). In *Jean-Luc Godards* „Le Mépris" (Die Verachtung, 1963) spielt die außergewöhnliche Villa eine der Hauptrollen neben *Brigitte Bardot* und *Michel Piccoli.*

Das spektakuläre Felsentrio der **Faraglioni,** eines der Wahrzeichen der Insel, ist das Ergebnis der Jahrtausende währenden Meereserosion. Vom Uferweg zweigt ein steiler Treppenweg ab, der zum **Porto di Tragara** hinabführt. Die kleine Felsbucht direkt vor den Faraglioni, zu römischer Zeit als Hafen befestigt, ist eine beliebte Badestelle. Zwei *bagni,* Da Luigi und Fontelina, teilen sich das teilweise betonierte Ufer.

2

Am **Belvedere di Tragara** empfängt einen nach einem letzten Blick auf die Faraglioni die mondäne Atmosphäre von Capri-Stadt.

Monte Solaro – Abstieg über den Passetiello nach Capri-Stadt

Der 589 m hohe Monte Solaro ist von Anacapri (275 m) in 1 Std. zu Fuß (oder mit der Seilbahn) zu erreichen. Ein anspruchsvoller Abstieg, der Bergerfahrung, feste Schuhe und Trittsicherheit voraussetzt, führt über den Passetiello in 1½ Std. nach Capri-Stadt (134 m). Keramikschilder und rot-weiße Markierungen bezeichnen die Wege.

In Anacapri folgt man von der **Piazza Vittoria** der Via Capodimonte ein kurzes Stück in Richtung Villa San Michele, um dann auf der rechts abzweigenden Via Monte Solaro bis zur Wegkreuzung **La Crocetta** aufzusteigen. Eine Wegvariante führt östlich der Via Monte Solaro in Serpentinen über den Monte Capello ebenfalls bis La Crocetta.

Von der Kreuzung mit der kleinen Marienkapelle setzt sich der Weg zum Gipfel in einem schattigen Steineichen- und Kastanienwald fort. Die Aussichtsterrasse auf dem **Monte Solaro** diente früher als englische Geschützstellung. Das Panorama entschädigt für jeden vergossenen Tropfen Schweiß.

Zurück zur La Crocetta absteigen. Ein bezeichneter, ebener Weg setzt sich Richtung Osten in einer Mulde zwischen Monte Solaro und Monte Santa Maria bis zum **Eremo Santa Maria a Cetrella** fort. Das kleine Kloster wurde ursprünglich im 14. Jh. errichtet, die heutige Anlage stammt aus dem 17. Jh. Am Kloster auf das Keramikschild und die roten Pfeile achten, die den Weg zum Passetiello weisen. Zunächst steigt der Pfad am aussichtsreichen Kamm des **Monte Santa Maria** an. Bevor der Pfad nach rechts absteigt, lohnt noch der kurze Abstecher auf den Gipfel mit einem tollen Blick, der ganz Capri, den Golf und den Vesuv umfasst. Mit Blick auf Capri-Stadt beginnt auf schmalem Felspfad der Abstieg auf die Hochebene von Capri durch eine schmale

Felsschlucht, den **Passetiello.** Nach einer leichten Kletterstelle führt der Pfad im Steineichenwald in steilen Serpentinen schnell bergab. Der Passetiello stellte jahrhundertelang den einzigen direkten Verbindungsweg zwischen Capri und Anacapri dar. 1808 benutzten ihn die napoleonischen Truppen, die im Westen der Insel heimlich gelandet waren, um die englische Garnison in Capri zu überraschen. Vorbei an einem Aussichtspunkt und der neo-maurischen **Villa Quattro Venti** erreicht man über die Via Torrina den **Largo Due Golfi.** Hier kreuzen sich die Straßen nach Capri und Anacapri, mit der Verbindungsstraße zwischen Marina Grande und Marina Piccola. Auf der Via Roma erreicht man in wenigen Minuten die Piazzetta.

Sentiero dei Fortini Borbonici

Die bourbonischen Kasematten an der Westküste verbindet ein Wanderweg, auf dem man von der Blauen Grotte, vorbei an der **Punta dell'Arcera,** bis an die südwestlich gelegene **Punta Carena** gelangen kann. Unterwegs bieten sich herrliche Blicke auf die zerklüftete Felsküste und die Nachbarinsel Ischia. Öffentliche Busse fahren bis in die Nähe der Blauen Grotte und zur Punta Carena.

Belvedere Capri

Capris beste „Augenblicke" bieten die Wine Bar Pulalli über der Piazzetta, der Parco Astarita kurz vor der Villa Jovis, der kleine Park unterhalb der Certosa, die Via Krupp, die Sesselbahn auf den Monte Solaro und auf dem Gipfel die gleichnamige Bar, der Pool des Hotels Caesar Augustus, Spaziergänge entlang der Südwestküste, zum Belvedere di Migliera oder zum Sonnenuntergang, vorbei an den bourbonischen Kasematten. Und natürlich die Ausflugsboote, die Capri umrunden ...

Golf von Neapel: Capri

2

NICHT VERPASSEN!

Diese **Tipps** sind gelb hinterlegt.

⌃ Forio: Hafenbucht mit Sandstrand

2

gvn13_024 pa

ISCHIA

Ischia tut gut. Heiße Quellen und schöne Strände sorgen für abwechslungsreiche und heilkräftige Badefreuden. Das ursprüngliche Inselinnere lässt sich auf ausgedehnten Wanderungen entdecken.

Die Urlaubsinsel Ischia, die mit Abstand **größte der drei Golfinseln,** hat viele Gesichter. Dank einem einzigartigen Reichtum heilkräftiger Thermalquellen und dem milden Klima gilt sie als **Kurparadies.** Die starke Präsenz vor allem deutscher Pauschalurlauber ist dabei nicht zu übersehen. Vor diesem Hintergrund ist der nie wirklich ernst gemeinte Vorschlag zu verstehen, den Inselnamen statt Ischia auf Deutsch „Iskia" zu schreiben, was den *tedeschi* immerhin zur richtigen Aussprache verhelfen würde.

Die von subtropischer Vegetation umgebenen **Thermalgärten** haben mit öden, verschreibungspflichtigen Kureinrichtungen nur wenig gemein. Als abwechslungsreich gestaltete Wellness-Oasen bieten sie neben heiltherapeutischen Anwendungen jede Menge Badespaß für Erwachsene und Kinder.

Zahlreiche schöne **Sandstrände** ziehen sich um die gesamte Insel. An einigen Stellen sprudeln die heißen Mineralquellen im Meer und machen das Schwimmen zu einem Ganzjahresvergnügen.

Im Frühjahr und Herbst laden herrliche **Wanderwege** dazu ein, im Inselinneren eine überraschend vielfältige Landschaft zu entdecken. Unterwegs locken urige Familientrattorien, in de-

2

Ischia

Ponza, Neapel

P. Cornacchia
La Colombaia
Baia di San Montano
P. di M. Vico
M. Vico 721
P. Caruso

Montevergine
La Mortella
Museo Archeologico
Spiaggia di S. Francesco
Cavallaro

133 Lacco Ameno
129 Casamicciola Terme

Gran Sentinella

Spiaggia di Chiaia
S.S. 270
Fango
La Rita
Maio
Bagni

9

Spinesante

P. del Soccorso
138 Forio
Monterone

S. Antuono
Bosco di Falanga
Capo dell'Uomo 721
M. Epomeo 789

Giardini Ravino
Cava dell'Isola
Pietre rosse

Pietra dell' Acqua 720

Fontana

S.S. 270

Spiaggia di Citara
2
Cuotto
Ciglio
Buonopane
6

Amalfitano
148 Panza
151 Serrara Fontana

P.ta Imperatore
La Nave
C. Pezzapiana

P. dello Schiavo
Chianare di Spadera
Succhivo
Cavascura
Sorgente Olmitello
Spiaggia dei Maronti

Baia di Sorgeto
3
4
5
Spiaggia di Grado

Pilaro
Chiarito
151
S. Angelo

Capo Negro

La Roia

© Reise Know-How 2013

0 ▬▬▬▬ 1 km

Thermalparks
1 Negombo
2 Giardini Poseidon
3 Sorgente Olmitello - Teme di Cavascura
4 Tropical
5 Aphrodit Apollon
6 Sorgente Nitrodi
7 Eden
8 Castiglione
9 Belliazzi

Procida, Pozzuoli, Neapel

Sorrent

Capri

P. la Scrofa

Spiaggia Bagnitello

Spiaggia degli Inglesi

Ischia Porto

120

Castiglione   8

M. Rotaro 266

Le Quercie

P. S. Pietro

Spiaggia dei Pescatori

P. Molino

Ischia

M. Trippodi 502

S. Anna

S.S. 270

P i n e t a

Museo del Mare

M   **Castello Aragonese**

120

Ischia Ponte

Fiaiano

Spiaggia di Cartaromana

7

S. Antuono

S. Michele

Campagnano

P. della Pisciazza

P. del Lume

Piedimonte

Casabona

158

Barano d'Ischia

S.S. 270

C. Balestrieri

Madonna di Montevergine

M. di Vezzi 392

P. Parata dei Centoremi

Vateliero

Chiummano

Piano Liguori

P. Grotta di Terra o del Bordo

P. della Cannuccia

S. Pancrazio

Testaccio

P. S. Pancrazio

P. della Signora   *Capo Grosso*

99 Ortsbeschreibung auf Seite 99

nen die bäuerliche Tradition der **ischita-nischen Küche** mit Stolz gepflegt wird.

Bildet die aus hartem Kalkdolomit aufgebaute Insel Capri die geologische Fortsetzung der Sorrentiner Halbinsel, so sind Ischia, Procida und die weiter nördlich gelegenen Pontinischen Inseln zum **Vulkangebiet** der Phlegräischen Felder zu rechnen. Das Zentralmassiv der Insel, die 787 m hohe Bergpyramide des **Monte Epomeo,** ist kein Vulkan, sondern eine aus dem Meer emporgehobene Scholle vulkanischer Ablagerungsschichten. An Spalten, die den höchsten Inselgipfel umgeben, brachen zahlreiche **Vulkane** aus, einige davon in historischer Zeit. *Plinius d. Ä.* erwähnt einen Ausbruch, der im 4. Jh. v. Chr. eine griechische Stadt im Bereich von Porto d'Ischia zerstörte. Der vorläufig letzte Ausbruch ereignete sich 1301 bei Fiaiano. Ein breiter Lavastrom, die Colata dell'Arso, wälzte sich zwischen Porto d'Ischia und Ischia Ponte ins Meer und begrub eine mittelalterliche Siedlung unter sich. Ischia wurde wiederholt von heftigen **Erdbeben** heimgesucht. Betroffen war vor allem die Nordküste. Bei der Katastrophe vom 28. Juli 1883 wurde Casamicciola vollständig zerstört, über 2000 Menschen kamen um, darunter 600 britische Kurgäste. Wie im Golf von Pozzuoli lässt sich auch auf Ischia das Phänomen des Bradyseismus feststellen. Im Schnitt senkt sich die Insel um 3 mm pro Jahr. Die erfreulichste Begleiterscheinung der vulkanischen Inselnatur, vor allem für die lokale Tourismusindustrie, sind die friedlich sprudelnden **Thermalquellen.**

Geschichte

Die fruchtbare Insel war bereits in der Jungsteinzeit besiedelt. Scherbenfunde belegen, dass in der Bronzezeit Mykener ihre Handelsbeziehungen bis nach Ischia ausgedehnt hatten. Ein Kulturschock, nicht nur für die Inselbewohner, war 770 v. Chr. die **Gründung der ersten griechischen Kolonie** im westlichen Mittelmeerraum. Händler und Handwerker aus Euböa hatten sich auf dem Monte Vico nördlich des heutigen Lacco Ameno niedergelassen. Sie nannten ihre Stadt **Pithekoussai,** ein Name, der später auf die gesamte Insel übertragen wurde. Die etymologische Ableitung des Namens lässt zwei Deutungen zu, von denen die erste kein Kompliment an die damalige Urbevölkerung ist, denen die Griechen sich haushoch überlegen fühlten. Nach Vorstellung der Griechen lebten auf vulkanischen Inseln die Nachkommen der affenähnlichen Kerkopen, also „Insel der Affen" (griech. *pithekoí*). Die Ableitung von Vasen (griech. *pithoí*) ist wahrscheinlicher, sprich „Insel der Vasen". Griechen hatten die Töpferscheibe eingeführt und nutzten die reichen Tonvorkommen der Insel zu einer florierenden Keramikproduktion. Die Euböer verstanden sich auch auf die Verhüttung von Metallen und waren den italischen Völkern im technischen Know-how weit voraus. Sie verarbeiteten Erze von der Insel Elba und verkauften ihre Produkte mit hohem Profit an die Italiker. Pithekoussai entwickelte sich nicht nur zu einem bedeutenden **Warenumschlagplatz,** sondern auch zu einem **Zentrum der Kulturvermittlung.** Den Griechen sind wahrscheinlich die Kenntnisse vom

Oliven- und Weinanbau in Italien zu verdanken, und durch die Euböer kamen die Etrusker zum ersten Mal in Berührung mit der griechischen Schrift. Mit der Gründung von Kyme (Cuma) gelang den Euböern der Sprung aufs Festland.

Ende des 1. Jh. v. Chr. wurde die Insel unter den Römern neu besiedelt. In **Aenaria,** einer im 2. Jh. n. Chr. wahrscheinlich durch Bradyseismus versunkenen Stadt an der Cartaromana-Bucht, arbeiteten Metallwerkstätten für die römische Kriegsflotte, die im nahen Misenum stationiert war. Auch dank der heißen Quellen erlangte die Insel eine gewisse Bedeutung, *Strabo* berichtet von ihren heilenden Wirkungen bei Steinleiden. **Im 16. Jh.** sorgte die wissenschaftliche Untersuchung des aus Kalabrien stammenden und in Neapel tätigen Arztes *Giulio Jasolino* für einen neuen **Auf-**schwung des Bäderwesens auf Ischia. Seine 1588 veröffentlichte Abhandlung „Dei rimedi naturali che sono nell'isola di Pitecus hoggi detta Ischia" (Über die natürlichen Heilmittel auf der Insel Pithecusa, heute Ischia genannt) blieb über lange Zeit ein Standardwerk der Heilbäderkunde. Im 18. Jh. richtete der Arzt *Francesco Buonocore* oberhalb des Kratersees von Porto d'Ischia ein **Sanatorium für den Adel** ein. Die wohltuende Wirkung der Heilquellen zog immer mehr Reisende an. Casamicciola und Lacco Ameno waren bereits im 19. Jh. international bekannte Kurorte. Seit den 1970er Jahren sind es vor allem die Deutschen, die im Frühjahr und Herbst die Hotels und Kurabteilungen füllen.

Il Monastero: Logis mit Blick auf Ischia Ponte

2

Wer einmal dem Reiz der Insel verfallen ist, kommt immer wieder. Mit dem Massentourismus setzte in den 1950er Jahren ein Bauboom ein. Seit Mitte der 1980er Jahre dämmt glücklicherweise ein Gesetz weiteren baulichen Wildwuchs ein. Gegenwärtig gibt es über 300 Hotels auf der Insel, und alljährlich werden etwa 500.000 Besucher erwartet. Im Hochsommer, wenn die Neapolitaner in Scharen auf die Insel kommen, um hier einen Monat *dolce far niente* zu genießen, herrscht fröhlicher Massenandrang.

Italiener nennen Ischia auch **Isola Verde,** die **grüne Insel.** Wer die Straßen verlässt und sich aufmacht, die Insel zu Fuß zu erkunden, die sich im Süden und Landesinneren viel von ihrer Ursprünglichkeit bewahrt hat, versteht schnell, warum. Der vulkanische Boden ist ausgesprochen fruchtbar, bereits die Griechen der Antike haben hier Weinanbau betrieben. An diese Tradition wird heute wieder mit Erfolg angeknüpft. Der Wein wird an Kastanienstangen gezogen, die in den Wäldern am Monte Epomeo alle acht Jahre „geerntet" werden. Auch die Weidenbüsche in den Rebgärten erfüllen einen Zweck. Die biegsamen Zweige dienen dazu, die Weinranken festzubinden. Die Ischitanos sind passionierte Gärtner, kein Haus ohne Garten *(orto).* Angepflanzt wird Nützliches: die in der Küche unverzichtbaren kirschgroßen Tomaten, Zucchini, Auberginen, Kräuter. Weite Teile Ischias überzieht nach wie vor duftende Macchia. An den Hängen des Monte Epomeo nimmt die Macchia mit Steineichen, Erdbeerbäumen und Baumerika die Gestalt niedriger Wälder an. Besonders schön ist der Kastanienwald Bosco della Falanga an den Nordhängen des Epomeo.

Von den **62.860 Bewohnern** der 46,5 km² großen Insel leben mehr als ein Drittel in der Gemeinde **Ischia,** vornehmlich in den **Stadtteilen Ischia Porto** und **Ischia Ponte.** Die Nordküste mit den Gemeinden **Casamicciola** und **Lacco Ameno** ist ebenfalls dicht besiedelt. **Forio** und **Panza** liegen im bäuerlichen Westen. Verhältnismäßig dünn besiedelt sind die Kommunen **Serrara Fontana** und **Barano** im Süden.

Praktische Tipps

Information

■ AACST

Das Fremdenverkehrsamt von Ischia gibt ein Unterkunftsverzeichnis, Busfahrpläne, Prospekte, eine nützliche Inselkarte und Stadtpläne heraus. Infos auch zur Nachbarinsel Procida. Direkt am Aliscafo-Anleger in Ischia Porto unterhält die AACST eine Info-Stelle.

Via Sogliuzzo 72, Tel. 08 15 07 42 11,
Fax 08 15 07 42 30, www.infoischiaprocida.it

■ **www.ischia.it,** umfangreiches Tourismus-Portal, u.a. mit Veranstaltungskalender.

■ **www.ischiainpillole.it,** gutes Reise-Portal.

■ **www.ischiaonline.it,** Tourismus-Portal.

■ **www.pithecusa.com,** Info-Portal u.a. mit Fahrplänen von Fähren und EAV-Bussen.

Unterkunft

Bei der Ankunft am Flughafen Neapel wird klar, dass Ischia ein durch und durch organisiertes Pauschalreiseziel ist. Mit bunten Schildern warten die Veranstalter auf ihre Gäste, eine Busflotte steht vor dem Gate bereit. Die Angebote, bestehend aus Flug,

Transfer und mindestens einer Woche Ü/HP, sind preislich kaum zu schlagen. Von Ostern bis Oktober sind vor allem die Drei- und Viersterne-Hotels ausgebucht. Individualreisenden ist zu empfehlen, sich ihre Unterkunft rechtzeitig zu organisieren. Über den Winter schließen viele Hotels auf Ischia. Es gibt ein paar empfehlenswerte Campingplätze, Ferienwohnungen bieten vor allem Veranstalter an. Ein Spezialist mit breitem Hotel- und Ferienwohnungsangebot ist z.B. **Ischia Tourist** (www.ischiatourist.de). Insgesamt gibt es über 400 Unterkunftsadressen auf Ischia! Zahllose Portale ermöglichen den Preisvergleich.

Transport

An- und Weiterreise

Fähre

Täglich mehrmals Fährverbindungen mit *traghetti* (Autofähren) und *aliscafi* (Tragflügelbooten) zwischen Neapel bzw. Pozzuoli und Ischia Porto bzw. Casamicciola. Gute Verbindungen auch zu den Nachbarinseln Capri und Procida sowie nach Sorrent. Aktuelle Fahrpläne im „Qui Napoli" oder in Tageszeitungen, Prospekte bei den Touristenämtern. Fahrkarten an den jeweiligen Anlegestellen. Die Überfahrt von Neapel bzw. Pozzuoli ist eine kleine Kreuzfahrt! Wer nicht in Eile ist, reist schöner und preiswerter auf den Fähren mit offenem Deck.

Ab Neapel Calata Porta di Massa, Molo Beverello bzw. Mergellina Autofähren und Schnellfähren bzw. Tragflügelboote nach Ischia Porto und Casamicciola.

Ab Pozzuoli via Procida Autofähren nach Ischia Porto und Casamicciola. Die preisgünstigste Fährverbindung mit Autotransport erfolgt ab Pozzuoli.

■ **Fährgesellschaften: Alilauro,** Tel. 08 14 97 22 24, www. alilauro.it. **CAREMAR,** Tel. 199 11 66 55, www.caremar.it. **Medmar,** Tel. 08 13 33 44 11, www.medmarnavi.it. **Metrò del Mare,** Call Center

Cucina ischitana & vino

Liebevoll gemalte Schilder mit Aufschriften wie **„Deutscher Filterkaffee"** oder **„Frischer Kuchen"** verheißen zunächst nicht typisch ischitanische Küche. Aber keine Angst, zahlreiche Insellokale bieten beste Fischer- und Bauernküche. An der Küste dominieren natürlich Fischgerichte, wie **zuppa di pesce** – keine Suppe, sondern ein Eintopf aus allen erdenklichen Meerestieren –, oder **frittura di paranza,** ein Teller kleiner frittierter Fische. Die wahre **ischitanische Küche** ist im Landesinneren zu entdecken, mit **coniglio alla cacciatora** als kulinarischer Krönung. Die Kaninchen werden in der Pfanne scharf angebraten und danach mit Tomaten, Peperoncini, Kräutern und Weißwein langsam eingekocht, bis sich eine sämige Soße gebildet hat. Die kleinen aromatischen Tomaten sind aus der Inselküche nicht fortzudenken, frisch schmecken sie am besten auf einer **bruschetta,** einem in Olivenöl gerösteten Weißbrot. Ansonsten wird viel Gemüse gegessen, klassische Gerichte sind die **melanzane alla parmigiana** oder das Nudelgericht **pasta e fagioli.**

Der **Weinanbau** auf Ischia hat eine lange Tradition. Nach der Zerstörung der Weinberge durch Reblausbefall im 19. Jh. nehmen die Rebflächen heute wieder einen größeren Raum ein. Angebaut werden die traditionellen weißen Inselgewächse *Biancolella* und *Forastera* sowie die roten Reben *Per' é Palumbo (Piedirosso)* und *Guarnaccia.* Einen guten Namen haben die **Kellerei Pietratorcia** in Forio mit ihrem Ischia Bianco Riserva und Pietratorcia Rosso Riserva sowie das Familienunternehmen **D'Ambra** in Panza, mit dem überzeugenden Biancolella Tenuta Frassitelli.

Thermalgärten – Wellnessoasen

Über 100 Thermalquellen unterschiedlichster Temperatur sprudeln auf der Insel. Regenwasser, das kilometertief im vulkanischen Boden versickert, gelangt unter Druck erhitzt und mit Mineralen, teilweise auch mit dem radioaktiven Edelgas Radon, angereichert wieder an die Oberfläche. Trinkwasser war hingegen immer knapp. Wie auch auf Capri wurde früher Regenwasser auf den flachen Hausdächern gesammelt. Seit 1958 werden Inselbewohner und Touristen über eine Leitung vom Festland mit Trinkwasser versorgt. Zu den wenigen frei zugänglichen und naturbelassenen Thermalorten zählen die Quellen in der **Cartaromana- und Sorgento-Bucht** sowie die Fumarolen am Maronti-Strand. Thermalpools gehören zur Grundausstattung vieler Hotels, die Spezialität von Ischia sind allerdings die öffentlichen **Giardini termali.** Die in subtropischen Parks eingebetteten Thermalgärten verbinden mit ihren zahlreichen, unterschiedlich temperierten Pools, Dampfsaunen, Meerwasserschwimmbecken und teilweise eigenen Strandabschnitten grenzenlosen Kur- und Badespaß. Halbtages- bzw. Tageskarten kosten in der Regel 15–30 Euro. Bei folgenden medizinischen Anzeigen haben sich die Kuren als wirksam erwiesen: Erkrankungen des Bewegungsapparates und der Atemwege, gynäkologische Beschwerden und Hauterkrankungen. 1864 kurierte Italiens Freiheitskämpfer *Giuseppe Garibaldi* sein verletztes Bein in Casamicciola.

■ Näheres unter **www.terme-ischia.it** und in den Ortskapiteln.

199 60 07 00, www.metrodelmare.net. **SNAV,** Tel. 08 14 28 55 55, www.snav.it.

Unterwegs auf Ischia

Auto

Das Straßennetz ist gut ausgebaut, im Sommer erstickt die Insel jedoch am Urlaubsverkehr. Von Juni bis Sept. erlassen viele Orte ein **Durchfahrtsverbot,** um Ruhe- und Fußgängerzonen zu schaffen. Parkplätze sind immer knapp. Dank des effizient organisierten öffentlichen Busverkehrs kann man auf ein eigenes Fahrzeug problemlos verzichten.

Parken

In allen Küstenorten und an einigen Stränden sind gebührenpflichtige Parkplätze ausgeschildert. Parksünder werden empfindlich zur Kasse gebeten und sogar abgeschleppt!

Öffentliche Verkehrsmittel

■ Alle Hauptorte der Insel sind durch das vorbildliche **Busnetz der EAV** (Tel. 081 19 80 01 19, www.eavbus.it) miteinander verbunden. Der zentrale Busbahnhof befindet sich in unmittelbarer Hafennähe in Ischia Porto an der Piazza Trieste. Die Busse verkehren in der Regel von 6–24 Uhr in 15- bis 60-minütigem Abstand. Ist ein Bus voll, was in der Hauptreisezeit häufig vorkommt, wartet man einfach auf den nächsten. Fahrpläne am Busbahnhof, ansonsten bei der AACST. Fahrkarten am Kiosk und in Tabacchi-Läden, ausnahmsweise auch in Bussen. Es gelten die UNICO-Ischia-Tarife: 90 Min./1,90 Euro, 1 Tag/6 Euro, 2 Tage/10 Euro, 1 Woche/26 Euro.

■ Die **wichtigsten Buslinien: CD (Circolare destra)** von Ischia Porto im Uhrzeigersinn um die Insel: Ischia Porto – Barano – Fontana – Serrara – Sant'Angelo – Forio – Lacco Ameno – Casamicciola – Ischia Porto. **CS (Circolare sinistra)** von Ischia Porto auf der gleichen Strecke gegen den Uhrzeigersinn um die Insel. **Linea 1:** Ischia Porto über Casamicciola bis Sant'Angelo. **Linea 2:** Ischia Porto über Casamicciola bis Forio/Poseidongärten. **Linea 4:** Ischia Porto nach Lacco Ameno. **Linea 5:** Ischia Porto über Testaccio an den Maronti-Strand. **Linea C12** und **C13:** Ischia Porto über S. Antuono und Campagnano zur Cartaromana-Bucht. Alle Linien auch in Gegenrichtung.

Taxi

Originell sind die dreirädrigen Micro-Taxis, die auf ihrer Ladefläche bis zu sechs Personen befördern können. Preis vor der Fahrt aushandeln. Die *Apecar* sieht man auf Ischias Straßen häufig auch als wendige Kleinlaster.

Taxiboote

Zubringerdienste mit Booten zu einzelnen Stränden. Näheres in den Ortskapiteln.

Bootstouren

Kleine Motorboote mit Platz für sechs bis acht Passagiere starten z.B. in Sant'Angelo und Forio zu Inselrundfahrten. Eine solche sehr lohnende Tour dauert bis zu 6 Std. Von Ischia Porto, Casamicciola und Forio starten auch größere Ausflugsschiffe. Von Schifffahrtsromantik hier allerdings keine Spur, man wird ständig von Lautsprecherdurchsagen beschallt. Von Forio auch Tagesausflüge zu den Pontinischen Inseln.

Strände

Die **51 km lange Küste** bietet unterschiedlichste Badestrände. Während der Sommersaison öffnen an den schönsten sandigen Abschnitten die **bagni.** Einen Sonnenschirm und zwei Liegen zu mieten, kostet am Tag 15–20 Euro. Es bleiben immer auch einige frei zugängliche Strandabschnitte. Top-Strände sind die Spiaggia dei Maronti, die Sorgento-Bucht mit heißen Quellen, die Spiaggia dei Pescatori und die traumhafte Baia di San Montano. Näheres dazu in den Ortskapiteln.

Tauchen

Die artenreiche marine Lebenswelt vor Ischia wird von einer Außenstelle der weltberühmten Stazione Zoologica „Anton Dohrn" aus Neapel untersucht. Es gibt mehrere Tauchschulen auf der Insel. Die Einrichtung des Meeresschutzgebietes **Regno di Nettuno** (www.nettunoamp.org) hat zu einer spürbaren Wiederbelebung geführt. Zu Adressen siehe Ischia Porto und Casamicciola Terme.

Wandern

Ischia ist eine Wanderinsel. Zwar sind die alten Wirtschaftswege nicht einheitlich als Wanderwege markiert, doch wird man sich nur selten verlaufen. Unterwegs trifft man immer wieder auf ortskundige Einheimische oder andere Wanderer. Auch lokale Reiseveranstalter wie **Quadrante Viaggi** (www.ilquadrante.com) haben den Trend erkannt und bieten geführte Wanderungen an. Empfehlenswert sind die Karten von Kompass bzw. Global Map „Isole d'Ischia e Procida". Ein Klassiker ist die Besteigung des Monte Epomeo. Die Kommune Barano d'Ischia hat Wanderwege eingerichtet. Wandertipps in den Ortskapiteln.

■ **Aniello Di Iorio,** der in Mainz Geologie studiert hat, bietet Ausflüge und Vulkan-Exkursionen an. Gute Infos auf der Website.
Tel. 081 90 30 58, www.eurogeopark.com.
■ Auch die aus Neapel stammenden Reiseleiterinnen **Giovanna Di Rosa** und **Giovanna Napolano** bieten Tages- und Wochenwanderungen auf Ischia an. www.ischiawandern.com

Golf von Neapel: Ischia

2

Ischia Porto und Ischia Ponte

Die **Inselhauptstadt** (2 m, 18.830 Ew.) bereitet Besuchern mit ihrem kreisrunden **Hafenbecken** einen stilechten Empfang auf der Vulkaninsel. Bis 1853 noch ein stiller **Kratersee,** wurde das Becken auf Betreiben des Bourbonenkönigs *Ferdinand II.* zum Hafen ausgebaut und am 17. September 1854 in der Anwesenheit des gesamten Hofstaates in einer prunkvollen Zeremonie eingeweiht. In einjäh-riger Bauzeit war der flache See acht Meter tief ausgehoben und der Krater durch einen Durchstich zum Meer geöffnet worden. *Ferdinands* Projekt bescherte der Insel nicht nur einen sicheren Hafen, es half den Ischitanern auch aus ihrer schlimmsten Wirtschaftskrise: 1851 waren die Weinreben auf der Insel der Reblaus zum Opfer gefallen, sodass die verarmten Landarbeiter das Geld, das es beim Bau des Hafens zu verdienen gab, gut gebrauchen konnten.

Der Ort **Ischia Porto** entwickelte sich mit dem Bau des Hafens und ist heute die große **Drehscheibe des Ischia-Tou-**

rismus. Am Hafen herrscht von früh bis spät zu Wasser und zu Lande süditalienisches Verkehrschaos. Auf der östlichen und ruhigeren Hafenseite zieht sich die pittoreske Via Porto entlang, auch als **Rive Droite** bezeichnet. Abends, wenn die Lichter angehen, die Jachten sanft im Wasser schaukeln, auf den Tischen der Tavernen und Restaurants die Kerzen brennen, Madolinenklänge sich mit dem Duft gebratener Fische mischen, ist der Traum vom Süden perfekt. Im Rücken des Kraterrandes, von der Via Roma über die Via Buonocore zu erreichen, liegt das alte **Fischerviertel San Pietro.**

In der **Via Roma** und am **Corso Vittoria Colonna** wechseln sich schicke Modeboutiquen mit Antiquitäten- und Lebensmittelgeschäften, Cafés, Eisdielen und unzähligen Souvenirläden ab. Alle Querstraßen führen hotelgesäumt ans Meer, die Via Pontano, Fortsetzung der Einkaufs- und Flaniermeile, trifft mit schönem Castello-Blick auf die feinsandige **Spiaggia dei Pescatori.** Zwischen den beiden Ortsteilen Porto und Ponte zieht sich der alte Lavafluss von 1301 bis ans Meer. Mitte des 19. Jh. ließ *Giovanni Gussone,* Hofgärtner der Bourbonen, die schattige Pineta anlegen, heute ein beliebter Volkspark.

Die nahtlos ineinander übergehenden Ortsteile Ischia Porto und **Ischia Ponte** könnten nicht gegensätzlicher sein. Die alte Inselhauptstadt hat viel von ihrem ursprünglichen Charme bewahrt, vor wenigen Jahren dienten die hübschen Palazzi der Neuverfilmung von „Der talentierte Mister Ripley" als Kulisse. Der Ort gehört noch ganz den Einheimischen. Eine Reihe freundlicher Lokale säumt den Lungomare und die **Via Luigi Mazzella.**

Borgo di Celsa, so der ursprüngliche Name von Ponte, entstand Ende des 16. Jh., als die Gefahr der Piratenüberfälle geringer wurde und die Bevölkerung die schützenden Mauern des Castello Aragonese verließ. Die Fischer bauten ihre pastellfarbenen Häuser gegenüber der Castello-Insel direkt ans Meer, niedriger als die dahinter sich erhebenden Palazzi. So boten sie den Adelshäusern Schutz vor dem Meerwind, ohne ihnen

◁ Castello Aragonese

2

die Aussicht zu versperren. Zwei Kirchen spielen im Leben der Bewohner bis heute eine große Rolle. Die barocke **Kathedrale Santa Maria Assunta** erhebt sich über einer Konventskirche der Augustiner aus dem 14. Jh. Zur Kathedrale wurde die Kirche erhoben, nachdem britische Kriegsschiffe 1809 die alte Kathedrale auf dem Castello-Berg kaputt geschossen hatten. Einige Kunstwerke, wie das Taufbecken aus dem 14. Jh. und das wunderschöne romanische Kruzifix im linken Seitenschiff, stammen noch vom Burgberg. Gegenüber der Kathedrale steht an der Via Luigi Mazzella die bescheidene **Chiesa dello Spirito Santo,** im Volksmund auch *Chiesa dei Marinai* (Kirche der Fischer) genannt. Hier wird der Inselpatron und Schutzheilige der ischitanischen Fischer, *San Giovan Giuseppe della Croce,* verehrt, der als *Carlo Gaetano Calosirto* 1654 im Borgo di Celsa zur Welt kam. *Carlo* trat 16-jährig in einen Mönchsorden ein und trug in großer Demut bis an sein Lebensende – genau 63 Jahre, acht Monate und zehn Tage lang – seine erste und einzige Kutte, was ihm den Beinamen „Il Padre delle cento pezze" (Vater der hundert Fetzen) eintrug. 1839 wurde er heiliggesprochen.

Der **Palazzo dell'Orologio** am Ende der Via Luigi Mazzella beherbergt das sehenswerte **Meeresmuseum.** Auf drei Etagen des historischen Gebäudes erzählen Schiffsmodelle, Galeonsfiguren, Arbeitsgeräte und alte SW-Fotos vom Alltag der Fischer und ischitanischen Seefahrer.

■ **Museo del Mare,** Via Giovanni da Procida 2, Tel. 081 98 11 24, www.museodelmareischia.it. Tägl. 10.30–12.30 Uhr, im Juli und Aug. auch 18–22.30 Uhr, Febr. geschl. Eintritt 2,75 Euro.

Das **Castello Aragonese,** eine Burg wie aus dem Bilderbuch, erhebt sich auf der Ponte vorgelagerten, 76 m hohen Felskuppe im Meer. Der griechische Feldherr *Hieron I. von Syrakus* ließ im 5. Jh. v. Chr. den mächtigen Trachytfelsen im Seekrieg gegen die Etrusker befestigen. Seine heutige Gestalt und den Namen verdankt das Kastell König *Alfons von Aragon,* der die französischen *Anjous* erst von der Insel und später aus Neapel vertrieben hatte. Er ließ die Festung ab 1439 ausbauen und die kleine Felsinsel durch eine Brücke (ital. *ponte*) mit der Hauptinsel verbinden. In Zeiten der Not konnte die gesamte Inselbevölkerung hinter den starken Mauern Zuflucht finden. Das Castello von Ischia war im 16. Jh. einer der berühmtesten Musenhöfe der italienischen Renaissance. Am 27. Dezember 1509 fand in der Kathedrale auf dem Burgberg die prachtvoll inszenierte Hochzeit zwischen *Ferrante d'Avalos,* Feldherr Kaiser *Karl V.,* und *Vittoria Colonna* statt. *Vittoria Colonna,* die einem mächtigen römischen Geschlecht entstammte, galt als eine der gebildetsten Frauen ihrer Zeit. An ihrem Hof empfing sie herausragende Persönlichkeiten wie *Ludovico Ariosto, Pietro Arentino, Bernardo Tasso* oder *Pietro Bembo.* Eine tief empfundene platonische Liebe verband sie mit *Michelangelo.* Als Statthalter der aragonischen Könige und später der spanischen Habsburger herrschten die Herzöge von d'Avalos bis Anfang des 18. Jh. vom Castello Aragonese aus über die Inseln Ischia und Procida. Zeitweise befanden sich der Bischofssitz, ein Priesterseminar, zwei Klöster, 13 Kirchen, die Residenz, eine Militärgarnison und mehr als 1800 Familien auf der Burg. 1799 und 1809

2

bombardierte die mit den Bourbonen verbündete englische Flotte die Festung, in der sich damals Franzosen verschanzt hielten. 1823 wurden die letzten Bewohner aus dem Kastell vertrieben, das fortan als Gefängnis diente.

Ein Fahrstuhl führt bis auf den Burgberg hoch, doch ist es viel interessanter durch die labyrinthischen, in den Fels geschlagenen **Treppengänge** aufzusteigen. Unterwegs öffnen sich großartige Blicke auf Ponte, die Cartaromana-Bucht und die darüber sich erhebenden grünen Hügel von Campagnano. Der Burgberg lädt zu ausgedehnten Streifzügen ein, mit weiteren spektakulären Blicken auf die Nachbarinseln Procida, Capri und den Golf von Neapel. Die zu Beginn des 18. Jh. erbaute **Chiesa dell' Immacolata** diente dem **Klarissinnenkonvent** als Klosterkirche. Heute finden unter der hellen Kuppel Kunstausstellungen statt. Die Zellen des ehemaligen Klosters dienen einer freundlichen Pension als Gästezimmer. Zu besichtigen ist in der Krypta der **Friedhof der Nonnen.** Man könnte ihn für eine Latrine halten. Die steinernen Sitze waren die letzte Ruhestätte der verstorbenen Klosterfrauen, deren Körper hier langsam verwesten. Die Klarissinnen, die hier zum täglichen Gebet zusammen kamen, sollten sich die Vergänglichkeit des irdischen Lebens vor Augen halten. Heiter sind dagegen die Ruinen der ehemaligen **Cattedrale dell'Assunta.** Der Beschuss durch *Nelsons* Flotte im Jahr 1809 brachte das barocke Gewölbe zum Einsturz, jetzt blicken die Putten fröhlich in den blauen Himmel. In der Krypta sind Freskenreste des 14. Jh. aus der Schule *Giottos* zu sehen. Auf der Ostseite des Burgbergs lädt ein freundliches Café zur Rast ein.

■ **Castello Aragonese,** Piazzale Aragonese, Tel. 081 99 28 34, www.castelloaragonese.it. Tägl. 9 bzw. 9.30 Uhr bis 1 Std. vor Sonnenuntergang. Jan. geschl. Eintritt 10/6 Euro.

Südlich von Ponte liegt die wildromantische **Cartaromana-Bucht.** Kurze sandige Strandabschnitte wechseln sich mit bizzaren Felsklippen ab. Der Clou ist das 40–50°C warme Mineralwasser, das auf Höhe der S. Anna-Felsen über natürliche Felsbadewannen ins Meer fließt. Mit Blick auf das Castello Aragonese kann man hier auch an kühlen Tagen schwimmen. Der Strand ist selbst im Sommer selten überlaufen, die kurze Kletterpartie an der Steilküste scheint doch einige abzuschrecken. Aus Ischia Porto fahren Busse bis an das Ende der Via Nuova Cartaromana, hier führt ein Treppenweg zum Strand hinunter. Am schönsten ist die Bucht von Ponte aus mit Taxi-Booten zu erreichen. An den Scogli S. Anna vorbei, fährt man über die versunkenen Reste der Römerstadt Aenaria. Über die Bucht wacht ein Turm aus dem 15. Jh. Hier soll *Michelangelo* gewohnt haben, als er das erste Mal auf *Vittoria Colonna* traf.

Information

■ **AACST**
Einziges offizielles Informationsbüro der Insel direkt am Aliscafo-Anleger im Hafen (Direktion in der Via Sogliuzzo 72). Hotelverzeichnis, Prospekte, Fahrpläne, eine nützliche Inselkarte und Stadtpläne. Mo bis Sa 9–14 und 15–20 Uhr.
Via Iasolino 7, Tel. 08 15 07 42 31,
www.infoischiaprocida.it
■ **www.comuneischia.it**

Unterkunft

Hotels und Pensionen in Porto

■ Oriente Terme ***

Freundlicher Neubau in Hafennähe. Pool und Thermalpool, der Badestrand Spiaggia S. Pietro in Gehdistanz. Ganzjährig geöffnet! 70 Zi., DZ/F 98–146 Euro, HP 67–91 Euro.
Via delle Terme 9–11, Tel. 081 99 13 06,
www.orientehotel.it

■ Villa Ciccio ***

Freundliche Anlage oberhalb des Hafens. Pool und Thermalpool. Gäste erhalten im Strandbad „Ippocampo" am Lido Ermäßigung. Zimmer mit Balkon oder Terrasse. Gästeparkplatz. 46 Zi., DZ/F 100–150 Euro, HP 60–90 Euro. April bis Okt.
Via Quercia 26, Tel. 081 99 32 30,
www.villaciccio.it

■ Macrì **

MEIN TIPP! *Pino* hat die einfache, saubere Pension mit geräumigen Zimmern (bis zu vier Betten) direkt am Hafen von seinem Vater übernommen. Das Albergo ist inzwischen renoviert, Zimmer im 1. Stock mit Balkon. Gäste des Hauses können in umliegenden Ristoranti zu günstigen Konditionen essen. Parkplatz gratis. 12 Zi., DZ/F 80–110 Euro.
Via Jasolino 96, Tel. 081 99 26 03,
www.albergomacri.it

Campingplätze in Porto

Auf halbem Weg von Ischia Porto nach Ponte finden sich zwei gepflegte Plätze im Pinienschatten: **Camping Internazionale** (Via Foschini, Tel. 081 99 14 49) und **Eurocamping dei Pini** (Via delle Ginestre 28, Tel. 081 98 20 69, www.ischia.it/camping).

gvn13_026 pa

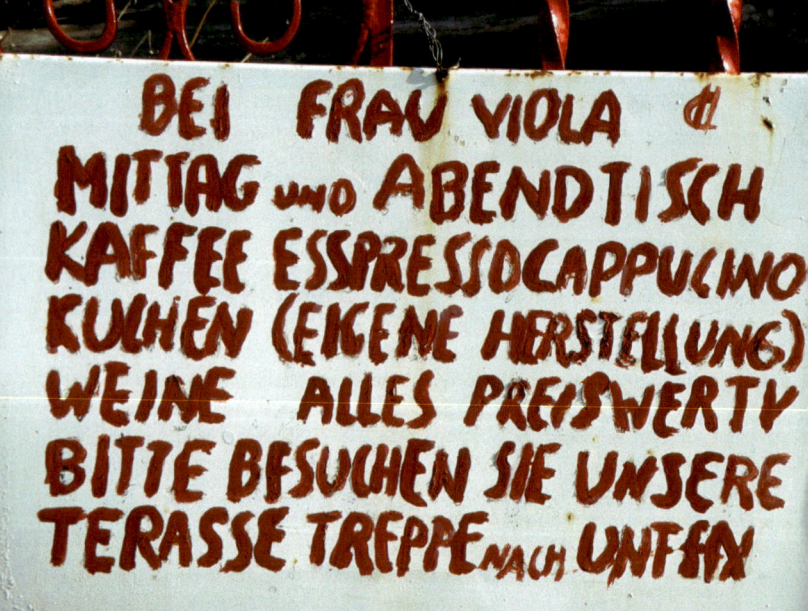

Golf von Neapel: Ischia

Hotels und Pensionen in Ponte

■ Miramare & Castello *****

Direkt am Sandstrand gelegen und, wie der Name verspricht, mit Traumblick auf das Castello – den genießt man aus etwa der Hälfte der (teureren) Zimmer. Gutes Restaurant, Pool, Beauty- und Fitness-Center. 41 Zi., DZ/F ab 200 Euro. Mitte April bis Ende Okt.
Via Pontano 5, Tel. 081 99 13 33,
www.miramareecastello.it

■ Terme Mare Blu ****

Gepflegtes Haus in Meeresnähe am nordwestlichen Ende von Ponte. Hotelstrand, Thermalpool und Sonnenterrasse mit schönem Castello-Blick – den gibt es auch aus der Hälfte der (teureren) Zimmer. 43 Zi., DZ/F ab 140 Euro. Mitte April bis Ende Okt.
Via Pontano 36, Tel. 081 98 25 55,
www.hotelmareblu.it

■ Il Monastero ***

MEIN TIPP! Geschmackvoll eingerichtete „Klosterzellen" im ehemaligen Klarissinnenkonvent im Castello Aragonese. Statt TV in den Zimmern Traumblicke auf Ischia aus luftiger Höhe. Auf Wunsch kann man im kleinen Hotelrestaurant ausgezeichnet essen (s.u.). Bio-Gemüse und Wein liefert der eigene Burggarten. Große Sonnenterrasse. Gäste des Hauses können den Burg-Fahrstuhl gratis benutzen und das Kastell bei freiem Eintritt besichtigen. Das Haus steht unter der ebenso freundlichen wie aufmerksamen Leitung des Besitzers *Nicola Mattera*. 21 Zi., DZ/F 110–170 Euro. Ostern bis Ende Okt.
Castello Aragonese 3, Tel. 081 99 24 35,
www.albergoilmonastero.it

■ Villa Antonio **

MEIN TIPP! Die hübsche rote Villa im Süden von Ischia Ponte zieht sich von Oliven und Kiefern umgeben den Hang hinauf. Der Garten ist als Skulpturenpark gestaltet. Herrliche Blicke auf das Castello und Capri. Alle Zimmer mit Terrassen und Meerblick.

☐ Italienisch wird natürlich auch gesprochen

Pool und privater Felsstrand. 20 Zi., DZ/F 80–120 Euro. Ostern bis Ende Okt.
Via San Giuseppe della Croce 77,
Tel. 081 98 26 60, www.villantonio.it

Hotels an der Cartaromana-Bucht

■ Don Felipe ***

Herrliche Lage über der Bucht mit Blick auf das Castello. Gartenterrassen, Thermalpool, 10 Min. vom Strand. Gute Küche. 15 Zi., DZ/F ab 90 Euro. Mitte April bis Mitte Sept.
Via Nuova Cartaromana 121,
Tel. 081 99 38 99, www.hoteldonfelipe.it

■ Giardino delle Ninfe ***

Schöne Lage oberhalb der Bucht mit Blick auf das Castello. Von den Dachterrassen genießt man das beste Panorama. Superior-Zimmer mit *vista mare* (und Aufpreis), Einzelzimmer ohne Meerblick. Schöne Zimmer in der Dependance La Fenice. Thermalpool. 41 Zi., DZ/F ab 80 Euro. März bis Mitte Dez.
Via Nuova Cartaromana 133, Tel. 081 99 21 61,
www.giardinodelleninfe-lafenice.it

Essen und Trinken

Restaurants und Trattorien in Porto

■ Alberto a Mare

Einfallsreiche Meeresküche. Frischer, vor Ischia gefangener Fisch und köstliche *zuppa di pesce*. Terrasse über dem Meer mit Golf-Blick. Seit 1946 am Platz! *Giovanni Mattera* ist Padrone, Fotograf und Küchenchef in Personalunion. 35–40 Euro. Mitte März bis Okt. tägl. mittags und abends.
Via C. Colombo 8, Tel. 081 98 12 59,
Mobil 34 96 55 39 63, www.albertoischia.it

■ Antico Girarrosto Ischitano

Peppe Ferradino ist Ischias Meister-Griller. Zu den knusprigen Hähnchen schmecken Rosmarinkartoffeln. Es gibt auch neapolitanische Holzofenpizza

2

und köstliche *parmigiana di melanzane*. Oberhalb des Hafens, in der Nähe des Busbahnhofs. 10–15 Euro. Mo Ruhetag. Mittags und abends.
Via B. Cossa 8, Tel. 081 98 42 96

■ Da Emiddio

Der „Klassiker" an der Rive Droite ist seit 1950 am Platz und zeigt kaum Ermüdungserscheinungen. Hier isst man einfach und gut. Abends auch Holzofenpizza. 15–25 Euro. April bis Nov.
Via Porto 25 (Rive Droite),
Tel. 081 99 24 32

■ Un attimo diVino

MEIN TIPP! *Raimondo Triolo* hat es aus Sizilien nach Ischia verschlagen, der Liebe wegen. Zusammen mit seiner Frau *Teresa* führt er seit 2007 diese einladende Enoteca am stillen Ende des Hafenbeckens. Die Weine werden von pfiffig zubereiteten Speisen begleitet, die *Raimondos* mediterranes Nomadenleben widerspiegeln. Frischer Fisch und eine große Auswahl an Käse. Oft Live-Musik. 25–35 Euro. Di Ruhetag. Vom späten Vormittag bis spät nachts.
Via Porto 103 (Rive Droite),
Tel. 081 19 52 84 11, Mobil 32 82 58 03 83,
www.unattimodivino.com

Snacks, Cafés und Bars in Porto

■ Bar Calise

Dolci-Verführung am Kreisverkehr. April bis Okt. tägl. von früh bis spät. Im Sommer Live-Musik. Nov. bis März Mi und So Ruhetag.
Piazza degli Eroi 69, Tel. 081 99 12 70,
www.barcalise.com

■ Caffè Calise

Edles Ambiente, bester neapolitanischer Caffè und köstliches Gebäck. Pianobar.
Via Sogliuzzo 69, Tel. 081 90 12 70

■ Da Ciccio

Ischias renommiertester Eis-Tempel liegt am Hafen. Auch köstliche Snacks für hungrige Reisende. Mo Ruhetag. März bis Nov.
Via Porto 1, Tel. 081 99 13 14

■ Gran Caffé Vittoria

Seit über 100 Jahren eine Institution in Ischia Porto. Köstliche Pasticceria, gute Aperitifs und Snacks. Di Ruhetag.
Corso Vittoria Colonna 110, Tel. 081 99 16 49

■ Pane & Vino

Kundig präsentierte Auswahl italienischer und ischitanischer Weine zu günstigen Preisen. Ca. 300 Sorten, die auch glasweise getrunken werden können. Dazu gibt es sehr gutes Brot, Wurst, Käse und einige warme Gerichte. Mi Ruhetag. Mittags und abends.
Via Porto 24, Tel. 081 99 10 46

Restaurants und Trattorien in Ponte

■ Da Ciccio

MEIN TIPP! Beste Fischküche zu fairen Preisen. Hierher kehrt man gerne zurück. Das wissen die Einheimischen schon längst. Besonders zu empfehlen ist die Fischsuppe! 25–35 Euro. Di Ruhetag. Mittags und abends.
Via Luigi Mazzella 32, Tel. 081 99 16 86

■ Da Cocò

Terrassenlokal an der Brücke zum Castello. Der Fisch wird täglich frisch geliefert, lecker zubereitet und zu einigermaßen fairen Preisen serviert. Bestens schmeckt hier z.B. die *frittura di pesce!* 25–30 Euro. Mi Ruhetag. Mittags und abends. März bis Dez.
Piazzale Aragonese, Tel. 081 98 18 23,
www.ristorantecocoischia.com

■ Gaetano

MEIN TIPP! Vielfach prämierte Pizzeria. *Gaetano Fazzio* ist ein *pizzaiolo* der dritten Generation, seine knusprigen Pizzas gibt es auch glutenfrei! Bier vom Fass. 10–15 Euro. Mi Ruhetag. Mittags und abends.
Via M. Mazzella 33, Tel. 081 99 18 07,
www.pizzadagaetano.it

■ Il Monastero

MEIN TIPP! Die Küche des gleichnamigen Klosterhotels (s.o.) auf dem Castello Aragonese ist einfach gut! *Nicola Mattera* ist mit *Marco* und *Umberto Regi*-

ne, Betreibern des Ristorante Umberto a Mare in Forio, einen kulinarischen Bund eingegangen. Sie eint die Begeisterung für die Bewahrung alter Traditionen und die Suche nach besten Produkten. Bio-Gemüse liefert der Burggarten – berühmt ist die lokale Artischocken-Sorte, frischer Fisch wird am Fuße des Burgberges angelandet. Die Speisekarte ist essenziell, etwas ausführlicher die Weinliste. 25–35 Euro. Ostern bis Ende Okt. Nur abends.

Snacks, Cafés und Bars in Ponte

■ Al Pontile
Kleine Bar, die leckere *bruschette, peperonata,* Salate, aber auch *frittura di pesce* serviert. Tische auch im Freien auf der Meerseite. Mi Ruhetag. April bis Okt.
Via Luigi Mazzella 15, Tel. 081 19 51 76 57

■ Bar Cocò
Bar des gleichnamigen Restaurants (s.o.). Bis in den späten Abend tummeln sich hier die Einheimischen bei Speiseeis, Drinks und Bier vom Fass. Wer keinen Sitzplatz findet, setzt sich einfach auf die Kaimauer.

■ Caffetteria del Monastero
Ein guter Ort zum Verweilen, nicht nur der leckeren Kleinigkeiten wegen. Herrlicher Ausblick über das Meer auf Procida, Capri und den Vesuv. Drinks, frisch gepresste Säfte und Bio-Salate aus dem eigenen Garten. Ostern bis Nov. tägl. von 9.30–20 Uhr Barbetrieb, Restaurant von 12–15 Uhr. 10–25 Euro.
Castello Aragonese, Tel. 081 99 19 59

■ Kiwi Jam Discobar
Italo-Sound, Cocktails und *zingare* (Holzofenbrot, überbacken mit Mozzarella, Tomaten und Schinken). Mo Ruhetag.
Via Luigi Mazzella 42, Tel. 081 99 16 98,
www.kiwijam.it

■ Oh! X Bacco
Köstliche Kleinigkeiten zum Wein. Di Ruhetag. Von früh bis spät.
Via Luigi Mazzella 20, Tel. 081 99 13 54

Nachtleben

■ Beliebt und teuer (!) ist die Disco **New Valentino** (www.valentinoischia.eu) am Corso Vittoria Colonna 97, und abtanzen an der frischen Luft kann man im **Blue Jane** in der Via Pagoda 1 am Hafen. Die Rive Droite am Hafen von Porto ist mit ihren zahlreichen Restaurants und **Cocktail-Bars** der ideale Ort, um einen romantischen Abend zu verbringen. Live-Musik auch im **Caffè Calise.**

An- und Weiterreise

■ **Schiff:** siehe Kapitelanfang.
■ **Bus: EAV,** siehe Kapitelanfang.
■ **Fahrzeugverleih:** In der Regel Scooter ab 20 Euro/Tag und Kleinwagen ab 30 Euro/Tag. Zahlreiche Vermieter am Platz.

⌃ Ape-Taxi in Forio

Unterwegs in Ischia Porto/Ischia Ponte

■ **Öffentliche Verkehrsmittel: Linea 15** zwischen Ischia Porto und Ischia Ponte. **Linea C12** und **C13** von Ischia Porto über S. Antuono und Campagnano zur Cartaromana-Bucht, **Linea 8** nach Campagnano.
■ **Taxi:**
– Via Alfredo De Luca, Tel. 081 99 24 93
– Piazza Antica Reggia, Tel. 081 98 49 98
– Piazza degli Eroi, Tel. 081 99 25 50
■ **Taxiboote:** Von Ischia Ponte in die Cartaromana-Bucht. Man kann sich hinbringen und zu einem vereinbarten Zeitpunkt wieder abholen lassen. Preis Verhandlungssache.

Feste/Veranstaltungen

■ **Karfreitag,** in Ponte nächtliche Prozession bei Fackelschein.
■ **Santa Anna,** am 26. Juli findet eine nächtliche Bootsprozession von Ischia Ponte in die Cartaromana-Bucht statt. Illuminiertes Castello, in der Bucht schwimmende Lichter und spektakuläres Feuerwerk.
■ **San Giovan Giuseppe della Croce,** am ersten Septembersonntag feiern Ischia Porto und Ponte ihren Patron mit einer Bootsprozession und Feuerwerk.

Strände

In Ischia Porto gibt es eine Reihe passabler, in der Saison allerdings oft überfüllter zentrumsnaher Sandstrände. Am schönsten sind die **Spiaggia degli Inglesi** westlich des Hafens in Richtung Casamicciola und auf halbem Weg zwischen Porto und Ponte die **Spiaggia dei Pescatori** mit einem schönen Blick auf das Castello Aragonese. An der **Carta-**

romana-Bucht südlich von Ponte fließt eine der wenigen naturbelassenen Thermalquellen ins Meer.

Tauchen

■ **Ischia Diving Center**
Via Iasolino 106 – Ischia Porto, Tel. 081 98 18 52, Mobil 34 06 40 39 54, www.ischiadiving.net

☐ Casamicciola Terme: Fähr- und Jachthafen

2

Wandern

Campagnano

Das freundliche Dorf südlich von Ponte und oberhalb der Cartaromana-Bucht, von Weinbergen und Bauerngärten umgeben, ist ein guter Ausgangspunkt für Wanderungen. Ein Rundweg führt mit schönen Blicken auf die Cartaromana-Bucht, das Castello Aragonese und die Südhänge des Monte Epomeo über den Höhenrücken südlich des Dorfes. Auf dem Berg stehen die Ruinen alter Küstenwachtürme. Anfahrt mit den Bussen C12, C13 und 8.

Casamicciola Terme

Das älteste Kurbad Ischias trägt seinen Namenszusatz Terme mit Stolz. Schon die Römer nutzten die berühmte **Gurgitello-Quelle.** Im 18. und 19. Jh. vergnügte sich die europäische Aristokratie in **Casamicciola** (43 m, 1680 Ew.) dem ersten Ort auf der Insel, der es verstanden hatte, medizinische Kuranwendun-

Golf von Neapel: Ischia

gen und eine gehobene Hotellerie geschäftstüchtig miteinander zu verbinden. *Giuseppe Garibaldi* kurierte 1864 in den Manzi-Thermen eine Kriegsverletzung aus. Das verheerende Erdbeben vom 28. Juli 1883 schien dem mondänen Leben ein jähes Ende bereitet zu haben. Innerhalb weniger Sekunden lag der gesamte Ort in Schutt, tausende Tote und Verletzte waren zu beklagen. Nach dieser Erfahrung wurde zwei Jahre später auf dem 126 m hohen Hügel Gran Sentinella eine geophysikalische Beobachtungsstation eingerichtet, die – angeblich aus wirtschaftlichen Gründen – von 1923 bis 1999 geschlossen blieb. Das **Observatorio Geofisico** beherbergt heute ein kleines Museum. Der Besuch lohnt vor allem wegen dem herrlichen Panorama.

Durch das Erdbeben fast seiner gesamten Bausubstanz beraubt, wurde der Ort rasch wieder aufgebaut und ist bis heute der **wichtigste Thermalkurort der Insel.** Die ausgedehnte Streusiedlung zieht sich vom Meer die bewaldeten Nordhänge des Monte Epomeo hoch. Im Südosten erhebt sich der bewaldete Vulkankrater der **Monte Rotaro,** ein beliebtes Wanderziel. Neben Ischia Porto ist der Hafen von Casamicciola die wichtigste Anlegestelle für Fähren vom Festland. Das moderne Hafenviertel ist laut und geschäftig, die **Piazza Marina** inzwischen eine Fußgängerzone. Ruhiger ist der am Hang gelegene **Ortsteil Bagni,** Zentrum des Kurbetriebs. Hier liegen auch die meisten Hotels mit schönem Blick aufs Meer.

Information

■ www.comunecasamicciola.it

Hotels und Pensionen

■ **Terme Manzi – Hotel & Spa** *****
Auch wenn Geld keine Rolle spielt – hier ist es gut angelegt! Die historischen Manzi-Thermen sind heute ein Luxus-Albergo. Sterne-Restaurant Il Mosaico (s.u.). 61 Zi., DZ/F 270–430 Euro, Suiten ab 800 Euro. Ende April bis Mitte Okt.
Piazza Bagni 4, Tel. 081 99 47 22,
www.termemanzihotel.com

■ **Marina 10** ****
In der Fußgängerzone in Hafennähe gelegenes Design-Hotel in gepflegtem Garten mit Pool. Zentrale Lage, aber ruhig. 20 Zi., DZ/F 110–210 Euro, HP zusätzlich 25 Euro p.P.
Piazza Marina 35, Tel. 081 90 05 16,
www.marina10.it

■ **Poggio Aragosta Hotel & Spa** ****
Freundliches Albergo in ruhiger Panoramalage im Grünen. Thermalpool, Dampfbad und Beauty-Center. Kostenloser Shuttle-Bus in die Stadt und zum Strand. 50 Zi., HP 85–140 Euro. Ostern bis Ende Sept.
Via Borbonica 74, Tel. 081 98 02 36,
www.hotelpoggioaragosta.it

■ **L'Ape Regina** ***
MEIN TIPP! Die Familie *Mattera* hat ihr beliebtes Lokal zwar vor einigen Jahren aufgegeben, dafür aber an alter Adresse dieses nette Hotel mit Pool eröffnet. Das Essen ist ausgezeichnet, das HP-Angebot ein Genuss. Anfahrt: ca. 2 km vom Zentrum am Nordhang des Monte Rotaro. 10 Zi., DZ/F 70–125 Euro, HP zusätzl. 15 Euro p.P. April bis Okt.
Via Cretaio 129, Tel. 081 99 48 13,
www.hotelaperegina.it

■ **Il Nespolo** ***
Freundliches Familienhotel im oberen Ortsteil, in der Nähe der Piazza Bagni. Mamma kocht! 15 Zi.,

Golf von Neapel: Ischia

DZ/F 85–110 Euro, HP 50–75 Euro. Anfang März bis Ende Okt.
Via Iasolino 2, Tel. 081 99 53 15,
www.ilnespolo.it

◼ Villa Fiorentina ***

Oberhalb von Casamicciola ruhig im Grünen gelegen. Von der Terrasse erlebt man den Sonnenuntergang über dem Meer. Aufmerksam geführt von *Nicola Di Meglio*, gute Küche. Linienbus hält in der Nähe. 12 Zi., 10 Ap., HP 46–80 Euro. April bis Sept.
Via Cretaio 92, Tel. 081 98 02 34,
Mobil 33 97 87 66 64,
www.hotelvillafiorentina.com

◼ Bagnitiello *

Einfache, saubere Familienpension oberhalb der Spiaggia Bagnitiello und in der Nähe der Castiglione-Thermen. Kleiner Thermal-Pool. Nette Atmosphäre, viele Stammgäste. 25 Zi., HP ab 45 Euro. April bis Mitte Okt.
Via Castiglione 6, Tel. 081 98 27 28,
www.bagnitiello.it

Essen und Trinken

Restaurants und Trattorien

◼ Bel Tramonto
Pizza mit musikalischer Untermalung.
Via Castanito 82, Tel. 081 99 44 93

◼ Il Focolare di Loretta e Riccardo D'Ambra
MEIN TIPP! Das kulinarische Gesamtkunstwerk der Familie *D'Ambra* (Tochter *Silvia* ist eine studierte Agronomin) liegt an der Straße nach Fiaiano, ca. 2 km vom Ortszentrum entfernt (EAV-Busse halten vor dem Haus). Hier gibt es keinen Fisch, sondern nur feinste *cucina di terra.* Frisches Gemüse, Pilze, Lamm, Zicklein, Karnickel und Schnecken werden exquisit verarbeitet. Frische Steinpilze gibt es im Spätsommer und Herbst. Hausgemachte *dolci.* Gute Weinauswahl. Seit jeher eine Slow-Food-Empfehlung. 30–40 Euro. Mi Ruhetag. Bis auf Sa/So nur abends. Dez. geschl.

Via Cretaio al Crocefisso – Barano d'Ischia,
Tel. 081 90 29 44, www.trattoriailfocolare.it

◼ Il Mosaico
MEIN TIPP! Der junge ischitanische Küchenchef *Nino Di Costanzo* hat sich zwei Michelin-Sterne redlich verdient! Bei aller kreativen Artistik bleibt die Küche sehr nahe an den Inselwurzeln. Probieren Sie hier einmal *pasta e patate!* Degustationsmenüs 115–160 Euro. Di Ruhetag. Nur abends.
Piazza Bagni 4, Tel. 081 99 47 22,
www.termemanzihotel.com

◼ O'Zelluso
Einfaches, gutes Lokal. Als Primo wird z.B. eine leckere Bohnen-Minestrone serviert, zum Secondo Fisch. *Coniglio* muss man vorbestellen. Leckere Pizza. 15–25 Euro. Mittags und abends.
Via Parodi 41, Tel. 081 99 44 23

Snacks, Café und Bar

◼ Calise
Das Straßencafé ist von früh bis spät ein angesagter Treffpunkt. Überwältigendes Angebot an *dolci & gelato.*
Piazza Marina 26, Tel. 081 99 40 80,
www.barcalise.com

Nachtleben

◼ Topless
Strandcafé und Cocktailbar, junges Publikum.
Via Luigi Manzi 8, Tel. 081 90 01 92

An- und Weiterreise

◼ Bus: Linea CD und CS rund um die Insel. **Linea 1** nach Ischia Porto bzw. über Forio bis Sant'Angelo. **Linea 2** und **Linea 14** nach Ischia Porto bzw. über Forio bis zu den Poseidon-Gärten. **Linea 3** nach Ischia Porto. **Linea 4** nach Lacco Ameno.

2

■**Schiff:** Casamicciola hat neben Ischia Porto Ischias zweitwichtigster Fährhafen, siehe eingangs des Kapitels.
■**Taxi:** Piazza Marina, Tel. 08 90 03 69

Einkaufen

■**Cataneo**
Dependance eines Korallen- und Gemmenschnitzers aus Torre del Greco.
Piazza Marina 42, Tel. 081 99 40 42
■**Fratelli Mennella**
Die Keramikfabrik am östlichen Ortseingang ist kaum zu übersehen. **Keramik** hat auf Ischia eine Jahrtausende alte Tradition, und auch der Betrieb der Familie *Mennella* ist schon über 500 Jahre alt. Von Kitsch bis Kunst ist die Auswahl riesengroß.
Via Salvatore Girardi 47,
Tel. 081 99 44 42, www.mennella.it

Strände

Der beste Strand von Casamicciola ist die **Spiaggia Bagnitiello.** Das Meer wird stellenweise von Fumarolen erhitzt. Sehr schöne Strände finden sich in der Nachbargemeinde Lacco Ameno.

Tauchen

■**Ischia Habitat**
Der Tauchlehrer und Unterwasserfotograf *Franco Savastano* bietet das ganze Jahr über Kurse an, vermittelt Unterkünfte und organisiert Segeltörns.
Via Porto 61, Mobil 33 93 88 79 00,
www.ischiahabitat.it
■**Ischia Diving Center**
Breites Kursangebot nach PADI-Richtlinie, Verleih von Ausrüstung, Flaschenfüllungen.
Via Iasolino 106, Tel. 081 98 18 52,
Mobil 337 80 84 85, www.ischiadiving.net

Segeltörns

■**Delphis**
Siehe Exkurs „Willkommen in Neptuns Reich" weiter unten bei Forio.

Thermen

■**Antiche Terme Belliazzi**
Der neoklassische Gesundheitstempel ist über den Resten antiker römischer Thermen errichtet, die zu besichtigen sind. Gegen ein kleines Trinkgeld zeigt einem der Pförtner die Gurgitello-Quelle in einer Grotte. Dort wird heilkräftiger Fango geschöpft. Mineralbad 18 Euro, Sauna & Thermalbecken 30 Euro. Mo bis Sa 7–12 und 17–18.30 Uhr. April bis Okt.
Via Bagni 137, Tel. 081 99 45 80,
www.termebelliazzi.it
■**Parco Termale Castiglione**
Gepflegter Thermalpark, der sich in einem grünen Tal in Terrassen mit mehreren unterschiedlich temperierten Thermal- und Meerwasserschwimmbecken bis zum Meer hinabzieht. Natursaunen und der Fumarolenstrand runden das Badevergnügen ab. Eine Windsurfschule ergänzt das Angebot. April bis Okt. Tägl. 9–23 Uhr. Tageskarte 26 Euro, am Nachmittag und für Kinder ermäßigt.
Via Castiglione 62, Tel. 081 98 25 51,
www.termecastiglione.it

Wandern

Monte Rotaro

Aus dem Ortsteil Castiglione lässt sich der 266 m hohe und bewaldete Berg in einer knappen Stunde erreichen. Im Schatten einer ausgedehnten Pineta gelangt man zum **Fondo d'Oglio,** dem Eruptionszentrum des erloschenen Vulkans. Mehrere ausgeschilderte Pfade führen um und in den Krater. Stellenweise dampfen Fumarolen aus dem Boden. Ein

Weg setzt sich vom südlichen Kraterrand über den Weiler Cretaio bis nach Faiano fort.

■ **Aniello Di Iorio,** der in Mainz Geologie studiert hat, bietet auch auf dem Monte Rotaro vulkanologische Exkursionen an. Die geführte Wanderung dauert 3–4 Std. und kostet ca. 17 Euro/Person. *Aniello* durchquert mit seinen Gästen auch die gesamte Insel zu Fuß oder begleitet geologische Bustouren. Tel. 081 90 30 58, www.eurogeopark.com

Lacco Ameno

Mit sicherem Geschmack gingen Euböer vor beinahe 2800 Jahren in der paradiesischen **San-Montano-Bucht** an Land und ließen sich auf Ischia nieder. Auf dem **Monte Vico** errichteten sie **Pithekoussai,** die erste griechische Kolonie im westlichen Mittelmeerraum. Ausgrabungen brachten u.a. ein auf Metallverarbeitung spezialisiertes Industrieviertel zum Vorschein. Interessante Funde der Antike werden in der Santa Restituta-Kirche und in der Villa Arbusto präsentiert.

Das griechische Wort *lakkos* bedeutet Ebene. Seit 1863 trägt der hübsche Ort am Fuße des Monte Vico den Namen **Lacco Ameno** (2 m, 4790 Ew.), also „liebliche Ebene". Am Osthang des Monte Vico treten heiße, **radonhaltige Quellen** zutage, im Bergdorf **Fango** wird der unter diesem Namen weltberühmte Heilschlamm gewonnen. Lacco Amenos Karriere als vornehmster Badeort der Insel Ischia ist der Initiative des italienischen Verlegers *Angelo Rizzoli* zu verdanken, der in den 1950er Jahren den internationalen Jet-Set hierher lockte. Der Jet-Set ist längst weiter geflogen, geblie-

ben sind einige exklusive Hotels und die belebte Uferpromenade.

Der **Fungo,** Laccos Wahrzeichen, ragt in Strandnähe aus dem Meer. Eine romantische Legende erzählt von einem jungen Liebespaar, das auf der Flucht vor den Eltern, die gegen die Beziehung waren, hier im Meer ertrunken sein soll. Aber was hat das mit dem Fungo zu tun? Es handelt sich um einen Tuffsteinblock, der vom Hang des Monte Epomeo ins Meer gerollt und seither der Wind- und Wellenerosion ausgesetzt ist.

Die im Ursprung mittelalterliche **Chiesa Santa Restituta** in der Ortsmitte wurde bei dem Erdbeben 1883 fast vollständig zerstört und anschließend in klassizistischen Formen neu errichtet. Sie ist der nordafrikanischen Heiligen *Restituta,* Laccos Stadtpatronin, geweiht. Deren Lebens- und Leidensgeschichte erzählen ausdrucksstarke, naive Votivbilder im Inneren der Kirche. Im 2. Jh. wurde der Legende nach die aus Karthago stammende christliche Märtyrerin grausam gefoltert und sollte anschließend auf einem Boot bei lebendigem Leib verbrannt werden. Das Boot verbrannte und mit ihm ihre Folterknechte, während *Restituta* tot, aber ansonsten unversehrt auf Lilien gebettet in Lacco an den Strand getrieben wurde. Ihre Reliquien werden seit dem 7. Jh. in der Santa-Restituta-Basilika, einer Seitenkapelle des Doms von Neapel, verwahrt. Am 17. Mai feiert Lacco seine Heilige mit einer Bootsprozession. Seitlich der Kirche kann man zur Krypta mit den Resten einer Basilika aus dem 4./5. Jh. hinabsteigen. Der begeisterte Amateurarchäologe und langjährige Gemeindepfarrer Don *Pietro Monti* hat hier eigenhändig gegraben und konnte außer einem frühchrist-

Golf von Neapel: Ischia

2

lichen Friedhof zahlreiche antike Funde bergen, darunter eine griechische Keramikwerkstatt.

■**Museo Archeologico e Scavi S. Restituta,** Piazza S. Restituta, Tel. 081 98 05 38. Mo bis Sa 9.30–12.30 und 16.30–18 Uhr, So 9.30–12.30 Uhr. Eintritt 3/1 Euro.

Die **Chiesa Santa Maria delle Grazie** am Hauptcorso ähnelt einer Moschee. Im barock ausgestalteten Inneren ist die Säule, auf der das Taufbecken ruht, besonders sehenswert. Die antike römische Säule mit einer Herkules-Darstellung wurde vor Lacco Ameno aus dem Meer geborgen. Außergewöhnlich ist die holzgeschnitzte Kanzel aus dem 15. Jh., mit Putten, Satyrgestalten und Meeresungeheuern verziert.

■**Santa Maria delle Grazie,** Corso A. Rizzoli. Tägl. 8–13 und 17–20 Uhr.

Nach bürokratischen Verzögerungen konnte 1999 das **Museo Archeologico** eröffnet und damit dem Lebenswerk des Archäologen und Wahlitalieners *Giorgio Buchner* ein verdientes Denkmal gesetzt werden. Von 1952 bis 1983 leitete *Buchner* die Ausgrabungen des antiken Pithekoussai auf dem Monte Vico. Als besonders ergiebig erwiesen sich über 1300 Gräber der im Valle di San Montano gelegenen Nekropole. Die Grabbeigaben belegen den hohen Stand der euböischen Keramikproduktion und weitreichende Handelsverbindungen der Griechen von Phitekoussai. Glanzstück der Ausstellung ist der **Becher des Nestor.** Die 1954 im Grab 282 gefundenen 27 Scherben

gvn13_028 pa

MUSEO ARCHEOLOGICO DI PITHECUSAE

ergaben zusammengesetzt eine Trink-schale von 15 cm Durchmesser mit folgender Inschrift: „Nestor hatte einen Becher, der die Mühe, daraus zu trinken, wert war. Wer aber aus meinem Becher trinkt, wird sofort vom Verlangen nach der schönen Aphrodite ergriffen." Das in das Jahr 725 v. Chr. datierte Gefäß spielt auf den Nestor-Becher in *Homers* „Ilias" an. Der Vers gehört damit zu den ältesten Beispielen griechischer Schrift und entstand etwa zeitgleich mit der Dichtung der „Ilias". Die ischitanischen Winzer verstehen die Inschrift gerne als Beweis für die lange Tradition des Weinanbaus auf der Insel. Der Becher und die anderen Funde werden in der **Villa Arbusto** präsentiert. Aus dem gepflegten Garten genießt man herrliche Blicke auf den Ort.

■**Museo Archeologico di Pithecusae,** Corso A. Rizzoli 210, Tel. 081 90 03 56, www.pithecusae.it. Di bis So 9.30–12.30 und 15.30–17 Uhr, im Sommer bis 19 Uhr. Eintritt 5/3 Euro, Schüler und Studenten 1 Euro.

Information

■**www.comunelaccoameno.it**

Hotels und Pensionen

■**Grazia Terme** ****
Oberhalb von Lacco Ameno, sehr ruhig im Ortsteil Fango gelegen. Kurabteilung mit Thermalpools und Dampfbad. Bustransfer ins 2 km entfernte Zentrum und zum Strand. 70 Zi., DZ/F ab 150 Euro, HP ab 85 Euro.
Via Borbonica 2, Tel. 081 99 43 33,
www.hotelgrazia.it

■**Hotel della Baia** ****
Ruhige Traumlage in Gehdistanz zur wunderschönen San-Montano-Bucht. 2006 komplett renoviert und damit eine Sterne-Klasse aufgestiegen. Im HP- und VP-Preis ist der Besuch des Thermalparks Negombo eingeschlossen (s.u.)! 21 Zi., DZ/F 210–250 Euro, HP 140–155 Euro. April bis Ende Okt.
Via San Montano 14, Tel. 081 98 63 98,
www.negombo.it

■**Villa Svizzera** ****
Hübsche klassizistische Villa an der Küstenstraße, die meisten Zimmer in Nebengebäuden im großen Garten. Meerwasserpool im Schatten großer Dattelpalmen, überdachtes Thermalschwimmbecken. 10 Min. zu Fuß ins Zentrum, 5 Min. zum nächsten Strand. Inzwischen vielleicht etwas überaltert? 70 Zi., DZ/F ab 90 Euro. März bis Anfang Nov.
Via Litoranea 1, Tel. 081 99 42 63,
www.villasvizzera.it

■**Villa Angelica** ***
MEIN TIPP! Das von Palmen umstandene kleine Hotel mit Thermalpool ist nur wenige Gehminuten vom Strand entfernt. Vom freundlichen Besitzer *Franco Conte* persönlich geführt. Gute Küche, HP zu empfehlen. Faire Preise. 20 Zi., DZ/F 110–150 Euro, HP 70–90 Euro. Mitte März bis Mitte Nov.
Via IV. Novembre 28, Tel. 081 99 45 24,
www.villaangelica.it

Essen und Trinken

Restaurants und Trattorien

■**Le Ventarole**
Sympathisches Lokal in alter Weinkelter im Ortsteil Fango. Im Sommer kann man auch im herrlichen Zitronengarten sitzen. Das Brot kommt frisch aus dem Holzofen, das Gemüse aus dem eigenen Garten. 25 Euro. Mo Ruhetag. Nur abends. Mai bis Mitte Okt.
Via Borbonica 84, Tel. 081 90 02 21,
www.ristorantelatinaia.it/ventarole/

Golf von Neapel: Ischia

2

Mamma Teresa

Urige Trattoria im Ortsteil Fango. Bei gutem Wetter sitzt man auf einer Terrasse mit Blick auf Lacco Ameno. Signora *Felicia Lacera,* Tochter der namensgebenden Mamma *Teresa,* vermietet auch einfache Gästezimmer (9 Zi., DZ/F 40–70 Euro, HP 40–50 Euro). 20–35 Euro. Mittags und abends.
Via Borbonica 38, Tel. 081 99 59 35

O Padrone d'O Mare

Stelzenrestaurant am Strand, dessen Spezialität *zuppa di pesce* eine ganze Mahlzeit ersetzen kann. 40 Euro. März bis Ende Okt.
Via Roma 6, Tel. 081 90 02 44

Snacks, Cafés und Bars

Il Triangolo

Eiskaffee, Cocktails und Snacks an der Strandpromenade mit Fungo-Blick.
Via Roma, Tel. 081 99 43 64, www.bartriangolo.it

Le Petit Cafe

Cocktailbar an der zentralen Piazza.
Corso A. Rizzoli 156, Tel. 081 99 45 56

An- und Weiterreise

Bus: Linea CD und **CS** rund um die Insel. **Linea 1** nach Ischia Porto bzw. über Forio bis Sant'Angelo. **Linea 2** und **Linea 14** nach Ischia Porto bzw. über Forio bis zu den Poseidon-Gärten. **Linea 4** nach Casamicciola.

Taxi: Piazza del Pontile, Tel. 081 99 43 10.

Fest

Santa Restituta, am 17. Mai feiert Lacco seine Patronin mit einer Bootsprozession. Eine Statue der Heiligen wird über das Meer von Lacco nach Casamicciola überführt. Am Abend wird ein großes Feuerwerk gezündet.

Strände

Ischias schönster Sandstrand liegt an der **Baia di San Montano,** eingerahmt von Monte Vico und La Guardiola. Wenn nach der langen Sommersaison die *bagni* ihre Liegestühle und Sonnenschirme abräumen, findet die sichelförmige Bucht für einige Monate zu ihrem paradiesischen Urzustand zurück. Die naturbelassene und ab früh nachmittags schattige **Spiaggia di Varulo** oder Spiaggetta delle Monache liegt am östlichen Abhang des Monte Vico und ist nur mit dem eigenen Boot oder Wassertaxi zu erreichen.

Thermen

Negombo

MEIN TIPP! Traumhaft angelegter exotischer Park (Pate stand eine Bucht auf der Insel Ceylon). Die zwölf Thermal- und Meerwasserpools ziehen sich in Terrassen den Hang bis an die Baia di San Montano hinab. Kinderbereich und privater Strandabschnitt. Windsurfen, Segeln und Kajaks. Mehrere Bars und Restaurants. Mitte April bis Okt. tägl. 8.30–19 Uhr, im Winter bei eingeschränktem Betrieb Di bis Sa 10–17 Uhr. Tageskarte 30–32 Euro, nachmittags ermäßigt.
Via di San Montano, Tel. 081 98 61 52,
www.negombo.it

Terme della Regina Isabella

Das luxuriöse Kurbad ist an das gleichnamige Fünf-Sterne-Hotel angeschlossen. Das Wasser der Thermalquelle zeichnet sich durch hohen Radongehalt

> Thermalpark Negombo

2

aus. Dem radioaktiven Edelgas wird eine heilkräftige Wirkung zugeschrieben. April bis Okt. Mo bis Sa 8–12 und 17–19.30 Uhr. Diverse Anwendungen. Piazza Santa Restituta, Tel. 081 99 43 22, www.reginaisabella.it

Wandern

Monte Vico

Von der Piazza Santa Restituta lässt sich der 116 m hohe Hausberg von Lacco Ameno in einer guten halben Stunde erreichen. Vom alten Friedhof bietet sich ein besonders schöner Panoramablick auf die Stadt. Den Küstenwachturm ließ *Alfons von Aragon* im 15. Jh. auf römischen Grundmauern errichten.

Punta Caruso

Auf einer für den Durchgangsverkehr gesperrten Straße kann man von Lacco Ameno (oder Forio) mit herrlichen Landschaftsblicken auf der Halbinsel schlendern, die im äußersten Nordwesten von Ischia ins Meer vorstößt. Ausgangspunkt am westlichen Ortsende von Lacco ist ein Torbogen oberhalb des Valle di San Montano. Südlich des Monte Caruso liegt die lang gezogene Spiaggia di San Francesco, nicht weit von San Franceso die bezaubernde Gartenanlage La Mortella.

Forio

Das Gemeindegebiet von Forio (18 m, 17.600 Ew.) – Betonung auf dem „ri" – zu dem auch das Dorf **Panza** gehört, erstreckt sich über die gesamte Westküste. Im Rücken von Forio erhebt sich der

Monte Epomeo. Auf den unteren Hangabschnitten gedeihen Obst und Wein, weiter oben ragen die kahlen Felsflanken der **Pietra dell'Acqua** und des Epomeo-Gipfels aus den Kastanienwäldern. Forio ist das älteste und bedeutendste Weinanbaugebiet auf Ischia, die Rebstangen liefern die Kastanienwälder des Monte Epomeo. Der Name Forio leitet sich möglicherweise vom griechischen *phoros* bzw. vom lateinischen *ferax* ab, beide Worte bedeuten fruchtbar.

Forio selbst ist ein **hübsches Hafenstädtchen** mit auffällig vielen Wehrtürmen und barocken Kirchen. 13, zum Teil noch gut erhaltene **Wach- und Wehrtürme,** im 15. und 16. Jh. während der Türkeneinfälle zum Schutze der Bevölkerung errichtet, prägen das Stadtbild. In den 1950er Jahren war Forio über kurze Zeit eine beliebte Künstlerkolonie. Die Bar Internazionale, damals kultureller Treffpunkt des gesellschaftlichen Lebens auf Ischia, gibt es in der alten Form nicht mehr, und auch sonst haben sich kaum Spuren vom „Worpswede unter der südlichen Sonne" erhalten. Die kilometerlangen Sandstrände im Norden und Süden der Stadt und die auch hier reichlich sprudelnden **Thermalquellen** waren in den 1960er Jahren Auslöser einer massiven touristischen Entwicklung. Heute konzentriert sich in Forio und Umgebung das Gros der deutschen Pauschalreisenden.

Trotz einiger Bausünden konnte sich Forio den Charme eines mediterranen Küstenstädtchens weitgehend bewahren. Wahrzeichen der Stadt ist die schneeweiß getünchte **Chiesa della Santa Maria del Soccorso** auf einem Felsvorsprung direkt über dem Meer. Eine mit Majolikakacheln geschmückte Freitrep-

Golf von Neapel: Ischia

pe führt zu der Wallfahrtskirche der Seefahrer und Fischer. Im Inneren sind Segelschiff-Modelle aufgestellt, gestiftet als Dank zur Rettung aus Seenot. In der Seitenkapelle hängt ein großes Holzkruzifix, das der Legende nach Anfang des 16. Jh. vom Meer angespült wurde. Die Piazza vor der Kirche ist immer belebt. An klaren Tagen reicht die Sicht bis zu den Pontinischen Inseln. Ganz selten werden die ohnehin farbenprächtigen Sonnenuntergänge um das **Schauspiel des „grünen Strahls"** bereichert. Für einen Augenblick, kurz bevor die Sonne im Meer versinkt, strahlt ein grünes Licht auf.

Wenige Schritte weiter steht am Rathausplatz die Kirche der Erzbruderschaft der Barmherzigen Maria, die **Chiesa della Arciconfraternità di Santa Maria Visitapoveri.** In der Sakristei der Kirche werden vier goldgefasste Holzstatuen in einer Glasvitrine verwahrt, Hauptakteure an Forios schönstem Kirchenfest, der Corsa dell'Angelo. Bei der Ostersonntagsprozession wird die Figur des Engels im Laufschritt zwischen den Figuren der Madonna, des Johannes und des auferstandenen Christus hin und her getragen. Die **Basilica di Santa Maria di Loreto** am Corso Umberto stammt ursprünglich aus dem 14. Jh., zahlreichen Umbauten hat sie ihre barocke Gestalt zu verdanken. Das Fassadenmosaik ist ein Werk des deutschen Künstlers und Wahlischitaners *Eduard Bargheer* (1901–1979). Ein kleiner Spaziergang, vorbei an Herrenhäusern mit schönen Steinportalen, führt in den höher gelegenen mittelalterlichen Ortsteil und zur ältesten Pfarrkirche der Insel. In der **Chiesa San Vito** wird eine barocke Silberstatue des Ortsheiligen verwahrt. Mitte Juni feiert

Forio seinen Patron mit nächtlichen Prozessionen.

Zurück in Hafennähe kann man den **Torrione,** den am besten erhaltenen **Küstenwachturm,** besichtigen. Von oben genießt man eine erwartungsgemäß großartige Aussicht. In den restaurierten Räumen sind Werke des lokalen Künstlers *Giovanni Maltese* (1852–1913) ausgestellt. In der Nähe des imposanten Turms stehen schöne Patrizierhäuser aus dem 17. bis 19. Jh.

■ **Museo Civico Maltese,** Via del Torrione, Tel. 08 13 33 29 34. In der Regel Juni bis Sept. Di bis So 9.30–12.30 und 16–19 Uhr. Eintritt 2 Euro.

Nördlich von Forio liegt **im Ortsteil San Francesco einer der schönsten Gärten Italiens.** Die Sinfonie in Grün ist ein Vermächtnis des englischen Komponisten *William Walton,* der Ende der 1940er Jahre mit seiner jungen argentinischen Frau *Susana* nach Ischia kam. Am Fuße des Zaro verwandelte er mit Hilfe des Gartenarchitekten *Russel Page* einen ehemaligen Steinbruch in ein exotisches Pflanzenparadies, komplett mit Teichen, Wasserläufen, Teehaus und einem thailändischen Tempel. *Walton* schöpfte aus seinem Garten Kraft und Inspiration, er komponierte u.a. die Krönungshymne für Königin *Elisabeth II.* **La Mortella** – der Garten trägt den Dialektnamen der Myrte – bietet herrliche Ausblicke auf die Westküste von Ischia. Eine Stiftung im Namen des 1983 verstorbenen Komponisten fördert junge Musiker. Von April bis Juni und im September und Oktober finden in La Mortella an Wochenenden **Nachmittagskonzerte** statt. Im Preis der Konzertkarte ist der Eintritt in den Garten enthalten.

2

■ **La Mortella,** Via F. Calise 39, Località Zaro (nahe der S.S. 270 zwischen Forio und Lacco Ameno, Busse halten in der Nähe), Tel. 081 98 62 20, www.lamortella.it. April bis Okt. Di, Do, Sa und So 9–19 Uhr. Eintritt 12/10/7 Euro, Konzertkarten 20/15 Euro.

An der für den Durchgangsverkehr gesperrten Straße, die aus dem Ortsteil San Francesco um die Halbinsel in die San Montano Bucht führt (siehe „Wandern"), liegt die ehemalige Villa des Filmregisseurs *Luchino Visconti*, heute **Kulturzentrum** und Sitz einer Film- und Theaterschule. Auch wenn die Villa geschlossen sein sollte, lohnt der Spaziergang wegen des Belvedere.

■ **La Colombaia,** Via F. Calise 130, Tel. 081 98 71 15, www.fondazionelacolombaia.it. April bis Okt. Di bis So 15.30–19.30 Uhr. Eintritt 5 Euro.

La Mortella hat Gesellschaft bekommen. Landeinwärts von Forio breitet sich auf 6000 m² eine einzigartige **Sammlung von Sukkulenten** aus. Die botanischen Passionen von *Giuseppe D'Ambra*, der als Kapitän alle Weltmeere befahren hat, haben hier Wurzeln geschlagen. Mit derselben Begeisterung haben seine Söhne *Christoph* und *Luca* den sehenswerten Garten zahlenden Gästen zugänglich und zu einer zeitgemäßen kulturellen Begegnungstätte gemacht. Eine Lounge

Bar lädt zu entspannten Betrachtungen ein.

■ **Giardini Ravino – Parco Botanico,** Via Provinciale Panza 140b (S.S. 270), Tel. 081 99 77 83, Mobil 32 94 98 39 23 *(Luca D'Ambra),* www.ravino.it. März bis Nov. Mo, Mi und Fr bis So von 9 Uhr bis Sonnenuntergang. Eintritt 9/4 Euro.

Im Süden von Forio liegt am 2 km langen **Citara-Strand** Ischias größter Thermalpark, die **Poseidon-Gärten** (s.u.). An Stelle der modernen Kur- und Freizeitanlage stand in der Antike ein Tempel, der römischen Göttin *Venus Citarea* geweiht. Den Quellen in der Bucht wurden und werden fruchtbarkeitssteigernde Kräfte zugeschrieben.

Information

■ **www.comune.forio.na.it**

Unterkunft

Hotels und Pensionen

■ **Mezzatorre Resort & Spa** *****
Luxusherberge auf einem Fels hoch über dem Meer, grandiose Ausblicke. Besonders edle Zimmer in den Gemäuern des alten Küstenwachturms, weitere Zimmer in Pavillons im weitläufigen Kiefernhain. Meerwasserpool, Sportanlagen und Thermalzentrum. Sehr nützlich: der Hubschrauberlandeplatz! Anfahrt: ca. 1,5 km nördlich von Forio oberhalb der San-Montano-Bucht. 59 Zi., 9 Suiten, DZ/F ab 360 Euro. Ostern bis Ende Okt.
Via Mezzatorre 23, Tel. 081 98 61 11, www.mezzatorre.it

■ **Umberto a Mare** ***
MEIN TIPP! Die nette Pension der Brüder *Regine,* die an gleicher Adresse auch ein ausgezeichnetes Fischlokal betreiben (s.u.), liegt unterhalb der Wallfahrtskirche Santa Maria del Soccorso. Alle Zimmer renoviert, geschmackvoll möbliert und mit Meerblick. 12 Zi., DZ/F 90–220 Euro, HP zusätzlich 35 Euro (zu empfehlen!). April bis Ende Dez.
Via Soccorso 2, Tel. 081 99 71 71, www.umbertoamare.it

gwn13_030 pa

◁ Die schöne Spiaggia San Francesco im Norden von Forio

■ **Semiramis** ***

Hübsch möblierte Frühstückspension über dem Strand, 500 m von den Poseidon-Gärten entfernt. Einladende Zimmer, fast alle mit Meerblick. Von den Besitzern *Giovanni* und *Jantje Mazza* – einer Ostfriesin, der Liebe wegen in Ischia gestrandet – freundlich geführt. Mit Pool. Gute Restaurant-Tipps. 32 Zi., DZ/F 110–160 Euro. April bis Anfang Nov.
Spiaggia di Citara, Tel. 081 90 75 11,
www.hotelsemiramisischia.it

■ **Poggio del Sole** **

Familiengeführtes Hotel in den Weinbergen am Fuße des Monte Epomeo. Tolle Blicke auf die westliche Inselhälfte und den Sonnenuntergang. Dazu gehört das rustikale Ristorante La Casareccia (s.u.). Einfache, nette Zimmer. Kleiner Pool und Shuttle zum Privatstrand. 16 Zi., DZ/F 70–120 Euro. April bis Anfang Nov.
Via Baiola 193, Tel. 081 98 77 56,
Mobil 33 36 98 56 65, www.hotelpoggiodelsole.it

■ **Di Lustro** *

MEIN TIPP! Die Schwestern *Di Lustro* führen diese hübsche Pension im Zentrum Forios. Die Zimmer im alten Herrenhaus gruppieren sich um einem spanischen Patio voller Pflanzen. Zimmer im 2. Stock etwas kleiner, dafür aber mit Heizung/Air Condition. Große Dachterrasse mit schönem Ausblick. Gute Küche, HP ist eine empfehlenswerte Option! *Truman Capote*, der 1949 hier zu Gast war (Zi. N° 2 mit alten Majolikaböden!), hat der Pensione Di Lustro in seiner Erzählung „Ischia" ein literarisches Denkmal gesetzt. Im Gästebuch steht immer noch sein Name. 10 Zi., DZ/F 60–80 Euro, HP 50–70 Euro.
Via F. di Lustro 9, Tel. 081 99 71 63

■ **Mena** *

Einfache, recht nette Familienpension in Gehdistanz zum Hafen. Saubere Zimmer mit 2, 3 oder 4 Betten. Pool im Garten, Meerblick. Empfehlenswerte *cucina casareccia*. 22 Zi., DZ/F 60–80 Euro, im Aug. bis 120 Euro, HP 40–55 Euro, im Aug. bis 70 Euro.
Via Spinavola 33, Tel. 081 98 95 47,
www.residencepensionemena.it

Bed & Breakfast

■ **Pietradonica**

MEIN TIPP! *Domenico Blasi* hat seinen Casale aus dem 18. Jh., der von einem üppigen Garten umgeben mitten im Ort liegt, zahlenden Gästen geöffnet. Fröhlich bunte Zimmer und Himmelbetten mit top Matratzen. *Domenico,* dessen Vater aus Catania stammt, pendelt zwischen Sizilien und Ischia. 6 Zi., DZ/F 66–90 Euro. April bis Nov.
Via San Vito 1, Mobil 34 60 87 00 05,
www.pietradonica.it

■ **Villa Ravino**

MEIN TIPP! Oberhalb ihres Sukkulenten-Gartens (s.o.) liegt mit schöner Aussicht aufs Meer die gepflegte Ferienwohnungsanlage der Familie *D'Ambra.* Alle gut ausgestatteten Zimmer (für bis zu 5 Pers.) mit kleiner Küchenzeile, das Frühstück wird auf Wunsch in der Lounge Bar des Gartens serviert. Thermalpool im Freien, ein kleines Thermalbad auch im Wintergarten. 12 Ap., Ap. für 2 Pers. 330–490 Euro/Woche, im Aug. ab 570 Euro/Woche. März bis Dez.
Via Provinciale Panza 140b (S.S. 270),
Tel. 081 99 77 83, Mobil 32 94 98 39 23
(*Luca D'Ambra*), www.ravino.it

Hostel

■ **Ring Hostel**

Fröhliche Low-Budget-Bleibe in ehemaligem Klostergebäude im Zentrum Forios, mit Verve geführt von den Brüdern *Giuseppe, Amerigo* und *Lorenzo Colella*. Kleine Schlafräume und Doppelzimmer mit oder ohne Bad. Den Gästen stehen eine Küche, Waschmaschine, Fußballkicker, Tischtennis, Kayaks, Paddelboote u.v.m. zur freien Verfügung. Die Familie *Colella* führt u.a. auch das Ristorante La Casareccia (s.u.) und direkt daneben das Hotel Poggio del Sole (s.o.). Ü/F 16–22 Euro, DZ/F 45–56 Euro.
Via Gaetano Morgera 72, Tel. 081 99 74 24,
Mobil 33 36 98 56 65, www.ringhostel.com

Essen und Trinken

Restaurants und Trattorien

▪ Da Peppina di Renato

Ländlich-elegante Trattoria auf einem Hügel oberhalb des Citara-Strandes. Traditionelle ischitanische Bauernküche mit besten Zutaten. Gemüsesuppen, *pasta e fagioli,* Ravioli mit Walnüssen oder *coniglio all'ischitana,* Fleisch vom Grill. Am Abend solide Auswahl delikater *pizze.* Offener Wein. 25–35 Euro. Mi Ruhetag. Nur abends. März bis Mitte Dez.
Via Montecorvo 42, Tel. 081 99 83 12,
www.trattoriadapeppina.it

▪ Gabbiano Beach

Elegantes Fisch-Ristorante am Citara-Strand mit Bade-Lido (die Liegestühle sind ideal für einen Verdauungsschlummer). Gute Qualität und faire Preise. 30–40 Euro. April bis Nov.
Via G. Mazzella, Tel. 081 90 80 19,
www.gabbianobeach.net

▪ La Casareccia

Die Familie *Colella* führt ihr rustikales Ristorante an den Hangfüßen des Monte Epomeo etwas außerhalb des Ortes, direkt daneben das Hotel Poggio del Sole (s.o.). Erdverbundene Inselküche, die Zutaten z.T. aus eigenem Garten, der Fisch frisch vom Fischer. Prima Holzofenpizza. Mamma *Tina* bietet ihren Gästen auch Kochkurse an! 15–35 Euro. Mittags und abends. April bis Anfang Nov.
Via Baiola 195,
Tel. 081 98 77 56, Mobil 33 36 98 56 65,
www.lacasareccia.com

▪ La Tinaia

MEIN TIPP! Das Lokal am oberen Ende des Corso empfängt gleich am Eingang mit seinem riesigen Pizzaofen. Knusprige neapolitanische Holzofenpizza gibt es hier bereits am Vormittag, ansonsten wird mit Königs Pilsner geworben. Anständige Portionen und Preise. Ferner: Köstliche *bruschette,* Nudelgerichte, *salsicce* und *frittura mista.* Auch offener Wein. Kein Ruhetag! 15–20 Euro.
Via Matteo Verde 39, Tel. 081 99 84 48

▪ Limoneto da Nello

Einladendes Ristorante in schönem Zitronengarten. Besonders lecker die knusprigen Holzofenpizze (auch mit Zitronenaroma). 15–35 Euro. Abends. April bis Ende Nov.
Via Baiola II. Traversa 94,
Tel. 08 13 33 20 09, www.ristorantelimoneto.com

▪ Il Saturnino

MEIN TIPP! Eines der ältesten Hafenlokale Forios, in der Nachkriegszeit von einem liebeskranken schwulen Amerikaner eröffnet, der dann doch die Schwester seines Lovers heiratete ... In den 1950er/-60er Jahren DER Künstlertreff! Nachdem das winzige Restaurant lange geschlossen war, haben es *Ciro* und *Stefania* 1997 wiederbelebt und gleich auch für frischen Wind in der ischitanischen Küche gesorgt, ohne Traditionen zu verleugnen. 35–40 Euro. Di Ruhetag. Mittags und abends, im Winter nur Fr bis So.
Via Marina 17, Tel. 081 99 82 96,
Mobil 33 31 05 67 19

▪ Pietratorcia

MEIN TIPP! Einer von Ischias Top-Weinproduzenten lädt auf sonniger Terrasse zur Degustation ein. Die Weine werden von einer Käseplatte und einem Teller *salumi* begleitet, das Ganze für 15 Euro. Auch Verkauf zu Kellereipreisen. April bis Mitte Nov.
Via Provinciale Panza 267 – Località Cuotto,
Tel. 081 90 72 32, Mobil 34 85 80 56 92
(Vito Verde), www.pietratorcia.it

▪ Umberto a Mare

MEIN TIPP! *Marco* und *Umberto Regine* führen das von ihrem Großvater gegründete Fischlokal mit viel Engagement fort. Schöne Terrasse über dem Meer (laut Magazin „Panorama" eines der zehn Lokale Italiens mit der besten Aussicht!). Einfallsreiche Nudelgerichte und raffiniert zubereitete *frutti di mare.* Zu zweit sollte man die *cassuola di mare,* einen Fischeintopf, probieren. Große Weinauswahl, hausgemachte *dolci.* Zur Siesta locken die charmanten Zimmer in der Pension nebenan (s.o.). Ab 40 Euro. April bis Okt.
Via Soccorso 2, Tel. 081 99 71 71,
www.umbertoamare.it

2

Willkommen in Neptuns Reich

Die Regione Campania hat in den Gewässern um Ischia und Procida im Frühjahr 2008 ein **Meeresschutzgebiet** eingerichtet. Selbst vielen Einheimischen war unbekannt, dass hier **Delfine** und sogar bis zu 20 m lange **Finn- und Pottwale** gesichtet werden können. Das Ischitaner **Forschungsinstitut Delphis** erforscht seit 1991 die Meeressäuger und hat maßgeblich zur Errichtung des Schutzgebietes beigetragen, das den Namen **Regno di Nettuno**, „Neptuns Reich", trägt. Delphis organisiert einwöchige **Segeltörns** auf dem Forschungsschiff „Jean Gab". Auch Tagestörns sind möglich (Erwachsene 80 Euro, Kinder von 6–12 Jahren 50 Euro, Essen und Trinken an Bord inkl.). Ganz nebenbei wird man auf dem eleganten Kutter in die Anfangsgründe des Segelns eingeführt. Im Hafen von Casamicciola heißt es von Mitte Juni bis Mitte Oktober Leinen los.

Durch den Golf von Neapel zieht sich eine wichtige Nahtstelle zwischen nördlichem und südlichem Mittelmeer – hier begegnen sich zahllose Arten. Zwischen Ischia und der Insel Ventotene z.B. gibt es die größte Konzentration an Meeressäugern im Mittelmeer. Den großen Artenreichtum der Meeresfauna erkannte auch der deutsche Zoologe *Anton Dohrn* (1840–1909), ein Freund *Charles Darwins*. *Dohrn* richtete 1872 in Neapel das weltweit erste Meeresbiologische Institut ein, dazu eine Außenstelle auf Ischia. Die **Stazione Zoologica di Napoli** (www.szn.it) ist nach wie vor eine wichtige wissenschaftliche Begegnungsstätte und beherbergt die bedeutendste meeresbiologische Bibliothek des Mittelmeerraums.

Seit Einrichtung der Area Marina Protetta hat sich die Fischpopulation um Ischia und Procida sichtlich erholt. Die großen Seegraswiesen, in der Vergangenheit bedroht durch das wilde Ankern der Ausflugsboote und die Schleppnetze der Fischer, sind die „Kinderstuben" zahlreicher Fischarten. Auch die Tauchschulen Ischias und Procidas arbeiten inzwischen eng mit der Area Marina Protetta zusammen.

▪ **Delphis,** Via Zaro 22 – Forio, Tel. 081 98 95 78, Mobil 34 92 92 77 22 *(Monica Mariani)*, 34 95 74 99 27 *(Barbara Mussi)*, www.oceanomaredelphis.org
▪ **Regno di Nettuno – Area Marina Protetta,** Piazza Municipio – Forio, Tel. 08 13 33 29 41, Mobil 36 66 62 75 83 *(Caterina Iacono)*, www.nettunoamp.org

gvn11_009 ©delphis

Snacks, Cafés und Bars

■ **La Lucciola**
Hafenbar mit guter Bäckerei und Weinausschank. Di Ruhetag.
Via F. Di Lustro 13, Tel. 081 99 73 43

■ **La Pietra bei Anneliese**
Typisches Felsenhaus im Tuff inmitten eines großen Gartens mit Blick aufs Meer. Hier betreibt *Mario Amalfitano,* im Angedenken an seine Mamma *Anneliese,* ein sympathisches Lokal. Gegen Heimweh gibt es deutschen Filterkaffee, gegen Hunger riesige und köstliche *bruschette,* inzwischen aber auch das erweiterte kulinarische Angebot eines Ristorante. Offener Wein. Am Abend Piano-Bar. 10–15 Euro. Kein Ruhetag.
Via G. Mazzella 112, Tel. 081 99 86 05

■ **Le Cantine Pietratorcia nell'Antica Libreria Mattera**
Weinverkauf und Ausschank im Rücken der Chiesa di S. Gaetano. Lohnend ist auch der Besuch in der historischen Weinkellerei, wo es ebenfalls möglich ist, die edlen Inseltropfen zu verkosten (s.o.). April bis Mitte Nov.
Via Marina 11, Tel. 08 13 33 20 37,
www.facebook.com/pietratorcia

Nachtleben

Das Nachtleben ist an den **Hafen** von Forio – wie schon einmal in den goldenen 1950er/1960er Jahren – zurückgekehrt. Die netten Bars und Clubs sind weniger touristisch als in Ischia Porto und mehr von Einheimischen frequentiert. Gute Adressen auf der Via Marina sind z.B. die Pianobar **Lucignolo,** die angesagte Cocktailbar **Tiratardi** oder die **Pianobar Lucignolo.**

An- und Weiterreise

■ **Bus: EAV-Linea CD** und **CS** rund um die Insel. **Linea 1** über Lacco Ameno nach Ischia Porto bzw. bis Sant'Angelo. **EAV-Linea 2** nach Ischia Porto. **EAV-Linea 14** nach Casamicciola.

■ **Schiff:** In Forio legen Tragflügelboote aus Neapel an.

■ **Boot:** Vom Hafen aus werden v.a. im Sommer Bootsausflüge um die Insel angeboten. Ein nicht gerade billiges, aber lohnendes Vergnügen!

Strände

Die **Spiaggia di San Francesco** im Norden von Forio ist bei den Einheimischen besonders beliebt. An dem schönen gelben Sandstrand gibt es nur wenige gebührenpflichtige bagni, auch die Strandlokale sind hier nett und unprätentiös. Kenner schwimmen zu den Thermalquellen ins Meer hinaus. Südlich schließt sich die **Spiaggia Chiaia** an. Die Aussicht aufs Meer wird durch die Wellenbrecher etwas getrübt.

Im Süden von Forio wird die **Cava dell'Isola** vor allem von den einheimischen Jugendlichen aufgesucht. Um zu dem freien Badestrand unterhalb des Steilufers zu gelangen, muss man über einige Stufen klettern. Im Hochsommer geht es an der **Spiaggia di Citara** hoch her. Freie Liegeflächen sind an dem lang gezogenen Sandstrand dann knapp, an bagni, Bars, Restaurants, Beach-Volleyball-Feldern und fliegenden Händlern herrscht hingegen kein Mangel. In Strandnähe entspringt die 54°C warme Citara-Quelle.

Thermen

■ **Giardini Poseidon**
Ischias **größter Thermalpark** wird mit deutscher Aufmerksamkeit geführt. Herrliche Lage in einem ausgedehnten Landschaftspark am lang gezogenen

Citara-Strand. Riesiges Kur- und Freizeitangebot mit 22 Thermalpools von 20–40°C, Jacuzzis, Felsensauna, Dampfbädern, Strand u.v.m. April bis Okt. tägl. 8.30–19 Uhr. Tageskarte 28–30 Euro, ab 13 Uhr 23 Euro.
Spiaggia di Citara, Tel. 08 19 08 71 11, www.giardiniposeidonterme.com

Wandern

Punta Caruso

Aus dem Ortsteil San Francesco kann man auf einer für den Durchgangsverkehr gesperrten Straße oberhalb der Steilküste an die Spitze der Halbinsel und weiter bis zur **San-Montano-Bucht** westlich von Lacco Ameno wandern.

Monte Epomeo

Aus Forio führen mehrere Wege auf den höchsten Inselgipfel. Ein sanft gezogener Anstieg beginnt im südlich gelegenen Ortsteil Capiazzo auf Höhe des Hotels Villa Angela direkt von der S.S. 270. Die wenig befahrene Straße führt gelb markiert über S. Domenico und S. Maria del Monte hoch. Zwei steilere Wegvarianten beginnen im Osten von Forio.

Von Cierco geht es über S. Antuono zur S. Maria del Monte, von Monterone führt der Weg an den Terme Castaldi vorbei ebenfalls zur S. Maria del Monte.

Forio: Seefahrerkirchlein S. Maria del Soccorso

2

Panza

Das freundliche, auf luftigen 150 m Höhe gelegene **Weinbauern-Dorf** Panza hat längst Anschluss an den Tourismus gefunden, ohne aber dabei seine ländlich entspannte Atmosphäre eingebüßt zu haben. Im alten Ortskern stehen sich an der Piazza, dem abendlichen Treffpunkt der Einheimischen, die barocke **Pfarrkirche San Leonardo** und die **Kirche der Erzbruderschaft S. Annunziata** gegenüber.

Eine Reihe privater **Zimmeranbieter** macht im Ort mit den Schildern „Affitasi camera" auf sich aufmerksam. Die meisten Ferienwohnungen und Hotels liegen an den beiden Straßen in Richtung Küste bzw. in den Weinhügeln oberhalb des Ortes.

Ende August und Anfang September geht es in Panza besonders weinselig zu, wenn die **Sagra dell'Uva e del Vino** gefeiert wird, festliche Einstimmung auf die Weinlese, die Ende September oder Anfang Oktober stattfindet. Das ganze Jahr über kann man sich in dem **Bauernmuseum,** das die Familie *D'Ambra* auf ihrem Gut eingerichtet hat, über die Geschichte des Weinanbaus auf Ischia informieren. Die griechischen Gründer von Pithekoussai haben im 8. Jh. v. Chr. die Kultur der Rebe im westlichen Mittelmeerraum verbreitet. Nach der Führung (auch deutschsprachig) kann man ohne jeden Kaufzwang die Weine des Hauses *D'Ambra,* seit 1888 Produzent qualitätsvoller Tropfen, verkosten. Sie werden auch in jedem besseren Restaurant auf der Insel ausgeschenkt.

■ **Museo Contadino dell'Isola d'Ischia,** Via Mario D'Ambra 16 (an der S.S. 270 oberhalb Panza ausgeschildert), Tel. 081 90 72 46, www.dambravini. com. Mo bis Fr 9–13 und 14–17 Uhr, im Sommer länger. Eintritt frei.

Südlich von Panza, aus dem Ort auf einer ausgeschilderten steilen Straße und über Treppen zu Fuß zu erreichen, liegt die **Sorgeto-Bucht.** Im Meer entspringt eine naturbelassene Thermalquelle.

Information

■ **Pro Loco Panza**
Via Provinciale Panza 442 (Piazza San Leonardo), Tel. 081908436, www.prolocopanzaischia.it

Hotels und Pensionen

■ **Punta Chiarito** ★★★★
Nichts als Felsen, Himmel, Meer und Stille: Das komfortable Hotel liegt einsam auf dem gleichnamigen Felskap südlich von Panza. Am schönsten sind die Zimmer mit Blick auf Sant'Angelo. Großer Thermalpool, Kureinrichtung. 200 Stufen hinab zum Sorgeto-Strand. Auf dem weitläufigen Gelände gibt es archäologische Ausgrabungen. Hotelshuttle nach Panza, Linienbus hält in der Nähe. 28 Zi., DZ/F ab 125 Euro, à la carte Menü ca. 30 Euro, auch HP. Ende März bis Okt.
Via Sorgeto 51, Tel. 081 90 81 02,
Mobil 33 56 02 35 26, www.puntachiarito.it

■ **Hotel al Bosco** ★★★
Im ruhigen Südwesten von Panza in ländlicher Umgebung gelegen (Richtung Scanella). Schöne Blicke aufs Meer. Thermalpool, Kureinrichtung. 38 Zi., DZ/F 80–120 Euro, HP 50–70 Euro. Mitte März bis Mitte Nov.
Via San Gennaro 45, Tel. 081 90 91 32,
Mobil 33 85 79 81 13, www.hotelalbosco.it

Golf von Neapel: Ischia

■ **Miralisa** ***

Freundliches und ruhiges Haus oberhalb der Sorgeto-Bucht. Fast alle komfortablen Zimmer mit Sicht aufs Meer (kleiner Aufpreis). Thermalpools mit Meerblick. Mehrmals am Tag fährt der Hotelbus nach Panza. 33 Zi., HP 50–75 Euro. Mitte März bis Ende Okt.

Via Fumerie 6, Tel. 081 90 90 59,
www.hotelmiralisa.com

■ **Pensione Casa Gennaro** *

Die freundliche, familiengeführte Pension liegt mit schönem Blick auf Weinterrassen, Bauerngärten, die Punta Chiarito und das Meer unterhalb der SP 112. Einfache, aber saubere und mit allem Notwendigem ausgestattete Zimmer mit Balkon und Belvedere. Seit über 30 Jahren verwöhnt *Leonardo Iaconos* Mutter, Mamma *Viola*, ihre Gäste mit ehrlicher Bauernküche. Die Zutaten stammen größtenteils aus dem eigenen Garten. Bushaltestelle direkt vor dem Haus! 13 Zi., DZ/F ab 60 Euro, HP 36–48 Euro.

Via Provinciale Panza Succhivo 15,
Tel. 081 90 71 18, www.pensionecasagennaro.com

■ **Mare Luna**

Die Pension unter der sympathischen Leitung von *Tina* und *Maurizio Esposito* wurde in eine nette Residence verwandelt. Die Apartments bieten Platz für bis zu vier Personen und sind mit Küchen ausgestattet. Angeschlossen ist auch ein kleines Restaurant. 7 Ap., DZ/F 80–120 Euro, auch HP möglich, günstige Wochenpreise. April bis Ende Sept.

Via Madonna delle Grazie 69,
Tel. 081 90 71 83, Mobil 33 36 85 72 70,
www.hotelmareluna.com

Essen und Trinken

Südwestlich von Panza liegen in Richtung Scannella eine Reihe empfehlenswerter **Ausflugslokale.**

■ La Forastera

Rustikales Terrassenlokal im Grünen in einer Querstraße der Via Madonna delle Grazie. Gute ischitanische Bauernküche. 15–20 Euro. März bis Okt. tägl., im Winter nur Sa und So. Mittags und abends.

Via Forche 31, Tel. 081 90 72 81

■ Da Leopoldo

Beliebtes Ausflugslokal mit prima Küche und Panoramaterrasse. Besonders gut schmecken hier *pasta e faggioli con cozze* (Nudeln mit weißen Bohnen und Miesmuscheln), Fleisch vom offenen Holzkohlengrill. Am Abend auch Holzofenpizza und Mandolinenmusik. 20–30 Euro. April bis Okt. tägl. abends, im Winter v.a. an Wochenenden.

Via Scannella 12, Tel. 081 90 70 86

■ Da Luca

MEIN TIPP! Empfehlenswertes Lokal im Zentrum, offener Wein und v.a. junges Publikum. Hier gibt es von morgens 10 Uhr bis spät in die Nacht knusprige Pizza (auch glutenfrei) frisch aus dem Holzofen, aber auch Pasta sowie Fisch- und Fleischsecondi. 10–20 Euro.

Via Provinciale Panza 422,
Tel. 081 90 78 46, www.tuttopizzadaluca.it

■ Il Cacciatore

Edel-Trattoria mit schöner Aussichtsterrasse. Gute Gemüse- und Fisch-Risotti, natürlich auch *conoglio alla cacciatora*. (Etwas zu) viele Familienfeste. 25–30 Euro. Mo Ruhetag. Nur abends, So auch mittags. April bis Okt.

Via Scannella 17, Tel. 081 90 70 36

An- und Weiterreise

■ **Bus: Linea CD** und **CS** rund um die Insel. **Linea 1** über Lacco Ameno nach Ischia Porto bzw. bis Sant'Angelo.

■ **Taxi-Boote:** Von Sant'Angelo aus pendeln im Sommer Boote in die Sorgeto-Bucht.

Fest

■ **Sagra dell'Uva e del Vino,** bei diesem Dorffest Ende Aug./Anfang Sept. dreht sich alles um Wein.

2

Schneegruben und Höhlenhäuser

An den Hängen des Monte Epomeo kann man auf merkwürdige Gebilde stoßen. Aus großen Tuffsteinblöcken, die wie vergessenes Riesenspielzeug in der Landschaft liegen, ragen plötzlich Ofenrohre heraus. Die Felsblöcke sind vor langer Zeit vom Monte Epomeo heruntergerollt und blieben auf den flacher werdenden Hängen liegen. Einer hat es sogar bis Lacco Ameno ins Meer geschafft, als Fungo machte er es als Wahrzeichen des Ortes Karriere. Im 15. und 16. Jh., als die Küstenbewohner vor den Piraten ins Landesinnere flüchteten, wurden viele dieser Tuffsteinbrocken zu Wohnungen ausgehöhlt, komplett mit Tür- und Fensteröffnungen, Schlafbänken, dem Kreuz an der Wand, Futtertrögen für das Vieh und Kelterwannen.

In **Ciglio,** einem kleinen Weinbauerndorf zwischen Panza und Serrara, stehen die schönsten dieser Troglodytenhäuser. Eine Zeit lang nahm man wohl an, Troglodyten, also eiszeitliche Höhlenbewohner, hätten sie errichtet. Schöne Beispiele dieser originellen Architektur kann man auf einer Wanderung durch den **Bosco della Falanga** entdecken.

In den Kastanienwäldern der Falanga gibt es eine weitere Besonderheit, die **fosse della neve,** metertiefe Gruben, die seitlich durch Trockenmauerwerk befestigt sind. Mit dem massenhaften Aufkommen von Kühlschränken in der Nachkriegszeit verloren die ischitanischen Schneemänner ihre Arbeit. Früher hatten die *nevaioli* im Winter den spärlich gefallenen Schnee in Körben herangeschafft und stampften ihn in den Gruben mit langen Stangen zu Eis. Mit Kastanienlaub bedeckt, konnte das Eis sich bis über den Sommer halten. Auf Maultieren wurde es in die Orte gebracht, unentbehrlich zur Kühlung verderblicher Lebensmittel und zur Herstellung der *granita*. Auch die Römer tranken im Sommer ihren Wein gerne mit Eis gekühlt und aßen zum Nachtisch gestoßenes Eis mit Früchten. Mit Hilfe des Zuckers machten die Araber daraus ihr *sherbet,* Vorläufer der Sorbets oder eben der typisch süditalienischen *granita*.

063nea pa

Golf von Neapel: Ischia

Strände und Thermen

Die **Baia di Sorgeto** ist eine der wenigen Stellen auf Ischia, an denen man die Thermalfreuden noch im Naturzustand genießen kann, seit es im Sommer die Taxi-Boote aus Sant'Angelo gibt, allerdings kaum noch in stiller Einsamkeit. Die Einheimischen suchen die saubere Bucht, in der sich zwischen Felsen Meerwasser mit dem Wasser der heißen Sorgeto-Quelle mischt, seit jeher auf, um ihre Zipperlein zu kurieren. Die jungen Ischitaner kommen gerne auf ein romantisches Nachtbad vorbei. Der steile Treppenweg aus Panza wurde neu angelegt. Acht geben muss man im Uferbereich, das Wasser kann sehr heiß sein, und die Steine sind durch Algenbewuchs glitschig. Badeschuhe machen sich bezahlt! Im Sommer öffnet eine nette Bar, dann gibt es auch Toiletten und Umkleidekabinen.

Wandern

Von Panza aus kann man zu einer Reihe von Wanderungen aufbrechen, etwa zu dem südlich gelegenen Aussichtshügel **La Cima** oder über den Ort **Ciglio** auf einem Panoramaweg in Richtung **Bosco di Falanga** und auf den **Monte Epomeo.** Im Nachbarort Ciglio stehen die schönsten aus Tuffsteinfelsen geschlagenen Häuser (siehe Exkurs „Eisgruben und Höhlenhäuser").

Fontana, Serrara und Sant'Angelo

Im Süden gibt sich Ischia wild und ursprünglich. Die winterlichen Regenfälle haben bizarre Schluchten in die Tuffhänge gegraben, und stille Bergdörfer wie Fontana oder Serrara haben wenig ge-

mein mit den ausufernden Orten an der weitgehend zersiedelten Nordküste. Das 450 m hoch gelegene **Fontana** ist der klassische Ausgangspunkt für Wanderungen auf den **Monte Epomeo** (s.u.). Der Nachbarort **Serrara** gilt zu Recht als der „Balkon Ischias". Von der Belvedere-Piazza genießt man das schönste Panorama auf die Südküste und Sant'Angelo. Bei guter Sicht reicht der Blick bis Capri und Sorrent. Beliebt ist der Stopp vor allem bei Touristengruppen, die hier für die Dauer eines Cappucino halten. Architektonisch reizvoll ist die **Chiesa Santa Maria del Carmine,** die mit dem Rathaus einen malerischen Gebäudekomplex bildet. Kaum jemand verirrt sich in die höher gelegenen Ortsteile. Vorbei an Weinbergen und Bauerngärten führen auch hier Wege in den Bosco della Falanga und auf den Monte Epomeo.

Das ehemalige Fischerdorf **Sant'Angelo,** direkt unterhalb von Serrara gelegen, ist ein Urlaubsort wie aus dem Bilderbuch. Die Zufahrtsstraße endet oberhalb des Ortes. Weiter geht es nur zu Fuß, Gepäck und Lasten werden mit Elektrokarren transportiert. Die pastellfarbenen Häuser von Sant'Angelo kleben am Hang, und auch die zahlreich neu errichteten Hotels fügen sich harmonisch ein. Alle Treppengassen und Wege enden früher oder später an der romantischen Hafenpiazza, bis in die späten Abendstunden ein beliebter Treffpunkt. Sant'Angelo hat immer schon die Großen aus Kunst und Politik angezogen: *Gabriele D'Annunzio, Vittorio De Sica, Pier Paolo Pasolini, Pablo Neruda, Sophia Loren, Guilio Andreotti* und *Romano Prodi,* um nur einige zu nennen. Eine Habituè ist auch die deutsche Bundeskanzlerin *Angela Merkel.* Eine befestigte

2

Sandzunge verbindet Sant'Angelo mit der vorgelagerten **Halbinsel La Roia.** Wendet man sich um, ist der Postkartenblick perfekt. Rechts schaukeln bunte Fischer- und Taxi-Boote im Hafen, links liegt der Badestrand, die Häuser stapeln sich in pittoresken Kuben, überragt von der schneeweißen **Chiesa San Michele.** Die grünen Oasen von zwei gepflegten **Thermalgärten** flankieren das exklusive Urlaubsidyll. Am schönsten ist Sant'Angelo am Abend, wenn die Tagesausflügler wieder abgereist sind. Man fühlt sich hier fast wie auf einer Insel. Außer den Thermalgärten sorgt der nahe **Maronti-Strand** für ausgedehnte Badefreuden.

Unterkunft

Hotels und Pensionen in Sant'Angelo

■ Il Fortino ****
Hübsche Dependance des Hotels La Palma (s.u.). Komfortable Zimmer mit Balkon bzw. Terrasse. Besuch des Thermalgartens „Tropical" im HP-Preis inbegriffen. 15 Zi., HP 95–120 Euro.
www.ilfortinoischia.it

■ La Palma ****
Angenehmes Haus mit schönen Terrassen, leicht erhöhte Lage im Ort. Die Zimmer, z.T. etwas dunkel, sind mit Stilmöbeln eingerichtet, alle haben Balkon, die meisten mit Meerblick. Nur HP oder VP. Das Essen kann auch im Thermalgarten Tropical (s.u.) eingenommen werden. Besuch des Thermalgartens im Übernachtungspreis inbegriffen. 42 Zi., HP 95–120 Euro. April bis Nov.
Via Comandante Maddalena 15,
Tel. 081 99 92 15, www.lapalmatropical.it

■ Casa Eugenio ***
MEIN TIPP! Freundliche Familienpension oberhalb der Aphrodite-Apollon-Gärten (s.u.) in schöner Hanglage mit Blick auf den Maronti-Strand (für den Strandbesuch sollte man gut zu Fuß sein!). Signora *Michela* sorgt für bestes Essen, ihr Mann *Eugenio* singt gerne. Gepäck kann mit Elektro-Karren an der Busstation abgeholt werden. 15 Zi., DZ/F 70–90 Euro, HP 50–75 Euro, Menü 20 Euro.
Via Madonella 21, Tel. 081 99 97 22,
www.casaeugenio.it

■ Casa Rosa Terme ***
Gepflegte Hotelanlage im Osten von Sant'Angelo. Neben den Aphrodite-Apollon-Gärten (s.u.) und über dem Fumarolen-Strand gelegen. Thermalpools und Kurabteilung. Alle Zimmer mit kleinem Balkon und *vista mare*. 50 Zi., DZ/F 146–196 Euro, HP 86–101 Euro. April bis Okt.
Via Fondolillo 14, Tel. 08 15 07 61 11,
www.hotelcasarosaterme.it

■ Casa Sofia ***
Klein & fein: Auch nach Ausscheiden der Signora *Bremer-Baricelli* steht die Pension unter aufmerksamer deutscher Leitung. Gastliches, erholsames Haus, Frühstücksterrasse mit tollem Blick auf den Ort und das Meer. Zum Strand sind es ca. 10 Min. zu Fuß (bergab). 8 Zi., 2 Ap., DZ/F 110 Euro. April bis Ende Nov.
Via Sant'Angelo 29, Tel. 081 99 93 10,
Mobil 33 35 87 66 76, www.hotelcasasofia.com

■ Conte ***
Modernisierte Familien-Pension auf der Sant'Angelo vorgelagerten Felshalbinsel, direkt über dem kleinen Fischerhafen. Berückendes Panorama, v.a. abends! Die Familie *Zunta* kocht hervorragend für ihre Gäste. 44 Zi., DZ/F 90–160 Euro. April bis Okt.
Via Nazario Sauro 42, Tel. 081 99 92 14,
www.hotelconteischia.it

■ Casa Celestino **
Von der Familie *Iacono* mit Aufmerksamkeit geführte Pension direkt am Felsufer. Vor ein paar Jahren komplett renoviert und, ohne in der Sterne-Katego-

> ⟩ Sprachbarrieren auf Ischia?
> Wirklich nicht … !

rie aufzusteigen, preislich deutlich nach oben gegangen. Alle Zimmer mit Blick auf die Punta Chiarito. Das Terrassenlokal ist einladend, man sitzt sehr schön und isst ausgezeichnet. 20 Zi., DZ/F 100–240 Euro, Suiten ab 240 Euro, HP 120–150 Euro. Ostern bis Okt.
Via Chiaia delle Rose 20,
Tel. 081 99 92 13, www.casacelestino.it

◼ **Casa Garibaldi** *

MEIN TIPP! Einfache, von der sympathischen Signora *Luisa* geführte Pension im oberen Ortsteil. Terrassenförmige Anlage am Hang, herrliche Ausblicke. Thermal-Pool und Sauna gratis. Kein Restaurant, dafür steht den Gästen eine Küche zur Verfügung (auch drei der Zimmer mit eigener Küche). 15 Zi., DZ 76 Euro, F 5 Euro p.P. März bis Okt.
Via S. Angelo 52, Tel. 081 99 94 20,
081 99 98 26 (priv.), www.casagaribaldi.com

Bed & Breakfast in Serrara

◼ **Villa Tara**

Das aus einer alten Landvilla hervorgegangene gepflegte Guest House liegt von Orangen und Zitronen umgeben auf halber Strecke zwischen der Punta Chiarito und Sant'Angelo. Pool im Garten, Blick aufs Meer. *Mariella Tedeschi* ist eine aufmerksame Gastgeberin, auf Wunsch kocht sie für ihre Gäste. 13 Zi., 3 Ap., DZ/F 104–168 Euro, Ap. für 2 Pers. ab 420 Euro/Woche.
Via Succhivo 13, Tel. 081 90 84 70,
Mobil 33 36 62 96 42, www.villatara.it

Essen und Trinken

Restaurants und Trattorien in Sant'Angelo

◼ **Da Pasquale**

Rustikales Ambiente und junges Publikum: leckere Pizza, Bier und einfache Gerichte. Versteckt oberhalb der Piazza. 15 Euro. Di Ruhetag. Mittags und abends. April bis Okt.
Via Sant'Angelo 79, Tel. 081 90 42 08

◼ **Enoteca La Stadera**

MEIN TIPP! Bestens sortierte Önothek cum Bar, geführt vom sympathischen Padrone *Ivo Iacono*. Nicht nur wird man kundig beraten und zum Probieren animiert, auch gibt es kulinarische Köstlichkeiten aus ganz Kampanien zu verkosten. Und unverse-

hens hat man hier den ganzen Abend verbracht … Ostern bis Anfang Nov. Mittags und von Nachmittag bis spät nachts. Di Ruhetag. 15–25 Euro.
Via C. Maddalena 15, Tel. 08 19 99 88 93,
Mobil 34 76 24 37 63, 34 02 58 01 47

● **Peppino**
Fischlokal auf der Felshalbinsel La Roia. Tolle Holzveranda, die Aussicht fast besser als die Küche. Hohe Preise. 30–40 Euro. Mittags und abends. Ende März bis Mitte Nov.
Via Nazario Sauro 26, Tel. 081 99 92 83

● **La Tavernetta del Pirata**
Restaurant und In-Bar. Nomen est omen – keine angeschlagenen Preise! März bis Okt.
Via Sant'Angelo 77, Tel. 081 99 92 51

Trattorien in der Cavascura-Schlucht

● **La Dolce Siesta**
Zurückgesetzt vom Strand, am Eingang der Cavascura-Schlucht und nur zu Fuß zu erreichen, liegt das freundliche Lokal von *Francesca* und *Francesco Iacono* (die beiden vermieten auch Zimmer). Köstliche Antipasti und die obligaten *bruschette* zum Sattwerden, für den größeren Hunger: *fritto misto, zuppa di pesce* oder *coniglio alla cacciatora.* Hausgemachte *dolci*. 10–20 Euro. Ostern bis Okt. tägl. von früh bis spät.
Via Vallone di Cavascura, Tel. 081 99 03 65

● **Taverna Pietro Paolo detto Stalino**
Rustikale Trattoria auf dem Weg zu den Terme di Cavascura. Köstliche *bruschette*. Sehr gut sind auch die *bucatini al coniglio*. Für Hungrige auch *coniglio* oder *zuppa di pesce*. 10–30 Euro. Ostern bis Sept.
Via Lesca 10, Tel. 081 90 58 70

Café/Bar in Fontana

● **Bar Epomeo**
Guter *caffè*, exzellente *pastiera* (neapolitanische Ricotta-Torte) und Bruschette. Fußlahme können sich hier nach einem Pferderitt auf den Monte Epomeo erkundigen.
Piazza VI. Novembre, Tel. 081 99 96 59

Restaurants und Trattorien in Serrara

● **Il Bracconiere**
MEIN TIPP! Das Lokal oberhalb des Ortes ist seit Jahrzehnten ein Garant für beste Bauernküche. Exzellentes *coniglio alla cacciatora,* gute Weinauswahl. Ab 15 Euro. Di Ruhetag. Mittags und abends.
Località Falanga, Tel. 081 99 94 36

● **La Floreana**
Seit Jahrzehnten existiert diese Familientrattoria am Belvedere des Ortes. *Aniello Galanos* Spezialitäten sind Pasta-Kreationen und Gegrilltes in allen Variationen. 20–40 Euro. Ganzjährig tägl. mittags und abends.
Via Ciglio 4, Tel. 081 99 95 70

Trattoria in Ciglio

● **L'Arca**
MEIN TIPP! Tuffsteinhaus (siehe Exkurs „Schneegruben und Höhlenhäuser") mit grandioser Aussicht. Schmackhafte Nudelgerichte und am Wochenende abends Pizza. 20–25 Euro. Ostern bis Okt. tägl mittags und abends, im Winter nur Sa und So.
Via Ciglio 144, Tel. 081 90 42 26,
www.ristorantelarca.it

Trattoria auf dem Monte Epomeo

● **„La Grotta" – da Fiore**
Seit 1975 existiert dieses einfache, aber gute Gipfel-Lokal (bleibt 2013 evtl. geschl.). Selbstverständlich kehren hier nur Touristen ein, der Güte der Küche tut das aber keinen Abbruch. Auf der Ostseite des Gipfels baut die Familie *Trofa* Gemüse an, in einer Grotte werden Schweine und Kaninchen gehal-

ten. Es kommen also fast ausschließlich die eigenen Produkte inklusive Wein auf den Tisch. Die *bruschetta* schmeckt in der Höhenluft besonders gut, auch Schinken, Pasta und Kaninchen sind nicht zu verachten. 25–35 Euro. Mittags, im August auch abends. März bis Ende Nov.

Quota mt. 789 – Via Epomeo 21,
Tel. 081 99 95 21, Mobil 368 55 99 16,
33 91 65 47 39, www.epomeolagrotta.it

An- und Weiterreise

■ **Bus: Linea CD** und **CS** rund um die Insel. **Linea 1** über Lacco Ameno nach Ischia Porto bzw. bis Sant'Angelo. Die Busse halten oberhalb des Ortes, in Sant'Angelo selbst existiert kein Bus- oder Autoverkehr. Gepäck und Lasten werden mit Elektrokarren transportiert.
■ **Taxi:** Piazzetta am Ortseingang, Tel. 081 99 98 99.
■ **Taxi-Boote:** Von Sant'Angelo aus pendeln v.a. im Sommer Boote an den Maronti-Strand und in die Sorgeto-Bucht.

Einkaufen

Sant'Angelo ist très chic, das merkt man an den zahlreichen hübschen **Boutiquen.**

Feste/Nachtleben

■ **San Michele Arcangelo,** am 8. Mai und 19. Sept. feiert Sant'Angelo seinen Patron mit einer Bootsprozession.
■ Die **Bars an der Piazza von Sant'Angelo und die Piazza selbst** sind von früh bis spät ein beliebter Treffpunkt.

Strände

Die östlich gelegene, lang gezogene **Spiaggia dei Maronti** ist Sant'Angelos Hausstrand. In der Saison verkehren regelmäßig Taxi-Boote zum nahen Maronti-Strand und zur Sorgeto-Bucht westlich davon. Am westlichsten Abschnitt des Maronti-Strandes, von Sant'Angelo aus über die Via Fondollio zu Fuß zu erreichen, liegen frei zugängliche Fumarolen. Die heißen Dampfaustritte an der **Spiaggia di Grado** erhitzen den Sand (Vorsicht mit Kleinkindern!). Behutsam kann man sich vom Dampf aufwärmen lassen und dann zur Abkühlung ins Meer springen. Andere machen sich den 100° C heißen Dampf zu Nutze, um in Alufolie gewickelte Hühner, Kaninchen oder Kartoffeln im Sand zu garen.

Thermen

■ **Parco Termale Aphrodite Apollon**
Im Nordwesten von Sant'Angelo oberhalb des Fumarolen-Strandes gelegen. Großer terrassierter Park, 12 Thermalpools von 26–40°C, Saunen, FKK-Bereich und Strandabschnitt mit Fumarolen. Gratis Taxi-Boote aus Sant'Angelo. April bis Nov. tägl. 8.30–18 Uhr. Tageskarte 25 Euro, ab 13 Uhr 20 Euro.
Via Petrelle, Tel. 081 99 92 19
■ **Parco Termale Tropical**
Moderner Therme im Süden von Sant'Angelo nahe der Bushaltestelle. Neun Pools von 26–40°C, römisches Dampfbad, Fangobecken, Natursauna. April bis Okt. tägl. 8.30–18 Uhr. Tageskarte 22 Euro, ab 13 Uhr 18 Euro.
Via Ruffano, Tel. 081 99 92 42,
www.termetropical.it
■ **Terme di Cavascura**
MEIN TIPP! Baden wie die alten Römer, ohne Touristenrummel und bei friedlichem Vogelgezwitscher. Ein idealer Platz für Naturfreunde und Romantiker! Aus Sant'Angelo führt eine kurze Wanderung zu einer der ältesten Thermalquellen der Insel. Auf der Via Fondollio geht es nach Osten aus dem Ort und

060nea pa

vorbei an einigen netten Bauernlokalen in die schattige Schlucht hinein. Nach der Taverna Pietro Paolo (s.o.) gabelt sich der Weg und steigt geradeaus steil Richtung Serrara an. Hier nach rechts abbiegen, einige hundert Meter später hat man die Thermen erreicht. Bereits im Altertum war die 60°C warme Olmitello-Quelle ein heißer Tipp unter Frauen, die an Unfruchtbarkeit litten. Gebadet wird in Höhlen, die in den anstehenden Tuff geschlagen sind. Die Steinwannen werden über Rinnen mit warmem Wasser gefüllt. In der kleinen Bar kann man sich erfrischen und den gröbsten Hunger stillen. Sehr gut kann man in den Lokalen, die auf dem Weg liegen, essen (s.o.). Ende April bis Mitte Okt. tägl. 8.30–18 Uhr. Wannenbad 12 Euro, Fango und Thermaldusche 24 Euro.
Via Cavascura, Tel. 081 90 55 64,
www.cavascura.it/terme

⌂ Ischia ist reich an Thermalquellen:
hier die Thermen in der Cavascura-Schlucht

Wandern

Monte Epomeo – höchstes Gipfelglück

Abwechslungsreiche Rundwanderung mit herrlichen Ausblicken über die gesamte Insel und **Besteigung des höchsten Inselgipfels.** Feld- und Waldwege sowie kürzere Abschnitte auf asphaltierten Straßen ohne Verkehr, teils im Schatten eines Kastanienwaldes. Reine Gehzeit 3–3½ Std. (Fontana – Pietra dell' Acqua 45 Min., Pietra dell'Acqua – Monte Epomeo 30 Min., Monte Epomeo – S. Maria al Monte 1 Std., S. Maria al Monte – Belvedere dei Fratelli 20 Min., Belvedere dei Fratelli – Serrara 40 Min.). Die beschriebene **Wanderung beginnt in Fontana und endet in Serrara,** beide Orte sind mit EAV-Bussen zu erreichen.

Aus Fontana erfolgt der direkteste Anstieg zum Epomeo. Die hier beschriebene Wegvariante führt sanfter, etwas länger und mit schöneren Ausblicken über die Pietra dell'Acqua ebenfalls bis auf den höchsten Inselgipfel. Wenn man sich auf dem ersten Abschnitt der Wanderung unterwegs nach dem Weg erkundigt, sollte man die Richtung zur Pietra dell'Acqua erfragen.

Aus Ischia Porto kommend, kann man in **Fontana** entweder an der ersten Haltestelle auf der Piazza aussteigen, um vor der Wanderung noch im Ort einzukaufen, bzw. man steigt erst an der zweiten Haltestelle in Richtung Serrara aus.

Auf Höhe der Scuola Elementare (Grundschule) biegt ein Gasse ab, die nach rechts den Berg hinaufführt. Der Weg setzt sich bald als Hohlweg fort und steigt steil an. Nach etwa 10 Min. an einer Weggabelung links gehen und bald darauf, an der nächsten Weggabelung, rechts weiter hoch. An den Seiten begleiten meterhohe Tuffwände den schattigen Weg. Der Untergrund ist etwas rutschig, sodass man um gute Profilsohlen froh ist! Den nächsten Abzweig nach rechts unbeachtet lassen und weiter aufsteigen. Seitlich des Weges stehen die ersten Kastanien, rechter Hand liegen ein kleiner Weinberg und Obsthain. An der nächsten Gabelung, etwa 20–25 Min. ab dem Start, geradeaus weiter hoch. Linker Hand sieht man über eine Verebnung nach Capri, rechts sind bereits die Felsformationen der Pietra dell'Acqua zu erkennen. Auf Höhe eines grau verputzten Häuschens geht es weiter hoch, der Weg steigt vorbei an Obst- und kleinen Gemüsegärten in Serpentinen. Linker Hand liegt die **Bocca di Serra,** Capri ist über Barano hinweg zu sehen.

Am Fuße der **Pietra dell'Acqua** stehen einige verlassene Steinhäuser. Auf Höhe des zweiten Hauses mit einer in den Tuff geschlagenen Zisterne zweigt links ein Pfad ab, der auf den mit 720 m dritthöchsten Inselgipfel führt – ein sehr lohnender Abstecher! Ohne Gipfelantennen und Rummel genießt man traumhafte Blicke auf die sich im Nordosten erhebende Spitze des Monte Epomeo. In Forio kann man auf dem Felsvorsprung die Chiesa Santa Maria del Soccorso erkennen, in der nördlichen Küstenebene breiten sich die weißen Häuser von Lacco Ameno aus, und von unten brandet der Bosco di Falanga gegen die Felswände.

Zurück auf dem Hauptweg geht es an aufgelassenen Ackerterrassen vorbei, mit schönen Ausblicken in gerader Linie auf den Monte Epomeo zu. Unterwegs zweigt links ein Weg ab, der in den Bosco di Falanga hinabführt (später setzt sich auf diesem Weg die Wanderung fort), von rechts stößt, gelb markiert, der direkte Pfad aus Fontana dazu. Nach einem kurzen, steilen Anstieg hat man den 789 m hohen Gipfel des **Monte Epomeo** erreicht. In der Trattoria La Grotta (s.o., bleibt 2013 evtl. geschl.) kann man sich stärken. Seit dem 15. Jh. steht die Einsiedelei San Nicola auf dem Gipfel.

Vom Gipfel auf dem selben Weg wieder absteigen und nordwärts auf den Pfad einbiegen, der in den **Bosco della Falanga** hinabführt. In steilen Serpentinen geht es über ausgewaschenen Tuff bergab. Bald umfängt einen die Kühle des Kastanienwaldes mit Vogelgezwitscher. Von oben stößt man auf einen querenden Pfad, hier nach links weiter absteigen. Unterwegs sind immer wieder gelbe Farbmarkierungen zu sehen. Seitlich des Weges kann man im Wald moosbewachsene Schneegruben entdecken (siehe Exkurs „Schneegruben und Höhlenhäuser").

Etwa 30 Min. nach dem Aufbruch vom Gipfel stößt der Pfad von oben auf einen breiten, querenden Weg, der sich bezeichnet nach rechts in Richtung Casamicciola und nach links in Richtung Forio fortsetzt. Richtung Forio weitergehen und dabei den gelben Markierungen folgen. Nach 15–20 Min. noch einmal links in Richtung Forio abbiegen. Zwischen hohen Steinmauern führt der Weg an einer Reihe charakteristischer Troglodytenhäuser (siehe Exkurs „Schneegruben und Höhlenhäuser") vorbei, führt aus dem Wald ins Freie und stößt in der **Contrada S. Maria al Monte** auf einen Agriturismo.

Oberhalb des Agriturismo-Restaurants nach rechts und gleich anschließend nach links weitergehen (an der **Kirche S. Maria al Monte** vorbei führt ein Weg nach Forio). Der Weg quert den Hang in Südrichtung, bergseitig vom Wald, talseitig von Ackerterrassen und dem Blick auf Forio begleitet. Nach kurzer Zeit schwenkt der Weg nach links und steigt in einem Robinienhain zu dem **Belvedere Dei Fratelli** auf. Drei Steinsitze laden ein, das Panorama zu genießen.

Vom Belvedere an der Mauer entlang weiter aufsteigen. Nach einigen Schritten stößt man von unten auf einen breiten, querenden Weg. Rechts weiter hoch bis zum Grat. Ab hier geht es bergab. Die asphaltierte Straße führt auf Höhe einer Sendeanlage an dem Restaurant Il Bracconiere (s.o.) vorbei. Kurz nach dem Lokal, an der Kreuzung, auf der rechts abbiegenden Straße in Richtung Serrara weiter absteigen. Am Friedhof nach rechts und in **Serrara** an der Kirche vorbei die Hauptstraße Via Roma queren. Von dem **Belvedere** genießt man einen Traumblick auf Sant'Angelo und Capri. Hier halten auch EAV-Busse.

Barano d'Ischia und der Maronti-Strand

Von Weinbergen umgeben breitet sich **Barano d'Ischia** (210 m, 10.080 Ew.) mit seinen **Nachbarorten Buonopane, Piedimonte, Casabona, Vateliero und Testaccio** über die wunderschönen südlichen Ausläufer des Monte Trippodi aus. Den Mittelpunkt des freundlichen Dorfes bildet die **Piazza San Rocco** mit der barocken Chiesa San Sebastiano. Eine Terrasse öffnet sich mit weitem Blick auf die Südküste von Ischia.

Auf dem Weg in das nordwestlich gelegene **Buonopane** erreicht man die seit dem Altertum gerühmte **Nitrodi-Quelle.** Von der S.S. 270 führt ein steiler Hohlweg hinab zur Grotte, in der die Quelle entspringt. Dem sodahaltigen

Thermalwasser wird nicht nur eine heilende, sondern auch eine schönheitsfördernde Wirkung zugeschrieben. Als Beleg mögen die antiken Votivbilder der Quellnymphen dienen, die 1757 hier gefunden wurden und jetzt im Museo Archeologico von Neapel verwahrt werden. Am Vorabend des 24. Juni ist Buonopane Schauplatz eines uralten Fruchtbarkeitstanzes. Alljährlich wird die 'Ndrezzata zu Ehren des Dorfpatrons *San Giovanni Battista* aufgeführt.

Testaccio, ein hübscher Weiler südlich von Barano, schwebt wie ein Adlerhorst 150 m über dem Maronti-Strand. Der gepflasterte **Scalone di Testaccio** führt mit herrlichen Blicken in einer Viertelstunde ans Meer hinab. Vizekönig *Carlo Corafà* ließ den Treppenweg 1769 anlegen, in Privatinitiative wurde er vor einigen Jahren neu befestigt und gesäubert. Seit den 1960er Jahren verbindet eine Straße Barano mit Ischias beliebtestem Badestrand.

Die **Spiaggia dei Maronti** ist für viele der **schönste Strand der Insel,** manche versteigen sich zu einem Vergleich mit der Karibik. Der grobe Sandstrand zieht sich zwei Kilometer lang vom Capo Grosso bis nach Sant'Angelo. Hohe Tuffwände schirmen den Strand vor kalten Nordwinden ab, das Wasser wird stellenweise von untermeerischen Thermalquellen erwärmt. Durch den Bau des Dammes, der Sant'Angelo fest mit der Halbinsel La Roia verbindet, haben sich die Strömungsverhältnisse in der Bucht verändert. Während im Westen das Meer bereits an den Tuffsteilwänden nagt, verbreitert sich der Strand nach Osten. Im Sommer stehen an der Spiaggia dei Maronti **romantische Stelzenrestaurants;** einzelne Strandabschnitte

Golf von Neapel: Ischia

sind dann an *bagni* verpachtet, an der langen Spiaggia bleiben jedoch genügend frei zugängliche Stellen. Theoretisch kann man am Ufer bis nach Sant' Angelo laufen und unterwegs den Thermen in der Cavascura-Schlucht einen Besuch abstatten. Je nach Breite des Strandes kann der Weg zu nahe an der steinschlaggefährdeten Steilwand entlangführen. Es empfiehlt sich, Sant'Angelo mit einem Taxi-Boot zu erreichen.

Information

■ www.comunebarano.it
■ www.consorziomaronti.it

Unterkunft

Hotels und Pensionen am Maronti-Strand

■ **Parco Smeraldo Terme** ★★★★
Familiär geführtes Komfort-Hotel mit Kureinrichtungen, Tennisplatz direkt am Strand und eigenem Lido. Gutes Restaurant, Produkte aus dem eigenen Garten, Kochkurse. Benutzung des Wellness-Centers gegen Aufpreis. 72 Zi. Classic-DZ/F 208–314 Euro, HP 121–174 Euro. April bis Okt.
Via Maronti 21, Tel. 081 99 01 27,
www.hotelparcosmeraldo.com

■ **Hotel Vittorio** ★★★
Das Hotel am Fuße einer steilen Tuffsteinwand liegt auf halbem Weg zwischen der Piazza Maronti und Sant'Angelo direkt am Meer und ist am besten mit dem Boot zu erreichen. Das Hotel organisiert den Transfer. Zimmer mit Balkon und Meerblick, gutes Restaurant, Thermalpool und Sauna. Der Privatstrand direkt vor dem Hotel ist strömungsbedingt nicht immer da. 70 Zi. DZ/F 100–150 Euro, HP 62–87 Euro. April bis Okt.

Via Maronti 71, Tel. 081 99 00 79,
www.hotelvittorio.com

■ **Villa al Mare** ★★★
Fast alle einfachen Zimmer mit Meerblick. Blick aufs Meer, auch aus dem kleinen Thermalpool. *Francesco Mazzella* ist ein engagierter Padrone und seinen Gästen mit guten Tipps behilflich. Zum Strand hinunter sind es 15 Min. zu Fuß. Bushaltestelle vor dem Haus. 29 Zi., DZ/F 60–120 Euro, HP 45–75 Euro. April bis Anfang Nov.
Via Maronti 38, Tel. 081 99 00 54,
www.hotelvillaalmare.it

■ **La Gondola** ★★★
Das charmante Strandhotel zieht sich in Terrassen den Hang hoch. Kleiner Thermalpool, Grottensauna. Autos können gegen Gebühr am Ende des Buswendeplatzes parken. Das Hotel liegt einige hundert Meter westlich vom Parkplatz. Gäste und Gepäck können auch vom Maronti-Strand bzw. in Sant'Angelo mit dem Boot abgeholt werden. 48 Zi., DZ/F 100–130 Euro, HP 55–75 Euro. Ostern bis Ende Okt.
Via Maronti 57, Tel. 081 99 00 76,
081 99 01 56, www.hotellagondola.it

■ **Casa Antonio** ★
Ruhige, nette und preisgünstige Pension. Vom Maronti-Strand schnell zu Fuß über einen Treppenweg zu erreichen; der Treppenweg führt weiter bis Testaccio hoch. Das eigene Auto kann gegen Gebühr in der Nähe des Buswendeplatzes geparkt werden. Gepäck wird mit einem Mini-Raupenschlepper abgeholt. *Enrico Pollato* spricht deutsch. Zimmer mit Balkon und Blick aufs Meer und Sant'Angelo. 9 Zi., DZ/F 70–90 Euro. Ende April bis Anfang Nov.
Via Giorgio Corafà 55 – Barano di Ischia,
Tel. 081 99 04 44, www.casantonio.it

Campingplatz

■ **Mirage**
Freundlicher Platz direkt am Strand. Zelt-, Stellplätze und Bungalows, Restaurant. 2 Pers., Zelt und Auto 32–38 Euro.

2

Lido Maronti 37, Tel. 081 99 05 51,
www.campingmirage.it

Essen und Trinken

Restaurants und Trattorien am Maronti-Strand

■Al Paradise

Luftig gelegenes Restaurant an der Straße, die von Testaccio zum Maronti-Strand hinabführt. Tolles Panorama, frischer Fisch und abends leckere Pizza. Spezialität: *pesce cartoccia* (im Holzbackofen in Folie gedünsteter Fisch). 20–50 Euro. Ostern bis Okt. tägl. mittags und abends.
Via Maronti, Tel. 081 90 56 14,
www.ristorantealparadise.it

■Il Faro

MEIN TIPP! Wo der Scalone di Testaccio an der Spiaggia dei Maronti endet, erhebt sich auf Stelzen eines der typischen Strandlokale. Gute Fischküche. Auf Vorbestellung wird auch *coniglio alla cacciatora* zubereitet – zu empfehlen! 25–35 Euro. Ostern bis Mitte Nov. tägl. von vormittags bis spät abends.
Spiaggia dei Maronti, Tel. 081 99 00 52

■Ottomano

Stelzenlokal mit zivilen Preisen. Die Fische fängt *Salvatore Cenatiempo* selbst, wenn nicht, bekommt er sie täglich frisch von einem lokalen Fischer geliefert. Abends auch gute Holzofenpizza, offener Inselwein, delikate *dolci della casa*. 15–30 Euro. März bis Ende Okt. tägl. mittags und abends.
Spiaggia dei Maronti, Tel. 081 90 54 03

Restaurant in Fiaiano

■Il Focolare di Loretta e Riccardo D'Ambra

Siehe bei Casamicciola Terme.

Trattoria in Buonopane

■La Cantina

Rustikale, günstige und gute Trattoria auf dem Weg zur Nitrodi-Quelle. Der Wein lagert im Tuffsteinkeller. 15–25 Euro. April bis Nov. tägl. mittags und abends.
Via Nitrodi 6, Tel. 081 90 57 89,
www.lacantinanitrodi.it

gvn13_032_pa

Bar

◾ **Belmare**
Bar und Paninoteca. Gute Bauernsalate, warme *Panini* ab 4 Euro. April bis Okt.
Spiaggia dei Maronti, Tel. 081 90 56 55

An- und Weiterreise

◾ **Bus: Linea CD** und **CS** rund um die Insel mit einem Halt in Barano. **Linea 5** aus Porto über Testaccio an den Maronti-Strand, im Sommer alle 20 Min. auch **Linea 10** und **11**.
◾ **Taxi:** Piazza Maronti, Tel. 081 99 74 82
◾ **Taxi-Boote:** Im Sommer pendeln regelmäßig Boote zwischen Sant'Angelo und Maronti-Strand.

Feste/Veranstaltungen

◾ **Ostersonntag,** in der Nacht zum Ostermontag findet in Buonopane eine **Corsa dell'Angelo** statt. Wie auch in Forio kündet eine Engelsstatue Maria die Auferstehung Christi an.
◾ **'Ndrezzata,** am Vorabend des 24. Juni wird in Buonopane zu Ehren des Dorfheiligen *San Giovanni Battista* ein wilder **Stocktanz** aufgeführt. Die Ursprünge der komplizierten Choreographie werden im antiken Griechenland vermutet. Tambour- und Flötenmusik, die schneller und schneller wird, begleitet die kostümierten Tänzer.

Wandern

Die Wanderpfade der Eidechse

Die Kommune Barano hat auf ihrem Gemeindegebiet **vier Wanderwege** anlegen lassen. Die Wege sind durch das Symbol einer Eidechse markiert. Der **Rundweg N° 1** wird von der roten Eidechse begleitet und führt von Fiaiano in ca. 2¼ Std. um den Fon-

do Ferraro, einen der größten Krater der Insel. Der Weg **N° 2** im Zeichen der gelben Eidechse führt in ca. 2 Std. von Buonopane durch Weinberge und Kastanienwälder, vorbei an alten Weinkellern und um den Monte Tripodi nach Fiaiano. Den zweistündigen Rundweg **N° 3** markiert die violette Eidechse, er beginnt im Ortsteil Vatolliere. Der blaue Eidechsenweg **N° 4** führt von Testaccio auf den aussichtsreichen Monte Cotto (249 m) hoch über der Küste.

Strände

Die **Spiaggia dei Maronti** unterhalb von Barano gilt vielen als das Non plus ultra aller Ischia-Strände (s.o.).

Thermen

◾ **Sorgente Nitrodi**
Die berühmte Quelle entspringt in einer Grotte bei Buonopane und ist über einen steilen Hohlweg zu erreichen, der am südlichen Ortseingang von der S.S. 270 hinabführt. Das sodahaltige Thermalwasser eignet sich hervorragend zur Hautpflege. Lange Jahre bestand die Kuranlage im Wesentlichen nur aus einem Rohr, unter das man sich stellen konnte. Inzwischen wurden Duschen im Freien installiert, und es gibt kleine gemauerte Badebecken. Auch nach der Renovierung bleibt die Nitrodi-Quelle eine volksnahe Badeanstalt. EAV-Bus 11 von Maronti, Linea CS bzw. CD. Mai und Okt. tägl. 10.30–17.30 Uhr, Juni bis Sept. 9–19 Uhr. Eintritt 7 Euro.
Via Pendio Nitrodi – Località Buonopane,
Tel. 081 99 03 35, www.fonteninfenitrodi.com
◾ **Terme di Cavascura,** siehe Sant'Angelo.

◁ Obst & Gemüse mit Frischegarantie

NICHT VERPASSEN!

➡ **Terra Murata:**
freier Blick
von ehemaliger Gefängnisburg | 164

➡ **Corricella:**
Cineasten kennen sich
im Fischerviertel aus | 166

➡ **Processione dei Misteri:**
eindrucksvolle Karfreitagsprozession
vor schönster Kulisse | 173

➡ **Vivara:**
wird das Naturjuwel
wieder zugänglich gemacht? | 175

Diese **Tipps** sind gelb hinterlegt.

⌃ Hoch über dem Hafen: Terra Murata

PROCIDA

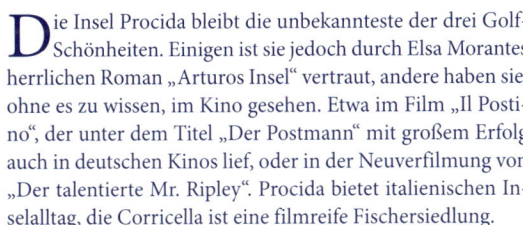

Die Insel Procida bleibt die unbekannteste der drei Golf-Schönheiten. Einigen ist sie jedoch durch Elsa Morantes herrlichen Roman „Arturos Insel" vertraut, andere haben sie, ohne es zu wissen, im Kino gesehen. Etwa im Film „Il Postino", der unter dem Titel „Der Postmann" mit großem Erfolg auch in deutschen Kinos lief, oder in der Neuverfilmung von „Der talentierte Mr. Ripley". Procida bietet italienischen Inselalltag, die Corricella ist eine filmreife Fischersiedlung.

Die Inseln unseres Archipels dort unten im Meer von Neapel sind alle schön.

Elsa Morante, „Arturos Insel"

Reisende, die sich in Pozzuoli Richtung Ischia einschiffen, bekommen im Vorbeifahren einen Vorgeschmack, einige der Fähren machen unterwegs kurz im **Sancio Cattolico** fest, dem **Hafen Procidas.** Andere besuchen die Insel auf einem Tagesausflug. Das ist möglich, aber um dieses authentische Stück Süditalien besser kennen zu lernen, sollte man sich ein bisschen mehr Zeit gönnen.

Procidas geologische Verwandtschaft mit den Phlegräischen Feldern wird bereits bei der Überfahrt aus Pozzuoli augenfällig. Die gleichen vulkanischen Tuffe, die auf dem Festland das Capo Miseno und den Monte di Procida aufbauen, bilden auch das Gesteinsmaterial der Insel. Der antike griechische Name *procyda* bedeutet „aus dem Meer gestiegen" und beschreibt zutreffend die **geologische Entstehung** der Insel. Fünf Krater lassen sich in den kreisrunden Einbuchtungen des Küstenverlaufs deutlich erkennen. Die Vulkane sind längst erloschen, sprudelnde Thermalquellen wie auf Ischia sucht man vergeblich, einer der Gründe für die zaghafte touristische Erschließung.

Die vulkanischen Böden auf dem kaum **4 km²** großen Eiland sind zwar äußerst fruchtbar, das alleine reichte jedoch nie aus, die Inselbevölkerung zu ernähren. Gegenwärtig leben hier knapp **11.000 Menschen,** im Sommer sind es dank der Besucher deutlich mehr. Procida ist damit die am dichtesten besiedelte Mittelmeerinsel. Ihr Geld haben die Männer Procidas immer schon auf dem Meer verdient, als Fischer, als Matrosen und Marineoffiziere. „ISTITUTO NAUTICO" steht in großen Lettern auf einem der weißen Hafengebäude. In Procidas angesehener **Schifffahrtsschule** wurden einige von Italiens besten Kapitänen ausgebildet.

Heute ist der **Tourismus** ein wichtiger Wirtschaftsfaktor. Vor allem Italiener schätzen Procida als Urlaubsziel und sorgen im Hochsommer für volle Häuser und hohe Übernachtungspreise. Das restliche Jahr über kann man, günstiger als auf Capri oder Ischia, das ursprüngliche Inselerlebnis genießen.

Fähren und Fischkutter machen in der Marina Grande fest. **Sancio Cattolico** nennen die Insulaner ihren Hafen. Ein perfekter Auftakt: Vor den verwitterten, in sanften Pastellfarben leuchtenden Fassaden der Hafenpalazzi herrscht buntes Treiben. Fähren werden be- und entladen, die Inselbusse warten mit laufenden Motoren. Fischer landen am Nachmittag ihren Fang an, der sofort frisch verkauft wird. Motorisierte Dreiräder knattern geschäftig über die Hafenmeile, während die Gäste in den Cafés und Restaurants, darunter viele Einheimische, sich vom Lärm unbeeindruckt zeigen. An der Kaimauer sitzen alte Männer und flicken ihre Netze. Fast hat man den Verdacht, das Fremdenverkehrsamt hätte sie angestellt. Ein solch raffinierter Geschäftssinn läge den Menschen hier allerdings fern.

Die **Viertel Sancio Cattolico, Terra Murata** und **Corricella** bilden den zusammenhängenden städtischen Kern der Insel. Am östlichen Ende des Hafens biegt auf Höhe der weißen **Barockkirche Santa Maria della Pietà** eine Straße ab, die in den höchstgelegenen und ältesten, vom Hafen aus bereits sichtbaren Stadtteil Terra Murata aufsteigt. Schilder weisen in Richtung Abbazia San Michele. Von der **Piazza dei Martiri,** mit dem Denkmal des Risorgimento-Helden *Antonio Scialoja* und der barocken **Kirche Santa Maria delle Grazie,** bietet sich ein erster vielversprechender Blick auf das darunter liegende Fischerviertel Corricella. An dieser Stelle lohnt der Abstecher in das charakteristische Wohnviertel, das sich östlich an die Piazza anschließt. Die *casali* entstanden ab dem 16. Jh., als die Bevölkerung anfing, die schützenden Burgmauern zu verlassen. Ein schönes Beispiel ist der **Casale del Vascello.** Um einen Innenhof gruppieren sich die typischen Häuser mit ihren großen Torbögen und Freitreppen. Die Bauformen sind weich geschwungen und muten nordafrikanisch an.

Von der Piazza dei Martiri setzt sich der kurze steile Anstieg zur Terra Murata fort, unterwegs von Blicken auf die Corricella begleitet. Das schönste Panorama bietet ein kleiner Platz mit friedlich vor sich hin rostenden Kanonen.

Die **Terra Murata** entstand ab dem 9. Jh. in Folge der Sarazenenüberfälle als Fluchtsiedlung auf dem 91 m hohen Berg, dessen Tuffwände zum Meer hin senkrecht abfallen. Im 16. Jh. befestigten die *d'Avalos* das „gemauerte Land" mit dem trutzigen Kastell. Das **Castello d'A-valos** gelangte 1744 in den Besitz der Bourbonen, die es zunächst als Jagdschloss nutzten. Von 1818–1986 war es ein Gefängnis. Anfänglich saßen Regimekritiker ein, zuletzt diente die Strafanstalt der (mehr oder weniger) sicheren Verwahrung von Schwerverbrechern, eine nicht unübliche Karriere für Kastelle auf italienischen Inseln. Procida litt unter seinem Alcatraz-Image, und Bürgerinitiativen ließen nicht locker, bis es ihnen gelang, den Knast von der Insel zu verbannen. Seither warten die Gemäuer darauf, einer neuen Bestimmung zugeführt zu werden.

Durch die **Porta di Mezz'omo** betritt man den mittelalterlichen, ummauerten Stadtteil. Vor dem Besuch von Procidas größter Sehenswürdigkeit, der **Kathedrale San Michele Arcangelo,** kann man sich kaum an dem Blick über den Golf von Neapel satt sehen. Im Vorraum der Kirche bezeugen Votivbilder die starke Verbundenheit der procidanischen Seeleute mit ihrem Schutzpatron. Der Ursprung der auf dem höchsten Punkt errichteten Kirche geht auf das 7. Jh. zurück, ihre heutige Gestalt und die reiche Ausstattung verdankt sie dem Barock. In der reich vergoldeten Kassettendecke prunkt ein Bild des neapolita-

Procida
0 ▬▬ 500 m © REISE KNOW-HOW 2013

Pozzuoli, Neapel
Ischia
P. del Faro
Capo Bove
Sancio Cattolico
Porto
P. Ottimo
Starza
Via Roma
P. della Lingua
Pozzo Vecchio
P. Serra
Via Libera
Pozzovecchio
S. S. Annunziata
Via Vittorio Emanuele
V. M. Scotti
Corricella
Terra Murata
Spiaggia Ciraccio
Spiaggia Chiaia
P. dei Monaci
L'Olmo
Via Giovanni da Procida
Belvedere
Via Lavadera
Centane
Spiaggia Ciracciello
Via Colomba
Chiaiolella
Carbogno
P. di Pizzaco
Vivara
Riserva Isola di Vivara
P. di Mezzogiorno
P. Solchiaro

■ **Übernachtung**
1 Campingplätze

2

nischen Barockmalers *Luca Giordano* (1699). Auf dem Apsisgemälde, ebenfalls aus der Hand *Giordanos*, sieht man den Erzengel als Beschützer der Insel vor den Türken. Seine silberne Statue wird anlässlich der Patronatsfeste am 8. Mai und 28. September durch den Ort getragen. Unter der Kirche können gegen Eintritt die reich sortierte Klosterbibliothek, die Sakristei mit sehenswerten Ex-Voti und ein schauerliches Beinhaus besichtigt werden.

■**Abbazia di San Michele Arcangelo,** Via San Michele 1, www.abbaziasanmichele.it, Tel. 08 18 96 76 12. Mo bis Sa 10–12.45 Uhr, Mai bis Okt. auch 15–17.30 Uhr. Mo Nachmittag und So geschl. Messen werktags 8.45 Uhr, am So 9.30 Uhr. Eintritt 2 Euro.

Zurück an der Piazza dei Martiri kann man über Treppen zur <mark>Corricella</mark> hinabsteigen. Dieser **Inbegriff eines romantischen Fischerhafens** ist nur zu Fuß oder mit dem Boot zu erreichen. Kein Kulis-

senbauer hätte das Flair der 1950er Jahre besser nachahmen können, also entschieden sich die Regisseure von „Il Postino" und „Der talentierte Mr. Ripley" kurzerhand dazu, wichtige Szenen ihrer Filme hier zu drehen. Corricella ist ein herrlicher Fleck, um auf der Kaimauer oder in einer der Bars einfach nur dazusitzen und zu schauen.

Über Treppen geht es dann wieder hoch auf die **Hauptstraße Via Vittorio Emanuele,** die in die südliche Inselhälfte

führt. Nach der absoluten Ruhe in der Corricella muss man sich erst einmal innerlich gegen den vorbeibrausenden Verkehr wappnen. Kaum zu glauben, dass hinter den Hausfassaden ausgedehnte Gartenoasen liegen.

Glücklicherweise lässt sich eines dieser Häuser mit seinem herrlichen Garten besuchen. Es handelt sich um das Haus, in dem **Elsa Morante** zeitweise lebte, als sie ihren Inselroman verfasste. Einigen ist es vielleicht noch als Hotel Eldorado in Erinnerung. Eigentlich sollte das Haus Sitz einer Stiftung werden, um das literarische Erbe der *Morante* zu pflegen. Die Gelder sind versandet, das Projekt ruht auf unbestimmte Zeit. Mit Glück findet man den schönen Garten trotzdem geöffnet. Hortensiengesäumte Wege führen durch den Zitronenhain (die *limoni di Procida* sind berühmt!). Vom Belvedere blickt man auf die Spiaggia della Chiaia hinab.

Im Südwesten der Insel liegt die hübsche **Marina di Chiaiolella.** Das Hafenrund ist ein Vulkankrater. Im Sommer ist Chiaiolella der bestbesuchte Ort der Insel, was an dem schönen langen Sandstrand im Westen liegt. Hier gibt es einige freundliche Hotels und ausgezeichnete Restaurants.

Das Eiland **Vivara** liegt Procida im Westen vorgelagert, seit 1959 verbindet eine Brücke die beiden Inseln. Die Brücke wurde gebaut, um eine Trinkwasserleitung zu der größeren Nachbarinsel Ischia zu führen. Vivara war lange vor Procida bewohnt. Bei Ausgrabungen fand man jungsteinzeitliche Spuren und

◁ Beliebte Filmkulisse – Fischerviertel Corricella

2

mykenische Keramiken der Bronzezeit. Heute wohnt kein Mensch mehr auf der Insel, die von einem dichten Macchiawald überzogen ist. In absoluter Ruhe kann man herrlich wandern und traumhafte Ausblicke auf den Golf genießen. Im 18. Jh. dienten Procida und Vivara den Bourbonen als Jagdrevier. Den Einheimischen war nicht nur das Jagen, sondern auch der Besitz von Katzen verboten, da sie die Fasane hätten aufscheuchen können. Heute steht Vivara als Raststation von Zugvögeln unter Naturschutz.

■**Riserva Naturale di Vivara,** die geregelte Nutzung des Naturschutzgebiets ist seit Jahren ungeklärt, immerhin ist die Brücke wieder aufgebaut.

Ein überraschend ländliches Procida ist im Nordosten der Insel zu entdecken, mit schönen Aussichtspunkten an der **Punta Serra** und **Punta del Faro.** Ein Weg führt an die romantische Spiaggia del Pozzo Vecchio hinab.

Information

■**AACST**
Das Info-Material des Fremdenverkehrsamtes Ischia, zuständig auch für Procida, wird von der Pro Loco verteilt (s.u.). Auskunft erteilt auch die AACST auf Ischia (siehe dort).
www.infoischiaprocida.it
■**Graziella Travel**
Das Reisebüro fungiert auch als inoffizielles Info-Büro. Hier auch das Angebot hübscher Ferienwohnungen im Fischerviertel Corricella. Mo bis Sa 9–13 und 17–21 Uhr.
Via Roma 117, Tel. 08 18 96 95 94,
Mobil 33 35 21 99 10 (*Christina* spricht deutsch),
www.isoladiprocida.it

■**Pro Loco di Procida**
Im Sommer öffnet die Info-Stelle am Schiffsanleger (Tel. 08 18 10 19 68), das andere Büro liegt etwas abseits auf der Hauptstraße.
Via Vittorio Emanuele 173,
Tel. 08 18 96 09 52, www.procida.net/proloco.htm
■**www.isoladiprocida.it, www.procida.biz, www.procida.net,** Tourismusportale mit guten Infos, u.a. Fährverbindungen und Wetter.
■**www.comune.procida.na.it**
■**www.vivara.it,** alles über die Isola di Vivara, Links zu anderen italienischen Inseln.

Unterkunft

Hotels und Pensionen

■**Casa sul Mare** ****
MEIN TIPP! Edel-Hotel in sorgsam restauriertem 18.-Jh.-Palazzo. Beneidenswerte Panoramalage oberhalb der Corricella. Geschmackvoll eingerichtete Zimmer, alle mit Terrasse und Meerblick. Das Frühstück wird in einem kleinen Hof bzw. auf den Zimmern serviert. Gratis-Shuttle zum Strand. Bus C2. 10 Zi., DZ/F 90–170 Euro.
Via Salita Castello 13, Tel. 08 18 96 87 99,
www.lacasasulmare.it
■**La Tonnara** ****
Wo früher Thunfischfänger ihre Netze zum Trocknen aufhängten, empfängt heute dieses charmante Boutique-Hotel mit Blick aufs Meer, das bunte Treiben in der Chioiella-Bucht und die Halbinsel Vivara. Thunfische wurden übrigens noch bis in die 1950er Jahre am Ciraciello-Strand gefangen. Bus L1, L2. März bis Okt. 14 Zi., DZ/F 85–150 Euro.
Via Marina Chiaiolella 51,
Tel. 08 18 10 10 52, www.latonnarahotel.it
■**La Vigna** ****
MEIN TIPP! Wunderschönes Haus im äußersten Südosten der Insel direkt über dem Meer, eingebettet in den namensgebenden Weinberg – im September können Gäste bei der Weinlese helfen. Aus dem

Garten und z.T. auch aus den Zimmern weite Blicke über den Golf, aufs Capo Miseno, den Vesuv und Ischia. Elegante und komfortable Zimmer. Das reichhaltige Frühstück wird bis zur Mittagszeit serviert. Wine Bar. Im Übernachtungspreis enthalten ist die Benutzung des kleinen, feinen Wellness-Bereiches. Bus C2. Mitte Febr. bis Dez. 13 Zi., DZ/F 90–200 Euro, Suite 140–230 Euro.
Via Principessa Margherita 46,
Tel. 08 18 96 04 69, www.albergolavigna.it

■**Celeste** ***
Einfacheres, freundliches und renoviertes Familienhotel im Ortsteil Chiaiolella. Die ruhige Anlage gruppiert sich um Innenhöfe und ist von Gemüsegärten umgeben. Von der Dachterrasse schöner Ausblick auf Vivara und Ischia. Einige Zimmer mit Meerblick. Bus L1, L2. 34 Zi., DZ/F 70–90 Euro. April bis Sept. Via Rivoli 6, Tel. 08 18 96 74 88,
www.hotelceleste.it

■**Crescenzo** ***
Sympathischer Familienbetrieb mit guter Küche direkt am Jachthafen Chiaiolella. Einige Zimmer mit Meerblick. Für Kinder können zusätzlich Stockbetten in die Zimmer gestellt werden. Der Ciraccio-Strand ist zu Fuß schnell erreicht. Bus L1, L2. 10 Zi., DZ/F 70–120 Euro, HP 60–85 Euro (mind. 3 Tage).
Via Marina Chiaiolella 33,
Tel. 08 18 96 72 55, www.hotelcrescenzo.it

■**La Corricella** ***
Freundlich geführtes, komfortables kleines Hotel an der Corricella (ehem. Casa Gentile). Die geräumigen Zimmer verfügen über Terrassen mit Blick auf den romantischen Fischerhafen. Bei gutem Wetter werden Gäste direkt vom Fährhafen mit Booten abgeholt. *Vincenzo Gentile* organisiert für seine Gäste Ausflüge mit Fischern. 9 Zi., DZ/F 80–140 Euro, Suite 100–160 Euro. April bis Nov.
Via Marina Corricella 88,
Tel. 08 18 96 75 75, www.hotelcorricella.it

■**Savoia** ***
Die charmante Ex-Pension wurde vor einigen Jahren komplett renoviert und hat dabei zwei zusätzliche Sterne erhalten. In den 1950er Jahren zählten *Elsa Morante* und *Alberto Moravia* zu den Gästen. Von der Dachterrasse sieht man über Zitronen- und Gemüsegärten auf das Meer und Ischia, im Zitronengarten kann man herrlich sitzen und frühstücken – auf Wunsch am Abend auch (einfach) essen. Pool. Bus L2. 16 Zi., DZ/F 90–140 Euro, HP 55–85 Euro.
Via Lavadera 32, Tel. 08 18 96 76 16,
www.hotelsavoiaprocida.it

■**Solcalante** ***
MEIN TIPP! In einem schönen alten Gutshaus familiär geführtes Hotel im stillen Nordwesten der Insel. Zur Spiaggia del Pozzo Vecchio sind es nur wenige 100 m. Angenehme Atmosphäre, luftige Zimmer, am schönsten zum Garten hin (auch für Familien). Es werden auch Kochkurse angeboten. Bus C1. 12 Zi., DZ/F 70–120 Euro.
Via Serra 1, Tel. 08 18 10 18 56,
www.solcalante.it

Ferienwohnungen

■**Residence Procida – Le Grand Bleu**
Domenico Scotto vermittelt schöne Unterkünfte und verchartert flotte Segelyachten (s.u.). Bei den Apartments handelt es sich z.T. um geschmackvoll renovierte Fischerhäuser in der Corricella. Ihm selbst gehört die großzügige Apartmentanlage Le Grand Bleu mit toller Dachterrasse inkl. Grillplatz. Das Ganze umgeben von einem biologisch bestellten Gemüsegarten, Direkteinkauf möglich. 2- bis 3-Bett-Ap. ab 260 Euro/Woche.
Via Flavio Gioia 37, Tel. 08 18 96 95 94,
Mobil 33 58 02 73 73, www.isoladiprocida.it

■**Rosa dei Venti**
Apartments mit Küche in einem großen Zitronengarten. Am Rande eines Steilabfalls über dem Meer im Nordosten der Insel, die Spiaggia di Pozzo Vecchio 15 Gehminuten entfernt. Freundliche Atmosphäre, junge Gäste. Kinder dürfen im Gemüsegarten und mit den Eseln spielen. Grillplatz. *Gianni Scotto di Carlo* betreibt auch eine professionelle

Golf von Neapel: Procida

2

Tauchschule (s.u.). Bus C1. 21 Ap., DZ 50–80 Euro, Ap. für 2 Pers. 320–490 Euro/Woche. März bis Okt.
Via Rinaldi 32, Tel. 08 18 96 83 85,
www.vacanzeaprocida.it

■**Tirreno Residence**
Hübsche Anlage in mediterranem Stil, für kurze wie längere Aufenthalte ideal geeignet. Apartments mit Küchen und eigenen Patios. Liegestühle im Zitronengarten. Im Nordosten der Insel, zu Fuß 20 Min. vom Hafen entfernt. Bus C1. 18 Ap., DZ 60–105 Euro.
Via Faro 34, Tel. 08 18 96 83 41,
www.tirrenoresidence.it

Campingplätze

Auf Procida gibt es ein paar einfache Campingplätze, von denen einige hübsch im ruhigen Nordwesten der Insel liegen, der vom Hafen in ca. 20 Min. zu Fuß oder mit dem Bus C1 zu erreichen ist. Die Spiaggia di Ciraciello und Spiaggia del Pozzo Vecchio liegen in Gehdistanz. **Ciraccio,** Via Salette 16, Tel. 08 18 96 94 01, Mobil 33 86 53 93 39, www.campingciraccio.com). **Vivara,** Via IV. Novembre 2, Tel. 08 18 96 92 42.

Essen und Trinken

Restaurants/Trattorien

■**Caracalè**
MEIN TIPP! Als „schönen Ort" bezeichneten in der Antike die Griechen den Naturhafen im Süden des Akropolishügels, die Bezeichnung ist der Corricella geblieben. Für *Nicola Meglio* (Küche) und *Salvatore Ambrosino* (Saal) ist der Name Programm. Sie kulti-

vieren eine delikate Meeresküche, eine Art mediterrane Nouvelle cuisine, die satt macht. Den frischen Fisch liefern die *pescatori* der Corricella, das Gemüse die Gärten der Insel. Beste Weinauswahl. 25–35 Euro. Di Ruhetag. Mittags und abends. Nov. geschl.
Via Marina Corricella 62, Tel. 08 18 96 91 92

■**Crescenzo**
Exzellentes Fischlokal! Alle Zutaten kommen frisch aus dem Meer bzw. aus den Bauerngärten Procidas – auf Wunsch auch Kaninchen. Lokaler Wein und hausgemachter Limoncello. Die Familie *Jovine*

☑ Abbazia di San Michele Arcangelo: vergoldete Kassettendecke

2

führt das gleichnamige Hotel (s.o.) bereits in zweiter Generation. 25–30 Euro. Im Winter Di Ruhetag. Mittags und abends.
Via Marina Chiaiolella 33, Tel. 08 18 96 72 55

■**Fammivento**
Sympathische Familientrattoria an der Marina Grande. Gute Fischküche zu annehmbaren Preisen! Besonders lecker di *frittura di calamari*. 25–30 Euro. So abends und Mo geschl. Mittags und abends. März bis Nov.
Via Roma 39, Tel. 08 18 96 90 20

■**Gorgonia**
Edles Fischlokal direkt am Wasser. Im Sommer stehen die Tische im Freien auf der Hafenmole. Vorbestellen! 35 Euro. April, Mai und Okt. nur Sa/So, Juni bis Sept. tägl.
Via Marina Corricella 50, Tel. 08 18 10 10 60

■**La Conchiglia**
Um zum schönsten und einem der besten Strandlokale Procidas zu gelangen, steigt man 200 Treppenstufen bis an die Spiaggia Chiaia hinab, oder man lässt sich bei ruhiger See von der Corricella aus mit

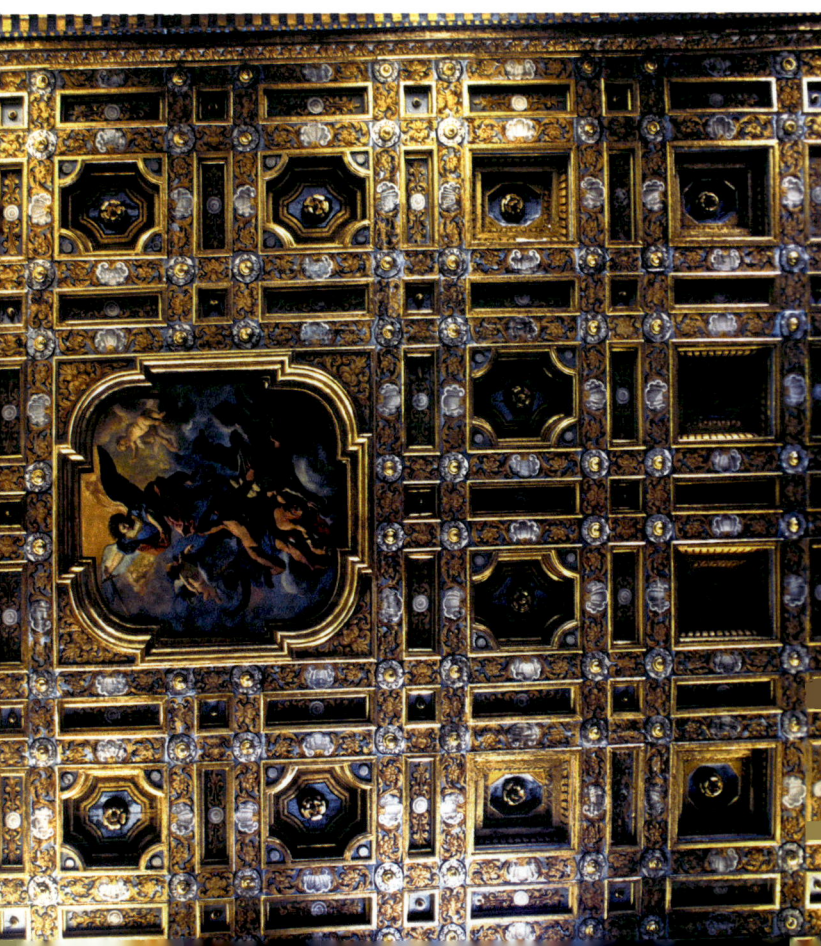

dem Boot abholen (vorher im Lokal anrufen). Köstliche Pasta, knackfrische Salate und Fisch, der gerade noch im Meer geschwommen ist. Auch Gästezimmer mit Meerblick. 25–35 Euro. April bis Ende Okt. tägl mittags, im Sommer auch abends.
Via Pizzaco 10, Tel. 08 18 96 76 02,
www.laconchigliaristorante.com

■ **La Medusa**
Familiäre Hafen-Trattoria am Fähranleger, ein Klassiker sind die *spaghetti ai ricci di mare* (mit Seeigel), zu empfehlen auch die *frittura di paranza* oder *pepata di cozze*. 20–35 Euro. Di Ruhetag. Mittags und abends.
Via Roma 116, Tel. 08 18 96 74 81

■ **Lo Scarabeo**
Rustikales Lokal in einem Zitronenhain im bäuerlichen Nordosten der Insel. Die Signora *Paola* und ihr köstlicher *coniglio* sind leider nicht mehr. Bus C1. 20–30 Euro. Mai bis Sept. tägl. mittags und abends, sonst nur Sa und So. Mo Ruhetag. April bis Okt.
Via Salette 10, Tel. 08 18 96 99 18

Snacks, Cafés und Bars

■ **Felicemare**
In der netten Bar von *Caterina Coppa* und *Felice Pagano* werden Snacks, frisch zubereitete Zitronenlimonade und im Sommer Granita serviert. *Felice* unternimmt auch gerne Bootsausflüge mit seinen Gästen. Ende April bis Ende Sept. von früh bis abends.
Via Marina Corricella 73, Tel. 08 18 96 94 33

■ **Graziella**
Ein romantisches Plätzchen! Bar und Rosticceria-Pizzeria. Auf Wunsch auch Pasta-Gerichte. Der Padrone *Vincenzo Piro* diente zahlreichen Filmproduktionen als Komparse. Mo Ruhetag. April bis Okt.
Via Marina Corricella 14, Tel. 08 18 96 74 79 (priv.)

Transport

An- und Weiterreise

Fähre

Täglich zahlreiche Fährverbindungen mit *traghetti* (Autofähren) und *aliscafi* (Tragflügelbooten) von/nach Neapel, Pozzuoli, Ischia Porto und Casamicciola. Aktuelle Fahrpläne im „Qui Napoli", in Tageszeitungen, bei den Touristenämtern oder online.

Ab Neapel Porta Calata di Massa Autofähren, ab Molo Beverello und Mergellina Schnellfähren bzw. Tragflügelboote, **ab Pozzuoli** Autofähren. Fahrkarten an den jeweiligen Anlegestellen. Die Fahrt von Neapel, wie auch die kürzere Überfahrt von Pozzuoli, ist eine kleine Kreuzfahrt durch den Golf. Hat man Zeit, sind Fähren mit offenem Deck bei weitem vorzuziehen.

◁ Casale del Vascello

■**Fährgesellschaften: CAREMAR,** Tel. 199 11 66 55, www.caremar.it. **Medmar,** Tel. 08 13 33 44 11, www.medmarnavi.it. **Metrò del Mare,** Call Center 199 60 07 00, www.metrodelmare.net. **SNAV,** Tel. 08 14 28 55 55, www.snav.it.

Unterwegs auf Procida

Auto

Von der Mitnahme eines eigenen Autos ist absolut abzuraten! Die Insel erstickt bereits am hausgemachten Verkehr und ist so klein, dass man sie zu Fuß in einer halben Stunde der Länge nach durchmessen kann. In den Sommermonaten besteht abends und nachts ein generelles Fahrverbot für Privatautos. Der öffentliche Nahverkehr ist gut organisiert, es gibt ausreichend Taxis.

Öffentliche Verkehrsmittel

Die vier **EAV-Buslinien** (www.eavbus.it) erreichen fast jeden Winkel der Insel, zentrale Haltestelle ist der Fähranleger Marina Grande. **L1** und **L2** nach Chiaiolella, **C1** in den nordöstlichen Teil der Insel, **C2** zur Terra Murata. Fahrscheine am Kiosk bzw. gegen geringen Aufpreis im Bus.

Taxi

■**Marina Grande,** Tel. 08 18 96 87 85
■Wie auch auf Ischia gibt es auf Procida noch ein paar der originellen **Micro-Taxis,** eine Art motorisierte Rikschas.

Motorroller-Verleih

■**Sprint**
In Hafennähe. Scooter und Elektro-Bikes.
Via Roma 28, Tel. 08 18 96 94 35,
Mobil 33 98 65 96 00, www.sprintprocida.com

Bootstouren

■**Barcheggiando**
Typische *gozzi* (Holzboote) sowie Motorboote mit/ohne Fahrer. Marina Grande, Tel. 08 18 10 19 34

■**Felicemare**
Felice Pagano und Söhne bieten von der Corricella aus Inselrundfahrten an. Juni bis Sept.
Via Marina Corricella 73 c/o Bar Felicemare,
Tel. 08 18 96 94 33,
Mobil 33 94 27 32 22 *(Michele Pagano)*
■**Ippocampo**
Schlauchboote und *gozzi*. Auch Boots-Taxi.
Marina della Chiaiolella, Tel. 08 16 58 76 67,
www.ippocampo.biz
■**www.marinadiprocida.eu**

Einkaufen

■**Aldo Di Candia**
Der Seemann baut Schiffsmodelle. Sein Haus liegt gegenüber vom Schiffsanleger.
Via Roma 103, Tel. 08 18 96 03 04 (priv.)
■**Noi Due**
Die kleine Buchhandlung von *Ciro* und *Annamaria* ist eine Fundgrube für Inselfans.
Via Roma 51, Tel. 08 18 96 76 61

Feste/Veranstaltungen

■**Ostern,** in ganz Kampanien werden zur Osterzeit sehenswerte Prozessionen abgehalten, eine der eindrucksvollsten, die **Processione dei Misteri,** findet am Karfreitag auf Procida statt. Zu diesem feierlichen Anlass kehren möglichst alle Procidaner auf ihre Insel zurück. In aller Herrgottsfrühe beginnt vor der Abbazia di San Michele Arcangelo der religiöse Umzug. Männer in weißen Gewändern und blauen Umhängen tragen lebensgroße Figuren des Gekreuzigten, des toten Christus und der trauernden Madonna durch die engen Gassen. Dem Zug folgen die *misteri,* Figurengruppen, die Leidensstationen Christi darstellend. Die Tradition dieses Mysterienspiels geht auf den Anfang des 17. Jh. zurück und war ursprünglich ein herzzerreißendes Spektakel, bei dem sich die Mitglieder der Turchini-Bruderschaft öffentlich geißelten. Für die schwitzenden Träger und die Zuschauer gibt es unterwegs Wein und traditionelles Gebäck zur Stärkung.

■ **San Michele Arcangelo,** am 8. Mai und am 29. September feiert Procida seinen Schutzpatron mit Umzügen und Feuerwerk.

■ **Premio letterario „Elsa Morante",** Mitte bzw. Ende September wird der angesehene Literaturpreis verliehen.

Strände

■ Die besten Strände Procidas liegen im Westen. Die **Spiaggia di Ciraccio** oder **Lido** im Rücken der Marina di Chiolella ist der längste Sandstrand der Insel und im Sommer fast vollständig von *bagni* okkupiert.

■ Im Osten schließt sich die wildromantische **Spiaggetta degli Innamorati** an. Die kleinen Sandbuchten zwischen bizarr verwitterten Tuffsteinklippen kann man von der Spiaggia di Ciraccio aus schwimmend erreichen, zu Fuß von der Via Salette (Bus C1).

■ Landschaftlich ähnlich spektakulär ist die **Spiaggia del Pozzo Vecchio** jenseits der Punta Serra in der Nähe des Friedhofs (Bus C1). Einige schöne Szenen des Films „Il Postino" wurden an diesem Strand gedreht.

Tauchen

■ **Procida Diving**
Gianni Scotto betreibt außer seiner Ferienwohnungsanlage Rosa dei Venti (s.o.) auch eine profes-

☑ Mit der Fähre nach Procida:
Kreuzfahrt für kleines Geld

sionelle Tauchschule (SSI-Kurse). Ausrüstung kann gestellt werden.
www.vacanzeaprocida.it

Wandern

■Procida lädt zu längeren Spaziergängen ein. Im dicht bebauten Zentrum muss man sich in den engen Straßen häufig vor den vorbeifahrenden Autos und Bussen in eine Toreinfahrt retten. Entspannender sind Streifzüge im Norden und Westen der Insel. Von der **Punta Serra** genießt man schöne Blicke auf den Strand von Pozzo Vecchio.

■Einblicke in die bäuerliche Seele der Insel und überraschende Ausblicke bieten auch Spaziergänge auf den beiden südlichen Halbinseln, die in der **Punta di Pizzaco** bzw. **Punta Solchiaro** enden.

Vivara

Absolut erholsam ist eine Wanderung auf der südwestlich gelegenen menschenleeren **Nachbarinsel,** seit 1956 über eine Brücke mit Procida verbunden (die zwischenzeitlich zerstörte Brücke wurde 2010 wiedereröffnet, der Zugang bleibt jedoch weiterhin gesperrt). **Angelegte Wege,** die noch aus der Zeit stammen, als die Insel ein Jagdreservat der Bourbonen war, führen durch hohe Macchia und Flaumeichenwälder. Unterwegs öffnen sich kleine Wiesen. Am höchsten Punkt der Insel steht die Ruine eines Gutshauses. Von der herrschaftlichen Terrasse genießt man einen schönen Blick auf Ischia. Absolut spektakulär ist das Panorama, das sich oberhalb der Punta di Mezzogiorno im Süden Vivaras auf den Golf von Neapel bietet.

■**www.isoladivivara.it,** Infos zu Flora & Fauna, Geologie und Geschichte.

Golf von Neapel: Procida

gvn13_035 pa

3 Pozzuoli und Phle-gräische Felder

Die faszinierende, mythenreiche Vulkan-Landschaft der Campi Flegrei erfordert Spürsinn. Damit lassen sich trotz vieler Neubausünden auch heute noch so spannende Entdeckungen machen wie zu Zeiten der Grand Tour.

◁ Lago Averno: am Ufer reifen Falanghina-Reben

NICHT VERPASSEN!

➡ **Anfiteatro Flavio (Pozzuoli):**
Bühne für Brot und Spiele | 188

➡ **Solfatara:**
gewaltige Erdkräfte
sinnlich erfahrbar | 188

➡ **Castello di Baia:**
kaum besuchte Antiken-Schätze | 195

➡ **Stufe di Nerone:**
von der Theorie zur Praxis –
schwitzen wie die alten Römer | 198

➡ **Cuma:**
sollte Sibylle nicht zu Hause sein,
lohnt der Besuch bei Zeus | 201

Diese **Tipps** sind gelb hinterlegt.

⌂ Tempio di Venere, eine ehemals grandios
überkuppelte antike Therme in Baiae

3

Pozzuoli und die Phlegräischen Felder

ÜBERBLICK

Die faszinierende Vulkanlandschaft am Golf von Pozzuoli ist trotz moderner Bausünden eine Reise wert. In Pozzuoli steht eines der größten römischen Amphitheater, in Cuma erhebt sich die älteste griechische Akropolis auf italischem Boden. Aus einer Grotte verkündete hier die Sibylle ihre Prophezeiungen. In Baia kann man sich mit Fantasie das luxuriöse Leben der alten Römer vorstellen. Mit der Circumcumana, der Metro oder dem Bus lassen sich die Phlegräischen Felder (Campi Flegrei) auch ohne eigenen (Miet-) Wagen erreichen.

Eine Wasserfahrt bis Pozzuoli, leichte Landfahrten, heitere Spaziergänge durch die wundersamste Gegend von der Welt. Unterm reinsten Himmel der unsicherste Boden. Trümmer undenkbarer Wohlhäbigkeit, zerlästert und unerfreulich. Siedende Wasser, Schwefel aushauchende Grüfte, dem Pflanzenleben widerstrebende Schlackenberge, kahle, widerliche Räume und dann doch zuletzt eine immer üppige Vegetation, eingreifend, wo sie nur irgend vermag, sich über alles Ertötete erhebend, um Landseen und Bäche umher, ja, den herrlichsten Eichwald an den Wänden eines alten Kraters behauptend. Und so wird man zwischen Natur- und Völkerereignissen hin und wider getrieben.

Goethe, Italienische Reise, 1. März 1878

Goethes Beschreibung der Phlegräischen Felder trifft im Kern zu, bereitet den heutigen Besucher jedoch nicht auf die zersiedelte Landschaft der Gegenwart vor. Erst auf den zweiten Blick und mit etwas Fantasie erschließt sich die spektakuläre Vulkanlandschaft, von Geschichte durchdrungen. Etruskische, griechische, römische und orientalische Kultur berührten sich hier am intensivsten. Im 17. und 18. Jh. zählte diese mit antiken Ruinen übersäte Gegend zu den bevorzugten Etappen der **Grand Tour.** Der Besuch des gut erhaltenen Amphitheaters von **Pozzuoli,** der dampfenden **Solfatara,** der bewaldeten **Astroni-Krater,**

3

Campi Flegrei

Baia Domizia

S. S. Domiziana

SS 7 Quater

201 Cuma

Acropoli,
Antro della Sibilla

Porta Felice

Tangenziale di Napoli

Lago
d'Averno

MONTE
NUOVO

Oasi Naturalisica
di Monte Nuovo

**MARE
TIRRENO**

2

Lago
Lucrino

3 4

1

5

F. S. Ferrovia Cumana / Circumflegrea

Lago di
Fusaro

Punta Epitaffio

Casino Reale

6

193
Baia

Parco
Archeologico
di Baia

7

Torregaveta

8

M Castello di Baia

GOLFO

Fondi di Baia

198
Bacoli

Monte
di Procida

9

Cento Camerelle

Piscina Mirabilis

10

11 12 13

Maremorto

198
Miseno

14

Procida, Ischia

Capo Miseno

99 Ortsbeschreibung
auf Seite 99

3

0 ──── 1 km © REISE KNOW-HOW 2013

WWF Riserva
degli Astroni

Tangenziale di Napoli

Ippodromo
di Agnano

A1 Napoli

Bahnhof —
Stazione F. S.
Metropolitana

Agnano
Terme

Fußballstadion
S. Paolo

Ⓑ

18 ★ Solfatara

Anfiteatro
Flavio

Fuorigrotta

17 ❶

Santuario
di San
Gennaro

P
16
15 Rione Terra

185
Pozzuoli

Bagnoli

DI   POZZUOLI

Città della Scienza Ⓜ

Posillipo

■ **Übernachtung**
4 Villa Luisa Resort ****
5 La Tripergola ***
7 Batis
9 Bacoli Art Galery,
   B&B Residenza Adriano
10 Villa Oteri ***
12 Miseno **ˢ
14 Cala Moresca ***ˢ
18 Camping Internazionale
   Vulcano Solfatara

Isola di
Nisida

Napoli,
Mergellina

11 Da Fefé
13 La Catagna
15 O'Valjone
16 Don Antonio
17 Antimo & Diletta
18 Bar Solfatara
19 Sud

■ **Essen und Trinken**
2 Abraxas
3 Lucrino
6 Il Tucano
8 Il Casolare di Tobia
9 BAG

■ **Thermen**
1 Stufe di Nerone

3

der Ruinen römischer Thermen und des hervorragenden archäologischen Museums in **Baia** sowie der rätselhaften Sibyllengrotte in **Cuma** sind auch heute noch lohnend. Der **Parco Regionale dei Campi Flegrei** verschreibt sich neben der Naturpflege und dem Erhalt der archäologischen Hinterlassenschaften der Förderung eines nachhaltigen Tourismus. *Speriamo!*

Westlich vom Vesuv erstrecken sich auf über 150 km² die „**brennenden Felder**", ein riesiges Vulkangebiet, das Neapel mit einschließt. Mykenische Seefahrer der Bronzezeit verliehen der Landschaft ihren Namen (griech. *phlegraios*, brennend) und verlegten den mythischen Wohnort der Titanen und den **Eingang zur Unterwelt** hierher. Das erscheint heute noch plausibel, etwa bei einem Besuch der Solfatara bei Pozzuoli, wo der Boden bei jedem Tritt hohl unter den Füßen klingt und aus Spalten schwefelige Dämpfe dringen. **Unzählige Vulkankegel, Krater und Kraterseen,** insgesamt mehr als 50 Eruptionszentren, umgeben den halbkreisförmigen Golf von Pozzuoli. In ihm lässt sich der Rand einer riesigen Caldera (Einbruchskrater) erkennen, Rest des vor etwa 12.000 Jahren ausgebrochenen mächtigen Schichtvulkans Ur-Phlegräus. Auch die Entstehung der Inseln Procida und Ischia ist eng mit dem phlegräischen Vulkanismus verbunden.

Auf der Bühne dieser Landschaft wurde Weltgeschichte geschrieben. Im 8. Jh. v. Chr. ließen sich **Griechen** aus Euböa zunächst als Händler auf der Insel Ischia nieder, kurz darauf gründeten sie mit **Kyme** (Cuma) die erste griechische Stadt auf italischem Boden. Lange Zeit blieb Kyme die bestimmende Macht im Golf

von Neapel, damals Golf von Kyme, *kumaios colpos.* Von Kyme aus wurden Parthenope und später Neapolis, Vorläufer des heutigen Neapels, gegründet. Unter Kymes Kontrolle stand auch Dikaiarcheia, das spätere Puteoli („Kleiner Brunnen") der Römer und heutige **Pozzuoli.**

Den zweiten großen Machtfaktor in der Region stellten die **Etrusker** dar. Ein Konflikt der beiden Völker wurde unvermeidlich. Zwei Schlachten, 524 und 474 v. Chr., beide von den Griechen gewonnen, wurden zum Wendepunkt nicht nur in der Geschichte des Golfes, sondern ganz Italiens. Die **Samniten,** ein kriegerischer italischer Stamm, nutzten die Schwäche der Besiegten wie der Sieger und eroberten 424 v. Chr. erst das etruskische Capua, dann 421 v. Chr. das griechische Kyme. In der Folge trug jedoch ein anderer italischer Stamm den endgültigen Siegeslorbeer davon. Im Verlauf dreier blutiger „Samniterkriege" gelang es **Rom** im 3. Jh. v. Chr., seine Vorherrschaft in Campania zu sichern.

Als **Roms „Tor zur Welt"** entwickelte sich Puteoli zum größten Handelshafen des Imperiums. Vor Misenum und im Averner See ankerte die Kriegsflotte der Römer. In der Kaiserzeit verband die Via Domitiana, ein Abzweig der Via Appia, Puteoli auf schnellstem Weg mit Rom. **Baiae** wurde als Kurbad der oberen Zehntausend zum Inbegriff luxuriösen Lebens. Einige wussten das *Baianum otium*, die Muße in Baiae, mit Geschäften, *negotium*, zu verbinden. Der ehemalige General *Lucius Licinius Lucullus* machte sich mit seinen Fischzuchtbecken einen Namen in Feinschmeckerkreisen. Bei Banketten standen Austern und Muscheln hoch im Kurs, Muränen galten als besonders delikat.

Die römische Architektur wurde am Golf durch die Technik des **opus caementitium** revolutioniert. Pozzolanerde, ein vulkanischer Bimssteinsand aus der Gegend von Puteoli, ergab, mit Wasser und gelöschtem Kalk vermischt, einen Zement, der sogar unter Wasser aushärtete. Wie moderner Beton ließ er sich in beliebige Formen gießen und war ähnlich belastbar. Dieser Baustoff ermöglichte es, in relativ kurzer Zeit und bei verhältnismäßig geringen Kosten die imposanten Bauten zu errichten, die heute noch Zeugnis geben von der Größe des römischen Reiches. Eindrucksvolle Beispiele am Golf sind die unterirdischen Gewölbe des Flavischen Amphitheaters in Pozzuoli, die Riesenkuppeln der Thermen von Baia und die gigantischen Zisternen in Bacoli.

Die vulkanische Natur der Phlegräischen Felder brachte nicht nur Segen. Nirgendwo anders ist das Phänomen des **Bradyseismus** so ausgeprägt wie hier. Man könnte es als eine Art Erdbeben in Zeitlupentempo beschreiben. Zähflüssige Magma reicht bis nahe an die Erdoberfläche, und mit jeder Bewegung der Magma hebt oder senkt sich der Boden darüber. Berühmtester Gradmesser dieser teilweise beachtlichen Auf- und Abwärtsbewegungen sind die Säulen des Serapis-Tempels in Pozzuoli, die zeitweise unter dem Meeresspiegel lagen. Bohrmuschellöcher sind der Beweis. Im Mittelalter senkte sich die Küste bis zu 12 m unter das antike Niveau, hob sich bis zum 16. Jh. erneut um bis zu 10 m und sinkt seither wieder ab. 1538 entstand in Folge eines heftigen Vulkanausbruchs der **Monte Nuovo**. In den Jahren 1970 und 1983 kam es in Pozzuoli zu sprunghaften Geländehebungen, die

Altstadt musste evakuiert werden und steht bis heute leer. Der **Rione Terra,** historische Keimzelle der Stadt, wird zur spektakulären Archäologischen Zone ausgebaut.

Bei einem Besuch der Phlegräischen Felder empfiehlt es sich, erst einen Überblick zu gewinnen, sei es von einer Anhöhe aus oder vom Meer. Schöne Ansichten bieten der Akropolishügel von Cuma oder eine Wanderung auf den Monte Nuovo. Eine Fährfahrt von Pozzuoli zu den Inseln Procida und Ischia ist ein landschaftlicher Genuss. Von Baia starten Ausflugsschiffe zu Rundfahrten über den Golf, durch Glasscheiben im Schiffsboden kann man zugleich nach den versunkenen Resten des antiken Baiae Ausschau halten.

Praktische Tipps

Information

- ◼ www.infocampiflegrei.it
- ◼ www.comune.pozzuoli.na.it
- ◼ www.icampiflegrei.it, Online-Reiseführer.
- ◼ www.sibilla.net, www.ulixes.it, Tourismus-Portale mit Infos zu Tauchtörns u.v.m.

An- und Weiterreise

Mit dem Auto

◼ Autobahn **A1 aus Neapel.** Von der Tangenziale Napoli (Ringautobahn) Ausfahrt „Agnano" zum Astroni-Krater, der Solfatara und Pozzuoli; Ausfahrt „Pozzuoli" nach Pozzuoli; Ausfahrt „Arco Felice"

Seume geht den Phlegräischen Feldern auf den Grund

Johann Gottfried Seume stattete nach seiner Rückkehr aus Sizilien von Neapel aus den Phlegräischen Feldern einen Besuch ab. In seinem „Spaziergang nach Syrakus im Jahre 1802" hält er den Leser, den er vertrauensvoll duzt, nicht mit langen Beschreibungen der Antike auf, sondern schildert frisch weg seine Eindrücke.

„Ich machte mich ganz allein mit der Morgenröte auf nach Puzzuoli. Dort fehlte es nicht an Wegweisern, und ich wurde gleich beim Eingange in Beschlag genommen. Ich ließ mir gern gefallen, mich in dem Meerbusen von Bajä herumzurudern und da die alten Herrlichkeiten zu sehen. Du kennst sie aus andern Büchern; ich will Dich also mit ihrer Beschreibung verschonen. Wenn ich Dir auch alle Säulen des Serapistempels anatomierte, wir würden deswegen in unsern Konjekturen nicht weiter kommen. (…) Ich stieg bei dem Lukriner See aus, der durch die Erdrevolutionen sehr viel eingeengt worden ist.

gwn13_037 pa

Jetzt ist er nichts besser als ein großer Teich. Wir gingen, vermutlich durch den Einschnitt des Berges, hinein, durch welchen man ehemals die beiden Seen, den Lukriner und den Averner, zusammen verbunden hatte, um den Julischen Hafen zu bilden. Häufige Erdbeben und vulkanische Ausbrüche haben alles geändert. Der Zugang zum Avernus ist noch jetzt romantisch genug, und der Eintritt in die so genannte Grotte der Sibylle wirklich schön und schauerlich. Ich setzte mich am Eingange hin und sah rechts gegenüber den alten Tempel, der für den Tempel des Apollo gilt. Es ist ein Wunder, wie dieser Tempel bei der Erhebung des neuen Berges stehen blieb, die doch ohne große Erschütterung der Nachbarschaft unmöglich geschehen konnte. Man kann nichts romaneskeres haben, als den kleinen Gang von dem Averner See bis zum Eintritt in die Grotte, zumal wenn man den Kopf voll Fabel hat. Hier zündeten wir die Fackel an und gingen nun in dem Gewölbe hinter, bis man rechts tief hinunter in das Sakrarium steigt. (…) So ganz allein mit einem Wildfremden in dieser Höhle herumzuschleichen, mein Freund, macht doch etwas unheimisch. (…), als mein Leiter mich aus meiner Andacht mit der Bemerkung drollig genug weckte: *Era questa Sibylla una grande putana; e era questo qui un gabinetto segreto, dove fece …* Hier brauchte er einige Töne, die in allen Sprachen ziemlich verständlich sind. Nun war meine Prophetin sogleich eine gemeine Zigeunerin. Was doch die Phantasie nicht alles macht, nachdem man nur die Sache ein wenig höher oder tiefer nimmt! Die Leute fabeln hier, daß aus der Höhle ein Gang nach Bajä und ein anderer nach Kumä gegangen sei, wo die Hexe ein zweites Heiligtum hatte."

nach Baia und Cuma. Von Norden, aus Baia Domizia kommend, mündet die S.S. 7 quater in die Tangenziale Napoli.

Mit dem Bus

■ **ANM** (www.anm.it): Bus 152 Neapel (Piazza Garibaldi) – Pozzuoli (Solfatara) – Pozzuoli (Via Roma, Hafen, Serapis Tempel).

■ **EAV** (www.eavbus.it): Neapel/Piazza Garibaldi – Pozzuoli (Solfatara) – Arco Felice – Lucrino Bacoli – Torregaveta – Monte di Procida. Linienbusse der EAV auch in Pozzuoli bzw. vom Bahnhof Lucrino über Baia, Bacoli, Miseno, Torregaveta zum Ausgrabungsgelände von Cuma.

Mit der Bahn

■ **Ferrovia Circumflegrea/Ferrovia Cumana** (www.sepsa.it) ab Napoli/Montesanto über Pozzuoli Fusaro und Torregaveta bzw. über Cuma nach Fusaro und Torregaveta. Der Bahnhof in Pozzuoli liegt oberhalb des Hafens in der Nähe des Tempio di Serapide.

Mit der Metro

■ **Metropolitana FS** ab Neapel (Piazza Garibaldi bzw. Mergellina) über Bagnoli nach Pozzuoli. Der Bahnhof liegt oberhalb des Amphitheaters. Vor dem Bahnhof halten die Busse der EAV.

Mit der Fähre

■ Von Pozzuoli starten stündlich zwischen 5 und 20 Uhr **Auto-, Personenfähren und Tragflügelboote** nach Procida und Ischia (Porto und Casamicciola). Tickets und Auskunft direkt am Hafen. Aktuelle Fahrpläne auch in Tageszeitungen.

■ **Fährgesellschaften: CAREMAR,** Tel. 199 11 66 55, www.caremar.it; **Medmar,** Tel. 08 13 33 44 11, www.medmargroup.it; **Metrò del Mare,** Call center 199 60 07 00, www.metrodelmare.net.

Pozzuoli

Die **Hafen- und Industriestadt** Pozzuoli (28 m, 83.400 Ew.) hat unter den Folgen des Bradyseismus besonders stark zu leiden. 1970 und noch einmal 1983 wurde die Stadt von heftigen Bodenbewegungen erschüttert. Der Rione Terra, Pozzuolis Altstadt und ein weiteres Viertel am Meer wurden evakuiert, die Bewohner in gesichtslosen Neubauvierteln untergebracht.

Dem Amphitheater und der Solfatara verdankt Pozzuoli seinen festen Platz im Besichtigungskarussell des Golf-Tourismus. Besucher der Stadt werden stolz darauf verwiesen, dass *Sofia Scicolone,* bekannt als **Sophia Loren,** hier aufgewachsen ist.

Geschichte

Griechen aus Samos, die ihre vom Tyrannen *Polykrates* beherrschte Heimat verlassen hatten, gründeten nahe Kyme um 528 v. Chr. **Dikaiarcheia.** Der Name war Programm, übersetzt lautet er „Stadt der gerechten Regierung“. Den großen Aufschwung brachten die Römer, die seit dem 4. Jh. v. Chr. über Dikaiarcheia herrschten und die Stadt 194 v. Chr. unter dem Namen **Puteoli** (kleiner Brunnen) zur Kolonie erhoben. Puteoli entwickelte sich zum wichtigsten **Handels-**

3

hafen der frühen Kaiserzeit, über die Via Domitiana direkt mit der Hauptstadt verbunden.

In Puteoli wurden die **Getreidelieferungen** aus Ägypten gelöscht; sie sicherten die Brotversorgung der römischen Bürger. Der Hafen war zugleich der größte **Sklavenumschlagsplatz** im westlichen Mittelmeerraum, was Puteoli den Beinamen *Delus minor* eintrug (die Insel Delos war der größte Sklavenmarkt). Im Angebot waren vor allem gebildete Sklaven, die Verwendung als Hauslehrer oder Verwalter finden konnten, und teure Kampfsklaven für die Arena. Die berühmteste Kampfschule lag im nahen Capua. Außer Sklaven und Getreide erreichten orientalische **Luxuswaren** aller Art und mit den Waren auch Menschen und ihre Ideen die **weltoffene Stadt.** *Puteolis litora mundi hospita,* hieß es, Puteoli beherbergt die ganze Welt. Orientalische Religionen, wie der Serapis-Kult, berührten hier zum ersten Mal italischen Boden. Im Jahr 61 soll der *hl. Paulus* in Puteoli an Land gegangen sein und die erste Christengemeinde der Stadt gegründet haben.

Nach dem Bau des Hafens Ostia begann Puteoli an Bedeutung zu verlieren, bradyseismische Bewegungen ließen den Hafen versanden. Mit dem Verfall des weströmischen Reiches war die einst prächtige Stadt den Plünderungen durch die Goten schutzlos ausgesetzt. Die dezimierte Bevölkerung zog sich im Mittelalter in die geschützte Lage des **Rione Terra** zurück, der Akropolis des antiken Dikaiarcheia.

Besichtigung

Am lebendigsten zeigt sich der Hafen. Jeden Morgen findet ein großer **Fischmarkt** statt. Frisch zubereitet genießt man den Fang in zahlreichen Lokalen am Lungomare. Nur wenige Schritte oberhalb der Mole stehen in einem archäologischen Park die berühmten Säulen des so genannten **Serapis-Tempels,** Pegelmesser der bradyseismischen Bewegungen. Hier wurde die Statue des ägyptischen Gottes Serapis gefunden,

gvm13_038_pa

> Wo sind die Löwen?

3

doch handelt es sich bei der Anlage um ein **macellum,** den römischen Fleisch- und Fischmarkt in der Nähe des antiken Hafens.

Der malerische **Rione Terra** auf dem Tuffhügel östlich des Hafens kann theoretisch wieder betreten werden. Theoretisch, weil die Sanierungsarbeiten in einem Sumpf aus Korruption versunken sind und die reguläre Öffnung des Geländes seit Jahren verschoben wird. Durch die Beben 1970 und 1983 kamen auf der ehemaligen Akropolis antike Ruinen ans Tageslicht. Ein Brand 1964, der die barocke Fassade des mittelalterlichen Doms San Procolo zerstörte, legte sogar Reste des römischen Kapitolstempels frei. Während die Sanierungs- und Ausgrabungsarbeiten andauern, ist die Einrichtung eines riesigen Freiluftmuseums im Gange. Auf teils unterirdischen **Rundgängen** läuft man über das antike Straßenpflaster an Werkstätten, Ladenräumen und ehemaligen Sklavenunterkünften vorbei. Im *ergastulum* (Gefängnis) sind Graffiti zu entziffern. Faszinie-

Pozzuoli und die Phlegräischen Felder

rend auch die Kanalisation! Das Neben- und Übereinander der baulichen Ablagerungen aus 2500 Jahren Geschichte macht den Besuch spannender noch als Pompeji.

■ **Rione Terra,** Largo Sedile del Porto, Tel. 848 80 02 88, www.rioneterra.it. Seit Jahren wegen Restaurierung geschlossen. Sollten Besuche erneut möglich sein, gilt möglicherweise auch das **Biglietto cumulative Campi Flegrei** (2 Tage gültig) inkl. Besuch des Amphitheaters und des Serapions in Pozzuoli, des Archäologischen Parks und des Archäologischen Museums von Baia sowie der Ausgrabungen von Cuma.

In der Oberstadt liegt das **Flavische Amphitheater,** im 1. Jh. n. Chr. unter Kaiser *Nero* errichtet und unter *Vespasian* eingeweiht. Der Bau ist in Italien der drittgrößte seiner Art und fasste über 45.000 Zuschauer (siehe Exkurs „Brot und Spiele"). Von dem prachtvollen Fassadenschmuck früherer Tage ist kaum noch etwas zu sehen, aber nirgendwo anders haben sich die unterirdischen Gewölbe eines Amphitheaters so perfekt erhalten. Große Aussparungen in der Decke erinnern an die hölzernen Aufzugskabinen und beweglichen Plattformen, auf denen Kulissen mit künstlichen Wäldern und ganze Löwenrudel in die Arena gehievt werden konnten. Sklaven drehten im Schein von Fackeln die schweren Holzwinden. Im Kellergeschoss muss eine drangvolle Enge geherrscht haben, fast glaubt man den Schweiß der Gladiatoren und die Ausdünstungen der Raubkatzen riechen zu können. Unter Kaiser *Diokletian* wurde *Gennaro*, Bischof von Benevent und nachmaliger Stadtpatron von Neapel, im Jahr 305 in der Arena *ad bestias* verurteilt, das heißt, Löwen hätten

ihn fressen sollen. Doch krümmten sie dem Heiligen in spe kein Haar. *Gennaro* wurde daraufhin in der Solfatara enthauptet.

■ **Anfiteatro Flavio,** Via N. Terracciano 75, Tel. 08 15 26 60 07. Mi bis Mo 9 Uhr bis 1 Stunde vor Sonnenuntergang. Das **Biglietto cumulative Campi Flegrei** (2 Tage gültig) ermöglicht den Besuch des Amphitheaters, des Archäologischen Parks und des Archäologischen Museums von Baia sowie der Ausgrabungen von Cuma; Eintritt 4/2 Euro.

Vom Amphitheater führt die Via Solfatara zur **Solfatara,** dem bekanntesten Krater der Campi Flegrei. Der fast vegetationslose Kessel sieht aus wie eine Mondlandschaft, und für einen seit viertausend Jahren erloschenen Vulkan ist er noch erstaunlich aktiv. Aus Spalten dringen **Schwefeldämpfe,** und nach Regenfällen bilden sich in der Kratermitte kleine Schlammvulkane. Der Boden klingt bei jedem Tritt hohl unter den Füßen. Dabei handelt es sich um eine akustische Täuschung. Nicht ein großer Hohlraum unter dem Kraterboden, sondern mikroskopisch kleine Hohlräume in den einzelnen Tuffpartikeln wirken als Klangverstärker und sorgen für den unheimlichen Lauteffekt. Einheimische Führer kann man bei der Vorführung des klassischen **„Solfatara-Tricks"** beobachten. Sie halten ein brennendes Stück Zeitung an eine der Fumarolen, und wie von Geisterhand steigt eine Dampfwolke auf. Die Rußpartikel liefern dem bis zu 160°C heißen Dampf Kondensationskerne. Mit morbider Faszination bezeichneten die Römer die Solfatara als *Forum vulcani*, Vorhof zur Hölle würden wir sagen. Das hielt sie aber nicht davon ab die **Thermalquellen** und

3

natürlichen Dampfsaunen zu nutzen. Noch bis ins 19. Jh. bestanden in der Solfatara Kureinrichtungen, dann versiegten die Quellen.

Der Besucher erhält am Eingang eine kleine Karte, die Erklärungen enthält. Im Kratergelände gibt es eine Bar, in der man auch eine Kleinigkeit essen kann, ferner steht der Campingplatz Internazionale Vulcano Solfatara (s.u.) zur Verfügung.

🟥 **Vulcano Solfatara,** Via Solfatara 161, Tel. 08 15 26 23 41, www.solfatara.it. EAV-Bus vom Hafen Pozzuoli, ANM-Bus 152 aus Neapel. Tägl. 9 Uhr bis 1 Std. vor Sonnenuntergang. Eintritt 7/6/4,50 Euro.

In Nähe der Solfatara steht die **Barockkirche San Gennaro** am angeblichen Hinrichtungsort des Heiligen. In einer Seitenkapelle wird ein Stein verehrt, auf dem mit Fantasie ein eingetrockneter Blutfleck zu erkennen ist. Wenn sich im Dom von Neapel Gennaros Blut verflüssigt, nimmt auch dieser Fleck die Farbe frischen Blutes an.

🟥 **Santuario di San Gennaro,** Via San Gennaro ad Agnano 10, Tel. 08 15 26 11 14, www.santuariosangennaro.it. Tägl. 9–12 und 16.30–19 Uhr. Eintritt frei.

Im Westen von Pozzuoli erhebt sich der **Monte Nuovo.** Die Entstehung des Berges ist gut dokumentiert, da es sich um den einzigen Vulkankegel der Campi Flegrei handelt, der in historischer Zeit entstanden ist. Der Ausbruch erfolgte im Zusammenhang eines aufsteigenden Bradyseismus, der sich ab dem 14. Jh. manifestierte. Anfang des 16. Jh. bildeten sich in Pozzuoli neue Strandabschnitte. Nach einigen starken Beben im

September 1538 flüchteten die Einwohner von Pozzuoli nach Neapel. Am 28. September zog sich das Meer von der Ortschaft Tripergole zurück, die Lava war auf dem Weg zur Oberfläche. Nach einem sehr heftigen Erdstoß begann am 29. September der explosive Ausbruch, der mit Unterbrechungen bis zum 6. Oktober anhielt. Nachdem sich die Staubwolken verzogen hatten, wurde der Blick frei auf den neuen Vulkankegel, unter dessen Auswurfmassen Tripergole mit den antiken Resten einer Cicero-Villa und Teile des Lago Averno und Lago Lucrino verschüttet lagen.

⌂ Der klassische „Solfatara-Trick"

Information

■ **AAST di Pozzuoli**
Das städtische Touristenbüro gibt monatlich eine umfangreiche Info-Boschüre inkl. Stadtplan heraus, auch online. Etwas versteckt in der Nähe der Porta Napoli. Mo bis Fr 9–15 Uhr, im Sommer länger und evtl. Sa und So.
Largo Matteotti 1A, Tel. 08 15 26 14 81, www.infocampiflegrei.it

■ **www.comune.pozzuoli.na.it,** touristische Informationen und Fahrpläne.

Hotels

■ **Villa Luisa Resort** ****
Gepflegtes modernes Hotel mit schöner Dachterrasse schräg gegenüber vom Cumana-Bahnhof „Lucrino". Komfortable Zimmer, Wellness- und Beauty-Center, großes Frühstücksbuffet. Zum Hotel gehört ein Panoramarestaurant oberhalb des Lago Lucrino, wo gerne Hochzeiten gefeiert werden. 37 Zi., DZ/F 100–190 Euro.
Via Tripergola 50 – Lucrino,
Tel. 08 18 04 28 70, www.villaluisaresort.it

■ **La Tripergola** ***
Freundlich renoviertes Hotel mit Blick auf den Golf von Pozzuoli über den Gleisen der Cumana im Ortsteil Arco Felice. Zu Fuß ist man schnell am Monte Nuovo. Geräumige freundliche Zimmer, die Hälfte mit Blick aufs Meer. Gutes Restaurant. Sicherer Parkplatz. 30 Zi., DZ/F 75–90 Euro.
Via Miliscola 165 – Arco Felice,
Tel. 08 18 04 21 20, www.latripergola.it

Campingplatz

■ **Camping Internazionale Vulcano Solfatara**
MEIN TIPP! Angenehmer, schattiger und sauberer Platz im Krater der Solfatara (man riecht es, ge-

wöhnt sich aber daran). Auch Bungalows mit 2–4 Betten. Gäste des Campingplatzes können den Höllenschlund jederzeit besuchen (gratis). Pool und Natursauna, kleiner Laden. Gute Zug- und Busverbindungen nach Neapel. A1 Tangenziale Napoli, Ausfahrt 11 „Agnano". 2 Pers., Zelt und Auto 30–35 Euro.
Via Solfatara 161, Tel. 08 15 26 74 13, www.solfatara.it

Restaurants, Trattorien und Pizzerien

■ In der Nähe des Serapis-Tempels und am Hafen in der Altstadt gibt es zahlreiche Lokale. Am Markt kann man für ein Picknick einkaufen. Ein gut sortiertes Feinkostgeschäft im Ortsteil Arco Felice ist seit 1953 **Sapori d'Italia,** Via Miliscola 302, Tel. 081 19 36 93 92.

■ **Antimo & Diletta**
Das kulinarische Angebot von Meeresantipasti über Primi bis Secondi spiegelt das Angebot des nahen Fischmarktes wieder. Im Sommer sitzt man im Freien mit Blick auf den Serapistempel. Im Winter Mi und So Ruhetag. Mittags und abends. 25–35 Euro.
Via Serapide 37, Tel. 08 15 26 35 16

■ **Don Antonio**
Bodenständiges Fischristorante in Hafennähe, bei Einheimischen sehr beliebt. Mo Ruhetag. Mittags und abends. 20–25 Euro.
Via Magazzini 20, Tel. 08 15 26 28 35

■ **Lucrino**
Volksnahe Trattoria-Pizzeria gegenüber des Cumana-Bahnhofs „Lucrino" und zwei Schritte vom Villa Luisa Resort (s.o.). Als Antipasto köstlich frittierte

▷ Calcio an der Spiaggia von Lucrino

Gemüsestreifen und *zeppole,* in heißem Fett ausge-
backene Pizzateigbällchen. Mittags und abends.
10–20 Euro.
Via Miliscola 502, Tel. 08 18 66 27 10

🟥 **O'Valjone**

Edles Restaurant am Fuße des Rione Terra mit Blick
auf den alten Fischerhafen. Fangfrischer Fisch und
Meeresfrüchte. Bei gutem Wetter Tische im Freien.
So abends geschl. Mittags und abends. 35–45 Euro.
Via San Paolo 2/4, Tel. 08 15 26 56 05,
www.ristoranteovaljone.it

🟥 **Sud**

Lohnt den Umweg! Kein Mensch würde in einem
Dutzendvorort wie Quarto ein Sterne-Restaurant
vermuten. *Marianna Vital*e gewinnt dem italienischen Süden kulinarisch äußerst interessante Noten
ab. Anfahrt: Von Neapel mit dem Auto auf der Tangenziale kommend die Ausfahrt „Campania" nehmen und ca. 800 m auf der Via Campana nach Norden. Station „Quarto Officina" der Circumflegrea.
Mo bis Sa abends, Sa/So mittags. Degustationsmenüs 35–55 Euro.
Via Santi Pietro e Paolo 8 – Quarto,
Tel. 08 10 20 27 08, www.sudristorante.it

🟥 **Solfatara**

Bar-Ristorante, im schattigen Teil des Solfatara-
Kraters gelegen. 10–20 Euro.
Via Solfatara 161, Tel. 08 15 26 83 31

An- und Weiterreise

Siehe Kapitelanfang. EAV-Busse fahren in Pozzuoli
an der Solfatara, am Amphitheater und am Monte
Nuovo vorbei.

Unterwegs in Pozzuoli

🟥 **Parken:** Gebührenpflichtige Parkplätze im Hafenbereich.

🟥 **Öffentliche Verkehrsmittel:** CTP-Bus 9 zwischen Via Roma (Hafen, Serapis-Tempel), Stazione
FS Metro und Solfatara.

🟥 **Taxi:** Piazza della Repubblica (Altstadt, Hafennähe), Tel. 08 15 26 58 00.

Pozzuoli und die Phlegräischen Felder

gvn13_039 pa

Markt

Am Vormittag direkt am Hafen Di bis So großer **Fisch- und Lebensmittelmarkt.**

Fest

■ **Festa dell'Assunta,** am 15. August beginnt das dreitägige Fest der *Madonna Assunta,* Schutzpatronin der Fischer von Pozzuoli. Ein beliebtes Spektakel ist der **Wettkampf Palo al Mare.** Von der Hafenmole ragt ein eingeseifter Mastbaum über das Meer, an dessen Spitze eine Fahne angebracht ist. Barfuß versuchen junge Männer die Fahne zu erreichen, fallen dabei aber meist ins Wasser.

Wandern

Gli Astroni

Der **Astroni-Krater** nördlich der Solfatara ist eine der letzten grünen Oasen der Phlegräischen Felder. Stare (lat. *sturnis*) oder Hexer (ital. *strioni, stregoni*) standen beim Namen Pate. Der **248 m hohe Aschekegel** entstand vor 3700 Jahren. Bis ins Mittelalter waren die heißen Astroni-Quellen für ihre Heilwirkung bekannt, auch Kaiser *Friedrich II.* kurierte sich hier. Die einzig nennenswerte vulkanische Tätigkeit heute beschränkt sich auf Fumarolen am Kratergrund. Vom 15. bis 19. Jh. königliches Jagdreservat, steht der waldreiche Krater seit den 1990er Jahren unter Naturschutz. In dem 250 ha großen Gebiet kann man stundenlang über den Kratergrund streifen, der ausgedehnte See ist Rastplatz zahlreicher Wasservögel, im Wald nisten Uhus und Falken. Besucher der *Oasi* erhalten am Eingang eine Karte mit eingezeichneten Wanderwegen.

■ **Riserva degli Astroni,** Via Agnano agli Astroni 468 (Tangenziale Napoli Ausfahrt „Agnano", rechts abbiegen und ca. 1,5 km der Ausschilderung folgen;

die Anfahrt mit öffentlichen Verkehrsmitteln ist etwas umständlich – z.B. mit Bus C14 ab Bagnoli), Tel. 08 15 88 37 20, www.wwf.it/astroni.nt. Di bis So 10–14 Uhr, So um 10, 11 und 12 Uhr Führungen. Eintritt 5 Euro, für WWF-Mitglieder frei.

Monte Nuovo

Östlich vom Lago Averno erhebt sich seit 1538 der 134 m hohe Monte Nuovo. Bis in die 1990er Jahre hinein eine wilde Mülldeponie, ist es der Initiative einer Schule zu verdanken, dass dieser perfekte Vulkankegel im Stadtgebiet von Pozzuoli heute unter Naturschutz steht und besucht werden kann. Die etwa einstündige Wanderung um den Kraterrand des Monte Nuovo ist eine ideale Möglichkeit, sich über das Häuser- und Straßengewirr von Pozzuoli zu erheben und die Aussicht zu genießen. Der Rundgang am Kraterrand führt oberhalb des Lago Averno vorbei, in Richtung Cuma erkennt man den Arco Felice. Der Weg ist eindeutig und bedarf kaum einer weiteren Erklärung. Am Eingang erhalten Besucher ein kleines Faltblatt mit allen wichtigen Informationen. Der Weg ist zugleich als **naturkundlicher Lehrpfad** angelegt, und im Schatten von Kiefern kann man sich zu einem Picknick niederlassen.

■ **Oasi Naturalistica di Monte Nuovo,** Via Virgilio, Tel. 08 18 04 14 62. Mo bis Fr 9 Uhr bis 1 Stunde vor Sonnenuntergang, Sa und So 9–13 Uhr. Eintritt frei. Tangenziale Napoli Ausfahrt „Arco Felice", der Ausschilderung folgen. Ferrovia Cumana-Station „Arco Felice" oder EAV-Bus Richtung Baia und nahe der Via Virgilio im Ortsteil Arco Felice aussteigen.

Tauchen

■ **Centro Sub Campi Flegrei**
Kurse für Anfänger und Fortgeschrittene (PADI, CMSA u.a., auch für Taucher mit Handicap), Tauchausflüge im gesamten Golf von Pozzuoli und vor

den Inseln Ischia und Procida. Kurse auch in Unterwasserarchäologie.
Via Napoli 1 – Pozzuoli, Tel. 08 18 53 15 63, www.centrosubcampiflegrei.it

Lago d'Averno und Lago Lucrino

Nördlich von Baia liegt der mythenschwangere **Lago d'Averno.** *Homer, Vergil* und später *Dante* beschrieben den Kratersee als Eingang in die Unterwelt. Aus dem See aufsteigende giftige Gase hatten in der Vergangenheit jedes Vogelleben zum Ersterben gebracht. *Marcus Vispanius Agrippa*, General und Schwiegersohn von *Augustus*, dachte praktisch und ließ 37 v. Chr. den Lucriner und Averner See über einen Kanal mit dem Meer verbinden und zu einem geschützten Militärhafen ausbauen. Ein kilometerlanger Tunnel durch das Tuffgestein, die **Grotta di Coeccio,** verband den Averner See mit dem nordwestlich gelegenen Hafen von Cumae. Als der Portus Iulius zu versanden begann, wurde die römische Kriegsflotte nach Misenum verlegt. Am Seeufer stehen Überreste römischer Thermen und Villen.

Der **Lago Lucrino** wurde durch den Ausbruch des Monte Nuovo auf einen Bruchteil seiner ursprünglichen Fläche reduziert. In dem brackigen Wasser des *Lacus lucrinus* (lat. *lucrum*, Profit) betrieb im 1. Jh. v. Chr. ein gewisser *Sergius Orata* seine weithin gerühmte Austern- und Fischzucht. Damit Fische und Muscheln schneller ihre Verzehrreife erreichten, ließ *Orata* seine Bassins von

unten erwärmen und gilt damit als Erfinder der Hypokaustenheizung.

Essen und Trinken

■ **Abraxas**
Fernfahrer und Feinschmecker treffen sich in *Nino Salemmes* Edel-Osteria cum Wine Bar, die mit Traumblick (große Terrasse!) zwischen Lago d'Averno und Lago Lucrino auf einer Anhöhe liegt (neben dem Nobelhotel Villa Espero). Küchenchef *Tommaso Di Meo* sorgt für eine raffinierte kampanische Jahreszeitenküche mit besten Grundzutaten. Köstliche Kleinigkeiten (viel Gemüse!), *tagliatelle con ragu di coniglio*, Risotti oder Rindersteaks vom Grill. Die Wein- und Käseauswahl ist beachtlich, Slow Food zollt höchstes Lob! 25–35 Euro. Di Ruhetag. Nur abends, So auch mittags. August geschl.
Via Scalandrone 15 – Lucrino,
Tel. 08 18 54 93 47, Mobil 33 92 23 67 00, www.abraxasosteria.it

Wandern

Lago d'Averno

Ein lauschiger Weg, auch mit dem Fahrrad zu befahren, führt rund um den Lago d'Averno. Giftige Gase treten längst keine mehr aus, und außer den Ruinen einer römischen Thermenanlage am östlichen Ufer kann man ein reges Vogelleben beobachten. Unterwegs ist eine der Grotten der Sybille ausgeschildert.

Baia

Das wuchtige **Kastell** beherrscht von einer Anhöhe den gesamten Golf. Nähert man sich dem bescheidenen Küsten-

`3`

städtchen Baia zu seinen Füßen, scheint zunächst nichts darauf hinzudeuten, das sich hier einst das weltberühmte Baiae befunden haben soll. Im flachen Meer rosten Schiffsrümpfe vor sich hin, und erst auf den zweiten Blick entdeckt man die imposanten Kuppelreste, die sich über die schäbige Uferbebauung erheben. **Baiae** war eine Ansammlung luxuriöser Villen und Thermenanlagen, das **mondänste Kurbad des römischen Reiches,** gesellschaftlicher Treffpunkt der Hautevolee und ein berüchtigter Sündenpfuhl. Am Ende der Republikzeit flüchteten sich zunächst politisch kaltgestellte Aristokraten hier in ihr freiwilliges Exil. *Cäsar* und später die Mitglieder des Kaiserhauses folgten. Neben der lieblichen Landschaft, dem kulturellen Flair der nahen Griechenstädte und dem aus Puteolis dringenden verruchten Hauch des Orients waren es vor allem die Thermalquellen, die den Aufenthalt in Baiae so angenehm machten. *Plinius d. Ä.* notierte in seiner Naturgeschichte: „Nirgends sprudeln Quellen in solcher Fülle und mit so vielen Heilkräften ausgestattet hervor wie hier." *Ovid* empfiehlt Baiae in seiner „Liebeskunst" als idealen Ort, um lockere Beziehungen zu knüpfen, und in *Petronius'* „Gastmahl des Trimalchio" wird auf ironisch-satirische Weise der verschwenderische Lebenswandel stinkreicher Parvenüs beschrieben.

Bis ins Mittelalter genoss Baia seinen guten Ruf als Kurbad, dann begann es im Meer zu versinken. Der Besuch der archäologischen Zone vermittelt nur eine wage Ahnung früherer Pracht. Über die Gleise der Circumcumana führt ein Treppenweg den Hang hinauf. Im **archäologischen Park** überlagern sich mehrere Baukomplexe, errichtet vom 2. Jh. v. Chr. bis zum 4. Jh. n. Chr. Auffällig ist ihre terrassenförmige Anlage am Hang, die sich mit Molen bis ins Meer zog. Eine Villa im *morus baianum,* im Stil von Baiae, zu besitzen, war der Traum jeden Römers. Nur wenige konnten ihn sich leisten. Besonders eindrucksvoll ist der sogenannte **Tempio di Mercurio,** ein vollständig erhaltener Kuppelbau mit faszinierender Akustik, bautechnischer Vorläufer der Pantheon-Kuppel in Rom (Vorbild aller Renais-

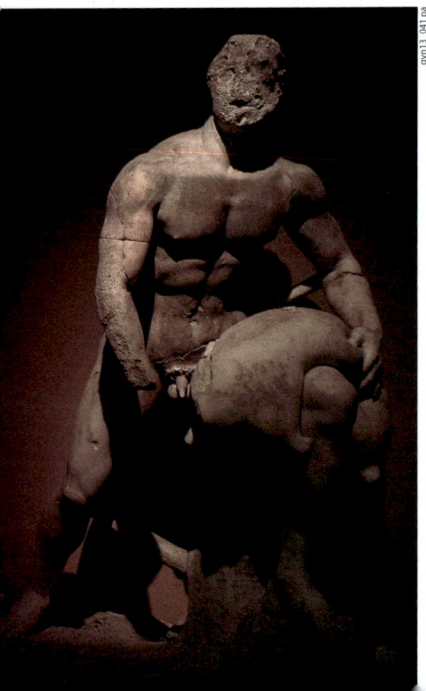

Castello di Baia: Weinschlauch für Polyphem

sance- und Barock-Kuppeln!), dessen Konstruktion erst die Technik des *opus caementitium* möglich machte. Wahrscheinlich handelte es sich um das überdachte Kaltwasserbecken einer Therme. Tafeln im Gelände erklären die Funktion einzelner Bauten. Im Sommer finden Freiluftaufführungen des Teatro San Carlo statt.

■ **Parco Archeologico di Baia,** Piazzetta De Gasperi – Baia, Tel. 08 18 68 75 92. Di bis So 9 Uhr bis 1 Stunde vor Sonnenuntergang. Das **Biglietto cumulativo Campi Flegrei** ermöglicht den Besuch des Amphitheaters und des Serapions in Pozzuoli, des Archäologischen Parks und des Archäologischen Museums von Baia sowie der Ausgrabungen von Cuma; Eintritt 4/2 Euro.

Das **Castello di Baia**, in seiner heutigen Gestalt im 16. Jh. unter Vizekönig *Pedro de Toledo* errichtet, beherbergt seit 1993 eines der besten archäologischen Museen der Region. 1969 ging Fischern aus Baia ein Aufsehen erregender Fang ins Netz, eine kopflose Marmorskulptur, die einen mit Weinlaub umkränzten Becher in den Händen hält. Bei Ausgrabungen sieben Meter unter dem Meeresspiegel wurden das versunkene Nymphäum eines Kaiserpalastes entdeckt und zahlreiche weitere Marmorskulpturen geborgen. Das Nymphäum, das ursprünglich von Meer aus mit dem Boot zu erreichen war und zugleich als Speisesaal diente, ist im **Museum** rekonstruiert. In der Apsis stehen Odysseus mit dem Weinbecher, einer seiner Gefährten hält einen Weinschlauch über das Knie. Die Köpfe der Götterstatuen in den Seitennischen tragen die Gesichtszüge des iulisch-claudischen Kaiserhauses. Interessant sind auch die antiken Gipsabgüsse griechi-

scher Skulpturen, die einen Einblick in die Arbeit römischer Kopistenwerkstätten gewähren. Sofern sich ein reicher Römer nicht das Bronzeoriginal einer griechischen Plastik leisten konnte, wollte er zumindest ihre wertvolle Kopie in Marmor besitzen. Viele berühmte Bildnisse der griechischen Antike wurden auf diese Art und Weise überliefert. Als Kitsch kann man solche Statuen heute noch am Straßenrand erwerben. Von der Terrasse genießt man einen unvergleichlichen Blick über den Golf. Eine Bar reicht Erfrischungen.

■ **Museo Archeologico dei Campi Flegrei,** Via Castello 39 – Bacoli, Tel. 08 15 23 37 97, http://cir. campania.beniculturali.it/museoarcheologicocampiflegrei. Di bis So 9–14.30 Uhr (Zutritt bis 13 Uhr). Das **Biglietto cumulativo Campi Flegrei** ermöglicht den Besuch des Amphitheaters und des Serapions in Pozzuoli, des Archäologischen Parks und des Archäologischen Museums von Baia sowie der Ausgrabungen von Cuma; Eintritt 4/2 Euro.

In Baia startet von der Hafenmole das **Glasbodenboot „Cymba"** zu Rundfahrten über die versunkenen Reste des antiken Baiae. Allzu viel sollte man sich von dem Ausflug nicht versprechen, das „Unterwasser-Pompeji" ist nur bei absolut ruhiger See zu sehen und auch dann sind höchstens ein paar Mauerreste und bruchstückhafte Mosaikböden zu erkennen. Die Mini-Kreuzfahrt lohnt trotzdem, v.a. aber wegen des Blicks zurück aufs Land.

■ **Cymba,** Mobil 34 94 97 41 83, www.baiasommersa.it/escursioni_cymba.htm. Bei ruhigem Seegang von April bis Okt. jeden Sa 12 und 15 Uhr, So 10, 12 und 15 Uhr bzw. auf Vorbestellung für Gruppen. Erwachsene 10 Euro, Kinder ab 5 Jahren 7 Euro.

Information

- **AAST Pozzuoli,** siehe dort.
- **Parco Sommerso di Baia**

Das Besucherzentrum im ehemaligen Cumana-Bahnhof war leider kurzlebig. Ob und wann es wieder eröffnet wird ist ungewiss.

- **www.baiasommersa.it**
- **www.parcoarcheologico sommersodibaia.it,** informative Site eines Diving Centers.

Pension

- **Batis**

Sympathisch-moderne Pension in einem restaurierten Gemäuer auf Höhe des sog. Tempio di Venere. Komfortable Zimmer, zur Straße etwas lauter, der Rest nach hinten mit Blick auf den Archäologischen Park von Baiae. Das angeschlossene Restaurant in einer tuffgewölbten Zisterne serviert gute Lokalküche und neapolitanische Holzofenpizza und öffnet Di bis So auch für auswärtige Gäste. Lounge Bar. Sicherer Parkplatz. An der Durchfahrtsstraße. 12 Zi., DZ/F 70–85 Euro.
Via Lucullo 101, Tel. 08 18 68 87 63, www.batis.it

Essen und Trinken

- **An der Hafenmole** gibt es einige Restaurants, Pizza auf die Hand und Cafés. Auf dem Weg zum archäologischen Park findet sich die Eisdiele Monkey – hier ebenfalls Kleinigkeiten zum Sattwerden. An Wochenenden herrscht in den Fischlokalen viel Betrieb.
- **Il Tucano**

Leckere Holzofenpizza (meterweise) auch schon mittags und große Salate. Fröhliches Ambiente, gute Weinauswahl. Bei gutem Wetter Tische im Freien. 15–20 Euro. Mo Ruhetag. Mittags und abends.
Via Molo di Baia 40, Tel. 08 18 54 50 46

- **Il Casolare di Tobia**

Urige *Azienda enogastronomica* der Familie *Costagliola* am Grund eines erloschenen Vulkankraters, an dessen Wänden Wein gedeiht (vom Castello di Baia 200 m auf der Küstenstraße Richtung Bacoli, dann auf Feldweg nach rechts – als Rückweg ein schöner Verdauungsspaziergang). Delikate Bauernküche (frischen Fisch serviert *Tobia* in unmittelbarer Nachbarschaft im Le Votiche Club). Jeden Tag wird ein fixes Menu angeboten, das mit dem Marktangebot und den Jahreszeiten wechselt (auch 3 Ap., DZ/F 65 Euro). 30–35 Euro. So abends und Mo geschl. Nur mittags, an Wochenenden und im Sommer auch abends.
Fondi di Baia 12 – Bacoli,
Tel. 08 15 23 51 93, Mobil 36 65 36 60 25,
www.clubilcasolaredatobia.it

An- und Weiterreise

- **Auto:** siehe Kapitelanfang.
- **Bus:** Ab Neapel/Piazza Garibaldi bzw. vom Cumana-Bahnhof „Lucrino" EAV-Busse über Baia, Ba-

---

Grand Tour con Gusto

Alljährlich in der ersten Septemberhälfte verwandeln sich die Phlegräischen Felder zur Bühne eines archäo-kulinarischen Events. Der lokale Dialektname für Bootshäuser, **malazè,** leiht dem garantiert Camorra-freien Kulturereignis seinen Namen. Slow Food, Umweltinitiativen, zahlreiche Hotels, Restaurants, Pizzerien und Weinkellereien machen mit. Es gibt viel zu entdecken und zu kosten und ein großes Angebot auch für Kinder, dazu zahlreich angebotene Aktivitäten zu Lande und zu Wasser.

- **www.malaze.org**

coli, Miseno, Torre Gaveta zum Ausgrabungsgelände von Cuma.

■ **Bahn:** Ideal ist die Verbindung mit der Ferrovia Cumana (www.sepsa.it) ab Napoli/Montesanto nach Pozzuoli bzw. Lucrino; dort in den Bus umsteigen.

Unterwegs in Baia

■ **Parken:** Gratis-Parkplätze am Hafen.

Tauchen

■ **Centro Subacqueo Ulisse**
Samuele Carannante betreibt nicht nur eine professionelle Tauchschule, sondern er war und ist an den Unterwasser-Restaurierungen des versunkenen Baiae maßgeblich beteiligt. An der Punta Epitafio z.B. wurden Repliken der im Castello di Baia ausgestellten Figurengruppe am ursprünglichen Fundort versenkt. Ganzjährig Tauch- und Schnorchelausflüge, CMAS- und PADI-Kurse.
Via Molo di Baia 3/4,
Tel. 08 13 04 38 24, Mobil 33 82 91 89 42,
www.marinesub.it/divingcenter.htm
■ **Ormeggi Sea World**
Antonio Emanato bietet PADI- und SSCI-Kurse sowie geführte Tauchgänge zu den versunkenen Ruinen des antiken Baiae an. *Antonios* Vater war an den Unterwasserausgrabungen des kaiserzeitlichen Nymphäums an der Punta di Epitafio beteiligt.
Via Lucullo 110, Tel. 08 18 54 92 53,
www.divingseaworld.com
■ **Sea Point Diving Center**
Tauchexkursionen zu den versunkenen Villen des antiken Baiae.
Via Molo di Baia 14, Tel. 08 18 68 88 68,
www.seapointitaly.it

Kaiserlicher Größenwahn

In seiner kurzen Herrschaft von 37 bis 41 hatte **Kaiser Caligula,** Urenkel des *Augustus* und Nachfolger von *Tiberius*, unzählige Grausamkeiten begangen, es beinahe geschafft, sein Rennpferd *Incitatus* zum Konsul wählen zu lassen und Unsummen Geld für spektakuläre Bauprojekte ausgegeben. Um die Prophezeiungen von *Tiberius'* Hofastrologen *Thrasyllos* Lügen zu strafen, *Caligula* würde eher über den Golf von Baiae reiten, als Kaiser zu werden, ließ er im Sommer 39 eine mehr als fünf Kilometer lange Schiffsbrücke errichten, die sich von Puteolis über den Golf bis Baiae spannte. *Sueton* berichtet: „Zu dem Zweck wurden alle Lastschiffe aus der ganzen Gegend zusammengebracht, in doppelter Reihe aufgestellt, an ihren Ankern befestigt und über die Pontons ein Erddamm nach dem Muster der Appischen Heerstraße hinweggeführt. Über diese Brücke zog *Caligula* zwei Tage hintereinander hin und zurück. Am ersten Tag auf reich geschirrtem Rosse, einen Eichenkranz auf dem Haupt, den spanischen Lederschild am Hals, das Schwert an der Seite und angetan mit einem goldgestickten griechischen Reitermantel; am folgenden Tag im Kostüm eines Wagenlenkers, auf Zweigespann mit berühmten Rennpferden."

Der beim Volk beliebte Kaiser – er hatte sich verschwendungssüchtig bei der Ausrichtung von Gladiatorenspielen erwiesen – wurde schließlich von seinen Prätorianern ermordet.

Thermen

◼ Stufe di Nerone

Hier wird die archäologische Theorie zur genussvollen Praxis: Am südwestlichen Ufer des Lago Lucrino lässt es sich in antiken Gewölben schwitzen wie zur Zeit der Römer. Bis zu 74°C heiße, brom- und jodhaltige Quellen treten hier zu Tage, die natürlichen Dampfbäder heizen mit 53°C immer noch kräftig ein. Im Freien mehrere Warm- und Kaltwasserpools, eingebettet in eine grüne Nutz(!)gartenlandschaft. Hier stören weder Lärm noch Animation! Die Bar serviert Salate frisch aus dem eigenen Garten, Blechpizza, Obstsalate, köstliche nichtalkoholische Agrumencocktails und Kräutertees. Ca. 400 m südwestlich vom Bhf. Lucrino der Ferrovia Cumana. Bis auf die Feiertage ganzjährig geöffnet. Mo, Mi und Sa 8–20 Uhr, Di, Do und Fr 8–23 Uhr, So 8–15 Uhr. Eintritt nur mit mind. einem 6-er Ticket (120 Euro), es sei denn, man übernachtet in einem der Partnerhotels (das sind fast alle) in den Campi Flegrei und lässt sich an der Rezeption dort eine Karte für einen einmaligen Besuch ausstellen.
Via Stufe di Nerone 37, Tel. 08 18 68 80 06, www.termestufedinerone.it

Bacoli, Capo Miseno und Lago di Fusaro

Die Küstenorte Bacoli und Miseno gehen heute ineinander über. Am Ortseingang von **Bacoli** steht die sog. **Tomba di Agrippina;** es handelt sich nicht um das Grab der 55 n. Chr. auf Veranlassung

gvn13_043 pa

ihres Sohnes *Nero* ermordeten Kaisermutter, sondern um Reste eines kleinen Odeons. Im Zentrum des Ortes kann man sich in der Nähe der Pfarrkirche Sant'Anna von einem Kustoden die **Cento Camerelle,** eine antike Wasserzisterne, aufschließen lassen.

■**Cento Camerelle,** soll 2013 wiedereröffnet werden, Tel. 08 15 25 36 90; Infos auch c/o Castello di Baia, Tel. 08 15 23 37 97. Es ist nicht abzusehen, ob es regelmäßige Öffnungszeiten geben, ob Eintritt verlangt oder ob es wieder einen Kustoden geben wird.

Beindrucken die Cento Camerelle, so sind die **Piscina Mirabilis** schlichtweg spektakulär. Das immense Reservoir mit einem Fassungsvermögen von 12.600 m³ diente in augustäischer Zeit als Trink-

wasserspeicher der in Misenum stationierten römischen Kriegsflotte. Das Wasser wurde über den Serino-Aquädukt aus den Irpinia-Bergen bis hierher geleitet. Das 15 m hohe, vollständig aus dem Tuff geschlagene Gewölbe mit einer Grundfläche von 70 mal 25 m wird von 48 Pilastern gestützt und ist vollständig mit einer wasserdichten Zementschicht ausgekleidet. Wenn die gebündelten Sonnenstrahlen durch die Lichtöffnungen filtern, verbreitet sich eine beinahe sakrale Atmosphäre.

■**Piscina Mirabilis,** c/o *Giovanna Scotto*, Via Piscina Mirabilis 9 – Bacoli, Tel. 08 15 23 31 99. Eintritt frei, Trinkgeld!

☐ Lago di Fusaro: Casina di Caccia

Pozzuoli und die Phlegräischen Felder

Der Ort **Miseno** hat sich aus einer römischen Militärbasis entwickelt. Nachdem der Portus Iulius anfing zu versanden, ließ *Augustus* Misenum als Hauptquartier der römischen Militärmarine ausbauen. Auch hier half die Natur bei der Anlage des Hafens. Ein Krater öffnet sich zum Meer, und ein Kanal führte in den sich anschließenden **Lago di Miseno.** Die *Classis praetoria missenensis* unterstand dem direkten Befehl des Kaisers, der berühmte Naturhistoriker *Plinius d. Ä.* war einer ihrer Kommandanten. Am **Capo Miseno** stehen noch die Reste der Präfektenvilla, von der aus *Plinius d. Ä.* und sein Neffe den berühmten Vesuvausbruch 79 n. Chr. beobachten konnten (siehe Exkurs „Die Plinius-Briefe"). Die Straße endet am Kap auf Höhe des Leuchtturms. Ein Pfad führt über den Grat auf den 167 m hohen **Monte di Miseno.** Der Blick ist phänomenal! Im Schutze des Kaps liegt die **Spiaggia Miliscola** mit einem schönen Blick auf Procida.

Auf dem Weg nach Cuma führt die Straße am **Lago di Fusaro** vorbei. Die Küstenlagune ist durch einen schmalen Dünengürtel vom offenen Meer getrennt. Seit der Antike werden hier Muscheln gezüchtet. 1782 ließ sich *Ferdinand IV.* von seinem Hofarchitekten *Vanvitelli* das hübsche Jagdschloss auf einer künstlichen Insel im See errichten. Das **Casino Reale (Casina Vanvitelliana)** und die gepflegte Parkanlage laden zu einem Besuch ein.

■ **Casina Vanvitelliana,** Via Fusaro 102, Tel. 08 18 68 70 80; **Park:** tägl. 8–20 Uhr; **Casino:** Mi bis Mo 8.30–13.30 Uhr. Eintritt im Park frei, Museum 2 Euro.

Information

■ **AAST Pozzuoli,** siehe dort.
■ **Parco Regionale Campi Flegrei**
Via Panoramica – Monte di Procida,
Tel. 08 18 68 23 14, 081 85 40 48,
www.parcodeicampiflegrei.it

Hotels

■ **Cala Moresca** ***S
Gepflegtes Hotel in weitläufigem Garten am Capo Miseno. Geschmackvoll eingerichtete Zimmer mit Balkon und tollem Blick. Gutes Restaurant. Pool und Zugang zum privaten Felsstrand. 27 Zi., 9 Ap., DZ/F 80–130 Euro, HP zusätzlich 25 Euro p.P.
Via del Faro 44, Tel. 08 15 23 55 95,
www.calamoresca.it

■ **Villa Oteri** ***
Charmante Hotelvilla mit gutem Restaurant und Panoramaterrasse am Nordufer des Lago Miseno. Belvedere auf Golf, Vesuv und Inseln gibt es z.T. auch aus den Zimmern. 9 Zi., DZ/F 80–120 Euro, HP 55–75 Euro.
Via Lungo Lago 174, Tel. 08 15 23 49 85,
www.villaoteri.it

■ **Hotel Miseno** **S
MEIN TIPP! Das von der Familie *Colutta* aufmerksam geführte Haus liegt direkt am Porticciolo Casevecchie, einem romantischen Fischer- und Jachthafen im Kraterrund. Geräumige Zimmer, die Hälfte mit tollem Blick auf Hafen und Monte Miseno. Diese Lage und die freundliche Atmosphäre trösten über die z.T. mäßigen Betten hinweg. Der 1. Stock ist renoviert. Fischrestaurant (Mi Ruhetag, 25–35 Euro). Parkplatz vor dem Haus. 18 Zi., DZ/F 60–80 Euro.
Via della Shoah 21 – Casevecchie,
Tel. 08 15 23 19 33, Mobil 33 49 60 68 63,
www.hotelmiseno.it

Essen und Trinken

■ **Da Fefè**

Bruno Espositos Lokal verbreitet die Atmosphäre einer griechischen Taverne und blickt auf das Hafenbecken von Miseno, einen erloschenen Krater, in dem in der Antike die römische Kriegsflotte unter dem Befehl *Plinius d. Ä.* ankerte. Prima Fisch- und Gemüseküche, gut sortierte Weinliste zu fairen Preisen. 30–40 Euro. So abends und Mo geschl. Nur abends, an Wochenenden auch mittags.
Via della Shoah 15 – Casevecchie,
Tel. 08 15 23 30 11, www.fefeabacoli.it

■ **La Catagna**

MEIN TIPP! Um dieses herrliche, aber etwas versteckt gelegene Fischristorante zu erreichen, muss man zunächst über den Kanal fahren, der das Maremorto mit dem Porto di Miseno verbindet. Nach der Brücke links, und wenn die Straße wieder abfällt, nach rechts. Jetzt ist es nicht mehr weit und mit Glück weisen Einheimische oder Gäste, die sich bereits einmal von *Crescenzo Della Ragione* haben verwöhnen lassen, den Weg. Der Padrone geht unter Wasser selbst auf Fischfang, das kulinarische Angebot hängt also von seinem Jagdglück und der Gartensaison ab. Tolle Blicke in die offene Küche und auf den Golf. Reeler Vino della casa und ein paar gute Etiketten. Reservieren! Dank an *Massimo Schisa,* einem der Chocolatiers von Gay Odin, für den guten Tipp. 30–35 Euro. Mo Ruhetag. Nur abends, So nur mittags.
Via Pennata 26, Tel. 08 15 23 42 18,
Mobil 32 81 67 94 31

Cocktail-Bar/B&B

■ **BAG – Bacoli Art Gallery**

Junge Food- und American-Bar mit Live-Musik, DJs und Ausstellungen. In den Stockwerken darüber das einladende **B&B Residenza Adriano** (6 Zi., DZ/F 70 Euro). Bar Di bis So ab 18 Uhr.

Piazzetta Adriano 5/6 – Bacoli,
Tel. 08 15 23 38 02, Mobil 33 36 57 69 66 *(Mino),*
www.bacoliartgallery.com

Verkehrsverbindungen

■ **Auto:** siehe Kapitelanfang.
■ **Bus:** Ab Napoli/Piazza Garibaldi bzw. aus Baia EAV-Busse über Bacoli, Miseno, Torregaveta zum Ausgrabungsgelände von Cuma.
■ **Bahn:** Ferrovia Cumana (www.sepsa.it) ab Napoli/Montesanto über Pozzuoli nach Lucrino, hier in den EAV-Bus umsteigen.

Cuma

Der **Monte di Cuma** erhebt sich mit der griechischen Akropolis der Stadt Kyme (Cuma) nördlich des Lago di Fusaro. Das Meer reichte in der Antike bis an den Fuß des Berges. Kommt man mit dem Auto von der Tangenziale, führt die Straße durch die römische **Porta Felice** und über altes Basaltpflaster. Nördlich der Zufahrt zur archäologischen Zone liegen die noch nicht zugänglichen Ausgrabungen des römischen Forums von Cumae, darunter verbirgt sich aller Wahrscheinlichkeit nach die griechische Agorà.

Geschichte

Mitte des 8. Jh. v. Chr. erfolgte von Pithekoussai (Ischia) aus die Gründung von **Kyme,** der ersten griechischen Polis auf italischem Boden. Die reiche Handels- und Ackerbaukolonie dehnte ihren

Die Sibylle von Cuma – guter Rat ist teuer

Seit Mitte des 7. Jh. v. Chr. soll es in Kyme ein Sibyllen-Orakel gegeben haben. Sibyllen waren wahrsagende Frauen, die ein biblisches Alter von 1000 Jahren erreichen konnten. Im ekstatischen Rausch verkündeten sie häufig düstere Visionen, die von Tempeldienern in Büchern schriftlich festgehalten wurden. Diese Sibyllinischen Schriften konnten befragt werden, gegen einen Obolus sorgten die Priester für ihre Auslegung. Mit der griechischen Kolonisation verbreiteten sich der Sibyllen- und Apollon-Kult aus Kleinasien bis in den westlichen Mittelmeerraum. Zeitweise soll es bis zu zehn Sibyllen an verschiedenen Orten gegeben haben.

Besonders angesehen war die *Sibylle* von Kyme. Der Legende nach gelangten ihre Bücher unter *Tarquinius Superbus,* dem letzten Etruskerkönig, nach Rom; er soll die Bücher persönlich gekauft haben. *Sibylle* verlangte einen **hohen Preis,** und als *Tarquinius* sich aufs Handeln verlegte, warf sie drei Bücher ins Feuer. Der Preis blieb derselbe. *Tarquinius* haderte, und drei weitere Bücher folgten den ersten. Schließlich erwarb er die drei verbliebenen Bücher zu dem ursprünglich geforderten Preis. Sie wurden in Rom im Tempel des Jupiter Capitolinus verwahrt und bei wichtigen Staatsangelegenheiten konsultiert. 83 v. Chr. gingen die Bücher beim Brand des Tempels verloren, worauf sich der Senat bemühte, eine neue Sammlung zu erstellen.

Augustus ließ die **Sibyllinischen Bücher** neu redigieren und beauftragte *Vergil* mit der Abfassung eines offiziellen Staatsepos. Die „Aeneis", eine Art römische Odyssee, schildert die Reisen und Abenteuer des Helden *Äneas,* der aus den Trümmern des niedergebrannten Troja geflohen war. Die *Sibylle* von Kyme weissagte ihm das Ende seiner Irrfahrten. Äneas galt als sagenhafter Ahnherr Roms und des iulischen Geschlechts, dessen Name auf Äneas Sohn *Iulus* zurückgeführt wurde. *Iulius Cäsar* und sein Adoptivsohn und Nachfolger *Augustus* spielten auf dieser Klaviatur, um ihren Herrschaftsanspruch zu legitimieren. Da stellt sich natürlich die Frage, ob nicht einige Orakelsprüche der Sibylle erst im Nachhinein gedichtet wurden.

Ein **vorausgesagtes goldenes Zeitalter** bezog *Augustus* auf seine eigene Regierungszeit, die frühen Christen sahen darin die Ankündigung der Wiederkehr Christi. Im Mittelalter waren Sibyllengesänge Bestandteil der weihnachtlichen Liturgie. Auch die christliche Bildkunst nahm sich der Sibyllen an, eine mittelalterliche Darstellung ist in der Kirche Sant'Angelo in Formis zu entdecken. Berühmt sind *Michelangelos* Sibyllen in der Sixtinischen Kapelle.

Einfluss über das gesamte Gebiet der phlegräischen Felder aus und gründete ihrerseits eine Reihe weiterer Städte, wie Parthenope, Neapolis (Neapel) und Dikaiarcheia (Pozzuoli) und Zankle (Messina) an der Meerenge von Messina. Kyme war der erste und wichtigste Ausstrahlungsort griechischer Kultur in Italien, z.B. fand das Alphabet von hier aus seine Verbreitung im Westen. In der Seeschlacht von 474 v. Chr. erlangte Kyme die Vorherrschaft über die Etrusker, konnte sich aber über den Sieg nicht allzu lange freuen. 421 v. Chr. wurde die Stadt von Samniten erobert, ab 334 v. Chr. geriet sie unter römisches Joch und verlor allen politischen und wirtschaftlichen Einfluss an Capua. Erst in der Regierungszeit von *Augustus* erlebte Cumae einen Wiederaufschwung als zentraler Kultort des Staatsmythos, dem die „Aeneis" des Hofdichters *Vergil* zu Grunde lag. Der trojanische Held *Äneas* galt als der Gründungsvater Roms, sein Schicksal war ihm von der Sibylle von Cuma vorausgesagt worden. Im frühen Mittelalter war der Burgberg während der byzantinisch-gotischen Kriege heftig umkämpft. Ab dem 10. Jh. lag hier ein sarazenisches Piratennest, das 1207 von den Einwohnern Neapels ausgeräuchert wurde.

Besichtigung

Das zu besichtigende Ausgrabungsgelände umfasst gegenwärtig nur den **Akropolishügel.** Tafeln im Gelände erläutern mustergültig die Geschichte des Ortes und der einzelnen Monumente. Am schönsten ist Cuma am späten Nachmittag, wenn die Touristengruppen

längst wieder auf dem Weg in ihre Hotels sind.

Ein breiter, in den gelben Tuff geschlagener Tunnel führt unter dem Akropolishügel auf die meerzugewandte Seite. Hier öffnet sich ein kleiner Platz. Links zweigt ein weiterer in den Tuff gehauener Gang ab, der sogenannte **Antro della Sibilla** (Grotte der Sibylle). Als *Amadeo Maiuri* 1930 die archäologischen Ausgrabungen von Cuma leitete, wusste er vorher schon, was er finden wollte. Wie *Schliemann* seinen *Homer*, hatte er seinen *Vergil* in der Tasche. Jede Höhle und jede Grotte, die vielversprechend aussah, wurde kurzerhand zur Sibyllengrotte deklariert. Die endgültige Wahl fiel schließlich auf diesen 131 m langen, schnurgeraden und trapezförmig aus dem Tuff geschlagenen Gang. Belege dafür, dass dies der Ort war, an dem die berühmte Wahrsagerin ihre Orakelsprüche verkündete, gibt es keine. Das spielt aber keine Rolle, denn der Ort ist ungemein stimmungsvoll, besonders im Licht der späten Nachmittagssonne. Eine profane Deutung sieht den Gang als Teil der Verteidigungsanlagen oberhalb des Hafens (Geschützstellung für Katapulte?). In der Spätantike diente die Grotte als christliche Nekropole.

Seitlich an der Sibyllengrotte führt der Treppenweg zur Akropolis hoch. Unterwegs bietet sich von einer Terrasse ein wunderschöner Blick über die Küstenebene auf Ischia. Seitlich der antiken Prozessionsstraße stehen Lorbeerbäume, dem Apollon heilig. Vom **Apollon-Tempel** aus dem 6. Jh. v. Chr., der in augustäischer Zeit neu errichtet wurde, sind nur die Basis und ein schöner Blick über das Forum in Richtung Porta Felice geblieben. Die steingepflasterte **Via Sacra**

3

setzt sich bis auf die höchste Spitze des Berges fort. Von alten Eichen umgeben, stehen hier die Reste des alten Zeus- und späteren Jupitertempels, in byzantinischer Zeit zu einer christlichen Basilika umgebaut. Auch vom **Zeus-Tempel** hat sich kaum etwas erhalten, doch ist der Ort sehr friedlich und bietet einen herrlichen Blick aufs Meer und die langen Sandstrände.

■ **Parco Archeologico di Cuma,** Via Acropoli 1, Tel. 08 18 54 30 60. Tägl. 9 Uhr bis 1 Stunde vor Sonnenuntergang. Das **Biglietto cumulativo Campi Flegrei** ermöglicht den Besuch des Amphitheaters und des Serapions in Pozzuoli, des Archäologischen Parks und des Archäologischen Museums von Baia sowie der Ausgrabungen von Cuma; Eintritt 4/2 Euro.

Information

■ **AAST Pozzuoli,** siehe dort.

Snacks

■ Am Eingang der archäologischen Zone gibt es eine kleine Bar und einen privaten Picknickplatz mit Holztischen im Schatten.

Verkehrsverbindungen

■ **Auto:** siehe Kapitelanfang.
■ **Bus:** Ab Neapel (Piazza Garibaldi) bzw. aus Baia EAV-Busse über Bacoli, Miseno, Torregaveta zum Ausgrabungsgelände von Cuma.
■ **Bahn:** Ferrovia Cumana (www.sepsa.it) ab Napoli (Montesanto) nach Pozzuoli bzw. Lucrino und dort in den Bus umsteigen.

Weintipp von Sibylle

Seit sechs Generationen bewirtschaftet die **Familie Di Meo** ihre Rebflächen im Rücken der römischen Ruinen von Baiae. Eine antike Zisterne dient als Fasslager. Hier reifen Falanghina und Piedirosso, zwei seit der Antike hier heimische Rebsorten, zu erdverbundener Eleganz heran. Betriebsbesichtigungen und Verkostungen auf Anfrage täglich möglich, auch während der Lese von Anfang September bis Mitte Oktober.

■ **La Sibilla,** Via Ottaviano Augusto 19 – Bacoli, Tel. 08 18 68 87 78, www.sibillavini.it

◁ Antro della Sibilla – berühmte Orakelgrotte der Sibylle oder antike Geschützstellung

4 Der Vesuv, versunkene Städte, barocke Villen

Zum Vesuv-Ausbruch 79 notierte Goethe 1787: „Es ist viel Unheil in der Welt geschehen, aber wenig, das der Nachwelt so viel Freude gemacht hätte." Recht hatte er! Heute zählen Pompeji, Herkulaneum und die Villa Oplontis zum UNESCO-Weltkulturerbe und öffnen den Blick in den Alltag der römischen Antike.

◁ Rohstoff für „Lacryma Christi"

4

„Die letzten Tage von Pompeji"
(Gemälde von Karl Briullov, 1827–33)

ÜBERBLICK

Der schlafende Feuerberg steht als Nationalpark und UNESCO-Biosphärenreservat unter Naturschutz. In Pompeji und Herkulaneum, den 79 n. Chr. vom Vesuv verschütteten Städten, öffnet sich ein einzigartiges Zeitfenster in den römischen Alltag der Antike. Das Lebensgefühl der römischen High Society erlebte im 18. Jh. seine Wiedergeburt. Die barocken Villen des neapolitanischen Adels am Fuße des Vesuvs drohen heute in Zementfluten unterzugehen.

Die Silhouette des **Vesuvs** verleiht dem Golf von Neapel ein unverwechselbares Gesicht. Dem **Ausbruch vom 24. August 79 n. Chr.** verdankt Kampanien seine bedeutendste Sehenswürdigkeit. Die damals verschüttete und im 18. Jh. wieder entdeckte Stadt **Pompeji** zieht als **größtes Freiluftmuseum der römischen Antike** jedes Jahr Millionen von Besuchern an. Hier am Fuße des Vesuv schlugen die Geburtsstunden zweier Wissenschaften, im frühen 18. Jh. jene der Archäologie und Mitte des 19. Jh. die der Vulkanologie. **Der berühmteste Vulkan der Welt ist nach wie vor aktiv,** bei einem neuerlichen Ausbruch wären

mehr als eine halbe Million Menschen unmittelbar gefährdet, vielleicht sogar bis zu zwei Millionen. Dass er wieder ausbricht, steht außer Frage, unklar ist nur, wann. Wie gewaltig die Zerstörungskraft des Feuerbergs sein kann, stellten Vulkanologen und Archäologen unlängst wieder fest. Bei Nola kamen im Jahr 2001 zufällig die Reste eines Dorfes zum Vorschein, das bei einem verheerenden Vesuv-Ausbruch vor 3800 Jahren von 800 Grad heißen Aschewolken und Schlammlawinen begraben worden war (siehe Exkurs „Ein bronzezeitliches Pompeji bei Nola"). Der Radius der Verwüstung betrug damals mehr als 20 km und

4

Vesuv

0   4 km

Spartimento

Caserta

Volla

Musci

Arpino

Madonna
dell'Arco

S. Anast.

Rione
Trieste

Pozzuoli

Pollena
Trocchia

Ottaviano

Nápoli

Ponicelli

Cercola

A3

Massa di
Somma

Monte
Somma
1131

Valle dell'Inferno

San Sebastiano
Al Vesuvio

Barra

S. Giuseppe
Vesuviano

S. Giorgio

M Osservatorio

P

212 Vesuvio
1281

222 Portici
Ercolano

Herkulaneum

A3

Vesuv
Nationalpark

Terzigno

Torre
del Greco

255

Passanti

Boscoreale

Trecase

232
Torre
Annunziata

233
Pompei

Golfo di Napoli

Messigno

256
Castellammare
di Stábia

Seilbahn

264
Vico Equense

Marina di Equa

M. Faito
1131

Casola

Sorrento, Capri

99 Ortsbeschreibung
auf Seite 99

Capri

Der Vesuv, barocke Villen und versunkene Städte

würde heute auch die Großstadt Neapel erfassen.

Trotz seiner bescheidenen Höhe von 1281 m ist der Vesuv ein majestätischer Berg, dessen Doppelkegel unmittelbar aus der Küstenebene aufsteigt. An der Westflanke führt eine **Panoramastraße** bis auf 1000 Meter (Quota mille). Die letzten Höhenmeter bis zum Kraterrand legt man zu Fuß zurück und wird an klaren Tagen mit einem großartigen Blick belohnt, der vom Golf von Gaeta bis zur Sorrentiner Halbinsel reicht. Seit der Grand Tour gehört die Besteigung des Vesuvs zum touristischen Pflichtprogramm, genauso wie der Besuch von Pompeji oder Herkulaneum.

Praktische Tipps

Unterkunft

Der Vesuv, Herkulaneum oder Pompeji sind von Neapel bzw. Sorrent aus in einem Tagesausflug zu erreichen. In Neapel und Sorrent findet sich ein breites Übernachtungsangebot. In Pompeji gibt es u.a. eine internationale Jugendherberge und Campingplätze. In Ercolano haben einige schöne B&Bs aufgemacht.

■ Vesuvio Family House
Begrüßenswert ist der Zusammenschluss engagierter Leute, die am Vesuv einladende B&Bs und Ferienwohnungen anbieten.
www.vesuviofamilyhouse.it

An- und Weiterreise

Mit dem Auto

■ Autobahn **A3.** Die Küstenstraße **S.S. 18** führt durch extrem dicht besiedeltes Gebiet. Von Ercolano führt eine Panoramastraße an der Westflanke des Vesuvs bis auf die **quota mille,** einen Parkplatz in 1000 m Höhe.

Mit dem Bus

■ **SITA** (www.sitasudtrasporti.it), von/nach Neapel und Salerno.
■ **EAV** (www.eavbus.it) von Neapel/Piedigrotta und Pompeji/Piazza Anfiteatro bzw. Porta Marina über Ercolano/Stazione Circumvesuviana auf den Vesuv/Quota mille.

Mit der Bahn

■ **Ferrovia Circumvesuviana,** Info-Tel. 800 21 13 88, www.vesuviana.it, das ideale Verkehrsmittel am Golf! Die Nahverkehrsbahnen verkehren von 5 Uhr früh bis 22.30 Uhr im 30-Minuten-Takt. Portici, Ercolano, Pompeji und Torre Annunziata liegen auf der Hauptstrecke Napoli – Sorrento. Eine zweite Strecke führt im Norden um den Vesuv. Fahrpläne auch in Tageszeitungen. Siehe Tipp „Öffentlich reisen – alles auf eine Karte" in „Praktische Tipps A–Z/ Reisen in Kampanien".

Eintrittsgelder

■ Es gibt **Sammeltickets** für den Besuch der archäologischen Ausgrabungen am Fuße des Vesuvs. Die Drei-Tageskarte für 20/10 Euro schließt den Besuch von Pompeji, Herkulaneum, Boscoreale, Oplontis und Stabiae ein. Tageskarten für den Besuch nur von Boscoreale, Oplontis und Stabiae kosten 5,50/2,75 Euro. Einzeltickets für Pompeji bzw. Herkulaneum kosten je 11/5,50 Euro. www.pompeiisites.org (s.u.)

Vesuv

'A muntagna, der Berg, wie der Vesuv schlicht genannt wird, ist ein ebenso schöner wie gefährlicher Nachbar. Der Großraum Neapel ist von knapp zwei Millionen Menschen besiedelt, mehr als eine halbe Million wären bei einem Ausbruch in der Größenordnung der Eruptionen von 79 n. Chr. (Untergang Pompejis) oder 1631 (4000 Tote in Torre Annunziata und Torre del Greco) unmittelbar bedroht. Die letzte Ausbruchsperiode des Vulkans ging 1944 zu Ende, und

Pompeji virtuell

In Google-Earth-Manier punktgenau im Ausgrabungsgelände von Pompeji landen und mit Street View spazieren gehen! Die ausgezeichnete **Website der Sopraintendenza Archeologica di Pompei** (Altertümerverwaltung) bietet ausführliche Beschreibungen von Boscoreale, Herculaneum, Oplontis, Pompeji und Stabia, dazu touristische Infos (Öffnungszeiten, Eintritte, Reisende mit Handicap, Karten der Ausgrabungen als Download u.v.m.), Grabungsgeschichte und virtuelle Rundgänge. Große und kleine Kinder können in Begleitung des 8-jährigen Caius das antike Pompeji virtuell erkunden (und Italienisch lernen).

■ **www.pompeiisites.org** (ital./engl.)
■ **www.pompeiiviva.it** (ital./engl.)

je länger die **trügerische Ruhe** anhält, desto heftiger könnte der nächste Ausbruch sein. Der Berg unterliegt der ständigen Überwachung des Osservatorio Vesuviano, Folgen möglicher Ausbrüche werden am Computer simuliert. Der einzige Schutz der Bevölkerung vor einem Ausbruch besteht in rechtzeitiger **Evakuierung.** Nur, auf welche Anzeichen hin muss eine Vorwarnung ausgesprochen werden? Ein falscher Alarm hätte in dem dicht besiedelten Gebiet Massenpanik und Verkehrschaos zur Folge, eine zu spät ausgesprochene Warnung wäre katastrophal – eine verzwickte Lage! Als praktizierende Epikuräer sind die Neapolitaner mit der fröhlichen Bewältigung ihres tagtäglichen Überlebenskampfes jedoch mehr als ausgelastet, für Sorgen bleibt wenig Zeit, und im Notfall wendet man sich eben an *San Gennaro.*

Der Vesuv ist ein zusammengesetzter **Schichtvulkan.** Aus der Caldera des älteren Monte Somma ragt der Gran Cono des Vesuv empor, daher spricht man auch vom **Somma-Vesuv-Doppelvulkan.** Vor etwa 25.000 Jahren begann der Vesuv, zunächst als Insel, aus dem Golf von Neapel emporzusteigen. Seither erlebte der Feuerberg zahlreiche explosive Ausbruchszyklen. Mit dem spektakulären **Ausbruch 79 n. Chr.** hat sich der Vesuv in die Weltgeschichte eingeschrieben. Die **Verschüttung der Städte Herkulaneum und Pompeji** spricht Bände über sein Zerstörungspotenzial. Von *Goethe* stammt der Satz: „Es ist viel Unheil in der Welt geschehen, aber wenig, das den Nachkommen so viel Freude gemacht hätte."

Dem Ausbruch des August 79 ging eine jahrhundertelange Ruheperiode voraus. Die Menschen, die vor beinahe 2000 Jahren am Fuße des Berges lebten, ahnten nichts von der drohenden Gefahr. Zu den wenigen antiken Gelehrten, die den vulkanischen Charakter des Vesuvs erkannten, zählt **Strabon.** Anfang des 1. Jh. n. Chr. schrieb er in seiner Geographika: „Über den campanischen Städten erhebt sich der Vesuvios, rund um welchen sich herrliche Felder ziehen, mit Ausnahme des Gipfels. Dieser ist zwar größtenteils eben, doch ganz öde und aschgrau und weist zahlreiche höhlenartige Vertiefungen auf. Dieselben sind voll rötlich-schwarzer Steine, die aussehen, als ob sie vom Feuer zerfressen wären. Dies deutet darauf hin, daß die Gegend einst gebrannt und viele Feuer speiende Öffnungen besessen hat, welche später aus Mangel an Brennstoff erloschen sind. Vielleicht ist aber auch eben dies die Ursache von der Fruchtbarkeit der Umgegend."

Explosive Schichtvulkane wie der Vesuv besitzen häufig eine **Gipfelcaldera** und haben das Profil eines Stumpfkegels. In dieser Gestalt beschreibt Strabon den Vesuv. Der Gran Cono, der aus der Caldera des Monte Somma emporragt, hat sich infolge zahlreicher Ausbrüche, die nach 79 stattfanden, gebildet.

Im 18. Jh. begann die **wissenschaftliche Erforschung des Vesuvs.** Zu seinen eifrigsten Beobachtern zählte **Sir William Hamilton,** von 1764–1800 britischer Botschafter am neapolitanischen Königshof. Die Schriftstellerin *Susan Sonntag* hat dem „Liebhaber des Vulkans" einen ebenso klugen wie amüsanten Roman gewidmet. Trotz seiner herausragenden Leistungen als Diplomat, wissenschaftlicher Beobachter, Kunstsammler und Mäzen verdankt *Hamilton*

Der Vesuv, barocke Villen und versunkene Städte

4

Vesuv-Villen am Miglio d'Oro

Wie bereits in der Antike, war der Küstenstrich am Fuße des Vesuvs im 18. Jh. erneut eine bevorzugte Gegend der villegiatura. Bei Ausschachtungsarbeiten für die Sommerresidenz des Prinzen *d'Elboeuf* wurde **1709 Herkulaneum entdeckt.** Die Villa des Prinzen lässt sich direkt an dem noch sehr urigen Porto di Granatello bewundern, in der Nähe halten auch die Züge aus Neapel. König *Karl III.* ließ auf Wunsch seiner Frau *Amalie von Sachsen* 1738 im nahen **Portici** einen **Palazzo Reale** errichten und die Grabungen in Herkulaneum wieder aufnehmen. Die Funde wurden im Schloss von Portici präsentiert. *Winckelmann* und *Goethe* gehörten zu den begeisterten Besuchern. Die Antikensammlung bildete den Grundstock des später in Neapel errichteten Archäologischen Museums. Von seinen Beratern auf die drohende Gefahr durch den Vulkan angesprochen, antwortete der Souverän mit Gottvertrauen: „Ci penseranno Iddio, Maria Immacolata e S. Gennaro" (Gott, die Unbefleckte Maria und San Gennaro werden sich kümmern). Sicherheitshalber richtete er aber doch eine Wissenschaftskommission zur Beobachtung des Vesuvs ein.

Das Beispiel des Königs machte Schule und wenige Jahrzehnte später säumten über hundert Adelsvillen die Via Reggia delle Calabrie zwischen Neapel und Torre del Greco. Als **Miglio d'Oro** wurde die Prachtmeile berühmt. Am Entwurf der Villen beteiligten sich einige der bedeutendsten italienischen Architekten des Spätbarock. Die in Herculaneum und Pompeji wieder entdeckte Antike übte einen großen Einfluss auf die Anlage und Ausgestaltung der Villen und Gärten aus.

1839 erreichte die **Ville Vesuviane** der Fortschritt in Form der ersten Eisenbahnlinie Italiens, die Portici mit Neapel verband. Eisenbahnfans sei der Besuch des **Museo Ferroviario** in Pietrarsa bei Portici empfohlen! Ein Fortschritt mit Folgen, denn die Eisenbahn schnitt die Villen vom Meer ab. 1860, nach Vertreibung der Bourbonen, wurden die meisten Villen aufgegeben. Fast alle Parkanlagen fielen der Bauspekulation der Nachkriegszeit zum Opfer. Seit 1971 kümmert sich die Ente per le Ville Vesuviane um den Erhalt der verbliebenen Villen. Einige sind inzwischen restauriert und können besichtigt werden. Am berühmtesten ist die **Villa Campolieto** in **Ercolano,** dem früheren Resina. Kolonnaden umgeben die herrliche Aussichtsterrasse,

gvm13_059 pa

der Entwurf des Treppenhauses stammt von *Luigi Vanvitelli*, Erbauer der Reggia di Caserta. In Gehdistanz liegen die **Villa Favorita** und **Villa Petti Ruggiero.**

Der **Palazzo Reale** in **Portici** wird seit 1873 von der Landwirtschaftlichen Fakultät der Universität Neapel genutzt. Der Park dient seit 1872 als Botanischer Garten und kann an Wochentagen auf Anfrage besucht werden. Im Schloss sind Funde aus dem nahem Herkulaneum im **Herkulanense Museum** ausgestellt.

■**Complesso Monumentale della Reggia di Portici,** Via Università 100, www.museoercolanense.unina.it, www.museiagraria.unina.it. Herkulanense Museum Do und Fr 10–16 Uhr, Sa 10–18 Uhr. Eintritt frei. Orto Botanico, Tel. 081 25 20 16.

■**Museo Ferroviario di Pietrarsa:** Bahnstation „Pietrarsa-San Giorgio a Cremona". Via Pietrarsa – Portici, Tel. 081 47 20 03. Mo bis Fr 8.30–13.30 Uhr. Eintritt 5/3,50 Euro.

■**Villa Campolieto:** Circumvesuviana-Station „Ercolano-Miglio d'Oro". Corso Resina 283 – Ercolano, Tel. 081 19 24 45 32, www.villevesuviane.net. Di bis So 10–13 Uhr. Eintritt 3 Euro für alle drei Villen, 6 Euro mit Audioguide.

■**Villa Favorita:** Circumvesuviana-Station „Ercolano-Miglio d'Oro". Via Gabriele D'Annunzio – Ercolano. Di bis So 10–13 Uhr. Eintritt siehe Villa Campolieto.

■**Villa Petti Ruggiero:** Circumvesuviana-Station „Ercolano-Miglio d'Oro". Via A. Rossi 40 – Ercolano. Di bis So 10–13 Uhr. Eintritt siehe Villa Campolieto.

[<] Casa dei Cervi in Herkulaneum: antike Luxus-Immobilie

seine Bekanntheit vor allem der leidenschaftlichen Affäre seiner jungen Frau *Emma* mit Admiral *Nelson.* Während seiner Amtszeit in Neapel hatte der englische Botschafter den Vesuv insgesamt 58 Mal bestiegen, sein Briefwechsel mit der Royal Society in London bildet die Grundlage der modernen Vulkanologie.

Neapel war zu jener Zeit der beliebteste Anlaufpunkt auf der **Grand Tour.** Die archäologischen Ausgrabungen, das milde Klima, die liebliche Szenerie am Golf und im Kontrast dazu der bedrohliche Vulkan schlugen Generationen von Reisenden in den Bann. Die Besteigung des „Naturwunders" Vesuv gehörte bald zum festen Ausflugsprogramm, die Nähe von Paradies und Hölle am Golf von Neapel wurde zum geflügelten Wort. Auch **Goethe** ließ sich während seines Neapelaufenthaltes 1787 in den Bann des Feuer speienden Berges schlagen.

Mitte des 19. Jh. wurde die Vulkanforschung institutionalisiert. *Ferdinand II.* ließ 1841 in 600 m Höhe auf dem Westhang des Vesuv das **Osservatorio Vesuviano** errichten, somit das älteste vulkanologische Observatorium der Welt (die wissenschaftlichen Abteilungen sind heute in Neapel). Einer der Direktoren des Instituts war *Giuseppe Mercalli*, die von ihm entwickelte Skala bestimmt Erdbebenstärken. Im Observatorium sehenswert ist die Ausstellung „Vesuvio: 2000 anni di osservazioni" (Vesuv: 2000 Jahre der Beobachtung).

■**Museo Vulcanologico dell'Osservatorio Vesuviano,** Via dell'Osservatorio (= Straße, die von Ercolano auf die Quota mille führt), Tel. 08 16 10 84 83, www.ov.ingv.it. Museum Sa/So 10–14 Uhr. Eintritt frei.

Der Vesuv, barocke Villen und versunkene Städte

Spätestens vom Ende des 19. Jh. an stand die Besteigung des Vesuv im Zeichen des organisierten **Massentourismus.** Seit 1880 gab es eine **Standseilbahn,** die bis auf 1180 m führte (durch einen Ausbruch wurde sie zerstört und danach nicht wieder in Betrieb genommen). Die Canzone „Funiculì, funicolà" war ihre beste Werbung. Der humoristische Schriftsteller *Otto Julius Bierbaum* schrieb im Jahr 1903 in „Empfindsame Reise mit einem Automobil": „Der Weg nach dem Vesuv wird gewöhnlich in Wagen des Herrn Thomas Cook gemacht, unter dessen Aegide bekanntlich Old England reist, billig und herdenweise. Auch davon durften wir uns, dank unserm Laufwagen, emanzipieren, und wir hatten dabei den Vorteil, nur ein Drittel der Zeit bis zu dem Punkte zu brauchen, wo man sich doch Herrn Cook überantworten muß, denn von

dort aus kann man nur mit der Cook-schen Zahnradbahn zum Gipfel gelangen, da selbst das Hinaufsteigen zu Fuß verboten ist, nicht, weil es etwa gefährlich wäre, sondern weil die Strecke Herrn Cook gehört."

Das 20. Jh. brachte **neue Ausbrüche** mit sich, am verheerendsten jener von 1906. Mit den Eruptionen von 1944, als dessen Chronik sich der Roman „Die Haut" von *Curzio Malaparte* lesen lässt,

ging der achtzehnte, 1631 eröffnete Ausbruchszyklus zu Ende. Wie schon vor dem katastrophalen Ausbruch von 79 verstopft auch jetzt wieder ein Pfropfen verfestigter Magma die Schlotöffnung. Wann er sich in einer plinianischen Explosion löst, wissen nur *San Gennaro* und hoffentlich rechtzeitig die Experten vom Osservatorio Vesuviano.

Das **Leben auf dem Vesuv** ist nicht unterzukriegen. Die Flechte *Stereocaulon vesuvianum* leitet rasche Bodenbildungsprozesse auf der frischen Lava ein. Die Fruchtbarkeit der Böden ist sprichwörtlich, und jeder Quadratmeter, der nicht bebaut ist, wird gartenbaulich intensiv genutzt. Schnittblumen und Frühgemüse gehören heute zu den Hauptkulturen. Eine lange Tradition hat der **Weinbau.** Ein Fresko, das heute im Museo Archeologico in Neapel hängt, zeigt Bacchus neben dem von Weinreben bedeckten Vesuv. *Vinum vesuvianum* wurde im römischen Reich hoch geschätzt, als **Lacryma Christi** erlebt er seine Renaissance. Eine hübsche Legende erzählt, dass Luzifer – aus dem Paradies verjagt –, ein Stück eben dieses Paradieses raubte und daraus auf Erden den Golf von Neapel schuf. Die Tränen, die Christi über den Verlust vergoss, gaben dem Wein den Namen. Interessante Einblicke in die antike Landwirtschaft bietet das **Antiquarium di Boscoreale.**

◁ Gran Cratere del Vesuvio:
Blicke bis zum Capo Miseno

Der Vesuv, barocke Villen und versunkene Städte

4

Der Vesuv-Ausbruch 79 n. Chr.

Nach der Analyse abgelagerter vulkanischer Schichten, der sogenannten Tephra-Chronologie, lässt sich der **Ablauf des Ausbruchs** von 79 rekonstruieren und mit den Beobachtungen der berühmten **Briefe von Plinius d. J.,** dem ersten überlieferten Augenzeugenbericht eines Vulkanausbruchs, in Übereinstimmung bringen.

Die Katastrophe kündigte sich Tage zuvor durch eine Serie von Erdbeben an, am Golf von Neapel zunächst nichts Ungewöhnliches (tatsächlich war bereits das verheerende Erdbeben des Jahres 62 eine deutliche Warnung gewesen, die jedoch damals keiner verstand). Häuser bekamen Risse und Wasserleitungen wurden unterbrochen, ein Thema, das *Robert Harris* in seinem lesenswerten Roman „Pompeji" aufgreift. Auslöser der Erdbeben war der Aufstieg großer Mengen von Magma. Zunehmend wuchs der Druck auf den Pfropfen im Schlot. Am **Morgen des 24. August 79** begann der Ausbruch mit einer Reihe kleinerer Explosionen. Das Magma hatte Grundwasser führende Schichten erreicht. Gegen Mittag erfolgte dann jene gewaltige Explosion, deren bis zu **30 km hohe Eruptions-**

säule in Form einer Pinie *Plinius* aus dem 30 km entfernten Misenum beobachten konnte (siehe Exkurs „Die Plinius-Briefe"). Hochexplosive Eruptionen, bei denen große Mengen an Lockermaterial in die Atmosphäre geschleudert werden, bezeichnen Vulkanologen heute als plinianisch (die bis heute am genauesten beobachtete und untersuchte plinianische Eruption ist der Ausbruch des Mount St. Helen am 18. Mai 1980). Stundenlang schossen Bimssteine und heiße Aschen in den Himmel und fielen auf die Landschaft südöstlich des Vesuvs herab. In Pompeji war der Asche- und Bimssteinregen besonders heftig, der Tag wurde zur Nacht. Das mag ein Grund gewesen sein, warum nicht alle Bewohner flüchteten, sondern in den Häusern Zuflucht suchten. Nach einigen Stunden begannen die Dächer der Häuser unter dem Gewicht des Lockermaterials einzustürzen. Nach zwölf Stunden ununterbrochener plinianischer Aktivität bedeckte bereits eine 2½ Meter dicke Schicht die Trümmer von Pompeji. Dann änderte sich das Ausbruchsverhalten. Die Bewohner von Herculaneum hatten sich bislang in trügerischer Si-

cherheit wiegen können, da der Aschefall der Hauptwindrichtung folgte, also weg von der Stadt. Am frühen Morgen des 25. August brach die Eruptionssäule in sich zusammen, und bis zu **800° C heiße pyroklastische Ströme,** Glutwolken aus heißen Gasen und Lavatrümmern, rasten die Vesuvhänge hinab und erreichten Herkulaneum innerhalb weniger Minuten. Hunderte Menschen hatten sich am Strand versammelt, an eine Flucht mit Schiffen war jedoch nicht zu denken, da der starken Thermik wegen Wind und Wellen gegen das Land drängten. Als die Menschen den pyroklastischen Strom auf ihre Stadt zurasen sahen, flüchteten sie in die nahen Bootshäuser. Hier erreichte und tötete sie die Glutwolke. Die Stadt wurde kurz darauf von einem mächtigen Schlammstrom verschluckt. Gegen 7.30 Uhr des gleichen Tages erreichte auch Pompeji eine Glutwolke, der wahrscheinlich etwa 2000 Menschen zum Opfer fielen. Ihr folgten weitere. Die vom plötzlichen Tod überraschten Menschen und Tiere deckte die Asche zu. 18 Jahrhunderte später entwickelte der Archäologe *Giuseppe Fiorelli* die geniale Methode, die von den Leichen hinterlassenen Hohlräume mit Gips auszugießen. In aller Deutlichkeit traten die Körper im Augenblick ihres Todes wieder zu Tage. Einiger sind nach wie vor an Ort und Stelle in Pompeji zu sehen.

Ausläufer der letzten und größten Glutwolke erreichten am 25. August auch Stabiae, wo sich *Plinius d. Ä.* aufhielt. Sein Erstickungstod wurde vermutlich von der feinen Asche, den Gasen und der Hitze verursacht.

Drei Tage nach der ersten Eruption ließ der Aschefall nach, und das Tageslicht kehrte schüchtern zurück. Über 300 km² fruchtbares Land waren in eine Wüste verwandelt worden, ehemals blühende Städte lagen unter Asche und Bimsstein begraben.

1991 wurde der **Parco Nazionale del Vesuvio** eingerichtet, inzwischen gibt es ein Wanderwegenetz. Der klassische Vesuv-Ausflug führt mit dem Auto oder Bus von Ercolano durch abwechslungsreiche Lavalandschaft bis auf die quota mille. Im Valle del Gigante sind die grauen Laven von 1944 zu sehen, aus der Caldera erhebt sich der Gran Cono del Vesuvio, mit 1281 m zurzeit die höchste Erhebung. Ein **gebührenpflichtiger Fußweg** führt **zum Krater.** An klaren Tagen entschädigt der Blick in den Schlund und auf den Golf für das bisschen Schweiß und die inzwischen 10 (!) Euro Eintritt. Selten wird man hier oben alleine stehen, zu populär ist der Ausflug. Im Mai und Juni blühen die Hänge, die beste Fernsicht genießt man in trockenen Wintermonaten.

Nur selten verirren sich Touristen auf die Rückseite des Vesuvs, dabei lohnen vor allem **Somma Vesuviana** mit dem mittelalterlichen Borgo Casamale und **Ottaviano** mit dem Castello Mediceo. Letzteres war zeitweise die luxuriöse Residenz des Camorra-Bosses *Raffaele Cutolo*, heute ist es Sitz des Parco Nazionale und Besucherzentrum.

Information

■ **Parco Nazionale del Vesuvio**
Verwaltung und Auskunftsbüro im Palazzo Mediceo. Mo bis Fr 9–12.30 und 14.30–15.30 Uhr.
Via Palazzo del Principe – Ottaviano,
Tel. 08 18 65 39 11, www.vesuviopark.it
■ **Info-Point dell'Parco Nazionale del Vesuvio – Rifugio Imbò**
Der Info-Kiosk befindet sich am Parkplatz an der Quota mille, wo es auch die Tickets für die Besteigung des Gran Cono gibt. Möglich ist die Verlegung

4

in ein Rifugio wenige 100 m vor der Quota mille. Mo bis Fr 9–15. Tel. 08 12 39 56 53
- www.vesuvioinrete.it
- www.vesuvionline.net

Restaurants und Pizzerien

- **Casa Rossa 1888 al Vesuvio**

Das Restaurant von *Ernesto Pinto* und seiner Familie ist die löbliche Ausnahme unter den zahlreichen Ausflugslokalen an der Vesuv-Höhenstraße (ca. 3 km ab A3, Ausfahrt „Torre del Greco"). Ausgezeichnete Holzofenpizza und köstliche *bruschette*. Köstliche Nudel-Primi, solide Fischküche und Blick auf den Golf von Neapel. 25–30 Euro. Di Ruhetag. Mittags und abends.
Via Vesuvio 42 – Ercolano,
Tel. 08 17 77 97 63, www.casarossa1888.it

- **'E Curti**

Die Osteria am nordwestlichen Hangfuß des Vesuvs ist eine Pilgerstätte für Tomatenliebhaber. Hier gibt es die lokale Piennolo in vielen Zubereitungsarten und zur Verdauung den selbst gemachten Walnusslikör. 20–25 Euro. So abends und Mo geschl.
Via Padre Michele Abete 6 – Sant'Anastasia,
Tel. 08 18 97 28 21, www.e-curti.it

- **La Laterna**

Gute Territorialküche – das heißt in diesem Fall auch bestens zubereiteter Stockfisch und ein hervorragend bestückter (Vesuv-)Weinkeller. Gründe genug, dem fröhlich dekorierten Restaurant von *Luigi Russo* auf der Rückseite des Vesuvs einen Besuch abzustatten. Anschließend ein Verdauungsspaziergang im Altstadtviertel Borgo Casamale. 25–30 Euro. Mo Ruhetag. Mittags und abends.
Via Colonello Aliperta 8 – Somma Vesuviana,
Tel. 08 18 99 18 43, Mobil 33 32 96 37 40, www.lalanternadisomma.it

- **Kona**

MEIN TIPP! Das Ausflugslokal von *Eva* und *Raffaele „Lello" Oliviero,* ein Stück oberhalb der Casa Rossa ebenfalls an der Vesuv-Höhenstraße gelegen, bietet traditionelle Pastagerichte, lokalen Käse, gemüseorientierte Jahreszeiten- und Fischküche. 20–25 Euro. Mittags und abends. Dez., Jan. geschl.
Via Osservatorio 14, Tel. 08 17 77 39 68,
Mobil 34 75 87 93 81

An- und Weiterreise

- **Auto:** A3, Ausfahrt „Ercolano-Portici", der Ausschilderung „Monte Vesuvio" folgen. Die Straße endet auf einem gebührenpflichtigen Parkplatz in 1000 m Höhe. Von hier führt ein einfacher Wanderweg auf den Kraterrand des Gran Cono (s.u.).
- **Bus: EAV** (www.eavbus.it) von Pompeji/Piazza Anfiteatro bzw. Porta Marina via Ercolano mehrmals tägl. auf den Vesuv/Quota mille (ab Ercolano/ Stazione Circumvesuviana); letzte Fahrt vom Vesuv erfragen; UNICO-Tickets.
- **Bahn:** Circumvesuviana Napoli – Sorrento, Station „Ercolano", ab hier mit Bussen der EAV (s.o.) Richtung Gipfel.

Wandern

Die Nationalparkverwaltung hat eine **Wanderkarte** „Sentieri del Parco Nazionale del Vesuvio, 1:20.000" veröffentlicht (siehe „Information") – auch auf www.vesuviopark.it zu sehen. Nicht alle der auf der Karte ausgewiesenen neun Wanderwege sind jedoch auch jederzeit im Gelände zugänglich. Für viele der Wege braucht man eine schriftliche Erlaubnis der Nationalparkverwaltung!

Extra-Touren auf dem Vesuv sind teuer: *Raffaele Matrone* (Mobil 33 38 66 44 97, www.vesuviotrekking.it) organisiert mit der **Coop. Vesuvio Trekking** vulkanologische Wanderungen, auch auf Wegen, die sonst nur mit schriftlicher Erlaubnis zu betreten sind, wie z.B. der obere Rand des Gran Cono. Ab dem Circum-Bhf. „Pompei – Villa dei Misteri" werden Exkursionen mit Allradbussen angeboten, www.busviadelvesuvio.com.

Die Plinius-Briefe

Gaius Plinius Caecilius Secundus (61–114 n. Chr.), genannt der Jüngere, war ein Neffe des berühmten Naturhistorikers *Gaius Plinius Secundus* (23–79 n. Chr.) der Ältere, im Jahr 79 Kommandant der römischen Kriegsflotte in Misenum. Beide werden Zeuge des Vesuvausbruchs, dessen berühmtestes Opfer *Plinius d. Ä.* ist. In einem an den Historiker *Tacitus* gerichteten Brief schrieb **Plinius d. J.** vom Tod seines Onkels, in einem zweiten Brief schilderte er seine persönlichen Erlebnisse während des Ausbruchs.

Die faszinierende **Beschreibung der riesigen Eruptionswolke** findet sich im ersten Brief. „Er (Plinius d. Ä.) war in Misenum und führte persönlich das Kommando über die Flotte. Am 24. August, etwa um die siebente Stunde (13 Uhr), ließ meine Mutter ihm sagen, daß am Himmel sich eine Wolke von ungewöhnlicher Größe und Gestalt zeige. (…) Er verlangte nach seinen Sandalen und bestieg eine Anhöhe, von der aus jene wunderbare Erscheinung besonders gut zu beobachten war. Eine Wolke erhob sich, wer sie von ferne sah, wußte nicht von welchem Berg – daß es der Vesuv war, wurde erst später erkannt –, deren Gestalt am ehesten einer Pinie glich. Denn sie stieg wie ein Riesenstamm empor, und teilte sich in einige Zweige, ich glaube, weil sie durch einen frischen Luftzug hoch getragen wurde und dann bei dessen Abflauen kraftlos geworden oder aber vom eigenen Gewicht beschwert sich ausbreitete, zuweilen weiß, zuweilen schmutzig und fleckig, je nachdem, ob sie Erde oder Asche mit sich emporgerissen hatte. Als einem gebildeten Mann mit wissenschaftlicher Neugier erschien ihm die Sache bedeutsam genug, aus größerer Nähe betrachtet zu werden. Er befahl den Schnellsegler bereit zu machen." Als *Plinius d. Ä.* das Haus verlassen wollte, erreichte ihn der Hilferuf eines Freundes aus Stabiae, daraufhin änderte er seinen Plan und ließ Vierruderer zu Wasser bringen, um seinem Freund *Pomponius* und den anderen Menschen an der Küste zu Hilfe zu eilen. *Plinius d. J.* schildert die stoische Haltung seines Onkels angesichts der Gefahr und seinen Tod in Stabiae.

In einem zweiten Brief beschreibt *Plinius d. J.*, wie er selbst jene **schicksalshaften Tage in Misenum** verbrachte. In der Nacht des 24. August erschütterte ein starkes Erdbeben das Haus, am Morgen des 25. August entschloss sich die Familie zur Flucht. „Es war bereits um die erste Stunde, und der Tag kam zögernd herauf. Die umliegenden Gebäude waren schon stark erschüttert, und obwohl wir uns auf offenem, allerdings beengtem Raum befanden, empfanden wir starke und begründete Furcht, daß sie einstürzen könnten. Jetzt erst erschien es uns ratsam, die Stadt zu verlassen. Eine bestürzte Menschenmenge schließt sich uns an, läßt sich – was bei einer Panik beinahe wie Klugheit aussieht – lieber von fremder statt der eigenen Einsicht leiten und stößt und drängt in endlosem Zug mit sich fort. Nachdem wir die Häuser hinter uns gelassen hatten, blieben wir stehen. Da sahen wir allerlei Sonderbares und Beklemmendes. (*Plinius d. J.* beschreibt, wie sich die Wagen selbst auf ebenem Boden selbstständig in Bewegung setzen, wie der Boden bebt, das Meer sich zurückzieht, eine schwarze Wolke, durchzuckt von Blitzen, sich annähert, es Asche regnet und sich der Tag verfinstert. P. A.) Man hörte Weiber heulen, Kinder jammern, Männer schreien. Die einen beklagten ihr Unglück, andere das der Ihren, manche flehten aus Angst vor dem Tode um Tod, andere wieder erklärten, (…) die letzte, ewige Nacht sei über die Welt hereingebrochen." Ein Weitergehen scheint zu gefährlich, *Plinius* und die Seinen kehren nach Misenum zurück, wo sie eine unruhige Nacht verbringen und auf Nachricht von *Plinius'* Onkel warten.

Gran Cono

Von der Quota mille (1000 m ü.M.) führt in ca. 25 Min. ein staubiger Serpentinenweg (= sentiero N° 5) hoch zum Krater. In einem Halbbogen kann man anschließend um den Krater zu gehen (komplette Umrundung nur mit Führern gegen Aufpreis). Der Schichtaufbau des Stratovulkans lässt sich deutlich erkennen. Leichte Fumarolentätigkeit ist zur Zeit das einzige Anzeichen vulkanischer Aktivität. An klaren Tagen ist der Ausblick phänomenal (man teilt ihn sich dann mit Hunderten Touristen)! **Guide Alpine Vulcanologiche** (Tel. 08 17 77 57 20, www.guidevesuvio.it). Tägl. 9 Uhr bis 2 Std. vor Sonnenuntergang, spätestens bis 17 Uhr! Eintritt 10/8 Euro.

Monte Somma

Einige Kurven oberhalb des Osservatorio führt der Naturlehrpfad N° 3 durch schattige Wälder auf den gezackten Rand des Monte Somma (tolles Panorama von der 1131 m hohen Punta Nasone!). Zu Beginn des Weges durchschreitet man die flechtenbewachsenen Lava von 1944 (nur nach Voranmeldung c/o Parco Nazionale, Fax 08 18 65 39 08, protocollo @epnv.it).

Riserva Tirone

Unterhalb des Osservatorio vulcanologico beginnt an der Strada Provinciale Ercolano-Vesuvio ein Rundwanderweg (= sentiero N° 4), der durch die Laven von 1858, 1872 und mit einem Abstecher auch die Laven von 1944 führt. Der Weg verläuft z.T. im Schatten einer Pineta und von Steineichenwäldern (nur nach Voranmeldung c/o Parco Nazionale, Fax 08 18 65 39 08, protocollo@epnv.it).

Valle dell'Inferno

Vom Castello Mediceo in Ottaviano führt eine Stichstraße auf die bewaldete Ostflanke des Vulkans. Auf Forstpisten kann man den Aufstieg zu Fuß bis in das Valle dell'Inferno mit Laven aus dem Jahr 1944 fortsetzen (= sentiero N° 1), dann wird es eine Tageswanderung.

Ercolano und Herkulaneum

Nun durften wir nicht länger säumen, Herkulanum und die ausgegrabene Sammlung in Portici zu sehen. Jene alte Stadt, am Fuße des Vesuvs liegend, war vollkommen mit Lava bedeckt, die sich durch nachfolgende Ausbrüche erhöhte, so daß die Gebäude jetzt sechzig Fuß unter der Erde liegen. Man entdeckte sie, indem man einen Brunnen grub und auf getäfelte Marmorfußböden traf. Jammerschade, daß die Ausgrabung nicht durch deutsche Bergleute recht planmäßig geschehen; denn gewiß ist bei einem zufällig räuberischen Nachwühlen manches edle Altertum vergeudet worden.

Goethe, Italienische Reise, 18. März 1787

Unter der ausufernden Bebauung des modernen **Ercolano** (44 m, 54.235 Ew.) schlummern immer noch zwei Drittel des antiken **Herkulaneum.** Anders als Pompeji wurde die Stadt beim **Vesuvausbruch im Jahr 79** nicht vom Ascheregen verschüttet, sondern von einem pyroklastischen Strom erfasst und begraben. Diesem Umstand ist der außergewöhnlich gute Erhaltungszustand der Holzbauteile, Holzmöbel, von Schriftstücken und Nahrungsmitteln zu verdanken, die in der Hitze oberflächlich

Ein bronzezeitliches Pompeji bei Nola

Nola (34 m, 30.000 Ew.) ist eine alte Stadt im Norden des Vesuv. Seit dem 4. Jh. v. Chr. römisch, wurde es 73 v. Chr. vom Sklavenheer des *Spartakus* geplündert, im Jahr 14 n. Chr. starb hier Kaiser *Augustus* im Hause seiner Vorfahren. Wo sich heute die Autobahnen A30 und A16 kreuzen, führte in der Antike der Aquädukt „Aqua Augusta" entlang. Ein Abzweig des Aquädukts brachte Trinkwasser auch nach Pompeji. Nola ist auch als Bischofssitz des *hl. Paulinus* (354–431) bekannt, der als Erfinder der Kirchenglocken in die Geschichte einging, im Mittelalter wurden sie als „nolae" oder „campanae" (von Kampanien) bezeichnet. Sein Fest fällt auf den 22. Juni und wird in Nola jedes Jahr mit der „Festa dei Gigli" begangen.

Ein Blick weit zurück in die Geschichte gelang, als im März 2002 bei Ausschachtungsarbeiten für einen Supermarkt bei San Páolo Belsito, in der Peripherie von Nola, die gut erhaltenen Reste eines bronzezeitlichen Dorfes zum Vorschein kamen. Ein Dorf, das von seinen schätzungsweise 100 Einwohnern fluchtartig verlassen, bei einem verheerenden Vesuv-Ausbruch **vor ca. 3800 Jahren** von Vulkanschlamm und Asche verschüttet wurde. Es konnten die Fundamente mehrerer strohgedeckter, bis zu 16 m langer Hütten freigelegt werden. Holzpfähle, Stroh und das Flechtwerk der Wände haben ihre Abdrücke im erstarrten Vulkanschlamm hinterlassen. Die Wohnräume waren voller Alltagsgegenstände. Über 200 mit Ritzzeichnungen verzierte Tongefäße wurden gefunden, eines stand noch mit Getreidebrei gefüllt im Herd. Zum ersten Mal gelang ein solch intimer Einblick in das Alltagsleben der Bronzezeit. Zum Essen setzte man sich damals noch nicht an einen Tisch, der mit Mandeln, Oliven, Getreide und Käse übrigens gut gedeckt war, sondern hockte vor einem grob verzierten Tonfuß, der die Schüssel hielt. In einem Pferch wurden die Überreste mehrerer Ziegen gefunden. Auch Wild wurde geschätzt. Die Männer gingen mit Pfeil und Bogen auf die Jagd. Wildschweine waren wohl die beliebteste Beute, denn Eberhauer zieren die Kopfbedeckungen der Jäger. Die Ausgrabungen des **Villaggio Preistorico di Nola** sollen dem Publikum zugänglich gemacht werden. Zuletzt verursachte ein Erdrutsch im Januar 2011 schwere Schäden. Wegen hohem Grundwasserstand ist ein Besuch bis auf Weiteres nicht möglich.

Inzwischen wurden auch menschliche Überreste gefunden, das Skelett eines 40-jährigen Mannes und das einer 20-jährigen Frau (Vater und Tochter?). Die beiden fanden ihren Tod auf der Flucht vor dem Ausbruch und wurden im Bimssteinregen begraben. Erstaunlich sind ihre guten Zähne, die Deformationen der Beinknochen lassen darauf schließen, dass viele Tätigkeiten in der Hocke ausgeführt wurden.

Acht der ungezählten explosiven Eruptionen des Vesuv in den letzten 25.000 Jahren besaßen die Zerstörungskraft des Nola- und Pompeji-Ausbruchs. Alle 2000 bis 4000 Jahre haben sich solche Katastrophen ereignet. Der einzige Schutz bestünde in der Evakuierung des bedrohten Gebietes, doch das ist in einer der am dichtesten besiedelten Regionen der Welt graue Theorie. Als in den 1990er Jahren in Neapel sich das Gerücht verbreitete, ein Vesuvausbruch stünde bevor, war ein unvorstellbares Chaos auf den Straßen die Folge. Zigtausend Neapolitaner mussten anschließend die Nacht in ihren Autos zubringen. Dabei waren sie diesmal noch mit dem Schrecken davon gekommen.

■ **www.meridies-nola.org/nola/ villaggiopreistorico**

verkohlten und anschließend im sich verhärtenden Schlamm konserviert wurden. Manches ist im Detail viel besser erhalten als in Pompeji, und der Besuch von Herculaneum lässt sich meist als entspannte Zeitreise in den **Alltag der römischen Antike** genießen, während die Besuchermassen das berühmtere Pompeji heimsuchen. Für eine ausführliche Besichtigung sollte man mindestens zwei Stunden einplanen und im Anschluss einen Blick auf die nahe Villa Campolieto werfen.

☐ Das modernen Ercolano liegt über dem antiken Herkulaneum

Geschichte

Das römische Herculaneum war eine beschauliche **Hafenstadt** mit 5000 Einwohnern. Ein Großteil der Bevölkerung ging, wie archäologische Funde beweisen, dem **Fischfang** nach. Der überwiegende Teil der Häuser nimmt sich bescheiden aus, während prachtvolle **Patriziervillen** sich in bevorzugter Lage über dem Meer erheben. Gerade als die *villegiatura* an der Golfküste im 18. Jh. eine Renaissance durch den neapolitanischen Adel erfuhr, wurde Herkulaneum wieder entdeckt (siehe Exkurs „Vesuv-Villen am Miglio d'Oro"). Bei Ausschachtungen eines Brunnens stieß man

027nea pa

gvn13_048 pa

1709 zufällig auf das antike Theater. Fürst *d'Elbouef* ließ Stollen treiben, um die Skulpturen zu bergen, die heute im Museo Archeologico von Neapel zu bewundern sind. Drei der Skulpturen ließ der Fürst, unter Umgehung des auch damals schon bestehenden Ausfuhrverbots von Altertümern, zu einem Verwandten nach Wien schaffen. Aus dessen Erbmasse erwarb sie später der sächsische König *August III.* für seine Skulpturensammlung in Dresden, und hier wurde auch *Johann Joachim Winkelmann,* theoretischer Vorreiter der Archäologie, der „Herkulanerinnen" angesichtig. Seine enthusiastische Beschreibung löste einen ersten Touristenansturm auf den Golf von Neapel aus: „Die griechische Draperie ist mehrenteils nach dünnen und nassen Gewändern gearbeitet, die sich folglich, wie Künstler wissen, dicht an die Haut und an den Körper schließen und das Nackende desselben sehen lassen (…). Das allgemeine vorzügliche

Kennzeichen der griechischen Meisterstücke ist endlich eine edle Einfalt, und eine stille Größe, sowohl in der Stellung als im Ausdrucke." Unter *Karl III.* setzten sich die Grabungen unter Tage fort. 1750 entdeckte man außerhalb der Stadtmauern die **Villa dei Papiri** mit einer großen Bibliothek. Eine beeindruckende Rekonstruktion der Villa steht im kalifornischen Malibu, in den 1970er Jahren im Auftrag des Erdölmilliardärs *J. P. Getty* errichtet. Viele der über 80 in der Villa dei Papiri gefundenen Bronzestatuen sind im Archäologischen Museum von Neapel zu bewundern. Einen lebensnaheren Eindruck vermitteln jedoch im Garten der Villa Cimbrone in Ravello aufgestellte Kopien.

⌃ Park der Bourbonenvilla San Genariello (heute ein nettes B&B)

4

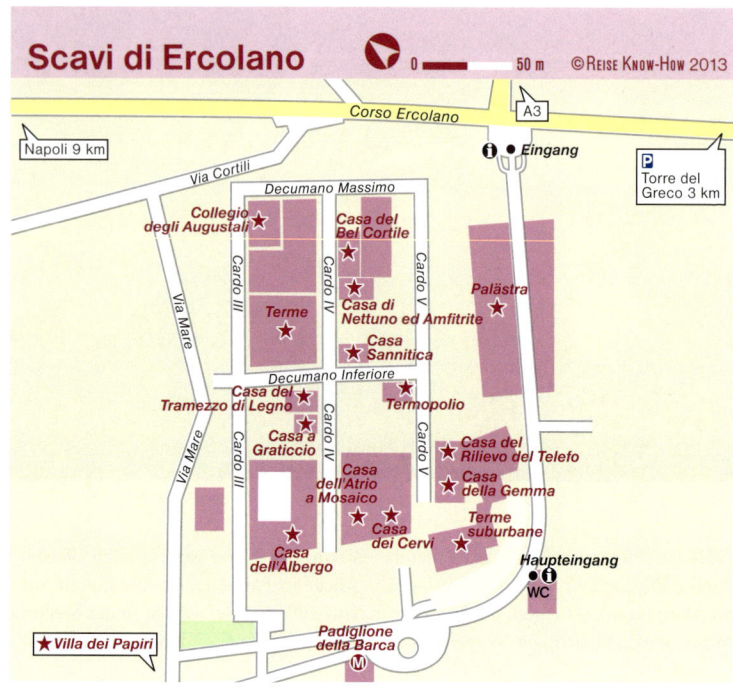

Besichtigung

Der Zugang ins Ausgrabungsgelände erfolgt über eine Brücke, die in den Cardo III mündet. Von oben sieht man auf den freigelegten Teil der Stadt hinab und kann die regelmäßige Anlage der sich rechtwinklig schneidenden Straßen, der *decumani* und *cardines*, erkennen. Unterhalb der Stadtmauern liegt der ehemalige Strand. Durch den Ausbruch 79 hat sich die Küstenlinie um einen Kilometer vorgeschoben. Lange Zeit wurde angenommen, sämtliche Einwohner Herkulaneums hätten sich 79 retten können. Doch 1982 fand man in den **Bootshäusern** über 300 Skelette von

Menschen, die bei dem Versuch, mit Schiffen zu fliehen, am Morgen des 25. August 79 von einer Glutwolke erstickt worden waren (und noch sind weite Abschnitte des ehemaligen Küstenstreifens nicht freigelegt). Einige hielten noch den Hausschlüssel in der Hand, ein Hinweis darauf, dass die Evakuierung ohne Hektik erfolgte und die Eigentümer hofften, bald zurückkehren zu können. Das Boot fand man kieloben am ursprünglichen Meeresufer. Die noch nicht abgeschlossene Untersuchung der Skelette lieferte eine Fülle von Erkenntnissen zu Ernährungsgewohnheiten, Krankheitsbildern, Geburtenquoten und Arbeitsbedingungen. Spektakulär war auch der Fund der

4

Der Vesuv, barocke Villen und versunkene Städte

gut erhaltenen Reste eines 9 m langen und 2,50 m breiten Holzschiffes. Die restaurierte „Barca di Ercolano" steht im Zentrum einer sehenswerten Dauerausstellung im modenen **Padiglione della Barca** oberhalb der Ausgrabung.

Vom Strand steigen mächtige Stützmauern empor, über denen sich herrschaftliche Villen und die luxuriös aus-

gestatteten **Terme suburbane** erheben (vgl. Exkurs „Ein Thermenbesuch").

Durch die **Porta Marina** betrat man früher die Stadt. Die **Casa della Gemma** und die **Casa del Rilievo di Telefo** nehmen eine komplette *insula* (Baublock) ein. Beide gehörten *M. Nonius Balbus,* ehemaliger Statthalter von Kreta und Kyrene und reichster Bürger der Stadt.

4

Sein Grabmal liegt direkt an den von ihm gestifteten Vorstadt-Thermen auf einer Terrasse über dem Meer, das Reiterstandbild befindet sich im Museo Archeologico in Neapel. Auf der benachbarten Insula teilen sich zwei weitere luxuriös ausgestattete Villen die Vorzugslage mit Blick aufs Meer, die Balkone waren ursprünglich glasverkleidet. Die **Casa dell'Atrio a Mosaico** und die **Casa dei Cervi** zählen zu den schönsten Häusern der Stadt.

Folgt man dem Cardo V, kommt man an einem kleinen **Bordell** vorbei (siehe Exkurs „Wolfsgeheul im Freudenhaus"). Daneben liegt an der Ecke ein **Thermopolium,** eine der zahlreichen Garküchen der Stadt. In den Tresen eingemauerte Keramikgefäße hielten die Speisen warm. Auf der rechten Seite des Decumano Inferiore markieren zwei Säulen den Eingang zur **Palästra.** Die monumentale Sportanlage aus augustäischer Zeit steckt größtenteils noch im Tuff. In den zahlreichen Bäckereien, Tavernen und Weinschenken in Nähe der Palästra stillten die Athleten ihren Hunger und Durst.

⌃ Colleggio dei Augustali: Clubhaus mit Stil

gvm13_049 pa

Die **Casa Sannitica** am Decumano Inferiore stammt aus dem 2. Jh. v. Chr. und ist das besterhaltene Beispiel eines zweigeschossigen altitalischen Atriumhauses (siehe Exkurs „Das pompejanische Haus und seine Wanddekorationen"). Schräg gegenüber sind am Cardo IV zwei weitere interessante Häuser zu sehen. Im **Casa del Tramezzo di Legno,** neben dem samnitischen Haus das älteste der Stadt, hat sich die hölzerne Trennwand zwischen Atrium und Tablinum komplett mit Bronzebeschlägen erhalten. Die **Casa a Graticcio** ist ein einzigartiges Beispiel eines in billiger Leichtbauweise errichteten Fachwerk-

hauses. Meist wurden einfache Mietshäuser in der Technik des opus craticium errichtet. Sie waren besonders brandgefährdet.

Folgt man dem Cardo IV in Richtung Vesuv, kommt man an der **Casa di Nettuno ed Anfitrite** vorbei. Der Weinausschank an der Straße sieht aus, als ob sich der Besitzer nur für einen Augenblick entfernt hätte. Das Sommertriclinium schmückt ein wunderschönes Mosaik mit Neptun und Amphitrite. Das Nachbarhaus verdankt dem mosaikgeschmückten Innenhof, aus dem eine Treppe in das Obergeschoss führt, den Namen **Casa del Bel Cortile.**

Der **Decumanus maximus,** die Hauptstraße von Herkulaneum, ist 12 m breit. Jenseits des Decumanus liegt das Forum noch unter dem Tuff. Zahlreiche Läden öffnen sich auf die für den Durchgangsverkehr gesperrte Geschäftsstraße, darunter die Werkstatt eines Bleiarbeiters, der Laden eines Geschirrhändlers, ein Thermopolium und eine Schenke.

An der Ecke Decumanus Maximus und Cardo III. befindet sich das **Collegio degli Augustali,** dessen Priester den Kaiserkult pflegten. Kurz vor dem Ausbruch 79 wurden die Räume im sogenannten 4. Stil bemalt (siehe Exkurs „Das pompejanische Haus und seine Wanddekorationen"). Inmitten der Stadt nehmen die **Terme** eine halbe Insula ein. Der Zugang ins Männerbad erfolgt vom Cardo III, jener zum Frauenbad vom Cardo IV. Die Männerabteilung ist weitläufiger und verfügt zusätzlich über eine Palästra und ein frigidarium. Das Frauenbad schmücken wunderschöne Mosaikböden.

Folgt man dem Cardo III zurück in Richtung Meer, gelangt man zur **Casa**

Herkulaneum virtuell

Rettung vor dem nächsten Untergang: Noch bis vor wenigen Jahren platzten überall Fresken von den Wänden, Regenwasser drang in die Häuser, in morschen Mauern nisteten Tauben, und Grundwasser bedrohte die antiken Ruinen. Zum Erhalt der einzigartigen Antikenstätte wurde das **Herculaneum Conservation Project** ins Leben gerufen. Seither haben Archäologen der British School at Rome in Zusammenarbeit mit der Sopraintendeza Archeologica di Pompei und mit großzügiger finanzieller Unterstützung des Packard Humanities Institute in Herculaneum wegweisende Arbeiten durchgeführt. Nicht neue Ausgrabungen, sondern intelligente Konservierungsmethoden stehen im Vordergrund. Nur in einem Fall wurde ausgegraben, und zwar die antiken, vom Vesuvausbruch 79 verstopften Kanalisationen. Damit bekam man das Grundwasserproblem endlich in den Griff und nebenbei kam „the best roman shit in the world" ans Tageslicht, die umfangreichste Ausgrabung antiker menschlicher Hinterlassenschaften. Die Kloake, aber auch alle wichtigen überirdischen Bauwerke sind in QuickTime VR zu sehen.

■ www.herculaneum.org
■ www.herculaneumcentre.org

Futuristische Wege geht das **Museo Archeologico Virtuale,** untergebracht in der klassizistischen Ex-Scuola Iaccarino, wenige Schritte von den Ausgrabungen entfernt. In abgedunkelten Räumen lassen Computeranimationen, Hologramme, Geräusche und sogar Gerüche eine untergegangene Welt wiederauferstehen.

■ **Museo Archeologico Virtuale,** Via VI. Novembre 44, Tel. 081 19 80 65 11, www.museomav.com. Di bis So 9–16.30 Uhr, Eintritt 7,50/6 Euro. Auch Audioguides auf Deutsch, 3 Euro.

dell'Albergo. Das ehemals herrschaftliche Haus nimmt die gesamte Breite einer Insula ein. Nach dem Erdbeben von 62 wurde es in ein Mehrfamilien- bzw. Mietshaus umgewandelt. Als der Vesuv ausbrach, waren die Arbeiten noch nicht abgeschlossen.

■ **Scavi di Ercolano,** Corso Resina 6 bzw. Via Alveo, Tel. 08 17 77 70 08. April bis Okt. tägl. 8.30–19 Uhr (Einlass bis 18 Uhr), Nov. bis März tägl. 8.30–17 Uhr (Einlass bis 15.30 Uhr). Eintritt 11/5,50 Euro bzw. mit Sammelticket 20/10 Euro, siehe dazu Stichwort „Eintrittsgelder" eingangs des Kapitels.
■ **Villa dei Papiri,** Gruppen bis max. 25 Personen können nach Anmeldung die Villa dei Papiri besichtigen. Kein zusätzliches Ticket nötig. Audioführer zum Ausleihen. Nur Sa/So. Auch 2013 bleibt die Villa voraussichtlich wegen Restaurierung geschl.

Information

■ **Info-Point**
Am oberen Eingang der Scavi. April bis Okt.
Tel. 08 17 32 43 38
■ **Ufficio Turistico**
Touristen-Büro auf dem Weg von der Circumvesuviana-Station zu den Ausgrabungen. Mo bis Sa 8–17 Uhr.
Via IV. Novembre 82/84, Tel. 08 17 88 12 43
■ **Ente Ville Vesuviane**
Info-Büro in der Villa Campolieto. Broschüren und Programm „Festival delle Ville vesuviane" (siehe Exkurs „Vesuv-Villen am Miglio d'Oro"). Mo bis Fr 9–14 Uhr.
Corso Resina 283, Tel. 081 19 24 45 32, www.villevesuviane.net
■ **www.comune.ercolano.na.it**
■ **www.herculaneum.org,** siehe Info-Kasten „Herculaneum virtuell".
■ **www.pompeiisites.org,** siehe Info-Kasten „Pompeji virtuell" eingangs des Kapitels.

Der Vesuv, barocke Villen und versunkene Städte

An- und Weiterreise

■ **Auto:** A3, Ausfahrt „Ercolano-Portici", dann in Richtung Meer der Ausschilderung „Ercolano Scavi" folgen. Ein großer **Parkplatz** ist am neuen Eingang zur Ausgrabung eingerichtet.

■ **Bus: SITA** (www.sitasudtrasporti.it) von und nach Neapel bzw. Salerno. Angesichts häufiger Verkehrsstaus ist die Circumvesuviana die bessere Alternative. Volksnah inkl. Stau mit **ANM** (www.anm.it) N° 157 und 255 nach Neapel. Von Pompeji (siehe dort) **EAV** (www.eavbus.it) via Ercolano/Stazione Circumvesuviana auf den Vesuv/Quota mille; letzte Fahrt zurück vom Vesuv erfragen; UNICO-Tickets.

■ **Bahn:** Circumvesuviana-Linie Napoli – Sorrento, Station „Ercolano-Scavi".

■ **Taxi:** Vesuvio Express (Tel. 08 17 39 36 66, www.vesuvioexpress.it) fährt von der Piazzale Stazione Circumvesuviana mit Mini-Bussen auf den Vesuv bis zur Quota mille.

Unterkunft

■ **Miglio d'Oro Park Hotel** ****S
Die Mitte des 18. Jh. errichtete Villa Aprile, nach aufwendigem *restauro* 2007 wiedereröffnet, beherbergt modern gestylte Zimmer und Suiten, ein Wellnesszentrum, Kongressräume und mehrere Restaurants. Im Rücken des Hauses erstreckt sich ein weitläufiger Park, die Ausgrabungen von Herculaneum und die Villa Campolieto liegen direkt vor der Tür. 43 Zi., 10 Suiten, Standard-DZ/F 80–100 Euro, HP zusätzlich 25 Euro/Person.
Corso Resina 296 – Ercolano,
Tel. 08 17 77 40 97, 08 17 39 99 99,
www.migliodoroparkhotel.it

■ **B&B Villa San Gennariello**
MEIN TIPP! Die Villa San Gennariello, ein schönes Gebäude aus der Mitte des 18. Jh. umgeben von einem üppigen Garten (siehe Exkurs „Vesuv-Villen am Miglio d'Oro"), liegt am oberen Ende des Schlossparks von Portici. *Francesco di Fraia*, der die Gäste im

Haus seiner Eltern empfängt, macht den Aufenthalt durch zahlreiche wertvolle Tipps besonders angenehm – oft bleibt man dadurch länger als geplant. Die Zimmer sind geräumig und komfortabel, eines der Zimmer verfügt über eine Kochzeile. Von der Sonnenterrasse genießt man weite Blicke über den Golf und auf den Kegel des Vesuvs. WiFi in allen Räumen. Eigener, sicherer Parkplatz. Ab Autobahnausfahrt „Ercolano" ausgeschildert, Anfahrtsskizze auf der Website. 3 Zi., DZ/F 80 Euro.
Via Madonelle 5 – Portici,
Tel. 08 17 76 12 20, Mobil 33 15 46 94 71,
www.villasangennariello.com

■ **B&B Viva lo Re**
In den Räumen oberhalb der gleichnamigen Edel-Osteria (s.u.), die ein Nebengebäude der Villa Campolieto einnimmt, kann man auch stilvoll nächtigen. 3 Zi., 8 Ap., DZ/F 65 Euro, im Ap. für 2 Pers./Woche 300 Euro.
Corso Resina 261 – Ercolano,
Tel. 08 17 39 02 07, www.vivalore.it

■ **Fabric Hostel & Club**
MEIN TIPP! Das Ostello in den restaurierten Räumen einer ehemaligen Weberei gehört zur neuen Generation der „Jugendherbergen" ohne jede Altersbeschränkung. Top Standard, bester Service, gute Stimmung. Es gibt mehrere kleine Schlafsäle und ein paar Doppelzimmer mit/ohne Bad. Ansonsten zahlreiche saubere Gemeinschaftsduschen und WCs. An das Hostel angeschlossen sind ein kleines Restaurant und ein Musik-Club. Zu Fuß ca. 10 Min. vom Circumvesuviana-Bahnhof „Portici-Via Libertà". Ü im Schlafsaal 15 Euro, DZ/ohne Bad 19,80 Euro, DZ/Bad 24,80 Euro, F 2 Euro p.P.
Via Bellucci Sessa 22 – Portici,
Tel. 08 17 76 58 74, www.fabrichostel.com

Essen und Trinken

■ **Viva lo Re**
MEIN TIPP! Gehobener Essgenuss im Wechsel der Jahreszeiten und in Gehdistanz zu den Ausgrabun-

4

gen von Herculaneum. Beachtliche Auswahl an Weinen, verdientermaßen eine Slow Food-Empfehlung! Als Beilage elegante Gästezimmer (s.o.). 25–35 Euro. So abends und Mo geschl. Mittags und abends.
Corso Resina 261, Tel. 08 17 39 02 07

Einkaufen

■ **Mercato di Pugliano** (oder Resina)
Not der Nachkriegszeit und neapolitanisches Improvisationsgeschick waren die Geburtshelfer des Altkleidermarktes in der gleichnamigen Straße wenige 100 m nördlich der weltberühmten Ausgrabungen. Tagtäglich, v.a. aber So vormittags, jagen Trash-Designer, Theater- und Filmausstatter hier nach Fashion-Schnäppchen.
■ **Sapori Vesuviani**
Bei *Pasquale Imperato* gibt es die besten Vesuv-Tomaten, frisch und in der Dose. Mo bis Fr 8–13 und 15–19 Uhr.
Strada Provinciale Pugliano 16 – Portici,
Tel. 08 17 75 39 49, www.saporivesuviani.it

Veranstaltungen

■ **Festival delle Ville Vesuviane**
Von Frühjahr bis Herbst **Konzerte und Theateraufführungen** in den Vesuv-Villen. Info c/o Ente per le Ville Vesuviane, Villa Campolieto (s.o. „Information").

Torre Annunziata und die Villa Oplontis

Der einzige, dafür aber gute Grund für einen Besuch von Torre Annunziata ist die Villa Oplontis. Auf der *Tabula Peutingeriana*, der mittelalterlichen Kopie eines römischen Straßenatlas, ist östlich von Herculaneum der Name Oplontis verzeichnet, während das nahe Pompeji erstaunlicherweise keine Erwähnung findet. 1964 stieß man bei Grabungen auf eine verschwenderisch reich ausgestattete Villa, die den bourbonischen Schatzgräbern zum Glück entgangen war. Es wurde nur der **ausgedehnte Wohntrakt** freigelegt.

Wie auch die Patriziervillen Herkulaneums, öffnete sich die Villa Oplontis mit Balustraden zum Meer. Die **perfekt erhaltenen Wandmalereien** erweitern die ohnehin großzügigen Räume perspektivisch. Auf kleinen Stillleben finden sich lebensnah abgebildete Früchte, Vögel und sogar Insekten. Die Thermenanlage und das Schwimmbecken mit olympischen Ausmaßen künden vom Reichtum der Villenbewohner. Als Besitzerin des Anwesens wird **Poppaea Sabina,** die Mätresse und zweite Ehefrau Kaiser *Neros,* vermutet. Laut *Tacitus* starb die schwangere *Poppaea* 65 n. Chr. an den Folgen eines Fußtritts, den *Nero* ihr verpasst hatte. Zur Zeit des Vesuvausbruchs im Jahr 79 war die Villa unbewohnt und wurde restauriert.

■ **Villa Oplontis**, Via Sepolcri, Tel. 08 18 62 17 55. April bis Okt. tägl. 8.30–19.30 Uhr (Einlass bis 18 Uhr), Nov. bis März tägl. 8.30–17 Uhr (Einlass bis 15.30 Uhr). Eintritt zu 5,50/2,75 Euro bzw. Sammeltickets zu 20/10 Euro, siehe dazu das Stichwort „Eintrittsgelder" eingangs des Kapitels.

Information

■ **www.pompeiisites.org,** siehe Info-Kasten „Pompeji virtuell" eingangs des Kapitels.

An- und Weiterreise

■ **Auto:** A3, Ausfahrt „Torre Annunziata Sud". Den Ausschilderungen folgen. Es existiert noch kein bewachter Parkplatz vor der Villa Oplontis.
■ **Bahn:** Circumvesuviana-Linie Napoli – Sorrento, Station „Torre Annunziata Oplontis". Die Villa liegt etwa 10 Gehminuten vom Bahnhof entfernt (Achtung, gelegentlich Taschendiebstähle!).

Pompei und Pompeji

Sonntag waren wir in Pompei. – Es ist viel Unheil in der Welt geschehen, aber wenig, das den Nachkommen so viel Freude gemacht hätte. Ich weiß nicht leicht etwas Interessanteres. Die Häuser sind klein und eng, aber alle inwendig aufs zierlichste gemalt. Das Stadttor merkwürdig, mit den Gräbern gleich daran. Das Grab einer Priesterin als Bank im Halbzirkel mit steinerner Lehne, daran die Inschrift mit großen Buchstaben eingegraben. Über die Lehne hinaus sieht man das Meer und die untergehende Sonne. Ein herrlicher Platz, des schönen Gedankens wert.

Goethe, Italienische Reise, 13. März 1787

Das **moderne Pompei** (14 m, 25.500 Ew.) entstand nach dem Bau der 1891 geweihten **Wallfahrtskirche Madonna del Rosario.** Die Kirche ist alljährlich Ziel von vier Millionen italienischen Pilgern und hat damit wesentlich mehr Besucher als das benachbarte **antike Pompeji.** Absolut sehenswert ist die riesige Ex-Voto-Sammlung. Vom 80 m hohen Campanile genießt man einen wunderbaren Blick auf die Landschaft und Ruinen von Pompeji.

■ **Santuario della Madonna del Rosario,** Tel. 08 18 50 70 00, www.santuario.it. Der Belvedere des Campanile öffnet von Mai bis Okt. Mo bis Sa 9–13 und 15.30–18.30 Uhr, So 9–13 und 15.30–20 Uhr; Nov. bis April tägl. 9–13 Uhr. Eintritt 1 Euro inkl. Aufzug.

Geschichte der Stadt Pompeji

Im **August 79** wurde Pompeji vollständig unter den Auswurfmassen des Vesuvs begraben und blieb so der staunenden Nachwelt erhalten. Die Wiederentdeckung der römischen Provinzstadt im 18. Jh. eröffnete ein einzigartiges **Zeitfenster in römische Geschichte und Alltag** (Alltag ist in diesem Fall relativ zu verstehen, Pompeji war nach den schweren Erdbebenschäden von 62 eine Stadt im Wiederaufbau).

Als Pompeji verschüttet wurde, ging eine **700-jährige Stadtgeschichte** abrupt zu Ende. Italische Osker hatten im 7. Jh. v. Chr. ein Lavaplateau an der Mündung des damals schiffbaren Sarno befestigt. Schnell entwickelte sich der Marktflecken in der fruchtbaren Campania zu ei-

4

nem blühenden Handelsplatz. Im Laufe der Zeit geriet Pompeji unter griechischen, etruskischen und Ende des 5. Jh. v. Chr. unter samnitischen Einfluss. In Folge starker Zuwanderung wurde das Stadtgebiet bis auf 66 ha erweitert und von einer kilometerlangen Mauer umgeben. Die regelmäßige Anlage der Straßen und rechteckigen Grundstücksparzellen folgte griechischen Vorbildern. Im 3. Jh. v. Chr. erlangte Rom nach mehreren Militärkampagnen die endgültige Vorherrschaft in der Campania. Pompeji ging mit Rom eine politische Allianz ein, behielt aber weitgehend seine Autonomie. Im Bundesgenossenkrieg 90–89 v. Chr. kämpften Pompeji und die italischen Städte um die politische Gleichstellung mit Rom und erlangten trotz militärischer Niederlage das **römische Bürgerrecht.** 80 v. Chr. erhielt Pompeji den Status einer **Colonia,** tausende Veteranen wurden angesiedelt. Die Verwaltung gelangte in die Hände der neuen römischen Oberschicht, öffentliche Bauwerke wurden neu errichtet. Die sozialen Spannungen zwischen Römern und alteingesessenen Pompejianern nahmen allmählich ab, das Wirtschaftsleben entwickelte eine neue Dynamik.

Zahlreiche **villae rusticae,** Landgüter, wie sie bei Boscoreale ausgegraben wurden, umgaben die Stadt. Auf den fruchtbaren Vulkanböden gediehen **Oliven und Reben.** In Pompeji selbst gab es auffällig viele Weinschenken, Wein wurde aber auch exportiert. Pompeji war darüber hinaus für die Erzeugung exzellenten Garums bekannt, einer Würzsoße aus vergorenem Fisch, deren Produktion mit einer erheblichen Geruchsbelästigung verbunden war (siehe Exkurs „Garum, das Maggi der Antike"). Zudem waren zahlreiche leder- und wollverarbeitende Betriebe in der Stadt angesiedelt. Die Bedeutung des Handels für die Wirtschaft Pompejis lässt sich an den über 600 Ladenlokalen ablesen, weitaus mehr als für die Versorgung der 10.000 Einwohner nötig gewesen wären.

Die **privaten Häuser** Pompejis spiegeln die unterschiedlichen sozialen Klassen seiner Einwohner wider. Bankiers, Steuerpächter, reiche Händler und Großgrundbesitzer leisteten sich Luxusvillen mit Innenhöfen und Gärten, die sich über eine Grundfläche von bis zu 3000 m² erstreckten. Die Mittelschicht, Handwerksmeister, Kaufleute und Freigelassene, bewohnte kleinere Häuser, die immer noch eine Nutzfläche von bis zu 450 m² aufwiesen. In engen Behausungen, meist ein Laden mit eingezogenem Zwischenboden *(pergula)* als Schlaflager, lebten ärmere Händler und Handwerker.

In augustäischer Zeit wurde ein **Aquädukt** nach Pompeji gelegt, der öffentliche Brunnen, Thermen, reiche Privathäuser und Gärten mit Wasser versorgte. Das Freizeitangebot umfasste **Theater, Odeon** und **Amphitheater.** Im Jahr **59 n. Chr.** bekam das bürgerlich-beschauliche Leben in Pompeji erste Risse, als im Amphitheater Zuschauer aus Pompeji und Nuceria (Nocera) blutig aneinandergerieten. Ein Fresko im Museo Archeologico in Neapel schildert den Vorfall in aller Deutlichkeit. Auf Senatsbeschluss wurde die Arena auf zehn Jahre für Spiele gesperrt. Der nächste Schicksalsschlag ereilte Pompeji am **5. Februar 62,** als ein **schweres Erdbeben** große Schäden anrichtete. Es war ein

◁ Pompeji: Blick auf den Vesuv

Der Vesuv, barocke Villen und versunkene Städte

gym13_051 pa

4

schwacher Trost, als Kaiser *Nero,* der im gleichen Jahr die Pompejanerin *Poppaea Sabina* geheiratet hatte, das Spieleverbot wieder aufhob, denn für die Beseitigung der Erdbebenschäden erhielt die Stadt keine einzige Sesterze aus Rom. Als Pompeji 17 Jahre später, am **24. August 79,** dem verheerenden **Vulkanausbruch** endgültig zum Opfer fiel, war bezeichnenderweise der Wiederaufbau der privaten Häuser und Vergnügungseinrichtungen weiter fortgeschritten als die Restaurierung öffentlicher Verwaltungsbauten. Auch der Zustand vieler öffentlicher Straßen war beklagenswert.

Nach dem Ausbruch kam eine von Kaiser *Titus* beauftragte Untersuchungskommission zu dem Ergebnis, Pompeji ließe sich nicht wieder aufbauen. Vereinzelt hatten Plünderer nach Schätzen gegraben, und im staatlichen Auftrag wurde von öffentlichen Bauwerken, soweit diese über die Vulkanasche hinausragten, der Marmor systematisch entfernt. Dann wuchs Gras über die verschütteten Ruinen, und der Name Pompeji geriet in Vergessenheit.

Grabungsgeschichte von Pompeji

Der ersten, zufälligen **Wiederentdeckung der Ruinen von Pompeji 1592** beim Bau einer Wasserleitung wurde keine Bedeutung beigemessen. Erst als Anfang des 18. Jh. Herkulaneum entdeckt und Europa von einem Begeisterungssturm für die Antike erfasst wurde, begann man 1748 auch in Pompeji zu graben, zunächst ohne zu wissen, um welche Stadt es sich handelte. Während in Herkulaneum die Grabungen sich in den versteinerten Tuffschichten nur langsam unter Tage vorantreiben ließen, konnte man in Pompeji den lockeren Boden großflächig abtragen. Auch in Pompeji wurde anfänglich völlig unsystematisch nach Schätzen zur Bereicherung der königlichen Sammlung gegraben und vieles dabei unwiederbringlich zerstört. Immerhin hatte *Karl III.* die Ausgrabung unter staatliche Aufsicht gestellt und 1755 die Accademia Ercolanese eingerichtet. Mit dem Fund der Inschrift „res publica Pompeianorum" erhielt die Stadt 1763 ihren Namen zurück. Ab Mitte des 18. Jh. avancierte Pompeji zur großen Publikumsattraktion, für il-

◁ Casa del Fauno: tanzender Faun

lustre Besucher wurden Schaugrabungen inszeniert. Die Ausgrabungen des später als Casa del Fauno bekannt gewordenen Hauses begannen am 7. Oktober 1830 im Beisein von *August von Goethe*, Sohn des Dichterfürsten. Erst in der zweiten Hälfte des 19. Jh. setzte man die Grabungen wissenschaftlich fort. Der **Archäologe Giuseppe Fiorelli** entwickelte 1863 jenes berühmte Verfahren, das es erlaubte, **Abgüsse von den Katastrophenopfern** anzufertigen. Verweste Leichen von Mensch und Tier hatten in den erhärteten Ascheschichten Hohlräume hinterlassen, die mit Gips ausgegossen wurden. Einige dieser in Pompeji ausgestellten Körper konfrontieren auf dramatische Weise mit der Katastrophe von 79. Die Technik wurde später auch verwendet, um Wurzellöcher auszugießen, und erlaubte die Rekonstruktion von Gärten. Die Einteilung der Stadt in **Regiones** und **Insulae,** die eine einfache Orientierung erlaubt, geht ebenfalls auf *Fiorelli* zurück. So liegt z.B. die Casa del Fauno in der Regio VI, Insula 12. **Amadeo Maiuri** weitete von 1924–1961 den Anteil der Ausgrabung auf 60 Prozent der antiken Stadtfläche aus, mit schwerwiegenden Folgen für den Erhalt der Gebäude. Noch ist die Gefahr eines zweiten und diesmal unwiderruflichen Untergangs des Weltkulturerbes Pompeji nicht gebannt, und auch die enormen Besuchermassen haben ihren Anteil daran. Gegenwärtig gelten alle Anstrengungen dem **Erhalt von Pompeji,** neue Ausgrabungen sind die Ausnahme, wenn es sich nicht um Notgrabungen wie im Jahr 2000 handelt, als man bei der Verbreiterung der Autobahn auf eine Luxusherberge außerhalb der Stadtmauern stieß. An der Via dell'Abondanza wird seit den 1980er Jahren die Casa dei Casti Amanti mit Hilfe modernster naturwissenschaftlicher Methoden erforscht, das Hauptinteresse gilt der Rekonstruktion des antiken Alltags und der Umwelt. Die von der British School at Rome und der Soprantendeza Archeologica di Pompei durchgeführte Restaurierungskampagne in Herculaneum liefert auch für den künftigen Erhalt von Pompeji wichtige Erkenntnisse (siehe Kasten „Herculaneum virtuell").

Besichtigung Pompejis

Feste Schuhe und ein Tag Zeit sind die Voraussetzungen für eine absolut einzigartige **Zeitreise in die römische Antike.** Pompeji ist Tag für Tag Ziel abertausender Touristen, doch konzentrieren sich die meisten Besuchergruppen auf die forumsnahen Stadtviertel. In Richtung Amphitheater und jenseits der Casa dei Vettii und Casa del Fauno dünnen die Besucherströme aus. In stillen Seitengassen bewegt man sich oft ganz alleine. Ein erholsamer Spaziergang führt außerhalb der Stadtmauer. Der schönste Abschnitt liegt zwischen der Porta di Ercolano und Porta di Nola. Im Bereich der Forumsthermen (VII, 5) gibt es ein Schnellrestaurant und Toiletten. Der Haupteingang liegt an der Porta Marina, hier konzentrieren sich meist die Besucherströme. Ein zweiter Eingang findet sich auf Höhe des Amphitheaters. An der Villa dei Misteri, die im Nordwesten außerhalb der Stadtmauer liegt, gibt es nur einen Ausgang.

Die Besichtigung von Pompeji wäre unvollständig ohne einen Besuch im Museo Archeologico in Neapel. Auf ei-

Der Vesuv, barocke Villen und versunkene Städte

4

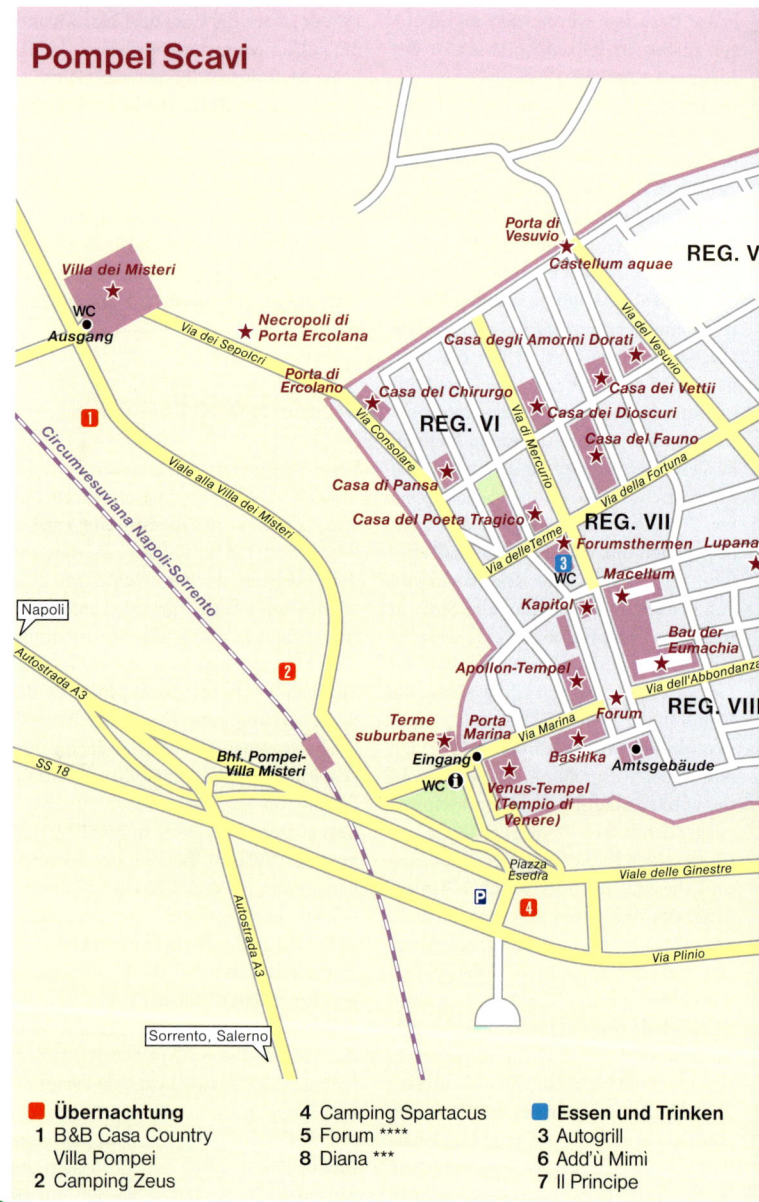

Pompei Scavi

Villa dei Misteri

WC
Ausgang

1

Circumvesuviana Napoli-Sorrento

Via dei Sepolcri

Viale alla Villa dei Misteri

Napoli

Autostrada A3

SS 18

Autostrada A3

2

Necropoli di
Porta Ercolana

Porta di
Ercolano

Casa del Chirurgo

Via Consolare

REG. VI

Casa di Pansa

Casa del Poeta Tragico

Bhf. Pompei-
Villa Misteri

Terme
suburbane

Porta di
Vesuvio

Castellum aquae

REG. V

Via del Vesuvio

Casa degli Amorini Dorati

Casa dei Vettii

Via di Mercurio

Casa dei Dioscuri

Casa del Fauno

Via della Fortuna

REG. VII

Via delle Terme

Forumsthermen   Lupanar

WC

Macellum

Kapitol

Bau der
Eumachia

Apollon-Tempel

Via dell'Abbondanza

Porta
Marina   Via Marina

Forum

REG. VIII

Eingang

Basilika

Amtsgebäude

WC

Venus-Tempel
(Tempio di
Venere)

Piazza
Esedra

Viale delle Ginestre

P

4

Via Plinio

Sorrento, Salerno

■ Übernachtung	**4** Camping Spartacus	**■ Essen und Trinken**
1 B&B Casa Country Villa Pompei	**5** Forum ****	**3** Autogrill
2 Camping Zeus	**8** Diana ***	**6** Add'ù Mimì
		7 Il Principe

Ein Thermenbesuch

Als Ende des 5. Jh. v. Chr. in Athen die Pest wütete, ließ *Perikles* einen hoch angesehenen Arzt zu sich kommen und bat ihn um Rat. Dessen Antwort lautete kurz und bündig: „Wascht euch!" Hohe Bevölkerungsdichte und mangelnde Hygiene in den Städten wurden als Nährboden von Seuchen erkannt.

Die Römer, auch in dieser Hinsicht gelehrige Schüler der Griechen, entwickelten ihre Thermen zu einer gesellschaftlichen Institution. Sie wurden nicht nur zum täglichen Bad aufgesucht, sondern auch, um sich über Geschäfte, Politik oder den neuesten Klatsch auszutauschen. Palästren dienten der körperlichen Ertüchtigung, große Thermen boten getreu der Devise *Mens sana in corpore sano* sogar Leseräume. Öffentliche Thermen unterstanden der Stadtverwaltung oder wurden von Privatunternehmern geführt. Einige besaßen getrennte Frauen- und Männerabteilungen, in anderen, die nur über eine einzige Abteilung verfügten, wurden für Frauen und Männer unterschiedliche Besuchszeiten eingeführt. Ob sie jemals eingehalten wurden, ist fraglich. In der römischen Literatur finden sich zahlreiche Beschreibungen **frivoler Begegnungen.** Kein Wunder, dass mit Einführung des leibfeindlichen Christentums als Staatsreligion im 4. Jh. das Ende der antiken Badekultur in Europa eingeleitet wurde. In der islamischen Welt lebt die Tradition der öffentlichen Dampfbäder bis heute fort.

Die Anlage aller Thermen ähnelt sich im Wesentlichen. In Pompeji gab es drei öffentliche Thermen, eine vierte (IX, 4) befand sich zur Zeit

gvn13_053 pa

des Vesuvausbruchs noch im Bau. Die Beheizung der Räume erfolgte ursprünglich mit bronzenen Kohlebecken. Im 1. Jh. v. Chr. benutzte der kampanische Großunternehmer *Sergio Orata* zur Erwärmung seiner Fischzuchtbecken Hohlziegel, durch die erhitzte Luft geleitet wurde. Die Hypokaustenheizung wurde mit großem Erfolg im Thermenbau übernommen.

Am **vestibulum** (Eingang) zahlte man einen geringen Eintritt. Für Massagen und andere Dienste wurde ein zusätzlicher Obolus entrichtet. Im **apodyterium** (Umkleideraum) entledigte man sich seiner Kleider, die, in Wandnischen abgelegt, gegen Gebühr von Sklaven bewacht wurden. Die Anzahl der Wandnischen verrät die maximale Besucherzahl. Vor dem eigentlichen Bad suchten Männer die **palaestra** (Übungsplatz für Ringkampf) auf. Nach einem reinigenden Bad begab man sich ins lauwarme **tepidarium**, ebenfalls mit Wandnischen versehen. Hier konnten Kosmetika deponiert werden. Der Badegast ließ sich mit Öl und Sand einreiben und die Schmutzschicht anschließend mit einem **strigilis** (Schabeisen) von der Haut schaben. Dann erst ging man ins **caldarium**, das heiße Bad. Im gleichen Raum standen ein **alveus** (heiße Badewanne) und zur Erfrischung ein **labrum** (Kaltwasserbecken). Anschließend kehrte man ins tepidarium zurück, an das sich ein **laconium** anschließen konnte, ein warmer und trockener Raum, vergleichbar einer Sauna. Der erfrischende Sprung ins Kaltwasserbecken im **frigidarium** blieb Männern vorbehalten, man dachte, Frauen würden davon Schaden nehmen.

Stabianer Thermen: Zeitspanne 2000 Jahre

nem Streifzug durch Neapels Centro storico und die Straßenmärkte begegnet einem pralles Leben, das sich wohl kaum von jenem im antiken Pompeji unterscheidet.

Von der Porta Marina zum Forum

Vor dem Haupttor der Stadt liegen die **Terme suburbane,** ein ursprünglich dreistöckiges Gebäude, das über einen eigenen Anlegesteg verfügte. Noch bevor Reisende durch die Porta Marina das eigentliche Stadtgebiet betraten, hatten sie Gelegenheit zu einem Besuch der Thermen. Die Wände überziehen raffinierte Stuckdekorationen. Die Fresken mit pornografischen Motiven in den Umkleideräumen gaben zur Vermutung Anlass, dass in der Badeanstalt auch ein Bordell untergebracht war (siehe Exkurs „Wolfsgeheul im Freudenhaus"). Vermutlich waren die einprägsamen Bilder jedoch nur eine Merkhilfe, um das eigene Kleiderfach wiederfinden zu können.

Oberhalb der **Porta Marina** stehen die unscheinbaren Reste des **Venus-Tempels,** errichtet nach Gründung der römischen Colonia Cornelia Veneria Pompeianorum. *Venus,* die angebliche Ahnmutter des römischen Generals *Cornelius Sulla,* wurde zur Schutzgottheit der Stadt erklärt. Der Tempel fiel dem Erdbeben 62 zum Opfer, die reiche Marmorausstattung wurde wahrscheinlich nach dem Ausbruch 79 zur Wiederverwertung entfernt. Vom Stadttor führt eine anfänglich steil ansteigende Straße in gerader Linie bis zum Forum. Helle Marmorsteine im dunklen Basaltpflaster dienten möglicherweise als „Katzenaugen". Erhöhte Trittsteine, gerne als Vor-

4

läufer der „Zebrastreifen" gedeutet, ermöglichten Fußgängern das Überqueren der Straße trockenen Fußes. Wahrscheinlich hatten kundenfreundliche Ladenbesitzer sie gesponsort.

Forum

Das Forum Pompejis war wie in jeder römischen Stadt **Zentrum des politischen, religiösen, wirtschaftlichen und sozialen Lebens** und wurde mit Gründung der Kolonie 80 v. Chr. völlig neu gestaltet. Ein zweistöckiger Säulengang und zahlreiche öffentliche Bauten umgaben den gepflasterten, für den Durchgangsverkehr gesperrten Platz. Vor Errichtung des Amphitheaters wurden Gladiatorenspiele auf dem Forum abgehalten. Auf Postamenten standen ur-

sprünglich Ehrenstatuen. Am nördlichen Ende des Forums erhebt sich auf einem Podium das **Capitolinum,** offizieller Tempel des römischen Staatskultes, der Göttertrias *Jupiter, Juno* und *Minerva* geweiht (der **Jupiter-Tempel** war bereits im 2. Jh. v. Chr. errichtet worden, also lange vor Einrichtung der römischen Kolonie – ein Akt der Selbst-Romanisierung). Zwei Ehrenbögen, ihres Marmorschmucks entkleidet, flankieren das Kapitol.

Östlich des Kapitols liegt der Eingang zum **Macellum,** dem zentralen Fisch- und Fleischmarkt. Im Hof der Markthalle stand ein Brunnen, an dem Fische geputzt und verkauft wurden. Zwei Gipsabgüsse menschlicher Körper ziehen neugierige Blicke auf sich. Die eine Gestalt ist an dem breiten Gürtel als Sklave zu erkennen.

gvn13_054 pa

Auf der östlichen Forumsseite schließen sich zwei Tempel an. Im **Laren-Heiligtum** wurden die Schutzgötter der Stadt verehrt. Im Hof des so genannten **Vespasian-Tempels,** bereits in augustäischer Zeit für den Kaiserkult errichtet, steht ein schöner Altar. Die Marmorfront zeigt eine Opferszene.

Besonderes Augenmerk verdient der benachbarte **Bau der Eumachia,** eine private Stiftung der reichen Witwe *Eumachia.* Die *Eumachii* waren unter *Sulla* 80 v. Chr. nach Pompeji eingewandert. Der Familie gehörten ausgedehnte Weingüter, sie besaßen ein Quasi-Monopol auf Erzeugung und Handel von Weinamphoren, Bauziegeln, Woll- und Lederwaren. *Eumachia* kandidierte für das Amt der Venuspriesterin, die höchste ehrenamtliche Stellung, die eine Frau in Pompeji einnehmen konnte. Um den Wahlausgang günstig zu beeinflussen, hatte sie 22 n. Chr. dieses Bauwerk errichten lassen. Das Eingangsportal rahmt ein prachtvoller Marmorfries, der stilistische Ähnlichkeiten mit der berühmten Ara pacis, dem Friedensaltar von Kaiser *Augustus* in Rom, aufweist. In den Akanthusranken tummeln sich kleine Säugetiere, Vögel und Insekten. Nicht nur Kinder werden daran ihre Freude haben! Das Gebäude diente der Innung der *fullones* (Wollwalker) als Versammlungsort, hier fanden Wollauktionen statt, und wahrscheinlich wurden Stoffe zum Verkauf angeboten. Das Gebäudeinnere schmückten Statuen von Mitgliedern des Kaiserhauses und eine Statue der *Eumachia,* gestiftet von den *fullones,* deren Patronin sie war.

Die westliche Forumsseite nehmen das Schatzamt, Latrinen, das Forum Holitorium und der Apollon-Tempel ein. In einer Wandnische ist die *Mensa ponderaria,* eine Kalksteinplatte mit vorgeschriebenen Hohlmaßen und Gewichten, eingelassen. Im **Forum Holitorium,** dem ehemaligen Gemüsemarkt, werden archäologische Fundstücke und Gipsabgüsse aufbewahrt, u.a. der eines Kettenhundes.

Der **Apollon-Tempel,** bis zur Gründung der römischen Kolonie das Hauptheiligtum Pompejis, geht an dieser Stelle auf das 6. Jh. v. Chr. zurück. Der römische Podiumstempel entstand nach 80 v. Chr. Die Bronzestatuen von *Apollo* und *Diana* sind Kopien der Originale aus dem späten 1. Jh. v. Chr. Westlich der Podiumstreppe steht auf einer ionischen Säule eine dem Lichtgott *Apollo* geweihte Sonnenuhr.

Auf der Südseite des Forums lagen die **Amtsgebäude der städtischen Verwaltung.** In einem der Gebäude kamen die *duoviri,* die ranghöchsten Beamten, zusammen. Sie besaßen Finanz- und Justizbefugnis und übten Kontrolle über die *decuriones,* die Mitglieder des Gemeinderates, aus. Diese hatten ihren Amtssitz in der Curia. Im Tabularium lag das Staatsarchiv. Der Basilika gegenüber befand sich das Comitium, das Wahllokal. An den Hausfassaden der sog. Via dell' Abbondanza sind Beispiele von Wahlpropaganda zu entdecken.

◁ Forum Holitorium: der „Gipshund" ist ein Star

Der Vesuv, barocke Villen und versunkene Städte

4

Die **Basilika** aus dem 2. Jh. v. Chr. an der südwestlichen Forumsecke ist eines der ältesten Beispiele dieses Bautyps, der in christlicher Zeit das architektonische Vorbild für Kirchen lieferte. Der Name leitet sich aus dem Griechischen ab und bedeutet „königliche Halle". Die Basilika war der Ort ziviler Rechtsprechung und zugleich ein wichtiger Versammlungsplatz der Bürger. Auf den Innenwänden der Basilika wurden zahlreiche Graffiti gefunden, darunter dieses: „Es wundert mich, oh Wand, dass du unter der Last der Dummheiten so vieler Schreiberlinge noch nicht eingestürzt bist." Den Innenraum gliedern aus Ziegeln gemauerte Säulen in drei Schiffe. Sieht man genauer hin, erkennt man, dass alle Säulenstümpfe in etwa die gleiche Höhe haben. Der Wiederaufbau nach dem Erdbeben von 62 war offensichtlich noch nicht sehr weit fortgeschritten, als die Stadt 17 Jahre später verschüttet wurde. Die Wanddekoration ist im 1. Stil gehalten. Auf der westlichen Stirnseite erhebt sich das tribunal, das Podium, von dem aus die Richter die Gerichtsverhandlungen leiteten.

Forum Triangulare und Theater-Viertel

Südöstlich vom Forum und in Nähe der Porta di Stabia liegt das älteste Zentrum Pompejis, seiner dreieckigen Form wegen **Forum Triangulare** genannt. In der Platzmitte sind Reste eines italischen **Herkules**-**Minerva**-**Tempels** im dorischen Stil aus dem 6. Jh. v. Chr. zu sehen. Im 2. Jh. v. Chr. wurden der Platz grundlegend umgestaltet, der Tempel von einem dreiseitigen Portikus umgeben, die samnitische Palästra und ein **Theater** im griechischen Stil gebaut, dessen *cavea* (halbrunde Zuschauertribüne) in den Hang gesetzt ist und 5000 Zuschauern Platz bot. Typisch römisch ist der Bühnenaufbau aus augustäischer Zeit mit *proscenium,* der eigentlichen Bühne, und der *scenae frons* als monumentaler Bühnenrückwand. Dahinter liegt der **Quadriportikus,** in dem sich ursprünglich die Theaterbesucher in den Pausen zerstreuen konnten. Nach dem Erdbeben 62 war hier der *ludus,* die Gladiatorenkaserne, provisorisch untergebracht. Es wurden Prunkwaffen und zahlreiche Opfer gefunden. In einer Zelle fand man

4

vier Skelette angekettet. In einem anderen Raum zählte man 18 Opfer, darunter eine Frau mit kostbarem Geschmeide (siehe Exkurs „Brot und Spiele").

Seitlich des großen Theaters, in dem Tragödien und Komödien aufgeführt wurden, liegt das kleinere, ursprünglich überdachte **Odeion** aus sullanischer Zeit, das für musikalische Darbietungen und Lesungen genutzt wurde.

Im Rücken der Theater liegt die bereits erwähnte **samnitische Palästra.** Hier fand man die berühmte Marmorkopie des *Doryphoros*. Das Bronzeoriginal des „Speerträgers" aus dem 5. Jh. v. Chr., geschaffen von dem Bildhauer *Polyklet*, gilt als verschollen. **Wichtig, hier finden sich auch moderne WCs und einer der Ausgänge!**

Der **Isis-Tempel** grenzt an die Palästra und das große Theater. Als einziges öffentliches Gebäude war der Tempel nach dem Erdbeben 62 vollständig erneuert, als sich die Katastrophe von 79 ereignete. Eine Inschrift verrät, dass der damals sechsjährige *Numerius Popidius Celsinus* die Renovierung finanziert hatte. Tatsächlich jedoch hatte sein Vater

⌂ Amphitheater, im Hintergrund das Santuario della Madonna del Rosario

Ampliatus, ein reicher Freigelassener, tief in die Tasche gegriffen, um die politische Karriere seines Sohnes in die richtigen Bahnen zu lenken. Der ägyptische Kult erfreute sich seit dem 1. Jh. v. Chr. größter Beliebtheit im römischen Reich, und auch in Pompeji war der Tempel sehr populär. Die reiche und exotische Tempelausstattung kann man im Museo Archeologico in Neapel bewundern.

Via dell'Abbondanza und Amphitheater

Die Via dell'Abbondanza, von zahlreichen Werkstätten, Lokalen und Verkaufsräumen gesäumt, war **Pompejis Hauptgeschäftsstraße.** Auch andere Dienstleistungen wurden angeboten. In der Nähe der Stabianer Thermen befindet sich das größte Bordell Pompejis. Besucher, die des Lateinischen nicht mächtig waren, fanden im Pflaster des *decumanus maximus* als Verkehrszeichen einen Phallus eingelassen. Am *pistrinum* (Großbäckerei) des *N. Popidius Priscus* (VII, 2) vorbei, führt der Vico del Lupanare zum Freudenhaus (VII, 12). Das zweigeschossige Etablissement wurde von den Zuhältern *Africanus* und *Victor* geführt.

Die **Stabianer Thermen** in Forums- und Theaternähe sind die älteste öffentliche Badeanstalt Pompejis. Sie wurde regelmäßig auf den neuesten techni-

Wolfsgeheul im Freudenhaus

Römische Prostituierte bezeichnete man auch als **lupae**, Wölfinnen, da sie mit entsprechenden Lauten ihre Kunden anlockten. Das wirft – ganz nebenbei – ein anderes Licht auf die Sage von *Romulus* und *Remus*, die von einer Wölfin aufgezogen worden sein sollen. Die Anzahl der *lupanare* (Bordelle) in Pompeji ist sehr hoch, ein Hinweis auf zahlreiche auswärtige Besucher. Größere Lupanare hatten mehrere kleine Räume mit gemauerten Betten, auf denen Matratzen lagen. Über alle Sprachbarrieren hinweg illustrieren erotische Szenen *(figurae Veneris)* an den Wänden die angebotenen Dienstleistungen. Die Preise für einen Bordellbesuch reichten von 2 As, dem Gegenwert eines Bechers Wein, bis zu 16 As. Manche Prostituierte gingen ihrem Beruf auf offener Straße und an Kreuzungen *(trivia)* nach, daher auch die Bezeichnung trivial.

gvn13_056 pa

4

schen Stand gebracht. Aus dem Hof der Palästra betritt man die Männerabteilung. Besonders raffiniert ist die bunte Stuckdekoration an der Decke des *apodyteriums* (siehe Exkurs „Ein Thermenbesuch").

An der Via dell'Abbondanza liegen sich nahe der Via Stabiana zwei Tuchwalkereien gegenüber, die **Officina di Verecundus** (IX, 7) und die **Fullonica di Stephanus** (I, 6). Für das Färben und das Reinigen von Stoffen wurden große Mengen Wasser benötigt, zahlreiche *fullonicae* befanden sich daher in Nähe des *castellum acquae*, des Wasserverteilers, an der Porta Vesuvio. Zum Bleichen der Togen verwendete man Urin. Kaiser *Vespasian* hatte mit dem Argument „Pecu-

nia non olet!" (Geld stinkt nicht!) die industrielle Verwendung menschlichen Urins besteuert.

Etwas zurückversetzt liegt südlich der Via dell'Abbondanza die **Casa di Menandro** (I, 10). Die luxuriöse Stadtvilla mit einem Privatbad erstreckt sich über eine Grundfläche von 1800 m². Das ursprünglich um 200 v. Chr. erbaute Haus wurde mehrfach erweitert und nach dem Erdbeben von 62 mit hervorragenden Fresken im 4. Stil ausgemalt. Ein Bild des griechischen Komödiendichters *Menander* gab dem Haus seinen Namen. Der Name des Besitzers ist bekannt, er wurde auf einem Bronzesiegel entdeckt. *Quintus Poppaeus* war ein Verwandter der *Poppaea Sabina.* In einem Atrium

Der Vesuv, barocke Villen und versunkene Städte

entdeckten die Ausgräber einen Gold- und Silberschatz. Gefunden wurden auch die Überreste von Plünderern, die beim Ausbruch im Jahr 79 ihr Leben riskiert hatten.

Zurück auf der Via dell'Abbondanza kommt man am **Termopolio di L. Vetuzio Placido** (I, 8) vorbei (siehe Exkurs „Brot und Wein").

Auf Höhe der Palästra liegen an der Via dell'Abbondanza mindestens zwei weitere sehenswerte Häuser. Die sogenannte **Casa di Loreio Tiburtino** (II, 2), als deren früherer Besitzer inzwischen *D. Octavius Quartius* feststeht, bedeckt

eine komplette *insula* und zeichnet sich durch einen aufwendig gestalteten Garten aus. Der lange Kanal symbolisierte den Nil. *Octavius Quartius,* ein hoher Staatsbeamter, war zugleich Priester des Isis-Kultes. Die **Casa della Venere in Conchiglia** (II, 3) schmückt ein Fresko, das ein berühmtes Bild des Renaissance-Malers *Boticelli* vorwegnimmt.

Das **Amphitheater** liegt am südöstlichen Stadtrand. Es wurde in den ersten Jahren der römischen Kolonie errichtet und ist das älteste erhaltene Bauwerk seiner Art. Die *cavea,* die Zuschauertribüne, ruht zum Teil auf dem Erdaushub, der bei der Eintiefung der ovalen Arena entstanden war. Im Gegensatz zu den jüngeren Amphitheatern von Pozzuoli oder Capua gibt es hier keine unterirdischen Räume unter dem Arenaboden. Von außen führen Treppenaufgänge zur *summa cavea,* den oberen Zuschauerreihen, die in augustäischer Zeit Frauen vorbehalten waren. Durch Gänge sind die *media* und *ima cavea* zu erreichen. Magistraten und die Veranstalter der Spiele saßen in Logen. Über der Cavea konnte an Holzmasten ein Sonnensegel aufgezogen werden. Das Amphitheater von Pompeji fasste 20.000 Zuschauer, etwa doppelt so viel Menschen, wie Pompeji Einwohner hatte, d.h. es wurde mit Zuschauern aus der Umgebung gerechnet. 59 n. Chr. kam es zu blutigen Auseinandersetzungen zwischen Pompejanern und Besuchern aus Nucera.

Die **Palästra** am Amphitheater wurde in augustäischer Zeit errichtet, nachdem die samnitische Palästra sich als zu klein erwiesen hatte. Ein großzügiger Portikus umgibt den zentralen Sportplatz der Stadt, in der Hofmitte erstreckt sich ein großes Schwimmbecken.

Zu Gast bei Julius Polibius

Die Domus von *Julius Polibius* an der Via dell'Abbondanza ist **eines der besterforschten Häuser von Pompeji.** Seit 2010 empfängt der Hausherr selbst seine Besucher in Gestalt eines Hologramms (er spricht bislang nur italienisch!). Kleine Gruppen können sich nach Voranmeldung auf eine spannende Zeitreise begeben.

Mindestens so spannend ist es, den Archäologen und Restauratoren bei ihrer Arbeit über die Schultern zu sehen. Das ist möglich in der benachbarten **Domus degli Casti Amanti.** Zum Zeitpunkt der Katastrophe gehörte das Haus einem reichen Bäcker. Das Fresko eines sich keusch küssenden Paares gab ihm seinen Namen.

■ **Domus di Giulio Polibio,** wie vieles in Pompei, bleibt auch diese Stätte bis auf Weiteres geschlossen. Aktuelle Auskünfte am Info-Point an der Porta Marina.

■ **Cantiere-evento dei Casti Amanti,** wie oben.

In dem wenig besiedelten Viertel westlich der Palästra stehen Häuser mit großen Nutzgärten. Ein ausgedehnter Obst- und Weingarten findet sich im **Orto dei Fuggiaschi** (I, 20). Von hier genießt man einen besonders schönen Blick auf den Vesuv. Einen kleinen Garten hat auch die Garumfabrik (I, 12). Die **Casa del Giardino di Ercole** (II, 8), deren mit Oliven, Rosen und Myrten bepflanzter Garten rekonstruiert wurde, gehörte einem Parfumfabrikanten.

Wohnviertel nördlich des Forums

Das Viertel, das seit *Fiorelli* als Regio VI bezeichnet wird, war schon zu samnitischer Zeit die bevorzugte Wohngegend einiger der bedeutendsten Familien Pompejis. Der große Publikumsrenner ist die **Casa dei Vettii** (VI, 15), und das liegt nicht nur an dem Fresko im Eingangsbereich: Ein Priapos wiegt seinen gewaltigen Phallus mit einem Geldsack auf. Pornografische Deutungen sind hier fehl am Platz. Es handelt sich um ein illustriertes Wortspiel: *penis* und *pendere* („wiegen"). Das Bild sollte zugleich den Bösen Blick abwenden und den Bewohnern Glück und Geld bescheren. Das Haus wurde 1894 ausgegraben und sofort mit einem rekonstruierten Dach geschützt, sodass die reiche Innenausstattung und Freskendekoration im 4. Stil hervorragend erhalten sind. Besitzer des nach dem Erdbeben 62 vollständig renovierten Hauses waren die Brüder *Aulus Vettius Conviva* und *Aulus Vettius Restitutus*, äußerst vermögende Freigelassene. Im Atrium sind gut sichtbar zwei eisenbeschlagene Geldtruhen aufgestellt. Rechts vom Atrium liegt der Bereich der

Hausklaven, in dem kleinen Innenhof steht das *lalarium* (Hausaltar). Von hier gelangt man in die Küche, wo auf dem Herd immer noch bronzenes Kochgeschirr steht. Das Peristyl besitzt seine vollständige Ausstattung an Skulpturen und Marmortischen. Der Garten wurde originalgetreu bepflanzt, die Bleiwasserrohre, die der Bewässerung dienten, liegen mit Absperrhähnen und Ventilen nach wie vor an Ort und Stelle. Der rot ausgemalte *oecus* (Empfangszimmer) öffnet sich auf das Peristyl. Auf dem berühmten Fries sind Eroten und Psychen bei der Ausübung unterschiedlichster Berufe zu sehen. Die Miniaturszenen be-

⌐ Faszinierendes (von lat. fascinum = Darstellung eines erigierten Penis gegen den Bösen Blick) Fresko im Eingangsbereich der Casa dei Vetii

Brot und Spiele

Lukanische Grabmalereien aus dem 4. Jh. v. Chr. deuten darauf hin, dass Gladiatorenspiele, ursprünglich zu Ehren Verstorbener abgehalten, ihren Ursprung in Kampanien hatten. In römischer Kaiserzeit gehörten **panem et circenses,** die Grundversorgung der Bürger mit Getreide und die Organisation von Massenvergnügungen, zu den Grundpfeilern der Innenpolitik. Es gab die unterschiedlichsten Arten von *ludi* (Spielen): Theaterspektakel, Wagenrennen im Circus und *munera,* Gladiatorenkämpfe im Amphitheater. Anlass für die Veranstaltung von ludi konnten die Wahlkundgebung eines Politikers sein, der militärische Triumph eines Feldherrn oder die Einweihung eines öffentlichen Gebäudes. Hoch in der Gunst des Publikums standen munera und *venationes*, inszenierte Jagden auf exotische Tiere, die ebenfalls im Amphitheater abgehalten wurden. **Gladiatoren** waren meist kriegsgefangene Sklaven, es konnten sich aber auch frei Geborene zum Kampf verdingen, der häufig den Tod, manchmal aber auch Ruhm und Reichtum brachte. Römische Matronen der besten Gesellschaftskreise entwickelten eine Schwäche für die rauen Gladiatoren. Einer Dame wurde bei ihrem Rendezvous in der Gladiatorenkaserne von Pompeji der Vesuvausbruch zum Verhängnis.

038nea pa

schreiben in anmutiger Weise die Weinlese, die Herstellung von Parfum, die Arbeit in einer Tuchfabrik oder Goldschmiede, alles Tätigkeiten, die im wirtschaftlichen Leben von Pompeji eine große Rolle spielten.

Die benachbarte, prunkvoll ausgestattete **Casa degli Amorini Dorati** (VI, 16) gehörte der Familie *Poppaeas*. Nach zehnjährigem *restauro* wurde sie 2006 wieder dem Publikum geöffnet.

Die **Casa del Fauno** (VI, 12), das größte und eines der aufwendigsten Privathäuser Pompejis, erstreckt sich mit zwei Atrien und zwei Peristylhöfen über eine knapp 3000 m² große *insula*. Der Haupteingang liegt an der Via della Fortuna, zur Straße hin öffnen sich mehrere Ladenlokale. Auf dem Pflaster vor dem Eingang heißt die Inschrift „HAVE" („hospes ave") den Gast willkommen. Die bronzene Statuette eines tanzenden Fauns im Impluvium des ersten Atriums gab dem Haus den Namen. Die Wände waren einheitlich im 1. Stil dekoriert, die Böden mit prachtvollen Mosaiken ausgelegt, die sich heute größtenteils im Museo Archeologico in Neapel befinden. Die weltberühmte „Alexanderschlacht" zierte ein Triclinium (Speiseraum) zwischen den beiden Peristylien. In Größe und Ausstattung lässt sich das luxuriöse Anwesen nur mit hellenistischen Palästen vergleichen, die Mosaiken zeigen die Handschrift der besten alexandrinischen Kunsthandwerker. Viele Mutmaßungen wurden über den Erbauer und ersten Besitzer der Casa del Fauno angestellt. Auffällig ist, dass an dem Haus aus der Mitte des 2. Jh. v. Chr. bis zum Jahr 79 keine wesentlichen Modernisierungen durchgeführt wurden. Vielleicht war die Quelle des Reichtums versiegt, oder die Besitzer waren schlicht wertkonservativ.

Nördlich des Forums liegen die **Forumsthermen** (VII, 5). Unmittelbar nach Gründung der römischen Colonia 80 v. Chr. errichtet, wurden sie in der Kaiserzeit renoviert. Im Bereich der ehemaligen Frauenabteilung befindet sich heute ein Schnellrestaurant mit Toiletten! Von der Via del Foro betritt man die Männerabteilung und gelangt vorbei an der Palästra in das tonnengewölbte Apodyterium (siehe Exkurs „Ein Thermenbesuch"). Aus dem Umkleideraum erfolgte der Zugang in *frigidarium* und *tepidarium*, in denen sich Teile der wunderschön dekorierten Stuckdecke erhalten haben. Der Raum wurde durch ein bronzenes Kohlebecken beheizt. In den Wandnischen konnten die Badegäste ihre Kosmetika abstellen. Boden und Wände des caldarium wurden durch Hypokausten beheizt, an der Nordseite findet sich das große Warmwasserbecken. Eine Inschrift auf dem labrum erinnert daran, dass 34 n. Chr. die duumviri *C. M. Aper* und *M. S. Rufus* das Kaltwasserbecken für die Summe von 5250 Sesterzen aus öffentlichen Geldern bezahlt hatten.

Tritt man auf die Via delle Terme, liegt auf der gegenüberliegenden Seite die **Casa del Poeta Tragico** (VI, 8) mit dem berühmten Mosaik eines Kettenhundes und der Inschrift „CAVE CANEM", ein gefundenes Fressen für die Souvenirindustrie. Die **Casa di Pansa** (VI, 6) nebenan erstreckt sich wie die Casa del Fauno über eine ganze *insula*. Zurzeit des Vesuvausbruchs wurden hier Mietwohnungen angeboten. An einem der Läden stand folgende Anzeige: „Zu vermieten ab 1. Juli (…) Läden mit be-

Brot und Wein

Ab dem 2. Jh. v. Chr. wurde in Pompeji in mehr als 30 Großbetrieben für den allgemeinen Bedarf Brot gebacken. Esel und Sklaven drehten die Mühlen aus Lavastein, der Teig wurde mit fußpedalbetriebenen Knetmaschinen angerührt und die Brote in Öfen gebacken, wie sie heute noch in jeder neapolitanischen Pizzeria brennen. Brot war in der Antike ein Grundnahrungsmittel, aber so hart, dass es meist in Öl, Wein oder dicke Suppen getunkt gegessen wurde.

In Pompeji gab es etwa 200 **thermopolia** und **cauponae** (Garküchen und Weinschenken). Im Tresen sind *dolia*, große Keramikgefäße, eingelassen, in denen die Speisen warm gehalten wurden (die Speisen selbst befanden sich wohl in einem kleineren Gefäß, welches in der *dolia* in der heißen Asche stand). Auf einer Herdstelle konnte Wasser erwärmt werden, womit speziell im Winter der Wein verdünnt wurde. Edle Lokale verfügten über mehrere Speisesäle, in einfachen Kaschemmen gab es das Essen auf die Hand. Die meisten Schenken liegen an den Einfallstraßen und in der Nähe des Amphitheaters. In manchen Tavernen konnte man auch dem Glücksspiel frönen und im Hinterzimmer eine *lupa* (Prostituierte) aufsuchen.

Wein wurde in erster Linie auf den Hängen des Vesuv angebaut, aber auch im Stadtgebiet von Pompeji.

gvn11_006 pa

wohnbarem Obergeschoss, Luxuswohnungen und Wohnungen. Nachfragen bei *Primus,* dem Diener von *Gnaeus Alleius Nigidus Maius.*" Ebenfalls in diesem Viertel liegt die **Casa dei Dioscuri** (VI, 9), eine Villa, die König *Ludwig I.* sich 1840–48 nach Plänen seines Hofarchitekten *Friedrich von Gärtner* als „Pompejanum" bei Aschaffenburg hatte nachbauen lassen. Dieselbe Werkstatt, welche die Casa dei Vettii dekoriert hatte, war auch hier tätig gewesen.

Auf dem Weg zur Porta di Ercolana kommt man auf der Via Consolare an einer Bäckerei, Schenken und einigen Häusern aus samnitischer Zeit vorbei. In der **Casa del Chirurgo** (VI, 1) wurden über 40 chirurgische Instrumente gefunden, die vom hohen Stand der Medizin in römischer Kaiserzeit künden.

Die meisten Stadttore haben getrennte Durchgänge für Fußgänger und Fuhrwerke. Auswärtige Händler waren gezwungen, ihre Waren gegen Gebühr auf Fuhrwerke umzuladen, die der genormten Fahrspurbreite der Stadt entsprachen. Oft wurden die Waren jedoch der beengten Verkehrsverhältnisse wegen von Trägern übernommen, doch auch dann waren Gebühren fällig.

Gräberstraße an der Porta di Ercolano und Villa dei Misteri

Ein schöner Spaziergang führt von der Porta di Ercolano auf der von römischen Gräbern gesäumten Ausfallstraße Richtung Herculaneum zur **Villa dei Misteri.** Die herrschaftliche Villa aus dem 2. Jh. v. Chr. diente ab dem 1. Jh. n. Chr. zugleich auch als landwirtschaftliches Anwesen. In einem Raum nördlich des Peristyls wurde die Weinkelter rekonstruiert. Ihren Namen und Ruhm verdankt die Villa dem wohl bedeutendsten römischen Freskenzyklus. Im Triclinium ziehen sich in einem Fries auf leuchtend rotem Grund 29 lebensgroße Figuren um den Raum. Die Malereien im 2. Stil kopieren vermutlich ein hellenistisches Original. Das zentrale Motiv zeigt den trunkenen Gott *Dionysos.* Von rechts nach links entwickeln sich die Szenen, die möglicherweise die Initiation einer Frau in die Geheimnisse des Dionysoskultes beschreiben.

Durch den Haupteingang der Villa kann man das archäologische Gelände verlassen und auf der Straße in wenigen Minuten zur Circumvesuviana-Station oder zum Parkplatz zurückkehren. Auch hier gibt es Toiletten.

■**Scavi di Pompei,** Haupteingang Porta Marina, Nebeneingang Piazza Anfiteatro. April bis Okt. tägl. 8.30–19.30 Uhr (Einlass bis 18 Uhr), Nov. bis März tägl. 8.30–17 Uhr (Einlass bis 15.30 Uhr). Eintritt 11/5,50 Euro bzw. mit einem Sammelticket 20/10 Euro; siehe dazu das Stichwort „Eintrittsgelder" eingangs des Kapitels. Für den Besuch einiger Häuser, wie z.B. auch der Vorstadt-Thermen, muss man sich vorher an der Kasse bzw. online anmelden. Sehr informativ sind der Audioguide (gegen Gebühr) und die dazugehörige Karte plus kleiner Führer, die es – bei entsprechendem Vorrat – gratis am Eingang gibt. Am Eingang auch Toiletten!

Information

■**AAST**
Tourist-Info gegenüber der Wallfahrtskirche. Mo bis Fr 8–15.30 Uhr und Sa 8–13 Uhr.
Via Sacra 1, Tel. 08 18 50 72 55,
www.pompeiturismo.it

4

■ **Sopraintendenza Archeologica di Pompei (Altertümerverwaltung)**
Info-Point am Haupteingang der Scavi. Toller Gratis-Plan der Ausgrabung.
Porta Marina Superiore, Tel. 08 18 57 53 47

■ **www.pompeiisites.org**, siehe Info-Kasten „Pompeji virtuell" eingangs des Kapitels.

■ **Fremdenführer**, *Gaetano Manfredi* (gaetanoguide@hotmail.it, www.pompeiitourguide.com) spricht gut deutsch und führt mit Witz und Wissen durch das antike Pompeji. Bis zu 10 Pers. ca. 150 Euro für 2½ Std.

Unterkunft

■ **Forum** ****
MEIN TIPP! Guter Standard und aufmerksame Führung. Für das Haus spricht auch seine Lage ca. 150 m von der Archäologischen Zone/Eingang Anfiteatro. Frühstück im Grünen unter Zitronenbäumen. Bewachter Parkplatz auf gegenüberliegender Straßenseite im Übernachtungspreis inbegriffen. 35 Zi., Standard-DZ/F 70–120 Euro.
Via Roma 99, Tel. 08 18 50 11 70,
www.hotelforum.it

■ **Diana** ***
In der Nähe der Bahnhöfe und 10 Gehminuten von der Ausgrabung/Eingang Anfiteatro gelegen, empfiehlt sich das saubere Hotel auch für längere Aufenthalte. Kostenloser Parkplatz direkt vor dem Haus. Freundliches Personal, Orangengarten, in dem bei gutem Wetter das italienische (!) Frühstück und abends auf Wunsch Kleinigkeiten serviert werden. 22 Zi., DZ/F 50–100 Euro.
Vicolo Sant'Abbondio 12,
Tel. 08 18 63 12 64, www.pompeihotel.it

■ **B&B Casa Country Villa Pompei**
Gepflegte Neubauvilla nahe der Villa dei Misteri, der Circum-Bahnhof nicht weit entfernt. Ordentliche Zimmer, sicherer Parkplatz. 3 Zi., DZ/F 60–80 Euro.
Via Traversa Andolfi 23, Tel. 08 15 36 98 69,
Mobil 33 86 59 78 84, www.villapompei.it

Campingplätze

Die ganzjährig geöffneten Plätze **Spartacus** (Via Plinio 117, Tel. 08 18 62 40 78, www.campingspartacus.it) und **Zeus** (Via Villa dei Misteri 1, Tel. 08 18 61 53 20, www.campingzeus.it) liegen in unmittelbarer Nähe der Ausgrabungen – der Circumvesuviana und Autobahn, d.h. es ist laut.

Essen und Trinken

Restaurants und Trattorien

■ **Add'ù Mimì**
MEIN TIPP! Die familiengeführte Trattoria ist so alt wie das Ausgrabungsgelände von Pompeji. Sie existiert seit 1825! Traditionelle Küche zu fairen Preisen. Einheimische kehren hier gerne ein. Nähe Santuario bzw. Eingang „Anfiteatro" der Archäologischen Zone. Fr und So abends geschl. 20–25 Euro.
Via Roma 61, Tel. 081 83 54 51, www.addumini.it

■ **Il Principe**
Stilvolles Spezialitätenrestaurant im Zentrum des modernen Pompei. Von der römischen Antike inspirierte Küche. *Marco Carli* erhielt für seine kulinarischen Leistungen zahlreiche Lorbeeren. So abends und Mo geschl. Mittags und abends. 40–50 Euro.
Piazza B. Longo 8, Tel. 08 18 50 55 66,
www.pompeii-restaurant.com

Snacks, Cafés und Bars

■ **Autogrill**
Vor dem Hungertod in der archäologischen Zone rettet einen das Schnellrestaurant an den Forumsthermen (WC!). April bis Okt. tägl. 8.30–19.30 Uhr, im Winter bis 17 Uhr.
Terme del Foro, Tel. 08 15 36 40 98

■ Am Haupteingang Porta Marina und vor der Villa dei Misteri gibt es zahlreiche Bars und Touristenlokale. Weitere Bars auch nahe der Piazza Anfiteatro.

Der Vesuv, barocke Villen und versunkene Städte

4

Das pompejianische Haus und seine Wanddekorationen

Private Wohnhäuser nehmen den Großteil der bebauten Fläche Pompejis ein. Am Beispiel einzelner Gebäude lässt sich die Entwicklung vom italischen Atriumhaus zum komplexeren römischen *domus* (Wohnhaus) studieren. Ein übereinstimmendes Merkmal aller Häuser ist ihre Abschottung nach außen und Öffnung nach innen auf Atrien (Lichthöfe) und Peristylien (säulenumstandene Gartenhöfe). Die **Casa del Chirurgo** (VI, 1) aus dem 4. Jh. v. Chr. zeigt den klassisch italischen Aufbau. Der Eingang führt in ein Atrium, das von einer Anzahl kleiner *cubiculae* (Schlafräume) umgeben ist. Ein kleiner *hortus* (Garten) schloss das Haus nach hinten ab. Durch eine Dachöffnung, den *compluvium*, fielen Licht und Regen in den Hof. Das Wasser wurde im *impluvium* (Becken) gesammelt und in eine Zisterne abgeleitet. War das Atrium ursprünglich Mittelpunkt des häuslichen Lebens, Küche und Wohnzimmer gleichermaßen, entwickelte es sich später zum Repräsentationsraum des Hausherren, der gegenüber vom Eingang im *tablinum* Klienten und Gäste empfing.

Ab dem 2. Jh. v. Chr. bereichern **griechische Elemente** den italischen Haustypus und erweitern ihn im Wesentlichen um das Peristyl. Griechischer Einfluss zeigt sich auch in der Wanddekoration, die in bunt bemaltem Stuck die Marmorverkleidungen hellenistischer Paläste imitiert. Diesen Inkrustationsstil bezeichnet die Kunstgeschichte als **1. Stil** der pompejianischen Wandmalerei. In reichen Häusern war der Peristylhof mit einer Gartenanlage und Wasserspielen versehen, die den umgebenden Räumen, darunter auch *triclinien* (Speisezimmer), im Sommer Kühlung verschafften. Das großartigste Beispiel eines Hauses dieser Epoche ist die Casa del Fauno (VI, 12).

Die Verbreitung des **2. Stils** in Pompeji fällt mit der Gründung der römischen Kolonie 80 v. Chr. zusammen. Nun schmücken gemalte Scheinarchitekturen die Wände. Dieser Illusionsstil ermöglichte die perspektivische Erweiterung auch kleiner Häuser. (Überladene) Beispiele sind in der Villa Oplontis in Torre Annunziata zu sehen. Der großartige Fries mit der Wiedergabe von lebensgroßen Figuren in der Villa dei Misteri wird ebenfalls dem 2. Stil zugerechnet.

Ein neuer Lebensstil, stark beeinflusst durch die Eroberung Ägyptens, prägt die frühe Kaiserzeit. Der **3. Malstil** entwickelt sich in Nachahmung eines höfischen Stils. Die massiven Architekturelemente des 2. Stils verwandeln sich in grazile, dekorative Kandelaber und pflanzliche Ornamente. Große, monochrom in Rot oder Schwarz bemalte Wandflächen herrschen vor. Ein Novum sind direkt auf die Wandflächen gemalte epische Bilder, ägyptisierende Landschaften, Ansichten von Villen und Heiligtümern oder erotische Szenen. Viele dieser Bilder wurden von den Ausgräbern des 18. Jh. aus der Wand geschnitten und befinden sich heute im Museo Archeologico in Neapel. Die Casa degli Amorini Dorati (VI, 16) ist z.B. im 3. Stil dekoriert.

Der **4. Stil** entfaltet sich zur Regierungszeit *Neros*, dessen Domus aurea in Rom den Trend setzte. Nachdem die meisten privaten Häuser Pompejis nach dem Erdbeben 62 renoviert worden waren, ist es der hier vorherrschende Stil. Elemente des 2. und 3. Stils werden kombiniert, Einflüsse der Theatermalerei sind erkennbar, Weiß und Gelb die dominierenden Farben. Schöne Beispiele bietet die Casa dei Vetii (VI, 15). Die Wiederentdeckung von *Neros* „Goldenem Haus" im 15. Jh. beeinflusste sehr stark die Dekorationskunst in der Renaissance.

■ Zwischen Porta Vesuvio und Porta di Nola sind außerhalb der antiken Stadtmauer Picknicktische aufgestellt.

An- und Weiterreise

■ **Auto:** A3, Ausfahrt „Pompei Scavi".
■ **Bus: SITA** von und nach Neapel (angesichts der häufigen Verkehrsstaus ist die Circumvesuviana die bessere Alternative). **EAV** (www.eavbus.it) mehrmals tägl. von Pompeji/Piazza Anfiteatro bzw. Porta Marina auf den Vesuv/Quota mille; letzte Rückfahrt vom Vesuv erfragen; UNICO-Tickets.
■ **Bahn:** Circumvesuviana-Linie Napoli – Sorrento, Station „Pompei Scavi-Villa Misteri" (Haupteingang der Ausgrabungen an der Porta Marina) bzw. Circumvesuviana der Linie Napoli – Poggiomarina, Station „Pompei-Santuario" (Eingang Anfiteatro).
■ **Parken:** Gebührenpflichtig am Haupteingang der Scavi bzw. an der Piazza Anfiteatro.

Veranstaltungen

Nach Abschluss der Renovierungsarbeiten dient das **antike Theater** in Pompeji wieder als stimmungsvoller Aufführungsort und knüpft damit an frühere große Zeiten an.

Boscoreale

Ende des 19. Jh. stießen in Boscoreale (65 m, 27.000 Ew.) Schatzsucher auf die **Überreste zahlreicher villae rusticae.** Die Hangfüße des Vesuvs und die Sarno-Ebene waren genauso wie heute schon im 1. Jh. n. Chr. landwirtschaftlich intensiv genutzt. In großem Maßstab wurde Wein für den Export angebaut, Oli-

ven in erster Linie für den lokalen Bedarf. Die Gutshöfe waren kleine, familiengeführte Anwesen oder stattliche, von Sklaven bewirtschaftete Landvillen. In der **Villa della Pisanella** entdeckte man 1895 am Grunde einer Zisterne ein 109-teiliges luxuriöses Silbergeschirr, das offensichtlich während des Ausbruchs hier in Sicherheit gebracht worden war. Die edlen Stücke befinden sich heute im Louvre von Paris. Ende der 1970er Jahre wurde die **Villa Regina** ausgegraben, ein Landgut, das heute zu besichtigen ist. Es wurde die *cella vinaria* (Weinkeller) mit 72 intakten Tongefäßen freigelegt, die insgesamt ein Fassungsvolumen von 93.000 l aufweisen und dazu Vorratsbehälter für 12.000 bis 15.000 l Olivenöl. Wahrscheinlich entspricht das der Mengen der Jahresproduktion dieser *villa rustica*. Die Ausstellung „Uomo e Ambiente nel territorio vesuviano" (Mensch und Umwelt am Vesuv) im **Antiquarium di Boscoreale** bietet interessante Einblicke in das bäuerliche Leben der antiken Römer. In den Vitrinen sieht man neben vielerlei Hausrat verkohlte Reste von Brotlaiben und Gipsabgüsse von Haustieren.

■ **Antiquarium di Boscoreale,** Via Settetermini 15, Località Villaregina, Tel. 08 15 36 87 96. April bis Okt. tägl. 8.30–19.30 Uhr (Einlass bis 18 Uhr), Nov. bis März tägl. 8.30–17 Uhr (Einlass bis 15.30 Uhr). Eintritt 5,50/2,75 Euro bzw. Sammeltickets zu 20/10 Euro, siehe dazu das Stichwort „Eintrittsgelder" eingangs des Kapitels.

Information

■ **www.pompeiisites.org,** siehe Info-Kasten „Pompeji virtuell" eingangs des Kapitels.

Der Vesuv, barocke Villen und versunkene Städte

4

gyn13_057 pa

 Villa Regina in Boscoreale: antiker Weinkeller

An- und Weiterreise

■ **Auto:** A3, Ausfahrt „Pompei Scavi"und der Ausschilderung nach Boscoreale folgen.
■ **Bahn:** Circumvesuviana, Station „Boscoreale". Zu Fuß (es gibt Schöneres) oder mit dem Taxi (selten da) weiter zum Antiquarium von Boscoreale.

Castellammare di Stabia und Stabiae

Castellammare di Stabia (6 m, 64.300 Ew.) am südöstlichen Ende des Golfes ist das **Tor zur Sorrentiner Halbinsel.** Das römische Stabiae wurde bei dem Vesuvausbruch 79 verschüttet, *Plinius d. Ä.* fand hier den Tod. Anders als Pompeji wurde der Ort wieder aufgebaut, nicht zuletzt wegen seiner zahlreichen **Thermalquellen.** Mitte des 18. Jh. wurden auf dem Varano-Hügel **römische Villen** entdeckt. Seit wenigen Jahren können die restaurierten antiken Luxusresidenzen wieder besichtigt werden. Die **Villa Arianna** stammt aus dem 1. Jh. v. Chr. und wurde im 1. Jh. n. Chr. kurz vor dem Vesuvausbruch 79 renoviert und erweitert. Hier sind eindrucksvolle Freskenreste zu entdecken. Großzügig präsentiert sich die **Villa San Marco** mit einer 30 m langen *natatio* (Swimmingpool), einst von Reihen schattiger Platanen flankiert. Heute noch könnte jeder neureiche Villenbesitzer vor Neid erblassen. Den herrlichen Blick über die Stadt auf den Golf teilt man mit nur wenigen Besuchern.

■ **Scavi di Stabiae,** Via Passeggiata Archeologica, Tel. 08 18 57 53 47. April bis Okt. tägl. 8.30–19.30 Uhr (Einlass bis 18 Uhr), Nov. bis März tägl. 8.30–17 Uhr (Einlass bis 15.30 Uhr). Eintritt 5,50/2,75 Euro bzw. Sammeltickets 20/10 Euro; siehe dazu „Eintrittsgelder" eingangs des Kapitels. Die Villen liegen in der Nähe des Grand Hotels La Medusa und sind auf einem längeren Fußweg vom Circumvesuviana-Bhf. aus zu erreichen. Auf dem Weg zur Villa San Marco durchschreitet man privates Bauernland.

Aus der Ortsmitte führt eine Seilbahn auf den **Monte Faito.** Der 1131 m hohe Berg, ein beliebtes Sommerausflugs- und Wanderziel, lässt sich von Vico Equense auch mit dem Auto oder Bus erreichen. Das Panorama an klaren Tagen ist atemberaubend!

Information

■ ACST
Städtische Touristeninfo. Mo bis Fr 8–15.30 Uhr, im Sommer auch Sa 9–13 Uhr.
Piazza Giacomo Matteotti 34,
Tel./Fax 08 18 71 13 34, www.stabiatourism.it

■ www.comune.castellammare-di-stabia.napoli.it
■ **www.stabie.com,** aktuelle Infos auf der Site der Restoring Ancient Stabie Foundation.

Unterkunft

Hotel

■ **Grand Hotel La Medusa** ★★★★
Große Hotelvilla im Liberty-Stil nahe der Ausgrabungen. Ruhige Lage, wunderschönes Golfpanorama. Nicht alle Zimmer halten mit dem grandiosen Entrèe mit. Schön sind der Pool und der große Zitrusgarten. 49 Zi., DZ/F ab 120 Euro, i.d.R. mehr.
Via Passeggiata Archeologica 5,
Tel. 08 18 72 33 83, www.lamedusahotel.com

Essen und Trinken

■ **Trattoria O'Pignatiello**
Gute lokale Küche und frischer Fisch zu unschlagbaren Preisen. Hausgemacht auch der obligate Limoncello. Im Zentrum. Nur mittags. 20–25 Euro.
Corso De Gasperi 207, Tel. 08 18 71 51 00

An- und Weiterreise

■ **Auto:** A3, Ausfahrt „Castellammare di Stabia". Im Ort der Ausschilderung „Scavi di Varano" folgen.
■ **Bus:** SITA (www.sitasudtrasporti.it), Linie Napoli – Amalfi und nach Gragnano. **Curreri** (www.curreriviaggi.it) mehrmals tägl. vom/zum Flughafen Neapel.
■ **Circumvesuviana:** Linie Napoli – Sorrento, zu den Ausgrabungen am Bhf. „Via Nocera" aussteigen, www.vesuviana.it.
■ **Seilbahn: Funivia Monte Faito,** an der Circumvesuviana-Station „Castellamare di Stabia", www.vesuviana.it. Von Anfang April bis Mitte Juni

Der Vesuv, barocke Villen und versunkene Städte

4

und Sept., Okt. alle 20 bis 30 Min. von 9.25–16.25 Uhr; Mitte Juni bis Ende August alle 20 bis 30 Min. von 7.25–19.15 Uhr. Hin- und Rückfahrt ca. 8 Euro. ■ **Schiff:** Im Sommer Fährverbindungen nach Sorrent, Capri und Ischia.

Wandern

Wandertipps und Karten für den Monte Faito bei den AAST von Castellamare und Vico Equense (siehe dort). Einblicke in das Ökosystem der Bergwelt bietet das „Centro biodiversità del Parco dei Monti Lattari" im Thermalpark von Castellamare di Stabia.

Gragnano

Pasta und Gragnano (141 m, 29.700 Ew.) sind ein Synonym. Der Ort an den nördlichen Abhängen der Monti Lattari ist in Feinschmeckerkreisen weltweit bekannt. Vom 17. Jh. an entwickelte sich Gragnano zu einem **Zentrum der Pastaproduktion.** Das Wasser der Monti Lattari trieb die Getreidemühlen an und diente zum Anrühren des Nudelteigs. 1885 wurde Gragnano in Anwesenheit von König *Umberto I.* an das Schienennetz

angeschlossen, die Pasta bis nach Amerika exportiert. Die Erfolgsstory neapolitanischer Nudeln schildert *Maria Orsini Natale* in ihrem Epos „Die Pastakönigin". Nach wie vor arbeiten in Gragnano der Tradition verpflichtete *pastifici*.

Information

■ **www.comune.gragnano.na.it**

☑ Villa San Marco: dieses schöne Fresko ist noch vor Ort zu bewundern

An- und Weiterreise

■ **Auto:** A3, Ausfahrt „Castellammare di Stabia" und auf der S.S. 366 Richtung Amalfi.
■ **Bus:** SITA (www.sitasudtrasporti.it), Linie Amalfi – Napoli und nach Castellamare di Stabia.
■ **Bahn:** F.S.-Züge aus Neapel über Castellammare nach Gragnano.

Essen und Trinken

■ **A'Barzanella**
Beste Pasta zu servieren, ist für *Gianfranco* Ehrensache. Wie wäre es mit *pelusielli e barzanella*? Als Wein wird der moussierende rote Gragnano ausgeschenkt. Das Lokal liegt in Castello, dem ältesten Ortsteil von Gragnano (vom Zentrum 30 Min. zu Fuß). Auf dem Weg dorthin passiert man Ruinen alter Wassermühlen. 20–25 Euro. So abends und Mo geschl. Mittags und abends.
Via Castello 13, Tel. 08 15 39 22 42

■ **A'Scalinatella**
Auch *Francesco D'Aniello* nutzt den Heimvorteil und greift ausschließlich auf beste Pasta Gragnanese (s.u.) zurück. Die gleiche Sorgfalt beweist er bei der Auswahl und Zubereitung der anderen Zutaten. Vom Antipasto bis zum Dolce ein Vergnügen. 20–25 Euro. Mo Ruhetag. Mittags und abends.
Via T. Sorrentino 20, Tel. 08 18 01 31 00, www.osteriascalinatella.com

Einkaufen

■ **Cooperativa Pastai Gragnanesi**
Gragnano-Pasta in 46 Formen! Die Fabrikation erfolgt noch nach traditioneller Methode, d.h. die Pasta wird durch Bronzesiebe gedrückt, was ihr eine rauere Oberfläche verleiht. Wichtig auch die langsame Trocknung. Mo bis Fr 9–13 und 15–18.30 Uhr.
Via G. Della Rocca 20, Tel. 08 18 01 29 75, www.pastaigragnanesi.com

Der Vesuv, barocke Villen und versunkene Städte

4

5 Die Sorrentiner Halbinsel

Sorrent ist eine Hochburg des Tourismus, aber immer noch „very charming". Das bäuerliche Hinterland der Sorrentiner Halbinsel will wandernd erkundet werden, tolle Badebuchten locken unterwegs. Außerdem sind hier einige der besten Gaumentempel Kampaniens zu entdecken.

◁ Termini: im Sommer werden Tomaten zu Sugo verkocht

NICHT VERPASSEN!

➡ **Gabriele (Vico Equense):**
ob Gelato oder Käse –
das Beste aus den Milchbergen | 268

➡ **Marina Grande (Sorrent):**
der sympathische Fischer-Borgo | 275

➡ **Il Giardino di Vigliano
(Massa Lubrense):**
Wohnen inmitten von Limonen | 285

➡ **Wandern im Sirenenland:**
die schönste Art,
die Sorrentiner Halbinsel zu erkunden | 287

➡ **Don Alfonso 1890 (Sant'Agata dei due
Golfi):** Sterneküche mit Bodenhaftung | 290

Diese **Tipps** sind gelb hinterlegt.

⌃ Naturparadies Baia di Ieranto

5

ÜBERBLICK

gym13_063 pa

Höhenflüge auf den Monte Faito, herrliche Wanderungen und zauberhafte Badebuchten im Sirenenland, das und viel mehr bietet die Sorrentiner Halbinsel. Der traditionsreiche Urlaubsort Sorrent ist heute eine Hochburg des Pauschaltourismus, aber immer noch „very charming". Die Sorrentiner Halbinsel bewahrt sich ihre bäuerlichen Reize und empfiehlt sich auch für den Familienurlaub. Ein eigener Pkw ist nicht nötig, mit Linienbussen, der Circumvesuviana und Fähren erreicht man fast jeden Ort am Golf, die Amalfitana und die Inseln.

Die Sorrentiner Halbinsel schließt den Golf von Neapel im Süden mit Grandezza ab. Das Kalkgebirge der Monti Lattari, zugleich auch das Rückgrat der Costiera Amalfitana, läuft an der **Punta Campanella** noch einmal zu landschaftlicher Hochform auf, mit der Insel Capri als i-Tüpfelchen im Meer. Mächtige vulkanische Tuffablagerungen machen die Landschaft außerordentlich fruchtbar. In der Antike siedelten hier Griechen und Etrusker. Reiche Römer errichteten an der Steilküste, die sich von **Castellammare di Stabia** über **Vico Equense** bis **Sorrent** zieht, luxuriöse Villen. Der zauberhaft schöne Küstenstreifen eta-

blierte sich im 18. Jh. als beliebte Etappe auf der Grand Tour. Der 1131 m hohe **Monte Faito** bietet den besten Überblick!

Die **Penisola Sorrentina** ist voller Kontraste. In **Sorrent,** dem viel besungenen Mittelpunkt der Halbinsel, folgten auf die Reisenden der Grand Tour die Touristenmassen der Moderne. Der Charme des Städtchens erweist sich glücklicherweise als ziemlich resistent. Oberhalb **Vico Equense** und bei **Massa Lubrense** verläuft das Leben noch in ruhigeren Bahnen. Hier zeigt die Halbinsel ihr bäuerliches Gesicht. Auf alten Maultierpfaden, mitlerweile als Wanderwege

5

0 ▬▬▬ 2 km © REISE KNOW-HOW 2013

Nápoli
Castellammare di Stábia
Castellammare di Stabia
Gragnano
Piazza
Golfo di Napoli
264 Vico Equense
M. Faito 1131
Marina di Equa
Casola
Moiano
270 Meta
Ticciano
M. S. Angelo 1443
S. Agnello
270 Piano di Sorrento
San Maria di Castello
Montepertuso
Marina di Puolo
271
Positano
Laurito
Sorrento
283 San Montano
Priora
Massa Lubrense
288
S. Agata s. due Golfi
Salerno
294
Schiazzano
Termini
291
Golfo di Salerno
Nerano
291
291 Marina del Cantone
Area Marina Protetta Punta Campanella
294
P. Campanella
99 Ortsbeschreibung auf Seite 99
Ísola di Capri

Ísola di Capri

gut markiert, kann man tagelang durch Olivenhaine und Zitronengärten streifen, immer mit herrlichen Ausblicken auf das Meer (siehe Exkurs „Wandern im Sirenenland"). In verträumten Küstenorten wie der **Marina della Lobra** oder **Marina del Cantone** fühlt man sich in ein romantisches Italien der 1950er Jahre zurückversetzt. Kulinarisch spielt die Sorrentiner Halbinsel in der Oberliga, davon zeugen eine Reihe von Sterne-Restaurants.

Vico Equense und der Monte Faito

Seitdem die stark befahrene S.S. 145 in einem Tunnel um den Ort führt, herrscht wieder Ruhe (zumindest in ihrer süditalienischen Variante) in dem freundlichen Städtchen, das sich in ähnlich spektakulärer Lage wie Sorrent auf einem Tuffsteinplateau hoch über dem Meer ausbreitet. Nicht nur kulinarisch ist Vico (90 m, 20.950 Ew.) eines der lohnendsten Ziele an der Sorrentina! Das römische **Aequa** wurde 533 von Goten zerstört. *Karl II. v. Anjou* ließ die Stadt im 14. Jh. als Vico Equense neu gründen. Aus dieser Epoche stammt die Ex-Kathedrale **S. Annunziata,** deren rote Barockfassade sich über dem Steilabfall erhebt. Der Kirchenvorplatz ist zugleich ein herrlicher Aussichtsbalkon auf den Golf. Vom malerischen Fischerhafen **Marina di Equa** erreicht man die langen Sandstrände am Fuße des Steilabfalls.

Weg vom Verkehrschaos der Küste führt eine landschaftlich reizvolle Strecke in die Hügel oberhalb der Stadt. Die 20 km lange Ringstraße Via Raffaele Bosco verbindet Vicos **casali** untereinander, Dörfer, die entstanden, als die Bevölkerung im 9. Jh. vor Sarazenenüberfällen von der Küste in die sicheren Berge floh. Hier taucht man in eine bäuerliche Landschaft mit gepflegten Olivenhainen, Zitronen- und Gemüsegärten ein und jeder der *casali* birgt neue Überraschungen, in **Massaquano** z.B. die gotische Kapelle S. Lucia mit wunderschönen Fresken aus dem 14. Jh. Oberhalb von **Moiano** nimmt die Landschaft alpine Züge an, über den Almen steigen die weißen Kalkfelswände der Monti Lattari senkrecht auf. **S. Maria di Castello** liegt auf 585 m Höhe. Bis Mitte des 19. Jh. führte hier die einzige Landverbindung nach Positano, heute ein beliebter Wanderweg.

Durch Kastanien- und Buchenwälder führt eine Stichstraße auf den **Monte Faito,** der von Castellammare di Stabia aus auch mit der Seilbahn zu erreichen ist. Die Straße endet mit einer fantastischen Aussicht am 1278 m hoch gelegenen **Santuario S. Michele.** Das Panorama umfasst an klaren Tagen den Golf und Vesuv, die Piana del Sarno, die Monti del Matese und die Monti Picentini. Wanderwege führen durch Buchenwälder und über Almen bis auf die höchsten Gipfel der Monti Lattari.

Information

■**AAST**

Städtische Tourist-Info mit gutem Material und einer Wanderkarte des Monte Faito. Direkt nebenan ein kleines Archäologie-Museum mit gleichen Öffnungszeiten und Gratis-Eintritt. Juli bis Sept. Mo bis Sa 8–20 Uhr, Okt. bis Juni Mo bis Sa 8–17 Uhr. Via Filangieri 100, Tel./Fax 08 18 01 57 52, www.vicoturismo.it

■**www.parcodeimontilattari.it**

☑ Wie gemalt: Marina di Equa

gvn13_061 pa

Unterkunft

Hotels

■ **Le Ancore** ****
Freundlich-sympathisches Mini-Hotel direkt am Lungomare der Marina di Equa, alle gut eingerichteten Zimmer mit Meerblick und Balkon bzw. Terrasse. Privater Parkplatz nebenan 5 Euro/Tag. März bis Dez. 8 Zi., Standard-DZ/F 100–150 Euro.
Via Marina Aequa 39, Tel. 08 18 02 88 96,
www.leancorehotel.com

■ **Le Axidie** ****
Verwinkeltes Ferienhotel über dem schönen Sandstrand an der Marina di Equa – knapp die Hälfte der Zimmer mit Meerblick. Freundliche Leitung, überraschend gutes Restaurant. Zusätzlich Vermietung von Ferienapartments, ebenfalls über dem Strand – ideal für Familien mit Kindern. Entspannte Atmosphäre, v.a. in der Nebensaison. 45 Zi., DZ/F ab 75 Euro, HP ab 100 Euro. Ostern bis Anfang Nov.
Via Marina di Equa, Tel. 08 18 02 85 62,
www.leaxidie.it/de

Agriturismo

■ **La Ginestra**
MEIN TIPP! Renoviertes altes Gutshaus mit herrlichen Ausblicken, einsame Lage über einem kleinen Bergdorf. Geräumige, gemütliche, bestens ausgestattete Zimmer (einige groß genug für Familien mit Kindern). Ausgezeichnete Küche, deren biologisch erzeugte Zutaten aus eigener Produktion

Die Sorrentiner Halbinsel

stammen, auch der Frühstücks-Honig, den *Vincenzo Belforte* auf dem Vesuv erzeugt. Direkt vor dem Haus beginnt ein herrliches Wandergebiet (s.u.). Hier kann man wunderbar, weit weg von der restlichen Welt, ausspannen. Anfahrt: 8 km von Vico Equense über Moiano auf der S.S. 269. 8 Zi., DZ/F 70 Euro, HP 45–60 Euro.
Via Tessa 2 – Santa Maria del Castello,
Tel. 08 18 02 32 11, Mobil 33 37 03 77 86,
www.laginestra.org

nen werfen Schatten, die Sanitäranlagen sind einfach. An der Rezeption auch Tickets für die Capri-Fähren. Bungalows und Zeltplätze. 2 Pers., Auto und Zelt 23–30 Euro. Mitte März bis Ende Okt.
Via Marina di Equa,
Tel. 08 18 02 85 70, 08 18 02 85 76 (Winter),
www.campingsantantonio.it

Campingplatz

■ Camping Sant'Antonio

Sympathisch-entspannter Campingplatz, leicht zurückversetzt vom Meer. Oliven, Walnüsse und Zitro-

☐ Pizza a Metro –
die Idee hat sich über Jahrzehnte bewährt

gvn13_062 pa

Essen und Trinken

Restaurants, Trattorien und Pizzerien

■ Antica Osteria Nonna Rosa

Exzellente lokale Spezialitäten in einer alten Villa oberhalb von Vico auf dem Weg nach Moiano. Von Vico auch mit dem Bus der Linea CS zu erreichen. 35–40 Euro. Mi Ruhetag, bis auf Sa/So nur abends. Via Privata Bonea 4, Tel. 08 18 79 90 55, www.osterianonnarosa.it

■ Da Franco

Direkt neben der Tourist-Info hängt der Himmel voller Parmaschinken. Eine prima Adresse für leckere Pizza vom Blech, auch zum Mitnehmen. Filiale in Sorrent (s.u.). Mittags und abends. 10–15 Euro. Corso Filangieri 96, Tel. 08 18 01 54 42

■ Gigino – Pizza a Metro

Die Familie *Dell'Amura* hat Generationen von Bäckern hervorgebracht. In den 1940er Jahren hatte *Gigino Dell'Amura* eine geniale Idee: Pizza am laufenden Meter. Das Konzept überzeugte! Bis zu 2000 (!) Menschen fasst heute das Mega-Lokal, das sich auch stolz als „Università della Pizza" bezeichnet. Die großen Räume werden allerdings nur für Feierlichkeiten benutzt. Die Pizza gilt als eine der besten im weiten Umkreis! Ein Meter Pizza Margherita kostet knapp 30 Euro. Von mittags bis abends durchgehend geöffnet. Via Nicotera 15, Tel. 08 18 79 83 09, www.pizzametro.it

■ La Ginestra

Kenner nehmen die kurvenreiche Anfahrt in den hoch gelegenen Agriturismo (s.o.) gerne in Kauf, denn dafür erwartet sie eine herzhafte Bio-Küche. Der dicke, freundliche Küchenchef *Maggiorino Guida* serviert ausschließlich frisch zubereitete Pasta, zum secondo landet Fleisch aus lokaler Produktion auf dem Grill, Gemüse gibt es reichlich. Offener Hauswein, die besten kampanischen Tropfen zu fairen Preisen und eigene Liköre. Schöne Wanderwege beginnen direkt vor der Haustüre. 25 Euro, Kinder werden mit 15 Euro satt. Mo Ruhetag.

■ O Saracino

Terrassenrestaurant in Marina di Equa direkt über dem Meer, seit 1983 geführt von *Vittoria Aiellos* (s.u.) Eltern. Holzofenpizza und frischer Fisch. Fein auch die hausgemachten Steinpilz-Ravioli. Wenn der SSC Napoli am Mittwoch Heimspiel hat, bleibt das Restaurant geschlossen – Signora *Giovanna* ist *tifosa*! 20–40 Euro. Ostern bis Ende Sept. tägl., sonst nur Sa und So. Mittags und abends. Via Toretta 14, Tel. 08 18 02 85 59

■ Torre del Saracino

MEIN TIPP! *Gennaro Esposito* betreibt zu Füßen des alten Küstenwachturms an der Marina di Equa eines der feinsten Fischlokale der Gegend. Zwei Michelin-Sterne, modernes Ambiente mit Bullaugen in die Küche. Verarbeitet werden nur allerbeste lokale Zutaten, ob aus dem Meer oder von den Hügeln von Vico. Für raffiniert einfache Dolci sorgt *Gennaros* Frau *Vittoria Aiello*. In ihrer *passeggiata vicana* begegnen sich die Protagonisten lokaler Küche im Glas: Olivenöl, Zitronen, Walnüsse und Meersalz. Um auch junge Menschen für Spitzengastronomie zu begeistern, ist am Mi und Do jeweils ein Tisch für Paare oder Freunde unter 33 Jahren vorbehalten, die zu Sonderkonditionen ein Komplett-Menü verspeisen dürfen. Degustationsmenüs zu 100, 125 bzw. 140 Euro. So abends und Mo geschl. Via Toretta 9, Tel. 08 18 02 85 55, www.torredelsaracino.it

Snacks und Eisdiele

■ Gabriele

MEIN TIPP! Seit über 300 Jahren verarbeitet die Familie von *Raffaele Cuomo* die Milch der zu Recht Monti Lattari genannten Berge. Als Käser haben sie seit jeher einen großen Namen, längst aber auch als kunsthandwerkliche Erzeuger eines formidablen *gelato*. Der verführerisch lange Tresen ist zur Hälfte mit salzigen Milchprodukten – dem frischen Ziegenkäse *caprignetto* sagt man aphrodisische Wirkung nach – und zur Hälfte mit Speiseeis und sü-

ßem Gebäck bestückt. Viele Produkte auch zum Mitnehmen. Di Ruhetag.
Corso Umberto I. 8, Tel. 08 18 01 62 34, www.gabrieleitalia.com

An- und Weiterreise

▪ **Auto:** S.S. 145, Zu- und Abfahrten am Ost- bzw. Westende des Tunnels. Aus Vico führt die Via R. Bosco S.S. 269 zu den *casali* hinauf und setzt sich bis zum Monte Faito fort.
▪ **Bus:** SITA (www.sitasudtrasporti.it), Linie Napoli – Sorrento.
▪ **Circumvesuviana:** Linie Napoli – Sorrento, Bhf. „Vico Equense".
▪ **Schiff:** Im Sommer Fähren von der Marina d'Equa nach Sorrent, Capri und Ischia bzw. Castellamare di Stabia. Tickets und Fahrpläne gibt es z.B. im Camping Sant'Antonio (s.o.). www.gescab.it

Unterwegs in Vico Equense/Monte Faito

▪ **Öffentliche Verkehrsmittel:** In Vico Equense, an der Marina di Equa und zwischen den Casali verkehrt **EAV** (www.eavbus.it).
▪ **Seilbahn:** siehe Castellammare di Stabia.

Baden

Von Marina di Equa sind eine Reihe schöner Sandbuchten zu Fuß zu erreichen.

Kayak- und Bootsausflüge

In der Saison werden in der Marina di Equa Boote verliehen, z.B. von Aequa Rent c/o Aequa Bar, www.aequaboat.it. Für Kayakfahrer ist *Alfonso Flauto* der richtige Ansprechpartner, www.pagaieroventi.it.

Wandern

Bei der Orientierung hilft die Wanderkarte der AAST (s.o.); vgl. Hinweise zum Wandern an der Amalfitana im dortigen Kapitel. Tipps gibt es auch auf **www.giovis.com.**

S. Maria di Castello

Von dem 595 m hoch gelegenen *casale* führt der CAI-Weg „31" in ca. 2 Std. nach **Positano** hinab. S. Maria del Castello liegt auch am CAI-Fernwanderweg „00" Alta Via dei Lattari, der zur Caserma Fo-

▷ Vico Equense:
S. Annunziata hoch über dem Golf

Die Sorrentiner Halbinsel

restale oberhalb von Montepertuso führt. Der Aufstieg zum **Monte S. Angelo a Tre Pizzi,** dem mit 1444 m höchsten Gipfel der Monti Lattari, ist von Positano aus beschrieben (siehe dort).

Monte Faito/Santuario S. Michele

Vom Santuario führt ein einfacher, kurzer Pfad durch den Buchenwald zu den **Fosse della Neve.** In diesen Gruben wurde noch bis zu Beginn des 20. Jh. der Schnee gesammelt, zu Eis gepresst und auf Maultierrücken oder mit der Seilbahn ins Tal gebracht.

Monte S. Angelo a Tre Pizzi

Etwas anspruchsvoller ist die Besteigung des 1444 m hohen Monte S. Angelo a Tre Pizzi. Vom Santuario aus führt der CAI-Weg „50" auf den *molare,* des wegen seiner Form „Backenzahn" genannten Gipfels. Das Panorama ist überwältigend! An- und Abstieg 2½–3 Std. Das Santuario S. Michele lässt sich von der Bergstation der Seilbahn auf einem schattigen Gratweg parallel zur Straße auch zu Fuß erreichen.

Meta und Piano di Sorrento

Meta und Piano di Sorrento bieten italienischen Alltag, auch die Badegäste sind in erster Linie Italiener. Unterhalb von Meta erstreckt sich der passable Sandstrand Spiaggia La Conca.

Aus Piano di Sorrento führt eine Serpentinenstraße zur malerischen **Marina di Cassano** hinab, einem der letzten aktiven Fischereihäfen der Penisola Sorrentina. Immer noch fertigen hier *maestri d'ascia* (Axtmeister) die traditionellen schlanken *gozzi* (Holzboote) von Hand. Ein unvergessliches Erlebnis besteht darin, mit den Fischern einen Tag auf See zu verbringen (siehe Exkurs „Pescaturismo – Bootsausflug anders). Auf der Geländekante erhebt sich die **Villa Fondi,** ein klassizistischer Bau aus dem 19. Jh., in beneidenswerter Position oberhalb der Marina di Cassano. Frisch restauriert, vermitteln Villa und Park eine Vorstellung von dem luxuriösen Leben des bourbonischen Adels, gewissermaßen ein Wiederaufleben antiker römischer Traditionen. In der Villa befindet sich das **Archäologische Museum** der Sorrentiner Halbinsel. Eine kolossale römische Marmorstatue, 1971 bei Erdarbeiten in Sorrent gefunden, weist auf die reiche Ausschmückung römischer Villen hin. Im ersten Stock sind Funde der Nekropole von Sant'Agata sui due Golfi ausgestellt, darunter auch die berühmte Sirenenvase. Tonfiguren und Münzen bezeugen den Kult der Athena an der Punta Campanella. Interessant ist das rekonstruierte Modell der römischen Villa des *Pollius Felix* an der Punta del Capo. Im wunderschönen Park finden sich ein nettes Café, saubere Toiletten und ein römisches Nymphäum. Der Ausblick auf den Golf ist – fantastisch.

■ **Museo Archeologico „Georges Vallet" – Villa Fondi,** Di bis So 9–13 und 16–19 Uhr. Via Ripa di Cassano 14, Tel. 08 18 08 70 78. Eintritt frei.

Von Piano di Sorrento über **Sant'Agnello** gehen die Orte in Richtung Sorrento beinahe nahtlos ineinander über. Zitronengärten und schöne alte Villen am

Die Sorrentiner Halbinsel

Steilufer, heute fast ausnahmslos Hotels, konnten der modernen Bauflut entgehen. Wenn die Einheimischen gut und billig essen möchten, fahren sie in die **Colli di S. Pietro** oder nach Fontanelle.

Information

■ **AAST Sorrent,** siehe dort
■ **www.comune.pianodisorrento.na.it**

Unterkunft

Hotels und Campingplätze **siehe Sorrent.**

Essen und Trinken

■ **Da Luisona**
Der im Grunde sympathische Anachronismus hat sich als Speiseempfehlung überlebt: Trattoria/Bar an der Kreuzung von S.S. 163 und S.S. 145, Busse halten vor der Tür. Innen gibt es nur drei Tische, mehrere Tische stehen im Freien unter einer Pergola. Nur mittags.
Via Meta Amalfi 82 – Colli di S. Pietro,
Tel. 08 18 08 33 52
■ **Il Terrazzino**
Beste *cucina di mare* oder *di terra*. Die Pasta entweder hausgemacht oder aus Gragnano. An der Strecke Richtung Amalfitana, Terrasse mit Meerblick. 35–40 Euro. Mo Ruhetag. Mittags und am Abend.
Via San Massimo 6 – Piano di Sorrento,
Tel. 08 18 08 33 80

An- und Weiterreise

■ **Auto:** Meta und Piano di Sorrento liegen an der stark befahrenen S.S. 145. Von Meta führt die S.S. 163 Richtung Positano.

■ **Bus: SITA** (www.sitasudtrasporti.it), tägl. mehrmals zwischen Sorrento, Piano di Sorrento, Meta, Colli di S. Pietro und Positano.
■ **Circumvesuviana:** Linie Napoli – Sorrento, www.vesuviana.it.

Sorrent

Wie Vico Equense liegt auch Sorrent (50 m, 16.500 Ew.) auf einem steil zum Meer hin abfallenden Tuffplateau. Die Lage wirkt besonders eindrucksvoll, wenn man sich mit dem Schiff nähert. Sorrent selbst ist ein riesiger Aussichtsbalkon, der 50 m über dem Golf zu schweben scheint. Direkt über der Steilkante erheben sich luxuriöse Grandhotels aus dem 18. und 19. Jh., in gleicher Position wie 2000 Jahre vorher die Villen reicher Römer. Treppenwege und eine kurvenreiche Straße verbinden die Stadt mit ihrem Fährhafen an der **Marina Piccola.** Der Hafen ist allmorgendlich Exerzierplatz von Touristengruppen, bereit zur Invasion von Capri.

Geschichte

Die fruchtbare Ebene in sicherer Distanz zum Meer übte früh eine starke Anziehungskraft auf Menschen aus, die ältesten Funde reichen in die Jungsteinzeit. Osker, Samniten, Etrusker und Griechen ließen sich hier nieder. Das römische **Surrentum** lässt sich heute noch an der regelmäßigen Anlage der Altstadtgassen erkennen. In früher Kaiserzeit entwickelte sich die ehemalige Militärkolonie zu einem beliebten Villen- und Erho-

5

lungsort. Damit hatten bereits die Römer die eigentliche Bestimmung des Ortes erkannt, an die im 18. und 19. Jh. die Reisenden der Grand Tour wieder anknüpften. An allen Ecken der Stadt trifft man auf die in Stein gemeißelten Namen illustrer Gäste. Nach *Goethe* sucht man allerdings vergebens, obwohl er Sorrents berühmtestem Sohn sein Drama „Torquato Tasso" gewidmet hat.

Nach der Zäsur des 2. Weltkrieges sind die Reisenden in Scharen zurückgekehrt, vor allem Briten und US-Amerikaner, gefolgt von Deutschen. Für viele ist Sorrent die ideale Basis, um den Golf von Neapel zu erkunden. Trotz aller Begleiterscheinungen des Massentourismus bleibt die Stadt charmant. Wem allerdings Sorrent zu „touristy" ist, kann sein Quartier in einem der ruhigeren Winkel der Halbinsel aufschlagen und trotzdem von den guten Verkehrsverbindungen profitieren.

Besichtigung

Die **Piazza Tasso** ist das Herz der Stadt. Zwei Statuen schmücken sie: *S. Antonino*, der Schutzpatron, und hinter Baumkronen versteckt *Torquato Tasso* (1544–1595), Dichterfürst und berühmtester Sohn Sorrents. Westlich der Piazza verläuft die Hauptgeschäftsstraße mit dem **Duomo** – im Inneren schöne Beispiele für die lokale Intarsienkunst.

Sorrento

■ Übernachtung

1 Elios *	**12** Mignon **	**24** Parco dei Principi *****
2 La Badia ***	**14** Grand Hotel Excelsior Vittoria *****	**25** Villa Margherita ***
3 La Tonnarella ****	**16** Palazzo Guardati ****	**26** Villa Garden ****
8 Nube d'Argento	**17** Hotel del Corso ***	**27** Seven Hostel
9 Bellevue Syrene *****	**18** B&B Palazzo Starace	**28** B&B Casa Mazzola
11 B&B Casa Astarita	**22** Ostello Le Sirene	

Punta del Capo

Capo di Sorrento

Via Capo

Massa Lubrense, Punta Campanella

Via Nastro Verde

Marina Grande

Capri, Ischia · Napoli

Marina

S. Francesco

Via Tasso

Museobottega della Tarsialignea

Via Correa

Sedile Dominova

Piazza Tasso

Corso Italia

Duomo

Via degli Aranci

Via degli Aranci

Via Fuorimura

Sant'Agata sui due Golfi

Östlich der Piazza Tasso und zu Fuß in wenigen Minuten zu erreichen, liegt auf Höhe der **Piazza Lauro** in der Nähe des Steilufers das **Museo Correale.** *Alfredo* und *Pompeo Correale,* die letzten Erben des Grafengeschlechts, vermachten ihren barocken Familienpalazzo mit umfangreicher Kunstsammlung Anfang des 20. Jh. der Stadt. Im Erdgeschoss sind antike Architekturfragmente ausgestellt. Im ersten und zweiten Stock hängen Veduten des 18. bis 20. Jh., auch schöne Intarsienarbeiten sind zu sehen. Der dritte Stock zeigt Majoliken und Porzellan aus den bedeutendsten Manufakturen Europas. In dem wunderschönen Zitronengarten führt ein Weg zum Belvedere mit herrlichem Golfblick.

■**Museo Correale di Terranova,** Via Correale 50, Tel. 08 18 78 18 46, www.museocorreale.it. Di bis So 9.30–13.30 Uhr, im Sommer an Wochentagen bis 18.30 Uhr. Eintritt 8 Euro.

An der schmalen **Via della Pietà,** die von der Piazza Tasso parallel zum Corso nach Westen führt, stehen zwei schöne Beispiele mittelalterlicher Stadtpaläste: auf der Nr. 14 der **Palazzo Veniero** und auf der Nr. 24 der **Palazzo Correale.** Der **Dom Santi Filippo e Giacomo** erhebt sich an Stelle des ehemaligen römischen Forums. Portal und Chorgestühl des Doms sind reich mit Holzintarsien geschmückt, eine kunsthandwerkliche Spezialität Sorrents. Der abseits stehende Campanile ruht auf antiken Säulen.

Die Sorrentiner Halbinsel

■ Essen und Trinken
4 Da Cataldo
5 Taverna Azzura
6 Di Leva
7 Trattoria S. Anna – da "Emilia"
10 Inn Bufalito
13 Il Buco
15 Zi'Ntonio
19 Pizzeria Aurora
20 Mondo Bio
21 Angelina Lauro
23 Pizzeria Da Franco

Parallel zum Corso verläuft nördlich die **Via Cesareo** mit ihrer Fortsetzung **Via Fuoro.** In diesem Teil der Altstadt hat sich die regelmäßige Anlage der römischen Straßen perfekt erhalten.

Erhalten hat sich in einigen der Werkstätten auch das alte Kunsthandwerk. In den restaurierten Räumen des barocken **Palazzo Pomarici Santomasi** präsentiert *Alessandro Fiorentino* seine umfangreiche Sammlung Sorrentiner Intarsien. Neben wertvollen historischen Stücken können auch zeitgenössische Entwürfe besichtigt (und gekauft) werden.

■ **Museobottega della Tarsialignea – MUTA,** Via S. Nicola 28, Tel. 08 18 77 19 42, www.alessandrofiorentinocollection.it. April bis Okt. Di bis So 9.30–13 u. 15–18 Uhr, Nov. bis März Di bis So 9.30–12 u. 16–20 Uhr. Eintritt mit Führung 8 Euro.

An der **Piazzetta Giuliani** öffnet sich der **Sedile Dominova,** eine im 15. Jh. erbaute Loggia mit illusionistischen Architekturmalereien des 18. Jh. Wo sich früher der Adel zu politischen Versammlungen traf, spielen heute Mitglieder eines Arbeitervereins in aller Seelenruhe Karten.

An der **Piazza Sant'Antonino** erhebt sich über einem frühchristlichen Vorgängerbau die Kirche des Stadtpatrons. Das Innere glänzt in barocker Pracht, in der Krypta sind Ex-Voto der Fischer und Seeleute zu sehen.

Neben der Kirche **San Francesco** liegt ein zauberhafter Kreuzgang mit maurisch anmutenden Bögen. Im Sommer finden hier Konzerte statt. Der ehemalige Klostergarten ist heute die **Villa Comunale.** Jeder darf hier den fantasti-

Die Sorrentiner Halbinsel

schen Blick auf Golf und Vesuv genießen, sonst ein Privileg der Gäste der benachbarten Nobelherbergen.

Vorbei am Hotel Tramontano und dem Bellevue Syrene führt der Weg an die <mark>Marina Grande.</mark> Auf breiten Treppenstufen geht es durch ein antikes griechisches Stadttor zum malerischen Fischerhafen hinab. Der kleine Borgo führt ein sympathisches Eigenleben. Nach wie vor fahren die Boote zum Fang aus, und es gibt hier einige gute Fischlokale. Ein romantisches Plätzchen, um den Abend ausklingen zu lassen.

☑ Von vielen Stellen
herrliche Blicke auf den Golf von Neapel

gvvi13_065 pa

Information

■ **AAS Sorrento – Sant'Agnello**
Städtische Touristeninfo. Ausführliche Infos – auch online – und jeden Monat das Gratis-Heft „Surrentum" mit Stadtplan, Tipps, Fahrplänen sowie einer Wanderkarte 1:18.000.
Mo bis Fr 8.30–16 Uhr, von Juni bis Sept. Mo bis Sa 8.45–14.30 und 15.30–18.30 Uhr.
Via Luigi De Maio 35, Tel. 08 18 07 40 33,
Fax 08 18 77 33 97, www.sorrentotourism.com
■ **www.comune.sorrento.na.it**

Unterkunft

Hotels und Pensionen

Das offizielle Unterkunftsverzeichnis der AAS listet ca. 100 Hotels, Pensionen und B&Bs für Sorrent und Sant'Agnello!

■ **Bellevue Syrene** *****
An Stelle einer antiken römischen Villa errichtet, empfängt das Bellevue Syrene seit 1820 Schriftsteller, Künstler, gekrönte Häupter und dollarstarke Amerikaner. Traumblicke auf den Golf, Aufzug zum Privatstrand. Heute präsentiert sich die edle Bleibe in fröhlich-buntem Pop-Design. Die Villa Pompeiana, eines der Restaurants, wird für Bankette genutzt. Die wunderschöne Villa in pompejanischem Stil auf dem Hotelgelände hatte sich der amerikanische Multimillionär *William Waldorf Astor* zu Beginn des 20. Jh. errichten lassen. Ausgezeichnetes Restaurant, Wellness-Zentrum. 50 Zi., Standard-DZ/F ab 260 Euro.
Piazza della Vitoria 5,
Tel. 08 18 78 10 24, www.bellevue.it
■ **Grand Hotel Excelsior Vittoria** *****L
Das Grandioseste der Sorrentiner Grandhotels dominiert das Steilufer über der Marina Piccola. Seit 1830 im Besitz der Familie *Fiorentino,* liest sich das Gästebuch wie ein Who's who der europäischen Kul-

turgeschichte. 109 Zi., Standard-DZ/F ab 200 Euro, Suiten kosten deutlich mehr.

Piazza Tasso 34,
Tel. 08 18 77 71 11, www.exvitt.it

■ Parco dei Principi *****

MEIN TIPP! Bis hin zu Nierentischen des Architekten *Gio Ponti* (1891–1979) komplett durchgestyltes Hotel der 1960er Jahre. Das intensive Meeresblau, dass man aus den Superior-Zimmern und von den Terrassen genießt, hat *Ponti* in allen Schattierungen ins Innere geholt. Am Steilufer, inmitten der 27 ha großen Parkanlage einer Bourbonenvilla gelegen. Pool, Lift zum Privatstrand. 96 Zi., Standard-DZ/F ab 130 Euro.

Via Rota 1, Tel. 08 18 78 46 44,
www.hotelparcoprincipi.com

■ La Tonnarella ****

Charmantes Hotel westlich der Stadt, oberhalb der Marina Grande und direkt an der Straße in Richtung Massa Lubrense. Tolle Blicke auf Sorrent und den Golf. Gutes Restaurant. Ruhige Zimmer mit Meer-

⊡ Sedile Dominova:
hier wäre man gerne Clubmitglied

blick verlangen! 21 Zi., Classic-DZ/F 115–140 Euro, Suiten ab 240 Euro. März bis Mitte Nov.

Via Capo 33, Tel. 08 18 78 11 53,
www.latonnarella.it

■ Palazzo Guardati ****

Tipptopp renovierter Palazzo zwei Schritte von der zentralen Piazza Tasso mit komfortablen Zimmern und grandioser Dachterrasse. 22 Zi., DZ/F ab 110 Euro. April bis Nov.

Via S. Antonino 24/26, Tel. 08 18 78 55 67,
www.hotelpalazzoguardati.com

■ Hotel del Corso ***

Familiär geführtes Altstadthotel. Fast alle Zimmer gehen auf die ruhige Parallelstraße des Corso. Frühstücks- und Sonnenterrasse. Man kann mit dem Auto vorfahren, um es dann auf einem der kommunalen Plätze abzustellen. 20 Zi. DZ/F ab 80 Euro. März bis Nov.

Corso Italia 134, Tel. 08 18 07 10 16,
www.hoteldelcorso.com

■ La Badia ***

Ehemaliges Kloster des 16. Jh., seit über 20 Jahren von Signora *Maria Picco* und ihren Töchtern mit großer Sorgfalt als Hotel geführt. Geräumige, schön

gvn13_066 pa

Die Sorrentiner Halbinsel

möblierte und ruhige Zimmer, einige mit Balkon oder Terrasse. Gute Küche. Kleiner Pool. Die Badia liegt von Olivenhainen umgeben oberhalb von Sorrent und ist mit dem Auto bzw. SITA-Bussen auf der Straße Richtung Sant'Agata zu erreichen. Ein Fußweg führt in ca. 15 Min. in die Stadt. Gutes Restaurant. 43 Zi., DZ/F 120–140 Euro, HP zusätzlich 25 Euro (im Aug. nur HP). Mitte März bis Ende Okt.
Via Nastro Verde 8/Via Capodimonte 4,
Tel. 08 18 78 11 54, www.hotellabadia.it

■ Mignon **
Zentral gelegen und mit sehr ordentlichen Zimmern. In seiner Klasse zu empfehlen! Sicherer Parkplatz in der Nähe zu 10 Euro/Tag. Sonnenterrasse auf dem Dach. 24 Zi., DZ/F 60–105 Euro.
Via Sersale 9, Tel. 08 18 07 38 24,
www.sorrentohotelmignon.com

■ Elios *
MEIN TIPP! Leicht außerhalb an der Straße zum Capo gelegen, bietet die freundlich geführte Pension Traumblicke auf den Golf. In dieser Klasse absolut zu empfehlen! 14 Zi., DZ/F 70–80 Euro, F 5 Euro.
Via Capo 33, Tel. 08 18 78 18 12,
www.hotelelios.it

Hotels in Sant'Agnello

■ Villa Garden ****
Ruhig gelegene 19.-Jh.-Villa am Steilufer. Gepflegte Zimmer mit Parkettböden und schönen, schlichten Möbeln. Ein Großteil der Zimmer über Agenturen gebucht, also rechtzeitig vorbestellen! Kleiner Pool. 19 Zi., Classic-DZ/F 130–170 Euro, Suiten ab 210 Euro.
Via Nuova Rione Cappuccini 7,
Tel. 08 18 78 13 87, www.villagardenhotel.com

■ Villa Margherita ***
Hübsches, kleines Hotel ohne Meerblick, dafür aber mit einem netten Gartenlokal (am Abend Musik). Geräumige Zimmer. 25 Zi., DZ/F 110–135 Euro. März bis Okt.
Corso M. Crawford 77, Tel. 08 18 78 13 81,
www.hotelvillamargherita.it

Bed & Breakfast

■ Casa Astarita
Die Schwestern *Annamaria* und *Rita Astarita* haben ihren Familienpalazzo aus dem 18. Jh. auf dem Hauptcorso von Sorrent zahlenden Gästen geöffnet. Die hübsch eingerichteten Zimmer liegen im Piano nobile, einige mit Balkon. Modernster Komfort, Kaminzimmer. Auf Wunsch gibt es einen sicheren Parkplatz zu 10 Euro/Tag. 6 Zi., DZ/F 70–120 Euro.
Corso Italia 67, Tel. 08 18 77 49 06,
Mobil 33 82 78 73 00, www.casastarita.com

■ Casa Mazzola
Herzlicher Empfang durch *Luigi Mazzola* und dessen Sohn *Ugo* in einer Villa aus den 1980er Jahren in den Hügeln oberhalb von Sant'Agnello. Stadtbusse aus Sorrent halten in der Nähe, die beiden holen ihre Gäste auf Wunsch auch vom Bahnhof ab. 6 Zi., DZ/F 50–80 Euro. März bis Dez.
Via Nastro d'Argento 35 – Sant'Agnello,
Tel. 08 18 07 37 72, Mobil 33 36 72 47 08,
www.casamazzola.it

■ Palazzo Starace
Giovanna Starace empfängt ihre Gäste in den geräumigen, freundlich eingerichteten Zimmern (Schallschutzfenster!) ihres Altstadtpalazzos. 7 Zi., DZ/F 65–110 Euro.
Via S. M. della Pietà 9, Tel. 08 18 78 40 31,
www.palazzostarace.com

Ostelli/Jugendherbergen

■ Ostello Le Sirene
Privat geführte Jugendherberge im Rücken des Bahnhofs. 2- bis 5-Bettzimmer. Einfach, die Betten etwas weich, die Zimmer laut. Internet. Bis 3 Uhr nachts geöffnet. Ü 16–25 Euro, DZ 45–65 Euro.
Via degli Aranci 160 – Sorrento,
Tel. 08 18 07 29 25, www.hostellesirene.com

■ Seven Hostel
MEIN TIPP! Überzeugende Verwandlung einer Villa aus dem 19. Jh. in ein modern gestyltes Ostello. Es

5

gibt zwölf gut ausgestattete Doppelzimmer sowie Betten in mehreren kleinen Schlafsälen für 6 bis 12 Pers. mit Gemeinschaftsbädern. Alles ist blitzsauber, die jungen Betreiber sind sehr hilfsbereit. Das Ganze wird getoppt durch die tolle Dachterrasse mit Lounge-Feeling. In der Bar auch Live-Musik. Zwischen Sant'Agnello und Piano di Sorrento gelegen, der Circum-Bahnhof „Sant'Agnello" in Gehdistanz. Ü/F 20–35 Euro, DZ/F 65–105 Euro.
Via Iommella Grande 99 – Sant'Agnello,
Tel. 08 18 78 67 58, www.sevenhostel.com

Campingplatz

■ **Camping Nube d'Argento**
Gute Lage westlich der Altstadt, oberhalb der Marina Grande. Zeltplätze und Bungalows im Schatten von Zitronen- und Olivenbäumen. 2 Pers., Zelt und Auto 25–35 Euro.
Via Capo 21, Tel. 08 18 78 13 44,
www.nubedargento.com

nischer Küche. Große Weinkarte. 40–55 Euro. Mi Ruhetag. Mittags und abends.
II. Rampa Marina Piccola 5,
Tel. 08 18 78 23 54, www.ilbucoristorante.it

■ Inn Bufalito

Gut besuchtes Büffel-Spezialitäten-Ristorante unterhalb des Corso. Lokale Slow-Food-Produkte sind ein Schwerpunkt der Speisekarte. März bis Okt. Mittags und abends.
Vico I. Fuoro 21, Tel. 08 13 65 69 75,
www.innbufalito.com

■ Mondo Bio

Bio-Feinkostladen mit feinem vegetarischen Mini-Ristorante. Gute Dolci und Weine. 5–15 Euro. Mo bis Sa. Mittags und abends.
Via degli Aranci 146, Tel. 08 18 07 56 94

■ Pizzeria Aurora

Diese Pizzeria lockt mit mehr als 50 Pizzasorten und ihrer zentralen Lage. Spezialität des Hauses sind die selbst gemachten Liköre des Signore *Guglielmo*. 15–25 Euro. Mo Ruhetag. Mittags und abends. Nebenan das frisch gestylte Aurora Light.
Piazza Tasso 10/11, Tel. 08 18 78 12 48,
www.pizzeriaaurora.com

■ Pizzeria Da Franco

MEIN TIPP! Ein Lieblingsplatz auch der Einheimischen. Einfache Holztische, von der Decke hängen Schinken. Draußen bilden sich oft Schlangen. Hier gibt es die vielleicht beste Pizza der Stadt. Eine Margherita kostet 6 Euro. Mittags und abends.
Corso Italia 265, Tel. 08 18 77 20 66

■ Zi'Ntonio

Neo-rustikales Lokal, das solide kampanische Gerichte serviert, die von Einheimischen und Touristen gleichermaßen geschätzt wird. Großes Vorspeisenbuffet. Am Abend auch Pizza aus dem Holzofen. 25–35 Euro. Di Ruhetag. Mittags und abends.
Via Luigi de Maio 11, Tel. 08 18 78 16 23,
www.zintonio.it

Essen und Trinken

Restaurants und Pizzerien in der Altstadt

■ Il Buco

Ausgezeichnetes, teures Lokal zwei Schritte von der Piazza S. Antonino. Tische im cool hergerichteten Tuffsteingewölbe, dem ehemaligen Weinkeller des nahen Klosters, bzw. auf der ruhigen Gasse. Geboten wird eine raffinierte Neuinterpretation kampa-

⌂ Grand Hotel Excelsior Vittoria

5

Restaurants und Trattorien an der Marina Grande

■ Da Cataldo

Edles Terrassenrestaurant mit Blick auf Fischerboote, Golf und Vesuv. Exzellente Fischküche, hausgemachte Pasta und Dolci. Gute Auswahl kampanischer Weine. 25–35 Euro. Zum Lokal gehört ein Strandbad. März bis Ende Okt. Mo Ruhetag. Mittags und abends.

Via Marina Grande, Tel. 08 18 78 21 70, www.dacataldo.it

■ Di Leva

Die fünf Leva-Schwestern servieren bodenständige Fischküche und gelegentlich kreative Rechnungen. Bei gutem Wetter stehen die Tische im Freien. Die Mamma und ihre Trattoria hatten 1955 einen Auftritt im Film „Pane, amore e …" neben *Sophia Loren*. 25–30 Euro. Mitte März bis Ende Okt., ab April auch abends.

Via Marina Grande 31, Tel. 08 18 78 38 26

■ Taverna Azzura

Fischlokal, in dem auch Einheimische gerne verkehren. Gute Auswahl kampanischer Weine. Tische auch im Freien. 25–35 Euro. Di Ruhetag. Mittags und abends.

Via Marina Grande 166, Tel. 08 18 77 25 10, www.tavernaazzurrasorrento.com

■ Trattoria S. Anna – da „Emilia" dal 1947

MEIN TIPP! Der Klassiker! Urige, einfache Hafentrattoria, Holzterrasse über dem Meer. Die Töchter der leider verstorbenen Signora *Emilia,* fröhliche Frauen mit großem Leibesumfang, arbeiten mit ihren Männern einträchtig unter einem Dach. Das Essen ist köstlich, die Preise sind hochanständig. 25–35 Euro. Di Ruhetag. Mittags und abends.

Via Marina Grande 62, Tel. 08 18 07 27 20

Snacks, Cafés und Bars

■ Angelina Lauro

MEIN TIPP! Institution in Bahnhofsnähe: Entspannter Schnellimbiss mit ausgezeichnetem, immer frischem Angebot. 10–25 Euro. Di Ruhetag. Mittags bis abends.

Piazza A. Lauro 39/40, Tel. 08 18 07 40 97

■ Bouganvillea

Nicht nur gibt es hier ein tolles *gelato,* man kann sogar lernen, es selbst herzustellen – in den klassischen Sorrento-Geschmacksrichtungen Zitrone und Nuss versteht sich. März bis Anfang Nov.

Corso Italia 16, Tel. 08 18 78 13 64, www.bouganvillea.it

■ Bar Villa Comunale

Der Golfblick macht den Reiz dieser stillen Bar im Stadtpark aus. April bis Ende Okt.

Piazza Gargiulo 7, Tel. 08 18 07 40 90

gvn13_068 pa

◁ Hotel Bellevue Syrene: kunstvolle Aussicht

Die Sorrentiner Halbinsel

■ **Fauno Bar**
(Touristen-)Treff an der Piazza Tasso. Snacks und Nudelgerichte. Mo Ruhetag.
Tel. 08 18 78 11 35, http://faunobar.it

■ **Foreigner's Club**
Bar-Ristorante am Stadtpark mit toller Aussicht. Mittagssnacks und Live-Musik.
Via Luigi De Maio 35, Tel. 08 18 77 32 63,
www.circolodeiforestieri.com

■ **Gelateria Davide**
Eislegende in der Via P. R. Guiliani 41.
Tel. 08 18 78 13 37, www.davideilgelato.com

■ **Pasticceria Primavera**
Ein Muss für Freunde süßen Gebäcks. Gelato gibt es natürlich auch!
Corso Italia 142, Tel. 08 18 77 03 85,
www.primaverasorrento.it

■ **Raki**
Die Top-Eisdiele folgt der Slow-Food-Philosophie.
Via San Cesario 48, Tel. 08 18 08 09 03

An- und Weiterreise

Siehe Tipp „Öffentlich reisen – alles auf eine Karte" in „Praktische Tipps A–Z/Reisen in Kampanien"!

■ **Auto:** A3, Ausfahrt „Castellammare di Stabia". Die chronisch überlastete S.S. 145 umfährt Castellammare und Vico Equense durch lange Tunnel – ansonsten herrliche Küstenblicke. Morgens, abends und an Wochenenden ist mit Staus zu rechnen! Auf den landschaftlich schönen Straßen südlich von Sorrent herrscht kaum Verkehr. Eine Fahrt an die Amalfitana mit dem eigenen Fahrzeug will allerdings gut überlegt sein.
■ **Bus:** Busbahnhof am Circumvesuviana-Bhf. „Sorrento". Gut organisierter Linienverkehr mit **SITA** (www.sitasudtrasporti.it). Bedient werden die Sorrentiner Halbinsel und Costiera Amalfitana. Fahrpläne und Tickets an Kiosken, Bars und Tabacchi-Läden. Oft kommt es zu langen Schlangen an den Bussen. Besonders in Richtung Amalfitana geht es

kurvenreich zu, bei Anfälligkeit zur Reisekrankheit vorsichtshalber Tabletten einnehmen. **Autolinee Curreri** (www.curreriviaggi.it) 6x tägl. von Sorrent über Vico Equense vom/zum Flughafen Neapel. Tickets im Bus.
■ **Circumvesuviana:** Sorrent ist Endhaltestelle der Strecke, die über Pompeji und Herkulaneum bis Neapel führt. Ein ideales Verkehrsmittel für Tagesausflüge! Von früh bis spät alle 20 bis 40 Min., Fahrtzeit nach Neapel ca. 1 Std., www.vesuviana.it
■ **Fahrzeugverleih:** Agenturen im Zentrum, z.B. Sorrento Car Service, Corso Italia 210, Tel. 08 18 78 13 86, www.sorrento.it.

Schiff

Sorrents **Fährhafen Marina Piccola** ist über Treppen und eine stark befahrene Straße zu Fuß oder mit orangen Stadtbussen der Linien B und C zu erreichen. Ganzjährig gute Verbindungen mit *aliscafi* (Tragflügelbooten) und *traghetti* (Fähren) nach Capri, Ischia und Neapel. Im Sommer zusätzliche Verbindungen nach Castellammare und an die Amalfitana. In der Hauptsaison herrscht auf den Capri-Schiffen großer Andrang, Tickets können vorab gekauft werden! Aktuelle Fahrpläne in den Tageszeitungen, bei der AAS oder direkt am Hafen.

■ **Alilauro,** Tel. 08 18 78 14 30, 081 49 72 24, www.alilauro.it. Tragflügelboote nach Neapel.
■ **CAREMAR,** Call Center 199 11 66 55, www.caremar.it. Fähren nach Capri sowie zwischen Capri und Neapel.
■ **Metrò del Mare,** Call Center 199 60 07 00, www.metrodelmare.net. Schnellboote in der gesamten Golfregion und via Salerno bis in den Cilento. Juli und Aug. tägl., Juni und Sept. nur Sa/So.
■ **Navigazione Libera del Golfo,** Tel. 08 18 07 18 12 (Sorrento), 08 15 52 07 63 (Neapel), 08 18 37 08 19 (Capri), www.navlib.it. Schnellboote nach Neapel und Capri.
■ **Volaviamare,** Tel. 08 18 07 30 24, www.volaviamare.it. Schnellboote nach Capri, Castellamare di Stabia und Neapel, von Neapel auch nach Ischia.

5

Unterwegs in Sorrent

■ **Parken:** Gebührenpflichtige Parkplätze am Altstadtrand.

■ **Öffentliche Verkehrsmittel:** Im Stadtgebiet von Sorrent verkehren orangefarbene Busse: Linea A von Meta nach Capo di Sorrento, Linea B von der Marina Piccola ins Zentrum, Linea C von der Marina Piccola nach Sant'Agnello, Linea D von der Marina Grande ins Zentrum. Tickets am Kiosk oder in Tabacchi-Läden. www.cooperativatasso.it

Einkaufen

Der verkehrsberuhigte **Corso Italia** ist die Haupteinkaufsmeile von Sorrent, das schickere Ende liegt westlich der Piazza Tasso. Parallel dazu verlaufen in der Altstadt die **Via Cesareo** (eine gut sortierte Buchhandlung auf der N° 96!) mit ihrer Fortsetzung **Via Fuoro.** Wein- und Lebensmittelgeschäfte reihen sich an Bäckereien, Limoncello-Fabriken, Antiquitäten- und Souvenirläden. In der Stadt kann man bestens für ein Picknick im Stadtpark oder für eine Wanderung einkaufen.

Ein altes Handwerk in Sorrent ist die **Intarsienkunst.** Um das Auge für den Unterschied zwischen Kitsch, Kunst und platter Fälschung zu schulen, sollte man die Museobottega della Tarsialignea (s.o.) aufsuchen.

Sprachkurse

■ **Sorrento Lingue**
Siehe „Praktische Tipps A–Z/Sprache".

Baden

Unterhalb der Stadt zieht sich ein schmaler Sandstreifen am Fuß der Steilwand entlang. Den engen Platzverhältnissen begegnen im Sommer die gebührenpflichtigen *bagni,* indem sie auf langen Stegkonstruktionen ins Meer expandieren. Das sieht oben von den Balustraden nett aus, zum Baden gibt es bessere Alternativen auf der Halbinsel.

Eine wunderschöne Badestelle an der **Punta del Capo** nordwestlich der Stadt ist mit der SITA oder Stadtbussen der Linea A in wenigen Minuten zu erreichen. Die Busse halten in **Capo di Sorrento.** Ein kurzer Weg führt durch Olivenhaine bis an das Felskap mit den Ruinen von **Villa des Pollius Felix.** Eine Rekonstruktion der römischen Luxusvilla ist im Museum von Piano di Sorrento zu sehen. Das kreisrunde, von Menschenhand erweiterte Felsbecken wird im Volksmund als *Bagno della Regina Giovanna* bezeichnet. *Johanna I. von Anjou,* Gattenmörderin (?), soll sich hier mit ihren Liebhabern königlich vergnügt haben. Auch heute noch lädt der smaragdgrüne Naturpool zu wildromantischem Badevergnügen ein, zu erreichen ist er über einen schmalen Pfad oder vom Meer aus. Am Felsufer bauen im Sommer *bagni* (Badeanstalten) ihre Badestege auf.

Feste, Veranstaltungen und Nachtleben

Sorrent bietet seinen Gästen das ganze Jahr über ein abwechslungsreiches Veranstaltungsprogramm (Termine bei der AAS). Tanzabende im Circolo dei Forestieri und Tarantella-Shows, wie z.B. im **Teatro Tasso** (www.teatrotasso.com), sind Geschmackssache. Es gibt **unzählige Pubs,** die nicht nur junge Briten aufsuchen.

■ **S. Antonino,** Fest des Stadtpatrons am 14. Februar. Ihm sei es zu verdanken, dass Sorrento im 2. Weltkrieg von den Bomben verschont blieb, die auf Salerno und Neapel niedergingen.

■ **Ostern,** eindrucksvolle Karfreitagsprozession, die in aller Herrgottsfrühe beginnt. In weißen Kapuzengewändern ziehen die Bruderschaften singend durch die nächtlich erleuchteten Straßen.

Die Sorrentiner Halbinsel

■ **S. Anna,** am ersten Julisonntag Bootsprozession in der Marina Grande.

■ **Estate Musicale,** der Kreuzgang von S. Francesco ist im Juli und August romatischer Aufführungsort klassischer Konzerte.

■ **Sorrento Film Festival,** die wichtigsten italienischen Produktionen werden jedes Jahr im Nov. gezeigt. www.giornatedicinema.it

Wandern

■ Die AAS (s.o.) hält eine praktische **Gratis-Wanderkarte** bereit. Tipps auch auf **www.giovis.com.**

Sant'Agata sui due Golfi

Zwei Treppenwege verbinden Sorrent mit Sant'Agata sui due Golfi. Auf- und Abstieg dauern ca. jeweils 1 Stunde und sind weniger schweißtreibend, als man vermuten würde. Der Blick auf Sorrent und den Golf ist die Mühe wert (siehe Exkurs „Wandern im Sirenenland").

Radfahren

■ Reaction – Emporio Bici
Profi-Bikeshop und Rad-Verleih von *Stanislao Pisani*. Die Gratis- Wanderkarte der Sorrentiner Halbinsel (siehe AAS Sorrento, Pro Loco di Massa Lubrense bzw. Exkurs „Wandern im Sirenenland") eignet sich auch hervorragend als Radkarte. Mo bis Sa 9–13 und 16–21 Uhr.
Viale Nizza 58/60, Tel. 08 18 77 06 13,
www.italiabikeshop.com

Massa Lubrense

Nur wenige Kilometer der schönen Küstenstraße, die durch Oliven- und Zitronenhaine führt, trennen Massa Lubrense (14.100 Ew.) von Sorrent, und doch ist man hier in einer anderen Welt. Das Territorium von Massa umfasst die Südspitze und damit den heute noch vorwiegend bäuerlich geprägten und **landschaftlich schönsten Teil der Sorrentiner Halbinsel.** Das mittelalterliche Massa Lubrense ist ein Gemeindesitz ohne Anzeichen hektischer Betriebsamkeit. In der Ortsmitte breitet sich einer der schönsten Agrumengärten der Halbinsel aus, früher im Besitz des Jesuitenklosters. Die Kultur der **Zitronen** geht hier auf das Mittelalter zurück. Aus Kastanienstangen werden die großen Pergolen gebaut, die im Winter mit den *pagliarelle* (Strohmatten) abgedeckt werden, um die empfindlichen Früchte und Blüten vor dem kalten Wind zu schützen. Die aromatischen Zitronenschalen werden heute fast ausschließlich zu *Limoncello*, einem verdauungsfördernden Likör, verarbeitet. Der älteste und schönste Limonengarten der Sorrentiner Halbinsel ist nach telefonischer Anfrage zu besuchen.

■ **Limoneto Il Gesù,** Via IV. Novembre 26 B, Tel. 08 18 08 94 19, info@ilgesu.com. Auch Limoncello-Verkostung und -Verkauf.

Die zentrale **Piazza Vescovado** ist zugleich ein Belvedere mit Golfblick. Auf der anderen Seite des Platzes birgt die barocke **Santa Maria delle Grazie** einen eindrucksvollen Majolikafußboden.

Mehrere Fußwege und eine Serpentinenstraße führen an den kleinen Hafen

5

Pescaturismo – Bootsausflug anders

Nahe Sorrent und doch weit weg vom Touristentrubel folgt das Leben der Fischer der Sorrentiner Halbinsel noch seinen uralten Rhythmen. Der Pescaturismo ist eine **Initiative engagierter Fischer** aus Sorrent und Massa Lubrense.

gvm13_069 pa

Treffpunkt ist meist morgens an der Marina della Lobra von Massa Lubrense oder am malerischen Fischerhafen Marina Grande unterhalb von Sorrent. Die Fischer haben die ersten Netze bereits vor Sonnenaufgang gehoben. Jetzt fahren sie mit ihren Gästen ein zweites Mal aufs Meer, und wer möchte, kann mit Hand anlegen. Ein bis zwei Stunden, dann sind die letzten Netze geborgen und die Boote steuern eine ruhige Ankerbucht in der Riserva Marina Punta Campanella zu einem verdienten Bad im kristallklaren Meer an. Der frische Fang wandert in die Töpfe der Bordküche, die anderen Zutaten, kräftiger Wein und würziges Olivenöl, stammen aus den Bauerngärten der Fischer. Ein Mahl, das man so schnell nicht vergisst! Vorbei an Ruinen römischer Luxusvillen und den Sirenenfelsen geht es am Nachmittag zurück. Im Juli und August werden *totani* (große Tintenfische) geangelt, und die Fischer fahren auch abends aus. Wenn bei Capri die Sonne rot im Meer versinkt, werden Lampen, so genannte *siluri*, ins Meer gesenkt, um die totani anzulocken. Jeder kann mit einer speziellen Angel sein Glück versuchen. Die gefangenen *totani* werden noch auf dem Schiff frisch zubereitet. Gegen Ein Uhr nachts geht es zurück an Land.

Von Mai bis Sept. täglich bei gutem Wetter: ½ Tag mit Snack an Bord ca. 50 Euro p.P., 1 Tag mit Fischessen an Bord 80–100 Euro p.P.; max. 10 Pers. pro Boot.

■ **Pescaturismo Sima,** Via Partenope 6 – Massa Lubrense, Tel. 08 18 78 90 52, Mobil 33 55 21 78 64 *(Gioacchino Gargiulo),* www.pescatouring. com
■ **Pescatur Sorrento,** Via Iomella Piccola 37 – Sant'Agnello, Mobil 32 04 08 50 01, www.pescatursorrento.it

hinab. Auf halber Höhe liegt die Kirche **Santa Maria della Lobra,** daneben der anheimelnde Kreuzgang des Franziskanerklosters. An dieser Stelle stand bereits in der Antike ein Tempel (lat. *delumbrum*), der vermutlich der Minerva geweiht war. **Marina della Lobra** ist ein freundlicher Fischerhafen und im Sommer voll mit Jachten und Sportbooten.

Information

■ Pro Loco di Massa Lubrense
Freundliche Tourist-Info. Hier gibt es gratis die Wanderkarte der Sorrentiner Halbinsel (siehe Exkurs „Wandern im Sirenenland"). I.d.R. Mo bis Sa 10–13 und 16.30–19.30 Uhr, im Sommer auch sonntags.
Viale Filangieri 11, Tel. 08 15 33 90 21,
prolocolubrense@gmail.com

■ Parco Marino Punta Campanella
Informiert auch zum Pescaturismo, siehe Info-Kasten „Pescaturismo – Bootsausflug anders". I.d.R. Mo bis Fr 8–14 Uhr.
Viale Filangieri 40, Tel. 08 18 08 98 77,
www.puntacampanella.org

■ www.comune.massalubrense.gov.it

Unterkunft

Hotels und Pensionen

■ Piccolo Paradiso ***
Oberhalb vom Fischerhafen, mit Swimmingpool. 54 Zi., DZ/F ab 90 Euro, HP ab 60 Euro. Mitte März bis Mitte Nov.
Piazza Madonna della Lobra 5 – Marina della Lobra, Tel. 08 18 78 92 40, www.piccolo-paradiso.com

■ La Primavera ***
Freundliche Familien-Pension in Zentrumsnähe. Etwa die Hälfte der Zimmer mit Capri-Blick. Signora *Anna* kocht prima für ihre Gäste! 16 Zi., DZ/F 60–100 Euro, HP 50–70 Euro. Jan. geschl.
Via IV. Novembre 3, Tel. 08 18 78 91 25,
www.laprimavera.biz

Agriturismi

■ La Lobra
MEIN TIPP! Die moderne Fassade verrät nicht, welches Paradies, v.a. auch für Kinder, sich hinter diesen Mauern verbirgt. *Maria-Theresa* und ihr Bruder *Tullio Pollio* haben das Gutshaus ihrer Eltern im Jahr 2000 als Agriturismo eröffnet. Zitronen-, Olivenhaine und Gemüsegärten umgeben das gastliche Anwesen. Hier werden Schweine, Kälber und Geflügel gehalten. Die Zutaten der ausgezeichneten Küche stammen fast ausschließlich aus eigener Produktion. Geschmackvoll eingerichtete Zimmer mit Bädern, guten Betten, Heizung und Terrasse. Für Gäste werden Bootsausflüge organisiert. Anfahrt: direkt bergseitig der Straße, die aus Massa zur Marina della Lobra hinabführt, kurz nach der Kirche. 9 Zi., DZ/F 70–90 Euro, Menü 20 Euro.
Via Fontanella 17, Tel. 08 18 78 90 73,
www.lalobra.it

■ Il Giardino di Vigliano
MEIN TIPP! Schöne Zimmer in alten Steinhäusern inmitten eines wunderschönen Zitronenhains mit herrlichem Panorama. Man kann *Peppino Nunziata* zusehen, wie er neapolitanische Krippen baut. Seine Frau *Ida*, Tochter *Valentina* und Sohn *Luigi* kümmern sich um das leibliche Wohl der Gäste. Biologische Produkte. Anfahrt: Auf halbem Weg von Sorrent nach Massa Lubrense, kurz nach dem Restaurant Antico Francischiello bergseitig. Nebenan führt *Peppinos* Bruder *Aldo* den ebenfalls empfehlenswerten **Agriturismo Torre Cangani** (www.torrecangiani.com). 7 Zi., DZ/F 70–100 Euro, Menü 25 Euro.
Via Vigliano 3 – Località Villazzano,
Tel. 08 15 33 98 23, www.vigliano.org

Essen und Trinken

■ Nastro d'Oro
Nette Familientrattoria mit lokaler Küche und Capri-Blick. An der Straße von Massa in Richtung Termini. 25–30 Euro. Mo Ruhetag. Mittags und abends. März bis Dez.
Via Nastro d'Oro – Marciano, Tel. 08 18 08 91 87

■ Caffè Osvaldo
Freundliche Bar im Zentrum von Massa. Eigenwerbung: „toilet overlooking Capri" …
Piazza Vescovado 7, Tel. 08 18 78 90 05

An- und Weiterreise

■ **Auto:** Die schöne Küstenstraße, die von Sorrent über Massa Lubrense und Termini nach Sant'Agata sui due Golfi führt, heißt zu Recht *Nastro Azzuro* (Blaues Band).
■ **Bus: SITA,** siehe Sorrent.
■ **Taxi:** Persico Car Service, Tel. 08 18 78 91 44, Mobil 330 33 81 66 *(Angelo),* www.persicocarservice.com. Limousinen mit Fahrer und Minibusse.

Feste/Veranstaltungen

■ **Ostern,** am Abend Karfreitagsprozession der schwarz vermummten Bruderschaften.
■ **S. Cataldo,** Fest des Stadtpatrons am 10. Mai. Prozession aller Bruderschaften.
■ **Festa dell'Assunta,** am 15. August Bootsprozession mit Feuerwerk an der Marina della Lobra.

Baden

Die Strände nördlich von Marina della Lobra werden von Einheimischen aufgesucht – das macht sie aber noch lange nicht empfehlenswert …

Bootsausflüge

Von der Marina della Lobra bieten mehrere Fischer Bootsausflüge an, siehe auch Exkurs „Pescaturismo – Bootsausflug anders".

■ Cooperativa Marina della Lobra
Ausflugsfahrten entlang der Costa Sorrentina, nach Capri und an die Costiera Amalfitana. Taxi-Boote zu den Stränden. April bis Okt.
Via C. Colombo 35, Tel. 08 18 08 93 80,
Mobil 36 83 59 22 80 *(Tonino Amitrano),*
www.marinalobra.com

Tauchen

■ Diving Center Cala di Puolo
Tauchschule in der Marina di Puolo, einer Bucht zwischen Sorrent und Massa. PADI, Kurse in Unterwasserfotografie. Kontakt c/o Reisebüro Divingtour in Massa Lubrense.
Via Fontanelle 18, Tel. 08 18 08 90 03,
www.divingtour.it

Wandern

Massa Lubrense sitzt wie die Spinne im Netz der sich hier kreuzenden alten Wirtschaftswege. Ein kurzer, aber lohnender Spaziergang führt in das nahe **Annunziata,** eine winzige Ansammlung von Häusern, Kirchen und Festungstürmen auf einem 226 m hohen Hügel. Herrliche Ausblicke! Die schöne Wanderung lässt sich an der Küste über Marciano bis **Termini** fortsetzen (siehe Exkurs „Wandern im Sirenenland"). Wanderbeschreibungen auf **www. giovis.com).**

Wandern im Sirenenland

Zum Gemeindegebiet von Massa gehören 17 **casali,** Orte und Weiler, in denen die bäuerliche Landwirtschaft und teilweise auch der Fischfang immer noch eine wichtige Rolle spielen. Längst erreichen moderne Straßen die einzelnen Ortschaften, doch besteht immer noch das dichte Netz alter **Wirtschaftswege** und **Maultierpfade,** eine ideale Möglichkeit, zu Fuß und mit allen Sinnen eine der schönsten Ecken Kampaniens zu entdecken. Einige der Wege führen zu versteckten Buchten, die ansonsten nur vom Meer mit Booten zu erreichen sind.

Glücklicherweise gibt es für diesen südlichen Abschnitt der Sorrentiner Halbinsel die hervorragenden **Wanderkarten von Giovanni Visetti.** Die Wanderungen folgen einem Farbcode, und alle in den Karten beschriebenen **Wege sind auch im Gelände markiert.** Die Karten in den Maßstäben 1:15.000 bzw. 1:18.000 sind klar lesbar, Detailpläne der wichtigsten Orte helfen bei der Orientierung. Seitlich sind oft Lokale aufgeführt. Das ist gut, denn viele Wege führen appetitanregend an Bauerngärten vorbei. Mehr als diese Karte und einen Busfahrplan braucht man eigentlich nicht, um hier ein paar wunderbare Tage zu verbringen.

Die **Karte „Sea of Ulysses. Land of the Sirens. Country Walks"** (auch unter anderem Namen erhältlich) gibt es gratis in den Fremdenverkehrsämtern vor Ort, mit etwas Glück auch in den meisten Hotels. In diesem Kapitel konnte daher auf eine längere Beschreibung der Wanderungen verzichtet werden. Die vorgeschlagenen Wege (und viele andere) lassen sich mit den Karten problemlos finden. Auf seiner Website **www.giovis.it** beschreibt *Giovanni Visetti* auch einige schöne Touren auf Capri und an der Amalfitana. Die aktuellsten Karten des Progetto Tolomeo finden sich hier auch als Gratis-Download!

gvn13_070 pa

Sant'Agata sui due Golfi

Dem Blick vom Dach des Klosters Il Deserto verdankt Sant'Agata (390 m, 3000 Ew.) seinen **Beinamen „sui due Golfi"**. Ein kurzer Spazierweg führt auf die 457 m hohe Anhöhe, auf der vermutlich in der Antike ein **Sirenen-Heiligtum** stand. Am Fuße des Mons Sirenianus wurden in einer Nekropole griechische Vasen gefunden, auf denen die mythischen Flügelwesen abgebildet sind. Heute sind sie im Archäologischen Museum in Piano di Sorrento zu bewundern. Geblieben ist der herrliche Blick auf den Golf von Neapel, und besorgt man sich im Kloster den Schlüssel für die Dachterrasse, kann man auf der anderen Seite auch den Golf von Salerno sehen. Im 18. und 19. Jh. entstanden hier zahlreiche Veduten.

Sant'Agata liegt auf luftigen 395 m Höhe und zeichnet sich im Sommer durch ein **angenehmes Klima** aus, im Winter liegt der Ort hingegen häufig im Nebel.

Niemand würde hinter der schlichten Fassade der **Pfarrkirche** einen prächtigen Altar vermuten. Es handelt sich um eine florentinische Arbeit aus dem 16. Jh., ursprünglich für eine Kirche in Neapel bestimmt. Damit erschöpfen sich auch schon die Sehenswürdigkeiten, und es bleibt viel Zeit, die erholsame Atmosphäre zu genießen, zu schönen Wanderungen aufzubrechen und einem der besten Restaurants Süditaliens einen Besuch abzustatten.

Information

■ **Pro Loco „Due Golfi"**
Corso Sant'Agata 13, Tel. 08 15 33 01 35
■ **www.santagatasuiduegolfi.it**

Unterkunft

Hotels und Pensionen

■ **Oasi Olimpia** ****
Kleines Luxushotel in einfühlsam restaurierter Villa des 19. Jh. Stilmöbel und zeitgemäßer Komfort. Ausblick auf beide Golfe. Ein Park und Garten, der auch Obst und Gemüse für die Küche liefert, umgeben das still gelegene Haus. Kochkurse, großer Pool und Tennisplatz. 6 Zi., 5 Suiten, DZ/F ab 210 Euro, Suiten ab 310 Euro. März bis Mitte Nov.
Via Deserto 26, Tel. 08 18 08 05 60, www.oasiolimpiarelais.it

■ **Delle Palme** ***
Freundlich geführtes Hotel in der Ortsmitte (Zimmer nach hinten verlangen!). Der ursympathische Besitzer *Luigi Poi* ist ein Kenner und Liebhaber der Sorrentiner Halbinsel. Großer Pool im Garten. 49 Zi., DZ/F ab 70 Euro, HP ab 50 Euro. April bis Nov.
Corso Sant'Agata 32/36, Tel. 08 18 78 00 25

■ **Don Alfonso 1890 Suites**
Dem berühmten Restaurant (s.u.) ist ein kleines Boutique-Hotel angeschlossen. Fröhlich-bunte, höchst komfortable Zimmer in einer sorgsam restaurierten Gartenvilla im Zentrum von Sant'Agata. Pool im Park. *Alfonso* und *Livia*, darin unterstützt von ihren Söhnen *Ernesto* und *Mario*, bieten ihren Gästen die Möglichkeit, eine „Cooking School" zu besuchen. 8 Suiten, DZ/F ab 300 Euro. Ende März bis Ende Okt.
Corso Sant'Agata 13, Tel. 08 18 78 00 26, www.donalfonso.com

Agriturismo

■ Le Tore

MEIN TIPP! Das Gutshaus von *Vittoria Brancaccio* liegt oberhalb des Ortes inmitten von 14 ha biologisch bewirtschafteter Olivenhaine, Weinberge und Apfelgärten. Große Zimmer, ausgezeichnete Küche, opulentes Frühstück mit köstlichen Marmeladen. Schöne Wanderungen in der Umgebung möglich. 8 Zi., DZ/F 90–110 Euro, Ap. 500–800 Euro/Woche, Abendessen 25 Euro.
Via Pontone 43, Tel. 08 18 08 06 37,
Mobil 33 39 86 66 91, www.letore.com

Essen und Trinken

Restaurants und Pizzerien

■ Da Cardillo

Freundliches Gartenrestaurant mit bester lokaler Fisch- und Gemüseküche, abends auch knusprige Holzofenpizza. 20–25 Euro. Mo Ruhetag. Mittags und abends.
Via Dei Campi 3 (Ecke Corso Sant'Agata),
Tel. 08 15 33 04 17, www.ristorantedacardillo.it

■ Da Mimì

Einfaches, gutes Lokal. Hausgemachte Pasta, anständige Preise. Abends auch Holzofenpizza. Junges Publikum. 15–20 Euro. Mo Ruhetag. Mittags und abends.
Via Termine 3, Tel. 08 15 33 15 85

■ Fattoria Terranova

Der Agriturismo oberhalb Sant'Agata sui due Golfi mit Blick auf die Isole Galli vor Positano ist v.a. als Ausflugslokal beliebt. Die Zutaten der bodenständigen Küche sind größtenteils selbst produziert und werden auch im schicken Hofladen in Sorrent verkauft (Piazza Tasso 16). Einfache Gästezimmer in modernen Gebäuden. Möglichkeit zum Reiten, vom

△ Chiesa S. Costanzo:
an Stelle eines antiken Tempels

5

Agriturismo aus kann man direkt zu schönen Wanderungen aufbrechen. Menü 20 Euro für Gäste des Hauses, sonst 35–40 Euro. März bis Anfang Nov. Via Pontone 10, Tel. 08 15 33 02 34, www.fattoriaterranova.it

■**Lo Stuzzichino**

MEIN TIPP! Nettes Familienristorante in der Nähe der Chiesa Madre. *Mimmo De Gregorio* empfiehlt seinen Gästen frisch zubereitete Pastaspezialitäten wie *scalatelli ai frutti di mare* (Tagliatelle mit Meeresfrüchten) oder *cannelloni alla sorrentina* (fleischgefüllte Cannelloni mit Mozzarella und Tomaten). Die Gemüseantipasti und die *minestre* (Gemüsesuppen) werden mit frischen Zutaten aus dem eigenen Garten zubereitet, danach gibt es frischen Fisch oder Fleisch, abends auch *focaccia*, eine Art Pizza aus dem Ofen. Gute Auswahl preiswerter Weine. Im Sommer wird im Freien gedeckt. 25–30 Euro. Mi Ruhetag. Mittags und abends. Via Deserto 1/A, Tel. 08 15 33 00 10, www.ristorantelostuzzichino.it

■**Don Alfonso 1890**

MEIN TIPP! Von *Alfonso* und *Livia Iaccarino* mit Liebe geführter und mit zwei Sternen hoch dekorierter Gaumentempel. Die Zutaten der innovativ-kampanischen Küche stammen vom eigenen biologisch bewirtschafteten Gut Le Peracciole an der Punta Campanella. Auch der Weinkeller lässt keine Wünsche offen (die tiefen Gewölbe, in denen die edlen Tropfen lagern sind antik). Unnötig zu erwähnen, dass ein Mahl bei Don Alfonso ein seltener Hochgenuss ist, koste es, was es wolle. Vorbestellen! Verkauf eigener Produkte, luxuriöse Gästezimmer (s.o.). Degustationsmenüs ab 155 Euro. Mo Ruhetag, im Winter auch Di. Nur abends. März bis Okt. Corso Sant'Agata 13, Tel. 08 18 78 00 26, www.donalfonso.com

■**Tramonto Rosso**

Gut essen im westlichen Nachbarort. Prima Pizza und Fisch und Fleisch vom Grill. 10–30 Euro. Mo Ruhetag. Mittags und abends. Via Caprile 1 – Monticchio, Tel. 08 18 08 10 45, www.ristorantetramontorosso.com

Cafés und Bars

■**Bar Fiorentino**

Sollte das Hotelfrühstück mager ausfallen, hier gibt es köstliche *sfogliatelle!* Di Ruhetag. Via Nastro Azzurro 7/9, Tel. 08 18 78 00 64

■**Bar Orlando**

MEIN TIPP! Ein Fixpunkt des gesellschaftlichen Lebens von Sant'Agata. Freundliche, lockere Atmosphäre. Lassen Sie sich von *Orlando Cilento* die Story vom rauchenden Kater erzählen! Zum Sattwerden leckere Kleinigkeiten. Mi Ruhetag. Corso Sant'Agata 2, Tel. 08 18 78 00 63

An- und Weiterreise

■**Auto:** Sant'Agata liegt an der S.S. 145, die von Sorrent in Richtung Positano führt. Die lanschaftliche schöne Strecke trägt den Namen *Nastro Verde* (Grünes Band).

■**Bus: SITA,** siehe Sorrent.

Feste/Veranstaltungen

■**Venerdì Santo,** abends Karfreitagsprozession der schwarz vermummten Bruderschaften von Torca nach Sant'Agata.

■**S. Pietro,** am 29. Juni Bootsprozession zur Marina del Crapolla (nebenbei auch ein lohnendes Ziel für eine Wanderung, s.u.).

Wandern

■Zwei Treppenwege führen mit schönen Ausblicken in ca. 1 Std. nach Sorrent hinab.

■Eine anspruchsvolle, aber lohnende Halbtageswanderung führt vorbei an **Torca,** evtl. mit einem Abstecher zur alten Fischersiedlung **Marina di Crapolla,** auf einem Höhenweg mit spektakulären Blicken auf Amalfitana und Punta Campanella bis an die **Baia di Recommone** und weiter an die **Marina del Cantone.** Der Abstieg nach Recommone ist etwas beschwerlich. Ab Marina del Cantone fahren SITA-Busse (siehe Exkurs „Wandern im Sirenenland"). Wanderbeschreibungen und Karten als Download auf **www.giovis.com.**

Nerano und Marina del Cantone

Das hübsche Nerano liegt auf halber Höhe zwischen Termini und der Marina del Cantone am Fuße der senkrecht aufsteigenden Felswände des **Monte S. Costanzo.** Hier zweigt der Weg ab, der an die Traumbucht **Baia di Jeranto** führt (s.u.). An einem wunderschönen, lang gestreckten Kiesstrand mit Blick auf den Golf von Salerno, die Amalfitana und die **Isole li Galli** (siehe Exkurs „Sirenengesang, sterbensschön!") stehen die wenigen Häuser der **Marina del Cantone,** meist kleine Hotels oder Restaurants. Im Sommer herrscht an diesem Bilderbuchbadestrand viel Betrieb, ansonsten ist es einfach paradiesisch. Fast fühlt man sich in die 1950er (Film-)Jahre zurückversetzt. Einsame Felsbuchten kann man mit Taxibooten erreichen. Unterwegs passiert man geheimnisvolle Grotten, ein Eldorado auch für Taucher.

Unterkunft

Hotels und Pensionen

■ Hotel Certosa ***

Die ehemalige Kartause aus dem 14. Jh. beherbergt seit 1970 diese freundliche Pension. Einige der geräumigen Zimmer mit Meerblick (aus Denkmalschutzgründen ist die Balkonmauer stark hochgezogen), die anderen mit Terrassen zur stillen, grünen Rückseite. Strand direkt vor dem Haus inkl. Benutzung der Liegestühle. Das empfehlenswerte Ristorante Pappone (s.u.) gehört zum selben Familienbetrieb. 16 Zi., DZ/F 60–120 Euro (Aufschlag für Meerblick), HP zusätzlich 30 Euro.
Marina del Cantone 23,
Tel. 08 18 08 12 09, www.hotelcertosa.com

■ Le Sirene ***

MEIN TIPP! Nettes Hotel neben der Pension Certosa. Die Hälfte der Zimmer weist mit einem schmiedeeisernen Balkon aufs Meer, etwas größer sind die mit Terrasse versehenen Zimmer nach hinten. Gute Betten. Das gute Fischrestaurant öffnet auch für auswärtige Gäste, hier essen auch die Einheimischen gerne. Parkplatz, Strandbenutzung inkl. 16 Zi., DZ/F 100–150 Euro, HP 90–110 Euro.
Marina del Cantone, Tel. 08 18 08 17 71,
www.lesirenehotel.it

■ Locanda del Capitano ****

Edles kleines Hotel direkt am Meer. Das Restaurant wird zu Recht gerühmt (s.u.). 10 Zi., 2 Suiten. DZ/F 180 Euro. März bis Dez.
Piazza delle Sirene 10/11,
Tel. 08 18 08 10 28, www.tavernadelcapitano.it

■ I Quattro Passi

Das vorzügliche und einladende Sterne-Restaurant (s.u.) bietet seinen Gästen ebenso charmante wie komfortable Zimmer im Grünen. Pool und kleiner Fitness-Raum. 5 Zi., 3 Suiten., DZ/F 160–200 Euro. März bis Okt.

■ La Conca del Sogno

Der Name ist Programm: Die von *Anna Tizzani* geführte Edelpension cum Ristorante (s.u.) an einer abgeschiedenen Traumbucht mit Blick auf die Isole li Galli, die Amalfitana und den Golf von Salerno ist flitterwochentauglich! Auch größere Zimmer für Eltern, die mit Kindern verreisen. Von Marina del Cantone in ca. 20 Min. zu Fuß oder mit Wassertaxi zu erreichen. Autofahrer können die Privatstraße des Campingplatzes Villaggio Syrenuse nutzen, die von der Straße Nerano – Marina del Cantone abzweigt. 7 Zi., DZ/F 120–170 Euro. Ostern bis Ende Okt. Via San Marciano 9 – Baia di Recommone, Tel. 08 18 08 10 36, 08 18 78 00 29 (priv.), www.concadelsogno.it

Ferienwohnungen

■ Torre Turbolo

Michele Mauro, der an der Marina del Cantone einen Campingplatz und eine Tauchschule betreibt (s.u.), hat in der Torre Turbolo, einem Küstenwachtturm aus dem Jahre 1567, einige schöne Ferienwohnungen eingerichtet. Traumpanorama garantiert! 4 Ap. für je 4 Pers. ab 90 Euro. März bis Okt. Kontakt c/o Camping Villaggio Turistico Nettuno (s.u.). www.torreturbolo.com

Campingplatz

■ Villaggio Turistico Nettuno

Bungalows und Zeltplätze. Einige der Bungalows haben den Charme von Notunterkünften, sind aber grün eingewachsen. Einige hundert Meter vor der Marina del Cantone, direkt an der von Nerano herabführenden Straße. Privatweg zum Strand. Supermarkt, Bar, Restaurant und professionelle Tauchschule (s.u.). 2 Pers., Zelt und Auto 20–33 Euro; Bungalow 50–175 Euro. März bis Okt. Via A. Vespucci 39, Tel. 08 18 08 10 51, www.villaggionettuno.it

Essen und Trinken

■ La Conca del Sogno

Edles Terrassenlokal mit Traumblick aufs Meer. Antipasti, Pasta, Fische, Meeresfrüchte und Desserts, alles frisch zubereitet. Liegestühle auf der Sonnenterrasse laden zur Siesta ein, die kleine Baia zu einem erfrischenden Bad, der kurze Fußweg zurück nach Marina del Cantone ist ein Verdauungsspaziergang, wie man ihn sich schöner kaum vorstellen kann. Gästezimmer (s.o.). 50–65 Euro. Mittags und abends. Ostern bis Ende Okt. Via San Marciano 9 – Baia di Recommone, Tel. 08 18 08 10 36, www.concadelsogno.it

■ I Quattro Passi

Antonio und *Rita Mellino* sind für ihre Leistungen mit einem Michelin-Stern ausgezeichnet worden. Obst und Gemüse liefert der biologisch bewirtschaftete Agriturismo Le Tore in Sant'Agata. Freundliches Ambiente, im Sommer sitzt man unter einer begrünten Pergola. Kochkurse, einladende Gästezimmer (s.o.). Anfahrt: direkt an der Straße, die von Nerano zur Marina del Cantone hinabführt. Degustationsmenüs ca. 120 Euro inkl. Wein. Mi und Di abends geschl. März bis Okt. Via A. Vespucci 13, Tel. 08 18 08 28 00, www.ristorantequattropassi.com

■ Lo Scoglio da Tommaso

MEIN TIPP! Die Terrasse schwebt wie eine Fata Morgana auf einem Fels über dem Meer. *Peppino De Simone* fängt seinen Fisch noch selbst, Gemüse, Oliven und Obst baut er auf dem eigenen Stück Land an. Seine Frau *Santina* ist ausgebildete Sommeliere, während Mamma *Antonietta* unangefochten über die Töpfe herrscht. Ausgezeichnete Küche, das Angebot eines Michelin-Sternes hat *Peppino* lächelnd abgelehnt. Inzwischen ist Sohn *Tommaso* mit eingestiegen. 14 Gästezimmer über dem Lokal. Menü 35–45 Euro. Piazza delle Sirene 15, Tel. 08 18 08 10 26, www.hotelloscoglio.com

■ Ristorante da Maria Grazia

Das romantische Terrassenrestaurant am östlichen Ende der Bucht ist eine Institution. Antipasti, die ein ganzes Mahl ersetzen können, und exzellente Fischgerichte. Hier wurde die *pasta alla Nerano* (Nudeln mit frittierten Zucchini) erfunden. Preise und Qualität hielten sich zuletzt nicht immer die Waage. 25–40 Euro. März bis Dez., von Mai bis Sept. tägl. mittags und abends, sonst nur Sa und So mittags. Via Marina del Cantone 65, Tel. 08 18 08 10 11, http://ristorantemariagrazia.com

■ Ristorante Pappone

Terrassenrestaurant des Hotels Certosa (s.o.). Prima Antipasti. 25–35 Euro. Di Ruhetag. Mittags und abends.
Marina del Cantone 23, Tel. 08 18 08 12 45

■ Taverna del Capitano

Ausgezeichnetes Hotelrestaurant (s.o.). 60–80 Euro. März bis Dez.

Snacks, Cafés und Bars

■ Bagni Mimì

Domenico Mellino serviert in seiner fröhlichen Strandbar an der Marina del Cantone von Ostern bis Okt. ausgezeichnete Granita.

■ Bar Mozart

Kleiner Lebensmittelladen, Bar und Kunstgalerie von *Francesco Cioffi*.
Piazzetta Nerano 4B – Nerano

An- und Weiterreise

■ Auto: Von Termini führt eine Stichstraße bis an die Marina del Cantone.
■ Bus: SITA, siehe Sorrent.

Wassertaxi/Bootsverleih

■ Cooperativa Sant'Antonio, von März bis Okt. Schiffsausflüge an die Amalfitana oder nach Capri. Man kann sich mit Booten in eine der schönen Badebuchten bringen und nach Vereinbarung wieder abholen lassen, bzw. man leiht sich einen motorisierten Gozzo aus (teuer!!!). Kiosk am Ristorante Pappone, Tel. 08 18 08 16 38, Mobil 33 89 47 88 84, www.coopsantonio.com.

■ Nautica O'Masticiello, *Peppe Masticiello* verleiht Lancette (kleine Fischerboote mit Außenborder) und Gozzi (größere Holzboote mit Motor) mit und ohne Bootsführer. Mai bis Ende Sept. Kiosk am Ristorante Lo Scoglio, Tel. 08 18 08 14 43, Mobil 33 93 14 27 91, www.masticiello.com.

Fest

■ S. Antonio Abate, Patronatsfest am 13. Juni in Marina del Cantone. Am Abend Bootsprozession und Feuerwerk.

Baden

Die **Marina del Cantone** ist eine der besten Badestellen der Halbinsel. Seit ein paar Jahren darf die „Blaue Flagge" als Gütesiegel für sauberes Wasser und guten Strandservice gehisst werden! Romantisch ist die **Baia di Recommone,** eine kleine Bucht mit schneeweißem Kies östlich der Marina del Cantone und mit dem Taxiboot oder auf einem 15-minütigen Spaziergang zu Fuß zu erreichen. Ein besonders Badevergnügen bietet die **Baia di Jeranto,** die entweder zu Fuß (s.u.) oder mit dem Taxiboot zu erreichen ist.

Die Sorrentiner Halbinsel

5

Tauchen

■ **Diving Nettuno**

Michele Mauro hat in einem der besten Tauchreviere Kampaniens seine Zelte (s.o.) aufgeschlagen. Kurse nach internationalen Richtlinien, Ausrüstung kann gestellt werden. Tauchtörns an der Punta Campanella, den Isole li Galli, der Amalfitana und vor Capri. März bis Okt.

Via A. Vespucci 39, Tel. 08 18 08 10 51, 08 18 08 39 80, www.divingsorrento.com

Wandern

Von Termini führt ein etwas steiler Weg in kurzer Zeit nach **Nerano** herab und setzt sich fort bis an die **Marina del Cantone.** In Nerano zweigt der lohnende Stichweg ab, der vorbei an der Villa Rosa zur **Baia di Jeranto** führt. Hin- und Rückweg zur Baia di Jeranto 2–2½ Std. (siehe Exkurs „Wandern im Sirenenland"). Der Fondo Ambiente Italiano, Besitzer der Baia di Jeranto, organisiert geführte Wanderungen sowie den Besuch einer alten Ölmühle (Mobil 33 58 41 02 53, www.fondo ambiente.it).

Termini, Monte S. Costanzo und Punta Campanella

Der bescheidene Ort **Termini** am Fuße des Monte S. Costanzo bietet einen spektakulären **Blick auf Capri.** Und dieser Blick begleitet einen auf einer leichten Wanderung bis an die Spitze der Halbinsel. Im ersten Abschnitt führt die schmale asphaltierte Straße an **Olivenhainen** vorbei – hier sei daran erinnert, dass der Ölbaum in der Antike der Göttin *Athena,* die von den Römern als *Minerva* verehrt wurde, heilig war. Im weiteren Wegverlauf – die Oliven sind inzwischen einer duftenden Mittelmeermacchia gewichen – gibt der Asphalt stellenweise altes Pflaster frei, Reste der römischen Straße, die zum Promontorium Minervae führte. Griechische Seefahrer hatten an der **Punta Campanella** der *Athena* einen Tempel errichtet. Als Schutzgöttin der Schifffahrt wachte sie über das Kap zwischen den beiden Golfen. Der Ort wurde auch von den Römern verehrt. Auf der Tabula Peutingeriana, der mittelalterlichen Kopie eines antiken römischen Straßenatlas, ist am Kap ein Minerva-Tempel eingezeichnet. Heute stehen hier die Reste eines mittelalterlichen Küstenwachturms und ein Leuchtturm. Der Blick auf das nur fünf Kilometer entfernte Capri ist grandios!

Mehr Belvedere bietet sonst nur noch der 485 m hohe **Monte S. Costanzo,** von Termini aus zu Fuß oder in wenigen Minuten mit dem Auto zu erreichen. Auf einer der beiden Bergspitzen erhebt sich das schneeweiße Kirchlein S. Costanzo aus dem 15. Jh. auf der Basis eines antiken Tempels. Von hier oben bietet sich ein Panorama, das nicht nur den Golf von Neapel mit dem Vesuv umfasst, sondern im Süden über den Golf von Salerno hinweg bis in den Cilento reicht. An klaren Tagen scheinen die Costiera Amalfitana und die Isole li Galli zum greifen nah.

Information

● www.puntacampanella.org

Essen und Trinken

● **Miracapri**

Früher hieß das Lokal „Aspiett nu poc" und lag in Nerano. Man musste ein bisschen warten, verriet der Name. Zu warten lohnt sich immer noch, vor allem auf die reichlichen Antipasti und hausgemachte Pasta. *Michele* und seine Frau *Maria* bereiten alles frisch zu. Derweil kann man den Ausblick auf Capri genießen. Abends auch Holzofenpizza. 20–25 Euro. Di Ruhetag. Mittags und abends.

Via Roncato 13 – Termini,

Tel. 081 80 81 99 36, Mobil 36 83 06 08 63

Snacks, Café und Bar

● **Chiosco Bar San Costanzo**

Enrico Buonocores rustikale Cocktail-Bar serviert auch frisch gepresste Säfte und Snacks.

Via del Monte 4 (am Abzweig zur

Punta Campanella), Mobil 360 96 73 48

An- und Weiterreise

● **Auto:** Der Nastro Azzuro führt von Sant'Agata über Termini nach Massa Lubrense.
● **Bus: SITA,** siehe Sorrent.

Einkaufen

● **Destillerie Nastro d'Oro**

Kleine Fabrik für Liköre und Limoncelli, in Qualität und Preis manchem in Sorrento angebotenen Pro-

dukt weit überlegen. *Lorenzo Farina* bezieht seine Zitronen vom Bio-Agriturismo Le Tore. Mo bis Fr 9–13 und 15–18.30 Uhr, Sa 9–13 Uhr.

Piazza S. Croce 5, Tel. 08 18 08 13 68,

Mobil 33 87 57 24 76, www.nastrodoro.com

Fest

● **S. Costanzo,** am 14. Mai Patronatsfest auf dem Monte S. Costanzo. Am vorletzten Julisonntag wird die Statue in einer Prozession nach Termini hinabgetragen.

Wandern

Punta Campanella

Der Weg von Termini an die Spitze der Halbinsel ist ein gut ausgeschilderter Klassiker mit Ausblicken, an denen man sich nicht satt sehen kann. Hin- und Rückweg 2½–3 Std. Wanderbeschreibungen und Karten als Download auf **www.giovis.com.**

Monte S. Costanzo

Eine noch größere Augenweide bietet der leichte Aufstieg aus dem Ort auf den Hausberg von Termini. Hin- und Rückweg 1–1½ Std. Anspruchsvoller ist der Aufstieg von der Punta Campanella auf dem verkarsteten Grat, Beginn des CAI-Fernwanderwegs „00" Alta Via dei Lattari. Dieser Weg setzt sich mit einem Abstieg nach Nerano fort (siehe Exkurs „Wandern im Sirenenland").

Die Sorrentiner Halbinsel

6 Die Amalfi-Küste

Italiens schönste Steilküste raubt den Atem: den Betrachtern vor Begeisterung, den Autofahrern vor Aufregung. Mittelalterliche Städtchen inmitten von Zitronenhainen verbreiten Orientflair, auf alten Wirtschaftswegen kann man die „Milchberge" weit ab von Touristenströmen zu Fuß durchstreifen.

Wandern an der Amalfitana: nur Fliegen ist schöner

Diese **Tipps** sind <mark>gelb hinterlegt.</mark>

NICHT VERPASSEN!

Villa Cimbrone (Ravello):
selbst bei Nebel bezaubernd schön

6

ÜBERBLICK

gvm13_083 pa

Italiens spektakulärste Steilküste raubt einem den Atem, so schön ist sie und so abenteuerlich sind ihre (Straßen-)Kurven. Auf ein eigenes Fahrzeug zu verzichten, schont die Nerven! Man kann unbesorgt lokale Linienbusse nehmen oder das unvergleichliche Panorama vom Meer aus genießen. Im Sommerhalbjahr verkehren Fähren. Positano, Amalfi und Ravello sind Bilderbuchorte mit orientalischem Flair und einem Maximum an Belvedere. Auf alten Wirtschaftswegen kann man zu Fuß weit ab von Touristenströmen durch die Berge, in denen Milch fließt, streifen. Die UNESCO hat die Amalfitana 1997 zum Weltkulturerbe erklärt.

Der Amalfi-Küste eilt der Ruf voraus, eine der schönsten Landschaften der Welt zu sein, mit Sicherheit ist sie die aufregendste Steilküste Italiens. Sie wird gerne auch als „**Costa Divina**" apostrophiert. Die kalkweißen **Monti Lattari** („Milchberge") stürzen beinahe senkrecht ins azurblaue Tyrrhenische Meer und schützen den sonnenverwöhnten Küstenstreifen vor kalten Nordwinden. Enge Handelsbeziehungen, welche die Seerepublik Amalfi in den östlichen Mittelmeerraum pflegte, brachten im Mittelalter den Orient in diesen Landstrich. Ein maurischer Baustil prägt die Orte Positano, Amalfi, Ravello und Cetara, Reisende des 19. Jh.

wähnten sich in einem Reich aus 1001 Nacht. Aus dem Orient kommen auch die Zitronen, die seit dem Mittelalter auf sorgfältig angelegten Terrassen gedeihen. Diese Landschaft kennt kaum Verebnungen, Städte und Landwirtschaft wachsen in die Senkrechte.

Erst seit Mitte des 19. Jh. verbindet eine Straße, die der steilen Felsküste Kurve für Kurve mühsam abgerungen wurde, die malerischen Costiera-Orte. In einem Artikel für Harper's Bazar beschrieb sie *John Steinbeck* 1953 treffend als „carefully designed to be a little more narrower than two cars side by side". Die **Amalfitana** wurde von romantischen Reisen-

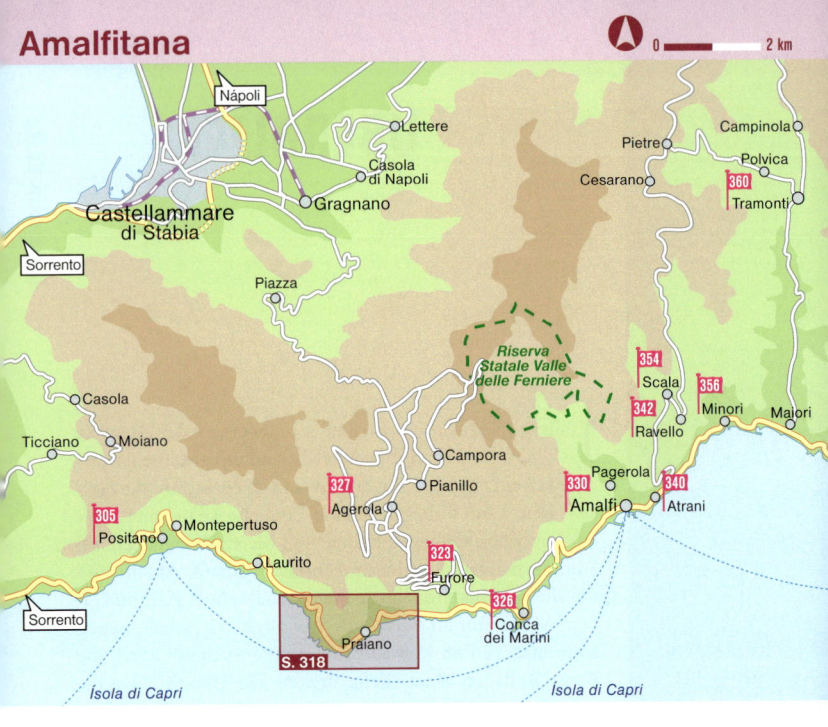

den entdeckt, mittelalterliche Klöster wurden zu Grand Hotels ausgebaut, spleenige Engländer ließen sich für immer nieder. Ab den 1920er Jahren kamen deutsche Künstler in Scharen in das Land, wo die Zitronen blühen, Ende der 1950er Jahre landete der internationale Jet-Set in Positano. Heute überbieten sich die Kataloge der Reiseveranstalter in der Formulierung immer neuer Klischees, die Sonne, Fels, Meer und Fischerromantik besingen – und eigenartigerweise treffen die meisten auch zu.

Um die Amalfitana kennenzulernen, kann man getrost auf ein eigenes Auto verzichten und sich den Kurvenkünsten der lokalen SITA-Busfahrer anvertrauen. Das weniger bekannte Gesicht dieser Traumlandschaft entdeckt, wer auch zu Fuß geht. Ein dichtes **Netz alter Wirtschaftswege und Treppenwege** durchzieht die steilen Berghänge. Vorbei an Weinterrassen, duftenden Macchia-Sträuchern wandert man mit spektakulären Ausblicken auf Küste und Meer. Weniger schweißtreibend und kaum ein geringerer Genuss ist eine Bootsfahrt entlang der Küste.

Praktische Tipps

Information

■ Die Fremdenverkehrsämter von Amalfi, Positano und Ravello sind gut organisiert.

Golfo di Salerno

Mesana

■ www.amalficoast.it, www.ecostiera.it, www.costadiamalfi.it, www.giracostiera.it, historische, touristische und aktuelle Infos.

Unterkunft

Die Costiera hat das ganze Jahr über Saison, entsprechend bleiben viele Hotels auch über den Winter geöffnet. Eine **rechtzeitige Reservierung** empfiehlt sich immer; an Ostern, im Sommer und über Weihnachten sind die Unterkünfte auf Monate hin ausgebucht, die Preise erklimmen die Höchstmarke. Ob Pensionen, Mittelklassehotels oder luxuriöse Traditionsherbergen, die meisten haben wenige Zimmer. Es umweht sie ein Hauch der guten alten Zeit, viele werden seit Generationen von derselben Familie geführt. Während sich im nahen Sorrent das Gros des organisierten Golftourismus kon-

zentriert, ist das Übernachtungsangebot an der Costiera überwiegend auf Einzelreisende zugeschnitten, eine Exklusivität, die sich nicht selten im Übernachtungspreis niederschlägt.

Das **Angebot** reicht von jugendherbergsähnlichen *Ostelli*, günstigen *Affitacamere* (Privatzimmer) und B&Bs über sympathische Familienpensionen mit guter Küche bis hin zu feudalen Hotels der Luxusklasse. Etliche Hotels blicken auf eine über 150-jährige Geschichte zurück, in den Gästebüchern stehen Namen wie *Richard Wagner, Henrik Ibsen, D. H. Lawrence, Otto von Bismarck, Ingrid Bergmann* oder *Greta Garbo*, um nur einige zu nennen. Campingplätze sind an der steilen Amalfitana rar gesät. Einen kleinen, aber sehr schönen Platz gibt es in Praiano, ein paar Stellplätze finden sich auch in Vettica Minore und in S. Lazzaro di Agerola.

An- und Weiterreise

Mit dem Auto

Eine Warnung vorweg: Die unter König *Ferdinand II.* 1853 gebaute Küstenstraße war ursprünglich nur für Fuhrwerke konzipiert. Niemand ahnte damals das Verkehrsaufkommen und den Touristenansturm unserer Tage voraus. Die Straße konnte seither nicht wesentlich verbreitert werden, denn auf der einen Seite ragen die Felswände steil auf, auf der anderen stürzen sie ebenso steil ins Meer. Trotz Einbahnregelungen für Touristenbusse in der Hauptreisezeit kommt es auf der kurvenreichen Strecke immer wieder zu **Verkehrsstaus.** Immerhin, es gibt wohl kaum eine schönere Straße, um im Stau zu stecken.

Problematisch ist das **Parken** an der Amalfitana, v.a. in den Orten sind Parkplätze rar und teuer. Jetzt könnte hier zwar als „Insider-Tipp" stehen, bei einem Besuch von Ravello gratis im nahen Scala zu parken, aber die Amalfitana besucht man am besten ohne eigenes Auto. Der öffentliche Verkehr mit Bussen und Schiffen (wetterabhängig) ist bestens geregelt.

Cucina amalfitana, limoni & vino

Landschaft und Geschichte der Amalfitana spiegeln sich, wie könnte es auch anders sein, in der Küche wider. So spektakulär wie Fels und Meer sich an dieser schönsten italienischen Steilküste begegnen, so nah sind sich hier **cucina di mare** und **cucina di terra.** Die salzig-würzigen Sardellen von Cetara vertragen sich erstaunlich gut mit der milden Mozzarella von Agerola, Tintenfische mit Kartoffeln sind ein Klassiker. Die intensiven Handelskontakte des mittelalterlichen Amalfi mit dem Orient bereicherten den Speisezettel um Zitronen, Zucker und Kaffee. Zitronen sind aus der Landschaft heute nicht mehr fort zu denken. Früchte und Blätter finden in unzähligen Gerichten Verwendung, nicht nur als Dessert. Jedes Mahl beschließt der Zitronenlikör *Limoncello*. Sorbets sorgen im Sommer für erfrischende Abkühlung, z.B. die *granita di limone*. Ob Hartweizennudeln durch die Araber nach Italien gelangten oder doch schon in der Antike bekannt waren, ist Gegenstand gelehrter Diskussionen. Ab dem 19. Jh. war die Amalfitana auf jeden Fall ein bedeutendes **Zentrum der Pastaproduktion,** zahlreiche Wasserläufe sorgten für den Antrieb der Mühlen. *Scialatielli* hei-

ßen die spaghettiähnlichen Amalfi-Nudeln, und in kaum einer Soße fehlen die kirschgroßen, aromatischen Tomaten. In fotogenen Büscheln hängen die roten *pomodorini a piennolo* an weiß gekalkten Hauswänden. Die Entstehung einer anderen amalfitanischen Nudelsorte ist gut dokumentiert: 1924 erfand der Koch des Hotels „Convento Cappuccini" die **cannelloni.** Glücklicherweise ist das Meer sehr fischreich, den Beweis erbringen Tag für Tag die appetitlichen Auslagen der Fischlokale. Auberginen, hier *melanzane* genannt – Araber brachten sie aus Indien mit –, sind vom *antipasto* bis zum *dolce* Hauptprotagonist der *cucina amalfitana*. Aus dem Kloster Santa Rosa oberhalb von Conca de Marini hat die *sfogliatella*, ein mit Ricotta gefüllter, muschelförmiger Blätterteig, ihren Siegeszug durch die Pasticcerie Neapels angetreten.

Seit Jahren überzeugen die **DOC-Weine Costa d'Amalfi** durch hohe Qualität. Die idealen Begleiter der *cucina amalfitana* gibt es weiß, rot und rosè. Neben Weinen aus Ravello haben die organisch erzeugten Tropfen der Cantine Gran Furore aus dem Vallone del Furore einen besonders guten Ruf.

gvn13_073 pa

Die **S.S. 163,** wie die Amalfitana auf Straßenkarten profan heißt, ist am schnellsten **über Vietri** zu erreichen, A3, Ausfahrt „Vietri sul Mare". Von Westen führt die Straße über die Bergrücken der Sorrentiner Halbinsel. Alternativ kann man eine der reizvollen Pass-Straßen wählen, die in beiden Richtungen mit Traumblicken verwöhnen. Von Castellamare geht es über den Pasta-Ort Gragnano auf die Hochebene von Agerola und in Schwindel erregenden Kurven durch das Furore-Tal hinab nach Amalfi. Kaum weniger beeindruckend ist die Passstraße über das Valico di Chiunzi nach Ravello, von der A3, Ausfahrt „Angri" bzw. „Nocera-Pagani" zu erreichen. Von der Passhöhe genießt man einen weiten Blick auf Vesuv, Sarno-Ebene und die Berge der Provinz Avellino.

Mit dem Bus

■ **SITA** sorgt für **effizienten Linienverkehr an Costiera Amalfitana und Costiera Sorrentina.** Mehrmals täglich nach Neapel, Sorrent und Salerno; tagsüber stündlich zwischen den einzelnen Küstenorten mit Amalfi als Drehscheibe. Die Straße ist kurvenreich, bei Neigung zur Reisekrankheit vorsichtshalber Vorsorge treffen. Fahrkarten und Fahrpläne in Tabacchi-Läden, Bars oder am Kiosk. **UNICO-Costiera-Tickets:** 45 Min./2,40 Euro, 90 Min./3,60 Euro, 24 Std./7,20 Euro bzw. 3 Tage/18 Euro. www.sitasudtrasporti.it, www.unicocampania.it
■ **CSTP,** Tel. 800 01 66 59, www.cstp.it. Salerno und Umgebung.

Mit der Bahn

Keine direkte Bahnverbindung an die Amalfitana. Sorrent erreicht man mit der Circumvesuviana, nach Salerno fahren FS-Züge.

Fähren und Tragflügelboote

Bedenkt man Amalfis ruhmreiche Vergangenheit als Seerepublik, besteht kein Zweifel: Schiffe sind das angemessenste Verkehrsmittel, um die Divina Costiera zu erreichen. Eine **Seefahrt entlang der spektakulären Steilküste** zählt darüber hinaus sicher zu den **schönsten Urlaubserlebnissen.** Die Saison dauert von Ostern bis Oktober. In dieser Zeit verkehren mehrmals täglich Kleinfähren zwischen Positano, Amalfi und Salerno. In den Sommermonaten erhöht sich das Angebot um zusätzliche Fähren nach Capri, Sorrent und Neapel. Direkt an den Häfen stehen die Kioske der Schifffahrtsgesellschaften, hier erhält man Fahrkarten, Fahrpläne hängen aus. Fahrpläne auch in den Touristenbüros und in Tageszeitungen. Abhängig von Wetter und Seegang kann es zu kurzfristigen Änderungen kommen.

■ **Alicost,** www.alicost.it
■ **Cooperativa Sant'Andrea,** www.coopsantandrea.com
■ **Metrò del Mare,** www.metrodelmare.net
■ **Tra.Vel.Mar.,** www.travelmar.it

Einkaufen

Majolikakuppeln, Kirchenfassaden und in herrlichen Farben leuchtende Fußböden, die Erzeugnisse eines der ältesten Kunsthandwerke, sind an der Amalfitana nicht zu übersehen. **Vietri** ist seit jeher als **Keramikzentrum** bekannt, viel der heute gebräuchlichen Motive entstammen interessanterweise dem *periodo tedesco,* als deutsche Künstler in den 1920er Jahren in den Werkstätten von Vietri arbeiteten und ihrer Italienromantik in naiv-fröhlichen Bildern Ausdruck verliehen. Neben traditionellen Majoliken aus Vietri, die man am besten vor Ort erwirbt, ist Massenware aus Sizilien genauso wie hochwertige und teure Keramik aus Urbino im Angebot, letztere für betuchte amerikanische Touristen (siehe Exkurs „Ein Küstenwchturm als Künstler-

Die Amalfi-Küste

6

atelier"). In Amalfi kann man **handgeschöpftes Papier** kaufen, Positano ist für seine **Mode** bekannt, und überall an der Costiera werden **Zitronen,** Zitronenmarmeladen, kandierte Zitronenschalen, vor allem aber der Zitronenlikör *Limoncello* angeboten. Ein geschmacksintensives Mitbringsel ist ein Fläschchen *colatura di alici* aus Cetara (siehe Exkurs „Garum, das Maggi der Antike").

Baden

Entlang der Steilküste öffnen sich **reizvolle Buchten,** einige davon nur mit dem Boot zu erreichen. Breitere **Kiesstrände** bieten Positano, Amalfi und Cetara. Maiori hat für Costiera-Verhältnisse einen geradezu luxuriös langen **Sandstrand.** Fast alle zugänglichen Strände sind im Sommer an *bagni* oder *lidi* (Strandbäder) verpachtet. Gegen Gebühr können Umkleidekabinen, Liegestühle, Sonnenschirme und Duschen benutzt werden. Die Wasserqualität ist im Allgemeinen sehr gut, doch kann sich das Meer strömungsbedingt oder nach heftigem Regen für einige Tage trüben.

Kajakfahren

Der salernitanische Aktiv-Reiseveranstalter **Genius Loci Travel** organisiert mehrtägige See-Kajaktouren entlang der amalfitanischen Küste. Auch Individual- und Tagestörns.
www.italykayaktours.com, www.genius-loci.it

Tauchen und Surfen

■**Tauchen:** Eine malerisch zerklüftete Kalkfelsküste mit zahlreichen Meeresgrotten, kristallklares Wasser und eine immer noch artenreiche Fauna machen die Amalfitana zu einem lohnenden Tauchrevier. Professionelle Tauchbasen in Positano und Praiano.

■**Surfen:** Cetara und Erchie sind im Sommer ideale Surfreviere. Bei Sonnenschein entwickeln sich tagsüber auflandige Winde. Da es kaum Verleiher vor Ort gibt, bringt man am besten die eigene Ausrüstung mit. Auch in **Amalfi** gibt es einen Windsurf Club.

Wandern

Wanderschuhe gehören bei einem Amalfitana-Urlaub unbedingt ins Gepäck! Die **abwechslungsreiche Küsten- und Berglandschaft** lässt sich am besten zu Fuß entdecken. Ein **dichtes Netz alter Wirtschaftswege** durchzieht die Berghänge oberhalb von Amalfi und Positano. Generationen haben in mühsamer Handarbeit dem steilen Gelände Hunderte von Terrassen abgerungen, Verbindungswege angelegt und damit eine einzigartige Kulturlandschaft hervorgebracht. Auf den ersten paar hundert Höhenmetern über dem Meer werden seit dem Mittelalter Zitronen angebaut. Netzüberspannte Pergolen schützen im Winterhalbjahr die wertvollen Früchte und Blüten vor Regen und Hagelschlag. Auf Höhen zwischen 200 und 600 m wird Wein gezogen. Bedeutende Anbaugebiete liegen sich Ravello und im Furore-Tal. Darüber schließen sich Kastanienwälder und Weideflächen an. Die Wälder werden intensiv bewirtschaftet und liefern u.a. das

Milchberge zu Fuß

Giovanni Visetti kennt die Wege am Golf von Neapel und an der Amalfitana wie kein Zweiter (siehe Exkurs „Wandern im Sirenenland"). Auf seiner Website bietet er detaillierte Routenbeschreibungen sowie Karten und Höhenprofile zum Gratis-Download. *Grazie mille!*

■**www.giovis.com**

Die Amalfi-Küste

Stangenholz für Zitruspergolen und Rebpflanzungen. Auf den Hochalmen weiden Schaf- und Rinderherden, deren Milch zu delikatem Käse verarbeitet wird. Nicht zufällig heißen die Berge Monti Lattari, „Milchberge".

Vor Jahren hat der **italienische Alpenverein Club Alpino Italiano** die Amalfitana als Wanderparadies entdeckt und in Zusammenarbeit mit der Comunità Montana Penisola Amalfitana die Wirtschaftswege markiert. Die Markierungen im Gelände sind teilweise verblasst. Mit seinem Engagement hat der CAI die Grundlage für alle weiteren Wanderkarten und -führer geliefert. Brauchbar sind Kompass 682 „Penisola Sorrentina – Costiera Amalfitana" (1:50.000) und Global Map „Penisola Sorrentina – Costiera Amalfitana, Isola di Capri" (1:35.000). Vor Ort zu kaufen gibt es die „Carta dei Sentieri di Positano" (1:5000) und detaillierte Amalfitana-Karten von Cart&Guide, die auch vom Parco dei Monti Lattari verteilt werden. Fremdenverkehrsämter verteilen Faltblätter mit Wanderempfehlungen, so z.B. die AAST von Ravello oder die Pro Loco von Agerola.

Der CAI hat einen Fernwanderweg eingerichtet. Die **Alta Via dei Monti Lattari** mit der CAI-Nummerierung „00" startet an der Punta Campanella, der Spitze der Sorrentiner Halbinsel, und zieht sich oberhalb von Positano und Cava de'Tirreni bis nach Vietri sul Mare. Einer der schönsten Höhenwege ist der **„Sentiero degli Dei"** von Bomerano nach Positano. Der Klassiker macht seinem Namen „Götterweg" alle Ehre. Schöne und überraschend abwechslungsreiche Wege gibt es auch um Amalfi und Ravello. Auch Einheimische wandern viel, im Herbst, um Pilze oder Kastanien zu sammeln, im Frühjahr auf der Suche nach Wildgemüse. Der Monte dell'Avvocata (1014 m) östlich von Maiori ist das ganze Jahr über Ziel von Pilgern; am Montag nach Pfingsten strömen aus allen Himmelsrichtungen die Menschen zusammen, um die Madonna hoch leben zu lassen.

Mit festen Schuhen, Wanderstöcken und sicherheitshalber einem Regenschutz ausgerüstet, denn an den steil aufragenden Bergen stauen sich im Frühjahr und Herbst die Wolken, steht dem ganzjährigen Wandervergnügen eigentlich nichts im Wege. Badesachen gehören mit ins Wandergepäck, fast alle Wege enden früher oder später am Meer. Tipps auch auf www.italien-aktiv.info.

Positano

Als kubistischer Traum steigt Positano (30 m, 3980 Ew.) aus dem Meer. Pastellfarbene **Würfelhäuser** stapeln sich am Hang, das Dach des einen ist bereits der Boden des nächsten. Dieser Anblick, auf Postkarten, Urlaubsfotos und Kitschbildern festgehalten, begeistert Reisende seit drei Generationen.

In den 1920er Jahren „entdeckten" Schriftsteller, Maler und Musiker den damals pittoresk verschlafenen Fischerort. Mit wenig Geld ließ es sich hier prächtig leben. Einige blieben für immer und liegen auf dem hübschen Friedhof hoch über der Stadt begraben, ein Positano im Kleinformat, zu dem man unbedingt hinlaufen sollte und sei es nur der Aussicht wegen. Ende der 1950er Jahre hielten die Filmstars, der Jet-Set und Bikini Einzug. Positano galt zeitweise als Italiens mondänster Ort. Nach wie vor beliebt bei der Film- und Fernsehprominenz und den Stars der internationalen Politik, gibt sich Positano als Urlaubsort inzwischen demokratisch. Wer es sich leisten kann, genießt die Dolce Vita in den wunderbaren und sündhaft teuren Hotels (glücklicherweise gibt es günstige und durchaus charmante Alternativen), verbringt die Tage in Motorjachten auf dem Meer, die Abende in den besten Restaurants und die Nächte in exklusi-

6

Um Positano zu erkunden, muss man gut zu Fuß sein. Außer zwei Straßen, der S.S. 163, die den Ort umfährt, und der Viale Pasitea, die in engen Kurven durch Positano führt, gibt es nur **Treppenwege.** Die einzigen Richtungsangaben, die Sinn machen, lauten hier bergauf oder bergab. Ohne jede Anstrengung genießt man das wunderschöne Panorama von der **Spiaggia Grande,** bunte Fischerboote bilden den pittoresken Vordergrund. Oberhalb des Strandes leuchtet grüngelb die Majolikakuppel des **Duomo S. Maria Assunta.** Neben der Kirche steht ein gedrungener Campanile, eine Gedenktafel erinnert an **Flavio Gioia,** den vermeintlichen „Erfinder des Kompasses", um den sich Amalfi und Positano streiten. Interessant ist das große langobardische Relief aus dem frühen Mittelalter. Es zeigt ein Meeresungeheuer, halb Fuchs, halb Fisch. Ähnliche Abbildungen kann man in vielen kampanischen Kirchen des 12. und 13. Jh. entdecken, so auch in Ravello. In der S. Maria Assunta wird auf dem Hauptaltar eine schwarze Madonna aus dem 13. Jh. verehrt. Mit diesem Bildnis verbindet sich eine der Gründungslegenden der Stadt. Das Bild der Muttergottes soll sich als Beute auf einem Sarazenenschiff befunden haben. Es geriet in ein schweres Unwetter, und erst nachdem die Seeleute das heilige Bild endlich an den Strand gebracht hatten – wiederholt hatte es deutlich die Worte „Posa, posa!" (Setzt ab, setzt ab!) geäußert –, legte sich der Sturm.

Herrliche Ausblicke, vor allem aber ausgezeichnete Trattorien, locken zum Ausflug in das hoch gelegene **Montepertuso.** Den Ort kann man aus Positano über etliche hundert Treppenstufen zu Fuß oder mit den orangefarbenen Stadt-

ven Nachtclubs. Das Gros der Touristen stellen Tagesausflügler aus Sorrent. Morgens kommen sie in Bussen und mit Schiffen und bummeln eilig durch die von Boutiquen gesäumten Gassen. Bald geht es weiter, denn Amalfi und Ravello stehen noch auf dem Programm. Am Nachmittag finden sich nach und nach die Wanderer ein, von Weitem an bunter Funktionskleidung und Wanderstöcken zu erkennen. In Positano endet der Sentiero degli Dei, der bekannteste Wanderweg der Costiera.

Bagni d'Arienzo: 1950er-Jahre-Flair

Die Amalfi-Küste

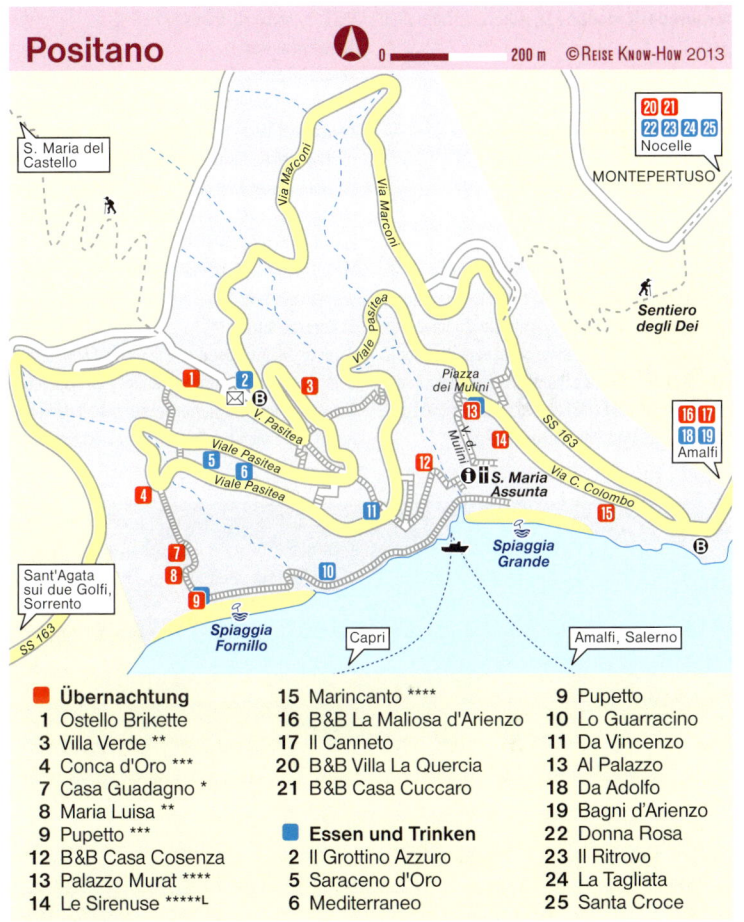

■ **Übernachtung**	15 Marincanto ****	9 Pupetto
1 Ostello Brikette	16 B&B La Maliosa d'Arienzo	10 Lo Guarracino
3 Villa Verde **	17 Il Canneto	11 Da Vincenzo
4 Conca d'Oro ***	20 B&B Villa La Quercia	13 Al Palazzo
7 Casa Guadagno *	21 B&B Casa Cuccaro	18 Da Adolfo
8 Maria Luisa **		19 Bagni d'Arienzo
9 Pupetto ***	■ **Essen und Trinken**	22 Donna Rosa
12 B&B Casa Cosenza	2 Il Grottino Azzuro	23 Il Ritrovo
13 Palazzo Murat ****	5 Saraceno d'Oro	24 La Tagliata
14 Le Sirenuse *****L	6 Mediterraneo	25 Santa Croce

bussen erreichen. Stiller noch ist das 400 m hoch gelegene freundliche Dorf **Nocelle.** Die Straße endet oberhalb des Ortes auf einem Gratis-Parkplatz (!), nur zu Fuß geht es weiter über Treppenwege. Die einzigen Verkehrsgeräusche stammen von Lasteseln und Wanderschuhen auf dem Pflaster. Der Wanderweg „Sentiero degli Dei" führt hier vorbei.

Information

■ AAST

Info-Büro unterhalb des Duomo S. Maria Assunta. Stadtplan, in dem Hotels und Restaurants verzeichnet sind. Mai bis Sept. Mo bis Sa 8–19 Uhr, So 9–14 Uhr; Okt. bis April Mo bis Sa 9–16.30 Uhr.
Via del Saracino 4, Tel. 089 87 50 67, Fax 089 87 57 60, www.aziendaturismopositano.it

6

■ **www.positanonline.it,** Adressen, Tipps und Links.

Unterkunft

Hotels und Pensionen

■ **Le Sirenuse** *****L
Der alte Palazzo verbindet den Charme einer privaten Patriziervilla mit dem unaufdringlichen Luxus eines Top-Hotels. Ruhige, stilvolle Zimmer mit Traumblick aufs Meer, die Majolikakuppel des Doms und die pastellfarbenen Häuserwürfel von Positano. Pool. Parkplatz 40 Euro/Tag. 62 Zi. DZ/F ab 350 Euro, mit Meerblick und Suiten deutlich teurer.

Via C. Colombo 30, Tel. 089 87 50 66, www.sirenuse.it
■ **Marincanto** ****
Früher ein „Geheimtipp" in der Drei-Sterne-Kategorie, ist auch dieses Haus längst edler und damit teurer. Helle, freundliche Zimmer mit Meerblick. Privater Treppenweg zum Strand. Pool. Parkplatz 25 Euro/Tag. 26 Zi., DZ/F ab 170 Euro, Junior Suite ab 250 Euro. Ostern bis Ende Okt.
Via C. Colombo 50, Tel. 089 87 51 30, www.marincanto.it
■ **Palazzo Murat** ****
Barocker Stadtpalast und ehemalige Sommerresidenz des neapolitanischen Königs und Napoleon-Schwagers *Joachim Murat*. Bei gut gefülltem Portemonnaie können heute auch ungekrönte Häupter

sich den Luxus dieses stilvollen Hotels oberhalb der S. Maria Assunta leisten. Frühstück im Schatten von Palmen und Orangenbäumen. Im Sommer Konzerte im romantischen Innenhof. Das **Restaurant Al Palazzo** ist top. Parkplatz 25 Euro/Tag. 31 Zi., davon 26 im neuen Flügel. DZ/F ab 200 Euro, im historischen Flügel mehr. März bis Ende Okt.
Via dei Mulini 23, Tel. 089 87 51 77,
www.palazzomurat.it

■ Conca d'Oro ***

Hübsches, freundlich eingerichtetes Hotel. Fast alle Zimmer mit kleiner Terrasse bzw. Balkon und wunderbarem Meerblick. Bergseitig der Viale Pasitea, 100 Stufen führen hoch. 38 Zi., DZ/F 110–250 Euro.
Via Boscariello 16, Tel. 089 81 14 94,
www.hotel-concadoro.com

■ Pupetto ***

Familiär geführtes Strandhotel an der Spiaggia del Fornillo. Geräumige Zimmer, gute Betten und Meerblick. Bei der Innendekoration dominiert Beige. Gutes Terrassenrestaurant. Parkplatz 15 Euro/Tag. 34 Zi., DZ/F 130–220 Euro. März bis Dez.
Via Fornillo 37, Tel. 089 87 50 87,
www.hotelpupetto.com

■ Maria Luisa **

Ideal für Selbstversorger. Einfache, preisgünstige Pension in der Nähe der Casa Guadagno. Wenn schon, dann die Zimmer mit Terrasse und Meerblick! Den Gästen steht ein Frühstückssaal mit Kühlschrank zur Verfügung. 10 Zi., DZ 70–85 Euro. März bis Okt.
Via Fornillo 42, Tel. 089 87 50 23,
www.pensionemarialuisa.com

■ Villa Verde **

MEIN TIPP! Die sympathische Familienpension von *Rosaria Mandara* ist eine im wahren Wortsinn preiswerte Adresse! Ruhige Zimmer mit guten Betten, Air Condition, Balkon bzw. Terrasse. SITA-Bushaltestelle „Chiesa Nuova" in der Nähe. Parkplatz 10 Euro/Tag. 12 Zi., DZ/F 70–100 Euro. Auf Anfrage auch ganzjährig geöffnet.
Via Pasitea 338, Tel. 089 87 55 06,
www.pensionevillaverde.it

■ Casa Guadagno *

MEIN TIPP! Hübsche Familienpension. *Teresa* und *Annalisa Guadagno* empfangen ihre Gäste in gepflegten, fröhlich gefließten Zimmern mit schönen alten Holzmöbeln und guten Betten. Balkone bzw. Terrassen mit Meerblick. 7 Zi., DZ/F 60–130 Euro. März bis Nov.
Via Fornillo 36, Tel. 089 87 50 42,
www.pensionecasaguadagno.it

◁ Positano: der kubistische Traum

6

Sirenengesang, sterbensschön!

Im türkisblauen Meer vor Positano liegen **drei winzige Inseln. Li Galli** (die Hähne) steht auf modernen Seekarten, **Sirenuse** nannte sie die Antike. Dem Mythos nach sind es die versteinerten Leiber von Sirenen, *Loreleys* der antiken Seefahrt. Mit ihrem unwiderstehlichen Gesang lockten sie Seemänner ans felsige Ufer und in den sicheren Tod. Im homerischen Epos erfährt man, wie Kirke den listenreichen *Odysseus*, dessen unbezwingbare Neugier sie kennt, vor ihnen warnt. Die Zauberin rät ihm, seinen rudernden Gefährten die Ohren mit Wachs zu verschließen, sich selbst aber fest an den Mast binden zu lassen. *Odysseus* folgte dem Rat und hörte die Sirenengesänge, ohne ihnen zu verfallen. Für ihn und seine Gefährten ging das Abenteuer gut aus, während die enttäuschten Sirenen sich in den Tod stürzten. In der Antike stellte man sie sich als Mischwesen vor, halb Vogel, halb Frau. Auf der Sorrentiner Halbinsel wurden Vasen mit solchen Darstellungen gefunden. In der Villa Fondi in Piano di Sorrento sind sie ausgestellt. Nüchterne Betrachter sehen im Sirenenmythos personifizierte Naturgewalten, z.B. windumtoste und für Seefahrer gefährliche Klippen.

1925 ließ sich der russische Choreograf und Tänzer *Leonide Massine* (1896–1979) von den Felseninseln verzaubern und kaufte die größte, Gallo Lungo. *Strawinsky* und *Picasso* waren hier zu Gast. Nach *Massines* Tod erwarb der Tänzer *Rudolf Nurejew* Villa und Insel und verbrachte hier die letzten Sommer seines bewegten Lebens. Immer noch in Privatbesitz, kann man sich den Inseln nur im Boot nähern. Fischer schwören, in Vollmondnächten ertöne immer noch der Gesang der Sirenen (siehe „Hören").

◼II Canneto

Die Familie *Rianna* führt ihre gastliche Frühstückspension wenige Kilometer außerhalb Richtung Amalfi. Unterhalb der S.S. 163 gelegen, ist es relativ ruhig und der schöne Meerblick unversperrt. Geräumige Zimmer mit Bad und Balkon, vier davon mit *vista mare*. Auf Wunsch werden für die Gäste Kleinigkeiten gekocht. Gästeparkplatz gratis. Positano ist knapp 20 Gehminuten entfernt (man läuft auf der S.S. 163!), SITA und Stadtbus halten vor dem Haus. 6 Zi., DZ/F 60–90 Euro, mit Meerblick 80–120 Euro. Febr. geschl.
Via G. Marconi 87, Tel. 089 87 58 81,
www.ilcannetopositano.it

Bed & Breakfast

◼Casa Cosenza

MEIN TIPP! Charmanter alter Palazzo, ein paar Stufen oberhalb der Hafenmole. Herrliche Sonnen- und Frühstücksterrasse mit Blick auf die S. Maria Assunta und das Meer, Zimmer N° 7 mit Privatterrasse. Ideal für Selbstversorger. Keine Parkmöglichkeit. 7 Zi., 2 Ap. mit Küche. DZ 100–150 Euro, F 10 Euro. Ganzjährig geöffnet.
Via Trara Genoino 18, Tel. 089 87 50 63,
Mobil 33 32 88 12 46, www.casacosenza.it

◼Casa Cuccaro

MEIN TIPP! Für Ruhesuchende! Gemütliches B&B an der einzigen Wegkreuzung mitten im winzigen **Nocelle,** wo auch der „Sentiero degli Dei" vorbeiführt bzw. der Treppenweg zur Spiaggia di Arienzo absteigt. Tolle Sonnenterrasse mit Traumpanorama. Die sympathischen Besitzer *Giuseppe* (der jahrelang im 5-Sterne-Hotel San Pietro gearbeitet hat und englisch spricht) und *Gerardina Cuccaro* wohnen im

▷ Le Sirenuse: Verführung zur Übernachtung

gleichen Haus. Nur zu Fuß zu erreichen, Gratis-Parkplatz oberhalb von Nocelle. 3 Zi., DZ/F 75–85 Euro. Via Cappella 28, Tel. 089 87 54 58, www.casacuccaro.it

■ La Maliosa d'Arienzo

Etwas östlich von Positano liegt unterhalb der S.S. 163 das einladende, ganzjährig geöffnete B&B von *Felice Murano*. Gut ausgestattete Zimmer, alle mit eigener Terrasse aufs Meer und die Galli-Inseln. Ein Fußweg führt zur Spiaggia d'Arienzo hinab. Parkplatz 20 Euro/Tag. 7 Zi., DZ/F 85–150 Euro. Via Arienzo 74, Tel. 089 81 18 73, Mobil 33 56 66 77 12, www.lamaliosa.it

■ Villa La Quercia

Casula Salvatores hübsches B&B in **Nocelle** liegt schräg unterhalb des B&B Casa Guadagno (s.o.). Alle blitzsauberen, freundlichen Zimmer mit neuen Holzmöbeln, Top-Bädern und großartiger Aussicht. In großem Garten ruhig gelegen und nur zu Fuß zu erreichen. Gratis-Parkplatz oberhalb von Nocelle. 8 Zi., DZ/ F 70–80 Euro. Ostern bis Ende Okt. Via Nocelle 5, Tel. 08 98 12 34 97, Mobil 33 92 71 94 05, www.villadellaquercia.com

Jugendherberge

■ Ostello Brikette

Die preisgünstigste Übernachtungsmöglichkeit Positanos! Ordentliche Betten, Bar, Sonnenterrassen und jede Menge guter Tipps. Abends auch Essen, dazu offener Wein. Von der SITA-Bushaltestelle „Chiesa Nuova" auf der S.S. 163 ca. 300 m in Richtung Sorrent. 6 DZ, mehrere Schlafsäle. DZ/F 70–85 Euro, Ü/F 22–28 Euro. Mitte März bis Nov. Via G. Marconi 358, Tel. 089 87 58 57, www.brikette.com

Essen und Trinken

Restaurants und Trattorien

■ Da Adolfo

Ein paar klapprige Tische auf dem Strand und auf den Tellern hausgemachte Pasta und frischer Fisch. Nur via *mare* (ein Boot mit dem Namen des Lokals pendelt ab 11 Uhr von der Spiaggia Grande) oder

über 450 Stufen von der S.S. 163 aus zu erreichen. Ende Mai bis Sept. bei gutem Wetter tägl. mittags. Auch Strandservice. 20–30 Euro.
Spiaggia del Laurito, Tel. 089 87 50 22

■ Bagni d'Arienzo

MEIN TIPP! Lässiges Strandrestaurant mit Lido am hübschen Arienzo-Strand östlich von Positano. Von der S.S. 163 zu Fuß über Treppen oder von der Spiaggia Grande mit dem Gratis-Taxi-Boot zu erreichen (10–13 und ab 16 Uhr). 15–30 Euro. April bis Okt.
Via Arienzo 16, Tel. 089 81 20 02,
www.bagnidarienzo.com

■ Da Vincenzo

MEIN TIPP! Das Familien-Ristorante existiert bereits seit 1959! Schnörkellose *cucina amalfitana* zu fairen Preisen. Gute Fisch-Primi, leckere Gemüsegerichte wie z.B. *parmigiana di melenzane* und köstliche *dolci*. 25–35 Euro. Di Ruhetag. Mittags und abends. April bis Nov.
Viale Pasitea 172/178, Tel. 089 87 51 28,
www.davincenzo.it

■ Il Grottino Azzurro

Alteingessene Familientrattoria. Anständige Portionen zu anständigen Preisen. Hausgemachte Pasta und frischer Fisch, z.B. Sardellen vom Grill oder *pesce all'aqua pazza*. Offener Wein. 20–25 Euro. Mi Ruhetag. Mittags und abends. Feb. bis Nov.
Via G. Marconi 304, Tel. 089 87 54 66

■ Lo Guarracino

Luftiges, sympathisches Terrassenlokal über dem Meer. Wenige Tische, die tolle Lage wird mit bezahlt. Es gibt auch Holzofenpizza. Am Steiluferweg Richtung Spiaggia del Fornillo. 30–35 Euro. Di Ruhetag. Mittags und abends. Ostern bis Nov.
Via Positanesi d'America 12,
Tel. 089 87 57 94, www.loguarracino.net

■ Mediterraneo

Enzo Esposito führt die Familientradition fort. Ausgewählt gute kampanische Küche zu fairen Preisen. Die Weinauswahl ist beachtlich, der Service freundlich. 25–40 Euro. Mittags und abends. Febr. geschl.
Via Pasitea 236, Tel. 08 98 12 28 28,
www.mediterraneopositano.com

■ Saraceno d'Oro

Von der Familie *Esposito* mit Elan geführtes Restaurant. Hier wird hauptsächlich frischer, lokal gefangener Fisch serviert. Leckere Holzofenpizza auch mittags! 25–35 Euro. März bis Anfang Nov. tägl. mittags und abends.
Via Pasitea 254, Tel. 089 81 20 50,
ww.saracenodoro.it

In Montepertuso

■ Donna Rosa

Es war einmal eine einfache Trattoria . . . Positano-Schick hin oder her, immer noch eine der besten Adressen! Auch vegetarische Gerichte. Kochkurse. 30–50 Euro. Di Ruhetag. Mittags und abends. Ostern bis Jan.
Via Montepertuso 97/99,
Tel. 089 81 18 06, www.drpositano.com

■ Il Ritrovo

MEIN TIPP! Gemüse aus dem eigenen Garten wird zu frischen Antipasti bereitet, als *secondo* gibt es Fleisch satt: gegrilltes Huhn, Zicklein oder Lamm. *Salvatore Barbas* gebackenes Kaninchen sollte man probiert haben! Man kann in einem Kochkurs auch lernen, wie es zuzubereiten ist. 25–35 Euro. Mi Ruhetag. Mittags und abends. März bis Dez.
Via Montepertuso 77, Tel. 089 81 20 05,
www.ilritrovo.com

■ La Tagliata

Ausschließlich Produkte aus dem eigenen Garten bzw. Stall (auch Strauße!). Spezialitäten des Hauses sind Nudeln mit Steinpilzen und *grigliata mista*. Herrliche Blicke auf Positano und die Küste. Die Freundschaft der Familia *Barba* mit Ex-Bundeskanzler *Schröder* ist in die Lokalchronik eingegangen. Auch zwei komfortable Gästezimmer. 25–35 Euro. Do Ruhetag. Mittags und abends.
Via Tagliata 14, Tel. 089 87 58 72,
www.latagliata.com

Die Amalfi-Küste

In Nocelle

■ Santa Croce

Die Familientrattoria ist zum schicken Ristorante mutiert. Die Küche bleibt empfehlenswert: köstliche Pasta und Fleisch aus eigener Zucht. Verglaste Veranda mit Traumblick auf die Costiera. 25–30 Euro. Ohne Ruhetag ganzjährig mittags und abends.
Via Nocelle 19, Tel. 089 81 12 60

Snacks, Cafés und Internet

■ Bar Internazionale

Bar mit internationaler Presse, Fahrkartenverkauf und gutem *gelato*. Unterhalb der Chiesa Nuova direkt an der S.S. 163 und der SITA-Bushaltestelle.
Via G. Marconi 306/308, Tel. 089 87 54 34

■ La Zagara

Seit 1950 ist die Familie *Russo* am Platz. Wenn die Preise für die köstlichen Dolci, z.B. *delizie al limone*, gesalzen erscheinen, that's Positano, und auf der großen Gartenterrasse lässt es sich wirklich vorzüglich sitzen. Auch salzige Kleinigkeiten und Tee. Mi Ruhetag. Ostern bis Ende Okt.
Via dei Mulini 8/10, Tel. 089 87 59 64,
www.lazagara.com

■ Mastro, Salvatore

MEIN TIPP! Eine bessere *granita di limone* ist kaum zu finden. Die Familie *Mastro* – nomen est omen – hat sich vier Generationen Zeit gelassen, es in der Zubereitung des erfrischenden Zitroneneises zur Meisterschaft zu bringen. Zitronenschalen geben der geschmeidigen *granita* ihren erfrischenden, etwas bitteren Beigeschmack. Bei gutem Wetter steht der Eisstand in Gestalt eines halben Fischerbootes an der Piazza dei Mulini.

■ Pupetto Caffè

Nette Strandbar unterhalb des Hotels Pupetto an der Spiaggia del Fornillo. Pannini, Gemüse- und Obstsalate, gegrilltes Gemüse. Internet. Mitte Mai bis Mitte Okt. Tel. 089 87 50 87

Nachtleben

■ Music on the Rocks

Coole Grotten-Disco am östlichen Ende der Spiaggia Grande. April bis Sept. 15–25 Euro.
Via Grotta dell'Incanto 51,
Tel. 089 87 58 74, www.musicontherocks.it

An- und Weiterreise

■ **Auto:** Positano wird von der S.S. 163 umfahren. Westlich des Ortes gibt es einen schönen Belvedere!
■ **Bus:** SITA von/nach Sorrent und Amalfi. Richtung Sorrent halten die Busse unterhalb der Chiesa Nuova (Fahrkarten in der Bar Internazionale), hier biegt der Viale Pasitea in den Ort ein. Richtung Amalfi liegt die Haltestelle an der Stelle, wo die gleiche Straße unter dem Namen Via Cristoforo Colombo zurück auf die S.S. 163 stößt.
■ **Schiffe:** Am Kai westlich der Spiaggia Grande machen die Schiffe fest. Von Ostern bis Okt. tägl. nach Amalfi, Salerno, Capri und Sorrent. Von Juni bis Sept. zusätzlich Schnellfähren von/nach Neapel. Fahrpläne und Tickets direkt an der Anlegestelle.

Unterwegs in Positano

■ **Parken:** Die wenigen Parkplätze in Positano liegen **am Viale Pasitea** und sind privat organisiert, die Gebühr beträgt ab 20 Euro/Tag. Bei Hotelaufenthalt und Anreise mit eigenem Fahrzeug sollte man einen Parkplatz buchen.

■ **Öffentliche Verkehrsmittel:** Die Alternative zum Treppensteigen: Die orangefarbenen Stadtbusse „Interno Positano" drehen jede halbe Stunde die Runde auf den einzigen Straßen des Ortes, dem Viale Pasitea, der Via Cristoforo Colombo und der S.S. 163. Nicht ganz so häufig fahren Busse in den hoch gelegenen Ortsteil Montepertuso und nach Praiano. Abfahrtszeiten und Streckenplan an allen Haltestellen. Fahrkarten direkt im Bus oder am Kiosk. Die

6

Busgesellschaft Flavio Gioia bietet auch Flughafentransfers und Ausflüge an. www.flaviogioia.com

■**Bootstouren:** Vom Kai oder der Spiaggia Grande werden Ausflugsfahrten entlang der Küste, etwa zur Grotta dello Smeraldo, oder abends nach Praiano in den Nachtclub Africana angeboten. Man kann sich auch in eine einsame Bucht bringen und zu einem späteren vereinbarten Zeitpunkt wieder abholen lassen. Ruderboote, Motorboote und Kanus auch zum selber Mieten. **Blue Star,** Tel. 089 81 18 88, www.bluestarpositano.it. **Lucibello,** Tel. 089 87 50 32, www.lucibello.it. **Gennaro e Salvatore,** Tel. 089 81 16 13, www.gennaroesalvatore.it.

Einkaufen

Mit der Dolce Vita, die Ende der 1950er Jahre auch Positano erreichte, schlug die Geburtsstunde der **Moda di Positano.** 1959 feierte der Bikini hier seinen italienischen Einstand, die traditionellen, spitzenbesetzten Leinenkleider wurden zu neuen, gewagteren Kreationen weiterentwickelt. Zahlreiche Modeboutiquen säumen die Gassen um die Kirche S. Maria Assunta. Wie in Sorrent und auf Capri werden auch in Positano teure Ledersandalen von Hand gefertigt. Seit 1922 erzeugt die Familie *Barba* Parfum und Seifen: **Profumi di Positano,** Via C. Colombo 175, www.profumidipositano.it.

Baden

Unterhalb der Kirche S. Maria Assunta breitet sich die **Spiaggia Grande** aus. Pittoresk liegen bunte Fischerboote auf dem für Amalfitana-Verhältnisse langen Kiesstrand, den im Sommer fast vollständig bagni mit Umkleidekabinen, Liegestühlen und Sonnenschirmen belegen. Für deren Benutzung sind ab 15 Euro pro Tag zu entrichten. Am östlichen Ende der Spiaggia Grande finden sich einige nette Strandbars. Mit Booten bzw. zu Fuß auf der S.S. 163 sind die östlich gelegenen **Buchten La Porta, Fiu-**

micello oder **Arienzo** zu erreichen. Oberhalb der Mole führt ein hübscher Fußweg, vorbei am Ristorante 'O Guarracino, an die schöne **Spiaggia del Fornillo.** Die Strände von Positano tragen das Umweltsiegel der „Blauen Flagge".

Tauchen

■**Centro Sub Costiera Amalfitana**
Gaetano Milano bietet Tauchgänge vor den Isole Li Galli und in der Riserva Marina Punta Campanella an. Ausrüstung kann gestellt werden (c/o Hotel Pupetto).

Via Fornillo 37, Tel. 089 81 21 48,
Mobil 32 96 87 49 80, www.centrosub.it

Wandern

Oberhalb von Positano erreichen die Monti Lattari mit dem Massiv des **Monte S. Angelo a Tre Pizzi** Höhen über 1440 m. Der Blick vom Monte S. Angelo (1444 m), dem höchsten der drei Pizzi, umfasst die Golfe von Neapel und Salerno, den Vesuv, die Monti del Matese, die Monti Picentini und reicht bei klarem Wetter weit bis in den Cilento. Der Monte S. Angelo lässt sich von Agerola (Ortsteil Bomerano),

Monte Faito und Positano (Montepertuso) besteigen – Wanderwege sind ausgeschildert und auf Karten verzeichnet. Positano ist auch Endpunkt des **Sentiero degli Dei.** Dieser vielleicht schönste, sicher aber bekannteste Höhenweg der Costiera startet in Agerola im Ortsteil Bomerano (siehe dort).

Adressen von Bergführern bei der AAST Positano (s.o.). In Zeitungsläden Wanderkarten besorgen, detaillierte Wanderbeschreibungen mit Höhenprofilen gibt es gratis auf **www.giovis.it.**

Die Amalfitana setzt sich in der Sorrentiner Halbinsel fort

Montepertuso und Nocelle

Der **treppenreiche Spaziergang** führt mit immer neuen Blicken auf Positano und das Meer in den 365 m hoch gelegenen Ortsteil Montepertuso. Aufstieg ca. 1 Std., Abstieg ca. 45 Min. Nach Montepertuso fahren auch Stadtbusse der Linie „Interno Positano".

An Positano kann man sich kaum sattsehen. Es macht Spaß, auf den alten Treppenwegen durch den Ort zu streifen; immer wieder öffnen sich unterwegs postkartenwürdige Blicke. Von Positano aus führen zwei Treppenwege in den Ortsteil Montepertuso – es spielt keine Rolle, welchen man wählt. Von der Spiaggia Grande geht man auf der schmalen, von Boutiquen gesäumten Via dei Mulini zur Via Cristoforo Colombo hoch und auf dieser ein kurzes Stück nach rechts bergauf. Bald darauf biegt man links in eine Gasse ein und folgt ab hier den Treppenstufen bergauf, unterwegs die Via Marconi (S.S. 163) im Ort querend. Bei den letzten Häusern verzweigt sich der Treppenweg. Der eine führt etwas weiter nördlich unterhalb der Steilwand hoch, der andere kommt in der Nähe des *cimitero* (Friedhof) vorbei, dem man auf jeden Fall einen Besuch abstatten sollte. Von Montepertuso führt die kaum befahrene Straße bis an das stille Dorf Nocelle, und ab hier setzt sich ein traumhaft schöner Höhenweg in Richtung Agerola/Bomerano fort – auch als Rundwanderung ab Nocelle möglich (vgl. Beschreibung des **„Sentiero degli Dei"** ab Agerola/Bomerano).

Gleitschirmfliegen

Positano ist ein Traumrevier für Gleitschirmflieger. Gestartet wird im Weiler **S. Maria di Castello** (680 m), aus Positano zu Fuß und aus Vico Equense (siehe dort) mit dem Auto zu erreichen, oder vom **Monte S. Angelo** (1444 m). Während der Badesaison im Sommer ist das Landen auf dem Strand von Positano untersagt.

Feste/Veranstaltungen

◼ **Ostern,** schöne Karfreitagsprozession.
◼ **Festa di S. Vito,** am 15. Juni wird der Stadtpatron mit einer Prozession gefeiert.
◼ **Musica d'Estate,** Ende August bis Mitte Sept. Kammermusik und Jazz-Konzerte im Hof des Hotels „Palazzo Murat".
◼ **Premio Leonide Massine,** Balletfestival im September.

Vettica Maggiore, Praiano und Marina di Praia

Als südlichster Ausläufer des Monte S. Angelo a Tre Pizzi reckt sich sich das **Capo Sottile** ins Meer. Die ineinander übergehenden Ortsteile **Vettica Maggiore** und Praiano gehören zu den sonnenverwöhntesten der Costiera. Vettica wendet sich in Richtung Positano und ist von weitem an der wunderschönen Majolikakuppel der **Kirche S. Gennaro** zu erkennen. Die Piazza lädt zum Verweilen ein. Während man Fußball spielenden Kindern und Boccia spielenden älteren Herren zusieht, kann man die herrliche Aussicht auf Positano, die Punta Camapanella und Capri genießen. Im oberen Ortsteil erhebt sich auf 364 m Höhe die **Kirche S. Maria ad Castro** mit

▷ Marina di Praia: Badestrand im Fischerborgo

einem eindrucksvollen Fresko aus dem 15. Jh. Steigt man zu Fuß in Richtung Colle La Serra auf, kommt man an der Kirche vorbei.

Auf der Conca dei Marini zugewandten Seite ziehen sich die Häuser des Hauptortes **Praiano** (120 m, 2070 Ew.) locker den Hang hinauf. Den Ortskern bildet die **Pfarrkirche S. Luca** aus dem 16. Jh. mit einem schönen Majolika-Fußboden.

Am östlichen Ortsende liegt am Ende einer tiefen Schlucht die malerische Fischersiedlung **Marina di Praia,** die jederzeit die Kulisse für einen Film aus den 1950er Jahren abgeben könnte. Am beliebten Badestrand gibt es eine Reihe einladender Fischlokale, Bootsverleiher und Tauchschulen.

Vettica und Praiano bleiben weitgehend verschont von der Masse der Tagestouristen. Es gibt hier keine Busparkplätze, nur wenige Boutiquen und keine großartigen Kunstdenkmäler, wie sie Amalfi und Ravello reichlich zu bieten haben. Dafür genießt man in Vettica und Praiano die schönsten Sonnenuntergänge der Costiera. Das wussten bereits die Dogen von Amalfi und *Karl v. Anjou,* die ihre Sommerresidenzen hierher verlegt hatten. Vettica und Praiano sind ideale und preisgünstige Standortalternativen zu Positano und Amalfi.

Information

■ **Ufficio Informazione**
Touristenbüro (mit Bancomat) mit unregelmäßigen Öffnungszeiten oberhalb der Kirche S. Gennaro. Faltblatt mit Wandertipps. Via Capriglione 116/b (= S.S.163),
Vettica Maggiore, Tel. 089 87 45 57,
www.praiano.org
■ **www.comune.praiano.sa.it**
■ **www.praiano.it**

gvn13_078 pa

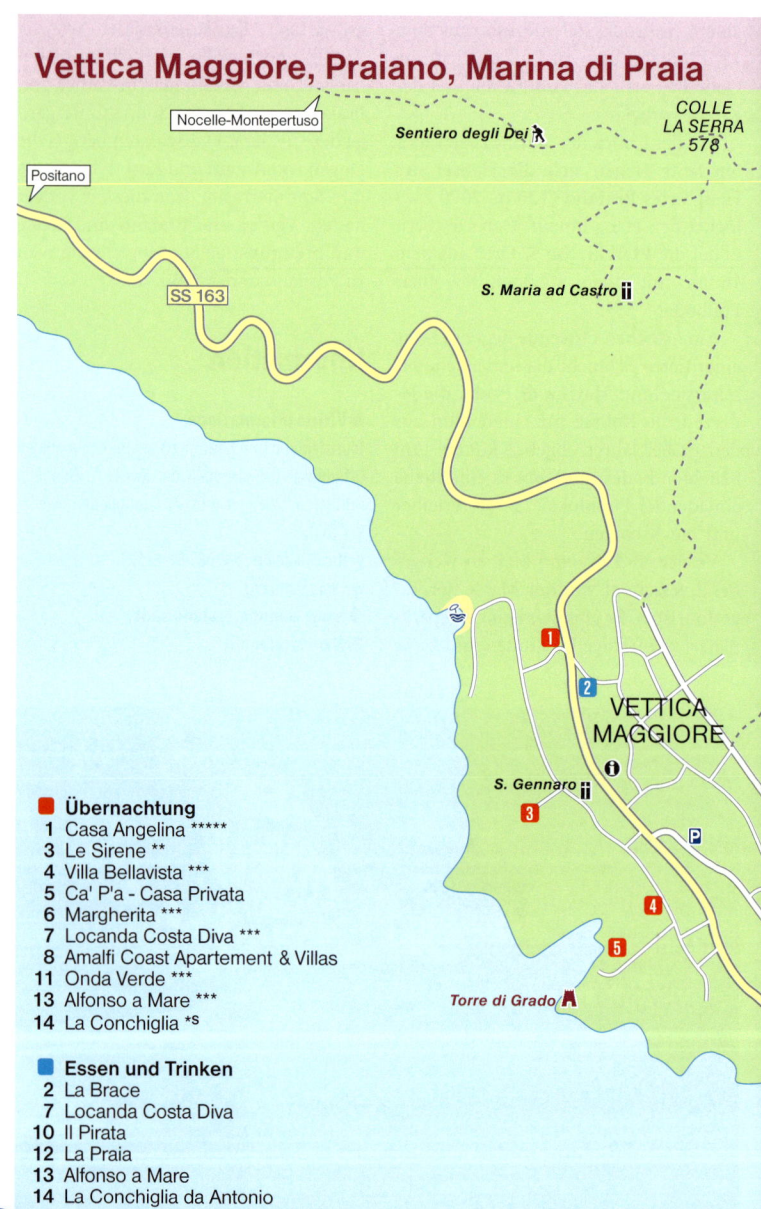

Vettica Maggiore, Praiano, Marina di Praia

Nocelle-Montepertuso

Sentiero degli Dei

COLLE
LA SERRA
578

Positano

SS 163

S. Maria ad Castro

S. Gennaro

VETTICA
MAGGIORE

Torre di Grado

■ Übernachtung
1 Casa Angelina *****
3 Le Sirene **
4 Villa Bellavista ***
5 Ca' P'a - Casa Privata
6 Margherita ***
7 Locanda Costa Diva ***
8 Amalfi Coast Apartement & Villas
11 Onda Verde ***
13 Alfonso a Mare ***
14 La Conchiglia *S

■ Essen und Trinken
2 La Brace
7 Locanda Costa Diva
10 Il Pirata
12 La Praia
13 Alfonso a Mare
14 La Conchiglia da Antonio

■ Nachtleben
9 Africana (Disco)

6

Die Amalfi-Küste

0 ▬▬▬▬ 200 m   © REISE KNOW-HOW 2013

Agerola-Bomerano

Grotta
S. Barbara

Amalfi

13
12 **14**

SS 163

MARINA
DI PRAIA
11 **10**

8

9

S. Luca

316
PRAIANO

6   P

P   **7**   *Torre a Mare*

P

Capo Sottile

Scoglio Dell'Isca

6

Unterkunft

Hotels und Pensionen

■ Casa Angelina *****

Cool, minimalistisch und ganz in Weiß. Aus den meisten Zimmern Fünf-Sterne-Blick aufs Meer, Aufzug zum Privatstrand. 39 Zi., 4 Suiten, DZ ab 285 Euro (nach „Lowest Rate" checken), F 25 Euro p.P. März bis Nov.

Via G. Capriglione 147, Tel. 08 98 13 13 33, www.casangelina.com

■ Alfonso al Mare ***

Nachdem die Casa Alfonso geschlossen wurde, hat die Familie *Fusco* ihre bereits existierende Pension oberhalb des gleichnamigen Ristorante (s.u.) an der kleinen Fischerbucht zum hübschen Albergo ausgebaut. Sechs der gut eingerichteten Zimmer mit direktem Meerblick. Kleiner Parkplatz zu 10 Euro/Tag. 15 Zi., DZ/F 100–170 Euro, HP 85–120 Euro. Mitte März bis Anfang Nov.

Via Praia 6 – Marina di Praia, Tel. 089 87 40 91, www.alfonsoamare.it

■ Villa Bellavista ***

Familienpension über der Torre del Grado etwa 50 Stufen unterhalb der Piazza S. Gennaro, 300 Stufen bis zum Meer. Bis zum späten Abend Sonne und das Vergnügen, die Sonne hinter Capri untergehen zu sehen. Die meisten (kleinen) Zimmer mit Meerblick. Kleiner Parkplatz. Der Besitzer *Mario Rispoli* spricht deutsch. 23 Zi., DZ/F 90–130 Euro, HP 70–90 Euro. Ostern bis Ende Okt.

Via Rezzola 45 – Vettica Maggiore, Tel. 089 87 40 54, www.villabellavista.it

■ Locanda Costa Diva ***

MEIN TIPP! Aufwendig restaurierter Casale aus dem 19. Jh. unterhalb der Durchfahrtsstraße, weitläufig von Oliven und Zitronen umgeben, 2003 als kleines Hotel eröffnet. Die geschmackvoll eingerichteten Zimmer gehen alle mit eigener Terrasse aufs Meer und mit Blick auf die Torre del Mare. *Filippo Milo* und seine Schwester *Caterina* organisieren für ihre Gäste Bootsausflüge mit Fischern. Ausgezeichnetes Ristorante, die Zutaten z.T. aus dem eigenen Bio-Garten! 8 Zi., 5 Suiten, DZ/F 90–160 Euro, Suite ab 140 Euro, Menü 30–45 Euro.

Via Roma 12 – Praiano, Tel. 089 81 30 76, www.hotelspraiano.com

■ Margherita ***

Familiengeführtes, gepflegtes Hotel in Panoramalage. Im oberen Ortsteil von Praiano unterhalb der Chiesa di S. Luca gelegen. Auch geräumige Familienzimmer. Der Pool mit weitem Blick über das Meer öffnet von März bis Anfang Nov. Gästeparkplatz gratis. Gäste, die mit der SITA anreisen, werden unten an der S.S. 163 abgeholt. Vor dem Hotel halten die orangen Flavio-Gioia-Busse Richtung Positano. Das gute Restaurant serviert auch à la carte – auch glutenfrei. 28 Zi., DZ/F 90–150 Euro, HP zusätzlich 25 Euro.

Corso Umberto I. 70 – Praiano, Tel. 089 87 46 28, www.hotelmargherita.info

■ Onda Verde ***

Absolut ruhig unterhalb der Straße direkt über dem Fischerhafen Marina di Praia gelegen. Fast alle Zimmer mit kleinem Balkon und Meerblick. Gästeparkplatz gratis an der S.S. 163, hier halten auch SITA-Busse, ein Aufzug führt zum Hotel hinunter. Schöner Fußweg in den Ort, zum Meer sind es nur wenige Schritte. 20 Zi., DZ/F 110–230 Euro, HP 85–145 Euro. April bis Anfang Nov.

Via Terramare 3 – Marina di Praia, Tel. 089 87 41 43, www.hotelondaverde.com

■ Le Sirene **

MEIN TIPP! Freundliche Frühstückspension unterhalb der Kirche S. Gennaro. Von der Kirche ausgeschildert und nur zu Fuß zu erreichen (Parkplatz mit Glück an der Straße). *Giancarmine* und *Maria Puglia* (spricht deutsch) sorgen für das Wohl ihrer Gäste. Absolut ruhig und mit tollem Panorama auf Positano und den Sonnenuntergang gelegen. Einfache, saubere Zimmer mit guten Betten. Großes Frühstücksbuffet. Treppenweg zum Meer. Faire Preise! 12 Zi., DZ/F 80–100 Euro. Ostern bis Anfang Nov.

Via S. Nicola 10 – Praiano, Tel. 089 87 40 13, www.lesirene.com

Die Amalfi-Küste

■ La Conchiglia *

Von der einfachen, netten Pension der Familie *De Falco* erreicht man mit wenigen Schritten das Meer. Im gleichnamigen Lokal genießt man solide kampanische Küche (s.u.). Zufriedene Leser! 13 Zi., DZ/F 70–110 Euro, HP zuzüglich 25 Euro p.P. – eine lohnende Investition.
Via Praia 17 – Marina di Praia,
Tel. 089 87 43 13, www.laconchigliapraiano.it

Boutique-Hotel

■ Ca' P'a – Casa Privata

Ein einzigartiges Haus, dass sich der schnellen Einordnung entzieht! Was als privates *retreat* der Architekten-Familie *Ortner-Hareiter* geplant war, hat sich zum Glück für Reisende zu einem äußerst kultivierten Gästehaus entwickelt. Willkommen heißen Sie die Geschwister *Rosa, Marie* und *Max Hareiter*. Unnötig zu erwähnen, dass die Renovierung des Gebäudes sehr behutsam und mit viel Geschmack erfolgt ist. Die drei Räume im 2. Stock verfügen über große Terrassen. Alle Zimmer sind mit guter Heizung versehen, hohe, kuppelgewölbte Räume machen eine Air Condition überflüssig. Es ist auch möglich, ein zusammenhängendes Stockwerk oder das ganze Haus zu mieten. Für die Gäste wird auf Wunsch gekocht. Überhaupt ist man im Erfüllen von Wünschen hier groß, auch wenn der Blick auf Meer und Himmel aus dem vom belgischen Landschaftsarchitekten *Jaques Wirtz* angelegten Garten bereits wunschlos glücklich macht. Externer Parkplatz. 4 Zi., 2 Suiten, DZ/F 220–310 Euro, Suiten 290–355 Euro, das ganze Haus 1565–1840 Euro. März bis Dez., auf Anfrage ganzjährig.
Via Rezzola 41 – Praiano,
Tel. 089 87 40 78, www.casaprivata.it

Ferienapartments

■ Amalfi Coast Apartments & Villas

Antonio Maresca, der mit seinen Brüdern jahrelang die Pensione Continentale betrieben hat, vermietet jetzt schöne Apartments mit Heizung oberhalb der Durchfahrtsstraße. Ap./4 Pers. ab 1000 Euro/Woche.
Via Roma 44 – Praiano,
Tel. 089 87 40 84, Mobil 33 81 37 31 54,
www.amalficoastapartment.com

Restaurants und Trattorien

■ Alfonso a Mare

Das Terrassenrestaurant über dem Fischerhafen an der Marina di Praia ist ein Klassiker der Costiera. Kompetente Fischküche. Im Sommer steigen kitschig-romantische Hochzeitsfeiern. 30–45 Euro. Mittags und abends. Mitte März bis Anfang Nov.
Via Praia 6 – Marina di Praia,
Tel. 089 87 40 91, www.alfonsoamare.it

▷ Sonnenverwöhntes Vettica Maggiore

■ **La Brace**

MEIN TIPP! *Gianni di Ieraces* einladende Trattoria verwöhnt mit ehrlicher *cucina amalfitana,* hausgemachtem *limoncello* und einem atemberaubenden Blick auf Positano. Zu den Spezialitäten zählt die *zuppa di pesce.* Am Abend Holzofenpizza. 20–35 Euro. Mi Ruhetag. Mittags und abends. Nov. geschl. Via G. Capriglione 146 – Vettica Maggiore, Tel. 089 87 42 26, www.labracepraiano.com

■ **La Conchiglia da Antonio**

Freundliches, empfehlenswertes Restaurant der gleichnamigen Pension (s.o.). Mamma *Luisa* kocht

– genau – wie eine Mamma eben. 25–30 Euro. Ganzjährig. Mittags und abends.
Via Simonetta Lamberti 1 (ex Via Praia)

■ **Locanda Costa Diva**

Auch wenn man hier nicht übernachtet, das Ristorante des gleichnamigen Hotels (s.o.) ist absolut zu empfehlen!

■ **Il Pirata**

Winziges Fischlokal direkt über dem Meer. Auch wenn die Kellner Piraten-T-Shirts tragen, die Preise bleiben zivil. Vor und nach dem leckeren Essen erfrischt ein Sprung ins Meer! 25–30 Euro. April bis Sept.
Via Terramare – Marina di Praia, Tel. 089 87 43 77

■ **La Praia – da Armandino**

MEIN TIPP! Auch von Einheimischen gerne besuchte Fischtrattoria und Bar. Ein Klassiker: *totani con patate.* Direkt am Strand. 25–40 Euro. Mittags und abends. März bis Nov.
Via Praia 1 – Marina di Praia, Tel. 089 87 40 87, www.trattoriadaarmandino.it

Feste

■ **S. Luca,** der Ortspatron wird am ersten Juli-Sonntag und am 18. Okt. gefeiert.

■ **S. Gennaro,** am 18. und 19. Sept. wird der Märtyrerbischof mit einem Jahrmarkt, Umzügen und einem Feuerwerk gefeiert.

Nachtleben

■ **Africana**

Legendäre Grotten-Disco cum Ristorante. Mit dem Auto über eine Zufahrtsstraße zu erreichen, die zwischen den Straßenkilometern „21" und „22" von der S.S. 163 abzweigt; Fußwege ab Praiano und der Marina di Praia. Bootsservice von allen Häfen der Costiera. Juni bis Sept.
Via Terramare 2 – Marina di Praia, Tel. 089 87 40 81, www.africanafamousclub.com

Küstenwachtturm als Künstleratelier

1260 unter den Anjou errichtet, wachte der mächtige Küstenturm jahrhundertelang über diesen Abschnitt der Amalfitana. Tauchten am Horizont Piratenschiffe auf, verbreitete sich die Nachricht durch Signalfeuer buchstäblich wie ein Lauffeuer von Turm zu Turm, und die Bevölkerung konnte sich meist rechtzeitig in Sicherheit bringen.

Völlig friedlich haben die naiv-verspielten Terrakotta-Figuren von *Paolo Sandulli* von der **Torre a Mare** und dem Kap Besitz ergriffen. Seit den 1960er Jahren in Praiano zu Gast, hat sich der Maler und Keramik-Künstler, nach Aufenthalten in Rom, Mailand und Paris, 1989 endgültig hier niedergelassen. Das Meer, die Fischer und die Badenden des Sommers sind seine Sujets, Meeresschwämme formen die hochgetürmten Frisuren seiner Sirenen. Schauen Sie auf einem Spaziergang zur Marina di Praia einfach vorbei!

■ **Paolo Sandulli,** c/o Torre a Mare, Via Umberto I. 21, Tel. 089 87 41 49, Mobil 33 94 40 10 08, www.paolosandulli.com

An- und Weiterreise

■ **Auto:** Der Ort liegt direkt an der S.S. 163.
■ **Bus: SITA** nach Positano, Sorrent und Amalfi.
Flavio Gioia nach Positano.

Baden

In Vettica gibt es unterhalb der Kirche S. Gennaro eine kleine **Kiesbucht.** Am östl. Ortsende liegt zwischen hohen Kalkklippen die Fischersiedlung **Marina di Praia** mit Kiesstrand und netten Lokalen.

Tauchen

■ Boa Diving

Raffaele Donnarumma bietet Wochenkurse (PADI, SSI) und geführte Tauchgänge an. Die Ausrüstung kann ausgeliehen werden.
Marina di Praia, Tel. 089 81 30 34,
Mobil 335 34 57 39, www.laboa.com

Wandern

Colle La Serra/Bomerano

Aus Vettica Maggiore führt von der Piazza Gagliano ein steiler Treppenweg in ca. 2 Std. hoch zum Sattel (578 m) an der Colle La Serra. Hier quert der **Sentiero degli Dei.** Die Wanderung lässt sich z.B. nach Montepertuso und Positano fortsetzen, wie man den „Sentiero degli Dei" auch in umgekehrter Richtung von Montepertuso bis zur Colle La Serra gehen kann, um anschließend nach Vettica Maggiore bzw. Praiano abzusteigen. Aus Praiano kann man auch durch das Vallone di Praia nach Bomerano aufsteigen. Kombiniert mit dem ersten Abschnitt des „Sentiero degli Dei", der aus Bomerano bis zur Colle La Serra führt, und dem Abstieg nach Vettica Maggiore ergibt sich ein schöner Rundweg.

Marina di Furore, Vettica Minore und Furore

Die Amalfi-Küste

Wer dem Trubel an der Küstenstraße für eine Weile entfliehen möchte, sollte einen Ausflug nach **Furore** (250 m, 850 Ew.) unternehmen. Das Gemeindegebiet erstreckt sich von der Marina bis auf eine Höhe von 650 m über dem Meer. Der **Vallone del Furore,** das „Tal des Zorns", stand bei dem Namen Pate. Der wilde Fjord ist der einzige seiner Art am Mittelmeer. Die S.S. 163 führt mit einer kühnen Brücke über die Schlucht. Wenn es stürmt oder der Schiato nach schweren Regenfällen anschwillt, tobt es im Tal, und die Wellen brechen sich mit wütendem Widerhall und ohrenbetäubendem Getöse am Fels. Eine Gruppe kleiner Würfelhäuser schmiegt sich an die hoch aufragenden Kalkfelswände, ein Bach mündet über den schmalen Kiesstrand ins Meer. An der abweisend steilen Felsküste bot sich dieser schmale Einschnitt als natürlicher Hafen an, und an der **Marina di Furore** muss früher ein geschäftiges Treiben geherrscht haben. Seit dem frühen Mittelalter wurden hier alle erdenklichen Waren umgeschlagen. Das Wasser des Schiato trieb Papier- und Getreidemühlen an. *Roberto Rosselini* drehte an diesem wildromantischen Ort mit seiner damaligen Lebensgefährtin *Anna Magnani* zwei Filme. Vor wenigen Jahren hat man die alten **Fischerhäuser,** die **monazzeni,** restauriert, und eine der alten **Papiermühlen** gibt als **„Ecomuseo"** interessante Einblicke in dieses fast ver-

6

gessene Handwerk. Ein kleines Lokal bietet Erfrischungen an. Steile Treppenwege führen in die hoch gelegenen Ortsteile.

■ **Ecomuseo del Fiordo di Furore,** Via Mola 29, Tel. 08 95 78 17 02. März bis Okt. tägl. 9–20 Uhr. Eintritt 3 Euro.

Auf der Höhe von **Vettica Minore** zweigt die S.S. 366 von der Küstenstraße S.S. 163 ab und führt in unzähligen Kurven hoch in das Gebiet der alten **Terra Furoris,** trotz des Namens eine der lieblichsten Gegenden der Amalfitana. Verstreut liegen die Häuser von Vettica Minore und Furore auf den steilen Hängen, umgeben von Zitronen- und Weinterrassen. **Furore** nennt sich stolz *paese dipinto,* „bemaltes Dorf". Seit Jahren werden bekannte und weniger bekannte Künstler eingeladen, Wände der Häuser oder Stützmauern mit ihren Werken zu schmücken. Doch um ehrlich zu sein: Die *murales* haben es schwer, sich gegen das prachtvolle Landschaftspanorama durchzusetzen. Die S.S. 366 führt weiter nach Bomerano, dem Ausgangspunkt des Sentiero degli Dei. Keiner, der mit dem SITA-Bus hier hochgefahren ist, wird die abenteuerliche Fahrt je vergessen! Im Vallone di Praia gedeihen die Reben, aus denen der gute Furore-Wein gekeltert wird.

Information

■ **www.comune.furore.sa.it**
■ **www.furore.it,** Kurz-Infos zu Wanderungen (meist Treppen!), Unterkunft-Tipps.

Unterkunft

Hotel und Ostello

■ **Albergo di Bacco** ***
Die Familie *Ferraioli* hält für die Gäste ihres superben Lokals (s.u.) ein paar freundliche Zimmer bereit. Anfahrt mit eigenem Fahrzeug bzw. SITA-Bussen der Linie Amalfi – Agerola. Gute Wandertipps von *Antonio Ferraioli*. März bis Dez. 20 Zi., DZ/F 85–160 Euro, HP zusätzlich 25 Euro p.P.
Via G. B. Lama 9 (= S.S. 366),
Tel. 089 83 03 60, www.baccofurore.it

■ **Vettica House**
Apartmenthäuser im Limoneto mit Küchen und Schlafplätzen in Mehrbettzimmern (s.u.). Anfahrt mit SITA-Bussen aus Amalfi Richtung Agerola, kurz vor dem Convento Santa Rosa aussteigen und 270 Stufen im Zitronenhain hochsteigen (vorher anrufen!). Parkplatz an der Straße. Die Brüder *Vissicchio* führen in Atrani das Ostello A' Scalinatella (siehe dort). 8 Zi., 2 Ap., Ü 25–35 Euro im Mehrbettzimmer, DZ 70–90 Euro.
Via Maestra dei Villaggi 92 – Vettica Minore,
Tel. 089 87 19 30, Mobil 33 84 73 92 00,
www.hostelscalinatella.com

Bed & Breakfast

■ **La Locanda del Fiordo**
MEIN TIPP! Die Brüder *Milo* betreiben ihre hübsche Frühstückspension wenige hundert Meter westlich des Furore-Fjords direkt über dem Meer. Alle Zimmer mit Balkon und kleiner Kochnische. Auf der Sonnenterrasse werden Mittags-Snacks serviert. Treppen ans Meer. Parkplatz. 10 Zi., DZ/F 90–160 Euro.
Via Trasita 9 (Km 23 der S.S. 163),
Tel. 089 87 48 13, www.lalocandadelfiordo.it

Le Marelle

Nicht weit vom Albergo-Ristorante Bacco (s.o.) führt die Familie *Cuomo* in einem Zitronenhain ihr nettes B&B. Ein Teil der Zimmer blickt aufs Meer. Die grandiose Aussicht bietet sich allen Gästen von der großen Sonnenterrasse. Auf Anfrage wird auch gekocht. Anfahrt mit eigenem Fahrzeug bzw. mit SI-TA-Bussen der Linie Amalfi – Agerola. 7 Zi., DZ/F 60–80 Euro, Menü 20–25 Euro.

Via G. B. Lama 50 (= S.S. 366), Tel. 089 83 02 63, Mobil 33 88 18 15 07, www.lemarelle.it

Campingplatz

Vettica House

Die Brüder *Vissicchio* bieten auf dem Gelände des Vettica House (s.o.) auch Zeltplätze unter Zitronenbäumen an. Ab 10 Euro p.P.

Agriturismi

Sant'Alfonso

MEIN TIPP! Die historischen Gebäude des von *Luigi Cuomo* und seiner Tochter *Michelina* geführten Agriturismo waren früher der Konvent der nahen Kirche Sant'Alfonso. Anreise mit eigenem Auto oder SITA-Bussen der Linie Amalfi – Agerola, ca. 500 m und 120 Stufen von der S.S. 366. März bis Dez. 10 Zi., DZ/F 65–90 Euro, Menü 20–25 Euro.

Via Sant'Alfonso 6,

Tel. 089 83 05 15, Mobil 33 38 91 05 63, www.agriturismosantalfonso.it

Serafina

Ländlicher geht es kaum an der Amalfitana. Seit 1996 betreiben *Domenico* und *Giuseppina Fusco* diesen sympathischen Agriturismo unterhalb der Kirche S. Alfonso. Alle Köstlichkeiten, die auf den Tisch kommen, werden selbst produziert. Die *Fuscos* haben Kühe, Schweine und Hühner, bewirtschaften eine große Rebfläche, Oliven- und Zitronenhaine sowie einen Gemüsegarten. Ein idealer Platz für

Kinder. Anreise mit eigenem Auto oder SITA-Bussen der Linie Amalfi – Agerola, ca. 1 km von der Straße Ri Agerola (= S.S. 366). 5 Zi., DZ/F 70–80 Euro, HP 50–55 Euro.

Via Piccola 3 – Località Vigne,

Tel. 089 83 03 47, www.agriturismoserafina.it

Restaurants und Trattorien

Al Monazeno

Nettes Lokal in einem der alten Bootshäuser. Snacks, einfache lokale Gerichte und frischer Fisch. 20–30 Euro. April bis Okt.

Via Anna Magnnai – Marina di Furore,

Mobil 34 90 77 25 44,

www.monazeno-fiordo-furore.com

Hostaria da Bacco

MEIN TIPP! Die Terrasse des Lokals schwebt 450 m über dem Meer. Die *Ferraiolis* betreiben in vierter Generation ihre ausgezeichnete Hostaria, in der unverfälschte *cucina amalfitana* geboten wird. Die Menschen hier oben waren immer Bauern und Fischer. In dieser Tradition steht die Küche, wie das Hausgericht *totani con patate* (Pfeilkalmare mit Kartoffeln) beweist. Der exzellente Käse aus Agerola findet vielerlei Verwendung, zahlreiche Zutaten stammen aus eigenem Garten. Die *dolci* sind himmlisch, als Digestif wird der hausgemachte *nannasino*, ein Kaktusfeigenlikör, kredenzt. Den Namen des Weingottes trägt das Lokal nicht zufällig! Wer sich nicht mehr fortbewegen mag oder kann, findet hier freundliche Gästezimmer (s.o.). Anfahrt mit eigenem Fahrzeug oder SITA-Bussen der Linie Amalfi – Agerola. 30–35 Euro. März bis Dez. Mittags und abends.

Via G. B. Lama 9 (= S.S. 366),

Tel. 089 83 03 60, www.baccofurore.it

Sant'Alfonso

Nach telefonischer Anfrage kann man im Agriturismo (s.o.) ausgezeichnet essen. 25–30 Euro. Mittags und abends. Nov. geschl.

An- und Weiterreise

■**Auto:** Die S.S. 163 führt über den Furore-Fjord, aber wer mit dem eigenen Auto unterwegs ist, wird enttäuscht sein. Im Vorbeifahren erhascht man zwar einen schnellen Blick in die interessante Schlucht, nur kann man nirgends parken. Es zahlt sich aus, mit dem SITA-Bus oder zu Fuß unterwegs zu sein. Von der S.S. 163 steigt die S.S. 366 in Schwindel erregenden Serpentinen an den Häusern von Furo vorbei nach Agerola auf.

■**Bus: SITA-Busse** der Linie Positano – Amalfi halten an der Brücke über den Furore-Fjord/Marina di Furore. Vettica Minore und Furore liegen an der Strecke Amalfi – Agerola.

Einkaufen

■**Cantine Marisa Cuomo**
Hier werden die besten Tropfen der Costiera gekeltert, ein Wein, der im Wortsinn Furore macht. Die Cantina liegt oberhalb der Hostaria da Bacco. Degustationen möglich.
Via G. B. Lama 16/18 (= S.S. 366),
Tel. 089 83 03 48, www.marisacuomo.com

Fest

■**Sagra dei Ficchi d'India,** Fest der Kaktusfeigen am ersten September-Wochenende.

Baden

Den kleinen Kiesstrand an der **Marina di Furore** erreicht man am besten mit einem SITA-Bus oder zu Fuß (s.u.).

Wandern

■**Vallone del Furore**
Auch in diesem Teil der Amalfitana hat sich das dichte Netz der alten Wirtschaftswege gut erhalten, und nur gelegentlich ist man gezwungen, kurze Abschnitte auf der Asphaltstraße zu laufen. Von der Hostaria da Bacco kann man auf einem Treppenweg bis in den Furore-Fjord an die Marina di Furore absteigen. Von den beiden Agriturismi Sant'Alfonso und Serafina steigt ein schöner Weg auf nach Bomerano und zum „Sentiero degli Dei". Auf dem gleichen Weg kann man nach Praiano absteigen.

Conca dei Marini

Die kleinen weißen Würfelhäuser von Conca dei Marini (400 m, 740 Ew.) verlieren sich in der terrassierten Landschaft. Ein echter Ort ist nicht auszumachen, und doch besaß Conca im Mittelalter eine Handelsflotte, die jener von Amalfi nicht nachstand. Die **Marina di Conca,** vom vorspringenden Capo di Conca geschützt, ist der schönste Fischer-Borgo der Amalfitana. Die größte Touristenattraktion aber ist die **Grotta dello Smeraldo,** von der S.S. 163 über einen Aufzug oder von Marina di Conca bzw. aus Amalfi mit dem Boot zu erreichen. 1932 entdeckte ein Fischer die Karsthöhle und konnte damit Capris Monopol auf spektakuläre Meeresgrotten brechen. Stalagmiten, die heute bis unter die Meeresoberfläche reichen, beweisen, dass die Grotte sich im Laufe der Zeit abgesenkt hat. Durch einen Felstunnel unter dem Meeresspiegel filtert smaragdgrühnes Licht in die Höhle. Auf einem Kahn fährt man über den Grottensee,

Lokalführer liefern fantasievolle Interpretationen der Tropfsteingebilde.

■ **Grotta dello Smeraldo,** Km 24 der S.S. 163, Info c/o AAST Amalfi, siehe dort. April bis Okt. tägl. 9–16 Uhr, Nov. bis März tägl. 10–16 Uhr. Eintritt 6 Euro.

Unterkunft

■ **Belvedere** ****
Gepflegtes Albergo, das seinem Namen alle Ehre macht. Man fühlt sich wie auf einem Ozeanliner. In den 1960er Jahren von *Rubens Lucibello,* einem der touristischen Urgesteine der Costiera, erbaut. Meerwasserpool und Treppenweg ans Meer mit Badeplattform. 35 Zi., DZ/F 180–240 Euro, HP zusätzlich 35 Euro. Mitte April bis Mitte Okt.
Via Smeraldo 19, Tel. 089 83 12 82,
www.belvederehotel.it

Agerola

In Agerola (630 m, 7450 Ew.) kommen die **Monti Lattari** zu ihrem Namen. Die fruchtbare Hochebene ist von hohen, bewaldeten Bergen umgeben. Seit der Antike wird hier Milchvieh auf die saftigen Weiden geschickt (auch die Wollmanufakturen Pompejis bezogen ihren Rohstoff aus dieser Gegend), und ohne die frische Ricotta hätten die Nonnen des Klosters S. Rosa wohl nie die *sfogliatella* erfunden. Die Häuser haben, anders als die kubischen Sarazenenhäuser der Küste, spitze Giebeldächer. In den appetitlichen Lebensmittelgeschäften hat man die Qual der Wahl zwischen *mozzarella, fior di latte, caciotta, caciocavallo, ricotta, provola* und all den anderen lokalen Käseköstlichkeiten – die beste Gelegenheit, sich ein gutes *panino* machen zu lassen. Touristen verirren sich bislang nur selten nach Agerola, mit Ausnahme natürlich der Wanderer, die aus dem Ortsteil Bomerano zum **„Sentiero degli Dei"** (Götterweg) aufbrechen (s.u.). Stolz trägt der Ort sein Prädikat „Città slow"!

▷ Agerola: Tomatenschatzkammer

Information

■ **Pro Loco Agerola**
Gratis-Karte mit Beschreibung der schönsten Wanderungen und Unterkunftstipps. Mo bis Sa 8–13 und 14–19 Uhr, So 8–13 Uhr.
Piazza P. Capasso 7, Tel. 08 18 79 10 64,
www.proagerola.it, www.cartotrekking.com
■ **www.comune.agerola.na.it**

Unterkunft

Hotel

■ **Albergo Gentile** ***
Freundliches Hotel der Familie *Gentile* (nomen est omen) mit geräumigen, ordentlichen Zimmern direkt an der Hauptpiazza. Gute lokale Küche und ein kräftiger Hauswein schenken dem Wanderer neue Kräfte. 37 Zi., DZ/F 60–70 Euro, HP 45–50 Euro.
Piazza P. Capasso 50 – Bomerano,
Tel. 08 18 79 10 41,
www.albergogentile.altervista.org

Agriturismi

■ **Luna d'Agerola**
Ferdinando, der als Kellner in Praiano touristische Erfahrung gesammelt hat, führt zusammen mit Schwester *Giovanna* und Bruder *Valentino* diesen waschechten Agriturismo im Ortsteil San Lazzaro, der für sein atemberaubendes Panorama berühmt ist. Die Eltern führen die Landwirtschaft fort, und fast alles, was hier auf den Tisch kommt, ist auch selbst produziert. Schlichte, schöne Zimmer. 5 Zi., DZ/F 60–70 Euro, HP 45–50 Euro.
Via Radicosa 35 – San Lazzaro,
Tel. 08 18 02 50 09, Mobil 34 97 68 57 20,
www.agriturismoagerola.com

■ **Nonna Martina**
Neubau-Villa am südlichen Ortsrand im Grünen. Einfache, geräumige Zimmer. *Nicola Brancati* ist Bergführer und steht seinen Gästen mit Wandertipps zur Seite. Anbau von Heilkräutern, Gemüse und Waldbeeren. 4 Zi., DZ/F 55–70 Euro.
Via degli Ontanelli 3 – Bomerano,
Tel. 08 18 73 14 95, Mobil 33 92 72 48 29,
www.nonnamartina.altervista.org

Jugendherberge/Campingplatz

■ **Beata Solitudo**
Jugendherberge in den ehem. Stallungen eines 19.-Jh.-Palazzo. Kleine Schlafsäle mit Küchenbenutzung, Bungalows und Zeltplätze. Vom nahen Belvedere hat man einen weiten Blick über den Golf von Salerno. SITA-Busse aus Neapel, Castellamare oder Amalfi. 2-Bett-Bungalow 50–60 Euro, Ü 13,50–15,50 Euro, 2 Pers. mit Zelt, Auto 22–36 Euro.
Piazza G. Avitabile 4 – San Lazzaro,
Tel. 08 18 02 50 48, www.beatasolitudo.it

An- und Weiterreise

■ **Auto:** Agerola liegt an der Passstraße S.S. 366, die von der Amalfitana über Gragnano Richtung Pompeji und Neapel führt.
■ **Bus: SITA** von und nach Amalfi, Castellamare und Neapel.

Einkaufen

Im Ortsteil Bomerano kann man sehr gut für ein Picknick einkaufen. Absolut köstlich ist die Mozzarella von Agerola! Frisch gebackenes Brot gibt es im **Panificio Manna,** Piazza P. Capasso 12, Tel. 08 18 79 14 94. Exzellente, frische Pasta direkt nebenan im **Pastificio La Tagliatella** der Familie *Gentile,* Piazza P. Capasso 10, Tel. 08 18 79 11 87.

Die Amalfi-Küste

Wandern

Der **Götterweg** (s.u.) ist der bekannteste, aber nicht der einzige Wanderweg ab Agerola. Aus Bomerano führen die CAI-Wege „41" und „02" auf den 1444 m hohen Monte S. Angelo. In Bomerano startet auch der Weg, der an der Grotta S. Barbara vorbei durch das Vallone di Praia nach Praiano absteigt. Auf dem CAI-Weg „61" gelangt man aus dem östlichen Ortsteil San Lazzaro, berühmt für seine Aussicht über Pogerola nach Amalfi.

Die Pro Loco Agerola (s.o.) hat ein nützliches Faltblatt herausgegeben, auf dem die genannten Routen verzeichnet sind. Zu Wanderkarten siehe auch Positano.

„Sentiero degli Dei" – von Bomerano nach Positano

Mittelschwere Wanderung, die aus Bomerano (638 m) auf meist guten Wegen bis Positano auf Meereshöhe absteigt. Die Wege sind sicher und problemlos zu finden, an manchen Stellen fällt das Gelände seitlich steil ab. Spektakuläre Blicke bis Capri.
Reine Gehzeit: 3¼ Std. (Bomerano – Colle La Serra 45 Min., Colle La Serra – Nocella 1 Std., Nocella – Montepertuso 45 Min., Montepertuso – Positano 45 Min.)

Anfahrt/Rückfahrt: SITA-Bus von Amalfi nach Agerola. Im Ortsteil Bomerano aussteigen. Ein Tipp für die Rückfahrt nach Amalfi: Von Ostern bis Oktober verkehren Fähren! Im Zentrum von Bomerano gibt es gut sortierte Lebensmittelläden und eine Bäckerei. Auf der Piazza ist eine Tafel mit den Wanderwegen der Umgebung aufgestellt.

Wanderung: An der Piazza Capasso beginnt der CAI-Weg „27" rechts von der Bar Naclerio. Der schmalen Via Pennina bergab folgen, durch eine Straßenunterführung und über eine moderne Holzbrücke rechts zur Straße aufsteigen. Der schmalen asphaltierten Straße nach links bis zu ihrem Ende folgen. Schon zu Beginn verwöhnt der Weg mit atemberaubenden Blicken in das Vallone di Praia, wo Weinterrassen sich die Hänge hochziehen. Die Straße setzt sich erst in breiten Zementstufen, dann als *mulattiera* (Maultierpfad) fort und führt unterhalb der **Grotta Biscotto** vorbei. In dieser und ähnlichen Grotten stellten die Bauern noch bis vor wenigen Jahren ihr Vieh unter. Nach Westen blickend, erkennt man einen Sattel, links davon die **Colle La Serra.** Der Weg verschmälert sich und führt z.T. über Stufen abwärts. Nach einem kleinen Gegenanstieg ist der Sattel (578 m) erreicht. An der T-Kreuzung verzweigt sich der Weg. Nach links kann man nach Praiano absteigen (Wasserstelle kurz nach der Kreuzung), der Sentiero degli Dei setzt sich Richtung Nocella nach rechts fort.

Über aufgelassene Ackerterrassen und vorbei an duftenden Rosmarinbüschen führt der Pfad in ständigem Auf und Ab weiter. Von einem Felsvorsprung sieht man zum ersten Mal auf Positano hinab. Rechter Hand sind bereits die Häuser von Nocella zu erkennen, darüber die steilen Felswände des Monte S. Angelo. Vorbei an einer weiteren Höhle quert man, teils im Schatten von Steineichen, zwei Taleinschnitte und erreicht den kleinen Ort. In **Nocelle** über einige Treppenstufen bis zur Kreuzung absteigen und an der künstlichen Grotte mit Kapelle in die zementierte Gasse rechts einbiegen. (Geradeaus führt der Treppenweg bis an die Spiaggia Arienzo ans Meer!) An der Bar-Trattoria „S. Croce" und einem kleinen Lebensmittelladen vorbei führt der zementierte Weg aus dem Ort auf eine breite Asphaltstraße. Der Straße nach links folgend, sieht man nach ca. 10 Min. die ersten Häuser von **Montepertuso.** Oberhalb des Ortes erhebt sich eine perforierte Felswand. Die Dialektbezeichnung *pertuso* gab dem Ort seinen Namen: „Lochberg". Linker Hand liegt die Trattoria „La Tagliata".

Im Ort gibt es zwei weitere gute Lokale, das Restaurant „Donna Rosa" und an der Piazza die Trattoria „Il Ritrovo". Von Montepertuso kann man auf Treppenwegen nach Positano absteigen bzw. knieschonend mit dem Linienbus „Interno Positano" fahren (Tickets in der Bar bzw. direkt im Bus).

6

Entscheidet man sich für den Fußweg, bieten sich zwei Varianten an. Gegenüber vom Ristorante „Donna Rosa" führt die Via Comunale Pestella nach Positano hinab, unterwegs kommt man auf der Höhe des kleinen Friedhofs vorbei, der den Abstecher lohnt. Die andere Wegvariante führt zunächst über die Piazza, vorbei an der Trattoria „Il Ritrovo". Die zementierte Gasse beschreibt eine Linkskurve, und an einem Tabacchi und Minimarket vorbei biegt man auf Höhe der Hausnummer 72 links in den absteigenden Treppenweg. Jenseits der Asphaltstraße setzt sich der Treppenweg als Via Montepertuso (oder Strada Comunale Grado) nach rechts fort. Genau genommen handelt es sich um einen als Treppenweg angelegten Maultierpfad, daher die eigenartige Stufenlänge. Malerisch führt der Weg unter einer Felswand mit Tropfsteinformationen hindurch, von oben genießt man die Blicke auf die Majolikakuppel der S. Maria Assunta. Bald sind die ersten Häuser von Positano erreicht. Unterwegs an einer T-Kreuzung links weiter gehen. Die S.S. 163 wird gequert, kurz nach links gehen und auf Höhe des Lebensmittelladens rechts die Via S. Sebastiano weiter absteigen. Von oben stößt man auf die Via Cristoforo Colombo, und wenige Schritte nach rechts führen mitten ins schicke Positano. Die gepflasterte Via dei Mulini führt zum Strand hinunter. Vorher ein Muss, zur Belohnung eine frische *granita* von Mastro! Der berühmte Eisstand in Form eines Fischerbootes findet sich bei gutem Wetter tägl. von März bis Okt. unterhalb der Piazza dei Mulini.

Amalfi

Der Tag des Jüngsten Gerichts wird für die Amalfitaner, die ins Paradies eingehen, ein Tag sein wie jeder andere.

Renato Fucini, 1877

Geschichte

Vom 9. bis 12. Jh. **mächtige Hauptstadt der ältesten Seerepublik Italiens,** ist Amalfi (6 m, 5300 Ew.) heute das touristische Zentrum der gleichnamigen Küs-

▷ Amalfi: stolze Hauptstadt der ehemaligen Seerepublik

te. Über die Ursprünge Amalfis ist wenig bekannt, möglicherweise ließen sich hier im 4. Jh. n. Chr. römische Siedler aus Melphe *(ad Melphes)* nieder, einem heute verschwundenen Ort am Capo Palinuro. Ab dem 6. Jh. stand Amalfi unter dem Einfluss des byzantinischen Herzogtums Neapel, begann aber bald eigene Handelskontakte in den Orient zu knüpfen. Die Rivalitäten zwischen byzantinischen Statthaltern und Langobarden ausnutzend, wurde Amalfi 920 eine Seerepublik, ab 958 ein selbstständiges Herzogtum. Die Oberherrschaft von Byzanz war lediglich formal, der Adel konnte sein Stadtoberhaupt, den **Dogen,**

frei wählen. Während des 10. und 11. Jh. beherrschte Amalfi den gesamten Landstrich, der noch heute als Amalfitana bezeichnet wird, sowie weite Teile der Sorrentiner Halbinsel. Amalfi unterhielt damals eine starke Kriegs- und Handelsflotte.

Eine Seerepublik kann man sich als **international agierendes, weit verzweigtes Handelsunternehmen** vorstellen, mit einem gewählten Dogen als „Vorstandsvorsitzenden" an der Spitze. Kontore und Niederlassungen amalfitanischer Händler gab es in allen bedeutenden Städten des östlichen Mittelmeerraums, in Konstantinopel, Beirut,

Amalfi

0 ——— 100 m © REISE KNOW-HOW 2013

Übernachtung
5 Antica Repubblica ***
6 Residenza del Duca
7 Grand Hotel
   Convento di Amalfi *****
9 Albergo Lidomare ***
10 Sant'Andrea **,
    Centrale ***
13 Luna Convento ****

Essen und Trinken
1 Il Mulino
2 Taverna del Duca
3 Pizzeria Donna Stella
4 Maccus Amalfi
8 Da Baracca
9 La Caravella
11 Da Maria
12 Eolo

Valle dei Mulini, Pogerola,
Museo della Carta

Pontone Scala

Via Capuano
Via Lorenzo d'Amalfi

Chiostro del Paradiso
Piazza dei Dogi
Pza. Duomo
Duomo
Museo Civico
Corso d. Rep. Marinare
Piazza F. Gioia
Museo Arsenale
Via M. Camera
Lungomare dei Cavalieri
Via P. Comite
Via C. Colombo

Atrani, Salerno

Positano

MAR TIRRENO

Positano, Capri   Cetara, Salerno

Tripolis, Jaffa, Alexandria und auf Zypern. Arabische Chronisten des Mittelalters beschrieben Amalfi als prächtigste Stadt des christlichen Süditaliens mit über 50.000 Einwohnern (heute sind es knapp 6500). Amalfitanische Handelsherren stifteten im Orient prächtige Kirchen, darunter 1020 in Jerusalem das Hospiz des *Hl. Johannes,* Keimzelle des Johanniterordens und der späteren Malteserritter (daher das Malteserkreuz im Wappen von Amalfi). Die amalfitanischen Galeeren importierten Seidenstoffe, Teppiche, Gewürze und Zucker aus dem Orient, Waren, die im Westen mit hohem Gewinn losgeschlagen werden konnten. Aus dem **Orient** übernahm Amalfi die Technik der Papierherstellung, von arabischen Seefahrern den Gebrauch des Magnetkompasses. *Flavio Gioia,* den Amalfi wie Positano als Sohn ihrer Stadt beanspruchen, wird gerne die Erfindung dieses nautischen Instrumentes angedichtet. Die **charakteristische Architektur** der amalfitanischen Küstenstädte, aber auch die **Kultur der Zitronen,** die bis heute die Terrassenlandschaft prägt, ist Frucht dieses intensiven

Kontaktes mit der arabischen Welt. Die in Amalfi geprägten Goldtari fanden als Zahlungsmittel weite Verbreitung. Die „Tabula amalphitana" legte zum ersten Mal in Italien das Seerecht schriftlich nieder, Verordnungen, die im Mittelmeer ihre Gültigkeit bis ins 16. Jh. behielten, lange nach dem Niedergang der Seerepublik.

Das Ende der amalfitanischen Selbstständigkeit wurde durch **innere Konflikte** eingeleitet. Im 11. Jh. rebellierte Ravello gegen Amalfi und verbündete sich mit den Normannen. 1131 gelang es *Roger II.,* Amalfi endgültig seinem normannischen Königreich einzuverleiben. Die junge Seerepublik Pisa stieg auf Kosten von Amalfi und Ravello zur dominierenden Handelsmacht im Tyrrhenischen Meer auf. 1135 und 1137 plünderten die Pisaner Amalfi, Atrani, Minori, Maiori, Scala und Ravello. Den Todesstoß versetzte Amalfi im 14. Jh. ein Erd- und Seebeben, dem der Hafen mit den Werftanlagen und große Teile der Bevölkerung zum Opfer fielen.

Ab dem 19. Jh. weckten schwärmerische Reisende aus Deutschland und England Amalfi aus seinem Dornröschenschlaf. Das heute bei Amerikanern besonders beliebte „Ämälfei" ist längst ein absolutes Massenreiseziel, das sich trotz alledem viel von seinem Charme bewahrt hat.

Besichtigung

Kommt man nach Amalfi, empfiehlt es sich, Abstand zu gewinnen und von der **Piazza Flavio Gioia** mit dem Denkmal des vermeintlichen Kompass-Erfinders, wo Touristen- und SITA-Busse halten,

erst auf die Hafenmole hinauszutreten. Reist man mit dem Schiff an, ergibt sich diese ideale Perspektive von selbst. Seitlich von steil aufragenden Gebirgskämmen eingefasst, drängen die hellen Häuser Amalfis aus dem engen Talgrund bis ans Meer und breiten sich vor dem Kiesstrand wie ein Flussfächer aus, flankiert von Wachtürmen und zwei mittelalterlichen Klöstern, beide seit dem 19. Jh. traditionsreiche Hotels. Über die ziegelroten Dächer ragen die gold glänzende Domfassade und der majolikaverzierte Campanile hinaus.

☐ Chiostro del Paradiso: 1001 Nacht

Der Lärm der Busse und die Scharen von Touristen verwandeln sich in der Fantasie zum Hämmern auf den Werften und geschäftigen Treiben im **Hafen** der alten Seerepublik. Bevor man durch die Porta Marina die eigentliche Stadt betritt, kann man einen Blick in den **Arsenale della Repubblica** werfen, einen Rest der mittelalterlichen Werfthallen. Hier wurden Galeeren mit bis zu 116 Ruderbänken auf Kiel gelegt. Amalfi war ein frühes Industriezentrum. Die spitzbögigen Gewölbe beherbergen eine Ausstellung zur Geschichte der Seerepublik.

■ **Museo Arsenale,** Largo Cesareo Console 3, Mobil 36 63 42 34 09, www.museoarsenaleamalfi.it. Di bis So 10–13.30 und 15.30–19 Uhr. Eintritt 2 Euro.

Ein kleines **Museum im Rathaus** im Palazzo Morelli an der Uferstraße erzählt die Geschichte der Seerepublik. Ausgestellt ist u.a. eine mittelalterliche **Handschrift der Tavole Amalfitane,** jenes mittelalterlichen Gesetzes, das alle Aspekte der christlichen Seefahrt regelte.

■ **Museo Civico,** Piazza del Municipio 6, Tel. 089 87 11 07. Mo bis Fr 8–13.30 Uhr, Di bis Do auch 16–19 Uhr. Eintritt frei.

Von der Piazza Duomo führt eine imposante Freitreppe zum **Duomo Sant'Andrea,** steingewordene Chronik der reichen und selbstbewussten Stadt. Die farbenprächtige Fassade aus dem 19. Jh., mit Schmuckelementen im byzantinischen und maurischen Stil, ist eine ebenso eindrucksvolle wie umstrittene Rekonstruktion des mittelalterlichen Originals. Der freistehende **Campanile,** dessen Markenzeichen ineinander verschränkte maurische Spitzbögen sind,

wurde 1267 vollendet. Ein Rundgang, welcher die Besichtigung des berühmten **Chiostro del Paradiso** mit einschließt, beginnt auf der linken Seite der Loggia. Errichtet 1266–68 ist der winzige Kreuzgang, in dem sich Amalfis Adel bestatten ließ, ein Traum aus „1001 Nacht". Blendend weiße, ineinander verwobene spitzbogige Arkaden ruhen auf zierlichen Doppelsäulen, in der Mitte ein exotisches Gärtlein. Aus dem Kreuzgang gelangt man in die **Chiesa del Crocifisso** aus dem 8. Jh. Direkt daneben wurde anlässlich der Republikgründung im 10. Jh. die dem hl. *Andreas* geweihte Kathedrale errichtet. Es entstand ein sechsschiffiger Kirchenbau, der in der Barockzeit wieder getrennt wurde. Nachdem die heute entweihte Kirche ihres barocken Schmucks entledigt und aufwendig restauriert wurde, konnte die bemerkenswerte Sammlung des **Museo Diocesano** hier eine würdige Bleibe finden. Aus der Chiesa del Crocifisso gelangt man in die **Krypta** mit den **Reliquien des hl. Andreas.** „Saintnapping" stand im Mittelalter hoch im Kurs, und die Seerepublik wollte nicht hinten anstehen. Im Jahre 1208 überführte (entführte?) Kardinal *Pietro Capuano* die heiligen Knochen des Stadtpatrons aus Konstantinopel (Patras?) nach Amalfi. Der Besitz wertvoller Reliquien war mit höchstem Prestige verbunden, Pilgerströme spülten willkommene Devisen in die Kassen. Seit Anfang des 14. Jh. dringt eine *manna* genannte Flüssigkeit aus dem Sarkophag des Apostels, ihr werden wundertätige Eigenschaften zugeschrieben. Aus der Krypta führen Stufen in den barock ausgeschmückten Dom. Kunstwerke aller Epochen zeigen den Apostel. Auf einem der Gemälde ist er gemeinsam mit dem Evangelisten *Matthäus* zu sehen, wie sie Amalfi vor dem gefürchteten Korsaren *Khair-ad-Din Barbarossa* retten, heute noch Anlass, Ende Juni das Fest des Schutzpatrons zu feiern. Beim Verlassen des Doms wird die Verehrung des Hl. Andreas am **Bronzeportal** noch einmal augenfällig. Im Jahre 1066 von dem Syrer *Simon* gegossen, wurde dieses kunsthistorisch bedeutende Werk von dem reichen *Pantaleone di Mauro Comite*, Haupt der amalfitanischen Handelsniederlassung in Kostantinopel, gestiftet. Das Bild des *hl. Andreas* ist von vielen Berührungen blank gescheuert.

■**Chiostro del Paradiso/Museo Diocesano/ Duomo di Amalfi,** Piazza del Duomo, Tel. 089 87 13 24. Mai bis Sept. tägl. 9–21 Uhr, Okt. bis April tägl. 10–17 Uhr. Eintritt 3/1 Euro.

Gesäumt von Läden, Bars und Restaurants zieht sich die **Via Lorenzo d'Amalfi** durch den Talgrund, abschnittsweise von der gedeckten **Rua Nova Mercatorum** begleitet. Amalfis Altstadt erinnert nicht zufällig an eine arabische Kasbah. Leicht kann man sich vorstellen, wie hier im Mittelalter Händler aller Rassen und Religionen ihre Waren feilboten. Seitlich locken schmale Gassen, und zwischen weiß gekalkten Häusern kann man auf Treppenwegen aufsteigen. Schnell wird man sich verlaufen, doch ebenso unversehens wieder zum Corso zurückfinden. Jenseits der Piazza Spirito Santo liegt ein modernes Wohn- und Geschäftsviertel, eine gesichtslose Miniatur-Peripherie.

Als **Via delle Cartiere** setzt sich die Hauptstraße im Tal fort. Amalfi war vermutlich die erste Stadt Italiens, in der im Mittelalter Papier geschöpft wurde. Das Wasser des Fiume Canneto trieb zeitwei-

se über ein Dutzend Papiermühlen an, übrig geblieben sind noch zwei, die kleine Werkstatt von *Cavaliere* und die *Cartiera Armatruda*. Im **Museo della Carta,** eingerichtet in den Räumen einer der mittelalterlichen Papiermühlen, werden alle Arbeitsschritte der Papierherstellung vorgeführt.

■**Museo della Carta** (Palazzo Pagliara), Via delle Cartiere 23, Tel. 08 98 30 45 61, www.museodellacarta.it. März bis Okt. tägl. 10–18.30 Uhr, Nov. bis Febr. Di bis So 10–15.30 Uhr. Eintritt 4/2 Euro.

Wenige Schritte hinter dem Papiermuseum präsentiert *Luigi Aceto* seine liebevoll arrangierte Privatsammlung bäuerlicher Geräte, bietet Einblicke in die Kultur der Zitronen und verrät, wie echter *Limoncello* gemacht wird. Natürlich gibt es auch eine Kostprobe.

■**Museo di Civiltà Contadina,** Via delle Cartiere 55, Tel. 089 87 32 11. Mo bis Sa 9–13 und 15–19 Uhr. Eintritt frei.

Die Wasserkraft des Flusses diente auch dem Antrieb von Eisenhammerwerken, daher die doppelte Bezeichnung **Valle dei Mulini** (Mühlental) oder **Valle delle Ferriere** (Tal der Eisenhütten). Vor dem Gestank und Lärm, denen er seinen Reichtum zu verdanken hatte, floh der Adel in das nahe Atrani oder ins hoch gelegene Ravello.

Information

■**AAST**
Unterkunftsverzeichnis, Stadtplan mit eingetragenen Hotels und Restaurants, gute Wandertipps. Mo bis Fr 8.30–13.30 und 15–17 Uhr, Sa 8.30–13 Uhr.

Corso delle Repubbliche Marinare 27,
Tel./Fax 089 87 11 07,
www.amalfitouristoffice.it

■ **L'Altra Costiera**
Private Tourist-Info, Unterkunftsvermittlung, Fahrzeugverleih, Internet und Gepäckaufbewahrung. Organisierte Ausflüge.
Via Lorenzo d'Amalfi 34,
Tel. 08 98 73 60 82, www.altracostiera.com

■ **www.comune.amalfi.sa.it**

Unterkunft

Hotels und Pensionen

■ **Grand Hotel Convento di Amalfi** *****
Ehemaliges Kapuzinerkloster in erhöhter Lage am westlichen Ortsrand, seit 1821 Hotel. Aus dem Zentrum zu Fuß auf der hübschen Via Annunziatella oder von der Küstenstraße mit einem abenteuerlichen Aufzug zu erreichen. Die Stärken des Hotels sind seine unvergleichliche Panoramalage, die Stille, die Terrassen und ehemaligen Klostergärten. Die Reste des mittelalterlichen Kreuzgangs ähneln dem Chiostro del Paradiso. Traumblick aus allen Zimmern! Parkplatz. 53 Zi., DZ/F ab 240 Euro, Suiten deutlich mehr.
Via Annunziatella 46, Tel. 08 98 73 67 11,
www.nh-hotels.de

■ **Luna Convento** ****
Amalfis edelste und älteste Herberge, ursprünglich ein mittelalterlicher Franziskanerkonvent, nimmt den Felsvorsprung am östlichen Ortsrand von Amalfi ein. Das Gästebuch liest sich wie ein Who's who des Geld- und Kulturadels. Komfortable, fein eingerichtete Zimmer, einige auch etwas simpler. Frühstück im alten Kreuzgang. Restaurant und Pool in der Torre Saracena auf der gegenüberliegenden Straßenseite. Garage 20 Euro/Tag. 40 Zi., 5 Suiten. DZ/F ab 190 Euro, Suiten ab 530 Euro.
Via P. Comite 33, Tel. 089 87 10 02,
www.lunahotel.it

■ **Albergo Lidomare** ***
Stilvoller Palazzo aus dem 15. Jh. an stiller Piazza wenige Schritte vom Dom. Geschmackvolle, komfortable Zimmer, einige mit Meerblick und Balkon. Charmant antiquiert. 15 Zi., DZ/F 105–145 Euro.
Largo Duchi Piccolomini 9,
Tel. 089 87 13 32, www.lidomare.it

■ **Antica Repubblica** ***
Kleines, feines Stadthotel der Familie *Lucibello* in altem Palazzo am Corso, *a due passi* von der Piazza Duomo. Bei gutem Wetter wird das Frühstück auf der Dachterrasse serviert. Auch Familien-Zimmer. Parkplatz ca. 20 Euro/Tag. 7 Zi., DZ/F 100–200 Euro.
Via dei Pastai 2, Tel. 08 98 73 63 10,
www.anticarepubblica.it

■ **Centrale** ***
MEIN TIPP! Zentraler geht es kaum! Freundliches Hotel mit Blick auf die Dompiazza. Geräumige Zimmer, einige mit Blick auf den Dom. Von der Dachterrasse genießen alle Gäste den Blick auf Domfassade, Treppe und Piazza. Seit Jahren faire Preise! Parkplatz 15–20 Euro/Tag. 17 Zi., DZ/F 75–140 Euro.
Largo Piccolomini 1, Tel. 089 87 26 08,
www.amalfihotelcentrale.it

■ **Sant'Andrea** **
Nette Pension im gleichen Gebäude wie das Centrale. Auch hier bieten einige der Zimmer den tollen Blick auf die Piazza und den Dom. 9 Zi., DZ/F 75–90 Euro. April bis Ende Okt.
Via Santolo Camera, Tel. 089 87 11 45,
www.albergosantandrea.it

■ **Residenza del Duca**
Die charmante Bleibe in der 4. Etage eines Adelspalazzo (kein Aufzug) an der hübschen Piazza dei Dogi wird von *Carmela* und *Gerardo Lucibello* liebevoll geführt. Mit alten Möbeln und gutem Geschmack eingerichtete Zimmer, einige mit Balkon. Schöne Dachterrasse mit tollem Blick über die Dächer aufs Meer. Trotz der zentralen Lage absolut ruhig. Parkplatz ca. 20 Euro/Tag. 5 Zi., 2 Ap., DZ/F 70–170 Euro, Suiten 90–190 Euro.
Via Mastalo II. Duca 3, Tel. 08 98 73 63 65,
www.residencedelduca.it

Die Amalfi-Küste

Essen und Trinken

Restaurants und Trattorien

◼ Da Baracca
Altmodische Trattoria mit hübscher Glasveranda und Blick auf Amalfis Marktplatz. Gute Antipasti (z.B. *bruschette*), hausgemachte Nudeln und Fisch. 20–30 Euro. Mi Ruhetag. Mittags und abends.
Piazza dei Dogi 12, Tel. 089 87 12 85

◼ Da Maria
Auf den ersten Blick nur eines der vielen Lokale am Hauptcorso, die sich dem internationalen Massenpublikum verschrieben haben. Tatsächlich wird hier aber gute kampanische Küche geboten, und auch die Holzofenpizza ist nicht zu verachten. 20–25 Euro. Mo Ruhetag. Mittags und abends. Nov. geschl.
Via Lorenzo d'Amalfi 14, Tel. 089 87 18 80

◼ Eolo
MEIN TIPP! Edles Terrassen-Ristorante mit Blick über den Strand von Amalfi. Innovative Fischküche, vegetarische Gerichte. 40–50 Euro. Di Ruhetag. März bis Dez.
Via P. Comite 3, Tel. 089 87 12 41, www.eoloamalfi.it

◼ Il Mulino
MEIN TIPP! Volksnahe Trattoria-Pizzeria nahe des Museo della Carta. Hier stimmen Qualität und Preis. 10–20 Euro. Mo Ruhetag. Mittags und abends.
Via delle Cartiere 36, Tel. 089 87 22 23

◼ La Caravella
Hier bezahlt man ausschließlich für Qualität und nicht für die Aussicht, die es nämlich nicht gibt. Herausragend bestückter Weinkeller. Degustationsmenü 80 Euro. Di Ruhetag. Mittags und abends. Januar bis Mitte Nov.
Via Matteo Camera 12, Tel. 089 87 10 29, www.ristorantelacaravella.it

◼ Maccus Amalfi
Fantasievolle Territorialküche, romantische Lage und gute Weinauswahl. 35–40 Euro. Di Ruhetag. Mittags und abends.
Largo S. Maria Maggiore 1–3,
Tel. 08 98 73 63 85, www.maccusamalfi.it

◼ Pizzeria Donna Stella
Gemütliche, preiswerte Pizzeria zwei Schritte vom Corso und doch weit weg vom Trubel. 10–15 Euro. So Ruhetag. Nur abends.
Salita Rascica 2, Mobil 33 83 58 84 83

◼ Taverna del Duca
Ehemalige Trattoria am Ende des Hauptcorso, längst preislich zum Ristorante gemausert. Nach wie vor gute hausgemachte Pasta, frischer Fisch und schmackhafte Pizza aus dem Elektroofen. Große Weinauswahl. 25–35 Euro. Do Ruhetag. Mittags und abends.
Piazza Spirito Santo 26, Tel. 089 87 27 55, www.amalfilatavernadelduca.it

Snacks, Cafés und Bars

◼ A'Sciulia
Erfrischendes Zitronensorbet und frisch zubereitete Obstsalate. März bis Mitte Nov.
Via Gerardo Sasso 2, Mobil 33 95 89 36 08

◼ Dolceria dell'Antico Portico
Meister-Konditor *Tiziano Mita* kombiniert Kreativität und Tradition.
Via Supportico Rua 10, Tel. 089 87 11 43, www.dolceria-amalfi.com

◼ Pasticceria Andrea Pansa 1830
Verführerisch türmen sich Berge kandierter Zitronen- und Orangenschalen in der Auslage der Traditionspasticceria, der ältesten an der Amalfitana. Ein Gedicht sind die *sfogliatelle!* Auch Tearoom, Tische auf der Piazza.
Piazza del Duomo 40,
Tel. 089 87 10 65, www.pasticceriapansa.it

An- und Weiterreise

◼ Auto:
Amalfi liegt direkt an der S.S. 163. Gebührenpflichtige **Parkplätze** am Hafen und im Parkhaus Luna Rossa am östlichen Ortsende. www.amalfimobilita.com

6

■ **Bus:** Amalfi ist der Knotenpunkt der **SITA** (www.sitasudtrasporti.it) an der Amalfitana. Regelmäßig Verbindungen über Positano Richtung Sorrento bzw. über Vietri Richtung Salerno und über Agerola Richtung Neapel (blaue Busse). Linienbusse nach Ravello und Scala (orangefarbene Busse). Busbahnhof am Hafen, Tickets und Fahrpläne in der Tabacchi-Bar gegenüber.

■ **Fähren:** Ostern bis Oktober tägl. Fähren nach Positano und Salerno. Im Sommer zusätzlich nach Capri und Sorrent. Die Fährgesellschaften haben ihre Kioske am Hafen: **Coop. Sant'Andrea,** Tel. 089 87 31 90, Mobil 33 56 19 80 77 *(Marcello Gambardella),* www.coopsantandrea.it; **GESCAB,** Tel. 089 87 33 01, www.consorziolmp.it; **Metro del Mare,** Call Center 199 60 07 00, www.metrodelmare.net; **Tra.Vel.Mar.,** Tel. 089 87 29 50, www.travelmar.it.

■ **Boote:** Vom Hafen werden Bootsausflüge entlang der Küste und zur Grotta dello Smeraldo angeboten, u.a. von der Coop. Sant'Andrea (s.o.).

Einkaufen

■ **Geschäfte und Boutiquen** säumen den Hauptcorso Via Lorenzo di Amalfi. Feuerrote Peperoncini werden als „Viagra Naturale" angepriesen, vor allem aber sieht man Zitronen in allen Variationen. In Amalfi wird handgeschöpftes Papier immer noch nach alter Tradition gefertigt und verkauft. Auf der Piazza dei Dogi wird wochentags ein kleiner Lebensmittelmarkt abgehalten.

■ **Arte e Carta di Rita Cavaliere**
Hier kann man nicht nur schönes handgeschöpftes Papier kaufen, sondern auch zusehen, wie es gefertigt wird.
Via Casemare, Tel. 089 87 19 54

■ **Cioccolato**
Andrea Pansa, ein Spross der alteingesessenen Pasticceria-Dynastie, produziert zusammen mit *Annarita Mansi* edelste Schokolade.
Piazza Municipio 12, Tel. 089 87 32 91

■ **Cooperativa Amalfitana Trasformazione Agrumi**
Limoncelli, Marmeladen und andere Leckereien aus Zitrusfrüchten.
Via delle Cartiere 55/57,
Tel. 089 87 32 11, http://cata.amalfi.it

■ **La Bottega dei Ferrari**
In *Luisa Damascos* kleinem Feinkostladen am Marktplatz kann man sich auch köstliche Panini belegen lassen.
Piazza dei Dogi 24, Tel. 089 87 12 49

■ **La Scuderia del Duca**
Geschäft mit Gusto am Rand der Piazza Flavio Gioia. *Andrea De Lucas* Angebot hebt sich wohltuend von dem vieler Souvenirläden ab. Schöne alte Stiche.
Largo Cesareo Console 8, Tel. 089 87 29 76

Feste/Veranstaltungen

■ **Ostern,** stimmungsvolle Karfreitagsprozession in den Gassen der Altstadt.

■ **Festa di Sant'Andrea,** vom 25. bis 27. Juni wird Amalfis Stadtpatron mit Umzügen und einem großen Feuerwerk gefeiert. Der Bischof segnet das Meer und die Fischerboote.

■ **Palio delle Quattro Repubbliche Marinare,** seit 1955 messen sich die vier ehemaligen italienischen Seerepubliken Amalfi, Pisa, Genua und Venedig im sportlichen Ruderwettkampf. Die Rennen werden im regelmäßigen Turnus in den einzelnen Städten ausgetragen. Im Jahr 2001 gewann Amalfi im Heimspiel. 2016 findet das nächste Rennen in Amalfi statt (i.d.R. am ersten Junisonntag). Das Rennen wird von einem historischen Kostümfest begleitet, Hotels sind lange vorher ausgebucht.

Baden

Kleine Kiesstrände westlich des Hafens. Den **großen Sandstrand** östlich der Piazza Flavio Gioia nehmen im Sommer Strandbäder in Beschlag.

Windsurfen

■ **Amalfi Windsurf Club**
Der Lido degli Artisti, Treff der lokalen Surferszene, liegt westlich des Hafens am Douglie-Strand. www.lidodegliartisti.it

Wandern

Zahlreiche alte Wirtschafts- und Treppenwege führen von und nach Amalfi. Da einige der benachbarten Orte wie z.B. Pogerola oder Scala auch mit der SITA zu erreichen sind, kann man wahlweise für Hin- oder Rückweg den Bus benutzen. Wanderkarten gibt es in der Libreria Savo Antonio, Via Repubbliche Marinare 17. Wanderbeschreibungen, Tipps und Karten auf **www.giovis.com** und **www.italien-aktiv.info.**

Von Amalfi (5 m) nach Scala (377 m)

Anstieg über viele Stufen bis Minuta, fast ebener Wegverlauf bis Scala. Unterwegs herrliche Ausblikke in das Valle delle Mulini und nach Ravello. Kaum Orientierungsprobleme.

Reine Gehzeit: 1 Std. 50 Min. bzw. 2 Std. 50 Min. mit Abstecher zum Torre dello Zirro. Amalfi – Pontone 1 Std., Abstecher Torre dello Zirro 1 Std., Pontone – Minuta 30 Min., Minuta – Scala 20 Min.

In **Amalfi** der Hauptstraße Via Lorenzo d'Amalfi in nördlicher Richtung aus dem Zentrum folgen und kurz nach der Piazza Spirito Santo rechts auf dem Treppenweg Salita dei Patroni aufsteigen. Mit schönen Ausblicken erreicht man **Pontone.** Die kleine Dorfpiazza ist eine Terrasse mit Blick ins Valle delle Ferriere.

Der Abstecher zur **Torre dello Zirro** lohnt wegen der herrlichen Blicke auf Atrani und Amalfi. Von der Piazza in Pontone auf dem Treppenweg durch die Vorhalle einer Kirche weiter aufsteigen. Kurz vor **Minuta** verzweigen sich die Treppenwege, beide

führen auf die hübsche Piazza mit einem Brunnen vor der Kirche. Der breite Treppenweg oberhalb des Brunnens führt mit wenigen Schritten bis zur Asphaltstraße, der man mit herrlichen Blicken auf Ravello bergab bis **Scala** folgt.

Von Amalfi (5 m) nach Pogerola (326 m)

Einfacher Treppenaufstieg durch lichte Wälder mit schönen Blicken auf Amalfi und ins Valle delle Ferriere. Eine ausgesprochen empfehlenswerte Trattoria in Pogerola ist **Da Rispoli** (Via Riulo 3, Tel. 089 83 00 80, mittags und abends, Do Ruhetag, 20–25 Euro).

Reine Gehzeit: 1 Std. (einfach).

In **Amalfi** von der Piazza Duomo der Hauptstraße aus dem Zentrum folgen, bis sie den Namen Via delle Cartiere annimmt. Nach links, vorbei an Carabinieri-Station und Schule, aufsteigen. Die Straße mündet in den alten Treppenweg, der in sanften Spitzkehren, vorbei an Gemüsegärten und durch lichten Wald, bis **Pogerola** aufsteigt.

Von Pogerola führt ein Höhenweg, als CAI-Weg „59" markiert, in die wunderschönen Laubwälder des oberen Valle delle Ferriere (www.valledelleferriere.com). Der CAI-Weg „61" führt oberhalb der Küste mit herrlichen Blicken nach San Lazzaro di Agerola.

Von Amalfi (5 m) nach Atrani (20 m)

Leichter Spaziergang auf verkehrsfreiem Weg in das hübsche Atrani. Unterwegs herrliche Blicke auf Amalfi und Atrani. Reine Gehzeit einfach 20 Min.

Statt mit dem SITA-Bus von **Amalfi** nach Atrani zu fahren – einen Ort, den zu besuchen sich absolut lohnt –, kann man diesen wunderschönen, ruhigen Weg wählen. Von der Piazza Flavio Gioia dem Corso delle Repubbliche in Richtung Hotel Luna Convento folgen. Nach links ein paar Treppenstufen hochstei-

Die Amalfi-Küste

6

gen und auf der schmalen Gasse weitergehen, die im Rücken des Luna Convento herumführt. Bald genießt man den schönen Blick auf **Atrani**. Im Ort den verwinkelten Treppengassen nach unten bis auf die Hauptpiazza folgen. Nach einer kurzen Erfrischung kann man das labyrinthische Gassengewirr Atranis erkunden oder auf Treppenwegen nach Ravello aufsteigen und dabei von unten den Blick auf die Villa Cimbrone genießen.

Der stärkste Mann der Welt

Diverse Filmemacher haben **Lello Crisciuolo,** dem „Held der Treppen", liebenswerte Porträts gewidmet. Elf Monate des Jahres arbeitet(e) *Lello* als Fuhrunternehmer in Atrani. Mit anderen Worten, er schleppt(e) auf seinen starken Schultern Betten, Kühlschränke und Tische, einfach alles, was es zu transportieren gibt, ja selbst die Toten auf den Friedhof. Denn auf den schmalen Gassen und Treppenwegen ist für Autos kein Durchkommen. *Lellos* Frau hält große Stücke auf ihren starken Mann, der sie in den letzten Monaten der Schwangerschaft jeden Tag die 130 steilen Stufen hochschleppte. „Das habe ich aus Liebe getan", bekräftigt *Lello*. Sein Rekord beim Lastentragen liegt bei 350 Kilo und bleibt bis heute ungebrochen. Ohne *Lello* wäre auch Weihnachten nicht vorstellbar. Anfang Dezember stellt er den Christbaum auf der Piazza Umberto I. auf. Dann hilft er ein Drahtseil spannen, vom Dom bis zu einer Kapelle auf dem gegenüberliegenden Berg, und am 24. Dezember lässt er gegen Mitternacht einen großen, leuchtenden Stern, der an jenem Drahtseil hängt, ganz langsam auf die Piazza hinunterschweben.

Atrani

Ein Felsvorsprung, auf dem das Hotel Luna Convento thront, trennt Amalfi von Atrani (21 m, 915 Ew.). Zu Zeiten der Seerepublik war Atrani bevorzugtes Wohnquartier des Adels. In der **Kirche San Salvatore de'Bireto** wurden die Dogen gewählt, gekrönt (sie bekamen die Dogenmütze, den *berretto,* aufgesetzt) und bestattet. Von den Pisanern 1135 verwüstet, erblühte das Städtchen erst wieder unter König *Manfred,* Sohn Kaiser *Friedrich II.* Aus dieser Zeit stammt die **Kollegiatskirche S. Maria Maddalena.** Der später barockisierte Bau beherrscht mit seinem schönen Campanile und grünen Majolikakuppeln das Stadtbild. Besonders stolz ist die Stadt auf den neapolitanischen Volkshelden *Masianello,* der 1647 einen Aufstand gegen die Spanier anführte. Er soll in Atrani geboren sein.

Mit einer Fläche von nur 1 km² ist Atrani die **kleinste Gemeinde Italiens.** Dicht an dicht drängen sich die weiß gekalkten Würfelhäuser im engen Dragone-Tal. Unter und zwischen den Häusern entwickelt sich ein fantastisches Labyrinth schmaler Gassen und Treppenwege. Nicht nur Kindern macht es Spaß, sich hier zu verirren. Für Autos ist kein Durchkommen. Kenner halten Atrani für das **schönste Städtchen der Amalfitana.** Die Folgen der verheerenden Schlammflut vom 8. September 2010 sind beseitigt. Das Herz des Ortes schlägt auf der hübschen Piazza Umberto I. Unter der S.S. 163 hindurch gelangt man an den **kleinen Strand.** Hoch über Atrani schweben auf einem steil aufra-

genden Felsplateau die Gärten der Villa Cimbrone.

Information

- **www.comune.atrani.sa.it**

Ostello/Zimmer

■ 'A Scalinatella

Sympathisches, jugendherbergsähnliches Ostello. Im Ort werden auch einige nette Apartments mit Kochgelegenheit vermietet. Rezeption an der Hauptpiazza von Atrani. Jüngeres Publikum. Die Brüder *Vissicchio* führen in Vettica Minore das Vettica House. Von März bis Okt. auch mit Frühstück, jederzeit Bar auf der Piazza. Ü 25–30 Euro im Mehrbettzimmer, DZ 60–90 Euro.
Piazza Umberto I. 5–6,
Tel. 089 87 14 92, www.hostelscalinatella.com

Essen und Trinken

Restaurants und Trattorien

■ Le Arcate

Man sitzt schön, mit Blick auf die kleine Hafenbucht von Atrani. Fischgerichte und gute Holzofenpizze. 15–30 Euro. Mo Ruhetag. Mittags und abends. März bis Dez.
Via Di Benedetto 4, Tel. 089 87 13 67,
www.learcate.net

■ 'A Paranza

MEIN TIPP! Ausgezeichnetes, alteingessenes Fischlokal, dass die Anfahrt – besser den Spaziergang – aus Amalfi lohnt. Als Antipasto sollte man *alici marinati* kosten. Hausgemachte Nudeln, köstliche Fisch-Secondi und *dolci della casa*. Als Hauswein

S. Maria Maddalena in Atrani, dahinter Maiori

wird ein guter Ravello Bianco aufgetischt. 30–40 Euro. Di Ruhetag. Mittags und abends. Dez. geschl.
Traversa Dragone 2, Tel. 089 87 18 40

Snacks, Cafés und Bars

■ **Bar Birecto**
Snacks, Salate, Cocktails und köstliche Zitronengranita. An Sommerabenden Live-Musik.
Piazza Umberto I., Tel. 089 87 10 17
■ **La Risacca**
Die Bar an Atranis Hauptpiazza ist auch Treffpunkt der Einheimischen. Mittags und abends gibt es Snacks, wie z.B. *bruschette*. Im Winter Mi Ruhetag.
Piazza Umberto I. 16, Tel. 089 87 28 66,
www.risacca.com

An- und Weiterreise

■ **Auto:** Atrani liegt direkt an der SS163. **Parken:** Am Strand gibt es *parcheggi gratta e sosta,* d.h. man kauft für jede Stunde Parkzeit am Kiosk oder in der Bar einen Parkschein, auf dem die Ankunftszeit freigerubbelt werden muss.
■ **Bus:** SITA-Busse in Richtung Amalfi, Ravello und Salerno.

Baden

■ In Atrani gibt es eine **kleine Kiesbucht.**

Wandern

■ Atrani und Amalfi verbindet ein wunderschöner **verkehrsfreier Weg,** der hinter dem Hotel Luna Convento vorbeiführt.
■ Auf steilen Treppenwegen, vorbei an Zitronenhainen, kann man **von Atrani nach Ravello** aufsteigen.

Ravello

Ravello ist dem Himmel näher als dem Meer.
Andrè Gide

Seine Lage adelt Ravello (365 m, 2500 Ew.). Verkehrslärm und Staus der Küstenstraße bleiben zurück, wenn man auf engen Kurven das **Dragone-Tal** hochfährt (es sein denn, es bleibt gerade wieder mal ein Touristenbus in einer der Spitzkehren stecken). Man kann Ravello auch auf alten Treppenwegen zu Fuß erreichen, die aus den Küstenorten Amalfi, Atrani oder Minori hinaufführen. Der Ort breitet sich auf einem Plateau in luftiger Höhe aus, der Blick reicht weit bis in den Cilento.

Geschichte

Die sichere Lage zog römische Siedler auf der Flucht vor den Wirren der Völkerwanderung an. Zahlreiche antike Architekturfragmente fanden spätere Verwendung in den mittelalterlichen Bauten der Stadt. Seine Blüteperiode erlebte Ravello zur Zeit der **Seerepublik.** Die Bevölkerungszahl betrug damals ein Fünfzehnfaches der heutigen 2500 Einwohner. Der Adel ließ sich prachtvolle Villen errichten. Ravellos Verhältnis zu Amalfi war dabei nicht immer ungetrübt, der Ortsname soll sich angeblich von „Re-

△ Villa Rondinaia: Gore Vidals Schreibstube

▽ Löwen stützen die Domkanzel

gvn13_084.pa

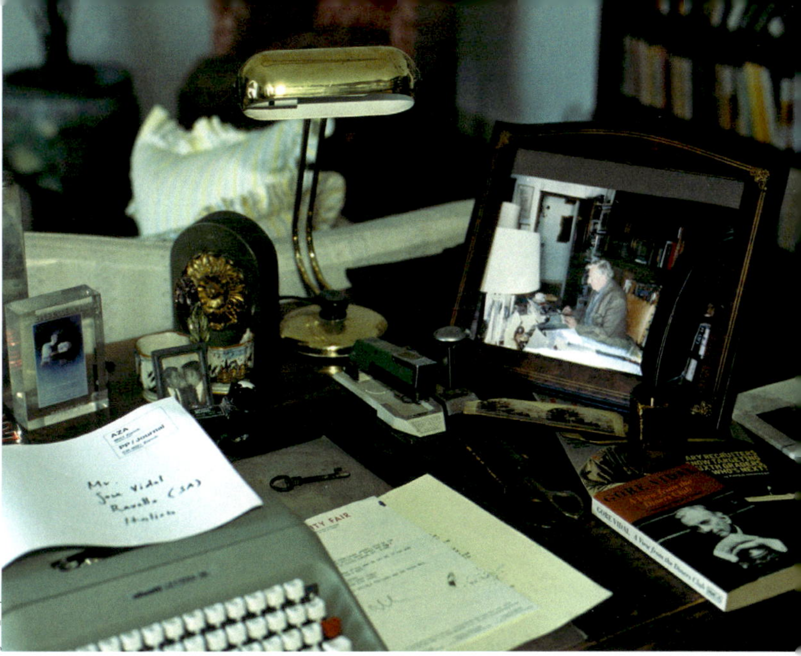

gvn13_085.pa

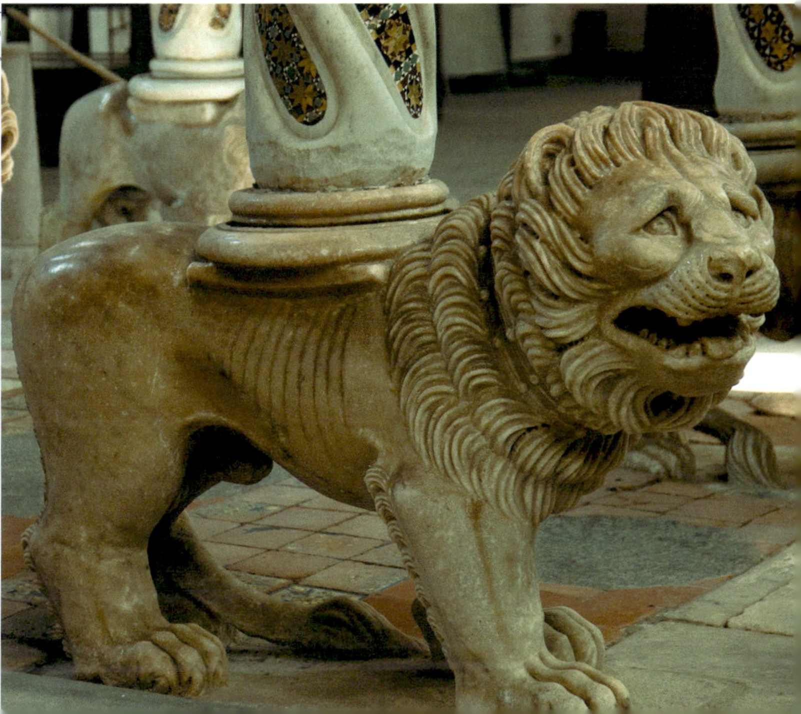

Ravello

0 ———— 200 m © Reise Know-How 2013

■ **Übernachtung**
1 Agriturismo
   Monte Brusara
2 Parsifal ***
3 Caruso *****L
4 Palazzo Avino *****L
6 Palumbo *****L
7 Graal ****
8 Figli di Papà
9 Toro ***
10 Da Salvatore
12 Villa Maria ****
13 Villa Amore **
14 Villa Cimbrone ****
15 Marmorata ****

■ **Essen und Trinken**
4 Rosellinis
5 Cumpà Cosimo
8 Palazzo della Marra
10 Da Salvatore
11 Bar San Francesco
12 Villa Maria ****

S. Caterina

Valico di Chiunzi,
Napoli, Pompei,

SCALA

LACCO

S. Lorenzo

Minuta, Pontone

Via Lacco

Strada Panoramica del Chiunzi

Piazza
Fontana
Moresca

Via S. Giovanni del Toro

S. Giovanni
del Toro

S. Maria
a Gradillo

Torrente Dragone

Strada Prov. Atrani-Ravello

Duomo

Piazza del
Vescovado

Villa Rufolo

Via Trinità

Via S. Francesco

S. Francesco

Via S. Chiara

Via Cimbrone

Villa Cimbrone

Atrani

bello" herleiten. Das Selbstbewusstsein der aufrührerischen Stadt stieg immens, als Papst *Viktor III.* im Jahr 1086 Ravello zum Bistum machte.

Ravello besaß eine eigene Flotte und wie Amalfi weitreichende **Handelsverbindungen in den Orient.** Zu den märchenhaft reichen Kaufleuten ihrer Zeit zählten die Mitglieder der Familie *Rufolo*; *Boccaccio* berichtet in seinem „Dekamerone" von den eigenwilligen Handelspraktiken einer ihrer Mitglieder. Als persönlicher Bankier *Karl v. Anjous* finanzierte *Matteo Rufolo* dessen Kampf gegen die Staufer und seinen Aufstieg zum König von Neapel. Die Königskrone behielt er zeitweise als Pfand ein.

1851 kaufte der damals 25-jährige *Sir Francis Neville Reid* die Ruinen der Villa Rufolo und ließ sie im orientalisch-romantischen Stil wieder aufbauen. Reids Villa und die prachtvollen Gärten wurden schnell zu einem Anziehungspunkt für Reisende aus aller Welt, und mit *Richard Wagners* begeistertem Ausruf „Klingsors Zaubergarten ist gefunden!" begann die Karriere Ravellos als mondäner **Luftkurort.** *Neville Reid* hatte auch entscheidenden Anteil an dem Bau der Straße, die nach Ravello hochführt. Einen Großteil der Kosten streckte er aus eigener Tasche vor. Außerdem brachte er seinen Bediensteten die Kunst des Teekochens bei, heute noch ein entscheidender Standortvorteil im angelsächsisch dominierten Tourismus!

Ravello wird in geringerem Maße als Amalfi von Tagestouristen aufgesucht. Diejenigen, die kommen, beschränken sich meist auf den Besuch der Villa Rufolo, aber auch diejenigen, die den 15-minütigen Fußmarsch zur Villa Cimbrone nicht scheuen, verlaufen sich schnell

in dem weitläufigen Park. Ravellos zauberhafte Atmosphäre ist vor allem früh am Morgen und am Abend zu verspüren. Die schönsten Blicke auf Ravello genießt man aus dem Nachbarort Scala.

Besichtigung

Die **Kathedrale von Ravello,** eine Basilika des 12. Jh., gründet auf einen Vorgängerbau aus dem Jahre 1086. Der schlichten Fassade fehlt seit dem 18. Jh. die Vorhalle. Von kunstgeschichtlich herausragender Bedeutung sind die monumentalen **Bronzepforten des Hauptportals.** Im Auftrag einer reichen Patrizierfamilie wurden sie 1179 von *Barisano da Trani* gegossen. In künstlerischer Technik unterscheiden sie sich von den etwas älteren, in Ritztechnik ausgeführten, aus Konstantinopel importierten Bronzetüren Amalfis, Atranis und Salernos. *Barisano* war nicht nur ein herausragender Künstler, sondern auch ein guter Geschäftsmann. Aus 54 einzelnen Reliefplatten zusammengesetzt, sind auf den Türflügeln Heilige und Szenen der Passion Christi zu erkennen. *Barisano* arbeitete wie andere Kunsthandwerker auch mit der Technik der verlorenen Form. Das heißt, er fertigte zunächst ein Wachspositiv der zukünftigen Reliefplatte, dieses umgab er mit einer Gussform aus Sand, in die er die flüssige Bronze goss. Das Wachs schmolz aus und ging verloren, die Bronze nahm seinen Platz in der Hohlform ein. *Barisano da Trani* vervielfältigte allerdings seine Wachsformen vor dem Gießvorgang. Das erklärt, wieso sich auf der gleichen Tür einige der Reliefplatten wiederholen und wieso zwei fast identische Bronzeportale aus seiner Werkstatt in Trani in Apulien und Monreale auf Sizilien zu sehen sind.

Zwei prachtvolle Kanzeln ziehen im Inneren der dreischiffigen Basilika die Blicke auf sich. Den niedrigeren Ambo (1130) schmückt eine fantasievolle Darstellung des Jonaswunders in byzantinischem Stil. Die Ähnlichkeiten des „Wals" mit dem langobardischen Meeresungeheuer in Positano sind auffallend. Gegenüber erhebt sich auf sechs Löwensäulen die prunkvolle Kanzel, ein Meisterwerk, das 1272 von *Niccolo di Bartolomeo* aus Foggia im Auftrag des *Nicola Rufolo* geschaffen wurde. Solche Kanzeln, deren detailverliebte Mosaikausschmückung an islamische Kunst erinnert, findet man in vielen Kirchen Kampaniens, z.B. in Salerno, Casertavecchia, Teggiano oder Sessa Aurunca. Diese Kanzel ist jedoch die mit Abstand prächtigste. In der barocken **Cappella S. Pantaleone,** links vom Hauptaltar, wird in einer Ampulle das Blut des Märtyrers, Kirchen- und Stadtpatrons aufbewahrt, das sich pünktlich jedes Jahr am 27. Juli in einer feierlichen Zeremonie verflüssigt. Aus dem rechten Seitenschiff führen Stufen zur Krypta hinab, wo das kleine, aber feine **Dommuseum** eingerichtet ist. Eine herausragende Porträtbüste zeigt *Sichelgaita della Marra*, Gemahlin des Kanzelstifters *Nicolo Rufolo*.

■**Cattedrale di San Pantaleone/Museo del Duomo,** Piazza del Duomo, Tel. 089 85 83 11, www.chiesaravello.com. Dom tägl. 8.15–12 und 17.30–19 Uhr (von 12–17.30 Uhr wird der Museumseintritt erhoben!), Museum tägl. 9–19 Uhr. Eintritt 2 Euro.

Von der Piazza Duomo durchschreitet man einen mittelalterlichen Turm und gelangt in den verzauberten Garten der **Villa Rufolo** (den wahren Zauber erlebt man frühmorgens, abends und im Winterhalbjahr). 1851 hatte der Schotte *Reid* den einstigen Wohnsitz (13. Jh.) der mächtigen und märchenhaft reichen Familie *Rufolo* als Ruinenlandschaft erworben. Unter Anleitung von *Michele Ruggiero*, dem späteren Leiter der archäologischen Ausgrabungen in Pompeji, wurden die mittelalterlichen Gebäudereste vom meterhohen Schutt befreit und teilweise wieder aufgebaut. *Ferdinand Gregorovius*, der Ravello kurz darauf im Jahr 1853 besuchte, war begeistert und nannte die Villa eine „kleine Alhambra". *Sir Neville Reid* widmete sich mit besonderer Liebe der **Gestaltung des Gartens;** aus der ganzen Welt ließ er exotische Pflanzen einführen. Auch die hohen Schirmpinien, die auf keinem Ravello-Foto fehlen, pflanzte er selbst. Bei einem Streifzug durch die Villa, einem Potpourri antiker und mittelalterlicher Architekturfragmente, ist immer wieder Neues zu entdecken. Der zentrale Innenhof gibt sich mit arabesk verschlungenen Bögen orientalisch. Spätestens auf dem Terrassengarten (bzgl. der Gestaltung der Blumenbeete dürfen die Meinungen auseinander) entfahren einem unwillkürlich Ausrufe des Entzückens. Der Ausblick auf die Küste von Minori bis Cetara und den Golf von Salerno ist schlichtweg großartig! *Richard Wagner*, der am 26. Mai 1880 hier weilte, erging es nicht anders. Hier „fand" er den lang gesuchten Zaubergarten Klingsors und konnte seine Oper „Parzifal" zu Ende komponieren. Zu Ehren *Wagners* finden jeden Sommer Freiluft-Konzerte statt. Heiße und kalte Getränke sowie leckere Snacks serviert das Café Villa Rufolo.

● **Villa Rufolo**, Piazza del Duomo, Tel. 089 85 76 21, www.villarufolo.it. Tägl. von 9 Uhr bis ½ Std. vor Sonnenuntergang; wenn Konzerte stattfinden, ist die Villa nur bis ca. 17 Uhr zu besuchen. Eintritt 5/3 Euro.

Zu der am südlichen Ortsende gelegenen Villa Cimbrone führt ein angenehmer Spaziergang, vorbei an der **Konventskirche S. Francesco** mit ihrem gotisch-maurischen Kreuzgang und einer überraschend breit sortierten Klosterbibliothek (ein Tipp, sollte es einmal regnen!). Dem Reiz der Amalfitana verfallen, erwarb der schwermütige *Ernest William Becket* und spätere *Lord Grimthorpe* im Jahr 1904 das ausgedehnte Grundstück mit den Resten einer alten Villa. Die mit viel Fantasie wieder aufgebaute **Villa Cimbrone** und der ausgedehnte **Landschaftsgarten** gerieten ihm zum schönsten Antidepressivum der Medizingeschichte. Zu den Gästen des Lords gehörten die Bloomsbury-Gruppe aus London, Maler, Schriftsteller und Lebenskünstler. Im Frühjahr 1938 erkoren die Hollywood-Diva *Greta Garbo* und der Dirigent *Leopold Stokowski* die Villa zu ihrem Liebesnest. Als noch der alte Gärtner lebte und auf die *Garbo* angesprochen, antwortete er nur: „Ah, ma certi urli faceva!".

Während die Villa selbst nur von den Gästen des exklusiven Hotels (s.u.) zu betreten ist, steht der **Park** zahlenden Besuchern offen. An seiner Gestaltung war möglicherweise die englische Gartenkünstlerin *Vita Sackville-West* beteiligt, eine Freundin des Hauses. Unter einer lang gezogenen Glyzinien-Pergola zieht sich der Viale dell'Immenso zu dem wohl spektakulärsten und Schwindel erregendsten Aussichtspunkt der mit großartigen Belvedere reich gesegneten Amalfitana. Die Terrasse trägt den vielversprechenden Namen **Terazza dell'Infinito** („Terrasse der Unendlichkeit"). Direkt unterhalb lädt eine nette Bar zu Caffè und Tee. Für den Besuch des Gartens sollte man Zeit und Muße mitbringen. Immer wieder laden Bänke zum Verweilen ein, Reproduktionen antiker Statuen aus der Villa dei Papiri (Herkulaneum) setzen ästhetische Akzente, Inschriften laden zur Meditation ein, etwa der Vierzeiler des persischen Dichters *Omar Khayyam* aus dem 11. Jh.: „Ah moon of my delight that knows no wane/the moon of heaven is rising once again/how often hereafter rising shall she look/through this same garden after us again."

● **Villa Cimbrone**, Via Santa Chiara 26, Tel. 089 85 74 59, www.villacimbrone.com. Tägl. 9 Uhr bis kurz vor Sonnenuntergang. Eintritt 6 Euro.

Zurück im Ort kann man seitlich des Doms mit wenigen Schritten auf der Via R. Wagner zum **Toro-Viertel** aufsteigen. Auf diesem Höhenrücken konzentrierten sich im Mittelalter die Adelspaläste, hinter deren ehrwürdigen Mauern sich heute einige der luxuriösesten Hotels der Costiera verbergen. Umsonst und draußen kann man den herrlichen Blick auf die Küste vom **Belvedere Principessa di Piemonte** genießen. Auf der Via S. Giovanni del Toro gelangt man zu der gleichnamigen, sehenswerten Kirche aus dem 12. Jh., mit einer wunderschönen Kanzel. Der Kirche gegenüber steht das ehrwürdige Hotel Caruso Belvedere, in dem *Wagner* zu Gast war (und wahrscheinlich wie üblich die Rechnung prellte). Ein kurzes Stück weiter nördlich

6

082nea pa

083nea pa

liegt die hübsche Piazza Fontana Moresca, dahinter schließt sich der ruhige Ortsteil Lacco an.

Information

■ AAST

Guter Stadtplan mit eingezeichneten Hotels und Restaurants. Liste mit Privatvermietern. Gratis-Wanderkarte, die neun Touren in der Umgebung beschreibt. Tägl. 8–20 Uhr.
Via Roma 18bis, Tel. 089 85 70 96,
Fax 089 85 79 77, www.ravellotime.it
■ **www.ravello.it,** touristisches Portal.

⌃ Villa Cimbrone

Unterkunft

Hotels und Pensionen

■ **Caruso** *****L

Was für eine Karriere! 1893 eröffnete der Weinhändler *Pantaleone Caruso* in den angemieteten Räumen des mittelalterlichen Palazzo d'Aflitto die Fünf-Zimmer-Pension „Belvedere", die sich schnell zur In-Adresse der Reichen und Schönen an der Costiera entwickelte. In den 1940er Jahren gaben sich hier *Greta Garbo, Gina Lollobrigida* und *Humphrey Bogart* die Hotelschlüssel in die Hand, und die kleine Pension wurde zum Hotel „Caruso Belvedere" ausgebaut. 2000 gelangte das fürstliche Anwesen in den Besitz der Orient Express Group, die es nach aufwendigstem *restauro* 2005 neu eröffnete. Bei dieser Gelegenheit wurden die Deckenfresken aus dem 17. und 18. Jh. wieder freigelegt. Göttlich der Infinity-Pool! Das Caruso zählt zu den besten und teuersten Adressen Italiens. Ein Luxus, der nicht die

Welt kostet, ist der Besuch in einem der beiden Hotel-Restaurants. Auf der Terrasse öffnet Juni bis Sept. das Ristorante Belvedere (ab 80 Euro). 26 Zi., 24 Suiten, DZ/F ab 650 Euro, Suiten ab 1050 Euro. März bis Nov.

Piazza San Giovanni del Toro 2,

Tel. 089 85 88 01, www.hotelcaruso.com

■ **Palazzo Avino** *****L

Luxuriöser geht es selbst in Ravello kaum. Wunderbares Albergo in (über)restauriertem Palazzo des 12. Jh., 1997 unter dem Namen Palazzo Sasso eröffnet. Traumlage mit Blick auf den Golf von Salerno. Das Ristorante Rossellinis (s.u.) zählt zu den besten der Costiera. Ein teures Vergnügen, aber ein Vergnügen dessen ungeachtet! Mittags serviert das Caffè dell'Arte Kleinigkeiten. April bis Okt. 38 Zi., 5 Suiten, DZ/F ab 230 Euro, Suiten ab 630 Euro – steil aufwärts.

Via S. Giovanni del Toro 28,

Tel. 089 81 81 81, www.palazzoavino.com

■ **Palumbo** *****L

Das stilvollste Albergo am Platz! Viel Atmosphäre in den maurischen Räumen des mittelalterlichen Palazzo Confalone, seit 1875 von der schweizerisch-italienischen Familie *Vuilleumier* geführt. Die Zimmer sind mit alten Stilmöbeln ausgestattet und bieten einen prachtvollen Ausblick auf den Golf. Frühstück im romantischen Hof. Hier finden auch regelmäßig Kammerkonzerte statt. Gäste werden für ihr Geld nach Strich und Faden verwöhnt – auch von der Küche. Shuttle zum Privatstrand mit Fischrestaurant. 18 Zi., 3 Suiten, Standard-DZ/F ab 195 Euro, Deluxe ab 295 Euro, Suiten ab 450 Euro.

Via S. Giovanni del Toro 16,

Tel. 089 85 72 44, www.hotelpalumbo.it

■ **Graal** ****

Einladendes, modernisiertes Hotel (Baujahr 1967) mit Blick auf Maiori, alle Zimmer (einige Nichtraucher!) *vista mare*. Zwei gute Restaurants. Pool. 42 Zi., DZ/F 130–210 Euro, HP 100–140 Euro, Suiten teurer.

Via della Repubblica 8, Tel. 089 85 72 22, www.hotelgraal.eu

■ **Marmorata** ****

MEIN TIPP! Gepflegtes Hotel unterhalb der S.S. 163 an der Felsküste, daher ohne Verkehrslärm. Die ehemalige Papierfabrik ist mit viel Gusto umgestaltet worden, die Innendekoration maritim. Terrassen mit Golfblick, kleiner Pool und Treppe ins Meer. Gutes Restaurant. Für die Gäste werden Bootsfahrten direkt ab Hotel organisiert. Eigener Parkplatz, SITA-Busse halten vor dem Haus. Nach Ravello sind es auf steilen Treppenwegen ca. 30 Min. zu Fuß. 39 Zi., DZ/F ab 140 Euro.

Località Marmorata (Km 32,500 der S.S. 163),

Tel. 089 87 77 77, www.marmorata.it

■ **Villa Cimbrone** ****

Das Privileg, in einem der schönsten Hotels von Ravello zu wohnen und durch eine der schönsten Gartenanlagen der Welt zu wandeln (absolut ungestört außerhalb der Öffnungszeiten des Parks), bezahlt man mit einem 10-minütigen Fußmarsch aus dem Zentrum und aus einer hoffentlich gut gefüllten Urlaubskasse. Die Zimmer in der ehemaligen Villa von *Lord Grimthorpe* sind edel eingerichtet, einige haben einen Traumblick aufs Meer. In der Greta-Garbo-Suite nächtigte vor einigen Jahren *Hillary Clinton*. Den Hubschrauberlandeplatz begrüßen nicht alle Gäste, den Pool eher. Das Restaurant Il Flauto di Pan öffnet auch für Gäste, die nicht übernachten. 19 Zi., DZ/F 360–660 Euro, Suiten 700–1200 Euro (auch günstigere Online-Angebote!). April bis Okt.

Via Santa Chiara 26, Tel. 089 85 74 59,

www.villacimbrone.com

■ **Villa Maria** ****

MEIN TIPP! Ausgesprochen freundliches Hotel auf dem Weg zur Villa Cimbrone. Helle, geräumige Zimmer, geschmackvoll eingerichtet. Von der Terrasse und aus dem Garten herrliche Blicke durchs Dragone-Tal aufs Meer. Das Restaurant zieht auch Gäste von auswärts an (s.u.). Der Besitzer, der immer freundliche *Vincenzo Palumbo*, führt auch das nahe Hotel Giordano, dessen Parkplatz und Pool von Gästen der Villa Maria mitbenutzt werden können. Für (betuchte) Gäste, auch Kochkurse im Bio-Garten. 23 Zi., DZ/F 195–305 Euro, Suiten ab 430 Euro.

Gregorovius gefällt die Villa Rufolo

Ferdinand Gregorovius bereiste die Amalfitana im Jahr **1853.** Die Straße, die zum ersten Mal die Küstenorte miteinander verband, war gerade in Bau. Über Vietri gelangte er nach Cetara, Maiori, Minori und Atrani. Einen langen Abschnitt in seinem Buch „Wanderjahre in Italien" widmet er der Beschreibung von Ravello, damals nur „auf einem schwierigen Pfade, durch bedeckte Galerien und über Felsgestein" zu erreichen. Gregorovius war fasziniert von den zahlreichen maurischen Bauwerken des Mittelalters. 1851 erst hatte der Schotte *Francis Neville Reid* ein ebensolches, völlig ruinöses Anwesen von der Familie *d'Aflitto* erworben, um es wieder in Stand zu setzen, die heute weltberühmte Villa Rufolo.

„Ich fand in dem kleinen Ravello fast ebensoviel moreske Bauten als in Palermo selbst, wo die Schlösser Cuba und Zisa bis auf die Umfassungsmauern geschwunden sind. Da ist gleich der Palast Ruffuli eine wahre Fundgrube sarazenischen Baustils jener Zeit und Gegenden. Er liegt in einem Garten und gehört seit drei Jahren dem Engländer *Sir Francis Neville Reid*, der ihn erst aus dem Schutt hat ausgraben lassen.

084nea pa

Der schöne Palast ist eine kleine Alhambra zu nennen, ein Gebäude von mehr als 300 Gemächern in drei Stockwerken, die alle von moresken Säulen getragen werden. Die Säle sind mit Arabesken reich verziert und haben ganz den sizilianisch-arabischen Charakter. Sie müssen von einer feenhaften Pracht gewesen sein. Daneben steht noch eine Rotunde in sarazenischem Stil mitten im Garten, ein Rest von Mauern und ein viereckiger Turm; Bogen und halbversunkene Hallen lassen auf andere Anlagen von Bädern und Höfen schließen, die ein wohlgeschlossenes und zugleich kastellartiges Ganzes müssen gebildet haben. Man kann sich hieraus eine Vorstellung von dem Reichtum machen, der bei den Familien Ravellos zu jener Zeit aufgehäuft lag. (…) Ich könnte noch mancherlei Dinge von Ravello erzählen, zumal vom alten Dom, den *Niccolo Ruffuli* im 11. Jh. erbaute, wo eine seltsam mosaizierte Kanzel und alte Bronzetüren zu sehen sind, und in einer Ampolla das Blut des San Pantaleo so gut flüssig wird wie jenes des San Gennaro; aber es sei genug, denn man muß weder zu viel sehen noch zu viel erzählen."

Via Santa Chiara 2, Tel. 089 85 72 55,
www.villamaria.it, www.cookingravello.com

■ **Parsifal** ***

Freundliches, mit größter Aufmerksamkeit geführtes Haus am nördlichen Ortsrand. Die ehemaligen Klosterzellen des mittelalterlichen Augustinerkonvents sind mit einfachen, geschmackvollen Holzmöbeln ausgestattet. Das Restaurant bietet *cucina amalfitana* und eine superbe Aussicht aufs Meer. 17 Zi., DZ/F 90–210 Euro, auf Wunsch auch HP.
Viale Goacchino d'Anna 5,
Tel. 089 85 71 44, www.hotelparsifal.com

■ **Toro** ***

MEIN TIPP! Die Familie *Schiavo* führt das kleine, sympathische Albergo bereits in vierter Generation. Der Komponist *Edward Grieg* und der Maler *M. C. Escher* zählten zu den Gästen. Zentrale Lage wenige Schritte vom Dom und kleiner Garten. Ein paar Abstriche in punkto Zimmergröße und Komfort. 12 Zi., DZ/F 120 Euro, HP 90 Euro. April bis Mitte Nov.
Via Roma 16, Tel. 089 85 72 11, www.hoteltoro.it

■ **Villa Amore** **

Das kleine Hotel liegt ca. 10 Gehminuten vom Zentrum entfernt, etwas versteckt auf dem Weg zur Villa Cimbrone (Gepäcktransfer gegen Aufpreis, Hotelgäste erhalten eine Ermäßigung auf dem öffentlichen Parkplatz). Die Ruhe, der schöne Garten, die herrliche Aussicht, die Freundlichkeit und die gute Küche machen die etwas lieblos möblierten Zimmer wett. 14 Zi., DZ/ F 100–140 Euro.
Via dei Fusco 5, Tel. 089 85 71 35,
www.villaamore.it

Agriturismo

■ Monte Brusara

Filomena Mansi (spricht schweizerdeutsch!) betreibt ihren Agriturismo in einem alten Bauernhaus. Bodenständige Küche mit Zutaten aus dem eigenen Garten. Ruhig und mit herrlicher Aussicht gelegen! Anfahrt: von Ravello ca. 2,5 km in Richtung Valico di

Chiunzi, auf die Ausschilderung achten. 2 Zi., DZ/F 90 Euro, HP 60 Euro.
Località Monte Brusara, Tel. 089 85 74 67,
Mobil 33 81 69 47 54, www.montebrusara.com

Essen und Trinken

Restaurants und Trattorien

■ Cumpà Cosimo

Hausgemachte Pasta, abwechslungsreiche Gemüsegerichte und exzellente Fleischsecondi aus hauseigener Metzgerei. Das gemütliche Ambiente einer Trattoria, die Preise eines Restaurants. Auch Kinderportionen. 30–35 Euro. Mittags und abends.
Via Roma 44, Tel. 089 85 71 56

■ Figli di Papà – Palazzo della Marra

MEIN TIPP! Zurückhaltend edles Ambiente in sorgsam restaurierter mittelalterlicher Adelsvilla, kombiniert mit einer kreativen Küche, die sich bester lokaler Zutaten bedient. Nebenan ein nettes **B&B** (4 Zi., DZ/F 70–90 Euro). 25–50 Euro. Im Winter Di Ruhetag und nur mittags. Mittags und abends.
Via della Marra 7, Tel. 089 85 83 02,
Mobil 33 93 44 74 53, www.ristorantefiglidipapa.it,
www.palazzodellamarra.it

■ Rossellinis

MEIN TIPP! Sollte die Urlaubskasse für die Übernachtung im Hotel Palazzo Avino (s.o.) nicht reichen, kann man vielleicht das exzellente Hotelrestaurant beehren. Bei romantischem Kerzenlicht auf der Panoramaterrasse verschaffen die kulinarischen Kreationen des Chefs *Michele De Leo* höchsten Genuss. Die Weinkarte genügt auch wissenschaftlichen Ansprüchen (hohe Aufschläge). Das Restaurant trägt zwei Michelin-Sterne. Ab 85 Euro. Nur abends. März bis Nov.

■ Da Salvatore

Große Auswahl hausgemachter Pasta, guter Fisch, Holzofenpizza und toller Blick auf den Golf. *Salvatore* hält für seine Gäste einige freundliche Zimmer

mit kleinen Terrassen und Küstenblick (6 Zi., DZ/F 90–100 Euro) oberhalb seines Restaurants bereit. 25–35 Euro. Mo Ruhetag. Mittags und abends. Nov. bis Dez. gelegentlich geschl.
Via della Repubblica 2, Tel. 089 85 72 27, www.salvatoreravello.com

■**Villa Maria**
Hotel-Restaurant (s.o.). Auf der herrlichen Terrasse genießt man den Ausblick und die schmackhafte *cucina amalfitana*. Spezialität des Hauses sind *crespelle*, mit Käse überbackene hauchdünne Crêpes. Zu empfehlen ist auch der *fritto misto*. Gemüse und Salate aus dem eigenen Bio-Garten. Touristenmenüs locken hin und wieder Reisegruppen an. Ein klares Manko ist die softe Barockmusik als Hintergrundberieselung. 20–40 Euro. Mittags und abends.

Bar, Caffè und Snacks

■**Bar San Francesco**
Snack-Bar auf dem Weg zur Villa Cimbrone zwischen der Kirche San Francesco und dem Hotel Villa Maria. Außer frisch aufgebrühtem Tee – laut Eigenwerbung „probably the best in Italy" – gibt es Salate, Panini und Pasta.

■**Caffè Calce**
Ein Klassiker mit Tischen auf der Dompiazza. Ein Klassiker ist auch die *delizia al limone*.
Via Roma 2, Tel. 089 85 71 52

An- und Weiterreise

■**Auto:** Von der S.S. 163 führt die kurvenreiche S.S. 373 nach Ravello und setzt sich über den Valico di Chiunzi Richtung Pompeji und Neapel fort. **Parken:** Teurer, gebührenpflichtiger Parkplatz unterhalb der Piazza Duomo.
■**Bus:** Orangefarbene **SITA-Busse** fahren regelmäßig zwischen Amalfi, Ravello und Scala.

Einkaufen

Antiquitäten, Keramiken, Souvenirs und Limoncello werden an jeder Ecke angeboten.

■**Alimentari Camera**
Hier kann man gut für ein Picknick einkaufen: Panini, lokaler Käse und Wein. Mo bis Sa.
Via Roma 9, Tel. 089 85 70 78

■**Camo**
Giorgio Filocamo ist der Korallenkönig Kampaniens. Eigene Entwürfe und antike Stücke. Herausragend bestücktes kleines Museum mit Korallenschnitzereien und Kameen.
Piazza Duomo 9, Tel. 089 85 74 61, www.museodelcorallo.com

■**Emporio Liberato Sorrentino**
Vor über 100 Jahren als Schuhgeschäft eröffnet, dann Alimentari. Jetzt werden in den alten Holzregalen Ravello-Wein, Cola und 95%iger Alkohol (zum Ansetzen von Limoncello) feilgeboten. Auf der Piazza Duomo.

■**Maceleria Cioffi**
Köstliche Salami und Coppa-Schinken aus eigener Herstellung, Panini und ein paar simple Flaschen Wein. Mo bis Sa.
Via Roma 10, Tel. 089 85 73 11

Feste/Veranstaltungen

■**Ravello Festival,** das gesellschaftliche Event zu volksnahen Preisen findet seit 1953 statt. Ursprünglich ein reines Wagner-Festival, werden heute von April bis Okt. unterschiedlichste musikalische und tänzerische Darbietungen bekannter italienischer und internationaler Künstler geboten. Die Freiluftaufführungen finden meist in den Gärten der **Villa Rufolo** statt und neuerdings auch im **Auditorium Niemeyer.** Im Juli werden symphonische Konzerte aufgeführt, im August wird auf der Dompiazza gejazzt, im September gibt es Kammermusik zu hören. Karten können telefonisch oder online reserviert werden. Shuttle-Busse zu den Konzerten von allen Orte der Amalfitana und aus Sorrent. Termine und Kartenvorverkauf c/o AAST Ravello bzw. www.ravellofestival.com.

■ **Festa di S. Pantaleone,** Patronatsfest am 27. Juli mit dem Spektakel der Blutverflüssigung.

■ **Auditorium Niemeyer,** Ravellos neue Mehrzweckhalle wurde von dem Ende 2012 verstorbenen brasilianischen Stararchitekten *Oscar Niemeyer* entworfen.
www.auditoriumoscarniemeyer.it

Wandern

Von Ravello (360 m) nach Amalfi

Reizvoller Kontrast zwischen dem mondänen Ravello und den bäuerlichen Ortschaften um Scala. Unterwegs herrliche Blicke auf Scala und Ravello. **Abwechslungsreicher Weg,** der durch Ortschaften und vorbei an Zitronenhainen über viele Treppenstufen (!) nach Amalfi hinabführt.

Reine Gehzeit: 2 Std. 40 Min. (Ravello – Lacco 20 Min., Lacco – S. Caterina 40 Min., S. Caterina – Minuta 35 Min., Minuta – Pontone 20 Min., Pontone – Amalfi 45 Min.).

In **Ravello** von der Piazza Duomo (Vescovado), den Dom zur Rechten, auf der Via R. Wagner aufsteigen und auf der Via S. Giovanni del Toro, vorbei am Hotel Palumbo, nach links weiter. Einen schönen Ausblick auf die Küste bietet unterwegs der Belvedere Principessa del Belmonte. Weiter vorne stehen sich die mittelalterliche Kirche S. Giovanni del Toro und das Hotel Caruso auf einer kleinen Piazza gegenüber. Vom Platz auf einer schmalen Gasse nach rechts zwischen hohen Steinmauern weiter und anschließend links vorbei an Piazza Fontana Moresca mit dem Löwenbrunnen absteigen. Die Gehrichtung beibehaltend, am Hotel Bonadies vorbei in Nordrichtung auf der Via Lacco leicht bergauf. Unter einem Turm hindurch tritt man auf eine kleine Piazza mit Wasserstelle.

Jetzt außerhalb der mittelalterlichen Stadtmauer auf der links abzweigenden Via S. Trifone weiterhin leicht bergauf. Über das Dragone-Tal schöne Blicke auf Scala. Nach einem ebenen Abschnitt an der nächsten Weggabelung auf Treppen nach rechts weiter ansteigen. Der alte Maultierpfad ist mit einem neuen Steinpflaster versehen und führt an einem Laubmischwald entlang. Nach einigen Minuten gabelt sich der Weg, frisch angelegte Steinstufen führen rechts weiter hoch. Achtung, hier auf dem schmalen Pfad nach links ins Tal absteigen und dabei auf rote Farbzeichen achten! Der Weg quert das meist trockene Flussbett oberhalb einer Betonschwelle und setzt sich auf der gegenüberliegenden Seite, leicht ansteigend und steingepflastert, fort. Von unten führt der Treppenweg auf Höhe der **Kirche S. Caterina** auf eine Asphaltstraße.

Gegenüber der Kirche in die schmale Straße einbiegen und nach weniger als 100 m rechts auf dem Treppenweg zwischen Häusern und Gärten hoch. An der Kreuzung gleich darauf nach links. Von oben stößt man auf eine Straße. Die Gehrichtung beibehaltend, ohne links abzusteigen, weiter in Richtung Küste gehen. Rechts auf Treppen ansteigend, stößt man von unten auf eine Straße, dieser nach links folgen. Die Straße mündet in eine breitere Asphaltstraße, der man nach links, ab jetzt bergab, folgt. (Rechts führt der CAI-Weg „57" zwischen den Häusern von Campidoglio ins Naturschutzgebiet Valle delle Ferriere.) An der Stelle, wo die Straße eine scharfe Linkskurve beschreibt und nach Scala zurückführt, liegt rechter Hand **Minuta.** Hunderte Treppenstufen führen von hier nach Amalfi hinab!

Dem breiten Treppenweg nach rechts auf die hübsche Piazza von Minuta mit einem Wasserbrunnen und der Kirche S. Annunziata folgen. Rechts an der Kirche vorbei absteigen und gleich darauf rechts dem Schild „Pontone-Amalfi" folgen. Nach 5 Min. an der Gabelung nach links weiter bergab. (Rechts setzt sich der CAI-Weg „23" in Richtung Valle delle Ferriere fort.) Unter der Vorhalle der Kirche S. Maria del Carmine hindurch erreicht man die Piazzetta von **Pontone** mit der Kirche S. Giovanni. Von Pon-

6

tone aus lohnt der Abstecher zur Torre dello Zirro (1 Std.).

Von der Piazzetta in Talrichtung über Treppen absteigen, die Straße queren und auf dem Treppenweg weiter ins Tal. Vorbei an einem Votivschrein mit drei Kreuzen stößt man von oben auf einen querenden Weg. Links weiter. Amalfi, der Campanile des Doms und das Meer sind jetzt zu sehen. Jenseits des Valle dei Mulini blickt man auf den kleinen Bergort Pogerola. An einem Haus mit Marienbild stößt man auf einen querenden Weg, diesem nach links folgen. An vereinzelten Häusern und Zitronengärten vorbei führt der Weg leicht abwärts. An der nächsten Gabelung links gehen und auf dem Treppenweg Salita dei Patroni nach rechts zum Corso von **Amalfi** absteigen. Nach links führt der Corso zur Piazza Duomo.

Von Ravello via Atrani nach Amalfi

Den Bus nach Amalfi verpasst? Kein Problem! Von der Piazza Duomo geht es vorbei am Santuario S. Cosma e Damiano – hier eine frische Quelle – am zweiten Abzweig Richtung Amalfi über steile Treppen und mitten durch Zitronenhaine oberhalb vom Ortsteil Castiglione in ca. 45 Min. nach Atrani. Nach einer zweiten Erfrischungspause, diesmal bei Granita auf der Piazza Umberto I., führen orientalisch verwinkelte Gassen und Stufen weiter nach Amalfi.

Scala

Das **Dragone-Tal** trennt das stille Scala (360 m, 1540 Ew.) von Ravello. Von seiner besten Seite zeigt sich der Ort aus Ravello, wie umgekehrt Scala die schönste Ansicht auf Ravello bietet. Der Blick auf Scala mutet wie ein mittelalterliches Tafelbild an. Streng und würdig

erheben sich die Apsiden des **Duomo S. Lorenzo** (1196) über gepflegten Weinterrassen. Das Kircheninnere lohnt den Besuch, die Krypta zählt zu den beeindruckendsten der Costiera. Als Mitglied der Seerepublik kam Scala im Mittelalter zu Reichtum und Einfluss. In jener Zeit besaß der Ort über 130 Kirchen. Einige davon stehen noch in benachbarten Dörfern.

Aus Scala stammte auch *Gerardo Sasso,* Gründer des Johanniter-Ordens. Die Konkurrenz zu Ravello, vor allem aber die Plünderungen und Zerstörungen durch die Pisaner, leiteten den Niedergang ein.

Ein dörflicher Friede liegt heute über Scala und den *borghi,* die durch Treppenwege untereinander verbunden sind. Besonders schön ist das südlich gelegene **Minuta** (oder Minuto). Die Kirche S. Annunziata birgt in ihrer Krypta bedeutende Fresken des 12. Jh. Eindrucksvoll sind auch die Apsisruinen der Kirche S. Eustachio (12. Jh.). Durch Minuta führt ein schöner Treppenweg nach **Pontone,** dem alten Scallella, Kreuzungspunkt aller Treppenwege zwischen Scala, Amalfi und Atrani.

Information

■ Pro Loco

Auskünfte zu Wanderungen in der Umgebung. Sollte die Pro Loco geschlossen sein, informiert auch die AAST Ravello.

Piazza Municipio, Tel. 089 85 73 25

[>] Duomo S. Lorenzo in Scala

Die Amalfi-Küste

Hotels und Pensionen

Am südlichen Ortsende von Scala, an der Straße Richtung Minuta, liegen drei einfache Hotels. Sie alle zeichnen sich durch einen schönen Blick auf Ravello aus.

■ **La Margherita** ***
Annamaria Del Pizzo, Luigi Di Lascio und Kinder führen dies freundliche Hotel und die benachbarte Villa Giuseppina (s.u.). 10 Zi., DZ/ F 80–100 Euro, HP 70–80 Euro.
Via Toricella 31, Tel. 089 85 71 06,
www.lamargheritahotel.it

■ **Villa Giuseppina** ***
Dependance des Albergo La Margherita (s.o.). Kleiner Pool. Gratis-Parkplatz auch für die Gäste des Hotels Margherita. 16 Zi., DZ/F 120–130 Euro, HP 80–90 Euro.

■ **Zi'Ntonio** ***
Familienpension mit Restaurant und kleinem Pool. Zimmer mit Heizung. Schöner Blick auf Ravello. Gra-

tis-Parkplatz. 21 Zi., DZ/F 90–110 Euro, HP 50–70 Euro.
Via Torricella 39, Tel. 089 85 71 18,
www.hotelzintonio.it

Restaurants und Trattorien

Die **Hotels La Margherita** und **Zi'Ntonio** (s.o.) sind nicht nur wegen ihrer schönen Terrassen mit Ravello-Blick auch als Ausflugsrestaurants beliebt. 15–25 Euro.

An- und Weiterreise

■ **Auto:** Von der S.S. 163 führt eine kurvenreiche Straße nach Scala. Hier ausreichend Parkmöglichkeiten an der Straße.
■ **Bus:** Gelbe **SITA-Busse** verkehren regelmäßig zwischen Amalfi, Ravello und Scala.

Einkaufen

In Scala gibt es kleine **Lebensmittelläden,** in denen man hervorragend für ein Picknick einkaufen kann.

Wandern

Von Ravello nach Scala

Scala lässt sich von Ravello entweder direkt, abschnittsweise der Asphaltstraße folgend, erreichen oder auf einem schönen „Umweg", der nördlich von Lacco den Vallone Reginella quert und über den Ortsteil S. Caterina von oben nach Scala führt. Die AAST Ravello (s.o.) hat eine Gratis-Wanderkarte!

Von Campidoglio ins Valle delle Ferriere

Von Scala führt der CAI-Weg „57" durch das Bergdorf Campidoglio in die wilde Berglandschaft des Naturschutzgebietes Valle delle Feriere. www.valledelleferriere.com

Von Scala nach Minuta

Auf der wenig befahrenen Straße gelangt man aus dem Zentrum von Scala in den kleinen Ort Minuta. Unterwegs genießt man herrliche Blicke auf Ravello. Treppenwege setzen sich über Pontone nach Amalfi fort.

Minori

Minori (10 m, 2840 Ew.) ist ein freundliches, unspektakuläres Küstenstädtchen, an dem die Reisenden meist schnell vorbeifahren. Die Ursprünge des Ortes sind antik, wovon man sich beim Besuch der einzigen archäologischen Stätte der Costiera überzeugen kann. Vor dem Vesuv-Ausbruch 79 n. Chr. gab es wohl zahlreiche *villae marittimae* an der Amalfi-Küste, wovon heute noch antike Säulen in mittelalterlichen Kirchen und Palästen zeugen. Auch der Name Minori geht auf die Antike zurück und bezieht sich auf den Fluss **Reginna Minor,** im Gegensatz zum Reginna Maior, der durch den Nachbarort Maiori fließt. Beide Flüsse können nach heftigen Regenfällen gefährlich anschwellen; beide Städte wurden wiederholt von Flutwellen heimgesucht, das letzte Mal 1954. In Ufernähe erhebt sich die **Basilika S. Trofimena.** Der Bau aus dem 12. Jh. wurde im 19. Jh. neu errichtet. In der Krypta werden die Reliquien der *hl. Trofimena* aufbewahrt, früher Schutzpatronin von Amalfi. Zur Zeit der Seerepublik waren in Minori Werftanlagen angesiedelt, später entwickelte sich der Ort zu einem wichtigen Zentrum der Pasta-Produktion und des Agrumen-Anbaus.

   1932 entdeckte man die **Reste einer römischen Villa marittima,** die in den 1950er Jahren ausgegraben wurde. Am 26. Oktober 1954 vom Schlamm verschüttet, musste sie erneut freigelegt werden. Die ursprünglich zweigeschossige Anlage aus augustäischer Zeit entwickelt sich um einen großen Garten. Einige der Räume tragen noch den ursprünglichen Freskenschmuck. Gut erhalten ist das Nymphäum mit schwarz-weißen Bodenmosaiken.

■ **Villa Romana/Antiquarium,** Via Capo di Piazza 28, Tel. 089 85 28 93, www.villaromanaminori. com. Tägl. 9 Uhr bis 1 Std. vor Sonnenuntergang. Eintritt frei.

Information

■ **Pro Loco di Minori**
Gute Infos, auch zu B&Bs und Wanderwegen. Mo bis Sa 9–12 und 16–19 Uhr.
Via Roma 30, Tel./Fax 089 87 70 87,
www.proloco.minori.sa.it
■ **www.comune.minori.sa.it**

Bed & Breakfast

■ **Free Holiday**
Antonio Aceto (spricht englisch) betreibt in einem Neubau aus den 1990er Jahren im oberen Ortsteil seine Casa Vacanze. Großer Zitronengarten mit weiten Ausblicken. Den Gästen steht eine Küche zur Verfügung. Parkplatz. 3 Zi., DZ/F 50–80 Euro.
Via Casa Palomba, Tel. 089 85 37 73 (priv.),
Mobil 33 95 94 20 21, www.freeholiday.it
■ **Orto Paradiso**
Flavio Milo führt sein B&B hoch über dem Ort in einem herrlichen Zitronen- und Olivenhain. Der Treppenweg nach Ravello führt an seinem Haus vorbei. Von der Straße, an der man das Auto parken kann, sind es knapp 200 Stufen bis zum B&B. Jedes Zimmer mit Kochnische und eigener Terrasse. Das Panorama ist stupend, eine Schriftstellerin definierte es als „vista filosofica". Pool. Italienisches Frühstück. 3 Zi., DZ/F 70–110 Euro.
Via Santa Croce (Nähe Friedhof),
Tel. 089 85 12 09, Mobil 33 32 94 76 18,
www.ortoparadiso.com

■ **Villa Marietta**
MEIN TIPP! *Carmela* und *Vincenzo Ruocco* (spricht deutsch) empfangen ihre Gäste in einer Villa aus dem Ende des 19. Jh. hoch über dem Strand. Von den Terrassen und aus dem Zitronengarten herrlicher Ausblick. Dieses gastfreundliche Plätzchen ist ideal für Familien mit Kindern! Treppenstufen zum Strand, Parkplatz über der Villa. Eigener Wein. 3 Zi., 1 Ap. mit Küche, DZ/ F 55–65 Euro.
Via Torre 15, Tel. 089 85 27 62,
Mobil 33 93 15 54 46,
www.webalice.it/villamarietta

Essen und Trinken

Restaurant

■ **Altamarea**
Die Familie *Caso* stammt aus dem Pizzabäcker-Ort Tramonti und führt das Ristorante cum Pizzeria seit 1997. 20–30 Euro. Mo Ruhetag. Mittags und abends.
Via Roma 80, Tel. 089 87 75 76,
www.ristorantealtamarea.com

Caffè und Snacks

■ **Sal De Riso**
MEIN TIPP! Der verführerische Dolci-Tempel der Familie *De Riso* blickt auf eine über 100-jährige Tradition zurück.
Piazza Cantilena 1,
Tel. 089 85 36 18, www.salderiso.it

An- und Weiterreise

■ **Auto:** Minori liegt an der S.S. 163. **Parken:** Am Lungomare und nahe der Villa Romana gibt es *parcheggi gratta e sosta*, d.h. man kauft für jede Stunde Parkzeit am Kiosk oder in der Bar einen Parkschein, auf dem man dann die Ankunftszeit freirubbelt.

6

■ **Bus:** Regelmäßig **SITA-Busse** in Richtung Amalfi und Salerno.

Veranstaltung

■ **Jazz on the Coast,** von Ende Juli bis Anfang August spielen internationale Jazzgrößen am Strand. www.jazzonthecoast.it

Baden

Hinter der von Dattelpalmen gesäumten Promenade lädt ein kurzer Sand- und Kiesstrand zum Baden ein.

Wandern

Von Minori aus kann man auf alten Treppenwegen nach Ravello hochsteigen (1¼ Std.). Eine ausgedehnte Wanderung auf den CAI-Wegen „15C" und „15A" führt in das Sambuco-Tal. Lohnend ist auch der Aufstieg zu dem verlassenen Kloster S. Nicola in 468 m Höhe mit herrlichen Landschaftsblicken. Das Kloster ist auch von Maiori aus zu erreichen.

Maiori

„Der Strand bei Minori und Maiori ist das Reizvollste, was die Ufer der Golfe von Salerno, Amalfi und Sorrent zu bieten haben", stellte der Kulturreisende *Gregorovius* 1853 fest. Dann kam die Schlammkatastrophe des 26. Oktober 1954, und die Wasser des Flusses **Regina Maior** spülten weite Teile der Stadt ins Meer. Die für Amalfitana-Verhältnisse ungewöhnlich breite Küstenebene und Bauspekulation bestimmten den Neuaufbau – von Costiera-Charme ist hier auf den ersten Blick wenig zu spüren. Maiori (5 m, 5600 Ew.) ist heute ein vor allem von italienischen Badegästen frequentierter Urlaubsort. Genau darin liegt aber auch der Reiz – das Filmitalien der 1950er Jahre liegt hier irgendwie noch in der Luft. *Roberto Rosselini* war Ende der 1940er und Anfang der 1950er Jahre oft in Maiori und hat hier eindrucksvolle Schwarzweiß-Szenen von „Paisà", „Miracolo", „La Macchina Ammazzacativi" und schließlich „Viaggio in Italia" gedreht. Ihm hat Maiori ein Festival und einen Filmpreis gewidmet.

Festungsartig erhebt sich auf einer Anhöhe über dem Strand die **Kollegiatskirche S. Maria a Mare.** Der ursprünglich aus dem 12. Jh. stammende Bau gibt sich ganz barock. Allein schon wegen der Aussicht lohnt der Aufstieg über die 108 Stufen. In der Krypta ist ein schöner Majolikafußboden zu bewundern. Ein kleines Museum birgt sakrale Kunst.

■ **S. Maria a Mare,** Krypta tägl. 9–12 und 16–19.30 Uhr.

Im oberen Ortsteil liegt die einzige große erhaltene Festung der Amalfitana, das **Castello di S. Nicola de Thoro Plano** (9. Jh.). Zur Zeit der Seerepublik diente das Kastell dem Schutz der Arsenale von Maiori, im 15. Jh. gelangte es in den Feudalbesitz der *Piccolomini* und wurde erweitert. Noch heute befindet es sich in Privatbesitz.

■ **Castello di S. Nicola,** Via Castello, Località S. Pietro, Mobil 33 89 40 35 52 (nach telefonischer Anfrage). Eintritt frei (Spende).

Die Amalfi-Küste

Etwa 3 km östlich von Maiori nistet an der Felswand direkt über der S.S. 163 ein frühmittelalterliches Juwel, die **Badia S. Maria di Olearia.** Eremiten ließen sich hier im 10. Jh. nieder, mit der Zeit erweiterte sich die Anlage auf drei in den Fels geschlagene Kirchen. Besonders sehenswert sind die mit Fresken (10. bis 12. Jh.) ausgeschmückten Katakomben der Benediktiner-Mönche.

■ **Badia S. Maria di Olearia,** Infos c/o AAST Maiori (s.u.). Mai bis Ende Sept. Fr, Sa und So 18–20 Uhr, Okt. bis April Sa und So 15.30–17.30 Uhr. Eintritt frei (Spende).

Information

■ **AAST**
Das Fremdenverkehrsamt hat seinen Sitz im Palazzo Mezzacapo mit seinem originellen Wassergarten in der Form eines Malteserkreuzes. Mo bis Sa 8.30–13 und 15–18 Uhr, im Winter kürzere Öffnungszeiten.
Corso Reginna 71, Tel. 089 87 74 52,
www.aziendaturismo-maiori.it
■ **www.comune.maiori.sa.it**

Hotel und Pension

In Maiori gibt es **über 20 Hotels** aller Kategorien, aber nur wenige haben den Charme, den man aus anderen Orten der Costiera gewöhnt ist. Günstige Nebensaisonpreise.

■ **Hotel Botanico San Lazzaro** *****
Mit weiten Ausblicken erhöht am südlichen Ortsrand im Grünen gelegen, kann das aufmerksam geführte Hotel auch verwöhnte Gäste überzeugen. Mehrere Themen-Gärten umgeben das gepflegte Haus. Restaurant und Pool. 18 Zi., DZ/F 220–360 Euro, Suiten ab 320 Euro. April bis Ende Okt.

Via Lazzaro 25, Tel. 089 87 77 50,
www.botanicosanlazzaro.it
■ **Casa Raffaele Conforti** ****
Die Sommervilla des reichen Zitronenexporteurs *Raffaele Conforti* verströmt die gediegene Atmosphäre des 19. Jh. Heute ist die Villa ein komfortables Mini-Hotel. Parkplatz 10–15 Euro/Tag. 9 Zi., DZ/F 95–190 Euro.
Via Casa Mannini 10, Tel. 089 85 35 47,
089 85 24 92, www.casaraffaeleconforti.it

Restaurant und Tavola calda

■ **Eldorado**
Mittags und abends leckere Kleinigkeiten kalt und warm vom Buffet. Große Terrasse über dem Meer. Von Mai bis Okt. öffnet auch das Strandbad. Etwas überteuert. Mo Ruhetag.
Via G. Amendola 2, Tel. 089 85 12 66
■ **Mammato**
Seit 1890 am Platz, präsentiert sich das familiengeführte Fischristorante in elegant-modernem Ambiente. Delikate Meeresantipasti, Pasta aus Gragnano und frischer Fisch. Gegen den kleinen Hunger und bei kleinem Geldbeutel hilft auch schon mittags Holzofenpizza. 20–40 Euro. Im Winter Di Ruhetag. Mittags und abends.
Via Arsenale 6, Tel. 089 85 36 83

An- und Weiterreise

■ **Auto:** Maiori liegt direkt an der S.S. 163.
■ **Bus:** Regelmäßig **SITA-Busse** in Richtung Amalfi und Salerno.
■ **Fähren:** Von Ostern bis Oktober täglich mehrmals Fähren nach Amalfi und Salerno. In den Sommermonaten zusätzliche Schiffsverbindungen nach Capri und Sorrent.

6

Feste/Veranstaltungen

■**Gran Carnevale Maiorese,** Karnevalsumzüge am Lungomare.

■**S. Maria a Mare,** am 3. Sonntag im November wird die Stadtpatronin mit einer großen Prozession gefeiert.

Baden

In Maiori erstreckt sich der **längste Sand- und Kiesstrand der Amalfitana.** Der Lungomare ist sehr gepflegt, trotzdem will der rechte Badespaß hier nicht aufkommen.

Wandern

Von Maiori aus führt ein Weg oberhalb der Küstenstraße zu der etwa 3 km östlich gelegen Badia S. Maria de Olearia aus dem 10. bis 11. Jh. SITA-Busse halten in der Nähe des Klosters. Lohnend ist auch der Aufstieg zum verlassenen Kloster S. Nicola (468 m) mit herrlichen Landschaftsblicken.

Tramonti

Tramonti (4160 Ew.) ist eine Streusiedlung mit antiken Wurzeln im fruchtbaren Talkessel des Torrente Reginna Maiori. Eine Vielzahl kleiner Ortsteile säumt die S.P. 2, die von der Küste bis zum **Válico di Chiunzi** hochführt. Die strategisch gelegene Passhöhe, von der man einen weiten Blick auf die Sarno-Ebene (Hauptanbaugebiet der San-Marzano-Tomaten, ohne die ein guter Pizzabelag nicht vorstellbar ist!) und den Vesuv genießt, war im September 1943 Schauplatz heftiger Auseinandersetzungen zwischen den Truppen der deutschen Wehrmacht und den vorrückenden Alliierten.

Das **Tramonti-Tal** ist das wichtigste Weinbaugebiet der Amalfitana, und insbesondere den aus Tramonti stammenden Pizzabäckern ist es zu verdanken, dass der runde Teigfladen auch außerhalb Kampaniens viele Liebhaber gefunden hat.

Information

■**Comunità Montana Monti Lattari**
Die Comunità Montana hat in Zusammenarbeit mit dem C.A.I. (Italienischer Alpenverein) vor Jahren Wanderkarten der Amalfitana herausgebracht. Mit Glück sind letzte Exemplare zu bekommen! Mo bis Fr ab 8.30 Uhr, Do auch von 15.30–19 Uhr.
Via Municipio 11b – Frazione Polvica,
Tel. 089 87 63 54, 08 97 60 60,
www.cmmontilattari.gov.it
■**Pro Loco di Tramonti**
Fremdenverkehrsverein im Hauptort.
Piazza Treviso – Frazione Polvica, Tel. 089 87 64 30
■**www.comune.tramonti.sa.it**
■**www.tramontipizza.org**

Unterkunft/ Essen und Trinken

■**Cucina Antichi Sapori**
Giuseppe Francese und seine Frau *Antonietta Mandara* verwöhnen ihre Gäste mit raffinierter Bergküche zu angemessenen Preisen. Der eigene Garten liefert frisch die Grundzutaten, auch Kastanien und Walnüsse, die manchen Pastagerichten ihr spezifisches Aroma geben. Als *secondo* Fleisch ausgewählter Erzeuger. Im Brotkorb Selbstgebackenes. Gute

Weinauswahl. Gästezimmer in spe. 25–35 Euro. Di Ruhetag. Mittags und abends.
Via Chiunzi 72 – Campinola di Tramonti,
Tel. 089 87 64 91, Mobil 34 75 94 33 89,
www.cucinaantichisapori.it

■**La Violetta**

Ristorante-Pizzeria auf der Passhöhe. In den 1940er Jahren hielt die deutsche Wehrmacht hier die Stellung, nach Landung der Alliierten im September 1943 diente das Gebäude als „Fort Schuster" zeitweise als kleines Lazarett. Eine ehrliche Territorialküche hält hier heute Leib und Seele zusammen. Die Pasta ist frisch zubereitet. Gemüse, Käse, Würste, Öl und der Wein stammen aus der Gegend. 20–35 Euro. Mo Ruhetag. Mittags und abends.
Via Válico di Chiunzi 95, Tel. 089 87 63 84

■**Osteria Reale**

MEIN TIPP! *Luigi Reale* ist einer der engagierten Winzer von Tramonti. Er hat den generationenalten Betrieb übernommen und das Landhaus der Familie in eine einladende Osteria mit Gästezimmern (3 Zi., DZ/F 65–75 Euro) verwandelt. Gäste, die hier übernachten, erhalten Einblick in die Weinproduktion. Die Küche folgt den Jahreszeiten und bedient sich nur der allerbesten lokalen Produkte. Frisches Gemüse steht immer auf der Speisekarte, bei den Secondi gibt es die Auswahl zwischen frischem, an der Costiera gefangenem Fisch oder Fleisch aus lokaler Aufzucht. Selbstverständlich bekommt man auch eine vorzügliche Holzofenpizza. Anfahrt: auf halber Strecke zwischen Maiori und dem Válico di Chiunzi. 25–35 Euro. Mi Ruhetag. Abends, an Wochenenden auch mittags. Nov. geschl.
Via Cardamone 75 – Frazione Gete,
Tel. 089 85 61 44, www.osteriareale.it

Einkaufen

■**Cantine Giuseppe Apicella**

Oberhalb von Tramonti baut *Giuseppe Apicella* auf 7 ha traditionelle Rebsorten wie „Piedirosso" und „Tintore" (die lokale Bezeichnung für Aglianico) an, aus deren Trauben der *Tramonti rosso* gekeltert wird.
Via Castello S. Maria 1 – Fraz. Capitignano,
Tel. 089 85 62 09, www.giuseppeapicella.it

■**Badia**

Kleine & feine Limoncello-Fabrik.
Piazza Cesarano 42 – Frazione Cesarano,
Tel. 089 85 53 44

Wandern

Tramonti liegt am CAI-Fernwanderweg „00-Alta Via dei Lattari". Als Aussichtspunkt besonders lohnend ist hier das 873 m hoch gelegene **Santuario dell' Avvocata** über Maiori und Cetara.

Cetara

Das **ausgesprochen hübsche Hafenstädtchen** nordöstlich des Capo d'Orso kann auch den verwöhntesten Costiera-Besucher noch überraschen. *Ferdinand Gregorovius* kam im Jahr 1853 vorbei, und die meisten seiner Eindrücke treffen immer noch zu. „Aber nun sind wir vor Cetara am Ufer angelangt, einem unbeschreiblich reizenden Ort, ja einer elysischen Fruchtoase in rauhfelsigen Bergmassen. Mir fiel gleich die maurisch pittoreske Bauart auf. Die Häuser sind klein und einstöckig, mit Logen und Verandas versehen, welche Weinreben umschlingen; ihre Dächer gewölbt und schwarz übertüncht. Die bizarre Architektur der kleinen Kirchen hebt sich fantastisch aus dem dunklen Laube der Orangenbäume. Es war eine so fremde Erscheinung, dass man wohl wähnen mochte bei Kairewan zu sein, mitten in einer uneuropäischen

Die Amalfi-Küste

6

Kultur. (…) Das schöne Cetara war der erste Ort an dieser Küste, wo sich Sarazenen niederließen, worauf sie dann weiter bis nach Amalfi hinauf über Maiori und Minori, bis nach Scala und Ravello Kolonien gründeten. Denn schon vor der Eroberung Siziliens streiften sie an diesem Strande. (…) Sie schwanden aus diesen Gegenden nicht einmal zur Zeit der Normannenherr-

schaft. Viele waren Christen geworden, andere blieben im Dienste Ruggieros, und so brachten sie in das Land Salerno orientalische Sitten und Kultur."

An **Cetara** (10 m, 2290 Ew.) rauscht der organisierte Tourismus förmlich vorüber, und niemand macht Anstalten, ihn anzuhalten. Aus dem Busfenster sieht man nur kurz – es sei denn, man steht im Stau – die schöne Majolikakuppel von **S. Pietro,** und schon ist der kleine Ort verschwunden und das Erstaunen gehört wieder ganz der hier besonders spektakulären Küste.

Cetara blickt auf eine Jahrtausende alte **Fischfangtradition** zurück, der Name

⌃ Kiesstrand von Cetara:
Sonnenanbeter- und Fischeridyll

gvn13_087.pa

Strand einen pittoresken Anstrich geben, werden die ebenso geschätzten *alici* (Sardellen) gefangen. Sie werden eingesalzen oder zur *colatura di alici* verarbeitet, dem **garum** der antiken Römer.

Franco Tammaro war der Erste, der im Ort vor etwa 30 Jahren ein Restaurant eröffnete, inzwischen sind andere seinem Beispiel gefolgt. Besonders an Wochenenden kommen die Salernitaner nach Cetara, wenn sie besonders guten Fisch essen mögen. Danach geht es zur *passegiata* an den Strand. Der trutzige Küstenwachturm am nördlichen Ende der Bucht wurde Ende des 16. Jh. errichtet. 1551 hatte der türkische Korsar *Sinan Pascha* 300 Männer des Ortes in die Sklaverei verschleppt und viele weitere getötet. Vor solchen Gefahren wollte man sich für die Zukunft schützen. Heute geht es in Cetara glücklicherweise ausgesprochen friedlich zu.

Information

■ **Pro Loco**
Corso Garibaldi 15, Tel. 089 26 15 93, www.prolococetara.it
■ **www.comune.cetara.sa.it**

Unterkunft

Hotel

■ **Cetus** ****
Edles (Hochzeits-)Hotel direkt an der Steilküste (unterhalb der S.S. 163), ein kurzes Stück nördlich des Ortes. Zimmer mit tollem Ausblick, privater Mini-Strand. Gutes Restaurant. Gästeparkplatz gratis. 37 Zi., DZ/F 140–290 Euro, Suiten ab 200 Euro, HP zusätzlich 30 Euro/Person. April bis Okt.

des Ortes leitet sich wahrscheinlich vom lateinischen *cetaria* ab, der Bezeichnung für die Gebäude, in denen **Thunfisch** verarbeitet wird, auf Italienisch heißen sie *tonnara*. Jene von Erchie war noch bis vor hundert Jahren in Betrieb. Heute besitzt der Ort die einzige große Fischfangflotte der Amalfitana. Die größeren Boote sind bis zu mehreren Monaten auf hoher See und machen Jagd auf Thunfisch. Im Ort gibt es eine kleine Fabrik, die den geschätzten Speisefisch nach alter Tradition in Olivenöl konserviert – kein Vergleich mit den geschmacksneutralen Dosenprodukten aus dem Supermarkt! Mit kleinen Fischerbooten, die dem

6

Garum, das Maggi der Antike

Kein anständiges Rezept kam im alten Rom ohne Garum aus. Und **Marcus Gavius Apicius** musste es schließlich wissen. *Apicius,* der im 1. Jh. n. Chr. zur Zeit des Kaisers *Tiberius* lebte, galt als Feinschmecker und Schöpfer ausgefallener Gerichte. Extravagant war auch sein Tod. Sagenhaft reich, gab er Unsummen für seine Gastmähler aus, und als er feststellen musste, dass er „nur" noch 10 Millionen Sesterzen besaß (eine Summe von unvorstellbarer Kaufkraft), setzte er seinem Leben mit Gift ein Ende. Von *Apicius* haben sich zwei Kochbücher überliefert, und in der Tat findet sich kaum ein Rezept, bei dem garum, manchmal auch *liquamen* genannt, als Zutat fehlt.

Garum wurde in der Antike fabrikmäßig **aus Sardellen oder anderen fetten Fischen** hergestellt. Die zerkleinerten Fische wurden eingesalzen und unter freiem Himmel in großen Becken einem mehrmonatigen Fermentierungsprozess unterzogen (Archäologen behaupten, dass die ausgegrabenen Garum-Fabriken auch heute noch stinken …). Pompeji war übrigens eine Hauptproduktionsstätte. Das Endprodukt, eine **goldgelbe Flüssigkeit,** diente dem Würzen wie Salzen von Gemüse-, Fleisch- und Fischgerichten. Ähnliche Saucen werden heute noch in der südostasiatischen Küche verwendet.

In Cetara werden die Sardellen nicht nur eingesalzen wie anderswo, sondern auch zur **colatura di alici** verarbeitet. Jede Hausfrau, die auf sich hält, stellt einmal die Woche *spaghetti con la colatura di alici* auf den Tisch. Kosten kann man garum in den Lokalen von Cetara, eine Flasche kaufen bei „Sapori Cetaresi". Achtung, zum Würzen genügen wenige Tropfen!

Corso Umberto I. 1, Tel. 089 26 13 88, www.hotelcetus.com

Zimmer/Ferienwohnungen

■**Cetour**
Ferienwohnungen in Cetara und an der gesamten Costiera. Ausflugsprogramm.
Piazza Martiri Ungheresi 59,
Tel. 089 26 10 42, www.cetour.it

Restaurants und Trattorien

■**A Cianciola**
Fischlokal, etwas versteckt hinter dem Hafen, mit Tischen auf einer hübschen Piazza. Auch offener Bauernwein. 30–35 Euro. Mo Ruhetag. Mittags und abends.
Piazzetta Cantone 13,
Tel. 089 26 18 28, www.lacianciola.it

■**Acquapazza**
Kleines, modern eingerichtetes und zu Recht hoch gelobtes Fischlokal am Corso. Serviert wird ausschließlich frisch gefangener Fisch, z.T. auch roh. Den Wein lässt man sich vom Sommelier *Gennaro Castiello* empfehlen. Leckere Dolci. 30–35 Euro. Mo Ruhetag. Nov. geschl. Mittags und abends.
Corso Garibaldi 38, Tel. 089 26 16 06,
www.acquapazza.it

■**Al Convento**
MEIN TIPP! *Pasquale Torrente* ist eine weiterer Stützpfeiler der gastronomischen Tradition Cetaras, die auf der kunstvollen Küchenveredelung des *pesce azzuro* beruht. Roter Thun wird mit Zwiebeln langsam eingekocht, Sardellen kommen in vielerlei Varianten auf die Teller, auch in der flüssigen Form der

▷ Madonnenprozession am Kleinstadt-Corso

colatura di alici. Zum Dolce sollte man einmal die berühmten *melenzane al cioccolato* versuchen. Am Abend auch Holzofenpizza. Der Speisesaal ist nichts anderes als der überdeckte Kreuzgang des ehemaligen Franziskanerklosters – freskengeschmückt! 25–40 Euro. Mi Ruhetag. Mittags und abends.
Piazza San Francesco 16,
Tel. 089 26 10 39, www.alconvento.net

■ **San Pietro**
MEIN TIPP! In diesem prima Fischrestaurant treffen *mare* und *terra* der Amalfitana häufig überraschend, immer aber mit viel Gusto aufeinander, im Antipasto z.B. in Form gesalzener Sardellen und Ricotta aus den Monti Lattari. *Francesco Tammaro* legt höchsten Wert auf die Verwendung der allerbesten Produkte des Territoriums, deren Herkunft er in jedem Fall kennt (kein Wunder, dass man von ihm auch tolle Tipps für Wanderungen und Bootstouren erhält). Von der schönen Terrasse kann man das Treiben auf dem Corso verfolgen. 25–35 Euro. Di Ruhetag. Mittags und abends. Jan. bis Febr. geschl.
Piazza San Francesco 2, Tel. 089 26 10 91,
www.sanpietroristorante.it

An- und Weiterreise

■ **Auto:** Cetara liegt direkt an der S.S. 163. **Parken:** Am Strand gibt es *parcheggi gratta e sosta,* d.h. man kauft für jede Stunde Parkzeit am Kiosk bzw. in der Bar einen Parkschein, auf dem man dann die Ankunftszeit freirubbelt.

■ **Bus:** Regelmäßig **SITA-Busse** in Richtung Amalfi und Salerno.

■ **Schiff:** In den Sommermonaten Schnellbote der Alicost nach Capri.

Einkaufen

■ **Cetarii**
Lokale Fischprodukte nach alten Methoden konserviert, u.a. *bottarga di tonno.*
Via Largo Marina 48/50,
Tel. 089 26 18 63, www.cetarii.it

■ **Sapori Cetaresi**
Wer immer schon einmal ausprobieren wollte, wie das **garum** der alten Römer schmeckte, hier kann

Die Amalfi-Küste

gym13_086.psd

man es kaufen. Wenige Tropfen der **colatura di alici** genügen, um den Speisen ein unvergleichliches Aroma zu verleihen (siehe Exkurs „Garum, das Maggi der Antike"). Tägl. 10–13 und 16–20 Uhr, im Winter Mo geschl.
Corso Garibaldi 44, Tel. 089 26 20 10,
www.delfinobattistasrl.it

Feste/Veranstaltungen

■ **Festa di S. Pietro,** Schiffsprozession des Stadtpatrons am 29. Juni. In Tanzschritten wird die Statue aus der Kirche San Pietro an den Strand getragen.
■ **A tutto Tonno – Sagra delle Acciughe,** Cetara feiert im Sommer kulinarisch, Thunfisch und Sardellen stehen im Mittelpunkt.

Baden

Am Fuße des imposanten Küstenwachturms breitet sich ein **schmaler Kiesstrand** aus. Eine sehr schöne Sandbucht gibt es im westlich gelegenen Nachbarort **Erchie.** Der von der Zeit und den Verkehrsströmen auf der Amalfitana fast vergessene Fischerborgo ist auf jeden Fall einen Abstecher wert!

Bootsausflüge

Bootsverleih, Boots-Taxi und Pescaturismo (Ausflüge mit Fischern).
Via Cantone 10, Tel. 089 26 11 76,
Mobil 23 84 69 27 25, www.seasuncetara.it

Windsurfen

Cetara und das Erchie sind die bevorzugten Windsurf-Reviere an der Amalfitana. An Sommernachmittagen entwickelt sich ein beständig wehender auflandiger Wind.
www.windsurfingcetara.com

Wandern

Auch von Cetara aus kann man sich aufmachen, auf alten Wirtschaftswegen das reizvolle Hinterland zu entdecken. Lohnend sind die CAI-Wege „3A" und „3", die in das nördlich gelegene Albori hochführen. Von Cetara aufsteigend, kann man den Fernwanderweg Alta Via dei Lattari auf Höhe der Cappella Vecchia erreichen (siehe Cava de'Tirreni).

Vietri

Vietri (80 m, 915 Ew.) ist ganz Keramik. Von welcher Seite man auch die Stadt erreicht, überall begegnen einem die bunten Auslagen der Geschäfte. Von weitem leuchtet die Majolikakuppel der **Kirche S. Giovanni Battista.** Der Ort wurde von den Etruskern gegründet, mit denen auch das **Töpferhandwerk** hier Einzug hielt. Aus Vietri, dem Freihafen der mächtigen Abtei von Cava de'Tirreni, wurde im Mittelalter Keramik in den gesamten Mittelmeerraum exportiert. Einen neuen Aufschwung nahm das Handwerk im Barock. Die glänzenden Majolikakuppeln entlang der Küste sind seither so etwas wie das Markenzeichen der Amalfitana. Das 19. Jh. war die Zeit der **piastrelle,** der reich verzierten Bodenfliesen, die in vielen der älteren Ho-

▷ Markenzeichen Majolika

tels verlegt sind. Die bedeutendste künstlerische Periode Vietris fällt interessanterweise zwischen die beiden Weltkriege, und zwar in Form einer Arbeitsmigration. Deutsche Künstler wie *Richard Dölker, Irene Kowalski-Wegner* oder *Barbara Margarete Thewalt-Hannasch* kamen in den 1920er Jahren an die Amalfitana und fanden hier Anregung, Arbeit und günstige Lebensbedingungen. Mit offenen Sinnen reagierten sie auf Sonne, Meer, Zitronen, Esel und die alten Mythen und entwickelten eine fröhlich naive Bilderwelt, die bis heute die Keramik Vietris prägt. Mit dem Kauf eines Keramik-Souvenirs schließt sich der Kreis. Was vor mehr als drei Generationen aus Italien-Begeisterung entstanden ist, gefällt auch heute.

Im oberhalb von Vietri gelegenen Ort **Raito** ist in einem mittelalterlichen Turm, der **Torretta di Villa Guariglia,** ein sehenswertes Keramikmuseum eingerichtet, dass traditionelle Erzeugnisse und die künstlerische Produktion des *periodo tedesco* präsentiert. Im Sommer finden hier Konzerte statt. Einmal in Raito, sollte man weiter bis in den Bergort **Albori** fahren, wo die Straße endet und die Aussicht herrlich ist.

■ **Museo della Ceramica,** Via Nuova Raito – Raito, Tel. 089 21 18 35. CSTP-Busse aus Vietri. Di bis So 9–15 Uhr. Eintritt frei.

Information

■ **Circolo Turistico ACLI (CTA)**
Tourist-Info, Vermittlung von Unterkünften sowie Sommer-Sprachkurse. Mo bis Sa 10–13 und 16.30–19 Uhr.
Piazza Matteotti, Tel./Fax 089 21 12 85

■ **Pro Loco Vietri sul Mare**
Mo bis Sa 10–13 und 16.30–20 Uhr.
Via O. Costabile 4, Mobil 3316 23 68 28,
www.prolocovietrisulmare.it
■ **www.comune.vietri-sul-mare.sa.it**

Hotel

■ **Vietri** ***
Freundliches Altstadthotel wenige Minuten von der Piazza Matteotti in Richtung Marina di Vietri. Gutes Restaurant, Parkplatz. 18 Zi., DZ/F ab 90 Euro (Aufpreis für Meerblick).
Via O. Costabile 31, Tel. 089 21 04 00,
www.hotelvietri.com

Essen und Trinken

Restaurant und Trattoria

■ **Evù**
MEIN TIPP! Bereits als Taverna Paradiso ein Tipp, jetzt aufgefrischt und unter neuer Leitung weiterhin empfehlenswert. Ehrliche Fischküche, delikate Antipasti. 25–35 Euro. Mi Ruhetag. Mittags und abends.
Via Diego Taiani 1, Tel. 089 21 02 37

■ **La Sosta**
Traditionelle Fischküche nahe der Piazza Matteotti, in dem alten Gebäude, wo früher Postkutschenpferde gewechselt wurden. 20–35 Euro. Mi Ruhetag. Mittags und abends.
Via Costiera 6, Tel. 089 21 17 90

Café

■ **Eco del Mare**
Das beste Eis von Vietri an der Marina.
Via G. Pellegrini 126, Tel. 089 21 03 23

Die Amalfi-Küste

An- und Weiterreise

■ **Auto:** A3, Ausfahrt „Vietri sul Mare". Vietri ist der End- bzw. Anfangspunkt der S.S. 163.
■ **Bus:** Regelmäßig **SITA-Busse** in Richtung Amalfi und Salerno. **CSTP-Busse** von und nach Salerno und Cava de'Tirreni.
■ **Bahn:** Lokalzüge der Linie Napoli – Salerno halten am Bahnhof „Vietri sul Mare". Vom Bahnhof „Salerno" Busse nach Vietri.

Unterwegs in Vietri

■ **Parken:** Großer, gebührenpflichtiger Parkplatz auf der Piazza Matteotti.
■ **Öffentliche Verkehrsmittel:** CSTP-Busse fahren von der Piazza Matteotti zur Marina di Vietri sowie in die benachbarten Orte Raito und Albori.

Veranstaltungen

■ **Concerti d'Estate a Villa Guriaglia,** in Raito im Juli klassische Konzerte, Kammermusik und Jazz bei freiem Eintritt. Es informiert der Circolo Turistico ACLI (s.o.).

Einkaufen

■ **Keramik, was sonst?** An der zentralen Piazza Matteotti und am anschließenden Corso Umberto I. gibt es unzählige Geschäfte.
■ **Ceramiche Solimene**
Den auffälligen Bau am nördlichen Ortsausgang hat *Paolo Soleri,* ein langjähriger Mitarbeiter des amerikanischen Architekten *Frank Lloyd Wright,* entworfen. Riesige Auswahl! Mo bis Fr 8–19 Uhr und Sa 8–14 Uhr.
Via Madonna degli Angeli 7,
Tel. 089 21 02 43, www.solimene.com

■ **Al Vitello d'Oro**
Lokale Feinkost, toller Käse, Würste aus eigener Produktion, kampanische Weine und Liköre. Mo bis Sa 8–13.30 und 16–20.30 Uhr, So 8–13.30 Uhr.
Corso Umberto I. 110, Tel. 089 21 09 56

Baden

An der sandigen *spiaggia* von Marina di Vietri reihen sich im Sommer Lido an Lido.

Wandern

Aus dem wunderschön gelegenen Bergdorf **Albori** (264 m), zu erreichen mit den CSTP-Bussen aus Vietri, führt ein Höhenweg mit schönen Ausblicken nach Cetara. Der Weg ist als „3A" auf der CAI-Karte der Comunità Montana Penisola Amalfitana 1:30.000 verzeichnet. Der Abstecher „3" mündet ein in den Höhenweg Alta Via dei Lattari mit der CAI-Bezeichnung „00" (siehe auch „Cava de'Tirreni"), auf dem das Bergheiligtum der Madonna dell'Avvocata zu erreichen ist.

Cava de'Tirreni

Das wenige Kilometer nördlich von Vietri gelegene Cava (180 m, 53.300 Ew.) war im 18. Jh. eine beliebte Etappe der Grand Tour. Auch heute noch lohnt es sich, die Autobahn, die den ausgedehnten Ort zerschneidet, zu verlassen, um die Altstadt mit dem **Borgo Scacciaventi,** vor allem aber die **Abbazia della Santissima Trinità** im Ortsteil Corpo di Cava zu besuchen. Aufgrund seiner verkehrsgünstigen Lage war der Ort bereits in der Antike besiedelt, seit dem 11. Jh.

ist die Geschichte von Cava eng mit der benediktinischen Abbazia della Trinità verknüpft. 1058 gab der langobardische Fürst *Gisulf II.* die Stadt dem Kloster zum Lehen und stattete den dazugehörigen Hafen Vietri mit weitreichenden Handelsprivilegien aus. Cava de'Tirreni besaß lange Zeit ein Seidenmonopol, und die Schiffe seiner Handelsflotte waren im einträglichen **Orienthandel** aktiv. Die charakteristischen Laubengänge der Altstadt, unter denen die reichen Händler ihre Waren ausbreiteten, stammen aus dem 14. und 15. Jh. *Scciaventi,* „Windverscheucher", heißt der leicht geschwungene Straßenzug, der tatsächlich den kalten Nordwind abhält. An der schönen Flaniermeile reihen sich heute Geschäfte, Cafès und Restaurants aneinander.

Wenige Kilometer südlich von Cava de'Tirreni liegt **Corpo di Cava,** ein kleiner mittelalterlicher Ort, der einen überaus gepflegten Eindruck macht. Corpo entwickelte sich als Sitz der Klosterverwaltung, des *Corpus Magistratum,* um die Abbazia della Santissima Trinità herum. Es macht Spaß, durch die verwinkelten Gassen zu streifen. Über den alten Verteidigungsmauern liegen die Gartenterrassen des Hotels Scapoliatello.

Die benediktinische Abtei wurde im Jahr 1011 von dem salernitanischen Adeligen und später heiliggesprochenen **Alfiero Papacarbone** gegründet, der als ihr erster Abt 1050 im wahrlich gesegneten Alter von 120 Jahren starb. Unter seinem Neffen und dritten Abt *Pietro Papacarbone* begann der kometenhafte Aufstieg der Abtei, der zeitweilig mehr als 500 Klöster und Kirchen zwischen Rom und Palermo unterstanden. Die Bedeutung der Abtei Cava im Mittelalter ist

mit jener von Cluny oder Montecassino zu vergleichen. Die Klosterkirche wurde 1092 in Anwesenheit von Papst *Urban II.* geweiht. Im 18. Jh. musste sie zu großen Teilen neu errichtet werden. Somit präsentiert sich der Bau heute mit einer großzügigen Barockfassade und barocker Innenausstattung. Der schöne Ambo mit reichem Mosaikschmuck stammt aus dem 13. Jh. Bei einem Rundgang durch das Kloster beeindrucken der mittelalterliche Kreuzgang, der teils in den Fels gebaut ist und der unter dem Kreuzgang liegende, von Fledermäusen bevölkerte langobardische Friedhof. Kirchenmänner und Adelige wurden hier in Erde bestattet, die auf Schiffen aus dem Heiligen Land nach Cava gebracht worden war. In der Cappella del Crocifisso und im Kapitelsaal kann man prachtvolle Majolikaböden bewundern. Der Besuch der Bibliothek ist Forschern vorbehalten. Über 15.000 mittelalterliche Pergamente werden hier verwahrt, darunter zahlreiche langobardische und normannische Schriften, Dokumente von unermesslichem Wert für die Geschichte Süditaliens.

◼**Abbazia della Santissima Trinità,** Corpo di Cava, Mobil 34 71 94 69 57, www.badiadicava.it. Alle halbe Stunde CSTP-Busse aus Cava de'Tirreni. Tägl. 9–11.30 Uhr (nachmittags nur nach Anmeldung). Messe um 11 Uhr. Eintritt mit Führung 3 Euro, inkl. Museum 5 Euro.

Information

◼**AAST**

Gutes Info-Material, auch zu Wanderwegen. Mo bis Fr 8–13 und 16.30–19.30 Uhr, Sa unterschiedliche Öffnungszeiten.

Die Amalfi-Küste

Corso Umberto I. 208 Tel. 089 34 16 05,
Fax 089 46 37 23, www.cavaturismo.it
■ **www.comune.cava-de-tirreni.sa.it**

Unterkunft

Hotels

■ **Hotel Victoria** ****
Schön renoviertes Grand Hotel am nördlichen Altstadtrand, 500 m vom Bahnhof entfernt. Seit 1886
steht das Haus unter der Führung der Familie *Maio-
rino!* Hotelgarage gratis. 40 Zi., DZ/F 115–120 Euro.
Corso Mazzini 4, Tel. 089 46 53 27,
www.victoria-hotel.it
■ **Scapolatiello** ****
MEIN TIPP! Das Gästebuch des vornehmen Grand
Hotels in Corpo di Cava reicht ins Jahr 1821 zurück.
Zimmer mit jeglichem Komfort, schöne Aufent-
haltsräume, weitläufige Terrassengärten mit schöner Aussicht und Pool. Ein erholsamer Ort in unmittelbarer Nähe der Abtei. Gutes Restaurant, Wellness-Zentrum, Parkplatz. 44 Zi., DZ/F 80–130 Euro,
Suiten 120–260 Euro, HP zusätzl. 25 Euro p.P.
Piazza Risorgimento 1 – Corpo di Cava,
Tel. 089 44 36 11, 089 44 47 80,
www.hotelscapolatiello.it

Agriturismo

■ **Il Casone**
Hier sagen sich Fuchs und Hase gute Nacht. Der
Agriturismo im restaurierten Gebäude einer ehe-
maligen Kalkbrennerei liegt absolut isoliert hoch
oben in einem engen Tal. Direkt hinter dem Haus
führen die CAI-Wege „8" und „10" auf den 1140 m
hohen Monte Finestra und stoßen hier auf den
Fernwanderweg Alta Via dei Lattari. Gemütlicher
Speisesaal mit Kamin und Terrasse. Zimmer mit
Holzmöbeln und guten Betten. Anfahrt: auf der
Straße Richtung Abbazia ausgeschildert, Zufahrt

über steile Schotterstraße. 6 Zi., DZ/F 60 Euro, Menü
15–20 Euro.
Via Sant'Antuono – Frazione Sant'Arcangelo,
Tel. 089 34 36 70, Mobil 32 81 89 19 18,
www.agriturismoilcasone.com

Jugendherberge

■ **Borgo Scacciaventi**
Internationale Jugendherberge im restaurierten
Konvent Santa Maria del Rifugio am südlichen Alt-
stadtrand. 140 Schlafplätze in Mehrbettzimmern.
Ü 15 Euro, DZ 36 Euro.
Piazza S. Francesco 1, Tel. 089 46 66 31,
www.ostellocava.it

Essen und Trinken

Restaurant

■ **L'Arcara**
Gemütliches Feinschmeckerlokal in östlich der Au-
tobahn gelegenem Ortsteil. Im Sommer wird im
Garten der ehemaligen Poststation aufgedeckt,
Fischgerichte dominieren. Würzige Pizza in kleinen
Stücken kommt zur Begrüßung auf den Tisch. Im
Winterhalbjahr Fisch, kräftige lokale Fleischgerichte
und v.a. Pilze. Zum Dessert *delizie al limone*. 30–35
Euro. Mo Ruhetag, Nov. geschl., nur abends.
Via Raffaele Lambiase 7 – Arcara,
Tel. 089 34 51 77, Mobil 33 94 44 89 23

Snacks, Café und Bar

■ **Antica Pasticceria del Borgo**
Herausragende Konditorei am südlichen Ende des
Borgo Scacciaventi. Eine wahre Bombe ist der *Monte
Bianco*. Di Ruhetag.
Corso Umberto I. 61, Tel. 089 44 13 94

■**Il Moro – MoRhum Cafè**

Hier im Borgo Sciacciaventi treffen sich die besten Jazzer unter dem Vesuv! In der Regel jeden Do bis Sa Abend Live-Konzerte. Nebenan serviert die Cioccolateria dunkel-aromatischen Aztekentrank. Bester Karibik-Rum im Ausschank. Tapas-Bar. Di und Mi Ruhetag. Juni bis Sept. geschl.
Corso Umberto I. 56, Tel. 08 94 45 63 52, www.pubilmoro.it

■**L'Angolo del Paradiso**

Bar-Pizzeria mit Fußball-Kicker am unteren Ortsrand. *Davide Senatore* kennt die Wanderwege der Umgebung. Mittags Kleinigkeiten zum Sattwerden. Mo Ruhetag.
Via Bonazzi 1 – Corpo di Cava, Tel. 089 46 50 37

An- und Weiterreise

■**Auto:** A3, Ausfahrt „Cava de'Tirreni".

■**Bus: SITA** von und nach Neapel (Piazza Municipio). **CSTP** vom Viale Crispi (Piazza Duomo) nach Vietri sul Mare und Salerno (Stazione) bzw. nach Pompeji.

■**Bahn:** Lokalzüge der Linie Napoli – Salerno halten in Cava de'Tirreni. Der Bahnhof liegt zentrumsnah.

Unterwegs in Cava de'Tirreni

■**Parken:** Gebührenpflichtiger Parkplatz auf der Piazza S. Francesco am südlichen Altstadtrand. Mo bis Sa von 8–24 Uhr.

■**Öffentliche Verkehrsmittel:** Endhaltestelle der städtischen CSTP-Busse in der Viale F. Crispi (Piazza Duomo). Von hier Busse zur Abbazia della Santissima Trinità.

Feste/Veranstaltungen

■**Disfida dei Trombonieri,** mit schweren Vorderladern bewaffnet treten Ende Juni Vertreter der einzelnen Kontraden zum Wettschießen an. Das Historienspektakel in Kostümen geht auf das tapfere Eingreifen der Cavesi zurück, die am 7. Juli 1460 dem aragonesischen König von Neapel, *Ferrante I.,* gegen die *Anjous* beistanden. Der König war so dankbar, dass er ein blankes Pergament überreichte, in das die Bürger von Cava ohne jede Einschränkung alle Wünsche und Forderungen hätten eintragen können. Die unausgefüllte *pergamena bianca* wird im städtischen Archiv verwahrt. www.atsc-cava.it

■**Le Corti dell'Arte,** in der zweiten Julihälfte Kammermusik in Höfen der Alstadtpalazzi.

■**Festival Organistico Internazionale,** jeden Samstagabend im August Orgelkonzerte in der Abbazia della SS. Trinità. In den Pausen werden Führungen durch die Räume der Abtei veranstaltet.

Wandern

Die Umgebung von Cava de'Tirreni bietet **gute Wandermöglichkeiten.** Vom Agriturismo Il Casone (s.o.) kann man in kurzer Zeit den 1140 m hohen **Monte Finestra** und damit den Fernwanderweg **Alta Via dei Monti Lattari** erreichen, der sich über den Gebirgskamm der Monti Lattari zieht. In Corpo di Cava, im Tal unterhalb der Abbazia della SS. Trinità, beginnt bzw. endet der Fernwanderweg (CAI-Weg „00"). Man kann von hier aus auch zu kürzeren, gut bezeichneten Rundwegen aufbrechen. Ein schöner Weg führt in den Bergort **Albori,** oberhalb von Vietri sul Mare gelegen. Tipps erhält man auch von der örtlichen Sektion des Club Alpino Italiano, www.caicava.it.

▷ Pilgerweg zur Madonna dell'Alto

Die Amalfi-Küste

Corpo di Cava – Cappella Vecchia

An der Abtei von Corpo di Cava beginnt einer jener zahlreichen Pilgerwege, wie sie aus allen Himmelsrichtungen das Santuario Madonna dell'Avvocata erreichen. In unserem Abschnitt entspricht er der **Alta Via dei Monti Lattari** mit der CAI-Markierung „00". Der Weg führt bis kurz vor der Cappella Vecchia überwiegend durch schattigen Kastanienwald, um sich dann mit weitem Blick auf die Monti Picentini, Salerno, den Golf von Salerno und die Berge des Cilento zu öffnen (ca. 250 Höhenmeter, reine Gehzeit hin und zurück 2–3 Std.).

Wanderung: Von der Abtei führt eine gepflasterte Rampe ins Tal – hier tauchen bereits die ersten rot-weißen CAI-Markierungen auf. Es geht über die Brücke und danach flussaufwärts nach rechts. Am gegenüberliegenden Ufer erstreckt sich die imposante Anlage des Klosters. Nach wenigen Minuten biegen wir an einer bezeichneten Gabelung nach links, um auf dem CAI-Weg „00" im Schatten von Kastanien weiter aufzusteigen. Insgesamt beschreiben wir einen weiten Rechtsbogen. Unterwegs sind einige an Baumstämmen befestigte kleine Altäre zu sehen. Eine gute Stunde nach Start erreichen wir in einer Talmulde einen Brunnen mit Trinkwasser. Im Wald führen einige undeutliche Wegspuren steil den Hang hinauf, treffen aber bald auf eine breite Forststraße, der wir nach links folgen. Wieder beschreiben wir einen weiten Rechtsbogen. An einer Kreuzung unterwegs gehen wir, die Gehrichtung beibehaltend, geradeaus weiter. Der Weg verengt sich zum Pfad und steigt z.T. über Felsen an. Kurz vor Erreichen der Cappella Vecchia weitet sich der Blick. An der Capella Vecchia laden eine Wiese und ein blechbezogener Tisch zum Picknick ein.

Ein weiterer Weg führt vom Küstenstädtchen Cetara in den Sattel hoch.

Gutes Wetter, Kondition, eine Wanderkarte und ein bisschen Orientierungsgeschick vorausgesetzt, kann man den Weg in Richtung Avocatella fortsetzen, um anschließend auf dem CAI-Weg „2" nach Corpo di Cava zurückzukehren. Ansonsten kehrt man nach der Rast auf dem bereits bekannten Weg wieder um.

7 Salerno und Paestum

Salerno gilt als das lebendigste Pflaster südlich von Neapel, in Paestum stehen die schönsten Griechen-Tempel Süditaliens, und hier gibt es auch die beste Mozzarella di Bufala. Die Bergstädtchen Giungàno und Trentinara sind Auftakt einer Cilento-Tour.

◁ Capaccio Vecchio: Blick auf die Piana di Paestum

➡ **Giardino della Minerva (Salerno):** grüne Oase mittelalterlicher Gelehrsamkeit | 385

➡ **Paestum:** die schönsten griechischen Ruinen Süditaliens | 397

➡ **Grab des Tauchers (Paestum):** transzendenter Turmsprung | 401

➡ **Drachen- und Gleitschirmfliegen:** am Santuario der Madonna del Granato gehen Kenner in die Luft | 410

➡ **Lo Vottaro (Trentinara):** Territorialküche vom Feinsten | 413

NICHT VERPASSEN!

Diese **Tipps** sind gelb hinterlegt.

⌂ Paestum: Ruinenromantik

ÜBERBLICK

Das altehrwürdige Salerno ist eine Stadt im Aufbruch, im antiken Paestum stehen die schönsten Griechentempel Unteritaliens. Zurecht ist Paestum UNESCO-Weltkulturerbe. In der Sele-Ebene trifft man auf die schwarzen Wasserbüffel, die Milch für echte Mozzarella liefern. Linienbusse und Züge fahren regelmäßig nach Salerno und Sorrent.

gm13_105.pa

Sichelförmig spannt sich der **Golf von Salerno** von der Punta Campanella an der Spitze der Sorrentiner Halbinsel bis zur Punta Licosa, dem westlichsten Vorsprung des Cilento. Landschaft ist die Bühne, auf der sich Geschichte abspielt, und auch Paestum und Salerno verbindet mehr als nur ihre gemeinsame Lage am Golf. Bei oberflächlicher Betrachtung scheint es kaum gegensätzlichere Orte zu geben. Das antike **Paestum,** im 10. Jh. verlassen und lange Zeit vergessen, zählt seit Mitte des 18. Jh. zu den schönsten und interessantesten Ruinenstätten Süditaliens. Die selbstbewusst in die Zukunft blickende Hafen- und Provinzhauptstadt **Salerno,** nach Neapel die zweitgrößte Stadt der Region Kampanien, verrät ihren antiken Ursprung erst auf den zweiten Blick. Seit einigen Jahren erlebt Salerno sein kulturelles „Coming Out" und gilt als das lebendigste Pflaster südlich von Neapel.

Salerno und Paestum

0 ▬ ▬ ▬ 5 km   © Reise Know-How 2013

Avellino
Baronissi
San Cipriano Picentino
Giffoni Valle Piana
Acemo
MONTI PICENTINI
▲ 1790
Parco Regionale Monti Picentini
Pezzano-filetta
Nápoli
379
Salerno
Casale
Castelpagano
Montecorvino Pugliano
Montecorvino Rovella
Campagna
Faiano
Mercatello
San Leonardo
Pontecagnano
Macchia
Olévano sul Tusciano
A3
Pagliarone
E45
Potenza, Quattromiglia
Belizzio
Battipaglia
Sele
Éboli
Asi
Pezza Grande
Fer Faone
Satzione Santa Nicola Varca di Ebol
Fiocche
Lago
Calore
Osteria Criscuolo
Cioffi
Bivio Santa Cecilia
Borgo Carillia
Altavilla Silentina
Sabatella
Albanella
393
Paestum
Láura
Capaccio Scalo
Serra
393
Capáccio
La Torricella
Cilento und Vallo di Diano Nationalpark
410
Licinella-torre di Paestum
Vareo Cilentano
Trentinara
Giungáno
Mattine
Chiusa Vecchia
Caserio Rosso
Postiglione
Golfo di Salerno
Agropoli
Ogliastro Cilento
Cicérale
Cilento und Vallo di Diano Nationalpark
Copersito

Salerno

An Salerno (4 m, 138.720 Ew.) führte auch früher schon kein Weg vorbei. Etrusker nutzten die verkehrsgünstige Lage für ihren Handel, als römische Kolonie entwickelte sich die Hafenstadt **Salernum** zu einem bedeutenden Kultur- und Wirtschaftszentrum. Byzantiner und Goten stritten um ihren Besitz. Ihre Blütezeit erlebte die Stadt im Mittelalter, zunächst unter langobardischer Herrschaft. 1076 von den Normannen erobert, erhob sie *Robert Guiscard* zur Hauptstadt seines süditalienischen Reiches. Der Ruhm ihrer Medizinschule verbreitete sich in ganz Europa. Etliche Baudenkmäler dieser glanzvollen Epoche haben sich in der Altstadt erhalten. Trotzdem erschöpfte sich die touristische Bedeutung Salernos noch bis vor wenigen Jahren darin, Verkehrsknotenpunkt zu sein, ein Umsteigeort auf dem Weg an die Amalfitana, nach Paestum oder in den Cilento.

Inzwischen spricht es sich herum: Das lebenslustige und an Kunstschätzen reiche Salerno ist eine **Stadt im Aufbruch** und auf jeden Fall einen Besuch wert. Dabei hatte ihr das 20. Jh. übel mitgespielt: Bomben im 2. Weltkrieg, verheerende **Überschwemmungen** in den 1950er Jahren, die hunderte Todesopfer forderten und auf einen Schlag 20.000 Menschen obdachlos machten, das Erdbeben von 1980. Am stärksten veränderte der massenhafte **Zuzug** aus ärmeren Provinzen das Gesicht der Stadt. Der hohe Bedarf an Wohnraum wurde mit einer ungezügelten Bauentwicklung in der Peripherie beantwortet, die Altstadt verfiel und entvölkerte sich zusehends. Der Umschwung kam, wie in Neapel auch, Anfang der 1990er Jahre. Die neue Stadtverwaltung beschloss einen **Bebauungsplan** (im Süden Italiens ein revolutionärer Akt!) und lud Urbanisten aus aller Welt zur Mitgestaltung ein. Die Wahl fiel auf den Katalanen *Oriol Bohigas,* der mit der städtebaulichen Neubestimmung Barcelonas anlässlich der Olympischen Spiele 1992 sein Engagement und soziales Einfühlungsvermögen bewiesen hatte. *Bohigas* und Salernos Bürgermeister *Vincenzo De Luca* sind sich einig, die Priorität gilt dem Machbaren. Folgerichtig wurde als erstes der mondäne Lungomare, Visitenkarte

⌂ Giardino della Minerva:
gelehrtes Gartenparadies

7

Salerno

Avellino, A3 Battipaglia

A3

Via Pio XI

Via C. Sorgente

Via M. Vernieri

Castello di Arechi

Via Silvatico

Largo Erchemperto

Via Diacono Paolo

A3 Napoli

Via del Risorgimento

Via S. Eremita

Piazza Portarotese

Via Arce

Via Salvatore de Renzi

Largo Plebiscito

Via Bastioni

Via Romualdo II

7

Museo Diocesano

Via Genovesi

Via S. Michele

Via S. Bene det

Piazza Abate Conforti

Via delle Botteghelle

Piazza Alfano

ii Duomo

Via T. de Ruggerio

Museo della Scuola Medica Salernitana

Piazza de Crescenzo

Museo Archeologico Provinciale

L.tto G. Luciani

Via T. Tasso

6

5 **San Pietro a Corte**

Via Duomo

L.tto Carrara

Via dei Mercanti

Piazza Portanova

Giardino della Minerva

Via Canali

Museo della Ceramica "Alfonso Tafuri"

8

1

Via dei Mercanti

4

Via Duomo

Via Portanova

Piazza d'Aiello

Via Porta di Mare

3

Piazza S. Agostino

Piazza S. Lucia

Via Roma

Via Portacatena

2 Piazza de Marinis

Piazza Amendola

Piazza Cavour

Piazza Matteo Luiciani

Lungomare Trieste

Via Roma

Via Lista

Teatro Verdi

Piazza Umberto I

Via Sabatini

i

Via Porto

Molo Manfredi

Via Sandro Pertini

Via A. Alvarez

Amalfi

P

Übernachtung
1 B&B Villa Avenia
3 Santa Lucia B&B *
5 Ave Gratia Plena
12 Montestella ***
13 Hotel Plaza ***
14 Grand Hotel Salerno ****

Salerno und Paestum

0   200 m   ©Reise Know-How 2013

Via de Granita

Stadio
Vestuti

Via Memoli

Via Silvio Bara...

Lungo Irno

**· Area Archeologica
di Fratte,
Ⓜ Museo Città
Creativa**

Via M. Vernieri
Via del Carmine
Via Costantino l'Africano
Via Alemagna
Via Pave
Via M
Schipa
Piazza San
Francesco
d'Assisi
Via Pellecchia
V. Galeo
Via Pave
Via Pietro da Eboli
Piazza
Valitutti
Gen. Gonzaga
Via M. Ripa
Via Arce
Via Velia

Piazza San
Renato
Casalbore

Via M. Conforti
Via C. Caccatore
Via C. Carucci

Via Nizza

Via Zara

Via Dalmazia

Via Dalmazia

11

Via F. P. Volpe
Via dei Principati
Piazza
XXIV
Maggio
V. Quatanta
Via
Papio
Via Gen. A. Diaz
Via G. Cuomo
12
Corso Vitt. Emanuele II
Via Cileno
10
9
Via Velia

Via Balzico
Via F. Manzo

Via Santi Martiri Salernitani

Ⓑ

Piazza
Vittorio
Veneto

Bahnhof

ⓘ

Corso Vitt. Emanuele II   **13**   Via Barrella

Corso Giuseppe Garibaldi
Corso Giuseppe Garibaldi

Via G. Vicinanza
Via Mauro
V. Amendola
Via F.lli de mattia

Via de Felice
Corso Giuseppe Garibaldi

Ⓟ Piazza
Guiseppenza
Mazzini

Lungomare Trieste

Lungomare C. Tafuri

Ⓑ

Piazza della
Concordia   Ⓟ

14
Paestum,
Pontecagnano

Amalfi

🟦 **Essen und Trinken**
2   Mimmo e Lucio
3   Santa Lucia
4   Antica Pizzeria d.
    Vicolo d. Neve
6   Osteria Canali
7   Il Brigante
8   Trattoria del Padreterno
9   Pizzeria Trianon
10   Il Cotto e il Crudo
11   Mamma Rosa

7

Bürgernaher Bürgermeister

Am 26. Mai 2011 wurde **Vincenzo De Luca** zum vierten Mal im Amt des Bürgermeisters von Salerno bestätigt – mit 74% der Stimmen! Als er 1993 zum ersten Mal *sindaco* wurde, durchlebte ganz Italien ein politisches Beben in Folge der in Mailand aufgedeckten Schmiergaldaffäre „Tangentopoli". Salerno litt nicht nur unter landesüblicher Korruption, sondern auch unter den Spätfolgen des Erdbebens von 1980.

Vincenzo De Lucas erste Amtshandlungen sorgten für eine Verschlankung des aufgeblasenen Amtsapparates. Für die Neugestaltung der unkontrolliert gewachsenen Stadt holte er Hilfe in Gestalt international angesehener Städteplaner und Architekten wie *Santiago Calatrava, Ricardo Bofil, David Chipperfield, Massimiliano Fuksas* oder *Zaha Hadid. Orihol Bohigas* hat der Stadt das Meer zurückgegeben.

De Luca gelang es aber auch, die Menschen vor Ort zum Mitmachen zu motivieren. Während 2009 und 2010 die Müllkrise Neapels Negativschlagzeilen machte, konnten Salerno und seine Bewohner stolz auf eine vorbildliche Mülltrennung verweisen.

De Luca hat früh und viel in das Kulturleben der alten Hafenstadt investiert. Die Idee, den Centro storico im Winter in ein von Künstlern gestaltetes Lichtermeer zu verwandeln, sorgt auch in dieser Jahreszeit für begeisterte Besucher in Salerno.

Einer Umfrage der italienischen Wirtschaftszeitung „Sole 24 Ore" zufolge galt *Vincenzo De Luca* 2013 als beliebtester Bürgermeister Italiens. Zu Recht! Dabei hat er immer Abstand zu den etablierten Parteien gehalten, auch wenn er links tendiert, und sich für eine pragmatische Politik stark gemacht, die den Bürgern hilft. Weiter so!

der Hafenstadt Salerno, einer Schönheitskur unterzogen. Die Planung für das neue Fährterminal hat die britisch-irakische Stararchitektin *Zaha Hadid* übernommen, *Santiago Calatrava* baut ebenfalls im Hafenbereich. Augenfällig vollzieht sich die Sanierung auch in der Altstadt. Die gezielte Instandsetzung einzelner Bauten, das Aufwerten einer Gasse oder eines Platzes soll eine Kettenreaktion privater Initiativen auslösen. Der Plan scheint aufzugehen. Innerhalb weniger Jahre ist Leben ins Centro storico zurückgekehrt. Mehr als 200 Geschäfte, Werkstätten, Bars und Restaurants haben neu aufgemacht, die Menschen bevölkern bis spät nachts die Plätze und Straßen ihrer Stadt. Madrid und Barcelona lassen grüßen, *movida salernitana* nennt man die Aufbruchsstimmung.

Besichtigung

Erster Überblick! Der Ausflug auf den 263 m hohen **Monte Bonadies** mit dem **Castello di Arechi** ist schon alleine wegen der herrlichen Sicht auf die Stadt, den Golf und die Küste von Amalfi lohnend. Byzantiner befestigten als erste den strategisch gelegenen Hügel. Die Festung trägt den Namen des langobardischen Prinzen *Arechi*. Normannen, Staufer, Anjou und Aragonesen bauten sie weiter aus. Im frisch restaurierten Kastell ist ein anschauliches **Museum** der Stadtgeschichte mit Funden der jüngsten Ausgrabungen untergebracht. Ein schickes Café bietet Erfrischungen, kulturelle Veranstaltungen erfüllen die Burg mit neuem Leben.

■ **Castello di Arechi,** Località Croce, Tel. 089 28 54 33, www.ilcastellodiarechi.it. Bus 19 ab Via Ligea/Hafen bzw. Treppenweg aus der Altstadt. Di bis So 9–13.30 und 15.30–19.30 Uhr, bei Veranstaltungen und im Sommer länger. Eintritt frei.

Am Fuße des Monte Bonadies breitet sich die Altstadt aus. Davor erstrecken sich die **Via Roma** mit zahlreichen Lokalen und der großzügig angelegte, palmengesäumte **Lungomare.** Die **Piazza Portanova** und **Piazza Flavio Gioia** markieren die Grenze zwischen Alt- und Neustadt. Auf der ursprünglich zusammenhängenden Platzanlage wurde im Mittelalter die Fiera di San Matteo abgehalten, die Händler aus dem gesamten Mittelmeerraum anzog. Auf dem Platz fanden auch die Hinrichtungen statt.

Von der Piazza Portanova zieht sich der von Modegeschäften gesäumte Corso Vittorio Emanuele als Fußgängerzone in Richtung Bahnhof, die moderne Fortsetzung der pittoresken **Via dei Mercanti,** die auf der anderen Seite ins Herz des **Centro storico** führt. Entlang der Via dei Mercanti und in den verwinkelten Nebengassen sind zahlreiche Kirchen zu entdecken, die einst mit den 36 innerhalb der Stadtmauer gelegenen Klöstern verbunden waren. Hinter der barocken Fassade der **Chiesa del Santissimo Crocifisso** verbirgt sich eine romanische Basilika des 10. Jh., antike Säulen stützen eine offene Holzbalkendecke, gotische Fresken schmücken Apsis und Krypta. Die ehemalige **Kirche San Gregorio** beherbergt das **Museum della Scuola Medica Salernitana** (s.u.). Kurz bevor die Via dei Mercanti die Via Duomo schneidet, locken die süßen Auslagen der **Pasticceria Pantaleone.** Am westlichen Ende der Via dei Mercanti erhebt sich der **Arco**

Arechi, einziger Rest des vom Langobardenfürsten *Arechi II.* im 8. Jh. erbauten Palastes. Die nahe **Kirche San Pietro a Corte** im Vicolo Adalberga wurde als Palastkapelle von *Arechi II.* gestiftet. Der kleine Bau mit dem schönen Kampanile erhebt sich auf den Resten römisch-kaiserzeitlicher Thermen. Im Inneren haben sich Fresken des 11. Jh. erhalten.

■ **Chiesa di S. Pietro a Corte,** Largo Antica Corte/Ecke Via Canali, Tel. 089 33 73 31, Mobil 33 81 90 25 07, www.gruppoarcheologicosalernitano.org. Di bis So 10–13 Uhr, Mo 15–18 Uhr. Eintritt/Führung frei.

Unterhalb der Via dei Mercanti steht in der Via Duomo das barocke Kleinod der **Kirche San Giorgio.** Der dazugehörige Konvent, ursprünglich eine Benediktinergründung des 9. Jh., dient heute der Guardia di Finanza als Kaserne. Auf dem Weg zum Dom liegt in einer Querstraße das **Museum „Alfonso Tafuri".** Ein privater Sammler hat Keramiken der letzten vier Jahrhunderte aus Vietri und Salerno zusammengetragen. Einige besonders schöne Stücke stammen aus dem sogenannten *periodo tedesco.*

■ **Museo della Ceramica „Alfonso Tafuri",** Largo Cassavecchia 11, Tel. 089 22 77 82. Di, Do und Sa 10–12.30 Uhr. Eintritt frei.

Der unter *Robert Guiscard* 1076–1085 errichtete und von Papst *Gregor VII.* geweihte **Dom San Matteo** ist einer der bedeutendsten romanischen Kirchenbauten Süditaliens. Anlass für den prachtvollen Bau war die Erhebung Salernos zur Hauptstadt des normannischen Herzogtums Apulien, das damals ganz Süditalien umfasste. Der **Campanile** aus dem 12. Jh. erhebt sich über die Dächer

7

der umliegenden Gebäude. Seine Verzierung mit arabischen Spitzbögen wurde zum viel kopierten Markenzeichen zahlreicher mittelalterlicher Kirchtürme Kampaniens. Über eine barocke Freitreppe und durch ein romanisches Löwenportal betritt man den weiten, der Fassade vorgesetzten Atriumhof. Antike Säulen aus Paestum stützen die doppelgeschossigen Arkaden, die bunten Einlegearbeiten aus Stein zeigen maurische Einflüsse. Nach starken Erdbebenschäden wurde der Dom im 18. Jh. barock umgestaltet. Die Restaurierung nach den Bombenschäden des 2. Weltkriegs hat dem Bau soweit möglich seine ursprünglich romanische Gestalt zurück-

gegeben. Eine 1099 in Konstantinopel gegossene **Bronzetür,** in typisch byzantinischer Ritztechnik verziert, verschließt das Hauptportal. Vergleichbare Portale sind in Amalfi und Atrani zu sehen. Das gewaltige **Kircheninnere** zeigt Spuren des im 18. Jh. erfolgten barocken Umbaus. Die schlanken Spoliensäulen zwischen Haupt- und Seitenschiffen wurden in massive Pfeiler vermauert. Während man in den Längsschiffen die stuckierten barocken Gewölbedecken beließ, konnte die offene Holzbalkendecke im Querschiff im romanischen Original wiederhergestellt werden. Zwei prachtvolle, mit Mosaiken reich verzierte **Kanzeln** stehen sich im Mittelschiff gegenüber. Sie lassen sizilianische Einflüsse erkennen. Im Altarbereich hat sich der normannische Mosaikboden erhalten, in den Apsiswölbungen mischen sich mittelalterliche mit modernen Mosaiken. Die rechte Seitenapsis wird Capella delle Crociate genannt. Vor ihrem Aufbruch ins Heilige Land ließen die Kreuzritter hier ihre Waffen segnen. Unter dem Altar ruhen die Gebeine des 1085 im salernitanischen Exil verstorbenen Papst *Gregor VII.* Eine im barocken Stil opulent ausgeschmückte Krypta birgt die aus Paestum nach Salerno überführten Gebeine des Apostels *Matthäus*, Schutzpatron der Stadt Salerno, dem auch der Dom geweiht ist. Das benachbarte **Dommuseum** besitzt den größten mittelalterlichen Zyklus geschnitzter Elfenbeintafeln. Sie stammen aus den Jahren 1090–1130. Die 67 detailverliebten Reliefs waren Teil eines Altarvorsatzes (wahrscheinlich des Doms) und zeigen Szenen aus Altem und Neuem Testament.

■ **Duomo di S. Matteo,** Piazza Alfano 1, Tel. 089 23 13 87, www.cattedraledisalerno.it. Mo bis Sa 9.30–18 Uhr, So 16–18 Uhr. Messen am So 10, 12 und 19 Uhr.
■ **Museo Diocesano,** Piazza Plebiscito 12, Tel. 089 23 91 26. Mi bis Mo 9–13 Uhr (im Sommer 9.30–19.30 Uhr), So 9–13 und 15–19 Uhr. Eintritt frei.

Ein lauschiger Spaziergang vom Dom in westliche Richtung führt, über die Via Trottula de Ruggiero, zum **Giardino della Minerva** (siehe Exkurs „Die Medizinschule von Salerno"). Wahrscheinlich gibt es in ganz Salerno keinen schöneren Ort, um ein friedliches Stündchen zu verbringen. Durch privates Engagement wurde einem mittelalterlichen Lehrgarten neues Leben eingehaucht. Wo noch Anfang der 1990er Jahre Müll lag, sprudeln heute wieder arabische Brunnen und sprießen heilkräftige Pflanzen, wie sie bereits *Matteo Silvatico*, Leibarzt des Königs *Roberto D'Angiò*, zur Zubereitung von Arzneien gezogen hatte. Der Giardino della Minerva darf als ältester Botanischer Garten Europas gelten. Die Anordnung der Gewächse folgt den pragmatischen Prinzipien der Vier-Elemente- bzw. Vier-Säfte-Lehre und zeichnet ihre Wirksamkeit nach. Die Anlage der ebenfalls liebevoll restaurierten Terrassen und Pergolen stammt aus der Barockzeit.

■ **Giardino della Minerva,** Via Ferrante S. Severino 1, Tel. 089 25 24 23, www.giardinodellaminerva.it. Okt. bis März Di bis So 9–13.30 Uhr, April bis Sept. Di bis So 10–13 und 17–20 Uhr. Eintritt 2 Euro.

Östlich des Doms zeigt das Archäologische Museum Ausgrabungsfunde aus der gesamten Provinz Salerno.

■ **Museo Archeologico Provinciale,** Via San Benedetto 28, Tel. 089 23 11 35. Di bis Sa 9–19.30 Uhr, So 9–13 Uhr. Eintritt frei.

Ausgrabungen im nördlichen Stadtteil **Fratte** belegen eine Besiedlung durch Etrusker seit dem 6. Jh. v. Chr. Das etruskische Irnthi war ein bedeutendes Zentrum der Keramikerzeugung, ein Kunsthandwerk, das heute im nahen Vietri fortlebt. Den Rohstoff liefern die tonhaltigen Hügel im Rücken von Salerno. Im Ortsteil **Rufoli** stellt die Familie *De Martino* seit Generationen in traditioneller Handarbeit holzgebrannte Bodenfliesen her (www.cottorufoli.it). Das **Museo Città Creativa** in Rufoli fördert die Zusammenarbeit zwischen den örtlichen Kunsthandwerkern und zeitgenössischen Künstlern.

Die Medizinschule von Salerno

Die Geschichte der berühmten **Scuola Medica Salernitana** ist zugleich auch die Geschichte der Stadt Salerno. Eine Legende schreibt die Gründung der Schule vier Ärzten zu, dem Juden *Helinos,* dem Griechen *Pontus,* dem Araber *Adela* sowie dem Lateiner *Salernus* und benennt damit auch die vier an ihrer Entstehung beteiligten Kulturen.

Einen wichtigen Beitrag leistete das im 7. Jh. gegründete Benediktinerkloster S. Benedetto. Dort war es Ordenspflicht, sich mit Wissenschaften zu beschäftigen; das Studium des *Hippokrates* wurde ausdrücklich empfohlen. Damit setzte sich eine Tradition wissenschaftlichen Denkens fort, die mit der antiken Philosophenschule von Elea südlich von Salerno begründet wurde. Die Anwesenheit heilkundiger Benediktinermönche und jüdischer Ärzte in Salerno zog Kranke und Genesende an. Die Ärzte schlossen sich im Laufe der Zeit zu einem Verband zusammen, dem **Collegium hippocraticum.** Aus dem 10. Jh. gibt es erste gesicherte Berichte von der Gründung der Medizinschule. Bemerkenswert ist, dass während in Europa alle Gelehrsamkeit hinter Klostermauern lag, diese Schule als erste von Laien geleitet wurde. Männer, Frauen, Christen, Juden und Araber traten gleichberechtigt als Lehrer und Schüler auf. Die Texte der Ärztin *Trotula De Ruggero* aus dem 11. Jh. z.B. zählten noch Jahrhunderte später zur medizinischen Standardliteratur. Neben Medizin wurde in Salerno auch Recht, Philosophie und Theologie gelehrt.

Seiner geografischen Lage und den weit verzweigten Handelsbeziehungen in den Orient verdankt Salerno eine wichtige Mittlerrolle im Kulturaustausch zwischen Abend- und Morgenland. Im Widerspruch zu islamischer wie christlicher Ärztetradition, die das Blutvergießen aus religiösen Gründen scheute, entwickelte der im 11. Jh. in Karthago geborene *Constantinus Africanus* die Chirurgie als wissenschaftliche Disziplin. Der arabische Einfluss verstärkte sich noch in normannischer Zeit, 1140 erließ König *Roger II.* eine Studienordnung. Auch Kaiser *Friedrich II.* förderte die Medizinschule, doch die von ihm veranlasste Gründung einer zweiten Universität in Neapel leitete den allmählichen Niedergang der Schule von Salerno ein. Den Schlussstrich zog *Joachim Murat,* als er 1812 bei der Neuorganisation des öffentlichen Erziehungswesens ausschließlich der Universität Neapel zugestand, medizinische Diplome zu erteilen. So erklärt sich die kuriose Situation, dass die Universität Salerno mit über 50.000 eingeschriebenen Studenten keine Fakultät für Medizin aufweist.

Wenn die Bedeutung der Medizinschule in Salerno selbst ab dem 13. Jh. schwand, so lebte ihr Geist andernorts fort. Ein Bestseller in allen europäischen Sprachen blieb das bis ins 19. Jh. vielfach aufgelegte „Regimen sanitatis Salernitanum" aus dem 12. Jh., eine in der Tradition von *Hippokrates* stehende Anleitung zur Gesundheit. Die Ratschläge des „Regimen" sind von herzerfrischender Praxisnähe, Hinweise zur Körperpflege und Diät lassen an Deutlichkeit nichts zu wünschen übrig. Verwunderlich ist allenfalls die Warnung vor dem Mittagsschlaf in dem Land, das heute der Siesta so hingebungsvoll huldigt! Vers III. lautet: „Nach der Mahlzeit schlummere du wenig oder auch gar nicht. Trägheit und Fieber, ein Schnupfen gar samt Schmerzen des Kopfes: Solches erblüht dir all vom faulen Schlafe nach Mittag." Hier wirkt der benediktinische Leitspruch „Ora et labora" (Bete und arbeite) nach. Mehr als 800 Verse beschreiben detailliert die Heilwirkungen einzelner Pflanzen. Inzwischen wurde ein Heilpflanzengarten der Medizinschule am westlichen Altstadtrand restauriert und zugänglich gemacht. Der **Giardino della Minerva** steigt oberhalb der Villa Comunale in Terrassen den Hang des Monte Bonadies hinauf. Man genießt herrliche Blicke auf die Altstadt und das Meer. In der Tisaneria Nemus werden Kräutertees ausgeschenkt. In der **Chiesa San Gregorio** erzählt ein multimediales Museum mit zahlreichen Dokumenten und Abbildungen die Geschichte der Scuola Medica Salernitana.

■ **Giardino della Minerva,** Via Ferrante S. Severino 1 (Via Porta di Ronca), Tel. 089 25 24 23, www.giardinodellaminerva.it. Okt. bis März Di bis So 9–13.30 Uhr, April bis Sept. Di bis So 10–13 und 17–20 Uhr. Eintritt 2 Euro.

■ **Scuola Medica Salernitana – Museo Virtuale,** Via dei Mercanti 74, Tel. 08 92 57 61 26, www.lascuolamedicasalernitana.beniculturali.it. Mo bis Do 9–13 und 14–17 Uhr, Fr 9–13 Uhr. Eintritt frei.

093nea pa

■ **Area Archeologica di Fratte,** Via Francesco Spirito, Tel. 089 48 10 14. Bus 11R ab Piazza V. Emanuele. Mo bis Sa 8.30–17 Uhr, So 9–13 Uhr. Eintritt frei.

■ **Museo Città Creativa,** Via Ogliara 127–143, Tel. 089 28 21 59. Mo bis Fr 9–12 Uhr, Di und Do auch 16.30–17.30 Uhr.

In **Pontecagnano,** wenige Kilometer südlich von Salerno (CSTP-Bus 8 ab Piazza della Concordia sowie alle Busse Richtung Paestum), können eine weitere Ausgrabung aus etruskisch-römischer Zeit sowie ein modernes Archäologisches Museum besichtigt werden. Der archäologische Park (die Ausgrabungen sind noch im Gange) dient zugleich als Stadtpark und Picknickzone, die Umweltschutzorganisation Legambiente fördert die biologische Bewirtschaftung der Gärten.

gvn13_094 pa

■ **Parco Eco-Archeologico di Picentia,** Via Stadio, Tel. 089 38 32 02. Mai bis Sept. tägl. 8.30–17.30 Uhr, Okt. bis April tägl. 9–13.30 und 14.30–19.30 Uhr. Eintritt frei.

■ **Museo Archeologico Nazionale di Pontecagnano,** Via Lucania (einige 100 m westlich der Staatsstraße), Tel. 089 84 81 81. Di bis So 9–13.30 Uhr. Eintritt 2 Euro.

Information

■ **AAST**
Fremdenverkehrsbüro im ehem. Cinema Diana am westlichen Ende des Lungomare. Das ehem. Porno-Kino erlebt als Avantgarde-Theater seinen zweiten Frühling. Gute Stadtpläne. Mo bis Fr 9–12 Uhr. Lungomare Trieste 7/9, Tel. 089 22 49 16, www.aziendaturismo.sa.it

■ **EPT**
Info-Büro an der Bahnhofspiazza: freundliche Auskunft zu Stadt und Provinz Salerno. Mo bis Sa 9–13 und 15.30–19.30 Uhr.
Piazza Vittorio Veneto, Tel. 089 23 14 32, www.eptsalerno.it, www.turismoinsalerno.it

■ **Infopoint Turistico**
Kommunales Info-Büro in der Fußgängerzone in der Galleria Capitol. Mo bis Fr 9–13 und 17–20 Uhr, Sa 9–13 Uhr.
Corso Vittorio Emanuele 191–195, Tel. 089 66 29 51, 089 66 29 52, www.comune.salerno.it

■ **www.salernocity.com,** **www.salernomemo. com, www.vivilasalerno.com,** nützliche Info-Portale: Verkehrsverbindungen, Kultur- und Szenetipps für Salerno und Provinz.

◁ Duomo di S. Matteo:
Barock(b)engel in der Krypta

Unterkunft

Hotels

In Bahnhofsnähe gibt es eine Reihe ordentlicher 3-Sterne-Hotels, die in erster Linie von Geschäftsleuten aufgesucht werden.

■ Grand Hotel Salerno ****

Stylisher Kasten südwestlich der Bahnhofspiazza, von der Dachterrasse und aus den (teureren) Premiumzimmern grandiose Blicke auf den Golf. Restaurant, Pool, Wellnesszentrum. 320 Zi., DZ/F ab 95 Euro.
Via Lungomare Clemente Tafuri 1,
Tel. 08 97 04 11 11, www.grandhotelsalerno.it

■ Montestella ***

Zentral in der Fußgängerzone gelegener Zweckbau aus den 1960er Jahren, 2005 renoviert. Kurze Gehdistanz zur Altstadt. Es ist möglich, zum Ausladen des Gepäcks mit dem Auto vorzufahren, das Auto kann anschließend gegen Gebühr in einer benachbarten Garage geparkt werden (ca. 20 Euro/Nacht). 46 Zi., DZ/F 85–95 Euro.
Corso V. Emanuele 156, Tel. 089 22 51 22,
www.hotelmontestella.eu

■ Hotel Plaza ***

Absolut zentral am Ende der Fußgängerzone und in der Nähe eines der Fähranleger gelegen. Von den Hotels an der Bahnhofspiazza zu empfehlen. 46 Zi., DZ/F 90–110 Euro.
Piazza V. Veneto 42, Tel. 089 22 44 77,
www.plazasalerno.it

Bed & Breakfast

■ Villa Avenia

MEIN TIPP! *Paola Pagano* und ihre Tochter *Anna Monaco* beherbergen Gäste in einem herrschaftlichen Palazzo in direkter Nachbarschaft des Giardino della Minerva. Das Frühstück wird bei gutem Wetter auf der kleinen Terrasse mit Gartenblick serviert. Der kleine Pool im Garten wird von einer Quelle gespeist. Sauna im Haus. Sohn *Amadeo* betreibt von Mai bis Sept. ein kleines Restaurant im Garten, hier finden auch Jazz-Konzerte statt. Zur anderen Seite haben die Zimmer den Blick über die Dächer der Altstadt, den Campanile der Chiesa dell'Annunziata, auf Hafen und Meer. Komfortable, fröhliche Zimmer mit guten Betten. Vater *Pino* ist langjähriges CAI-Mitglied und kennt die Wanderwege der Provinz wie seine Westentasche. 6 Zi., DZ/F 90–100 Euro.
Via Porta di Ronca 5 bzw. Via T. Tasso 83,
Tel. 089 25 22 81, Mobil 34 03 61 18 13,
www.villaavenia.com

■ Santa Lucia

Nette Frühstückspension über dem gleichnamigen empfehlenswerten Restaurant (s.u.). Altstadt und Lungomare liegen vor der Haustür. 3 Zi., DZ/F 70 Euro, auch HP möglich.
Via Roma 184 (Ecke Via Porta di Mare),
Tel. 089 22 58 28, Mobil 32 80 74 44 55,
www.bedandbreakfastsantalucia.it

Jugendherberge

■ Ave Gratia Plena

MEIN TIPP! Eine der besten Adressen im Centro storico, die belebte Via Roma und der Dom in Gehdistanz. Salernos Jugendherberge residiert in einem restaurierten Konvent mit barockem Kreuzgang – ein herrliches Plätzchen zum Sitzen. Von der kleinen Dachterrasse toller Blick über die Altstadtdächer. Zimmer ohne unnötigen Luxus, aber mit guten Betten und ordentlichen Bädern. Treffpunkt interessanter Leute, gute Infos, Sprachschule, Internet, Bar und Restaurant. Kein Alterslimit, Mitgliederausweise können hier erworben werden. Bei der Anreise mit eigenem Auto, Gepäck vor dem Ostello ausladen und am Hafen parken. 30 Zi. mit Bad, drei kleine Schlafsäle bzw. Familienzimmer, Ü im Schlafsaal 16 Euro, DZ/F 52–65 Euro.
Via Canali, Tel. 089 23 47 76,
www.ostellodisalerno.it

Essen und Trinken

Restaurants, Pizzerien und Trattorien

Auf der Altstadtseite der Via Roma gibt es zahlreiche Bars und Restaurants (beliebte Ausgehmeile). Auch in den verwinkelten Gassen des Centro storico kann man den einen oder anderen kulinarischen Treffer landen. Ein sehr stimmungsvoller Ort mit mehreren Restaurants ist die Piazza Flavio Gioia (Rotonda), wo früher der Fischmarkt abgehalten wurde.

■ Antica Pizzeria del Vicolo della Neve

Die älteste Trattoria Salernos liegt stilgemäß in einer engen Altstadtgasse unterhalb der Via Mercanti. Im gemütlichen Gewölbe kann man nicht nur ausgezeichnete Pizze essen, sondern es wird auch ein vorzüglicher Stockfisch serviert. Deftige Gemüseeintöpfe aus dem Holzofen kommen in Kupferpfännchen auf den Tisch. Das Lokal ist ein gerne zitierter „Geheimtipp", also inzwischen recht bekannt. 15–25 Euro. Mi Ruhetag. Nur abends.
Vicolo della Neve 24, Tel. 089 22 57 05

■ Il Brigante

MEIN TIPP! Unaufdringlich-sympathische Altstadtosteria in Domnähe. Winziger Gastraum mit einfachen Holztischen und -bänken, die Wände zieren verblichene Fotos berühmt-berüchtigter Briganten. *Antonietta* und *Allessandro* haben sich der *cucina povera* verschrieben. Hausgemachte Pasta, Suppen und kräftige Gemüseeintöpfe stehen auf dem täglich wechselnden Menu. Zum *secondo* deftige Fleischgerichte, Innereien und manchmal Fisch. Hausgemachte *dolci,* offener Weiß- oder Rotwein. Selten kann man in Salerno so gut für so wenig Geld essen. 15–20 Euro. Mo Ruhetag. August geschl. Mittags und abends.
Via Fratelli Linguiti 4,
Tel. 08 99 43 87 29, Mobil 32 83 42 34 28

■ Il Cotto e il Crudo

MEIN TIPP! Kleines Fischlokal, im Sommer mit ein paar Tischen auf der Piazza. Fisch und Meeresfrüchte bester Qualität werden auch roh serviert. Die *dolci* sind hausgemacht. *Piero D'Elia* und *Alfonso Savastano* pflegen eine beachtliche Weinkarte. 35–40 Euro. Mo Ruhetag. Mittags und abends.
Piazza Flavio Gioia 8, Tel. 08 95 64 81 67,
www.crudoecottosalerno.com

■ Mamma Rosa

MEIN TIPP! *Rosa Marotta* hatte 20 Jahre lang im Santa Lucia gekocht (s.u.), bevor sie mit ihren Kindern das eigene Lokal eröffnete. Hier gibt es gemüsebetonte *cucina salernitana* zu unschlagbar günstigen Preisen. Mittags kommen v.a. Bankangestellte, Professoren und Studenten und essen für ein Spottgeld. Die Speisekarte wird mündlich vorgetragen, die Gerichte flott serviert. Alles ist frisch zubereitet, je nach Marktangebot auch frischer Fisch. 15–20 Euro. So abends geschl.
Via Alberto Pirro 22, Tel. 08 92 58 05 55

■ Mimmo e Lucio

Unzählige Pizzerien, Pubs und Restaurants haben in den letzten Jahren an der Via Roma aufgemacht, *Mimmo* behauptet sich hier bereits seit 1968. Gemüseantipasti, leckere Pastagerichte (die Portionen sind übersichtlich) und frischer Fisch, abends auch gute Holzofenpizza. 20 Euro. Do Ruhetag.
Via Roma 264–266, Tel. 089 22 59 70

■ Osteria Canali

Beste Cilento-Küche im Centro storico. Die sympathische Trattoria folgt Slow-Food-Prinzipien und ist aus einem kulinarischen Kulturverein hervorgegangen. Cilento-Weine und handwerklich gebraute Biere (z.B. in Gestalt von Birramisù!). 25–30 Euro. So und Mo Ruhetag. Nur abends.
Via Canali 34, Mobil 33 88 07 01 74,
www.osteriacanali.it

■ Pizzeria Trianon

Ableger der bekannten neapolitanischen Pizzeria im Centro storico. Gut & günstig. 10 Euro. So mittags geschl. Mittags und abends.
Piazza Flavio Gioia 22, Tel. 089 25 25 30

■ Santa Lucia

Seit 1946 eine feste Institution, vor einigen Jahren mutig und mit Gusto renoviert. Auf Signora *Elvira*

und ihre schmackhafte Fischküche kann man sich verlassen. Köstliche Pizza. Viele Stammgäste aus der Theaterwelt, auch *Rudolf Nurejew* aß bereits hier. Auch einige Gästezimmer (s.o.). 20–25 Euro. Mo Ruhetag. Mittags und abends.
Via Roma 182 (Ecke Via Porta di Mare),
Tel. 089 22 56 96

■ **Trattoria del Padreterno**
Gehobenes Fischristorante auf der ehemaligen Fischmarkt-Piazza. *Ciro Napolitano* verwendet in seiner delikaten und doch bodenständigen Küche ausschließlich frischen Fisch aus dem Golf. 35 Euro. Di Ruhetag. Mittags und abends.
Piazza Favio Gioia 12, Tel. 089 23 93 05

Snacks, Cafés und Bars

■ **Bar 089**
In-Café der *movida salernitana,* zwei Schritte von der Altstadt entfernt und 24 Stunden am Tag geöffnet. Je nach Uhrzeit Cafeteria, Cornetteria, Ristorante oder Cocktailleria.
Via Roma 51, Tel. 089 22 18 44

■ **Bar-Gelateria Nettuno**
Seit den 1970er Jahren beliebter Eis-Tempel an der Meerespromenade. Auch Diabetiker kommen hier in den Genuss von köstlichem *gelato*. Mittags *Tavola calda* mit *salsiccia con broccoli* (Bratwürsten mit Brokkoli) oder *arancine* (sizilianische Reiskugeln). Mi Ruhetag.
Lungomare Trieste 136 (Ecke Via Velia),
Tel. 089 22 83 75

■ **Pasticceria Pantaleone**
Süße Verführungen seit 1868 in den schönen Räumen der ehemaligen Cappella S. Antonello: im Sommer *scazzetta* (Erdbeertörtchen), im Winter *Monte Bianco,* ein kalorienhaltiger Berg Kastanien- und Schokocreme. Tägl. 8.30–14 und 16.30–20.30 Uhr, Di und So nachmittags geschlossen.
Via dei Mercanti 75, Tel. 089 22 78 25

An- und Weiterreise

■ **Auto:** A 3, Ausfahrt „Salerno". Ab Salerno ist die Autobahn Richtung Reggio di Calabria (noch) gebührenfrei. Autobahnähnlich ausgebaute Superstrada nach Avellino. Küstenstraße S.S. 163 über Vietri an die Amalfitana. Küstenstraße über Paestum in den Cilento.

■ **Bus: CSTP** (www.cstp.it) von der Piazza Vittorio Veneto/Nähe Bhf. über Cava dei Tirreni nach Pompei (schnelle Buslinie via Autostrada wählen!). Von der Piazza della Concordia Bus N° 34 über Paestum in den Cilento. **SITA** (www.sitasudtrasporti.it) von der Piazza Vittorio Veneto/Nähe Bhf. an die Amalfitana. Richtung Neapel halten die Busse am nahen Corso Garibaldi/Bar Cioffi. Von der Piazza della Concordia Busse nach Paestum. Tickets jeweils in Bars und Tabacchi. **Buonotourist** (Infos und Tickets c/o SITA) mehrmals tägl. zwischen Salerno und Flughafen Neapel.

■ **Bahn:** Der Bahnhof liegt zentrumsnah an der Piazza Vittorio Veneto. Fast stündlich Züge nach Neapel und Rom. Gute Verbindungen nach Avellino und Benvento. Häufig Lokalzüge nach Paestum und in den Cilento.

■ **Flug:** Der **Aeroporto di Salerno-Costa d'Amalfi** hat 2008 den Betrieb aufgenommen, wieder aufgegeben und wieder aufgenommen … Siehe auch „Praktische Tipps A–Z/Anreise".

■ **Fähren:** Gute Anbindungen an die Costiera Amalfitana, nach Capri, Ischia und Sorrent. Von April bis Oktober legen Fähren und Tragflügelboote am Molo Manfredi bzw. im Porto Turistico (Piazza della Concordia) ab. **Cooperativa Sant'Andrea** (Tel. 089 87 31 90, www.coopsantandrea.com), **Tra.Vel.Mar.** (Tel. 089 87 29 50, www.travelmar. it). Tickets und Fahrpläne am Hafen. Abhängig von Wetter und Seegang kann es zu kurzfristigen Änderungen kommen. **Metro del Mare** (Call Center 199 60 07 00, www.metrodelmare.net): Im Juli und Aug. tägl., im Juni und Sept. nur an Wochenenden Schnellboote in der gesamten Golfregion, an der Amalfitana und via Salerno in den Cilento. Autofähren Salerno – Messina (www.carontetourist.it), Salerno – Palermo (www.grimaldilines.com).

■ **Fahrzeugverleih:** Nähe Bhf. an der Piazza V. Veneto und am Corso Garibaldi.

Unterwegs in Salerno

■ **Parken:** Großparkplätze mit Ticketautomaten in Zentrumsnähe: Piazza Alvarez am Molo Manfredi, Piazza Mazzini am Bahnhof bzw. Piazza della Con-

Giffoni Film Festival – Ausflug in die Monti Picentini

Seit 1971 heißt es in **Giffoni Valle Piana** 20 km nordöstlich von Salerno jeden Juli Vorhang auf für das **Internationale Kinderfilmfestival.** Dabei ist das hübsche Städtchen das ganze Jahr über einen Ausflug wert. Stolz trägt es die Ehrenbezeichnung „Città Slow". Nette B&Bs sind eine gute Basis, um von hier aus den nahen **Parco dei Monti Picentini** zu erkunden (siehe auch Kapitel „Avellino und Irpinia"). Die Provinzverwaltung Salerno hat in Erinnerung an den großen, aus Giffoni Sei Casali stammenden Meridionalisten *Giustino Fortunato* eine Serie von Wanderwegen anlegen lassen. An den östlichen Abhängen der Picentini entspringen Thermalquellen, deren heilkräftige Wirkung bereits *Plinius d. Ä.* gelobt hat. Wellness kombiniert mit modernem Design oder 19.-Jh.-Flair bieten diverse Hotels in Contursi Terme (www.termedeltufaro.it, www.termerosapepe.it).

■ **www.comune.giffonivallepiana.sa.it, www.giffonifilmfestival.it**

cordia am Porto Turistico. Am Altstadtrand kostenpflichtig innerhalb der blauen Streifen.

■ **Öffentliche Verkehrsmittel:** Gute innerstädtische Bus-Verbindungen der CSTP.

Kultur/Feste/Szene

Zwischen Altstadt und Lungomare tummeln sich unzählige Bars und Lokale – hier spielt sich die *movida salernitana* ab.

■ **Luci d'Artista,** ein großer Erfolg ist die von Künstlern alljährlich neu realisierte weihnachtliche Illuminierung der Stadt, die wochenlang andauert und von einem abwechslungsreichen Kulturprogramm begleitet wird.

■ **Salerno porte aperte,** im Mai öffnen sich die Türen sonst verschlossener Monumente. Schulklassen „adoptieren" einzelne Denkmäler und bieten engagierte Führungen an. Dazu wird ein abwechslungsreiches kulturelles Begleitprogramm geboten. www.comune.salerno.it

■ **San Matteo,** am 21. Sept. wird der Stadtpatron und Apostel Matthäus mit einer Prozession und einem Feuerwerk gefeiert.

■ **Teatro Municipale Giuseppe Verdi**
Das Theater, Konzert- und Opernhaus macht seit seiner Wiedereröffnung im Jahr 1994 Furore, z.B. inszenierte *Lina Wertmüller* hier „Storia d'Amore e d'Anarchia". Tickets Mo bis Sa 10–13 und 17–20 Uhr. Sept. bis Juni.
Largo Luciani, Tel. 089 66 21 41,
www.teatroverdisalerno.it

■ **Fabula Club**
Etablierter Musikclub, abends gelegentlich Konzerte: Jazz, Blues und Ethnica Parthenopea (Napoli-Sound). Cocktails und Drinks. Eintritt frei. Mo und Di abends geschl., Ende Okt. bis Anfang April.
Via Porto 1 (Ecke Via Molo Manfredi)

Salerno und Paestum

Einkaufen

Klassisch italienische Mode- und Schuhgeschäfte finden sich in der Fußgängerzone Corso Vittorio Emanuele, edle Boutiquen, Juweliere, Konfektionsgeschäfte und altehrwürdige Alimentari in der Altstadt entlang der Via dei Mercanti.

■ **Antica Cappeleria di Russo Giosuè**
In dritter Generation stattet das Familienunternehmen Londoner Banker, Männer von Welt und Monsignori mit den ihnen entsprechenden Kopfbedeckungen aus.
Via Duomo 41, Mobil 32 90 69 11 13
■ **Nuova Libreria Internazionale**
Hier gibt es u.a. die topografischen IGM-Karten (1:25.000, 1:50.000) der Provinz Salerno.
Piazza XXIV Maggio 12, Tel. 089 22 09 52

Aktivitäten

■ **Associazione Cycling Salerno,** ökologisch engagierter Fahrrad-Club, der ein abwechslungsreiches Ausflugsprogramm anbietet. Infos online und jeden Do im Bio-Laden in der Via Iannelli 20.
www.cyclingsalerno.it.
■ **Genius Loci Turismo,** der holländische Landschaftsökologe *Peter Hoogstaden* organisiert Wander-, Fahrrad- und Kajakreisen in Süditalien. Die Gäste erhalten alle notwendigen Routeninfos, um selbstständig vor Ort zu reisen (auf Wunsch auch in Begleitung von Führern). Übernachtung und Gepäcktransport werden organisiert.
www.genius-loci.it

Sprachschule

■ **Accademia Italiana**
Siehe „Praktische Tipps A–Z/Sprache".

Baden

Die Strände südlich von Salerno sind sauberer als noch vor einigen Jahren. Ungetrübteres Badevergnügen bieten jedoch die nahen Küsten des Cilento, der Amalfitana oder Sorrentiner Halbinsel.

Paestum, Capáccio und die Ebene des Sele

Beim frühsten Morgen fuhren wir auf ungebahnten, oft morastigen Wegen einem Paar schön geformten Bergen zu, wir kamen durch Bach und Gewässer, wo wir den nilpferdischen Büffeln in die blutroten wilden Augen sahen.

Goethe, Italienische Reise, 23. März 1787

Majestätisch überragen die Monti Picentini und Monti Alburni die fruchtbare Schwemmlandebene des Sele am Golf von Salerno. Die zu Goethes Zeiten versumpfte Landschaft ist längst entwässert und wird inzwischen landwirtschaftlich intensiv genutzt. Der erste Eindruck der **Piana del Sele** ist trist, Foliengewächshäuser so weit das Auge reicht und gesichtslose Zweckbauten am Straßenrand. Dann entdeckt man neben alten, festungsähnlichen Gutshöfen die Protagonisten dieser Landschaft: **Wasserbüffel** *(Bubalus bubalis).* In ihrer ursprünglichen Heimat in Südasien wurden die stämmigen Tiere vor rund 7000 Jahren für die Arbeit im sumpfigen Gelände gezähmt. Als lebende Traktoren helfen sie die Ernährung der halben Erdbevölkerung, die vom Grundnahrungsmittel

7

Reis lebt, sicherzustellen. Möglicherweise benutzten auch die Langobarden die muskulösen Rinder als Zugtiere und brachten sie im 6. Jh. auf ihrem langen Treck aus der ungarischen Tiefebene nach Süditalien. In den Maremmen Kampaniens fanden sie eine zweite Heimat und machen heute Karriere als exklusive Lieferanten der echten **mozzarella di bufala.** Auf einem Agriturismo oder dem ökologischen Musterbetrieb Tenuta Vanullo kann man die sanften Büffel aus nächster Nähe betrachten, gute Mozzarella kosten und zusehen, wie der *casaro* mit flinken Händen faustgroße Mozzarella-Stücke von einem Laib warmer Frischkäsemasse abreißt. Daher kommt auch der Name des Käses, *mozzare* bedeutet nämlich abzupfen.

Geschichte von Paestum

Jahrhundertelang standen die Ruinen von Paestum vergessen im Sumpf, bis sie 1752 bei Straßenbauarbeiten wieder-„entdeckt" wurden (als Seezeichen waren die hoch aufragenden Tempel wohlbekannt). Die Nachricht von den **drei hervorragend erhaltenen griechisch-dorischen Tempeln,** nur einen Tagesausflug südlich von Neapel, war eine Sensation, welche die Gemüter der Antikebegeisterten erregte. In Scharen machten sich kunstsinnige Reisende, Architekten und Vedutenzeichner auf nach Paestum, und bald kursierten begeisterte Reisebeschreibungen und Stiche in Europa. Die architektonischen Studien der Tempel lieferten die Vorlage vieler klassizistischer Bauten und hatten einen erheblichen Einfluss auf die Kunstentwicklung des 18. und 19. Jh. *Goethe* notierte

am 23. März 1787: „Endlich, ungewiß, ob wir durch Felsen oder Trümmer führen, konnten wir einige große länglichviereckige Massen, die wir in der Ferne schon bemerkt hatten, als überbliebene Tempel und Denkmale einer ehemals so prächtigen Stadt unterscheiden. (…) ja, ich pries den Genius, daß er mich diese so wohl erhaltenen Reste mit Augen sehen ließ, da sich von ihnen durch Abbildung kein Begriff geben läßt. Denn im architektonischen Aufriß erscheinen sie eleganter, in perspektivischer Darstellung plumper, als sie sind, nur wenn man sich um sie her, durch sie durch bewegt, teilt man ihnen das eigentliche Leben mit."

Die großartigen Tempel, denen heute noch die damals verliehenen Namen anhaften, versperrten lange Zeit den Blick auf die restliche Stadt. Mit Ausgrabungen wurde 1805 begonnen, einen systematisch-wissenschaftlichen Charakter erhielten sie erst zu Beginn des 20. Jh. Die über weite Strecken gut erhaltene antike **Stadtmauer** umgibt eine Fläche von 25 ha, davon ist nur ein geringer Teil im Zentrum rund um die drei Tempel freigelegt. Während die Tempel griechisch sind, stammen die Grundmauern fast sämtlicher ausgegrabener Bauten aus römischer Zeit. Faszinierende Einblicke in Kult und Alltag der Antike bietet das 1952 eröffnete und viel später um eine prähistorische und römische Abteilung erweiterte **Archäologische Museum.** Die Tempel sollte man wenn mög-

▷ Antike Tempel: zeitlos schön

lich früh am Morgen oder am späten Nachmittag besuchen. Zu diesen Tageszeiten fällt das Licht am schönsten, die großen Reisebusse sind noch nicht da oder schon wieder weg, und fast stellt sich beim Besucher das Gefühl ein, selbst einer jener romantischen Reisenden auf Grand Tour zu sein.

Im 7. Jh. v. Chr. begegneten sich **Griechen und Etrusker** als Wirtschaftspartner in der Ebene des Sele. Der Fluss bildete die Grenze, an der die beiden Völker aufeinander trafen, um miteinander Handel zu treiben. Aus dem etrurischen Kernland, der heutigen Toskana, hatten die Etrusker ihren Einfluss nach Süden bis in den Bereich von Salerno bzw. Pontecagnano ausgedehnt. Griechen unterhielten an der Mündung des Sele zunächst nur einen Handelsposten, Keimzelle der späteren Stadt **Poseidonia** (Pa-

estum). Der griechische Geograf und Historiker *Strabon* beschrieb den Ablauf der Gründung in zwei Phasen. Eine erste Ansiedlung griechischer Seefahrer und Händler bestand auf einem Kap, auf dem sich heute die Altstadt von Agropoli erhebt. Die felsige Halbinsel war *Poseidon,* dem Schutzgott der Seefahrer, geweiht. Nachdem der Ort kurze Zeit später aufgegeben wurde, stand *Poseidon* Pate für eine wenige Kilometer südlich des Sele durch Kolonisten aus Sybaris neu errichtete Stadt.

Das antike griechische **Sybaris,** an der heutigen kalabrischen Südküste gelegen, war einer der größten Handelsplätze seiner Zeit. Poseidonias Gründung Ende des 7. Jh. v. Chr. erlaubte Sybaris, seinen Einfluss am Tyrrhenischen Meer auszudehnen. Von fruchtbarem Schwemmland umgeben, entwickelte sich Poseido-

Paestum

0 ————— 400 m © Reise Know-How 2013

Flumarello

Salerno

1 **2** ● Santuario di Hera Argiva,
Ⓜ Museo Narrante,
Persano (Naturschutzgebiet),
Salerno (36 km)

4 **5** **6** Battipáglia (22 km)

3

Ⓑ

Porta Aurea

Athena-Tempel Ⓑ

P ✉

ⓘ ⅱ S. Annunziata

Via Sacra

Via Magna Grecia

Ⓜ Museo
Archeologico

Amphitheater

6

Porta
Sirena

ⓘ

Bahnhof

Porta
Marina

16 **17** **18** **19**

S.S. 18,
Capáccio,
Trentinara

Poseidon-Tempel

7

P **15**

Basilika

Via Nettuno

Via Nettuno

P

8

14

9

13

Villaggio

10 ★ Torre di
Paestum

11 Lido MareMirtilli

Agropoli (9 km),
Trentinara, Giungano

Agropoli

🟥 Übernachtung	9 Mandetta ***	🟦 Essen und Trinken
1 Camping Paestum	10 Camping Villaggio	2 Da Nonna Sceppa
3 Il Granaio	dei Pini	6 Ristorante Museo
dei Casabella ***	11 Calypso Art	9 Mandetta
4 La Morella	Hotel ***	11 Che fresco
5 Tenuta Seliano	14 Villa Rita ***	13 La Fattoria
6 Azienda Bellelli	16 B&B Casale	del Casaro
7 Esplanade ****	Giancesare	15 Nettuno
8 Camping Villaggio	17 B&B Il Cannito	18 L'Antica Forneria
Athena		19 L'Oasi del Granato

nia rasch zu einer wohlhabenden Hafenstadt, die nicht nur vom Zwischenhandel mit den Etruskern profitierte, sondern auch die eigenen landwirtschaftlichen Produkte gewinnbringend ausführte.

Das griechische Poseidonia erlebte seine Blüteperiode im 6./5. Jh. v. Chr. Aus jener Zeit stammen die drei großen Tempel. Entsprechend der Bedeutung des Ackerbaus für die Stadt waren zwei

der Sakralbauten der Fruchtbarkeitsgöttin *Hera* geweiht. 540 v. Chr. veranlasste Poseidonia die Gründung von **Elea** (siehe Velia). Als 510 v. Chr. Sybaris zerstört wurde, flüchtete ein Teil der Bevölkerung nach Poseidonia.

Um 400 v. Chr. geriet die Stadt unter den Einfluss der **Lukaner,** eines italischen Stammes. Bis heute ist unklar, ob es sich um eine rasche militärische Eroberung oder einen langsamen Assimilationsprozess gehandelt hat. Während die Stadtanlage ihren griechischen Charakter weitgehend behielt, deuten Grabfunde auf eine intensive Verschmelzung griechischer und italischer Kulturformen hin. Die prachtvoll ausgemalten Kriegergräber im Archäologischen Museum stammen aus dieser Zeit. Wirtschaftlich scheint Paistos oder Paistom, wie die Stadt damals hieß, unter der Herrschaft der Lukaner nicht gelitten zu haben.

Die Einrichtung der **römischen Kolonie Paestum** 273 v. Chr. hatte tiefgreifende Folgen. Ein Großteil der Bevölkerung wurde ausgetauscht, das Ackerland umverteilt und das städtische Erscheinungsbild den neuen Machtverhältnissen angepasst. Im Zentrum blieben zwar aus Pietätsgründen die griechischen Tempel stehen, alle öffentlichen Einrichtungen einer typisch römischen Stadt, wie Forum, Macellum, Kapitolstempel, Curia, Comitium, Thermen oder Amphitheater, wurden aber neu errichtet. Man muss sich beim Besuch von Paestum klar machen, dass die archäologische Ausgrabung eine römische Stadt mit griechischen Tempeln zeigt.

Bis in die Kaiserzeit genoss Paestum relativen Wohlstand und erfuhr einen bescheidenen Aufschwung im 1. Jh. n. Chr. als Produktionsstätte eines von *Ovid* besungenen Rosenparfüms. Das Christentum fasste früh Fuß, um 370 gelangten die Reliquien des Apostels *Matthäus* in die Stadt (heute im Dom von Salerno). Im 5. Jh. wurde Paestum Bischofssitz, doch der Niedergang der Stadt war nicht aufzuhalten. Entwaldungen im Hinterland und ein Absinken der Küstenebene hatten die **Versandung des Hafens** zur Folge. **Sümpfe** und mit ihnen die **Malaria** breiteten sich aus. Infolge von Sarazenenüberfällen wurde Paestum im 10. Jh. endgültig aufgegeben, die Bevölkerung floh in die angrenzenden Monti Alburni nach **Capáccio.** Im 11. Jh. ließ *Robert Guiscard* Säulen und Marmor aus Paestum zur Ausschmückung seines Domes nach Salerno bringen. Anschließend versanken die Ruinen in einen Dornröschenschlaf, aus dem sie erst Mitte des 18. Jh. geweckt wurden.

Besichtigung von Paestum

Besichtigung der archäologischen Zone

Das Gebiet der antiken Stadt ist vollständig von der gut erhaltenen, insgesamt **4750 m langen Stadtmauer** umgeben (auf einem kurzen Abschnitt im Südosten des Tempelbezirks zu begehen). Der Hauptzugang in das Ausgrabungsgelände liegt an der Via Magna Grecia, dem Museum schräg gegenüber. Von der Straße kann man bereits die hoch aufragenden Tempel, das römische Forum und das zur Hälfte freigelegte **Amphitheater** sehen. Errichtet während der Regierungszeit *Cäsars*, ist es eines der ältesten Italiens. Nördlich davon liegt das griechische **Ekklesiasterion.** In dem kreisrunden, offenen Ratsgebäude traf die *ekklesia* (Volksversammlung) von Poseidonia zusammen, um über Gesetze abzustimmen. Nach Einrichtung der römischen Kolonie wurde das Ekklesiasterion verfüllt und überbaut.

Auf einer leichten Anhöhe erhebt sich im Norden der Stadt der kleinste von drei Tempeln. Früher als Ceres-Tempel bezeichnet, konnten ausgegrabene Votivgaben belegen, dass er in griechischer Zeit der Göttin *Athena* geweiht war. Um 500 v. Chr. errichtet, ist der zierliche **Athena-Tempel** jünger als die sog. **Basilika.** Im Vergleich der beiden Bauten lassen sich einige stilistische Fortschritte erkennen. Die Säulenabstände des Athena-Tempels sind an Front und Langseiten genau ausgewogen, die *Entasis* (Schwellung der Säule) weniger ausgeprägt und alle Bauelemente in ein genaues Maßverhältnis gebracht. Der Bau war ursprünglich reich verziert und mischte in ungewöhnlicher Weise dorische mit ionischen Elementen. Im Mittelalter diente der Tempel zeitweise als Kirche.

☑ Mytheninszenierung vor Tempel-Kulisse

Vom Athena-Tempel zieht sich die gepflasterte **Via Sacra** Richtung Süden. An der Straße liegt ein rätselhaftes Grab, in dem nie ein Leichnam gefunden wurde. Das ziegelgedeckte **Heroon** diente als symbolische Grabstätte des Gründers von Sybaris. Vermutlich wurde es erst nach der Zerstörung von Sybaris, der Metropole (Mutterstadt) Poseidonias, zwischen 520 und 510 v. Chr. errichtet. Der unterirdische Raum enthielt acht honiggefüllte Bronzevasen (heute im Museum). In römischer Zeit wurde das Heiligtum von einer Mauer umgeben, der griechische Heroenkult zwar nicht fortgeführt, doch die Würde der Stätte gewahrt.

Kurz vor dem Forum liegt eine große **piscina** (Wasserbecken), die entweder als Sportanlage oder als **Heiligtum der Fortuna Virilis** gedeutet wird. Ausschließlich Frauen hatten Zugang zu

gvn13_097 pa

dem Fruchtbarkeitskult. In einem rituellen Bad, welches eine glückliche Geburt begünstigen sollte, folgten sie einer Venus-Statue ins Wasser.

Anstelle der Agora, die über mehrere Jahrhunderte Markt- und Versammlungsplatz der Griechen gewesen war, errichteten die römischen Kolonisten des 3. Jh. v. Chr. ihr **Forum.** Ein Portikus mit vornehmen Ladengeschäften umgab den 60 mal 200 m messenden Freiplatz, eines der größten Foren in Italien. Auf der nördlichen Forumsseite erhob sich auf einem Podium der **Kapitolstempel,** flankiert vom **Comitium,** dem Versammlungsort römischer Bürger. Auf der gegenüberliegenden Seite des Platzes standen das **Macellum,** ein Marktgebäude und als Gerichtshalle die **Basilika.**

Südlich an das Forum schließt sich der heilige Bezirk des griechischen **Heraion** an. Ursprünglich von einer niedri-

gen Mauer umgeben, standen neben den beiden größten Tempeln der Stadt zahlreiche weitere Votivbauten, Schatzhäuser und Altäre, viele dem Kult der Göttin *Hera* geweiht. Der sog. **Poseidon-Tempel** ist das am besten erhaltene Zeugnis klassisch griechischer Baukunst. Um 470 v. Chr. errichtet, ist er der jüngste der drei Tempel. Alle Bauabmessungen stehen in einem mathematisch präzisen und harmonischen Verhältnis zueinander. Wenn *Goethe* im „Faust II." dichtete: „Der Säulenschaft, auch die Triglyphe klingt, ich glaube gar, der ganze Tempel singt", so dachte er an dieses Bauwerk. Ursprünglich war auch dieser Tempel vollständig mit weiß glänzendem Mar-

☑ Grabfresko: lukanischer Ritter (4.–3. Jh. v. Chr.)

morstuck überzogen, während Fries und Giebel in Gelb-, Blau-, Rot- und Schwarztönen bemalt waren. Jüngere Untersuchungen lassen vermuten, dass der Tempel Apollon als Gott der Heilkunst geweiht war.

Die um 550 v. Chr. errichtete sogenannte **Basilika** ist der älteste der drei großen Kultbauten Paestums und zugleich einer der größten der bis dahin aus Stein gebauten griechischen Tempel. Zunächst wurde der breit gelagerte Bau für eine Basilika gehalten, seit Entdeckung des Altars und zahlreicher Votivgaben konnte zweifelsfrei bewiesen werden, dass auch dieses Bauwerk als Tempel der *Hera* geweiht war. In direktem Kontrast zum klassischen Poseidon-Tempel treten die archaischen Baumerkmale deutlich hervor, am auffälligsten zu erkennen an der stark ausgeprägten *Entasis* (Schwellung) der Säulen und dem gequetschten Kapitellkissen. Fast scheint es, als drücke das Dach mit großem Gewicht auf die Säulen.

Einige Kilometer nördlich der Stadt lag an der Mündung des Sele ein weiteres **Heiligtum der Hera Argiva.** Von den Tempeln, Schatzhäusern und Altären ragen heute nur noch ein paar kümmerliche Grundmauern über das Gestrüpp. Bei Ausgrabungen konnten beeindruckende Relieffriese und Weihgaben gefunden werden, die heute im Museum ausgestellt sind.

■ **Area Archeologica – Templi,** Via Magna Grecia, www.archeosa.beniculturali.it. Tägl. 9 Uhr bis 1 Std. vor Sonnenuntergang. Eintritt 6 Euro, Sammelticket mit Museum 7 Euro – Achtung, Einzeltickets gibt es nur, wenn entweder die Ausgrabungen oder das Museum geschlossen sind! 3 Tage gültiges Sammelticket inkl. Velia 8 Euro.

Besichtigung des Archäologischen Museums

Das Museum, ein postfaschistischer Bau, enthält **eine der umfangreichsten und schönsten Sammlungen der Magna Grecia.** Archaische Bauskulpturen, Votivgaben, Grabfresken aus griechischer und lukanischer Zeit sind der Schwerpunkt der Sammlung.

Im Eingangsbereich sind die berühmten **Reliefmetopen** (Schmuckplatten aus dem Fries eines dorischen Tempels) zweier Heiligtümer aus dem Heraion an der Sele-Mündung ausgestellt, die bedeutendsten archaischen Bauskulpturen Großgriechenlands. Die zwischen 570 und 560 v. Chr. geschaffenen Metopen zeigen mythologische Szenen. Immer wieder ist *Herakles* zu sehen, dessen zwölf Taten man sich ebenso wenig merken kann wie z.B. die Namen der zwölf Apostel. Keine Heldentat, aber amüsant ist die Geschichte von den **Kerkopen,** Zwillingen, die als Strauchdiebe die Gegend um Thessalien unsicher machten. Ihre Mutter hatte sie vor einem *Melampygos* (Mann mit schwarzem Hintern) gewarnt. Dummerweise vergriffen sich die beiden eines Tages an den Kleidern des *Herakles.* Dieser erwischte sie, hatte nur begrenzt Humor und band sie kopfüber an ein Joch. Diese Szene ist auf einer der Metopen zu sehen. In ihrer misslichen Lage blickten die beiden Kerkopen auf das schwarz behaarte Gesäß des Helden und erinnerten sich der Worte ihrer Mutter. Anstatt vor Angst zu schlottern, ergossen sie sich in obszönen Bemerkungen, die *Herakles* ein Grinsen entlockten. Er ließ sie wieder laufen. Als die Kerkopen eines Tages *Zeus* zu bestehlen versuchten, verwandelte dieser sie in Affen. *Ovid* erzählt, dass die Insel Pithekussai (Affeninsel), das heutige Ischia, nach ihnen benannt sei.

Im gleichen Saal sind die acht Bronzevasen aus dem Heroon sowie Votivgaben an die Göttin *Hera* zu sehen, darunter immer wieder Granatäpfel.

Einen sehr guten Blick auf die archaischen Reliefmetopen genießt man aus dem **Zwischengeschoss,** das außerdem bestens präsentierte Ausgrabungsfunde der Stein- und Bronzezeit zeigt.

Die freskengeschmückten **Kammergräber aus lukanischer Zeit** (4. bis 3. Jh. v. Chr.) sind ein Höhepunkt antiker Malerei. Die farbkräftigen, detaillierten Darstellungen verraten eine Menge über das Leben und den Totenkult dieses kriegerischen Volkes. Der Verstorbene wird häufig zu Pferd, in voller Manneskraft und zum Kampf gerüstet abgebildet. Zahlreiche Beispiele blutiger Faust- und Schwertkämpfe sind zu sehen. Die bei den Römern später beliebten Gladiatorenkämpfe haben ihren Ursprung in solchen Bestattungsspielen. Frauengräber zeigen die Verstorbene auf einem Totenbett, von Klageweibern und Dienerinnen umgeben.

Eine absolute Sensation ist das 1968 entdeckte **Grab des Tauchers**, das einzige bislang bekannte Beispiel griechischer Freskomalerei aus der Zeit der Klassik (um 480 v. Chr.). Im Aufbau entspricht das Grab den lukanischen Grabkammern, die Seitenwände zeigen Szenen eines Gastmahls. Der Grabdeckel wird von einer Darstellung unvergleichlicher Ausdrucksstärke geschmückt. Ein Jüngling springt voller Kraft von einem Turm in die Leere, unter ihm ein schmaler Streifen Wasser. Die naheliegende Deutung bleibt dem Betrachter überlassen.

Das **oberste Stockwerk** ist der römischen Periode Paestums gewidmet.

■ **Museo Archeologico Nazionale,** Via Magna Grecia, Tel. 08 28 72 26 54, www.museopaestum. beniculturali.it. Tägl. 9–18.45 Uhr, jeden 1. und 3. Mo des Monats geschl. Eintritt 4 Euro, Sammelticket mit Ausgrabungen 7 Euro – Achtung, Einzeltickets gibt es nur, wenn entweder die Ausgrabungen oder das Museum geschlossen sind! 3 Tage gültiges Sammelticket inkl. Velia 8 Euro.

Flussheiligtum der Hera

Laut dem Historiker *Strabon* errichtete *Jason*, mythischer Anführer der Argonauten, an der Mündung des Sele der *Hera* einen Tempel, Keimzelle des späteren Paestum, dessen Tempel sich heute 8 km weiter südlich erheben (die Flussmündung liegt durch Verlandung inzwischen 1 km weiter westwärts). Die Auffindung der Reliefmetopen Anfang der 1930er Jahre war eine archäologische Weltsensation. Heute sind sie im Archäologischen Museum von Paestum ausgestellt (s.o.). In der Masseria Procuriali rekonstruiert ein multimediales Museum eindrücklich die antike Kultstätte. Genial ist die Einbindung der beiden Futtersilos in den Ausstellungsparcours: Während man eine der Wendeltreppen aufsteigt, begleiten einen an den Wänden Reproduktionen antiker Votivgaben und aus Lautsprechern die Anrufungen der in erster Linie von Frauen verehrten Göttin in griechischer Sprache. Im zweiten Silo geht es wieder hinunter, hier wird das Fortleben des antiken Kultes in der Verehrung der Madonna del Granato sinnfällig. Ein kurzer Fußweg führt zu den südlich gelegenen Fundamentresten

des **Santuario di Hera Argiva,** eingebettet in ein ländliches Idyll mit Wasserbüffeln.

■ **Museo Narrante del Santuario di Hera Argiva,** Masseria Procuriali, Tel. 08 28 86 14 40, www.archeosa.beniculturali.it. 2013 wegen Renovierung geschl.

Capáccio

Vor Malaria und Sarazenen flüchteten im 10. Jh. auch die letzten Bewohner Paestums nach Capáccio. Der Ort lag wenige Kilometer von Paestum entfernt am Fuße der Monti Alburni oberhalb der Quellen des Capodifiume, des römischen Caput acque. In der Anbetung der **Madonna mit dem Granatapfel** lebt bis heute der griechische Hera-Kult fort. Das mittelalterliche Heiligtum liegt an der S.P. 13 in Richtung Capáccio. Vom Kirchplatz genießt man einen herrlichen Blick auf den Golf von Salerno, die Sele-Ebene und die Ruinen von Paestum. Oberhalb der Kirche liegen die Ruinen von **Capáccio Vecchio** – ein schöner Spaziergang. Der Ort wurde im Jahr 1248 von *Friedrich II.* zerstört.

Salerno und Paestum

erinnert die sehenswerte Ausstellung in einem Flügel des **Convento di Sant'Antonio,** die auf Initiative der Fondazione Centro Studi Giambattista Vico in Vattola (siehe dort) eingerichtet wurde.

■ **Museo Paestum nei Percorsi del Grand Tour,** Piazza Vittorio Veneto 10, Tel. 082 81 96 22 02, www.fondazionegbvico.org. Juni bis Sept. Di bis Sa 9–13 und 16–20 Uhr, So 9–13 Uhr, Okt. bis Mai Di bis Sa 9–13 und 15–18 Uhr, So 9–13 Uhr. Der Fortbestand des Museums war zuletzt bedroht. Eintritt 2,50 Euro.

Information

■ **AAST**
Freundliche und professionelle Informationen zu Paestum und Umgebung, d.h. auch dem Cilento (siehe nächstes Kapitel). Nützlicher Umgebungsplan, Fahrpläne, Hotelverzeichnis, Adressen von Agriturismi und Mozzarella-Käsereien. Neben dem Archäologischen Museum. Mitte Sept. bis Juni Mo bis Sa 8.30–13 und 13.30–15.30 Uhr, Juli bis Mitte Sept. Mo bis Sa 8–20 Uhr.
Via Magna Grecia 889, Tel. 08 28 81 10 16, Fax 08 28 72 23 22, www.infopaestum.it

■ **Santuario Madonna del Granato,** Tel. 08 28 72 36 11, www.madonnadelgranato.it. Tägl. 7.30–12.30 und 15–18 Uhr. Messen werktags 7 Uhr, So 10 und 18 Uhr.

Die Bewohner flüchteten wieder, diesmal in das nahe **San Pietro,** das sie in Capáccio (441 m) umbenannten. Das freundliche Bergstädtchen ist ein charmanter Auftakt einer Cilento-Erkundung. Ein ehemaliger Friseursalon mit kompletter Originaleinrichtung aus dem frühen 20. Jh. wird in Privatinitiative als Touristenbüro weiter betrieben (s.u.). An die (Grand-)Touristen des 18./19. Jh.

■ **Pro Loco Capaccio Paestum**
Piazza Orologio, Mobil 38 02 01 42 95, www.prolococapacciopaestum.it

■ **Ufficio Turistico „Salone Rizzo"**
Das private Auskunftsbüro von *Giuseppe Marino* residiert im vielleicht schönsten Friseursalon Kampaniens (schade, dass man sich hier keine Haare mehr schneiden lassen kann)! Im Sommer i.d.R. tägl. 10–12 u. 17–19 Uhr, im Winter 10–12 u. 15–17 Uhr.
Via G. D'Alessio 11 – Capáccio

⌂ Grab des Tauchers – Jenseitssprung

■ www.comune.capaccio.sa.gov.it
■ www.paestum.it, www.paestumin.it, Portale mit aktuellen touristischen Infos und Texten zur Geschichte.

Unterkunft

Ein kilometerlanger, leider nicht durchgängig sauberer Sandstrand zieht sich von Salerno bis Agropoli. Im Schatten der Pineta liegen ein Dutzend Campingplätze direkt am Meer. Drei Dutzend Hotels gibt es in Paestum und Umgebung. Viele der Hotels und Campingplätze haben nur eine kurze Sommersaison und werden in der Hauptsache von italienischen Badetouristen aufgesucht.

Hotels

■ **Esplanade** ****
Gepflegtes Hotel westlich der archäologischen Zone in Meeresnähe. Exotischer Park, großer Pool, Privatstrand jenseits der kaum befahrenen Straße. Im Restaurant werden die vorzüglichen Bio-Weine des Besitzers *Peppino Pagano* kredenzt (siehe Exkurs „Jazz in Flaschen und andere gute Tropfen" sowie Kapitel Giungàno). 24 Zi., DZ/F 70–170 Euro, HP 60–115 Euro.
Via Poseidonia 271, Tel. 08 28 85 10 43, www.hotelesplanade.com

■ **Calypso Art Hotel** ***
MEIN TIPP! Einladendes, etwas in die Jahre gekommenes Strandhotel südlich des Torre Paestum, 2 km von der archäologischen Zone entfernt. Zimmer von Standard bis Superior, mit oder ohne Meerblick, fast alle mit guten Betten. *Roberto* und *Gabriella Paolillo* führen ein unkonventionelles, gastliches Haus, sie sind darüber hinaus ausgezeichnete Kenner des Cilento und nie um gute Tipps verlegen. Hier trifft man oft auf interessante Gäste. Das Restaurant Che fresco (s.u.) ist ein kulinarischer Fixstern der Gegend: typische *cucina cilentana,* vegetarische und makrobiotische Küche, beachtlich die Weinauswahl! Vor dem Haus erstreckt sich kilometerlang ein toller Sandstrand. 30 Zi., DZ/F 75–150 Euro, HP 45–95 Euro. März bis Ende Okt.
Via Mantegna 63, Tel. 08 28 81 10 31, Mobil 36 63 76 20 44, www.calypsohotel.com

■ **Il Granaio dei Casabella** ***
Restauriertes Gutshaus direkt außerhalb der nördlichen Stadtmauer von Paestum. Geräumige, komfortable Zimmer mit Cottoböden und schönen Holzmöbeln (einige mit tollem Blick auf die Tempel). Ruhiges, angenehmes Ambiente (solange keine Hochzeiten stattfinden …). Auch Mehrbettzimmer für Familien. Im Restaurant Il Granaio isst man à la carte. 14 Zi., DZ/F 100–120 Euro. März bis Okt.
Via Tavernelle 84, Tel. 08 28 72 10 14, www.ilgranaiodeicasabella.com

■ **Mandetta** ***
Hotel-Ristorante am Strand, seit 1962 familiengeführt. Die Zimmer sind ordentlich, wenn auch nicht unbedingt inspiriert möbliert, einige gehen aufs Meer. Insgesamt fühlt man sich hier bestens aufgehoben. Das Fisch-Ristorante suchen auch Einheimische gerne auf, hier kocht die *mamma*. Abends auch Holzofenpizza, gute Weinauswahl zu fairen Preisen. 18 Zi., 7 Bungalows, DZ/F 85–115 Euro, HP 65–85 Euro. Menü 25–35 Euro.
Via Torre di Mare 2, Tel. 08 28 81 11 18, www.mandetta.it

■ **Villa Rita** ***
Ein großer Park umgibt das freundliche Hotel der Familie *Pisani,* die in unmittelbarer Nähe das Ristorante Nettuno (s.u.) betreibt. Alle Zimmer mit Klimaanlage, die Bäder sämtlich neu. Wenige Schritte von den berühmten Tempeln entfernt, kann man hier die Ruhe genießen. Pool im großen Garten. Gutes Restaurant. Radreisende steigen hier gerne ab. 19 Zi. DZ/F 90–130 Euro, HP zusätzlich ca. 16 Euro p.P. März bis Ende Okt.
Via Nettuno 9, Tel. 08 28 81 10 81, 08 28 72 25 55, www.hotelvillarita.it

7

Salerno und Paestum

Bed & Breakfast

■Casale Giancesare

Enzo Vozza vermietet in seinem renovierten, schönen alten Steinhaus in den Hügeln über Paestum freundliche, gut ausgestattete Zimmer und Apartments mit Küchen für 4–5 Personen. Aus einigen Zimmern und aus dem Olivengarten herrliche Blicke über die Piana del Sele auf den Golf mit Capri am Horizont. Großer Gemüsegarten, aus dem sich die Gäste versorgen können, kräftiger Hauswein. Großer Pool, Fußballkicker. *Enzo* hat für seine Gäste auch tausend gute Tipps. Anfahrt: vom Kreisverkehr in der Ebene unterhalb von Capáccio ein kurzes Stück bergauf und nach links der Ausschilderung in die Via Vecchia Cilento abbiegen. 5 Zi., 3 Ap., DZ/F 65–140 Euro, Ap. ab 900 Euro/Woche.
Via Giancesare 8, Tel. 08 28 72 80 61,
Mobil 33 31 89 77 37, www.casale-giancesare.it

■Il Cannito

MEIN TIPP! Wahrer Luxus: 15 ha duftende Macchia umgeben das absolut einsam gelegene Anwesen der Familie *Gorga*, ein mit Respekt und Mut zur Moderne wieder aufgebauter Basilianerkonvent aus dem Mittelalter im Schatten uralter Eichen. Helle, geräumige, modern designte Zimmer mit jeglichem Komfort. Luxus, das ist auch WiFi im Schatten 500-jähriger Eichen. Von den Töchtern *Antonella, Santa* und Sohn *Nicola* unterstützt, bereitet *Anna-Maria Gorga* ihren Gästen einen herzlichen Empfang und kocht auf Wunsch vorzüglich. Die Grundzutaten kommen frisch aus eigener Landwirtschaft. Pool *con vista*. Am Strand von Paestum verpachtet die Familie *Gorga* den Lido MareMirtilli (s.u.). Anfahrt: Aus Paestum kommend von der Straße nach Capáccio an einem Betonmast rechts auf die geschotterte Via Cannito abbiegen und dieser 700 m bis zum Tor folgen. 4 Zi., DZ/F 250 Euro (siehe Online-Angebote), Menü 35–60 Euro.
Località Cannito – Capáccio,
Tel. 082 81 96 22 77, Mobil 33 33 65 23 24,
33 51 55 58 81, www.ilcannito.com

Agriturismi/Turismo Rurale

■Azienda Bellelli

MEIN TIPP! *Maria Bellelli*, eine studierte Agrarwissenschaftlerin, hat die alten Pferdeställe auf dem elterlichen Gut in nette Gästeunterkünfte verwandelt. Ruhig inmitten von Feldern gelegen, Kinder haben viel freien Auslauf. Mit guten Tipps bereichert sie den Aufenthalt und organisiert für ihre Gäste auch gerne Rad- und Wanderausflüge. Anfahrt: knapp 2 km nördlich der Porta Aurea von der Via Magna Grecia (S.P. 276) nach Westen abzweigen (wie Tenuta Seliano, s.u.). 6 Zi., DZ/F 60–80 Euro.
Via Seliano, Tel. 082 81 99 03 46,
Mobil 32 88 32 40 32, www.aziendabellelli.it

■La Morella

Typisches Gutshaus der Sele-Ebene, auf halber Strecke zwischen Salerno und den Tempeln von Paestum, der Bahnhof Montecorvino-Rovella (Lokalzüge) ist 500 m entfernt. *Fabio Miletto* und seine deutsche Frau *Anette* betreiben hier Büffelzucht. Das familienfreundliche Anwesen ist absolut ruhig gelegen, die geräumigen Apartments sind in dem ehemaligen Gesindeflügel eingerichtet, die Zimmer liegen im Herrenhaus aus dem 18. Jh. Besonders hübsch ist das Turmzimmer mit Terrasse! Gute Küche mit Zutaten aus eigener biologischer Produktion. Kleiner Pool. Anfahrt: A 3, Ausfahrt „Battipaglia" und auf der S.S. 18 ca. 2 km Richtung Salerno. Im Ortszentrum von Belizzi (Piazza Europea) in Richtung Bhf. und über die Gleise. 4 Zi., 5 Ap., DZ/F 70–85 Euro, HP 55–70 Euro, Ap. ab 450 Euro/Woche, Menü 20 Euro.
Via Fosso Stazione 3, Tel. 082 85 10 08,
Mobil 39 39 44 71 77, www.la-morella.it

■Tenuta Seliano

Geräumige, gut ausgestattete Zimmer in einer stattlichen Masseria 2 km nördlich der archäologischen Zone von Paestum. Reichhaltiges Frühstück, gutes Restaurant (So mittags ein beliebtes Ausflugslokal). Reitstall, Pool. Die Familie *Bellilli* besitzt weitere Zimmer in der Masseria Eliseo, wo auch Büffel gezüchtet werden. Anfahrt: knapp 2 km nördlich

7

der Porta Aurea von der Via Magna Grecia (S.P. 276) nach Westen abzweigen. 13 Zi., 1 Ap., DZ/F ab 80 Euro, HP 60–70 Euro, Menü 25–30 Euro (für Kinder 15 Euro). April bis Anfang Nov.
Via Seliano, Tel. 08 28 72 36 34,
Mobil 33 56 67 42 00, www.agriturismoseliano.it

Campingplätze

■An der Via Nettuno, südöstlich der Tempel, ist neben dem Parkplatz auch ein **Stellplatz für Wohnmobile** ausgewiesen. Wohnmobilstellplätze bieten auch das Hotel Mandetta (s.o.), die Fattoria del Casaro und der Lido MareMirtilli (s.u.).
■**Camping Paestum**
Gepflegter Platz mit altem Baumbestand ca. 2 km nördlich der Sele-Mündung. Landseitig der Straße gelegen, Shuttle zum Strand. 2 Pers., Zelt und Auto 22–37 Euro. Mitte Mai bis Mitte Sept.
Litoranea Foce Sele – Eboli Mare,
Tel. 08 28 69 10 03, www.campingpaestum.it

■**Villaggio Athena**
Zeltplätze und Bungalows in schattigem Pinienwald, direkter Zugang zum Sandstrand. Anfahrt: ca. 2 km westlich der Tempel auf der Via Nettuno Richtung Meer. 2 Pers., Zelt und Auto 25–35 Euro. März bis Okt.
Via Ponte di Ferro, Tel. 08 28 85 11 05,
www.campingathena.com
■**Villaggio dei Pini**
Zelt-, Camperstellplätze und Bungalows im Schatten der Pineta mit direktem Zugang zum feinsandigen Strand. Beachvolleyball. Vom ADAC empfohlen. Anfahrt: ca. 2 km westlich der Tempel auf der Via Nettuno Richtung Meer. 2 Pers., Zelt und Auto 18–30 Euro, Bungalows ab 350 Euro/Woche. Ende März bis Anfang Sept.
Via Torre, Tel. 08 28 81 10 30,
www.campingvillaggiodeipini.com

▽ Paestum: kilometerlange Sandstrände

Essen und Trinken

Restaurants und Trattorien in/bei Paestum

■ Che fresco

Das Restaurant des Art-Hotels „Calypso" (s.o.) bietet seit über 40 Jahren kampanische Küche auf hohem Niveau. Es gibt es auch makrobiotische Gerichte. Verarbeitet werden lokale Produkte von Bio-Betrieben des Cilento. 150 kampanische Weine und dazu beste Beratung durch *Roberto Paolillo*. 25–35 Euro. März bis Ende Okt. Mittags und abends.
Via Mantegna 63, Tel. 08 28 72 11 91

■ Da Nonna Sceppa

Das in kulinarischen Führern zu Recht hoch gelobte Restaurant mit dem Ambiente einer Mensa hat sich der gehobenen Regionalküche verschrieben und ist an Wochenenden immer gut besucht. Abends auch Holzofenpizza. Anfahrt: von der archäologischen Zone ca. 3 km Richtung Salerno der küstenparallelen Straße folgend, 300 m vor dem Hotel Ariston zur Rechten. 20–40 Euro. Do Ruhetag. Okt. bis April nur mittags.
Via Laura 53, Tel. 08 28 85 10 64,
www.nonnasceppa.com

■ L'Antica Fattoria

MEIN TIPP! Agriturismo-Ristorante ca. 900 m landeinwärts vom Bahnhof Paestum (von Paestum zu Fuß durch die Unterführung zu erreichen, mit dem Auto aus Richtung Capáccio bzw. vom Abzweig am Km 95,400 der S.S. 18). *Anna Sabia* und ihr Mann *Fausto Mandetta* (spricht deutsch) bieten ihren Gästen einen herzlichen Empfang und tischen ehrliche Landküche auf, die Zutaten stammen größtenteils aus eigenem Anbau, der köstliche Schinken ist selbst gemacht. Delikate Holzofenpizza, dito das Brot! Einfache Gästezimmer, z.T. mit Küche (DZ/F 50–60 Euro). 20–25 Euro. Mittags und abends.
Via Ponte Marmoreo 57,
Tel. 08 28 81 17 65, Mobil 33 82 65 64 86 *(Fausto)*,
www.anticafattoriapaestum.com

■ La Fattoria del Casaro

Auf Höhe des Ristorante Nettuno (s.u.) liegt die Zufahrt zum Caseificio, in dem jeden Vormittag frische Bio-Mozzarella gezupft wird, die anschließend zusammen mit vielen anderen lokalen Produkten im Hofladen erworben werden kann. Das nette Restaurant serviert hausgemachte Pasta, Büffelsteaks, Käseteller, frische Salate und Obst der Saison. Tische auch im Freien. Camperstellplätze. 15–20 Euro. Nur mittags.
Via Licinella 5, Tel. 08 28 72 27 04,
www.lafattoriadelcasaro.it

■ Nettuno

Seit den 1920er Jahren betreibt die Familie *Pisani* ihr ausgezeichnetes Restaurant mit Blick auf die Tempel von Paestum. Von den vielen Touristengruppen sollte man sich nicht abschrecken lassen. Spezialität des Hauses sind *crespelle*, hauchdünne, mit Mozzarella gefüllte Pfannkuchen. Im Garten gibt es auch eine Bar, auf Liegestühlen kann man im Schatten Siesta halten und dabei die Tempel bewundern. Menu Turistico 15 Euro, ansonsten 20–40 Euro. Mo Ruhetag. Nur mittags.
Via Nettuno 2, Tel. 08 28 81 10 28,
www.ristorantenettuno.com

■ Ristorante Museo

Seit Jahrzehnten bodenständig gute Küche zu fairen Preisen neben dem Museo Archeologico. 20 Euro. Mo Ruhetag. Nur mittags.
Via Magna Graecia 921,
Tel. 08 28 81 11 35, www.ristorantemuseo.it

Trattoria bei Capáccio

■ L'Oasi del Granato

Anständige kleine Trattoria direkt unterhalb des Santuario Madonna del Granato. *Cucina cilentana* und offener Wein. 15–25 Euro. Mo bis Fr nur abends, Sa und So auch mittags. Mi Ruhetag. Nov. geschl.
Località Capáccio Vecchio,
Mobil 33 98 43 98 64, 33 91 63 87 27

7

Snacks, Cafés und Bars

Direkt an der archäologischen Zone, in der Via Magna Grecia, finden sich viele Bars, die auch Mozzarella-Snacks servieren, z.B. die **Bar Anna.**

An- und Weiterreise

■**Auto:** A3, Ausfahrt „Battipaglia", S.S. 18. Von Salerno führt die Via Litoranea küstenparallel nach Paestum.
■**Bus: SITA** (www.sitasudtrasporti.it) und **CSTP** (www.cstp.it) von und nach Salerno/ Piazza della Concordia. CSTP fährt weiter in den Cilento nach Agropoli, S. Maria di Castellabate, S. Marco di Castellabate und Acciaroli. Tickets in den Bars Anna bzw. Magna Graecia in Paestum.
■**Bahn:** Regionalzüge von und nach Salerno halten öfters am Tag an der Stazione FS „Capáccio-Roccadaspide". Ab hier erreicht man per Taxi oder Bus die 3 km entfernte archäologische Zone. Lokalzüge halten mehrfach täglich auch an der Stazione FS „Paestum". Von hier sind die Tempel in 10 Min. zu Fuß zu erreichen. Fahrtzeit Salerno – Paestum 40 Min. Fahrpläne auch in Tageszeitungen.

Unterwegs in Paestum

■**Parken:** Gebührenpflichtige Parkplätze an der archäologischen Zone.
■**Bus: Giuliano** (www.giulianobus.com) und **Lettieri** (Tel. 089 75 31 93) fahren zwischen dem Bhf. „Capáccio-Roccadaspide" und der archäologischen Zone von Paestum, Giuliano auch nach Giungano. Tickets im Bus.
■**Taxi:** am Bhf. „Capáccio-Roccadaspide".

Einkaufen

■**Bazar Cerere**
Das Angebot hebt sich von dem anderer Souvenirläden in der archäologischen Zone angenehm ab. Auch alte Stiche, Reiseführer und archäologische Fachpublikationen.
Via Magna Graecia 849–851,
Tel. 08 28 81 12 73, www.bazarcerere.com
■**Masseria Lupata**
Prämierte Bio-Käserei, der Laden öffnet 8–20.30 Uhr, mittags kann man die frische Mozzarella auch vor Ort verzehren.
Via Porta Marina 29 – Paestum,
Tel. 08 28 72 20 02, www.masserialupatabarlotti.it
■**Masseria Maida**
Absolut köstliche *sott'olii: Francesco* und *Fabrizio Vastola* legen Gemüse aus eigenem Bio-Anbau bzw. von Bauern aus dem Cilento nach alten Rezepten in Olio extra vergine ein. Mo bis Sa 9–20 Uhr.
Località Tempa di Lepre – Capáccio,
Tel. 08 28 72 29 53, www.vastolaitaly.com

◁ Lido MareMirtilli

Salerno und Paestum

■Tenuta Vannulo
Ökologischer Musterbetrieb von *Antonio Palmieri*. Verkauft wird v.a. frische *mozzarella di bufala*, in einer Bar werden Eiscreme und Yoghurt aus Büffelmilch serviert. Anfahrt: direkt an der S.S. 18 am Km 93 abbiegen.
Via G. Galilei 10 – Capáccio Scalo,
Tel. 08 28 72 47 65, www.vannulo.it

Fest

■Festa della Madonna del Granato, Paestums antiker Hera-Kult lebt heute in katholischem Gewand fort. Am 2. Mai und 15. August pilgern die Gläubigen zu der Madonna, die wie Hera einen Granatapfel in der Hand hält. Das Heiligtum der Madonna del Granato liegt an der S.P. 13 in Richtung Capáccio.

Baden/Windsurfen

Ein kilometerlanger, **breiter Sandstrand** zieht sich **von Salerno nach Agropoli**. Richtung Agropoli wird die Wasserqualität zunehmend besser. Auf Strömungen achten!
Der Umweltschutzverband Legambiente hat zum Schutz der sensiblen Dünenlandschaft das Projekt „Oasi Dunale Paestum" ins Leben gerufen.

■Lido MareMirtilli
Der Lido der Familie *Gorga*, die in den Hügeln unterhalb von Capáccio ein exklusives B&B betreibt, beweist ebenfalls besten Geschmack. Schattige Stellplätze für Camper. Lange Saison. 2013 verpachtet.
Linora di Paestum, Tel. 08 28 72 11 33

Radfahren

Auf der brettebenen Piana del Sele lässt sich leicht in die Pedale treten, etwa bei einer Umrundung des antiken Paestum oder einem Ausflug zum Flussheiligtum der Hera 8 km weiter nördlich. Eine besonders reizvolle Bergstrecke führt mit einem Abstecher zum Santuario Madonna del Granato, nach Capáccio (tolle Aussichtsplattform!) und weiter Richtung Montforte Cilento und Magliano Nuovo. Auf rasanten Serpentinen geht es durch Giungàno zurück nach Paestum.

■Ciclidea
MEIN TIPP! Der Profi-Radladen liegt in einem modernen Glasgebäude an der S.S. 18, aus dem Norden kommend, auf Höhe der ersten Abfahrt nach Paestum (Schild „La Contadina – Mozzarella di Bufala"). *Pino Giovinal, Giovanni* und *Raffaele Taddeo* verkaufen Räder der besten italienischen Manufakturen zu erstaunlich günstigen Preisen und fertigen auch Räder nach Maß. Mountainbikes und Rennräder zum Ausleihen (bis zu 15 Räder werden im Mini-Bus bis zur Urlaubsadresse gebracht, auch überall in den Cilento!), Gebrauchträder in Top-Zustand. Wertvolle Routentipps! *Pino* begleitet kleine Radreisegruppen durch den Cilento und an die Costa di Maratea. Mo bis Sa 8.30–13 und 16–20 Uhr.
S.S. 18, Km 90 – Capáccio Scalo,
Tel. 08 28 72 35 64,
Mobil 34 84 03 05 75 *(Raffaele)*,
34 97 28 75 15 *(Pino)*, www.ciclidea.eu

Wandern

Monte Capáccio Vecchio (383 m)

Der Besuch des Santuario Madonna del Granato lässt sich mit einer kleinen Wanderung verbinden. Bereits von der Kirche aus genießt man einen herrlichen Blick auf die Ebene des Sele und die Tempel von Paestum, dahinter öffnet sich der weit geschwungene Golf von Salerno. Folgt man der kaum befahrenen Straße im Rücken der Kirche ca. 1 km ins Landesinnere, erreicht man auf der Höhe einer Betontränke den Abzweig, von dem es in 15 Min. in

7

den Sattel am Monte di Capáccio Vecchio hoch geht. Von hier lässt sich der darüber liegende Hügel (383 m) erklimmen. Im Grün der Macchia schlummern die Ruinen von Capáccio Vecchio. Über den Grat lässt sich die Tour – etwas abenteuerlicher – bis zum Monte Soprano (1082 m) fortsetzen. Infos und Tipps: www.cilento-aktiv.info/cilento-aktiv/wanderungen.

Persano

Nordwestlich von Paestum liegt am Sele-Fluss auf dem Gemeindegebiet von Serre ein ehemaliges Jagdreservat der Bourbonen. 4000 ha Schwemmland, Sumpf und Auwald stehen unter Naturschutz, ein Teil betreut vom italienischen Word Wildlife Fund. Vom Ufer aus lassen sich durch das Röhricht Wasservögel beobachten. Das Naturschutzgebiet ist einer der wenigen Orte Italiens, wo Fischotter in freier Wildbahn leben. Der Besuch mit einem Führer wird empfohlen. Die **Oasi WWF di Persano** ist am schnellsten von der A3, Ausfahrt „Campagna" zu erreichen. Ab hier gut ausgeschildert. Tägl. 9 Uhr bis 1 Std. vor Sonnenuntergang. Führungen jeweils Mi, Sa und So: Juni bis Sept. 9 und 17 Uhr, Okt. bis Mai 10 und 15 Uhr. Contrada Falzia, Serre, Tel. 08 28 97 46 84, www.wwf.it/persano.nt. Eintritt 5 Euro, für WWF-Mitglieder frei.

Calore-Schlucht

Etwa 35 km südöstlich von Paestum liegen Magliano Vettere und Magliano Nuovo, über Capáccio auf der S.P. 13 schnell zu erreichen. Die Pro Loco Magliano Vettere hat eine Reihe von Wanderwegen angelegt und markiert, der spektakulärste führt durch die Calore-Schlucht (siehe Valle del Calore im Kapitel Cilento).

Drachen- und Gleitschirmfliegen

Eine der Top-Locations für Drachen- und Gleitschirmflieger liegt nur wenige Autominuten von den antiken Tempeln von Paestum entfernt. Am langen Bergrücken, der sich vom Monte Capáccio Vecchio über den Monte Soprano bis zum Monte Vesole zieht, entwickelt sich tagsüber ein starker Aufwind, bereits wenige Minuten nach dem Start kann man Höhen von 650 bis 700 m, in Ausnahmefällen auch über 1000 m erreichen. Man kann stundenlang in der Luft bleiben und genießt dabei von oben den Blick auf die Tempel, über den Golf von Salerno auf die Amalfitana und Capri, und im Landesinneren scheinen die Berge des Cilento zum Greifen nah. Die Startplätze für Drachen- und Gleitschirmflieger lassen sich vom Parkplatz am Santuario Madonna del Granato zu Fuß erreichen. Auf dem Parkplatz bzw. am Landeplatz am Fuße des Santuario in Nähe des Ristorante Le Trabe in der Località Capo di Fiume bekommt man schnell Kontakt zu anderen Drachen- und Gleitschirmfliegern. Kontakte, Informationen auch zu Kursen und Tandemflügen z.B. auf www.tappetivolanti.com.

Giungàno und Trentinara

Wie Capáccio ist auch **Giungàno** (250 m, 1260 Ew.) eine der Nachfolgesiedlungen des antiken Paestum. Von kleinen Bausünden abgesehen, präsentiert sich der mittelalterliche Borgo am Hangfuß des Monte Catenna recht intakt. „Visitenkarte" des freundlichen Städtchens ist der Benediktinerkonvent aus dem 12. Jh. am Ortseingang. Vom Baronalspalast zieht

Salerno und Paestum

sich der schmale Corso bis an das nordwestliche Ortsende mit einigen Palazzi aus dem 17. und 18. Jh. und der Chiesa dell'Assunta mit hübschem Campanile. Weiter im Nordwesten öffnet sich eine imposante Talschlucht, die **Gola di Tremonti,** laut dem Historiker *Plutarch* 71 v. Chr. Schauplatz einer der letzten entscheidenden Schlachten zwischen dem Sklavenheer des *Spartakus* und den römischen Legionen unter Befehl des *Licinius Crassus.*

Hoch über Giungàno breitet sich **Trentinara** (606 m, 1850 Ew.) auf dem Hochplateau des **Monte Catenna** aus. Die strategische Lage nutzte 1943 auch die deutsche Wehrmacht und richtete hier einen Beobachtungsposten ein, der wiederum heftigen Angriffen der Alliierten ausgesetzt war. Schaden nahm das Ortsbild auch durch das Erdbeben 1980, vor allem aber durch den unsensiblen Wiederaufbau. Von der Piazzetta degli Eroi mit Gefallenen-Denkmal und Chiesa dell'Annunziata geht es zu Fuß in den Borgo antico mit der Chiesa di S. Nicola aus dem 11. Jh. In wenigen Minuten erreicht man auch die Terrazza sul Cilento, einen monströs konstruierten Belvedere mit Ausflugslokal und Traumblick in die Gola Tremonti, auf die Sele-Ebene, den Golf von Salerno, die Amalfitana und Capri. Im Süden erhebt sich der Monte Stella.

Information

- www.comune.giungano.sa.it
- www.comune.trentinara.sa.gov.it
- www.trentinara.net

Unterkunft

Bed & Breakfast in Giungàno

■ Domus Laeta

MEIN TIPP! Auch im 21. Jh. nobel unterkommen im Geiste der Grand Tour: Unterhalb der Chiesa dell'Annunziata und der Durchfahrtsstraße erhebt sich der befestigte Palazzo Aulisio aus dem 17. Jh., den *Camilla Aulisio* seit 2003, darin auch unterstützt von Tochter *Isabella*, behutsam restauriert und seither als vollendete Gastgeberin als B&B betreibt. Das Haus ihrer Vorfahren blieb durchgehend in Benutzung, daher haben sich auch Mobiliar und Einrichtung, darunter die Holzbacköfen, eine Ölmühle und

▷ Giungàno: für guten Espresso ist immer Zeit

die Bibliothek mit 1500 Pergamentbänden, perfekt erhalten. Im Kamin wird jeden Abend ein Feuer entzündet. Die geräumigen Zimmer sind äußerst komfortabel, die Möbel antik, die Betten top. Im Sommer locken v.a. die Mansardenräume mit ihren privaten Sonnenterrassen. Den herrlichen Ausblick aufs Meer genießt man auch im liebevoll gestalteten Zitrusgarten. Der Brunnen, aus dem sich früher die Bevölkerung des Ortes mit gutem Trinkwasser versorgte, speist heute einen kleinen Pool. Zum Frühstück gibt es u.a. frisch gebackene Kuchen; gelegentlich kocht Signora *Camilla* sogar für ihre Gäste und das vorzüglich! Überhaupt sorgt sie mit vielen guten Tipps für einen angenehmen, abwechslungsreichen Aufenthalt. 10 Zi., DZ/ F 90–120 Euro. Via Flavio Gioia, Tel. 08 28 88 01 77, Mobil 33 98 68 79 83, www.domuslaeta.com

■**Giardino Dionysos**

An der Zufahrtsstraße Richtung Giungàno liegt kurz vor der Brücke über die Gola Tremonti das B&B des weitgereisten und weltgewandten *Franco Russo-mando*. Neben drei gemütlichen Gästezimmern und einer kleinen Gemeinschaftsküche steht den Gästen ein Pool inmitten des weitläufigen exotischen Gartens zur Verfügung. Mit eigenem Schlüssel ist man autonom, ohne eigenes Fahrzeug isoliert. Im Sommer vermietet *Franco* eine Gartenvilla am Meer bei San Marco di Castellabate. 3 Zi., DZ/F 60–100 Euro. Via Provinciale 31, Tel. 08 28 88 02 08, Mobil 33 89 49 37 69, www.giardinodionysos.com

Agriturismo bei Ogliastro Cilento

■**Chiusulelle**

MEIN TIPP! *Donatella* und *Antonio Abruzzese* betreiben ihren familienfreundlichen Bauernhof unterhalb eines mittelalterlichen Borgo. Die Blicke gehen auf die Küstenebene von Paestum und die schöne Bergkette im Hinterland. Geräumige und gut ausgestattete Zimmer, Frühstücksraum mit Kamin und ein gemütlicher Salon in einem riesigen Backofen, der zum Trocknen von Feigen diente. Ausgezeichnete Küche, nur für Übernachtungsgäste! Von der Kreuzung Bivio Mattine südl. Paestum/westl. Giungàno bzw. nördl. Agropoli ausgeschildert, liegt die Zufahrt am nördl. Ortseingang von Erédita. 3 Zi., DZ/F 60–80 Euro, HP 40–55 Euro. Contrada Chiusulelle – Erédita, Tel. 09 74 83 32 11, Mobil 33 88 78 75 29, 33 58 74 62 49, www.agriturismochiusulelle.com GPS: N 40°21.588', E 15°03.113'

Zimmer in Trentinara

■**Lo Vottaro**

Das empfehlenswerte gleichnamige Lokal (s.u.) kann satte & zufriedene Gäste durch das Angebot von fünf netten Gästezimmern noch glücklicher machen. DZ/F 50–70 Euro.

◁ Trattoria La Torretta: Signora Anna

Salerno und Paestum

Essen und Trinken

Restaurants in Giungàno

▪ La Panoramica

MEIN TIPP! Ristorante-Pizzeria im Grünen, von der großen Terrasse Blick auf den Golf. Der rührige Padrone *Pietro Manganelli* ist *pizzaiolo*. In der Küche unterstützt von Ehefrau und Mamma, bietet er seinen Gästen eine schmackhafte Jahreszeitenküche auf Basis genuiner Lokalprodukte. Die Pasta ist hausgemacht, das Fleisch kommt vom Grill. Abends Holzofenpizza – auch meterweise! Gute Weinliste und solider *vino della casa. Pietro* ist auch Organisator der „Festa della Pizza Cilentana" (s.u.). Anfahrt: von der Brücke nördlich des Ortes 1,3 km nach links bergauf. 15–25 Euro. Juni bis Sept. tägl. mittags und abends, Okt. bis Mai nur Fr, Sa und So abends.
Via Difesa Gaudo, Tel. 08 28 88 04 95,
Mobil 33 36 63 06 29

▪ La Torretta

MEIN TIPP! Bar-Trattoria-Tabacchi im Palazzo Baronale. Unterstützt von ihren Töchtern *Irma, Angela,* und *Sara* kocht die sympathische Signora *Anna* in ihrer winzigen *cucina* wie eine Mamma für ihre Gäste. Gute lokale Küche und kulinarische Eigenkreationen, wie z.B. *carciofi all' aqua pazza,* gut gewürztes Artischockengemüse aus der Pfanne. Leckere Gemüseantipasti. Zum Lokal steigt man in das Gewölbe hinab, bei gutem Wetter stehen Tische im Freien im Schatten eines Granatapfelbaums. Di Ruhetag. 15–20 Euro.
Piazza V. Veneto, Tel. 082 81 89 51 86,
Mobil 33 91 44 40 60 *(Vincenzo Curcio)*

▪ Tre Monti

Familiengeführte Trattoria im Ortsteil unterhalb der Cappella del cimitero benedetino. Zu den Spezialitäten zählt *pasta fatta in casa* mit frischen und eingelegten Waldpilzen. Abends auch Holzofenpizza. Im Sommer Tische auf der Veranda. 15–25 Euro. Mo und im Okt. geschl. Mittags und abends.
Via S. Giovanni 2, Tel. 08 28 88 01 83,
Mobil 33 19 85 74 86

Restaurants in Trentinara

▪ Antiche Mura

Giuseppe Marino ist dem Trend gefolgt, hat im Borgo eine nette Trattoria eröffnet und sich damit einen Jugendtraum erfüllt. Gute *cucina di terra e di mare*, eigenes Olivenöl, solide Weinauswahl. 25–35 Euro. Mittags und abends. Mo Ruhetag.
Via Forno Antico 8,
Tel. 082 81 81 80 26, Mobil 33 92 65 26 83,
www.antichemura-trentinara.it

▪ Lo Vottaro

MEIN TIPP! Nach erfolgreichen Jahren in seiner von Slow Food hochgelobten Pergola in Capàccio Scalo hatte *Alfonso Longo* 2007 seine kulinarischen Aktivitäten in den mittelalterlichen Ortskern von Trentinara verlagert. Hier kochte er noch näher am Territorium, die frischen Zutaten lieferten die Bauern des Ortes, z.T. sammelte er sie im Umland in Begleitung seiner kräuterkundigen Lebensgefährtin auch selbst. Im Sommer 2012 ist er überraschend gestorben. *Cristina* setzt den gemeinsamen Traum mit Überzeugung fort und überzeugt auch ihre Gäste. Urige Innenräume mit Blick in die offene Küche. Im Sommer sitzt man in einem hübschen Gartenhof im Freien. In der Regel bis auf So nur abends geöffnet. Reservierung empfohlen. Komplettes Menü für 30 Euro inkl. Getränke (der unfiltrierte Bauernwein mag ehrlich sein, zum Glück gibt es auch beste Cilento-Tropfen in der gut sortierten Cantina). Das schön restaurierte Altstadthaus hat fünf nette Gästezimmer (DZ/F 50–70 Euro).
Via Forno Antico, Mobil 32 97 79 33 47

Einkaufen

▪ Azienda Agricola San Salvatore 1988

Im Gewerbegebiet von Giungàno liegt diese Vorzeigekellerei (siehe Exkurs „Jazz in Flaschen und andere gute Tropfen"). Auf Voranmeldung sind Verkostungen und Betriebsbesichtigungen möglich. Mo bis Sa 8–19 Uhr.

7

Via Dionisio – Giungàno,
Tel. 082 81 99 09 00, www.sansalvatore1988.it

Feste

■**Festa dell'antica Pizza Cilentana,** *Pietro Manganelli,* Padrone der Trattoria La Panoramica (s.o.),
hat in Giungàno ein Pizzafest etabliert, dass im August (fast) die gesamte Bevölkerung mit einbezieht.
Alle Holzbacköfen des Ortes werden eingeheizt,
und keiner, ob Einheimischer oder Gast, bleibt in
diesen Tagen hungrig. Anders als die weltberühmte
Pizza napoletana wird ihre bislang noch kaum bekannte cilentanische Schwester aus einem Sauer-
teig aus Hartweizenmehl gebacken und mit Tomaten und *caccio ricotta* (frischer Ziegenkäse) belegt.
Auch in der Form unterscheiden sich die beiden
Teigfladen, die Pizza cilentana ist länglich.
www.cilentumpizza.it

■**Festa del Pane e della civiltà contadina,**
Mitte August verwandelt sich der mittelalterliche
Borgo von Trentinara in eine orgiastische Fressmei-
le, Backstuben und versteckte Hinterhöfe sind zu
entdecken. Volksmusik in den Gassen, Konzerte auf
der Bühne.
www.festadelpane.eu

Wandern

Gola di Tremonti

Alte, teils verfallene Wirtschaftswege verbinden Giungàno mit dem 350 m höher gelegenen Trentinara. Der schönste führt an den Wasserfällen in der
Tremonti-Schlucht nach oben. Start der abschnittsweise markierten Wanderung ist der aufgelassene
Steinbruch im Westen von Giungàno. Folgt man der
Kiesstraße durch den ehemaligen Steinbruch ins Tal

gvn13_103 pa

und hält sich an der ersten Gabelung rechts, erreicht man nach ca. ½ Std. die erste Gumpe im Wald. Von hier kann man weiter im Schatten von Steineichen Richtung Trentinara aufsteigen und auch den Ort selbst erreichen, in dem man das verkarstete Plateau nach Südosten quert. Infos und Tipps: www.cilento-aktiv.info/cilento-aktiv/wanderungen.

Anfahrt: Nordöstlich von Trentinara zweigt von der S.P. 13 eine Straße Richtung Roccadaspide ab. Nach 5 km und etlichen Kurven sind die Passhöhe und der Ausgangspunkt der Wanderung erreicht – einfach der breiten Forststraße nach rechts bergauf folgen. Infos und Tipps: www.cilento-aktiv.info/cilento-aktiv/wanderungen.

Salerno und Paestum

Monte Vesole

Auf den 1210 m hohen Hausberg von Trentinara führt ein Wanderweg. Früher wurde in den nevere (Schneegruben) über den Winter der Schnee gesammelt und zu Eis gepresst, um anschließend auf Maultieren ins Tal gebracht zu werden. Von der Passhöhe führt eine breite Forststraße fast bis auf den Gipfel. Im letzten Abschnitt folgt man einfach dem Grat. An klaren Tagen ist das Panorama schwer zu toppen!

◁ Lo Vottaro: Alfonso und Cristina

▽ Giungàno, oben am Berg Trentinara

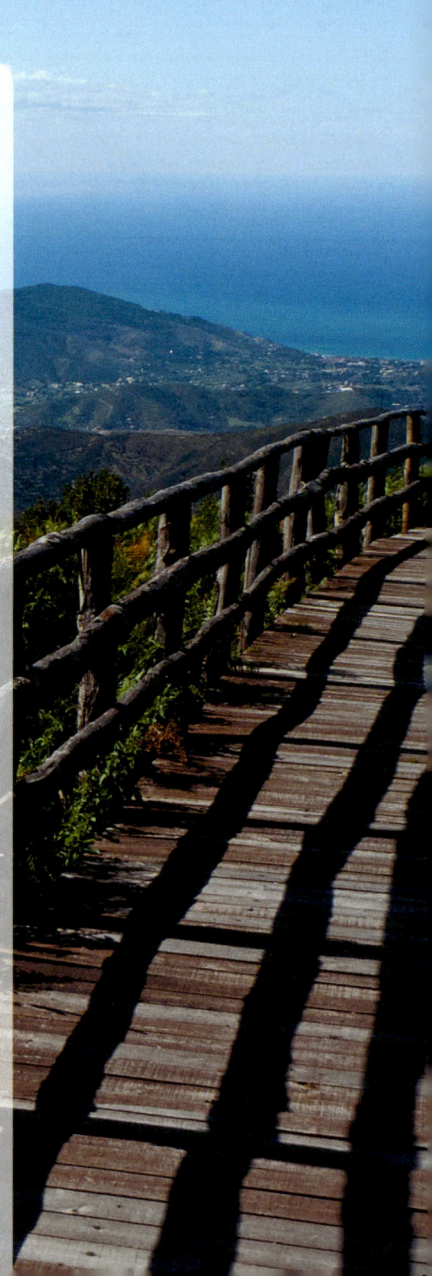

8 Cilento und Vallo di Diano

Der Cilento lockt mit blitzsauberem Meer, kilometerlangen Stränden, waldreichen Gebirgen und kristallklaren Flüssen. Charmante Hafenstädtchen und einsame Bergdörfer bieten Dolce vita rustikal. Zum UNESCO-Welterbe zählen hier nicht nur Natur und Kultur, sondern auch die berühmte „Mittelmeer-Diät".

Pietraroja

Benevento
Gesualdo

K A M P A N I E N

Isola
d'Ischia
Isola di
Procida
Neapel
Salerno

Isola
di Capri
Capáccio
Castellabate
Teggiano

Marina di
Camerota

◁ Monte della Stella: DER Aussichtsberg im Alto Cilento

8

⌂ Scharfe Kurven oberhalb Marina di Camerota

ÜBERBLICK

Der urwüchsige Cilento ist die große Überraschung im Süden der Region: Nationalpark, UNESCO-Biosphärenreservat und Weltkulturerbe in Einem. Traumstrände und ein kristallklares Meer, bäuerliches Hinterland und wilde, unberührte Berglandschaften, in denen sich Wolf und Otter Gute Nacht sagen. Ideal für einen entspannten Familienurlaub oder abwechslungsreiche Aktivferien. Mit einem eigenen Fahrzeug bleibt man flexibel beim Erkunden der schönsten Strände und der Wanderrouten.

gvn13_125 pa

Es hat sich herumgesprochen: Kampanienreisen müssen nicht bei Paestum enden. Das Beste kommt noch. Der Cilento erwacht aus seinem Dornröschenschlaf, der „Geheimtipp" ist längst in aller Munde. Die große Halbinsel im Süden der Provinz Salerno muss landschaftliche Vergleiche mit den Küsten Capris oder der Amalfitana nicht scheuen. Den grünen Kontrast zum türkisblauen Meer bilden Olivenhaine auf terrassierten Hügeln, die bewaldeten Gebirge sind durchzogen von tiefen Talschluchten mit kristallklaren Flüssen. Fischotter und Wolf haben sich in diesem Wanderparadies noch ein Refugium bewahrt. In den Bergdörfern und auch in einigen der malerischen Hafenstädtchen ist die Zeit zwar nicht stehen geblieben, doch verläuft sie hier langsamer als anderswo. Ein Gebiet mit einer Fläche von 180.000 Hektar steht als **Parco Nazionale del Cilento e Vallo di Diano** unter Schutz, das wird auch zukünftige Bauentwicklungen an der Küste bremsen. Von der UNESCO wurde der Cilento in die Listen der Biosphärenreservate und des Weltkulturerbes aufgenommen. Damit sind die Weichen auf „sanften Tourismus" gestellt. Wer **Ruhe, intakte Natur** (nach den Winterstürmen früh im Jahr und nach dem Augustansturm

8

0 ▬▬▬▬ 10 km

Spineta Nuova · Serre · Scorzo · Salerno · Vietri di Potenza · Auletta · Pertosa

498 · M O N T I · **497**

Persano · A3 · E45

Altavilla Silentina · Controne · M. Alburno 1742 · Petina · Polla

A L B U R N I · Brienza

Albanella · Castelcivita · S. Ángelo a Fasanella · Atena Lucana

Grómola · Aquara · Corleto Montforte · Sala Consilinia

Láura · Capáccio · Roccadáspide · Cilento und · S. Rufo

Paestum · Trentinara · Castel S. Lorenzo · Roscigno · Sacco · **493**

Golfo di Salerno · Giungano · C A M P A N I A · Teggiano

1314 · Felitto · **462** · **463** · Sassano

Agropoli · Ogliastro Cilento · Magliano Nuovo · Laurino · **463** · Plaggine

Prignano Cilento · Cicerale · Magliano Vetere · Valle dell'Angelo · **463**

S. Maria di Castellabate · Vatolla · Órria · S'Ostio · M. Raialunga 1405 ▲ · M. Cervati 1899 ▲ · Buonabitacolo

Castellabate · Perdifumo · M.Stella ▲1131 · Omignano · **459** · *Vallo di Diano* · Sanza

San Marco di Castellabate · Salento · Vallo d. Lucánia · *Nationalpark*

P. Licosa · Montecorice · San Mauro Cilento · Stella Cilento · **459** · M. Gelbison 1705 · Rofrano

S. 429 · **446** · Póllica · Ceraso · Laurito · Caselle in Pittari

Acciaroli · **451** · **452** · Marina di Casal Velino · *Velia* · S. Máuro la Bruca · Futani · Torre Orsaia · Morigerati · Casaletto Spartano

446 · Áscea · **452** · Roccagloriosa · S. Marina

452 · *Marina di Áscea* · **465** · Pisciotta · Policastro Bussentino · Villammare · Capitello · Sapri

470 · M. Bulgheria 1225 · Scario · S. Giovanni a Piro · *Golfo di Policastro*

Palinuro · Camerota

Capo Palinuro · Marina di Camerota · P. degli Infreschi · **S. 481**

99 Ortsbeschreibung auf Seite 99

---

der meist italienischen Badegäste sind manche Strände leider zugemüllt) und eine noch unverfälschte **Gastfreundschaft** sucht, ist hier richtig. Und das Beste ist: Von den italienischen Ferienmonaten Juli und August abgesehen, sind die meisten Strände beinahe menschenleer; Kenner kommen im Herbst.

Landschaftlich lässt sich der Cilento in **fünf Unterregionen** gliedern: Alto Cilento, Cilento Centrale, Basso Cilento, Vallo di Diano sowie Monti Alburni und Valle del Calore. In dieser Reihenfolge werden die Cilento-Regionen in diesem Kapitel vorgestellt.

Der Cilento und das Vallo di Diano

Praktische Tipps

Information

■ **Parco Nazionale del Cilento e Vallo di Diano**
Verwaltung und Info-Büro im Palazzo Pinto. Hier gibt es auch Wanderkarten (s.u.).
Piazza S. Caterina 8 – Vallo della Lucania,
Tel. 09 74 71 99 11, www.cilentoediano.it
■ **www.cilento-aktiv.info,** Tipps und Links für den Aktiv-Urlaub im Cilento.
■ **www.paesidelsole.it,** touristisches Cilento-Portal, mit EU-Mitteln finanziert.

An- und Weiterreise

Mit dem Auto

Der Cilento ist von Salerno auf der A3 Salerno – Reggio di Calabria am schnellsten über die Ausfahrt „Battipaglia" zu erreichen. Die A3 führt nordöstlich der Monti Alburni durch das Vallo di Diano, mehrere Staatsstraßen zweigen unterwegs in den Cilento ab. Als Schnellstraße ausgebaut führt die S.S. 18 über Paestum und Agropoli, vorbei an Vallo della Lucania, durch das Landesinnere an den Golf von Policastro. Kurvenreich und landschaftlich wunderschön ist die Küstenstraße, die unter der Bezeichnung ex S.S. 267, ab Velia als ex S.S. 447, bis Marina di Camerota führt.

Mit dem Bus

Fast alle Orte des Cilento sind, wenn auch gelegentlich umständlich, mit Linienbussen zu erreichen. Aus Salerno/Piazza della Concordia mehrmals täglich **CSTP** (www.cstp.it) über Battipaglia, Paestum nach Agropoli, Santa Maria di Castellabate, Acciaroli, Pollica, Vallo di Diano. **SCAT** (www.autoservizi-

8

scat.com) mehrmals täglich ebenfalls aus Salerno/ Piazza della Concordia über Capáccio Scalo und Paestum nach Agropoli.

Mit der Bahn

Die Linie Napoli – Salerno – Reggio di Calabria passiert die Küsten des Cilento, allerdings liegen die Bahnhöfe selten verkehrsgünstig. Gleiches gilt für die Linie Battipaglia-Lagonegro, die durch das Vallo di Diano führt. Günstiger ist die Anreise mit der Bahn nach Salerno bzw. Agropoli und ab hier die Weiterfahrt mit Überlandbussen.

Mit dem Schiff

■ **Metrò del Mare** (www.metrodelmare.net), von Anfang Juni bis Ende Sept. von den Häfen des Cilento nach Salerno, weiter an die Amalfitana und in den Golf von Neapel.

Welterbe zum Essen

Den Cilento, uraltes Kulturland zwischen Bergen und Meer, lernt man nicht zuletzt durch seine Küche kennen. Unser besonderer Gaumen- und Augenmerk gilt der Auswahl charakteristischer Lokale. Was heute als „mediterrane Diät" in aller Munde ist, wurde 1954 zum ersten Mal von dem amerikanischen Ernährungswissenschaftler *Ancel Keys* im Cilento untersucht. Seit 2010 steht die **dieta mediterranea** auf der UNESCO-Liste des immateriellen Kulturerbes! Der Cilento ist bekannt für gutes **Olivenöl**, und seit Jahren machen auch seine **Weine** von sich reden (siehe Exkurs „Jazz in Flaschen und andere gute Tropfen"). Berühmt und köstlich sind die *fichi bianchi*, die **weißen Feigen** des Cilento!

Mit dem Flugzeug

Seit 2008 ist – mit Unterbrechungen – der Flughafen von Pontecagnano als **Aeroporto di Salerno – Costa d'Amalfi (QSR)** für den zivilen Flugverkehr geöffnet. Das ändert jedoch nichts an der Bedeutung von Neapel.
Via Olmo – Bellizzi, Tel. 08 28 35 43 11, www.aeroportosalerno.it

Wandern

Der Cilento ist ein **Wanderparadies!** Der Nationalpark hat zehn Kartenblätter mit Wanderwegen im Maßstab 1:25.000 auf Basis veralteter Militärkarten des I.G.M. herausgegeben. Nach und nach sollen die Wege markiert werden! Vielleicht gibt es dann auch eine korrigierte Neuauflage der „Carta dei Sentieri – Parco Nazionale del Cilento e Vallo di Diano". Die Blätter können einzeln oder im Schuber im Nationalparkbüro gekauft werden. Einen guten Überblick bietet die Carta Turistica e dei Sentieri „Parco Nazionale Cilento e Vallo di Diano" 1:50.000 von Matonti Editore (lokal erhältlich). Routentipps und Adressen lokaler Wanderführer auf www.cilento-aktiv.info/cilento-aktiv/wandern.

Radfahren

Die verkehrsarmen Straßen des Landesinneren, grandiose Landschaften und freundliche Orte unterwegs machen den Cilento zu einem Mekka für Radfahrer. Ambitionierte **Freizeitradler und Profis** kommen auf ihre Kosten. Zur Orientierung genügt eine aktuelle Straßenkarte. Mountainbiker finden in den Monti Alburni ein anspruchsvolles Revier. Routentipps und Adressen auf www.cilento-aktiv.info/cilento-aktiv/radfahren.

Der Cilento und das Vallo di Diano

Tauchen und Kajakfahren

Reviere und Adressen in den Ortskapiteln sowie auf www.cilento-aktiv.info/cilento-aktiv/wasser.

Strände und Baden

Seit Jahren erteilen Legambiente und die Foundation of Enviromental Education Bestnoten für saubere Strände und sauberes Meer im Cilento. Regelmäßig werden Agropoli, Castellabate, Montecorice-Agnone, Acciaroli und Pioppi di Pollica, Ascea, Palinuro, Camerota sowie Sapri mit der **Blauen Flagge** ausgezeichnet. Bei 100 tollen Küstenkilometern ist für jeden Geschmack etwas dabei.

Alto Cilento

Alto Cilento bezeichnet jenen Landstrich im Norden, der den Küstenstreifen von Agropoli bis an die Mündung des Alento auf der Höhe des antiken Vélia und das sich landeinwärts anschließende Hügel- und Bergland mit dem **Monte della Stella** als höchster Erhebung umfasst. Der Name Cilento leitet sich von *cis alentum* ab („diesseits des Alento") und beschrieb ursprünglich das Gebiet rund um den Monte della Stella nördlich des Flusses Alento. Später wurde er auf die ganze Halbinsel übertragen.

Agropoli

Agropoli (24 m, 21.500 Ew.) gilt als **Tor zum Cilento**. Die ausufernde Stadt ist im Juli und August fest in der Hand italienischer Badegäste. Bereits die Grie-chen der Antike erkannten die Gunst der Lage und nutzten den natürlichen Hafen für den Handel mit einheimischen Lukanern. An höchster Stelle errichteten sie *Poseidon* einen Tempel, in Poseidonia (Paestum) sucht man ihn jedenfalls vergebens. Ihren griechischen Namen „Stadt in der Höhe" verdankt Agropoli den Byzantinern, die den mächtigen Felsvorsprung im byzantinisch-gotischen Krieg (535–553) befestigten. Im 9. Jh. setzten sich sarazenische Piraten hier fest und machten sich die Festung als Basis für ihre Raubzüge zunutze. Den schönsten Blick auf Altstadt und Kastell genießt man vom Hafen aus oder während einer Bootsfahrt.

Cilento aktiv

100 tolle Küstenkilometer, blitzsauberes Meer, silber glänzende Olivenhügel, Macchiahänge, dichte Wälder, verkarstete Gebirge, blühende Almweiden und tiefe Schluchten – den Cilento und die südlich benachbarte Costa di Maratea lernt man am besten aktiv kennen. **30 konkret beschriebene Wandertouren,** 10 Radrouten mit Höhenprofil, Pferdetrekking und Gleitschirmfliegen, viele Tipps für **Aktivitäten am Strand und unter Wasser** sowie – um nach so viel Sport wieder zu Kräften zu kommen – **die besten kulinarischen Adressen** in einem handlichen Band. Außerdem haben hier ihren ersten Auftritt **Pinco und Pallina©,** zwei neugierige Kinder, die Fragen stellen, die Erwachsenen oft gar nicht erst einfallen.

■ *Amann, Peter:* **Cilento aktiv – mit Costa di Maratea,** Mankau Verlag, Murnau 2012
■ **www.cilento-aktiv.info**

8

Über eine Rampe betritt man die von alten Mauern umgebene malerische **Altstadt,** im Sommer eine beliebte Ausgehmeile. Verwinkelte Gassen führen bis an die höchste Stelle zum **Kastell.** Hier sind historische Hinweise zu lesen, die sprachlich eine Herausforderung darstellen: „Die griechisch-byzantinische erst sechsten Jahrhundert bildeten das so-Gennante Sarazen-Schloss". Doch genug der (unverständlichen) Geschichte, schließlich gibt es ein großartiges Panorama zu bewundern. Über die Altstadtdächer hinweg sieht man auf den Golf von Salerno und die Ebene von Paestum. Im Dunst verschwinden die Amalfitana und Capri.

■**Castello,** i.d.R. tägl. 10–13 und 15–18 Uhr, im Sommer länger. Eintritt frei.

Einen Blick zurück in die Vergangenheit bietet eine ständige Ausstellung im **Palazzo Civico delle Arti** in Hafennähe. Unterwasserfunde und reiche Grabbeigaben unterstreichen die Bedeutung von Agropoli und der Baia di Trentova als antiker Warenumschlagplatz.

■**Palazzo Civico delle Arti,** Via C. Pisacane, Tel. 09 74 82 74 72. Di bis So 10–12 und 18–20 Uhr. Eintritt frei.

⌄ Agropoli zeigt sich von seiner besten (See-)Seite

gvn13_107 pa

Information

■ Ufficio Turismo

Städtisches Tourismusbüro im südlich der Altstadt gelegenen Rathaus. Mo bis Fr 9–13 Uhr, Di und Do auch 15.15–17.30 Uhr.
Piazza della Repubblica 3,
Tel. 09 74 82 74 17, www.comune.agropoli.sa.it
■ **www.infoagropoli.it**

Unterkunft

Siehe auch Kapitel „Salerno und Paestum". Bei Paestum und im nahen Giungano gibt es eine Reihe empfehlenswerter Unterkünfte.

Hotels

■ **La Colombaia** ***S

Charmantes Hotel in restauriertem Gutshof auf einem ruhigen Hügel südlich der Stadt. Vom Besitzer *Luigi Botti* persönlich geführt. Elegante, komfortable Zimmer mit guten Betten. Ausblicke auf Meer, Amalfitana und Capri. Pool. Ab dem Friedhof ca. 2,5 km bergauf. 10 Zi., DZ/F 80–100 Euro, HP zusätzlich 20 Euro/Person. Nov. geschl.
Via Piano delle Pere – Zona Moio,
Tel. 09 74 82 18 00, www.lacolombaiahotel.it

■ **Il Ceppo** ***

Familiengeführtes, Mitte der 1990er Jahre eröffnetes Hotel in der südöstlichen Peripherie, von der Superstrada S.S. 18 Ausfahrt „Agropoli Sud" schnell zu erreichen. Ordentliche Zimmer, aufmerksame Füh-

Der Cilento und das Vallo di Diano

rung. Auf der gegenüberliegenden Straßenseite liegt das sehr empfehlenswerte Ristorante (s.u.). Parkplätze, Garage. 20 Zi., DZ/F 70–95 Euro.
Via Madonna del Carmine 31, Tel. 09 74 84 30 44, www.hotelristoranteilceppo.com

Bed & Breakfast
■ La Sciabica
Santino und *Domenico Faucitano* betreiben oberhalb des Hafens ein Ristorante mit Bar. Am Hang darüber vermieten sie ganzjährig moderne, freundlich eingerichtete Gästezimmer und Ferienwohnungen mit Meerblick. 10 Zi., DZ/F 60–110 Euro.
Via San Francesco 80, Tel. 09 74 82 32 66, www.casevacanzelasciabica.it

Bed & Breakfast bei Torchiara
■ Casa Albini
MEIN TIPP! *Nicola* und *Anna Tarallo* – er Arzt, sie Anwältin – haben ihren liebevoll restaurierten Familienpalazzo im Ortsteil Copersito zahlenden Gästen eröffnet. Ein Glück! Aus den komfortablen Zimmern sieht man das Meer. Es gibt sogar ein Mini-Kino und einen Hammam. Auf Wunsch wird für die Gäste vorzüglich gekocht. Anfahrt: knapp 12 km von Agropoli, von der Schnellstraße S.S. 18 Ausfahrt „Prignano Cilento" und weiter Richtung Torchiara, am Kreisverkehr auf Höhe der monströs-modernen Chiesa di Sant'Antonio Abate dritte Ausfahrt rechts. 3 Zi., 1 Ap., DZ/F 90–110 Euro. April bis Okt.
Via V. Emanuele 5 – Copersito, Tel. 09 74 83 13 92, Mobil 34 61 64 16 33, 33 85 43 12 59, www.casaalbini.it

Jugendherberge
■ La Lanterna
Internationale Jugendherberge nördlich der Altstadt, im Rücken des Lungomare. Überlandbusse halten in der Nähe. 56 Betten, z.T. auch in DZ und Bungalows. Ü/F ca. 15 Euro, DZ/F 30–35 Euro. Mitte März bis Ende Okt.
Via della Lanterna 8 – Località San Marco, Tel. 09 74 83 83 64, www.cilento.it/lanterna

Restaurants

■ Barbanera
Fischlokal und Pizzeria in der Altstadt. Im Sommer Tische auf der hübschen Piazza mit Hafenblick. 15–20 Euro. Mittags und abends. Okt. bis März außer Sa und So nur abends.
Piazza Umberto I., Tel. 09 74 82 31 64

■ Il Ceppo
MEIN TIPP! Seit Jahrzehnten ist das Lokal der Familie *Laureana* ein Garant für beste Cilento-Küche, v.a. auch gute Fischgerichte. 30– 35 Euro. Mittags und abends. Di Ruhetag.
Via Madonna del Carmine 31, Tel. 09 74 84 30 36, www.hotelristoranteilceppo.com

■ Tommasini
MEIN TIPP! Etwas versteckt am Fuße der Altstadt, bekocht *Antonio Tommasini* seit über 35 Jahren in erster Linie die Einheimischen. Ehrliche Fisch- und Gemüseküche. 20–30 Euro. Mi Ruhetag. Mittags und abends.
Via Armando Diaz 13, Tel. 09 74 82 43 94

An- und Weiterreise

■ **Auto:** S.S. 18, die sich als Schnellstraße im Landesinneren nach Süden fortsetzt.

■ **Bus:** CSTP und SCAT über Paestum von und nach Salerno, Haltestellen in Agropoli am Lungomare San Marco (Jugendherberge) und Via Piave (Altstadt). CSTP aus Agropoli weiter nach Santa Maria di Castellabate, San Marco und Acciaroli in den südlichen Cilento.

■ **Bahn:** Mehrmals tägl. vom Bhf. Agropoli über Paestum Richtung Salerno und über Vallo della Lucania nach Ascea, Pisciotta und Policastro.

■ **Fähren:** Metrò del Mare (www.metrodelmare. net), im Juli und Aug. täglich, im Juni und Sept. nur an Wochenenden Fähren in der gesamten Golfregion, an der Amalfitana und entlang der Küsten des Cilento.

Unterwegs in Agropoli

■ **Bus: SCAT** (www.autoserviziscat.com) u.a. zur Baia di Trentova (siehe „Wandern").
■ **Taxi:** Piazza Ferrovia (am Bahnhof), Tel. 09 74 82 22 71; Via S. Pio X (südlich der Altstadt), Tel. 09 74 82 56 50.

Einkaufen

Am Donnerstagvormittag Wochenmarkt auf der Piazza Mercato. Gute Einkaufsmöglichkeiten in der Stadt, auch für ein Picknick.

Feste/Veranstaltungen

■ Sommer: **Freiluftkonzerte in der Altstadt.**
■ **Festa dei S. Pietro e Paolo,** Historienspektakel am 29. Juni, das an einen glücklich abgewehrten Türkenüberfall 1630 erinnert.
■ **Madonna di Costantinopoli,** Meeresprozession am 24. Juli zu Ehren der Schutzpatronin der Fischer.

Baden

Nördlich von Agropoli erstreckt sich kilometerlang der **Sandstrand von San Marco,** südlich der Stadt die kleine **Sandbucht Baia di Trentova.** Im Sommer herrscht an beiden Stränden organisierter Badebetrieb mit Liegestühlen, Sonnenschirmen und Strandbars.

Bootsausflüge

■ **Noitour**
Von Mitte Mai bis Sept. startet *Antonino Barretta* bei gutem Wetter mit seinem traditionellen *gozzo* (Holzboot) vom Hafen Agropoli aus zu Bootstouren bis an die Punta Licosa – vom Meer zeigt sich Agropoli übrigens von seiner schönsten Seite. Noitour organisiert auch geführte Wanderungen, Tauchkurse, Ausflüge und vermittelt Ferienunterkünfte. Via C. Ianni 16, Tel. 09 74 82 38 52, Mobil 32 88 96 77 94, www.noitour.com

Wandern

Punta Tresino

Oberhalb der Baia di Trentova zweigt links vom Tennisclub eine Schotterstraße in Richtung Süden ab. In ca. 45 Min. erreicht man auf einem Weg mit herrlichen Ausblicken die Ruinen des Küstenwachturms an der Punta Tresino. Die Wanderung lässt sich zu einer Rundwanderung von ca. 4 Std. ausdehnen (siehe Santa Maria di Castellabate). Die Baia di Trentova ist vom Hafen in Agropoli auch zu Fuß oder mit dem Fahrrad zu erreichen.

Santa Maria di Castellabate, Castellabate und San Marco

„**Benvenuti al Sud**", „Willkommen im Süden", so wirbt das hübsche Küstenstädtchen am Ortseingang für sich. **Santa Maria di Castellabate** und **Castellabate** waren Drehorte für das in Italien erfolgreiche Remake der französischen Filmkomödie „Willkommen bei den Sch'tis" – so erfolgreich, dass dem Remake gleich noch die Fortsetzung „Benvenuti al Nord" folgte. Die zauberhafte Kulisse der beiden Bilderbuchorte hatte großen Anteil am Erfolg.

Santa Maria (10 m, 4000 Ew.) ist Verwaltungssitz einer ausgedehnten Kommune, zu der auch der mittelalterliche Bergort Castellabate und das Hafenstädtchen San Marco gehören. Der ele-

Der Cilento und das Vallo di Diano

8

gante Fischer-Borgo **Santa Maria di Castellabate** wurde als erster im Cilento vom Tourismus entdeckt, kein Wunder angesichts kilometerlanger Sandstrände, die sich zu beiden Seiten des Städtchens anschließen. Zum Glück sind der schönen Küste Bettenburgen und gesichtslose Apartmentsiedlungen weitgehend erspart geblieben. Das Herz der Altstadt schlägt an einer Sandbucht, die im Halbkreis von Fischerhäusern, Ristoranti, Bars und ehrwürdigen Palazzi umstanden ist. Fischer und Liebespärchen sitzen auf den Steinmauern, bewacht vom aragonesischen Küstenwachturm und einer fröhlich-bunten Madonnenstatue. S. Maria a Mare, die Kirche der Stadtpatronin, liegt nicht weit. Das Innere ist liebevoll mit Ex-Voti der Fischer ausgeschmückt. Jedes Jahr wird die Meeresmadonna am 15. August mit einer großen Prozession zu Wasser und zu Lande gefeiert.

Dank Touristen (und der EU) fließt Geld in die Gemeindekasse, und der **Corso Matarazzo,** Flanier- und Einkaufsmeile von Santa Maria, konnte frisch gepflastert zur Fußgängerzone erklärt werden. Ein großer **Park** umgibt die **Villa Matarazzo,** in der kulturelle Veranstaltungen aller Art stattfinden. Hier hat auch das **Meeresmuseum** seine Bleibe gefunden. Zahlreiche antike Unterwasserfunde, geborgen in den Gewässern vor Santa Maria und San Marco, sind hier ausgestellt.

■ **Il Mare Antico,** April bis Okt. Di bis So 9.30–12.30 Uhr, im Sommer auch nachmittags. Eintritt 1 Euro.

Von Santa Maria führen Treppenwege und eine enge Serpentinenstraße in das 289 m hoch gelegene **Castellabate** (745 Ew.). Der Ort entwickelte sich um das Kastell, das 1123 im Auftrag von *Costabile Gentilcore,* dem vierten Abt der einflussreichen Benediktinerabtei von Cava dei Tirreni, errichtet wurde. Es diente dem Schutz der Bevölkerung vor Sarazenenüberfällen und erlaubte die Kontrolle der ausgedehnten Handelsaktivitäten, welche die Abtei auch im Cilento wahrnahm. In den Häfen Santa Maria und San Marco wurden Getreide, Öl und Wein für den Fernhandel geladen.

Die strategisch gewählte Position des mittelalterlichen Städtchens hoch auf der Bergspitze beglückt den heutigen Besucher mit viel „Belvedere". Verwinkelte Gassen, Bogendurchgänge, labyrinthische Treppenwege führen durch das

◁ Ein Schwätzchen in Ehren …

Der Cilento und das Vallo di Diano

Ortsbeschreibung auf Seite 99

intakte historische Zentrum. Alle Wege landen früher oder später auf einer kleinen Piazza mit einer Bar, von der aus man einen wunderschönen Blick nach Süden genießt. Hier lassen sich die Einheimischen die Nachmittagssonne auf den Rücken scheinen. Die **Basilika S. Maria de Gulia** wurde Mitte des 12. Jh. errichtet und später barock umgestaltet. Zahlreiche Kunstschätze befinden sich im Inneren, darunter ein Tafelbild aus dem 16. Jh., das den Erzengel *Michael*

zeigt. Der Drache nimmt die verführerischen Formen einer Sirene an. Frisch restauriert thront das namensgebende **Castello** über dem Städtchen. Stolz ist Castellabate darauf, in die Liste der „Borghi più belli d'Italia" aufgenommen worden zu sein. Noch stolzer allerdings ist man in Castellabate darauf, Drehort von „Benvenuti al Sud" gewesen zu sein.

Der freundliche **Hafenort San Marco** bleibt seinen seefahrerischen Traditionen treu. Direkt an der Strada Statale

8

konnte man noch bis vor wenigen Jahren zusehen, wie *maestri d'ascia* (Axtmeister) traditionelle Holzschiffe von bis zu 20 m Länge unter freiem Himmel auf Kiel legten. San Marco hat heute noch eine aktive Fischfangflotte, im Sommer drängen sich vor allem schicke Jachten in der Marina. In der Antike diente der Hafen der in Misenum stationierten römischen Kriegsflotte als Außenstelle. Reste römischer Villen und Nekropolen konnten in der Umgebung ausgegraben werden, die Funde werden im Museo Archeologico von Paestum präsentiert.

Ein schöner Badestrand, die **Spiaggia Pozzillo,** erstreckt sich bis Santa Maria. Von San Marco aus führt ein schöner Spaziergang zu dem **Sirenen-Kap Punta Licosa** bzw. auf den Monte Licosa (s.u.). Auf der südlichen Seite der Halbinsel liegen die verstreuten Häuser von **Ogliastro Marina** an einem sandigen, kinderfreundlichen Strand. Hier finden sich auch einige gute Fischlokale.

Information

◼ **Informazione Turistica**
Im Sommer öffnet der Kiosk auf der Piazza Padre Pio (ehem. Piazza Matarazzo).
◼ www.comune.castellabate.sa.it
◼ www.castellabateinfo.it

Unterkunft

Pension in Castellabate
◼ **Il Castello**
MEIN TIPP! Kein Luxus, dafür viel Charme. *Franca Di Biasi* führt ihre nette Frühstückspension in der Altstadt. Auf Wunsch kocht sie für ihre Gäste. Die Zimmer fallen unterschiedlich aus. Wahlweise Ausblicke in das Gassengewirr der Altstadt, auf die Hügel oder das Meer, teilweise mit Balkon oder Loggien. Öffentlicher Parkplatz auf der darunter liegenden Piazza 16. Giugno 1138. 12 Zi., DZ/F 70–110 Euro. Mai bis Okt.
Via Amendola 1, Tel. 09 74 96 71 69,
Mobil 33 95 39 06 88, www.hotelcastello.co.uk

▷ S. Maria di Castellabate hat tolle Strände

Hotels in Santa Maria

■ **New Hotel Sonia** ****

Mitten im Städtchen und direkt am Strand! Nettes Terrassenrestaurant, das HP-Gästen oft verwehrt bleibt. 33 Zi., DZ/F 110–150 Euro (Aufpreis für Balkon), HP 75–115 Euro (Aufpreis für Balkon).
Via G. Landi 25, Tel. 09 74 96 11 72,
www.hotelsonia.it

■ **Grand Hotel Santa Maria** ****

In den 1970er Jahren erbautes, seither mehrfach erweitertes und renoviertes Hotel an der Spiaggia Pozzillo, dem schönsten Strandabschnitt von Santa Maria (wenige Gehminuten südlich des Ortes). Geräumige Zimmer (meist) mit Balkon und Meerblick. Auch Reisegruppen und Hochzeitsgesellschaften. Freundliche, hilfsbereite Rezeption! Bodenständiges Restaurant, ordentliches Frühstücksbuffet. 60 Zi., DZ/F 110–210 Euro, HP 75–125 Euro. April bis Okt.
Via Senatore Manente Comunale,
Tel. 09 74 96 10 01, www.grandhotelsantamaria.it

■ **Villa Sirio** ****L

MEIN TIPP! Charmant-luxuriöses Hotel in einer Patrizienvilla am Lungomare. Vom Besitzer geführt. Edle, stilvolle Einrichtung. Meerblick mit Aufpreis! Dazu die moderne 16-Zi.-Dependance (DZ/F 100–210 Euro) direkt nebenan. Im Ristorante Da Andrea isst man ausgezeichnet à la carte. Im Sommer Holzterrasse mit Liegestühlen über dem Meer. 21 Zi., DZ/F 140–300 Euro, Suiten ab 240 Euro, HP zusätzlich 30 Euro. April bis Ende Okt.

Der Cilento und das Vallo di Diano

Via Lungomare De Simone 15, Tel. 09 74 96 10 99, Mobil 34 76 88 05 40 *(Alfonso Tortora)*, www.villasirio.it

■ Maria ***

Einfaches, familiengeführtes Strandhotel im Ortsteil Lago. Der kilometerlange Sandstrand unmittelbar vor dem Haus. Ordentliche lokale Küche. 18 Zi., DZ/F 80–150 Euro, HP 55–75 Euro. März bis Okt. Corso Beato Simeone 66,
Tel. 09 74 96 51 07, www.hotelmaria.it

■ 1861 – Residenza d'epoca

MEIN TIPP! *Carlo Jovane* hat beim *restauro* des direkt an der Uferstraße gelegenen Palazzo und in der Einrichtung der Räume sicheren Geschmack bewiesen. In den ehemaligen Lagerräumen befinden sich eine coole Bar und der Frühstücksraum. Die luftigen Zimmer verteilen sich über den 1. und 2. Stock sowie in der Mansarde. IKEA könnte hier seinen Katalog fotografieren, so geschickt hat *Carlo* einige der Schwedenmöbel platziert. Die Betten sind top, die Bäder dito, Sat-TV. Die Hälfte der Zimmer mit Blick auf die Altstadt, die anderen mit Balkon aufs Meer und Sonnenuntergang. Im Sommer fällt im Fall des Falles eine geringe Parkgebühr an. Auch als Bar für Passanten sehr nett. 6 Zi., DZ/F 100–180 Euro. April bis Ende Okt.
Lungomare Perotti,
Tel. 09 74 96 14 54, Mobil 33 88 25 96 80,
www.residenzadepoca1861.it

Hotels in San Marco

■ Hermitage ****

Gepflegtes Hotel in einem vornehm ausgebauten Gutshof, ca. 2 km vom Meer entfernt am Hang gelegen. Schöne Ausblicke auf das Meer und Castellabate. Pool und Tennisplatz. Gute Küche. 36 Zi., DZ/F 120–200 Euro, HP zusätzl. 20–25 Euro. (im Aug. nur mit HP oder VP). März bis Ende Okt.
Contrada Catarozze,
Tel. 09 74 96 66 18, www.hermitage.it

■ La Corallina ****

Edles Frühstückshotel in einem Palazzo über dem Hafen. Alle komfortablen Zimmer mit Balkon und

Meerblick. Gäste können im Restaurant des nahen Hotels L'Approdo speisen. 9 Zi., DZ/F 80–170 Euro. Via Porto 49, Tel. 09 74 96 68 61,
www.hotellacorallina.it

■ Antonietta ***

Renoviertes Hotel in der Ortsmitte gegenüber der Chiesa San Marco. Die Familie *Corrado* kümmert sich mit gutem Essen um das Wohl ihrer Gäste. Im Sommer öffnet das Stelzenrestaurant La Lampara am Meer. (Oft mageres) Frühstück auf der Dachterrasse. Gästen steht ein *gozzo* (Holzboot) für Ausflüge zur Verfügung. 28 Zi., DZ/F 75–110 Euro, HP 65–75 Euro (Juni bis Mitte Sept. nur HP). April bis Okt. Piazza G. Comunale 1, Tel. 09 74 96 60 19,
Mobil 33 92 19 59 09 *(Gianfranco)*,
www.hotelantonietta.it

■ La Capannina

Freundliche Familienpension, etwas versteckt am nordöstlichen Ortsrand, der schöne Strand in Gehdistanz. Einfache, saubere Zimmer, z.T. mit Kochnische. Über alle Zweifel erhaben ist das Ristorante der Familie *Agresta,* es existiert seit ca. 30 Jahren. Der Fisch ist hier garantiert frisch. Das Gemüse zieht Signora *Antonietta* im eigenen Garten. Parkplatz. 15 Zi., 4 Ap., DZ/F 60–100 Euro, HP 40–60 Euro. Via Pozzillo 10, Tel. 09 74 96 61 91,
Mobil 32 84 89 96 76 *(Costabile)*,
www.lacapanninacilento.com

Hotels in Ogliastro Marina

■ Da Carmine ***

MEIN TIPP! Sympathisches ruhiges Familien-Albergo direkt am kinderfreundlichen Strand. Die Zimmer sind gepflegt, die Betten gut. Herausragendes Fischlokal (s.u.). 13 Zi., davon 10 mit Meerblick. Jenseits der Straße 6 Ap. mit Küchen. DZ/F 80–100 Euro, HP 55–90 Euro (im Aug. nur HP). März bis Okt. Via Provinciale 37, Tel. 09 74 96 30 23,
Mobil 33 35 88 71 11 *(Mario)*,
www.albergodacarmine.it

■ Il Cefalo **

Kleines & nettes, von der Familie *Di Luccia* geführtes Strandhotel mit gutem Ristorante (mittags und

abends) und Blick auf die Punta d'Ogliastro. Zimmer mit (kleiner Aufpreis) und ohne Meerblick. 8 Zi., DZ/F ab 80 Euro, Menü 25–30 Euro. April bis Okt.
Via Monsignore Passaro 1, Tel. 09 74 96 30 19, Mobil 33 97 11 22 13, www.ilcefalo.it

Bed & Breakfast
▪ Leucosia
MEIN TIPP! *Antonio Meola* führt sein einladendes B&B in Nähe der Punta Licosa. Gäste des Hauses kommen in den Genuss der Kochkünste seiner Frau *Adriana Pinto*. Die Namen der Gerichte nehmen Bezug auf *Homers „Odyssee"*, die Zutaten stammen frisch aus dem Meer oder dem Bauerngarten. Von Ogliastro kommend, kann man mit dem Auto vorfahren (rechtzeitig vorher anmelden, Wärter an der Schranke). Zu Fuß sind es ca. 30 Min. bis San Marco (siehe „Wandern"). 4 Zi., DZ/F 70–100 Euro. Dez. geschl.
Via Licosa, Tel. 09 74 96 11 49, Mobil 33 98 80 30 85, www.villaleucosia.it

Ferienwohnungen/Country House
▪ A' Cràpa Mangia
Einsam unterhalb von Castellabate liegendes Gehöft aus dem 17. Jh., mustergültig restauriert. Herrliche Ausblicke auf Santa Maria und das Meer. Die meist in Nebengebäuden untergebrachten Apartments (2–8 Betten) sind stilsicher eingerichtet, die sanitären Anlagen, Küchen und Betten top. Heizung und Kaminöfen sorgen im Winter und in den Übergangsjahreszeiten für wohlige Wärme. Die Gäste werden auf Wunsch mit Wein, Öl und morgens mit frischen Brötchen versorgt, jede Menge guter Tipps gibt es gratis dazu. Ein toller Platz auch für Familien mit Kindern. Es kann Wäsche gewaschen werden. Die Cantina ist ein großer Seminarraum mit bestens ausgestatteter Küche. Anfahrt: von der nördlichen Zufahrtsstraße nach Castellabate ca. 1 km vor dem Ort in einer Kurve mit Betonmast rechts abbiegen, die Schotterstraße endet nach 600 m am gelben Gutshaus mit typischem Taubenturm. Auch wenn der Berliner Besitzer *Karl Heinz Simon* unterwegs ist,

kümmert sich *Gerda* um die Gäste. 8 Ap., 2 Zi., Ap. für 2 Pers. 65–135 Euro/Tag, für 4 Pers. 90–165 Euro/Tag.
Località Il Cannito – Castellabate, (D-)Tel. (030) 79 40 34 12, (I-)Mobil 39 29 58 78 62, www.crapa.de

▪ Carina Vacanze
Karin Kappes vermietet ganzjährig in Castellabate und Umgebung Ferienwohnungen, z.T. auch am Meer, in der Nebensaison für 4 Pers. ab 510 Euro/Woche, im August ab 1000 Euro/Woche. Transfer und Mietfahrzeuge werden auf Wunsch organisiert.
Kontakt in D: Tel. (06151) 460 96 45 bzw. direkt in I: Località Fontanelle – Castellabate, Mobil 33 37 33 77 19, www.carinavacanze.de

▪ Residenz San Leo
MEIN TIPP! *Birte Kokocinski* hat ein neues Cilento-Kleinod für Ruhe suchende Reisende geschaffen. Ein ehemals bescheidenes Naturstein-Bauernhaus samt Nebengebäuden wurde umfassend, mit vielen guten Ideen und *buon gusto* renoviert. Das Ergebnis sind vier komfortable Apartments, die sich z.T. für Familien oder eine Gruppe von Freunden zusammenlegen lassen. Weitere Apartments bietet *Birte* in einem neu errichteten Nachbarhaus an. Dazu gibt es den Blick von oben aufs Meer und einen großen Obst- und Gemüsegarten, aus dem man sich nach Herzenslust bedienen kann. Frühstücksbrötchen liefert jeden Morgen frisch der Bäcker *Maurizio*. Um das leibliche Wohl kümmert sich die Nachbarin *Anna De Marco*, die auf Wunsch vorab den Kühlschrank füllt, einen hervorragend sortierten Hofladen betreibt, gelegentlich den Pizzabackofen anschürt und in *Birtes* Abwesenheit den Empfang der Gäste übernimmt. 6 Ap., für 2 Pers. 75–95 Euro/Tag, für 4 Pers. 125–165 Euro/Tag.
Contrada San Leo – Castellabate, (D-)Mobil 017 55 36 23 36, (I-)Mobil 33 96 90 19 63, www.cilentissimo.de

▪ Sulle Onde della Collina
MEIN TIPP! Mit Blick auf Castellabate, die grünen Hügel und das Meer erhebt sich das schick-moderne Steinhaus, in dem *Maryda Geraci* und *Danilo Porro*

8

Jazz in Flaschen
und andere gute Tropfen

Der Cilento ist uraltes und neues Rebland zugleich. Die griechischen Siedler der Antike nannten das Territorium der heutigen Basilikata, den Cilento eingeschlossen, zusammen mit dem heutigen Kalabrien **Oinotria, Weinland.**

Tradition und Aufbruch des cilentanischen Weinbaus verkörpert wohl am besten **De Conciliis** (www.viticoltorideconciliis.it), Vorbild zahlloser Kleinwinzer. Das vielfach ausgezeichnete Familienunternehmen um den Revolutionär und Bewahrer *Bruno De Conciliis* hat sich auf autochthone Reben spezialisiert. Die engagierten Winzer setzen dabei nicht auf hohe Erträge, sondern auf Qualität und Bio-Anbau. Starke Sonneneinstrahlung und Meeresnähe verleihen dem weißen Fiano Donna Luna so viel Aroma, dass er wie Rotwein in großen Gläsern serviert werden sollte, damit er sich voll entfalten kann. Ein bewusst ungezähmter Wilder ist Naima, ein roter Aglianico – entweder er schmeckt oder eben nicht. Das entscheidet der Wein selbst, Jahr für Jahr. Der Wahlmünchner *Vincenzo d'Orta* beteiligt sich an der Erzeugung des Zero, einem der besten Rotweine Kampaniens. Ein Genuss

gvn13_110 pa

sind auch der reinrassige Cabernet Sauvignon Si Kjube (C^3 ist ein Wortspiel und steht für Cabernet, Cilento und Conciliis), der Spumante Selim (ein Anagramm für *Miles Davis*) und der auf Sizilien gebrannte Aglianico-Grappa. Mit Ka!, einem holzfassgereiften Muskat-Malvasia Passito, ist De Conciliis ein Dessertwein allererster Güte gelungen.

Wie *Bruno De Conciliis*, ist auch *Mario Corrado* Architekt. Er betreibt mit Hingabe und viel Sachverstand die Restaurierung traditionell-cilentanischer Bauernhäuser, und das gleiche Engagement legt er im Weinbau an den Tag. Mit seiner Frau *Ida Budetta* und drei Kindern lebt und betreibt er gemeinsam seit 1999 in beneidenswert schöner, naturgeschützter Landschaft inmitten intakter Mittelmeer-Macchia auf der Halbinsel der Punta Tresino das Weingut **Azienda San Giovanni** (www.agricolasangiovanni.it). Auch hier heißen die Protagonisten Fiano und Aglianico. Auf Flaschen werden sie mit den Namen Paestum, Tresinus, Castellabate und Maroccia gefüllt. Nach Voranmeldung sind die von Slow Food hochgelobten Weine an ihrem paradiesi-

schen Entstehungsort zu verkosten. Zu kaufen gibt es sie ab Hof oder in den Enotheken von Santa Maria di Castellabate. *Mario* und *Ida* vermieten mitten im Weinberg ein entzückendes Ferienhaus.

Avantgarde und Werterhalt verbindet auch die **Azienda Agricola San Salvatore 1988** (www.sansalvatore1988.it) des Hoteliers *Giuseppe „Peppino" Pagano*. Die akkurat gepflegten Weinberge liegen in den Gemarkungen von Giungano und Stio. Dünger liefern die eigenen Büffelherden, die Bodenpflege folgt biologischen, z.T. sogar bio-dynamischen Richtlinien, die ultramoderne Kellerei in Giungano erhält ihren Strom aus Solarzellen. Es werden ausschließlich Weine aus den autochthonen Rebsorten Greco, Fiano, Falanghina und Aglianico gekeltert. Als Önologe liefert *Riccardo Cotarella*, einer der berühmtesten Weinberater Italiens, seine gefragte Expertise. Verkauf ab Kellerei, dort können die Weine nach Voranmeldung verkostet werden. Dazu werden auf Wunsch lokale Spezialitäten gereicht. *Giuseppe Pagano* ist auch Produzent autochthoner Hülsenfrüchte und setzt sich für den Erhalt alter, vom Verschwinden bedrohter Obstsorten ein.

Zu den jungen „Klassikern" zählt **Maffini** (www.luigimaffini.it) mit Rebflächen in den Gemeindegebieten von Castellabate und Giungano. Mit dem Cilento Pietraincatenata, einem 100% Fiano, ist *Luigi Maffini* sicher einer der komplexesten Weißen gelungen.

Ein bemerkenswertes sozial-wirtschaftliches Experiment mit territorialer Bodenhaftung ist die 2003 aus der Traufe gehobene Genossenschaftskellerei **Tenuta del Fasanella** (www.tenutedelfasanella.it) aus Sant'Angelo a Fasanella. Auf Initiative des damaligen Bürgermeisters *Michele Clavelli* haben sich über 40 Winzer und Neu-Winzer zusammengeschlossen und produzieren vorzügliche Bio-Weine ohne jeden Zusatz von Schwefel.

leben und ihre Gäste empfangen. Zimmer mit jeglichem Komfort, Terrassen *con vista*. Auf Wunsch wird für die Gäste vorzüglich gekocht, die Oliven für das Öl stammen von den eigenen Bäumen, die anderen Zutaten von Bauern der Umgebung. *Danilo* gibt auch gerne Kochkurse. Das kleine & feine Restaurant öffnet auch für Gäste, die hier nicht übernachten (Menü 35–50 Euro). Als Hausstrand empfiehlt sich die Bucht von Casa del Conte. Anfahrt: südlich Castellabate von Casa del Conte Richtung Giungatelle, Perdifumo abzweigen und nach ca. 800 m der Auschilderung rechts hoch folgen. 6 Zi., DZ/F 60–130 Euro, HP 55–90 Euro. Febr. geschl. Località Mainolfo – Montecorice, Tel. 09 74 96 37 79, Mobil 39 26 87 06 59, www.sulleondedellacollina.com

■ **Trezene Village**

Gepflegte, kinderfreundliche Anlage mit schattigen 25.000 m² zu beiden Seiten der Straße. Direkter Zugang zum Strand (privater Strandabschnitt mit Liegen und Sonnenschirmen). Unterbringung in gepflegten Bungalows. Im Juli und Aug. Animation. Großes Sportangebot, attraktives Ausflugsprogramm und Pool. Schickes Terrassenrestaurant mit Capri-Blick. Im Süden von Santa Maria di Castellabate. Bungalow für 4 Pers. ab 590 Euro/Woche. Anfang April bis Ende Okt. Via B. Simeone – Zona Lago, Tel. 09 74 96 50 27, www.trezene.com

■ **Vignazzura**

MEIN TIPP! *Mario Corrado* und *Ida Budetta* vermieten nur ein einziges Ferienhaus, aber in was für einer Lage! *Mario* restauriert als Architekt mit Liebe und Sachverstand alte cilentanische Häuser. Inmitten seiner Weinberge hat er ein schmuckes kleines Steinhaus als Gästehaus errichtet. Ein (evtl. geländegängiges) Fahrzeug ist von Vorteil und man sollte die Einsamkeit lieben. Dann wird man seine Freude haben, v.a. auch naturabenteuerlustige Kinder. Ein Fußweg führt zum privaten Felsstrand, der Küstenstreifen ist als Meerespark geschützt. Auf ausgedehnten Streifzügen kann man die fast menschenleere Halbinsel erkunden (siehe „Wandern"). *Mario*

8

und *Ida*, die hier mit ihren drei Kindern leben, produzieren einen herrlich frischen Fiano und einen kräftigen Aglianico (siehe Exkurs „Jazz in Flaschen und andere gute Tropfen"). Anfahrt: aus Santa Maria di Castellabate durch den Ortsteil Lago und am nördlichen Ortsende die Schotterstraße hoch; an der ersten Gabelung zweigt links durch eine Schranke die Privatstraße zur Azienda ab. 2 Pers. ab 100 Euro/Tag, ab 630 Euro/Woche.

Punta Tresino – Santa Maria di Castellabate,
Tel. 09 74 96 51 36, Mobil 334 11 54 11
(Mario), 33 41 15 37 84 *(Ida)*,
www.agricolasangiovanni.it

Agriturismi
■ La Mimosa

Ruhige Lage mit Blick über das Valle Difesa in Richtung Monte Stella. Moderne Apartments und 2 Zimmer in gemütlichem Steinhaus (jeweils gute Betten!). Der 5 ha große Garten mit Gemüsebeeten, Obsthainen und Kleintierstallungen ist ein Paradies für Kinder! Ausgezeichnete Küche mit Zutaten aus biologischer Produktion. Kleiner Pool. Anfahrt: am westlichen Ortsrand von Castellabate von der Kapelle Madonna della Scala ca. 2 km der Ausschilderung bergab folgen bzw. von der küstenparallelen ex S.S. 267 in San Marco auf Höhe des Supermarktes ca. 4 km bergauf. 8 Zi., DZ/F 60–85 Euro, HP zusätzlich 20 Euro/Person. Gelegentlich im Winter geschl. Contrada Difesa – Perdifumo,
Tel. 09 74 85 19 98, Mobil 33 93 33 51 38 *(Luigi)*,
www.agriturismolamimosa.it

■ Raggio di Sole

Unterhalb von Castellabate einsam gelegenes Haus mit freundlicher Atmosphäre und schönen Blicken auf Meer und Monte Licosa. Viele zufriedene Leser! Geräumige Zimmer mit guten Betten. Auf dem weitläufigen Grundstück werden Oliven, Wein, Obst und Gemüse angebaut, und es gibt jede Menge Tiere, darunter auch Esel. Sehr gute Küche mit frischen Zutaten, Vegetarier sind hier im 7. Himmel. Die sympathische *Giovina Marrone* spricht ausgezeichnet deutsch. Anfahrt: in Castellabate hinter dem *ci-*

mitero (Friedhof) rechts abbiegen. 8 Zi., 1 Ap. mit Küche, DZ/F 80 Euro, HP 50–60 Euro. Jan. bis Nov. Via Terrate – Castellabate,
Tel. 09 74 96 73 56, Mobil 33 56 40 18 15,
www.agriturismoraggiodisole.it

Campingplätze

Die Campingplätze nördlich von Santa Maria in der Zona Lago haben sich inzwischen alle in Bungalow-Anlagen verwandelt. Zeltplätze und auch Bungalows bietet noch der **Camping Soleado** (Tel. 09 74 96 30 94, www.soleado.info) in Ogliastro Marina.

Essen und Trinken

Restaurants in Castellabate
■ Caicco

Schick & teuer: Die alten Stallgebäude des Palazzo Matarazzo (gegenüber der Chiesa Madre auf Treppenstufen absteigen) beherbergen heute ein edles Fischlokal. Auf den Terrassen sitzt man in Hecken-Separees und genießt bei Kerzenschein den Blick aufs Meer. Im Sommer Piano-Bar. 30–35 Euro. Mo Ruhetag. Nov. geschl. So auch mittags, sonst nur abends.
Via S. Biagio 5, Tel. 09 74 96 72 91,
Mobil 33 98 74 95 44, www.ilcaicco.com

■ Il Calesse

Romantisches Fischlokal zu Füßen des Kastells. Bei gutem Wetter sitzt man angenehm im schattigen Hof. 25 Euro. April bis Okt. Mittags und abends.
Via G. Murat, Tel. 09 74 96 72 54

■ Cantina Belvedere

Der namensstiftende Traumblick aufs Meer wetteifert mit den ebenso apparten, wie köstlichen Antipasti-Tellern. Ansonsten regiert hier eine kreative Fischküche. Von *pesce fresco* versteht *Fioravante Lembo* einiges, er ist Sporttaucher. Abends auch Holzofenpizza. 20–35 Euro. Juni bis Okt. tägl., sonst Mo Ruhetag. Mittags und abends.
Via De Vivo, Tel. 09 74 96 70 30,
www.cantinabelvedere.it

■ **Madonna della Scala**

Hotel-Ristorante am östlichen Ortsrand, der große Speisesaal mit weitem Blick aufs Meer. *Costabile Di Bartolomeo* eilt sein guter Ruf als *pizzaiolo* voraus, v.a. aber kommt hier beste lokale Küche auf den Tisch. Vater *Antonio* liefert Gemüse, Öl und Wein aus dem eigenen Garten. 15–20 Euro. Von April bis Okt. tägl., im Winter nur Fr, Sa und So.

Via Terrate, Tel. 09 74 96 70 34,

www.hotelmadonnadellascala.it

Restaurants in Santa Maria

■ **Ci vediamo da Mario**

Immer gut für eine leckere Holzofen-Pizza, einen Teller Pasta oder frischen Fisch. Und man kann auf Deutsch bestellen. 15–25 Euro. Mo Ruhetag. Mittags und abends.

Via Lungomare O. Pepi 118,

Tel. 09 74 96 53 01, Mobil 33 98 68 98 11

■ **Duca? Dica!**

Das L'Eco del Mare (an neuem Standort bei Perdifumo) hat einen würdigen Nachfolger gefunden. Die Familie *Chiariello-Martino* zieht alle Register, um ihre Gäste satt und zufrieden zu machen: leckere Holzofenpizze, traditionelle Pasta- und Gemüsegerichte, frischer Fisch. 15–30 Euro. Di Ruhetag. Im Winter nur abends, sonst auch mittags.

Via Lungomare O. Pepi 62, Mobil 33 89 29 08 74, 39 20 66 52 71, 32 86 75 15 61

■ **I Due Fratelli**

Costabile und *Domenico Di Pace* sind Garanten grundsolider Fischgerichte und (abends) guter Pizza. Im Sommer sitzt man auf der Terrasse mit Blick aufs Meer. An der S.S. 267, gegenüber der Tankstelle. 25–35 Euro. Mi Ruhetag. Mittags und abends.

Via Sant'Andrea 13, Tel. 09 74 96 80 04,

www.ristoranteiduefratelli.net

■ **Pasta e Pizze – Da Nello**

Nello betreibt am Corso Matarazzo N° 149 eine kleine Pastamanufaktur; hier gibt es auch knusprige Pizza vom Blech. Sehr zu empfehlen ist auch sein kleines Lokal unterhalb des Corso. Hier gibt es neben traditionellen neapolitanischen Pasta-Gerichten

auch feinen Fisch. 10–25 Euro. Mo Ruhetag. Mittags und abends.

Via Pagliarola 33, Mobil 33 88 43 17 37

■ **PerBacco**

Wo lange Jahre *Giovanni Anversano* köstliches *gelato* unters Volk gebracht hat (Eisdiele jetzt um die Ecke), betreibt Sohn *Attilio* nun ein feines Fisch-Ristorante. Von der Veranda schweift der Blick aufs Meer. 20–35 Euro. Mi Rihetag. Mittags und abends. März bis Nov.

Via A. Guglielmini 19, Tel. 09 74 96 18 32,

Mobil 33 36 03 15 29

Restaurant in San Marco

■ **K – Ristorante, Lounge Bar**

Enzo Durazzo führt sein freundliches Fischlokal im Zentrum von San Marco, seine Frau *Rosalba* steht am Herd. Sardellen in allen erdenklichen Zubereitungsarten. Kleiner Speisesaal, große Terrassen. 25–30 Euro. Mo Ruhetag. Mittags und abends. Nov. geschl.

Piazza G. Comunale, Tel. 09 74 96 63 94,

Mobil 33 41 12 99 31

Restaurants in Ogliastro Marina

■ **Da Carmine**

Das Ristorante der Familie *Verrone* ist seit 1965 ein Garant für ausgezeichnete, ehrliche Fischküche. Ehrlich sind auch die Preise. Bei den *primi* überraschen die *Castellane alla Carmine,* kurze Nudeln in einer würzigen Tomaten-Steinpilz-Venusmuschelsoße. Den frischen, selbst gefangenen Fisch gibt es gegrillt, gedünstet oder *all'acqua pazza*. Der Kastanienkuchen ist ein Gedicht! Terrasse über dem Strand, darüber das kleine Albergo (s.o.). 25–35 Euro. Mittags und abends. März bis Okt.

Via Provinciale, Tel. 09 74 96 30 23

■ **Lo Scoglio**

Prima Fisch-Ristorante mit einer Terrasse über dem Meer, im Sommer gibt es abends auch Holzofenpizza. Typisch ist die *pasta e faggioli*, eine leckere Kombination aus Hülsenfrüchten und Miesmuscheln. *Gianni* stammt aus Controne, berühmt für seine Boh-

Der Cilento und das Vallo di Diano

8

nen. Auch Camper-Stellplatz. 20–30 Euro. Im Winter am Wochenende, in der Saison tägl. Via Arena 42, Tel. 09 74 96 31 38, www.ristorantepizzerialoscoglio.it

(Strand-)Bars und Cafés

■ **La Piazzetta**
Die sympathische Bar nimmt die Räume der ehemaligen Metzgerei auf der hübschen Hauptpiazza von Castellabate ein. *Luigi Severino* engagiert sich in der Pro Loco und ist damit die beste Info-Quelle. *Luigi* und *Antonietta* haben ihr Angebot durch die Eröffnung einer kleinen Rosticceria in unmittelbarer Piazzanähe erweitert. Mo Ruhetag.

Piazza X. Ottobre – Castellabate, Mobil 333 28 55 99 37, 33 92 40 88 52

■ **Le Gatte**
Wine- & Cocktail-Bar mit Havanna-Flair am kleinen Fischerhafen. Im 1. Stock neapolitanische Holzofenpizza auf großen Vietri-Tellern. Ostern bis Ende Sept. an Wochenenden, ab Juni täglich. Nur abends. Porte delle Gatte – S. Maria di Castellabate, Tel. 09 74 96 02 55, www.legatte.it

■ **Lido Azzuro**
MEIN TIPP! Sympathische Strandbar der Familie *Di Sessa* am südlichen Altstadtrand, das Auto kann man mit Glück am nahen Lungomare abstellen. Holzveranda mit ein paar Tischen, die Spezialität ist

aquasale, ein Brotsalat mit einem Berg frischer Gartentomaten. Auch leckere Pasta und Fisch vom Grill. Der Platz für einen rustikalen Sundowner! Liegestühle, gelbe Sonnenschirme und Duschen. Mitte Mai bis Anfang Okt.

Località Pozzillo – S. Maria di Castellabate, Tel. 09 74 96 13 96 (priv.), Mobil 33 36 07 38 09

☑ Castellabate: abendliches Piazza-Leben

An- und Weiterreise

■**Auto:** S. Maria di Castellabate und S. Marco di Castellabate liegen an der ex S.S. 267, zwei Bergstraßen führen von der Küstenstraße nach Castellabate hoch.

■**Bus:** Zwischen Salerno und Acciaroli verkehren regelmäßig die blauen Busse der **CSTP**, sie halten unterwegs in Paestum und Agropoli. Täglich zwei bis drei Verbindungen von und nach Neapel. In Santa Maria halten die Busse am nördlichen Ende des Corso auf der Piazza Matarazzo. Tickets am Kiosk bzw. im nahen CSTP-Büro (Corso Matarazzo 3, Tel. 09 74 96 10 23, www.cstp.it).

■**Bahn:** Der nächste Bahnhof befindet sich im 15 km entfernten Agropoli. Anschluss mit CSTP-Bussen.

■**Fahrzeugverleih: Antares '91,** *Franco Nigro* bietet persönlichen Service und ist die preisgünstige Alternative zu den internationalen Anbietern. Auch Räder, Boote, Transfers und Ausflüge. Kleinwagen ab 230 Euro/Woche, MTB 10 Euro/Tag bzw. 40 Euro/Woche.

Via Pagliarola 2 – S. Maria di Castellabate, Tel. 09 74 96 02 41, Mobil 33 56 38 97 19, www.antares91.com

Unterwegs in Santa Maria di Castellabate

■**Parken:** In Santa Maria di Castellabate gebührenpflichtige Parkplätze an beiden Enden des Corso. In Castellabate am Ortseingang bzw. auf der Piazza 16 Giugno 1138.

■**Bus:** Orangefarbene Busse der **SMEC** (Tel. 09 74 96 15 65, www.autolineesmec.it) verbinden die einzelnen Ortschaften der Gemeinde Castellabate miteinander. Abfahrt in Santa Maria nahe der Piazza Lucia (südlich des Corso). Tickets am Kiosk oder im Bus.

■**Boote:** Vor allem im Sommer werden aus den Häfen Santa Maria und San Marco Bootstouren ent-

Der Cilento und das Vallo di Diano

8

lang der Küste und zur Isola Licosa angeboten. Holzboote, etwa die typischen *gozzi,* können auch geliehen werden.

Kinderarzt

■ **Dott. Feo, Giancarlo Maurizio**
Corso Matarazzo 12 – Santa Maria di Castellabate,
Tel. 09 74 96 14 14

Reisebüro

■ **Nita Travel**
Hotelaufenthalte und Ausflüge im Cilento – und immer auch freundliche Infos.
Corso Matarazzo 5, Tel. 09 74 96 02 24,
Fax 09 74 96 12 00, www.nitatravel.it

Einkaufen

Am Samstagvormittag wird in Santa Maria di Castellabate in Nähe der Piazza San Pio (ex Matarazzo) ein **Wochenmarkt** abgehalten. Am Corso finden sich etliche gut sortierte **Fischgeschäfte,** in denen Selbstversorger bestens einkaufen können.

■ **Bufalina**
Feinkostgeschäft mit Cilento-Spezialitäten. *Angelo und Gerardina Ciliberti* halten (Picknick-)Köstlichkeiten wie *spianate di bufala,* luftgetrocknete Büffelsalami mit Speckkern, Cacciocavallo-Käse aus Paestum oder Podolica aus der Basilikata, *sott'olii* und Holzofenbrot bereit, selbstverständlich auch eine Auswahl bester Weine. So Vormittag geschl.
Corso Matarazzo 155, Tel. 09 74 96 13 56,
Mobil 33 94 32 78 29

■ **De Conciliis**
MEIN TIPP! Siehe Exkurs „Jazz in Flaschen und andere gute Tropfen". Nach Voranmeldung kann man Wein verkosten. Dazu werden lokaler Käse und Würste gereicht. *Bruno De Conciliis* produziert auch Olio Extra Vergine d'Oliva. Von der S.S. 18 Richtung Prignano, kurz vor dem Ort auf der linken Straßenseite. Mo bis Fr 9–13.30 und 14–17 Uhr.
Località Querce 1 – Prignano Cilento,
Tel. 09 74 83 10 90, www.viticoltorideconciliis.it

■ **Enoteca Casaburi**
MEIN TIPP! Neben Käse, Wein, Würsten und getrockneten Cilento-Feigen hält *Antonio Casaburi* für seine Kunden jede Menge guter Reisetipps bereit. Er spricht deutsch und führt auch Wanderungen durch den Cilento.
Corso Matarazzo 52,
Mobil 33 94 03 58 39, antonio@costacilento.it

■ **Enoteca Domenico Janni**
Seit über 40 Jahren schon führt *Domenico Janni* seine Enoteca. Beste Auswahl kampanischer Weine zu fairen Preisen! Sein Neffe betreibt in Ortsnähe den Agriturismo S. Andrea. Tägl. 8.30–12.30 und 16.30–19.30 Uhr.
Corso Matarazzo 22, Tel. 09 74 96 11 33

Feste

■ **S. Costabile,** am 17. Februar feiert Castellabate seinen Gründer und Stadtpatron.

■ **S. Marco,** zu Ehren des Patrons von S. Marco di Castellabate findet am 25. April eine Bootsprozession statt.

■ **S. Maria a Mare,** am 15. August feiert Santa Maria di Castellabate ihre Patronin mit einer Bootsprozession und einem großen Feuerwerk.

Baden

Nicht zufällig hat sich der Tourismus **um S. Maria di Castellabate** besonders stark entwickelt. Nördlich und südlich der Stadt locken **lang gezogene Sandstrände** mit netten Strandbars (s.o. „Bars und Cafés"). Eine schöne Sandbucht liegt in **Ogliastro Marina.** Als sichtbares Zeichen ausgezeichneter

Wasserqualität weht über allen Stränden die „Blaue Flagge". Sehr schön ist auch die lang gezogene Sandbucht, die man aus dem südlich von San Marco di Castellabate gelegenen Ort **Casa del Conte** erreichen kann. Der Parkplatz ist in der Saison gebührenpflichtig.

Bootstouren

■ Sea Rent and Rescue

Von Mai bis Okt. Ausflüge auf traditionellen Holzschiffen zur Isola Punta Licosa.
Porto – S. Marco di Castellabate,
Tel. 09 74 96 65 42, Mobil 339 68 99 93,
33 43 87 68 88, www.maredelcilento.com

Wandern

Nicht nur schöne Strände, sondern auch eine Reihe reizvoller Wanderungen locken in der Umgebung von Castellabate. Zwischen Santa Maria und Agropoli bildet der **Monte Tresino** eine Halbinsel, die im Süden ihr Pendant in der Halbinsel des **Monte Licosa** findet. Beide bieten sich zur Erkundung an, und nach den Wanderungen kann man sich im Meer erfrischen. Etwas weiter im Landesinneren erhebt sich der **Monte della Stella,** nicht der höchste, aber im nördlichen Cilento der beste Aussichtsberg (siehe bei Perdifumo und Vatolla). Tipps und GPS-Tracks auf www.cilento-aktiv.info/cilento-aktiv/wanderungen.

Punta Tresino

Auf der Halbinsel zwischen Agropoli und S. Maria di Castellabate ist die Zeit stehen geblieben. Nicht nur Kindern macht es Spaß, durch den **verlassenen Ort San Giovanni** zu streifen. Auf alten Ackerterrassen und in aufgegebenen Olivenhainen breitet sich duftende Macchia aus, während unter der Erde die Reste des antiken Trezene schlummern. Die weit verbreiteten hohen Büschel des Mauretanischen

Riesengrases *(Ampelodesmos mauretanica)* sind ein Indiz dafür, dass hier Hirten gelegentlich Feuer legen.

Reine Gehzeit: 1½ Std. Zona Lago – San Giovanni (einfach). Die Zona Lago ist von Santa Maria aus mit Bussen oder zu Fuß über den kilometerlangen Strand zu erreichen.

Wanderung: Vom nördlichen Ortsende in Lago (Parkmöglichkeiten) auf breiter Schotterpiste den kieferbestandenen Hang schräg aufsteigen. Bei klarem Wetter erkennt man im Norden die Amalfitana und Capri. Nach etwa 10 Min. gabelt sich die Schotterstraße, links führt die Stichstraße zur privaten Azienda Agricola San Giovanni hinab.

Rechts auf der breiten Schotterstraße weiter hoch. Vorne am Hang sind bereits die Ruinen der verlassenen Ortschaft San Giovanni auszumachen.

Wanderkarten-Tipps

Die Comunità Montana Alento-Monte Stella (www.alento-montestella.sa.it) hatte in Zusammenarbeit mit *Peter Hoogstaden* (www.genius-loci.it) ein nützliches Büchlein mit 13 Wanderbeschreibungen herausgegeben. Das Buch mit herausnehmbaren Karten im Maßstab 1:25.000 gab es für spottbillige 3 Euro in Info-Büros, am Kiosk und in einigen Agriturismi. Leider ist das Werk zurzeit vergriffen und die Wege werden nicht mehr regelmäßig gepflegt.

Zu empfehlen ist die Karte „Parco Nazionale del Cilento e Vallo di Diano, 1:50.000" des Verlegers Matonti. Die farbige Geländedarstellung ist klar, die verzeichneten Wege finden jedoch nicht immer ihre Entsprechung im Gelände. Eine einheitliche Markierung durch die Nationalparkverwaltung ist (seit Jahren) im Gang. Zu kaufen gibt es die Karte für 7 Euro z.B. im „Bazar Cerere" in Paestum.

Solange der Nationalpark keine neuen Wanderkarten auflegt, gibt es die alten hier als Gratis-Download: www.cilentoediano.it/carta_sentieri.

Der Cilento und das Vallo di Diano

Ca. 20 Min. ab Start die rechts abzweigende Schotterstraße unbeachtet lassen und in Serpentinen weiter aufsteigen. Auf gleicher Höhe stößt von links ein Pfad dazu – eine Möglichkeit, im Rücken der Azienda Agricola San Giovanni auf den küstenparallelen Küstenweg zu gelangen, der vorbei an der Punta Tresino nach Baia di Trentova/Agropoli führt.

Nach weiteren 10 Min. Anstieg, ca. 30 Min. ab Start, gabelt sich die Schotterstraße erneut, die Wanderung setzt sich rechts fort. Vorher lohnt der kurze Abstecher nach links: aufsteigen und in der nächsten Kurve links auf die Dattelpalmen zuhalten. Quellwasser strömt hier in einen langen Trog.

Zurück an der Gabelung, auf der südlich verlaufenden Piste in lang gezogenen Serpentinen weiter hoch. Auf der Scheitelhöhe trifft die Schotterstraße auf eine querende, eben verlaufende Piste. Wir gehen links weiter und bald ist das Zentrum des verlassenen Ortes **San Giovanni** erreicht (228 m). An der Piazza steht eine eindrucksvolle Freitreppe. Auf dem gleichen Weg wieder zurück.

Punta Licosa

Entspannte Küstenwanderung mit Badegelegenheit. Die eben verlaufende Wanderung folgt ohne Orientierungsprobleme im Wesentlichen dem Küstenverlauf. Unterwegs kann man auf bezeichnetem Weg zum Monte Licosa aufsteigen. Laut *Strabon* und *Plinius* verdanken das schöne Kap und die vorgelagerte Insel ihren Namen der Sirene *Leukosia,* die hier beerdigt liegen soll. Besonders schön ist der Küstenabschnitt zwischen Punta Licosa und Punta Ogliastro. Der schmale Wanderweg verläuft hier mit leichtem Auf und Ab direkt am Meer, teils im Schatten hoher Schirmpinien, teils durch herrliche Küstenmacchia. Auf der Strecke zwischen San Marco und der Punta Licosa genießt man die Blicke auf den Golf von Castellabate, die Halbinsel des Monte Tresino, auf die Amalfitana und Capri.

Reine Gehzeit: 2–2½ Std. (San Marco – Punta Licosa 1 Std., Punta Licosa – Punta Ogliastro 1–1½ Std.). San Marco ist mit öffentlichen Bussen zu erreichen.

Wanderung: Vom westlichen Ende des Hafens von **San Marco** hinter dem Hotel L'Approdo der schmalen Fahrspur folgend, geht es im Rücken einiger Ferienhäuser vorbei, in Richtung Punta Licosa. Unterwegs findet sich der Abstecher auf den Monte Licosa. Nach 20–30 Min., auf Höhe eines alten Gutshofes mit Taubenturm, geht es über einige Zementstufen hinunter und dann weiter geradeaus. Der Weg führt um einen Acker herum und schwenkt auf die Küste zu. An der Stelle, wo der Weg oberhalb der niedrigen Steilküste nach links biegt, steht (hinter Glas) ein interessantes Kalvarienkreuz. Am B&B Leucosia vorbei, gelangt man auf der Höhe eines winzigen Hafens an eine Kreuzung. Vorne liegt ein Anwesen aus dem 18. Jh., das von dieser Seite den direkten Zugang zur **Punta Licosa** versperrt. Der Asphaltstraße einige hundert Meter nach links folgen und am Ende des Grundstücks, an der umknickenden Mauer entlang, nach rechts bis zur Küste gehen. Jetzt kann man auf dem Küstenpfad den Abstecher zur Punta Licosa machen und anschließend nach Belieben dem wunderschönen Küstenpfad in Richtung **Punta Ogliastro** folgen.

Perdifumo und Vatolla

Perdifumo (425 m), eine mittelalterliche Gründung an den nordwestlichen Hängen des Monte della Stella, hat noch viel vom alten Charme bewahrt. Am Corso sprudelt klares Quellwasser in einem monumentalen Waschhaus.

Zur Comune Perdifumo gehörend, ist **Vatolla** (440 m, 500 Ew.) ein winziges Bergstädtchen mit Fernblick und Geist. Im ausgehenden 17. Jh. beherbergte der Ort einen humanistischen Fürstenhof. Von 1685–96 war der später bedeutende Philosoph **Giambattista Vico** (1668–1744) als Hauslehrer im Palazzo de Vargas angestellt, bevor er 1699 den Lehrstuhl für Rhetorik an der Universität

Neapel erhielt. Mit seinem Hauptwerk „Die neue Wissenschaft über die gemeinschaftliche Natur der Völker" begründete *Vico* die Geschichtsphilosophie. Der sehenswerte **Palazzo de Vargas** beherbergt heute ein philosophisches Studienzentrum und die naturkundliche Bibliothek des Nationalparks. Verschiedenfarbige Räume reihen sich aneinander, über den Türstöcken lateinische Sentenzen.

■ **Palazzo de Vargas,** Piazza Giambatista Vico, Tel. 09 74 84 55 49, www.fondazionegbvico.org. April bis Okt. tägl. 8–13 und 14–20 Uhr, Nov. bis März tägl. 8–13 und 14–18 Uhr. Eintritt frei.

Bei Streifzügen durch den hübschen Ort sieht man an den Hauswänden immer wieder Zitate aus *Giambattista Vicos* „La Scienza Nuova". In der Fassade der **Chiesa S. Maria delle Grazie,** die im 11. Jh. über den Ruinen eines antiken Bacchus-Tempels errichtet wurde, sind Bruchstücke römischer Sarkophage vermauert.

Zu Perdifumo gehört auch der Borgo **Mercato Cilento** (630 m, 210 Ew.). Am Kreuzungspunkt alter Handelsstraßen gelegen, entwickelte er sich zum zeitweise wichtigsten Marktplatz im nördlichen Cilento. Über dem Ort thront ein gewaltiger Karmelitaner-Konvent.

Information

■ **www.comune.perdifumo.sa.it**

Unterkunft/Essen und Trinken

■ Agriturismo Il Vecchio Casale

MEIN TIPP! Mit Gusto restauriertes Gutshaus aus dem 18. Jh. direkt am Ortseingang, eine großer Terrasse weist auf das Meer und den Monte Tresino. Freundlicher Empfang durch *Anna Maria Malandrino*. Stilvoll möblierte Zimmer. Olivenhaine und ein Obst- und Gemüsegarten umgeben das Haus und liefern die Zutaten der ausgezeichneten Küche. Das Restaurant öffnet auch für auswärtige Gäste. Pool. Mitte Juni bis Mitte Sept. durchgehend geöffnet, sonst nur an Wochenenden und Feiertagen. 4 Zi., DZ/F 80 Euro, HP 60 Euro.
Contrada Vigna, Tel. 09 74 84 52 35,
09 74 82 12 96, Mobil 33 92 59 86 87,
www.ilvecchiocasale.it

■ B&B Casa Allorello

Die Österreicher *Jenny* und *Uwe Schneider* sind nach fünf Jahren Behördengängen & Baustelle 2012 im Cilento heimisch geworden und betreiben ihr B&B in einer Neubauvilla am nördlichen Ortsrand von

▷ Vatolla: Philosophen-Palazzo de Vargas

Vatolla. Auf Wunsch wird für die Gäste – auch glutenfrei oder vegetarisch – gekocht bzw. nebenan im feinen Fisch-Ristorante Taverna del Capitano ein Tisch reserviert. 5 Zi., DZ/F 70– 80 Euro, HP zusätzlich 15 Euro p.P.
Via San Vincenzo 7 – Vatolla,
Mobil 36 62 57 83 72, www.casaallorello.com
■ **L'Eco del Mare**
Bewährte Mannschaft, bewährte Fischküche, seit 2012 an neuem Standort. Den Umzug aus Santa Maria di Castellabate löste der coole Neubau in den aussichtsreichen Hügeln zwischen Santa Maria und Perdifumo aus. *Antonio* backt weiterhin prima Pizze, im Saal kümmert sich Bruder *Pino* weinkundig um die Gäste. Anfahrt aus Perdifumo auf Nebenstraßen, aus Santa Maria di Castellabate von der ex S.S. 267 in Richtung Agropoli auf Höhe des Hotels Eden rechts der Ausschilderung für ca. 1,5 km folgen. 20–35 Euro. Mo Ruhetag. Sa und So mittags und abends, sonst nur abends. Jan geschl.
Contrada Noce 61 – Perdifumo, Tel. 09 74 96 00 78, www.facebook.com/LECODELMARE

Wandern

Monte della Stella (1131 m)

Im schattigen Kastanienwald und über einen freien Grat steigt man **zu einem der schönsten Aussichtsgipfel des Cilento** auf. Vom Monte della Stella (für Fußlahme von Omignano aus auch mit dem Auto zu erreichen) kann man weite Teile Kampaniens aus der Vogelperspektive betrachten. Deutliche Pfade. Frühjahr (blühende Osterglocken!) und Herbst sind die besten Jahreszeiten.

Wie der Monte Gelbison ist auch der Monte della Stella seit Urzeiten ein **heiliger Berg.** Am Gipfel wurden steinzeitliche Spuren gefunden. In der Antike hatte er eine praktische Bedeutung als Signalberg zwischen Poseidonia (Paestum) und Elea (Velia). Anstelle der alten Langobardenfestung erhebt sich heute das Santuario della Madonna della Stella. Der kegelförmige Berg, der ursprünglich den Namen Cilento trug, ist von einem **Kranz mittelalterlicher Ortschaften** umgeben. Am Karfreitag veranstalten die Bruderschaften der einzelnen Städtchen Prozessionen zu den Heiligtümern der jeweiligen Nachbarorte, insgesamt bewegt sich also eine riesige Prozession um den Berg herum. Mitte August strömen die Gläubigen aus allen umliegenden Ortschaften am Santuario della Madonna della Stella zusammen. Der tagtägliche Kontakt zum Himmel wird auf profane Weise aufrechterhalten: Auf dem Gipfelplateau steht eine Radarstation mit einer der wichtigsten Flugleitstellen Süditaliens.

Reine Gehzeit: Aufstieg ca. 1¾ Std., Abstieg 1½ Std. (Passhöhe – Castelluccio 45 Min., Castelluccio – Monte della Stella 55 Min.).

Anfahrt/Ausgangspunkt: Aus Santa Maria di Castellabate/Castellabate über Perdifumo bis **Mercato Cilento** fahren. An der T-Kreuzung nicht links zum Ort hoch, sondern nach rechts in Richtung Sessa Cilento abbiegen. Nach wenigen hundert Metern liegen rechter Hand ein Supermarkt und das **Ristorante Castagneto** (Via Castagnone 2, Mercato Cilento, Tel. 08 74 84 51 06; hier kann man an der Bar einen Kaffee trinken, gut und kräftig essen; *Egidio* und *Alberino Mutalipassi* kennen sich in den umliegenden Bergen und Wäldern bestens aus). Nach dem Restaurant an der nächsten Gabelung rechts in Richtung Serramezzana/San Mauro Cilento abbiegen und nach ca. 2,5 km an der Passhöhe parken. Unterwegs weist ein Holzschild auf die Picknickzone „Area Acqua del Ceraso" (ex „Acqua della Morte") – es gab hier eine Quelle, deren Wasser so kalt war, dass man sich beim Trinken den Tod holte.

Wanderung: Von der Passhöhe (700 m) führt eine bezeichnete Wegspur („Alta Via del Monte Stella") in breiten Serpentinen bergauf und setzt sich dann über den freien Grat fort. Rot-weiße Markierungen und (verfallene) Holzschilder begleiten den eindeutigen Weg. Nach Süden öffnen sich weite Blicke bis zum Capo Palinuro. Der Zwischengipfel des **Castelluccio** (1025 m) bietet einen herrlichen Rastplatz mit perfektem Rundumblick – früher von strategischer Bedeutung.

Der Cilento und das Vallo di Diano

Beim Abstieg zur anderen Seite sind Reste alten Mauerwerks zu erkennen. Aus dem breiten Sattel beim Wiederaufstieg in Richtung Monte della Stella weiter dem Grat folgen. An wunderschönen Felsformationen vorbei – bei der **Pietra della Mulacchia** (1030 m) handelt es sich um eine prähistorische Kultstätte – erreicht man die Picknickzone unterhalb des Gipfels (1131 m). Auf der Asphaltstraße gelangt man nach rechts zum **Santuario della Madonna della Stella.** Wer sich an der Straße stört, kann zum Rasten ein kurzes Stück zurückgehen. Es herrscht kein Mangel an herrlichen Plätzchen. Auf demselben Weg geht es dann wieder zurück zum Ausgangspunkt. Der Monte della Stella lässt sich auf bezeichneten Wegen z.B. auch aus Casalsoprano, einem Ortsteil von San Mauro Cilento, aus dem Süden erklimmen.

Rocca Cilento

Heute weitab gängiger Routen gelegen und ein bisschen aus der Zeit gefallen, war der hübsche Borgo Rocca Cilento (635 m, 140 Ew.) mit seinem namensgebenden, mächtigen Kastell vom 12. bis zum 16. Jh. Hauptstadt des kleinen Feudalreiches der *Sanseverino*. Also kein schlechter Platz, um über Vergänglichkeit nachzudenken und Stille und weite Aussicht zu genießen.

Bed & Breakfast

■ **Antico Convento**
MEIN TIPP! In den Gemäuern des ehemaligen Franziskanerkonvents, der sich seit dem 17. Jh. in Familienbesitz befindet, hat *Erika Ferraro* eine wunderschöne Unterkunft geschaffen. Auf Wunsch wird für die Gäste cilentanisch gekocht und es werden sogar Kochkurse organisiert. Direkt vor der Pforte begin-

nen zwei tolle Wanderwege, Gäste werden mit Wanderkarten bestens ausgestattet und, sollte es nötig sein, auch mit dem Auto von unterwegs abgeholt. 15 Zi., DZ/F 50–90 Euro. März bis Ende Okt. Via Garibaldi 21, Tel. 09 74 83 22 88, Mobil 33 12 45 77 72, 34 93 92 54 99, www.anticoconvento.it

Serramezzana

An den südwestlichen Hängen des Monte Stella liegt das hübsche Serramezzana (520 m, 355 Ew.), **einer der bevölkerungsärmsten Orte des Cilento.** Dessen ungeachtet findet hier im Sommer ein ambitioniertes Kulturfestival statt. Im Tal des Torrente Rio Lapis, der bei Agnone ins Meer mündet, befanden sich noch bis Anfang des 20. Jh. zahlreiche Wassermühlen in Betrieb. Eine dieser historischen Mühlen (und der dazugehörige Mühlenteich) wurde inzwischen wieder instand gesetzt und ist zu besichtigen.

Information

■ **Pro Loco Myricae**
Via Roma, www.prolocoserramezzana.it

Unterkunft/Essen und Trinken

■ **Locanda La Corte**
Hübsches Ristorante mit freundlichen Gästezimmern und Blick ins Tal des Torrente Rio Lapis (talaufwärts die Ruine einer eindrucksvollen Wasssermühle). Beste *cucina cilentana* zu fairen Preisen. 5 Zi., DZ/F 50–60 Euro, HP 45–60 Euro. Menü 20–25 Euro. Ostern bis Nov. tägl. mittags und abends, im Winterhalbjahr nur Fr bis So.

8

Via Sant'Antonio – Località Capograssi,
Tel. 09 74 82 21 43, Mobil 34 75 79 03 25,
34 88 63 67 90, www.locandalacorte.net

Veranstaltung

■ Segreti d'Autore
Kultur, Legalität und Wissenschaft sind die Themen
des Festivals. Ende Juli bis Mitte August.
www.festivalsegretidautore.it

Einkaufen

■ La Valle del Mulino
MEIN TIPP! *Edoardo Maffia* hat eine der historischen, wassergetriebenen Getreidemühlen im Tal
des Torrente Rio Lapis restauriert und wieder funk-
tionsfähig gemacht. Genauso aufwendig hat er eine
Ölmühle des 15. Jh. wieder in Betrieb genommen,
d.h. man kann nicht nur ausgezeichnetes, biologisch produziertes Olivenöl erwerben, sondern
hautnah ein Stück cilentanische Technikgeschichte
erleben. Für 2013 ist die Eröffnung eines rustikalen
Ristorante nebst Agriturismo mit Gästezimmern geplant. Abzweig von der S.P. 167a. Mi bis So 9–13
Uhr, Sa auch nachmittags.
Località Magazeni – Montecorice,
Mobil 32 89 24 44 15 *(Alessandro Maffia)*,
33 89 21 28 01 *(Edoardo Maffia)*,
www.lavalledelmulino.com

Acciaroli, Póllica und Pioppi

Der **Fischerhafen Acciaroli** (6 m, 1000
Ew.) ist ein bei italienischen Badegästen
sehr beliebter Ferienort. Seit Jahren weht
die *Bandiera Blu* (Blaue Flagge) als Zeichen saubersten Wassers über den **langen Sandstränden,** und auch die italienische Umweltorganistion Legambiente
erteilt den Strandorten Acciaroli und
Pioppi Bestnoten. Dahinter stand das
jahrelange Engagement des am 5. September 2010 mutmaßlich von der Camorra ermordeten Bürgermeisters *Angelo Vassallo,* der seiner Stadt auch den
Titel „Città Slow" verschafft und sich dafür eingesetzt hatte, dass die *dietà mediterranea* zum UNESCO-Weltkulturerbe
erklärt wurde. Einige erinnern sich noch
an **Ernest Hemingway,** der 1953 als
frisch gebackener Erfolgsautor von „The
Old man and the Sea" zum ersten Mal in
Acciaroli auftauchte. In Person des Fi-
schers *Antonio Masarone* fand er das cilentanische Pendant seines „alten Mannes", mit ihm fuhr er fast täglich zum
Angeln aufs Meer hinaus.

Das stolze **Póllica** (366 m, 1200 Ew.)
ist ein Aussichtsbalkon über dem Meer.
Mit imposantem Taubenturm dominiert
der **Palazzo dei Principi Capano** das
vom Durchgangsverkehr frei gehaltene
mittelalterliche Ortszentrum. Im **Convento S. Maria delle Grazie,** friedlich
am östlichen Ortsrand gelegen, beherbergen die Mönche zahlende Gäste in
komfortablen Klosterzellen.

Die Hauptattraktion von **Pioppi** (300
Ew.), einem außerhalb des Sommers
sympathisch verschlafenen Küstenort,
ist das **Museo del Mare,** untergebracht
im Palazzo Vinciprova aus dem 17. Jh.
Besonders sehenswert ist dessen zum
Meer gewandte Schaufassade. Aquarien
zeigen die unterschiedlichsten Meeres-
ökosysteme der Cilento-Küsten. Eine
Abteilung illustriert traditionelle Methoden des Fischfangs. Der Palazzo Vinciprova bewahrt auch den Nachlass des
US-amerikanischen Ernährungswissen-
schaftlers **Ancel Keys** (1904–2004), der

28 Jahre lang bis kurz vor seinem Tod in Pioppi lebte. Der Vater der *dieta mediterranea* („How to eat well and stay well, the Mediterranean way"), hatte im 2. Weltkrieg mit der von ihm entwickelten K-Ration die Elitesoldaten der US Army kulinarisch das Fürchten gelehrt.

■ **Museo del Mare,** Via Caracciolo 146, Tel. 09 74 90 50 59, www.museodelmare.it. Mi bis Mo 9.30–12.30 und 15–19 Uhr, im Sommer länger. Eintritt 2 Euro.
■ **Museo Vivente della Dieta Mediterranea,** ob die durch privates Engagement des verstorbenen *Carmine Battipede* aufgebaute Sammlung fortlebt, bleibt ungewiss.

fahrzeuge. Interessantes Ausflugsprogramm. Zugleich dient ihr Büro als Anlaufstelle für die **Ass. Ripe Rosse** von *Giuseppe Damiani* (Mobil 33 96 68 48 18, www.cilentoverdeblu.it), die Wanderungen, Wildwasserwandern im Calore, Kajakfahrten, Touren mit Boot und Tauchkurse organisiert.
Via Porto – Acciaroli, Tel. 09 74 90 46 36, www.verdeblutravel.it
■ **Info Comune di Pollica**
Kommunales Touristenbüro direkt neben Verdeblu Travel. Juni bis Sept. Mo bis Sa 9–13 und 17–21 Uhr, im Sommer länger.
Località Porto, Tel. 09 74 90 47 38
■ **www.comune.pollica.sa.it**
■ **www.prolocopioppi.it**

Information

■ **Verdeblu Travel – Associazione Ripe Rosse**
In ihrem Reisebüro in Hafennähe gibt *Marina Schiavo*, die ausgezeichnet deutsch spricht, touristische Auskünfte und vermittelt Unterkünfte und Miet-

⌃ In Acciaroli wird frischer Fisch angelandet

Unterkunft

Hotel in Acciaroli

■ **Stella Marina** ***
Familiäres Strandhotel am nördlichen Stadtrand. Nicht alle Zimmer gehen zum Meer. Freundliche Atmosphäre, unaufdringlicher Komfort. Großer Garten mit direktem Zugang zum Meer, wo im Sommer eine nette Strandbar steht. Sicherer Parkplatz. 12 Zi., DZ/F ab 90 Euro, HP ab 65 Euro (Liegestühle, Sonnenschirme inkl.).
Via Nicotera 137, Tel. 09 74 90 47 25, www.stellamarinahotel.com

Hotel in Pioppi

■ **La Vela** ****
Familiengeführtes, gepflegtes Strandhotel, bekannt für seine ausgezeichnete regionaltypische Küche. Die Pasta ist hausgemacht, Brot und Pizza kommen aus dem Holzofen. Im Sommer wird unter einer Strandpergola gespeist. *Umberto Consalvo,* der freundliche Padrone, spricht deutsch. Sicherer Parkplatz. Nahebei hübsche Ferienapartments (1 Woche für 2 Pers. ab 300 Euro). 50 Zi., DZ/F ab 90 Euro, HP ab 65 Euro (Aufschlag für Balkon und Meerblick). April bis Ende Okt.
Via Caracciolo 96, Tel. 09 74 90 50 25, 09 74 90 51 72 (Winter), www.lavelapioppi.com

Zimmer im Kloster

■ **Pensione Al Convento**
Ins Franziskanerkloster S. Maria delle Grazie zum Ausspannen: Mit allem nötigen Komfort eingerichtete Klosterzellen mit Bad & Heizung. Vom Kloster führt ein schöner Wanderweg in die Hügel (siehe „Wandern"). 10 Zi., DZ/F 30–40 Euro. Mai bis Sept.
Salita Convento, Tel. 09 74 90 10 31, Mobil 34 85 69 80 88

Agriturismi und Country Houses

■ **Casale di Luciana**
Michela und *Guido* haben 2005 ihr privates, von einem liebevoll gepflegten Garten umgebenes Haus im Tal des Rio Lapis zahlenden Gästen geöffnet. Die farbenfrohen Zimmer sind gut ausgestattet, aus dem Kamin-Salon kann man Sonnenuntergänge beobachten. Frühstück mit selbst bereiteten Marmeladen, auf Wunsch wird für die Gäste auch (sehr gut) gekocht. Anfahrt: vom südl. Ortsende in Agnone von der ex S.S. 267 auf Höhe des Hotels Rio Lapis ca. 1 km auf schmaler Straße bergauf. 7 Zi., DZ/F 60–100 Euro.
Località Magazzeni – Agnone–Montecorice, Mobil 34 90 64 24 38, 33 58 28 32 26, 34 86 89 64 24, www.casalediluciana.com
GPS: N 40°13.102', E 15°00.554'

■ **Le Serre**
Paola Visones gastliches Haus liegt von Oliven umgeben mit Blick aufs Meer in den Hügeln oberhalb von Acciaroli. Die Gäste können im biologisch bewirtschafteten Garten Gemüse ernten oder im Herbst bei der Olivenernte helfen. Anfahrt: auf Höhe des Parco Comunale (Sport- und Spielplatz) von der ex S.S. 267 ca. 1,5 km auf schmalen Straßen ins Landesinnere. *Paola* betreibt im Sommer die Strandbar Lido Le Serre di Mare. 6 Zi., DZ/F 80–100 Euro. Nov. geschl.
Località Serre di Fiume – Acciaroli, Tel. 09 74 90 40 36, Mobil 34 76 90 68 24, www.leserredimare.com
GPS: N 40°11.330', E 15°01.717'

■ **Il Mulino**
MEIN TIPP! Echtes Landleben, beste Landküche. Signora *Luisa* hat zusammen mit Mann und Kindern eine alte Ölmühle in ein schmuckes Ferienanwesen verwandelt. Das hübsche Steinhaus liegt in den Oliven-Hügeln auf halber Strecke zwischen Cannicchio und San Mauro Cilento. Die Zimmer sind einfach und nett, alle mit Terrasse, die meisten mit Blick aufs Meer. Den Ausschlag aber geben die Herzlichkeit der Gastgeber und Signora *Luisas* ausgezeichnete Küche (das Restaurant öffnet auch für externe Gäste, auch Kochkurse werden angeboten). *Giuseppe* steuert als Fischer das Seine bei. Auf dem Hof werden Ziegen, Schafe, Schweine und Esel gehalten, Oliven, Wein, Feigen und Gemüse angebaut.

Ein prima Platz für Familien mit Kindern. 12 Zi., DZ/F 60–80 Euro, Menü 20 Euro.
Località Monaco – Cannicchio,
Mobil 34 79 17 41 53,
www.ilmulinoagriturismo.com

■ Villa Mare Luna

Moderne Landvilla mit komfortablen Zimmern an der S.P. 48 zwischen Pioppi und Póllica. *Giovanni Scarano* betreibt ein empfehlenswertes Restaurant, das auch für externe Gäste öffnet, im Winter nur an Wochenenden. 8 Zi., DZ/F 60–110 Euro, HP 45–75 Euro (kleiner Aufpreis für Meerblick).
Via San Pietro – Località Elce 1,
Tel. 09 74 27 10 82, Mobil 34 70 39 39 10,
34 97 85 48 43, www.hotelvillamareluna.it

Essen und Trinken

Restaurant in Acciaroli
■ Boccaccio

Klassische mediterrane Küche mit hausgemachter Pasta, frischem Fisch und Meeresfrüchten. Mi Ruhetag. März bis Nov. Mittags und abends. 25–30 Euro.
Via Lungomare, Tel. 09 74 90 46 46

Trattoria in Pioppi
■ La Caupona

MEIN TIPP! Mit ihrem Mann *Andrea Pisani* betreibt *Lina Pinto* ihr freundliches Lokal am Lungomare. Hier gibt es die einfachen und schmackhaften Cilento-Gerichte, die den Ernährungswissenschaftler *Ancel Keys* in den 1950er Jahren begeisterten: köstliche Antipasti wie *alici marinate* oder *zeppole con fiori di zucca o alghe* (frittierte Teigbällchen mit Zucchiniblüten oder Algen), im Frühjahr auch Wildgemüse. Frischer Fisch. Um Erinnerungen wachzuhalten, hat Signora *Lina* ein Kochbuch verfasst, in dem sie vom vergangenen Alltag der Bauern und Fischer erzählt. Im Sommer Tische im Freien. Über dem Lokal drei nette Zimmer, jeweils mit Bad und guten Betten (DZ ab 50 Euro). 20 Euro. Juni bis Sept. tägl. mittags und abends, sonst nur an Wochenenden.

Via Caracciolo (ex S.S. 267),
Tel. 09 74 90 52 51, 09 74 90 14 93 (priv.)

Trattoria in Póllica
■ Costantinopoli

Seit über 30 Jahren führt die Familie *Marano* ihr gastliches Haus (mit Zimmern!) im Weiler Costantinopoli nordwestlich Póllica. Grundehrliche *cucina di terra*, Gemüse und Fleisch aus eigener Produktion, Brot und *pizza cilentana* (Vollkornmehl, Tomaten und Ziegenkäse) aus dem Holzofen. 20–25 Euro. Mittags und abends. Ostern bis Ende Sept. In der Nebensaison nur Sa und So, im Sommer tägl.
Contrada Costantinopoli 6, Tel. 09 74 90 11 34

Trattoria in San Mauro Cilento
■ Al Frantoio

Das Lokal ist ein Ableger der Olivenölmühle Cooperativa Agricola Nuovo Cilento (s.u.) und nennt sich bewusst „Laboratorio di Ricerca della Cucina del Cilento Antico". Der Name ist Programm. In einem großen Saal mit Cotto-Boden und Holztischen wird zu absolut fairen Preisen traditionelle bäuerliche Küche serviert. Hier lassen sich einfache und schmackhafte Gerichte wie *aquasale* (hartes, in Salzwasser getränktes Brot mit Olivenöl und Tomaten) oder *ciambotta* (ein deftiger Eintopf aus Auberginen, Peperoni, Zwiebeln und Kartoffeln) entdecken. Guter *vino della casa*. Anfahrt: 6 km von der ex S.S. 267 in Richtung San Mauro. 15–25 Euro. Juni bis Sept. tägl. mittags und abends; Okt. bis Mai nur Sa und So mittags und abends.
Località Ortale, Tel. 09 74 90 32 43,
www.cilentoverde.com

Café, Bar und Lido
■ Myosotis

Ein schattiger Gartenplatz über dem Meer, wenige Schritte vom Palazzo Vinciprova. Der Garten ist Mai bis Okt. geöffnet, im Sommer auch der Lido am Strand.
Via Caracciolo 128 bis (ex S.S. 267),
Mobil 33 46 21 68 98

Der Cilento und das Vallo di Diano

8

An- und Weiterreise

■**Auto:** Acciaroli und Pioppi liegen an der ex S.S. 267, nach Póllica führt eine aussichtsreiche Serpentinenstraße.

■**Bus:** CSTP (www.cstp.it) nach Agropoli und Santa Maria di Castellabate.

■**Bahn:** Der nächste Bahnhof liegt in Agropoli bzw. in Marina di Ascea. In Agropoli besteht Anschluss mit den blauen CSTP-Bussen.

Unterwegs in Acciaroli und Pioppi

■**Bus:** CSTP (www.cstp.it) auf der Küstenstraße ex S.S. 267.

■**Parken:** In Acciaroli ausreichend Parkplätze am Hafen, in Póllica auf der Umgehungsstraße parken. In Pioppi gibt es einen kleinen Parkplatz oberhalb des Museo del Mare und einen großen Parkplatz am westlichen Ortsrand.

Einkaufen

■**Cooperativa Agricola Nuovo Cilento**
Olio Extra Vergine d'Oliva D.O.P. und Feigen. Seit Jahren produziert die Cooperativa auch Bio-Öl, ein Großabnehmer ist die englische Kosmetikfirma Body Shop. Das Restaurant Al Frantoio im gleichen Gebäude ist ohne Einschränkung zu empfehlen (s.o.)! Tägl. 8–17 Uhr.
Località Ortale – San Mauro Cilento,
Tel. 09 74 90 32 39, www.cilentoverde.com

Veranstaltung

■**Pioppi di Scena**
An lauen Sommerabenden zeitgenössisches Theater vor der Kulisse des Palazzo Vinciprova in Pioppi. Ende Juli bis Ende August. Info und Tickets c/o Museo del Mare (s.o.).

Baden

Den Stränden von **Acciaroli** (Sand) und **Pioppi** (schmaler Kiesstrand) wurde ihre ausgezeichnete Wasserqualität wiederholt bestätigt, sie dürfen die *Bandiera Blu* und seit 2010 sogar die *Cinque Vele* der Umweltschutzorganisation Legambiente hissen. Das ist das Vermächtnis des im September 2010 einem Mordanschlag zum Opfer gefallenen Bürgermeisters *Angelo Vassallo*.

Wandern

Celso und Póllica
Die Comunità Montana Alento e Monte Stella beschrieb in ihrem Wanderbüchlein (siehe „Wanderkarten-Tipps" bei Castellabate) alte Wirtschafts- und Treppenwege, die die Küste mit Orten im Landesinneren verbinden (mit Glück sind letzte Exemplare bzw. alternative Wanderkarten vor Ort zu erhalten). Reizvoll ist der knapp 5-stündige Weg von Pioppi bzw. Marina di Casalvelino über Celso und Póllica und weiter über Cannicchio zurück zur Küste bis Acciaroli. Linienbusse der CSTP verkehren auf der Küstenstraße zwischen Acciaroli und Pioppi. Zwischen Póllica und Celso bestehen leider nur wenige Verbindungen am Tag.

Besonders schön ist der ca. 30-minütige (einfach) Spaziergang zwischen Celso und Póllica. Der Einstieg in Celso erfolgt am südlichen Ortsrand auf Höhe der Post, in Póllica beginnt der Weg oberhalb des Franziskanerkonvents. Weitere Infos und GPS-Tracks auf www.cilento-aktiv.info/cilento-aktiv/wanderungen.

▷ Olivenernte bei Casal Velino

8

Cilento Centrale

Der Cilento Centrale umfasst das Gebiet um den Monte Gelbison und den Küstenstrich am Golf von Ascea. Vallo della Lucania, am südlichen Abhang des Monte Gelbison, ist das wirtschaftliche Zentrum des Cilento und Sitz der Nationalparkverwaltung.

Casal Velino und Marina di Casal Velino

Das aufgehübschte **Bergstädtchen Casal Velino** (170 m, 4400 Ew.) hat noch viel von seinem mittelalterlichen Charme bewahrt. Doch der Mittelpunkt des kleinstädtischen Lebens, insbesondere in den Sommermonaten, ist der freundliche Hafen- und **Badeort Marina di Casal Velino**. In der Kapelle S. Matteo wurden hier bis zum Jahr 954 die Reliquien des *Hl. Matthäus* verwahrt, die heute in der Krypta des Duomo di Salerno ihre Ruhestätte haben.

Information

■ **Pro Loco di Casal Velino**
Info-Kiosk am Lungomare. Nur im Sommer.
Via Lungomare Speranza – Marina di Casal Velino,
Tel. 09 74 90 75 70, www.prolococasalvelino.it
■ **www.comune.casal-velino.sa.it**

Unterkunft/Essen und Trinken

Hotel
■ **Il Tempio** ****
Familienfreundliches Strandhotel mit Pool und großem Wassersportangebot. Von Sport-Veranstaltern gebucht. 42 Zi., DZ/F ab 100 Euro, HP ab 60 Euro.
Mitte April bis Mitte Okt.
Via Nettuno 1–5, Località Isola,
Tel. 09 74 90 72 02, www.iltempio.it

Der Cilento und das Vallo di Diano

gvm13_113 pa

Agriturismi

◼ I Moresani

MEIN TIPP! Von seinem Agriturismo in den Hügeln bei Casal Velino bricht *Gino Fedullo* zu Reitausflügen in die Umgebung auf. Auf 16 ha werden Oliven und Wein angebaut, Ziegen- und Schafskäse stammen ebenfalls aus eigener Produktion. Küche und Käse werden von Slow Food gelobt. Gäste können an Kochkursen teilnehmen. Das ausgezeichnete Restaurant öffnet auch für auswärtige Gäste! Gut ausgestattete Gästezimmer in restaurierten Nebengebäuden, z.T. mit eigener Küche. Pool. Hochwertige Leihräder von Ciclidea in Paestum (siehe dort) werden auf Wunsch geliefert. Gäste erhalten ein Faltblatt mit ausgearbeiteten Radrouten; *Gino* hat auch einen Kleinbus für Transferfahrten! Anfahrt: von der Rathauspiazza in Casal Velino ca. 1,5 km ausgeschildert. Zusätzlich 2 Apartments im Centro storico. 9 Zi., 3 Ap., DZ/F 70−110 Euro, HP 55−75 Euro.
Località Moresani,
Tel. 09 74 90 20 86, Mobil 34 73 60 55 86,
www.agriturismoimoresani.com,
www.cilentohorseriding.com
GPS: N 40° 11.571'; E 15° 05.953'

◼ Parmenide

Gepflegtes Landhotel, die gute Küche bedient sich selbst erzeugter Bio-Produkte. Großer Pool und Bike-Station mit Werkstatt. Auf Wunsch Top-Leihräder, Gäste erhalten ein Faltblatt mit ausgearbeiteten Radtouren! Anfahrt: ca. 4 km auf der ex S.S. 447, die Velia mit der S.S. 18 verbindet. 32 Zi., DZ/F 80−120 Euro, HP 50−80 Euro.
Contrada Coppola − Casal Velino Scalo,
Tel. 09 74 71 50 74, www.agriturismoparmenide.it

◼ Zio Cristoforo

Seit 1997 betreibt die Familie von *Angelo* und *Stefano Crescenzo* in den aussichtsreichen Hügeln unterhalb von Casal Velino auf 7 ha ihren familienfreundlichen Agriturismo. Die Gäste sind in geschmackvoll restaurierten Ziegelgebäuden untergebracht, die gute Cilento-Küche basiert auf eigenen Produkten wie Oliven, Wein, Gemüse, Ziegen und Schweine. Im Wechsel der Jahreszeiten werden Kochkurse angeboten. Schöner Pool und viel Auslauf für Kinder. Gäste erhalten ein Faltblatt mit ausgearbeiteten Rad-Routen! Verleih von Profi-MTBs. 12 Zi., 2 Ap., DZ/F 80−120 Euro, HP 55−80 Euro, Ap. ab 600 Euro/Woche.
Località Chiuse − Casal Velino,
Tel. 09 74 90 75 52, Mobil 33 34 52 81 15,
33 94 53 13 07, www.agriturismoziocristoforo.com

Veranstaltung

◼ **Estate casalvelinese,** Theater und Konzerte von Juli bis Sept.

◼ **Festa di S. Matteo Apostolo,** Marina di Casal Velino feiert seinen Apostel am 21. Sept.

Velia und Marina di Ascea

Das Sein ist.

Parmenides

Wortwörtlich und von Rom aus betrachtet liegt der Cilento nördlich des Fiume Alento und nördlich Velia, *cis alentum*, wie der Lateiner sagt.

Als beim Bau der Bahntrasse von Neapel nach Reggio di Calabria 1888 ein **Tunnel** durch den Bergsattel getrieben wurde, auf dem sich ein mittelalterlicher Küstenwachturm erhebt (und wie dann bekannt wurde, auch die Ruinen von Velia), fielen dem deutschen Ingenieur und Amateurarchäologen *Wilhelm Schleuning* die zahlreich zutage tretenden **antiken Fundstücke** auf. Ihm ist es zu verdanken, dass das antike Velia, dessen genaue Lage in Vergessenheit geraten war, wiederentdeckt wurde. Die Ausgrabungen im heutigen Marina di Ascea begannen 1921 unter *Amadeo Maiuri* und dauern bis heute an.

Das **antike Velia** mit seiner Akropolis und Blicken, die sich vom Golf von Ascea über den Monte della Stella bis zum Monte Gelbison spannen, ist einer der stimmungsvollsten Orte des Cilento. Außerdem kommt man hier auf ganz andere Gedanken …

Geschichte

Das **antike Elea** wurde um 540 v. Chr. von Phokäern gegründet. Die Lage konnte besser nicht gewählt sein. Der Bergrücken an der Mündung des damals schiffbaren Alento, zu drei Seiten vom Meer umspült (durch die Verlandung ist die heutige Küstenlinie weiter vorgeschoben), bot sich als idealer Siedlungsplatz an. Eleas Gründung ging eine regelrechte Odyssee voraus. Fünf Jahre zuvor war Phokäa, eine griechische Stadt Kleinasiens, von den Persern belagert worden. *Herodot* berichtet, dass der persische General *Harpagos* den Griechen nach langer Belagerung das Angebot unterbreitet hatte, pro forma ein paar Mauern der Stadt zu schleifen, um seinem Herrscher *Kyros* eine Erfolgsmeldung überbringen zu können. Die Eroberung sei reine Prestigesache, die Stadt und ihre Bürger sollten unangetastet bleiben. Die Phokäer baten sich einen Tag Bedenkzeit aus, stimmten dann zu, und nachdem die persischen Truppen sich abmachungsgemäß zurückgezogen hatten, beluden die Griechen noch in derselben Nacht ihre Schiffe und fuhren mit Mann, Maus und allen Schätzen davon. Es folgte eine jahrelange Irrfahrt. Bei dem Versuch, auf Korsika zu siedeln, wurden die Phokäer von Karthagern und Etruskern, die die ionische Handels-konkurrenz fürchteten, in eine blutige Seeschlacht verwickelt. Nach dieser Schlappe teilte sich die Flotte, ein Teil der Phokäer gründete darauf Massilia (Marseille), die anderen befanden sich gerade auf der Rückfahrt in Regghion (Reggio di Calabria), als sie eine Botschaft der delphischen *Phyta* erreichte (vielleicht hatten Griechen aus Poseidonia das Orakel bestochen, da ihnen an Verbündeten in der Region gelegen war). Der Orakelspruch empfahl den Phokäern den eingangs beschriebenen Siedlungsort an der Mündung des Alento aufzusuchen. Die neu gegründete Stadt nannten sie nach einer Quellnymphe Hyele, später Elea.

Als Handelsstadt gelangte Elea zu Reichtum, ihren gerechten Gesetzen und der von **Parmenides** gegründeten **Philosophenschule** verdankte sie großen Ruhm. Im 4. Jh. v. Chr. gelang es Elea, anders als Poseidonia (Paestum), dem Ansturm der Lukaner zu widerstehen. Früh knüpfte die Stadt politische, wirtschaftliche und kulturelle **Beziehungen zu Rom** und unterstützte die Römer während der Punischen Kriege mit Truppen und Schiffen. Als Velia wurde die Stadt 88 v. Chr. römisches Municipium, ohne Veteranen aufnehmen oder ihre Selbstständigkeit, das Münzrecht und die griechische Sprache aufgeben zu müssen. Reiche Römer bauten sich prachtvolle Villen, *Cicero* zählte zu den regelmäßigen Besuchern. Aufschlussreich ist einer seiner letzten Briefe, gerichtet an einen befreundeten Anwalt in Velia. Kurz vor seiner Ermordung durch die Schergen des *Marcus Antonius* beklagte *Cicero* die politische Dekadenz Roms und sehnte sich nach der glücklichen Verfassung Velias.

Die Verlagerung der Handelsströme im 2. Jh. n. Chr., weg vom Meer auf die Via Popilia (die römische Heer- und Handelsstraße von Capua durch das Vallo di Diano in den Süden Italiens), die Piratengefahr und die allmähliche Versandung des Hafens leiteten den **Niedergang** Velias ein. Im 9. Jh. wurde der Ort endgültig verlassen. Er erlangte nur noch einmal lokale Bedeutung, als im 13. Jh. der Küstenwachturm auf dem ehemaligen Akropolishügel zur Abwehr der Sarazenen errichtet wurde.

Besichtigung

Bei einem Rundgang durch die archäologische Zone durchquert man zunächst in Hafennähe ein **Wohnviertel** aus römischer Zeit. Von dem gut erhaltenen **Thermenkomplex** aus dem 2. Jh. n. Chr. (siehe Exkurs „Ein Thermenbesuch") führt eine steingepflasterte Straße im Taleinschnitt bergauf, vorbei an dem in Hangstufen angelegten **Äskulap-Heiligtum.** Der Wasserlauf des Yele floss kanalisiert durch mehrere Becken, die für die Hydrotherapie genutzt wurden. Mittelalterliche Nachfolgerin der bekannten Medizinschule wurde Salerno (siehe dort).

Durchschreitet man die **Porta Rosa** (Tor bzw. brückenartige Bogenkonstruktion), sieht man über das Alento-Tal auf den Monte della Stella. In der Antike stand auf dem 1131 m hohen Gipfel eine Signalstation, über die Velia mit Paestum kommunizieren konnte. Kehrt man auf der gepflasterten Straße zurück, kann man unterwegs nach rechts in Richtung Akropolis queren. In geschützter Lage befand sich hier die ursprüngliche Siedlung der Phokäer. Im Zuge der Stadterweiterung im 5. Jh. v. Chr. komplett abgerissen, wurden auf dem Akropolishügel ausschließlich öffentliche Gebäude und Tempel errichtet. Durch das Propylon, einen Monumentaleingang, betrat man den heiligen Bezirk auf der höchstgelegenen Terrasse. Die mittelalterliche Cappella Palatina nimmt einen Flügel des antiken Torgebäudes ein. Hier ist ein Antiquarium mit der berühmten Herme des Philosophen *Parmenides* eingerichtet. Vom großen Tempel aus dem 5. Jh. v. Chr. hat sich lediglich das Fundament erhalten. Auf ihm erhebt sich das mittelalterliche Kastell mit dem Wachturm, weitgehend aus antikem Baumaterial errichtet. Ein wunderschöner Spaziergang führt von der Akropolis auf dem Höhenzug mit dem Verlauf der alten Stadtmauer nach Osten (s.u.). Velia ist ein Ort, der wie geschaffen ist, um seinen Gedanken freien Lauf zu lassen.

Ein zweites Antiquarium befindet sich unterhalb der Tempterrasse in der restaurierten ehemaligen Chiesa di S. Maria. Ausgrabungsfunde und illustrative Texte (auch auf Deutsch!) geben Einblicke in Kult und Alltag der antiken Stadt.

■ **Scavi di Velia,** Tel. 09 74 97 23 96, www.archeosa.beniculturali.it. Tägl. 9 Uhr bis 1 Std. vor Sonnenuntergang. Eintritt 3/1,50 Euro. 3 Tage gültiges Sammelticket inkl. Paestum 8 Euro.

◁ Akropolis von Velia: Küstenwachtturm

8

Gedanken, schneller als eine Schildkröte

Anders als in Paestum oder gar Pompeji verirren sich nur selten Touristenbusse nach Velia. Die Landschaft ist bukolisch, große Teile der antiken Stadt Elea sind noch nicht ausgegraben, und man kann durch Olivenhaine und über Wiesen streifen. Die praktisch veranlagten Wärter nutzen das auf ihre Weise und sammeln im Frühjahr wilden Spargel, im Sommer Schnecken. Eine hervorragende Gelegenheit also, die Stille zu genießen, zu philosophieren, vielleicht in einem Buch von *Luciano De Crescenzo* zu schmökern.

Parmenides, der Begründer der eleatischen Philosophenschule (die auch einen medizinischen Zweig hatte, in dessen Tradition wiederum die mittelalterliche Medizinschule von Salerno stand) wurde um 520 v. Chr. in Elea geboren. Er entstammte einer reichen Familie, war Schüler des *Xenophanes,* mit dem er „vertrauten Umgang pflegte" (Homosexualität in einem Lehrer-Schüler-Verhältnis war im antiken Griechenland nichts Ungewöhnliches), und trat als Gesetzgeber hervor. Als Diplomat im Auftrag seiner Stadt reiste er 460 v. Chr. nach Athen, um die Möglichkeiten eines Bündnisses mit *Perikles* auszuloten. Über den Ausgang seiner diplomatischen Mission ist nichts bekannt, aber *Parmenides* und sein Schüler *Zenon* (auch zwischen ihnen herrschte „vertrauter Umgang") trafen hier auf *Sokrates. Platon* hat im Dialog „Parmenides" dieses philosophische Gipfeltreffen festgehalten, laut *De Crescenzo* „das langweiligste und komplizierteste Gespräch der Philosophiegeschichte".

Parmenides ist aber nicht langweilig, allenfalls schwierig zu verstehen. In seinem Lehrgedicht „Von der Natur" erhebt er seine radikalen Gedanken über alle Zweifel, indem er sie einer Göttin in den Mund legt. In der Einleitung seines Werks lässt er sich bildlich mit einem Pferdege-

spann über die Niederungen der alltäglichen menschlichen Wahrnehmung hinweg in den Himmel ziehen, wo ihm die Göttin *Dike* die „abgerundete Wahrheit" auf nicht zu erschütterndem Grunde" offenbart. *Parmenides* möchte eine Erkenntnis vermitteln, die sich über die durchschnittlichen Ansichten, die „dóxa", erhebt. Dabei unterscheidet er streng zwischen Wahrnehmung und Denken. Die Fähigkeit, das Gegenwärtige und Ungegenwärtige, das im Alltagsleben häufig getrennt wahrgenommen wird, zusammen zu sehen, bezeichnet *Parmenides* als **Geist.** Hier erscheint dieser zentrale Begriff europäischen Denkens zum ersten Mal! *Parmenides* spitzt die Sache mit dem berühmten Satz „Geistiges Wahrnehmen und Sein sind dasselbe" zu, oder anders formuliert: **„Denken und Sein sind dasselbe."** *Parmenides* war überzeugt, dass die Wahrheit (das Eine, das Sein, der Geist) etwas „Einziges, Ganzes, Unbewegliches und Nichterschaffenes" sei. Veränderungen oder Bewegungen gab es für ihn nicht. Wenn Sie, werter Leser, jetzt einwenden wollten, dass Sie noch vor einer Woche in Wuppertal waren und jetzt dort nicht mehr sind, sondern in Velia, sich also hierher bewegt haben, hätte *Parmenides* darauf schnaubend geantwortet, das sei lediglich Ihre Meinung, „es gibt nur Sein", **„das Sein ist",** oder auf gut griechisch: „to éon esti". Da sind Sie platt!

Zugegeben, in dieser Verkürzung ist es nicht leicht *Parmenides* zu verstehen, und auch viele seiner Zeitgenossen hatten damit ihre Schwierigkeiten. *Zenon* fühlte sich berufen, die Gedanken seines Lehrers zu verteidigen und erfand die **Paradoxa,** Beweise, die sich gegen („para") die Meinungen („dóxa") richteten. Bezüglich der Reise von Wuppertal nach Velia hieße das: *Ze-*

non behauptet, Sie würden nie ans Ziel kommen, denn bevor Sie Velia erreichten, müssten Sie erst den Mittelpunkt der Strecke überwinden, sagen wir den Brenner, bevor Sie aber den Brenner erreichten, müssten Sie bei Stuttgart einen anderen Mittelpunkt erreichen, und so weiter und so fort. Kurz: Um von Wuppertal bis nach Velia zu gelangen, müssten Sie unendlich viele Mittelpunkte auf der Strecke überwinden und dafür bräuchten Sie unendlich lange Zeit, würden also nie ankommen. Quod erat demonstrandum.

Das berühmte **Paradoxon von Achilles und der Schildkröte** funktioniert ganz ähnlich. Der schnellste Läufer der Griechen soll im Wettlauf gegen das langsamste Tier, die Schildkröte, antreten. Über den Ausgang des Rennens bestehen eigentlich keine Zweifel. Aus Gründen der Fairness darf die Schildkröte eine Schrittlänge vor *Achilles* starten. Beide nehmen ihre Startposition ein, *Achilles* auf Punkt A, die Schildkröte einen Meter vor ihm auf Punkt B. Das Startzeichen wird gegeben. Mit einem schnellen Satz erreicht *Achilles* den Punkt B, wo eben noch die Schildkröte stand, die sich aber in der Zwischenzeit langsam auf Punkt C bewegt hat. *Achilles* rennt weiter, erreicht den nur wenige Zentimeter entfernten Punkt C, doch die Schildkröte ist nicht mehr da, sie ist bereits auf Punkt D – und so weiter und so fort. *Achilles* wird der Schildkröte immer näher kommen, sie aber nie einholen. Dazu gibt *De Crescenzo* folgende Anekdote zum Besten: „Der Kyniker *Antisthenes* zum Beispiel konnte die Eleaten und ihre ewigen Beweisführungen gegen die Bewegung nicht ausstehen. Es heißt, er sei eines Tages, als es ihm nicht gelang, *Zenon* und seine Paradoxa zu widerlegen, dauernd im Raum auf und ab gegangen, bis *Zenon* schließlich ausrief: »Kannst Du nicht einen Augenblick stillstehen?« »Also gibst Du zu, dass ich mich bewege?«, erwiderte *Antisthenes*."

Information

■Archeo Trekking

Reisebüro in der Nähe des Ristorante Le Macine an der Straße Richtung Ascea. Prospekte und Wanderkarten. Bieten in Zusammenarbeit mit der Associazione Ginestra geführte Wanderungen an (siehe „Wandern"). Mo bis Fr 9–13 und 16–20 Uhr, im Sommer länger.
Via Grisi 5 – Ascea Marina, Tel. 09 74 97 24 17, Mobil 34 87 79 86 59 *(Giuseppe Di Bello)*, www.archeotrekking.net

■Pro Loco di Ascea

Mo bis Sa 8.30–13 und 14.30–19 Uhr.
Piazzale della Ferrovia – Ascea Marina, Tel. 09 74 97 22 30, www.asceaturismo.it

■www.comune.ascea.sa.it

Unterkunft

Ferienwohnungen

■Franco Perazzo

Geräumige, gut ausgestattete Apartments mit bestens funktionierender Heizung im modernen Ortsteil Marina di Ascea. Was den Häusern an Cilento-Charme abgeht, macht *Franco* durch Gastfreundschaft und Deutschkenntnisse wett. Auf eigenem Land produziert er mit viel Liebe Olio d'Oliva, von dem seine Gäste zu kosten kriegen (wird nach Deutschland geliefert!). Wirklich gut auch der hausgemachte Limoncello! Den Gartenpavillon mit Pizzaofen und Grillplatz steht allen zur Verfügung, genauso wie Garagen und Waschmaschine. Ab 390 Euro/Woche.
Viale Esperia 9 – Ascea Marina,
Tel. 09 74 97 17 47, Mobil 33 97 21 51 03,
www.cilentonatura.com

■Holiday Cilento

Ferienwohnungen in alten Landhäusern und moderne Villen ab ca. 300 Euro/Woche in der Umgebung von Velia, aber auch in San Marco di Castellabate und Pisciotta. *Gino Troccoli* spricht gut deutsch

und begleitet seine Gäste als geprüfter Bergführer des Parco Nazionale auf Berg- und Radtouren.
Via I. Traversa Pantana 5 – Vallo Scalo,
Tel. 09 74 71 50 78, Mobil 33 32 57 90 64,
www.holiday-cilento.com

Agriturismo
■Le Favate
Kern der Azienda ist ein imposantes Herrenhaus aus dem 17. Jh. mit Taubenturm. Das Anwesen liegt mit weitem Blick auf den Golf an der historischen Salzstraße, die Elea mit dem Hinterland verband. *Elvira Licusati* hat hier ein kleines Paradies geschaffen. Rustikal-komfortable Gästezimmer – einige mit Kamin – im Haupt- und Nebengebäude. Toller Pool. Restaurant nur für die Gäste des Hauses. Am Fiumarella-Fluss kann man wandern. 14 Zi., DZ/F 90–140 Euro, HP 70–95 Euro. März bis Ende Okt.
Contrada Favate – Terradura di Ascea,
Tel. 09 74 97 73 10, www.favate.it

Restaurant in Marina di Ascea

■Le Macine
In der Nähe von Velia wird in der alten Ölmühle aus dem 17. Jh. vorzügliche *pasta fresca* und frisch gefangener Fisch aufgetischt. *Luciano Ferolla,* der Padrone, ist eine unerschöpfliche Quelle lokalen Wissens, seiner Familie gehörte das Gelände des antiken Velia. Mi Ruhetag. Mittags und abends. 25 Euro.
Via Grisi 14 – Ascea Marina,
Tel. 09 74 97 21 42, www.ristorantelemacine.eu

An- und Weiterreise

■**Auto:** Die Ausgrabungen von Velia liegen direkt an der ex S.S. 447, der südlichen Fortsetzung der ex S.S. 267. Velia ist auch von der nahen S.S. 18 schnell zu erreichen. **Parken** an den Ausgrabungen.
■**Bus: Rizzo** (www.gelbisontour.com), von Velia/ Ascea nach Casal Velino und Vallo della Lucania.

■**Bahn:** Der Bhf. „Ascea" der Linie Salerno – Reggio di Calabria liegt ca. 2 km von den Ausgrabungen entfernt. Sollte kein Bus fahren, kann man ein Taxi rufen (s.u.).

Unterwegs in Velia

■**Taxi:** *Angelo Mazzeo* (Mobil 34 76 69 58 50) oder Autolinee Rizzo (www.gelbisontour.com).

Einkaufen

■Caseificio Chirico
Beste (Büffel-)Käseauswahl und Büffelsalami. Die Hof-Produkte können auch vor Ort verzehrt werden. Tägl. 8–14 und 16–20 Uhr.
Via Mulino Vecchio 23 – Ascea Marina,
Tel. 09 74 97 15 84, www.caseificiochirico.it

Veranstaltung

■Velia Teatro
Von Anfang Aug. bis Anfang Sept. kommen antike griechische Dramen und römische Komödien in italienischer Sprache im antiken Velia bzw. in einem Freilufttheater, einem antiken Gebäude nachempfunden, in Marina di Ascea zur Aufführung. Info c/o Pro Loco di Ascea (s.o.), www.veliateatro.it.

Baden

Die **Sand- und Kiesstrände von Marina di Ascea,** einem cilentanischen Mini-Rimini, werden vor allem von italienischen Badetouristen aufgesucht. Die Wasserqualität ist ausgezeichnet. Allerdings lässt der moderne Ferienort den Charme anderer Küstenorte vermissen. Sehr schön ist allerdings der Dünenstrand im Süden des Ortes am Felsvorsprung unterhalb der **Torre di Telègrafo.**

Wandern

Il Crinale degli Dei

Ein besonders schöner Weg wurde **innerhalb der archäologischen Zone von Velia** eingerichtet. Ruinenromantik verdient hier ihren Namen. Die bukolische Szenerie wird um weite Blicke auf das Meer und das Umland bereichert. Von der Akropolis folgt der Weg dem Verlauf der antiken Stadtmauer über den Höhenrücken. Nach Überschreitung der Porta Rosa und vorbei an verschiedenen Heiligtümern gelangt man zum Castelluccio, einem gut erhaltenen Festungsturm aus hellenistischer Zeit.

Monte Carmelo

Die Associazione La Ginestra (Via Montecarmelo 28 – Catona di Ascea, Mobil 33 92 35 35 39) unterhält einen ca. 2½-stündigen Rundweg um den Monte Carmelo (713 m). Ausgangspunkt ist die Piazza von Catona. Auf Anfrage jeden Freitag geführte Touren, inkl. Degustationen unterwegs.

Vallo della Lucania und Monte Gelbison

Vallo della Lucania (380 m, 8850 Ew.), am südlichen Abhang des Monte Gelbison, ist das wirtschaftliche Zentrum des Cilento und Sitz des **Parco Nazionale del Cilento e Vallo di Diano.** Die Verwaltung liegt in einem Altstadt-Palazzo nahe der Kathedrale. Die Innenstadt bietet freundlichen italienischen Alltag, die kolonnadengesäumte Piazza Vittorio Emanuele verbreitet mondäne Atmosphäre. Im Palazzo Vescovile untergebracht, versammelt das **Diözensanmuseum** Kirchenkunst des Cilento aus mehreren Jahrhunderten. Pezzo forte ist eine Holzstatue des *San Filadelfo di Pattano* (10. Jh.) im Gewand eines Igoumenos (griech. Abt) der Basilianer-Abtei von Pattano. Die **Badia di Pattano** 2 km westlich von Vallo, eingekeilt zwischen S.S. 18 und Schnellstraße, gilt als bedeutendstes bauliches Zeugnis byzantinischer Kultur im Cilento. Sie befindet sich in Privatbesitz, kann aber auf Anfrage besichtigt werden. Neben dem verzierten Glockenturm ist besonders die kleine **Chiesa di San Filadelfo** mit Fresken aus dem 9.–15. Jh. sehenswert.

■**Museo Diocesano,** Via F. Cammarota 2, Tel. 097 47 57 94. Mo bis Sa 9–12.30 Uhr. Eintritt 1 Euro.
■**Badia di Pattano,** Tel. 09 74 43 49, Mobil 32 88 05 89 51 *(Piera Ianotti),* www.badiadipattano.org. Am besten einen Tag vorher anrufen. Trinkgeld!

Auf eine byzantinische Gründung gehen auch **Pellare** und **Moio della Civitella** (515 m, 1910 Ew.) zurück. Auf dem 818 m hohen Civitella-Hügel wurden Ruinen einer lukanisch-griechischen Stadt freigelegt, die von diesem strategischen Punkt aus die Salzhandelsstraße kontrollierte, die von Velia ins Hinterland führte. Der stimmungsvolle Ort ist frei zugänglich und von Moio aus auf schönem Weg zu Fuß bzw. mit dem Auto zu erreichen.

Aus dem hübschen mittelalterlichen **Novi Velia** (648 m, 2300 Ew.) führt eine kurvenreiche Panoramastraße durch das idyllische Torna-Tal und durch ausgedehnte Kastanien- und Buchenwälder bis fast auf den Gipfel des 1705 m hohen **Monte Gelbison,** auch **Monte Sacro** genannt. Ein steingepflasterter Kreuzweg führt hoch zum Sanktuarium. Auf dem Gipfelplateau, das einen überwältigenden Blick fast über den gesamten Cilento bietet, erhebt sich ein großer Baukomplex, bestehend aus Pilgerunterkünften,

Der Cilento und das Vallo di Diano

8

Kapellen und dem **Santuario della Madonna del Sacro Monte.** Ein Bild der schwarzen Madonna wird hier verehrt. Basilianermönche haben wahrscheinlich als erste im 8. oder 10. Jh. ein christliches Heiligtum auf dem Monte Sacro errichtet. Der Name Gelbison lässt sich allerdings auch aus dem Arabischen herleiten und bedeutet gleichfalls „Heiliger Berg". Das Heiligtum ist von Mai bis Oktober Ziel tausender Pilger aus ganz Süditalien. Aus Novi Velia führt neben der Straße ein alter, steingepflasterter Pilgerweg bis zum Sanktuarium hoch, teilweise wird er heute noch beschritten.

Information

■**Parco Nazionale del Cilento e Vallo di Diano,** siehe Kapitelanfang.
■**www.comune.vallodellalucania.sa.it**

Unterkunft/Essen und Trinken

■Gelbison
Seit den 1960er Jahren betreibt die Familie *Crocamo* dieses 2001 vollständig renovierte Hotel. Das Restaurant serviert lokale Spezialitäten, v.a. Pilzgerichte. An der Straße, die auf den Monte Gelbison hochführt. 19 Zi., DZ/F 55–65 Euro, HP 45–55 Euro. Via Monte Gelbison 2, Tel. 097 46 50 25, www.hotelgelbison.it

■Heraion
Ristorante-Albergo (6 Zi., 2 Ap., DZ/F 60 Euro, HP 40 Euro) der Brüder *Antonio* und *Francesco Crocamo*. Deftige Bergküche, als Spezialitäten Wildschwein und Steinpilze. Anfahrt: ca. 1,5 km nach dem Abzweig der S.S. 18. 15–20 Euro. Immer geöffnet! Via degli Enotri 7 – Novi Velia, Tel. 097 46 51 13, www.heraionhotel.com

■La Chioccia d'Oro
MEIN TIPP! *Giovanni Positano* setzt seit 1979 auf ehrliche Berg- und Bauernküche, seine Zutaten bezieht er frisch aus der Umgebung. Die Atmosphäre ist ungezwungen familiär. Eine Slow-Food-Empfehlung! 20–25 Euro. Fr Ruhetag. Mittags und abends. Via Bivio di Novi Velia – Novi Velia, Tel. 097 47 00 04

■Taverna del Principe
Verlässlich gute *cucina casareccia* oberhalb der Kolonnaden. Am Eingangsbuffet empfangen frisch zubereitete Antipasti. 15–25 Euro. So und Mo abends geschl. Piazza V. Emanuele – Vallo della Lucania, Mobil 33 49 57 55 84

An- und Weiterreise

■**Auto:** Als Schnellstraße ausgebaute S.S. 18. Von Vallo führt über Novi Velia eine kurvenreiche, gut ausgebaute Bergstraße bis auf den Monte Gelbison.
■**Bus:** SITA (www.sitasudtrasporti.it) aus Salerno nach Vallo. Von **Autolinee Rizzo** (www.gelbison-tour.com) nach Velia.
■**Bahn:** Der Bahnhof „Vallo-Castelnuovo" der Linie Napoli – Reggio di Calabria liegt ca. 10 km westlich von Vallo della Lucania.

Fest

■**Maria SS. del Sacro Monte,** am letzten Maisonntag und am zweiten Oktobersonntag finden die beiden wichtigsten Prozessionen auf den Gipfel

> Hohe Buchenwälder am Monte Gelbison

des Monte Sacro (Monte Gelbison) statt. Gläubige aus ganz Süditalien strömen am Fuße des Berges zusammen und steigen z.T. barfuß bis zum Sanktuarium hoch. Kurz vor dem letzten Anstieg legen sie einen Stein, den sie die ganze Zeit über mitgetragen haben, als Votivgabe nieder.

Wandern

Monte Gelbison

Oberhalb von Novi Velia führt ein alter Pilgerwege zum Santuario della Madonna del Sacro Monte (oder Madonna di Novi Velia) auf den Gipfel des 1705 m hohen Monte Gelbison (oder Monte Sacro).

Anfahrt: Folgt man der Straße in Richtung Monte Gelbison zunächst mit dem Auto, fährt man durch das liebliche Torna-Tal. Am Bach stehen Picknicktische. Hier kann man das Auto am Straßenrand abstellen.

Wanderung: Kurz nach der Stelle, wo die Straße vom Bach nach rechts schwenkt, beginnt bergseitig der in breiten Stufen angelegte, steingepflasterte Pilgerweg. Der Aufstieg führt durch schattigen Kastanien- und Buchenwald, vorbei am erfrischenden Brunnen **Fontana di Fiumefreddo**. Gelegentlich trifft man unterwegs Pilger, die meisten fahren jedoch mit dem Auto hoch. Am letzten Maisonntag und am zweiten Sonntag im Oktober allerdings bewegen sich ganze Menschenströme zu Fuß auf den heiligen Berg. Für den Aufstieg sollte man mit knapp 2½ Std. rechnen, der Abstieg geht wesentlich schneller vonstatten.

Laurino

Von einem Bergsporn mit schöner Aussicht beherrscht das schmucke Laurino (531 m, 1720 Ew.) das **obere Calore-Tal.**

Aus allen Richtungen betrachtet macht der Ort *bella figura*. Der Name mag vom reichlichen Vorkommen von Lorbeerbäumen in den schattigen Talschluchten des Calore herrühren, könnte aber auch ein Verweis sein auf die byzantinischen Mönchszellen des frühen Mittelalters. In mehreren Wellen hatten ab dem 7. Jh. **griechisch-orientalische Mönche** aus Kleinasien, Ägypten und dem Balkan den Cilento erreicht. Sie kamen als Eremiten, aber auch mit ihren Familien (der Zölibat war und ist in der Orthodoxen Kirche nicht verpflichtend) ins Land. Ihre landwirtschaftlichen, organisatorischen und geistigen Fähigkeiten sorgten für einen positiven Entwicklungsschub. Ihre Klöster und in Gemeinschaften organisierte Einsiedeleien, sog. **Lauren** – Ortsnamen wie Laureana Cilento oder eben Laurino erinnern daran –, wurden zu Keimzellen neuer Städte. Vom 8. Jh. an gehörte das stark befestigte Laurino zum langobardischen Herzogtum Salerno. Im 12. Jh. zählte die Stadt 20.000 Menschen. In Folge eines erfolglosen und blutig niedergeschlagenen Aufstandes gegen Kaiser *Friedrich II.* setzte der zeitweilige Bedeutungsverlust ein.

Eine weitere Blüteperiode erlebte der Ort als Feudalsitz im 16./17. Jh. Aus dieser Zeit stammt auch der **Convento di Sant'Antonio di Padova** mit freskengeschmücktem Kreuzgang in der unteren Vorstadt. Das ehemalige Kloster ist auch Sitz des Fremdenverkehrsvereins und zusammen mit dem **Palazzo Ducale** ei-

ner der stimungsvollen Aufführungsorte für das ambitionierte Jazz-Festival im August. Konzerte finden auch auf der **Piazza Magliani** statt, die sich ansonsten als idealer Ausgangspunkt für die Erkundung der Stadt zu Fuß anbietet.

Information

- ■ www.comune.laurino.sa.it
- ■ www.prolocolaurino.it

Veranstaltung

- ■ **Jazz in Laurino,** internationale Präsenz im August. www.jazzinlaurino.it

Valle dell'Angelo, Piaggine und Monte Cervati

Nordöstlich von Vallo della Lucania liegt das **Cervati-Massiv.** Hier schlägt das wilde Herz des Nationalparks, Otter und Wolf sagen sich hier noch Gute Nacht. Unterhalb der Spitze des Monte Cervati, mit 1899 m der höchste Gipfel des Cilento, befindet sich die **Pilgerkirche Madonna della Neve,** und aus allen Richtungen führen sternförmig Wege auf den Berg.

Die beiden freundlichen Bergstädtchen **Valle dell'Angelo** (620 m, 350 Ew.) und **Piaggine** (630 m, 1450 Ew.) sind ideale Ausgangspunkte für Ausflüge zu Fuß oder mit dem Mountainbike in die umliegenden Berge. Hier erlebt man noch ein sehr **ursprüngliches Süditalien** und trifft auf ausgesprochen freundliche Menschen.

◁ Convento di Sant'Antonio di Padova

Der Cilento und das Vallo di Diano

8

Information

- www.comune.valledellangelo.sa.it
- www.comune.piaggine.sa.it

Unterkunft/Essen und Trinken

In Valle dell'Angelo

■ Locanda dell'Angelo/La Piazzetta

MEIN TIPP! Eine der nettesten Adressen im Landesinneren! *Angelo „Alì" Coccaro* und *Giuseppe D'Amico* haben 2003 ihre einfache, sehr herzliche Herberge in der Ortsmitte von Valle dell'Angelo eröffnet. Die drei schlichten, geräumigen und mit liebevoll restaurierten Bauernmöbeln eingerichteten Zimmer liegen im 1. Stock direkt über der Osteria und blicken auf die rosafarbene Barockfassade der Dorfkirche und die dahinter aufragenden Berge. Nachts ist es hier bis auf das Läuten des Campanile himmlisch ruhig. Gästen, die einige Tage in dem hübschen Ort verbringen möchten, stehen auch Zimmer in weiteren restaurierten Altstadthäuser zur Verfügung (6 Zi., DZ/F 60 Euro, HP 50 Euro). Seit 2004 führen *Angelo* und *Giuseppe* die 2006 auch von Slow Food entdeckte **Osteria La Piazzetta,** in der ausgezeichnete lokale Gerichte auf den Tisch kommen. Die frischen Zutaten sind von lokalen Bauern und Züchtern, am Herd zaubert *Angelos* Frau *Carmela Bruno.* Hier zu speisen ist ein unvergessliches Erlebnis und lohnt alleine schon die Anreise! Die Weinauswahl ist mehr als anständig. 25–35 Euro. Tägl. mittags und abends.
Piazza Canonico Jannuzzi 2–3,
Tel. 09 74 94 20 08, Mobil 33 92 82 30 21 *(Alì)*,
33 92 82 30 21 *(Peppe),* www.confusimafelici.it

In Piaggine

■ Alle Sorgenti del Calore **

Das einfache Hotel am südlichen Ortsrand von Piaggine wird von der Familie *Petrone* geführt, die 15 Jahre in New York gelebt hat. Ausgezeichnete Bergküche, das Brot wird hier noch selbst gebacken, und auch Pasta, Würste und Capicollo stammen aus eigener Produktion. 9 Zi., DZ/F 60 Euro, HP ab 45 Euro. Menü 20 Euro.
Corso V. Veneto 124, Tel. 09 74 94 20 03,
www.allesorgentidelcalore.it

■ Turismo Rurale „Le Grazie"

Schönes, modernes Steinhaus am nordwestlichen Ortsrand. Im Erdgeschoss liegt das rustikale Restaurant, der Kamin ist genauso prominent wie die große TV. Gute lokale Küche mit viel Gemüse, hausgemachter Pasta und deftigen Fleischgerichten. Die Zimmer im 1. Stock sind freundlich möbliert, die Betten gut, der Blick geht ins Grüne. Vom größten Zimmer im 2. Stock bietet sich ein Traumpanorama. Anfahrt: von Laurino oder Roscigno kommend auf Höhe der Tankstelle ausgeschildert. 7 Zi., DZ/F 60 Euro, HP 50 Euro, Menü 20 Euro.
Via Madonna delle Grazie 65,
Tel. 09 74 94 09 02, Mobil 32 85 95 14 74,
www.turismoruralelegrazie.it

Wandern

Die Gegend um Piaggine und Valle dell'Angelo lockt mit zahlreichen guten Wandermöglichkeiten, darunter die Besteigung des **Monte Cervati,** mit 1899 m **höchster Gipfel des Cilento.** Hoch zum Gipfel und dem Marienheiligtum Madonna della Neve führen aus allen Richtungen Wege, der schönste von ihnen beginnt einige Kilometer südöstlich von Piaggine. *Angelo Coccaro* und *Giuseppe D'Amico,* die freundlichen Betreiber der Locanda dell'Angelo (s.o.), sind mit konkreten Tipps behilflich. Die beiden veranstalten Februar/März die Festa della Neve (www.festadellaneve.org) mit Schneeschuhwanderungen am Cervati. Sie unterhalten auf dem Monte Cervati auch ein Rifugio. Zu empfehlen ist auch der schöne Rundweg von Valle dell'Angelo über Laurino mit einem Abstecher zur **Grava di Vesalo** und zurück am Hang des Monte L'Ausinito (6 Std.). Tipps und z.T. GPS-Tracks auf www.cilentoaktiv.info/cilento-aktiv/wandern.

Pisciotta und Ródio

Die Häuser von **Pisciotta** (2860 Ew.) scharen sich dicht um den Palazzo Marchesale auf der Spitze des 170 m hohen Hügels direkt über dem Meer. Das mittelalterliche Ortsbild ist völlig intakt. Die zentrale Piazza Raffaele Pinto ist vor allem abends Treffpunkt der Einheimischen. Wie viele andere Orte des Cilento auch war Pisciotta in den vergangenen Jahrzehnten von starker Emigration betroffen. Auf den steilen Treppengassen haben heute kleine Raupenfahrzeuge die Esel als Lastenträger abgelöst, restauriert wird an allen Ecken. Unter dem Namen Pixoctum (kleines Pixus) entstand Pisciotta als Fluchtsiedlung des antiken, um 900 durch Sarazenen zerstörten Pixus, heute Policastro Bussentino. In der sicheren Stadt suchten im Laufe der Zeit mehr und mehr Menschen Zuflucht. Anfang des 18. Jh. war Pisciotta der bevölkerungsreichste Ort des Cilento, mit einer blühenden Wirtschaft, die auf Olivenanbau und Handel beruhte. Heute noch liegt Pisciotta eingebettet in die schönsten **Olivenhaine.** In der Antike hatten die Griechen die uralte Kulturpflanze an dieser Küste eingeführt, die Römer weiteten den Anbau stark aus. Die **ulivi pisciottane** liefern das **beste Öl des Cilento,** die Bäume erreichen eine Höhe von bis zu 18 m.

Wenige Kilometer oberhalb von Pisciotta liegt das winzige **Ródio,** im 13. Jh. als Kommende der Johanniter von Rhodos (der späteren Malteserritter) gegründet. In den wasserreichen Hügeln waren früher zahlreiche Öl- und Getreidemühlen in Betrieb.

In der **Marina di Pisciotta** lebt eine uralte Fischfangtradition fort. In Nächten ruhiger See, zwischen April und Juli, werden die **alici di menaica** gefangen. Die Fischer fahren mit traditionellen *menaide* aus, 8 m langen Holzbooten, und benutzen speziell geknüpfte Netze, die *menaica.* In deren Maschen bleiben die Sardellen mit ihren Köpfen hängen und bluten noch im Meer aus. Auf dem Boot werden sie ausgenommen und an Land in Salz eingelegt. Die in Keramikgefäßen eingelegten *alici* reifen in kühlen Räumen heran, bis sie zart und von unübertroffenem Geschmack sind.

Information

■ **Pro Loco di Pisciotta**
Infos, Altstadtführungen und Wander-Tipps.
Piazza Raffele Pinto (Ecke Via Roma).
www.prolocopisciotta.it
■ **Associazione Culturale „Ródon"**
Piazza S. Antonio 2 – Ródio,
Tel. 09 74 97 36 07, Mobil 34 03 48 54 17,
ass.rodon@libero.it
■ **www.comune.pisciotta.sa.it**
■ **www.pisciotta.net**

Unterkunft

Hotel
■ **Marulivo** ***
MEIN TIPP! „Albergo di Charme" in den restaurierten Gemächern eines mittelalterlichen Klosters zu Füßen des Kastells. Komfortable Zimmer mit Heizung, von der Terrasse genießt man einen himmelweiten Blick auf Meer und Oliven. Um die Gäste kümmert sich aufmerksam *Lea Pinto,* deren Vater die Casa Pixos betreibt (s.u.). Gäste des Hauses können ein Wellnesszentrum und Strandbäder besuchen, Boote ausleihen, auch Koch- und künstlerische Keramikkurse sind eine Option. Abholservice vom Bahnhof.

Der Cilento und das Vallo di Diano

8

Wer Stille und Einsamkeit sucht, kann sich in einem alten Steinhaus in den Hügeln einmieten. 11 Zi., DZ/F 70–170 Euro, Suiten ab 130 Euro. März bis Anfang Nov.
Via Castello, Tel. 09 74 97 37 92,
Mobil 33 32 71 03 49, 33 32 21 97 40,
www.marulivohotel.it

Bed & Breakfast/Ferienwohnungen
■ 'a Machina – La Locanda del Fiume
Vittorio und *Sonia D'Amato* heißen ihre Gäste in einem feudalen B&B willkommen, das in einer restaurierten, ursprünglich wassergetriebenen Ölmühle im Süden des Ortes unterhalb der ex S.S. 447 liegt – das Zentrum ist zu Fuß schnell erreicht. Bestens ausgestattete Zimmer. Großer Pool. Parkplatz. 12 Zi., DZ/F 100–130 Euro. April bis Okt.
Via Fiori, Tel. 09 74 97 38 76, Mobil 33 58 11 91 75, 33 55 32 61 32, www.amachina.it
■ Casa Pixos
Der Keramikkünstler *Claudio Fezza* hat im mittelalterlichen Zentrum seines Heimatortes einige bestens ausgestattete, geschmackvoll möblierte (gute Betten!) Apartments für 2–6 Personen eingerichtet. Terrassen mit Meerblick. Auf Wunsch wird der Kühlschrank mit allem Notwendigen fürs Frühstück gefüllt. 4 Ap., bis 3 Pers. ab 400 Euro/Woche.
Via Canto del Gelso 22, Tel. 09 74 97 37 92, Mobil 33 32 71 03 49, www.casapixos.it

Agriturismo bei Pisciotta
■ Principe di Vallescura
Der ideale Ort für Freunde der Stille. *Carmine Marsicanos* Agriturismo liegt hoch am Hang, und nichts versperrt den weiten Blick auf Meer und Capo Palinuro. Einige Zimmer im Haupthaus, die anderen in einsam gelegenen Nebengebäuden. Stilvoll eingerichtete Zimmer mit guten Betten, komfortablen Bädern, alle mit Heizung. Ausgezeichnete Küche! Öl, Wein, Käse und ein Olivenamaro aus eigener Produktion. Gäste des Hauses haben freien Zugang zum Strandbad in Marina di Pisciotta. Anfahrt: von der ex S.S. 447 nach Rodio abbiegen und

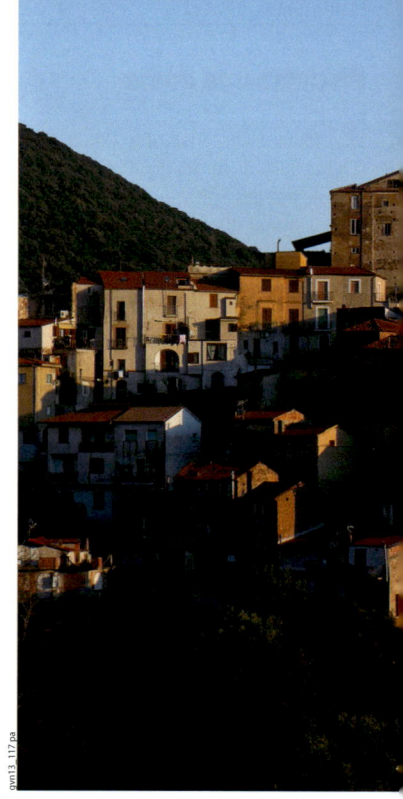

gvm13_117.pa

2,5 km der Ausschilderung folgen. 9 Zi., 1 Ap., DZ/F 70–100 Euro, HP 55–70 Euro. Nov. geschl.
Via Marina Campagna,
Tel. 09 74 97 30 87, Mobil 32 02 62 28 55,
www.principedivallescura.com

Agriturismi bei San Mauro La Bruca
■ Il Forno Antico
Mittelklasse-Hotel in ländlicher Lage ca. 6 km vom Meer. Pferde, Mountainbikes, Pool und Tennisplatz. *Aniello Cusati* produziert ein aromatisches Olivenöl und exzellente luftgetrocknete Salami. Brot und Pizza kommen frisch aus dem namensgebenden Holzbackofen. Auch Gruppen. Zusätzlich Stellplätze für Wohnmobile. Anfahrt: an der Straße Richtung

San Mauro La Bruca ausgeschildert. 28 Zi., DZ/F 85–110 Euro, HP 50–75 Euro.
Contrada Forno, Tel. 09 74 97 42 03,
Mobil 36 67 32 78 93, www.ilfornoantico.it

🟥 Prisco

Vorbildlicher Agriturismo (der auf Subventionen bewusst verzichtet!) in neu errichtetem Steingebäude, das ohne Weiteres auch als geschmackvoll restauriertes Gutshaus durchgehen könnte. Freundlich möblierte, komfortable (Nichtraucher-)Zimmer mit top Betten und Heizung. Ein weiterer Trumpf ist das vom Guide Michelin zitierte Restaurant. Hier wird wirklich noch fast alles selbst zubereitet, die Zutaten stammen größtenteils aus eigenem Bio-Anbau mit Demeter-Zertifizierung, die Olivenbäume sind z.T. 2000 Jahre alt. *Romano Prisco* ist Agronom und produziert auch ausgezeichneten Honig. In der Küche zaubert *Rita Prisco,* um die Gäste kümmert sich Sohn *Antonio.* Gemütliches Kaminzimmer mit einem Stutzflügel. Vom Haus bietet sich eine tolle Aussicht auf den Monte Bulgheria, an klaren Tagen sieht man die Liparischen Inseln. Mountainbikes für die Gäste. 6 Zi., 1 Ap., DZ/F 80–120 Euro, HP 100–120 Euro.
Contrada Valle degli Elici 2, Tel. 09 74 97 41 53, 09 74 97 49 28, www.agriturismoprisco.it

⌃ Pisciotta sonnt sich

Campingplatz

■ **Lido Paradiso Club**

Zeltplätze und gemauerte Bungalows am langen Strand. Diverse Sportaktivitäten, u.a. auch eine Tauchschule (www.ddiving.net). Restaurant, Supermarkt und Pool. An der Küstenstraße ca. 2 km östlich der Marina di Pisciotta und 1 km vom Bhf. „Pisciotta-Palinuro". 2 Pers., Zelt und Auto 29–65 Euro. Anfang Juni bis Mitte Sept.

Via Stazione Nuova – Marina di Pisciotta, Tel. 09 74 97 32 32, www.lidoparadiso.it

Essen und Trinken

Restaurants und Trattorien

■ **Angiolina**

MEIN TIPP! *Rinaldo Merolas* Gartenlokal am Lungomare von Marina di Pisciotta, 1960 von dessen Mutter *Angiolina* gegründet, ist der richtige Platz, um die lokale Spezialität *alici di menaica* zu kosten! Für seine Gäste organisiert *Rinaldo* auch Bootsausflüge mit Fischern. Typische und schmackhafte Gerichte der cilentanischen Küche, die Zutaten von Land und Meer vereint: Fisch und Gemüse regieren gleichermaßen prominent. Köstliche *dolci*, gute Weinauswahl. 30–35 Euro. So Abend und Di geschl. Mittags und abends. Ostern bis Ende Okt.

Via Passariello 2, Tel. 09 74 97 31 88, www.ristoranteangiolina.it

■ **'A Tartana**

Urige Fischtrattoria an der Uferpromenade, Tische und Strohstühle verbreiten griechische Inselstimmung. *Donatellas* Mann, *Vittorio Rambaldo*, ist Fischer. Hier kann man auch die eingelegten *alici* probieren. 25 Euro. Mittags und abends. Ostern bis Ende Sept.

Marina di Pisciotta, Tel. 09 74 97 30 24, Mobil 34 74 43 91 02

■ **I Tigli**

Prima Pizzeria auf der Hauptpiazza. 10–15 Euro. Ostern bis Sept. tägl. abends, im Winter nur an Wochenenden.

Piazza R. Pinto 11, Tel. 09 74 97 34 49, Mobil 33 96 90 37 53

■ **Osteria del Borgo**

MEIN TIPP! Freundliche Trattoria unterhalb des Tre Guffi (s.u.) mit schöner Terrasse. Lecker ist sowohl die *cucina di terra* als auch die *cucina di mare*. Guter Hauswein, faire Preise. 20–25 Euro. Ostern bis Nov.

Via Roma 17, Tel. 09 74 97 01 13

■ **Perbacco**

MEIN TIPP! Historische Slow-Food-Adresse: Urgemütlich unter alten Ölbäumen an einfachen Holztischen sitzen und beste *cucina cilentana* genießen. Den Fisch liefern die Fischer fangfrisch. Auch aus frischem Gemüse wird hier Köstliches gezaubert. *Vito Puglias* besondere Aufmerksamkeit gilt neben der Wiederentdeckung alter Obst-, Gemüse- und Getreidesorten v.a. dem Wein. Anfahrt: einige Kilometer nördlich von Pisciotta an der Steilküste über dem Meer. 25–35 Euro. Von Mitte Juni bis Mitte Okt. tägl. mittags und abends, Ostern bis Mai nur Sa/So.

Contrada Marina Campagna 5, Tel. 09 74 97 38 89, www.perbacco.it

■ **Tre Guffi**

Bei schönem Wetter sitzt man auf einer Altstadtterrasse am Fuße des Palazzo Marchesale und blickt aufs Meer. Einfache, traditionelle Bauernküche und frischer Fisch. Pizza aus dem Holzofen, auch Brot wird hier selbst gebacken. *Immacolata* und *Mario Caramuta* vermieten in Zusammenarbeit mit einer Ferienhaus-Agentur Zimmer in der Altstadt von Pisciotta und versorgen ihre Gäste mit guten Wandertipps! Mo Ruhetag. April, Mai und Okt. nur abends; Juni bis Sept. auch mittags; Anfang Nov. bis März nur Sa und So mittags und abends. 20–25 Euro.

Via Roma, Tel. 09 74 97 30 42, Mobil 33 93 69 50 64

Trattoria in Ródio

■ **L'Angolo del Barone**

Nette Trattoria im Baronalspalast im Ortszentrum. Die Familie *Mazzotti* serviert ehrliche Bauernküche. 20 Euro. Mittags und abends. Juli bis Sept. bzw. auf Vorbestellung.

Piazza Vittoria, Tel. 09 74 97 30 17

Der Cilento und das Vallo di Diano

Bar und Eisdiele

■ Bar Germania

Bei *Mario Marsicano* gibt es auch deutsche Druckerzeugnisse. Auf der Hauptpiazza.
Piazza R. Pinto 4/5, Tel. 09 74 97 34 09

■ Tre Fontane

Bar-Gelateria gegenüber der Hauptpiazza am Fuße der Treppengasse.
Via Tuvolo 2, Tel. 09 74 97 32 92

An- und Weiterreise

■ **Auto:** Pisciotta liegt an der ex S.S. 447 (Parken am Rand der Altstadt), Ródio und San Mauro La Bruca sind auf schönen Bergstraßen zu erreichen.
■ **Bus: Infante** (www.agenziainfanteviaggi.it), vom Bahnhof „Pisciotta-Palinuro" nach Pisciotta, Palinuro und Marina di Camerota.
■ **Bahn:** Der Bahnhof „Pisciotta-Palinuro" der Linie Napoli – Reggio di Calabria liegt einige Kilometer außerhalb des Ortes.

Unterwegs in Pisciotta

■ **Taxi:** *Francesca Iorio* spricht deutsch, auch Mini-Busse. Mobil 34 05 59 47 44

Einkaufen

■ Liberia del Mare

Etwa 7 km südlich von Pisciotta (und 2 km nördlich von Palinuro), direkt an der S.S. 447, führen *Carmen Prisco* und *Antonio Piemontese* ihren netten Buchladen. Interessante Lesungen. Unter dem Namen Brezza di Mare vermieten die beiden nebenan fünf hübsche Ferienwohnungen (2 Pers. ab 390 Euro/Woche) direkt über dem schönen Sandstrand.
Località Gabella – Caprioli di Pisciotta,
Tel. 09 74 97 63 65, Mobil 34 82 55 62 98,
34 89 99 94 01, www.brezzadimarepalinuro.com

■ Markt

In Pisciotta findet mittwochs ein kleiner Wochenmarkt auf der Piazza Mercato statt.

■ Pescheria Ammiraglio

Traditionell zubereitete *alici di menaica*.
Via del Porto – Marina di Pisciotta,
Tel. 09 74 97 31 18

Sprachschule

Siehe „Praktische Tipps A–Z/Sprache".

Wandern

Um Pisciotta gibt es mehrere schöne Wandermöglichkeiten. Alte Wirtschaftswege wurde wieder freigelegt und markiert. Eine Tour führt am **Monte Castelluccio** vorbei. Infos und Tipps auf www.cilento-aktiv.info/cilento-aktiv/wandern. Die Wanderkarte der Comunità Montana Lambro e Mingardo im Maßstab 1:30.000 gibt es (solange der Vorrat reicht) in Touristenbüros vor Ort.

Baden, Bootsausflüge und Tauchen

Die Strände von Marina di Pisciotta sind für gute Wasserqualität ausgezeichnet. Der Camping „Lido Paradiso" betreibt eine Tauchschule (s.o.). Von der Marina aus werden im Sommer Bootsausflüge entlang der Küste angeboten. Nach einem Ausflug mit Fischern erkundigt man sich am besten an der Marina, z.B. im Ristorante 'A Tartana (s.o.).

8

Basso Cilento

Der Basso Cilento im Südwesten der großen Halbinsel umfasst die Einzugsgebiete der Flüsse Lambro, Mingardo und Bussento. Trotz seiner „nur" 1225 m Höhe ist der Monte Bulgheria hier die beherrschende Gestalt. Seine exponierte Lage über dem Golf von Policastro macht ihn zum schönsten Aussichtsberg im weiten Umkreis. Die Küsten sind atemberaubend schön. Kilometerlange Sandstrände ziehen sich von Pisciotta bis zum Capo Palinuro, erneut gefolgt von Dünenstränden, die südlich von Marina di Camerota von den wild zerklüfteten Steilfelsen der Costa degli Infreschi abgelöst werden. An der Punta degli Infreschi öffnet sich der Golf von Policastro, an dem die drei Regionen Kampanien, Basilikata – mit der Costa di Maratea – und Kalabrien aufeinander treffen.

Palinuro

… und Palinurus' Name trägt auf ewig die Landschaft.

Vergil: Aeneis, VI. 282

Am **Capo Palinuro** läuft die Cilento-Küste zur absoluten Hochform auf. Imposant erheben sich die steil aus dem Meer aufsteigenden Kalkfelsen des Kaps. Im Norden und Süden setzt sich die Küste mit kilometerlangen feinen Sandstränden sanfter fort. Bis in die 1970er Jahre ein verschlafenes Fischerdorf, hat sich Palinuro (5 m, 1200 Ew.) zu einem **beliebten Ferienort** entwickelt. Der Ort ist unorganisch gewachsen, ohne dass je-

doch Adria-Verhältnisse eingekehrt wären. Wie immer an italienischen Küsten, herrscht im Hochsommer Hochbetrieb, und entsprechend gehen dann die Hotelpreise steil nach oben. Dass der Herbst auch für einen Badeurlaub (vom Wandern ganz zu schweigen) hier zu den schönsten Jahreszeiten zählt, hat sich hoffentlich herumgesprochen.

Das für die frühe Seefahrt **gefährliche Kap** wurde dem Steuermann des *Aeneas* zum Verhängnis. *Vergil* berichtet darüber in seiner „Aeneis". *Palinuro* schlief am Steuer ein und stürzte ins Meer. Zwar konnte er das rettende Ufer noch erreichen, wurde aber am Strand von den wilden Einheimischen zu Tode gesteinigt. Seither trägt das Kap seinen Namen. In einigen der vielen Grotten am Kap wurden steinzeitliche Feuersteinklingen und Fossilien voreiszeitlicher Tiere entdeckt, die ältesten Menschheitsspuren im Cilento. In der Antike kolonisierten Griechen die Küstengegend. **Molpa,** strategisch auf einer kleinen Anhöhe zwischen den Flüssen Lambro und Mingardo im Rücken des Kaps gelegen, war ein vorgeschobener Handelsposten von Elea. In später römischer Kaiserzeit wurde **Melphe** verlassen. Offensichtlich fühlten sich die Bewohner hier nicht mehr sicher, vielleicht machte ihnen auch die Malaria zu schaffen, auf jeden Fall gründeten sie viele Seemeilen nördlich Amalfi.

Sehenswerte Ausgrabungsfunde von Melphe und Nekropolen aus dem 6. Jh. v. Chr. zeigt ein kleines **Museum** über der Spiaggia Ficocella.

■ **Antiquarium di Palinuro,** Corso Carlo Pisacane, Tel. 09 74 93 81 44. Mo bis Fr 9–12.30 Uhr. Eintritt frei.

Die Hauptattraktion des Capo Palinuro sind seine unzähligen **Karstgrotten,** die sich in den steilen Felswänden öffnen. Am besten lernt man sie auf einer Bootsfahrt kennen. Die **Grotta Azzura** macht ihrer Namensschwester auf Capri Konkurrenz, die **Grotta del Sangue** verdankt den blutrünstigen Namen ihrem roten Felsbewuchs, in der **Cala Fetente** (Stinkende Bucht) entspringt eine Schwefelquelle, und die **Baia del Boundormire** verströmt einen Hauch Karibik. In der **Grotta delle Ossa** wachsen Stalagmiten über steinzeitlichen Menschen- und Tierknochen. Lange Zeit wurde angenommen, es handle sich um Opfer eines lang zurückliegenden Schiffbruchs.

Information

■ Cilento Viaggi

Reisebüro am Ortseingang kurz nach dem Kreisverkehr. Hier gibt es auch die Prospekte und Karten des Parco del Cilento. Mo bis Sa 9–13 und 16.30–20 Uhr, im Sommer länger.
Via Acqua dell'Olmo 248,
Tel. 09 74 93 13 62, www.cilentoviaggi.com

■ Pro Loco Palinuro

Info-Büro des Fremdenverkehrsvereins und Hotelverbandes unterhalb des Uhrenturms. Mo bis Sa 10–12.30 und 17–19 Uhr.
Piazza Virgilio 1, Tel. 09 74 93 81 44

■ www.capopalinuro.it

Unterkunft

Hotels und Pensionen

Wegen herrlicher Sandstrände ist Palinuro besonders beliebt bei Badegästen. Das Übernachtungsangebot erstreckt sich auf über 40 Hotels, Ferienclubs, Apartmentanlagen, Pensionen und B&Bs.

■ La Conchiglia ****

MEIN TIPP! Das von der Familie *Sansiviero* seit über 40 Jahren mit Engagement geführte Hotel wurde 2001 nach komplettem Wiederaufbau neu eröffnet. Mit *Marco* und seiner in München aufgewachsenen Lebensgefährtin *Martina Piras* ist die nächste Generation angetreten und mit ihnen die erklärte Absicht, sich für nachhaltigen Cilento-Tourismus einzusetzen. Das Haus kombiniert Vier-Sterne-Komfort mit familiärer Atmosphäre, die Zimmer gehen z.T. aufs Meer. Blick auf die Bucht für alle aus dem Frühstückssaal und vom Restaurant (öffnet April bis Ende Okt.). Die Küche bedient sich selbst erzeugter Produkte, Gäste können im Herbst an der Olivenernte teilnehmen. Zum Hotel gehört das Ristorante Il Vicoletto (s.u.). Gästefahrräder gratis, überhaupt wird Service großgeschrieben. Webcam, Gästeparkplatz. 30 Zi., DZ/F 80–200 Euro, HP 65–130 Euro.
Via Indipendenza 52, Tel. 09 74 93 10 18,
Mobil 34 76 56 47 09, www.hotellaconchiglia.it

■ La Torre ****

Schick modernisiertes Hotel in ruhiger Lage an der Hafenbucht von Palinuro, wenige Meter vom Meer. Feinsandiger Privatstrand. Hotelzimmer und Apartments unterschiedlichen Standards. Wellnesscenter, Gästeparkplatz. Das Hotel arbeitet mit einer Tauchschule zusammen. 40 Zi., DZ/F 110–270 Euro, Suiten ab 160 Euro, HP ab 90 Euro. April bis Okt.
Via Porto 5, Tel. 09 74 93 12 64,
www.latorrepalinuro.it

■ Residence Trivento

Freundliche Apartmentanlage in stillem Tal, ca. 2 km zurückversetzt von den Stränden am Arco Naturale. Viele Stammgäste, herzlicher Empfang. Die Häuser liegen in einzelnen Gruppen weiträumig verteilt am Hang, im Talgrund befinden sich die Sportanlagen. Gästen können auf Wunsch professionelle Räder leihen. *Gaetano Celentano* spricht nicht, aber versteht gut Deutsch. Dafür gibt es Deutsch sprechende Mitarbeiter. Zufahrt auf Höhe der in Richtung San Severino abzweigenden Straße. Ferienwohnung ab 270 Euro/Woche. Mitte März bis Ende Okt.

Der Cilento und das Vallo di Diano

8

Località Trivento,
Tel. 09 74 93 15 58, www.trivento.it
GPS: N 40°02.512′, E 15°18.955′

Agriturismi
■ Isca delle Donne
Geschmackvoll renoviertes Steinhaus, von einer Glasveranda umgeben. Ruhige Lage am Fuß des Monte Molpa. Hof mit vielen Tieren, *Vincenzo Merola* vermittelt auch Reitausflüge. Gutes Restaurant (s.u.). Einfache Gästeunterkünfte in Holzbungalows. Für 2013/14 ist der Bau neuer Steinhäuser und eines Pools geplant. Anfahrt: von der S.S. 562 am Ristorante Da Lino Richtung Meer abbiegen.
Via Isca delle Donne, Tel. 09 74 93 18 26,
Mobil 39 24 72 17 56, www.iscadelledonne.com
GPS: N 40°02.345′, E 15°17.871′
■ Sant'Agata
Ruhig und mit schönem Blick auf Molpa-Hügel und Meer im unteren Talabschnitt des Mingardo am Hang gelegen. Geräumige, einfach möblierte Zimmer mit Veranda. Ausgezeichnete Küche mit Zutaten aus eigener Produktion (s.u.). *Lello de Rosa* organisiert für seine Gäste Ausflüge und Bootstouren, seine Frau ist Engländerin. Auch Stellplätze für Zelte und Camper auf olivenbeschatteten Terrassen mit Duschen und WC (2 Pers., Zelt und Auto ca. 22 Euro). Anfahrt: von der S.S. 562 östlich von Palinuro auf Höhe der IP-Tankstelle ins Landesinnere abbiegen und der Ausschilderung folgen. 7 Zi., 1 Ap., DZ/F 60–85 Euro. Ostern bis Ende Okt.
Via Sant'Agata Nord,
Tel. 09 74 93 17 16, Mobil 34 87 70 02 31,
www.agriturismosantagata.net
GPS: N 40°02.726′, E 15°18.480′

Campingplätze
Zwischen Palinuro und Marina di Camerota säumen zahlreiche Campingplätze und Ferienclubs den herrlichen, von Pinien beschatteten und kilometerlangen Sandstrand. Die Saison ist kurz, das Publikum besteht in erster Linie aus italienischen Badegästen.

■ Arco Naturale Club
Gepflegte, große Anlage mit direktem Zugang zu den schönen Buchten am Arco Naturale. Zeltplätze, Stellplätze für Camper und Bungalows. Zahlreiche Sporteinrichtungen, wie z.B. Tennisplätze, Pool, Tauchschule (s.u.). Leider fast immer ziemlich voll. 2 Pers., Zelt und Auto 15–42 Euro, Bungalows ab 450 Euro/Woche. Mitte Juni bis Mitte Sept.
Località Arco Naturale, Tel. 09 74 93 11 57,
www.arconaturaleclub.com
■ Mingardo
Ruhiger, großer Platz mit direktem Zugang zum endlosen Strand. Südlich der Mingardo-Mündung, Zufahrt von der S.S. 562. Vom Besitzer *Vincenzo Cusatis* persönlich geführt. Bungalows und Stellplätze für Zelte und Camper. Stolze Preise. 2 Pers., Zelt und Auto 30–50 Euro. Mitte Juni bis Mitte Sept.
Località Mingardo, Tel. 09 74 93 13 91,
Mobil 32 01 16 86 68, www.campeggiomingardo.it
■ Sant'Agata
Freundlicher Agriturismo mit Zeltplatz (s.o.).

Restaurants und Trattorien

■ Belvedere
Einfaches, einladendes Ambiente und Belvedereterrasse. Pasta- und Fischküche. 20 Euro. Mitte März bis Nov. Mittags und abends.
Via Porto 65, Tel. 09 74 93 04 05
■ Core e Core
Idyllisches Gartenlokal inmitten von Oliven auf halber Strecke zwischen King's Hotel und dem Leuchtturm. *Sofia Camardella* tischt ihren Gästen hausgemachte Pasta, viel Gemüse und frischen Fisch zu fairen Preisen auf. Der Familie gehört unten am Hafen das ehemalige Hotel Belvedere, jetzt ein B&B mit 12 Zi. (DZ/F 50–120 Euro). 25 Euro. Mittags und abends. März bis Anfang Nov.
Via Piano Faracchio 13 – Località Faro,
Tel. 09 74 93 16 91, Mobil 34 71 22 65 09,
www.coreacorepalinuro.it,
www.belvederepalinuro.it

■ Da Carmelo

Das gut besuchte Fischlokal von *Adele* und *Sergio Ferva* ist seit Jahrzehnten ein Pfeiler der *cucina cilentana*. Unbedingt *antipasti della casa* probieren! Auch Hotel. Anfahrt: direkt an der S.S. 562 Richtung Arco Naturale. 25–30 Euro. Mi Ruhetag. Nov. bis Dez. geschl.

Località Isca, Tel. 09 74 93 11 38

■ Il Pirata

Von alten Olivenbäumen umgebene rustikale Trattoria ein kurzes Stück nördlich des Camping Arco Naturale. Unter einer Blechpergola kann man sich einfache, schmackhafte Gerichte zu konkurrenzlos günstigen Preisen munden lassen. Signora *Maria Pace* vermietet nebenan gut ausgestattete Ferienapartments in alten Steinhäusern. 15–20 Euro. Mittags und abends. Juni bis Mitte Sept.

Località Piedi Molpa, Tel. 09 74 93 83 65

■ Isca delle Donne

MEIN TIPP! Geschmackvoll restauriertes Steinhaus am Fuß des Monte Molpa. Öl, Wein und Gemüse aus eigener Produktion. Jeden Do kann man beim Melken, Käsemachen und Brotbacken mitmachen und anschließend davon kosten. In Zukunft auch wieder Zimmer (s.o.). Anfahrt: von der S.S. 562 am Ristorante Da Lino Richtung Meer abbiegen. 20–25 Euro. Mittags und abends. Von Nov. bis Jan. nur Sa/So.

Via Isca delle Donne, Tel. 09 74 93 18 26

■ Il Vicoletto

Gehobenes Restaurant mit schöner Terrasse auf dem Gelände des Hotels La Conchiglia (s.o.). Gemüse und Öl stammen überwiegend aus eigenem Anbau, der Fisch ist fangfrisch. Mittags schnelle, leichte Küche. 30–35 Euro. Mittags und abends. April bis Ende Okt.

Via Indipendenza 52, Tel. 09 74 93 10 18

■ Sant'Agata

Das ausgezeichnete Restaurant des gleichnamigen Agriturismo (s.o.) öffnet auch für Gäste, die hier nicht übernachten. In luftiger Höhe genießt man unter einer Weinlaube bodenständige Cilento-Küche, deren Grundzutaten – Olivenöl, Gemüse, Geflügel und Kaninchen – vom eigenen Hof stammen.

Köstlich das gefüllte Gemüse und die frisch zubereitete Pasta. Offener Hauswein. 20–25 Euro. Nur abends. Ostern bis Ende Okt.

An- und Weiterreise

■ **Auto:** Palinuro liegt an der ex S.S. 447. Als SS 562 setzt sich die Küstenstraße in Richtung Marina di Camerota fort.

■ **Bus: Infante** (www.agenziainfanteviaggi.it), vom Bahnhof „Pisciotta-Palinuro" nach Palinuro, Pisciotta und Marina di Camerota.

■ **Bahn:** Der Bahnhof „Pisciotta-Palinuro" der Linie Napoli – Reggio di Calabria liegt einige Kilometer nordwestlich des Ortes.

Baden

Palinuro und **Marina di Camerota** können sich der **schönsten Strände des Cilento** rühmen. Die steil aufragenden Kalkfelswände des Capo Palinuro bilden die spektakuläre Kulisse. Nördlich und südlich des Kaps liegen traumhafte Sandstrände, mit Booten lassen sich ansonsten unzugängliche Buchten erreichen. Auch nördlich Palinuro zieht sich ein kilometerlanger Sandstrand entlang, Parkplätze direkt an der Straße. Besonders schön und außerhalb der Saison absolut einsam sind die **Strände am Arco Naturale** sowie der kilometerlange Sandstrand zwischen Capo Palinuro und Marina di Camerota. Sehr schön ist auch die **Spiaggia Marinella** westlich der Baia del Buondormire, zu Fuß oder mit einem Fahrzeug zu erreichen.

Tauchen

Die Tauchgründe am Capo Palinuro faszinieren durch kristallklares Wasser und zahlreiche Meeresgrotten.

8

● **Palinuro Divers**

Tauchbasis auf dem Gelände des Campings Arco Naturale. Professioneller Unterricht und organisierte Törns für erfahrene Taucher. Ausrüstung kann gestellt werden. Mitte Juni bis Mitte Sept.

Località Arco Naturale, Tel. 09 74 93 15 25,

Mobil 33 93 11 26 96,

www.palinurodivers.it

● **Palinuro Sub Diving Center**

Die professionelle Tauchschule von *Fabio Barbieri,* dem Entdecker der Meeresgrotten von Palinuro, besteht seit 1983. Als Basis dient das Hotel Le Tre Caravelle. Unterricht nach PADI- und CMAS-Richtlinien auch auf Englisch. Kurse für Anfänger und Fortgeschrittene in Meeresspeleologie, Meeresbiologie und Unterwasserfotografie. Anreise und Unterkunft können organisiert werden. Flaschenservice. Ostern bis Sept.

Via Santa Maria 16, Tel. 09 74 93 85 09,

Mobil 33 55 49 56 06, www.palinurosub.it

Bootstouren

Vom Porto Palinuro, aber auch vom Arco Naturale an der Mingardo-Mündung werden im Sommer Ausflugsfahrten angeboten.

● **Coop. Palinuro Porto,** Via Porto 19, Tel. 09 74 93 16 04, www.palinurocoop.com.

● **Da Artemio,** das „Urgestein", Porto di Palinuro, Tel. 09 74 93 11 33, Mobil 338 83 27 78, www.artemiopalinuro.it.

● **Ugo e Luccio,** Spiaggia Ficocella, Mobil 32 88 04 30 87.

Wandern/Klettern

Die Comunità Montana Lambro e Mingardo hat eine **Wanderkarte** 1:30.000 herausgebracht, die es gratis in Touristenbüros gibt (so lange der Vorrat reicht). Freeclimber werden an der **Spiaggia Mari-**

nella fündig. Hier erheben sich steile Kalkwände über dem Strand. Tipps und z.T. GPS-Tracks auf www.cilento-aktiv.info/cilento-aktiv/wandern.

Capo Palinuro

Zahlreiche Wege führen über das Hochplateau des Kaps, markiert und am besten zu erreichen sind sie vom Hafen aus. Ein kurzer Stichweg (C.M. 196) führt zum **Fortino,** einem Küstenwachtturm. Von der Straße, die zum Leuchtturm führt, zweigen eine Reihe kurzer Stichwege zur Geländekante ab (Vorsicht!).

Castello di Molpa

Ein 20-minütiger, leichter Aufstieg (C.M. 136) führt auf die 140 m hohe Anhöhe mit den fast nicht mehr existenten Ruinen des Castello di Molpa. Geblieben ist die fantastische Aussicht, die früher von großer strategischer Bedeutung war. Auf dem blanken Felsplateau sind Pfostenlöcher zu erkennen. Der Ort war in etruskischer, griechischer, römischer Zeit und noch einmal unter den Normannen befestigt. Start- und Endpunkt der Tour ist die Talstation einer Mini-Bergbahn für fußlahme und subventionsschwindelnde Italiener (GPS: N 40°02.224′, E 15°18.130′), zu erreichen von der Straße Richtung Ristorante Isca delle Donne.

S. Cono (S. Iconio)

Vom östlichen Ufer des Fiume Mingardo steigt direkt von der S.S. 562 ein bezeichneter Weg mit herrlichen Ausblicken auf das Capo Palinuro und die Küste zur verfallenen Abtei S. Iconio aus dem 7. Jh. (344 m) auf und setzt sich fort in Richtung Camerota (C.M. 193). Mit der Bezeichnung „TPC" ist der Weg auf den offiziellen Nationalpark-Karten verzeichnet.

▷ Kurs auf den Porto degli Infreschi

Marina di Camerota und Camerota

Marina di Camerota (5 m, 3500 Ew.) ist ein freundliches und lebhaftes Hafenstädtchen, dessen Fischer längst in das einträglichere Geschäft des Tourismus eingestiegen sind und mit ihren Booten Touristen spazieren fahren. Wie überall im Cilento kommen die meisten Badegäste im Juli und August. Im Herbst, wenn das blitzsaubere Meer immer noch beste Badetemperaturen aufweist, sind die Strände fast leer. Östlich der **Spiaggia Lentiscelle** beginnt eine atemberaubend wilde Küste, die sich am besten auf einer Bootsfahrt entdecken lässt. Beinahe senkrecht steigen schroffe Kalkfelswände aus dem türkisblauen Meer, immer wieder öffnen sich Grotten und Höhlen, teils mit zauberhaften Lichtspie-

len. Unterwegs laden verführerisch schöne Buchten zum Baden ein. Mit etwas Glück kann man auf den Felsen die rare Palinuro-Primel *(Primula palinuri)* entdecken, ein Tertiär-Relikt und Wahrzeichen des Parco del Cilento. Im Februar und März blüht sie leuchtend gelb.

Wie Palinuro verweist Marina di Camerota stolz auf eine frühe Besiedlung durch Steinzeitmenschen. Die **Grotta della Cala,** zu Fuß über die Spiaggia Lentiscelle zu erreichen, war eine „Fünf-Sterne"-Wohnhöhle, die **Grotta Sepolcrale** nebenan diente als letzte Ruhestätte (nicht zu besichtigen).

Ziel und absoluter Höhepunkt einer Bootsfahrt ist der **Porto degli Infreschi.** Das natürliche Hafenrund öffnet sich zum Golf von Policastro. Der Name rührt von den zahlreichen Süßwasserquellen her, die in den Grotten entspringen. Bis Ende des 19. Jh. wurde in der

Bucht Thunfisch gejagt, die frischen Quellen boten den Fischern eine willkommene Erfrischung, und in den kühlen Höhlen konnte der erlegte Fisch gelagert werden. Für Erfrischung und guten Fisch sorgt heute ein uriges Sommerlokal unterhalb der Kapelle. Aus der Marina di Camerota führen alte Wirtschaftswege an den Porto degli Infreschi, man könnte die eine Strecke zu Fuß zurücklegen und anschließend mit einem Boot zurückfahren, eine wunderschöne und abwechslungsreiche Halbtagestour.

Das nahe **Camerota** (322 m, 1400 Ew.), im Hinterland gelegen, lädt zu Streifzügen durch mittelalterlich verwinkelte Gassen ein. Von der Anhöhe des Kastells genießt man einen besonders schönen Blick auf den Monte Bulgheria. In Camerota führen **Töpfer** das an diesem Ort jahrhundertealte Handwerk mit traditionellen Methoden fort.

⌃ Camerota erhebt sich
zu Füßen des Monte Bulgheria

gvrl13_119 pa

Information

■ **Pro Loco di Camerota**

Info-Büro am Hafen. Hier gibt es auch die Wanderkarte der Comunità Montana Lambro e Mingardo 1:30.000 (solange Vorrat reicht) und die Gratis-Karte „Vivi Camerota".
Marina di Camerota, Tel. 09 74 93 29 00,
www.prolococamerota.it
■ **http://camerota.asmenet.it**

Unterkunft

Hotels und Pensionen
■ **Calanca** ***

Kleines, familiäres Hotel am westlichen Ortsrand, wenige Schritte von der schönen Calanca-Bucht. Ausgezeichnetes Fischrestaurant nur für Hotelgäste (April bis Sept.). Einfach möblierte Zimmer mit Balkon. 20 Zi., DZ/F 70–110 Euro, HP 45–80 Euro.
Via Luigi Mazzeo 18, Tel. 09 74 93 21 28,
Mobil 38 96 88 10 08, www.hotelcalanca.com
■ **Albergo Brera** ***

Sympathische Pension, dem gleichnamigen, empfehlenswerten Ristorante (s.u.) angeschlossen. DZ/F ab 65 Euro.
■ **La Scogliera** ***

Moderner Bau am Hafen, wenige Schritte zum Strand. Toller Hafenblick aus dem Restaurant im 4. Stock. Die Familie *Pirronti* vermietet auch Ferienapartments. 35 Zi., DZ/F 70–120 Euro, HP 50–85 Euro. Mai bis Sept.
Via Lungomare Trieste 97, Tel. 09 74 93 20 19,
09 74 93 23 91, www.lascoglierahotel.it

Bed & Breakfast in Licusati di Camerota
■ **Palazzo Crocco**

Elena Crocco und ihre Schwestern sind ausgesprochen aufmerksame Gastgeberinnen der alten Schule und heißen ihre Gäste im Renaissance-Palazzo ihrer Vorfahren willkommen (das Gästebuch spricht Bände). Die Zimmer sind mit Gusto eingerichtet, hervorragenden Betten mit bestickter Bettwäsche bezogen. Das Frühstück stärkt für den Rest des Tages, neben typischen *dolci*, frischem Brot und hausgemachten Marmeladen gibt es sogar *bruschette* mit hauseigenem, biologisch erzeugtem Olivenöl. Ein schöner Garten umgibt das Anwesen, zu Fuß ist auch der Olivenhain der Croccos schnell erreicht. Wer möchte, kann Ende Okt. bei der Ernte helfen. 3 Zi., DZ/F 65–58 Euro. April bis Ende Okt.
Largo Crocco, Tel. 09 74 93 70 14,
Mobil 34 73 08 57 74, www.palazzocrocco.it

Der Cilento und das Vallo di Diano

Agriturismo bei Marina di Camerota
◼ Nonna Rosa

Samuele Cella, der 20 Jahre lang in Hamburg ein Lokal geführt hat, betreibt diesen kinderfreundlichen Agriturismo seit 2001. Olivenhaine und Gemüsegärten umgeben das schöne, mit viel Gusto restaurierte Steinhaus. Geräumige Zimmer mit gut ausgestatteten Bädern, einige mit Kamin, alle mit Heizung. Ausgezeichnete Küche. Auf einem Fußweg läuft man in ca. 15 Min. zur Spiaggia Lentsicelle hinab. *Samuele* begleitet seine Gäste mit dem Jeep gerne zu verschwiegenen Badebuchten und holt sie auf Wunsch am Bahnhof „Pisciotta-Palinuro" ab. Anfahrt: an der Straße Marina di Camerota – Lentiscosa ausgeschildert. 7 Zi., HP 45–65 Euro, in der Nebensaison auch DZ/F 50–90 Euro. April bis Nov.
Via Monte di Luna, Tel. 09 74 93 90 58,
Mobil 34 90 64 65 74, www.nonna-rosa.de

Agriturismo bei Camerota
◼ Capocanto

Franca und *Franco Tarallo* haben ihr einsam auf einem Hochplateau gelegenes Steinhaus mit tollem Blick auf Camerota und den sich dahinter erhebenden Monte Bulgheria geschmackvoll restauriert. Biologisch bewirtschafteter Hof, Olivenanbau und Wildschweinzucht. Nette, einfach möblierte Zimmer. Das ausgezeichnete Restaurant öffnet nur für Gäste des Hauses. Vom Agritursimo kann man auf alten Wirtschaftswegen über den Monte S. Antonio zum Arco Naturale ans Meer wandern. Anfahrt: von der Küste kommend, 1 km vor Camerota auf bezeichneter Serpentinenstraße links abbiegen, nach 1 km an der Cappella S. Antonio nach links. 8 Zi., DZ/F 60–80 Euro, HP 45–55 Euro. Ostern bis Okt.
Contrada Capo Canto, Tel. 09 74 93 52 27,
Mobil 34 96 05 14 84, www.capocanto.com

Campingplätze

Zwischen Palinuro und Marina di Camerota säumen Campingplätze und Ferienclubs den pinienbeschatteten, kilometerlangen Sandstrand Spiaggia del Mingardo.

◼ Pineta

Zeltplätze und Bungalows unter schattigen Pinien, z.T. direkt am Strand. Im Sommer gesalzene Preise! 2 Pers., Zelt und Auto 25–85 Euro. Anfahrt: 7 km westlich von Marina di Camerota. Ostern bis Ende Sept.
Località Mingardo (= S.S. 447),
Tel. 09 74 93 17 71, 09 74 93 84 47 (Winter),
www.campingpinetaclub.it
◼ Romano

Kleiner, sauberer Platz im Schatten alter Oliven (hinter dem Friedhof). Zeltplätze, Stellplätze für Camper und Bungalows. Mini-Market, Bar und Tavola Calda. Ein wenig störend ist das leichte Pfeifen eines Kompressors im Eingangsbereich. 2 Pers., Zelt und Auto 20–50 Euro. Ostern bis Ende Sept.
Spiaggia Lentiscelle, Tel. 09 74 93 25 42,
09 74 93 20 30 (Winter), www.villaggioromano.it

Essen und Trinken

Restaurants und Trattorien in Marina di Camerota
◼ Brera

Von der deutschen Speisekarte und dem darauf angebotenen Wiener Schnitzel nicht beirren lassen, in dem Gartenlokal in einer ruhigen Parallelstraße des Lungomare wird ansonsten solide Landesküche serviert. *Zuppa di pesce* und Kaninchen nur auf Vorbestellung. *Nicola Mastroleonardo* betreibt über seinem Restaurant ein nettes Hotel mit schöner Dachterrasse. 20–25 Euro. Mittags und abends. Ostern bis Anfang Nov.
Via Sant'Alfonso 29, Tel. 09 74 93 90 86
◼ Da Antonio al Pozzallo

MEIN TIPP! Ausgezeichnetes Fischlokal an der Spiaggia di Pozzallo, von Marina di Camerota mit dem Boot oder zu Fuß zu erreichen (s.u.). Auf Plastiktellern serviert die Familie *Marchese* ihren Gästen urwüchsige Cilento-Speisen. 15–20 Euro. Nur mittags. Ende April bis Ende Sept. (bei gutem Wetter).
Spiaggia di Pozzallo, Mobil 368 21 51 13

Der Cilento und das Vallo di Diano

Cantina del Marchese

Die Osteria in Hafennähe ist eine Institution echter Cilento-Küche! Alte Cotto-Böden, eine Holzbalkendecke, Weinfässer und einfache Holztische schaffen eine urige Atmosphäre. Als Tischdecke dient eine Papierserviette, auf die Spezialitäten des Hauses abgedruckt stehen. Kräftige Suppen, Gemüseeintöpfe wie z.B. *ciambotta* oder *maracucciata,* Dinkel-Polenta mit geröstetem Brot und Bohnen. Am breiten Tresen werden die herrlichsten Würste und Käse hergerichtet, der Wein wird in irdenen Bechern kredenzt. 20–25 Euro. Juni bis Sept. tägl. abends, sonst nur Mo bis Fr abends. Nov. und Febr. geschl.
Via del Marchese 13/15, Tel. 09 74 93 25 70

Il Pirata di Porto Infreschi

Wildromantisches Lokal im Porto degli Infreschi. Auf einfachen Holztischen im Freien bieten *Fabiana* und *Giuseppe* ihren Gästen traditionelle *cucina cilentana* und frischen Fisch vom Grill. Mit dem Boot oder nach 2½-stündiger Wanderung von Marina di Camerota aus zu erreichen. 20–30 Euro. Bei gutem Wetter täglich. Ende Mai bis Sept. Mittags, abends nur auf Vorbestellung.
Mobil 33 35 91 74 13, 33 96 40 24 28

Indian Beach

Strandrestaurant an der Straße Palinuro – Marina di Camerota. Ostern bis Ende Sept.
Località Mingardo, Tel. 09 74 93 19 46,
Mobil 33 87 91 28 45

Trattorien in Camerota

Al Castello

Nette Trattoria am Kastell. Gute lokale Küche, abends auch Pizza. 15–20 Euro. Mo Ruhetag. Mittags und abends. April bis Sept.
Piazza Castello, Tel. 09 74 93 50 09

Rianata 'a Vasulata

MEIN TIPP! Jeden Abend nur ein bis zwei köstliche Pasta- und Gemüsegerichte, Super-Vollkornpizza (*Milvas* Vater hatte früher die Dorfbäckerei) – die namensgebende *rianata* – und offener Rotwein. 15–20 Euro. April bis Sept. tägl. abends.
Via San Vito 3, Tel. 09 74 93 54 27

Snacks, Bars und Eisdielen in Marina di Camerota

Il Fornaio

Frisches Brot, Pizza vom Blech, Kekse und morgens duftende *sfogliatelle* oberhalb des Hafens auf dem Weg zur Piazza S. Domenico. Am nahen Lungomare Trieste 111 hat die Familie *Cosentino* zusätzlich einen netten Imbiss eröffnet, der Antipasti, Pasta-Primi, Pizza und Dolci aus dem Backofen kredenzt. Mo bis Sa 7–14 und 17–23 Uhr.
Via Carpentieri 4, Tel. 09 74 93 28 43

Gelateria Bella Marina

Bestes Gelato mit Terrasse und Hafenblick.
Via Lungomare Trieste

Pasticceria Napoletana

Mandelverführungen, *Silvana Napoletana* stellt auch Marmeladen und Liköre her.
Via Lungomare Trieste 72, Tel. 09 74 37 96 48

Pasticceria Vigorito

Köstliche *pasta di mandorla* (Mandelgebäck), verführerisch ist auch die *coda d'aragosto,* ein Blätterteig gefüllt mit Zitronencreme in Form eines Hummerschwanzes. Di Ruhetag.
Piazza S. Domenico 5, Tel. 09 74 93 20 62,
www.pasticceriavigorito.com

Disco

Il Ciclope

In-Disco zwischen Marina di Camerota und Palinuro in einer Grotte an der S.S. 562.
Località Mingardo, www.ilciclope.com

An- und Weiterreise

■**Auto:** Marina di Camerota liegt an der Küstenstraße S.S. 562. Eine landschaftlich schöne Straße führt in den Bergort Camerota (5 km).
■**Bus: Infante,** vom Bhf. „Pisciotta-Palinuro" nach Marina di Camerota, Palinuro und Pisciotta. Von Marina di Camerota (Bar Sirena) auch nach Ca-

8

merota. Tickets im Bus. Das Büro am Lungomare Trieste 85 fungiert zugleich als Reisebüro, hier auch Bahntickets und Mietwagen. Tel. 09 74 93 29 38, www.agenziainfanteviaggi.it.

■ **Bahn:** Der Bahnhof „Pisciotta-Palinuro" der Linie Napoli – Reggio di Calabria liegt ca. 15 km nordwestlich von Marina di Camerota.

■ **Taxi:** *Carmelo Calicchio* – Calicchio Viaggi, Tel. 09 74 93 50 54, 09 74 37 96 10, Mobil 32 81 55 88 09, www.calicchioviaggi.it.

Parken

Der Parkplatz **am Hafen von Marina di Camerota** ist im Sommer gebührenpflichtig.

Einkaufen

Einkaufen in Marina di Camerota
Beste Einkaufsmöglichkeiten für Selbstversorger: Supermärkte, gut sortierte Alimentari, Obst- und Gemüseläden, Bäcker und ein Fischgeschäft am Hafen. Jeden zweiten Fr Wochenmarkt in Hafennähe.

Einkaufen in Camerota
■ **Cammarano**
Von Aschenbechern und Kerzenständern im Verkaufsraum sollte man sich nicht täuschen lassen. Seit 1777 bleibt die Familie *Cammarano* ihren kunsthandwerklichen Traditionen treu und brennt bäuerliches Haushaltsgeschirr im Holzofen.
Via S. Vito – Camerota, Tel. 09 74 93 50 62

Baden

Ein **kilometerlanger Sandstrand** erstreckt sich von der Mündung des Mingardo bis zum Capo Grosso. An der Straße Parkbuchten und Treppenwege zum Strand. Einige Campingplätze und Ferienclubs nutzen die Gunst der Lage. Unmittelbar westlich

von Marina di Camerota liegt die schöne **Calanca-Bucht**, im Osten der herrliche, breite **Sandstrand Lentiscelle.** Andere schöne Buchten an der Costa degli Infreschi lassen sich nur mit dem Boot oder zu Fuß erreichen. Die italienische Umweltorganisation Legambiente erteilt den Stränden Bestnoten.

Tauchen

■ **Diving Center**
Kurse und Tauchausflüge von Ostern bis Okt. Als Tauchbasis dient u.a. der Black Marlin Club am Mingardo-Strand.
Lungomare Trieste 29 – Marina di Camerota, Tel. 09 74 93 26 05, Mobil 33 31 52 10 15, www.divingcamerota.it

Bootstouren

Müßig zu entscheiden, welches der schönste Küstenabschnitt im Cilento sei, vor Palinuro oder Camerota. Beide sind eine Reise und eine Bootstour wert. Private und organisierte Anbieter sind in den Sommermonaten unter einem Sonnenschirm oder mit einem Kiosk in Marina di Camerota am Hafen zu finden. Die Preise aller Anbieter sind gleich, die Fahrt zum Porto degli Infreschi schlägt mit ca. 15 Euro p.P. zu Buche. Es empfiehlt sich, rechtzeitig die Fischer/Bootsleute am Hafen um Rat zu fragen. Nicht bei jeder Wetterlage können die Boote fahren und nur bestimmte Tageszeiten empfehlen sich zum Betrachten der Meeresgrotten. Möglich sind auch kombinierte Boots- und Wanderausflüge.

■ **Associazione dei Pescatori „Monte di Luna"**
Mit Booten unterschiedlicher Größe Ausflüge zur Baia degli Infreschi oder ans Capo Palinuro, auf Wunsch inkl. Badestops. „Monte di Luna" betreibt auch **Pescaturismo,** d.h. die Mitglieder sind Fischer; das ganze Jahr über ist es möglich, sie zu be-

Camerota und Costa degli Infreschi

0 ——————— 1 km
© Reise Know-How 2013

Licusati, S.Severino

475
Camerota

S.Iconio
1

T. pa Pistillo
723

S.Giovani a Piro, Scario

SS 562

La Vaccuta
576

483
Lentiscosa

Palinuro
SS 447

Serra degli Infreschi
232

2

3

475
Lentiscelle

M. di Luna
173

Porto degli Infreschi

Marina di Camerota

Cala Fortuna   Cala M. di Luna

Cala Bianca

Bootsausflüge

Torre degli Iscolelli

Palinuro

■ **Übernachtung**
1 Agriturismo Capocanto
2 Agriturismo Nonna Rosa
3 Campingplätze

Der Cilento und das Vallo di Diano

gleiten und an ihrem Alltag teilzunehmen. Auch geführte Wanderungen zur Baia degli Infreschi und Rückfahrt mit Boot, Mobil 34 74 18 24 02, 33 91 43 15 22 (*Ciro Cammarano*, besser bekannt als Capitan *Dominic Antò*).

■ Cooperativa Cilento Mare

Flotte moderne Boote. Touren zu den Grotten, zum Porto degli Infreschi, nächtliche Bootsausflüge mit Fischern *(lamparata)* ca. 35 Euro p.P. inkl. Essen am Strand.
Tel. 09 74 93 29 78,
Mobil 33 98 87 79 90 *(Felix D'Andrea)*,
www.coopcilentomare.com

Wandern

In der näheren Umgebung von Marina di Camerota und Camerota bieten sich zahlreiche schöne Wanderungen an. Die Comunità Montana Lambro e Mingardo hat eine Wanderkarte 1:30.000 herausgebracht, die es für wenige Euro in Touristenbüros gibt (so lange Vorrat reicht). Geführte Touren, auch in Kombination mit Bootsfahrten, organisiert der naturkundlich versierte *Salvatore Calicchio* mit der **Associazione Posidonia,** Via San Vito 14, Camerota, Tel. 09 74 93 50 23, Mobil 33 35 95 35 13, www.posidonia-cilento.it.

8

Torre Zancale

Vom östlichen Ende der Spiaggia Lentiscelle steigt ein kurzer, schöner Weg auf zur Torre Zancale – ein wunderbarer Ort, um in Ruhe die Blicke schweifen zu lassen.

Porto degli Infreschi

Von der Spiaggia Lentiscelle führt der Weg durch duftende Macchia in die wildeste Küstenlandschaft des Cilento. Pfade, Schotterpisten und kurze Abschnitte nicht befahrener Teerstraße. Ausreichend Wasser mitnehmen! Badegelegenheiten an der Spiaggia Lentiscelle, Spiaggia Pozzallo, Cala Bianca und am Porto degli Infreschi. Im Gelände rot-weiße Farbmarkierungen!

Reine Gehzeit: ca. 2½ Std. einfach (Lentiscelle – Spiaggia Pozzallo 50 Min., Spiaggia Pozzalo – Porto degli Infreschi 1 Std.). Auf dem gleichen Weg zu Fuß zurück bzw. vom Porto degli Infreschi mit ein wenig Glück mit einem der Ausflugsboote für ca. 15 Euro pro Person nach Marina di Camerota zurück. Boot besser vorher bestellen (s.o.)!

Wanderung: Von **Marina di Camerota** geht oder fährt man gen Osten bis zur **Spiaggia Lentiscelle**. Am Friedhof Parkmöglichkeiten. Vorbei am Camping Romano und links von der Grotta di Lentiscelle (innen ein Schiffsrumpf) führt ein Treppenpfad im Taleinschnitt bergauf (dieser stille Winkel dient leider auch als Buschtoilette). Am Ende des Pfades stößt man von unten auf eine querende Schotterstraße, der man 20 m nach links folgt (Farbzeichen auf Betonmast). Auf der schmalen Teerstraße (= Via Monte di Luna), an Olivenbäumen vorbei, nach rechts weiter bergauf. Oberhalb der Cala Fortuna knickt die Straße links ab und führt weiter ansteigend ins Landesinnere. An der T-Kreuzung von der Asphaltstraße nach rechts auf die Schotterpiste abbiegen. Die Schotterstraße führt küstenparallel im Rücken des Monte di Luna und geradeaus über eine X-Kreuzung, vorne die Torre Cala Bianca im Blick. Der Weinanbau, zwischenzeitlich komplett aufgegeben, wurde vereinzelt wieder aufgenommen. Jenseits des tiefen Vallone Valamonte erhebt sich die Serra degli Infreschi. Geradeaus über eine Y-Kreuzung folgen wir der Schotterpiste auf Serpentinen (auf der gegenüberliegenden Talseite ist die Fortsetzung des Weges als Pfad zu erkennen), ins Tal. Rechter Hand führt durch einen Durchgang im Zaun ein kurzer Stichweg zur **Bar-Ristoro Pozzallo** und an den gleichnamigen Strand.

Der Hauptweg quert das im Sommer trockene Bachbett. Im Schatten hoher Macchia führt der Pfad in Serpentinen bergauf. Von der Anhöhe führt der Weg wieder leicht bergab und tritt ins offene Gelände (roter Kalkverwitterungsboden). Hier ist etwas Orientierungsgeschick gefragt. Die Gehrichtung beibehaltend, auf dem küstenparallelen Hauptpfad bleiben, der an einer betonierten Tränke vorbei auf das trockene Bachbett im Vallone Cerza di Lazzo trifft. Jenseits des Bachbetts steigt der markierte Pfad im Schatten von Flaumeichen den Gegenhang hoch. Der als C.M. 172 rot-weiß markierte Abschnitt steigt über Stufen, vorbei an aufgelassenen Terrassen und Brunnen, bis zu eine eben verlaufenden Schotterstraße auf. Hier ca. 50 m nach links. Im Landesinneren erhebt sich die auffällige Pyramide des Monte Vaccuta, nach rechts öffnet sich ein grandioser Blick auf den Golfo di Policastro.

Auf dem bezeichneten Pfad nach rechts, vorbei an der kleinen Seefahrerkirche, zum Strand am **Porto degli Infreschi** absteigen. Das Wasser in der Bucht ist kristallklar, Kaltwasseraustritten verdankt sie ihren Namen.

S. Severino di Centola

Ein lohnender Ausflug ins Hinterland führt entweder über eine abenteuerliche Bergstrecke vorbei an Camerota bzw. auf der S.S. 562 durch das Mingardo-Tal nach Centola. Oberhalb des Ortes kann man in knapp 10 Min. auf einem bestens angelegten Weg zu den verlassenen mittelalterlichen Ruinen des alten S. Severino aufsteigen. Spektakuläre Ausblicke in Richtung Küste und ins Landesinnere. Im Bahnhof von Centola gibt es eine engagierte Tourist-Info (Mo bis Sa 6.30–8 und 13–15.30 Uhr, Mobil 33 86 43 61 98, www.mingardoemiti.it). Hier weitere Wandertipps und Unterkunftsempfehlungen (z.B. das nette **B&B Valente** von *Pina Valente*, einer offiziellen Nationalparkführerin, in Centola, www.bbvalente.altervista.org).

Golf von Policastro und Bussento-Tal

Von Marina di Camerota führt eine landschaftlich reizvolle Strecke über das hübsche **Lentiscosa** (340 m, 1220 Ew.) und S. Giovanni a Piro nach Scario an den Golf von Policastro. Am nördlichen Ortseingang von **S. Giovanni a Piro** (450 m, 2300 Ew.) zweigt rechts eine bezeichnete Stichstraße zu zwei herausragend schönen Aussichtspunkten ab, dem **Santuario di Pietrasanta** und dem **Belvedere Ciolandrea.** S. Giovanni bietet sich an als Ausgangspunkt für die Besteigung des **Monte Bulgheria** an, des schönsten Aussichtsbergs des südlichen Cilento.

Auf der nördlichen Seite des Monte Bulgheria erhebt sich in strategischer Lage, hoch über den Tälern des Mingardo und Bussento, **Roccagloriosa** (430 m, 1660 Ew.). Bei Streifzügen durch den hübschen Ort genießt man zu allen Seiten hin fantastische Ausblicke. Die ältesten Siedlungsspuren reichen in die Bronzezeit zurück, eine Blüte erlebte der Ort im 4./3. Jh. v. Chr. unter den Lukanern. Teile der antiken Festungsmauer und Kammergräber sind im frei zugänglichen archäologischen Park auf einem nördlich der Stadt gelegenen Höhenzug zu bewundern. Ausgrabungsfunde sind in Roccagloriosa selbst ausgestellt. Dazu zählen wertvoller Goldschmuck, Bronzegefäße und überdimensionale Kera-

mikvasen. Die z.Z. auf zwei Antiquarien verteilte sehenswerte Antikensammlung soll in Zukunft im **Palazzo de Curtis** zusammengeführt werden. In diesem Palazzo wurde mutmaßlich der neapolitanische Volksschauspieler *Totò* gezeugt, Frucht eines Seitensprungs des Marchese *Giuseppe de Curtis* mit dem Zimmermädchen *Maria Marotta*.

■**Antiquarium,** c/o ex Chiesa S. Maria dei Martiri, Tel. 09 74 98 11 13 (Comune), Mobil 34 71 76 61 07 *(Sabato Balbi),* www.comune.roccagloriosa.sa.it, www.archeosa.beniculturali.it. Mitte Juni bis Mitte Sept. tägl. 17.30–20.30 Uhr bzw. auf Anfrage. Eintritt 1,50 Euro.

Das freundliche **Scario** (6 m, 1200 Ew.) macht einen wohlhabenden Eindruck. Edle Jugendstil-Villen zeigen an, dass Italiener den Ort schon länger als Urlaubsdomizil schätzen. Außerhalb des Ferienmonats August gibt sich das Hafenstädtchen zauberhaft, als Inbegriff des Südens. Die Meerespromenade säumen Palmen und Oleanderbüsche, im klaren Hafenwasser spiegelt sich die barocke Chiesa dell'Immacolata zwischen

Der Cilento und das Vallo di Diano

> **Buchtipp**
> Der Cilento öffnet sich im Süden zum Golfo di Policastro; von majestätischen Bergen umrahmt, handelt es sich um eine der eindrucksvollsten Küstenlandschaften Italiens. Am schönsten ist die nur knapp 25 km lange Costa di Maratea in der benachbarten Regione Basilicata. Ein Abstecher, der lohnt!
>
> ■*Amann, Peter:* **Kalabrien, Basilikata.** Reise Know-How Verlag

8

bunten Booten. Strände in unmittelbarer Ortsnähe gibt es keine, dafür schließt sich im Süden eine spektakuläre Steilküste an. Vom Hafen kann man mit Fischerbooten den Porto degli Infreschi erreichen, verborgene Buchten locken unterwegs zum Bad.

Auf dem Weg nach Policastro Bussentino fühlt man sich ein bisschen in die Schweiz versetzt. Vielleicht tragen das oft stille Meer und der Kranz steil aufragender Kalkberge zu diesem Eindruck bei. **Policastro Bussentino** (4 m, 2000 Ew.) erhebt sich an Stelle des antiken griechischen Pixus. Die **mittelalterliche Stadtmauer,** die dem Verlauf der antiken griechischen Mauer folgt, hat sich fast vollständig erhalten. In der Altstadt ist die Kathedrale aus dem 12. Jh. sehenswert. Zitronenhaine umgeben das Dorf nördlich der Bussentomündung.

Durch grün bewaldete Berglandschaft führt die S.S. 517 über Sanza und Buonabitacolo Richtung Padula ins Vallo di Diano. Ein lohnender Umweg, vorbei an Vibonati, berührt **Morigerati** (281 m, 730 Ew.). In der Nähe des Ortes liegt eines der großen Naturwunder des Cilento. Nach mehreren Kilometern unterirdischem Lauf tritt der Bussento in einem spektakulären Canyon unterhalb des Ortes wieder zu Tage (siehe „Wandern").

Auch das hübsch gelegene **Caselle in Pittari** (400 m, 1980 Ew.) ist einen Besuch wert. Hier verschwindet der Bussento in einem spektakulären Schluckloch. Der 689 m hohe Monte S. Michele im Süden des Ortes ist am 8. Mai das Ziel zahlreicher Pilger. Der aus langobardischer Zeit stammende Pilgerweg ist das ganze Jahr über eine lohnende Wanderung mit viel Belvedere.

gvn13_120 pa

Information

◼ Pro Loco di Scario

I.d.R. Mo bis Sa 10–12 und 15–18 Uhr.
Via Salita la Piana (Nähe Lungomare),
Tel. 09 74 98 60 33 (priv.), Mobil 34 51 78 52 70

Unterkunft

Hotel in San Giovanni a Piro/Bosco
◼ Romeo ***

Wenige Kilometer von Scario, dem Golf von Policastro und Marina di Camerota entfernt befindet sich dieses charmante Hotel im kleinen Ort Bosco am Fuße des Monte Bulgheria. Das gleichnamige Restaurant lockt seit 1980 Feinschmecker an, das komfortable Hotel wurde 2000 eröffnet. Gäste werden auf Wunsch vom Bahn- oder Flughafen abgeholt. Der ursympathische *Romeo Jannuzzi*, der deutsch spricht und als Guida CAI (offizieller Führer des Ital. Alpenvereins) den Cilento allerbestens kennt, begleitet seine Gäste auf schönen Wanderungen. 12 Zi., 4 Suiten, DZ/F 60–110 Euro, HP 45–75 Euro. Frazione Bosco, Tel. 09 74 98 00 04,
www.romeo-bosco.com

Apartments in Scario
◼ Baia Garagliano

Das freundlich geführte Mini-Hotel der Familie *Fonseca* oberhalb der Chiesa dell'Immacolata und wenige Schritte vom Lungomare hat sich 2013 nach Komplettrenovierung in ein Apartmenthaus verwandelt. Einige Zimmer mit Balkon, alle mit Kochzeile, Klimaanlage und guten Betten. Das gute

Fischrestaurant bleibt. Sichere Abstellmöglichkeiten für Motor- und Fahrräder. 10 Ap., Ap. für 2 Pers. ab 400 Euro/Woche.
Via Salita La Piana 14, Tel. 09 74 98 60 04,
Mobil 33 84 62 54 99 *(Michele)*,
http://baiagaragliano.com

Bed & Breakfast bei Casaletto Spartano
◼ Palazzo Gallotti

MEIN TIPP! Ein „Umweg", der sich lohnt! Casaletto Spartano ist ein freundlicher Bergort, der von Sapri bzw. Morigerati auf kurvenreichen Straßen zu erreichen ist. Im 2 km entfernten Dorf Battaglia führt der Wahl-Münchner *Roberto Simoni* im Palazzo seiner Großeltern ein wunderschönes B&B. Die komfortablen Zimmer sind geschmackvoll mit alten Möbeln der Familie eingerichtet, die Betten und Badezimmer top. Auf Wunsch kann für die Gäste auch gekocht werden. Direkt vor der Haustür beginnen einige schöne Wanderungen, so z.B. auf den 1387 m hohen Monte Cocuzzo, von dem bei gutem Wetter sogar die Äolischen Inseln zu sehen sind. 5 Zi., DZ/F 50–70 Euro. Anfang Mai bis Ende Okt. Via Nazionale 19 – Battaglia di Casaletto Spartano, Tel. 09 73 37 40 63, Mobil 33 83 07 84 68, (D-)Mobil 017 17 98 12 89, www.palazzogallotti.it

Ferienwohnungen
◼ Borgo Le Caselle

MEIN TIPP! Die Münchnerin *Bettina Müller* hat zusammen mit ihrem Mann *Rolf Müller* eine Gruppe von Bauernhäusern in einem 6 km außerhalb von Tortorella (Lebensmittelladen, Bar und Post) gelegenen Weiler renoviert und darin drei wunderschöne Ferienwohnungen für 2–6 Pers. eingerichtet. Alle Apartments mit Küche und Holzofen. Es steht auch eine Waschmaschine zur Verfügung. Von den Terrassen Blick auf den Golf und den Monte Bulgheria. *Bettina* kennt den Cilento auf Schritt und Tritt – für deutsche Veranstalter führt sie Wanderreisen – und ist ihren Gästen mit vielen guten Tipps behilflich. Es sind ca. 20 km bis Sapri zum Meer. Für 2 Pers. ab ca. 200 Euro/Woche.

◁ Ziegenhirtin bei Roccagloriosa

Der Cilento und das Vallo di Diano

8

Borgo Le Caselle – Tortorella,
Mobil 33 83 07 84 68 *(Bettina)*,
33 87 17 36 90 *(Rolf)*,
www.borgolecaselle.com
GPS: N 40° 07.852'; 15° 39.352'

■ Morigerati – Paese Ambiente

Die Kommune Morigerati bemüht sich um nachhaltigen Tourismus. Während sich zurückgekehrte Emigranten moderne Häuser am Ortsrand bauen, droh(t)en die schönen alten Gebäude im Centro storico zu verfallen. Einige dieser alten Häuser in renoviertem Zustand, aber auch moderne Villen, Agriturismi oder B&Bs, werden jetzt als Ferienwohnungen vermietet.
www.paeseambiente.com

Essen und Trinken

Trattoria in Caselle in Pittari
■ Zi Filomena

Alteingeführte Pizzeria-Trattoria mit Slow-Food-Siegel. Traditionsbewusstsein auch in der Küche, prima Hauswein. 25–30 Euro. Mi Ruhetag. Mittags und abends.
Viale Roma 11, Tel. 09 74 98 80 24

Restaurant in San Giovanni a Piro/Bosco
■ Romeo

Gemütliches, in kulinarischen Führern gelobtes Hotel-Restaurant (s.o.). *Romeo Jannuzzi* zaubert hausgemachte Pasta in Dutzenden Varianten auf den Tisch. Zum *secondo* werden kräftige Fleischgerichte geboten. 15–25 Euro. Mo Ruhetag. Mittags und abends.

Trattoria in Roccagloriosa
■ Il Borgo

Nunzio und *Giuseppe Balbi* führen das ehemalige Lebensmittelgeschäft ihrer Mutter am Hauptcorso und zwei Schritte von der Fontana Grande als sympathische Trattoria fort. Einfache, schmackhafte Lokalküche mit hausgemachter Pasta zu mehr als faieren Preisen. Pizza und Mandelkekse aus dem Backofen. 15 Euro. Do Ruhetag. Mittags und abends.
Corso Umberto I. 43, Tel. 09 74 98 14 12

Restaurant in Scario
■ U'Zifaro

Erstklassige Fischküche mit allerbesten Zutaten. Bei schönem Wetter Tische im Freien. 25–35 Euro. Im Sommer kein Ruhetag, sonst nur Sa und So geöffnet. Dez. und Jan. geschl.
Lungomare Marconi 43, Tel. 09 74 98 63 97

Restaurant in Policastro Bussentino
■ Il Ghiottone

MEIN TIPP! Signora *Maria Rina* führt ihr beliebtes Fischlokal seit 1978, neu ist der elegante kleine Speisesaal. Auch schmackhafte Gemüsegerichte, beachtlich ist die Käse- und Weinauswahl. Kulinarische Themenabende mit der dazu passenden Musik. An der Durchfahrtsstraße im Km 205,400 im Ortsteil Marina. 30–35 Euro. Di Ruhetag. Mittags und abends. Nov. geschl.
Via Nazionale 42, Tel. 09 74 98 41 86,
www.ilghiottonesrl.com

Restaurant in Villamare
■ Taverna Portosalvo

Villamare ist ein nettes Küstenstädtchen mit einigen Sommervillen älteren und neueren Baudatums. Vor dem Ort erstreckt sich ein kilometerlanger Sandstrand mit nur einigen wenigen, sympathischen Lidi. Kulinarisch ist der Ort spätestens seit Eröffnung von *Gerardo Menzas* Fisch-Taverna ein Muss. 35 Euro. Mo Ruhetag. Mittags und abends.
Corso Italia 77, Tel. 09 73 36 54 74,
Mobil 33 85 61 79 63

Restaurant in Morigerati
■ Al Castello

Das Restaurant der Familie *Florenzano* im Herzen des kleinen Ortes ist immer geöffnet, da die dazugehörige Bar zugleich Lottoannahmestelle ist. Gemütliche Gasträume mit Kaminen in den Gewölben

Der Cilento und das Vallo di Diano

des Baronalpalastes. Kräftige Bauernküche mit selbst gemachten Nudeln und Würsten. Schwarze Trüffel zählen zu den lokalen Spezialitäten. Als Verdauungsspaziergang empfiehlt sich die kleine Wanderung im nahe gelegen Naturschutzgebiet des WWF (s.u.). *Modestino Florenzano* besitzt sieben komfortable Gästezimmer im Grünen (DZ ca. 60 Euro). 15–25 Euro. Mittags und abends.
Piazza Piano La Porta,
Tel. 09 74 98 20 85, Mobil 34 74 99 79 09

An- und Weiterreise

■**Auto:** Von Marina di Camerota führt die S.S. 562 über S. Giovanni a Piro nach Scario und zum Golf von Policastro. Vom Golf führt die S.S. 517 ins Vallo di Diano, landschaftlich lohnt der „Umweg" über Vibonati und Morigerati.
■**Bus:** *Infante* zwischen Marina di Camerota, S. Giovanni a Piro und Scario.
■**Bahn:** Die Bahnlinie Napoli – Reggio di Calabria führt mit der Station „Policastro Bussentino" an die Küste zurück.

Baden

Scario selbst hat kaum Strände, die Felsen reichen bis ans Meer. Kleine Kiesstrände im Süden des Ortes sind vom Faro aus zu Fuß zu erreichen.In den Sommermonaten pendeln regelmäßig Boote zu den traumhaften **Badebuchten,** die sich **entlang der Steilküste in Richtung Punta degli Infreschi** öffnen (s.u.).

Bootsausflüge

■**Marina di Scario di d'Andrea Guerino**
Von Anfang Juni bis Ende Sept. pendeln bei gutem Wetter mehrmals täglich Holzschiffe zwischen Scario und den Badebuchten.

Lungomare Marconi, Tel. 09 74 98 62 22 (priv.), Mobil 34 92 96 11 07

Wandern

Monte Bulgheria (1225 m)

Vom Gipfel genießt man überwältigende Blicke auf den Golf von Policastro, bis Palinuro und auf die mächtigen Gebirgsmassive im Landesinneren des Cilento. Von April bis Juni blühen zahlreiche **Orchideen.** Die Nationalparkverwaltung und der WWF bemühen sich um eine bessere Markierung der Wege. Der klassische Einstieg für die Gipfelbesteigung liegt im Ortsteil Pedale oberhalb von S. Giovanni a Piro (von Lentiscosa auf der S.S. 562 kommend, 700 m vor dem Ortsschild). Das Auto kann man auf Höhe des *campo sportivo* (Sportplatz) parken. In der Nähe beginnt der als C.M. 43 auf der Wanderkarte der Comunità Montana Lambro e Mingardo markierte Weg. Für den Aufstieg zum Gipfel (ca. 700 Höhenmeter) mit 2½ Std. rechnen. Tipps und z.T. auch GPS-Tracks auf www.cilento-aktiv.info/cilento-aktiv/wandern.

Morigerati

Der Fluss Bussento (nicht zu verwechseln mit dem Busento im kalabrischen Cosenza, in dem der Gotenkönig *Alarich* laut *August von Platen* ruhen soll) entspringt an den südlichen Abhängen des Cervati-Massivs und mündet bei Policastro Bussentino ins Meer. In der verkarsteten Landschaft unterbricht er unterwegs seinen oberirdischen Lauf, verschwindet bei Casella in Pittari in einem gigantischen Schluckloch und taucht einige Kilometer südlich in einem spektakulären Canyon bei Morigerati wieder auf. Aus dem Ort führt ein alter, steingepflasterter Maultierpfad in das 270 m tiefer gelegene Tal. Eine alte Mühle wurde restauriert und kann zu Besichtigungszwecken wieder in Gang gesetzt werden. Picknicktische am Talgrund laden zur Rast ein. Das Naturschutzgebiet wird vom Word Wildlife Fund betreut.

■ **Oasi WWF Morigerati,** Piazza Piano della Porta 17, Tel. 09 74 98 23 27, Mobil 33 36 95 99 91 *(Demetria Barra),* www.wwf.it/grottedelbussento.nt. Der Zugang/Info-Kiosk liegt ca. 1 km nördlich der Piazza und ist zu Fuß oder mit dem Auto zu erreichen. Mai bis Okt. tägl. 10–17 Uhr; März, April und Nov. nur Sa und So 10.30–16 Uhr bzw. nach tel. Vorbestellung. Besuch mit Führer 8/6 Euro.

Vallo di Diano

Das lang gestreckte Hochtal des Vallo di Diano bildet die natürliche Grenze des Cilento nach Osten. Zu beiden Seiten von hohen Bergzügen gerahmt, sind die dem lukanischen Apennin zugehörigen Monti della Maddalena das Grenzgebirge zur Nachbarregion Basilikata, Kernland des antiken Lukaniens.

Padula

Die **Kartause von Padula,** eines der herausragendsten kirchlichen Baudenkmäler Italiens, steht seit 1998 auf der UNESCO-Liste des Weltkulturerbes. Wie der Escorial bei Madrid weist auch dieses dem *hl. Laurentius* geweihte Kloster einen gitterförmigen Grundriss auf – *Laurentius* soll auf einem Feuerrost gemartert worden sein. 1306 von Graf *Tommaso II. Sanseverino,* Feudalherr von Teggiano und Neffe des *hl. Thomas von Aquin,* gestiftet, wurde der Bau über vier Jahrhunderte lang erweitert und ausgeschmückt, bis er seine Gesamtfläche von über 50.000 m² erreichte. Das Kloster ist nach den Regeln des *hl. Bruno von Köln,* Gründer des Kartäuserordens,

angelegt, geteilt in ein *domus inferior* und ein *domus alta.* Im letzteren lebten die Mönche in Klausur, das domus inferior war der Bereich des Klosters, in dem Laien lebten, Gäste empfangen wurden und die Wirtschaftsräume lagen. Zwischen diesen beiden gab es eine Art neutraler Zone mit den Räumlichkeiten des Priors, ein Ordensbruder, der als „Manager" des Klosters auch weltliche Kontakte pflegte. Die Certosa di Padula blieb bis zu ihrer Aufhebung im 19. Jh. der **bestimmende wirtschaftliche Faktor** im Vallo di Diano. Die Chronik berichtet, dass Kaiser *Karl V.* mit Gefolge bei der triumphalen Rückkehr aus Tunis auf dem Weg nach Neapel 1535 in Padula einkehrte und von den Mönchen ein Omelett aus 1000 Eiern serviert bekam. In beiden Weltkriegen wurden in der Kartause Kriegsgefangene interniert, davon zeugen heute noch Wandzeichnungen am Fuße der beeindruckenden barocken Freitreppe.

Der **Rundgang** führt durch die opulent ausgestaltete Kirche, an mehreren Kreuzgängen vorbei, einer mit der Grundfläche von 90 x 130 m gilt als der weltgrößte. Die imposante Küche (vielleicht wurde hier das Omelett zubereitet?) ist mit wunderschönen Vietri-Kacheln ausgekleidet. Der *hl. Laurentius* war übrigens zeitweise Schutzheiliger der Köche. Besonders eindrucksvoll ist die große, sich über zwei Stockwerke spannende barocke Freitreppe am nördlichen Ende der Anlage. Das in den Räu-

▷ Casa-Museo di Joe Petrosino: Nino Melitto Petrosino in seinem Element

8

men der Kartause untergebrachte **Museo Archeologico della Lucania Occidentale** präsentiert sehenswerte antike Grabfunde der Umgebung.

■ **Certosa di San Lorenzo,** Viale Certosa, Tel. 097 57 71 17. Mi bis Mo 9–19 Uhr. Eintritt 4/2 Euro.

Das Städtchen **Padula** (5520 Ew.) liegt mit seinem schönen mittelalterlichen Kern oberhalb der Kartause in 699 m Höhe auf den Hängen der Monti della Maddalena, eines Gebirgszugs, der Kampanien von der Basilikata trennt. Im Centro storico steht in Nähe der pittoresken Chiesa di S. Martino das Geburtshaus von **Joe Petrosino** (1860–1909), der mit seinen Eltern 1873 nach Amerika emigrierte und dort als hochdekorierter Polizist des NYPD die US-amerikanische Mafia bekämpfte und bis zu ihren Ursprüngen nach Sizilien zurückverfolgte. Dabei erinnerten seine innovativen Methoden durchaus an *Sherlock Holmes.* Der palermitanische Untersuchungsrichter *Giovanni Falcone* sah in ihm ein Vorbild. In Palermo fiel der mutige *poliziotto* aus New York einem Mordanschlag zum Opfer.

■ **Casa-Museo di Joe Petrosino,** Via Giuseppe Petrosino 6, Tel. 09 75 08 10 09, Mobil 33 58 38 89 59 *(Giovanni Cancellaro),* www.joepetrosino.org. Tägl. 10–13 und 15–18 Uhr. Eintritt 2,50/1,50 Euro.

Im Süden oberhalb von Padula liegen mit herrlicher Aussicht auf den Ort und das weite Tal die Mauerreste des antiken lukanisch-römischen **Cosilinum,** zu erreichen auf einem Wanderweg, der am Friedhof in der Nähe des **Convento di S. Francesco** seinen Ausgang nimmt. Unterwegs passiert man die aus langobardischer Zeit stammende Felskirche **San**

gvn13_121 pa

Michele alle Grotelle mit schönen Fresken (*Giovanni Cancellaro* c/o Hotel Villa Cosilinum hält die Schlüssel). In der Antike wurde in der Grotte der phrygische Unterwelts- und Fruchtbarkeitsgott *Attis* verehrt.

Eine altehrwürdige Kultstätte ist auch das frühchristliche **Battistero di San Giovanni in Fonte** an der S.S. 19 1 km nördlich von Padula. Das im 4. Jh. errichtete Taufheiligtum lag am Kreuzungspunkt antiker Straßen und erhebt sich über einer heute noch sprudelnden Quelle. Nach östlichem Ritus wurde die Ganzkörpertaufe praktiziert. In unmittelbarer Nachbarschaft des Baptisterium lädt der Agriturismo La Fonte zum Forellenessen.

■ **Battistero di San Giovanni in Fonte,** Località in Fonti. Sa und So 9 Uhr bis 1 Std. vor Sonnenuntergang. Eintritt frei.

gvn13_122 pa

Information

Pro Loco di Padula
Mo bis Fr 9–12 und 15–20 Uhr.
Via Italo Balbo 45, Tel. 09 75 77 86 11,
www.prolocopadula.com

☐ Padula: eine Kartause, eine Stadt

Ufficio Turistico Città di Padula
Im Vorhof der Kartause. Mi bis Mo 9–19 Uhr.
Certosa di San Lorenzo, Tel. 09 75 77 85 49

Comunità Montana Vallo di Diano
Der Umzug aus dem Vorhof der Certosa in ein neues
Gebäude nordwestlich der Certosa ist geplant. Gutes
Info-Material. Mo bis Fr 8–14 Uhr, Di und Do
auch 15.30–16.30 Uhr.
Viale Certosa 1, Tel. 09 75 57 71 11,
www.sitvallodidiano.it

www.comune.padula.sa.it

Der Cilento und das Vallo di Diano

■ **www.navigavallo.it,**
www.vallodidiano.info, historische und touristische Beschreibung des Vallo di Diano.

Unterkunft

Hotel
■ **Villa Cosilinum** ****

MEIN TIPP! *Giovanni Cancellaro* und seine Brüder haben einem Altstadtpalazzo, der auf antiken römischen Grundmauern ruht, neues Leben als Hotel eingehaucht. Komfortable Zimmer mit edlen Steinböden und historisierenden Fresken an den Wänden. Zum Hotel gehört das empfehlenswerte Restaurant La Locanda di Ercole (s.u.). *Giovanni* ist ein Kenner des Vallo di Diano, er begleitet seine Gäste mit seinem Landrover zu den Ruinen des antiken Cosilinum und hat die Schlüssel zur Felskirche S. Michele alle Grottelle. 20 Zi., DZ/F 80–100 Euro, HP zusätzlich 18 Euro/Person. Im Winterhalbjahr gelegentlich geschl.
Corso Garibaldi 77, Tel. 09 75 77 86 15,
Mobil 33 58 38 89 59, www.villacosilinum.it

Agriturismi/Camping
■ **Fattoria Alvaneta**

Francesco Barra und Familie beherbergen Gäste auf ihrem in 730 m Höhe gelegenen und von Wald umgebenen Landgut. Herrliche Blicke auf das Vallo di Diano und Cervati-Massiv. Schöne, schlichte Holzmöbel, gute Betten und Bäder. Ausgezeichnete, von Slow Food gelobte Küche mit Zutaten aus eigener Produktion, u.a. deftige Schweinswürste. Vom Hof kann man auf den alten, von *Francesco* z.T. wieder freigelegten Transhumanzwegen in die Monti della Maddalena aufsteigen. Auch Padula ist zu Fuß zu erreichen. Mehrere sanftmütige Reitpferde. Anfahrt: von der Certosa ein kurzes Stück Richtung Padula fahren und an der Kreuzung rechts Richtung Montesano zum Convento di S. Francesco abbiegen, der Agriturismo ist ausgeschildert (insg. 4,5 km ab Certosa). 5 Zi., DZ/F 50–70 Euro, HP 40–50 Euro.

Contrada Alvaneta – Padula, Tel. 097 57 71 39,
Mobil 32 87 04 65 91, www.fattoriaalvaneta.it
■ **Tre Santi**

Liebevoll ausgestattete Zimmer in einem alten Anwesen, einige mit Küche. Auf Wunsch kocht *Francesco Arienzo,* dessen Schwester oben im Ort ein B&B (s.u.) führt, auch für seine Gäste. Im riesigen Garten wachsen Wein, Öl- und Walnussbäume. Hier gibt es auch **Zelt- und Stellplätze für Camper** mit eigenen Sanitäranlagen. Anfahrt: gegenüber der Certosa rechts an der Bar Duemilla vorbei, nach 500 m links vom barocken Standbild des *hl. Bruno.* 6 Zi., DZ/F 50–55 Euro.
Via San Biagio, Tel. 097 57 71 22,
Mobil 34 07 33 61 00, www.agriturismotresanti.it

Bed & Breakfast
■ **A Casa di Nonna**

Mitten in der Altstadt, mit dem Auto leicht zu erreichen: *Valentina Arienzo* (ihr Freund organisiert Trekkingtouren mit Eseln, s.u.), deren Bruder den Agriturismo Tre Santi führt (s.o.), hat im restaurierten Altstadthaus der Großeltern ein nettes B&B eröffnet. Das Frühstück wird auf den Zimmern, im Sommer auf einer Terrasse serviert. Für die Gäste werden auf Wunsch geführte Wanderungen und Ausflüge organisiert. Anfahrt: auf der Umgehungsstraße hoch, auf Höhe der weißen Christus-Statue von oben in den Ort, über den Largo 1. Luglio (Piazza della Croce) am Palazzo Romano vorbei und oberhalb der Scuola Elementare parken. 2 Zi., DZ/F 55–60 Euro.
Via Costantinopoli 7, Tel. 09 75 77 83 91,
Mobil 32 89 32 68 57, www.casadinonna.it

Restaurant und Trattoria

■ **do 'Ngiulino**

MEIN TIPP! Schlichtes, gutes und günstiges Lokal gegenüber der Kartause. Das auf Holzglut gegrillte Lamm ist köstlich! Tagsüber Ristorante, abends auch Pizzeria. Zwei nette Wirte: Vater *(Angiolino)* und Sohn *(Antonio)*. 15 Euro. Mittags und abends. Fr Ruhetag.

Viale Certosa 43, Tel. 097 57 73 35

■ **La Locanda di Ercole**

Antikrömisches *opus reticulatum*, mittelalterliche Gewölbe, nachempfundene Fresken und ein brennender Kamin geben dem Restaurant des Hotels Villa Cosilinum (s.o.) sein besonderes Gepräge. Die Küche ist dem Territorium und der Geschichte verpflichtet. *Giovanni* legt großen Wert auf die Auswahl der Produkte, er besitzt einen Weinberg am Monte Vulture in der Nachbarregion Basilikata (Wein und Podolica-Käse reifen in einem Felskeller im Haus), auf 1100 m Höhe an den Hängen des Monte Romito baut er Getreide, rote Kartoffeln und Walderdbeeren an und mit seinem Hund sammelt er schwarze Trüffel. 20–25 Euro. Mi Ruhetag.

An- und Weiterreise

■ **Auto:** A3, Ausfahrt „Buonabitacolo-Padula".
■ **Bus: Lamanna** (www.autolineelamanna.it), mehrere Fahrten täglich ins Vallo di Diano und nach Salerno (Piazza della Concordia).
■ **Bahn:** Der Bahnhof „Padula" der Linie Salerno – Lagonegro liegt einige Kilometer von der Certosa entfernt.

Wandern/Esel-Trekking

Vom Agriturismo Fattoria Alvaneta (s.o.) führen alte Transhumanzwege auf die Hochweiden der **Monti della Maddalena.** Herrliche Landschaft und großartige Fernblicke!

Ein weiterer, leicht zu findender Weg startet auf Höhe des Friedhofs von Padula (dort Parkplätze). Vorbei am **Eremo S. Michele delle Grotelle** (*Giovanni Cancellaro* vom Hotel Villa Cosilinum hält die Schlüssel) gelangt man auf das Hochplateau mit den Resten des antiken Cosilinums und einem grandiosem Blick auf Padula und das Vallo di Diano.

In der Nähe des frühchristlichen **Battistero di San Giovanni in Fonte** (s.o.) startet ein alter Pilgerweg, der als **Sentiero Frassati di Sala Consilina** markiert ist. Wegbeschreibungen und GPS-Daten als Download auf www.sentierifrassati.org unter „Campania".

■ **Gruppo Escursionistico Trekking (GET)**

Der GET aus dem nahen Sassano (6 km westlich von Padula) organisiert Tageswanderungen und mehrtägige Trekkingtouren u.a. in den Monti della Maddalena und Monti Alburni.

Via Provinciale 25 – Silla di Sassano, Tel. 097 57 25 86 *(Giancarlo Priante)*, www.getvallodidiano.it

■ **Asineria – EquinOtium**

MEIN TIPP! Mit seiner „Eselei" organisiert *Ivan Di Palma* Tages- und Wochenwanderungen in den Monti della Maddalena. Esel tragen das Gepäck. Die Preise sind volksnah, das Erlebnis einzigartig. Ein großer Spaß nicht nur für Kinder!

Contrada Asineria – Atena Lucana, Mobil 34 57 02 41 81, www.asineriaequinotium.com

Teggiano

Von einem 635 m hohen Plateau dominiert Teggiano (8240 Ew.) das **Vallo di Diano.** Die **alte Festungsstadt** ist ein zu Unrecht wenig bekanntes Juwel. Lukaner nutzten als erste die strategische Lage auf dem isolierten Hügel. Über den megalithischen Mauerresten aus dem 4. Jh. v. Chr. erhebt sich der römische, in normannischer Zeit erneuerte Mauerkranz. Die regelmäßige Anlage des römischen Tegianum lässt sich heute noch im Stadtplan ablesen. In den Mauern der Kirchen und Häuser sind zahlreiche römische Grabsteine, Statuen oder Säulenfragmente vermauert. Nach der Zerstörung

8

durch die Goten *Alarichs* 410 wurde der Ort schnell wieder besiedelt und nahm den Namen Diano an, daher die Bezeichnung für die fruchtbare Talebene (seit 1862 heißt der Ort wieder Teggiano). Ab dem Mittelalter gehörte Diano zum Feudalbesitz der *Sanseverino,* einem der mächtigsten Geschlechter Süditaliens, das enge Verbindungen zum neapolitanischen Königshaus der *Anjou* unterhielt. Die Fürsten von Sanseverino reicherten ihre Stadt zu allen Epochen mit bedeutenden Kunstschätzen an. 1485 war das imposante Kastell Schauplatz der **Congiura dei Baroni,** einer groß angelegten und letztlich erfolgrei-

chen Verschwörung unter der Führung *Antonello Sanseverinos* gegen die Steuerpolitik des neapolitanischen Königs *Ferdinand I. von Aragon.*

Bei einem Rundgang durch die Stadt gibt es viel zu entdecken. Teggiano ist bei all seinen Sehenswürdigkeiten keineswegs eine tote Museumsstadt, sondern ein lebendiger Ort, der seine Besucher freundlich willkommen heißt.

Der hohe **Obelisk** auf der zentralen Piazza, von Emigranten aus Brooklyn gestiftet, ist dem Stadtpatron S. Cono geweiht. Die **Kathedrale S. Maria Maggiore** birgt eine schöne mittelalterliche Kanzel und bedeutende Grabmäler. Nach Süden schließt eine Loggia den Corso ab. Der Sedile war früher Versammlungsort des Stadtparlaments. Die Krypta der **Chiesa S. Angelo** wurde auf den Fundamenten des römischen Odeions errichtet, die frühromanischen Kapitelle sind ein Augenschmaus. Der Arzt *Ambrosius Malavolta de Senis* stiftete die kleine gotische **Kirche S. Pietro** im Jahre 1476. Archäologen vermuten, dass sich unter der Kirche die Reste eines Äskulap-Tempels befinden. Im Inneren ist das sehenswerte **Museo Diocesano** untergebracht. Präsentiert werden Altarbilder und Statuen aus anderen Kirchen sowie Fresken. Die **Konventskirche Sant' Agostino** mit schönem Kreuzgang aus dem 14. Jh. wurde aufwendig restauriert. Das Klostergebäude selbst dient als Altersheim, tagsüber darf man jedoch einen Blick in das Paradiesgärtlein werfen. Ursprünglich ein Benediktinerkloster, später im Besitz der Franziskaner, bergen die **Chiesa ed ex Convento della SS. Pietà** eine Serie renaissancezeitlicher Kunstschätze, darunter ein gewaltiges Fresko im ehemaligen Refektorium. Die

Kalvarienszene aus dem Jahr 1487 ist voller politischer Anspielungen auf die von den *Sanseverino* angeführte Verschwörung gegen die herrschenden Aragonesen.

Gegenüber befindet sich das naturkundliche **Museo delle Erbe.** In Anlehnung an die Erkenntnisse der mittelalterlichen Schola Medica Salernitana (siehe Exkurs „Die Medizinschule von Salerno") werden aromatisierte Essige, Kräuterauszüge und essenzielle Öle hergestellt und zum Verkauf angeboten.

Ein besonderes Kleinod ist auch die **Chiesa di Sant'Antuono** mit sehr schönen mittelalterlichen Fresken aus dem 11. Jh. Sollte die Kirche geschlossen sein, lohnt dennoch das Eingangsportal einen Blick.

◾ **Teggiano Chiese aperte,** eine Initiative hält die Kirchen Teggianos geöffnet. Gleiche Öffnungszeiten wie das Centro Turistico Teggiano im Diözesanmuseum (Eintritt 2 Euro), s.u.
◾ **Museo delle Erbe e Viridarium,** Piazza Santissima Pietà, Tel. 097 57 96 00, www.assomusei.it. Mo bis Sa 9–13 und 15–18 Uhr. Eintritt 1 Euro.

Information

◾ **Pro Loco di Teggiano**
In der Regel Mo bis Sa 9–13 und 15–18 Uhr. Piazza Municipio, Tel./Fax 097 57 96 00, www.prolocoteggiano.it
◾ **Centro Turistico Teggiano „Paradhósis"**
Info-Büro im Diözesanmuseum, Führer für den Besuch der Kirchen werden gestellt. April bis Okt. Di bis So 10–13 und 16–19 Uhr, Nov. bis März Di–So 10–13 und 15–18 Uhr.
Piazza Valentino Vignone,
Tel. 097 57 99 30, Mobil 34 95 14 07 08,
www.teggianocentroturistico.com

◾ www.comune.teggiano.sa.it
◾ **www.valloweb.com,** historische und touristische Infos, Veranstaltungskalender.

Unterkunft/Essen und Trinken

Hotels
◾ **Antichi Feudi** ****
Salvatore Di Sarli hat einen alten Baronalspalast nahe der zentralen Piazza mustergültig restaurieren lassen und 2007 als edles und für das gebotene recht preiswertes Hotel eröffnet. Alle unterschiedlich geschnittenen Zimmer sind einladend, die Betten top, einige bieten den schönen Blick auf die westlich gelegenen Berge. Ein kleiner Salon weist auf die Piazza mit dem Obelisken. Unter dem Dach das modern gestylte Restaurant in der Sala Costanza, im EG gibt es einen zweiten Speisesaal mit Trattoria-Atmosphäre. 12 Zi., 1 Suite, DZ/F 70–90 Euro, HP 60–75 Euro.
Via San Francesco 2, Tel. 09 75 58 73 29,
www.antichifeudi.com
◾ **La Congiura dei Baroni** ***
MEIN TIPP! Sympathisches kleines Stadthotel auf Höhe des Kastells, zuletzt hübsch renoviert. Einige der Zimmer können für Familien oder eine Gruppe von Freunden zusammengelegt werden. *Anna-Ma-*

Über alle Berge

Es ist ein landschaftlicher Hochgenuss, für Radfahrer zusätzlich ein sportlicher Anreiz, auf aussichtsreichen Passstraßen vom Vallo di Diano an die tyrrhenische Küste zu queren – oder umgekehrt. Vorbei an San Rufo führt die S.R. ex S.S. 166 über den **Passo della Sentinella** ins Val Calore und parallel dazu weiter südlich und wahrscheinlich noch spektakulärer die S.P. 11 von Teggiano über die Sella del Corticato nach Sacco.

Der Cilento und das Vallo di Diano

ria Cimino führt das Haus mit viel Engagement und organisiert für ihre Gäste Führungen in Teggiano, Ausflüge und Wanderungen in der Umgebung. Das Restaurant Locanda dei Baroni im gleichen Haus ist extern verpachtet und kann überzeugen. 10 Zi., DZ/F 65–70 Euro.
Via Castello 4, Tel. 097 57 90 44,
Mobil 34 76 00 85 39, www.lacongiuradeibaroni.it

Bed & Breakfast in San Rufo
◼ **Il Castello**
Herrenhaus des 19. Jh. in Panoramalage mit herrlichen Blicken auf das Vallo di Diano, Teggiano und die Monti della Maddalena. Ruhige, geräumige Zimmer, deren Interieur peu à peu aufgewertet wird. Pool. Anfahrt über die S.R. ex S.S. 166, die von Atena Lucana Richtung S. Rufo führt (ca. 2,5 km östlich von S. Rufo). Diese landschaftlich wunderschöne Strecke setzt sich durch das Valle del Calore bis Paestum fort. 3 Zi., DZ/F 40 Euro.
Contrada Foresta – S. Rufo,
Mobil 32 93 98 75 11 *(Christian Calipano)*

Orchideental Sassano

Der südliche Nachbarort Sassano am nordöstlichen Hangfuß des Monte Cervati ist im Mai ein Mekka der Orchideenliebhaber. Im Cilento-Nationalpark blühen mit über 250 Spezies ca. 80% aller in Europa vorkommenden Arten. Im sogenannten **Valle delle Orchidee** lassen sich auf einem Parcours von 13 km Länge über 180 wild blühende Spezies entdecken. Es informiert Prof. *Nicola Di Novella* (Mobil 34 09 37 90 77), auf dessen Initiative in Teggiano das Museo delle Erbe geschaffen wurde.

◼ www.valledelleorchidee.it
◼ www.comune.sassano.sa.it
◼ www.getvallodidiano.it

An- und Weiterreise

◼ **Auto:** A3, Ausfahrten „Atena Lucana", „Sala Consilina" bzw. „Buonabitacolo-Padula". Teggiano liegt auf der westlichen Seite der Autobahn auf einer von Weitem erkennbaren Anhöhe. Parkplätze und Parkhaus im Zentrum am Kastell.
◼ **Bus: Autolinee Ruocco** (www.viaggiruocco. com), nach Sala Consilina und über S. Rufo nach Sant'Angelo a Fasanella.
◼ **Bahn:** Der Bahnhof „Sassano-Teggiano" der Linie Salerno – Lagonegro liegt im Tal.

Einkaufen

Sonntagvormittag wird in Teggiano **Markt** abgehalten. Festlich herausgeputzt finden sich die Menschen der umliegenden Ortschaften ein. Feilgeboten wird von Gemüse, Obst, Haushaltsgeräten und Spitzenunterwäsche alles, was Magen und Herz erfreut.

Feste/Veranstaltungen

◼ **San Cono,** Teggiano feiert seinen Stadtpatron dreimal im Jahr: am 3. Juni, 27. September und 17. Dezember. Das größte Fest mit Prozession und Feuerwerk, zu dem auch viele Emigranten aus Amerika anreisen, findet im Juni statt.
◼ **Festival Medievale,** mittelalterliche Musik auf den Plätzen und in den Höfen der Altstadt Anfang August.
◼ **Teggiano Jazz,** Jazz-Konzerte im Castello Anfang August. www.teggianojazz.it
◼ **Alla Tavola della Principessa Costanza,** im Jahr 1480 fanden in Diano große Feierlichkeiten anlässlich der Hochzeit von *Antonello Sanseverino,* Prinz von Salerno, und Costanza, Tochter des mächtigen Herzogs von Urbino, *Federico da Montefeltre,* statt. Mitte August lässt Teggiano dieses Fest wieder aufleben. Jongleure, Posaunenbläser, Fahnen-

werfer und Reiter in historischen Gewändern tummeln sich auf den Straßen und Plätzen der Altstadt, man kann Handwerkern bei der Arbeit zusehen, und in den Tavernen werden gehen harte Dukaten köstliche Speisen aufgetischt.

www.prolocoteggiano.it

■ **Teggiano Antiquariato,** die Antiquitätenmesse Ende Okt./Anfang Nov. ist eine ideale Gelegenheit, den sonst verschlossenen Chiostro della Santisima Pietà zu besuchen.

www.teggianoantiquaria.it

Monti Alburni und Valle del Calore

Die Monti Alburni erheben sich im nordöstlichsten Cilento und überragen die Ebene des Sele und das Valle del Calore. Von Süden betrachtet ragen die einzelnen kalkweißen Gipfel wie Zähne aus dem grün bewaldeten Kiefer. Nördlich der hoch gelegenen Karstebenen, seit der Antike als Sommerweiden genutzt, fallen die Alburni beinahe senkrecht ins Tanagro-Tal ab.

Pertosa

Die dolomitischen Monti Alburni sind von zahlreichen Karstphänomenen geprägt, zu den spektakulärsten zählen die ausgedehnten Höhlen von Castelcivita im Valle del Calore und die nördlich des Vallo di Diano gelegene **Grotta di Pertosa** (*Pertosa* ist das Dialektwort für Loch). Vor über 35 Millionen Jahren hat ein unterirdischer Fluss die großen Kavernen ausgespült, seither formt sich Tropfen für Tropfen eine märchenhafte Welt aus Stalagtiten und Stalagmiten. Bereits in der Steinzeit bewohnt, wurde die Höhle in der Antike als Orakel und Heiligtum genutzt. Archäologische Funde deuten auf phallische und bacchanalische Fruchtbarkeitsriten hin. Das Christentum exorzierte das „Böse" und weihte die Grotte dem Erzengel *Michael*, daher die Namen **Grotta dell'Angelo** oder Grotta di S. Michele.

Der auf 2,5 km Länge erforschte Höhlenkomplex ist als Touristenattraktion bestens erschlossen. Aus dem Höhleneingang mit dem kleinen Michaelsaltar werden die Besucher in Booten über einen **unterirdischen See** in das Berginnere gezogen. Aus der ersten riesigen Kaverne verzweigen sich die Wege, die man in Begleitung von Führern betritt. Der eigenen Fantasie sind beim Betrachten der Tropfsteingebilde keine Grenzen gesetzt. Die Temperatur beträgt im Inneren der Grotte konstante 16°C! Jeden Samstagabend öffnen die Grotten für das theatralische Spektakel „L'inferno di Dante". Ein Schauspieler führt als *Dante* Besucher durch die Hölle (www.tappeto-volante.org/dante/).

Das geologische Museum **MIdA 1** am Ortsrand von Pertosa bietet multimediale Einblicke in die Entstehungsgeschichte des Cilento. In Nähe der Grotte thematisiert das botanische Museum **MIdA 2** Nutzpflanzen des Cilento.

■ **Grotta di Pertosa,** Località Muraglione, Tel. 09 75 39 70 37, www.grottedellangelo.sa.it. April bis Aug. tägl. 9–19 Uhr; März, Sept. und Okt. tägl. 9–18.30 Uhr, Nov. bis Feb. tägl. 10–16 Uhr. Kürzerer Rundgang 13/10 Euro, mittlerer Rundgang 16/13 Euro, längerer Rundgang 20/15 Euro.

Der Cilento und das Vallo di Diano

8

■**Museo MIdA 1 – Sezione geo-speleo-archeologica,** Piazza G. De Marco, Tel. 09 75 39 70 37, www.fondazionemida.it. Öffnungszeiten wie Grotte. Eintritt siehe Museo MIdA 2.

■**Museo MIdA 2 – Sezione botanica,** Località Muraglione, Tel. 09 75 39 70 37, www.fondazionemida.it. Öffnungszeiten wie Grotte. Museen einzeln Eintritt 4/3 Euro bzw. Sammelticket 5/4 Euro.

Information

■**Pro Loco di Pertosa**
April bis Okt. tägl. 9–17 (19) Uhr, Nov. bis März tägl. 9–16 Uhr.
Via Muraglione 33 (an der Grotte),
Tel. 097 52 32 98, www.grottedipertosa.it
■**www.comune.pertosa.sa.it**

An- und Weiterreise

■**Auto:** A3, Ausfahrt „Petina" bzw. „Polla". Die Grotta del Pertosa liegt an der S.S. 19. **Parken:** Gebührenpflichtig vor der Grotte.

Monti Alburni und Valle del Calore

Die **Monti Alburni** erheben sich im nordöstlichsten Cilento und überragen die Ebene des Sele und das Valle del Calore. Von Süden betrachtet erheben sich die einzelnen kalkweißen Gipfel wie Zähne aus dem grün bewaldeten Kiefer. Der Monte Alburno (Punta Panormo) erreicht eine Höhe von 1742 m. Nördlich der hoch gelegenen Karstebenen, seit der Antike als Sommerweiden genutzt, fallen die Alburni beinahe senkrecht ins Tal des Tanagro ab.

Der **Calore** formt mit seinen Nebenflüssen ein weites, fruchtbares Tal. An den Hängen liegen in geschützter Lage und in Sichtweite zueinander einige reizvolle mittelalterliche Orte. Zutreffend heißt eines dieser Städtchen **Bellosguardo** (Schönblick). Aus der Sele-Ebene führt auf Höhe von Capáccio Scalo die kurvenreiche S.R. ex S.S. 166 in das **Valle del Calore.** Landschaftlich reizvoll ist auch die Anfahrt aus dem Vallo di Diano über den 956 m hohen Passo della Sentinella. Östlich von Roccadaspide zweigt die S.S. 488 nach **Felitto** (275 m, 1300 Ew.) ab. In der Nähe des Ortes bildet der Calore die schönste seiner insgesamt fünf Schluchten, eine lohnende Wanderung führt durch den Canyon.

Der Besuch von **Roscigno Vecchia** (über Felitto und Laurino auf einer kurvenreichen Bergstrecke oder schneller von der S.R. ex S.S. 166 aus zu erreichen) ist eine Zeitreise in ein bäuerliches Cilento der Vergangenheit. Nicht ganz unzutreffend wird der verlassene Ort auch als „Pompeji des 19. Jh." bezeichnet. Auf Anordnung der Regierung wurde Roscigno Anfang des 20. Jh. nach einem Erdrutsch evakuiert, ein neues **Roscigno** (570 m, 850 Ew.) weiter oben am Hang errichtet. Die Verbindung der Bewohner zu ihrem alten Ort ist nie vollständig abgerissen, ein Teil der Gebäude wird immer noch als Lagerraum genutzt. Über der Piazza liegt ein stiller Friede, selten fährt ein Bauer auf einem motorisierten Dreirad vorbei, aus dem Dorfbrunnen plätschert Wasser. Die Pro Loco von Rosigno Vecchia hat in dem verlassenen Ort eine umfangreiche, gut präsentierte Sammlung der bäuerlichen Kultur des Cilento zusammengetragen.

Der Cilento und das Vallo di Diano

■**Museo della Civiltà Contadina,** Tel. 08 28 96 33 77, www.roscignovecchia.it. (Theoretisch) tägl. 9–13 Uhr, Sa/So auch 15–17 Uhr. Eintritt frei.

Corleto Montforte (683 m, 660 Ew.) erhebt sich wie ein Adlerhorst. 1246 wurde der Ort von Truppen des Kaisers *Friedrich II.* angegriffen. Den eingeschlossenen Corletani drohte nach drei Wochen Belagerung der Hungertod, da griffen sie zu einer List. Obwohl die Nahrungsmittel beinahe zu Ende gegangen waren, schmissen sie mit Käse anstatt mit Steinen auf die Feinde. Die Belagerung wurde als sinnlos abgebrochen. Im Ort befindet sich ein Naturkundemuseum.

■**Museo Naturalistico degli Alburni,** Via Forese 16, Tel. 082 81 96 27 61. (Theoretisch) Di bis So 9.30–12.30 und 16.30–19.30 Uhr. Eintritt frei.

An Corleto Montforte vorbei führt die S.P. 12 am Fuße der Alburni ins mittelalterliche **Sant'Angelo a Fasanella** (515 m, 740 Ew.). Den Eingang der Michaelsgrotte unterhalb des Ortes bewachen zwei steinerne Löwen, Baureste einer alten Benediktinerabtei, von der ansonsten nur noch ein Glockenturm steht. In der großen Höhle befinden sich mehrere Altäre, es werden regelmäßig Messen abgehalten. Mit einem großen Fest wird der Hl. Erzengel *Michael*, Patron des Ortes, am 8. Mai gefeiert. Von Sant'Angelo kann man mit dem Auto und auf einer kurzen, sehr schönen Wanderung den Antece, ein antikes Steinrelief in grandioser Panoramaposition, erreichen.

■**Grotta di S. Michele Arcangelo,** Mitte Juli bis Ende Sept. tägl. 10.30–12.30 und 16.30–18.30 Uhr. Ist die Grotte geschlossen, an die Pro Loco wenden (s.u.).

Das mittelalterliche, freundliche **Castelcivita** (487 m, 1855 Ew.) liegt auf einem sonnenverwöhnten Plateau an den südlichen Abhängen der Alburni. Die wehrhafte Torre Angioina, dem Maschio Angioino in Neapel nachempfunden, überragt das Häusermeer. Hier oben gibt es die besten Parkmöglichkeiten. Unzählige Treppengassen führen im Ort runter und wieder rauf. Im 14. Jh. war der Ort Schauplatz der heftigen Auseinandersetzungen zwischen Anjous und Aragonesen. Im Calore-Tal unterhalb des Ortes liegt der Eingang in ein **ausgedehntes Grottenreich.** Prachtvoller noch als in der Grotta di Pertosa ist hier die Fülle zauberhafter Tropfsteinformationen. Der unterirdische Rundgang erstreckt sich über mehrere Kilometer. Nicht weit vom Grotteneingang entfernt führt eine römische Brücke über den Calore. Laut einer Legende ist *Spartakus* hier mit seinem Sklavenheer vorbeigezogen und hat vielleicht die Grotte als Versteck genutzt. Auf dem westlichen Flussufer liegt ein schöner Picknickplatz (gebührenpflichtiger Parkplatz) mit Sandstrand!

■**Grotte di Castelcivita,** Località Grotta, Tel. 08 28 77 23 97, www.grottedicastelcivita.com. April bis Sept. Führungen um 10.30, 12, 13.30, 15, 16.30 und 18 Uhr, Okt. bis März um 10.30, 12, 13.30 und 15 Uhr (Zeiten können sich ändern). Eintritt 10/8 Euro, amateur-speleologische Exkursion 25 Euro.

Information

■**Pro Loco di Castelcivita**
Via A. Diaz 15, Tel. 098 28 97 54 67
■**Pro Loco di Felitto**
Via Roma, Tel. 08 28 94 56 49,
Mobil 33 64 15 33 98, www.prolocofelitto.it

8

■ Pro Loco di Magliano Nuovo

In Zusammenarbeit mit dem CAI Salerno und der Nationalparkverwaltung hat die Pro Loco eine Reihe von Wanderwegen rund um Magliano angelegt. Am spektakulärsten ist die Rundwanderung durch die Calore-Schlucht, die von Magliano Vettere, Magliano Nuovo oder Felitto aus gestartet werden kann. Infos beim Präsidenten *Berardino Tarallo,* Tel. 09 74 99 20 53 (priv.), www.prolocomaglianonuovo.it

■ Pro Loco di Roscigno Vecchia

Die engagierte Pro Loco hat ihren Sitz an der Piazza des verlassenen Ortes. Öffnungszeiten wie Museo della Civiltà Contadina (s.o.).
Via G. Nicotera, Tel. 08 28 96 33 77, www.roscignovecchia.it

■ Pro Loco di Sant'Angelo a Fasanella

In der Saison tägl. 9–13 und 15–18.30 Uhr.
Via E. Fermi 31, Mobil 34 87 02 64 95, www.prolocosantangeloafasanella.it

Unterkunft

Bed & Breakfast in Roscigno

■ Casa della Zia

Clementina Vecchio hat in ihrem alten Stadthaus an der Piazza geräumige, schöne Gästezimmer mit guten Betten und Heizung eingerichtet. 3 Zi., DZ/F 60 Euro. Mai bis Okt.
Via Dante Alighieri 17, Tel. 08 28 96 32 59, Mobil 33 58 11 77 90 *(Gerardo),* www.portarosa.it/casadellazia

Hotel in Sant'Angelo a Fasanella

■ L'Arcangelo

Familiär geführtes Altstadt-Albergo mit anständigen Zimmern und eigenem Ristorante. 7 Zi., DZ/F 60 Euro, Menü 20 Euro.
Piazza G. Marconi 14, Tel. 08 28 96 14 19, www.hotelarcangelo.it

Agriturismo bei Bellosguardo
■ **Villa Vea**

Der kleine Ort, in dessen Nähe *Emilio* und *Angela Brancato* ihren Hof haben, heißt nicht umsonst Bellosguardo! Freundliche, gut ausgestattete Gästezimmer in ehemaligem Heuschober. Olivenöl, Wein, Obst und Gemüse aus eigener Produktion. Anfahrt: ca. 1,5 km in Richtung Corleto Monforte. 9 Zi., DZ/F 80 Euro, HP 55 Euro.
Contrada Spinaddeo 10,
Tel. 082 81 96 22 37, Mobil 33 83 64 37 97,
www.agriturismovillavea.it

Agriturismi bei Corleto Montforte
■ **Terra Nostra – My Land**

Filippo Salamone betreibt seinen Agriturismo nebst Ristorante an der S.R. ex S.S. 116 zwischen Corleto Montforte und Bellosguardo. Saubere, einfache Zimmer. Gute Küche, eigener Bioanbau. 7 Zi., 3 Ap., DZ/F 50–60 Euro, HP 45–50 Euro, Menü 15 Euro.
Contrada Galdo, Mobil 33 34 56 02 87,
33 38 06 92 31, 33 95 71 83 09,
www.agriturismoterranostra.it

■ **Tre Morene**

Luigi Giordano hat das alte Landhaus seiner Familie sorgfältig renoviert und als Agriturismo wieder zum Leben erweckt. Beste Bergküche, das rustikale Lokal öffnet auf Anfrage auch für auswärtige Gäste. Anfahrt: Der Agriturismo liegt gut ausgeschildert ca. 2 km talseitig des Ortes. 3 Zi., DZ/F 50 Euro, HP 40 Euro, Menü 20–25 Euro.
Contrada Pastena, Mobil 33 84 12 65 39

Agriturismo bei Felitto
■ **Difesa del Principe**

Agriturismo in einem sanften Tal, auf halber Strecke zwischen Castel San Lorenzo und Felitto. Zimmer mit Holzmöbeln und guten Betten. Beste Küche, nur für Gäste des Hauses! Eigenes Öl und eigener Wein. Anfahrt: ca. 7 km auf der S.S. 488 nordwestlich von Felitto in Richtung Castel San Lorenzo fahren und dann an einer Votivkapelle zum Calore-Tal abbiegen. 7 Zi., DZ/F 60–65 Euro, HP 50–55 Euro.

Loc. Difesa Principe, Tel. 08 28 94 48 36,
08 28 94 46 20, Mobil 32 97 97 44 21,
www.difesaprincipe.altervista.org

Agriturismo bei Sant'Angelo a Fasanella
■ **La Rocca degli Ulivi**

MEIN TIPP! Kommt man von Corleto Monforte auf der S.P. 12, sieht man kurz vor Sant'Angelo ein rotes Haus wie einen Adlerhorst auf einem Felsen sitzen – den Agriturismo von *Giampero Martucci*. Der alte Wachturm (Ausblick ins Calore-Tal und auf Corleto Montforte) beherbergt ein gemütliches Lokal, in dem nicht nur die Übernachtungsgäste ausgezeichnet essen können. Zimmer mit guten Betten in behutsam renoviertem Schafstall, von Olivenhainen und Gemüsegärten umgeben. Eine ideale Basis für Ausflüge in die Alburni, im Pool kann man sich nach einer sommerlichen Bergtour abkühlen, in der Sauna erwärmen, falls man die Alburni im Herbst oder Winter erkundet. 17 Zi., DZ/F 60 Euro, HP 40 Euro.
Località Fornace, Tel. 08 28 96 11 02,
Mobil 33 82 27 83 19, www.laroccadegliulivi.it

Berghütte bei Ottati
■ **Rifugio Panormo**

MEIN TIPP! Freundliche Berghütte mit guter Küche. Der ideale Ausgangspunkt für den Gipfelsturm auf den Monte Alburno (Punta Panormo). Hier gibt es beste Tipps für Wanderer und Mountainbiker, auf Wunsch können auch Reitausflüge organisiert werden. Das Lokal serviert beste Bergküche und öffnet auch für Tagesgäste. Anfahrt: vom *cimitero* (Friedhof) 11 km kurvige Bergstraße. 5 Zi., DZ/F 50–60 Euro, HP 40 Euro (Ermäßigung für Alpenvereinsmitglieder). Ostern bis Dez.
Campo dei Farina, Tel. 08 28 96 63 05,
Mobil 33 96 90 69 88, 33 97 92 46 47
(Pasquale), www.rifugiopanormo.com

◁ Roscigno Vecchia: Lebenskünstler

Essen und Trinken

Trattoria bei Felitto
■Remolino

MEIN TIPP! *Antonio Oristanio* und seine Familie betreiben ihre einfache Trattoria in strategisch bester Lage wenige Schritte vom Calore-Fluss. Bei gutem Wetter sitzt man auf einer Terrasse an der frischen Luft. Das Essen schmeckt authentisch. Hier werden die berühmten *fusilli felittesi* (frische, handgemachte Makkaroni) aufgetischt, ferner gibt es selbst gezüchtete Hähnchen oder Braten, dazu kräftigen, offenen Wein. An Wochenenden auch Holzofenpizza. Die nahe Calore-Schlucht bietet sich für einen Verdauungsspaziergang an. 10–15 Euro. Mo Ruhetag. Mittags und abends. Nov. geschl.
Località Remolino, Tel. 08 28 94 53 60,
Mobil 33 82 70 94 86

Restaurant bei Sant'Angelo a Fasanella
■La Rocca degli Ulivi
Gemütliches, gutes Lokal im gleichnamigen Agriturismo (s.o.). Nur auf Vorbestellung.

An- und Weiterreise

■**Auto:** Die S.R. ex S.S. 166 durchquert das Valle del Calore auf seiner gesamten Länge. Von Paestum/Capaccio Scala führt die landschaftlich reizvolle Strecke über Roccadaspide und den Passo della Sentinella nach Atena Lucana ins Vallo di Diano mit der A3. Von der S.R. ex S.S. 166 zweigen die S.S. 488 nach Felitto und Roscigno, die S.P. 12 nach Sant'Angelo a Fasanella ab.
■**Bus:** SITA (www.sitasudtrasporti.it) ab Salerno über Capaccio Scalo nach Roccadaspide, Felitto und Sant'Angelo a Fasanella.

Einkaufen

■**Tenute del Fasanella**
Die Genossenschaftskellerei (siehe Exkurs „Jazz in Flaschen und andere gute Tropfen") setzt politisch Zeichen und produziert herrliche schwefelfreie Bio-Weine.
Corso Apollo 44 – Sant'Angelo a Fasanella,
Tel. 08 28 96 12 85, www.tenutedelfasanella.it

Fest

■**S. Michele Arcangelo,** am 8. Mai feiert Sant' Angelo a Fasanella seinen Patron mit einem Fest und Feuerwerk.

Wandern

In den Monti Alburni kann man herrlich wandern, bezeichnete Wege sind allerdings immer noch die Ausnahme. Oberhalb von Sant'Angelo a Fasanella bietet sich als lohnende Kurzwanderung der Ausflug zum Antece an (s.u.) an. Über weitere kurze Wanderungen im Umkreis von Sant'Angelo und des nahen Ottati, z.B. in das Tal des Torrente Fasanella, informieren die Pro Loco in Sant'Angelo bzw. Ottati. Sehr lohnend sind Wanderungen im Bereich des Rifugio Panormo (s.o.), von Ottati auf schmaler Asphaltstraße zu erreichen. Von hier kann man zum Gipfelsturm auf den 1742 m hohen Monte Alburno (Punta Panormo) aufbrechen!

Das Geheimnis des Antece
Einfache Wanderung durch Buchenwälder zu einem der schönsten Aussichtspunkte der Alburni und einem rätselhaften Felsrelief. Idealer Picknickplatz. Auf- und Abstieg ca. 100 Höhenmeter, reine Gehzeit ca. 1 Stunde.

Seit dem 5. Jh. v. Chr. hält auf der 1125 m hohen **Costa Palomba** die in den Fels geschlagene, heute rätselhaft wirkende Figur eines Kriegers (oder Schamanen) Wache über das Valle del Calore, das sich im Südwesten ausbreitet. Lukaner besuchten den Ort als Heiligtum, und immer noch hat er eine starke Ausstrahlung. Die lokale Bevölkerung nennt die Figur im Dialekt *Antece* (Vorfahre bzw. alt). Ein herrlicher Fleck, auch um den Sonnenuntergang zu erleben.

Anfahrt: Von der S.P. 12 am östlichen Ortsende von **Sant'Angelo a Fasanella** abbiegen und den braunen Schildern „Antece Scultura Rupestre" ca. 5,5 km bergauf folgen. Rechts zweigt eine Schotterstraße an dem unscheinbaren Holzschild „Località Antece" ab. Hier parken.

Wanderung: Dem ebenen Forstweg in den Buchenwald folgen. Nach etwa 10–15 Min. führt ein mit Pfosten markierter Pfad über eine lang gezogene Lichtung oberhalb eines runden Brunnens mit Tränke nach links bergauf. Wieder im Buchenwald setzt sich der Pfad in Serpentinen fort, bis er bei einer Felsengruppe ins Freie tritt. In eine der verkarsteten Felsplatten ist ein mannshohes Relief geschlagen, das nach Westen in die untergehende Sonne blickt. Im Nordwesten erhebt sich der Monte Alburno (1742 m). Auf dem gleichen Weg zurück.

Gole del Calore

Der Calore bildet auf seinem Lauf von den Hängen des Cervati bis an die Mündung im Tyrrhenischen Meer fünf Schluchten, die eindrucksvollste ist jene zwischen Felitto und Magliano. Es lohnt sich, auch nur den ersten Abschnitt des Weges zu gehen. **Abschnittsweise etwas rutschige Wege,** die durch die enge, kühle Schlucht im Waldschatten führen, leichte Kletterpassagen. Rot-weiße Alpenvereinsmarkierungen. Anfahrt: Aus dem Zentrum von Felitto in Richtung Laurino fahren und nach 1 km rechts zur **Località Remolino** abbiegen. Die Straße endet nach 1 km am Fluss. Hier gibt es eine kleine Trattoria, Picknicktische und im Sommer einen Info-Kiosk des WWF (s.o.).

Reine Gehzeit: ca. 2 Std. (Località Remolino – Ponte Naturale „Pretatetta" 30 Min., Ponte Naturale „Pretatetta" – Badegumpen 25 Min.).

Wanderung: Vom Parkplatz steigt man die wenigen Meter zum Fluss hinab, der an dieser Stelle aus der engen Schlucht tritt und sich im Talgrund (275 m) kurz ausweitet, bevor er im Rücken des Ortes Felitto in der nächsten Schlucht verschwindet. Ohne den Fluss zu überqueren, am kleinen Stauwehr vorbei, auf dem schmalen Pfad zunächst immer am Wasser entlang aufsteigen. Der Weg entfernt sich unterwegs manchmal ein kurzes Stück vom Fluss, sei es seitlich oder in die Höhe. Nach etwa 30. Min. gabelt sich der Weg. Nach rechts führt der **Ponte Naturale „Pretatetta",** eine von großen ins Tal gestürzten Kalkfelsblöcken gebildete Naturbrücke, auf das gegenüberliegende Ufer. Weiter auf dem orografisch (in Fließrichtung) rechten Ufer führt der Weg durch zauberhaften Wald, geformt von hoch aufschießenden Steineichen und Hainbuchen. Im Herbst überzieht sich der Waldboden mit einem Blütenteppich von Cyclamen und zwischen dem Blockschutt stehen die Farne hoch. Etwa 20 Min. nach dem Ponte Naturale „Pretatetta" gabelt sich der Pfad, hier steigen wir rechts zum Fluss hinunter, der an dieser Stelle große Becken im Fels ausgespült hat. Im erfrischend kalten Wasser kann man einige Schwimmzüge wagen. Ein toller Platz für eine Rast. Auf dem gleichen Weg wieder zurück nach Remolino. Eine schöne Variante führt auf Höhe des Ponte Naturale „Pretatetta" mit einigem Auf und Ab am linken Flussufer zurück. Zum Schluss quert man die Staumauer. Von einer Fortsetzung der Wanderung flussaufwärts bis zum **Ponte Medievale di Magliano** (286 m), einer wunderschönen mittelalterlichen Bogenbrücke, raten wir ab. Der Weg ist nicht nur beschwerlich, er ist z.T. abgerutscht und gefährlich.

Der Cilento und das Vallo di Diano

8

9 Provinz Caserta und das Matese

Wer wissen will, wo Spartakus in die Gladiatoren-schule ging, wer das alte Kulturland der Campania felix erkunden und die vollendete kulinarische Ver-wandlung der Feldfrüchte erleben möchte, wird in der Provinz Caserta mehr als nur ein berühmtes Königsschloss kennenlernen.

◁ Alife: von römischen Mauern umgeben

NICHT VERPASSEN!

⌂ Weinlese in der Campania felix

Die Provinz Caserta und das Matese

ÜBERBLICK

Die Provinz hat mehr zu bieten als die Reggia di Caserta mit Park und UNESCO-Prädikat: wunderschöne romanische Kirchen, Kultstatuen aus vorrömischer Zeit im Museum von Capua, in S. Maria Capua Vettere ein Amphitheater, herrliche Wanderungen auf dem erloschenen Vulkan Roccamonfina und im Matese-Massiv. Die Küste säumen kilometerlange Sandstrände – und hässliche Bausünden. Im Hinterland locken die uralte Kulturlandschaft der Campania felix und wunderschöne Städtchen. Mit eigenem Fahrzeug bewegt man sich viel freier.

Die Reste des alten Capua und was sich daran knüpft, hab' ich nun von hier aus auch besucht. In dieser Gegend lernt man erst verstehen, was Vegetation ist und warum man den Acker baut. (…) Um Caserta das Land völlig eben, die Äcker so gleich und klar gearbeitet wie Gartenbeete. Alles mit Pappeln besetzt, an denen sich die Rebe hinaufschlingt, und ungeachtet solcher Beschattung trägt der Boden noch die vollkommenste Frucht.

Goethe, „Italienische Reise", 16. März 1787

Die Provinz Caserta birgt viele Gegensätze und etliche Überraschungen. Nordwestlich von Neapel erstreckt sich die **Campania felix** der Antike, ab dem Mittelalter auch als **Terra del lavoro** be-zeichnet. Das fruchtbare Schwemmland des Volturno und die verwitterten vulkanischen Böden der nahen Campi Flegrei und des Roccamonfina waren über Jahrhunderte hinweg der Gemüsegarten Roms und später des Königreiches Neapel. Im Umkreis Neapels ist der fruchtbare Boden längst von einem Moloch trostloser, meist illegal errichteter Bauten verschlungen. Was hier zu einem scheinbar planlosen Ballungsgebiet von vier Millionen Menschen zusammenwächst, gestaltet sich möglicherweise nach den undurchschaubaren Regeln der Camorra. Immigranten aus Nordafrika und Osteuropa arbeiten für 15

0 ▬▬▬ 10 km © Reise Know-How 2013

Euro am Tag auf den Gemüse- und Tabakfeldern, Schwarzafrikanerinnen prostituieren sich am Straßenrand. Nur wenige dringen durch die hässliche Peripherie bis in das sehenswerte Altstadtzentrum von **Aversa** vor, der ersten Hauptstadt der Normannen. Triste Landschaftseindrücke auch an der Küste in Richtung Norden. Wenig einladende Badeorte begleiten die schier endlosen Sandstrände. Scheinbar kein Wunder, dass die meisten Touristen sich mit dem Besuch des berühmten Bourbonen-

schlosses in der **Provinzhauptstadt Caserta** begnügen.

Doch etwas weiter im Landesinneren, wo die S.S. 7 der römischen **Via Appia** folgt, ändert sich das Bild. Hier ist die Campania felix über weite Strecken noch intakt. Uralte Städte wie **Sessa Aurunca** oder **Santa Maria Capua Vetere,** das Capua der Antike, laden abseits ausgetretener Touristenpfade zu Entdeckungen ein. Das mittelalterliche **Capua** ist an Kunstschätzen besonders reich. In der Nähe liegt die **Kirche Sant'Angelo in**

Formis mit einzigartig schönen Fresko-malereien aus dem Mittelalter. Die Kastanienwälder auf dem erloschenen **Vulkan Roccamonfina** und die Karsthochebenen der **Monti del Matese** sind ideale Wanderziele. Auch kulinarisch steckt die Provinz Caserta voller Überraschungen, sie zu lüften ist ein Genuss.

Caserta, Casertavecchia und San Leucio

Caserta

Die **Provinzhauptstadt** Caserta (68 m, 78.700 Ew.) entwickelte sich in Folge des ab Mitte des 18. Jh. auf grüner Flur errichteten Bourbonenschlosses. Den Namen steuerte das mittelalterliche Städtchen auf den nahen Hügeln bei, das heutige Casertavecchia.

Karl III. von Bourbon, der 1734 den Thron des Königreiches Neapel bestiegen hatte, ließ 1752 den Grundstein für die Regia di Caserta legen. Das Königsschloss sollte den Kern einer neuen Regierungshauptstadt bilden, sicherer als Neapel, das sich damals den Angriffen der englischen Flotte ausgesetzt sah. *Karl III.* versuchte das Versailles seines Ur-Großvaters *Ludwig XIV.* zu übertreffen, und so entstand am Vorabend der Französischen Revolution der historisch jüngste und zugleich **größte absolutistische Herrschersitz Europas.** Als Bauplatz wurde eine zum Meer hin offene Ebene am Fuße der bewaldeten Hügel

gewählt, damals königliches Jagdgebiet. In **Luigi Vanvitelli** fand *Karl III.* den geeigneten Baumeister, um seine ehrgeizigen Pläne zu verwirklichen. *Vanvitelli,* Sohn des holländischen Vedutenmalers *Van Vittel,* war der erste umfassend akademisch gebildete Architekt der Neuzeit. Das Schloss wurde für die astronomische Summe von 6.133.000 Golddukaten realisiert. Noch einmal den gleichen Betrag verschlang der Bau des Aquädukts, der die Wasserspiele im Park speiste. Galeerensklaven und türkische Kriegsgefangene wurden zur Arbeit herangezogen. Als *Karl III.* 1759 auf den spanischen Königsthron stieg, war der Bau noch nicht fertiggestellt. Sein Sohn und Nachfolger *Ferdinand IV.* benutzte die Reggia im Frühjahr und Herbst für diverse Lustbarkeiten, widmete sich aber lieber seinem Herzensprojekt im nahen San Leucio. Ihre geplante Funktion als Zentrum eines neu geordneten Staatswesens hat die Reggia nie erfüllt. 1860 übergab *Garibaldi* das Schloss an König *Viktor Emanuel II. von Savoia,* am 27. April 1945 wurde hier die Kapitulationserklärung der deutschen Truppen in Italien unterzeichnet. Ende der 1990er Jahre diente es *George Lucas* als imposante Kulisse für einen seiner Star-Wars-Filme. Seit 1997 gehören die Reggia di Caserta, der Schlosspark, *Vanvitellis* Acquedotto Carolino und das nahe San Leucio (s.u.) zum UNESCO-Weltkulturerbe.

Der riesenhafte Baukomplex, 247 m lang und 184 m breit, folgt einem **rechteckigen Grundriss mit vier großen Innenhöfen.** Die streng gegliederte Fassade deutet keineswegs auf den Luxus im Inneren hin. 1217 Räume verteilen sich über fünf Stockwerke. Während der

9

Bauzeit wurden Herkulaneum, Pompeji, Paestum und der Kaiserpalast des Tiberius auf Capri ausgegraben. Ein Teil des antiken Materials fand seine Wiederverwendung in Caserta, darunter auch Säulen des Serapis-Tempels aus Pozzuoli.

Eine zentrale Achse durchzieht den Palast und setzt sich im anschließenden Schlosspark fort. Herzstück der Reggia ist die **Prunktreppe,** eine der reifsten Inszenierungen des Spätbarock. Das marmorverkleidete Treppenhaus diente als Festsaal und Bühne für das aufwendige spanische Hofzeremoniell. Aus dem oktogonalen Vestibül betritt man die Hofkapelle. Die prunkvolle Innendekoration der königlichen Gemächer ist ein stilistischer Querschnitt vom Rokoko bis zum Neoklassizismus. Die seidenen Wandbezüge wurden in San Leucio gefertigt. Absolut sehenswert sind das bezaubernde Hoftheater (leider nur im Rahmen von Aufführungen) und die berühmte Weihnachtskrippe (siehe Exkurs „Bethlehem in Neapel").

Seit einigen Jahren hat auch eine bedeutende **Sammlung internationaler Gegenwartskunst** ihre ständige Bleibe in der Reggia di Caserta gefunden. Der 1994 verstorbene Galerist *Lucio Amelio* rief nach dem Erbeben von 1980 Künstlerfreunde aus aller Welt nach Neapel, und aus deren Reaktionen auf die Katastrophe entstand die bewegende Ausstellung **Terrae Motus.** *Christian Boltanski, Keith Harring, Anselm Kiefer, Jannis Kounnelis, Richard Long, Robert Mapplethorpe, A. R. Penck, Cy Twombly* und *Andy Warhol* sind nur die bekanntesten der beteiligten Künstler. *Joseph Beuys,* ein langjähriger Freund *Amelios,* schuf für das Projekt seine letzte große Installation.

Der **Schlosspark** geht ebenfalls auf einen Entwurf *Vanvitellis* zurück und ist ein Musterbeispiel für die rational unterworfene Natur im Geiste des Absolutismus. Die zentrale Schlossachse setzt sich im Park, begleitet von verzierten Brunnen und Wasserbecken, über 3 km leicht ansteigend bis zu einer monumentalen Kaskade fort. *Vanvitellis* **Acquedotto Carolino,** der das Wasser über 42 km aus den Monti Taburni heranführt, um die Kaskade und Wasserspiele im Park zu speisen, ist ein technisches Meisterwerk seiner Zeit (bei Maddaloni überbrückt die Wasserleitung nach dem Vorbild des Pont du Gard bei Nîmes in eindrucksvoller Weise einen Taleinschnitt). An der Kaskade kann man im schattigen Steineichenwald aufsteigen. Leider gibt es keine direkte Verbindung zu dem sich anschließenden **Bosco di San Silvestro,** einem Naturschutzgebiet in der Obhut des World Wildlife Fund. Entzückend ist der vor wenigen Jahren restaurierte englische Garten, östlich des Diana und Aktaion-Brunnens. *Maria Carolina,* die Gemahlin *Ferdinand IV.,* ließ 1782 diesen ersten englischen Garten auf italienischem Boden auf Anregung des Botschafters *Lord William Hamilton* anlegen. Der **Giardino Inglese** ist nur zu festgelegten Uhrzeiten im Rahmen einer Führung zu besichtigen. Ein Shuttlebus hilft die großen Distanzen innerhalb der Parkanlage zu verkürzen. Tickets direkt im Bus.

■**Reggia di Caserta (Palazzo Reale) e Parco,** Via Douhet 2, Tel. 08 23 44 80 84, www.reggiadicaserta.beniculturali.it. Appartamenti storici mit Ausstellung für Gegenwartskunst Mi bis Mo 8.30–19.30 Uhr; Park 8.30 Uhr bis 1 Std. vor Sonnenuntergang, der Giardino Inglese schließt 1 Std. vor

Die Provinz Caserta und das Matese

Caserta

0 ——— 200 m ©Reise Know-How 2013

MEZZANO

★ Grande Cascata

1 🚶 Monte Virgo

S. LEUCIO

Fontana di Venere e Adone

Piano di Monteverna, Telese

PUCCIANIELLO

S.S. 87

Fontana di Cerere ★

Giardino Inglese

Via Ponte

Fontana di Eolo ★

Via Tesclone

Cascata dei Delfini ★

Casertavecchia

Via E. Ruggero

Via G. M. Bosco

★ *Pescheria Grande*

Parco Reale

Corso Giannone

Viale Raffaello

Viale d. Ville

5

Via B. Tanucci

Via C. Colombo

Viale Benedice

4 Piazza Vanvitelli

Casertavecchia, Benevento

2 **3**
A 1, Capua, San Leucio, 🚶 Oasi di San Silvestro

Viale Medaglie d'Oro

8

Via Mazzini

Via Gaspari

Palazzo Reale
Ⓜ ❶

❶

Viale Douhet

Piazza Dante

Corso Trieste

Via Unità Italiana

✉

P

Viale Veneto

6 **7**

Piazza Garibaldi

Via Roma

A 1, Neapel, Marcianise

Ⓑ❌ *Bahnhof — Stazione F. S.*

Übernachtung
1　La Ghiandaia
5　B&B L'Antico Cortile
6　Jolly ****
7　New Baby Hotel ***

Essen und Trinken
2　Le Quattro Fontane
3　Le Colonne
4　Massa
8　Pizzeria La Loggetta

9

dem Park. Eintritt 13,20 Euro (Palast, Ausstellung zur Gegenwartskunst und Park), 10,20 Euro (Palast und Ausstellung zur Gegenwartskunst), 3 Euro (nur Park). Radverleih am Schloss, Mobil 342 55 87 4 91.

Casertavecchia

Das kleine Städtchen **am Hang des Monte Virgo,** im 8. Jh. von Langobarden gegründet, verlor mit dem Bau der Reggia di Caserta, an die es seinen Namen abtrat, schlagartig an Bedeutung. Die Zeit ist hier scheinbar stehen geblieben, Casertavecchia konnte sich seinen mittelalterlichen Charme unangetastet bewahren. Heute präsentiert sich der Ort perfekt restauriert und ist vor allem an Wochenenden ein beliebtes Ausflugsziel. Am Fuß des Langobardenkastells lagern dann ganze Schulklassen zum Picknick und genießen den Blick auf das Städtchen bzw. kicken Fußbälle.

Der **Duomo San Michele Arcangelo** (1113–1153) ist eines der schönsten Beispiele romanischer Architektur in Kampanien. Romanische, byzantinische und arabische Dekorationselemente vermischen sich am Glocken- und Vierungsturm. Das Innere der dreischiffigen Basilika stützen antike Säulen, die mosaikgeschmückte Kanzel ist aus dem 13. Jh.

gvn13_127 pa

● **Duomo San Michele,** tägl. 9–13 und 15–19.30 Uhr.

Eine landschaftlich wunderschöne Höhenstraße verbindet San Leucio (s.u.) mit Casertavecchia. Die halbstündige Anfahrt aus Caserta mit eigenem Fahrzeug gerät wegen unzulänglicher Ausschilderung oft mühsam.

San Leucio

Ferdinand Gregorovius besuchte Caserta 1866, also sechs Jahre nach Ablösung der Bourbonenherrschaft durch *Garibaldi*.

In „Wanderjahre in Italien" notierte er seine Beobachtungen. Das Schloss empfand er als tot und leer. „Die langen Reihen der Fenster sind mit grauen Jalousien geschlossen; kein Kerzenschein flimmert aus den Prunksälen am Abend; kein Ton erschallt; keine Karosse fährt durch das hohe und prachtvolle Portal. Nur zwei Soldaten unter Gewehr wandeln dort auf und ab. Sind sie die respektvolle Ehrenwache für ein großes Monument der geschichtlichen Vergan-

☑ Diana-Brunnen im Schlosspark von Caserta

Die Provinz Caserta und das Matese

genheit, welche die Gegenwart ausgelöscht hat? Nein! Sie hüten dies unbrauchbar gewordene Bauwerk für den neuen Besitzer, welcher wahrscheinlich niemals dort wohnen wird. Es könnte die Briganten, die auf dem Monte Taburno lagern, gelüsten, nächtlicherweile herabzusteigen und in den Gemächern des Schloßes nachzusehen, ob ihr legitimer verjagter König dort einige Kostbarkeiten für sie zurückgelassen hat."

Wenig beeindruckt von Schloss und Park wendet sich *Gregorovius* mit Interesse dem nahen San Leucio zu. „Ein paar Millien vom Schloss entfernt liegt der Hügel von S. Leucio; er verdankt seine Berühmtheit einer philanthropischen Anwandlung des Königs Ferdinand IV., welcher dort eine Musterkolonie zu gründen beschlossen hatte. Sein Edikt vom Jahre 1789, dem Jahr der Französischen Revolution, beginnt wörtlich so: „In der großartigen Wohnung von Caserta, welche mein erlauchter Vater begann, und die ich fortsetzte, fand ich nicht die Stille und Einsamkeit, welche ich für das Nachdenken und die Erholung des Geistes bedurfte, sondern nur eine andere Stadt mitten in der Campagna, mit denselben Ideen des Luxus und der Pracht einer Hauptstadt. Ich suchte daher einen abgelegeneren Ort, gleichsam eine Einsiedelei, und ich fand dazu den Hügel von S. Leucio wohl geeignet." In San Leucio entwarf *Ferdinand IV.* die Utopie eines Idealstaates von eigenen Gnaden. Er ließ einen kleinen Palast und eine Mustersiedlung errichten. Die zwangsverpflichteten Bewohner seiner Kolonie, die in einer **Seidenmanufaktur** arbeiten mussten, stattete er mit eigenen Gesetzen aus. Dazu wieder *Gregorovius*: „Der König hatte diese Verfassung für

seine Kolonie mit eigener Hand geschrieben, und er schloss sie mit diesen Worten: „Ich gebe euch diese Gesetze, Bürger und Kolonisten von S. Leucio; beachtet sie und ihr werdet glücklich sein." Die berühmte Kolonie S. Leucio also war für das Gefühl des Königs eine Art von philanthropischem Treibhaus neben seinem Palast zum Zeitvertreibe, wo der launische Despot die seltensten aller Geschöpfe auf Erden erziehen wollte, nämlich Menschen, die wirklich glücklich sind."

Die restaurierte **Real Fabbrica di San Leucio** dient heute als Industriemuseum. An klaren Tagen macht der **Belvedere** seinem Namen alle Ehre. Ihm zu Füßen liegt die Reggia di Caserta, hinter der sich die Silhouette des Vesuvs erhebt. Über die Küstenebene hinweg sieht man den flachen vulkanischen Schild der Campi Flegrei, dahinter Ischia. In San Leucio und Umgebung sind noch einige Seidenmanufakturen in Betrieb, die im Ort ihre Geschäftsräume unterhalten.

■ **Real Fabbrica di San Leucio,** Via Atrio Superiore San Leucio, Tel. 08 23 30 18 17, www.realbelvedere.it, www.sanleucionline.it. Ende März bis Okt. Mi bis Mo 9.30, 10.45, 12, 15.30 und 17 Uhr, Nov. bis Febr. Mi bis Mo 9.30, 10.45, 12, 15 und 16.30 Uhr (Besuch nur mit Führung, an Wochenenden sind Führer immer präsent, sonst anrufen). Eintritt 6/4 Euro, inkl. Real Giardini del Belvedere.

Information

■ **EPT**
Die Tourismusbehörde der Provinz Caserta hat ihren Sitz im Palazzo Reale. Prospekte und Stadtpläne. Mo bis Fr 8.30–16 Uhr.
Tel. 08 23 55 00 11, www.eptcaserta.it

■ Info Point Turistico

Touristeninfo der EPT und Handelskammer wenige hundert Meter östlich der Reggia. In der Regel Mo bis Fr 9–14 Uhr.

Piazza Gramsci, Tel. 08 23 32 11 37

■ www.casertaturismo.it

■ www.comune.caserta.it

Unterkunft

Hotels in Caserta

■ Jolly **

Guter Standard und ideale Lage gegenüber der Reggia. Sicherer Parkplatz gegen kleine Gebühr. 107 Zi., DZ/F ab 80 Euro.

Viale V. Veneto 9, Tel. 08 23 32 52 22, www.jollyhotelcaserta.it

■ New Baby Hotel *

In Bahnhofsnähe, Zimmer zur Straße bzw. auf einen ruhigen Innenhof. Gratis-Parkplatz. 10 Zi., DZ/F 50 Euro.

Via G. Verdi 41/43, Tel. 08 23 32 26 81, www.newbabyhotel.it

Bed & Breakfast in Caserta

■ L'Antico Cortile

MEIN TIPP! Edle Bleibe in Stadt-Palazzo aus dem Jahr 1824 mit hübschem Innenhof, der Schlosspark über einen Seiteneingang in wenigen Minuten zu Fuß erreichbar, ebenso Innenstadt und Bahnhof. Um die Gäste kümmern sich aufmerksam und mit guten Tipps das Ehepaar *Irene Galiano* und *Federico Pagliuca* sowie Sohn *Vincenzo*, der einen Abschluss in Tourismus-Ökonomie hat. Das Restaurant im selben Haus pflegt zeitgemäße Territorialküche (25–30 Euro, Mo Ruhetag, nur abends). Die Besitzer empfehlen gerne auch andere gute Restaurants in der Stadt. Bewachter Parkplatz auf der nahen Piazza Vanvitelli, Skonto für Gäste. 6 Zi., DZ/F 60–80 Euro.

Via B. Tanucci 55, Tel. 082 31 87 25 88, Mobil 34 54 52 20 70, www.lanticocortile.it

Hotel in Casertavecchia

■ Caserta Antica **

Familiäres, ruhiges Hotel 500 m östlich des Städtchens im Grünen. Neutral möblierte, geräumige Zimmer mit guten Betten. Gut ist auch das Restaurant. Pool und eigener Parkplatz. Nach Casertavecchia sind es nur wenige Minuten zu Fuß. 26 Zi., DZ/F 60–85 Euro.

Via Tiglio, Tel. 08 23 37 11 58, www.hotelcaserta-antica.it

Ostello

■ La Ghiandaia

Jugendherbergsähnliche Unterkunft innerhalb der vom WWF betreuten Oasi di San Silvestro (s.u. „Wandern"). Küchenbenutzung und Bettwäsche gegen einen kleinen Aufpreis. Anfahrt: von San Leucio ca. 1 km Richtung Castel Morrone, rechts abbiegen und 400 m den Schildern folgen. 24 Schlafplätze, Ü 25 Euro.

Via Giardini Reali 1bis, Tel. 08 23 36 13 00, Mobil 33 82 25 39 67, 32 91 00 38 08, www.laghiandaia.info, www.wwfcaserta.org

Essen und Trinken

Restaurants und Trattorien in Caserta

■ Pizzeria La Loggetta

Schlichte Räume, ausgezeichnete Pizza – auch am laufenden Meter. In der Nähe der Reggia. Von Di bis Fr wird die Pizza auch mittags serviert. Mo Ruhetag.

Via C. Colombo 62 (Ecke Via San Carlo), Tel. 08 23 35 58 58

■ Le Quattro Fontane

Von Einheimischen gerne besuchte, von Slow Food hochgelobte Trattoria im Ortsteil Casagiove westlich der Reggia. Bäuerliche Küche mit deftigen Suppen, deren Zutaten sich nach der Jahreszeit richten. 25–35 Euro. So Ruhetag. Mittags und abends. Nähe A1, Ausfahrt „Caserta Nord".

Via Quartiere Vecchio 60 – Casagiove, Tel. 08 23 46 89 70

Die Provinz Caserta und das Matese

9

■ Le Colonne

Jugendstiljuwel 1 km westlich der Reggia. *Loreto* und *Rosanna Marziale* warten mit bester *cucina casertana* auf. Büffelricotta und -mozzarella gehören zu den klassischen Zutaten, ein Gedicht ist der in Aglianico geschmorte Büffelbraten. Delikate hausgemachte *dolci*, gute kampanische Weine. 35 Euro. Di Ruhetag. Mittags, abends, nur auf Vorbestellung. Nähe A1, Ausfahrt „Caserta Nord".
Viale Giulio Dohuet 7, Tel. 08 23 46 74 94,
www.lecolonnemarziale.it

▽ Casertavecchia:
Vierungsturm des Duomo San Michele Arcangelo

■ Massa – Antica Hosteria dal 1848

Traditionslokal im Zentrum, seit über 160 Jahren ein Garant für gutes Essen. Im Sommer speist man unter einer Pergola. 35–40 Euro. Mittags und abends. So abends geschl.
Via Mazzini 55, Tel. 08 23 45 65 27,
www.ristorantemassa.it

Restaurants und Trattorien in Casertavecchia
■ Gli Scacchi

MEIN TIPP! *Gino Della Valle* und seine Frau *Marilena* (in der Küche) betreiben ihr von Slow Food hochgelobtes Restaurant im Grünen außerhalb des Altstadtzentrums (nahe des großen Parkplatzes im Osten des Ortes). Mit Enthusiasmus machen sich die beiden an die Wiederentdeckung traditioneller Re-

zepte und sind zugleich aufgeschlossen für kulinarische Experimente. So bekommt man hier neben bester hausgemachter Pasta auch köstlich zubereitetes Büffelfleisch serviert. Ein Gedicht sind die *dolci* von *Marilena*. 25–35 Euro. Mo bis Mi geschl. Mittags und abends.
Via San Rocco 1, Tel. 08 23 37 10 86,
Mobil 34 78 26 01 55

■ **La Castellana**

Gemütliches Altstadtlokal mit großer Antipasti-Auswahl. Hausgemachte Pasta und Wildschweinspezialitäten. Kräftiger Hauswein. Im Sommer sitzt man im Freien mit Blick auf den Vierungsturm des Doms. 20–25 Euro. Do Ruhetag. Mittags und abends.
Via Torre 4, Tel. 08 23 37 12 30, www.lacastellana.it

Restaurant in San Leucio
■ **Antica Locanda**

Das kleine Lokal im Zentrum San Leucios hält die Tradition der *cucina casertana* hoch. Signora *Annarella* verkörpert mehrere Generationen kulinarischer Erfahrung. Probieren sollte man die *rigatoni all'antica Locanda*, zubereitet mit frischer Mozzarella, Basilikum und Tomaten. Im Winterhalbjahr stehen Stockfisch, Schweinebraten *(maialiono nero casertano!)* und *salsicce* auf der Speisekarte. Die Tische sind mit feinstem Seidenbrokat gedeckt! Der richtige Ort auch, um die Bourbonen-Rebe Pallagrello zu verkosten. 25–30 Euro. So abends und Mo geschl. Mittags und abends.
Piazza della Seta 7/9, Tel. 08 23 30 54 44,
www.ristoranteanticalocanda.com

Restaurant in Piana di Monteverna
■ **Locanda Carpe Diem**

Lucio Romano (Koch und Sommelier) verwöhnt seine Gäste mit Gerichten der traditionellen *cucina casertana*. Zu den Spezialitäten zählen Ravioli mit Steinpilzen und Büffelricotta, in Aglianico geschmorte Gänsebrust oder Kaninchen mit Steinpilzen. Viel Gemüse, hausgemachte *dolci*. Beachtliche Weinauswahl. Im Ortszentrum. Angeschlossen ist ein nettes Albergo (8 Zi., DZ/F 80 Euro). 30–35 Euro. So abends und Mo geschl. Mittags und abends.
Largo Ferrari 2, Tel. 08 23 86 13 71,
www.locandacarpediem.it

Snacks, Cafés und Bars
■ **Angelica Caffè & Angelica Self Service**

Freundliche, moderne Caffè-Bar in der Reggia. Mittags auch leckere Pasta und Salate. Saubere Toiletten! Di Ruhetag.
Palazzo Reale, Tel. 08 23 35 58 68

■ **Caffeteria Maiello Vladimiro**

Bar im Wohnhaus des Architekten *Vanvitelli*.
Corso Trieste 21, Tel. 08 23 32 37 76

■ **Gran Caffè Margherita**

Fin-de-Siècle-Ambiente an Casertas schönster Kreuzung nur wenige hundert Meter östlich der

Die Provinz Caserta und das Matese

9

Reggia. Weniger erfreulich sind allerdings die vielen Tauben.
Piazza Dante 2, Tel. 08 23 35 42 30

An- und Weiterreise

■**Auto:** A1, Ausfahrt „Caserta Nord". Die landschaftlich schönste Strecke von Caserta nach Casertavecchia führt über San Leucio. Hier am Ortsanfang zunächst Richtung Castel Morrone abbiegen und dann der Ausschilderung „Casertavecchia" folgen. Caserta selbst ist verkehrstechnisch ein Albtraum!
■**Bus: CTP** (www.ctpn.it) von und nach Neapel (Piazza Garibaldi). **CLP** (www.clpbus.it) Stadtbusse nach San Leucio und Überlandbusse z.B. nach Santa Maria Capua Vetere. In Caserta halten die Busse vor dem Bahnhof gegenüber der Reggia.
■**Bahn:** F.S. und Metrocampania Nordest (www. metrocampanianordest.it) mehrmals tägl. von/ nach Neapel. Fahrtzeit ca. 30 Min. Bahnhof an der Piazza Garibaldi, der Reggia südlich gegenüber.

Unterwegs in Caserta

■**Bus: CLP**, www.clpbus.it
■**Parken:** Parkgarage südlich der Reggia.

Einkaufen

■**Enoteca La Botte**
Große Auswahl hochwertiger Weine und an Delikatessen. Direkt an der A1, Ausfahrt „Caserta Nord". Mo bis Sa 9–13 und 16–19.30 Uhr, Mo vormittags geschl.
Via Nazionale Appia 166/180 – Casagiove, Tel. 08 23 49 40 40, www.enotecalabotte.it
■**Antico Opificio Serico**
Teure, nach alten Mustern gewebte Seidenstoffe, wie sie z.B. im Kreml oder Weißen Haus hängen. Mo bis Fr 9–12 und 15–18 Uhr, Sa 9–12.30 Uhr.

Piazza della Seta – San Leucio,
Tel. 08 23 36 12 90, www.aosdisanleucio.it

Feste/Veranstaltungen

■**Leuciana Festival**
Theater- und Musikfestival auf dem Real Belvedere von San Leucio. Vorwiegend italienische Interpreten wie *Pino Daniele,* aber auch internationale Stars wie *Goran Bregovic.* www.leucianafestival.com
■**Settembre al Borgo**
Anfang September bieten Casertavecchia und San Leucio eine zauberhafte Kulisse für ein sehenswertes Theater-, Ballett- und Musikfestival. www.settembrealborgo.it

Wandern

Oasi di San Silvestro
Der Jagdleidenschaft *Ferdinands IV.* ist der Erhalt von 76 ha schönstem Steineichenwald auf einem Hügel, der sich nördlich an den Park der Reggia anschließt, zu verdanken. Vom World Wildlife Fund als Naturschutzgebiet betreut, ist der Besuch jeweils Sa und So im Rahmen einer geführten Wanderung (ca. 2 Std.) möglich. Vom höchsten Punkt genießt man einen herrlichen Blick über den Schlosspark auf den imposanten Gebäudekomplex der Reggia. Aus der Flanke dieses Hügels entspringt die künstlich angelegte Kaskade, welche die Becken, Brunnen und Kanäle des Parks mit Wasser speist. Im Inneren der Oasi stehen in der **Foresteria La Ghiandaia** auf Anfrage 24 Schlafplätze zur Verfügung (s.o.). März und Okt. bis Mitte Nov. tägl. um 11 und 15 Uhr, April bis Juli und Sept 10.30 und 17 Uhr. Eintritt 8 Euro, WWF-Mitglieder gratis. Anfahrt: von San Leucio ca. 1 km Richtung Castel Morrone, rechts abbiegen und 400 m den Schildern folgen.
Via Giardini Reali 1bis,
Tel. 08 23 36 13 00, Mobil 34 77 97 44 88, www.laghiandaia.info

9

Monte Virgo

Oberhalb von Casertavecchia erhebt sich als **wunderschöner Aussichtsberg** der 620 m hohe Monte Virgo. Aus dem östlich gelegenen Weiler Sommana, von Casertavecchia zu Fuß zu erreichen, führen Wege und Pfade bis auf den Gipfel mit einem Feuerwachturm. Richtung Casertavecchia führt eine Kiesstraße hinab, die unterhalb des Langobardenkastells auf die von Castel Morone kommende Straße trifft.

Santa Maria Capua Vetere

In der Nähe von Caserta liegen zwei Städte, die beide zu unterschiedlichen Zeiten Capua hießen. Santa Maria Capua Vetere (36 m, 33.700 Ew.), ein lebhaftes Agrarzentrum, breitet sich an der Stelle des antiken Capua aus.

Geschichte

Seit dem 9. Jh. v. Chr. bestand hier eine oskische Siedlung, die sich im 6. Jh. v. Chr. zu einem wichtigen Zentrum der etruskischen Kolonisation in Kampanien entwickelte. Ende des 5. Jh. v. Chr. geriet die Stadt unter samnitischen Einfluss, 338 v. Chr. wurde sie zur römischen Kolonie. Ihre strategische Bedeutung für die römische Expansion in Süditalien dokumentiert sich 312 v. Chr. durch den Bau der **Via Appia,** der ersten Heerstraße Roms. Im 2. Punischen Krieg ergriff Capua Partei für *Hannibal,* 74 v. Chr. brach hier der **Aufstand des Spartakus** los, der Rom zwei Jahre lang

in Atem halten sollte. Es folgten ruhigere Zeiten, und Capua entwickelte sich zu einem Handelszentrum, dessen Bedeutung die spätantiken Wirren überdauerte, bis im Jahr 841 Sarazenen den Ort zerstörten. 856 bauten Langobarden die Stadt unter ihrem alten Namen an neuer Stelle wieder auf. Die Trümmer des antiken Capua dienten als Steinbruch.

Besichtigung

Im Nordwesten der Stadt stehen die Ruinen des **Amphitheaters,** nach dem Kolosseum in Rom das **zweitgrößte Italiens.** Hier befand sich die berühmteste Gladiatorenschule, in der auch **Spartakus** sein Handwerk lernte. Unter Kaiser *Hadrian* wurde das alte, noch aus republikanischer Zeit stammende Amphitheater aus Holz durch einen Ziegelbau ersetzt. Es bot 50.000 Zuschauern Platz. Knochenfunde von Menschen, Löwen, Elefanten, Bären und Auerochsen belegen, das hier *munera* (Gladiatorenkämpfe) und *venationes* (Tierhatzen) abgehalten wurden. Die Gänge, Kammern, Schächte und Raubtiergehege unter dem Arenaboden haben sich ähnlich gut wie in Pozzuoli erhalten. Die *cavea* (Zuschauerraum) wurde im Mittelalter weitgehend abgetragen. Teile des einst prächtigen Außenschmucks sind in Capua in der Fassade des Palazzo Municipale vermauert. Das kleine Museo del Gladiatore ist auch akustisch eine Schau!

■ **Anfiteatro Campano,** Piazza 1. Ottobre, Tel. 08 23 79 88 64, www.archeosa.beniculturali.it. April bis Okt. Di bis So 9–18 Uhr, Nov. bis März 9–16 Uhr. Sammelticket Anfiteatro, Mithräum und Museo dell' Antica Capua 2,50/1,25 Euro.

9

Über die Via Anfiteatro erreicht man das 1922 entdeckte **Mithräum.** Das dem persischen Lichtgott *Mithras* geweihte unterirdische Heiligtum aus dem 2. Jh. n. Chr. ist fast vollständig erhalten. Fresken illustrieren zentrale Elemente dieses unter römischen Legionären populären Mysterien-Kultes. In der Schlüsselszene tötet *Mithras* den Stier, symbolisch die Überwindung des Bösen und ein Akt der Neuschöpfung. Die Mysten empfingen ein Taufsakrament, feierten abendmahlsähnliche Liebesmähler und glaubten an eine Himmelfahrt ihres Gottes. Das Geburtsfest des *Mithras* fiel auf den 25. Dezember. Damit weist die Mithras-Religion erstaunliche Parallelen zum frühen Christentum auf.

■ **Mithräum,** Via Morelli. Di bis So 9–16 Uhr nur auf Anfrage geöffnet. Auskunft am Eingang des Amphitheaters. Sammelticket s.o.

Das **Archäologische Museum** in einer ehemaligen bourbonischen Kaserne zeigt in gut erleuchteten und beschrifteten Vitrinen Funde aus Capua und Umgebung. Im Saal III. sind bronzezeitliche Grabbeigaben zu bewundern, in den Sälen VIII. und IX. hat man einige samnitische Kriegergräber aufgebaut, ähnlich der bemalten Gräber von Paestum. Der Saal X. widmet sich dem Heiligtum der *Mater Matuta* und versammelt zahlreiche Ex-Voti dieses alten kampanischen Fruchtbarkeitskultes. Weitere beeindruckende Statuen sind im Archäologischen Museum von Capua ausgestellt.

■ **Museo dell'Antica Capua,** Via Roberto d'Angio 48, Tel. 08 23 84 42 06, www.archeosa.beniculturali.it. Di bis So 9–19 Uhr. Sammelticket s.o.

Information

■ **www.comune.santa-maria-capua-vetere.ce.it**

Essen und Trinken

Restaurants

■ **La Spelunca**
Junges Lokal nahe des Archäologischen Museums. Traditionelle Küche, Fleisch vom Grill, großer Orangengarten. Prima Weine. 15–25 Euro. Di Ruhetag. Mittags und abends.
Via Pietro Morelli 9, Tel. 08 23 84 47 78, www.laspelunca.com

■ **Ninfeo**
Gemütliches Altstadt-Lokal in scheußlichem Neubaupalazzo nahe des Justizpalastes. *Antonio Leonelli*, ein profunder Kenner der Gegend, versteht es als Koch und Sommelier, die Tradition der kampanischen Küche hochzuhalten. Hausgemachte Pasta, frischer Fisch und Fleisch. 25–35 Euro. So Abend geschl. Mittags und abends.
Via G. Cappabianca, Tel. 08 23 84 67 00

Snacks, Cafés und Bars

Auf dem schönen Corso G. Garibaldi wird man mehrfach fündig, vom Museo Archeologico zu Fuß schnell zu erreichen.

▷ Mithras-Fresko

9

Die Provinz Caserta und das Matese

An- und Weiterreise

■ **Auto:** A1, Ausfahrt „Caserta Nord" bzw. „Capua". Auf der S.S. 7 „Appia" erreicht man Sessa Aurunca, Capua und Caserta. In S. Maria Capua Vetere lässt man das Auto am besten vor dem Amphitheater stehen und bewegt sich von hier aus zu Fuß durch die Stadt.

■ **Bus: CLP** (www.clpbus.it) von/nach Caserta bzw. Capua.

■ **Bahn:** F.S. und Metrocampania Nordest (www. metrocampanianordest.it). Gute Verbindungen von/nach Neapel und Caserta.

Veranstaltungen

■ **Mitreo Film Festival,** gut etabliert ist das Kurzfilmfestival von S. Maria Capua Vetere. Spielort ist das Logentheater Teatro Garibaldi am Corso. www.mitreofilmfestival.it

■ **Teatri di Pietra,** von Ende Juli bis Mitte August im Amphitheater griechische Dramen, römische Komödien und zeitgenössische italienische Stücke. www.teatridipietra.org

Capua

Die mittelalterliche Stadt Capua (25 m, 18.830 Ew.) liegt etwa 5 km nordwestlich von Santa Maria Capua Vetere in einer Flussschleife des Volturno. An dieser strategischen Stelle lag Casilinum, der Flusshafen und Brückenkopf des antiken Capua. Neben der modernen Straßenbrücke spannt sich eine (rekonstruierte) römische Brücke über den Fluss. Hier stand das berühmte **Brückentor Friedrichs II.** (1234–1239). Es wurde im

16. Jh. bei der Neubefestigung der Stadt unter *Karl V.* teilweise abgebaut, die Reste fielen im Jahr 1943 Fliegerbomben zum Opfer. Lediglich die oktogonalen Sockel sind stehen geblieben. Im Museo Campano sind eine Rekonstruktion und spektakuläre Marmorköpfe zu sehen. Friedrichs Tor markierte die **nördliche Grenze des staufischen Süditalien** und war weniger ein militärischer als vielmehr ein symbolischer Bau. Eine lateinische Inschrift wendete sich an den Reisenden: „Sicher schreite hindurch, wer fehllos zu leben gewillt ist. Aber der Untreue fürchte Bann und im Kerker den Tod. Auf des Cäsars Geheiß bin ich des

Königreichs Wächter. Stürzen werd' ich in Schmach, den ich veränderlich weiß.“ Als die Langobarden Capua Mitte des 9. Jh. als Hauptstadt ihres Fürstentums neu gründeten, errichteten sie den **Dom SS. Stefano e Agata.** Im 12. Jh. erneuert und im 18. Jh. umfassend barockisiert, wurde der Dom nach starken Kriegsschäden in seinen romanischen Formen rekonstruiert. Einzig der Campanile aus langobardischer Zeit ist unversehrt stehen geblieben.

Die Via Duomo führt zum **Museo Campano** im Palazzo Antignano aus dem 15. Jh. Die archäologischen Exponate sind einzigartig, ihre Präsentation

© Reise Know-How 2013

■ Übernachtung
1   Masseria Giò Sole
2   Seminarium Campanum

5   La Locanda del Baffo
6   Romano

9

leicht verstaubt. Wenig scheint sich verändert zu haben, seitdem der deutsche Althistoriker und Literaturnobelpreisträger *Theodor Mommsen* hier in den 1880er Jahren römische Inschriften studiert hat. Im Innenhof stehen römische Grabstelen von der Via Appia. Sie erlauben Rückschlüsse auf den Beruf der Verstorbenen, ob Sklavenhändler oder Bauunternehmer. Einzigartig sind die aus Tuff geschlagenen <mark>Matres Matutae</mark>, Votivgaben eines alten kampanischen Fruchtbarkeitskultes. Die Frauengestalten halten gewickelte Säuglinge in den Armen. Im 1. Stock stehen in den Vitrinen unzählige Votivgaben aus Terrakotta. Ein römisches Mosaik mit der Darstellung eines heiligen Chores stammt aus dem Tempel der Diana Tifatina, an dessen Stelle sich heute die Kirche Sant'Angelo in Formis erhebt. Vor allem Staufer-Fans kommen hier auf ihre Kosten. Das Museum besitzt riesige Figurenköpfe von dem Brückentor *Friedrichs II.*, herausragende Beispiele der sogenannten friederizianischen Renaissance. In der Tat, man könnte die Porträtköpfe von *Taddeo da Suessa* und *Pietro di Vinea* auch für Werke der römischen Antike halten.

■ **Museo Campano,** Via Roma 68, Tel. 08 23 96 14 02, www.museocampano.it. Di bis Sa 9–13.30 Uhr, Di und Do auch 15–18 Uhr, So 9–13 Uhr. Eintritt 6/3 Euro.

In Capua fühlt man sich sofort wohl. Die Stadt scheint sich selbst zu genügen, Touristen werden nicht erwartet, aber freudig empfangen, wenn sie sich hierher verirren. Hinter dem Dom werden auf dem **Markt** jeden Morgen die landwirtschaftlichen Erzeugnisse der Campania felix ausgebreitet, auf der Piazza dei Giudici scheint jeder Zeit für einen Schwatz zu haben. Während man hier steht und dem ruhigen Treiben zusieht, kann man die Marmorköpfe betrachten, die in die Fassade des **Palazzo Municipale** eingemauert sind. Die verzierten Schlusssteine stammen aus dem Amphitheater des antiken Capua. Auf Streifzügen durch die Altstadt sind zahlreiche Kirchen und Paläste aus der Langobarden- und Normannenzeit zu entdecken, so z.B. die Chiesa di S. Salvatore a Corte, Chiesa S. Michele a Corte, Chiesa di S. Marcello Martire, Chiesa di S. Rufo e Carponio oder Chiesa di S. Angelo in Audoaldis, um nur einige zu nennen. Ein Teil dieser Kirchen ist wochenends zugänglich.

Information

■ **Pro Loco di Capua**
Guter Stadtplan! Mo bis Sa 9–13.30 und 16–18 Uhr, So 9–13 Uhr.
Piazza dei Giudici 4, Tel. 08 23 96 27 29, www.prolococapua.it
■ **www.cittadicapua.it**
■ **www.comunedicapua.it**

Unterkunft

Bed & Breakfast

■ **Seminarium Campanum**
Das ehemalige Priesterseminar in der Altstadt wurde für das Heilige Jahr 2000 komplett renoviert und steht Gästen aller Konfessionszugehörigkeiten offen. Eine preiswerte Alternative zu den 3-Sterne-Hotels in Bahnhofsnähe. Wenn auch etwas spartanisch, bieten die ruhigen Zimmer ausreichenden

Komfort und gute Betten. Schlafsäle und Zimmer. 2013 wegen Renovierung geschlossen.
Via Seminario, Tel. 08 23 96 11 71,
www.diocesidicapua.it/seminariumcampanum

Agriturismo

■ **Masseria Giò Sole**
MEIN TIPP! Im Gutshaus der Familie *Pasca di Magliano* sind einige der Wirtschaftsräume zu gemütlichen Gästezimmern ausgebaut. Kinder können im Innenhof ungefährdet spielen, abends sitzt man gemütlich im Kaminzimmer. Pool, Fahrräder. Abends schmackhafte Landküche, opulentes Frühstück. Die Zutaten stammen aus eigener biologischer Landwirtschaft, es gibt auch einen Hofladen. Der Besitzer, *Alessandro Pasca,* engagierte sich in der Vergangenheit auch als Bürgermeister von Capua. Anfahrt: ca. 1 km westlich der Stadt am nördlichen Ufer des Volturno; von der A1 Ausfahrt „Capua" 7 km Richtung Capua und nach der ESSO-Tankstelle Richtung Brezza der Ausschilderung folgen. 7 Zi., 4 Ap., DZ/F 86–110 Euro, Menü 25 Euro.
Via Giardini 31, Tel. 08 23 96 11 08,
www.masseriagiosole.com

Essen und Trinken

Restaurants und Trattorien

■ **Ex Libris**
MEIN TIPP! Frischer Kulturwind im alten Palazzo: *Mariateresa Lanza* betreibt im Hause ihrer Vorfahren ein Literatur-Caffè cum Ristorante. Design-Ambiente und eine ausgesucht gute Territorialküche vertragen sich bestens. Vielleicht macht irgendwann auch das dazugehörige feudale B&B wieder auf. 25 Euro. Fr, Sa und So ab 18 Uhr.
Corso Gran Priorato di Malta 25,
Tel. 08 23 62 29 24, Mobil 33 37 57 01 89
(Mariateresa Lanza), www.palazzolanza.it

■ **La Locanda del Baffo**
Hübsche Altstadt-Osteria, in der feine lokale Gerichte auf den Tisch kommen. Eine Spezialität ist die Artischocken-Lasagne. Im Winter Stockfisch. 25 Euro. Do bis Sa abends, So mittags.
Via Arsenale 2, Tel. 08 23 62 21 83,
Mobil 34 83 65 67 30, www.locandadelbaffo.it
■ **Romano**
Das alte Gewölbe der Familientrattoria an der Piazza Medaglie d'Oro hat nach der letzten Renovierung zwar an Charme verloren, die Küche jedoch nichts von ihrer Qualität eingebüßt. Am Abend auch Holzofenpizza. Jüngeres Publikum. 15–20 Euro. Di Ruhetag. Mittags und abends.
Corso Appio 36, Tel. 08 23 62 15 49

Gelateria

■ **La Paletta d'Oro**
Eistempel in Dom-Nähe. Di Ruhetag.
Via Gran Priorato di Malta, Tel. 08 23 62 19 54

An- und Weiterreise

■ **Auto:** A1, Ausfahrt „Capua". Auf der Via Appia S.S. 7 „Appia" erreicht man Sessa Aurunca, S. Maria Capua Vetere und Caserta. **Parkplätze** in Capua am nordwestlichen Ende der Altstadt am Fluss bzw. im Südosten der Altstadt an der Porta Napoli.
■ **Bus: CLP** (www.clpbus.it) von/nach Caserta bzw. Sessa Aurunca. Busse halten auf der Piazza Umberto I. südlich der Altstadt.
■ **Bahn:** von/nach Neapel und Caserta.

Einkaufen

■ Von Di bis Sa **Lebensmittelmarkt** auf der Piazza Etiopia (Piazza Commestibili) im Rücken des Doms. Mo großer **Wochenmarkt** am Largo Porta Napoli am südlichen Ende des Corso.

■ **Ex Libris**

Die Buchhandlung im gleichnamigen Literatur-Caffè (s.o.) ist allerbestens sortiert.
www.libreriaguidacapua.blogspot.de

Fest und Kulturleben

■ **Palazzo Lanza,** im alten Adelspalast finden regelmäßig Lesungen und Konzerte statt.
www.architempo.it, www.palazzolanza.it
■ **Carnevale,** bunte Faschingsumzüge haben in Capua eine über hundertjährige Tradition.

Sant'Angelo in Formis

Etwas oberhalb des kleinen Ortes erhebt sich auf den Hängen des Monte Tifata in wunderschöner Lage eine Basilika. An Stelle eines römischen Diana-Tempels hatten bereits Langobarden hier die Kirche S. Michealis ad Arcum Dianae errichtet. Der heutige Bau entstand 1072 als Stiftung des großen Abtes *Desiderius von Montecassino.* Capua war 1058, kurz vor Baubeginn, normannisch geworden, und Graf *Richard von Aversa* hatte den Grund mit der Michaelskirche der **Abtei von Montecassino** geschenkt. Die einzigartige Bedeutung von Sant'Angelo in Formis besteht darin, dass dieser von **Abt Desiderius** persönlich veranlasste Bau ein unverfälschtes Beispiel des Montecassino-Stils ist, der im 11./12. Jh. zahlreiche Kirchenbauten prägte. Montecassino, das Mutterkloster des Benediktinerordens im südlichen Latium, wurde im 2. Weltkrieg fast vollständig zerstört.

Kennzeichnend ist die bewusste Verwendung antiken Baumaterials und der byzantinische Einfluss in Malerei und Mosaikkunst. Durch eine Vorhalle betritt man die dreischiffige **Basilika** mit gut erhaltenen Fresken des 11. Jh. In der Apsis ist eine Maiestas domini dargestellt. Der thronende Christus ist von den vier Evangelistensymbolen umgeben, darunter stehen Erzengel in byzantinischen Gewändern. Auf der linken Seite hält der Stifter Abt *Desiderius* das Modell der Kirche in den Händen. Er ist mit dem Rechteck-Nimbus der Lebenden dargestellt. Im Langhaus wird in drei übereinander liegenden Registern die Vita Christi geschildert, die Seitenschiffe zieren Erzählungen des Alten Testaments. Beim Verlassen der Kirche sieht man auf der Westwand die Darstellung des Jüngsten Gerichts. Ein paar Details dazu: In der Szene des letzten Abendmahls lagern Jesus und die Jünger in antiker Manier auf Klinen; die Kreuzigungsszene zeigt einen triumphierenden Christus; in der Darstellung des Jüngsten Gerichts klettern die Verstorbenen aus antiken Sarkophagen; beim Eintreten ist im ersten Zwickel links, in der Reihe der Propheten, eine Sibylle zu erkennen (siehe Exkurs „Die Sibylle von Cuma – guter Rat ist teuer").

Direkt an der Basilika werden schöne Postkarten verkauft, auf dem kleinen Platz unterhalb lädt eine Bar zu einer Verschnaufpause ein.

■ **Basilica di Sant'Angelo in Formis,** Via Luigi Baia, Tel. 08 23 96 08 17, www.diocesidicapua.it/basilicainformis. Tägl. 9.30–12.30 und 15.30–18/19 Uhr, heilige Messe am So 11.45 bzw. 18.30 Uhr. Eintritt 1 Euro.

Unterkunft

● **Casa di Accoglienza „S. Benedetto"**
Im Rücken der Basilica di Sant'Angelo in Formis
(s.o.) besteht die Möglichkeit, in einfachen Pilger-
zimmern unterzukommen.
Mobil 34 03 50 67 65, 34 05 93 42 29

Trattoria/Pizzeria

● **Il Borghetto Antico**
Sympathische Trattoria im Borgo Sant'Angelo in
Formis wenige Schritte von der Basilika. *Salvatore
Frezza* kocht lokale Spezialitäten, verwendet Stein-
pilze, bestes Fleisch und frischen Fisch. Die guten
Dolci sind hausgemacht. Abends auch Pizza. Im
Winter brennt der Kamin. Faire Preise. 20–25 Euro.
Di Ruhetag. Mittags und abends.
Via Baia 191 – Sant'Angelo in Formis,
Tel. 08 23 49 36 73, Mobil 33 89 32 27 43,
www.ristoranteilborghettoantico.it

An- und Weiterreise

● **Auto:** A1, Ausfahrt „Capua" bzw. „Caserta Nord".
Von Caserta landschaftlich schöne Strecke auf der
S.S. 87 über San Leucio in Richtung Caiazzo, dann
links nach Sant'Angelo abbiegen.
● **Bus: CLP** (www.clpbus.it) von/nach Caserta bzw.
Capua.
● **Bahn:** Metrocampania Nordest (www.metro-
campanianordest.it), gute Verbindungen von/nach
Caserta und Neapel. Vom Bahnhof in Sant'Angelo
sind es ca. 15 Min. zu Fuß bis zur Basilika.

[>] Markt in Sessa Aurunca

Sessa Aurunca und Baia Domizia

Auf einer Fahrt durch die nördliche Provinz Caserta ist **Sessa Aurunca** (203 m,
22.450 Ew.) eine der großen Überraschungen. Suessa, ehemalige Hauptstadt
der Aurunker, ab 314 v. Chr. römische
Veteranenkolonie und seit 90 v. Chr.
Municipium, erhebt sich auf den unteren Abhängen des erloschenen **Vulkans
Roccamonfina.** Vor wenigen Jahren
wurde das große Theater aus augustäischer Zeit vollständig freigelegt, restauriert und wird inzwischen wieder als
Bühne benutzt. Auf dem Corso Lucilio,
der dem Verlauf des antiken *cardus maximus* folgt, begegnet einem die Antike
auf Schritt und Tritt. Römische Meilen-
steine und lateinische Inschriften sind in
den Fassaden alter Paläste vermauert.
Zahlreiche kleine Werkstätten und
freundliche, altmodische Läden säumen
den Corso, Straßenszenen, die auch in
Kampanien nicht mehr alltäglich sind.
Der **Duomo S. Pietro,** ein romanisches
Schmuckstück des 12. Jh., liegt etwas
versteckt. Szenen aus dem Leben des *hl.
Petrus* schmücken die Arkaden der Vorhalle. Bei genauer Betrachtung entdeckt
man in der Fassade Marmorbruchstü-
cke, die vom antiken Merkur-Tempel
bzw. aus dem römischen Theater stammen. Im Inneren wurde so weit möglich
der barocke Stuck entfernt, die antiken
Säulen wieder freigelegt. Wunderschön
ist das mittelalterliche Bodenmosaik,
Kanzel und der Osterleuchter sind meis-
terhafte Arbeiten des 13. Jh. Die Kanzel
im Dom von Salerno stammt aus der
gleichen Werkstatt.

Sessa ist der Geburtsort von *Taddeo da Suessa* (1198–1250), einem der engsten Vertrauten Kaiser *Friedrichs II.* Sein Porträtkopf ist im Museo Campano von Capua zu sehen.

Hält man sich länger in der Gegend auf, lohnt der Besuch von **Carinola,** mit seinem schönen mittelalterlichen Dom und der Casa Novelli, einem eindrucksvollen gotischen Palast. Auf dem Weg von Sessa nach Carinola fährt man durch den Weiler **Ventaroli.** Die Basilika S. Maria di Foro Claudio erinnert in manchem an die bekanntere Kirche von Sant'Angelo in Formis. Auf dem Weg nach Capua lohnt **Calvi Vecchia** einen Abstecher.

Baia Domizia ist der Lido von Sessa Aurunca. Im Winter ist der zweitklassige Ferienort völlig ausgestorben, im August herrscht hier Chaos. Die kilometerlangen Sandstrände sind im Frühsommer und Herbst trotzdem verlockend, und es gibt hier einige passable Unterkünfte, von denen aus man zu Ausflügen ins Umland oder auch in Richtung Phlegräische Felder aufbrechen kann.

Information

■ **Comune di Sessa Aurunca –**
Assessorato alla Cultura
Prospekte und Stadtpläne. Mo bis Fr 9–12.30 Uhr,
Di und Do auch 15.30–17.30 Uhr.
Corso Lucilio 1, Tel. 08 23 60 22 14,
www.sessaaurunca.net

■ **Parco Regionale Roccamonfina**
Mit Glück gibt es hier auch Wanderkarten.
Via Castelluccio 16, Tel. 08 23 93 55 18,
www.parcodiroccamonfina.it

■ **www.prolocosessaaurunca.it**

Unterkunft

Hotel in Baia Domizia

■ Hotel della Baia ****

Gepflegtes Strandhotel in luftigem 1970er-Jahre-Stil. Helle, geräumige Zimmer, z.T. mit Balkon und Meerblick. Englischer Rasen, Tennisplatz und direkter Zugang zum schönen Strand. Gute Regionalküche. Keine Gruppen! 50 Zi., DZ/F 130–150 Euro, HP 120–135 Euro. Mitte Mai bis Ende Sept.
Via dell'Erica, Tel. 08 23 72 13 44,
www.hoteldellabaia.it

Ferienwohnungen in Tuoro

■ Le Stanze dei Pollano

MEIN TIPP! Im stillen Weiler Tuoro, genauer gesagt in der Località Sassi, am Südhang des Roccamonfina, haben *Antonio* und *Paola Pollano* (spricht gut deutsch) – ein polyglottes und weltweit gereistes älteres Paar – eine umwerfend charmante Gästeoase geschaffen. Ein Bauernpalazzo aus dem 19. Jh. und zwei weitere Häuser wurden liebevoll renoviert, die fröhlich bunten Zimmer bieten allen Komfort und herrliche Blicke in die Landschaft. Pool im Olivenhain. In Tuoro endet die kleine Straße, die aus dem 5 km südlich gelegenen Sessa Aurunca heranführt. Direkt aus Tuoro kann man zu einer schönen Wanderung aufbrechen (s.u.). Hier bleibt man oft länger als geplant. *Antonio* und *Paola* vermieten auch ein elegantes Apartment in ihrem Haus in Neapel (Vico Fiorentine a Chiaia 2, Tel. 08 16 58 34 60). 5 Ap., für 2 Pers. ab 450 Euro/Woche, für 4 Pers. ab 700 Euro/Woche. Ende April bis Anfang Nov.
Via Sassi 3 – Tuoro di Sessa Aurunca,
Tel. 08 23 93 85 63, Mobil 33 84 93 25 47,
www.lestanzedeipollano.com
GPS: N 41°15.405′, E 13°57.493′

Agriturismo bei Baia Domizia

■ Villa Matilde

Die Fattoria Matilde, eine der besten Kellereien Kampaniens (s.u.), liegt nördlich von Baia Domizia direkt an der Staatsstraße. In einem neueren Gebäude sind die geschmackvollen Gästeapartments untergebracht (leider nicht alle frei von Verkehrslärm). Das gemütliche Restaurant öffnet auf Vorbestellung auch für auswärtige Gäste (s.u.). Die Rezeption schließt um 17.30 Uhr! 4 Zi., 2 Ap., DZ/F 60–80 Euro, Ap. für 2 Pers. 80–120 Euro.
S.S. Domitiana Km 4,700 – Cellole,
Tel. 08 23 93 20 88,
www.agriturismovillamatilde.com

Campingplatz

■ Baia Domizia

Große, gepflegte, schattige Anlage mit direktem Zugang zum ausgedehnten Sandstrand. Zelt, Camperstellpätze, Bungalows. Disco, Beachvolleyball, im Sommer Animation. Anfahrt: von der S.S. 7 quater am km 2 abbiegen und der Ausschilderung zum Meer folgen. 2 Pers., Zelt und Auto 25–50 Euro, Bungalows ab 75 Euro. Ende April bis Ende Sept.
Via Pietre Bianche – Baia Domizia,
Tel. 08 23 93 01 26, www.baiadomizia.it

Essen und Trinken

Restaurant bei Baia Domizia

■ Villa Matilde

Agriturismo, in dem man übernachten (s.o.) und auf Vorbestellung ausgezeichnet essen kann. Bäuerliche Küche mit viel Gemüse. Die Zutaten stammen aus eigener Produktion. Im Herbst gibt es beispielsweise kräftige Linsen- und Kastaniensuppen, im Frühjahr überwiegen Kartoffel- und Artischockengerichte. Prämierte Weine aus eigenem Anbau. Nur auf Vorbestellung (abends mind. 10 Pers.). 30–35 Euro. Di Ruhetag. Mittags und abends.

Restaurants in/bei Sessa Aurunca

■ La Locanda delle Carozze

MEIN TIPP! Carano ist ein hübscher Borgo am Fuße des Monte Mássico wenige Kilometer südlich von Sessa. Der Palazzo Falco birgt nicht nur eine beachtliche Kutschensammlung, sondern v.a. ein wunderschönes und ausgezeichnetes Restaurant. Im Sommer werden die Tische im Hof eingedeckt. Die Zutaten liefern die eigene Landwirtschaft und das nahe Meer. *Peppe Falcos* Frau *Anny Pasca* steht der Küche vor. Anfahrt: ausgeschilderter Abzweig am Km 169,300 der S.S. 7. 30–35 Euro. Mo Ruhetag. Von Juli bis Ende Sept. tägl. abends, sonst nur Sa Abend, So Mittag bzw. auf Vorbestellung.
Località Carano, Mobil 33 55 79 63 91,
www.locandadellecarozze.com

■ La Vecchia Dogana

Pilzspezialitäten in altem Gewölbe. Sonst nicht sehr aufregend. 20–25 Euro. Mo und So Abend geschl. Mittags und abends.
Corso Lucilio 194, Tel. 08 23 93 65 46

An- und Weiterreise

■ **Auto:** A1, Ausfahrt „Capua". Sessa Aurunca liegt an der S.S. 7 „Appia". Baia Domizia ist von der S.S. 7 quater zu erreichen. Südlich von Mondragone führt die S.S. 7 quater als Schnellstraße, dem Verlauf der antiken Via Domitiana folgend nach Pozzuoli.

■ **Bus: CLP** (www.clpbus.it) von/nach Caserta. Busse halten unterwegs in Santa Maria Capua Vetere und Capua.

■ **Bus:** FS-Bhf. in Cellole. **Autolinee Petteruti** (Tel. 08 23 93 76 58) nach Sessa Aurunca.

Einkaufen

Donnerstag ist Markttag in Sessa Aurunca. Die Stände stehen auf der **Piazza am Fuße des Castello Ducale.** Die ganze Woche über kann man sich in den zahlreichen guten, kleinen Lebensmittelgeschäften und Bäckereien versorgen, die ebenfalls hier liegen.

■ Fattoria Villa Matilde

Die Azienda von *Maria Ida* und *Salvatore Avallone,* eine der besten und vielfach prämierten Kellereien Kampaniens, liegt nördlich von Baia Domizia direkt an der Staatsstraße. Auch Apartments (s.o.).
www.fattoriavillamatilde.it

■ Enoteca Prassino

Lorenzo und *Vincenzo Prassino* führen eine alte Familientradition fort, haben aber die Kunst des Weinhandels auf ein neues Niveau gehoben. Die besten Etiketten Kampaniens. Mo bis Sa 9–13.30 und 16.30–20.30 Uhr.
Via P. Tuozzi 5, Tel. 082 31 87 91 49,
Mobil 33 33 19 66 26, 33 88 87 64 79,
www.enotecaprassino.com

Feste/Veranstaltungen

■ **Ostern,** vom herzzerreißenden „Miserere" begleitet, tragen die in Kapuzen gehüllten Mitglieder der Bruderschaften reich geschmückte Mysteriengruppen durch die nächtlichen Altstadtgassen. Am eindrucksvollsten ist die Karfreitagsprozession. Die Tradition in Sessa reicht ins 16. Jh. zurück.

■ **Festa della Madonna del Popolo,** an *pasquetta* (Montag nach Ostern) feiert Sessa seine Patronin mit einer großen Prozession. Die Straßen sind über und über mit Blumen geschmückt.

■ **Festival di Musica d'Insieme,** hochkarätig besetztes Mozart-Festival Anfang September unter Schirmherrschaft der Stiftung Mozarteum Salzburg und der Accademia Musicale Aurunca. Das hübsche Städtchen bietet mit dem Palazzo Ducale, dem mit-

Die Provinz Caserta und das Matese

9

telalterlichen Dom und zahlreichen Konventen einen würdigen und fröhlichen Rahmen.
http://festivalsessa.beepworld.it
■ **Teatri di Pietra,** Ende Juli bis Mitte Aug. im antiken Theater griechische Dramen, römische Komödien, aber auch zeitgenössische ital. Stücke.
www.teatridipietra.org

Wandern

■ Die engagierte Sektion der Umweltgruppe Legambiente organisiert von Febr. bis Dez. (fast) jeden Sonntag Wanderungen auf den Roccamonfina und gelegentlich auch zu weiter entfernten Zielen. Infos c/o **Legambiente Sessa Aurunca,** Mobil 32 84 59 22 81 *(Carmine Venasco)*, legambientesessa@ libero.it. Termine und Routenbeschreibungen auch auf der Website des Parco Regionale Roccamonfina (s.o.).

Die Caldera des Roccamonfina

Leichte Wanderung durch Kastanienhaine mit herrlichen Landschaftsausblicken. Im Frühjahr ein Blütenmeer, ab Frühsommer köstliche Steinpilze, im Herbst reife Kastanien. Der Roccamonfina und das Mündungsgebiet des Garigliano stehen seit 1999 unter Naturschutz. Breite, ungepflasterte Wirtschaftwege. Kürzere Abschnitte auf asphaltierten, verkehrsfreien Straßen. In Fontanafredda hervorragendes Trinkwasser.
Reine Gehzeit: 3–3½ Std. (Tuoro – Ponte i Grottoni 1 Std., Ponte i Grottoni – Fontanafredda 30 Min., Fontanafredda – le Forche 30 Min., le Forche – Ponte i Grottoni 30 Min., Ponte i Grottoni – Tuoro 40 Min.).
Anfahrt: Aus Sessa Aurunca (Porta Cappuccini) ca. 1,5 km in Richtung Roccamonfina fahren, noch im Ort auf Höhe des Ospedale Civile (Krankenhaus) rechts abbiegen. Die gepflasterte Straße führt mit einer scharfen Rechtskurve bergab. Nach links in

Richtung Tuoro weiter, nach weiteren 4,5 km in Tuoro auf dem kleinen Kirchplatz parken.
Wanderung: Vom Kirchplatz am Ortsende von **Tuoro** (330 m) führt ein Hohlweg in wenigen Minuten zur Kirche S. Maria hoch. An der Kirche vorbei, auf dem ungepflasterten Wirtschaftsweg auf der Flanke des Vulkans aufsteigen. Seitlich des Weges stehen alte Olivenbäume und neu angelegte Pfirsichhaine. Auf dem Hauptweg bleiben und unterwegs an einer Gabelung links weiter hoch. Links liegt das Tal des Rio della Selva, vorne erhebt sich zur Rechten die kleine Anhöhe des Monte Tuoro Piccolo (655 m). Vorbei an einem Wasserschloss (umzäuntes Betongebäude) steigt der Weg links weiter an. Auf Höhe des **Ponte i Grottoni** (538 m) – die Nähe der Provinzstraße Sessa – Roccamonfina kündigt sich durch eine wilde Müllkippe an – nach rechts auf dem alten Wirtschaftsweg weiter hoch. Oliven- und Pfirsichkulturen haben inzwischen Kastanien Platz gemacht.
Der Weg überschreitet den Kraterrand und führt auf dem ebenen Boden der Caldera weiter. Aus der Caldera erhebt sich im Norden der Monte della Croce (1006 m). Der Weg setzt sich auf der schmalen Asphaltstraße nach links fort. Vorne am Hang liegt der Weiler S. Domenico. Die schmale Straße quert auf Höhe der Bar-Trattoria Il Guardiano in **Fontanafredda** (595 m) die Provinzstraße Sessa – Roccamonfina.
Am Il Guardiano vorbei geht es auf der Via Pratolongo bis zu einem öffentlichen Waschplatz mit ausgezeichnetem Trinkwasser (die namensgebende *fontana fredda!*). Seitlich der Straße stehen hinter Zäunen mächtige alte Esskastanien. Kurz hinter der Tränke nach links in die anfänglich asphaltierte, leicht ansteigende Straße einbiegen. Vom Caldera-Rand bietet sich ein großartiges Panorama auf die Berge und den Golf von Gaeta. Am **Pass Le Forche** (622 m) verzweigen sich die Wege. Nach rechts könnte man auf dem Caldera-Rand in ca. 45 Min. zum Orto della Regina, den Megalithmauern einer Aurunkerfestung, aufsteigen. Anschließend wieder auf dem gleichen Weg zurück.

Der Weg nach Tuoro setzt sich mit herrlichen Ausblicken halb links fort und führt teilweise über antikes römisches Pflaster bergab. Unterwegs finden sich einladende Picknickplätzchen! Auf dem nach links schwenkenden Hauptweg weiter absteigen (hier kann man leicht vom Weg abkommen, etwas Orientierungsglück ist gefragt). Mit Blicken auf Tuoro, den Monte Massico und den Vesuv geht es unter Kastanien in Serpentinen bergab. Vorbei an einem verfallenen Steinhaus stößt der Weg auf Höhe des **Ponte i Grottoni** auf die Provinzstraße Sessa – Roccamonfina. Die Straße queren, hier schließt sich der Kreis. Nach rechts auf dem bereits bekannten Weg nach Touro absteigen.

Roccamonfina

Ausgedehnte Kastanienwälder überziehen die Hänge des Roccamonfina, eines seit der Antike erloschenen Vulkans. Im Frühjahr explodieren die **Orchideen** in einer wahren Blütenpracht. *Lord Hamilton,* der englische Botschafter am Hof von Neapel, war einer der ersten, die im 18. Jh. die wahre Natur des Berges erkannten. Im Aufbau ein **Schichtvulkan** wie der Vesuv, war der Monte Roccamonfina ursprünglich 3000 m hoch. Nach einer Serie heftiger Ausbrüche stürzte der Berg in sich zusammen und es bildete sich die Gipfelcaldera, aus der heute die Staukuppen des **Monte S. Croce** (1005 m) und des **Monte Lattani** (765 m) herausragen.

Dank der Fruchtbarkeit der Böden und zahlreicher Quellen war die Landschaft am Fuße des Vulkans bereits im Altertum dicht besiedelt. Bei jüngeren Untersuchungen entdeckten Forscher ca. **385.000 Jahre alte Fußspuren** an den steilen Berghängen, die ältesten menschlichen *(Homo erectus)* Fußabdrücke, die bislang gefunden wurden. Den Einheimischen waren die versteinerten Fußtritte schon länger als „Teufelsspuren" bekannt. Der mittelalterliche Ort **Roccamonfina** auf 612 m Höhe ist eine beliebte Sommerfrische. Aus dem Städtchen führt eine Stichstraße zum **Santuario di Santa Maria di Lattani** hoch. Die Aussicht vom Belvedere umfasst die Massive des Matese und Camposauro-Taburno, an klaren Tagen ist im Süden der Vesuv zu sehen. In dieser beneidenswerten Lage hat der *hl. Bernardino da Siena* 1430 ein Kloster errichtet. Im Vorhof steht ein Brunnen; es heißt, sein Wasser verhelfe Frauen zu kräftigen Söhnen. Entsprechend groß kann der Andrang sein, ganze Kanister werden abgefüllt … Im gotischen Kreuzgang empfängt einen üppige Pflanzenpracht, Fresken in den Gewölben zeigen das Leben des *hl. Franziskus.*

Eine landschaftlich schöne Strecke führt über die bewaldeten Ostabhänge des Roccamonfina ins Alto Casertano.

Restaurant

■ **Il Guardiano**

Von außen seit Jahren ein Rohbau, dennoch kann man hier für wenig Geld passabel essen. Hausgemachte Pasta, Steinpilze in allen Variationen und Fleisch vom Grill. Abends auch Holzofenpizza. Anfahrt: an der Provinzstraße Sessa Aurunca – Roccamonfina. 20 Euro. Mo Ruhetag. Mittags und abends. Via G. Puccini 2 – Fontanafredda, Mobil 33 33 33 09 70

An- und Weiterreise

■ **Auto:** A1, Ausfahrt „Caianello". Roccamonfina ist auch aus Sessa Aurunca auf schöner Bergstrecke zu erreichen.
■ **Bus: CLP** (www.clpbus.it) von/nach Caserta. Busse halten unterwegs in Santa Maria Capua Vetere und Capua.

Teano

Das Städtchen am Südosthang des Monte Roccamonfina ist eine Entdeckung wert! In der verwinkelten mittelalterlichen Altstadt scheint die Zeit in den 1950er Jahren stehen geblieben zu sein, das suggerieren zumindest die Inneneinrichtungen vieler Geschäfte und die zahlreichen Handwerksläden.

Die Ursprünge des Ortes an der Kreuzung von **Via Appia** und **Via Latina** sind antik, wie auch die Reste eines römischen Theaters an der Landstraße Richtung Capua beweisen. Das **Theater,** zwischen Ende des 2. und Anfang des 1. Jh. v. Chr. errichtet, ist eines der ältesten in Gewölbebautechnik. Im Mittelalter entwickelte sich in den Ruinen ein Handwerkerviertel mit mehreren Keramikbrennöfen. Die ältesten Siedlungsspuren in Teano sind prähistorisch, eine Blüte erlebte der Ort als Hauptstadt der Sidiciner, eines kleinen mittelitalischen Volksstammes. Der Historiker *Polybios* beschrieb Teanum Sidicinum als zweitwichtigste Stadt Kampaniens nach Capua. Bedeutend waren die Thermen in der römischen Kaiserzeit. Sehr sehenswerte archäologische Funde – figürliche Votivgaben aus Terrakotta und Beigaben

aus Kriegergräbern – zeigt der **Loggione,** ein gotischer Palazzo, der auf mächtigen Mauerresten aus vorrömischer Zeit steht. Im Mittelalter versammelten sich hier die Adelsfamilien, denen die Verteidigung der Stadttore oblag. Noch in den 1980er Jahre beherbergte das Kastell das Cinema Garibaldi.

■ **Museo Archeologico Teanum,** Piazza Umberto I., Tel. 08 23 65 73 02, www.archeosa.beniculturali.it. Mi bis Mo 8.30–19.30 Uhr. Eintritt frei.
■ **Teatro di Teanum Sidicinum,** Via Pioppeto (vom Museum über die Via N. Gigli zu Fuß zu erreichen), www.archeosa.beniculturali.it. Mi bis Mo 10.30 bis 1 Std. vor Sonnenuntergang. Eintritt frei.

Jedes italienische Schulkind kennt den „Handschlag von Teano", bei dem der Freiheitsheld *Giuseppe Garibaldi* am 26. Oktober 1860 *Vittorio Emanuele II.* als König des vereinigten Italien begrüßte.

Information

■ **Ufficio Turismo – Comune di Teano**
Mo bis Fr 8.30–13.30 Uhr, Mo und Do auch 15–17.30 Uhr.
Piazza Municipio, Tel. 08 23 65 82 54, www.comune.teano.ce.it
■ **Pro Loco di Teano**
Piazza Municipio 1, www.prolocoteano.it

▷ Über 2100 Jahre alt: das römische Theater von Teano

Essen und Trinken

■ **Al Vecchio Mulino – Villa Guerrera**
MEIN TIPP! Neuer Schauplatz, bewährtes Team: Einladendes Restaurant, das sich der lokalen Küche auf hohem Niveau verschrieben hat. Die Zutaten kommen aus der unmittelbaren Umgebung, *Pietro Baletta* und *Dino Casale* folgen dabei der Philosophie des *menu a kilometro zero*. Milchlamm im Steinpilzmantel oder Forellen mit Zucchini sind zwei der Spezialitäten. Anfahrt: aus dem Zentrum Richtung Formia und ca. 500 m nach dem Ort links. 25–35 Euro. Mo Abend und Di geschl.
Via Rio Persico, Tel. 08 23 88 62 91,
www.alvecchiomulino.it

■ **Pizzeria-Alimentari Rendina**
Kleiner Lebensmittelladen und köstliche Pizza heiß aus dem Holzofen in die Hand. So Ruhetag. Von Früh bis spät.
Corso Vittorio Emanuele 32

■ **Pasticceria Chiacchio Antonio**
Köstliche *sfogliatelle* und Mandelplätzchen. Mo Ruhetag.
Corso V. Emanuele 13, Tel. 08 23 88 50 60

An- und Weiterreise

■ **Auto:** A1, Ausfahrt „Caianello".
■ **Bus: CLP** (www.clpbus.it) nach Roccamonfina, **Sardella** (Tel. 08 23 65 73 11) nach Caserta.

Feste/Veranstaltungen

■ **Ostern,** am Mittwoch in der Karwoche wird das **Passionsspiel Via Crucis vivente** in der Altstadt aufgeführt.
■ **Teatri di Pietra,** von Ende Juli bis Mitte Aug. im antiken Theater griechische Dramen, römische Komödien, aber auch zeitgenössische ital. Stücke. www.teatridipietra.org
■ **Teano Jazz,** seit 1993 finden sich im Juli Jazzgrößen wie *Carla Bley* oder *Lee Konitz* in Teano ein – seit ein paar Jahren auch im Winter. Gejammt wird im Loggione des Museo Archeologico.
www.teanojazz.org

◁ Garibaldi omnipräsent

Das Alto Casertano und die Monti del Matese

Der Norden der Provinz Caserta ist für Feinschmecker und Naturliebhaber eine Offenbarung. Im Alto Casertano locken die in zauberhafte Landschaft eingebetteten Orte **Vairano Paternora** (168 m, 6530 Ew.) und **Pietravairano** (250 m, 3090 Ew.) mit malerischen Altstädten und vorzüglichen Restaurants.

Östlich des fruchtbaren Volturno-Tals (lat. *vola torrens,* schnell fließendes Wasser) bauen sich die **Monti del Matese** zu imposanter Größe auf, mit dem 2050 m hohen **Monte Miletto** als höchstem Gipfel. Das Matese-Massiv ist der Beginn des südlichen Apennins, über seine Gipfelkämme verläuft die Grenze zwischen Kampanien und Molise. Ausgedehnte Buchenwälder bedecken die Hänge, und jeden Sommer werden wie seit Urzeiten große Viehherden auf die saftigen Hochweiden getrieben. Wo die Samniten im unzugänglichen Karst den Römern ihre letzten Rückzugsgefechte lieferten, kann man heute herrlich wandern. Braunbären gibt es in den Wäldern keine mehr, aber über die Höhen streifen wieder Wolfsrudel und in den Felsen nisten Adler. 1999 ist der **Parco Naturale Regionale del Matese** eingerichtet worden.

Am besten lernt man den Matese auf einer Rundfahrt kennen, für die man sich einen Tag Zeit nehmen sollte. Auf einer Anhöhe am Fuße der Berge erhebt sich das seit der Jungsteinzeit durchgehend besiedelte **Piedimonte Matese**

(170 m, 11.375 Ew.). In den freundlichen Altstadtgassen liegt der appetitliche Geruch von frischem Käse in der Luft. Die S.S. 158 dir. windet sich in Serpentinen über Castello Matese und San Gregorio Matese bis zu dem 1102 m hoch gelegenen **Passo di Miralago**. In einer riesigen Karstsenke breitet sich der **Lago del Matese** aus, überragt von den höchsten Gipfeln des Massivs. Über diese Hochebene zogen sich breite Fernweidewege, die zu den Winterweiden auf dem Tavoliere in Apulien führten. Ein kurzer Abschnitt eines solchen *tratturo* ist als Wanderweg angelegt. Die Straße führt in dem engen, wunderschönen Tal des Lete wieder abwärts. Picknickplätze am Ufer werden im Sommer an die neapolitanischen Wochenendausflügler vermietet.

Letino (961 m, 800 Ew.) ist ein uralter Bergort mit einer lebendig gebliebenen Handwerkstradition. Über das mittelalterliche **Gallo Matese** (875 m, 680 Ew.) geht es nach **Fontanagreca** (320 m, 860 Ew.). Hier öffnet sich erneut der Blick auf das Volturno-Tal. **Alife** (110 m, 7660 Ew.), dessen Altstadt den Grundriss eines römischen Castrum nachzeichnet und fast vollständig von der Stadtmauer aus dem 1. Jh. v. Chr. umgeben ist, liegt bereits in der Volturno-Ebene.

Information

■ **Pro Loco Vairano Paternora**
Via Roma 100, Mobil 34 06 23 07 71,
www.prolocovairanopatenora.it
■ **Parco Naturale Regionale del Matese**
Auch Wander- und Unterkunftstipps.
Piazza della Vittoria – San Potito Sannitico,
Tel. 08 23 78 60 15, Fax 08 23 54 33 04,
www.parcoregionaledelmatese.it

Die Provinz Caserta und das Matese

9

Unterkunft

Locanda in Pietravairano

■ La Stalla della Caveja

Ordentliche, ruhige Zimmer über dem gleichnamigen Restaurant (s.u.). *Angela Grella* serviert ihren Gästen ein prima Frühstück! Pietravairano ist ein idealer Ausgangspunkt für Ausflüge ins Matese und auf den Roccamonfina, Gäste erhalten gute Tipps. Anfahrt: 6 km von der A1, Ausfahrt „Caianello" und weiter auf der S.S. 372 Richtung Telese, Ausfahrt „Pietravairano". 16 Zi., DZ/F 80 Euro.

Via Santissima Annunziata 10, Tel. 08 23 98 48 24, 08 23 98 49 55, www.lacaveja.com

Dimora storica bei Dragoni

■ Villa de Pertis

Nicola de Pertis hat den kleinen Palazzo seiner Vorfahren in eine entzückende Bleibe verwandelt. Mit Gusto eingerichtete Zimmer, die Suite mit Kamin. Das Haus bietet sich für Ausflüge in die Monti Matese an (auf die man von der großen Terrasse herrlich blicken kann), aber auch Benevent, Capua oder Caserta sind schnell erreicht. Das Restaurant öffnet auf Vorbestellung für Gäste des Hauses. 4 Zi., DZ/F 70 Euro, Suite 105 Euro.

Via Ponti 30 – San Giorgio, Tel. 08 23 86 67 15, Mobil 32 93 96 76 77, www.villadepertis.com

Agriturismo/ Camping am Lago del Matese

■ La Baita

Am Nordufer des Lago del Matese schön gelegenes Steinhaus. Der Agriturismo ist Teil des landwirtschaftlichen Betriebes „Falode". 15 Ap. mit Küchen, DZ 70–80 Euro, HP 60–70 Euro (Restaurant im Falode, s.u.). April bis Nov. An der Straße Richtung Letino ausgeschildert.

■ Falode

Großer Viehzuchtbetrieb mit Käserei am Lago del Matese. Meidet man den August und die Sommerwochenenden, ist es hier sehr ruhig und erholsam. Besonders schön ist der Herbst, die Gegend ist ein Wanderparadies. Gästezimmer in mehreren über das Gelände verstreuten Gebäuden, nett eingerichtet sind die Zimmer im neuen Trakt der Vecchia Dimora. Zwei einfache Schlafsäle werden v.a. von Wandergruppen genutzt (Ü 12–18 Euro). Es besteht auch die Möglichkeit zum Campen (2 Pers., Zelt und Auto ca. 15 Euro). Anfahrt: auf der S.S. 158 dir. über Piedimonte Matese, vom Passo di Miralago 3 km den Ausschilderungen nach Osten folgen. 20 Zi., DZ/F 70–80 Euro, HP 60–70 Euro.

Località Acqua di Santa Maria, Tel. 08 23 91 92 33, www.falode.it

Essen und Trinken

Restaurants in Pietravairano

■ La Stalla della Caveja

In den gemütlich eingerichteten Räumen einer ehemaligen Stallung kann man sich den Gaumen von einer grundehrlichen Küche verwöhnen lassen. Zahlreiche Gemüsegerichte, vor allem aber Fleisch erster Qualität. Auch Holzofenpizza. Exzellente Weinauswahl, der Wein ist auch gläserweise zu konsumieren. Zum Nachtisch Selbstgebackenes und Obst aus dem Hausgarten. Unter dem gleichen Dach kann man auch gut übernachten (s.o.). Anfahrt: 6 km von der A1, Ausfahrt „Caianello" und weiter auf der S.S. 372 Richtung Telese, Ausfahrt „Pietravairano". 25–35 Euro. So abends und Mo geschl. Mittags und abends.

Via Santissima Annunziata 10, Tel. 08 23 98 48 24, 08 23 98 49 55

Trattoria in Vairano Paternora

■ Il Vairo del Volturno

MEIN TIPP! In der ehemals schlichten Familien-Trattoria steht längst die zweite Generation am Herd. Ohne einer einfachen, schmackhaften Lokalküche und den Stammgästen untreu geworden zu sein, macht die Experimentierfreude von *Renato Martino* das Lokal zu einem der interessantesten und besten der Region (Michelin-Stern!). Nur ein paar Beispiele: Büffelrouladen mit geräuchertem Aal, Büffelbraten im Blätterteigmantel, gebratene Wachteln in Ahornhonig. Eine Spezialität sind die in Essig eingelegten grünen Pfirsiche. Auch bei den *dolci* überwiegen lokale Zutaten. Beachtliche Weinkarte. Anfahrt: 5 km ab A1 Ausfahrt „Caianello" und weiter auf der S.S. 85 Richtung Isernia. 40–60 Euro. So abends, Di Ruhetag. Juli geschl. Mittags und abends. Via IV. Novembre, Tel. 08 23 64 30 18, www.vairodelvolturno.com

Trattoria in San Gregorio Matese

■ San Donato

Deftige Bergküche des Matese. Prima Würste, gute Pilzgerichte, gegrilltes Lamm. Anfahrt: zwischen Castello und San Gregorio Matese an der S.S. 158. 20 Euro. Di Ruhetag. Mittags und abends. Località San Donato, Tel. 08 23 91 91 61

An- und Weiterreise

■ **Auto:** Das Alto Casertano und die Monti del Matese sind am schnellsten über die Autobahn zu erreichen. Von der A1, Ausfahrt „Caianello" führt die als Schnellstraße ausgebaute S.S. 372 durch das Volturno-Tal, vorbei an Dragoni und Telese Terme bis Benevent.

■ **Bahn:** Metrocampania Nordest (www.metrocampanianordest.it) aus Neapel nach Piedimonte Matese.

Vulkan des guten Geschmacks

Nach dem Erfolg mit der „Caveja" (s.o.) hat sich *Berardino Lombardo* einem neuen kulinarischen Abenteuer verschrieben und am Nordhang des Roccamonfina ein altes Gut aus dem 18. Jh. zu frischem Leben erweckt. Auf 40 ha Land weiden alle erdenklichen Tiere, gedeihen Oliven, Wein, alte Obstsorten und Gemüse und im Kastanienwald unzählige Pilze – alles Zutaten für eine der besten Bergküchen weit und breit. Das neue Lokal liegt einen knappen Kilometer von der Autobahnausfahrt „Caianello" östlich der Autobahn im Grünen. Auf dem Weg dorthin passiert man einen Reifenhändler und ein schäbiges Hotel. Verkehrsgünstiger und vorzüglicher kann man selten speisen! Die Küche folgt den Jahreszeiten, erkundet und respektiert die bäuerlichen Traditionen und ehrt bescheidene Hülsenfrüchte und fast vergessene Getreidesorten nicht geringer als das zarte Fleisch der schwarzen Casertano-Schweine. Sorgsam zubereitet entfalten Zucchini, Kartoffeln und Tomaten ungeahnte Aromen. Bei gutem Wetter sitzt man mit Blick in die bäuerliche Kulturlandschaft und auf den Grill, Wirkungsstätte von *Berardino*, im Freien. In der kühlen Jahreszeit wird im Inneren gemütlich eingedeckt. Ein kulinarisches Paradies, nicht nur für Karnivoren!

■ **Il Contadino,** Via Starze 159 – Caianello, Tel. 08 23 92 20 43, Mobil 33 95 92 86 49, http://berardinolombardo.it. 30 Euro. Tägl. mittags und abends. Im Winter So abends geschl.

Einkaufen

In fast allen Orten des Matese – oft auch an Straßenständen – kann man hervorragenden **Käse** und ausgezeichnete **Würste** kaufen.

Wandern

Mitglieder des CAI (Italienischer Alpenverein) wie z.B. der Sektion Piedimonte Matese (www.caipiedimontematese.it) markieren die Wege im Naturpark. Abwechslungsreiches Ausflugsprogramm für Mitglieder und Gäste.

Il Tratturo del Matese

Fährt man vom Passo del Miralago zum Agriturismo Falode (s.o.), quert man unterwegs einen der alten Transhumanzwege. Am Straßenrand, beim Schild

gyn13_132 pa

Die Provinz Caserta und das Matese

Anfahrt: Vom südlichen Ufer des Lago del Matese biegt man wenige Kilometer westlich der Palazzina (alte Stromzentrale) vom See weg ab. Nach 3 km setzt sich die Straße geschottert fort, und vor einer Linkskurve zweigen rechts zwei Schotterwege ab. Hier das Auto parken.

Wanderung: Der markierte Weg führt in gerader Linie nach Westen in eine große Karstsenke, den Campo Braga. Nachdem man die offene Weidefläche, vorbei an einer Tränke, in ihrer ganzen Länge durchschritten hat, führt der Weg leicht ansteigend, die Richtung beibehaltend, durch einen Buchenwald. Weiterhin westwärts wird die nächste offene Weidefläche gequert. Dann beginnt der Weg nach rechts zu schwenken und den Hang im Buchenwald aufzusteigen. Linker Hand liegt der Campo Rotondo, eine weitere offene Karstsenke. Unterwegs stößt von links der CAI-Weg „13 G" dazu. Zwischen Felsen und Buchen geht es bis auf einen Pass in 1450 m Höhe. Der Gipfel des **Monte Janara** erhebt sich im Norden und ist nach einer kleinen Kletterpartie erreicht. Der Rundumblick ist überwältigend! Auf dem gleichen Weg zurück. Auf keinen Fall im unbekannten Gelände bei Nebel wandern!

„Tratturo del Matese", kann man das Auto parken. Zu Fuß folgt man dem ebenen, rot-weiß markierten Weg ostwärts. In 2,5 km Entfernung liegt die Tränke Fonte del Corvo. Auf gleichem Weg zurück.

Monte Janara
(CAI-Wanderung „13 F")

Eine der schönsten Wanderungen im Matese führt auf den 1575 m hohen Monte Janara. Der CAI-Weg „13 F" ist rot-weiß markiert. Der Höhenunterschied beträgt 475 m, die Wanderung dauert ca. 4 Std. hin und zurück.

10 Bene-vent und die Monti del Sannio

Die beschauliche Provinzhauptstadt Benevent birgt eine Reihe von Kunstschätzen; so steht hier einer der besterhaltenen Triumphbögen der römischen Antike. Fernab der üblichen Touristenrouten laden auch die Monti del Sannio zu landschaftlichen und kulinarischen Höhenflügen ein.

◁ Kreuzgang Santa Sofia (Benevent)

10

➡️ **Arco di Traiano in Benevent:**
Lohn für gute Politik | 545

➡️ **Hortus Conclusus:**
Künstlergarten in Benevent | 546

➡️ **Terme di Telese:**
für ein paar Euro (fast wie)
in Champagner baden | 554

➡️ **Sant'Agata de'Goti:**
Stadt-Juwel mit kulinarischer Note | 556

NICHT VERPASSEN!

Diese **Tipps** sind gelb hinterlegt.

🔼 Benevent: lebhafter Corso Garibaldi

ÜBERBLICK

gvn13_139 pa

Benevent ist eine selbstbewusste und trotz ihrer zahlreichen Kunstschätze nur wenig besuchte Provinzhauptstadt. Hier steht einer der am besten erhaltenen Triumphbögen der römischen Antike. Der kleine mittelalterliche Ort Sant'Agata dei Goti ist ein Juwel, die Massive des Camposauro und Taburno laden zu ausgedehnten Wanderungen ein. Ein eigenes Fahrzeug hilft Zeit sparen.

Benevent

Die Stadt Benevent hat niemals ihre ursprüngliche Stelle geändert wie Capua. Ihre Mauern, durch die natürlichen Verhältnisse in ihrem Umfange bedingt, beschreiben noch heute nahezu dieselben Linien wie im Altertum.

Ferdinand Gregorovius,
Wanderjahre in Italien, 1874/1875

Die **Provinzhauptstadt** Benevent (135 m, 61.400 Ew.) wurde 1943 zu 65% von Fliegerbomben zerstört, doch sind große Anstrengungen unternommen worden, die Altstadt wieder aufzubauen. Das ist gut gelungen, und man fühlt sich hier schnell wohl. Erstaunlich ist, dass trotz einer Fülle herausragender Kunst- und Baudenkmäler der Tourismus bislang kaum Fuß gefasst hat. Die **Chiesa Santa Sofia** aus dem 8. Jh. zählt zum Weltkulturerbe der UNESCO. Alle Sehenswürdigkeiten lassen sich bequem zu Fuß erkunden.

Geschichte

Diomedes, einer der griechischen trojanischen Helden, gilt als mythischer

10

Benevent und Monti del Sannio

© REISE KNOW-HOW 2013

0 ▬▬▬▬▬ 10 km

Gründer der Stadt am Zusammenfluss von Calore und Sabato. Ab dem 8. Jh. v. Chr. ist die Besiedlung durch Samniten bezeugt. Das kriegerische Hirtenvolk fügte den Römern 321 v. Chr. in der Caudinischen Schlucht ihr „Waterloo" zu. Der samnitische Ortsname **Maloenton** bezeichnete den Ort, an dem das Vieh zusammengetrieben wurde. Die Römer nannten die Stadt aus verständlichen Gründen **Maleventum,** bis sie hier 275 v. Chr. einen Sieg über den Molosser-König *Pyrrhus* davontrugen und in Erinnerung an den glücklichen Ausgang der Schlacht ihre 268 v. Chr. errichtete

Kolonie in **Beneventum** umtauften. In römischer Kaiserzeit entwickelte sich Beneventum zu einer der bedeutendsten Städte Süditaliens. Byzantiner und Goten stritten im 6. Jh. n. Chr. um ihren Besitz. Lachende Dritte waren die Langobarden, die Benevent zur Hauptstadt ihres Herzogtums machten, das im 8. Jh. weite Teile Süditaliens umfasste. Nach dem Tod des letzten Langobardenfürsten gelangte die Stadt 1053 an den Kirchenstaat, dessen Exklave sie mit kurzen Unterbrechungen bis 1860 blieb. 1266 war Benevent Schauplatz eines kriegerischen Ereignisses, welches das Ende der staufischen Herrschaft in Süditalien einleitete. König *Manfred,* Sohn von Kaiser *Friedrich II.,* verlor gegen *Karl v. Anjou* die Schlacht und sein Leben.

Glaube und Religion haben in Benevent zum Teil merkwürdige Blüten getrieben. Römer führten aus Ägypten den Isis-Kult ein. Seit den Anfängen des Christentums war Benevent ein wichtiges Bistum, Bischof *Gennaro* fand 305 in Pozzuoli den Märtyrertod und machte postum Karriere als Patron von Neapel. Benevent war aber auch ein Hexenversammlungsplatz, ein Nussbaum vor der Stadt der „Blocksberg" Italiens. Die ersten Langobarden verehrten eine Schlange in dem Baum, ein Tier, das bereits der *Isis* heilig war, bis Bischof *Barbato* im Jahr 663 den Nussbaum fällen ließ und die Langobarden zum Christentum bekehrte. Der Kräuterschnaps *Strega* (Hexe) hält die Erinnerung an alte Zeiten wach.

Besichtigung

Das bedeutendste Denkmal Benevents ist der vorzüglich erhaltene **Trajansbogen.** Der Triumphbogen wurde 114 n. Chr. im Auftrag des Senats an jener Stelle errichtet, an der die Via Traiana als Abzweig der Via Appia ebenfalls nach *Brundisium* (Brindisi) führte. Der umfangreiche Reliefschmuck verherrlicht die weise Regierung des „optimus princeps". Auffällig dabei, dass der Kaiser nie in militärischer Rüstung zu sehen ist.

Die Seite, die stadtauswärts weist, schildert die Befriedung und Entwicklung der Provinzen. Auf der anderen Seite sind die innenpolitischen Leistungen *Trajans* dargestellt. Die Reliefs im Bogendurchgang zeigen den Kaiser beim frommen Opfer anlässlich der Eröffnung der Via Traiana und bei der *alimentatio,* der Lebensmittelversorgung von bedürftigen Bürgern.

In der entweihten Langobardenkirche Sant'Ilario aus dem 7./8. Jh. in der Nähe ist das multimediale **Museo dell'Arco** eingerichtet. Zur Schau gestellt werden die militärisch-politischen Leistungen des Kaisers *Trajan.*

> Hortus Conclusus:
Mimmo Paladinos Skulpturengarten

Benevent und die Monti del Sannio

gvn13_136.pa

■**Chiesa di Sant'Ilario,** Via San Pasquale, Mobil 32 85 83 06 99, www.arecaonlus.it. Tägl. 10–13 und 16–19 Uhr. Eintritt frei.

Die 762 vom Langobardenherzog *Arechi II.* gestiftete **Santa Sofia,** ein kreisrunder, von antiken Säulen gestützter Kuppelbau, ist eine der interessantesten frühmittelalterlichen Kirchen in Süditalien. Der dazugehörige Kreuzgang des 12. Jh. ist im Rahmen einer Museumsbesichtigung zu besuchen. Schlanke Säulen mit 47 reich geschmückten Kapitellen stützen maurisch anmutende Bögen. Das **Museo del Sannio** birgt eine umfangreiche, gut präsentierte Sammlung: samnitische Keramik- und Bronzefunde, die Ausstattung des Isis-Tempels, römische Statuen sowie profane und sakrale Gegenstände aus langobardischer Zeit.

■**Museo del Sannio,** Piazza S. Sofia, Tel. 082 42 18 18. Di bis So 9–19 Uhr. Eintritt 4/2 Euro.

Auf dem Platz vor der Kirche steht der **Campanile.** Steintafeln zeigen die Ausdehnung des Samnitenreiches vom 6. bis 4. Jh. v. Chr. und das Territorium des langobardischen Herzogtums im 8. Jh. Auf der gegenüberliegenden Seite des Corso erhebt sich an Stelle der alten Langobardenburg die **Rocca dei Rettori,** in der die Statthalter des Papstes residierten. Papst *Johannes XXII.* hatte die Stadtfestung 1321 nach dem Vorbild des päpstlichen Palastes in Avignon errichten lassen. Heute dient das stattliche Gemäuer der Provinzverwaltung von Benevent als Amtssitz. Ein Flügel beherbergt regelmäßig Sonderausstellungen.

■**Rocca dei Rettori,** Piazza Castello. Zu Amtszeiten geöffnet, bei Ausstellungen evtl. Eintritt.

Auch die Gegenwartskunst hat in Benevent Einzug gehalten. Der aus Benevent stammende, auch international bekannte, Bildhauer **Mimmo Paladino** hat den Hof des ehemaligen Klosters San Domenico (**Hortus Conclusus**) bis ins kleinste künstlerische Detail gestaltet – ein magischer und erholsamer Ort zugleich.

■**Hortus Conclusus,** Piazza Guerazzi. Mo bis Sa 9–13 und 15–19.30 Uhr, So 9–13 Uhr. Eintritt frei.

Der pompöse Palazzo della Prefettura, als Regierungspalast der nie zustande gekommenen Regione Sannio geplant, beherbergt u.a. das **Museo d'Arte Contemporanea Sannio,** ein ambitioniertes Museum für zeitgenössische Kunst.

■**ARCOS,** Corso Giuseppe Garibaldi 1, Tel. 08 24 31 24 65, 082 42 10 79. Öffnet anlässlich von Ausstellungen. Eintritt frei.

Der mittelalterliche **Dom** wurde bei den Bombenangriffen 1943 bis auf seine Grundmauern zerstört. Der Neubau aus den 1950er Jahren behielt lediglich Grund- und Aufriss bei, eine historische Rekonstruktion wurde am Campanile und der romanischen Westfassade unternommen. Zahlreiche antike Fragmente sind hier vermauert, am Campanile z.B. das Relief eines geschmückten Opferschweins, Wappentier der Stadt. Die restaurierten Reste des berühmten und größten mittelalterlichen Bronzeportals wurden 2000 wieder aufgestellt. Jüngere Grabungen haben Reste einer langobardischen Vorgängerkirche zum Vorschein gebracht, die ältesten kultischen Spuren reichen bis in die Steinzeit.

Seitlich am Dom führt die Via Torre unter dem **Arco di Sacramento** durch.

10

Der römische Triumphbogen ist vollständig seines Schmuckes beraubt. In dem mittelalterlichen Viertel steht das gut erhaltene **römische Theater.** Errichtet zur Regierungszeit *Trajans*, fasste es 10.000 Zuschauer. Heute noch finden hier Freiluftaufführungen statt.

■**Teatro Romano,** Piazza C. Ponzio Telesino, Tel. 082 44 72 13, www.archeosa.beniculturali.it. Tägl. 9 Uhr bis 1 Std. vor Sonnenuntergang. Eintritt 2 Euro.

Information

■**EPT**

Tourismusbehörde im Südwesten der Altstadt: Stadtpläne, Unterkunftsverzeichnis und Infobroschüren der Provinz. Mo bis Fr 8–14 Uhr und 15–18 Uhr, Sa 9.30–12 Uhr.
Via Nicola Sala 31, Tel. 08 24 31 99 11, Fax 08 24 31 23 09, www.eptbenevento.it

Benevent   0 ▬▬▬ 200 m   ©Reise Know-How 2013

Bahnhof – Stazione FBN,
Telese Terme

Bahnhof – Stazione FBN

■ Übernachtung
2 Le Stanze del Sogno
6 Albergo della Corte ***
7 President ****
8 UNA Hotel Il Molino ****

Museo dell'Arco
Arco Traiano
Teatro Romano
Museo del Sannio
Hortus Conclusus
ARCOS
Rocca dei Rettori

A 16 Avellino, Napoli, Salerno

■ Essen und Trinken
1 Pizzeria Romana
3 Nunzia
4 Cotton Club
5 Traiano

10

■ Punto Informativo

Am Busterminal am südwestlichen Altstadtrand.
Mo bis Fr 9.30–13 und 15.30–19 Uhr, Sa 9.30–13
und 15.30–18 Uhr.
Via Sandro Pertini, Tel. 082 42 81 80,
www.puntoinformativobn.it

■ www.comune.benevento.it, u.a. ausführli-
che touristische Infos der Stadt Benevent.

■ www.vacanzenelsannio.benevento.it, tou-
ristische Infos der Provinz Benevent.

Unterkunft

Hotels

■ UNA Hotel Il Molino ****

Aus der Sanierung einer Groß-Mühle hervorgegangen, liegt dieses ebenso moderne wie komfortable
Haus noch zentrumsnah. Prima Restaurant! Parkplatz gratis. 46 Zi., Classic-DZ/F 110 Euro, Superior
und Suiten teurer.

Via dei Mulini 48, Tel. 08 24 31 12 13,
www.unahotels.it

■ President ****

Ordentliches Hotel am Altstadtrand gegenüber der
Rocca dei Rettori. Gute Betten, Gästeparkplatz gratis. 77 Zi., DZ/F 110 Euro.
Via G. B. Perasso 1, Tel. 08 24 31 67 16,
www.hotelpresidentbenevento.it

■ Albergo della Corte ***

Die Brüder *Barbato* führen das kleine, mitten in der
Altstadt zwischen Trajansbogen und S. Sofia gele-
gene Hotel ihrer Eltern fort. Das Haus ist renoviert,
die freundlichen Zimmer sind ruhig, die Betten top.
Parkausweise für Gäste. 10 Zi., DZ/F 60 Euro.
Via Mario La Vipera 71/73,
Tel. 082 45 48 19, www.albergodellacorte.org

⌂ Pizzeria Romana: typische Tavola calda

Benevent und die Monti del Sannio

Zimmer und Apartments

■ Le Stanze del Sogno

Von Kooperative geführte Selbstversorger-Pension in einem im Centro storico gelegenen Neubau, wenige Gehminuten von Dom, römischem Theater und Trajansbogen. Nette Zimmer, Betten und Bäder einwandfrei. Einige Zimmer auch mit Küche. Die Gäste erhalten einen Schlüssel und sind autonom. Vorher anrufen! 10 Zi., DZ 70–90 Euro.

Piazzetta De Martini 3,

Tel. 082 44 39 91, Mobil 33 84 60 33 59,

www.lestanzedelsogno.it

Essen und Trinken

Restaurants in Benevent

■ Cotton Club – Osteria

MEIN TIPP! *Ernesto Pietrantonio*, dessen wunderbare Fotos im Lokal ausgestellt sind, betreibt, unterstützt von seinen Eltern, die winzige Osteria in einer Seitengasse des Corso Garibaldi. Traditionell verarbeitete Produkte des Sannio und Gerichte, zu denen sich *Maria Rosaria* und *Ottavio* auf diversen Süditalienreisen haben inspirieren lassen. Beachtlich die Qualität und Auswahl lokaler Käsesorten und Würste. Weine des Taburno. 25–35 Euro. Di Ruhetag. Aug. geschl. Nur abends.

Via De Vita 16, Mobil 34 93 82 72 26

■ Nunzia

Altstadtosteria nahe der Piazza Roma. Das schöne Gewölbe ist leider totrenoviert, geblieben ist die Qualität der Küche. Es landen die besten Produkte des Sannio in den Kochtöpfen der Signora *Nunzia* und damit auf den Tellern ihrer glücklichen Gäste. Hausgemachte Nudeln und kräftige Gemüsesuppen gehören zu den schmackhaften Sattmachern. 20–25 Euro. So Ruhetag. Mittags und abends.

Via Annunziata 152 (Ecke Via S. Bologna),

Tel. 082 42 94 31, Mobil 33 56 87 15 00

■ Traiano

Die kleine Trattoria neben dem Trajansbogen wird bereits in der zweiten Generation von der Familie *Moscovio* geführt. Kräftige Sannio-Küche kommt hier auf den Tisch, leckerer vielleicht abends die Holzofenpizza. 10–15 Euro. Di abends geschl. Mittags und abends.

Via G. Manciotti 48, Mobil 34 62 87 32 32

■ Pizzeria Romana

Schnelle Küche neben dem Dom. Köstliche Antipasti, *pizza a taglio* (Pizza vom Blech) und Nudelaufläufe. So Ruhetag. 8–23 Uhr.

Corso Garibaldi 203, Tel. 082 42 13 47

Osteria in Arpaise

■ La Buca dei Ladroni

MEIN TIPP! *Giuseppe Pugliese* hat seine Osteria nach Arpaise verlagert, ein mittelalterliches Bergstädtchen im Süden von Benevent. Statt der Räuberhöhle empfängt jetzt eine hübsche Liberty-Villa mit Garten. Der Name des Lokals ist inspiriert von der vorherigen Stätte, dem Stallgebäude in Ceppaloni, früher berüchtigter Zufluchtsort von Straßenräubern. Heute wird niemand mehr über den Tisch gezogen. Zu fairen Preisen genießt man beste lokale Küche, und auch die Weinauswahl lässt kaum Wünsche offen (der Padrone ist Sommelier). Brot aus dem eigenen Holzbackofen. Auch Slow Food hat das Lokal entdeckt. Anfahrt: auf der S.S. 7 „Appia" Richtung Caserta, dann auf der Höhe von Tufara abbiegen. 25–30 Euro. Mo Ruhetag. Mittags und abends.

Corso P. E. Capone 1, Tel. 082 44 66 99,

Mobil 34 85 11 68 90

An- und Weiterreise

■ **Auto:** A16, Ausfahrt „Benevento". Von der Tangenziale (Ringautobahn) Ausfahrt „Benevento Centro". Avellino, Salerno, Caserta und Napoli sind auf der Autobahn schnell zu erreichen. Die als Schnell-

10

Padre Pio – Wunder über Wunder

Zu Lebzeiten soll *Padre Pio* (1887–1968) die Gabe der Bilokation besessen haben (die Fähigkeit, körperlich zeitgleich an zwei Orten anwesend zu sein), seit seinem Tod ist ER omnipräsent. In Süditalien ziert SEIN Bild die Windschutzscheiben unzähliger Autos, Bars, Metzgereien, Polizeistationen und Friseursalons. Kaum eine Stadt in Süditalien, die nicht eine Piazza nach IHM benannt oder am Ortsrand zumindest eine Grünanlage mit Padre-Pio-Statue angelegt hat.

Mit bürgerlichem Namen *Franceso Forgione,* kam er als viertes Kind bitterarmer Eltern in Pietrelcina nordöstlich von Benevent zur Welt. Sein bescheidenes Geburtshaus zieht alljährlich Busladungen von Pilgern an. Mit 16 trat *Francesco* in den Kapuzinerorden ein und wurde 1910 zum Priester geweiht. Nach kurzem Militärdienst schickten die Kapuziner den immerfort Kränkelnden 1917 wegen der guten Höhenluft in ihr abgelegenes Kloster in den apulischen Gargano nach **San Giovanni Rotondo,** damals ein Kaff mit 2000 Einwohnern. Am 20. September 1918 empfing *Padre Pio* hier die **Wundmale Christi.** Daher die fingerlosen Handschuhe, die er künftig trug. Das Wunder sprach sich schnell herum,

und bald pilgerten die Menschen zu Tausenden nach San Giovanni Rotondo. Der Vatikan mutmaßte Scharlatanerie und entsendete 1920 den katholischen Arzt *Agostino Gemelli,* nach dem die Universitätsklinik des Vatikans benannt ist. *Padre Pio* verweigerte die Visite, und *Gemelli* berichtete in Rom, der Pater sei ein „Psychopath, ein Selbstverstümmler, ein Schwindler". Von 1923 bis 1931 wurde ihm verboten, öffentlich als Priester zu wirken. Die Gläubigen ließen sich nicht beirren. Sie strömten weiter in Scharen und spendeten. Vom vielen Geld konnte *Padre Pio* 1956 die **Casa del Solievo della Sofferenza** eröffnen, heute das modernste Krankenhaus Süditaliens mit 2500 Ärzten und Schwestern. Als *Padre Pio* am 23. September 1968 starb, waren seine Wundmale verschwunden. Längst hatte er für die Italiener den Platz neben dem Nationalheiligen *Franziskus von Assisi* eingenommen und wurde als Wiedergänger Christi verehrt. Der Strom von Wallfahrern zum Grab in San Giovanni Rotondo wurde immer mächtiger, auch das Spendengeld floss weiter. In *Padre Pios* Krankenhaus wird geheilt, und manchmal geschehen „medizinisch unerklärliche" Wunder, wie jene, die ihm 1999 die Seligsprechung und 2002 seine Heiligsprechung, die größte in der 2000-jährigen Kirchengeschichte, eingebracht haben.

Spötter nennen den größten Wallfahrtsort Europas ein **„Las Vegas des Glaubens".** Bis zu 7 Millionen Pilger kommen jedes Jahr, an Wochenenden können es 80.000 pro Tag sein – ganze Buskarawanen und Hochzeitspaare in den Flitterwochen. Das bedeutet aber auch, dass die Arbeitslosigkeit in San Giovanni Rotondo bei nur 4% liegt, während sie in der Provinz Foggia 14% beträgt und in Apulien im Durchschnitt 30% erreicht. Da die Basilika dem Massenansturm der Gläubigen nicht mehr gewach-

sen war, wurde Stararchitekt *Renzo Piano,* der u.a. in Berlin für die Neugestaltung des Potsdamer Platzes verantwortlich zeichnete und in Paris das Centre Pompidou entworfen hat, mit dem Bau der **Nuova Chiesa** beauftragt. 2004 konnte die gewaltige Bogenkonstruktion, nur um ein Geringes kleiner als der Petersdom, feierlich eingeweiht werden. Einer der in mittelalterlicher Bautradition aus präzise behauenen Kalksteinen gesetzten Bögen, in dessen Innerem zur Erdbebensicherheit ein gespanntes Stahlseil läuft, ist mit 45,80 m Spannweite der größte Steinbogen der Architekturgeschichte! Der imposante Kirchenbau fasst 7500 Gläubige, während sich weitere 30.000 Menschen auf dem Vorplatz versammeln können. Altar und Kreuz hat der Künstler *Arnaldo Pomodoro* geschaffen. Nur *Robert Rauschenbergs* „Apokalypse" und *Roy Lichtensteins* „Letztes Abendmahl" waren den Kapuzinern letztendlich zu gewagt.

Kult und Kommerz sind nicht zu trennen. Unsummen werden allein mit dem Verkauf von Devotionalien umgesetzt. *Padre Pio* ist ein Medienereignis. Internet-Suchmaschinen listen mehr als 7.600.000 Hits, es gibt Pio-Magazine, einen nationalen Radiosender und seit Februar 2003 auch Pio-TV. Filme über sein Leben auf *Berlusconis* Privatkanälen hatten in Italien Einschaltquoten wie sonst nur das Endspiel der Fußball-WM. Dabei hat der italienische Volksheilige Fans auf der ganzen Welt, in China z.B. wird er als *Bihu Shenfu* verehrt. Die Exhumierung und Zurschaustellung der heiligen Leiche im Jahr 2008 haben den Pilgerstrom noch einmal kräftig anschwellen lassen.

■ *Amann, Peter:* **Apulien, Gargano, Salento.** Reise Know-How Verlag. Mehr zur östlichen Nachbarregion Kampaniens, mit vielen aktuellen Tipps.

straße ausgebaute S.S. 372 führt über Telese Terme in das Volturno-Tal am Fuße des Matese. Die S.S. 7 „Appia" führt nach Caserta. Gebührenpflichtige **Parkplätze** in der Altstadt von Benevent: Piazza B. Pacca (westlich des Doms), Piazza IV. Novembre (Rocca dei Rettori). Parkscheine am Automaten.

■ **Bus:** Terminal Autobus (Busbahnhof) an der Viale dei Rettori. Mo bis Sa Überlandbusse von/nach Avellino, Napoli und Salerno. **Metrocampania Nordest** (www.metrocampanianordest.it) von Benevent in die Provinz.

■ **Bahn:** Der F.S.-Bhf. liegt an der Piazza Vittoria Colonna jenseits des Fiume Calore 1 km nördl. der Altstadt. Gute Verbindungen nach Avellino, Caserta, Neapel und Rom. Der Bahnhof der Metrocampania Nordest (www. metrocampanianordest.it) befindet sich in Gehdistanz westlich der Altstadt. Gute Verbindungen nach Neapel.

Einkaufen

■ Mo bis Sa **Lebensmittelmarkt** an der Via Torre della Catena östlich des Teatro Romano. Der Corso Garibaldi ist seit Jahren **Fußgängerzone,** sehr zum Vorteil der schönen Geschäfte.

■ **Luidig Libreria**
MEIN TIPP! Buchhandlung, Bar und Veranstaltungsort im Piano nobile des am Hauptcorso gelegenen Palazzo Collenea.
Corso G. Garibaldi 95, Tel. 082 45 47 83, www.luidig.it

Veranstaltung

■ **Città Spettacolo,** hochkarätiges Film- & Theaterfestival in der ersten Septemberhälfte. Open-Air-Aufführungen im antiken Theater.
www.cittaspettacolo.it

Telese Terme

1349 erschütterte ein schweres Erdbeben die alte Stadt Telesia. Glück im Unglück, denn ausgelöst durch das Beben entsprang die 20°C warme (oder kühle?), **schwefelhaltige Mineralquelle,** der die Stadt ihre Karriere als Kurort zu verdanken hat. Von Telese Terme (55 m, 7100 Ew.) lassen sich das Matese und das Taburno-Camposauro-Massiv, beides wunderschöne Wandergebiete, schnell erreichen. Das Valle del Calore ist ein wichtiges Weinanbaugebiet. Im nahen **Castelvenere** (119 m, 2560 Ew.) können Weinkeller besichtigt werden.

Information

■**Ufficio Sport-Turismo**
Komunales Info-Büro. Mo bis Fr 8.30–12.30 Uhr, Di und Do auch 15.30–17.30 Uhr.
Viale Minieri 1, Tel. 08 24 97 41 36,
www.comuneteleseterme.gov.it
■**Parco Naturale Regionale del Taburno-Camposauro**
Parkbüro, einige Infos auch auf der Website.
Piazza V. Veneto – Cautano,
Tel. 08 24 97 30 61, www.parcotaburno.it

Unterkunft

Hotels und Pension

■**Aquapetra – Resort & Spa** ****
Modernes Wohlfühlhotel in lokaltypischer Steinarchitektur an der Straße Richtung Cerreto Sannita, ca. 2 km außerhalb des Ortes. Im Zimmerpreis Benutzung der Spa immer eingeschlossen. Gutes Restaurant à la carte. 42 Zi., DZ/F ab 160 Euro.
S.S. Telesina 1 (S.P. 15), Tel. 08 24 94 18 78,
www.aquapetra.com

gwn13_137 pa

■ Grand Hotel Telese ****

Der imposante Belle-Époque-Bau ist von einem Park umgeben, in dem sich eine moderne Kureinrichtung befindet. Gäste können auch die Terme di Telese im Ort aufsuchen. Reichhaltiges Frühstücksbuffet, gute Küche. Das Hotel liegt außerhalb des Ortes an der Straße nach Castelvenere und ist am schnellsten zu erreichen über die S.S. 372, Ausfahrt „Cerreto Sannita". 74 Zi., DZ/F ab 100 Euro, HP ab 70 Euro.

Via Cerreto 1, Tel. 08 24 94 05 00, www.grandhoteltelese.it

■ Albergo D'Onofrio **

Pension in unmittelbarer Nähe des Kurparks, der Viale Minieri setzt sich in gerader Linie fort bis zum Bahnhof. Zum Haus gehört das empfehlenswerte Ristorante La Locanda della Pacchiana (s.u.). 13 Zi., DZ/F 50–60 Euro, HP 45 Euro.

Viale Minieri 32, Tel. 08 24 97 60 93, www.albergodonofrio.it

Benevent und die Monti del Sannio

Restaurant

■La Locanda della Pacchiana

Pietro De Filippo und *Francesco Bozzi* betreiben das einladende Ristorante cum Albergo (s.o.) in Nähe des Kurparks. Im Rücken der Bar öffnen sich die beiden gemütlichen Gasträume. Auf der täglich wechselnde Karte einige wenige, aber überzeugende Gerichte des Sannio. Dazu einige der besten Tropfen der Provinz. 20–25 Euro. Fr mittags und So abends geschl. Mittags und abends.
Viale Minieri 32, Tel. 08 24 97 60 93

An- und Weiterreise

■**Auto:** Telese Terme liegt an der als Schnellstraße ausgebauten S.S. 372.
■**Bus:** Gute Anbindungen nach Benevent, in die Provinz und nach Neapel.

Veranstaltungen

Im Sommer finden im Kurpark regelmäßig Theater- und Musikveranstaltungen statt.

Baden

■Terme di Telese

Großzügig angelegter Kurpark. Freiluftbecken mit 20°C warmem, wie Champagner sprudelndem, kohlesäurehaltigem Schwefelwasser. Juni bis Sept. Piazza Minieri 1, Tel. 08 24 97 68 88, www.termeditelese.it. Eintritt ca. 10 Euro, Kinder bis 12 Jahre ermäßigt (für alle vergünstigt am Nachmittag).

Wandern

Der **Gebirgszug des Matese** ist einer der landschaftlichen Höhepunkte Kampaniens und auch ein schönes Wandergebiet. Mehrere Kommunen haben inzwischen Wanderwege anlegen lassen, so z.B. der Bergort **Cusano Mutri** 20 km nördlich von Telese Terme. Wander-Infos gibt es auch in den Büros des **Parco Naturale Regionale del Matese** (www.parcoregionaledelmatese.it) bzw. **Parco Naturale Regionale del Taburno-Camposauro** (www.parcotaburno.it).

Camposauro – Mont'Alto Rotondi

Der Weinort Solopaca am südlichen Ufer des Calore ist ein idealer Ausgangsort für die Erkundung des imposanten Camposauro-Massivs. Im Ort kann man für ein Picknick einkaufen.

Anfahrt: Östlich von Solopaca führt die neue Serpentinenstraße bis auf die 1200 m hoch gelegene Karstsenke des Camposauro. An der T-Kreuzung links abbiegen und kurz darauf an der großen Zementtränke parken.

Wanderung: Folgt man von der Tränke dem verkarsteten Grat zu Fuß in Westrichtung bergauf, erreicht man in 30 Min. den 1305 m hohen Mont'Alto Rotondi. Der Blick vom Gipfel über das Valle del Calore auf das Matese-Massiv ist überwältigend. Steigt man auf dem Grat im freien Gelände in Westrichtung ab, kommt man an einer Reihe angelegter Picknickplätze vorbei. Nach Norden fällt das Gelände steil zum Calore-Tal ab, im Süden breiten sich herrliche Buchenwälder aus. Man kann nach Herzenslust umherstreifen.

Guardia Sanframondi, Cerreto Sannita und Pietraroja

Ein landschaftlich lohnender Tagesausflug führt von Telese Terme in den östlichen Teil des Matese. Vorbei am Weinort **Castelvenere** (119 m, 2560 Ew.) erreicht man das mittelalterliche Städtchen **Guardia Sanframondi** (428 m, 5250 Ew.) mit seiner trutzigen Burg. Alle sieben Jahre (erneut 2017) wird der Ort zum Schauplatz eines heiligen Spektakels. Am ersten Montag nach dem 15. August beginnen unter Anteilnahme der ganzen Bevölkerung die **Bußriten zu Ehren der Maria Assunta.** Eine Woche lang werden Mysterien aufgeführt, und am Sonntag ziehen die *battenti* (Flagellanten) in weißen Kutten durch die Straßen und schlagen sich mit Ketten Brust und Schultern blutig.

Cerreto Sannita (4140 Ew.) liegt 277 m hoch am Rande des Parco Regionale del Matese. Nach einem schweren Erdbeben im Jahr 1688 zerstört, wurde der schön gelegene Ort als barocke Planstadt neu aufgebaut. Cerreto und der hübsche Nachbarort **San Lorenzello** (250 m, 2335 Ew.) sind berühmt für ihre bis ins 17. Jh. zurückreichenden Keramikmanufakturen.

Nach **Cusano Mutri** (475 m, 4200 Ew.), dessen Häuser förmlich aus dem Fels zu wachsen scheinen – der Ort wurde in die Liste der „Borghi più belli d'Italia" aufgenommen – steigt die Straße weiter an, bis sie das 818 m hoch gelegene **Pietraroja** (600 Ew.) erreicht. Frische Bergluft ist gesund, die Chronik berichtet vom Dorfpfarrer *Clemente Petrillo*, der hier 1617 im gesegneten Alter von 124 Jahren starb. Viel älter sind die Fossilien kreidezeitlicher Kalkschichten in der Nähe des Ortes. Im Jahr 1980 wurde hier das versteinerte Skelett eines Zwergdinosauriers gefunden. Einen Abguss kann man in der geologisch-paläontologischen Ausstellung „Un dinosauro a Pietraroja" begutachten.

■**Paleolab**, Via Civita, Tel. 08 24 86 82 53, www. archeosa.beniculturali.it. Sa und So 10–19 Uhr, von Mo bis Fr nur auf Anfrage. Eintritt 4/2 Euro.

Information

■ www.comune.cerretosannita.bn.it
■ www.cusanomutri.com

Unterkunft/ Essen und Trinken

■**La Vecchia Quercia**
Etwa 3 km außerhalb des Ortes, am Santuario Madonna delle Grazie vorbei, liegt das familiär geführte Ristorante mit angeschlossenem Drei-Sterne-Hotel (13 Zi., DZ/F 50–60 Euro, HP 45 Euro). Die grundehrliche Jahreszeitenküche spiegelt das Territorium wider, als Antipasti werden selbst eingelegte *sott'olii*, hausgemachte Salami und Käse des Matese serviert, als *primo* hausgemachte Pasta und deftige Gemüsesuppen, zum *secondo* Fleisch vom Grill. Lokaler Wein offen und in Flaschen. 25–30 Euro. Di Ruhetag. Mittags und abends.
Via Cerquelle 25 – Cerreto Sannita,
Tel. 08 24 86 12 63, www.vecchiaquercia.com

10

■**Masella**

Vorzügliche Territorial-Trattoria außerhalb des Ortes an den Hängen des Monte Coppe. Gute lokale Hirten-Küche, viele Pilzgerichte. Die frischen Zutaten stammen z.T. aus dem eigenen Gemüsegarten. Anfahrt: 4 km Richtung Pontelandolfo. 25–30 Euro. Do Ruhetag. Mittags und abends.

Via Pezzalonga 32 – Cerreto Sannita, Tel. 08 24 86 19 75

Wandern

■Die Kommune Cusano Mutri hat in der **Talschlucht des Titerno** Wanderwege und einen sogenannten „Pecorso avventura" angelegt.

Sant'Agata de'Goti

gvn13_138 pa

Sant'Agata de'Goti (159 m, 11.430 Ew.), am Fuße des Taburno gelegen, ist ohne jede Übertreibung **einer der schönsten Orte Kampaniens!** Für den Besuch sollte man sich Zeit nehmen oder besser noch hier übernachten.

Sant'Agata de'Goti erhebt sich auf einem schmalen Tuffsporn zwischen zwei Zuflüssen des Isclero. Einen tollen Blick bietet die Brücke über den Martorano. Bereits die Samniten hatten die Gunst dieser strategischen Lage erkannt. Nach der Niederlage der Goten 553 in der Schlacht am Vesuv gestattete Byzanz den Überlebenden, sich hier niederzulassen, daher der Ortsname.

Nicht nur die zahlreichen mittelalterlichen Kirchen, die allesamt einen Besuch lohnen, sondern das **entzückende** **Stadtbild** und die freundlichen Menschen machen den Reiz von Sant'Agata dei Goti aus.

Südlich der eigentlichen Altstadt stehen zwei sehenswerte Kirchen und der auf charmante Weise etwas heruntergekommene **Palazzo Ducale** aus dem 10. Jh. Die **Chiesa dell'Annunziata** birgt im Inneren eines der bedeutendsten spätgotischen Fresken Kampaniens, ein Jüngstes Gericht des 15. Jh. Im Fegefeuer schmort neben notorischen Übeltätern wie dem *fornicator, traditor* und *notarius* auch *Julian Apostata* (331–363), von der Kirche gerne als „Der Abtrünnige" be-

zeichnet. Erfolglos hatte der spätantike römische Kaiser mit Mitteln der Vernunft versucht, das Christentum zugunsten der römischen und griechischen Religion sowie der antiken Mysterienkulte wieder zurückzudrängen.

Die **Chiesa di San Menna** wurde im Jahr 1110 geweiht. Der fast vollständig erhaltene Mosaikfußboden ist einer der schönsten in Süditalien (c/o *Alfonso Della Ratta,* Mobil 33 86 46 95 47, bzw. *Don Franco*, Tel. 082 39 53 55 77).

Die pittoreske **Via Roma** zieht sich durch den gesamten Ort. Unterwegs öffnen sich immer wieder hübsche Plätze.

Die **Chiesa di S. Angelo in Munculanis** geht auf eine Gründung des 12. Jh. zurück. In der **Chiesa di San Francesco** ist ein gotisches Grabmal zu bewundern. Der **Dom** wurde im 10. Jh. unter Verwendung antiken Baumaterials errichtet. Im 12. Jh. und noch einmal im 18. Jh. wurden bauliche Veränderungen vorgenommen. Die schöne Krypta stammt aus dem 12. Jh.

◸ Sant'Agata de'Goti
erhebt sich auf einem Tuffsporn

10

Information

● **Ufficio Turismo**
Tourist-Info im Rathaus. Mo bis Fr 8–13 Uhr, Mo und Do auch 16–19 Uhr.
Piazza Municipio 1, Tel. 08 23 95 30 53,
www.santagatadegoti.net

● **Pro Loco di Sant'Agata de'Goti**
Die Mitglieder des Fremdenverkehrsvereins helfen beim Aufschließen der Kirchen.
Largo Torricella,
Tel. 08 23 95 36 23, Mobil 33 89 23 85 41,
www.prolocosantagatadeigoti.it

Agriturismi

● **Mustilli**
MEIN TIPP! Palazzo des 18. Jh. im Herzen des Ortes, auf Höhe der barocken Chiesa S. Maria di Costan-tinopoli und wenige Schritte von den Weinkellern der Familie *Mustilli* entfernt (s.u.). Stilvoll möblierte, geräumige und ruhige Zimmer. Gemütliches, ausgezeichnetes Restaurant mit Bio-Küche, in dem auch die vielfach prämierten Mustilli-Weine ausgeschenkt werden. Signora *Marili Mustilli* bietet auch Kochkurse an. In der nahen Via dei Fiori gibt es eine Wine Bar, dort auch Verkauf und abends Konzerte. 6 Zi., 1 Ap. mit Küche, DZ/F 90 Euro, Menü 30 Euro.
Piazza Trento 4, Tel. 08 23 71 81 42,
www.mustilli.com

● **Piana del Mondo**
Neueres Haus in schöner Lage von Oliven und Wein umgeben. Freundlich und absolut preiswert! *Giovanni Cesare* und *Clara Di Domenico* haben einige Jahre in Zürich gearbeitet. Anfahrt: 4 km in Richtung Frasso Telesino. 4 Zi., DZ/F 45 Euro, Menü 15–20 Euro.
Contrada Piana del Mondo 14, Tel. 08 23 95 71 18,
www.agriturismopianadelmondo.com

127/nea pa

Essen und Trinken

Trattorien und Pizzerien

■ La Cantina dei Briganti

Freundlicher Empfang am Altstadteingang, gute lokale Küche und feine Weine. 25–30 Euro. Di Ruhetag. Bis auf So nur abends.
Via Parco 3, Tel. 08 23 95 36 68,
www.lacantinadeibriganti.it

■ Il Barbaro

Die nette Trattoria serviert hausgemachte Nudeln und abends Holzofenpizza. 15–25 Euro. Mi Ruhetag. Mittags und abends.
Via Riello 4, Tel. 08 23 71 75 52

Café/Eis

■ Antica Gelateria Normanno

Sympathisches kleines Eiscafé. *Antonio Lignelli* ist ein Meister. Di Ruhetag.
Via Roma 65, Tel. 08 23 95 30 42,
www.gelaterianormanno.it

An- und Weiterreise

■ **Auto:** A1, Ausfahrt „Caserta Sud". S.S. 265 „Sannitica", Ausfahrt „Sant'Agata dei Goti". **Parkplätze** in Sant'Agata dei Goti finden sich südlich der Altstadt.

■ **Bus: Metrocampania Nordest** (www.metrocampanianordest.it) täglich mehrmals von/nach Neapel (Piazza Garibaldi). In Sant'Agata halten die Busse auf der Piazza Trieste am südlichem Altstadtrand.

> Spätgotisches Fresko
in der Chiesa dell'Annunziata

< Das Leben spielt sich auf dem Corso ab

Einkaufen

■ Azienda Agricola Mustilli

Seit sich die ursprünglich aus Ravello stammende Familie *Mustilli* im 16. Jh. in Sant'Agata dei Goti niedergelassen hat, produziert sie Wein. *Leonardo Mustilli* hat der Falanghina wieder zu dem ausgezeichneten Ruf verholfen, den sie in römischer Antike genossen hatte. Auf Vorbestellung Führung in den jahrhundertealten, 20 m tiefen Tuffsteingewölben in der Altstadt (Via dei Fiori 20). Hier öffnet abends auch eine Wine Bar. Die moderne Cantina liegt südlich des Centro storico: Mo bis Sa 8–13 und 14–17 Uhr Weinverkauf, Degustation auf Anfrage.
Via Caudina 10, Tel. 08 23 71 81 42,
www.mustilli.com

Fest

■ **Sant'Alfonso,** am 1. August beginnen die Festlichkeiten zu Ehren des Stadtpatrons.

■ **Sannio Film Festival,** Sant'Agata wird jeden August zur Bühne eines internationalen Filmfestivals. www.sanniofilmfest.it

Benevent und die Monti del Sannio

11 Avellino und die Irpinia

Das grüne Herz Kampaniens setzt im Weinbau und kulinarisch Maßstäbe. Die Erdbebenschäden von 1980 sind (fast) verheilt, und landschaftlich musste sich die Irpinia noch nie verstecken. Für Musikfreunde hat Gesualdo einen guten Klang.

 Pilger auf dem Weg zum Santuario di Montevergine

NICHT VERPASSEN!

Diese **Tipps** sind gelb hinterlegt.

⌂ Aglianico, Treibstoff des Avellino

11

ÜBERBLICK

gym13_147 pa

Die Provinz Avellino ist das grüne Herz Kampaniens und zugleich kulinarisch eine der interessantesten Regionen. Kunsthandwerk und Brauchtum sind hier lebendig geblieben, ohne zur touristischen Folklore zu geraten. Mit eigenem Fahrzeug sind auch die entlegensten Winkel erreichbar, so z.B. das Berg- und Wanderland der Irpinia oder Gesualdo, Geburtsort des *Carlo da Gesualdo,* Prinz von Venosa, Doppelmörder und Komponist himmlisch-genialer Madrigale.

Am 23. November 1980 erschütterte ein schweres **Erdbeben** den Süden Italiens. Das Epizentrum lag in der Provinz Avellino. Ganze Städte fielen in Schutt, über 3000 Menschen verloren ihr Leben. Untersuchungen haben gezeigt, dass sich in dieser Region im Verlauf der letzten 400 Jahre Beben ähnlicher Größenordnung in der Regel alle 50 Jahre wiederholt haben. Das ist der Hauptgrund, warum die Provinz Avellino im Vergleich zu anderen Provinzen Kampaniens nur wenige historische Baudenkmäler aufweist.

Kein Grund jedoch, um Avellino und die Irpinia einen Bogen zu machen. Die Restaurierungs- und Neubaumaßnah-

men sind fast abgeschlossen und können sich sehen lassen. Die Reize der Natur haben sich als unzerstörbar erwiesen. **Avellino** liegt am Fuße des bewaldeten Montevergine. Im Nordosten breitet sich die liebliche Hügellandschaft der **Irpinia** aus, im Süden von den **Monti Picentini** überragt. Der kampanische Apennin erreicht hier Höhen über 1800 m. Diese Berge waren immer schon das Wasserreservoir Kampaniens. *Augustus* hatte den Aquädukt von Serino bauen lassen, der Wasser nach Nola, Pompeji, Neapolis, Puteoli, Cumae, Baiae und Misenum führte. Ein neuer Aquädukt versorgt seit 1946 Neapel und 73 weitere Kommunen

11

mit Trinkwasser. Auch Apulien und die Basilikata beziehen ihr Trinkwassser über den **Acquedotto pugliese** aus diesem Teil Kampaniens.

Nicht nur landschaftlich, auch kulinarisch ist die Irpinia ein lohnendes Ziel. Bekannt für **gute Würste und Käse,** liefert sie auch die **besten Weine der Region:** Aglianico, Taurasi, Fiano und Greco waren schon in der Antike begehrt.

Im Landesinneren sind **Kunsthandwerk und Brauchtum** lebendig geblieben, ohne zur Folklore für Touristen zu geraten. Mit allegorischen Karrenumzügen, heidnisch anmutenden Volkstänzen und Musik wird vielerorts der **Carnevale Irpinio** gefeiert. Zum Ende des Sommers finden in ganz Kampanien **Erntedankfeste** statt, **eines der schönsten in Mirabella Eclano.** Am dritten Samstag im September wird der Maria Addolorata ein *Carro di Paglia* geweiht. Noch bis vor ein paar Jahren zog ein Ochsengespann den über 25 m hohen, kunstvoll aus Stroh geflochtenen Obelisken in einer Prozession über die Felder und durch den Ort. Nach mehrstündiger Strapaze auf der Piazza angelangt, mussten die völlig erschöpften Tiere notgeschlachtet werden. Nach Protesten von Tierschützern übernimmt heute ein Traktor den Part der Tiere. Während der Prozession halten hunderte Menschen das riesige Ex-Voto an langen Hanfseilen im Gleichgewicht.

Avellino und der Montevergine

Die moderne, nach dem Beben wieder aufgebaute Provinzhauptstadt **Avellino** (348 m, 56.300 Ew.) erstreckt sich westlich des Hügels, auf dem Langobarden im 6. Jh. ein Kastell errichtet hatten. Freundliche Fassaden und edle Geschäfte begleiten die Flaniermeile des Corso Vittorio Emanuele. Unterwegs öffnet sich ein weitläufiger Stadtpark, an dessen südlichem Ende das sehenswerte **Museo Irpino** in einem modernen Zweckbau untergebracht ist. Hier werden archäologische Funde aus der Provinz Avellino präsentiert. Interessant sind Grabbeigaben aus bronzezeitlichen Nekropolen, ein Häuptling z.B. wurde zusammen mit seinem Hund bestattet. Besondere Aufmerksamkeit verdienen die Votivgaben des Santuario di Mefite aus dem Valle d'Ansanto. Im höllengleichen Tal, wo heute noch Schwefeldämpfe aus dem Boden dringen, verehrten ab dem 6. Jh. v. Chr. samnitische Stämme die Unterweltsgöttin *Mephitis*. Terrakottafiguren, Münzen, Gold- und Bernsteinschmuck zeugen als Opfergaben von der Bedeutung des Heiligtums. Durch einen raren Glücksfall haben sich in dem schwefelhaltigen Schlamm sogar hölzerne Votivstatuen perfekt erhalten.

■ **Museo Irpino,** Corso Europa 251, Tel. 08 25 79 05 39, www.culturaprovinciaavellino.it. 2013 wegen Renovierung geschl.

In den Räumen des imposanten hexagonalen Bourbonengefängnisses sind Gemälde des 17. bis 19. Jh., eine neapolitanische Krippensammlung und Erinnerungsstücke aus der Zeit des Risorgimento ausgestellt.

■ **Carcere Borbonico,** Piazza De Marsico, Tel. 08 25 79 07 33, www.facebook.com/museoirpino. Mo bis Fr 9–13 Uhr, Di und Do 15–17.15 Uhr. Eintritt frei.

Im Osten schließt sich der Nachbarort **Atripalda** (294 m, 11.120 Ew.) direkt an das Stadtgebiet von Avellino an. Archäologische Funde des antiken Abellinum sind im **Antiquarium** zu sehen. In der

Nähe des Museums befindet sich in der Krypta der **Kirche Sant'Ippolisto** der *Specus martyrum,* der frühchristliche Friedhof des spätantiken Abellinum.

■ **Museo Archeologico,** Piazza Umberto I. 1, Tel. 08 25 62 65 86. Tägl. 8–14 und 16–20 Uhr. Eintritt frei.

Über Avellino, in 1270 m Höhe, erhebt sich in landschaftlich einzigartiger Lage das **Santuario di Montevergine.** *Guglielmo da Vercelli* errichtete unterhalb des Gipfels 1124 eine Marienkirche, vermutlich über den Resten eines Kybele-Heiligtums. *Vercelli,* der zugleich auch einen Orden geschaffen hatte, gründete weitere Klöster in Süditalien, das letzte bei Sant'Angelo dei Lombardi, in dem er 1142 starb. Normannen und Staufer förderten Montevergine mit großzügigen Stiftungen, *Vercellis* Gründung wuchs im Laufe der Jahrhunderte zu einem eindrucksvollen Baukomplex heran. Die neue Basilika stammt aus den Jahren 1952–1961 und birgt ein wundertätiges Marienbild aus dem 13. Jh., eines der wichtigsten Pilgerziele in Kampanien.

Im Rücken der neuen Basilika liegt die sogenannte **Chiesa Vecchia,** Rest der im 17. Jh. umgestalteten gotischen Kirche. Seitlich der neuen Basilika verläuft die Sala delle Offerte. Aus Silberblech getriebene Votivgaben und naiv gemalte Szenen wundersamer Errettungen bedecken die Wände.

Über einen Innenhof betritt man das **Museum der Abtei.** Herausragendes Exponat ist ein **geschnitzter Holzthron.** Nach einer faszinierenden These handelt es sich um den Thron Kaiser *Friedrichs II.* aus dem Castel del Monte. Der mittlere Teil des dreisitzigen Thrones datiert

11

tatsächlich aus dem 13. Jh., die Aus-schmückungen, Löwen, Krieger, Jäger und Fabelwesen sind weltliche Macht-symbole. Der Thron gelangte Ende des 13. Jh. nach Mercogliano und diente dem Abt von Montevergine, der als Feu-dalherr auch Verwaltungsaufgaben er-füllte, als Amtssitz. Erst später kam der Thron in lithurgischer Funktion nach Montevergine, und die beiden Seitentei-le, auf denen zwei Diakone neben dem Abt Platz nehmen konnten, wurden an-gefügt. Im Nachbarsaal hängt die Ma-donna di S. Guglielmo, ein schönes Ta-felbild des 12. Jh.

■ **Museo Abbaziale di Montevergine,** Via D. A. Vaccaro 1 – Santuario di Montevergine, Tel. 082 57 29 24, www.santuariodimontevergine.com. Mai bis Okt. Di bis So 8.30–13 und 14–16.30 Uhr, Nov. bis April nur Sa und So. Eintritt 1 Euro.

Der mittelalterliche Ort **Ospedaletto d'Alpinolo** (725 m, 1930 Ew.) am Fuße des Berges trägt seinen Namen in Erin-nerung an Pilger, die hier Herberge fan-den. Aus Ospedaletto und **Mercogliano** (550 m, 12.430 Ew.) führen alte, immer noch begangene Pilgerwege auf den hei-ligen Berg. Die Masse der Gläubigen be-wegt sich allerdings in Bussen auf der neuen Straße hinauf. Vom Kirchplatz überblickt man ganz Irpinia – eine über-wältigende Aussicht!

Information

■ **Ufficio Informazioni Avellino – EPT** Stadtpläne, Straßenkarte der Provinz und Unter-kunftsverzeichnis. Mo bis Sa 9–14.30 Uhr. Via dei Due Principati 32/A, Tel. 082 57 47 31, Fax 082 57 47 57, www.eptavellino.it

■ **Parco Regionale del Partenio** Sitz des noch jungen Naturparks ist ein Bergort we-nige Kilometer nördlich von Avellino. Via Borgo Nuovo 26 – Summonte, Tel. 08 25 69 11 66, www.parcopartenio.it
■ www.turismomercogliano.it
■ www.prolocoavellino.it
■ www.viaggioinirpinia.it

Unterkunft

Hotels in Atripalda

■ **Civita** ***
Gepflegtes Business-Hotel, elegante Zimmer mit guten Betten, reichhaltiges Frühstück. Spezialitä-tenrestaurant. Parkplatz im Hof bzw. Tiefgarage. Schräg gegenüber der Cantina Mastroberardino. Anfahrt: 3 km von der A16, Ausfahrt „Avellino Est". 29 Zi., DZ/F 95 Euro, HP zusätzlich 17 Euro. Via Manfredi 124, Tel. 08 25 61 04 71, www.hotelcivita.it
■ **Malaga** ***
Diego Nigro, Betreiber des namhaften Fischrestau-rants gleichen Namens (s.u.), hat das gepflegte Ho-tel 2001 eröffnet. Für seine Gäste organisiert er Be-suche in den renommierten Weinkellereien des Avellino. Garage. Anfahrt: auf der Superstrada von Salerno kommend, direkt an der Ausfahrt „Avellino". 30 Zi., DZ/F 80 Euro. Via Appia 95, Tel. 08 25 61 15 01, www.hotelmalaga.it

Gästezimmer im Santuario di Montevergine

■ **Foresteria del Santuario** Keine klösterliche Kargheit, sondern gediegenen Hotelkomfort bieten die geräumigen, ruhigen Gäs-tezimmer des Santuario. Dazu ein gutes Restaurant, das typische Bergküche auftischt. Den exzellenten

Avellino

0   400 m   © REISE KNOW-HOW 2013

Avellino und die Irpinia

■ Übernachtung
3 Civita ***
4 Malaga ***

■ Essen und Trinken
1 Antica Trattoria
   Martella

2 Barone
5 Malaga
6 Valleverde

Wein erzeugen die Mönche im Tal. 5 Zi., DZ/F 50–60 Euro, HP 35–40 Euro, Menü 25 Euro.
Via D. A. Vaccaro 1 – Santuario di Montevergine, Tel. 082 57 29 24,
www.santuariodimontevergine.com

Agriturismo in Celzi di Forino

■ Tenuta Monte Laura

Herrschaftliches Anwesen am Fuße eines bewaldeten Hügels. Geräumige Zimmer, gute Betten. Ausgezeichnetes Restaurant (s.u.). Anfahrt: an der S.S. 88, 10 km südlich von Avellino. 11 Zi., DZ/F 80 Euro, HP 58 Euro.
Contrada Pozzelle – Celzi di Forino, Tel. 08 25 76 25 00, 08 25 76 29 77, www.tenutamontelaura.it

Essen und Trinken

Restaurants in Avellino

■ Antica Trattoria Martella

MEIN TIPP! Die Trattoria im Herzen der Altstadt pflegt seit 1921 unbeirrbar traditionelle *cucina irpina*. Luftgetrocknete Würste und lokaler Käse zum antipasto, hausgemachte Nudeln oder *minestra maritata* als Primo. Fleisch vom Grill. 25–35 Euro. So abends, Mo und im Aug. geschl. Mittags und abends.
Via Chiesa Conservatorio 10,
Tel. 082 53 11 17, www.ristorantemartella.it

■ Barone

Gute Territorialküche mit einer Portion Kreativität. Erstaunlich, dass im Landesinneren eine so gute Fischküche geboten wird, sehr gut auch die lokalen Käsesorten und Pizza. 25–30 Euro. Mi Ruhetag. Mittags und abends.
Corso Umberto I. 63, Tel. 08 25 75 60 40

11

■ Malaga

Den Fisch kauft Padrone *Diego Nigro* täglich frisch am Golf von Salerno. Im direkt benachbarten Atripalda führt er ein ebenso feines Hotel (s.o.). Anfahrt: in der östlichen Peripherie, in unmittelbarer Nähe des Bahnhofs. 25–35 Euro. Di Ruhetag. Mittags und abends.
Via F. Tedesco 347, Tel. 08 25 62 60 45

Restaurant in Atripalda

■ Valleverde – Zi' Pasqualina

MEIN TIPP! Die wohltuend schlichte Einrichtung stammt noch aus dem Eröffnungsjahr 1953. Das kleine Lokal ist immer gut besucht, für den Abend empfiehlt sich eine Reservierung. Auffällig ist die bunte Mischung des Publikums, alle angelockt von einer kompromisslos guten irpinischen Küche. Mit besonderer Sorgfalt pflegt *Sabino Alvino* die Weinkarte mit 400 Etiketten, ein Nebenraum ist als Enoteca eingerichtet. Ein gutes Mahl endet mit vorzüglichen *dolci*, dafür steht *Davide Iantosca* ein. Für seine Kreationen verwendet er ausschließlich frische lokale Bio-Produkte, wie z.B. *ricotta montecata*. Im Sommer stehen die Tische im Hof. Ca. 700 m vom Hotel Civita. 25–35 Euro. So Ruhetag. Aug. geschl. Mittags und abends.
Via Pianodardine 112, Tel. 08 25 62 61 15, www.ziapasqualina.it

Restaurant in Celzi di Forino

■ Tenuta Monte Laura

Der Agriturismo, in dem man auch übernachten kann (s.o.), bietet *cucina irpina*. Gemüse, Pilze, Schnecken, vor allem aber Schwein aus eigener Schlachtung sind die Protagonisten der würzigen Küche. In der *minestra maritata* treffen Bohnen, Wildgemüse und gepökeltes Schweinefleisch aufeinander. Eine kräftige Mahlzeit verspricht der in Fiano, Gemüse und Kastanien geschmorte Schweinebraten. Schön, dass der Padrone *Lello Tornatore* dazu auch ein paar anständige Tropfen keltert. 25 Euro. Tägl. auf Vorbestellung.

Osteria in Ospedaletto d'Alpinolo

■ Osteria del Gallo e della Volpe

MEIN TIPP! In den gemütlichen Gewölben kann man sich nach Strich und Faden verwöhnen lassen. Hausgemachte Pasta und frisches Wildgemüse, Esskastanien, Steinpilze und Wildschwein. Ospedaletto d'Alpinolo liegt 8 km nördlich von Avellino am Fuße des Monte Vergine. 30–35 Euro. Mo Ruhetag. Di bis Sa nur abends, So nur mittags.
Piazza Umberto I. 11, Tel. 08 25 69 12 25

An- und Weiterreise

■**Auto:** Avellino liegt an einem Autobahnkreuz. Über die A16 werden Neapel und Benevent erreicht, nach Salerno führt eine autobahnähnlich ausgebaute Superstrada. Die gut ausgebaute S.S. 7 „Ofantina" verläuft von Avellino-Atripalda ins Herzland der Irpinia (Ausschilderung „A3 Reggio Calabria").

■**Bus: Autoservizi Irpini** (www.air-spa.it) nach Benevent, Neapel und in fast alle Ortschaften der Provinz Avellino. **Circumvesuviana** (www.vesuviana.it) nach Neapel. **SITA** (www.sitasudtrasporti. it) nach Salerno. Busbhf. an der Piazza Kennedy.

■**Bahn:** Verbindungen von/nach Salerno und Benevent. Der Bahnhof liegt im Osten der Stadt an der Via Francesco Tedesco 147.

Unterwegs in Avellino

■**Parken:** Im Zentrum gebührenpflichtige Parkplätze. Das Geld wird vor dem Wegfahren von offiziellen Parkwächtern kassiert.

■**Öffentliche Verkehrsmittel:** CTI–ATI (www. cti-ati.it) nach Mercogliano, Atripalda.

■**Funicolare di Montevergine:** In 7 Min. schafft es die Seilbahn von Mercogliano (528 m) zum Santuario di Montevergine (1262 m). Tägl. von ca. 8–16 Uhr alle 30–45 Min., im Sommer bis ca. 19 Uhr. Rückfahrt 3 Euro. Parkplatz vor der Seilbahn.
Viale S. Modestino 21 – Mercogliano,
Tel. 08 25 20 42 48

Einkaufen

■Die Herstellung von **Nougat** hat in Ospedaletto d'Alpinolo eine lange Tradition. Zur Pilgerzeit (August bis Okt.) stehen viele Buden auf dem hässlichen Großparkplatz unterhalb des Ortes. Die meisten Händler verkaufen Fabrikware, zu den letzten Handwerkern ihres Faches gehören *Giovanna Pageno* und ihre Tochter *Agnese*.

■**Mastroberardino**
Die 1878 gegründete Kellerei grenzt an die Ausgrabungen des römischen Abellinum. DOC- und DOCG-Weine, darunter der vielfach prämierte „Taurasi Radici". Führungen und Degustationen. Mo bis Fr 10– 16 Uhr.
Via Manfredi 89 – Atripalda,
Tel. 08 25 61 41 75, 08 25 61 41 11,
www.mastroberardino.com

Feste/Veranstaltungen

■**La Candelora,** am 2. Februar pilgern Transvestiten, Lesben und Schwule aus Neapel zur verehrten Mamma Schiavona nach Montevergine.

■**I Luoghi della Musica – Irpinia Chamber Music Festival,** von Juni bis Sept. finden in Atripalda, Ariano Irpino und Montoro Superiore in historischen Räumen zahlreiche Konzerte statt.

■**Rassegna Internazionale di Orchestre,** der barocke Palazzo Abbaziale di Loreto di Montevergine in Mercogliano liefert im Juli den festlichen Rahmen für ein Musikfestival.

■**'A juta a Montevergine,** spätestens am 11. September, dem Vorabend des Festes der Madonna di Montevergine, treffen die Pilger in Ospedaletto ein. In der Nacht vor dem Aufstieg auf den heiligen Berg *('a juta)* wurde früher gefeiert, getanzt und gesungen, ein fernes Echo der bacchantischen Riten des Kybele-Kultes zur Sonnwendzeit. Somit ist die *juta a Montevergine* eines der ältesten Feste Italiens. Vor einigen Jahren wurde es erfolgreich wiederbelebt.

Wandern

Santuario di Montevergine

Aus Mercogliano und Ospedaletto d'Alpinolo führen im Schatten von Buchen- und Kastanienwäldern Pilgerpfade zum Santuario di Montevergine hoch.

Ausgangspunkt in Ospedaletto ist die Piazza del Tritone. In ca. 2 Std. steigt man auf dem breiten Maultierpfad, teilweise über Treppenstufen, dabei mehrfach die Straße querend, zum Santuario hoch. Der Blick ins Tal ist überwältigend. Folgt man von der Abtei der Straße ca. 1,5 km bergauf, kann man auf einem abzweigenden Pfad in 15 Min. den 1493 m hohen Gipfel des Montevergine erklimmen.

Die Pro Loco di Mercogliano (Via Abate Ramiro Marcone 111, Tel. 08 25 78 83 93, www.prolocomercogliano.com) hält Gratis-Wanderkarten bereit.

Bagnoli Irpino und die Monti Picentini

Eine Landschaft wie gemalt: Aus dem kleinparzellig bestellten Talboden erhebt sich der schlanke Campanile einer Kirche, bewaldete Berghänge im Hintergrund. Auf dem Weg nach Bagnoli Irpino fährt man an **S. Francesco a Folloni** vorbei. Der Überlieferung nach errichtete 1222 *Franz von Assisi* an dieser Stelle eine Klosterkirche, der heutige Bau stammt im Wesentlichen aus dem 18. Jh. Im Kreuzgang und in den angrenzenden Räumen sind Kunstwerke aus Kirchen, die bei dem Erdbeben 1980 zerstört wurden, ausgestellt.

■ **Museo di S. Francesco a Folloni,** Località Folloni di Montella, Tel. 082 76 92 21, www.complessosanfrancescoafolloni.beniculturali.it. Mo bis Fr 9–19 Uhr. 2013 wegen Renovierung geschl.

Das Städtchen **Bagnoli Irpino** (654 m, 3280 Ew.), von Langobarden gegründet, liegt leicht erhöht über dem Talboden des Calore. Dörfliches Leben erfüllt die schöne Piazza. Hier ist man Lichtjahre von der Hektik einer Großstadt entfernt. Das Chorgestühl in der Pfarrkirche ist eine Schnitzarbeit lokaler Kunsthandwerker (17. Jh.).

Wenige Kilometer südöstlich von Bagnoli Irpino liegt der **Piano Laceno.** Der Talboden mit dem See wird von den höchsten Gipfeln der Monti Picentini überragt. Im Januar und Februar ein beliebtes Skigebiet, kann man im Sommer und Herbst zu Wanderungen durch ausgedehnte Kastanienwälder und auf den **Monte Cervialto** (1809 m) aufbrechen.

Auf halber Strecke zwischen der Provinzhauptstadt Avellino und Bagnoli Irpino erhebt sich der **Monte Termínio** (1806 m), der zweithöchste Gipfel der Monti Picentini. Der Naturpark ist durch Wanderwege und Mountainbikepisten erschlossen. Vor Ort werden Reitausflüge angeboten. In den ausgedehnten Wäldern finden Wölfe und Wildkatzen Zuflucht (siehe auch Info-Kasten „Giffoni Film Festival – Ausflug in die Monti Picentini" bei Salerno).

Information

■ **Pro Loco Bagnoli Irpino**
Gratis und nützlich: „Carta dei Sentieri" mit eingezeichneten Wanderwegen. Mo bis Sa 10–12 und 17–20 Uhr.
Via Garibaldi 39 – Bagnoli Irpino,
Tel. 08 27 60 26 01, Mobil 33 32 42 80 40,
www.prolocobagnoli-laceno.org
■ **Consorzio Turistico Bagnoli-Laceno**
Viele Infos auch online abrufbar.
Via Roma 17 – Bagnoli Irpino,
Tel. 08 27 60 20 29, www.consorziolaceno.com

■ **Comunità Montana Terminio Cervialto**
Mit etwas Glück gibt es hier Wanderkarten. Mo bis
Sa 9–13 Uhr.
Via Don Minzoni 2 – Montella,
Tel. 08 27 60 94 00, Fax 09 27 60 94 11,
www.cmterminiocervialto.it
■ **Parco Regionale Monti Picentini**
Via Roma – Nusco, Tel. 082 76 44 13,
www.parcoregionalemontipicentini.it
■ **www.bagnoli-laceno.it**

Unterkunft/ Essen und Trinken

Laceno, wenige Kilometer südlich von Bagnoli Irpino gelegen, hat sich auf Sommer- und Winter-
sport eingerichtet. Etliche Hotels von der 2- bis zur
4-Sterne-Kategorie können hier in Anspruch genommen werden.

■ **B&B La Casa di Tornola**
Albina Merola hat in einem restaurierten Landhaus
drei freundliche Zimmer eingerichtet. Für ihre Gäste
stellt sie den Kontakt zu lokalen Bergführern her.
3 Zi., DZ/F 60–80 Euro.
Via delle Ginestre 2 – Laceno,
Tel. 082 76 21 19, Mobil 33 83 46 91 08
■ **Locanda La Frasca**
MEIN TIPP! Nette, familiengeführte Pension mit gutem Ristorante, die Zutaten überwiegend aus bio-
logischem Anbau. Fleisch vom Grill und Trüffel, guter Wein ist Ehrensache. 5 Zi., DZ/F 70–80 Euro, HP
45–50 Euro.
Via Serroncelli 10 – Laceno,
Tel. 082 76 83 04, Mobil 33 89 53 14 84,
www.locandalafrasca.com
■ **Lo Spiedo**
Schwarze Trüffel (im Spätherbst und Winter) und
Steinpilze geben der kräftigen Bergküche ihre Wür-
ze. Nudeln werden z.T. auch aus Kastanienmehl gemacht, die Auswahl an lokalem Käse ist sehr gut.

Fleisch-Secondi vom Holzkohlengrill. Ferienapart-
ments mit 4 Betten (90–110 Euro). 25–30 Euro. Di
Ruhetag. Mittags, am Wochenende und von Mitte
Juli bis Ende Aug. auch abends.
Via Serroncelli 25 – Laceno,
Tel. 082 76 80 73, 082 76 80 74,
www.ristorantelospiedo.it

An- und Weiterreise

■ **Auto:** Von Avellino/Atripalda führt die gut ausgebaute S.S. 7 „Ofantina" ins Herzland der Irpinia.
■ **Bus: Autoservizi Irpini** (www.air-spa.it) täglich aus Avellino.

Fest

■ **Sagra delle Castagne e del Tartuffo nero,**
am letzten Wochenende im Oktober feiert man in
Bagnoli kulinarisch, Kastanien und schwarze Trüffel
sind die Protagonisten.

Wandern

Monte Cervialto (1809 m)

Die Pro Loco Bagnoli Irpino (s.o.) hat eine topografische Karte mit 10 Wanderwegen im Gebiet von Laceno im Maßstab 1:25.000 herausgegeben. Der rosa
markierte Weg „4" entspricht dem rot-weiß markierten CAI-Weg „13" und führt auf den Monte Cervialto, mit 1809 m der höchste Gipfel der Monti Picentini. Von Laceno fährt man 1,5 km nach Süden in
Richtung Acerno bis zu einer Zementbrücke. Links
auf Höhe einer Tränke zweigt der markierte Weg ab.
Im Aufstieg werden etliche Forststraßen gequert,
der Weg führt z.T. durch gerodete Wälder. Im Gipfel-
bereich öffnet sich ein weites Panorama. Auf dem
gleichen Weg zurück. 600 Höhenmeter, ca. 3 Std.
Aufstieg, 2 Std. Abstieg.

Sant'Angelo dei Lombardi und Gesualdo

Mit ihren wuchtigen Außenmauern beherrscht die **Abbazia di San Guglielmo a Goleto** das obere Ofanto-Tal. Die Abtei ist eine Gründung *Gugliemo da Vercellis,* der hier 1142 starb und bald nach seinem Tod heiliggesprochen wurde. Im Kloster lebten Mönche und Nonnen, letztere in strenger Klausur. Am Eingang der Anlage empfängt einen das Schild „Silentium". Eine Gemeinschaft der „Kleinen Brüder" des *Charles de Foucauld* lebt hier im Rhythmus des Gebetes. Der Ort strahlt eine friedliche und heitere Stimmung aus. Man ist nicht auf Touristenrummel aus, Hochzeitsfotos

sind verboten, in Süditalien an einem so schönen Ort eigentlich undenkbar. Das kommt dem Besucher zugute, der diesen zauberhaften und nach dem Beben sorgfältig restaurierten Ort in aller Ruhe genießen will. Aus dem ersten Hof führt eine breite Freitreppe zur Ruine der von *Domenico Vaccaro* 1733–40 errichteten **Chiesa maggiore.** Die eingestürzte Decke hat dem großen Himmelsgewölbe Platz gemacht. Auf der rechten Hofseite liegt die **Chiesa inferiore,** ein schöner Bau aus dem 12. Jh. Zu der darüber liegenden **Chiesa superiore** führt eine schmale Treppe hoch. Die zweischiffige Kapelle, 1255 fertig gestellt und dem hl. *Lukas* geweiht, stützen Mittelsäulen mit wunderschönen Kapitellen. Wer das berühmte Jagdschloss Castel del Monte

☑ Abbazia di San Guglielmo a Goleto

Avellino und die Irpinia

gvn13_144 pa

von *Friedrich II.* in Apulien besucht hat, erkennt die Handschrift der Baumeister wieder. Im zweiten Hof erhebt sich ein 1152 errichteter Verteidigungsturm. Bei genauerer Betrachtung wird man römische Reliefs erkennen, die hier eingemauert wurden. Mit Kindern macht es Spaß, in den Mauern der Abtei nach weiteren antiken Bausteinen zu suchen.

■ **Abbazia di San Guglielmo a Goleto,** Contrada San Guglielmo, Tel. 082 72 44 32, www.goleto.it.

Auf einer Anhöhe oberhalb der Abtei liegt **Sant'Angelo dei Lombardi** (875 m, 4300 Ew.) mit seiner trutzigen Langobardenburg. Bei dem Beben 1980 wurde der Ort fast vollständig zerstört. Inzwischen wurde der mittelalterliche Ortskern so weit wie möglich wiederaufgebaut.

Auf dem Weg nach Gesualdo fährt man durch das Valle d'Ansanto. Der **Lago della Mefite** ist ein unheimlicher und nicht ganz ungefährlicher Ort. Aufsteigende Schwefeldämpfe und Methangase bringen das trübe Wasser zum Brodeln. An dieser Stelle verehrten die Samniten ihre Unterweltsgöttin *Mephitis.* Im Museum von Avellino sind interessante Votivgaben ausgestellt. Die **Terme di San Teodoro** nutzen schwefelhaltige Quellen, die zum gleichen hydrologischen System des Lago della Mefite gehören.

Das Städtchen **Gesualdo** (676 m, 3660 Ew.) hat für Musikfreunde einen guten Klang. *Carlo Gesualdo,* Fürst von Venosa (1566–1613), ging als grausamer Doppelmörder seiner Frau *Maria d'Avalos* und ihres Liebhabers sowie als Komponist genialer, ins manieristisch Maßlose übersteigerter Madrigale in die Geschichte ein. Seine musikalische Leistung würdigt jeden August ein internationales Musikfestival. Den Ort be-

⌃ Das Kastell in Gesualdo

herrscht das Kastell der *Gesualdos.* Den Konvent stiftete der Feudalherr als Buße für die Ermordung seiner Frau.

Information

■ Pro Loco Alta Irpinia
Mo bis Sa 10–13 und 16–20 Uhr.
Corso V. Emanuele – Sant'Angelo dei Lombardi,
Tel. 082 72 41 23

■ Pro Loco „Civitatis Iesualinae"
Via Municipio 5 – Gesualdo,
www.facebook.com/prologogesualdo

Unterkunft

Hotel in Villamaina

■ Hotel delle Terme ****
Nach dem Erdbeben von 1980 vollständig renoviert, wurden die Terme di San Teodoro und das gepflegte Hotel 1996 neu eröffnet. Kuranwendungen. 32 Zi., DZ/F 90 Euro, HP 55 Euro. Mai bis Ende Okt.
Via Bagni 20, Tel. 08 25 44 23 13,
www.termedivillamaina.it

Hotel bei Sant'Angelo dei Lombardi

■ Goleto ***
Modernes, gepflegtes Albergo in unmittelbarer Nähe zur Abbazia del Goleto unter engagierter Führung. Das Restaurant offeriert gute Lokalküche, entsprechend das Weinangebot. 10 Zi., DZ/F 80 Euro. Menü 15–20 Euro.
Via San Guglielmo, Tel. 08 27 21 52 15,
Mobil 34 95 05 69 00, www.goleto.com

Trattorien und Enothek

■ Alle Sorgenti dell'Ofanto
Wenige Schritte von der Abbazia del Goleto führt *Piero Carbonara* seine moderne Wine Bar. In den Regalen lagern edle Irpinia-Tropfen, dazu gibt es guten Käse und Würste. 15 Euro. Mo Ruhetag. Mittag und abends.
Contrada San Guglielmo, Tel. 08 27 21 51 20

■ Il Porcellino
Die Familie *Antoniello* führt ihr rustikales Ristorante in der Nähe der Abbazia del Goleto. Die Zutaten der irpinischen Bergküche stammen fast ausschließlich aus lokaler Bio-Produktion. Gute Weinauswahl. 20–25 Euro. Mo Ruhetag. Mittags und abends.
Contrada Campoluongo –
Sant'Angelo dei Lombardi,
Tel. 082 72 36 94, www.porcellino.it

■ La Pergola
MEIN TIPP! Sympathische Trattoria ca. 1 km westlich Gesualdo im Grünen – junge Leute und alte Rezepte. Das Beste aus der irpinischen Fleisch- und Gemüseküche, dazu gute Weine. Im großen Garten, der sich zum Tal des Torrente Frédane öffnet, Holzbungalows (Ü/F 25 Euro) und Pool. 25–35 Euro. Mi Ruhetag. Tägl. abends, Sa und So auch mittags.
Via Freda – Gesualdo, Tel. 08 25 40 14 35

An- und Weiterreise

■ Auto: Von Avellino/Atripalda auf der gut ausgebauten S.S. 7 „Ofantina" bis zur Ausfahrt „Sant'Angelo dei Lombardi". Zur Abtei 5 km der Ausschilderung „Goleto" folgen.

■ Bus: Autoservizi Irpini (www.air-spa.it) an Werktagen aus Avellino.

Feste/Veranstaltungen

■ Giornate Gesualdiane, in Gesualdo, dem Geburtsort des Komponisten *Carlo Gesualdo da Veno-*

Avellino und die Irpinia

11

sa, werden Mitte August Madrigalkonzerte aufgeführt.

🟥 **La sagra delle sagre,** in der ersten Novemberhälfte feiert Sant'Angelo dei Lombardi mit den besten Produkten, Rezepten und Weinen der Irpinia ein großes kulinarisches Fest.

🟥 **Lotta dell'angelo e del diavolo,** am vierten Augustsonntag geht *Gesualdo* beim „Kampf zwischen Engel und Teufel" in die Luft. Langsam schwebt der Engel – ein Kind in schimmernder Rüstung – an einem Seil, das vom Kastell bis auf die Piazza gespannt ist, herab. Über der Statue des San Vincenzo Ferreri hält der Engel in seinem Flug ein,

die Blasmusik erstirbt und es erscheint der Teufel. Vergebens versucht er das Volk zur Sünde aufzustacheln, muss sich vor dem Engel geschlagen geben und verschwindet in einer großen Rauchwolke. Begleitet von Triumphmärschen setzt der Engel seinen Flug fort, und die Statue des Heiligen wird flugs in seine Kirche zurückgetragen.

⌂ Irpinia, das grüne Herz Kampaniens

11

Conza della Campania

Durch das Erdbeben 1980 vollständig zerstört, wurde Conza (594 m, 1500 Ew.) am Fuße des alten Stadthügels komplett neu errichtet. Während der Aufräumarbeiten in den Ruinen kamen die **Reste des römischen Compsa** mit dem Forum, Thermen und einem Amphitheater zum Vorschein.

■ **Parco archeologico urbano di Compsa,** Tel. 082 73 90 13 (Comune di Conza), Besuch auf Anfrage. Eintritt frei.

Information

■ **Pro Loco Compsa**
Piazza Municipio 1, Tel. 082 73 95 19, www.prolococompsa.it

gvm13_157.pa

12 Prak-
tische
Tipps A–Z

◁ Touristenansturm in Pompeji

Anreise

Auto oder Motorrad

Die Anreise mit eigenem Fahrzeug ist meist nur mit **Zwischenübernachtung** zu bewältigen; von München nach Neapel sind es immerhin 1125 km. Teilstrecken im **Autoreisezug** zurückzulegen, ist ein meist sehr teures Vergnügen. In Bologna laufen die Anfahrtsrouten aus Süddeutschland, der Schweiz und Wien zusammen, und ab hier führt die A1 über Florenz und Rom bis Neapel.

Autobahngebühren

Für österreichische und Schweizer Autobahnen ist eine **Vignette** erforderlich. Wer „ohne" fährt, riskiert saftige Geldstrafen! Vignetten erhält man bei Automobilclubs, am Grenzübergang oder an Raststätten/Tankstellen. Für die Schweiz gibt es nur Jahresvignetten, für Österreich auch Vignetten für zwei aufeinander folgende Kalendermonate oder die 10-Tages-Vignette. In Österreich ist die Brennerstrecke über die Europabrücke zusätzlich mautpflichtig.

Auf italienischen Autobahnen wird eine **entfernungsabhängige Maut** erhoben (www.autostrade.it), pro 100 km ca. 5 Euro. Südlich von Salerno ist die A3 gebührenfrei. Bei der Auffahrt auf die Autobahn erhält man ein Ticket meist über einen Automaten. Die Gebühr wird beim Verlassen der Autobahn gegen Vorlage des Tickets an den Zahlstellen **bar** oder bargeldlos mit **Kreditkarte** bzw. **VIACARD** entrichtet. Die VIACARD gibt es zu 25 oder 50 Euro bei heimi-

schen Automobilclubs, an italienischen Grenzübergängen und Autobahnraststätten. Sie wird beim Verlassen der Autobahn in Höhe der anfallenden Autobahngebühren entwertet. Es ist wichtig, sich vor der Zahlstelle in die richtige Spur einzuordnen: Es gibt solche für TELEPASS-Benutzer mit elektronischer Abbuchung, VIACARD-Besitzer und Barzahler! Steht man doch einmal in der falschen Spur, auf keinen Fall zurückstoßen, das kann teuer werden – per Knopfdruck Hilfe anfordern!

Mitglieder von Automobilclubs können sich kostenlos ein **Tourenpaket** mit Straßenkarten und sämtlichen Gebühreninfos zusammenstellen lassen.

Die A3 zwischen Salerno und Reggio di Calabria war bislang mautfrei. In Zukunft soll auch auf diesem Abschnitt eine Gebühr erhoben werden.

- www.autostrade.it
- www.kfz-auskunft.de
- www.oeamtc.at/vignette/
- www.reiseplanung.de
- www.viamichelin.de
- www.maps.google.de

Fahrzeugpapiere

Führerschein und Fahrzeugschein sind Pflicht. Zu empfehlen ist die Grüne Versicherungskarte, bei einem Unfall vereinfacht sie die Abwicklung.

Nationalitätenkennzeichen

Wer kein Euronummernschild hat, benötigt ein korrekt angebrachtes Nationalitätenkennzeichen.

Verkehrsregeln

Verkehrssünder werden in Italien kräftig zur Kasse gebeten!

Es bestehen Gurt- und Helmpflicht, die Promillegrenze beträgt 0,5‰, die zulässige Höchstgeschwindigkeit liegt in Ortschaften bei 50 km/h, auf Landstraßen bei 90 km/h, auf Schnellstraßen bei 110 km/h und auf Autobahnen gemäß Beschilderung bei 130 bis 150 km/h. Es ist verboten, Reservekanister mitzuführen. Wenden, Zurückstoßen und Spurwechsel im Mautstellenbereich, auf Autobahnauffahrten und -abfahrten wird streng geahndet! Alle nach hinten über ein Fahrzeug hinausragenden Dachlasten und Ladungen (Surfbretter, Fahrräder etc.) müssen mit einer 50 x 50 cm großen, rot-weiß gestreiften Warntafel gekennzeichnet sein (im Kfz-Zubehörhandel und bei Automobilclubs erhältlich).

Außerhalb geschlossener Ortschaften muss **tagsüber** das **Abblendlicht** eingeschaltet sein, Motorradfahrer müssen auf allen Straßen mit Abblendlicht fahren. Motorrad- und Beifahrer, die ohne genormten Schutzhelm mit der Kennzeichnung ECE R 22 fahren, riskieren die Sicherstellung ihres Motorrades. Telefonieren beim Fahren nur mit Freisprecheinrichtung bzw. Kopfhörer.

Wie in Österreich müssen auch in Italien **fluoreszierende Warnwesten** für Autofahrer und Beifahrer im Fahrgastraum mitgeführt und im Falle einer Panne oder eines Unfalls vor dem Verlassen des Wagens angezogen werden. Westen mit dem Kontrollzeichen EN 471 sind im Kfz-Zubehörhandel, an Tankstellen oder bei Automobilclubs erhältlich. Siehe auch „Reisen in Kampanien/Parken".

Autofahren in Italien

Tipps auf Deutsch auf der Website des Italienischen Automobilclubs *Automobile Club d'Italia ACI:* Auf **www.aci.it** klicken und nach „Autofahren in Italien" suchen.

Wichtige Verkehrsschilder

- ■ **accendere i fari** – Licht einschalten
- ■ **attenzione uscita veicoli** – Vorsicht Ausfahrt
- ■ **centro** – Zentrum
- ■ **deviazione** – Umleitung
- ■ **divieto di accesso** – Zufahrt verboten
- ■ **lavori in corso** – Bauarbeiten
- ■ **parcheggio** – Parkplatz
- ■ **rallentare** – langsam fahren
- ■ **sbarrato** – gesperrt
- ■ **senso unico** – Einbahnstraße
- ■ **strada senza uscita** – Sackgasse
- ■ **tenere la destra** – rechts fahren
- ■ **traffico limitato** – nur eingeschränkter Verkehr zum Be- und Entladen
- ■ **tutte le direzioni** – alle Richtungen
- ■ **zona disco** – Parken mit Parkscheibe
- ■ **zona di silenzio** – Hupverbot
- ■ **zona pedonale** – Fußgängerzone
- ■ **zona rimorchio** – Abschleppzone
- ■ **zona traffico limitato (ZTL)** – Fahrverbotszone (generell oder eingeschränkt)

12

Pannenhilfe/Notruf

Der italienische Automobilclub **ACI** leistet kostenpflichtig Pannenhilfe rund um die Uhr: Tel. **80 31 16**, Mobil **800 80 01 16**. Notrufsäulen stehen an den Autobahnen. Ein Auslandsschutzbrief ist zu empfehlen (siehe „Versicherungen")!

Notruf in Italien: Tel./Mobil **112** (auch Mobiltelefon ohne SIM-Karte!).

Der deutschsprachige Hilfsdienst des **ADAC** ist in Italien unter Tel. **03 92 10 41** zu erreichen, der **ÖAMTC** und **TCS** informieren ihre Mitglieder in Schutzbriefen.

■ www.adac.de
■ www.oeamtc.at
■ www.tcs.ch

Mitfahrzentralen

Hohe Spritpreise bescheren Mitfahrzentralen wieder Zuwachsraten. In fast allen größeren Städten Deutschlands sind sie über die **bundesweite Telefonnummer 194 40** mit entsprechender Ortsvorwahl (zum Ortstarif) zu erreichen. Auf Websites oder mittels Apps lassen sich Mitfahrgesuche bzw. -gebote inserieren. Der Fahrtpreis errechnet sich aus dem Benzinkostenanteil und der Vermittlungsgebühr für die Mitfahrzentrale. Für geringes Geld empfiehlt sich zusätzlich die Pannen- und Unfallversicherung für Mitfahrer. Wünsche von Frauen z.B., die nur bei Frauen mitfahren möchten, oder von Nichtrauchern können angemeldet werden.

■ www.citytocity.de
■ www.mitfahrzentrale.de

Bus

■ **Touring Eurolines,** Am Römerhof 17, 60486 Frankfurt a.M., Tel. (069) 790 35 01, www.touring. de. Die Eurolines-Busse verbinden über 20 deutsche Städte mit Süditalien.

Bahn

Schnelle und komfortable **Eurocity-Züge** verbinden Italien mit Deutschland, Österreich und der Schweiz. Aus der Schweiz, aus Österreich und dem Süden

---

Übernachten unterwegs: Loccanda della Chiocciola

Von Wiesen, Wald und Äckern umgebenes Edel-Gehöft zu Füßen der alten Etruskerstadt Orte im Tibertal, ein idealer Ort, die Reise in den Süden zu unterbrechen. Von der A1-Ausfahrt „Orte" 4,5 km entfernt und gut ausgeschildert, kommt man in den Genuss gemütlicher Zimmer und einer vorzüglichen Jahreszeitenküche. Ein Spa und der Pool im Garten runden das Wohlfühlangebot ab. *Roberto de Fonseca Pimentel,* der das schöne Haus zusammen mit seiner Frau *Maria Cristina* betreibt, ist ein Nachfahre der neapolitanischen Dichterin und Freiheitskämpferin *Eleonora de Fonseca Pimentel* (1751–1799). 8 Zi., DZ/F 140–190 Euro. Menü ca. 30 Euro.
Località Seripola – Orte,
Tel. 07 61 40 27 34, Mobil 34 85 10 83 09,
www.lachiocciola.net

Deutschlands ist Neapel mit einigen reinen **Tag-Verbindungen** erreichbar, die etwas schneller sind als die **Nachtfahrten** – allerdings um den Preis einer Abfahrt sehr früh am Morgen und einer Ankunft erst am späten Abend. Ideal ist der **direkte Nachtzug** München bzw. Wien nach Rom und von dort am späten Vormittag die Weiterfahrt nach Neapel. Aus der westlichen Hälfte Deutschlands geht die Route über Basel nach Mailand. Die Schweizer reisen ebenfalls zunächst nach Mailand. Aus der östlichen Hälfte Deutschlands sowie aus Österreich geht die Route nach Padua oder Venedig. Landschaftsfans kommen so schon bei der Alpenquerung auf ihre Kosten.

Die dann **anschließenden Nachtzüge** ersparen Umsteigen innerhalb Italiens und bieten den Vorteil, bereits morgens am Ziel anzukommen und den ganzen Tag für das Sammeln erster Eindrücke nutzen zu können. Je nach Geldbeutel und Komfortanspruch besteht die Wahl zwischen Sitz-, Liege- oder Schlafwagen. **Fahrtzeitbeispiele bis Neapel:** ab Hamburg 22 Std., Köln 20 Std., Berlin 23 Std., München 17 Std., Stuttgart 17 Std., Zürich 14 Std., Wien 17 Std.

Für die Anreise aus Deutschland bis zu den Startorten der italienischen Nachtzüge bieten sich viele Ermäßigungsmöglichkeiten. Vor allem mit dem „Europa Spezial Italien" lassen sich bei rechtzeitiger Buchung sehr gute Preise erzielen. Beispiel: Hamburg – Mailand gibt es schon für unter 70 Euro. Für die Weiterfahrt innerhalb Italiens rechnet man im Beispiel Mailand – Neapel rund 50 Euro für eine einfache Fahrt im Liegewagen oder knapp 80 Euro für eine Tag-Fahrt mit dem Hochgeschwindigkeitszug Eurostar Italia. Alle internatio-

Schienen-Ferrari in den Süden

Die Hochgeschwindigkeitszüge der Staatsbahn Trenitalia müssen seit 2012 auf der wichtigsten Nord-Süd-Strecke Italiens gegen den burgunderroten **„Italo"** des Ferrari-Präsidenten *Luca di Montezemolo* antreten. Von Turin über Mailand bzw. aus Venedig über Padua geht es nach Bologna und von hier über Rom nach Neapel und Salerno. Die „Rasenden Kaninchen" sind nicht nur äußerst komfortabel und oft preiswerter als die Konkurrenz, sie punkten auch ökologisch durch geringeren Energieverbrauch. Allerdings: Die Verknüpfung mit den internationalen Zügen aus dem Norden ist nicht ideal. Startbahnhof in Mailand ist beispielsweise nicht der Mailänder Zentralbahnhof, sondern die aus dem Ausland nicht angesteuerte Station Piazza Garibaldi.

■ **www.italotreno.it**

Bahnverbindungen im Internet

■ **DB,** www.bahn.de
■ **ÖBB,** www.oebb.at
■ **SBB,** www.sbb.ch
■ **DB AutoZug,** www.dbautozug.de
■ **DB City NightLine,** www.citynightline.de
■ **Trenitalia,** www.trenitalia.com
■ **www.vertraeglich-reisen.de**

nalen Züge und italienischen Fern- und Nachtzüge sind reservierungspflichtig. Vor allem in der Hochsaison sollte die Planung nicht zu kurzfristig sein!

Familien mit Kindern, die am Urlaubsort auf das eigene Fahrzeug nicht verzichten möchten, bietet sich zum (nicht ganz billigen!) Sprung über die Alpen der **Autoreisezug** an. Autoreisezüge zwischen Deutschland und Italien verkehren von Mai bis Ende September und verbinden Berlin-Wannsee, Düsseldorf, Hamburg-Altona, Hildesheim und Neu Isenburg (Frankfurt a.M.) u.a. mit Bozen, Triest oder Verona. Ermäßigung u.a. für BahnCard-Inhaber und Mitglieder des ADAC.

Über die **Mitnahme von Fahrrädern** informiert die gebührenpflichtige Radfahrer-Hotline der Deutschen Bahn, Tel. 0180 599 66 33.

Die genannten Fahrmöglichkeiten und Preise sind nur ein kleiner Teil des überdies ständig wechselnden Gesamtangebots. Auch Verkäufer an den Schaltern der Bahnhöfe scheitern oft an der Fülle der Möglichkeiten. Es empfiehlt sich deshalb die **Buchung in einem spezialisierten Bahn-Reisebüro.** Ein eventuell anfallendes Beratungsentgelt wird durch die besseren Tarifkenntnisse dort meist mehr als wettgemacht.

■ **Gleisnost,** wer sich nicht selbst durch den Dschungel der Bahntarife und Fahrpläne schlagen und trotzdem Geld sparen will, erhält hier kompetente Beratung – und auf Wunsch die Tickets zugeschickt. Zwei Filialen in Freiburg; www.gleisnost.de.
■ **Titanic-Reisen,** auch wenn die Beratung i.d.R. nicht kostenlos ist, sparen Kompetenz und Süditalien-Erfahrung ein Vielfaches davon wieder ein. Titanic-Reisen hilft auch beim Fahrrad-Transport. Drei Filialen in Berlin; www.kopfbahnhof-berlin.de.

■ **ADFC,** informiert über die Mitnahme von Fahrrädern – u.a. auf der Website der DB mit der „Bahn& Bike Broschüre". www.adfc.de

Flug

■ **Aeroporto Internazionale di Napoli (NAP),** zahlreiche Linien-, Charter- und Billigflieger. Mietwagenagenturen. Busse und Taxis zum nahen Bahnhof/Busbahnhof ins Zentrum. Busse auch nach Salerno und Sorrent.
Tel. 081 78 96 11 11, www.gesac.it
■ **Aeroporto di Salerno – Costa d'Amalfi (QSR),** Alitalia von Mailand bzw. Rom, in der Saison auch Lufthansa-Partner aus München über Verona. Das Angebot wird ausgebaut. Busse zum Bhf. Salerno (www.cstp.it).
Tel. 08 28 35 43 11, www.aeroportosalerno.it

Linien- und Charterflüge

■ **Alitalia,** www.alitalia.com. Von vielen Flughäfen in Deutschland, Österreich und der Schweiz über Mailand bzw. Rom nach Neapel bzw. Salerno.
■ **Airberlin,** www.airberlin.com. Von vielen deutschen Flughäfen, aus Österreich und der Schweiz nach Neapel.
■ **Austrian Airlines,** www.aua.com. Von Wien nach Neapel.
■ **German Wings,** www.germanwings.com. Von vielen deutschen Flughäfen, aus Österreich und der Schweiz nach Neapel.
■ **Lufthansa,** www.lufthansa.com. Von vielen deutschen Flughäfen über München nach Neapel.

Meist preisgünstigere Flüge sind mit den **Jugend- und Studententickets** (je nach Airline alle jungen Leute bis 25 Jahre und Studenten bis 34 Jahre) möglich. Falls man den Linienflug mit einer weiteren Leistung (Unterkunft, Mietwagen)

bucht, bekommt man in zuverlässigen Reisebüros meist günstigere Preise:

- **Jet-Travel,** www.jet-travel.de
- **Globetrotter Travel Service,** www.globetrotter.ch

Billigfluglinien

Nicht immer bekommt man die Billigtarife aus der Werbung, aber es gibt **regelmäßig Sonderaktionen,** bei denen man mit Glück auch in der Hochsaison zu günstigen Tarifen buchen kann. Darauf wird per E-Mail-Newsletter aufmerksam gemacht, die man auf der Internetseite der jeweiligen Airline abonnieren kann. Preisvergleiche im Internet finden sich u.a. auf folgenden Seiten:

- **www.billig-flieger-vergleich.de**
- **www.fluege.de**
- **www.flug.idealo.de**
- **www.opodo.de**
- **www.swoodoo.com**

Die Billigairlines stellen keine Tickets aus, sondern arbeiten nur mit einer **Online-Bestätigung** mit einer Buchungsnummer auf der Website oder per Mail. Zur Bezahlung wird in der Regel eine Kreditkarte verlangt.

Last Minute

Wer sich erst im letzten Augenblick für eine Reise in den Süden Italiens entscheidet oder gern pokert, kann Ausschau nach Last-Minute-Flügen halten, die von einigen Airlines mit deutlicher Ermäßigung ab etwa **14 Tage vor Abflug** angeboten werden, wenn noch Plätze zu füllen sind. Diese Last-Minute-Flüge lassen sich nur bei Spezialisten buchen:

- **L'Tur,** Tel. 018 05 21 21 21, www.ltur.com
- **www.lastminute.com**
- **www.5vorflug.de**
- **www.restplatzboerse.at**

Bekleidung und Ausrüstung

Sonniger Süden!? Ja, aber im Frühjahr kann es bis April noch recht kalt sein. Im Gebirge und am Meer kühlt es abends auch im Sommer ab. Pullover und Windjacke gehören daher ins Gepäck. Für die heißen Sommertage empfiehlt sich leichte, luftige Baumwollkleidung. Für den Besuch archäologischer Stätten und zum Wandern haben sich eingelaufene Wanderschuhe bewährt. Italiener tragen bekanntlich gerne schicke Kleidung, formelle Kleidung wird jedoch nur in gehobenen Hotels und Restaurants erwartet. Ein kleines Opernglas leistet bei der Besichtigung einer Kirche oder auf Wanderungen gute Dienste. Besitzer eines Neuwagens sollten evtl. an eine Wegfahrsperre oder Lenkradblockade denken.

Buchtipp – Praxis-Ratgeber

- *Frank Littek,* **Fliegen ohne Angst** Reise Know-How Verlag, Bielefeld

12

Diplomatische Vertretungen

Wird der **Reisepass oder Personalausweis im Ausland gestohlen,** muss man dies bei der örtlichen Polizei melden. Darüber hinaus sollte man sich an die nächste diplomatische Auslandsvertretung seines Landes wenden, damit man einen Ersatz-Reiseausweis zur Rückkehr ausgestellt bekommt (ohne kommt man nicht an Bord eines Flugzeuges!). Auch in **dringenden Notfällen,** z.B. medizinischer oder rechtlicher Art, sind die Auslandsvertretungen bemüht, vermittelnd zu helfen.

Deutschland

■ **Ambasciata della Repubblica Federale di Germania** (Botschaft), Via San Martino della Battaglia 4, 00185 Roma, Tel. 06 49 21 31, Fax 064 45 26 72, www.rom.diplo.de
■ **Generalkonsulat,** Via F. Crispi 69, 80121 Napoli, Tel. 08 12 48 85 11, Fax 08 17 61 46 87, www.neapel.diplo.de

Österreich

■ **Ambasciata d'Austria** (Botschaft), Via Pergolesi 3, 00198 Roma, Tel. 068 44 01 41, Fax 068 54 32 86, www.bmeia.gv.at/rom
■ **Konsularabteilung,** Viale Liegi 32, 00198 Roma, Tel. 068 41 82 12, Fax 06 85 35 29 91, rom-ka@bmeia.gv.at
■ **www.auslandsservice.at,** Auslandsservice-App als Download

Schweiz

■ **Ambasciata di Svizzera** (Botschaft), Via Barnaba Oriani 61, 00197 Roma, Tel. 06 80 95 71, Fax 068 08 85 10, www.eda.admin.ch

Drogen

Das italienische **Betäubungsmittelgesetz** trennt nicht zwischen „harten" und „weichen" Drogen und sieht Haftstrafen auch für Handel und Besitz kleiner Rauschgiftmengen vor.

Einkaufen

Selbstversorger kommen in Kampanien voll auf ihre Kosten. In städtischen Markthallen, Alimentari, auf Fisch-, Obst- und Gemüsemärkten ist das frische Angebot überwältigend. Und am Ende des Urlaubs findet sich, zumindest im Auto, sicher noch Platz für einen 5-l-Kanister *Olio d'Oliva extra vergine* frisch

▷ Trattoria Da Tonnino (Neapel): die Pralinen hat jemand mitgebracht

12

vom Erzeuger. Auch eine Kiste Wein verlängert den Urlaub zu Hause.

In Neapel und den Provinzhauptstädten lohnt ein Schaufensterblick auf die *Alta moda*. Wenn im Februar und August/September *saldi* (Schlussverkauf) anstehen, purzeln die Preise. Ein Kapitel für sich sind die *mercati di Napoli* (siehe Exkurse „Neapels Märkte" und „Bethlehem in Neapel" im Kapitel zu Neapel).

Traditionelle **Keramik** gibt es z.B. auf Ischia, in Vietri an der Amalfitana und in Camerota im Cilento.

Einkaufstipps am Ende der Ortsbeschreibungen.

Achtung: Auch Italiener greifen gerne zu bei gefälschten und daher unschlagbar billigen Markenartikeln, wie sie von Straßen- und Strandhändlern überall angeboten werden. Die Polizei drückt oft ein Auge zu. Aber nicht immer! Dann können die fast echte Prada-Sonnenbrille oder das Gucci-Täschchen schnell sehr teuer werden.

Elektrizität

220 V Wechselstrom. Flache Eurostecker passen fast immer – wenn nicht, braucht man eine *spina di addatamento* (Adapter).

gvn13_148 pa

Essen und Trinken

Zu den „Hintergründen" der kampanischen Esskultur siehe das Kapitel „Land und Leute/Küche und Wein".

Für den Neapolitaner besteht die **colazione (Frühstück)** in der Regel aus *'na tazzulella 'e caffè* (einer kleinen Tasse Kaffee) am Tresen einer Bar. In Hotels versucht man natürlich den Frühstücksgewohnheiten der Gäste aus dem Norden entgegenzukommen.

Wie teuer ist es, essen zu gehen?

Die in diesem Reiseführer angegebenen Preise (Stand 2013) beziehen sich auf ein **vollständiges Menü ohne Getränke.** Das muss nicht heißen, dass Sie immer die ganze Speisekarte vom Antipasto bis zum Dolce bestellen müssen. Auf der anderen Seite sollte man sich aber auch nicht wundern, wenn der Wirt manchmal verstimmt ist, wenn Sie in seinem Restaurant nur einen Salat verzehren möchten. In einem guten Restaurant ist im Schnitt mit 30–40 Euro zu rechnen, Fischmenüs sind meist teurer. In einer soliden Trattoria oder einem Agriturismo wird man auch für 15–20 Euro satt, noch günstiger ist der Besuch einer Pizzeria oder Rosticceria. Für eine Flasche Mineralwasser muss man im Lokal mit ca. 2 Euro rechnen, offener Wein kostet 4–5 Euro der Liter, gute Flaschenweine gibt es ab 8 Euro. Insgesamt sind Italiener fast immer bereit, für gutes Essen auch gutes Geld auszugeben, eine hedonistische „Tugend", die Urlauber nicht immer mitbringen.

gvm13_150 pa

Im Tagesablauf der Süditaliener nehmen **pranzo (Mittagessen)** und **cena (Abendessen)** einen wichtigen Platz ein, die vollständige Speisenfolge besteht aus *antipasto*, *primo piatto* und *secondo piatto*, zum dem der *contorno* extra dazu bestellt wird. Keine Angst, man muss nicht die komplette Liste bestellen. Nur wer sich im Restaurant mit einem Salat oder einem einzigen Teller Pasta bescheiden möchte, wird verständlicherweise nicht gerne gesehen, da die Wirte ihren Umsatz mit den Speisen und nicht mit den oft erstaunlich preisgünstigen Weinen machen. Zum Nachtisch gibt es *dolce*

oder *frutta*, danach noch einen Digestif. Den *caffè* trinkt man heiß in der nächsten Bar. Hotels sind nur in Ausnahmefällen die besten Adressen, um die Landesküche kennenzulernen. Den kleinen Hunger kann man in einer *tavola calda* oder *rosticceria* stillen. Hier gibt es Nudelaufläufe, Grillhähnchen und Backkartoffeln, oft auch zum Mitnehmen. Bei der Wahl einer *osteria, trattoria, pizzeria* oder eines *ristorante* sollte man sich vom Ambiente und einer guten Empfehlung leiten lassen. Auf dem *menù* muss der Betrag für **coperto** und evtl. **servizio** (10–15%) ausgewiesen sein. Aus Höf-

lichkeit lässt man die Gäste nach dem Essen sitzen, bis sie selbst nach der Rechnung verlangen, die nach Verlassen des Lokals eingesteckt werden muss. Sympathischerweise werden Rechnungsbeträge in Italien nicht aufgerundet, der Gast erhält das vollständige Wechselgeld zurück und lässt dann nach eigenem Ermessen sein **Trinkgeld** auf einem Teller liegen. War man zufrieden,

Villa Cosilinum (Padula): Hotelpadrone Giovanni Cancellaro kocht am liebsten selbst

Kleiner kulinarischer Sprachführer

il menù – Speisekarte
- *antipasti* – Vorspeisen
- *bevande* – Getränke
- *carne* – Fleisch
- *contorni* – Beilagen
- *dolce* – Nachtisch
- *formaggi* – Käse
- *frutta* – Obst
- *menu del giorno* – Tagesgericht
- *minestre* – Suppen
- *pane e coperto* – Brot und Gedeck
- *pesce* – Fisch
- *piatti vegetariani* – vegetarische Gerichte
- *piatto del giorno* – Tagesgericht
- *primo/secondo piatto* – erster/zweiter Gang
- *servizio* – Bedienungsgeld

ordinare – bestellen
- *Vorrei prenotare un tavolo per due persone.* – Ich möchte einen Tisch für zwei Personen bestellen.
- *Avete ancora un tavolo libero?* – Haben Sie noch einen Tisch frei?
- *Ci porta il menù/la lista dei vini per favore?* – Bringen Sie uns bitte die Speisekarte/die Weinliste?
- *Voremmo ordinare.* – Wir würden gerne bestellen.
- *Che cosa ci puo consigliare?* – Was können Sie uns empfehlen?
- *Da bere/da mangiare prendiamo/voremmo …* – Zum Trinken/Essen nehmen wir/möchten wir …
- *Avete anche…?* – Haben Sie auch…?
- *Si puo avere anche una mezza porzione?* – Kann man auch eine halbe Portion haben?

pagare – bezahlen
- *Voremmo pagare. Ci porta il conto, per piacere?* – Wir würden gerne zahlen. Bringen Sie uns bitte die Rechnung?
- *Accettate carte di credito?* – Nehmen Sie Kreditkarten?

coperto – Gedeck
- *aceto e olio* – Essig und Öl
- *bicchiere* – Glas
- *coltello* – Messer
- *cucchiaino* – Teelöffel
- *cucchiaio* – Löffel
- *forchetta* – Gabel
- *pane* – Brot
- *piatto* – Teller, Gericht
- *sale e pepe* – Salz und Pfeffer
- *stuzzicadenti* – Zahnstocher

bevande – Getränke
- *aqua minerale frizzante (con gas)/naturale (senza gas)* – Mineralwasser mit/ohne Kohlensäure
- *amaro* – Kräuterlikör
- *birra alla spina* – gezapftes Bier
- *caffè* – kleiner Kaffee, Espresso
- *limoncello* – Zitronenlikör
- *nocino* – Nusslikör
- *spremuta* – frisch gepresster Saft
- *succo* – Saft
- *vino bianco/rosato/rosso* – Weiß-, Rosé-, Rotwein
- *vino sfuso* – offener Wein

antipasti – Vorspeisen
- *alici marinate* – marinierte Sardinen
- *antipasto di mare* – Vorspeise mit Meeresfrüchten
- *antipasto rustico* – Vorspeise mit Wurst und Käse
- *bruschetta* – geröstetes Weißbrot mit Tomaten und Knoblauch
- *frisedde* – doppelt gebackenes Brot, wird eingeweicht z.B. mit Tomaten, Olivenöl und Oregano gegessen
- *insalata caprese* – Mozzarella-Tomaten-Salat
- *lampascioni* – Wildzwiebeln der Träubelhyazinthen
- *parmigiana di melanzane* – mit Tomaten, Mozzarella, Basilikum und Parmesan überbackene Auberginen

- *puccia* – Brot mit Oliven
- *soppressata* – zum besseren Trocknen gepresste Salami
- *sott'aceti* – in Essig eingelegtes Gemüse
- *sott'olii* – in Olivenöl eingelegtes Gemüse oder Pilze
- *taralli* – hart gebackene Teigkringel

primi – erster Gang

- *ciceri e ttria* – Bandnudeln mit Kichererbsen
- *cozze gratinate* – überbackene Miesmuscheln
- *fave e cicorie* – Saubohnen und Zichorien
- *maccheroni al ragù* – Röhrennudeln mit Fleischsoße
- *minestra maritata* – kräftige Fleisch- und Gemüsesuppe mit Pasta
- *orechiette con cime di rapa* – Öhrchennudeln mit bitterem Stängelkohl
- *pan cotto* – Brotsuppe
- *pasta e ceci/faggioli* – Nudeln mit Kichererbsen/ Bohnen
- *purea di fave* – Bohnenpüree, meist zusammen mit Gemüse
- *risotto alla pescatora* – Risotto mit Fisch und Meeresfrüchten
- *scialiatielli* – hausgemachte Spaghetti
- *spaghetti ai frutti di mare* – Spaghetti mit Meeresfrüchten
- *tiella di riso, cozze e patate* – Reis-Miesmuschel-Kartoffelauflauf
- *zuppa di cozze* – Miesmuscheln in Tomatensugo
- *zuppa di grano* – Weizensuppe

secondi di pesce e carne – Fisch- und Fleischgerichte

- *agnello* – Lamm
- *arista di maiale* – Schweinebraten
- *bracciole di cavallo* – Pferdefleischrouladen, meist in Tomatensugo
- *castrato* – Hammel
- *dentice* – Zahnbrasse
- *orata* – Goldbrasse
- *salsiccia* – Wurst

- *triglie* – Rotbarben
- *zuppa di pesce* – Fischeintopf

contorni – Beilagen

- *cicorie* – Zichorie
- *fungo cardoncello* – exzellenter Speisepilz der Murgia (*Pleurotus eryngii*)
- *insalata* – Salat
- *giambotta* – Gemüseeintopf
- *verdure* – Gemüse

cotture – Zubereitungsarten

- *all'acqua pazza* – Fisch wird im leichten Gemüsesud gedünstet
- *al bianco* – ohne Tomaten
- *al cartoccio* – in Backpapier oder Alufolie gegart
- *al forno* – im Ofen
- *alla boscaiola* – mit Pilzen
- *alla griglia* – gegrillt
- *alla pizzaiola* – mit Tomaten-Oregano-Sauce
- *alla scapece* – frittiert und sauer eingelegt
- *fritto* – frittiert, ausgebacken

formaggi – Käse

- *burrino* – Brühkäse mit einem Stück Butter in der Mitte
- *caciocavallo* – pikant gereifter Kuhmilchkäse
- *cacioricotta* – gereifte Ricotta, oft aus Ziegenmilch
- *fior di latte* – Kuhmilchmozzarella
- *pecorino* – Schafskäse
- *provolone* – pikanter Käse aus Kuhmilch
- *ricotta* – Frischkäse aus Molke (*ricotta* bedeutet „noch einmal gekocht")
- *ricotta affumicata* – die geräucherte Ricotta wird gerieben zur Pasta gegessen

frutta e dolci – Obst und Nachspeisen

- *agrumi* – Zitrusfrüchte
- *ficchi* – Feigen
- *ficchi d'India* – Kaktusfeigen
- *granita di limone* – Zitronensorbet
- *struffuli* – in Honig getauchtes Gebäck

sind **5–10%** angebracht. Für manche sind die späten Essenszeiten, besonders am Abend, gewöhnungsbedürftig; die *cena* wird selten vor 20 Uhr serviert.

■**Buchtipp:** Wer tiefer eintauchen will in die (sprachlichen) Geheimnisse der italienischen Küche, dem sei ein Kauderwelsch-Sprachführer (Reise Know-How Verlag) als Beilage empfohlen: **Italienisch kulinarisch – Wort für Wort**, Kauderwelsch Bd. 144

Fernsehen

In einem Land, wo ein Medienmogul zum Ministerpräsidenten aufsteigen konnte, ist Fernsehen allgegenwärtig. Tiefere Einblicke in Italiens Medienlandschaft bietet *Alexander Stille* in „Citizen Berlusconi" (siehe „Lesen"). Der private Fernsehmarkt wird nach wie vor von *Berlusconis* Sendern **Italia 1, Rete 4** und **Canale 5** beherrscht (34% Marktanteil), der Rest entfällt auf den Bezahlsender **Sky** (29%). Die staatliche **RAI** (37%) bleibt ein Spielball politischer Interessen. In privaten Haushalten läuft der Fernseher im statistischen Durchschnitt drei Stunden und achtzehn Minuten pro Tag, und auch in etlichen Lokalen flimmert die Kiste vor sich hin, wird aber meist

gvn13_151 pa

ignoriert, wenn nicht gerade *calcio* (Fußball) läuft. Das Markenzeichen vieler Sendungen: eine Schar hübscher, dünn bekleideter Soubretten, die den Moderator stumm lächelnd umgeben. Den Gegentrend setzte z.B. die engagierte Polit-Kultursendung „Vieni via con me" der Moderatoren *Fabio Fazio* und *Roberto Saviano* (siehe auch „Lesen"). Deutschsprachige Programme sind in etlichen Hotels über Satellit zu empfangen.

Feste und Feiertage

Feste

Jeder Ort feiert seinen Patron oder die Schutzheilige mit großem Pomp. Die Straßen schmücken *luminarie,* filigrane Holzlattengebilde, von Abertausenden elektrischen Lampen illuminiert. In der Prozession schreitet stets die *banda* (Blaskapelle) voran, und eine *festa* endet immer mit einem grandiosen Feuerwerk. Besonders stimmungsvoll sind die Osterprozessionen. Siehe auch „Feste, Events, Musik".

Feiertage

An den gesetzlichen Feiertagen sind alle öffentlichen Einrichtungen, z.T. auch Museen und archäologische Zonen, geschlossen. Achtung: Fallen die Feiertage auf Wochentage, ist an den Brückentagen zwischen den Wochenenden (ital. *ponte*) mit Verkehrsstaus zu rechnen.

Gesetzliche Feiertage

- **1. Januar:** *Capodanno*/Neujahr
- **6. Januar:** *Epifania*/Hl. drei Könige
- **Ostermontag:** *Pasquetta*
- **25. April:** *La Resistenza*/Tag der Befreiung
- **1. Mai:** *Festa del Lavoro*/Tag der Arbeit
- **2. Juni:** *Festa della Repubblica*/Nationalfeiertag
- **15. August:** *Ferragosto*/Mariä Himmelfahrt
- **1. November:** *Ognissanti*/Allerheiligen
- **8. Dezember:** *L'Immacolata*/Unbefleckte Empfängnis
- **25. Dezember:** *Natale*/Weihnachten
- **26. Dezember:** *Santo Stefano*/Fest des Hl. Stefan

Fotografieren

Menschen ohne Einwilligung abzulichten, verbietet die Höflichkeit, fragt man vorher um Erlaubnis, ergeben sich meist nette Kontakte. Möchte jemand nicht fotografiert werden, ist das unbedingt zu respektieren, nicht zuletzt um sich eventuell Ärger zu ersparen. **Fotoverbote oder -einschränkungen** vor militärischen Einrichtungen, Brücken und in Museen beachten!

◁ Essen & Trinken in Kampanien – jeden Tag von Neuem ein Fest

12

Feste, Events, Musik

Januar/Februar

■ **Madonna dell'Arco,** vom dritten Januarsonntag finden bis Ostern jeden Sonntag in den Altstadtvierteln von Neapel Prozessionen statt. Am Ostermontag grandiose Abschlussprozession ins Heiligtum nach Sant'Anastasia (Circumvesuviana Linie Napoli – Sarno, Station Madonna dell'Arco, www.santuarioarco.org).

■ **Carnevale Irpinio,** in der Provinz Avellino wird der Karneval mit allegorischen Karrenumzügen, heidnisch anmutenden Tänzen und viel Musik gefeiert.

■ **La Candelora,** am 2. Februar pilgern Transvestiten, Lesben und Schwule zur Mamma Schiavona nach Montevergine bei Avellino.

März/April

■ **Pasqua (Ostern),** eindrucksvolle Karfreitagsprozessionen in Sessa Aurunca, Sorrent, Ponte (Ischia), Positano und Amalfi. Besonders schön ist die Processione dei Mistreri auf der Insel Procida.

■ **Festa della Madonna del Popolo,** an *pasquetta* (Montag nach Ostern) schreitet die Prozession der Stadtpatronin von Sessa Aurunca über blütenbestreute Gassen.

■ **San Marco,** das Hafenstädtchen San Marco di Castellabate feiert seinen Patron am 25. April mit einer Bootsprozession.

Mai

■ **Maggio dei Monumenti,** ganz Neapel (www.comune.napoli.it) und Heerscharen von Touristen sind auf den Beinen, wenn im Mai Museen, Kirchen und Kastelle, v.a. aber zahllose der Öffentlichkeit sonst verschlossene Orte ihre Pforten öffnen. Achtung: Hotels sind meist langfristig ausgebucht! In Salerno heißt die erfolgreiche Aktion **Salerno porte aperte** (www.comune.salerno.it).

■ **Festa di San Gennaro,** am ersten Maiwochenende hält ganz Napoli den Atem an und hofft, dass sich das Blut des Stadtpatrons verflüssigt. Am 19. Sept. wird San Gennaro noch einmal groß gefeiert.

■ **San Michele Arcangelo,** am 8. Mai (und 19. Sept.) feiern Sant'Angelo (Ischia) und die ganze Insel Procida den Erzengel als ihren Schutzpatron.

■ **Festa di San Costanzo,** am 14. Mai feiert Capri seinen Patron mit einer Prozession und Feuerwerk.

Juni

■ **Musica in Irpinia,** von Anfang Juni bis September werden in der Provinz Avellino an zahlreichen stimmungsvollen Orten Kammerkonzerte veranstaltet (www.eptavellino.it).

■ **San Cono,** Teggiano feiert seinen Stadtpatron dreimal im Jahr: am 3. Juni, 27. Sept. und 17. Dez. Das schönste Fest findet im Juni statt.

■ **Festa delle quattro Repubbliche Marinare,** in der Regel treten die vier ehemaligen italienischen Seerepubliken Amalfi, Pisa, Genua und Venedig jeweils am ersten Junisonntag im sportlichen Ruderwettkampf gegeneinander an. 2016 werden die Galeeren erneut in Amalfi zu Wasser gelassen.

■ **Festa dei Gigli,** am 22. Juni werden zu Ehren des *hl. Paulinus,* „Erfinder" der Kirchenglocken, monströse Gebilde zu ohrenbetäubender Musik durch die Straßen von Nola getragen (www.igi-gli.org).

■ **'Ndrezzata,** das beliebte Touristenspektakel in Buonopane auf Ischia am Vorabend des 24. Juni, ein wilder Stocktanz, hat antike Ursprünge.

■ **Festa di Sant'Andrea,** vom 25. bis 27. Juni lässt Amalfi seinen Patron zu Wasser und zu Lande hoch leben.

■ **Disfida dei Trombonieri,** Historienspektakel Ende Juni in Cava dei Tirreni.

Juli

■ **Festival Musicale di Ravello,** gesellschaftliches Musikevent zu immer noch volksnahen Preisen. Das ursprüngliche reine Wagner-Festival zieht sich mittlerweile von April bis Oktober und bietet neben symphonischen Konzerten auch Kammermusik und Jazz (www.ravellofestival.com).

■ **Festa d'Estate a Villa Guariglia,** klassische Konzerte und Kammermusik bei freiem Eintritt in schöner Villa in Raito oberhalb Vietri sul Mare.

■ **Leuciana Festival,** hochkarätiges Theater- und Musikfestival auf dem Real Belvedere von San Leucio bei Caserta (www.leuciana.org).

■ **Teano Jazz,** Jazzfestival in der Provinz Caserta, in manchen Jahren zusätzlich auch im Winterhalbjahr (www.teanojazz.org).

■ **Napoli Teatro Festival Italia,** das internationale Theaterfestival hat sich als feste Größe im europäischen Kulturkalender etabliert. Die ausgefallenen Aufführungsorte sind mindestens so spannend wie die Stücke selbst. Das Ganze wird getragen von dem sich ständig neu zusammensetzenden Europäischen Ensemble (www.teatrofestivalitalia.it).

■ **Neapolis Festival,** Mitte Juli heizen internationale Rockgrößen drei Tage lang auf dem Arenile di Bagnoli ein, der Abrissfläche des gigantischen Eisenhüttenwerks westlich Neapel (www.neapolis.it).

■ **Festa di Sant'Anna,** am 26. Juli nächtliche Bootsprozession und fulminantes Feuerwerk in Ischia Ponte.

■ **Teatri di Pietra,** von Ende Juli bis Mitte August werden in den antiken Theatern und Amphitheatern der Provinz Caserta (S. Maria Capua Vettere, Sessa Aurunca) griechische Dramen, römische Komödien, aber auch zeitgenössische Stücke aufgeführt (www.teatridipietra.org).

August

■ **Strit Festival Napoli,** Aufsehen erregendes Fest der Straßenkünstler Anfang August in Neapel (nicht jedes Jahr).

■ **Teggiano Jazz,** Jazz-Festival Anfang August in Teggiano (www.teggianojazz.it).

■ **Velia Teatro,** von Anfang August bis Anfang September finden in der archäologischen Zone von Velia Aufführungen antiker griechischer Dramen und römischer Komödien in italienischer Sprache statt (www.veliateatro.it).

■ **Festa dell'Assunta,** am 15. Aug. lässt man die Madonna allerorts hoch leben. In Pozzuoli dauert das Fest drei Tage, Mutige können ihr Geschick bei dem Wettkampf Palo a Mare unter Beweis stellen.

■ **Giornate Gesualdiane,** im Gesualdo, dem Geburtsort des Komponisten *Carlo Gesualdo da Venosa,* Mitte August Madrigalkonzerte.

■ **Lotta dell'angelo e del diavolo,** am vierten Augustsonntag geht Gesualdo beim „Kampf zwischen Engel und Teufel" in die Luft.

September

■ **Premio Léonide Massine,** Ballettfestival in Positano (www.premiodanzapositano.eu).

■ **Festival di Musica d'Insieme,** Sessa Aurunca bietet Anfang September den stimmungsvollen Rahmen für ein hochkarätiges Mozart-Festival.

■ **Città Spettacolo,** Benevent lädt in der ersten Septemberhälfte zum renommierten Kulturfestival (www.cittaspettacolo.it).

■ **San Giovan Giuseppe della Croce,** am ersten Septembersonntag feiern Ischia Porto und Ischia Ponte ihren Patron mit Schiffsprozessionen und Feuerwerk.

■ **'A juta a Montevergine,** am 11. Sept., dem Vorabend des Festes der Madonna di Montevergine, treffen tausende Pilger in Ospedaletto ein und feiern gemeinsam vor dem Aufstieg zum Bergheiligtum durch die Nacht – ein fernes Echo auf die bachantischen Riten des Kybele-Kults.

■ **San Michele Arcangelo,** zu Ehren des Erzengels Michael findet am 19. Sept. in Sant'Angelo auf Ischia eine Bootsprozession statt. Procida feiert seinen Patron am gleichen Tag.

■ **San Matteo,** Salerno feiert am 21. Sept. seinen Patron, den Apostel Matthäus.

November

■ **Via San Gregorio Armeno,** auch wenn in der Via San Gregorio Armeno in Neapel eigentlich das ganze Jahr Weihnachten ist, beginnt die Saison der Krippenmacher traditionell am ersten Novembersonntag und dauert bis zum 6. Jan.

Dezember

■ **Capodanno,** der Silvester-Rave auf der Piazza del Plebiscito in Neapel ist ein Mega-Event, das man einfach erlebt haben muss!

⌄ Karfreitagsprozession in Sorrent

gvn13_149 pa

Geld

Ausgesprochen wird der **Euro** in Italien „E-uro", der Cent heißt „centesimo". Die Rückseite der italienischen Cent-Münzen zeigen das Castel del Monte in Apulien (1 Cent), den Aussichtsturm Mole Antonelliana in Turin (2 Cent), das Colosseum in Rom (5 Cent), einen Ausschnitt aus *Sandro Botticellis* „Geburt der Venus" (10 Cent), die Bronzeskulptur „Forme uniche di continuità dello Spazio" (1913) des aus Reggio di Calabria stammenden futuristischen Künstlers *Umberto Boccioni* (20 Cent) sowie das antike Reiterstandbild des *Marc Aurel* auf dem *Michelangelo*-Pflaster der Piazza Campidoglio in Rom (50 Cent). Auf den Euro-Münzen sind die Proportionsstudie des menschlichen Körpers von *Leonardo Da Vinci* (1 Euro) sowie ein von *Raffael* gemalter Porträtkopf des italienischen Nationaldichters *Dante Alighieri* (2 Euro) abgebildet.

Nach einem aktuellen Gesetz sind in Italien Bargeldzahlungen nur noch bis zu einem Höchstbetrag von 999,99 Euro erlaubt!

Geldautomaten/ Kreditkarten

Die unkomplizierteste Art der Geldbeschaffung im Urlaub ist die Barabhebung vom **Geldautomaten** unter Angabe der PIN mit **Maestro- oder Kreditkarte.** Immer mehr Banken gehen dazu über, für die Abhebung im In- und Ausland keine Gebühr mehr in Rechnung zu stellen.

Innerhalb der EU-Länder sollte die **Barauszahlung per Kreditkarte** nach der EU-Preisverordnung nicht mehr kosten als im Inland, aber je nach ausgebender Bank können das bis zu 5,5% der Abhebungssumme sein (am Schalter in der Regel teurer als am Geldautomaten). Für das **bargeldlose Zahlen per Kreditkarte** innerhalb der EU darf die ausgebende Bank keine Gebühr für den Auslandseinsatz veranschlagen; für die Schweizer wird jedoch ein Entgelt von 1–2% des Umsatzes berechnet.

Bei **Verlust oder Diebstahl** der Geldkarte sofort sperren lassen, auch um die Sorgfaltspflicht nicht zu verletzen! Rufen Sie die von Ihrer Bank oder Sparkasse genannte Sperrnummer an.

■ **Tipp:** Nummer der Kreditkarte und Kartensperrnummer vorher notieren! Sie stehen auf der Kreditkarte. In Deutschland steht rund um die Uhr der **Kartensperrnotruf** (0049) 11 61 16 für Maestro-, Kredit-, Krankenkassen- und Handykarten zur Verfügung. Alternativ wurde die Nummer (0049) 30 40 50 40 50 eingerichtet. Es handelt sich allerdings nur um einen Vermittlungsdienst, Servicemitarbeiter leiten die Gespräche weiter.
■ **www.sperr-notruf.de**

Reiseschecks

Euro-Reiseschecks werden u.a. von American Express, Thomas Cook oder VISA ausgestellt. Kaufquittung und Schecks immer getrennt voneinander aufbewahren. Bei Verlust oder Diebstahl wird Ersatz geleistet, wenn man die Kaufquittung für die Reiseschecks vorweisen kann.

Bargeldtransfer

Im Notfall kann man dank des Transfer-Services der **Western Union** schnell wieder zu Bargeld kommen. Zunächst einen Vertriebsstandort der Western Union ausfindig machen (Adressen auf www.westernunion.de), zu Hause anrufen, Kontaktadresse angeben und darum bitten, den gewünschten Betrag bei der Postbank, ReiseBank, teilnehmenden Sparkassen oder Travelex mit Karte oder bar einzuzahlen und unter Angaben der Empfängerdaten nach Italien zu schicken. Für den Einzahler werden etwa 5% der Transfersumme als Gebühr fällig. Aus Deutschland und Österreich sind auch Online-Überweisungen mit VISA- oder Master-Card möglich. Unter Vorlage eines Identitätsnachweises erhält man den vereinbarten Geldbetrag ausbezahlt.

Banken

In der Regel Mo bis Fr 8.30–13.30 und 15–16 Uhr geöffnet. Personalausweis nicht vergessen!

Kassenbeleg

Rechnungen und Quittungen (*ricevuta* bzw. *scontrino fiscale*) müssen eine Weile aufbewahrt und auf Verlangen der *Guardia della Finanza* (Steuerpolizei) vorgezeigt werden.

Gesundheit

Notruf

In ganz Italien **Tel. 112** – Standort nennen und um *pronto soccorso* (Unfallhilfe) bitten.

Erste Hilfe

Kostenlose, meist freundliche Erstversorgung im **Pronto Soccorso** (Unfallstation) jeden Krankenhauses und bei der **Guardia Medica Turistica** in Urlaubsgebieten.

Ärztliche Behandlung

Von den gesetzlichen Krankenkassen in Deutschland, Österreich und der Schweiz wird eine Behandlung im akuten Krankheitsfall auch in Italien garantiert, wenn die medizinische Versorgung nicht bis nach der Rückkehr warten kann. Als Anspruchsnachweis benötigt man die **Europäische Krankenversicherungskarte EHIC,** die man von seiner Krankenkasse erhält. Eine Liste deutsch-

Informationen zu gesundheitlichen Belangen

im Internet unter www.crm.de.

sprachiger Ärzte am Urlaubsort halten Krankenkassen oder Automobilclubs bereit.

Im Krankheitsfall besteht Anspruch auf ambulante oder stationäre Behandlung bei jedem zugelassenen Arzt und in staatlichen Krankenhäusern. Da jedoch die Leistungen nach den gesetzlichen Vorschriften im Ausland abgerechnet werden, kann man auch gebeten werden, zunächst die **Kosten der Behandlung** selbst zu tragen. Obwohl bestimmte Beträge von der Krankenkasse hinterher rückerstattet werden, kann doch ein Teil der finanziellen Belastung beim Patienten bleiben, also Kosten in kaum vorhersagbarem Umfang nach sich ziehen.

Aus diesem Grund wird zusätzlich der **Abschluss einer privaten Auslandskrankenversicherung** dringend empfohlen. Diese sollte zudem eine zuverlässige Reiserückholversicherung enthalten, denn der Krankenrücktransport wird von den gesetzlichen Krankenkassen nicht übernommen. Schweizer sollten bei ihrer Krankenversicherung nachfragen, ob die Auslandsdeckung auch für Italien gilt. Ist das nicht der Fall, kann man sich kostenlos bei Soliswiss informieren (Gutenbergstr. 6, 3011 Bern, Tel. 031 380 70 30, www.soliswiss.ch).

Zur **Erstattung der Kosten** benötigt man ausführliche Quittungen (mit Datum, Namen, Bericht über Art und Umfang der Behandlung, Kosten der Behandlung und Medikamente).

Der **Abschluss einer Jahresversicherung** ist in der Regel kostengünstiger als mehrere Einzelversicherungen. Günstiger ist auch die **Versicherung als Familie** statt als Einzelpersonen. Hier sollte man nur die Definition von „Familie" genau prüfen.

Apotheken (farmacia)

Apotheker sind gut ausgebildet und geben zahlreiche Medikamente rezeptfrei ab. In Apotheken *(farmacia)* erhält man auch alles Wichtige für die Kleinsten, z.B. Windeln *(pannolini)*. Öffnungszeiten in der Regel Mo bis Fr 8.30–12.30 und 16–20 Uhr.

Not- und Wochenenddienste *(farmacia di turno)* sind angeschlagen und stehen in Tageszeitungen.

Haustiere

Zur Einreise von Hunden und Katzen bedarf es eines **EU-Heimtierpasses,** der eine gültige Tollwutimpfung bescheinigt. Zusätzlich ist eine Identitätskennung des Tieres durch Tätowierung oder Mikrochip erforderlich. Auch Maulkorb und Leine sind mitzuführen. Die meisten Agriturismi, aber auch einige Hotels und Pensionen, akzeptieren die kleinen (!) Haustiere ihrer Gäste, evtl. verbunden mit einem Preisaufschlag. Auf entsprechende Symbole in den offiziellen Unterkunftsverzeichnissen achten!

Informationen

Außerhalb von Italien erteilt das **Staatliche Italienische Fremdenverkehrsamt Ente Nazionale Italiano per il Turismo** (**ENIT**) touristische Auskünfte, in Italien sind es die regionalen, provinziellen und kommunalen Tourismusbehörden.

12

ENIT in Deutschland, Österreich und der Schweiz

- **www.enit.it, www.italia.it**
- Barckhausstr. 10, 60311 **Frankfurt a.M.,** Tel. (069) 23 74 34, Fax (069) 23 28 94, frankfurt@enit.it
- Mariahilfer Str. 1b, 1060 **Wien**, Tel. (01) 50 516 39, Fax (01) 505 02 48, vienna@enit.at
- Uraniastr. 32, 8001 **Zürich**, Tel. (043) 466 40 40, Fax (043) 466 40 41, zurich@enit.ch
- **Servicenummer für Urlauber in Italien:** Unter dem Namen **„Easy Italy"** hat die ENIT für Reisende in Italien die Servicenummer 039 03 90 39 freigeschaltet: Tägl. von 9–22 Uhr zum Ortstarif auch deutschsprachige Ansprechpartner mit aktuellen Reisetipps und Hilfe bei allen erdenklichen Problemen.

Tourismusämter in Kampanien

Assessorato Turismo e Beni Culturali della Regione Campania

Die regionale Tourismusbehörde verschickt auf Anfrage Prospekte. Umfangreiche Website (auch auf Englisch)!
Via Santa Lucia 81, I-80132 **Napoli,** Tel. 08 17 96 29 01, Fax 08 17 64 82 80, www.incampania.com

Enti Provinciali per il Turismo (EPT)

Die Provinz-Tourismusbehörden mit Sitz in den jeweiligen Provinzhauptstädten bemühen sich, jährlich ein Unterkunftsverzeichnis (auf die Preise ist nicht immer Verlass!) herauszugeben, z.T. erhält man auch Karten und Prospekte. Die folgenden Adressen senden auf Anfrage Info-Material zu. Davon abweichende Adressen der EPT, zuständig für den Publikumsverkehr, in den Ortskapiteln.

- **EPT Avellino,** Via dei Due Principati 32/A, I-83100 Avellino, Tel. 082 57 47 32, Fax 082 57 47 57, www.eptavellino.it
- **EPT Benevento,** Via Nicola Sala 31, I-82100 Benevento, Tel. 08 24 31 99 11, Fax 08 24 31 23 09, www.eptbenevento.it
- **EPT Caserta,** Palazzo Reale, I-81100 Caserta, Tel. 08 23 32 11 37, Fax 08 23 32 63 00, www.eptcaserta.it
- **EPT Napoli,** Piazza dei Martiri 58, I-80121 Napoli, Tel. 08 14 10 72 11, Fax 081 40 19 61, www.eptnapoli.info
- **EPT Salerno,** Via Velia 15, I-84125 Salerno, Tel. 089 23 04 11, Fax 089 25 18 44, www.eptsalerno.it, www.turismoinsalerno.it

Aziende Autonome di Soggiorno e Turismo (AAST)

Städtische Fremdenverkehrsämter. Oft nützliches Infomaterial, Stadtpläne, Unterkunftsverzeichnis und Prospekte. Meist hilfsbereites Personal mit Fremdsprachenkenntnissen. Die örtliche Touristeninformation soll in Zukunft in die Hände der Kommunen gelegt werden. Adressen in den Ortskapiteln und auf www.incampania.com.

Pro Loco

Unterfinanzierte lokale Touristenbüros, deren Mitglieder manchmal großes privates Engagement an den Tag legen. Viele der Pro Loco öffnen erst am späten Nachmittag oder am Abend. Adressen in den Ortskapiteln.

- **www.unpli.info,** die Pro Loco Italiens stellen sich auf einem gemeinsamen Portal vor.

Kooperativen

Die hohe Jugendarbeitslosigkeit wird auch dadurch bekämpft, dass touristische Kooperativen gefördert werden, die mit den Kommunen Verträge abschließen und meist **engagiert, kompetent** und häufig europäischer Fremdsprachen mächtig informieren und Führungen in Museen oder der Stadt übernehmen. Einige dieser Kooperativen engagieren sich speziell im Umweltbereich. Adressen in den Ortskapiteln.

Internet

Hotels und B&Bs bieten ihren Gästen in der Regel den Internet-Zugang als Service an, oft gratis; einen Überblick gibt **www.wifioverhotel.com.** Vor allem hippe Locations haben ihre Homepage zugunsten von Facebook aufgegeben. Im Reiseführer finden sich zahlreiche Webtipps, hier weitere Adressen:

Italien-Links (nicht nur)

■ **www.archaeologie-online.de,** umfangreiche Linksammlung.

■ **www.archeologia.beniculturali.it, www.bap.beniculturali.it, www.beniculturali.it,** ausführliche Seiten der Kulturministerien, Hinweise auf laufende Ausstellungen.

■ **www.blinde-kuh.de,** ausfühliche Suchmaschine für Kinder.

■ **www.brigantaggio.net,** Briganten und Banditen in Süditalien – gut gegen Vorurteile.

■ **www.comuni-italiani.it,** die Kommunen Italiens mit eigener Website.

■ **www.capiccola.com,** kleine Häuser, große Gastfreundschaft in Süditalien.

■ **www.cybercafe.it**, Net-Caffès in Italien.

■ **www.europakonsument.at, www.eu-verbraucher.de,** aktuelle (Reise)-Tipps der Verbraucher-Zentralen.

■ **www.italianculture.net,** großes Portal.

■ **www.italiafestival.it,** Festivaltermine.

■ **www.italianita.de,** eines der besten Italien-Portale im Netz!

■ **www.italien-aktiv.info,** Website des Autors *Peter Amann* mit aktuellen Links und Infos zu diesem Führer. Lesertipps willkommen!

■ **www.italien-freunde.de,** die Vereinigung Deutsch-Italienischer Kultur-Gesellschaften gibt Tipps für den Urlaubs- oder Arbeitsaufenthalt in Italien, Link-Liste.

■ **www.italienwelten.de,** aktuelle Kulturinfos, gegenwartsbezogene Tipps für Studium und Urlaub, tolle Links.

■ **www.lagirandola.it,** Kinderportal mit vielen Links, italienisch.

■ **www.mein-italien.info,** *Bernd Zillich* beweist mit seiner liebevoll gestalteten Website Kennerschaft und Humor. Tolle Fotos!

■ **www.museionline.it,** die meisten Museen und archäologische Stätten Italiens mit weiterführenden Links.

■ **www.paginegialle.it,** die italienischen Gelben Seiten im Netz.

■ **www.paradies-italien.de,** kurze Reisereportagen und Literaturtipps.

■ **www.parks.it,** italienische Natur- und Nationalparks im Netz.

■ **www.presidislowfood.it,** auf der Suche nach guten Produkten.

■ **www.prodottitipici.com,** Kulinarisches und viele andere touristische Infos.

■ **www.quantomanca.com,** „Wie weit noch?" – die klassische Kinderfrage. Hier ein paar Tipps, um die lange Fahrt in den Süden zu verkürzen.

■ **www.sagreinitalia.it,** Termine kulinarischer Feste in Italien, Region für Region.

■ **www.zip-code.it,** die Postleitzahlen aller italienischer Städte mit Suchfunktion.

Kampanien-Links

■ **http://campaniachevai.blogspot.de,** *Monica Piscitelli*s kulinarischer Blog ist ebenso inspirierend wie appetitanregend.

■ **www.archemail.it,** Archäologie-Portal für Kampanien, hier auch Infos zu den bronzezeitlichen Ausgrabungen von Nola.

■ **www.campaniameteo.it,** Wettervorhersage für jeden Winkel Kampaniens mit Webcams.

■ **www.capware.it/index.html,** virtuelle Rekonstruktionen der antiken Vesuvstädte.

■ **www.cilento-aktiv.info,** Tipps und Links für den Aktiv-Urlaub im Nationalpark Cilento.

■ **www.inaples.it,** offizielle Seite des städtischen Fremdenverkehrsamtes Neapel mit vielen Adressen, Veranstaltungskalender „Qui Napoli" als Download (die Papierversion erscheint jeden Monat neu – auch engl.).

■ **www.incampania.com,** informative und aktuelle Tourismusseite der Region – mit Veranstaltungsterminen (auch engl.).

■ **www.giovis.com,** Wanderwege auf der Sorrentiner Halbinsel, an der Amalfitana und auf Capri von *Giovanni Visetti* präzise beschrieben (auch engl.).

■ **www.kirke.hu-berlin.de/kirke/napoli,** viele gute Links zu Antike & Co.

■ **www.lisolaweb.com,** monatlich erscheinendes Online-Journal „Periodico di Capri, Anacapri, delle Isole e delle Costiere" (ital.).

■ **www.lifeoncilento.it,** monatlich erscheinendes Gratis-Heft mit Veranstaltungstipps.

■ **www.meditflora.com,** die mediterrane Flora der Amalfitana und der Sorrentiner Halbinsel. Von *Giovanni Visetti* stammt auch die Wander-Site **www.giovis.com** (auch engl.).

■ **www.museincampania.it,** Portal aller Museen der Region Kampanien.

■ **www.napolinapoli.com,** Veranstaltungstipps u.v.m. für Neapel und Umgebung (auch engl.).

■ **www.ov.ingv.it,** sehr informative Seite des Osservatorio Vulcanologico Vesuviano (auch engl.).

■ **www.peteramann.zenfolio.com/campania,** Bilder aus Kampanien.

■ **www.pompeiisites.org,** Bilderbuchseite der Altertümerverwaltung mit viel Hintergrundinfo zu den Ausgrabungen von Pompeji, Herculaneum, Oplontis, Bosco Reale und Stabiae. Auch für Kinder spannend! (auch engl.).

■ **www.portanapoli.com,** *Pulcinella* begleitet auf einer virtuellen Tour durch den Golf von Neapel und an die Amalfitana (auch dt.).

■ **www.provincia.napoli.it,** auch touristische Infos auf der offiziellen Website der Regione Campania.

■ **www.slowfoodcampania.com,** Adressen, Ideen und Projekte rund ums gute, gesunde und politisch korrekte Essen in Kampanien.

■ **www.termeincampania.it,** Kampaniens Thermen und Kuranlagen.

■ **www.vesuviopark.it,** offizielle Seite des Nationalparks Vesuv, Broschüren als Pdf-Download (auch dt.).

App in den Urlaub

Wie wird das Wetter, wo gibt es das nächste Internet-Café, den besten Strand, ein günstiges & nettes Zimmer und wie fragt man danach auf Italienisch? Die **Antworten** darauf und auf unzählige weitere Reise-Fragen liefern Apps. Offline-Karten und WiFi-Finder helfen bei den immer noch teuren Roaminggebühren zu sparen. Mit Trails o.Ä. lassen sich Wanderwege, Rad- oder MTB-Touren aufzeichnen und teilen. Ob die schlauen Apps allerdings einen gedruckten Reiseführer ersetzen können?

Kriminalität und Sicherheit

Landkarten und Stadtpläne

Neapel eilt ein schlechter Ruf voraus. Aber keine Angst, Stadt und Provinz Neapel belegen zwar in der Kriminalstatistik Italiens einen der vorderen Plätze, und die Wirtschaftsverbrechen und Bluttaten, die auf das Konto der Camorra – der neapolitanischen Spielart der Mafia – gehen, sind ein ernsthaftes gesellschaftliches Problem, jedoch eine Realität, mit der ein Tourist kaum unmittelbar in Berührung kommt. Die **Kleinkriminalität** ist seit den 1990er Jahren deutlich zurückgegangen. Trotzdem empfehlen sich ein paar **Verhaltensregeln:** Kein Gepäck und keine Wertgegenstände sichtbar im Auto liegen lassen; in Großstädten und an touristischen Brennpunkten keine Umhängetasche und in der Gesäßtasche kein Portemonnaie tragen und vor allem sicher auftreten. Wenn man eine Reisegepäckversicherung abgeschlossen hat und bestohlen wurde, muss man bei der Polizei oder den Carabinieri ein Protokoll zur Vorlage bei der Versicherung aufnehmen lassen. Bei Verlust der Reisedokumente wende man sich an die Botschaft des Heimatlandes.

Insgesamt ist die Wahrscheinlichkeit, von wildfremden Menschen beschenkt zu werden, in Süditalien noch ungleich größer als die Gefahr, Opfer eines Diebstahls zu werden!

Auf Stadtpläne und Spezialkarten, die z.T. gratis in den Fremdenverkehrsämtern verteilt werden, wird in den Ortskapiteln verwiesen. Eine gute Bezugsquelle in Deutschland ist www.karten-schrieb. de. S.a. „Wandern und Radfahren".

■ **Kümmerly & Frey:** Kampanien, Basilikata 1:200.000. Lizenzausgabe von de Agostini. Straßenkarte mit guter Geländedarstellung, Ortsregister.
■ **Litografia Artistica Cartografica,** der Landkartenverlag aus Florenz publiziert Straßenkarten der Regionen und Provinzen (1:100.000 bzw. 1:150.000) sowie Wanderkarten, Stadt- und Inselpläne. www.lac-cartografia.it
■ **Mairs Geographischer Verlag:** Generalkarte Kampanien 1:200.000. Lizenzausgabe des Istituto Geografico De Agostini. Klares Straßenbild, Sehenswürdigkeiten hervorgehoben. Radfahrer ziehen diese Karte vor!
■ **Freytag & Berndt:** Golf von Neapel, Ischia, Capri, Amalfitana 1:50.000. Aktuelle Kartografie, auch als Wanderkarte zu verwenden.
■ **www.openstreetmap.org,** die freie Weltkarte folgt dem Wiki-Prinzip. TIPP: Stadtpläne ausdrucken und mitnehmen!

Buchtipps – Praxis-Ratgeber

■ *Wolfram Schwieder,* **Richtig Kartenlesen**
■ *Harald A. Friedl,* **Respektvoll reisen**
beide Bände REISE KNOW-HOW Verlag, Bielefeld

12

Mit Kindern unterwegs

In Süditalien genießen *bambini* (Kinder) eine **beinahe grenzenlose Narrenfreiheit.** In den meisten Hotels und Restaurants wird man mit Kindern auf hilfsbereites Verständnis stoßen. Auch wenn sie einmal nicht auf der Speisekarte stehen sollten, einfache Nudelgerichte werden auf Wunsch fast immer unkompliziert zubereitet, und das Lieblingsessen nicht nur der Kleinen, die Pizza, gibt es fast überall. Als ausgesprochen kinderfreundliche Unterkünfte erweisen sich oft Agriturismi. Manchmal gibt es einen Pool oder Spielplatz, fast immer aber ist der direkte Kontakt mit der Natur und den Haustieren viel interessanter als mancher Erlebnispark. Auch italienische Familien machen gerne Urlaub auf dem Bauernhof, und schnell überwinden gerade Kinder die Sprachbarriere und gewinnen neue Freunde. Der Besuch von Pompeji und Herkulaneum kann für Kinder sehr spannend sein. Auf der offiziellen Website der Altertümerverwaltung lässt sich der achtjährige *Caius* auf einer virtuellen Tour durch das antike Pompeji begleiten (www.pompeiisites.org) und das Wissenschaftsmuseum Città della Scienza (www.cittadellascienza.it) in Neapel ist ein Spaß für Groß und Klein – Anfassen ausdrücklich erlaubt! Wer weiß schon, dass der Palast der Prinzessin *Amidala* aus „Star Wars Episode I" in Wirklichkeit die Reggia di Caserta ist? Große und kleine Eisenbahnfans fahren standesgemäß mit dem Zug ins Museo Ferroviario di Pietrarsa (Bhf.

Pietrarsa – S. Giorgio a Cremano) nahe Portici. Die besten Familienstrände liegen im Cilento und hier wehen auch die meisten Blauen Flaggen!

Notrufe und Notfälle

Über die **gebührenfreie Notrufnummer 112** (aus dem Mobil- und Festnetz) sind auch in Italien Polizei und Unfallrettung zu erreichen.

Zur **Pannenhilfe** siehe unter „Anreise" den Punkt „Auto oder Motorrad – Pannenhilfe/Notruf". Zu Verlust von „Plastikkarten" oder Reiseschecks siehe unter „Geld". Bei Ausweisverlust und in dringenden Notfällen siehe „Diplomatische Vertretungen".

Öffnungszeiten, Eintrittsgelder

Sehenswürdigkeiten

Die Öffnungszeiten sind **nicht einheitlich geregelt,** oft hilft ein Blick in die Tageszeitung. Museen sind montags meist geschlossen, archäologische Ausgrabungen von 9 Uhr bis eine Stunde vor Sonnenuntergang geöffnet, Kirchen i.d.R. von 8.30–12 und 16–19.30 Uhr. Sind die Gotteshäuser geschlossen (um Kunstdiebstählen vorzubeugen!), findet man in der Nachbarschaft oft einen Kustoden.

EU-Bürger unter 18 und ab dem 65. Lebensjahr genießen in allen staatlichen – nicht jedoch kirchlichen und privaten – Einrichtungen bei Vorlage eines Lichtbildausweises **freien Eintritt.** Freien Eintritt in alle Museen und Ausgrabungen Italiens – und einen entsprechend großen Publikumsandrang – gibt es während der **„Settimana della Cultura"** alljährlich im April.

☐ Ugo Cilento (Neapel): Das Familienunternehmen kleidet seit 1780 Männer von Welt

Fremdenverkehrsämter

Die Tourismusbüros (siehe „Informationen") sind in der Regel Mo bis Fr vormittags geöffnet, Mo und Mi auch nachmittags. Die Öffnungszeiten anderer Infobüros sind saisonabhängig.

Banken

Mo bis Fr 8.30–13.30 und 15–16 Uhr.

gvn13_152 pa

Postämter

Mo bis Fr 8.30–13.30 Uhr und Sa 8.30–12 Uhr, Hautpostämter Mo bis Fr 8.30–18 Uhr und Sa 8.30–12 Uhr.

Läden/Geschäfte

Flexible Zeiten, abends meist bis 20 Uhr geöffnet. Lange Mittagspause, im Extremfall von 12–17 Uhr.

Tankstellen

An Autobahnen 24 Std., ansonsten Mo bis Fr von 7–12.30 und 15–19 Uhr. An Wochenenden und Feiertagen öffnen Tankstellen im Turnus vormittags.

Campania Artecard – Kunst à la carte

Eine lohnende Investition: Das Mehrtagesticket Campania Artecard sorgt für deutlich verbilligte Museumseintritte und ermöglicht die Nutzung der öffentlichen Verkehrsmittel gratis (siehe „Reisen in Kampanien")! Es gibt Dreitageskarten für Neapel und die Campi Flegrei bzw. Wochenkarten, die in der gesamten Region gelten. 18- bis 25-Jährige erhalten die Karten mit Ermäßigung. Die praktischen Kunsttickets (ca. 12–30 Euro) gibt es an Flughäfen und Bahnhöfen, an Häfen sowie in allen staatlichen Museen und häufig auch am Kiosk.

■ **Infos:** Tel. 80 06 00 60 01 (kostenfrei), www.campaniaartecard.it

Restaurants

In der Regel gibt es von 13–15 Uhr und 20–23 Uhr etwas Warmes zu essen.

Post

Briefmarken *(francobolli)* erhält man auf Postämtern *(ufficio postale)* und in den berühmten Tabak-Läden *(tabacchi)*. Das **Porto** für eine Postkarte oder einen Standardbrief innerhalb der EU und in die Schweiz beträgt 0,85 Euro.

Rauchen

Seit 2005 gilt in Italien ein scharfes Anti-Rauchergesetzt – und fast alle halten sich daran. Das wirft das liebevoll gehegte Bild von den individualistischen, alle staatlichen Vorschriften fröhlich ignorierenden Italienern gründlich über den Haufen. **Verboten** ist das Rauchen in Krankenhäusern, Ämtern und öffentlichen Gebäuden und Zügen. In Bars und Restaurants darf nur geraucht werden, wenn eigens ausgewiesene Raucherzonen mit getrennter Lüftung existieren. Bei Zuwiderhandlung drohen Strafen bis zu 250 Euro, und wer in Gegenwart schwangerer Frauen oder Kindern unter zwölf Jahren raucht, den kann es sogar noch härter treffen.

Reisedokumente

EU-Bürgern und Schweizern genügt ein gültiger **Personalausweis.** Seit Sommer 2012 braucht jedes Kind für Auslandsreisen ein eigenes Reisedokument! Eventuell bestehende Eintragungen im Reisepass der Eltern gelten nicht mehr.

In Deutschland, Österreich oder der Schweiz lebende **Staatsbürger von Nicht-EU-Staaten** müssen ein Visum bei der entsprechenden diplomatischen Vertretung Italiens beantragen:

■ **Deutschland:** Italienische Botschaft, Hiroshimastr. 1, 10785 Berlin, Tel. (030) 25 44 00, www.ambberlino.esteri.it
■ **Österreich:** Italienische Botschaft, Rennweg 27, 1030 Wien, Tel. (01) 712 51 21, www.ambvienna.esteri.it
■ **Schweiz:** Italienische Botschaft, Elfenstr. 14, 3006 Bern, Tel. (031) 35 007 77, www.ambberna.esteri.it

Autofahrer sollten neben dem vorgeschriebenen nationalen Führerschein und Kfz-Schein auch die Grüne Versicherungskarte mitführen. **Mietwagenagenturen** verlangen einen Lichtbildausweis und eine gültige Kreditkarte. Im Verlustfall macht es sich bezahlt, Fotokopien der Ausweise zu haben!

Reisende mit Handicap

Symbole in den offiziellen Unterkunftsverzeichnissen weisen auf behindertengerecht ausgebaute Unterkünfte und Gaststätten hin. Hinweise auch in den Unterkunftsbeschreibungen in diesem Buch. Mit konkreten Informationen helfen auch die folgenden Stellen weiter:

■ **Nationale Koordinationsstelle Tourismus für Alle e.V.,** Fleher Str. 317 a, 40223 Düsseldorf, Tel. (0211) 336 80 01, www.natko.de
■ **Mobility International Schweiz,** Amthausquai 21, 4600 Olten, Tel. (062) 212 67 40, www.mis-ch.ch
■ **www.accessibleitaly.com, www.coinsociale.it, www.disabili.com,** Tipps und gute Links.

gyn13_153_pa

▷ Hotel-Palazzo Avino in Ravello

Reisen in Kampanien

Die Wahl des geeigneten Fortbewegungsmittels hängt von der Wahl des Urlaubsgebietes in Kampanien ab. Bei einem ausschließlichen Aufenthalt in Neapel, am Golf, auf den Inseln und an der Amalfitana kann und sollte man auf ein eigenes Fahrzeug verzichten. Die öffentlichen Verkehrsmittel zu Wasser und zu Lande funktionieren zuverlässig, bei Bedarf kann man vor Ort ein Fahrzeug mieten. Bei einer Reise in den Cilento oder die im Landesinneren gelegenen Provinzen bleibt man mit einem eigenen Fahrzeug weitaus flexibler. Detaillierte Hinweise in den Ortskapiteln.

Allgemeine Informationen

■ **www.muoversincampania.it,** Fahrpläne von Bussen, Nahverkehrsbahnen, Seilbahnen und Fähren in Kampanien.
■ Aktuelle Fahrpläne auch in den Tageszeitungen **Il Mattino** und **La Repubblica!**

Auto

Straßennetz

Die italienischen Straßen werden mit Buchstabenkombinationen bezeichnet. **A** steht für **Autostrada** (Autobahn), **S.S.** für **Strada Statale** (Staatsstraße), **S.P.** für **Strada Provinciale** (Provinzstraße) und **S.C.** für **Strada Comunale** (Kommunalstraße). Die A1 führt von Nord nach Süd vorbei an Neapel durch ganz Kampanien, zwischen Neapel und Salerno von der parallel verlaufenden, weniger befahrenen A30 begleitet. Die A16 führt von Neapel über Avellino und in der Nähe von Benevent vorbei nach Apulien. Einige der S.S. sind als mehrspurige *Superstrade* ausgebaut, z.B. die S.S. 18 im Cilento. Die Ausschilderung ist manchmal mangelhaft, eine gute Straßenkarte daher unerlässlich. Der Straßenverkehr am Golf und an der Amalfitana kann infernalisch sein!

Fahrweise

Auf den Straßen scheint das Prinzip Chaos vorherrschend zu sein, doch nach Abklingen des ersten Schocks wird man schnell die sich dahinter verbergende Ordnung erkennen. Lästig ist allenfalls auf Autobahnen und Schnellstraßen das **dichte Auffahren.** Ruhe bewahren und überholen lassen! Vor allem im Stadtverkehr drängen sich die Fahrzeuge dicht an dicht, und jede noch so kleine Lücke im Verkehr wird flink ausgenutzt. Manchmal wird auch rechts überholt, doch spielt sich alles mit größter Gelassenheit ab. Kaum einer der Fahrer wirkt nervös oder ungehalten, das laute Hupen hat mit Aggression nichts zu tun, sondern dient der Verständigung. Fußgängern gegenüber ist man **aufmerksam,** solange diese beim Überqueren der Straße unaufmerksam erscheinen. Für einen offensichtlich aufmerksamen Fußgänger wird niemand bremsen, kann dieser doch selbst auf sich aufpassen. Logisch! Mit anderen Worten, **Kommunikation** ist in Süditalien in jeder Lebenslage wichtig, häufig bedient sie sich der Blicke, Zeichen und Gesten. Mit **Geduld** –

pazienza heißt das Zauberwort – und Freundlichkeit wird man schlussendlich jede Verkehrssituation meistern und vielleicht sogar seinen Spaß haben. Spätestens vor den verwinkelten Altstadtzentren sollten Sie jedoch Halt machen, das Auto parken und den Weg zu Fuß fortsetzen. In vielen Innenstadtbereichen sind darüber hinaus sogenannte **ZTL** („zona traffico limitato"), Zonen eingeschränkten Verkehrs, eingerichtet worden.

Tankstellen

Da das Tankstellennetz nicht flächendeckend ausgebaut und das Mitführen eines Reservekanisters verboten ist, **rechtzeitig tanken!** Flüssiggas ist an italienischen Tankstellen als „GPL" ausgewiesen. Kreditkarten werden meistens akzeptiert. An Landstraßen und in Ortschaften bleiben Tankstellen in der Regel von 12.30–15.30 sowie 19.30–7 Uhr geschlossen. Autobahntankstellen sind durchgehend geöffnet. Zum Tanken am Automaten unzerknitterte 5-, 10- und 20-Euro-Scheine bereithalten.

Parken

Gelbe und schwarz-gelb markierte Bordsteine sowie die Schilder *passo carabile* (Zufahrt freihalten), *sosta vietata* (Parkverbot) und *zona rimozione* (Abschleppzone) bezeichnen absolutes Parkverbot. Blaue Bordsteinkanten bezeichnen gebührenpflichtige Parkplätze. Parktickets gibt es entweder am Automaten oder im *tabacchi*. Bei den *parcheggi gratta e sosta* (Kratze und parke) kauft man Parkschei-

ne, die in der Regel je eine Stunde gelten, und rubbelt die Ankunftszeit frei. Hat man vor, mehrere Stunden zu parken, legt man mehrere dieser Scheine sichtbar ins Auto, die freigerubbelte Ankunftszeit um jeweils eine Stunde verschoben.

Verkehrsregeln

Siehe im Kapitel „Anreise".

Mietwagen

Am Flughafen Napoli-Capodichino, in Neapel, in allen größeren Städten und Touristenorten sind die **internationalen Agenturen** gut vertreten. Da Mietpreise in Italien im Allgemeinen hoch sind, lohnt sich eine Vorausbuchung von zu Hause fast immer. Oft ist es sogar günstiger, Flug und Mietwagen getrennt zu buchen. Vollkasko- und Diebstahlversicherung ohne Selbstbeteiligung sollten im Mietpreis enthalten sein. Bei Buchungen erst nach Ankunft in Italien wird man oft an den Haftungsrisiken beteiligt, und auf den Mietpreis werden auch noch 19% IVA (MwSt.) gerechnet. Adressen lokaler Verleiher in den Ortskapiteln.

Voraussetzungen: Mindestalter 21 Jahre, ein Jahr gültiger Führerschein und Kreditkarte. Auch auf kleinen Motorrollern besteht Helmpflicht.

Bus

Das Netz der halbstaatlichen und privaten Buslinien ist in Kampanien dicht geknüpft. Besonders auf der Sorrentiner

12

Busgesellschaften in Kampanien

Wichtige Buslinien in Kampanien auf einen Blick:

■ **www.italybus.it** und **www.orariautobus.it,** Portale italienischer Busgesellschaften, die regional und überregional verkehren.

■ **Alifana** (www.alifana.it), Busse und Bahnen der Metro Campania NordEst in der Provinz Benevent.

■ **Autoservizi Irpini** (www.air-spa.it), in der Provinz Avellino.

■ **Azienda Mobilità Sannio Trasporti** (www. amtu.bn.it), in der Provinz Benevent.

■ **CSTP** (www.cstp.it), von Salerno in die Provinz, v.a. im Cilento.

■ **CTP** (www.ctp.na.it), von Neapel in die Provinz und nach Caserta.

■ **EAV** (www.eavbus.it), unterhält neben den Vorortbahnen Cumana und Circumflegrea Buslinien in den Campi Flegrei und auf Ischia und Procida.

■ **SITA** (www.sitasudtrasporti.it), von Neapel nach Avellino und Salerno, v.a. aber auf der Sorrentiner Halbinsel und an der Amalfitana.

Tipp: Öffentlich reisen – alles auf eine Karte

■ Der öffentliche Verkehr am Golfo di Napoli ist sehr gut organisiert. In Neapel selbst kann man mit dem **Ticket UNICO-Napoli** (90 Min. für 1,20 Euro bzw. 1 Tag für 3,60 Euro) beliebig umsteigen. Unbedingt die *Funicolare*, die Kult-Drahtseilbahn auf den Vomero-Hügel, ausprobieren! Die Stationen der neuen U-Bahnlinie M1 haben international renommierte Künstler gestaltet (siehe Exkurs „Neapel fährt ab auf Kunst", www.metro.na.it)!

■ Über die Stadtgrenzen Neapels hinaus gilt für Busse, Circumvesuviana und die Schifflinien der Metro del Mare das nach Zeit- und Tarifzonen gestaffelte **Ticket UNICO-Campania.** Es gibt auch Wochenend- und Wochentickets!

■ **www. unicocampania.it**

■ Nicht nur deutlich vergünstigte Museumseintritte, sondern auch Gratistransport in öffentlichen Verkehrsmitteln bietet die **Campania Artecard** (siehe „Campania Artecard – Kunst à la carte").

gvn13_154 pa

Halbinsel, an der Amalfitana und auf den Inseln erweisen sich die blauen Überland-Busse als perfektes und preisgünstiges Fortbewegungsmittel.

Bahn

Bahnfahren in Italien ist immer noch relativ preiswert. Touristische Netzkarten für 8, 15, 21 und 30 Tage können nur außerhalb Italiens in einem entsprechenden Reisebüro gelöst werden. Die Kategorien der italienischen Züge heißen: **locale** (Lokalzug), **diretto** (der Name täuscht, es handelt sich um Bummelzüge), **interregionale** (Schnellzug) und **espresso** (Eilzug). Zuschlags- und reservierungspflichtig sind die schnellen **IC** und der **Eurostar**. Das staatliche Schienennetz wird von der **Ferrovie dello Stato (FS)** unterhalten, die Züge firmieren unter dem Namen **Trenitalia**.

Neapel lässt sich zwar ideal mit der Bahn erreichen, um aber im Hinterland zu reisen, empfiehlt sich die italienische Staatsbahn nur eingeschränkt. Mit Ausnahme von Salerno liegen auch die Bahnhöfe großer Städte meist außerhalb der Zentren.

Bahnkarten erhält man an den Bahnhofsschaltern oder in jedem Reisebüro mit dem Trenitalia-Zeichen. Achtung: Tickets vor der Abfahrt an den gelben Automaten am Bahnsteig entwerten!

Neapels Nahverkehrszüge sind das ideale Verkehrsmittel am Golf! Die **FS Cumana** und die **FS Circumflegrea** (www.sepsa.it) verbinden Neapel mit der westlich gelegenen Bucht von Pozzuoli und den Phlegräischen Feldern. An der Strecke Napoli – Sorrento der **Ferrovia Circumvesuviana** liegen die Ausgra-

bungsstätten von Herkulaneum und Pompeji (www.vesuviana.it).

■ **Fahrplanauskunft:** Tel. 89 20 21 (nur aus Italien, 7–21 Uhr), www.trenitalia.com; „Orario Ufficiale Treni" (Kursbuch) für wenige Euro am Kiosk, Fahrplanauszüge gratis auch am Bahnschalter.

■ **Fahrplan-Italienisch:** *feriale* = werktags, *festivo* = sonn- und feiertags, *orario estivo* = Sommerfahrplan, *orario invernale* = Winterfahrplan, *scolastico* = während der Schulzeit.

Schiff

Die Städte am Golf von Neapel und die Inseln sind ganzjährig durch ein **dichtes Netz an Fährverbindungen** verbunden. Von Frühjahr bis Herbst verkehren Fähren zwischen Salerno und der Amalfitana. Wenn es die Zeit erlaubt, sollte man den langsameren **traghetti** (Fähren) den Vorzug vor den schnelleren, aber lauten und engen **aliscafi** (Tragflügelbooten) geben. Eine Fährfahrt über den Golf und entlang der Amalfitana ist immer auch ein landschaftliches Vergnügen. Die Schifffahrtslinien der **Metro del Mare** verkehren im Juli und August tägl. und von April bis Juni und im September an Wochenenden zwischen Bacoli im Norden und Sapri im Süden. Damit sind die Küsten am Golf von Pozzuoli, im Golf von Neapel mit den Inseln, der Amalfitana und dem Cilento untereinander gut verbunden. Wichtige Umsteigehäfen sind Napoli Beverello, Sorrento und Salerno.

■ **www.aliscafi.it, www.traghetti.com, www. traghettiamo.it, www.metrodelmare.net,** Portale italienischer Fährgesellschaften.

12

Reisewetter und Reisezeit

Von *Goethe* stammt die Reiseempfehlung **„im Frühjahr zum Staunen, im Herbst zum Genießen"**. Dem ist heute nur der Rat hinzuzufügen, wenn möglich die Zeit von Ende Juli bis Anfang September zu meiden. Vor allem im **August** ist an der Küste alles restlos überfüllt, Temperaturen und Preise erreichen die Schmerzgrenze. **März bis Mai,** wenn das Frühjahr in einer wahren Blütenpracht explodiert, empfehlen sich für Besichtigungstouren und zum Wandern, allerdings ist im März noch gelegentlich mit heftigen Schauern zu rechnen. Während die Temperaturen tagsüber recht angenehm sind, kühlt es abends ab, und man ist für ein Hotel mit funktionierender Heizung dankbar. In höheren Gebirgslagen liegt im Landesinneren bis in den April Schnee. Zu **Ostern** erlebt der Ansturm der Gruppenreisenden einen Höhepunkt, reizvoll zu dieser Zeit sind die zahlreichen Osterprozessionen. Der Mai lockt in Neapel und Salerno mit abwechslungsreichem Kulturprogramm. Von **Juni bis Mitte Juli** herrschen überall ideale Reisebedingungen. Die Blüte hält in Küstennähe an und erreicht auch die Gebirgslagen. Die Temperaturen sind sommerlich, ohne unerträglich heiß zu sein, die Preise liegen auf dem Niveau der Nebensaison. Das Meer erreicht ab Ende Mai Badetemperaturen, und noch bis Anfang Juli sind die Strände völlig leer. Kenner ziehen die Zeit von **Ende September bis Ende Oktober** vor. Die Preise sinken, das Meer ist herrlich warm, das Wetter stabil und sonnig – eine ideale Reisezeit nicht nur zum Baden und Besichtigen, sondern auch für Wanderungen, wenn die Früchte reifen und sich im Oktober das Laub der Wälder langsam färbt. Achtung: Um diese Zeit schließen viele Hotels und Restaurants an der Küste. Die Wintermonate von **November bis Februar** sind in Küstennähe mild, und nach Regen genießt man herrliche Fernsicht. November und Dezember sind schöne Monate, um die Landschaft, archäologische Stätten, Museen und Städte entspannt zu genießen (siehe auch „Land und Leute/Klima").

Das Wetter im Internet

- **www.campaniameteo.it,** Wettervorhersage für jeden Winkel Kampaniens mit vielen Webcams.
- **www.klimadiagramme.de,** Klimadiagramme weltweit.
- **www.meteo.it,** 24-Std.-Wettervorhersage für ganz Italien, interaktive Karten einzelner Regionen, Webcams.
- **www.meteomar.it,** Wettervorhersagen für Italien und Wetter-Blogs.
- **www.tempoitalia.it,** professionelle, ausführliche und detaillierte Wettervorhersage für Italien. Newsletter, Webcams.
- **www.wetteronline.de,** umfangreicher Wetterservice und Klimadaten.
- **www.wetter.net,** Reise- und Seewetter.

Sport und Strände

Für viele Italiener beschränkt sich Sport auf Fußball, und den August verbringt man mit der Familie am Strand. Dabei bietet Kampanien alle Voraussetzungen für einen abwechslungsreichen Aktivurlaub. Die Gebirgszüge im Landesinneren, der Vesuv, die Berge und Küsten des Cilento, die Monti Lattari, die Sorrentiner Halbinsel und die Inseln im Golf von Neapel sind hervorragende Wandergebiete. In einigen der Agriturismi kann man reiten, verkehrsarme Provinzstraßen bieten sich zum Radfahren an. Bei Paestum und Positano treffen sich Gleitschirmflieger. Detaillierte Hinweise in den Ortskapiteln; siehe auch „Wandern und Radfahren".

Am Meer

Ein unbeschwerter Urlaub setzt voraus, dass man sich vor dem **Baden im Meer** mit den Gefahren vertraut macht. Unterströmungen können an vielen Stränden zu jeder Jahreszeit und auch bei scheinbar ruhiger See auftreten und sind über der Wasserfläche nur selten zu erkennen. **Auflandige Winde** können unter Wasser stärkere Verwirbelungen verursachen – v.a. an Stränden mit Buhnen, vorgelagerten Felsen und Sandbänken. **Ablandige Winde** können für Plastikboote oder Luftmatratzen ein Risiko bedeuten. An bewachten Badeständen wehen auch in Italien Warnflaggen: **Rote Flagge** (Badeverbot), **Gelbe Flagge** (Baden kann gefährlich sein) und **Grüne Flagge** (Baden erlaubt). Beachten Sie immer – auch als guter Schwimmer – das Badeverbot bei gehisster roter Flagge, und schwimmen Sie möglichst nur an bewachten Badeständen und nicht allein. Erkundigen Sie sich nach möglichen Gefahren. Lassen Sie Ihre Kinder nie unbeaufsichtigt, sie können auch in geringen Wassertiefen gefährdet sein.

Die **Wassersportmöglichkeiten** sind ideal. Kenner schätzen die kampanische Küste als Segelrevier, Surfer finden an der Amalfitana beste Bedingungen. Die schönsten Tauchgründe liegen an der Sorrentiner Halbinsel, an der Amalfitana und im südlichen Cilento. Ischia, die Sorrentiner Halbinsel und der Cilento bieten die schönsten Strände. Die Wasserqualität ist gut bis sehr gut. Als Auszeichnung für hohe Wasserqualität, Sicherheit und Umweltmanagement hat die Foundation of Environmental Education 2012 in Kampanien 13 Mal die **Blaue Flagge** verliehen, u.a. an Massa Lubrense auf der Sorrentiner Halbinsel, an Positano an der Amalfitana und an Punta Faro auf Capri. Die restlichen zehn Blauen Flaggen wehen über den Stränden des Cilento!

- www.blausand.de
- www.bandierablu.org
- www.legambiente.it

Sprache

In Kampanien wird neben lokalen Dialekten **italienisch** gesprochen. In Sorrent, an der Amalfitana, auf Capri und Ischia, wo der Tourismus seit dem 19. Jh. Fuß gefasst hat, wird in den Hotels **deutsch** und **englisch** gesprochen. Immer wieder trifft man auf ehemalige Gastarbeiter, die in Deutschland oder der Schweiz gearbeitet haben und sich oft als hilfsbereit erweisen. Jüngere Leute sprechen englisch. Der eigene Versuch, sich in der Landessprache verständlich zu machen, wird von den Einheimischen freudig begrüßt. Eine Binsenweisheit, aber wahr: **Sprache ist der beste Schlüssel zum Verständnis eines Volkes.** Ein kleiner Sprachführer sollte mit ins Gepäck (s.u.).

Empfehlenswerte Sprachführer

■ **Italienisch** – Wort für Wort
Kauderwelsch Bd. 22
■ **Italienisch Slang** – das andere Italienisch
Kauderwelsch Bd. 97
■ **Italienisch kulinarisch** – Wort für Wort
Kauderwelsch Bd. 144
■ **Neapolitanisch** – Wort für Wort
Kauderwelsch Bd. 225
Allesamt auf den Alltag ausgerichtet, ohne grammatikalischen und akademischen Ballast, leicht verständlich und auch als Audio-CD und digital (alle Bände Reise Know-How).

Sprachschulen

Italienisch lernen macht Spaß und ist eine der besten Arten, seinen Urlaub zu verbringen, um dabei Land und Leute kennen zu lernen! Italienische Kulturinstitute, die Dante-Alighieri-Gesellschaft und die ENIT helfen bei der Suche nach italienischen Sprach- und Hochschulen weiter. Anzeigen auch im empfehlenswerten Sprach-Magazin ADESSO, www.adesso-online.de. Eine Liste italienischer Sprachschulen auf www.it-schools.com.

■ **Accademia Italiana,** Sprachschule im Zentrum von Salerno. www.accademia-italiana.it
■ **Bravo! Scuola Italiano,** *Mauro Di Matteo* organisiert Sommerkurse von Ende Juni bis Anfang Sept. in Pisciotta, einem der nettesten Cilento-Städtchen über dem Meer. Unterkünfte in der Altstadt werden organisiert, ein abwechslungsreiches Ausflugsprogramm kann in Anspruch genommen werden. www.scuola-italiano.com

■**Centro di Lingue e Cultura Italiana,** Sprach-schule im Altstadtzentrum von Neapel. Kurse auch auf Ischia, Capri und in Sorrent. Umfangreiches Be-gleitprogramm, eine Unterkunft kann organisiert werden. www.centroitaliano.it

■**Sorrento Lingue,** Sprachschule in einem Alt-stadtpalazzo mitten in Sorrent, ganzjährig geöffnet. Neben Italienisch- auch Deutsch- und Englischkur-se, d.h. man trifft auch italienische Schüler. Großes Begleitprogramm, eine Unterkunft kann organisiert werden. www.italianlanguagecenter.it

Tabacchi

Eine italienische Institution: Die **Tabak-läden** sind an dem weißen T auf dunk-lem Schild zu erkennen. Hier kann man außer Zigaretten Briefmarken, Telefon-karten, Fahr- und Parkscheine kaufen – und manchmal auch Salz.

Telefon

Vorwahlen

■**In Italien:** Auch bei einem Ortsgespräch oder ei-nem Anruf aus dem Ausland immer die Vorwahl mit der Null mitwählen!

■**Nach Italien:** von Deutschland, Österreich und der Schweiz 0039.

■**Von Italien** nach Deutschland 0049; nach Öster-reich 0043; in die Schweiz 0041.

◁ Ein bisschen Italienisch kann nicht schaden …

Telefonzellen/-karten

Telefonkarten *(scheda telefonica)* gibt es am Zeitungskiosk, in der Bar oder im Tabacchi. Vor Gebrauch perforierte Ecke abtrennen!

Bargeldloses Telefonieren

Es gibt Prepaid-Karten, mit denen man auch aus Hotels kostengünstig telefonie-ren kann.

Gebühren

Um im Hotel keine böse Überraschung zu erleben, sollte man sich vorab nach den Tarifen erkundigen. Generell ist es billiger, sich von zu Hause aus anrufen zu lassen. Am billigsten telefoniert man am Wochenende und werktags zwischen 22 und 8 Uhr.

Auskunft

■**International: 176**
■**National: 412, www.1254.virgilio.it**

Mobil telefonieren

Das italienische Mobilfunknetz ist nach dem internationalen **GSM-Standard** aufgebaut. Die **EU-Roamingverord-nung** legt Höchstpreise für aus- und ein-gehende Anrufe im Ausland fest. Mobil-funkbetreiber müssen allen ihren Kun-den einen Eurotarif anbieten.

Falls das Mobiltelefon **SIM-lock-frei** ist (keine Sperrung anderer Provider

12

vorhanden ist) und man viele Telefonate innerhalb Italiens führen möchte, kann man sich eine örtliche **Prepaid-SIM-Karte** besorgen.

■ **www.teltarif.de/reise,** gute Tipps!

Toiletten

In süditalienischen Städten gibt es **selten öffentliche Toiletten,** und Kampanien macht hiervon keine Ausnahme. Im Fall des Falles hilft der Besuch einer Bar. Wenn man allerdings nichts konsumiert, heißt es oft, das *bagno* (Toilette) sei kaputt. Der erfahrene Reisende hat immer Klopapier einstecken! Brauchbare Toiletten finden sich oft in Museen.

Trinkgeld

Die **mancia** (Trinkgeld) gehört in Kampanien zum guten Ton. Menschen, die in Dienstleistungsberufen arbeiten, sind häufig darauf angewiesen (siehe auch „Essen und Trinken"). Auch in der Bar machen Sie mit einem Trinkgeld bella figura! Legen Sie eine kleine Münze auf Ihren *scontrino* (Kassenzettel) und erleben Sie wie flott der Barista Sie bedient.

Unterkunft

(Fast) jedes Frühjahr veröffentlichen die EPT **Unterkunftsverzeichnisse** mit aktuellen Preisen (siehe „Informationen"). Neapels gesellschaftlich-politischer Aufbruch Mitte der 1990er Jahre hat die gesamte Region erfasst und trägt inzwischen touristisch Früchte. In Neapel z.B. wurde das Übernachtungsangebot um einige sehr gute Mittelklassehotels und B&Bs ergänzt.

Einige der **in diesem Führer empfohlenen Unterkünfte** haben erst kürzlich aufgemacht, andere wurden unlängst renoviert. Ein guter persönlicher Eindruck, Sauberkeit, gute Betten, Charme und das freundliche Engagement des Personals bzw. der Besitzer waren die wichtigsten Kriterien bei der Auswahl. Auf Negativbeispiele wurde verzichtet, und natürlich ist nicht jede Unterkunft schon deshalb „weniger empfehlenswert", nur weil sie hier im Buch nicht erwähnt wird. An der Küste schließen viele Hotels zwischen November und Ostern. Auf Capri und an der Amalfitana ist das Preisniveau am höchsten, aber auch hier finden sich charmante und preisgünstige Alternativen. Außerhalb der Monate Juli und August bieten sich die Sorrentiner Halbinsel, Ischia und vor allem der Cilento für einen günstigen Familienurlaub am Meer an. In den Ortskapiteln werden Hotels und anderen Unterkünfte detailliert beschrieben und bewertet.

Hotels

Die bürokratische Einteilung der Hotels in fünf Kategorien von **1 bis 5 Sternen** (die in diesem Buch auch angegeben ist) sagt nichts aus über Flair, Zustand, Service, Charme oder Atmosphäre. Hier helfen die Beschreibungen im Buch weiter. Es lohnt sich auch, die Pauschalangebote der Veranstalter zu studieren. Last-Minute-Angebote auch im Internet.

Tipp: Durch Verzicht auf das (selten üppige) Frühstück lässt sich einiges sparen! In der Hochsaison besteht häufig Halb- oder Vollpensionsverpflichtung.

Bed & Breakfast

Im besten Fall genießt der Gast den Komfort eines Hotels zum fairen Preis, gepaart mit persönlicher Atmosphäre und Einblicken in den Alltag der Gastfamilien. In Neapel gibt es einige besonders empfehlenswerte B&Bs.

■ **www.bb-napoli.com,** B&Bs in Neapel, am Golf und auf den Inseln. Preise, direkte Kontaktaufnahme und Links.

■ **www.rentabed.com,** Vermittlung von Privatzimmern und B&Bs in Neapel und Umgebung.

■ **www.anbba.it, www.bebarounditaly.it, www.bedandbreakfast.it, www.bed-and-breakfast.it,** B&Bs in ganz Italien, direkte Kontaktaufnahme möglich!

Agriturismo

Die **italienische Variante von „Ferien auf dem Bauernhof"** bietet häufig ein sehr gutes Preis-Leistungs-Verhältnis. Diese sanfte Form des Tourismus hilft die Abwanderung aus ländlichen Gebieten zu bremsen. Landwirtschaftliche Betriebe schaffen sich ein zweites Standbein, indem sie einige Gästezimmer aus-

Übernachtungspreise

Die in diesem Reiseführer konkret angegebenen Preise (Stand 2013) beziehen sich meist auf ein **Doppelzimmer mit Bad/Dusche und Frühstück (DZ/F) bzw. Halbpension pro Person (HP).** Wenn nicht anders vermerkt, kosten **Einzelzimmer (EZ/F)** 60–70% des Doppelzimmerpreises. Sind zwei Preise angegeben, entspricht der niedrigere Preis der Vor-, der höhere der Hauptsaison (Ostern, Juli, August und Weihnachten). Sofern nicht anders angegeben, sind die im Buch beschriebenen Unterkünfte ganzjährig geöffnet. Während der Hauptsaison werden Hotegäste v.a. am Meer häufig zur Halb- oder Vollpension verpflichtet.

Tipp: Hotelreservierungsportale wie **www. booking.com, www.hrs.de, www.hotel.de, www.hotels.com** oder **www.ratestogo.com** erleichtern nicht nur das Reservieren, sondern bieten z.T. auch günstigere Preise als die Hotels bzw. B&Bs selbst bei Direktbuchung!

Als Faustformel können folgende Übernachtungspreise gelten (in Euro):

■ **Hotel*******	DZ/F 300–450
■ **Hotel******	DZ/F 100–180
■ **Hotel*****	DZ/F 70–110
■ **Hotel****	DZ/F 40–70
■ **Hotel***	DZ/F 35–60
■ **B&B**	DZ/F 40–90
■ **Ostello**	Ü pro Pers. 15–20
■ **Agriturismo**	HP pro Pers. 40–70
■ **Ferienwohnung**	1 Woche für 2–3 Pers. 350–900
■ **Camping**	für 2 Pers., Zelt und Auto 15–30

12

bauen. Es handelt sich um Bauernhöfe, alte Gutshäuser oder Sommervillen des Adels. Meist liegen sie etwas außerhalb der Orte und sind am besten mit eigenem Fahrzeug zu erreichen. Die Atmosphäre ist familiär, Kinder sind willkommen. Häufig gibt es Tiere auf dem Hof, den Gästen stehen manchmal Reitpferde zur Verfügung. Es wird meist ausgezeichnete landestypische Küche geboten. Die einzelnen Agriturismi sind in **Dachverbänden** zusammengeschlossen, einige betreiben biologische Landwirtschaft. Auch Italiener schätzen diese Urlaubsform, daher sollte an Wochenenden und in der Hochsaison rechtzeitig reserviert werden.

Es gibt leider auch **schwarze Schafe,** denn mit dem Agritourismus verbindet sich manchmal Subventionsbetrug. Der eine oder andere Besitzer eines ländlichen Anwesens hat selbiges mit EU-Geldern fürstlich renoviert, ohne danach im gesetzlichen Sinn Tourismus als Zugeschäft zur Landwirtschaft zu betreiben. In anderen Fällen kommen die Zutaten der „regionaltypischen" Küche aus dem nächsten Großmarkt (große Konserven im Müll!), und auch die Bettenzahl entspricht eher einem kleinen Hotel. Es existiert aber auch die offizielle Form des kleinen Landhotels, dann spricht man von *Turismo rurale.*

■ **Agriturist,** www.agriturist.it
■ **Associazione Italiana per l'Agricultura Biologica,** Verband italienischer Bio-Landwirte, die teilweise auch Agriturismo betreiben. www.agriturismibiologici.net
■ **Terranostra,** www.terranostra.it
■ **Turismo Verde,** www.turismoverde.it
■ www.agricamping.it
■ www.aiab.it/agriturismi
■ www.agricamping.it
■ www.agriturismo-on-line.com
■ www.soloagriturismo.com
■ www.vacanzeverdi.com

Ferienwohnungen

Italienische Familien verbringen Juli und August traditionell am Meer, meist in Ferienwohnungen, die in nicht immer architektonisch ansprechender Weise die Küste säumen. In der Nebensaison kann die Miete einer stilvollen (!) Ferienwohnung eine **günstige Alternative zum Hotelaufenthalt** sein, nicht zuletzt wegen der eigenen Küche. Tipps, v.a. für Ischia, Procida und den Cilento, finden sich in den Ortskapiteln.

Couchsurfen & Co.

Über **Social-Travelling-Plattformen** wie de.airbnb.com, www.9flats.com oder www.couchsurfing.org findet man nicht nur ein freundliches Bett (manchmal sogar umsonst), sondern meist auch Insider-Anschluss vor Ort.

■ **Cilentano,** Regensburger Cilento-Spezialist bietet auch geführte Wanderwochen und Sprachkurse an. www.cilento-ferien.de
■ **Italimar,** deutsch-italienische Agentur vermittelt Ferienwohnungen und Landhäuser u.a. im Cilento. www.italimar.com
■ **www.italia-info.com,** Vermittlung persönlich ausgesuchter Ferienunterkünfte v.a. in Kampanien und Organisation von Sprachferien.

Jugendherbergen und Ostelli

Der **italienische Jugendherbergsverband AIG** betreibt in Kampanien sieben offizielle **Ostelli per la gioventù:** Agerola, Agropoli, Cava dei Tirreni, Ischia, Neapel, Pompeji und Salerno. Alle sind in den Ortskapiteln beschrieben. In italienischen Jugendherbergen gibt es neben Schlafsälen immer auch Doppelzimmer. Keine Altersbeschränkung, in jeder Jugendherberge kann man einen Ausweis erwerben. In Sorrent und an der Amalfitana finden sich privat geführte *Ostelli,* durchaus gute Alternativen für den schmalen Geldbeutel.

■ **Associazione Italiana Alberghi per la Gioventù (AIG)**
www.aighostels.com
■ **www.hostelinitaly.it,** ein Zusammenschluss privater Hostels in Italien.
■ **www.hostelsofnaples.com,** ein Zusammenschluss privater Hostels im Golf von Neapel.
■ **www.ostellionline.net,** das Portal listet auch private Ostelli in Italien.

Camping/Wohnmobile

Kampaniens schönste **Campingplätze** liegen auf der Sorrentiner Halbinsel, an den lang gezogenen Sandstränden zwischen Salerno und Paestum und an den Traumküsten des südlichen Cilento. Auch auf Ischia und Procida gibt es einige schöne Plätze, der empfehlenswerte Campingplatz in der Solfatara bei Pozzuoli liegt Neapel am nächsten. Die meisten Plätze haben leider nur eine kurze **Saison,** die **von Mai bis Septem-**ber dauert, im Juli und August sind sie hoffnungslos überfüllt.

Der Urlaub im **Wohnmobil** ist bei Italienern sehr beliebt. Viele Kommunen haben offizielle Stellplätze mit sanitären Anlagen eingerichtet, auf die oft die Schilder „Area attrezzata per Camper" hinweisen. Auch einige Agriturismi bieten Stellplätze an.

■ **www.camping.it,** Website des italienischen Campingverbandes mit Plätzen in ganz Italien, nach Regionen geordnet.
■ **www.campeggievillagi.it,** die Website listet Campingplätze in ganz Italien nach Regionen geordnet auf. Links zu Agriturismo-Portalen.
■ **www.wohnmobilforum.de**
■ **http://wohnmobil-stellplaetze.net**

Versicherungen

Auf jeden Fall empfehlenswert ist der Abschluss einer **Auslandskrankenversicherung** (siehe „Gesundheit")! Ob Reiserücktritts-, Reisegepäck-, Reisehaftpflicht- oder Reiseunfallversicherungen sinnvoll sind, ist individuell abzuklären. Gerade diese Versicherungen enthalten viele Klauseln, sodass sie nicht immer anzuraten sind. Eine **Reisegepäckversicherung** lohnt sich selten, da z.B. bei Flugreisen verlorenes Gepäck oft nur nach Kilopreis und auch sonst der Zeitwert nur nach Vorlage der Rechnung ersetzt wird. Wurde eine Wertsache nicht im Safe aufbewahrt, gibt es bei Diebstahl auch keinen Ersatz. Kameraausrüstung und Laptop dürfen beim Flug nicht als Gepäck aufgegeben worden sein. Gepäck im unbeaufsichtigt abgestellten

Fahrzeug ist ebenfalls nicht versichert. Die Liste ist endlos … Überdies deckt häufig die Hausratversicherung schon Einbruch, Raub und Beschädigung von Eigentum auch im Ausland.

Eine **Privathaftpflichtversicherung** hat man in der Regel schon. Hat man eine **Unfallversicherung,** sollte man prüfen, ob diese im Falle plötzlicher Arbeitsunfähigkeit aufgrund eines Unfalls im Urlaub zahlt. Auch durch manche **Kreditkarten** oder **Automobilclubmitgliedschaft** ist man für bestimmte Fälle schon versichert. Die Versicherung über die Kreditkarte gilt jedoch immer nur für den Karteninhaber!

Als Schadensnachweis ist der Versicherung ggf. ein Polizeiprotokoll vorzulegen. In allen Fällen gilt: **Notfallnummern notieren** und mit der Policenummer gut aufheben! Bei Eintreten eines Notfalles die Versicherungsgesellschaft unverzüglich telefonisch verständigen!

- www.arbeiterkammer.at
- www.konsument.at
- www.test.de
- www.verbraucherzentrale.info

Europaschutzbrief

Da der Pannenschutz des „Automobile Club d'Italia" (ACI) in Italien nicht mehr kostenlos ist, empfiehlt sich für Auto- und Motorradfahrer der Europaschutzbrief eines Automobilclubs.

Wandern und Radfahren

Wandern

Johann Gottfried Seume, der 1802 zu Fuß von Sachsen bis Syrakus ging und dabei auch Kampanien besuchte, schrieb: „Wer geht, sieht anthropologisch und kosmisch mehr als wer fährt (…), und ich bin der Meinung, daß alles besser gehen würde, wenn man nur mehr ginge."

Dieses Reisehandbuch ist zugleich auch ein verkappter Wanderführer, es finden sich mehr als **60 Wandertipps und -beschreibungen** verteilt über ganz Kampanien jeweils unter dem Stichwort „Wandern" am Ende der Ortsbeschreibungen. Eine Auswahl der schönsten Touren ist in der hinteren Umschlagklappe aufgeführt. Ausführlichere und allgemeine Hinweise zum Wandern finden sich auch im Exkurs „Wandern im Sirenenland" sowie unter dem Stichwort „Wandern" in den Einführungen der Kapitel Ischia, Amalfi-Küste, Cilento und Vallo di Diano. Sofern die beschriebenen Wanderungen nicht von einer Kartenskizze begleitet werden, stehen im Text meist Hinweise, wo gute Wanderkarten zu erhalten sind (in Süditalien allerdings oft ein Problem).

Grundsätzlich sollte man auch auf einfacheren Wanderungen **knöchelhohe Schuhe mit guter Profilsohle** tragen, die übrigens auch beim Besuch von archäologischen Ausgrabungsstätten gute Dienste leisten. Vor allem im Frühjahr und Herbst gehört immer auch ein **Wind- und Regenschutz** in den Rucksack. Ausreichend **Getränke** und ein

Vorsichtsregeln am Berg

Wenn möglich, sollte man **nie alleine wandern** und Nachricht von der geplanten Tour im letzten Hotel o.Ä. hinterlassen. Kommt unterwegs **schlechtes Wetter** auf, die Wanderung abbrechen. Besonders in Höhenlagen zwischen 1500 und 3000 m muss man sich auf schnelle und gefährliche Wetterwechsel einstellen. Grundsätzlich empfehlen sich eingelaufene **knöchelhohe Schuhe mit guter Profilsohle,** und auch ein **Wind- und Regenschutz** gehört immer in den Rucksack. Ausreichend **Getränke** und ein **Sonnenschutz** dürfen nie fehlen. Gute Kondition und **Bergerfahrung** verlangen einige Touren im Gargano oder auf der Murgia.

■ **Alpiner Notruf** *(soccorso alpino):* **118.**
■ **Alpines Notsignal:** Sechs optische oder akustische Signale pro Minute im Intervall mit einer Minute Pause. Die Antwort auf ein alpines Notsignal besteht aus drei optischen oder akustischen Signalen pro Minute im Intervall mit einer Minute Pause.

GPS-Navigation

GPS ist im Outdoor-Bereich längst zum Standard geworden. Alpinisten, Trekker, Biker und Kanufahrer schwören auf das **satellitengestützte Navigationssystem** und finden auch bei Nacht und Nebel den richtigen Weg. Webseiten von Herstellern und Webforen halten ausgezeichnete Infos bereit, u.a. auch topografische Karten gratis als Download. Es gibt zahlreiche GPS-Apps!

■ **www.gps-forum.de**
■ **www.gpsies.com**
■ **www.italymaps.tk**
■ **www.openstreetmap.org**

Wandern – Highlights A–Z

gvn13_156 pa

Sonnenschutz dürfen auf keiner Wanderung fehlen.

Wenn möglich, sollte man **nie alleine wandern.** Kommt unterwegs schlechtes Wetter auf, sollte die Wanderung abgebrochen werden. Etliche der empfohlenen Touren eignen sich auch für Kinder.

Karten

■ **Istituto Geografico Militare,** das Staatliche Italienische Vermessungsamt gibt topografische Karten 1:25.000 und 1:50.000 heraus. Bezugsadressen auf www.igmi.org; in Deutschland z.B. über Geobuch, Rosental 6, 80331 München, www.geobuch.de.

■ **Kompass:** Capri „681" 1:7500. Gute Geländedarstellung, eingezeichnete Wanderwege und Stadtpläne. (Eine preisgünstige Alternative ist die Capri-Karte der AAST, die man direkt auf der Insel erhält.)

■ **Kompass:** Isole d'Ischia e Procida „680" 1:15.000. Gute Geländedarstellung, eingezeichnete Wanderwege und Stadtpläne.

■ **Kompass:** Penisola Sorrentina „682" 1:50.000. Die Karte deckt außer der Sorrentiner Halbinsel den Vesuv und die Amalfitana ab. Gute Geländedarstellung, eingezeichnete Wanderwege und Stadtpläne.

■ **Litografia Artistica Cartografica,** der Landkartenverlag aus Florenz publiziert auch Wanderkarten, Stadt- und Inselpläne. www.lac-cartografia.it

■ **Matonti Editore:** Parco Nazionale del Cilento e Vallo di Diano. 2008 publizierte Karte im Maßstab 1:50.000. Auf die eingezeichneten Wanderwege ist nicht immer Verlass, für Radtouren besser geeignet.

■ **Parco Nazionale del Cilento e Vallo di Diano:** Carta dei Sentieri. Die Nationalparkverwaltung hat zehn Wanderkarten im Maßstab 1:25.000 herausgebracht. Erhältlich sind die Blätter im Nationalparkbüro bzw. als Gratis-Download von der Website. Eine aktualisierte Neuauflage ist in Planung. www.cilentoediano.it

◸ Auf dem Sentiero degli Dei hoch über der Amalfitana

Wandern im Internet

◼ **www.giovis.com,** die vielleicht beste Kampanien-Seite zum Thema gestaltet *Giovanni Visetti* (ital./engl.).

◼ **www.italien-aktiv.info, www.cilento-aktiv.info,** *Peter Amann* gibt Tipps und nennt Links für den aktiven (Wander-)Urlaub in Kampanien.

◼ **www.italienwandern.de,** *Christoph Hennig,* Autor ausgezeichneter Italien-Reiseführer, hat hier unzählige wertvolle Tipps für Italienreisende mit Wanderlust zusammengestellt, darunter auch detaillierte (kostenpflichtige) Wanderbeschreibungen für Kampanien.

Radfahren

Verkehrsarme Land- und Bergstraßen im Hinterland der Provinzen Caserta, Benevent, Avellino und Salerno eignen sich ideal für Radtouren. Ein Mekka für Biker ist der Cilento (www.cilento-aktiv. info)! In Italien können Fahrräder in vielen Regionalzügen im Gepäckwagen befördert werden. Dazu muss ein zusätzlicher *supplemento bici* gelöst werden.

Informationen

◼ **www.cicloturismo.com**
◼ **www.piste-ciclabili.com/ regione-campania**

Zeit

In Italien gelten wie in Deutschland, Österreich und der Schweiz die **MEZ** (Mitteleuropäische Zeit) und die **Sommerzeit.** Ende März werden die Uhren eine Stunde vor- *(ora legale)* und Ende Oktober wieder eine Stunde zurückgestellt *(ora solare).*

Zeitungen

Ausländische Zeitungen erhält man meist problemlos in Neapel, Sorrent, an der Amalfitana, auf Capri und Ischia.

Auch ohne Italienischkenntnisse sind die Tageszeitungen **„Il Mattino"** (www. ilmattino.it) und **„La Repubblica"** (www.larepubblica.it) durchaus nützlich. Neben einem umfassenden Regionalteil finden sich hier Veranstaltungskalender, Öffnungszeiten, Nachtdienste der Apotheken und Fahrpläne von Zügen, Bussen und Fähren. Die Zeitungen gibt es auch als Apps.

Zoll

Im Zuge der EU-Liberalisierung haben Kontrollen von ausländischen Urlaubern mittlerweile Seltenheitswert. Doch auch innerhalb der EU- und EFTA-Länder bestehen für die steuerfreie Mitnahme von Alkohol, Tabak und Kaffee Grenzen. Bei Überschreiten der Freigrenzen muss nachgewiesen werden, dass keine gewerbliche Verwendung beabsichtigt ist.

13 Land und Leute

Chiesa S. Domenico Maggiore (Neapel)

Geografie und Geologie

Die Region Kampanien schließt sich südlich an Latium und Molise an und grenzt im Osten und Süden an Apulien und die Basilikata. **Kampanien** zieht sich mit 360 Kilometern Küstenlinie vom Golf von Gaeta bis zum Golf von Policastro am Tyrrhenischen Meer entlang. Kilometerlange Sandstrände an der Nordküste und südlich von Salerno wechseln sich mit atemberaubend schönen Felsküsten ab. Im **Golf von Neapel** liegen die drei Inselperlen Capri, Ischia und Procida, einen landschaftlichen Akzent setzt hier der majestätische Kegel des Vesuv. Die Sorrentiner Halbinsel, die den Golf von Neapel im Süden abschließt, bildet mit der Costiera Amalfitana (Amalfi-Küste) zugleich das Rückgrat des weit geschwungenen Golfes von Salerno, der im Süden von den Bergen des Cilento eingefasst wird. Die Buchten und Strände des Cilento zählen zu den schönsten des Mittelmeers.

Kampanien hat einen großen Anteil am südlichen Apennin. 35% der Fläche nehmen Gebirge ein, mehr als 50% Hügellandschaften und nur 15% Ebenen. Die **Gebirge des kampanischen und lukanischen Apennins** sind vorwiegend aus tertiären Kalken aufgebaut. Im Nordosten der Region erhebt sich über 2000 m hoch das **Matese-Massiv.** Weniger hoch, aber nicht minder imposant, prägen die **Monti del Sannio, Monti Picentini** und **Monti Alburni** das Landesinnere im Süden.

Drei große **Flüsse,** die ganzjährig Wasser führen, münden ins Tyrrhenische Meer: Der **Garigliano** bildet im Norden den Grenzfluss zu Latium, der gewundene Lauf des **Volturno** führt durch die Provinz Caserta, und der **Sele** formt südlich von Salerno eine große Schwemmlandebene.

Ausgedehnten Wäldern im Landesinneren verdankt Kampanien seinen **Wasserreichtum.** Flüsse, die in den küstennahen Bergen entspringen, führen häufig nur das Winterhalbjahr über Wasser.

Mit dem **Sarno** verbindet sich die Erinnerung an die verheerenden Schlammfluten im Mai 1998. Etliche Ortschaften wurden verwüstet, 137 Menschen kamen um. Die Katastrophe war hausgemacht. Rücksichtslose Entwaldung und Bebauung erosionsgefährdeter Hänge waren die Ursache, heftige Regenfälle der Auslöser.

Vulkane

Die Gebirgsbildung des Apennin ist von vulkanischer Tätigkeit begleitet. In einer **Bruchzone auf der tyrrhenischen Seite des Apennin** zieht sich vom Ätna in Sizilien über die Äolischen Inseln, den Golf von Neapel, Latium, Umbrien bis in die Toskana eine Reihe vulkanischer und erdbebengefährdeter Gebiete. Während die Vulkane Latiums und der Roccamonfina im Norden Kampaniens seit langem erloschen sind, entstand 1538 in Folge eines heftigen Vulkanausbruchs in den Phlegräischen Feldern der Monte Nuovo. Der Vesuv, der 79 n. Chr. Pompeji und Herkulaneum verschüttet hat, ist 1944 zum vorläufig letzten Mal ausgebrochen.

Einige Zahlen zu Kampanien

Die Region Kampanien gliedert sich in fünf Provinzen, benannt nach den fünf Provinzhauptstädten. Neapel ist zugleich Hauptstadt der Region und einer Provinz.

■ **Region Kampanien**
13.595 / 5.974.882 / - / 439,5
(Fläche in km² / Einwohner / Provinzhauptstadt / Ew. pro km²)

■ **Provinz Avellino (AV)**
2792 / 438.627 / 56.955 / 157
■ **Provinz Benevento (BN)**
2071 / 288.938 / 63.081 / 139
■ **Provinz Caserta (CE)**
2639 / 920.433 / 79.608 / 349
■ **Provinz Napoli (NA)**
1171 / 3.078.408 / 989.505 / 2629
■ **Provinz Salerno (SA)**
4922 / 1.110.439 / 135.557 / 226

■ Mit einer durchschnittlichen **Bevölkerungsdichte** von 190 Ew./km² zählt Italien nach den Beneluxländern, Deutschland (231 Ew./km²) und Großbritannien zu den am dichtesten besiedelten Staaten Europas (Österreich 99,5 Ew./km²; Schweiz 183,9 Ew./km²).

■ **Kampanien** weist die höchste durchschnittliche Bevölkerungsdichte aller italienischen Regionen auf. Im Großraum Neapel leben offiziell 4,4 Mio. Ew. (zuzügl. einer hohen Dunkelziffer nicht amtlich registrierter Personen).

■ **Stadt, Land, Fluss:** Neapel ist mit ca. 1 Mio. Ew. die bevölkerungsreichste Stadt Süditaliens. Der Monte Cervati im Cilento ist mit 1899 m der höchste Berg Kampaniens. Der Volturno, mit 175 km der längste Fluss Kampaniens und zugleich größter Fluss Süditaliens, mündet westlich von Capua ins Tyrrhenische Meer.

■ Mit einem **Bruttoinlandsprodukt** von 1,98 Billionen US-Dollar (IWF 2012) ist Italien die achtgrößte Volkswirtschaft der Welt. Dabei herrscht in Italien ein starkes Nord-Süd-Gefälle – das BIP pro Kopf ist in Kampanien nur etwa halb so hoch wie in der Lombardei.

■ In Europa ist die **Arbeitslosenquote** in Spanien und Süditalien am höchsten. In Norditalien liegt die Arbeitslosenquote mit 5,3% deutlich niedriger als der Durchschnitt in der Eurozone (12) von 8,5%. In Süditalien beträgt sie 12,5%. Seit 2008 steigt die Arbeitslosenquote in Italien wieder an, besonders hohe Werte bis zu 60% erreicht die **Jugendarbeitslosigkeit** in Süditalien, Kampanien liegt im Trend. Von der Statistik nur unzulänglich erfasst ist der hohe Anteil der Schattenwirtschaft.

■ In der Provinz Neapel betrug 2012 der Anteil der **Mülltrennung** 34,45% (ein Gesetz schrieb bis 2012 einen Anteil von 65% vor). Mustergültig ist die Situation in Salerno.

■ Die durchschnittliche **Lebenserwartung** der Männer beträgt in Italien 78 Jahre, die der Frauen 83 Jahre. Dabei gibt es kaum Unterschiede zwischen Nord- und Süditalien. Die Italiener erweisen sich im internationalen Vergleich damit als besonders langlebig. Gelegentlich wird die hohe Lebenserwartung auf die mediterrane Diät zurückgeführt (seit 2010 steht die *dieta mediterranea* auf der Welterbeliste der UNESCO, im Cilento wurde sie zum ersten Mal 1954 wissenschaftlich untersucht).

gvn13_160 pa

Klima

Durchschnittliche tägliche Temperaturen in °C

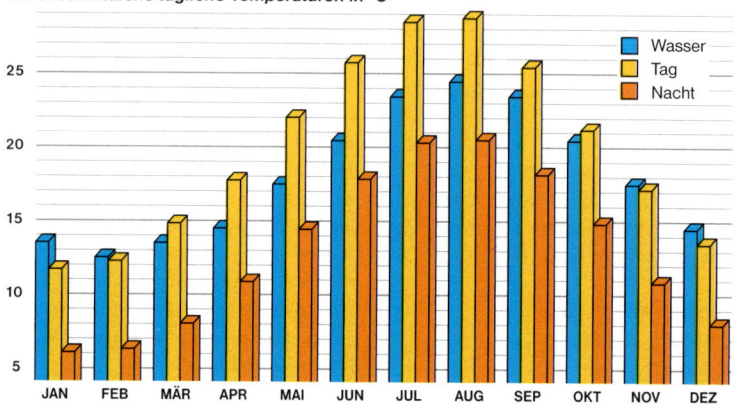

Wasser
Tag
Nacht

Sonnenstunden pro Tag   *Regentage im Monat*

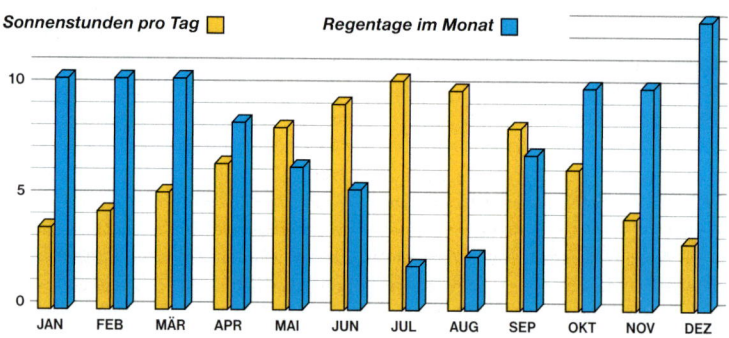

Mittlere Niederschlagsmenge pro Monat in mm

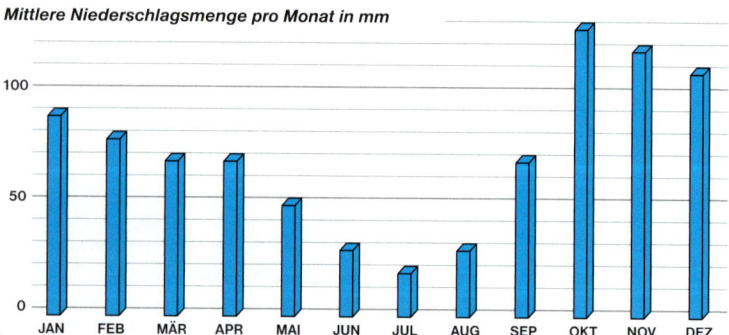

Auf den jungen Vulkangebieten Kampaniens liegen Fluch und Segen zugleich. Die **Böden zählen zu den fruchtbarsten der Welt** und waren bereits in der Antike dicht besiedelt. Eine angenehme Begleiterscheinung des Vulkanismus sind auch **Thermalquellen,** die in der römischen Antike Baiae und heute Ischia zu beliebten Kurbädern verhalfen.

Eine ausführliche Beschreibung der kampanischen Vulkanlandschaften, zu denen auch die Inseln Procida und Ischia gehören, findet sich in den Ortskapiteln.

Klima

Auf den Inseln und an den Küsten Kampaniens herrscht ganzjährig ein **mildes mediterranes Klima** mit trockenen Sommern und feuchten Wintern. Die Niederschläge nehmen im Landesinneren mit zunehmender Höhe zu und erreichen im Matese Jahreswerte über 2000 mm, während etwa auf Capri 620 und in Neapel 870 mm pro Jahr fallen. Der Niederschlag fällt in den Hochlagen des Landesinneren im Winter als Schnee. Hier ist das Klima subkontinental, d.h. die Sommer sind wärmer und die Winter kälter als an der Küste.

Aus der Klimatabelle wird ersichtlich, dass Mai, Juni und Juli sowie September und Oktober zu den klimatisch begünstigten Reisezeiten zählen (siehe auch „Reisewetter und Reisezeit“).

Flora

Die landschaftliche Vielfalt Kampaniens spiegelt sich im **Artenreichtum** seiner Pflanzenwelt wieder; mehr als 5600 Spezies wurden gezählt. **Aleppokiefern** und **Schirmpinien** formen Reste mediterraner Küstenwälder im Cilento. In küstennahen Bereichen, sofern sie nicht zersiedelt wurden, dominieren immergrüne **Macchia** und niedrige **Steineichenwälder** bis in Höhen von 500 bis 600 m über dem Meer. An trockeneren Hängen und als Folge wiederholter Abholzung und Weidewirtschaft breiten sich immergrüne **Buschlandschaften** aus, die im Frühjahr in einem Blütenmeer explodieren. In der Höhe schließen sich **Eichenmischwälder** an. Auf nährstoffreichen und vor allem auf vulkanischen Böden stehen **Kastanienhaine,** die häufig als Nutzwälder Brenn-, Stangen-, Bau-, Möbelholz und Früchte liefern. Ausgedehnte **Buchenwälder** wachsen in den höheren Berglagen. Bevor sich das Laub im April und Mai entfaltet, überziehen Frühjahrsblüher den Waldboden. Im Sommer halten Pilzsammler reiche Ernte. Insgesamt bedecken Wälder ein Fünftel der Fläche Kampaniens.

Fauna

Großsäuger wird man in freier Wildbahn nur selten zu Gesicht bekommen, obwohl **Wolfsrudel** durch die Gebirge streifen. In den klaren Bergflüssen des Cilento leben die selten gewordenen

13

gvm13_161.pa

Fischotter. Wildschweine begegnen einem meist nur in Form deftiger Braten. Auf Wanderungen findet man manchmal abgeworfene Stacheln der nachtaktiven **Stachelschweine.** Über Felsen und Steinmauern huschen flinke **Echsen.** Den giftigen **Aspisvipern** *(Vipera aspis)* wird man kaum nahe genug kommen, um ihren dreieckigen Kopf oder gar ihre senkrecht geschlitzten Pupillen zu erkennen. Vipern flüchten meist, bevor man sie sieht, und beißen nur, wenn man auf sie tritt. Eher werden ungiftige

Zornnattern *(Coluber viridiflavius)*, die in Süditalien in einer dunklen Unterart verbreitet sind und bis zu zwei Meter lang werden können, den Weg queren. Sie sind viel ungefährlicher, als ihr Aussehen vermuten lässt, wehren sich aber durch aggressive Bisse, sollten sie in die Enge getrieben werden. Küsten und Berge bieten dem Vogelfreund ideale Beobachtungsmöglichkeiten. In den letzten Jahren wächst die Sensibilität für den **Vogelschutz,** und es wurden zahlreiche Reservate angelegt. Überraschend artenreich ist das **Meer,** wovon man sich beim Besuch der Fischmärkte oder beim Schnorcheln und Tauchen überzeugen kann. Konkrete Hinweise zu den besten Tauchgründen auf der Sorrentiner Halbinsel, an der Amalfitana und im Cilento in den Ortskapiteln.

△ Brände sind oft gelegt, wie hier im Cilento

Natur- und Umweltschutz

Naturschutzgebiete

Neue Gesetze und ein wachsendes Umweltbewusstsein haben zur Schaffung der **Nationalparks Cilento und Vesuv** geführt, die auch UNESCO-Biosphärenreservate sind. Die Kulturlandschaft der Costiera Amalfitana wurde zum Weltkulturerbe erklärt. Die Phlegräischen Felder, der Roccamonfina, die Bergmassive des Matese, Camposauro, Taburno, Partenio und der Picentini existieren als **Regionalparks** zumindest auf dem Papier. Auf jeden Fall sind es Schritte in die richtige Richtung. Durch privates Engagement, häufig unter der Schirmherrschaft des italienischen World Wildlife Fund, sind weitere Natur- und Vogelschutzgebiete entstanden. Viele der in diesem Buch beschriebenen Wanderungen führen durch Naturschutzgebiete.

Umweltschutz

Während dank neuer Kläranlagen das Baden an Neapels Stränden wieder erlaubt ist, tickt im Hinterland der Riesenmetropole eine **ökologische Zeitbombe.** Jahrelang hat die Camorra die **Müllentsorgung** als einträgliches Geschäft betrieben. Nicht nur Hausmüll, sondern ganze Schiffsladungen giftiger Sondermüll verschwanden in illegalen Deponien. Als Ende 2000 die Justiz Deponien, die nicht den EU-Normen entsprachen, schließen ließ – also fast alle –, erstickten die Städte am Golf von Neapel in ihrem Müll. Vom Militär bewachte Sonderzüge transportierten den Abfall über die Alpen, wo er in deutschen Müllverbrennungsanlagen entsorgt wurde. Hatte sich in Kampanien aus nahe liegenden Gründen kaum jemand gegen die illegalen Deponien der Camorra gewehrt, fällt es jetzt um so schwerer, auf demokratischem Wege Standorte für die benötigten modernen Müllverbrennungsanlagen zu finden. Immer mehr Kommunen Kampaniens propagieren inzwischen die Mülltrennung.

Geschichte und Politik

Die Geschichte hat in Kampanien viele Schauplätze, in den Ortskapiteln wird sie im Kontext erzählt. Auf Stadtspaziergängen entfaltet sich die Geschichte Neapels. Der nachfolgende chronologische Überblick liefert die wichtigsten Eckdaten. Ein gesellschaftlich-politisch-kultureller Aufbruch, wie ihn Neapel seit Mitte der 1990er Jahre erlebt, hat inzwischen die gesamte Region erfasst; der Golf von Neapel erfährt sein touristisches Comeback. Lebenslustige Städte wie Neapel und Salerno oder ursprüngliche Landschaften wie der Cilento werden neu entdeckt.

Vorgeschichte

Alt- und Jungsteinzeit, Menschen siedeln in Karsthöhlen auf Capri, an der Amalfitana und im Cilento. Jungsteinzeitliche dörfliche Ansiedlungen bei Salerno und auf den Inseln.

1500 bis 900 v. Chr., bronzezeitliche Keramikfunde auf Ischia und Vivara belegen Handelskontakte zwischen der lokalen Apennin-Kultur und dem mykenischen Griechenland. Die „Odyssee" hält Erinnerungen an die Frühzeit der griechischen Seefahrt wach.

Um 1000 v. Chr., italische Osker siedeln in Kampanien.

Antike

8. Jh. v. Chr., Beginn griechischer Kolonisation am Golf von Neapel. Euböer gründen um 770 v. Chr. die Handelsniederlassung Phitekoussai auf der Insel Ischia und 750 v. Chr. Kyme (Cuma).

7. Jh. v. Chr., seit 700 v. Chr. starke Präsenz der Etrusker nahe des heutigen Salerno. Griechen aus Kyme gründen am Fuße des Pizzofalcone Parthenope, den Vorläufer Neapels. Griechen aus Sybaris gründen um 670 v. Chr. Poseidonia (Paestum). Ausgrabungsfunde belegen, dass sich Urbevölkerung und Eroberer früh vermischt haben. Dies gilt sowohl für etruskische als auch für griechische Siedlungen.

6. Jh. v. Chr., Etrusker bauen um 600 v. Chr. Volturnum (Capua) als Hauptstadt aus. Um 540 v. Chr. gründen Griechen aus Phokäa Elea (Velia), Griechen aus Samos gründen 528 v. Chr. Dikaiarcheia (Pozzuoli), und um 500 v. Chr. entsteht die neue griechische Stadt Neapolis (Neapel).

474 v. Chr., der Seesieg der Griechen über die Etrusker verschiebt das Kräftegleichgewicht am Golf. Sieger wie Besiegte gehen geschwächt aus dem Kon-

flikt hervor. Das Machtvakuum füllen italische Samniten aus, ein kriegerisches Bergvolk aus den Abruzzen.

5. Jh. v. Chr., Samniten erobern 424 v. Chr. Capua und 421 v. Chr. Cuma. Sie besetzen nach und nach weite Teile Kampaniens.

343 bis 290 v. Chr., in drei verlustreichen Kriegszügen unterwirft Rom die Samniten und nimmt 334 v. Chr. Capua ein. 312 v. Chr. führt die Via Appia als erste große Heerstraße von Rom bis Capua.

326 v. Chr., Neapolis verbündet sich mit Rom und erhält den Status einer Schwesterstadt.

3. Jh. v. Chr., nach Siegen über *Phyrrhus* und *Hannibal* konsolidiert Rom seine Herrschaft über die Campania, die zum wichtigen Getreidelieferanten des Römischen Reiches wird. Griechenstädte werden unterworfen. Angelockt von der idyllischen Landschaft, dem milden Klima und Thermalquellen bauen sich Römer erste Luxusvillen bei Baiae.

194 v. Chr., Gründung der römischen Kolonie Puteoli (Pozzuoli) an der Stelle des griechischen Diakaiarcheia. Puteoli entwickelt sich zum wichtigsten Handelshafen des Imperiums.

91 bis 89 v. Chr., nach dem Bundesgenossenkrieg erhalten die kampanischen Städte römisches Bürgerrecht und sind verpflichtet Kriegsveteranen aufzunehmen.

▷ Pompeji: Opfer des Vesuvausbruchs 79 n. Chr.

88 bis 82 v. Chr., im römischen Bürgerkrieg plündern die Truppen des Diktators *Sulla* Neapolis.

73 bis 71 v. Chr., der von *Spartakus* angeführte Sklavenaufstand hält Rom in Atem.

27 bis 37 n. Chr., Kaiser *Tiberius,* Nachfolger von *Augustus,* regiert das römische Imperium von Capri aus.

62, ein schweres Erdbeben verwüstet Kampanien.

24. August 79, der Vesuv bricht aus und verschüttet Pompeji, Herculaneum und Stabiae.

3. bis 4. Jh., um das Jahr 250 beginnen systematische Christenverfolgungen, deren berühmtes Opfer um 305 *San Gennaro* wird, der nachmalige Stadtpatron Neapels.

395, nach der Teilung des Römischen Reiches in West (Rom) und Ost (Byzanz) fällt Kampanien an Rom.

Völkerwanderungszeit und Mittelalter

5. Jh., die Westgoten *Alarichs* und die Vandalen *Geiserichs* fallen am Golf von Neapel ein.

476, Untergang des weströmischen Reiches. Roms letzter Kaiser, *Romulus Augustulus,* stirbt in Neapel als Gefangener des Rex Italiae *Odoaker.*

6. Jh., Kaiser *Justinian* gliedert Süditalien seinem oströmischen Reich ein. 553 besiegt ein byzantinisches Heer den letzten Gotenkönig am Vesuv. Neapel wird zum Herzogtum unter byzantinischer Kontrolle. 568 überqueren die germanischen Langobarden die Alpen, übernehmen Norditalien beinahe kampflos und lassen sich in Kampanien nieder. In den Jahren 581, 592 und 599 belagern sie Neapel ohne Erfolg, erobern aber Capua, Benevent und Salerno.

7. bis 11. Jh., das kampanische Binnenland und Salerno stehen unter langobardischer Herrschaft, während an der Küste die byzantinischen Herzogtümer Gaeta, Neapel und Amalfi mit immer neuen Allianzen um ihre Unabhängigkeit ringen. Amalfi wird 920 als Seerepublik selbstständig, ein märchenhafter wirtschaftlicher Aufschwung beginnt.

Normannen und Staufer

11. bis 12 Jh., Normannen gelangen Anfang des 11. Jh. zunächst als Söldner ins Land. Innerhalb zweier Generationen unterwerfen sie Süditalien und Sizilien, von *Roger II.* 1131 zu einem Königreich mit der Hauptstadt Palermo vereint. 1139 verleibt *Roger II.* Amalfi, Capua und Neapel seinem Reich ein. Süditalien erlebt eine Blüteperiode.

1194 bis 1266, der deutsche Kaiser und Staufer *Heinrich VI.,* mit *Konstanze,* einer Tochter *Rogers II.* vermählt, erbt das Normannenreich. Deren Sohn, Kaiser *Friedrich II.* (1194–1250), gestaltet sein Südreich als zentralistischen Beamtenstaat und gründet 1224 in Neapel die erste weltliche Universität Europas. Konflikte mit dem Papsttum nehmen zu. *Innozenz IV.* unterstützt *Karl von Anjou* im Kampf gegen Friedrichs Erben. 1266 wird König *Manfred* bei Benevent besiegt, das Ende der Stauferherrschaft ist besiegelt.

▷ Links eine Statue von
Kaiser Friedrich II., rechts von Karl v. Anjou,
beide am Palazzo Reale in Neapel

Königreich Anjou

1266 bis 1442, *Karl von Anjou* verlegt seine Hauptstadt von Palermo nach Neapel. Nach der „Sizilianischen Vesper" fällt Sizilien 1282 an das spanische Haus Aragon. Neapel wird zur Hauptstadt des Anjou-Königreiches Neapel und auf Kosten der Provinz prunkvoll ausgebaut. Die Gotik hält ihren Einzug in Form prachtvoller Kirchen, Klöster und Paläste. Im Jahr 1301 erschüttert ein schwerer Vulkanausbruch Ischia.

Haus Aragon und die Zeit der spanischen Vizekönige

1442 bis 1503, *Alfons I. von Aragon* verdrängt den letzten Anjou-Herrscher vom Thron und vereinigt die Königreiche Neapel und Sizilien. Unter den Aragonesen entwickelt sich Neapel zu einer prachtvollen Renaissancemetropole.

1503 bis 1707, General *Consalvo de Cordoba* ergreift im Namen *Ferdinand des Katholischen* die Macht in Neapel. Es beginnt die lange Herrschaft spanischer Vizekönige. Süditalien und Sizilien werden zu Provinzen des spanisch-habsburgischen Weltreichs. *Pedro de Toledo,* von 1532–53 Vizekönig Kaiser *Karls V.,* lässt Neapel erweitern und die Küsten zum Schutz vor Türkenüberfällen befestigen. Anfang des 17. Jh. entwickelt sich Neapel mit 300.000 Einwohnern zu Europas größter Stadt. Das 17. Jh. ist eine Krisenzeit: Neapel muss zur Finanzierung der spanischen Kriege eine hohe Steuerlast tragen, 1631 bricht der Vesuv mit verheerenden Folgen aus, 1647 entzündet sich ein Volksaufstand unter Anführung von *Masaniello.* 1656 rafft eine Pestepidemie mehr als die Hälfte der Bevölkerung dahin.

Haus Habsburg, Bourbonenherrschaft und Revolution

1707 bis 1734, nach dem spanischen Erbfolgekrieg fällt Neapel an die österreichischen Habsburger. 1709 stößt man bei Ausschachtungsarbeiten für die Villa des Generals *d'Elboeuf* auf das antike Herkulaneum.

1734 bis 1860, mit der Herrschaft König *Karls III. von Bourbon* (1734–59) beginnt am Golf das Zeitalter der absolutistischen Aufklärung. Neapel ist wieder Hauptstadt eines Königreichs. Monumentale spätbarocke Palastanlagen werden errichtet, in Herkulaneum und Pompeji beginnen die archäologischen Ausgrabungen. 1759 folgt *Ferdinand IV.* seinem Vater auf den Thron. Neapel zählt wieder über 300.000 Einwohner und wird zum bevorzugten Ziel auf der Grand Tour. 1787 besucht *Goethe* den Golf von Neapel. Am 21. Januar 1799 rufen aufgeklärte Aristokraten, inspiriert von den Idealen der Französischen Revolution, in Neapel die Parthenopäische Republik aus. *Ferdinand IV.* flieht an Bord von Admiral *Nelsons* Flaggschiff nach Palermo. Ein halbes Jahr später beenden die Banditentruppen des Kardinals *Ruffo,* unterstützt vom neapolitanischen Volk, das politische Experiment in einem Blutbad. 1806 besetzen napoleonische Truppen Neapel. *Ferdinand IV.* flieht wieder nach Palermo, um nach der Absetzung von *Joachim Murat* 1815 als *Ferdinand I.,* König beider Sizilien, an

die Macht zurückzukehren. Drei weitere Bourbonenherrscher folgen ihm auf den Thron. Freiheitliche Ideen werden unterdrückt.

Garibaldi und das Königreich Italien

1860, *Garibaldi* zieht siegreich in Neapel ein, und am 21. Oktober stimmt die überwiegende Mehrzahl der Bevölkerung für den Anschluss an das Königreich Italien.

Ende 19. Jh./Anfang 20. Jh., Neapel und Süditalien profitieren keineswegs vom Anschluss an Italien, sondern werden wirtschaftlich benachteiligt. 1884 ist Neapel Opfer einer schweren Choleraepidemie. Die riesige Auswanderungswelle Anfang des 20. Jh. erfasst auch Neapel und Kampanien.

1922 bis 1943, im Faschismus werden zahlreiche neue Ausgrabungen begonnen. *Mussolini* stilisiert sich als „neuer Augustus".

1940 bis 1943, Neapel und Salerno erleiden Bombenschäden.

Die Republik

1943, am 8. September landen alliierte Truppen bei Salerno. Ende September vertreibt die neapolitanische Bevölkerung aus eigener Kraft die deutsche Besatzungsmacht aus ihrer Stadt. Einen Tag später marschieren die Alliierten ein. Der Schwarzmarkt blüht auf und das organisierte Verbrechen feiert Urstände.

1944, der Vesuv bricht aus.

1946, bei der Volksabstimmung über die zukünftige Verfassung stimmen 80% der Neapolitaner für die Monarchie. Erster Präsident der Italienischen Republik wird der Neapolitaner *Enrico de Nicola.*

1950er bis 1970er Jahre, hemmungslose kriminelle Bauspekulationen unter Neapels christdemokratischem Bürgermeister *Achille Lauro.* Entwicklungsgelder der *Cassa per il Mezzogiorno* verschwinden in den Kanälen der Camorra. Einsetzender Massentourismus. In einer zweiten Auswanderungswelle emigrieren bis in die 1970er Jahre mehr als 800.000 Menschen. Im Jahr 1973 wird Neapel von einer Choleraepidemie heimgesucht.

1980er Jahre, am 23. November 1980 erschüttert ein schweres Erdbeben Kampanien. Bereitgestellte Gelder versickern wieder in dunklen Kanälen, der Wiederaufbau ist von Korruption geprägt, die Region Kampanien gerät an den wirtschaftlichen Abgrund.

Die zweite Republik

1990er Jahre, 1992 verändern die Mailänder Antikorruptionsprozesse „Mani pulite" (Saubere Hände) das politische Klima in Italien. In Neapel setzt sich 1993 der Ex-Kommunist *Antonio Bassolino* in der Bürgermeisterwahl gegen die Duce-Enkelin *Alessandra Mussolini* durch. Im Vorfeld des G-7-Gipfels, der 1994 in Neapel stattfindet, beginnen groß angelegte Restaurierungsarbeiten und ein konsequenter Kampf gegen die Camorra. 1995 erlebt Neapel seine „touristische Wiedergeburt", der Centro storico wird von der UNESCO zum Weltkulturerbe erklärt, und es findet zum

13

ersten Mal, von großem privatem Engagement getragen, der Maggio dei Monumenti statt, inzwischen ein fixes Datum im Kulturkalender. 1997 wird *Bassolino* mit 73% der Stimmen im Amt bestätigt, Pompeji, Herkulaneum, die Reggia von Caserta und die Amalfitana werden in die UNESCO-Liste des Weltkulturerbes aufgenommen. Nach heftigen Regenfällen im April 1998 sterben im Sarnotal bei Erdrutschen 137 Menschen.

2000, *Antonio Bassolino* wird Präsident der Region Kampanien.

2001, Neapel wählt erstmalig eine Bürgermeisterin. *Rosa Russo Iervolino* führt das Mitte-Links-Bündnis im Stadtrat fort, während Italien den Medientycoon *Berlusconi* zum zweiten Mal ins zweithöchste Staatsamt wählt.

2004/05, das Problem der geordneten Müllentsorgung bleibt in Kampanien ungelöst. Die *Pizza napoletana* wird fälschungssicher: Zutatenliste und vorgeschriebene Zubereitungsweise werden im Staatsorgan „Gazzetta ufficiale" publiziert. Ende des Jahres beschert eine Mordserie Neapel international eine schlechte Presse. In den Vorortvierteln Secondigliano, Scampia, Melito und Casavatore bekämpfen sich konkurrierende Camorra-Clans.

2006, nach dem hauchdünnen Sieg des Mitte-Links-Bündnisses von *Romano Prodi* bei den Parlamentswahlen im Mai wird der Neapolitaner *Giorgio Napolitano* zum Staatspräsidenten gewählt. *Rosa Russo Iervolino* wird bei den Kommunalwahlen im Mai als Neapels Bürgermeisterin im Amt bestätigt. Ebenfalls im Mai deckt die neapolitanische Staatsanwaltschaft den größten Fußballskandal Italiens auf. Der Verdacht lautet auf Gründung einer kriminellen Vereinigung. Im Juli wird Italien bei der Fußball-WM in Deutschland zum vierten Mal Fußballweltmeister.

2008, *Berlusconi* ist zum dritten Mal Regierungschef. Er verspricht, Neapel vom Müllchaos zu befreien, die Mafia zu bekämpfen und die Wirtschaft anzukurbeln. Die Verfilmung von *Savianos* Camorra-Enthüllungsbestseller „Gomorrha" erhält bei den Filmfestspielen in Cannes den Großen Preis der Jury. *Bassolino* hat seine Glaubwürdigkeit in der Müllkrise verspielt.

2009, per Dekret erklärt die Regierung *Berlusconi* die Müllkrise in Kampanien (voreilig) für beendet.

2010, die Wahl zum Regionspräsidenten gewinnt *Stefano Caldoro* (PdL). Die UNESCO erklärt die *dieta mediterranea,* als deren Wiege der Cilento sich versteht, zum immateriellen Weltkulturerbe. Von Oktober an versinkt Neapel erneut im Müll, Bevölkerung und Kommunalpolitiker der Vesuv-Städte protestieren gegen die Deponie von Terzigno im Gebiet des Nationalparks.

2011, am 4. März verurteilt die EU Italien wegen Verletzung europäischen Abfallrechts. Die „Bunga-Bunga-Partys" von Regierungschef *Berlusconi* bekommen ein juristisches Nachspiel. *Berlusconi* kontert wie üblich mit einer Justizreform. Bei den Kommunalwahlen im Mai gewinnt der ehemalige Untersuchungsrichter *Luigi De Magistris* gegen den Berlusconi-Kandidaten die Wahl zum Bürgermeister von Neapel. In Salerno wird *Vincenzo De Luca* zum vierten Mal im Amt bestätigt (siehe Exkurs „Bürgernaher Bürgermeister"). Staatspräsident *Giorgio Napolitano* beauftragt den parteilosen Wirtschaftswissenschaftler *Mario Monti* mit der Bildung einer Über-

13

gangsregierung, nachdem *Berlusconi* am 12. November vom Amt des Ministerpräsidenten zurückgetreten war. Die Kritik an seiner katastrophalen Wirtschaftspolitik war unüberhörbar geworden.

2013, am 24. und 25. Februar finden Parlamentswahlen statt. Im Ergebnis kommt es zu einer Pattsituation zwischen dem Mitte-Links-Bündnis unter Führung des Sozialisten *Pier Luigi Bersani* und den Mitte-Rechts-Parteien unter *Berlusconi.* Eigentlicher Sieger aber ist der frühere Komiker *Beppe Grillo,* der mit seiner (Protest-)Bewegung „MoVimento 5 Stelle" auf Anhieb über 25% der Stimmen erreicht, sich aber jeder Zusammenarbeit mit den etablierten Parteien verweigert. Großer Verlierer des Urnengangs ist Ministerpräsident *Monti,* den nur etwa 10% wählen. Die Regierungsbildung gestaltet sich in der Folge außerordentlich schwierig. Am 20. April wird der 87-jährige *Giorgio Napolitano* für eine zweite Amtszeit zum Staatspräsidenten gewählt, nachdem zuvor die in fünf Wahlrunden präsentierten Kandidaten die erforderliche Stimmenmehrheit verfehlt hatten. Damit wäre er auch in der Lage, Neuwahlen anzusetzen. *Pier Luigi Bersani* tritt vom Vorsitz der PD zurück, *Berlusconi* ist in Siegerlaune.

Wirtschaft

Die *Campania felix* war der **Gemüsegarten** des antiken Rom. Heute ist Kampanien Italiens wichtigster Produzent von Tomaten, einiger Gemüsesorten und Tabak. Fruchtbare Böden, ausreichend Wasser und ein mildes Klima ermögli-

chen in den Küstenebenen ganzjährig einen intensiven Gartenbau. Bilder einer bäuerlichen Kulturlandschaft und Goethes „Land, wo die Zitronen blühn" sind noch auf den Inseln im Golf, auf der Sorrentiner Halbinsel, an der Amalfitana, im Cilento und in den Hügeln des Landesinneren anzutreffen. Nach und nach wachsen das Bewusstsein und der Markt für ökologisch erzeugte landwirtschaftliche Produkte; viel versprechende Ansätze gibt es im Cilento. Seit Jahren erlebt der kampanische **Wein** Qualitätssprünge, die seine Absatzchancen auch außerhalb der Region deutlich verbessern.

Der wichtigste Bereich der **Industrie** ist wahrscheinlich die weit verzweigte Schattenwirtschaft, offiziell ist es die Lebensmittelverarbeitung. Pasta und Dosentomaten werden weltweit exportiert. In und um Neapel gibt es zahlreiche kleine Textil- und Schuhfabriken. Hier lassen auch viele italienische Edelmarken fertigen, sofern sie noch nicht nach Osteuropa abgewandert sind. Schwerindustrie und neuerdings Hightech konzentrieren sich um Neapel und Salerno. Werftindustrie ist in Castellamare di Stabia angesiedelt. Mit dem Abbau der Raffinerien und Stahlwerke in Bagnoli hat Neapel seine postindustrielle Ära eingeleitet. Die Hoffnung heißt Tourismus.

Der **Fremdenverkehr** hat am Golf von Neapel eine lange Tradition. Auf Capri und Ischia, in Sorrent und an der Amalfitana ist der Tourismus längst die Haupterwerbsquelle. Bewegen sich auch viele moderne Touristen immer noch auf den Spuren der Reisenden des 18./ 19. Jh., so wächst doch das Bedürfnis, sich stärker auf Land und Leute einzulassen, weniger Besichtigungspunkte abzuhaken und intensiver zu (er)leben.

Kunst und Kultur

Architektur, Skulptur, Malerei und Mosaikkunst

Antike

Kampanien ist reich an archäologischen Schätzen. Bei Salerno wurden interessante Funde aus **etruskischer Zeit** gemacht. Die Akropolen von Cuma und Velia, vor allem aber die außergewöhnlich gut erhaltenen dorischen Tempel in Paestum zeugen von der Bedeutung der **Griechenstädte.** Das Archäologische Museum in Paestum birgt eine der umfangreichsten Sammlungen der Magna Grecia. Archaische Reliefmetopen und Grabfresken aus griechischer und **lukanischer Zeit** bilden den Schwerpunkt der Sammlung. Das „Grab des Tauchers" ist das bislang einzige bekannte Beispiel griechischer Freskomalerei aus der Klassik. Die lukanischen Kammergräber, ein weiterer Höhepunkt antiker Malerei, verraten viel über das Leben und den Totenkult dieses kriegerischen Volkes.

Archäologische Funde der **Samniten** sind in den archäologischen Museen von Avellino, Benevent und Capua zu sehen. Im Museum von Capua sind die einzigartigen Mutterstatuen eines alten kampanischen Fruchtbarkeitskultes ausgestellt.

Aus **römischer Zeit** beeindrucken am Golf von Pozzuoli Amphitheater, Kuppelkonstruktionen und riesige Zisternen. In Benevent steht ein hervorragend erhaltener römischer Triumphbogen, und auf Capri kann man durch die Ruinen kaiserlicher Villen spazieren. Einzigartige Einblicke in römisches Alltagsleben bieten die 79 n. Chr. vom Vesuv verschütteten und ab dem 18. Jh. wieder ausgegrabenen Städte **Pompeji** und **Herkulaneum.** Straßenzüge, öffentliche wie private Gebäude, Werkstätten und Vergnügungseinrichtungen haben sich in eindrucksvoller Weise erhalten. Die reichen Wanddekorationen mit Fresken und Mosaikböden sind teilweise noch an Ort und Stelle zu bewundern, vieles ist auch im Archäologischen Nationalmuseum von Neapel ausgestellt, darunter herausragende Skulpturen.

Die Fresken und Mosaiken in den Katakomben und frühchristlichen Kirchen Neapels stehen am Übergang von spätantiker zur christlichen Kunst.

Mittelalter

In Benevent steht eine der schönsten frühmittelalterlichen Kirchen Süditaliens, die im 8. Jh. erbaute Santa Sofia aus **langobardischer Zeit.**

Die **Romanik** fällt in Süditalien mit der **Normannenherrschaft** zusammen. Vorbild kampanischer Kathedralbauten des 11. und 12. Jh. ist die unter Abt *Desiderius* errichtete (im 2. Weltkrieg zerstörte) Basilika des Benediktinerklosters Montecassino. Kennzeichnend sind die Verwendung antiker Säulen, der byzantinische Einfluss in Malerei und Mosaikkunst sowie durch Amalfi und Sizilien vermittelte islamische Kunstformen. Der arabisch-orientalische Einfluss spiegelt sich in der Verwendung spitzer Bögen und farbenprächtiger Steineinlegearbeiten wider. Eindrucksvolle Beispiele sind die Basilika von Sant'Angelo in Formis

13

sowie die Dome von Amalfi, Capua, Casertavecchia, Ravello, Salerno, Sant'Agata dei Goti, Sessa Aurunca und Teggiano.

Das berühmte Brückentor von *Friedrich II.* in Capua nahm die Renaissance vorweg. Es ist zerstört, doch sind im Museum von Capua monumentale Figurenköpfe zu sehen, die das Tor schmückten. Ein herausragendes Beispiel **staufischer Architektur** ist die dem Hl. *Lukas* geweihte Kapelle in der Abbazia di San Guglielmo a Goleto in der Provinz Avellino. Die Handschrift der Kunsthandwerker erinnert an das berühmte Castel del Monte.

Mit den *Anjous* hielt Mitte des 13. Jh. die **Gotik** Einzug in Neapel. Zahlreiche Kirchen und Klöster wurden im neuen französischen Stil errichtet. Unter *Robert d. Weisen* (1309–43) zog der Hof von Neapel die bedeutendsten Künstler jener Zeit an. Die prunkvollen Fürsten- und Königsgräber aus der Werkstatt des *Tino da Camaino* wurden in Süditalien vielfach nachgeahmt. Von 1317–20 arbeitete *Simone Martini* in Neapel, *Giotto* war von 1328–34 als Hofmaler beschäftigt; seine Fresken sind verloren gegangen, doch sein Stil prägte nachfolgende Künstlergenerationen.

Renaissance und Barock

Ihren triumphalen Einzug erlebte die **Renaissance** in Neapel Mitte des 15. Jh. durch *Alfons von Aragon*. Das 1471 vollendete Triumphtor am Castel Nuovo feiert den Sieg des neuen Herrschers und ist ein Höhepunkt des neuen Kunststils. Viele der Renaissance-Paläste Neapels wurden im nachfolgenden Barock verändert.

Neben Rom entwickelt sich das vizekönigliche Neapel ab dem 16. Jh. zu einem Zentrum der Gegenreformation und damit des **Barock.** Die wichtigsten Ordensbaumeister wurden in Neapel mit Neubauten beauftragt, und kaum eine der älteren Kirchen entging ihrem barocken Umbau. Ungeachtet zahlreicher Naturkatastrophen bricht für Neapel im 17. Jh. ein neues goldenes Zeitalter der Kunst an. Der Palazzo Reale wurde Anfang des 17. Jh. als erste fürstliche Residenz des Absolutismus errichtet. *Cosimo Fanzango,* seit 1623 leitender Baumeister der Certosa di San Martino, und *Ferdinando Sanfelice,* dessen prachtvolle Treppenhäuser zahlreiche barocke Stadtpalazzi adeln, zählen zu den führenden Architekten dieser Epoche. *Michelangelo Merisi da Caravaggio,* der sich 1606 in Neapel aufhielt, hatte einen entscheidenden Einfluss auf die Herausbildung der neapolitanischen Malschule, die über 100 Jahre in Europa tonangebend blieb. Der Neapolitaner *Luca Giordano* (1634–1705), „Luca fa presto" (Luca macht's schnell) genannt, hinterlies unzählige Werke. Barockgemälde u.a. von *Caravaggio, Jusepe Ribera, Artemisia Gentileschi, Mattia Preti, Luca Giordano, Francesco Solimena* sind in Neapels Kirchen und im Museo di Capodimonte zu sehen.

Klassizismus und Romantik

Mit der Thronbesteigung *Karl III. von Bourbon* 1734 beginnt eine neue intensive Bautätigkeit am Golf von Neapel. Herausragende Beispiele sind das Opernhaus San Carlo und der Palazzo Capodimonte in Neapel, die Reggia in

Portici sowie der imposante Königspalast in Caserta. *Ferdinando Fuga, Giovanni Antonio Madrano* und *Luigi Vanvitelli* sind die einflussreichsten Architekten dieser Zeit. Die sensationelle Wiederentdeckung von Herkulaneum, Pompeji und Paestum übte einen immensen Einfluss auf die Geistes- und Kunstentwicklung des 18. und 19. Jh. aus. Zahlreiche Adelsvillen in Neapel und am Golf werden im Stil des **Klassizismus** errichtet, der Schmuck pompejianischer Häuser lieferte die Vorbilder. Die nach präziser Landschaftsbeobachtung gemalten **Veduten** des Königlichen Kammermalers *Jacob Philipp Hackert* (1737–1807) werden am Hof zum offiziellen Bildgenre erhoben. Ansichten vom Golf, Vesuv und von Ruinenlandschaften verbreiten sich in Form von Stichen in ganz Europa und erhöhen die Popularität des ohnehin schon beliebten Reiseziels.

Von eher lokaler Bedeutung sind die romantisch verklärten Landschaftsansichten der **„Schule vom Posilippo"**, als deren Hauptvertreter *Giacinto Gigante* (1806–76) gilt.

19., 20. und 21. Jahrhundert

Nach der Choleraepidemie 1884 wurde in Neapel im Zuge der Stadtsanierung der von **gründerzeitlichen Häuserfronten** gesäumte Corso Umberto I. als Schneise durch die Altstadt gelegt. Einer Mode der Zeit folgend, errichtete man 1887–1890 die **Galleria Umberto I.**, eine mondäne, glasüberkuppelte Ladenpassage.

Die **faschistische Architektur** der Ära *Mussolini* hat auch in den großen Städten Kampaniens Akzente gesetzt. Mo-

Neapel fährt ab auf Kunst

In Neapels Untergrund geht es bunt zu. Die **Metrolinie 1,** die seit 1993 den Vomero-Hügel mit den nördlichen Vorstädten verbindet, wird bis ins Zentrum verlängert und macht mit den neu gestalteten U-Bahnhöfen (Stazioni dell'Arte, www.metro.na.it) weltweit Schlagzeilen. Die international renommierte Architektin *Gae Aulenti* (Musée d'Orsay, Paris) lieferte den künstlerischen Gesamtentwurf und begeisterte viele ihrer italienischen Kollegen zur Mitarbeit. *Dantes* Verse empfangen neonleuchtend in der Station „Piazza Dante", die S/W-Fotografien des Neapolitaners *Mimmo Jodices* beobachten in der Station „Museo", während die Station „Materdei" in allen Farben explodiert. Der Metroneubau hinterlässt seine Spuren auch an der Oberfläche, Plätze werden neu gestaltet und Gärten angelegt, wo bislang graue Tristesse vorherrschte. Die Bauarbeiten sorgten auch für archäologische Sensationen. So kamen z.B. die gut erhaltenen Reste eines römisch-kaiserzeitlichen Tempels oder perfekt erhaltene Schiffsrümpfe römischer Handelsschiffe ans Tageslicht. Die Funde sollen in den fertig gestellten Stationen präsentiert werden. Für den Preis eines UNICO-Napoli-Tickets kann man sich jetzt schon auf eine erstaunliche Zeitreise begeben. Bis 2015 soll das ambitionierte U-Bahnprojekt zum Abschluss gebracht werden.

gvn13_163 pa

derne, klare Linien zeichnen die Stazione Marittima und den Palazzo delle Poste in Neapel aus. Die Mostra d'Oltremare am westlichen Stadtrand, die imperialistische Ansprüche in Afrika zur Schau stellte, wurde anlässlich der Fußballweltmeisterschaft 1990 komplett renoviert. Eine der provokantesten Bauten des 20. Jh. ist die von *Adalberto Libera* in den 1930er Jahren entworfene Villa Malaparte auf Capri.

In Kampanien gab es bislang nur wenige wirklich beeindruckende Beispiele moderner **Nachkriegsarchitektur.** Die in den 1960er Jahren im Arbeiterviertel Fratte in Salerno vom italienischen Stararchitekten *Paolo Portoghesi* entworfene Chiesa della Sacra Familia ist Beton gewordene Musik. Aus Platzmangel entstand in Neapel zu Beginn der 1990er Jahre der futuristische Hochhauskomplex des Centro Direzionale unter der Planung des Japaners *Kenzo Tange* und bereichert seither die unverwechselbare Skyline der Stadt.

Neapel und Salerno sind im 21. Jh. angekommen. So zeigen sich Neapels neue Metrostationen als lebendige Museen zeitgenössischer Kunst (siehe Exkurs „Neapel fährt ab auf Kunst"). Ambitionierte Pläne sehen die Umgestaltung der Hafenfront und des aufgelassenen Industriegeländes in Bagnoli vor. Salerno verpasst sich eine Verjüngungskur und hat sich dem katalanischen Urbanisten *Oriol Bohigas* anvertraut, der Barcelona für die Olympischen Spiele 1992 fit gemacht hat. Neben der britischen Stararchitektin *Zaha Hadid*, die ein neues Hafenterminal entworfen hat, haben auch *Santiago Calatrava* oder *David Chipperfield* Bauten für die aufstrebende Provinzhauptstadt realisiert.

Der 1994 verstorbene neapolitanische Galerist *Lucio Amelio* holte von 1965 an **internationale Gegenwartskunst** in seine Heimatstadt. Nach dem Erdbeben von 1980 rief *Amelio* Künstlerfreunde aus aller Welt nach Neapel, und aus deren Reaktionen auf die Katastrophe entstand die faszinierende **Ausstellung Terrae Motus,** die heute ihren festen Platz in den historischen Räumen der Reggia di Caserta hat (www.reggiadicaserta.org). *Christian Boltanski, Keith Harring, Anselm Kiefer, Jannis Kounnelis, Richard Long, Robert Mapplethorpe, A. R. Penck, Cy Twombly* und *Andy Warhol* sind nur einige der beteiligten Künstler. *Joseph Beuys,* den eine langjährige Freundschaft mit *Amelio* verband, schuf für das Terrae-Motus-Projekt seine letzte große Installation.

Die Piazza del Plebiscito in Neapel wird seit einigen Jahren für temporäre Installationen benutzt. *Mimmo Paladino* und *Mario Merz* zählen zu den Künstlern, die hier ausgestellt haben.

Literatur

Der Bogen des geschriebenen Wortes spannt sich weit über Kampanien. Die aktuellen Literaturhinweise am Ende dieses Buches sind zwar nicht erschöpfend, aber eine Einladung zum Weiterlesen. Daher an dieser Stelle nur einige ergänzende kurze Skizzen.

Homers „Odyssee" ist auch auf einer Kampanienreise ein exzellenter Begleiter. Herzerfrischende und frivole Einblicke in den antiken römischen Alltag bieten in Pompeji gefundene **Graffiti.** Als so genannte „mindere Literatur" wurden sie von den Ausgräbern gesammelt und der Nachwelt aufbewahrt. Ein Glück, denn an den Wänden sind die meisten Sprüche heute verblasst. Der Roman „Satyricon" des *Petronius Arbiter* (?–66 n. Chr.), eines der amüsantesten Werke des klassischen Altertums, spielt zum Teil am Golf von Pozzuoli.

Als junger Mann verbrachte der Florentiner **Giovanni Boccaccio** (1313– 75) zwölf Jahre in Neapel, erst als Lehrling einer Bank, dann als Student des Kirchenrechts. Seine Neigung gehörte allerdings der Poesie. In Neapel verliebte er sich in *Fiammetta,* die er in seinem ersten Werk besingt. Einer romantischen Vermutung nach war es die Tochter des Königs *Robert von Anjou.* Nach dem Bankrott der Bank seines Vaters kehrte *Boccaccio* nach Florenz zurück, wo er verschiedene kleine Ämter annahm und in seiner freien Zeit schrieb. Einige der Novellen seines „Decamerone" spielen am Golf von Neapel. Pralle Sinnlichkeit spricht auch aus der Märchensammlung **Giambattista Basiles** (1575–1632). Der in deftigem neapolitanischem Dialekt verfasste „Cunto de li cunti o Pentamerone" inspirierte *Charles Perault* und die Brüder *Grimm, Benedetto Croce* übersetzte ihn ins Italienische.

Vittoria Colonna (1492–1547) verbrachte die Zeit von 1509–37 im Castello Aragonese auf Ischia, in jenen Jahren eines der lebendigsten Zentren humanistischer Kultur. Selbst eine hoch geschätzte Dichterin, versammelte sie an ihrem Hof einen illustren Kreis von Künstlern, Literaten und Wissenschaftlern. Mit *Michelangelo* verband sie eine tief empfundene platonische Liebe.

Der in Sorrent geborene Dichterfürst **Torquato Tasso** (1544–1595), Sohn des Hofdichters *Bernardo Tasso,* verdankt seinen Ruhm dem christlichen Kreuzfahrerepos „La Gerusalemme liberata" (Das befreite Jerusalem). Inspiriert von Leben und Werk des Dichters verfasste *Johann Wolfgang Goethe* sein Schauspiel „Torquato Tasso".

Die zahlreichen **Reisebeschreibungen** des 18. und 19. Jh. sind die Vorläufer heutiger Reiseführer. Auch *Goethe* z.B. reiste mit seinem „guten und so brauchbaren Volkmann" und dem „trefflichen Riedesel" an den Golf von Neapel und nach Sizilien. Alle Autoren aufzuzählen, die fleißig zum „Mythos Neapel" beigetragen haben, würde Bände füllen. *Gia-*

[>] Johann Wolfgang von Goethe
am Golf von Neapel, im Hintergrund der Vesuv
(Gemälde von H. C. Kolbe, 1826)

como *Casanova* und der *Marquis de Sade* sind lediglich die Paradiesvögel unter den schriftstellernden Neapeltouristen aus der Zeit der Grand Tour. Seit der „Entdeckung" der Blauen Grotte 1826 zog Capri unzählige Dichter in seinen Bann. Einige der im 19. und 20. Jh. entstandenen literarischen Ergüsse sind heute schwer verdaulich. Dazu gehört auch *Axel Munthes* Long- und Bestseller „Das Buch von San Michele". Als belebendes Gegenmittel sei *Bruce Chatwins* Essay „Zwischen den Ruinen" empfohlen, erschienen in der Sammlung „Der Traum des Ruhelosen". Um dem Ernst einer Reise an den Golf von Neapel vorzubeugen, kann man auch heute noch zu *Otto Julius Bierbaums* „Empfindsame Reise mit einem Automobil" aus dem Jahre 1903 oder zu *Mark Twains* „Die Arglosen im Ausland" greifen.

Musik und Theater

Ein Klischee trifft zu: **Musik liegt Neapolitanern im Blut.** Vielleicht ist es ein Erbe der Sirene *Parthenope*, an deren Grab die Stadt erbaut wurde. Aus Kummer, *Odysseus* mit ihrem Gesang nicht betört zu haben, hatte sich *Parthenope* in den Tod gestürzt. Antike Fresken, Mosaiken und Vasenbilder erzählen von der Bedeutung der Musik in Theater und Kult. Ein „Kunstgenuss" war sicher der Auftritt Kaiser *Neros* im Theater von Neapolis – wer denkt da nicht an *Peter Ustinov?*

Mitte des 15. Jh. zog *Alfons von Aragon* zahlreiche Musiker an seinen Hof. Musik, Theater und Tanz wurden unter seinen Nachfolgern weiterhin gefördert. **Vilanelle alla napoletana,** volkstümliche Lieder in neapolitanischem Dialekt,

142nea pa

Land und Leute

erfreuten sich ab dem 16. Jh. in ganz Italien größter Beliebtheit. Auch Adelige betätigten sich musikalisch, beispielsweise *Gesualdo da Venosa* (1560–1613), der sich als Lautenvirtuose, Komponist von Madrigalen und Doppelmörder einen Namen machte. Es ist die große Zeit der Commedia dell'Arte. Ende des 16. Jh. entsteht die Figur des *Pulcinella.* Die schwarz maskierte, weiß gewandete Figur verkörpert wie keine zweite den anarchischen Witz der Neapolitaner.

Im Barock bricht Neapels goldenes Zeitalter der Musik an. An vier Konservatorien gleichzeitig werden Musiker und Sänger ausgebildet. Die bedeutendsten Komponisten leiten Chöre und Orchester kirchlicher Kapellen und wetteifern am Hof. 1651 wurde *Monteverdis* „L'Incoronazione di Poppea" als erste **Oper** in Neapel aufgeführt. Von *Poppeae Sabina,* der zweiten Gemahlin des singenden *Nero,* wird man bei einem Besuch von Torre Annunziata mehr erfahren. Die Oper wird in Neapel zur festen Einrichtung. *Alessandro Scarlatti* (1660–1725) ist der Hauptvertreter der „neapolitanischen" Oper, die Anfang des 18. Jh. die „venezianische" ablöst. Die Arie rückt in den Vordergrund und virtuose Kastraten wie *Farinelli,* die männliche wie weibliche Rollen singen, werden vom Publikum vergöttert. Die neapolitanische **opera buffa** inspiriert sich mit ihren volkstümlichen Handlungen an der Gegenwart und wird meist im Dialekt gesungen. *Giovanni Battista Pergolesis* (1710–1736) „La serva padrona" gilt als

Hauptwerk dieser Gattung. Unter *Karl III. von Bourbon* wird 1737 in Neapel das Real Teatro di San Carlo als damals größtes Musiktheater der Welt eingeweiht.

Ende des 19. Jh. schlägt die Stunde der **canzone napoletana.** Die Dialektlieder, deren eingängige Melodien zwischen Melancholie und Lebensfreude schwanken, sind heute noch die beste Fremdenverkehrswerbung! Der Neapolitaner *Enrico Caruso* (1873–1921) verhalf der Canzone „O sole mio" zu Weltruhm. Schlager der 1950er Jahre, allen voran die „Caprifischer", heizten die Süditalien-Sehnsucht an.

Roberto Murolo (1912–2003), dem Altmeister des „canzone", folgen Liedermacher wie *Pino Daniele* oder *Eduardo Bennato,* die das neapolitanische Lied mit Elementen des Rock und Blues verschmelzen. *James Senese, Daniele Sepe, Lello Panico* oder *Salvatore Tranchini* jazzen à la napoletana. Die Kultband *Spaccanapoli* hat sich aus dem „Gruppo Operaio E Zezi", einer Arbeiterinitiative der 1970er Jahre, heraus entwickelt. Immer schon hat es in Neapel Crossover gegeben. *Roberto de Simone,* musikalischer Leiter der Nuova „Compagnia del Canto Popolare", ist die Wiederentdeckung der Vilanellen zu verdanken. Hört man genau hin, klingt manches arabisch. Keinen bleibenden Eindruck hinterließen hingegen die musikalischen Eskapaden des Ministerpräsidenten **Silvio Berlusconi,** dessen pseudo-neapolitanische, pathetische Liedtexte *Mariano Apicella* 2003 intonierte – ein *postaggiatore* (Parkplatzwächter), dessen Vater es in den 1970er Jahren in Neapel immerhin zu lokaler Berühmtheit gebracht hatte. Die Silberscheiben blieben wie Blei am

◁ Le Loup Garou auf dem Musikfestival „La Notte Bianca a Napoli"

13

Kiosk liegen, bis *Berlusconi* sie dann den weiblichen Regierungsangestellten als Weihnachtsgeschenk verehrte. Ein Interessenskonflikt? Werbung auf Staatskosten? Nein, *Berlusconi* hat die CDs aus eigener Tasche finanziert.

Neapel und neuerdings Salerno besitzen eine ausgesprochen lebendige Musik- und Theaterszene. Wer **Barockmusik** vom Allerfeinsten hören möchte, kommt an *Antonio Florios* „Capella de' Turchini" nicht vorbei. Das „San Carlo" in Neapel und das „Giuseppe Verdi" in Salerno machen mit Opern- und Ballettinszenierungen auf hohem Niveau von sich reden.

In Neapel, Salerno und Aversa gibt es ausgezeichnete **Musikclubs,** das **Neapolis Festival** im Juli wird blumig als „Mediterranean Woodstock" angekündigt. Konkrete Musik- und Szenetipps stehen in den Ortskapiteln, Hör-Tipps im Anhang.

Film

Für Neapolitaner keine Frage: **Totò** ist der größte. Der „italienische Charlie Chaplin" kam als *Antonio De Curtis* (1898–1967) in Neapel im Viertel Sanità zur Welt. Auf der Bühne des Varietés wurde der Vollblutkomiker 1937 für die Leinwand entdeckt und spielte in insgesamt über 120 Kinofilmen mit. Unvergessen bleibt sein Auftritt in *Vittorio de Sicas* Verfilmung von „L'oro di Napoli" (Gold von Neapel), nach Vorlage des großen neapolitanischen Bühnenautors *Eduardo de Filippo* (1900–84). *Sophia Loren,* 1934 als *Sofia Scicolone* in Pozzuoli geboren, ist in der Rolle einer Pizzabäckerin zu sehen.

Pier Paolo Pasolini verfilmte 1970 in Neapel und an der Amalfitana *Bocaccios* „Decamerone", seine Darsteller fand er, wie der Barockmaler *Caravaggio* vor ihm, auf der Straße. Der Film zählt zu

145nea pa

seinen heitersten. Wegen seiner expliziten Sexszenen wurde er von der Rechten angefeindet, auf Grund fehlender Ideologie kritisierte ihn die Linke.

Unvergessen bleibt der Neapolitaner **Massimo Troisi** (1953–94), der kurz nach Abschluss der Dreharbeiten zu „Il Postino" (Der Postmann) mit 41 Jahren an gebrochenem Herzen starb. Voller Menschlichkeit, Humor und Traurigkeit spielt er in seinem letzten Film die Rolle des schüchternen Postboten *Mario,* der *Pablo Neruda,* dem großen chilenischen Dichter im Exil auf einer italienischen Insel, täglich die Post bringt. Mario gewinnt die Freundschaft des Poeten, lernt durch ihn die Magie der Worte kennen und erobert damit das Herz der Dorfschönen. Einige Szenen des „Postino" wurden auf Procida gedreht.

Und hätten Sie gewusst, dass *Bud Spencer* 1929 als *Carlo Pedersoli* in Neapel das Licht der Welt erblickte?

Der Neapolitaner **Francesco Rosi** widmete seine engagierten Filme dem Thema Mafia. In „Mani sulla Città" (Hände auf der Stadt) von 1963 klagt er schonungslos die korrupte Baupolitik in seiner Heimatstadt an. *Lina Wertmüller* setzte sich 1985 in „Camorra" mit der Geißel der neapolitanischen Gesellschaft auseinander. Mit beißendem Spott porträtieren die derzeit bekanntesten neapolitanischen Filmemacher, *Mario Martone* und *Pappi Corsicato,* Neapels Antwort auf *Pedro Almodóvar,* die Stadt und ihre Einwohner.

Anthony Minghella drehte 1999 „Der talentierte Mr. Ripley", in Bild und Ton eine mitreißende Hommage an die Dolce Vita der 1950er Jahre. Drehorte waren u.a. Neapel, Ischia und Procida.

Paestums Lokalcicerone *Nunzio Daniele* kassierte nur sein übliches Führerhonorar und gab dafür sich selbst in der Anfangsszene des zauberhaft komischen Kultfilms „Brot und Tulpen" (Pane e tulipani, 1999).

Matteo Garrones „Gomorra", die fulminante Verfilmung von *Roberto Savianos* Enthüllungskrimi und Weltbestseller „Gomorrha", wurde bei den Filmfestspielen von Cannes 2008 mit dem großen Preis der Jury ausgezeichnet. Einzelne Episoden werfen ein neues Licht auf das global vernetzte Wirtschaftssystem der neapolitanischen Camorra, vor allem aber bieten sie Einblicke in die Welt der heruntergekommenen Vorstädte Neapels.

Die Menschen

Goethe widersprach in seiner „Italienische(n) Reise" dem tief verwurzelten Vorurteil (nicht nur) seiner Zeit, die Neapolitaner seien faul. Am 18. Mai 1787 notierte er seine Beobachtungen zu den vermeintlichen „Müßiggängern". *Goethe* wurde zum aufmerksamen Zeugen des süditalienischen **arrangiarsi.** Die **praktische Lebensphilosophie** des Sich-Arrangierens mit den bestehenden Verhältnissen haben die Neapolitanern zur wahren Kunstform entwickelt. Vielleicht sollte man es *Goethe* gleichtun und selbst mit wachen Sinnen auf das Land

◁ Unvergessen in Neapel: der Komiker Totò

und seine Menschen zugehen, anstatt nach der Bestätigung alter Klischees zu suchen. **Kommunikation** spielt eine große Rolle, gestenreich, mit Mimik und vielen Worten. Dem Gast aus dem Ausland gegenüber zeigt man sich häufig aufgeschlossen, Respekt und Höflichkeit werden honoriert. *Luciano De Crescenzo* hat sich mit seinem populären Erstlingswerk „Also sprach Bellavista" auch im deutschsprachigen Raum nicht zuletzt einen Namen als Interpret neapolitanischer Mentalität gemacht. Dieses und andere Bücher seien zur Lektüre vor, während und nach der Reise empfohlen, sie werden aber nie den eigenen Kontakt mit den Menschen Neapels und Kampa-

⌃ Santa Maria di Castellabate: abendlicher Treff auf der Strand-Piazza

Küche und Wein

Wer Kampanien, seine Landschaften, Geschichte und Bewohner wirklich kennen lernen möchte, folgt am besten einigen der über **300 kulinarischen Empfehlungen in diesem Reiseführer.** All die Restaurants und Kneipen zu erkunden, war ein genussvoller Weg, auf dem mich viele Freunde begleitet haben und neue Freundschaften entstanden sind. Kochen, gutes Essen und Gespräche über die Kochkunst gehören in Italien zu den elementaren Daseinsfreuden.

Die traditionelle kampanische Küche, die vielfältige lokale Ausprägungen kennt, ist eine **cucina povera** (arme Küche), deren **schlichte Zutaten frisch und von ausgezeichneter Qualität** sind. Seit der Antike wird die *Campania felix* als fruchtbarer Obst- und Gemüsegarten beschrieben. Jenseits des dicht besiedelten Küstenstreifens öffnen sich liebevoll gepflegte Kulturlandschaften. Zu allen Jahreszeiten quellen die Märkte von frischem Obst und Gemüse über, der Genussmensch lässt einem Bummel der Augenweide die Gaumenfreude folgen.

Gemeinsames Merkmal vieler Gerichte ist die **großzügige Verwendung von frischem Gemüse.** Seit Ende des 18. Jh. ist die Tomate unangefochtener Protagonist der Küche. Hätte *Kolumbus* Amerika nicht entdeckt, wären Pasta und Pizza, die beiden kulinarischen Grundpfeiler am Golf, um die wichtigste Zutat ärmer geblieben. In der Sarnoebene südlich von Neapel reifen die besten **pomodori** (Goldäpfel) heran. Weder **Pasta** noch **Pizza** wurden am Golf erfunden, aber hier erhielten sie ihre höchsten Weihen. Dass *Marco Polo* die Nudeln aus

niens ersetzen. In diesem Buch ist zwischen den Zeilen von vielen Menschen die Rede, die mir auf meinen Reisen begegnet sind, manche wurden zu Freunden. Nach den uralten Gesetzen der Gastfreundschaft gibt es die **amici degli amici,** die Freunde der Freunde. Das hat diesmal nichts mit Mafia zu tun, aber sehr viel mit respektvollen und freundschaftlichen Begegnungen auf Reisen. Schon *Odysseus* wusste davon ein Lied zu singen.

Die Weine Kampaniens

von **Vincenzo D'Orta** und **Stephan Reinhardt**

Lokale Rebsorten sind Kampaniens größter Trumpf, starrer Eigensinn der ärgste Feind

Kampanien, diese teilweise hässliche, oftmals bezaubernd schöne Region zwischen Latium, Apulien, der Basilikata und Kalabrien, gilt als Wiege des italienischen Weins. Bereits *Horaz* und *Plinius* haben Loblieder auf die Weine dieser im Altertum größten Weinbauregion gesungen. Es war der aus der Massico-Region stammende Falerner, der in die durstigen Kehlen der alten Römer floss. Heute sorgt insbesondere das Weingut Villa Matilde in Cellole in der Provinz Caserta für eine Renaissance des Falerno del Massico. Sowohl die ursprünglich weiße Version als auch der rote Falerner der Villa genießen

heute nicht nur national ein hohes Renommee. Dass in Kampanien die Rebsorten der Antike bis heute kultiviert werden, ist der größte Trumpf der Region. Denn während in der ganzen Welt die immer gleichen Traubensorten wie Cabernet, Merlot, Chardonnay oder Sauvignon Blanc für kaum noch unterscheidbare Weine sorgen, sind es in Kampanien die Weine aus Rebsorten wie der weißen Fallanghina, dem Fiano oder Greco sowie dem roten Aglianico oder Piedirosso, die für hochklassige Abwechslung im weltweiten Einheitsbrei sorgen. Dass man in Kampanien erst vor einigen Jahren damit begonnen hat, sich seiner Schätze bewusst zu werden, gibt für die Zukunft zu den schönsten Hoffnungen Anlass. Der Entwicklungsprozess ist im vollen Gang, und der Taurasi – ein mächtiger, konzentrierter Rotwein aus der Aglianico-Traube, der vorbildlich vom größten und erfolgreichsten Weingut der Region, Feudi di San Gregorio in Sorbo Serpico in der Provinz Avellino, vermarktet wird – gilt neben berühmten Weinen wie dem Barolo oder dem Amarone schon heute als einer der bedeutendsten Rotweine Italiens.

Doch zwischen der glorreichen Geschichte und einer möglicherweise ebenso glorreichen Zukunft liegt die Gegenwart, die zunächst einmal noch damit beschäftigt ist, sich der Sünden der vergangenen Jahrzehnte zu entledigen. Kampanien war lange Zeit in erster Linie eine Region, die billige Massenweine erzeugte, um sie als Fassware nach Norditalien, Frankreich

gym13_166 pa

◁ Aglianico: Kampaniens roter Reben-Star

oder Deutschland zu verkaufen. Dort benötigten die dünnen und farblosen Weinchen das, was der kampanische Wein in erster Linie zu bieten hatte: Farbe und Alkohol. Was nicht in den Norden ging, wurde in Ballonflaschen auf dem heimischen Markt verkauft und – mit Eiswürfeln und Fruchtstückchen in dickwandigen Bechern serviert – in Kampanien selbst getrunken. Noch heute bekommt man gelegentlich in Bars oder Osterien den Wein derart ungewöhnlich serviert. Das mag man als Individualität und Originalität romantisieren, doch gehobeneren Ansprüchen können diese bowlenartigen Gesöffe kaum genügen. Man trinkt sie trotzdem, um den stolzen Hausherren – oftmals Winzer im Nebenerwerb – nicht zu beleidigen. Der unangebrachte Stolz, der starre Eigensinn, die Trägheit und penetrante Mittelmäßigkeit vieler Winzer sind es denn auch, die einer auf breiter Front angelegten Innovation und Qualitätsoffensive entgegen stehen. So spielt beispielsweise der Qualitätswein im Verhältnis zum Gesamtausstoß des kampanischen Weins noch immer eine gänzlich unbedeutende Rolle, denn die DOC-Weinerzeugung liegt bei nicht wesentlich mehr als zwei Prozent der Gesamtweinerzeugung und ist damit die kleinste ganz Italiens.

Vielfalt des Landes, Vielfalt der Weine

Dass die Region Kampanien dennoch zu den innovativsten und spannendsten ganz Italiens gehört, liegt an der Aufbruchstimmung, die eine immer größer werdende Zahl von Winzern in den letzten Jahren erfasst hat. Sie versuchen mit hochwertigem Traubenmaterial sowie modernen Techniken in Weinberg und Keller den Anschluss an die internationale Weinszene zu schaffen.

Es liegt an den vielfältigen geografischen, geologischen und klimatologischen Bedingungen Kampaniens, dass es hier keine identitätsstiftenden und führenden Weinbauzonen gibt, wie beispielsweise Barolo im Piemont oder Chianti Classico in der Toskana. Die Trendsetter der Region liegen quer über die ganze Region verstreut. Man muss schon einige hundert Kilometer im Auto zurücklegen, um die Heimstatt der besten Weine zu entdecken. Nimmt man diese weiß Gott nicht unangenehmen Mühen auf sich, wird man sehr schnell feststellen, dass sich die Vielfalt der kampanischen Landschaft auch in ihren Weinen wiederfindet, und das selbst dann, wenn diese Weine aus ein und derselben Rebsorte gekeltert worden sind.

Die Weine, die in Küstennähe wachsen, haben eine andere Charakteristik als jene aus dem Landesinneren. Während beispielsweise an der Amalfiküste ein Klima wie auf Sizilien herrscht, fühlt man sich in der hügeligen und bergigen Apenninenlandschaft des Landesinneren eher ans Piemont erinnert. Da auch die für den Weinbau mitentscheidenden Bodenformationen Kampaniens höchst variabel sind, nimmt es nicht wunder, das kaum eine andere Region Italiens derart unterschiedliche Weine auf den Markt bringt.

Leichte Weißweine und mittelschwere Rotweine kommen aus den Bergen im Norden Kampaniens, wo zumeist fruchtbare Schwemmlandböden vorherrschen. Die Taburno-Zone ist sicherlich eine der spannendsten und trägt seit einiger Zeit eine eigene DOC-Bezeichnung. Von hier kommen immer besser werdende Aglianico-Weine.

Nördlich und östlich von Avellino muss man die auf vulkanischem Gestein befindlichen Weinberge in waldigen Höhen suchen. Die kühle Witterung in den 400 bis 700 Meter hohen Irpinia-Bergen ermöglicht den Trauben eine lange Reifeperiode, die extremen Unterschiede zwischen Tag- und Nachttemperaturen sorgen für die umwerfende Aromatik der Weißweine und das komplexe Bukett des roten Taurasi.

Schwarze Vulkanerde prägt die DOC-Regionen des Vesuvs und Ischias. Faszinierend anzusehen sind die terrassierten Weinberge aus hartem Kalkgestein auf der Halbinsel Sorrent. Hier kann man leichte Weißweine und dunkle Rotweine finden.

Der Cilento im Süden ist die momentan wohl dynamischste Weinzone Kampaniens. Felsige Berghänge machen den Weinbau zwar mühsam, aber von den kalkreichen Bodenformationen können einzigartige Weine kommen. Vor allem der robuste rote Aglianico hat hier zu neuem Ruhm gefunden.

Weinempfehlungen

Kampanien ist heute vor allem wegen seiner mächtigen Rotweine interessant. Doch wer hier Urlaub macht, wird unter der heißen Sonne nicht mittags schon in einen alle weiteren Unternehmungen hemmenden Dämmerzustand versinken wollen. Daher beginne man den Tag mit den angenehm fruchtigen, wenngleich niemals wirklich leichten Weißweinen.

Weißweine

Die faszinierendsten Weißweine der Region Kampanien werden aus der Fiano-Traube gewonnen. Die vulkanischen Böden bei Avellino bringen fruchtige und säurearme Weine hervor, während der Wein beispielsweise im Cilento von einer exotischen Fruchtfülle und barocken Opulenz geprägt sein kann. Insbesondere der Perella und der günstigere Donnaluna von Bruno de Concilis in Prignano bei Agropoli (Provinz Salerno) oder auch der Kràtos von Luigi Maffini in San Marco di Castellabate (Provinz Salerno) sind ein großes Trinkvergnügen (im Auge/Gaumen behalten sollte man auch den Fiano der Azienda Agricola San Giovanni, ebenfalls im Cilento), während der Fiano di Avellino von Feudi di San Gregorio teuer, aber nicht wirklich aufregend ist.

Wenn Feudi, dann schon der Campanaro, ein wahres Weinmonument aus Fiano und Greco. Einziger Wermutstropfen: Die Flasche kostet ein kleines Vermögen.

Dabei muss ein Greco nicht unbedingt teuer sein, um zu erfrischen. Ein Heidenspaß zu Vorspeisen bietet der Greco di Tufo von Marsella, jener von Colli di Lapio oder von Di Meo (alle aus der Provinz Avellino).

Bekannt und gut ist ebenfalls die Falanghina. An der Küste bringt diese alte Sorte zumeist säuremilde Weine hervor, während die besten Weine im Landesinneren zartfruchtig und säurefrisch ausfallen. Von betörender Finesse ist der Falerno del Massico bianco der Villa Matilde (Provinz Caserta), herrlich aromatisch der Palombaia von Costa Normanna in Guardia Sanframondi (Provinz Benevento). Weitere empfehlenswerte Fallanghine kommen von der Erzeugern Lavoro & Salute, Colli Irpini und Terredora.

Rotweine

Die berühmtesten Rotweine Kampaniens haben – und das ist ein Jammer – recht wenig mit der alten kampanischen Weintradition zu tun. Ein Musterbeispiel dafür ist der Montevetrano von Silvia Imparato, ein wunderbar ausgewogener, aber auch teurer Rotwein von internationaler Klasse. Doch allenfalls zehn Prozent Aglianico-Trauben werden dem ansonsten aus Cabernet Sauvignon und Merlot gekelterten Wein zugegeben. Dem Ruf Kampaniens als aufstrebende Weinregion hat der seit 1991 erzeugte Montevetrano trotzdem unschätzbare Dienste erwiesen. Seine Feinheit und Eleganz dient vielen anderen Erzeugern als Vorbild.

▷ Rebpflege auf der Azienda San Giovanni (Cilento)

Neben dem Montevetrano gilt die gigantische und mit einigen Millionen Euro neu erbaute Designer-Kellerei Feudi di San Gregorio als das önologische Aushängeschild der Region Kampanien. Erst vor wenigen Jahren hat das Weingut mit dem Patrimo einen Rotwein auf den Markt gebracht, der auf Anhieb zum Topwein Kampaniens avanciert ist und als einer der fünf besten Merlots Italiens gilt. Merlot also auch hier! Doch Feudi weiß mit dem Taurasi Piano di Montevergine und vor allem mit dem Serpico auch dem heimischen Aglianico echte Denkmäler zu setzen. Diese Weine haben tatsächlich Weltklasseformat, aber auch ihren Preis.

Wirklich interessant und spannend sind die Erzeuger, die nicht mit Millionen, sondern mit ihrer Seele Wein machen. Eine der in dieser Hinsicht großen Persönlichkeiten ist Bruno de Concilis, der neben seinem wunderbar fruchtigen und samtweichen Donnaluna Aglianico in jüngster Zeit mit zwei weiteren rebsortenreinen Aglianici Aufsehen erregt hat. Der Naima ist eine Wein gewordene Hommage an das gleichnamige Stück des Improvisations-Saxofonisten *John Coltrane,* der Zero eine wilde, nach Pflaumen, Brombeeren, Kaffee und Schokolade duftende Liebeserklärung an den Aglianico aus dem Cilento. Weitere Erzeuger, die man unbedingt im Auge behalten sollte, sind Luigi Maffini mit seinem Cenito, Libero Rillo und sein Orazio, Vestini Campagnanos Casavecchia und Corte Normannas Tre Pietre.

Buchtipps

■ *Gambero Rosso* (Hrsg.): **Vini d'Italia,** Standardwerk zum italienischen Wein und seinen Produzenten. Hallwag, München und Bern
■ *Slow Food* (Hrsg.): **Slow Wine 2013 – Italiens beste Winzer und Weine,** Hallwag, München und Bern

gvn13_167 pa

China nach Italien importiert hat, kann getrost ins Reich der Fabel verwiesen werden. Amalfi hatte bereits im Mittelalter das Geheimnis der Herstellung von *pasta asciutta*, luftgetrockneten Hartweizennudeln, von den Arabern übernommen. Mit der Bevölkerungsexplosion in Neapel und der Erfindung von Knetmaschinen und Nudelpressen begann im 18. Jh. die Karriere der Pasta als Volksnahrungsmittel. Um die echte Pizza kennen zu lernen, führt auch heute kein Weg an Neapel vorbei (siehe Exkurs „La vera Pizza").

Kennzeichen der cucina povera ist die schier unerschöpfliche Vielfalt satt machender *primi*. **Fleisch und frischer Fisch** waren nie billig, und auch heute muss man für einen guten *secondo* tiefer in die Tasche greifen. An der Küste werden viel frischer Fisch und *frutti di mare* serviert. Das Geheimnis der Zubereitung besteht auch hier darin, das feine Eigenaroma perfekt zur Geltung kommen zu lassen. Auf Capri, Ischia und Procida landen Kaninchen im Schmortopf, im Landesinneren regiert das Schwein die deftige Bergküche. Seit eini-

gen Jahren hat man entdeckt, wie delikat Büffelfleisch schmeckt – bislang waren die sanften Riesenrinder nur als Lieferanten der **Mozzarella** bekannt. Neben der berühmten *mozzarella di bufala* gibt es in Kampanien den schmackhaften *fior di latte,* eine Mozzarella aus Kuhmilch. Die beste Mozzarella kommt, nomen est omen, aus den Monti Lattari, den Milchbergen oberhalb der Amalfitana.

Exzellente **Käsesorten und Würste** werden in den Bergen des Matese, Sannio, Irpinia und Cilento produziert.

Gute **pasticcerie** (Konditoreien) überwältigen mit ihrem Angebot an Torten, Törtchen, süßen Stücken und Gebäck. Die sfogliatella ist ein Muss!

Als Weinbauregion kann Kampanien auf eine 2800-jährige Tradition zurückblicken. Die besten **Weine** der römischen Antike wurde hier produziert, und immer noch werden einige dieser alten Rebsorten kultiviert. Die besten Produzenten und einige gut sortierte Önotheken werden in den Ortskapiteln beschrieben (siehe Exkurs „Die Weine Kampaniens").

Die traditionellen **Digestifs** Kampaniens sind der Zitronenlikör *limoncello,* um dessen „Erfindung" Capri und Amalfi streiten, und der dunkle Walnusslikör *nocino.*

Keine Frage, den besten Kaffee Italiens gibt es in Neapel! Caffè ist hier mehr als ein schneller Wachmacher, er repräsentiert ein Stück Lebensqualität. Der neapolitanische *caffè* ist ein Espresso so heiß wie die Hölle, schwarz wie der Teufel und süß wie die Liebe. Eine gute Tasse *caffè* erkennt man an der *crema,* in die der Zucker ganz langsam einsinkt. Stark geröstet ist er besonders magenfreundlich und wird zu jeder Tageszeit getrunken.

◁ Staraufgebot in der Küche von Don Alfonso 1890 (Sant'Agata sui due Golfi)

13

14 Anhang

☐ Im Cilento-Nationalpark
finden Apenninen-Wölfe ein Refugium

Glossar: von Agora bis Ziborium

■**Agora** (griech. Markt): Markt- und Versammlungsplatz griechischer Städte der Antike, oft von Säulenhallen umgeben; vergleichbar mit dem römischen ↗ Forum.

■**Akropolis** (griech. Hoch-Stadt): der am höchsten gelegene Teil griechischer Städte der Antike mit den wichtigsten Kultbauten.

■**Altar** (lat. *alta ara*, erhöhte Opferstätte): in der Antike befand sich der Altar außerhalb des Tempels. Der christliche Altar steht als Ort der eucharistischen Feier im Inneren der Kirche, seit dem 6. Jh. konnte als Überbau das ↗ Ziborium hinzukommen. Zu unterscheiden ist zwischen dem Hochaltar (Altar des Herren) und Nebenaltären (den Heiligen gewidmet).

■**Ambo**: erhöhtes Lesepult an der Chorschranke frühchristlicher und frühmittelalterlicher Kirchen, an der Südseite für die Verlesung der Episteln, an der Nordseite für die Verlesung der Evangelien (↗ Evangelistensymbole an Stützsäulen); ab dem 4. Jh. auch zur Predigt; weicht später der ↗ Kanzel.

■**Amphitheater** (griech. *amphi*, herum): römische Vergnügungsstätte für Gladiatorenkämpfe und Tierhatzen. Die elliptische ↗ Arena umgeben ansteigende Sitzreihen. Mittels Hebebühnen, Rampen und Kränen konnten Kulissen schnell ausgetauscht werden. Die ältesten Amphitheater finden sich in Kampanien. Vorläufer sollen zwei zusammenschiebbare Holztheater gewesen sein.

■**Antoniuskreuz:** Kreuz, das die Form eines T hat.

■**Arena** (lat. Sand): ellipsenförmiger Kampfplatz im ↗ Amphitheater.

■**Apsis** (griech. Rundung): halbkreisförmige oder polygonale, mit einer Halbkugel überwölbte Ausbuchtung, die in Kirchen den ↗ Altarraum nach hinten abschließt.

■**Aquädukt** (lat. *acquae ductus*, Wasserleitung): römische Konstruktion für die Zuführung von Wasser über eine große Entfernung bei gleichmäßigem Gefälle. Zur Überquerung von Tälern wurden mehrstöckige Bogenbrücken errichtet.

■**Basilika** (griech. Königshalle): römisch-antiker öffentlicher Bau (Gerichts-, Markthalle) mit drei oder mehreren durch Säulen oder Pfeiler voneinander getrennten Schiffen, wobei das Mittelschiff höher als die Seitenschiffe ist; endet in der ↗ Apsis. In frühchristlicher Zeit als Bautypus für den Kultraum übernommen.

■**Borgo** (ital. Ortschaft, Dorf): in der Regel befestigte Ansiedlung, meist als Borgo vecchio im Sinn von „altem Ortskern" verwendet.

■**Campanile** (ital. *campana*, Glocke): freistehender Glockenturm, typisch für die Kirchenarchitektur des italienischen Mittelalters. Der Überlieferung nach gilt der hl. *Paulinus* aus Nola in Kampanien als Erfinder der Kirchenglocke (um 400).

■**Cardo:** lateinische Bezeichnung der nord-südlichen Hauptstraße in römischen Militärlagern oder Städten. Im Schnittpunkt von *cardo* und ↗ *decumanus* lag das Zentrum.

■**Centro storico** (ital.): historischer Altstadtkern.

■**Chor:** in der Kirche ursprünglich der Raum für den Chorgesang, seit dem 15. Jh. die übliche Bezeichnung für den Altarraum. In Kirchen mit Querschiff, der durch die Verlängerung des Mittelschiffs entstehende Raum östlich der ↗ Vierung.

■**Decumanus:** lateinische Bezeichnung der ost-westlichen Hauptstraße in römischen Militärlagern oder Städten. Im Schnittpunkt von *decumanus* und ↗ *cardo* lag das Zentrum.

■**Deësis:** Darstellung des thronenden Christus zwischen den Fürbittern Maria und Johannes.

■**Dom** (lat. *domus*, Haus): Abkürzung von Domus Dei (Haus Gottes), Bischofskirche.

■**Evangelistensymbole:** Darstellung der vier Evangelisten als Löwe *(Markus)*, Stier *(Lukas)*, Adler *(Johannes)* und Mensch oder Engel *(Matthäus)*.

■**Forum:** meist längsrechteckiger Marktplatz der antiken römischen Stadt, der auch politische Bedeutung hatte; vergleichbar mit der griechischen ↗ Agora.

■**Fresko** (ital. *fresco*, frisch): Wandgemälde auf den frischen, noch feuchten Kalkmörtelputz aufgetragen.

■**Ikone** (altgriech. *eikón*, Ebenbild): byzantinisches, kirchlich geweihtes Kultbild; verehrt wird der/die darauf abgebildete Heilige.

■**Ikonostase:** mit ↗ Ikonen geschmückte Bilderwand der orthodoxen Kirche, die den Altar- vom Laienbereich trennt.

■**Kanzel:** im 13. Jh. aus ↗ Ambo und ↗ Lettner entstanden; für das Abhalten der Predigt.

■**Katakombe** (griech. *kata kymbas*, in der Höhlung): in den Fels geschlagene Grabkammern. Die Bezeichnung leitet sich vom römischen Flurnamen *ad catacumbas* für einen Tuff-Steinbruch im Süden Roms ab.

■**Kathedra** (griech. *kathedra*, Sitz): Bischofsstuhl in der ↗ Kathedrale.

■**Kathedrale:** Bischofskirche, nach der ↗ Kathedra (Bischofssitz) benannt.

■**Kodex** (lat. *codex*, Schreibtafel aus gespaltenem Holz; griech. *byblios*): Vorläufer der heutigen Buchform, ursprüngl. ein Block beweglich verbundener Schreibtafeln.

■**Konvent** (lat. *conventus*, Zusammenkunft): Versammlung von Geistlichen oder Wohnbereich des Klosters. In der Antike Zusammenkunft des römischen Magistrats.

■**Krater** (altgriech. *kráter*, mischen): im antiken Griechenland ein Gefäß aus Ton oder Bronze zum Mischen von Wasser und Wein.

■**Krypta** (griech. *kryptein*, verbergen): meist unter dem ↗ Chor liegender unterirdischer Raum für die Bestattung/Aufbewahrung von Reliquien, Märtyrern und Heiligen.

■**Lettner** (lat. *lectorium*, Lesepult): niedrige Wand zwischen ↗ Chor und Querschiff in ↗ Dom, Kloster- und Stiftskirchen zur Trennung der Räume für Geistliche und Laien, mit Durchgängen und einer Tribüne zur Verlesung der Evangelien.

■**Loggia:** offene Säulenhalle in oder vor einem Gebäude, auch freistehend.

■**Municipium:** in den römischen Staatsverband aufgenommene Stadt, ab 42 v. Chr. besaßen alle Städte Italiens römisches Bürgerrecht.

■**Nekropole** (griech. Totenstadt): groß angelegter antiker oder frühchristlicher Friedhof.

■**Orchestra:** kreisrunde Fläche für kultische Tänze und Gesänge in einem antiken griechischen Theater. In späteren hellenistischen und römischen Theatern halbrund.

■**Piano nobile:** italienische Bezeichnung für das Geschoss mit Repräsentationsräumen.

■**Plagiat** (lat. *plagium*, Menschenraub): bewusste Aneignung fremden Geistesgutes. „Über Plagiate sollte man sich nicht ärgern. Sie sind wahrscheinlich die aufrichtigsten aller Komplimente." *(Theodor Fontane)*

■**Presbyterium:** den Priestern vorbehaltener Raum im ↗ Chor einer frühchristlichen ↗ Basilika.

■**Polyptychon:** mehrteiliger Flügelaltar, s.a. ↗ Triptychon

■**Sinopie:** meist mit Rötel ausgeführte Vorzeichnung eines ↗ Fresko. Der Begriff geht auf die gleichnamige Stadt in der heutigen Türkei zurück, die wegen ihrer Erdfarben berühmt ist.

■**Spolie** (lat. *spolia*, Beute): bauliches Element eines älteren, meist antiken Baus (Säulen, Kapitelle, Friese), das in einem späteren Bau wieder verwendet wird.

■**Stile Liberty:** italienische Form des Jugendstils.

14

■**Tempel** (lat. *templum*): bezeichnet allgemein Gebäude, wie sie in vielen Religionen als Heiligtum dienen. Ursprünglich in der etruskischen und römischen Religion ein vom Profanen abgegrenzter Bezirk, in dem die Auguren die Beobachtung und Deutung des Vogelfluges oder meteorologischer Phänomene ausübten.

■**Triptychon:** dreiteiliger Flügelaltar, ein ↗ Polyptychon besitzt mehrere Flügel.

■**Vierung:** Kirchenraum, der durch die Überschneidung von Quer- und Langhaus entsteht.

■**Ziborium:** auf Stützen ruhender, baldachinartiger Überbau des ↗ Altars.

Italienische Literatur nördlich der Alpen

■**www.laenderkontakte.de/italien/ buchhandel**

Die schnellste Adresse für antiquarische Bücher

■**www.zvab.de**

Aktuelle Lese-, Hör- und Seh-Tipps

■**www.italien-aktiv.info**

Lesen

Reisebeschreibungen und Reiseführer

■**Amann, Peter:** *Apulien.* Wer bis in die Provinzen Avellino oder Benevent vorgedrungen ist, kann leicht auch der Nachbarregion Apulien und Kaiser *Friedrich II.* einen Besuch abstatten. Viele Tipps und Wanderbeschreibungen! Reise Know-How, Bielefeld 2013

■**Amann, Peter:** *Kalabrien, Basilikata.* Der Cilento, historisch ein Teil Lukaniens (Basilikata), grenzt im Süden an den Golf von Policastro. Weiter südlich schließen sich die Basilikata mit der Costa di Maratea und Kalabrien mit der Costa dei Cedri an. Reise Know-How, Bielefeld 2013

■**Amann, Peter:** *Liparische Inseln. Insel- und Wanderführer.* Sieben faszinierende Vulkaninseln, die man am besten zu Fuß kennen lernt (von Neapel geht eine Nachtfähre nach Stromboli!). Auf der Frankfurter Buchmesse 2005 als „Bester Italien-Reiseführer" ausgezeichnet. Mit vielen Tipps! Iwanowski's Reisebuchverlag, Dormagen 2010

■**Chatwin, Bruce:** *Der Traum der Ruhelosen.* Reiseskizzen des großen Nomaden. Vielversprechend beginnt beispielsweise der Essay „Zwischen den Ruinen": „Auf Capri lebten drei Narzißten, von denen jeder ein Haus auf einer Felsspitze baute. Es waren *Axel Munthe, Baron Jaques Adelswärd-Fersen* und *Curzio Malaparte.* Alle drei waren Schriftsteller mit einem starken Hang zur Selbstdarstellung." Fischer (Tb), Frankfurt a. M.

■**Fernandez, Dominique:** *Süditalienische Reise.* Das französische Original erschien 1965. Nach wie vor erfrischend! Insel (Tb), Frankfurt a. M.

■**Fest, Joachim:** *Im Gegenlicht. Eine italienische Reise.* Ein brillantes Reisejournal und eine sehr persönliche Annäherung an den Süden Italiens, seine Geschichte und seine Menschen. Der Text erschien erstmalig 1988 und ist das Ergebnis einer Serie von

Reisen in einem Zeitraum von zehn Jahren, die *Fest* von Sizilien über Kalabrien und Kampanien bis Rom geführt haben. Von *Wolfgang Büscher* stammt das Nachwort zur Neuausgabe. Insel (Tb), Hamburg

■**Gregorovius, Ferdinand:** *Wanderjahre in Italien*. Ein Meisterstück historischer Landschaftsbeschreibung des deutschen Kulturhistorikers (1821–1891). Nachlesen! C. H. Beck, München

■**Goethe, Johann Wolfgang v.:** *Italienische Reise*. Klassischer Text, der als schier unerschöpflicher Sätzebruch für Zitate herhalten muss. Es lohnt, das Buch im Ganzen zu lesen. Soziologisch hochinteressant sind z.B. die ausführlichen Betrachtungen über die neapolitanischen Müßiggänger, notiert am 28. Mai 1787. dtv (Tb) bzw. Insel (Tb)

■**Homer:** *Odyssee*. Der ultimative Reiseführer auch für Kampanien! Nicht etwa weil hier Top-Restaurants, Hotels und Strände gelistet wären, sondern weil von Neugier und Gastfreundschaft die Rede ist. Keine Angst vor Reimen, der beinahe 3000 Jahre alte Versroman liest sich spannend wie ein Thriller. In der Übertragung von *Wolfgang Schadewaldt* rororo (Tb), Hamburg bzw. *Roland Hampe*, Reclam (Tb), Stuttgart

■**Kopisch, August:** *Entdeckung der Blauen Grotte auf der Insel Capri*. *Dieter Richter* hat den 1883 publizierten Text neu herausgebracht und um einen interessanten Essay bereichert, der die Hintergründe und Folgen der Entdeckung dieses Weltwunders des Tourismus beleuchtet. Zeitgenössische Stiche und S/W-Fotografien zieren das hübsche Leinenbändchen. Wagenbach, Berlin

■**Morese, Maria Carmen:** *Gebrauchsanweisung für Neapel und die Amalfi-Küste*. Diese „Gebrauchsanweisung" öffnen Augen und Herzen, liefern aktuelles Hintergrundwissen zu Müll & Mafia und ergänzen einen Reiseführer ideal. Piper, München 2010

■**Peterich, Eckart:** *Italien II. Rom und Latium – Neapel und Kampanien*. „Gleich hinter Rom beginnt Griechenland, aber Italien hört nicht auf", mit diesen Worten lockte *Peterich* nach Kampanien. Auch im Abstand von über 40 Jahren sind seine klugen Beobachtungen, die Geschichte, Kunst und Landschaft als Einheit betrachten, ausgesprochen lesenswert. Prestel, München (vergriffen)

■**Schäfer, Barbara:** *Limocello mit Meerblick. Unterwegs an der Amalfiküste und im Cilento*. Urlaubsnotizen, einfühlsame Porträts und Blicke hinter die Kulissen der beiden ungleichen Schwestern. Zieht die Amalfitana als Costa divina seit Generationen romatische wie meist betuchte Traveller an, so erlebt der Cilento gerade sein touristisches Coming out im Zeichen des nachhaltigen Reisens. Gemeinsam ist den beiden Küstenlandstrichen ihr Platz auf der Welterbeliste der UNESCO. Picus Leserreisen, Wien 2007

■**Schönau, Birgit:** *Der älteste Nabel der Welt. Entdeckungen in Neapel und Kampanien*. Treffende und zeitgemäße Porträts des modernen Neapel und seines Umlandes. Picus, Wien 2000

■**Seume, Johann Gottfried:** *Spaziergang nach Syrakus im Jahre 1802*. Kontrastprogramm zu *Goethe* & Co.: Seume reiste zu Fuß und war an der italienischen Gegenwart mit all ihren sozialen und wirtschaftlichen Problemen interessiert. dtv (Tb), München

Hotel- und Campingführer

■**ADAC (Hrsg.):** *Camping Caravan Führer – Südeuropa*. Jährlich aktualisiert und ergänzt. ADAC, München

■**Agricola Slow Food (Hrsg.):** *Locande d'Italia – Übernachten in den schönsten Hotels, Pensionen und Bauernhöfen*. Die ideale Ergänzung zu den „Osterie d'Italia" (s.u.). Einige der gelisteten Häuser werden seit jeher in vorliegendem Reisehandbuch empfohlen, andere sind willkommene Ergänzungen. Sehr nützlich auch für die Anreise mit eigenem Fahrzeug! Hallwag, München und Bern

14

Wein und Gastronomie

■**Amandonico, Nikko:** *La Pizza. Ein Blick in die Seele von Neapel.* „When the moon hits your eye like a big pizza pie, that's amore." Der Autor und die Fotografin *Ewa-Maria Rundquist* erzählen die Geschichte der neapolitanischen Pizza und verraten dabei auch einiges über diese wunderbare Stadt. Rezepte für zu Hause und 18 Pizzeria-Empfehlungen in Neapel machen das Buch rund. Collection Rolf Heyne, München 2001

■**Amandonico, Nikko:** *Una bella Spaghettata. Köstliche Pastarezepte aus Neapel.* Ein Tag ohne einen Teller Pasta ist ein verlorener Tag, nicht nur in Neapel! Damit das nicht passiert, gibt es dieses appetitanregende Buch. Busse-Seewald, Stuttgart 2008

■**Gambero Rosso** (Hrsg.): *Vini d'Italia.* Das Standardwerk zum italienischen Wein und seinen Produzenten wird Jahr für Jahr neu recherchiert. Neben alteingesessenen Spitzencantine wie Mastroberardino oder Feudi di San Gregorio behaupten sich längst auch engagierte Familienkellereien wie die Cantine *Marisa Cuomo* von der Amalfitana und *Luigi Maffini* oder *De Conciliis* aus dem Cilento. Mit „Drei grünen Gläsern" werden besonders umweltbewusst wirtschaftende Kellereien ausgezeichnet. Die Nase vorn behält die Provinz Avellino. Erstaunlich, eine Reihe der mit Höchstnote bewerteten Kampanien-Weine ist bereits für unter 15 Euro zu haben! Hallwag, München und Bern

■**Peter, Peter:** *Kulturgeschichte der italienischen Küche.* Nicht nur die Pasta verspeisende *Sophia Loren* als Frontinspiz spricht für dieses klug-heitere und vor allem schmackhafte Buch. C. H. Beck, München 2006

■**Poggi, Barbara:** *La Cucina Cilentana.* Rezepte, Restaurant-Empfehlungen und kulinarische Geschichten aus der Ursprungsregion der wahren „mediterranen Küche". R. Mankau, Murnau 2006

■**Schinharl, Cornelia:** *Süditalien. Küche & Kultur.* Mehr als ein gelungenes Kochbuch! Dass die Autorin den Süden Italiens lieben gelernt hat, merkt

man jeder ihrer Zeilen an. Gerne begleitet man sie auf ihren kulinarischen Streifzügen durch den Mezzogiorno. Appetitanregende Fotos von *Michael Schinharl, Stefan Braun* und *Peter Amann.* Gräfe und Unzer, München 2002

■**Slow Food** (Hrsg.): *Osterie d'Italia.* Alljährlich um neue Einträge ergänzte kulinarische Bibel. Jedem der besprochenen Lokale ist eine liebevoll formulierte Spalte gewidmet. In der Ausgabe 2013/14 erhielt Kampanien zahlreiche neue Einträge – es sind nun über 100! Wertvoll die Tipps Essen „di strada" für Napoli! Auch für die Anreise mit dem eigenen Auto wärmstens zu empfehlen, der Weg nach Kampanien ist lang und lecker (s.a. „Locande d'Italia"). Hallwag, München

■**Slow Food** (Hrsg.): *Ricette di Osterie d'Italia – Die besten Rezepte aus Italiens Regionen.* Damit die Italien-Reise nie aufhört. Hallwag, München 2010

■**Slow Food** (Hrsg.): *Slow Wine 2013 – Italiens beste Winzer und Weine.* Bei diesem Weinguide stehen die Winzerinnen und Winzer mit ihrer Arbeit im Vordergrund, ein besonderes Augenmerk gilt auch der Art der Bodenbearbeitung, -pflege und -düngung. Kampanien setzt seinen Aufwärtstrend fort. Neben den etablierten Irpinia-Weinen sind auch die Weine des Sannio, der Campi Flegrei und des Vesuvs im Kommen. Einen starken Auftritt haben auch die Salerno-Etiketten von der Küste. Ein Handbuch mit praktischem Gebrauchswert für unterwegs. Ein persönliches Kompliment und eine Gratulation zur Schnecke an *Ida Budetta* und *Mario Corrado* von der Azienda San Giovanni! Hallwag, München

Natur-, Wander- und Segelführer

■**Amann, Peter:** *Cilento aktiv. Aktiv-Urlaub im ursprünglichen Süditalien – mit Costa di Maratea.* Knapp 30 Wanderungen mit Karten, 10 Radtouren und tausend tolle Tipps: 100 gute Gründe für einen Urlaub im Cilento. R. Mankau Verlag, Murnau 2011

■**Benker, Uli:** *GPS auf Outdoor-Touren.* Die Meinung ist einhellig: das beste Buch zum Thema! Praxisnah und verständlich mit Links. Bruckmann, München 2012

■**Federico II.:** *De Arte venandibus cum avibus.* Das berühmte Vogelbuch des Kaisers *Friedrich II.* in italienischer Übersetzung. Laterza, Bari 2000 (Faksimile-Ausgabe des Codex Vaticanus mit Kommentaren von *D. Walz* und *C. A. Willemsen* bei der Wissenschaftlichen Buchgesellschaft Darmstadt)

■**Frank, Felix:** *Vulkantouren in Italien.* Naturgemäß nehmen die kampanischen Vulkane einen breiten Raum in diesem Führer ein. Ausführlich zitierte historische Quellen, die geologischen Prozesse sind anschaulich dargestellt. Praktische Routentipps. Ott, Thun 1997

■**Heikell, Rod:** *Küstenhandbuch Italien.* Das nautische Standardwerk wurde komplett überarbeitet. Präzise Angaben zu Ansteuerungen, Ankerbuchten, Liegeplätzen, Versorgungs- und Service-Einrichtungen. Farbfotos und detaillierte Hafenpläne. Edition Maritim, Hamburg 2009

■**Hofrichter, Robert** (Hrsg.): *Das Mittelmeer. Band I. Allgemeiner Teil – Fauna, Flora, Ökologie.* Ein unverzichtbares Buch für ambitionierte Strandläufer und Taucher! Auf den ersten 250 Seiten erfährt man Grundsätzliches über Geologie, Plattentektonik, Klima und Festlandsvegetation des Mittelmeerraums, bevor sich das Buch marinen Lebensräumen widmet. Hochinformativ, packend zu lesen und hervorragend illustriert. Spektrum Akademischer Verlag, Heidelberg 2001

■**Hofrichter, Robert** (Hrsg.): *Das Mittelmeer. Band II. Bestimmungsführer – Bakterien, Mikroflora, Mikrofauna, marine Flora, ursprüngliche Taxa der marinen Fauna.* Die faszinierende Mittelmeeresbibel findet ihre Fortsetzung. Nicht nur für Meeresbiologen und Taucher mit Gewinn und Genuss zu lesen. Spektrum Akademischer Verlag, Heidelberg 2003

■**Pichler, Hans & Pichler, Thomas:** *Vulkangebiete der Erde. Geologie, Geschichte, Sehenswürdigkeiten.* Professor *Hans Pichler* ist einer der besten Kenner der italienischen Vulkangebiete. Naturgemäß nimmt ihre Beschreibung in diesem ebenso fundiert wie verständlich geschriebenen, modern illustrierten Werk einen breiten Raum ein. Den regionalen Beschreibungen geht eine allgemein verständliche Einführung in die Vulkanologie voraus. Spektrum Akademischer Verlag, Heidelberg 2006

■**Richter, Dieter:** *Der Vesuv. Geschichte eines Berges.* Mit dieser feurigen Kultur- und Naturgeschichte des berühmtesten Berges beweist *Dieter Richter* einmal mehr, dass er zu den besten Kennern und versiertesten Liebhabern Kampaniens gehört! Wagenbach, Berlin 2007

■**Rizzotti, Tulia:** *Capri in Blüte.* Botanische Wanderwege. In Zusammenarbeit mit dem Fremdenverkehrsamt Capri herausgegebener, gut gemachter Wanderführer. Gibt es auf der Insel zu kaufen. Mondadori, Milano 2003

■**Tippet, Julian:** *Sorrento, Amalfi, Capri. Cartours and Walks.* Handlicher Klassiker mit präzisen Wanderbeschreibungen und sinnvollen Tipps zur Benutzung öffentlicher Verkehrsmittel. Diente auch vielen Wanderführern zur Anregung! Sunflower Books, London 2013

■**Wiegand, Margit & Jürgen:** *Golf von Neapel.* Handliches Bändchen mit 50 Wanderbeschreibungen und guten Kartenskizzen. GPS-Tracks als Gratis-Download für Buchbesitzer. Rother, München 2012

Archäologie, Kunst, Geschichte und Gesellschaft

■**Aßkamp, Rudolf u.a. (Hrsg.):** *Luxus und Dekadenz. Römisches Leben am Golf von Neapel.* Nach „Die letzten Stunden von Herculaneum" ein weiterer, reich ausgestatteter und mit klugen Essays gespickter Ausstellungskatalog. Philipp von Zabern, Mainz 2007

■**Beard, Mary:** *Pompeii. The Life of a Roman City.* Gleich in ihrem Vorwort schneidet die Autorin, Pro-

14

Kinder lesen

■ **Amann, Peter:** *Cilento aktiv – mit Costa di Maratea.* In diesem Reiseführer erleben *Pinco* und *Pallina*© ihren ersten Auftritt, zwei neugierige Kinder, die Fragen stellen, die Erwachsenen oft gar nicht erst einfallen. Mankau, Murnau 2012

■ **Ascherl, Jolana:** *Diana, Merkur & Co. Römischen Göttern auf der Spur.* Und nebenbei erfährt man auch noch so einiges über das „Bodenpersonal", d.h. die Priester. Philipp von Zabern, Mainz 2007

■ **Böhr, Elke & Susanne Pfisterer-Haas:** *Odysseus.* Die Abenteuer des schlauen Helden spannend nacherzählt und mit farbenfroh illustriert. Philipp von Zabern, Mainz 2005

■ **Coulon, Gérard:** *Das Leben der Kinder in Pompeji.* Spannende Lektüre für junge Leser von 9 bis 11 Jahren. Knesebeck, 2008

■ **Harris, Nicholas & Dennis, Peter:** *Feuerregen auf Pompeji.* Ein Kinderbuch ab 7 Jahren (auch für Erwachsene!). Bibliografisches Institut, Mannheim 2001

■ **Janßen, Ulrich & Ulla Steuernagel:** *Die Kinder-Uni. Forscher erklären die Rätsel der Welt.* Leicht verständliche Antworten auf schwierige Fragen, z.B. warum Vulkane Feuer speien. dtv (Tb)

■ **Janßen, Ulrich & Ulla Steuernagel:** *Die Kinder-Uni. Forscher erklären die Rätsel der Welt. Zweites Semester.* Das Staunen geht weiter und wieder wunderbare Illustrationen. Keine Angst vor dem Besuch archäologischer Museen, denn wer wollte nicht immer schon einmal wissen, warum griechische Statuen nackt sind? dtv (Tb)

■ **Junkelmann, Marcus:** *Gladiatoren. Kämpfer der Arena.* Den Band 82 der beliebten WAS IST WAS-Reihe schrieb ein Archäologe und Historiker, der v.a. durch seine praxisnahen Experimente bekannt wurde. Nach der Lektüre sind Kinder schlauer als die meisten Reiseleiter. Tessloff, Nürnberg

■ **Köthe, Rainer:** *Vulkane.* Band 57 der WAS IST WAS-Reihe. Was Vulkane im Inneren antreibt, auch den Vesuv. Tessloff, Nürnberg

■ **Lawrence, Caroline:** *Das Rätsel des Vulkans.* 79 n. Chr.: Im zweiten Band der Reihe „Vier für Rom" lernen *Flavia Gemina,* Tochter eines Schiffskapitäns aus Ostia, und ihre Freunde *Jonathan ben Mordecai,* Sohn eines jüdischen Arztes, der stumme *Lupus* und das nubische Sklavenmädchen *Nubia* den Admiral und Gelehrten *Plinius d. Ä.* kennen, den sie vor dem Ertrinken retten. Dieser bittet die aufgeweckten Kinder, die den Sommer bei *Flavias* Onkel in der Nähe von Pompeji verbringen sollen, ihm bei der Lösung eines Rätsels zu helfen. Ab 11 Jahre. Omnibus (Tb), München 2003

■ **Lawrence, Caroline:** *Die Piraten von Pompeji.* 79 n. Chr.: Der Vesuv ist ausgebrochen und hat Pompeji unter einer meterdicken Ascheschicht begraben. *Flavia* und ihre Freunde finden zunächst Unterschlupf in einem Flüchtlingslager, bis sie der schwerreiche *Publius Pollius Felix* in seine Villa bei Surrentum einlädt (die Villa gab es wirklich, und wie sie ausgesehen hat, erzählt den Erwachsenen *Christoff Neumeister).* Immer wieder verschwinden Kinder spurlos. Steckt *Pollius Felix* dahinter? Die Abenteuer der „Vier für Rom" sind mit diesem Band noch längst nicht zu Ende. Omnibus (Tb), München 2003

■ **Rice, Melanie & Christopher:** *Pompeji. Der Untergang einer Stadt.* Alltag und Untergang der Vesuv-Städte werden v.a. dank der hervorragenden Illustrationen wieder lebendig. Gerstenberg, Hildesheim 1999

■ **Robin, Irving:** *Versunkene Städte.* Band 14 der WAS IST WAS-Reihe. Ein ganzes Kapitel widmet sich Pompeji und Herculaneum, den Städten unter der Asche. Tessloff, Nürnberg

■ **van der Vlugt, Simone:** *Chloë. Die Zerstörung von Pompeji.* Der junge Germane *Folkrad* wird 78 n. Chr. als Galeerensklave nach Italien verschleppt. In Pompeji trifft er auf das Sklavenmädchen *Chloë.* Spannender Jugendroman. cbt (Tb), München 2006

fessorin für Alte Geschichte in Cambridge, lieb gewonnene alte Zöpfe ab, um dann in neun Kapiteln ein sehr lebendiges und amüsant zu lesendes Alltagsbild der Stadt Pompeji zu zeichnen. Profile Books (Tb), London 2009

■ **Bono, Salvatore:** *Piraten und Korsaren im Mittelmeer. Seekrieg, Handel und Sklaverei vom 16. bis 19. Jh.* Auch die Küsten Kampaniens waren v.a. im 16. Jh. zahllosen Übergriffen durch Korsaren ausgesetzt, wovon heute noch die zur Abwehr errichteten trutzigen Küstenwachttürme zeugen. Nur wenige wissen, dass die Piratengefahr im Mittelmeer erst Ende des 19. Jh. gebannt wurde. Klett-Cotta, Stuttgart 2009

■ **Brilli, Antonio:** *Als Reisen eine Kunst war. Vom Beginn des modernen Tourismus: Die „Grand Tour".* Vielleicht wird die eigene Reise auch zum Kunstwerk nach Lektüre dieses äußerst anregenden und mit reichlich hübschen Abbildungen versehenen Werkes, das ebenso heiter wie aufklärend ist. Neapel galt übrigens den meisten Grand Touristen des 17. und 18. Jh. als Höhepunkt ihrer Bildungsreise, die auch erotische Abenteuer nicht verschmähte. Von der Kehrseite der „Grand Tour" berichten *Joseph Imorde* und *Erik Wegerhoff* im selben Verlag (s.u.). Wagenbach (Tb), Berlin 2012

■ **Butterworth, Alex & Ray Laurence:** *Pompeii. The living city.* Ein Archäologe und ein Schriftsteller lassen die letzten 25 Jahre der Provinzstadt Pompeji vor ihrem Untergang im Jahre 79 n. Chr. wieder lebendig werden. Ein großer Wurf, wie es meist nur angelsächsischen Autoren gelingt. Pheonix (Tb), London 2006

■ **Cerchiai, Luca u.a.:** *Die Griechen in Süditalien. Auf Spurensuche zwischen Neapel und Syrakus.* Brillant geschrieben und vorzüglich illustriert! Theiss, Stuttgart 2004

■ **Ciarallo, Annamaria:** *Gardens of Pompeii.* Weitere interessante Publikationen der Botanikerin und Archäologin *Annamaria Ciarallo* zum Thema sind bei Electa Napoli publiziert und in den Bookshops von Pompeji zu finden. L'Erma di Brettschneider, Rom 2001

■ **Coarelli, Filippo (Hrsg.):** *Pompeji.* Über 400 Seiten starker Prachtband, in puncto Inhalt wie Illustration ein Schwergewicht. Der mit Pompeji bestens vertraute Archäologe führt kundig durch Alltag, Wirtschaftsleben und Kulte. Zahlreiche Häuser sind detailliert beschrieben und in Plänen abgebildet. Hirmer, München 2002

■ **Coarelli, Filippo (Hrsg.):** *Römisches Süditalien und Sizilien. Kunst und Kultur von Pompeji bis Syrakus.* Profunde Texte und großformatige Fotos aller bedeutenden römischen Stätten sowie Detailaufnahmen von Malerei, Skulptur, Münzen und Mosaiken. Der prächtig ausgestattete Band macht die Folgen der römischen Eroberung der Magna Grecia und ihren Einfluss auf Architektur und Kunst, Religion, Wirtschaft und Alltagsleben anschaulich erlebbar. Breiten Raum nimmt die Darstellung der vom Vesuv verschütteten Städte am Golf von Neapel und der Phlegräischen Felder ein. Michael Imhof, Petersberg 2007

■ **Del Bosco, Pasquito:** *O sole mio. Die Geschichte des berühmtesten Liedes der Welt.* Was man da nicht alles erfährt, z.B. dass *Juri Gagarin,* der sowjetische Kosmonaut und erste Mensch im All, bei seiner Erdumrundung lauthals „O sole mio" geträllert hat. *Dieter Richter* hat den wunderbaren Text übersetzt. Wagenbach, Berlin 2008

■ **Della Portella, Ivana u.a.(Hrsg.):** *Via Appia. Entlang der bedeutendsten Straße der Antike.* Ein historischer Blick über den Straßenrand, von Rom über Benevent bis Brindisi. Konrad Theiss, Stuttgart 2003

■ **Dickmann, Jens-Arne:** *Pompeji. Archäologie und Geschichte.* Kompakt und auf dem neuesten Stand. Mit Übersichts-, Detailplänen und S/W-Fotos. C. H. Beck (Tb), München 2005

■ **Étienne, Robert:** *Pompeji, die eingeäscherte Stadt.* Mit reichem Illustrationsmaterial versehen, schildert das Buch des französischen Archäologen spannend und anschaulich die Entdeckungsgeschichte von Pompeji und lässt den Alltag der verschütteten Stadt lebendig auferstehen. Umfangreicher Anhang mit Textzitaten aus zwei Jahrtausenden. Reclam bzw. Ravensburger

■**Ginsborg, Paul:** *Berlusconi. Politisches Modell oder italienischer Sonderweg?* Nüchterne Analyse des britischen Zeithistorikers, der an der Universität Florenz Europäische Geschichte lehrt. Die deutsche Übersetzerin *Friederike Hausmann* (s.u.) hat ein nützliches Glossar angefügt. Wagenbach, Berlin 2005

■**Guzzo, Pier Giovanni:** *Pompeji – Die Stunden des Untergangs. 24. August 79 n. Chr.* Die Aufsätze des Ausstellungskatalogs folgen auch den Spuren, die Pompeji in der Literatur und im Film hinterlassen hat. Theiss, Stuttgart 2004

■**Hausmann, Friederike:** *Garibaldi. Die Geschichte eines Abenteurers, der Italien zur Einheit verhalf.* Wagenbach (Tb), Berlin

■**Hausmann, Friederike:** *Kleine Geschichte Italiens von 1943 bis Berlusconi.* Das kluge Büchlein vermittelt auch Einiges zum Verständnis des Nord-Süd-Konflikts. Wagenbach (Tb), Berlin

■**Imorde, Joseph und Erik Wegerhoff (Hrsg.):** *Dreckige Laken. Die Kehrseite der „Grand Tour".* Italien als großes Sehnsuchtsziel gelehrter Reisender vergangener Jahrhunderte, Italien aber auch mit einer Reihe den Erwartungen widersprechenden Realitäten. Ein Buch über Fallen, fremde Speisen, Vorurteile, Ungeziefer, Schmutz und Ruinenernüchterung. Ein sehr aktuelles Buch in anderen Worten. Wagenbach (Tb), Berlin 2012

■**Jansen, Christian:** *Italien seit 1945.* In äußerst lesenswerten Fallstudien zeichnet der Historiker ein ideologiefreies, vielschichtiges Bild des Bel Paese. UTB/Vandenhoeck & Ruprecht, Göttingen 2007

■**Krause, Clemens:** *Villa Jovis. Die Residenz des Tiberius auf Capri.* Die exzellente Monografie lässt den Kaiserpalast wiederauferstehen. Phillip von Zabern, Mainz 2003

■**Mazzoleni, Donatella & Umberto Pappalardo:** *Pompejanische Wandmalerei. Architektur und illusionistische Dekoration.* Der Prachtband versammelt auf über 400 Seiten die schönsten Fresken aus Pompeji und Herculaneum. Hirmer, München 2005

■**Morese, Maria Carmen:** *Gebrauchsanweisung für Neapel und die Amalfi-Küste.* Die in Pompei geborene Autorin ist Leiterin des Goethe-Instituts in Neapel. Eine liebens-, lesenswerte und respektvolle Einladung zu eigenen Entdeckungen. Piper 2008

■**Mühlenbrock, Josef & Dieter Richter (Hrsg.):** *Die letzten Stunden von Herculaneum.* Lesenswerte Aufsätze begleiten den reich ausgestatteten Katalog zur gleichnamigen Ausstellung, die erstmals auch außerhalb Italiens eine Fülle von Funden aus der Nachbarstadt Pompejis zeigte. Philipp von Zabern, Mainz 2005

■**Pisani, Salvatore & Katharina Siebenmorgen (Hrsg.):** *Neapel. Sechs Jahrhunderte Kulturgeschichte.* Der vielschichtigen Stadt begegnet ohne Scheuklappen und den Zeitraum vom 15. Jh. bis heute umfassend ein in ebenso vielen Bereichen bewandertes Autorenteam. Der gewichtige Band ist vielleicht zu schwer, um ihn auf die Reise mitzunehmen, umso verführerischer lädt er nach einer solchen zu Hause zum kreuz und quer Lesen ein. Reimer, Berlin 2009

■**Priester, Karin:** *Geschichte der Langobarden. Gesellschaft – Kultur – Alltagsleben.* Der germanische Volksstamm hat seine Spuren auch in Kampanien hinterlassen. Das spannende Buch schließt eine Wissenslücke. Konrad Theiss, Stuttgart 2004

■**Rader, Olaf B.:** *Friedrich II. – Der Sizilianer auf dem Kaiserthron.* Der Prolog mit Görings (nicht durchgeführtem) Befehl von 1943, die Gebeine des Staufers aus Palermo vor dem Ansturm der Alliierten nach Deutschland zu retten, ist ein brillanter Eröffnungszug. Das Tempo zieht sich weiter durch die in „Herrschaften", „Leidenschaften" und „Feindschaften" gegliederte, flüssig und mit Spannung zu lesende Biografie. Das Werk ist zugleich ein profundes Sachbuch zum Mittelalter mit all seinen Facetten. Beck, München 2010

■**Raith, Werner:** *Spartacus. Wie Sklaven und Unfreie den römischen Bürgern das Fürchten beibrachten.* Der Sklavenaufstand und seine gesellschaftlichen Hintergründe werden packend beschrieben. Wagenbach (Tb), Berlin

■**Ranieri Panetta, Marisa (Hrsg.):** *Pompeji. Geschichte, Kunst und Leben in der versunkenen Stadt.*

14

Die herausragenden Fotos (jedes Haus wurde vorher feucht ausgewischt – nie sah man die Mosaiken in solcher Strahlkraft!) von *Araldo de Luca* – große Panoramen, teils aus der Luft, und faszinierende Details – begleiten die von Kennern verfassten Essays, die spannende Einblicke in das Alltagsleben der abrupt verschütteten römischen Stadt gewähren. Belser, Stuttgart 2005

■ **Saviano, Roberto:** *Gomorrha. Reise in das Reich der Camorra*. In einer explosiven Mischung aus Reportage und Roman liefert *Roberto Saviano* realitätsnahe Innenansichten des Wirtschaftslebens der neapolitanischen Camorra – und er nennt Namen. Zu den lukrativen Geschäftsfeldern der international agierenden Camorra zählen neben Drogen- und Waffenschmuggel sowie Prostitution längst auch die Alta moda und der Müll. *Saviano* sieht die Camorra als wahre Gewinnerin der Globalisierung. Während sein atemloser Bericht die Bestsellerlisten stürmt, lebt er, von einer Welle der Solidarität getragen, unter polizeilichem Begleitschutz an wechselnden Orten in Italien. Hanser, München 2007

■ **Severgnini, Beppe:** *Überleben mit Berlusconi*. Der Originaltitel „La pancia degli italiani – Berlusconi spegato ai posteri" macht klar, dass das Buch auch (hoffentlich) nach der Ära *Berlusconi* lesenswert bleibt. Mit Selbstironie gespicktes Lesevergügen. Blessing, München 2011

■ **Schönau, Birgit:** *Calcio. Die Italiener und ihr Fußball*. Und zur aktuellen Ergänzung ab und zu ein Blick in den Sportteil der SZ, wo die Autorin auch Sportmuffel ins Stadion lockt! KiWi (Tb), Köln 2005

■ **Sonnabend, Holger:** *Unter dem Vesuv. Alltag in Pompeji*. Anschauliches aus Sport und Freizeit, Kult und Kultur, Wohnen und Wirtschaft. Primus, Darmstadt 2007

■ **Stille, Alexander:** *Citizen Berlusconi*. Der US-amerikanische Journalist hat bereits mit „Die Richter. Der Tod, die Mafia und die italienische Republik" bewiesen, dass er gegenwärtig einer der besten Kenner der italienischen Politik und Zeitgeschichte ist. In seinem neuesten Buch schildert er faktenreich die größte politische Abenteuergeschichte des ausgehenden 20. und beginnenden 21. Jahrhunderts. Die Silvio-Berlusconi-Story gerät ihm zur ungeschönten Bestandsaufnahme unserer politischen Kultur im Zeichen der Wirtschaftsbosse und der Konsumgesellschaft, die nicht nur Italien betrifft. *Berlusconi* ist lediglich der virtuoseste Spieler auf der Klaviatur der Medien, der vierten Macht im Staat. C. H. Beck, München 2006

■ **Strauss, Barry:** *The Spartacus War*. So spannend und locker erzählt kann Geschichte sein. Der berühmte Sklavenkrieg nahm in Kampanien seinen Ausgang und fand sehr wahrscheinlich hier auch sein Ende. Simon & Schuster, New York 2009

■ **Wallace-Hadrill, Andrew:** *Herculaneum – Biografie einer Stadt*. Engagiert und informiert: Wahrscheinlich gibt es gegenwärtig keinen Berufeneren, um die verschüttete und zu Teilen wieder ausgegrabene Welterbe-Stadt vor den Augen der Leser erneut lebendig werden zu lassen, als den streitbaren britischen Archäologen und Chefrestaurator Herculaneums (siehe Info-Kasten „Herkulaneum virtuell"). Viel kleiner, unbekannter und weitaus weniger besucht als Pompeji, bietet Herculaneum viel intimere Einblicke in alte Lebenswelten. Wo sonst lassen sich aus Küchenabfällen und Fäkalien die Ernährungsgewohnheiten der Menschen der Antike so präzise rekonstruieren? Interessant auch die Ausgrabungsgeschichte und die heutige Problematik der Konservierung. Die Ausstattung des Bandes ist verlagstypisch opulent! Philipp von Zabern, 2012

■ **Woller, Hans:** *Geschichte Italiens im 20. Jahrhundert*. Es ist dies die erste wissenschaftliche Gesamtdarstellung Italiens im 20. Jh. – und sie liest sich flüssig. C. H. Beck, München 2010

Belletristik

■ **Andres, Stefan:** *Positano. Geschichten aus einer Stadt am Meer*. Nach der Machtergreifung der Nazionalsozialisten zog *Stefan Andres* mit seiner jüdischen Frau 1933 nach Positano, wo er mit kurzen Unterbrechungen bis 1949 lebte. Piper, München

14

● **Basile, Giambattista:** *Das Märchen der Märchen. Das Pentamerone.* Nach dem neapolitanischen Text von 1634/ 36 neu und erstmals vollständig übersetzt. Der „Cunto de li cunti" ist von vielen Dichtern als Quelle für Märchenstoffe benutzt worden, u.a. von den Brüdern *Grimm*. Pralle Sinnlichkeit! C. H. Beck, München 2000

● **Bender, Hans & Schwark, H. G.:** *Capri. Ein Lesebuch.* Anthologie der vielen Dichter, die den Reizen der schönen Insel verfielen. Insel (Tb), Frankfurt a. M. 1988

● **Boccaccio, Giovanni:** *Das Dekameron.* Statt, wie vom Vater gewünscht, den Beruf des Bankkaufmanns zu erlernen und sich ins Studium des Handelsrechts zu knien, widmete sich der junge *Boccaccio* mit Leidenschaft der Literatur und Liebe. Seine in Neapel verbrachten Jahre (ca. 1327–1340) haben ihren reichen Niederschlag auch in der Novelle „Fiammetta" gefunden. Einige der durchaus auch erotischen Erzählungen aus dem Dekameron spielen in und um Neapel. Von *Pier Paolo Passolini* stammt eine mehr als sehenswerte Verfilmung. Fischer (Tb)

● **Capote, Truman:** *Die Hunde bellen.* Reisereportagen aus der ganzen Welt. Die Erzählung „Ischia" fängt den Inselzauber im Jahr 1949 ein. Kein & Aber, Zürich 2007

● **De Crescenzo, Luciano:** *Also sprach Bellavista – Neapel, Liebe und Freiheit. De Crescenzo* erfrischt die Form des sokratischen Dialogs um den neapolitanischen Witz und Alltagsverstand. Selten war Erkenntnis so fröhlich. Diogenes (Tb), Zürich

● **De Crescenzo, Luciano:** *Geschichte der griechischen Philosophie – Die Vorsokratiker.* Einige Kapitel widmen sich den Denkern der eleatischen Schule. Bei einem Besuch der Ruinen von Velia muss das kluge und witzige Buch einfach mit! Diogenes TB, Zürich

● **D'Orta, Marcello:** *Am liebsten Neapel – Streifzüge durch meine Stadt.* Als Herausgeber von Schulaufsätzen neapolitanischer Kinder hat sich *D'Orta* einen Namen gemacht. Hier lockt er seine Leser in die innersten Winkel dieser uralten und lebendigen Metropole. Seine Streifzüge sind eine wunderbare

Einladung, Neapel auf eigene Faust zu entdecken. Rotbuch, Hamburg 1999

● **D'Orta, Marcello** (Hrsg.): *In Afrika ist immer August. Marcello D'Orta* hat als Grundschullehrer in Arzano, einem tristen Vorort von Neapel, über Jahre hinweg die Aufsätze seiner Schüler gesammelt. Die von ihm herausgegebenen kurzen Texte bieten witzige und manchmal unfreiwillig komische Einblicke in das Leben im Mezzogiorno. Ein Buch, das man lachend und weinend zugleich liest. In gleicher Aufmachung sind noch erschienen „Gott hat uns alle gratis erschaffen" und „Wie die Kinder zur Welt kommen". Diogenes (Tb), Zürich

● **Herling, Gustaw:** *Die Insel.* Der Capri-Roman eines der wichtigsten zeitgenössischen polnischen Schriftstellers erschien 1960. Hanser, München 1994

● **Lanzetta, Peppe:** *Mitten unter Wölfen.* Auf Deutsch ursprünglich mit dem Titel „Die Sehnsucht des Cattivotenente" und im neapolitanischen Original als „Troppico di Napoli" publiziert. Die Probleme möchte man nicht haben, mit denen sich *Lanzettas* realistisch und mit viel bitterem Humor gezeichneten Protagonisten tagtäglich herumschlagen. Eine drastische Liebeserklärung an Napoli. Der Autor hat sich auch als Songtexter einen Namen gemacht. Der Südtiroler Übersetzer *Kurt Lanthaler* (s.u.) fühlte sich seinerseits zu einem neapolitanischen Krimi inspiriert. Haymon, Innsbruck bzw. Diana (Tb), München, Zürich 2004

● **Levi, Carlo:** *Christus kam nur bis Eboli.* Das arme, unterentwickelte Lukanien (Basilikata), das *Levi* in den 1940er Jahren beschrieb, gibt es so nicht mehr. Sein Buch hatte entscheidenden Anteil daran. Es bleibt ein großartiges Zeitdokument. Der titelgebende Ort Eboli liegt im Süden von Salerno an der A3. dtv (Tb), München 2003

● **Lewis, Norman:** *Neapel '44. Ein Nachrichtenoffizier im italienischen Labyrinth.* Ebenso erschütternd, wie amüsant. Folio, Wien 1996

● **Malaparte, Curzio:** *Die Haut.* Das zerstörte Neapel der letzten Kriegsjahre und der Vesuv-Ausbruch von 1944 bilden den realistisch-schrecklichen Hin-

14

tergrund dieses Romans, eine sprachgewaltige Anklage gegen den Krieg, aber auch eine bittere Liebeserklärung an Neapel und die Neapolitaner. Die Übersetzung besorgte *Hellmut Ludwig,* das kluge Nachwort in der gebundenen Zsolnay-Ausgabe ist von *Thomas Steinfeld.* Fischer (Tb), Frankfurt a. M. bzw. Zsolnay, Wien 2006

■ **Morante, Elsa:** *Arturos Insel.* Schauplatz des Romans ist Procida, gesehen mit den Augen des jungen Arturo, der weitgehend sich selbst überlassen auf der wilden und schönen Insel aufwächst. Wagenbach (Tb), Berlin

■ **Mosebach, Martin:** *Die schöne Gewohnheit zu leben. Eine italienische Reise.* Sinnenfrohe, humorvolle Essays auf der Suche nach der „Italienischen Essenz". Im Golf von Neapel wird Mosebach mehrfach fündig. Berlin Verlag (Tb), Berlin 2007

■ **Munthe, Axel:** *Das Buch von San Michele.* Der Best- und Longseller des schwedischen Modearztes, der sich Ende des 19. Jh. auf Capri eine Villa hatte bauen lassen, die heute neben der Blauen Grotte immer noch zum Pflichtprogramm (fast) aller Tagestouristen zählt. *Munthes* Buch ist der Vorläufer all jener Bücher, die heute Verlagen, Buchhändlern und Autoren Riesenumsätze bescheren: Nord-/Mitteleuropäer kauft Haus im Süden (Andalusien, Provence, Toskana etc.) und erlebt lustige und anrührende Begegnungen mit Einheimischen. dtv (Tb), München

■ **Neumeister, Christoff:** *Der Golf von Neapel in der Antike. Ein literarischer Reiseführer.* Der Autor war Ordinarius für Klassische Philologie an der Johann Wolfgang Goethe-Universität in Frankfurt a. M. Durch die geglückte Auswahl von Texten antiker Autoren wie *Appian, Cicero, Martial, Petron, Plinius d. J., Seneca, Sueton* oder *Tacitus,* ergänzt um ebenso ausführliche wie kundige Kommentare, gelingt ein vielschichtiger Einblick in die damalige Lebenswirklichkeit: Schifffahrt und Straßenbau, Landwirtschaft und Fischzucht, Hofintrigen und Militärwesen, Villenluxus der oberen Zehntausend und Thermen für das Volk, Mythos und Philosophie, Erdbeben und andere Katastrophen. Interessant illustriert

und mit ein paar touristischen Tipps auch für moderne Reisende. C. H. Beck, München 2005

■ **Niola, Marino:** *Totem und Ragù – Neapolitanische Spaziergänge.* Mit dem Blick des Ethnologen führt *Niola* in kurzen Essays, die Appetit auf mehr und auf Neapel selbst machen, kreuz und quer durch seine Stadt. Nicht immer die touristischen Highlights, sondern Friedhöfe, das unterirdische Neapel, Fußball und die Nudeltöpfe sind Ziele der intelligenten und ironischen Erkundungen. Schöne S/W-Fotos von *Mimmo Jodice.* Luchterhand, München 2000

■ **Parella, Valeria:** *Die Signora, die ich werden wollte.* Ironisch-warmherzige Frauengeschichten aus Neapels Vorstädten. Die gelungene Übersetzung der beinahe gleichaltrigen *Constanze Neumann,* die in Neapels Schwesterstadt Palermo lebt, bewahrt den selbstbewussten jungen Ton. Schirmer Graf, München 2005

■ **Parella, Valeria:** *Mosca più balena.* Die Erzählungen der 1974 geborenen Neapolitanerin waren ein viel versprechender literarischer Erstling! minimum fax (Tb), Roma 2003

■ **Parella, Valeria:** *Per grazia ricevuta.* Neue menschliche Einblicke in ein Neapel unserer Tage, wie kaum ein Tourist es je kennen lernen wird. minimum fax (Tb), Roma 2005

■ **Peter, Peter:** *Golf von Neapel. Literarische Entdeckungen zwischen Neapel, Sorrent, Amalfi und Capri.* Der Bogen spannt sich vom selbst ernannten Nachlassverwalter des Komikers *Totò* über kulinarisch-erotische Betrachtungen der *sfogliatella* hin zum Sirenengesang und den merkwürdigen Ansichten eines modernen Cicerone. Klug, amüsant und mit Gegenwartsbezug. Mit Beiträgen von *Bernd Bierbaum* und *Katja E. Jaeckel.* S/W-Fotos von *Peter Amann* und *Mimmo Jodice.* Klett-Cotta, Stuttgart 2003

■ **Peyrefitte, Roger:** *Vom Vesuv zum Ätna.* Die 1952 publizierte Reiseerzählung (Original „Du Vèsuv à l'Etna") ist ein geschliffenes Juwel ihrer Gattung.

■ **Petronius:** *Satyricon. Ein antiker Schelmenroman.* Hier kann man aus erster Hand erfahren, wie

14

sich die oberen Zehntausend im antiken Baia amüsierten und wo sich *Pier Paolo Pasolini* zu seinem Orgien-Film inspiriert hat (siehe „Sehen"). Aus dem Lateinischen übersetzt und mit einem Nachwort versehen von *Kurt Steinmann*. Manesse, Zürich 2004

■ **Piccolo, Francesco:** *Vorbei geliebt – oder – Wenn ich wirklich dabei war, hab ich geschlafen*. Viel beachtetes Erstlingswerk eines jungen Autors aus Caserta. Alexander Fest, Berlin 2000

■ **Ramondino, Fabrizia & Müller, Andreas F.:** *Neapel „. . . Da fiel kein Traum herab . . . Da fiel mir Leben zu . . ."*. Zu einzelnen Stichwörtern komponierte Fülle literarischer Zitate aus zwei Jahrtausenden. Macht Lust zum Weiterlesen. Arche, Zürich 1988

■ **Rasy, Elisabetta:** *Das Meer beginnt in Neapel*. In ihrem autobiografischen Roman, 1997 in Italien erschienen, schildert die Autorin in betörenden Farben das Neapel der 1950er Jahre. Piper München

■ **Richter, Dieter:** *Neapel. Biographie einer Stadt*. Ein großer Wurf für eine große Stadt sowie einige Reflektionen über Tourismus gestern und heute. Wagenbach, Berlin 2005

■ **Richter, Dieter (Hrsg.):** *Neapel. Eine literarische Einladung*. Anthologie zeitgenössischer neapolitanischer oder in Neapel lebender Schriftsteller. Der Anhang „Neapel im Film" öffnet die Augen. Amüsante Illustrationen von *Franziska Neubert*. Wagenbach, Berlin 2004

■ **Richter, Dieter (Hrsg.):** *Pompeji und Herculaneum. Ein Reisebegleiter*. Frisch gebliebene Texte aus zwei Jahrtausenden und ein paar touristische Handreichungen auf neuestem Stand. Insel (Tb), Frankfurt a. M. 2005

■ **Serio, Michele:** *Pizzeria Inferno*. Komisch, exzessiv, sehr neapolitanisch! Baldini & Castoldi (Tb), Milano, 1994

■ **Shaw, Bernard:** *Androcles an the Lion*. 1913 geschrieben, wirft die Komödie des brillanten irischen Satirikers ein überraschendes Licht auf die Rolle christlicher Märtyrer in römischen Arenen. Gute Lektüre für den Besuch eines Amphitheaters, z.B. in Pozzuoli! Penguin (Tb) London

■ **Starnone, Domenico:** *Via Gemito*. Der in Rom lebende Autor kehrt in seinem autobiografischen Roman in seine Geburtsstadt Neapel zurück, in der er in den 1950er und 1960er Jahren seine Kindheit und Jugend verbracht hat. Eindringliches Porträt einer süditalienischen Großfamilie und einer übermächtigen Vaterfigur. Haymon, Innsbruck 2005

■ **Starnone, Domenico:** *Das Rasiermesser*. Auch in diesem Roman, der Beobachtungen über das Schriftstellerdasein mit der lustvollen Aufforderung zum Lesen großer Literatur verbindet, hat Neapel seinen Auftritt. Haymon, Innsbruck 2006

■ **Steinfeld, Thomas:** *Der Arzt von San Michele. Axel Munthe und die Kunst, dem Leben einen Sinn zu geben*. Mit leichter Hand verwebt *Th. Steinfeld*, Philologe und geschliffener Essayist, die Biografie des schwedischen Modearztes mit ihrem historischen Kontext. Was dem „Buch von San Michele" (s.o.) möglicherweise an literarischer Qualität abgeht, findet sich hier. Hanser, München 2007

Historische Romane und Krimis

■ **Bulwer-Lytton, Edward:** *Die letzten Tage von Pompeji*. Die 1834 verfassten *Last Days of Pompeii* des englischen Schriftstellers und Politikers avancierten bereits kurz nach ihrem Erscheinen zum Bestseller und gehörten jahrzehntelang zur Pflichtlektüre vieler Italienreisender. Schauplatz der Liebesgeschichte von *Glaucus* und der schönen *Ione* ist das Pompeji des Jahres 79 n. Chr., kurz vor dem Vesuv-Ausbruch. *Bulwer-Lytton* nutzte den damals hochaktuellen archäologischen Pompeji-Führer seines Landsmannes *William Gell*. Reiches Bild- und Quellenmaterial. Artemis & Winkler, Düsseldorf und Zürich 2000

■ **Carcaterra, Lorenzo:** *Street Boys*. Neapel im September 1943. Während der „Quattro Giornate di Napoli" vertreibt eine Volkserhebung die deutschen Besatzer ohne die Hilfe alliierter Truppen. Pocket Books, London

■ **Davis, Lindsey:** *Shadows in Bronze. A Falco Mystery*. Der zweite aus der über zehn Bände umfassenden Krimi-Reihe um den sympathischen Privatdetektiv *Marcus Didius Falco* führt nach Pompeji. Man muss sie alle lesen! Auch in dt. Übersetzung.

■ **De Giovanni, Maurizio:** *Der Winter des Commissario Ricciardi*. Die Figur des Kommisars ist ganz und gar ungewöhnlich. Er stammt aus reichem Haus, sein Mitgefühl gilt den Armen und er besitzt die seltene und etwas unheimliche Gabe, die letzten Gedanken der Ermordeten zu hören. Erster Band einer überaus lesenswerten Reihe, die im faschistischen Neapel der 1930er Jahre angesiedelt ist. Suhrkamp (Tb), 2009

■ **de Moor, Margriet:** *Der Virtuose*. Neapel zu Beginn des 18. Jh. *Contessa Carlotta* und der betörend schöne Kastrat *Gaspare Conti* treffen in der Hauptstadt des Belcanto aufeinander. Eine vollendet beschriebene Begegnung der rätselhaften Mächte der Musik und Liebe. Wagenbach (Tb), Berlin

■ **Dibdin, Michael:** *Cosi Fan Tutti*. Es gibt nur wenige, denen es gelingt, die politische Gegenwart Italiens so auf den Punkt zu bringen, wie dem schottischen Kriminalschriftsteller *Dibdin*. Seine Serie um den Kommissar *Aurelio Zen* ist ein Muss! Dieser fulminante Band führt nach Neapel, wie es leibt, lebt und stirbt. Dt. und engl. TB.

■ **Harris, Robert:** *Pompeji*. Dem englischen Thriller- und Bestsellerautor ist mit dem akkurat recherchierten historischen Roman ein großer Wurf gelungen! Spannend und höchst informativ berichtet er von der sich anbahnenden Katastrophe und dem Vesuv-Ausbruch. Nebenbei erfährt man jede Menge über die antike römische Wasserbaukunst. Goldmann (Tb), München

■ **Lanthaler, Kurt:** *Napule. Ein Tschonnie-Tschenett-Roman*. Gegen den Ex-Matrosen und Lastwagenfahrer *Tschonnie Tschenett* wirken andere Kommissare wie „furztrockene Beamtenseelen". Viel Napoli und, ganz nebenbei, Bissiges zu *Berlusconi*. Haymon, Innsbruck 2006

■ **Lanzetta, Peppe:** *Roter Himmel über Napoli*. Ein Neapel, wie es der Tourist (hoffentlich und mit großer Wahrscheinlichkeit) nie kennenlernen wird. Knallharter Krimi. Heyne (Tb), München

■ **Lama, Diana Fiametta:** *Eine Leiche zum Ferragosto: Maresciallo Santomauro fischt im Trüben*. Der erste Krimi einer Reihe, die im sommerlichen Cilento spielt. Die Autorin kennt sich als ehemalige Herzchirurgin mit Blut bestens aus. Außerdem hat sie die Krimiplattform www.napolinoir.com mit ins Leben gerufen. Aufbau (Tb), Berlin 2011

■ **Lundgren, Maja:** *Der Tiger von Pompeji*. Der harte Alltag der Unterschicht im antiken Pompeji vor dem Hintergrund des drohenden Vesuvausbruchs. Btb, München 2004

■ **Müller-Wieland, Birgit:** *Das neapolitanische Bett*. Signore *Ignazio*, ein Mann mit vielen Gesichtern, hat sich in die falsche Frau verliebt – findet die Camorra. Neapel heute und das alte Galizien. Wagenbach (Tb), Berlin 2005

■ **Orsini Natale, Maria:** *Die Pastakönigin*. Farbenprächtige Familiensaga einer Nudeldynastie des 19. und 20. Jh. Mit *Sophia Loren* verfilmt. Piper (Tb), München

■ **Ortese, Anna Maria:** *Die Klage des Distelfinken*. Drei junge Herren reisen Ende des 18. Jh. nach Neapel und verlieben sich der Reihe nach in die schöne Tochter eines Handschuhmachers. Märchenhaftes Verwirrspiel. Fischer (Tb), Frankfurt a. M.

■ **Roberts, John Maddox:** *Mord am Vesuv*. *Decius Caecilius Metellus* ermittelt in Baiae, dem luxuriösen Sündenpfuhl der Römer (orig. *Under Vesuvius*). Goldmann (Tb), München

■ **Roberts, John Maddox:** *Das Orakel des Todes*. 49. v. Chr.: *Decius Caecilius Metellus* kehrt als Praetor peregrinus an den Golf von Neapel zurück und findet prompt eine Leiche (orig. *Oracle of the Dead*). Goldmann (Tb), München

■ **Saylor, Steven:** *Arms of Nemesis. A mistery of ancient Rome*. Der Mord am Aufseher einer Villa des Senators *Marcus Crassus* am Golf von Pozzuoli ruft den Serienhelden *Gordianus* auf den Plan. Der Sklavenaufstand des *Spartakus* liefert den spannenden zeitgeschichtlichen Hintergrund. Robinson (Tb), London

14

■ **Sinouè, Gilbert:** *Emma.* Mit Sympathie und Einfühlungsvermögen zeichnet der Autor das bewegte Leben der skandalumwitterten Lady *Hamilton,* geb. *Emma Hart* (1765–1815). Ergänzt *Susan Sonntags* historischen Roman (s.u.) vorzüglich. Piper (Tb), München 2005

■ **Sontag, Susan:** *Der Liebhaber des Vulkans.* Eine Mènage a trois am Fuße des Feuer speienden Vesuvs. Farbenprächtiges Sittengemälde des neapolitanischen Hofes am Ende des 18. Jh. Klug und amüsant wird die skandalöse Dreiecksbeziehung des britischen Botschafters und Vulkanliebhabers Lord *Hamilton,* seiner jungen Frau *Emma* und des Seehelden *Nelson* erzählt. Fischer (Tb), Frankfurt a. M.

■ **Wishart, David:** *Food for the Fishes. A Marcus Corvinus Roman Mystery.* Mordfall im antiken Baiae vor dem Hintergrund von Familienintrige, Fischzucht, Glücksspiel, Prostitution und Tourismus. Hodder (Tb), London

■ **Wishart, David:** *Sejanus. A Marcus Corvinus Roman Mystery.* Historischer Politkrimi um *Lucius Aelius Sejanus,* Weggefährte, Gegner und Opfer von Kaiser *Tiberius.* Hodder (Tb), London

Hören

■ **'A camorra song' io.** Das neapolitanische Independent-Label ist immer für Überraschungen gut. *Daniele Sansones* „A 67" (www.a67.it) sind jung, schnell und manchmal laut. Special-Guest ist der Saxophonist *Daniele Sepe.* Polosud, 2005

■ **Capri Apokalypse.** *Le Loup Garou* mit fetzigem Kontrastprogramm zu Caprifischer-Schnulzen. Polosud, 2004

■ **Danson Metropoli – Canzoni di Paolo Conte.** Mit diesem schönen Album meldeten sich die *Avion Travel* aus Caserta zurück. Sugar, 2006

■ **Del Cielo d'Amor. Le Musiche di Sigismondo d'India.** Der palermitanische (oder neapolitanische?) Edelmann *Sigismondo d'India* zählt zu den aufregendsten Vokalkomponisten des 17. Jh. Ihn feiern *Gundula Anders* (Sopran), *Sigrun Richter* (Arciliuto, Chitarrone) und *Hille Perl* (Viola da Gamba, Lirone). Christophorus, 2008

■ **Diàvule a quàtto.** Der *Gruppo operaio e Zézi* ist Legende und immer noch quicklebendig. Sozial engagierte neapolitanische Texte und mitreißender Sound. il manifesto cd 115, 2003

■ **Festa Napoletana.** Neapolitanische Festmusik aus dem 16. bis 18. Jh. Mitreißend dargeboten von *Antonio Florio* und seiner *Capella de' Turchini.* Opus 111, 2001

■ **Iguana Caffè – Latin Blues and melody.** *Pino Daniele* kehrt zu den Wurzeln seines ureigenen Taramblu, einer Mischung aus Tarantella, Rumba und Blues, zurück. Sony-BMG, 2006

■ **Il quarto libro di Madrigali.** *Carlo da Gesualdo,* Prinz von Venosa (1561–1613) ging als Doppelmörder seiner Frau *Maria d'Avalos* und deren Liebhabers sowie als Komponist genialer, ins Maßlose übersteigerter Madrigale in die Geschichte ein. Ensemble La Venexiana. Glossa Music, 2000

■ **Il quinto libro di Madrigali.** *Carlo da Gesualdo.* Das vom Countertenor *Claudio Gavina* geleitete Ensemble überzeugt auch auf dieser Aufnahme. Die oft sinnverwirrenden Gesänge des Fürsten aus Venosa sind eine „faszinierende Mischung aus Schmerzempfindung und sinnlichem Glücksgefühl" *(Ulrich Schreiber).* La Venexiana, Glossa Music, San Lorenzo de El Escorial

■ **La Bella Noeva.** Italienische Liebeslieder des 16. und 17. Jh., verzückend vorgetragen vom neapolitanischen Tenor *Marco Beasley* und begleitet vom Ensemble Accordone. Alpha, 2000

■ **La Gatta Cenerentola.** Eines der schmissigsten Alben der Nuova Compagnia di Canto Popolare. Eine Favola in musica in drei Akten von *Roberto De Simone,* frei nach *Giambattista Basiles* (1575–1632) „Märchen der Märchen". EMI Music Italy, 1998

■ **Li Turchi viaggiano.** Media Aetas steht in der Nachfolge von *Roberto De Simones* Nuova Compagnia del Canto Popolare und öffnet sich dem Jazz. Oriente Musik, 2003

■ **Lost Souls.** Engagierte Dialekttexte begleiten den explosiven Napoli-Sound von *Spaccanapoli*. Die auch international gefragten World-Musiker sind aus dem Gruppo *operiao e Zézi* (neapolitanische Arbeiterbewegung der 1970er Jahre) hervorgegangen. Real World Records, 2000

■ **Mattanza.** Die *Napoli Centrale* mit dem Napoli-Jazzer *James Senese* am Mikro und Sax. BMG 2001

■ **Musen, Nymphen und Sirenen.** Der Literaturprofessor *Friedrich Kittler* entflieht der Enge der trockenen Literaturwissenschaft, betreibt seine Philologie experimentell, besucht die Sireneninseln vor Positano und jazzt sich in Worten durch die Verse der homerischen Odyssee. supposé (www.suppose.de), Köln 2005

■ **Musica Vulcanica. Scipione Lacorica – Madrigali Libro III.** Leidenschaftliche Dissonanzen brechen aus einer zivilisierten Oberfläche aus. Der Neapolitaner *Lacorica* (ca. 1590–1620) erweist sich als ein bedeutender Vertreter der Gesualdo-Schule, ohne selbst kriminell auffällig geworden zu sein (s.o.). Spannungsreich aufgenommen vom *Gesualdo Consort* unter *Harry van der Kamp.* Vivarte – Sony BMG, 2006

■ **Napoli. La Città e la Musica.** Öffnet Augen & Ohren: Toller Bildband mit 4 CDs. Die Neapel-Fotos voll aus dem Leben, die Musik absolut mitreißend (Klassiker von *Caruso* bis *Totò* und Tarantellen aus dem neuen Jahrtausend). Auch als Taschenbuch mit nur einer CD. Earbooks (www.earbooks.net), Hamburg 2005

■ **Napolitane. Villanelle – arie – moresche.** *Antonio Florio* und seine *Capella de' Turchini* widmen sich seit Jahren der Erforschung und Aufführung neapolitanischer Musik des 16. und 17. Jh. Ihr Projekt „Tesori di Napoli" ist auf 50 CDs ausgelegt! An Villanellen, neapolitanischen Dialektliedern mit teils anzüglichen Texten, delektierte sich der Adel. Opus 111, 1998

■ **'na voce, 'na chitarra.** Mit dieser Doppel-CD feierte *Roberto Murolo* (1912–2003), der Altmeister der neapolitanischen canzone, sein 50-jähriges Bühnenjubiläum. Carosello, 1990

■ **Stabat Mater. Musica napoletana per la festa della Vergine dei Sette dolori.** *Giovanni Battista Pergolesi* schrieb sein Stabat Mater, ein Meisterwerk der „Neapolitanischen Schule", 1736 in Pozzuoli kurz vor seinem Tod. Diese Aufnahme kontrastiert *Pergolesis* berühmte, von einem Knabenchor gesungene Komposition mit ergreifenden Beispielen des neapolitanischen Prozessionsgesangs. Alpha 2000

■ **Vite perdite.** Die Piscina mirabilis in Bacoli und der Tempio di Mercurio in Baia dienen dem Saxophonisten *Daniele Sepe* als Klangräume. Polosud, 1993

■ **Yes I know my way.** Best of *Pino Daniele,* der Blues-Stimme Neapels. East West, 1998

Sehen

■ **Avanti,** Regie: *Billy Wilder*, USA 1972. Der immer hektische amerikanische Businessman *Wendell Armbruster Junior (Jack Lemmon)* erliegt dem Charme Italiens und dem Zauber der Insel Ischia.

■ **Benvenuti al Sud,** Regie: *Luca Miniero*, I 2010. Das Remake des französischen Erfolgsfilms „Willkommen bei den Sch'tis" ließ auch in Italien die Kassen klingeln. In diesem Fall wird der Postangestellte aus Norditalien nach Süden in den Cilento versetzt.

■ **Il Decameron,** Regie: *Pier Palo Passolini* (dt. „Das Dekameron"), I 1970. Wie bereits der Barockmaler *Caravaggio,* holte sich auch *Passolini* seine Darsteller in Neapel von der Straße. Die ausdrucksstarken Laiendarsteller entzücken durch Gebisse, völlig unberührt durch kassenzahnärztliche Eingriffe. Die seinerzeit gescholtenen Sexszenen zeigen sich im heutigen Licht in unschuldiger Bukolik, und auch sprachlich bleibt diese Verfilmung der Boccaccio-Novellen ein Sinnenrausch.

■ **Dreaming by Numbers,** Regie: *Anna Bucchetti* (dt. „Die Träume Neapels"), NL/I 2005. Geschichten

14

und Schicksale rund um die Lottoannahmestelle der Schwestern *Angela* und *Maria* in der Via dei Tribunali. Der Dokumentarfilm ist ein respektvolles S/W-Porträt der Armen und Benachteiligten Neapels und ihrer Hoffnungen. Mit Hilfe eines komplizierten Zahlensystems, einer Art Kabbala, ist man hier dem Glück auf der Spur.

■ **Fortapàsc,** Regie: *Marco Risi*, I 2009. Die wahre Geschichte des jungen Journalisten *Giancarlo Siani*, der 1985 in Torre Annunziata von der Camorra ermordet wurde. Brillant inszenierter Thriller.

■ **Gomorra,** Regie: *Matteo Garrone*, I 2008. Die Verfilmung des gleichnamigen Weltbestsellers von *Roberto Saviano* (s.o.), der auch das Drehbuch schrieb, gewann 2008 bei den Filmfestspielen in Cannes den Großen Preis der Jury.

■ **Good Woman – Ein Sommer in Amalfi,** Regie: *Mike Barker*, USA 2004. *Oscar Wildes* „Lady Windermere's Fan" wurde ins sommerliche Amalfi der 1930er Jahre verlegt und vor Ort verfilmt. Neben *Scarlett Johansson* und *Helen Hunt* spielt daher v.a. die Costa divina die Hauptrolle.

■ **It started in Naples,** Regie: *Melville Shavelson* (dt. „Es begann in Neapel"), USA 1960. In der romantischen Komödie prallen amerikanische Seriosität in Gestalt von *Clark Gable* und italienische Lebensfreude verkörpert durch *Sophia Loren* vor mediterraner Kulisse aufeinander. In einer weiteren Rolle Altmeister *Vittorio de Sica* („Fahrraddiebe"). Heimlicher Star des Films ist jedoch Capri in Technicolor – das Tourismusamt hätte es nicht besser hinbekommen.

■ **Le Mépris,** Regie: *Jean-Luc Godard* (dt. „Die Verachtung"), I/F 1963. Auf Capri soll unter der Regie von *Fritz Lang* ein Film über die Irrfahrten des *Odysseus* gedreht werden. In den Hauptrollen *Michel Piccoli, Brigitte Bardot* und die Villa Malaparte.

■ **Le Mani sulla città,** Regie: *Francesco Rosi* (dt. „Hände über der Stadt"), I/F 1963. Dort, wo klassischer Journalismus an der mächtigen Baulobby und dem politischen Filz Neapels scheiterte, verhalf der neapolitanische Filmemacher *Rosi* der Öffentlichkeit zu ihrem Recht. Der in Venedig mit dem Golde-

nen Löwen ausgezeichnete Spielfilm besitzt einen fast dokumentarischen Charakter. Nach und nach legt er die Machenschaften offen, die einem korrupten Bauunternehmer *(Rod Steiger)* zu immer mehr Einfluss und Geld verhelfen. Seine mangelhaft gebauten und nachlässig kommissionierten Zinskasernen brechen deutlich rascher zusammen als sein verbrecherisches Imperium.

■ **Miseria e Nobilità,** Regie: *Mario Mattòli* (dt. „Glanz und Elend"), I 1954. Neapolitanische Filmkomödie mit Kultstatus. *Totò* und *Sophia Loren* glänzen in den Hauptrollen.

■ **Pane e Tulipani,** Regie: *Silvio Soldini* (dt. „Brot und Tulpen"), I 2000. In der Anfangsszene spielt *Nunzio Daniele,* Paestums Fremdenführer und Hohepriester, sich selbst und spricht seinen berühmten „Chromosomenmonolog". In weiteren Rollen des Liebesfilms *Licia Maglietta* als aufblühende abruzzesische Hausfrau und *Bruno Ganz* als in Venedig gestrandeter isländischer Kellner, dessen Italienisch mittelalterlichen Ritterepen entnommen ist.

■ **Passione,** Regie: *John Turturro*, I/USA 2010. Rasend-schmissige Musik-Doku, komplett auf den Straßen und Plätzen Neapels gedreht. Ein passioniertes Porträt der Stadt!

■ **Satyricon,** Regie: *Federico Fellini*, I/F 1969. Der auch im römischen Baiae spielende Schelmenroman des *Petronius Arbiter* (siehe „Lesen") in opulenten, nicht ganz jugendfreien Bildern.

■ **Sciuscià,** Regie: *Vittorio De Sica*, I 1946. Neapel in der Nachkriegszeit, zwei Jungs schlagen sich als Schuhputzer *(shoeshine boys)* durchs Leben. Gewann als erster ausländischer Film den Oscar.

■ **The Talented Mr. Ripley,** Regie: *Anthony Minghella* (dt. „Der talentierte Mr. Ripley"), USA 1999. La Dolce Vita im Italien der 1950er Jahre, eingefangen auf Ischia, Procida und in Napoli. Der Film macht der unmoralischen Romanvorlage von *Patricia Highsmith* alle Ehre.

Register

14

Anhang

14

HILFE!

Dieser Reiseführer ist gespickt mit unzähligen Adressen, Preisen, Tipps und Infos. Nur vor Ort kann überprüft werden, was noch stimmt, was sich verändert hat, ob Preise gestiegen oder gefallen sind, ob ein Hotel, ein Restaurant immer noch empfehlenswert ist oder nicht mehr, ob ein Ziel noch oder jetzt erreichbar ist, ob es eine lohnende Alternative gibt usw.

Unsere Autoren sind zwar stetig unterwegs und versuchen, alle zwei Jahre eine komplette Aktualisierung zu erstellen, aber auf die Mithilfe von Reisenden können sie nicht verzichten.

Darum: Schreiben Sie uns, was sich geändert hat, was besser sein könnte, was gestrichen bzw. ergänzt werden soll. Nur so bleibt dieses Buch immer aktuell und zuverlässig. Wenn sich die Infos direkt auf das Buch beziehen, würde die Seitenangabe uns die Arbeit sehr erleichtern. Gut verwertbare Informationen belohnt der Verlag mit einem Sprechführer Ihrer Wahl aus der über 220 Bände umfassenden Reihe „Kauderwelsch". Bitte schreiben Sie an:

REISE KNOW-HOW Verlag
Peter Rump GmbH | Postfach 14 06 66 | D-33626 Bielefeld
oder per E-Mail an: info@reise-know-how.de

14

Danke!

Der Autor & Freunde

Peter Amann, 1962 in Kronstadt geboren, lebt in München und im Cilento. Jedes Jahr verbringt er mit ungebrochener Neugierde mehrere Monate in Süditalien, seinem „zweitgeborenen Land" (frei nach *Ingeborg Bachmann*). Nach dem Studium der Geografie, Botanik, Archäologie und Kunstgeschichte in München und Rom leitet und organisiert er Studienreisen. Er hat zahlreiche Bücher zum Thema Sizilien und Süditalien verfasst, darunter im REISE KNOW-HOW Verlag die Reiseführer „Kalabrien, Basilikata" und „Apulien, Gargano, Salento". Seine Bücher, in mehrere Sprachen übersetzt, sind mehrfach ausgezeichnet worden (u.a. Premio ENIT „Bester Italien-Reiseführer 2005" für „Liparische Inseln" und „Bester Italien-Reiseführer 2011" für den vorliegenden Band). Infos: www.italien-aktiv.info und www.cilento-aktiv.info.

Vincenzo d'Orta, Wahlmünchner, DOCG-Neapolitaner, Sommelier und Winzer, hat gemeinsam mit **Stephan Reinhardt,** der in Blättern wie der *SZ*, *Der Feinschmecker* und *GQ* Kulinarisches aus Italien berichtet, den Artikel über die Weine Kampaniens beigesteuert. Dass *Winny*, wie ihn Freunde nennen,

von der Materie etwas versteht, beweist auch sein im Cilento gekelterter, preisgekrönter „Zero".

Peter Peter, Studienreiseleiter und Verfasser zahlreicher Reisebücher, streift seit vielen Jahren literarisch und kulinarisch durch Italien. Für uns hat er das Geheimnis der „vera pizza napoletana" aufgedeckt.

Dieter Richter, ein ausgewiesener Kenner Kampaniens, wie auch ein schneller Blick in das Literaturverzeichnis verrät, besuchte Friedhöfe in Neapel und auf Capri – ein überraschend lebendiges Thema.

Hans-Jörg Thaler, Archäologe (Pompeji, Grumentum-Basilikata, Südural und Angkor Wat) und Studienreiseleiter, hat an den Beiträgen zu Pompeji, der Villa Jovis auf Capri und zum Archäologischen Nationalmuseum Neapel mitgewirkt.

Danksagung

Den vielen alten und neuen Freunden, die mich begleitet haben, mir wertvolle Tipps gegeben, mich auf den rechten Weg gebracht und mir ihre Gastfreundschaft gewährt haben, möchte ich danken; stellvertretend für viele seien genannt: *Gundula Anders, Birgitta Ashoff, Ida Budetta* und *Mario Corrado, Leonardo Campanelli* (ENIT), *Luana Canelli, Vito Caponigro, Nicoletta Carrano, Rosella Celi, Annamaria Ciarallo, Silvana Cozzuto, Anna* und *Vincenzo Curcio, Luigi Fucci, Maria-Grazia Gargiullo, Friederike Heumann, Peter Hoogstaden, Livia* und *Alfonso Iaccarino, E. Katja Jaeckel, Ottomar Kiefer, Gaetano Manfredi, Mathias Müller-Lendrodt, Marco Montini* (ENIT), *Alberino Mutalipassi, Berardino Lombardo, Renato Martino, Roberto Paollilo, Antonella Papagani, Silvio Pellicanò, Franco Perazzo, Luigi Poi, Rainer Rauhut, Elio Sica, Alberico Simioli, Francesco Tammaro, Carmine Venasco* und *Giovanni Visetti. Vincenzo Mattera*, der Ischia wie seine Westentasche kennt, verrät in diesem Buch einige seiner Lieblingsadressen.

Grazie sempre!